Sammlung

der

Provinzial- und statutarischen Gesetze

in der

Mark Brandenburg.

Nach Anleitung

der Provinzial- und statutarischen Rechte

des geheimen Staats- und Justiz-Ministers

von Kamptz.

Dritte Abtheilung,

die Brandenburgischen Provinzial-Gesetze vom Jahre 1777 bis zum Jahre 1833 enthaltend.

Berlin, 1833.

Im Verlage bei J. W. Boike.

Sammlung
der
Provinzial- und statutarischen Gesetze
in der
Preußischen Monarchie.

Nach Anleitung
der Provinzial- und statutarischen Rechte
des geheimen Staats- und Justiz-Ministers
von Kamptz.

Dritter Band,
die zweite Abtheilung der Brandenburgischen Provinzial-Gesetze
vom Jahre 1777 bis zum Jahre 1833 enthaltend.

Berlin, 1833.
Im Verlage bei J. W. Boike.

Inhalt des dritten Bandes.

I. Allgemeine Provinzialgesetze für die Mark Brandenburg.

II. Provinzial-Gesetze für einzelne Landestheile der Mark Brandenburg.

A. Das Weichbild Kottbus.

B. Das Herzogthum Krossen mit dem Weichbilde Züllichau.

C. Das Land Sternberg.

D. Der Luckenwalder Kreis.

III. Statutarische Gesetze einzelner Städte der Mark Brandenburg.

A. Berlin.

I. Allgemeine Provinzialgesetze für die Mark Brandenburg.

(Schluß.)

203. Ritterschafts-Kredit-Reglement für die Kur- und Neumark, vom 15. Juni 1777.

Wir Friedrich von Gottes Gnaden, König von Preußen ꝛc. Fügen hiermit jedermann zu wissen, daß, nachdem Wir, für das Wohl Unserer getreuen Vasallen und Unterthanen unabläßig bemüht, Unsern getreuen Landesständen der Chur- und Neumark Brandenburg allergnädigst zu erkennen gegeben haben, wie es, zu Abwendung alles fernern Mißtrauens der Capitalisten, dem sie bishero bey Negociirung nöthiger Gelder unterworfen, und wodurch sie öfters in die gröste Verlegenheit gesetzt, ja gänzlich ruiniret worden, nöthig und ihnen ersprießlich seyn werde, sich untereinander zu associiren, Pfandbriefe, wie in Schlesien geschiehet, auszufertigen, diese Pfandbriefe nicht nur mit einer auf sichern Tax-Grundsätzen gegründeten Special-hypotheke desjenigen Guts, worauf derselbe eingetragen wird, zu versichern, sondern auch solche ausserdem mit der Garantie, zuförderst der Associirten des Creyses, worinn das Gut belegen, hiernächst aber auch noch mit der Garantie der Associirten der Chur- und Neumark Brandenburg unter sich, zu versehen: Des Endes sich durch Deputirte zu einem, ihnen von Uns Allerhöchst bewilligten, General-Landtage allhier in Berlin zu versammlen, die Sache in Ueberlegung zu nehmen, und ein Reglement zu verfassen, wie diese Association, in Ansehung der dazu anzusetzenden Haupt- und Provincial-Directions-Collegiorum, deren Zusammenkünfte, von den Gütern aufzunehmenden Taxen, auszufertigenden Pfandbriefe, Administration der Cassen, und überhaupt dieses ganzen Systems, zum allgemeinen Nutzen, sowohl der Capitalisten, als auch Güterbesitzere, am besten reguliret werden könnte; hierauf auch von den, zu Bearbeitung eines dergleichen Reglements, von Uns Allerhöchst agreirten Deputirten, nachstehendes Reglement verfaßt, und Uns alleruntertänigst überreicht worden, mit Bitte, Wir möchten solches allergnädigst zu confirmiren geruhen, Wir auch solches um so unbedenklicher gefunden haben, als die Sache in sich selbst sehr solide ist, die Capitalisten, welche Geld auf dergleichen Pfandbriefe leihen, einleuchtend mehrere Sicherheit, sowohl wegen ihrer Capitalien, als auch wegen der promptesten Rückzahlung und Verzinsung, so wie die Güterbesitzer dadurch die Versicherung erhalten, daß sie, durch Loskündigung der Capitalien, bis zur Hälfte des auf richtigen Tax-Grundsätzen gegründeten Werths ihrer Güter, nicht nur niemals in Verlegenheit gerathen können, sondern, bey richtigen Ertrags-Taxen, ihnen auch die Gelegenheit nicht leicht fehlen wird, bedürfenden Falls auch auf die zweite Hälfte eines solchergestalt sicher und richtig ästimirten Werths der Güter zinsbare Capitalia zu erhalten.

Als confirmiren und bestätigen Wir nachstehendes Reglement in allen seinen Puncten und Clausuln; Wollen solches als ein unverbrüchliches Gesetz von jedermann gehalten wissen; Befehlen zu dem Ende Unserm Generaldirectorio und Justitz-Departement, dieses Reglement gehörig zu publiciren, und sowohl selbst, als auch durch die ihnen subordinirte Collegia, fest darauf zu halten, und nicht zu gestatten, daß demselben von irgend jemand Eintrag geschehe.

Urkundlich unter Unserer Allerhöchsten Königl. Unterschrift und Insiegel. So geschehen, Berlin, den 15ten Junii 1777.

Reglement.

Erster Theil.

Von Einrichtung des Creditwerks der Chur- und Neumark überhaupt, und den durch dasselbe auszufertigenden Pfandbriefen.

Durch Ausfertigung und Circulation privilegirter Pfandbriefe wird ein Creditwerck zu Verbesserung und Erhaltung des Credits der Chur- und Neumärkischen Ritterschaft errichtet. Jeder Besitzer eines adlichen Guts kann, nach seinem freyen Willen, durch Ausfertigung der Pfandbriefe auf sein Gut, an diesem gemeinnützigen Instituto Theil nehmen, und solchergestalt in die Verbindung des Creditswerks treten; durch Tilgung der expedirten Pfandbriefe aber sich außer aller fernern Verbindung setzen.

Cap. I. Von der Beschaffenheit und den Vorzügen der Chur- und Neumärkischen Pfandbriefe.

§. 1. Die Chur- und Neumärkischen Pfandbriefe sind Hypotheken-Instrumente, welche von den zum Creditwerk verbundenen Landesständen ausgefertiget, und von diesen, sowohl in Ansehung der uneingeschränkten Disposition über das Capital, als der pünktlichen und richtigen Abführung der Zinsen, ihren Innhabern versichert werden.

§. 2. Der Vorzug, welchen diese Pfandbriefe vor den zeitherigen bloßen Hypotheken-Instrumenten haben, bestehet hauptsächlich in der ihnen beygelegten Garantie der zum Creditwerk verbundenen Besitzer adelicher Güter aus der Chur- und Neumark, vermöge welcher den Innhabern derselben, außer dem darin specialiter verschriebenen Gute, auch die Güter der gesamten zum Creditwerk verbundenen Güterbesitzer dergestalt verpfändet sind, daß, aller sich auch durch außerordentliche Unglücksfälle an dem fundo specialiter oppignorato ereignenden Ausfälle ohnerachtet, dem Creditori seine Forderung dennoch gesichert ist, und ihm, ohne alle processualische Weitläuftigkeit oder andere Kosten, an Capitalien sowohl, als an Zinsen, baare Bezahlung geleistet werden muß. Es haften also dem Pfandbriefs-Innhaber

a. das zur Specialhypothek im Pfandbriefe verschriebene Gut,
b. die zum Creditwerk verbundenen Güter-Besitzer des Creyses, worinn das Gut belegen ist.

Anmerkung. In der Altmark, Priegnitz und Uckermark findet dieser Unterschied nicht statt, weil diese Provinzen nur dem Namen nach in Creyse eingetheilet sind, und daselbst Creys und Provinz einerley ist.

c. die zum Creditwerk verbundenen einer jeden Provinz,
d. die zum Creditwerk verbundenen Güterbesitzer der Chur- und Neumark.

§. 3. Diese Pfandbriefe werden nur auf die erste Hälfte des von der Direction des Creditwerks, nach den revidirten und rectificirten Taxen, zu bestimmenden Werthes eines Gutes ausgefertiget.

§. 4. Der Zinsfuß der jetzt auf den Gütern haftenden Capitalien, verbleibet jetzo, so wie Creditores und Debitores sich darüber gesetzmäßig geeiniget, oder noch darüber einigen werden.

§. 5. Die Debitores entrichten die Interessen von diesen auf ihre Güter ausgefertigten Pfandbriefen an die Creditcasse, und diese ist schuldig, solche in den bestimmten Terminen, an die Creditores ohne den geringsten Aufenthalt, gegen bloße Präsentation ihrer Pfandbriefe oder der Zinßscheine auszuzahlen.

§. 6. Der Lauf dieser Verzinsung wird auch durch einen über das verpfändete Gut entstandenen Concursproceß keinesweges unterbrochen, dergleichen Güter werden sogleich unter Administration des Ritterschaftlichen Creditwerks genommen, und da nach den nunmehro festgesetzten zuverlässigen Tax-Principiis kein Zweifel obwalten kann, daß nicht die Güter die reine veranschlagte Revenue des ausgeworfenen Capitals-Pretii gewähren sollten, da der reine Ertrag à 5 pro Cent zu Capital gerechnet wird, die Hälfte des Kauf-Pretii aber durch Pfandbriefe negotiiret werden kann; So soll, wenn in termino licitationis eines sub hasta stehenden Guts nicht das volle pretium taxatum, nach den diesem Reglement angehängten Tax-Principiis, gebothen worden, der Haupt-Ritterschaftsdirection freystehen, solche Güter annoch drey Jahre unter ihrer Administration zu behalten; und wenn sich immittelst in anderweiten Terminis licitationis kein solcher Licitant, wie oben gedacht, findet, so kann, vor Ablauf des Triennii, mit der Adjucation nicht verfahren werden, nach Ablauf des Triennii muß aber, wenn Creditores es verlangen, der Zuschlag für der Taxe geschehen

Das im Concurs befangene Gut bleibet indessen unter Verwaltung des Ritterschaftlichen Creditwerks, als welches mithin von den Einkünften das zu in Standerhaltung des Guts etwa erforderliche und die Zinsen der Pfandbriefe vorweg nimmt, den Ueberschuß aber an das Gericht, bey welchem der Proceß schwebet, zur Vertheilung an die übrigen Gläubiger, übersendet. Das Judicium verfähret dabey nach der Vorschrift der bisherigen Gesetze. Die Güter, welche sich jetzt unter Verwaltung der Königl. Krieges- und Domainen-Cammern befinden, werden auf Trinitatis des künftigen Jahres den Vorstehern des Ritterschaftlichen Creditwerks zur Verwaltung übergeben, und können auf Güter, welche schon im Concurs befangen sind, Pfandbriefe bis zur Hälfte des Werths ausgefertiget werden, wenn dadurch niemandes Gerechtsamen Eintrag geschiehet.

Die Subhastation und der Verkauf aller Concurs-Güter verbleibet den Judiciis, worunter selbige stehen, wie denn auch denselben die Entscheidung der Pachtstreitigkeiten, in Ansehung solcher Güter, resp. in erster und zweyter Instanz vorbehalten wird, und zwar letzteres alsdann, wenn die erste Instanz vor dem Justitiario des Guts gewesen.

§. 7. Die Pfandbriefs-Inhaber können niemals in einen Concurs verwickelt werden, sind auch von allem Beytrag zu den diesfälligen Gerichts- und andern Kosten, sie haben Namen, wie sie wollen, völlig dispensiret, sondern erhalten jederzeit von der Direction dieses Creditwerks Capital und Zinsen für voll, ohne dergleichen Abzug. Damit nun solches desto füglicher geschehen könne; So geruhen des Königs Majestät allerhuldreichst,

1. diesem Creditwerk die völlige Freyheit von allen Gerichtssportuln zu accordiren,

2. auch anzuordnen, daß, von dem 1sten November dieses Jahres an, mit Aufhebung aller bisher in den Gesetzen einer oder andern Art von Forderungen und Rechten, es sey des Fisci, Königl. und andern öffentlichen Cassen, milder Stiftungen, Ehefrauens, Kinder erster Ehe, Bau-Gläubiger, Unmündiger und minderjähriger, oder anderer Gläubiger, sie haben Namen wie sie wollen, beygelegter Priorität und Privilegien, allein das datum der Eintragung der Forderung oder des Rechts in dem Hypothekenbuch, den Vorzug in Ansehung der Pfandbriefe bestimmen und folglich keine stillschweigende nicht eingetragene Hypotheke, sie mag auch in den Gesetzen so privilegirt seyn, als sie wollte, jemals einem Pfandbriefe vorgehen, noch auch durch die Eintragung einen Vorzug vor früher eingetragenen Pfandbriefen jemahls erhalten, solle.

Jedoch aber werden hievon ausgenommen,

a. einjährige Reste der gewöhnlichen Onerum, incl. der Feuer-Societäts-Gelder,

b. einjähriges rückständiges Gesindelohn,

c. die Kosten der letzten Krankheit, und

d. des Begräbnisses, welche letztere jedoch niemals über 50. Rthlr. zu fixiren sind, als welche Poſten und Schulden, da ſie niemals ein beträchtliches ausmachen können, auch den Pfandbriefen vorgehen, und von den Einnahmen des Gutes beſtritten werden, und ſollen dieſe die ſtillſchweigende Hypotheken betreffenden Verfügungen, durch ein zugleich mit dieſem Reglement zu publicirendes Patent zu jedermanns Wiſſenſchaft gebracht werden, damit jedermann, wegen ſeines dabey habenden Intereſſe, das Nöthige bey Zeiten vorkehren, und allenfalls ſeine bisher ohne Eintragung privilegirte Forderung vor dem 1. Novemb. dieſes Jahres eintragen laſſen könne.

§. 8. Die Direction dieſes Creditwerks hat nicht nöthig, ſich mit ihren Pfandbriefen auf ein ad haſtam gekommenes Gut in den Liquidations-Terminen zu melden, ſondern der Richter iſt verbunden, da ſolche aus dem eingeforderten Hypothekenſchein conſtiren, ex officio darauf Rückſicht zu nehmen.

§. 9. Die Pfandbriefe, ſo wie auch die dazu gehörige Zinsſcheine, deren P. 3. Cap. 4. §. 137. Erwähnung geſchiehet, ſind alle von einerley Qualität, und völlig gleichen Vorrechten, werden auch nicht auf den Namen dieſes oder jenes beſondern Gläubigers oder Schuldners, ſondern nur auf gewiſſe Güter, ausgeſtellet; Sie können daher ohngehindert im Publico circuliren, und aus einer Hand in die andere übergehen, ohne daß es dazu einer Ceſſion, Giro, oder anderen Weitläuftigkeit, bedarf, daß alſo die bloße Präſentation hinlänglich iſt, jeden Inhaber eines ſolchen Pfandbriefes, oder des dazu gehörigen Zinsſcheines, als den Eigenthümer deſſelben, ſowohl in Anſehung des Capitals, als der Intereſſen, zu legitimiren.

§. 10. Wenn die gegenwärtig auf Güter eingetragene Obligationes auf Pfandbriefe umgeſchrieben werden; ſo wird der Pfandbrief auf diejenige Münzſorten ausgeſtellet, worauf die Obligation lautet, jedoch müſſen die Münzſorten auf jetzige edictmäßige Königl. Landesmünze in Courant, dieſes à 14. Rthlr. die Mark fein, oder in Golde den Friedrichsd'or zu 21. Karat 9. Grän gerechnet, geſtellet werden, und Creditor und Debitor des etwanigen Agio wegen ſich untereinander vereinigen. Auf eben dieſe Münzſorten müſſen auch die Pfandbriefe über neue Schulden ausgefertiget werden, jedoch wird man bedacht ſeyn, daß mit der Zeit eine einförmige Münzſorte für die Pfandbriefe eingeführet werde. Die gröſten Pfandbriefe werden auf 1000. Rthlr., die kleinſten aber auf 50. Rthlr., ausgefertiget, und ſtehet jedem Güterbeſitzer frey, ſich die Pfandbriefe in der ihm beliebigen Summe ausfertigen zu laſſen, nur muß er jederzeit bey der runden Summe von 50. zu 50. Rthlr. verbleiben.

§. 11. Die Realiſation geſchiehet durch die Direction dieſes Creditwerks, mittelſt baarer Bezahlung, nach vorgängiger halbjähriger Aufkündigung, in terminis den 1. Julii und 2. Januar jeden Jahres.

Cap. II. Von den Personen und Gütern, welche zur Ausstellung der Pfandbriefe qualificirt sind.

§. 12. Pfandbriefe werden nur auf adeliche Güter ertheilet, der Besitzer mag adelichen oder bürgerlichen Standes seyn. Auf bloße Schulzenlehne, einzelne von adelichen Gütern getrennte, und mit denselben in keiner Verbindung stehende Bauerhöfe, und andere dergleichen liegende Gründe, werden keine Pfandbriefe ausgefertiget, es wäre denn, daß sie bey den Lehns-Registraturen in den Land- und Hypothekenbüchern eingetragen stünden, oder daß deren Werth erweislich 6000 Rthlr. betrüge.

§. 13. Eben so fließet es schon aus der Natur der Sache, daß nur solche Personen, welche, den Rechten nach, Schulden contrahiren können, und nur in so ferne, als sie dazu qualificiret sind, auf die Befugniß, Pfandbriefe auszustellen, einen Anspruch machen dürfen.

§. 14. Da es aber verschiedene Gattungen von Gütern in der Chur- und Neumark giebet, in Ansehung derer die Befugniß ihrer Besitzer, Schulden zu contrahiren, in gewisse Gränzen eingeschränket ist; so sind auch bey diesen, wenn sie mit Pfandbriefen beleget werden sollen, gewisse besondere Modalitäten zu beobachten.

§. 15. Anlangend die Fideicommisse, Majorate und Feuda; so muß bey diesen, wenn Pfandbriefe darauf gegeben werden sollen, alles dasjenige genau beobachtet werden, was die gemeinen Landes- und Lehnrechte, oder auch das Fideicommiß-Institutum und andere Pacta familiae, in Ansehung ihrer Verpfändung überhaupt vorschreiben.

§. 16. Es ist also bey Lehngütern hauptsächlich der Consensus agnatorum, in so ferne die Lehnconstitution ihn vorschreibt, bey Afterlehnen aber auch Consensus domini directi, erforderlich, welcher entweder simpliciter, oder nur ad certum tempus, ertheilet wird. Erstern Falls hat es mit der Verpfändung solcher Güter in so weit gleiche Bewandniß, wie mit andern Allodiis; letztern Falls hingegen, und wenn der Consensus nur auf eine gewisse Zeit, oder auch zugleich unter der Bedingung, ertheilet worden, daß das aufgenommene Capital, bis zu deren Ablauf, in gewissen Ratis, wiederum getilget werden soll; so muß der Besitzer diese Ratas zur bestimmten Zeit gehörig abführen, oder die erforderliche Prolongation des Consenses beybringen. In dessen Entstehung solche von ihm, mittelst Sequestration des Guts, eben so, wie bey Interessen Rückständen geschiehet, beygetrieben werden.

§. 17. Ratione der gewissen Communitäten, piis corporibus, oder Personibus moralibus, zugehörigen Güter, wird, wenn solche mit Pfandbriefen beleget werden sollen, die Einwilligung derjenigen, ohne deren Zuthun selbige, entweder nach den Landesgesetzen, oder nach der Observanz und den Statutis, nicht valide oppignoriret werden können, erfordert.

§. 18. Alle dergleichen Güter, sobald sie solchergestalt mit Pfandbriefen beleget werden, sind in so weit allen Gesetzen und Einrichtungen dieses Instituts schlechterdings unterworfen.

§. 19. Auf Königl. Domainen-Stücke und Städte-Cämmerey-Güter können unter keiner Bedingung Pfandbriefe gegeben werden.

Zweyter Theil.

Von den zur Verwaltung dieses Creditwerks bestellten Collegiis, und deren Einrichtung.

Die Besorgung alles dessen, was zu Aufrechthaltung dieses Creditwerks, und Besoldung der im vorigen Theil festgesetzten Grundsätze desselben, erforderlich ist, beruhet unter der Generalaufsicht eines Königl. Commissarii aus dem hohen Ministerio, vid. Cap. I.

1. Auf fünf, in den Provinzen, unter dem Vorsitze eines Ritterschaftlichen Credit-Directoris, anzusetzenden Ritterschafts-Collegiis, welche, vid. Cap. IV.
Das Erste, wegen der Altmark, in Stendal,
Das Zweyte, wegen der Priegnitz, in Perleberg.
Das Dritte, wegen der Mittelmark, in Berlin.
Das Vierte, wegen der Uckermark, in Prenzlow.
Das Fünfte, wegen der Neumark, in Cüstrin, ihren Versammlungsort haben werden; und

2. Unter einer in Berlin etablirten Hauptritterschafts-Credit-Direction stehen, vid. Cap. VII. zu deren Revision.

3. Alle halbe Jahre, den 20. May und 20. November, ein Engerer Ausschuß aus allen Provinzen in Berlin convociret wird, vid. Cap. III. Bey ganz außerordentlichen Fällen wird eine General-Versammlung ausgeschrieben, vid. Cap. IV.

Cap. I. Vom Königlichen Commissario.

§. 20. Die Stände hoffen in aller Unterthänigkeit, Se. Königl. Majestät werden die Gnade haben, ihnen zu erlauben, den Königl. Commissarium unterthänigst vorzuschlagen.

§. 21. Dieser Königl. Commissarius wird vorzüglich darauf Acht haben, daß die Grundsätze des Creditwerks von allen und jeden, welche dabey concurriren, genau beobachtet, und nirgends, daß etwas, so den Allerhöchsten Gerechtsamen Sr. Königl. Majestät und den eingeführten Landesverfassungen zuwider ist, vorgenommen werde, verstatten.

§. 22. Er ist also berechtiget, bey allen Zusammenkünften und Collegiis, welchen die Aufsicht über das Creditwerk anvertrauet ist, ohne Unterschied, wo er es nöthig findet, zu präsidiren.

§. 23. In specie führet er das Präsidium bey der Haupt-Ritterschafts-Credit-Direction und dem Engern Ausschusse.

§. 24. Gleichergestalt ist er berechtiget, überall, wo er es nöthig findet, Cassenvisitationes und Rechnungsrevisiones zu verordnen, und müssen demselben die monathlichen Abschlüsse und Visitations-Protocolle der Hauptcasse eingesandt werden.

§. 25. Uebrigens wird er besonders darauf halten, daß in allen Ritterschafts-Collegiis eine gute Ordnung eingeführt und erhalten werden möge.

Cap. II. Von der Haupt-Ritterschafts-Credit-Direction.

§. 26. Die Haupt-Ritterschafts-Credit-Direction ist ein Collegium, welches vorjetzt nur aus drey Räthen, unter der General-Aufsicht des Königl. Commissarii, bestehet. In Abwesenheit des Königl. Commissarii führet einer der drey Räthe das Directorium, dergestalt, daß solches jährlich alternire.

§. 27. Die Mitglieder der Haupt-Ritterschafts-Credit-Direction werden vorjetzt von den hier versammleten Deputirten, hinfüro aber, beym Abgange oder bey Vermehrung derselben, vom Engern Ausschusse, durch Pluralität der Stimmen, per scrutinium, gewählet.

§. 28. Diese Räthe werden des Königs Majestät zur Confirmation von dem Königl. Commissario präsentiret, und demnächst in dessen Gegenwart vereydet.

§. 29. Die Räthe bey der Haupt-Ritterschafts-Credit-Direction werden sämmtlich von dem Chur- und Neumärkischen alten Adel gewählet, und müssen schlechterdings in diesen Provinzen angesessen, und von bekanntem guten Vermögen seyn.

§. 30. Die Wählende werden jederzeit darauf bedacht seyn, daß zu diesem Posten nur Männer von einem untadelhaften Wandel, und bekannter Rechtschaffenheit, Geschicklichkeit, und einer genauen Kenntniß des Landes, gewählet werden.

§. 31. Dieses Collegium hat seinen beständigen Sitz in Berlin, und es versammlet sich gewöhnlich einmal in der Woche, sonst aber so oft, als es der Königl. Commissarius, oder in dessen Abwesenheit, der Director des Haupt-Ritterschafts-Credit-Collegii, nach der Menge der vorkommenden Geschäffte verlanget, welche per majora abgemacht werden.

§. 32. An Subalternen gehöret zu diesem Collegio zuförderst der Syndicus, zu welchem Posten ein Mann erfordert wird, welcher gehörig aus den Rechten examiniret, in Geschäften geübt, von einem guten Lebenswandel, und in keinen andern Verbindungen, als in Königl. oder des Landes Diensten ist. Den Syndicum wählen jetzt die hier Versammleten, in Zukunft aber die Deputirten zum Engern Ausschuß, und es werden darzu von der Haupt-Direction drey Subjecta präsentiret, demnächst aber wird der Erwählte in praesentia des Engern Ausschusses, der Haupt-Ritterschafts-Credit-Direction, und der Ritterschafts-Directoren aus den Provinzen vereydet. Sollte der Syndicus in der Zeit zwischen einer und der folgenden Versammlung des Engern Ausschusses abgehen: so sind dessen Geschäfte einem geschickten Rechtsgelehrten von der Hauptdirection interimistice zu übertragen.

§. 33. Sonst werden bey der Haupt-Ritterschafts-Credit-

Direction annoch angesetzet, ein Rendant, ein Secretarius, welcher zugleich Registrator ist, zwey Canzelisten, und ein Bothe.

Der eine Canzelist verstehet zugleich vices des Controlleurs, und der andere vices Calculatoris.

§. 34. Der Rendant und der Secretarius werden von der Haupt-Ritterschafts-Direction gewählet und vereydet, der Rendant muß wenigstens 8000 Rthlr. Caution, und, so viel möglich, in baarem Gelde bestellen, und werden sämtliche in diesem Spho benannte Officianten und Bediente von der Haupt-Ritterschafts-Direction mit erforderlichen Instructionen versehen. Die beyden Canzelisten und den Boten bestellet gleichfalls die Haupt-Ritterschafts-Credit-Direction.

§. 35. Die Beschäftigung der Haupt-Ritterschafts-Credit-Direction bestehet überhaupt darinn, daß sie auf eine genaue und durchgängige Befolgung der Grundsätze dieses Creditwerks Acht habe, was zum gemeinen Besten dieses Creditwerks gereicht, nach Möglichkeit befördere, dagegen aber allem, was diesem zuwider und nachtheilig ist, schleunig Einhalt thue. Es werden auch bey derselben sämtliche Taxen der mit Pfandbriefen zu belegenden Güter, imgleichen die Beschlüsse der Provinzial-Collegiorum, wie viel Pfandbriefe auf ein taxirtes Gut ausgefertiget werden können, zur Super-Revision eingesandt. Wenn solcher geschehen, und sie die etwa noch fehlende Auskunft von den Provinzial-Collegiis eingezogen hat; so besorget sie die Ausfertigung der Pfandbriefe, wie solches Cap. III. mit mehrerem angezeiget ist.

§. 36. Hieraus folget, daß die dahin einschlagende Verfugungen der Haupt-Ritterschafts-Direction von sämmtlichen Ritterschafts-Collegiis und Räthen gehörig beobachtet, und diejenigen, welche sich denselben widersetzen, dazu angehalten werden müssen.

§. 37. Alle Klagen und Anzeigen gegen ein Ritterschafts-Credit-Collegium, oder dessen Directoren, in so fern sie die Direction des Creditwerks betreffen, gehören also vor die Haupt-Ritterschafts-Credit-Direction, die solche untersuchet, und nach den Grundsätzen dieses Creditwerks entscheidet. Wer sich aber durch deren Entscheidung beschweret achtet, kann sich an den Engern Ausschuß wenden; dieses alles verstehet sich nur von den Angelegenheiten, welche zu diesem Creditwerk gehören, in allen andern aber bleibet es bey den bisherigen Verfassungen, und ein jeder behält sein forum competens.

§. 38. In allen Sachen, welche von den Collegiis zu entscheiden sind, oder zur Aufrechthaltung dieses Creditwerks angeordnet werden, findet kein Prozeß statt, sondern auf dergleichen einkommende Klagen und Anzeigen wird nur der Bericht des beschuldigten Ritterschafts-Credit-Collegii erfordert, sodann aber, nach Beschaffenheit der Umstände, eine Commission aus dem benachbarten Ritterschafts-Collegio, auf Kosten des Schuldigbefundenen zur Untersuchung angeordnet, auf deren Relation die Sache, ohne fernere Weitläuftigkeit, entschieden werden muß.

§. 39. Alle Erinnerungen und Bemerkungen, welche zur Verbeſſerung des Creditwerks in dieſem oder jenem Stücke gemacht werden, ſind an die Haupt-Direction einzuſenden.

§. 40. In zweifelhaften Fällen, wo etwa durch gegenwärtiges Reglement nicht genugſam deutliche und umſtändliche Vorſchriften gegeben ſeyn ſollten, fragen die Ritterſchafts-Collegia bey der Haupt-Direction an, welcher es zukommt, ſie deshalb zu beſcheiden.

§. 41. Dieſe Direction hat ferner die Oberaufſicht über ſämmtliche zu dieſem Creditwerk gehörige Caſſen, und insbeſondere über diejenigen Fonds, welche Se. Königl. Majeſtät zu Unterſtützung dieſes Creditwerks allergnädigſt zu bewilligen geruhen; wie ſie denn eigentlich ſämmtliche zum Creditwerk gehörige Rechnungen zu beſorgen hat, zu welchem Behuf die Special-Rechnungen aus ſämmtlichen Provinzen bey derſelben eingeſandt und juſtificiret werden. Sie läſſet hieraus das Generale abfaſſen, welches bey Verſammlung des Engern Ausſchuſſes juſtificiret und quittiret wird. Bey ihrer Haupt-Caſſe werden auch regulariter alle Pfandbriefe realiſiret, ſie kann aber hievon Ausnahmen machen, und bey den Provincial-Caſſen per Aſſignation zahlen, jedoch müſſen demnächſt die abgelöſeten Pfandbriefe ſtatt baaren Geldes eingeſandt werden.

§. 42. Die Beſtände der in den Provinzen nicht erhobenen Intereſſen werden von ſämmtlichen Ritterſchafts-Collegiis der Hauptdirection, zur weiteren Auszahlung an die bey ihr ſich meldende Creditores, eingeſandt.

§. 43. Die Haupt-Ritterſchafts-Credit-Direction iſt ferner berechtigt, wo, und ſo oft, als ſie es nöthig findet, Caſſenviſitationes anzuſtellen, Rechnungen zu fordern, ſolche zu unterſuchen, abzunehmen, oder aus den Ritterſchaftscollegiis dazu Commiſſarien zu ernennen.

§. 44. Ferner führet dieſelbe die Correſpondenz mit allen Königl. und andern Collegiis, in Angelegenheiten, welche das Ganze des Creditwerks, und das allgemeine Intereſſe der dazu verbundenen Güterbeſitzer, betreffen.

§. 45. Wie die Räthe bey der Haupt-Ritterſchafts-Direction, der Syndicus, und der Rendant, der Secretarius, die Canzeliſten, und der Bote, vereydet werden; ſolches findet ſich in den annectirten Eydesformuln.

Cap. III. Von dem Engern Ausſchuſſe.

§. 46. Der Engere Ausſchuß verſammlet ſich vorzüglich in der Abſicht, daß von demſelben die Pfandbriefe verwilliget, und auf deren unverbrüchliche Sicherheit geſehen werden könne. Nächſtdem dienet der Engere Ausſchuß zur Controlle der Haupt-Ritterſchafts-Credit-Direction, und hilft den Beſchwerden ab, welche jemand gegen die gedachte Direction zu haben vermeinen möchte.

§. 47. Dazu ſendet die Altmark zwey, die Priegnitz einen, die Mittelmark, incluſive Beeskow und Storkow, drey, die

Uckermark einen, die Neumark zwei Deputirten. Diese Deputirten werden von den zu diesem Creditwerk verbundenen Güterbesitzern einer jeden vorbenannten Provinz, nach Mehrheit der Stimmen, gewählet. Die Wahl dieser Deputirten geschiehet, in der Altmark, Priegnitz, und Uckermark, bey den allgemeinen Creystagen, oder, wie sich dieserhalb die zum Creditwerk Verbundenen vereinigen.

In der Mittelmark variiren die Deputirten folgendergestalt:

Das erstemal erscheinet: ein Deputatus aus Havelland; ein Deputatus aus Ruppin, Glien und Löwenberg; ein Deputatus aus Ober- und Nieder-Barnim.

Das zweytemal erscheinet: ein Deputatus aus Ruppin, Glien und Löwenberg; ein Deputatus aus Ober- und Nieder-Barnim; ein Deputatus aus Lebus.

Das drittemal: ein Deputatus aus Ober- und Nieder-Barnim; ein Deputatus aus Lebus; ein Deputatus aus Teltow und Zauche, inclusive Ziesar.

Das viertemal: ein Deputatus aus Lebus; ein Deputatus aus Zauche, inclusive Ziesar, und aus Teltow; ein Deputatus aus Beeskow und Storkow.

Das fünftemal: ein Deputatus aus Zauche, inclusive Ziesar, und aus Teltow: ein Deputatus aus Beeskow und Storkow; ein Deputatus aus Havelland.

Das sechstemal: ein Deputatus aus Beeskow und Storkow; ein Deputatus aus Havelland; ein Deputatus aus Ruppin, Glien und Löwenberg.

Das siebentemal fänget die Ordnung wieder an, wie ad I. bemerket worden, und rangiren die Deputirten jederzeit unter sich, nach der allhier vorgeschriebenen Ordnung.

Aus der Neumark und den Creysen, welche derselben incorporiret sind, erscheinet:

Das erstemal ein Deputatus aus Soldin, Landsberg, Friedeberg, und ein Deputatus aus Sternberg.

Das zweytemal ein Deputatus aus Königsberg, und ein Deputatus aus Crossen und Züllichau.

Das drittemal ein Deputatus aus Arendswalde, Dramburg, Schievelbein, und ein Deputatus aus Cottbus.

Sodann fängt es von Vorne wiederum an.

Die Deputirten der Mittelmark und Neumark werden auf den Creystagen derjenigen Creyse, welche die Deputirten jedesmal senden, von den Güterbesitzern, welche zu diesem Creditwerk verbunden sind, erwählet, und in dem Ausschreiben wird sowohl in diesen Creysen, als auch in der Altmark, Priegnitz und Uckermark, zugleich mit angeführet, daß von denjenigen convocirten Güterbesitzern, welche nicht auf den Creystagen erscheinen, noch ihre Stimmen einem andern Creysstande übertragen, oder sie an den Creysdirectorem einsenden würden, dafür gehalten werden würde, daß sie sich gefallen lassen, was die Uebrigen beschließen. In den Mittel- und Neumärkschen Creysen, welche nicht für sich allein, sondern mit einem oder zwey Creysen zusammen, nur Einen Deputirten wählen, wird einmal aus dem einen, das anderemal aus dem andern Creyse, der Deputirte gewählet, und der Ritterschafts-Rath, welcher den verbundenen Creysen vorstehet, kann das Nöthige dieserhalb bekannt machen. Bey Ruppin und Löwenberg variiret es dergestalt, daß zwey aus Ruppin nach einander, und denn nur einer aus Glien und Löwenberg, genommen wird. Weil die Landräthe ohnehin mit Geschäften obruiret sind, sie auch vi officii zu diesem Werk gar nicht gehören; so können sie zu Deputirten nicht gewählet werden.

§. 48. Der Engere Ausschuß versammlet sich jährlich in Berlin zweymal, und zwar den 20sten May und 20sten November, und bleibet regulariter 20 Tage versammlet.

§. 49. Seine Beschäftigungen bestehen zuförderst in Revision sämtlicher, unter Administration der Haupt-Ritterschafts-Credit-Direction stehenden Cassen, und in Abnahme ihrer Rechnungen von den abgelaufenen Terminen; mithin werden den 20sten May die abgeschlossenen Rechnungen vom Zahlungstermin des zweyten Januars, den 20sten November aber die abgeschlossenen Rechnungen vom Zahlungstermin des 1sten Julii, vorgeleget.

§. 50. Die Haupt-Ritterschafts-Credit-Direction ist schuldig, dem Engern Ausschuß von allem, was er zu wissen verlangt, Nachricht zu ertheilen. Wenn jemand sich bey dem Deciso der Haupt-Ritterschafts-Credit-Direction sich nicht beruhigen will; so stehet ihm frey, sich deshalb an den Engern Ausschuß zu wenden, welcher die Sache nochmals untersuchet, und finaliter entscheidet. In Rechtssachen wird derselbe das Gutachten des Syndici zu erfordern nicht unterlassen.

§. 51. Wenn irgend Zweifel und Bedenklichkeiten vorkommen sollten, worüber bey der Haupt-Ritterschafts-Credit-Direction angefraget wird; so kann zwar diese in denen Fällen, worinn sie dafür hält, daß sich dergleichen Fragen aus dem Reglement selbst erledigen, den Vorbescheid ertheilen, dem Kläger aber ist unbenommen, davon auf den künftigen Engern Ausschuß zu provociren, welcher alsdann von der Haupt-Ritterschafts-Credit-Direction Auskunft fordert, die Sache nochmals erwäget, und das Erforderliche per majora festsetzet. Unterdessen, und bis der Ausschuß zusammen kommt, müssen die Verfügungen der Haupt-Ritterschafts-Direction befolget werden.

§. 52. Es hat zwar dabey sein Bewenden, daß die Haupt-Ritterschafts-Credit-Direction die Correspondence mit den Königl. und andern Collegiis, in Sachen, welche das Creditwerk angehen, zu führen hat, wie Cap. II. gedacht ist. Sollte aber in dieser Correspondence etwas vorkommen, welches zu einem wesentlichen Vortheil oder Nachtheil des Creditwerks ausschlagen könnte; so wird die Direction dergleichen Sachen bis zur näheren Ueberlegung des Engern Ausschusses in suspenso lassen.

§. 53. Wenn der Engere Ausschuß findet, daß die Ausschreibung einer General-Versammlung erfordert wird; so hat derselbe seine Gründe dem Königl. Commissario vorzutragen, welcher denn die Ausschreibung einer Generalversammlung bewürken wird.

§. 54. Der Engere Ausschuß wählet und vereydet den Haupt-Ritterschafts-Syndicum, wie solches bereits im Vorstehenden mit mehrerem angeführet ist.

§. 55. Der Königl. Commissarius führet die Direction des Engern Ausschusses, wie derselbe überhaupt das Recht hat, in allen Versammlungen, welche dieses Creditwerk angehen, zu präsidiren.

§. 56. Endlich werden die Pfandbriefe von dem Engern Ausschusse bewilliget, und benebst den dazu gehörigen Zinsscheinen unterzeichnet, wie solches im dritten Theil Cap. I. des Mehreren vorgeschrieben ist.

§. 57. Auch werden in Gegenwart des Engern Ausschusses die Directores der Provincial-Ritterschafts-Collegiorum vereydet.

Cap. IV. Von den Ritterschafts-Collegiis.

§. 58. Um das Creditwerk zu übersehen, überall mit der gehörigen Ordnung zu betreiben, und gewisse Gradus in Ansehung der eventuellen Vertretung festzusetzen, ist erforderlich, daß das ganze Land in gewisse Districte getheilet werde, welche unter Aufsicht eines besondern Collegii stehen.

§. 59. Die alte Eintheilung der Chur- und Neumark Brandenburg ist hierinn beybehalten, und es werden, zur Direction dieses Werks, die Ritterschafts-Collegia,

erstens, in der Altmark zu Stendal,
zweytens, in der Priegnitz zu Perleberg,
drittens, in der Mittelmark zu Berlin,
viertens, in der Uckermark zu Prenzlow,
fünftens, in der Neumark zu Cüstrin,

angesetzet.

§. 60. Ratione der verschiedenen Modalitäten, unter welchen diese Districte, sowohl unter sich, als die darinn befindliche Departements-Creyse unter einander, verbunden sind, hat es bey demjenigen sein Bewenden, was hievon bereits im ersten Capitel des ersten Theils, und dritten Capitel des zweyten Theils, festgesetzet ist.

§. 61. Ein jedes der Ritterschafts-Collegiorum, welche dieses Creditwerk in den vorgedachten Marken in Ordnung halten, bestehet aus einem Directore, den dazu bestimmten Räthen, einem Syndico, einem Rendanten, und den Canzeley- und Unterbedienten, welche nach Beschaffenheit der Größe und übrigen Umstände dieser Districte erfordert werden.

Sectio I. Von der Wahl und dem Amte eines Directoris bey einem Ritterschaftlichen Collegio.

§. 62. Der Director wird vorjetzt von sämmtlichen Eingesessenen jeder Provinz, in Zukunft aber, und wenn derselbe abgehet, von sämmtlichen zu dem Creditwerk verbundenen Güterbesitzern der Provinz, welcher derselbe vorgesetzet ist, gewählet, und von dem Königl. Commissario Sr. Königl. Majestät zur Approbation vorgetragen, und hiernächst ad manus des Königl. Commissarii, bey der nächsten Versammlung des Engern Ausschusses, vereydet. In der Altmark, Priegnitz und Uckermark geschiehet die Wahl in einer Versammlung der zum Creditwerke verbundenen Eingesessenen, nach ergangenem Ausschreiben. In der Mittelmark werden gegenwärtig zu dieser Wahl Deputirte aus sämmtlichen Creysen von dem Königl. Commissario, in Zukunft aber von dem ältesten Ritterschafs-Credit-Rath, zu der zu bestimmenden Zeit in Berlin convociret. Sollte jedoch der Fall zutreffen, daß die neun Creyse neun verschiedene Personen in Vorschlag brächten, und keine Einigung zu vermitteln wäre, dergestalt, daß einer wenigstens zwey Stimmen erhielte; So wird die Wahl durchs Loos ausgemacht. In der Neumark wird es eben so wie in der Mittelmark gehalten.

§. 63. Wenn ein neuer Director des Ritterschafts-Collegii gewählet werden muß; so machet der älteste Ritterschafts-Credit-Rath solches mit Ende des Monaths März den zum Creditwerk verbundenen Eingesessenen der Provinz bekannt, und sammlet auf die Weise, als §. 62. gedacht ist, die Stimmen. Der abgehende Director kann aber wieder gewählet werden.

§. 64. Die Vota, wodurch lediglich jemand auf Majora compromittiret, werden nicht gezählet, sondern es muß wenigstens auf ein Votum eines namentlich bestimmten Mitstandes compromittiret werden.

§. 65. Der Director muß in der Provinz, welcher derselbe vorgesetzet werden soll, angesessen seyn, ein gutes Vermögen besitzen, rechtschaffen, in Affaires geübt, vornemlich aber in der Landwirthschaft und den Verfassungen des Districts erfahren seyn, und hänget übrigens es lediglich von den Wählenden ab, ob sie hierzu einen zum Creditwerk Verbundenen nehmen wollen; ein Haupt-Requisitum ist aber, daß er von gutem Adelichen Geschlechte sey.

§. 66. Er muß nicht über vier Tage aus den Gränzen des Departements reisen, ohne solches vorher der Haupt-Ritterschafts-Direction anzuzeigen; in der Hauptstadt des Departements muß er sich nicht allein bey den gewöhnlichen halbjährigen Versammlungen des Ritterschafts-Collegii, sondern auch sonst so oft aufhalten, als es der Sachen Nothdurft erfordert.

§. 67. Sein Amt nimmt vom Tage seiner Verpflichtung den Anfang. Das Officium des Directoris und der Räthe dauret auf so viel Jahre, als die Provinzen es gut finden. Wenn der Director abgehet, so muß der älteste Ritterschafts-Rath dessen Stelle ad interim verwalten.

§. 68. Der Director präsidiret in dem versammleten Collegio, und dirigiret die Berathschlagungen und Geschäfte desselben.

§. 69. Es giebet auch gewisse Verrichtungen, welche demselben ausser dieser Zeit obliegen. Die Haupt-Ritterschafts-Direction richtet regulariter alle vorkommende Verfügungen an ihn, und er ist berechtiget, in so ferne es Sachen betrift die keinen Verzug leiden, das Nöthige vorläufig darauf und interimistice zu verfügen, wovon er jedoch, bey der ersten Versammlung des Collegii, Vortrag zu thun schuldig ist.

§. 70. Er muß ferner mit der Haupt-Ritterschafts-Direction und mit den Räthen des Ritterschafts-Collegii eine beständige Correspondence unterhalten, auf alle unter seiner Direction stehende Personen, und auf das Creditwerk selbst, ein wachsames Auge haben, auch allen Mißbräuchen und Unordnungen, welche dem Werke zum Nachtheil gereichen könnten, vorzukommen suchen. Er nimmt die eingehenden Klagen an, welche über die unter seiner Direction stehende Personen geführet werden, fordert von ihnen Auskunft, und leget die Sache in Güte bey, oder trägt solche in der Versammlung des Ritterschafts-Collegii zur Entscheidung vor.

§. 71. Alle einkommende Anschreiben und Pfandbriefe werden an ihn gesandt, und er benennet, wenn es erforderlich ist, zur Aufnehmung der Taxen, einen Rath des Collegii, welches, regulariter, in der Mittel- und Neumark der Rath eines jeden Departements-Creyses seyn kann.

§. 72. Sämmtliche Cassen der Provinz, zu deren Direction er bestellet ist, sind seiner besondern Aufsicht unterworfen, und er ist schuldig, solche oft zu revidiren, und auf die Verwaltung dererjenigen, welche die Schlüssel dazu haben, eine beständige Aufmerksamkeit zu verwenden. Auch muß der Director jedesmal bey Versammlung des Engern Ausschusses gegenwärtig seyn, um dasjenige, was ratione seiner Parte III. Cap. 1. wegen Ausfertigung der Pfandbriefe und Zinsscheine geordnet ist, seines Orts zu bewürken. Nicht weniger lieget demselben hauptsächlich ob, die Eintragung der Pfandbriefe in die Hypothekenbücher, und die Vertheilung derselben an die Behörde, zu besorgen, imgleichen auf gute Ordnung bey der Registratur und Canzley zu halten, wie solches Parte et Cap. mox allegato des Mehrern vorgeschrieben ist.

Sectio II. Von der Wahl und dem Amte der Räthe bey den Ritterschafts-Collegiis.

§. 73. Das Collegium jeder Provinz bestehet, außer dem Directore, aus verschiedenen Räthen, wie Part. II. Cap. IV. §. 61. verordnet ist, denen in der Mittelmark und Neumark besondere Creyse zur Aufsicht angewiesen sind, oder die in den übrigen Provinzen nach den Commissariis, welche sie vom Directore erhalten, die im Reglement vorgeschriebene Geschäfte besorgen.

§. 74. Diese Räthe müssen resp. in der Provinz, oder in dem Creyse, welcher ihrer Aufsicht insbesondere anvertrauet werden soll, mit Rittergütern angesessen, in guten Vermögensumständen, im Creyse gewöhnlich wohnhaft, rechtschaffen, von gutem Ruf, der Landwirthschaft kundig, und von den Verfassungen des Creyses wohl unterrichtet, desgleichen von Adel seyn.

§. 75. Die Ritterschafts-Räthe werden auf gleiche Art, wie die Deputirten, zum Engern Ausschusse gewählet. In der Mittelmark ist dabey zu beobachten, daß

a) Aus dem Ruppinschen Creyse zwey nach einander, dann aber einer aus dem Glien- und Löwenbergschen Creyse, gewählet wird.

b) In Ober-Barnim und Nieder-Barnim wird abgewechselt.

c) In Teltow und Zauche incl. Ziesar gleichfalls.

In der Neumark alterniren Soldin, Landsberg und Friedeberg, Arenswalde, Schievelbein und Dramburg; Crossen und Züllichau ebenfalls.

Wenn indessen ein Creys, aus dessen Mitteln ein Rath gewählet werden müßte, sich dieses Rechts einmal oder auch öfter begeben, und per plurima jemanden aus einem andern, mit denselben unter Aufsicht eines gemeinschaftlichen Raths stehenden, Creyse wählen wollte, so stehet ihm solches frey. Damit diese Wahl ordentlich vor sich gehen könne, so hat der Director des Ritterschafts-Collegii, im Monat März, den zum Creditwerk Verbundenen der verschiedenen Creyse solches zu melden, und wird es übrigens gehalten, wie bey der Wahl des Directoris geordnet worden. Soll in der Zukunft, und wenn einer der angesetzten Räthe abgehet, aus einem andern Creyse, der Ordnung nach, ein neuer Rath gewählet werden; so ist nöthig, daß nicht allein überhaupt Plurima vorhanden seyen, sondern es wird auch insbesondere erfordert, daß Plurima aus dem Creyse, woraus der nachfolgende Rath zu wählen gewesen wäre, vorhanden seyen. Die neuerwählten Räthe werden in der nächsten Versammlung des Collegii vereydet.

§. 76. Zu dem Posten eines Raths bey dem Ritterschafts-Collegio können keine Stände gewählt werden, deren Güter unter gerichtlicher Verwaltung stehen, oder, gegen welche die Direction des Creditwerks selbst Execution zu verordnen genöthiget worden ist. Sobald auch ein würklich gewählter Rath ausser Stande kommt, seine Zinsen richtig abzuführen, und also von Seiten der Direction dieses Werks, oder des Justiz-Collegii, Schulden halber, Execution erhalten hat, so muß er sofort sein Amt niederlegen, und kann ferner bey Taxen, Sequestrationen und andern Verrichtungen, welche dieses Creditwerk angehen, nicht gebrauchet werden. Welches alles auch von dem Directore gilt.

§. 77. Obgleich mit Grunde gehoffet werden kann, daß ein jeder Landstand dieses Amt, und dadurch die Gelegenheit annehmen werde, an dem Besten seiner Mitstände und ihrer Gläubiger zu arbeiten; so wird dennoch dem Gutbefinden der resp. Provinzen und Creyse überlassen, selbige, auf wie viel Jahre sie wollen, zu wählen.

§. 78.

§. 78. Die Ritterschafts-Räthe machen nebst dem Directore das Ritterschafts-Collegium aus, und es sind also die Verrichtungen dieser Räthe beym versammleten Collegio, und außer demselben, von einander unterschieden.

§. 79. Dieses Collegium versammlet sich jährlich zweymal, und zwar den 24. Junii und 24. December. Es setzet seine Sessiones so lange fort, als es die Nothwendigkeit der zu expedirenden Geschäfte erfordert; wenigstens aber bleibt es bis resp. den 19. Julii und 19. Januar.

§. 80. Das Collegium fasset die Schlüsse blos nach Mehrheit der Stimmen, welche nach der Anzahl der Räthe gezählet werden. Bey gleichen Stimmen giebet der Director den Ausschlag.

§. 81. Die Verrichtungen dieses Collegii anlangend: so muß selbiges zuförderst überhaupt Sorge tragen, daß die Grundsätze dieses Creditwerks in sämmtlichen zu seinem Ressort gehörigen Creysen genau beboachtet, alle darwider anstossende Unordnungen vermieden, und hingegen alles, was zur Aufnahme dieses Werks gereicht, befördert und ausgeführet werde.

§. 82. Insbesondere gehört für selbiges:

a) Die Untersuchung des Tituli possessionis derjenigen Güterbesitzer, welche ihre Güter mit Pfandbriefen belegen wollen, und die Beschaffenheit der in Pfandbriefe umzuschreibenden Posten, als worüber das Gutachten des Syndici zu erfordern ist.

b) Die Revision der nothwendig gewesenen und von dem Directore verfügten Taxen.

c) Die Abfassung der Schlüsse, wie hoch auf ein Gut die Ausfertigung der Pfandbriefe bey der Hauptdirection vorgeschlagen werden soll, damit die Hälfte des Werths, der durch die Taxe ausgemittelt ist, nicht überstiegen werde.

d) Die Auszahlung der abzulösenden Pfandbriefe, wenn solche dem Collegio von der Haupt-Ritterschafts-Direction übertragen worden.

e) Die Einnahme der Zinsen und deren Auszahlung an die Creditoren, oder Uebersendung an die Hauptdirection.

f) Die Beytreibung der Rückstände und die Verfügung der darzu erforderlichen Sequestrationen.

g) Die Aufsicht darüber und die Abnahme der Sequestrations- und sämmtlicher Rechnungen der Cassen seines Departements.

h) Die Besorgung, daß von der Haupdirection die zu Ablösung der Pfandbriefe nöthigen Gelder zu rechter Zeit eingehen, wohin auch

i) gehöret, daß der Hauptdirection tempestive angezeiget werde, wie viel Gelder aus der Provinz angeschaffet werden können.

§. 83. Ferner gehöret zu dem Officio der Ritterschafts-Räthe, daß sie die von dem Directore ihnen aufgetragene Taxen vorschriftsmäßig aufnehmen oder revidiren, die von dem Ritterschafts-Collegio angeordnete Sequestrationes vollstrecken, eine genaue Aufsicht über selbige führen, und überhaupt allen Commissionen, welche ihnen von dem Collegio, dem Directore, oder auch unmittelbar von der Haupt-Ritterschafts-Direction in Sachen, welche das Creditwerk betreffen, aufgetragen werden dürften, sich getreulich und ohne Widerrede unterziehen.

§. 84. Die Ritterschafts-Räthe haben eigentlich keinen besondern Rang unter sich. In der Mittelmark und Neumark rangiren die versammleten Räthe im Collegio nach der Ancienneté der Creyse. In der Altmark, Priegnitz und Uckermark hat der zuerst Erwählte, oder der die mehresten Stimmen gehabt, den Vorsitz, allenfalls, wenn die Sache nicht gütlich abgemacht werden kann, entscheidet das Loos, damit aller Streit vermieden werde. Was aber die Ordnung betrifft, wornach die vorkommenden Geschäfte durch sie zu expediren sind; so stehet es bey dem Directore, welchem von den Räthen, nach Beschaffenheit der Umstände, dieses oder jenes Geschäfte aufgetragen werden soll. Es ist jedoch alle Begünstigung oder Prägravation des einen vor dem andern zu vermeiden.

§. 85. Wenn hingegen Generalia, welche die ganze Provinz oder gar das Universum dieses Creditwerks afficiren, in Abwesenheit des Directoris, oder wenn derselbe sonst Verhinderung hat, zu communiciren sind; so werden solche an den ersten Rath des Ritterschafts-Collegii adreßiret, welcher sie seinen übrigen Collegen mittheilet. Der erste Rath ist

in der Altmark, wie vorstehet,
in der Priegnitz, wie vorstehet,
in der Mittelmark, der Rath des Havelländischen Creyses,
in der Uckermark, wie vorstehet,
in der Neumark, der Rath des Soldinschen, oder, wenn aus diesem Creyse kein Rath vorhanden ist, des Königsbergschen Creises.

Sectio III. Von dem Amte und der Verrichtung des Syndici bey dem Ritterschafts-Collegio.

§. 86. Der Syndicus wird von den Güterbesitzern auf eben die Weise, als §. 62. et sqq. bey der Wahl des Directoris gedacht ist, gewählet, und von der Haupt-Landschafts-Commission confirmiret.

§. 87. Wer diesen Posten ambiren will, muß gehörig examiniret, zur Justitz verpflichtet, und in Geschäften geübt seyn; er muß einen ordentlichen Lebenswandel führen, von der Landwirthschaft Begriffe und eine Fertigkeit im Rechnen haben.

§. 88. Wenn diese Eigenschaften von demselben bekannt, oder sonst bescheiniget sind; so wird er zu diesem Posten bestellt, und leistet in die Hände des Dirertoris den Eid, nach anliegendem Formular.

§. 89. In den Departements, wo der Syndicus zugleich Secretarius ist, richtet sich derselbe auch nach demjenigen, was dem Secretario oblieget; es ist daher in solchen Fällen in seinen Eyd mut. mut. dasjenige einzurücken, was in dem Eyde des Secretarii bey der Haupt-Ritterschafts-Direction enthalten ist.

§. 90. Seine Verrichtungen bestehen außerdem in Führung des Protocolls bey den Zusammenkünften des Collegii, in Führung des Registers und Eintragung des Nöthigen in selbiges.

§. 91. Er kann auch bey Aufnehmung der Taxen, wenn das abzuschätzende Gut nicht gar zu weit von dem Sitze des Ritterschafts-Collegii, als dem Orte seines Aufenthalts, entfernt ist, oder es sonst mit seinen Verrichtungen bestehen kann, zugezogen werden.

§. 92. Wenn gleich ein anderer als der Syndicus zum Registrator bestellet ist; so muß er doch die Registratur von Zeit zu Zeit revidiren, und bey der Versammlung des Collegii dafür stehen, daß von dem Registratore alle Sachen gehörig ins Journal eingetragen, daß sie nachhero abgeschrieben, Acta gehörig geheftet, foliiret, mit dem Verzeichnisse des Inhalts versehen, und in der Registratur bewahret werden.

§. 93. In Beurtheilung der Sicherheit bey den Gütern, worauf Pfandbriefe gesuchet werden, muß er pflichtmäßig und sorgfältig, doch ohne unnütze Subtilitäten, sein rechtliches Gutachten auf Erfordern des Directoris abgeben, und zugleich beyfügen, wie der Besitzer des Guts, welcher Pfandbriefe sucht, den ex Actis hervorgehenden Mängeln der Sicherheit am leichtesten und mit den wenigsten Kosten abhelfen könne. Eben so muß er verfahren, wenn eine bereits registrirte Schuld in Pfandbriefe umgeschrieben werden soll, der Inhaber der alten Schuld-Verschreibung aber sich nicht rechtsbeständig legitimiren kann; überhaupt und ohne Ausnahme muß er in allem, wo es auf das Recht ankommt, auf Erfordern des Directoris oder Collegii ein deutliches und mit Gründen unterstütztes Gutachten geben; insbesondere aber assistiret er dem Directori, wenn derselbe vi officii die expedirten Pfandbriefe in das Hypothekenbuch eintragen und an die Creditores ausgeben lässet.

§. 94. So wie das vorstehende vorzüglich zu dem Amte des Syndici gehöret; so lieget auch demselben ob, in allem übrigen, was ihm von dem Collegio oder Directore aufgetragen wird, allen Fleiß und Treue anzuwenden.

§. 95. Sein Amt dauert beständig, es wäre denn, daß er seine Entlassung selbst suchte, oder sich solche durch treuloses und nachläßiges Betragen zuzöge, welches von dem Ritterschafts-Collegio, wozu er gehöret, untersuchet und verfügt werden kann, jedoch der Haupt-Ritterschafts-Direction zur Bestätigung vorgetragen werden muß.

Sectio IV. Von den übrigen zum Ritterschafts-Collegio gehörigen Subalternen.

§. 96. Der Rendant muß alle Gelder nach dem Etat oder den Assignationen, welche ihm von dem Ritterschafts-Collegio ertheilet werden, einnehmen, auszahlen, zu Buche stellen und belegen; er muß auch alle abzulösende Pfandbriefe, oder andere ähnliche Documente, auf Anweiſung des Ritterſchafts-Collegii in Empfang nehmen, und damit eben ſo verfahren, als im vorſtehenden von Einnahme und Ausgabe der baaren Gelder angeführet iſt. Bey Einnahme und Auszahlung der Zinſen führet er die Rechnung und hält ſeine Caſſen-Regiſtratur in guter Ordnung.

§. 97. Der Rendant wird auf eben die Art gewählet, beſtellet und entlaſſen, wie der Syndicus.

§. 98. Das Secretariat iſt entweder mit der Stelle eines Syndici, eines Rendanten oder Regiſtratoris verbunden, und derjenige, dem dieſe Stelle übertragen iſt, muß die Correſpondenz des Directoris und Collegii in allen Angelegenheiten, welche das Creditwerk angehen, treulich führen, die Decrete achtſam extendiren, und über die Expeditiones ein beſonderes Buch halten, worin ſolche nach der Nummer, dem Dato des Decrets, dem Dato der Ausfertigung, nebſt der Nachricht, an wen ſie gerichtet, und wenn ſie abgegangen, eingetragen werden.

§. 99. Derjenige, welcher den Poſten eines Regiſtrators erhält, muß ein Journal von allen einkommenden Sachen führen, woraus erſehen werden kann, wenn ſolche eingegangen und zu den Acten gekommen ſind; Acta muß er in gehöriger Ordnung, und darüber ein Repertorium halten, damit zu allen Zeiten und ohne Hinderniß die erforderliche Nachrichten daraus gegeben werden können. Er muß keine Acten ohne Vorwiſſen des Directoris oder Collegii, und nie ohne Schein, weggeben, damit ſie nicht abhänden kommen. Der Calculator muß alle Rechnungen fleißig durchlegen, die Ausrechnungen ſorgfältig anfertigen, und über alle Rechnungen ein Regiſter halten, woraus erſehen werden kann, wenn ſie zur Calculatur gegeben, und wohin ſie gekommen ſind.

§. 100. Der Canzeliſt mundiret die vorkommende Expeditiones, und nachdem ſolche in der Altmark, Priegnitz und Uckermark von dem Syndico, in der Mittel- und Neumark aber von demjenigen, dem das Amt eines Secretarii übertragen iſt, revidiret ſind; ſo leget er ſie zur Unterſchrift vor, ſiegelt ſie, und ſorget für deren Beſtellung durch die Boten. Er kann auch bey Einnahme und Auszahlung der Intereſſen zum Nachzählen der Gelder und andern dergleichen Verrichtungen gebraucht werden.

Er muß gut und richtig ſchreiben und rechnen können, übrigens aber eine ordentliche Lebensart führen. Sein Amt dauert beſtändig, und er wird eben ſo, wie der Secretair und Regiſtrator von dem Ritterſchafts-Collegio gewählet.

§. 101. Der Bote muß auf das Verſammlunghaus Obacht haben, die Reinigung der Zimmer und deren Heitzung beſorgen, bey den Seſſionen aufwarten, und die Briefe und Decrete beſtellen; in preſſanten Fällen kann er auch zu Verſchickungen gebraucht werden.

§. 102. Dieser bekömmt seine Bestallung von dem Ritterschafts-Collegio, auf den Vorschlag des Directoris, und er muß dazu durch den angehängten Eyd verpflichtet werden.

Sectio V. Von der Registratur des Ritterschafts-Collegii und deren Einrichtung.

§. 103. Es bestehet die Registratur,

Erstens, aus Generalacten, worinn alles enthalten, was das Creditwerk überhaupt und die Provinz, welche unter Aufsicht des Ritterschaftlichen Collegii stehet, im Ganzen angehet, worunter besonders die Correspondenz mit der Haupt-Ritterschafts-Direction begriffen ist.

Zweytens, aus Acten von jedem Creyse, wohin dasjenige gehöret, was nur einen Creys überhaupt angehet.

Drittens, aus Acten von den gehaltenen Versammlungen des Ritterschafts-Collegii, in welchen alle Anschreiben, Hypothekscheine und andere Sachen, imgleichen Generalia, welche die Pfandbriefe betreffen, die auf die in der Provinz gelegenen Güter auszufertigen sind, enthalten seyn müssen. Hieher gehören auch die Protocolle über die Conclusa-Collegii und dasjenige, wornach das Ritterschafts-Collegium bey der Hauptdirection die Ausfertigung der Pfandbriefe in Vorschlag gebracht hat, ingleichen die Abschriften der Documente, worauf sich die in Pfandbriefe umgeschriebene Posten gründen.

Viertens, aus Specialacten von einem jeden Gute, wohin die Taxen und Hypothekenscheine gehören.

Fünftens, aus Specialacten von einzelnen Gütern, wenn sich bey einem Gute etwas extraordinaires, z. E. Sequestrationen und dergleichen ereignen.

Alle diese Acta müssen ordentlich geheftet, foliiret und mit einem accuraten Rotulo versehen werden; auch wird über sämtliche Acten ein Repertorium geführet.

Sectio VI. Von den Registern.

§. 104. Die Register enthalten ein Verzeichniß der Güter, welche in specie für die Pfandbriefe zur Hypotheke gesetzet sind, nebst den darauf ausgefertigten Pfandbriefen und andern dazu gehörigen Nachrichten, nach dem beygehenden Schemate sub signo ♀.

§. 105. Sie werden von dem specialiter darzu vereydeten Syndico geführet, und unter dessen speciellen Aufsicht in der Registratur bewahret.

§. 106. Es darf der Syndicus in selbigen nichts vermerken, als in praesentia entweder des ganzen Ritterschafts-Collegii, oder dessen zu dieser Handlung ernannten Abgeordneten, und wird darüber ein förmliches Protocoll aufgenommen.

§. 107. Der Syndicus hat bey Führung der Register die größte Accuratesse, bey eigener Vertretung, zu beobachten, übrigens aber solche ohne ausdrückliche Verordnung des Collegii von niemanden, als von dem Directore und den Ritterſchafts-Räthen inſpiciren zu laſſen.

Cap. III. Von den Creyß-Verſammlungen.

§. 108. Die Creyß-Verſammlungen werden jährlich zweymal gehalten, und zwar zur Wahl der Deputirten zum Engern Ausſchuß, wobey ein jeder der Theilnehmenden ſein Votum abgiebet, und alſo die Wahl per majora entſchieden wird. Es können bey dieſer Gelegenheit die verbundenen Creyßſtände dasjenige erinnern, was ſie dem Creditwerke nützlich und erſprießlich erachten, damit ſolches ihren Deputirten zur Beſorgung übertragen werden könne. Bey dieſen Verſammlungen wird ſchlechterdings kein anderer, als zum Creditwerk verbundener Güterbeſitzer, zugelaſſen. Diejenigen, welche bey den Verſammlungen nicht in Perſon erſcheinen, und nicht ihre Vollmacht Mitgliedern des Creditwerks übertragen, werden ſo angeſehen, als wenn ſie dasjenige genehmigten, was der größte Theil beſchließt.

Cap. IV. Von der General-Verſammlung der zum Creditwerk Verbundenen.

§. 109. Da der Engere Ausſchuß, welcher aus Deputirten der ganzen Chur- und Neumark Brandenburg beſtehet, alle halbe Jahre zuſammen kommt, ſo bedarf es keines fixirten Termini zur Ausſchreibung einer General-Verſammlung; ſondern es wird dieſelbe, nach dem Beſchluß des Engern Ausſchuſſes, durch den Königl. Commiſſarium zuſammen berufen.

§. 110. Es erſcheinen bey der General-Verſammlung dreymal ſo viel Deputirte, als zum Engern Ausſchuſſe. Sie werden eben ſo erwählet, als von der Wahl der Deputirten zum Engern Ausſchuß geſagt iſt; und zwar erſcheinet in dieſem Fall aus jedem Mittelmärkiſchen Creyſe einer; die Directores erſcheinen zwar dabey, ſo wie bey den Engern Ausſchüſſen, haben aber dabey ebenfalls kein Votum.

§. 111. In dieſer General-Verſammlung präſidiret der Königl. Commiſſarius. Iſt derſelbe durch Abweſenheit, Krankheit oder andere Umſtände, dergeſtalt verhindert, daß er der General-Verſammlung gar nicht beywohnen kann, ſo werden des Königes Majeſtät einen andern, an deſſen Stelle, zu ernennen geruhen.

§. 112. Iſt die Verhinderung temporel, ſo, das der Königliche Commiſſarius dadurch blos von einer oder andern Seſſion zurück gehalten wird, ſo präſidiret der erſte Deputatus aus der Altmark.

§. 113. Das Protocoll führet regulariter der Syndicus der Haupt-Ritterſchafts-Direction. Bey der zur Unterſuchung der Rechnungen der Hauptdirection niedergeſetzten beſondern Commißion, wird ſolches dem Mittelmärkiſchen Syndico übertragen.

§. 114. Der General-Verſammlung wird zuförderſt von der Haupt-Ritterſchafts-Direction ein ausführlicher Bericht erstattet, von allem demjenigen, was das Ganze des Creditwerks oder das allgemeine Interesse aller verbundenen Stände betrifft.

§. 115. Sodann leget die Hauptdirection alle über die verwaltete Fonds geführte Cassen-Rechnungen, welche von dem Engern Ausschusse halbjährig revidiret und abgenommen werden, zur nochmaligen Revision der General-Versammlung vor, wenn solche es nöthig findet.

§. 116. In Fällen, wo es auf die Untersuchung des Betragens der Hauptdirection, welche während der General-Versammlung quiesciret, ankommen möchte, muß dazu eine besondere Deputation ernannt werden.

§. 117. Wenn an dem Creditwerk selbst etwas abzuändern oder zu verbessern ist, welches jedoch niemals auf Eversion der in gegenwärtigem Reglement festgesetzten Hauptgrundsätze abzwecken muß; so wird solches in der General-Versammlung proponiret und ein Conclusum darüber gefasset.

§. 118. Gleichergestalt werden die an die Hauptdirection eingesandte und von ihr, so wie von dem Engern Ausschuß, einer nähern Erwägung würdig erachtete Vorschläge und Entwürfe, welche zur Aufnahme dieses Werks, und zur Beförderung des allgemeinen Credits abzielen, in dieser Generalversammluug in Vortrag gebracht, und über deren Annehmung oder Verwerfung berathschlaget und decidiret; jedoch müssen alle Proponenda zum Engern Ausschuß und zur Generalversammlung sechs Wochen vor dem Termin dieser Versammlung dem Königl. Commissario eingereichet werden.

§. 119. Die bey einer Generalversammlung in Deliberation zu ziehende Sachen werden entweder von der Haupt-Ritterschaftsdirection, oder von dem Engern Ausschusse, oder von einzelnen Provinzen und Creysen vorgeschlagen.

§. 120. Hat ein Creys etwas, so er bey der künftigen Generalversammlung vorgetragen und bestimmt zu haben wünscht, so muß er solches tempestive dem Ritterschafts-Collegio anzeigen, welches alsdann das Nöthige an die Haupdirection gelangen lässet.

§. 121. Hat hingegen die Haupt-Ritterschaftsdirection, oder auch der Ausschuß, dergleichen Propositiones ex officio in Vorschlag zu bringen, über welche die gesammte associirte Stände noch gehöret werden müssen, so müssen solche den Ritterschafts-Collegiis in Zeiten notificiret werden, damit diese darüber in den Creysen votiren lassen, und bey der nächsten Versammlung des Engern Ausschusses darüber ein Beschluß genommen werde.

§ 122. Die Generalversammlung fasset ihre Conclusa nach Mehrheit der Stimmen der gegenwärtigen Deputirten.

§. 123. Alle Conclusa, die Abänderungen oder Neuerungen betreffen, müssen der allerhöchsten Königl. Approbation unterworfen, und erst alsdann, wann sie approbiret sind, vollzogen werden.

§. 124. Nach geendigter Generalversammlung müssen die

Deputirten den Ritterschaftlichen Collegiis, und diese hinwiederum den verbundenen Ständen von demjenigen Nachricht geben, was darin beschlossen worden ist.

§. 125. Die Rangordnung der Provinzen bleibt bey dieser Generalversammlung nach der bisherigen Verfassung.

Cap. V. Von Vollziehung der Beschlüsse und Verfügungen der dem Creditwerke vorgesetzten Collegiorum.

§. 126. Ein jeder Interessent ist schuldig, den Verfügungen der vorbenannten Collegiorum unweigerlich Folge zu leisten.

§. 127. Sollte jemand solche Verfügungen nicht befolgen, sich denselben widersetzen, oder sie wohl gar, besonders bey einzulegenden Sequestrationen, zu hintertreiben suchen; so sind die Vorgesetzten dieses Creditwerks berechtiget, ihren Verfügungen durch landreuterliche Hülfe, nach der Landreuter=Ordnung, Nachdruck zu geben.

§. 128. Die bey Verwaltung dieses Creditwerks angesetzte Officianten müssen besonders den Verordnungen ihrer vorgesetzten Collegiorum Folge leisten, und können dazu durch Geldstrafen, nach Beschaffenheit der Umstände von 2. bis 10. Rthlr., angehalten, wenn sie aber in ihrer Widerspenstigkeit beharren, durch Entsetzung vom Amte bestrafet werden.

Dritter Theil.

Von den Verrichtungen der zur Verwaltung dieses Creditwerks bestellten Collegiorum.

Alle im vorigen Theil angezeigte Collegia haben die Operation mit den Pfandbriefen, wodurch der Credit der Güterbesitzer erhalten und befestiget werden soll, zum Gegenstande ihrer Beschäftigungen.

Zu Ausführung dieser Operation gehöret die Expedition der im ersten Theil beschriebenen Pfandbriefe, die Aufnehmung der darzu erforderlichen Taxen, die Einziehung der Interessen von den Debitoren, und die Vertheilung derselben unter die Creditores, die Beytreibung der Rückstände durch Execution und Sequestration, die Ablösung der Pfandbriefe, welche aufgekündiget werden, durch baare Zahlung, wozu die erforderlichen Gelder entweder negociiret, oder aus dem eigenthümlichen Fond dieses Creditwerks genommen werden.

Cap. I. Von Ausfertigung der Pfandbriefe, und wie dabey zu verfahren ist.

§. 129. Derjenige, welcher Pfandbriefe auf sein Gut stellen lassen will, muß sich deshalb bey dem Ritterschafts=Collegio, in dessen District das Gut belegen, mit Beyfügung des Hypothekenscheines, melden, und dabey zugleich anzeigen, auf wie viel er Pfandbriefe verlange.

§. 130. Hiernächst muß der Director beurtheilen, ob nach dem im Reglement vorgeschriebenen Principiis die Aufnehmung einer Taxe nöthig sey oder nicht.

§. 131. Da die Pfandbriefe auf die Hälfte des Werths

eines Guts ertheilet werden ſollen; ſo ſind zu Beſtimmung dieſes Werthes die Taxprincipia feſtgeſetzt, welche dieſem Reglement annectiret worden.

§. 132. Regulariter, und wenn ſich kein beſonderes Bedenken dabey findet, wird das reſp. Kaufs= und Uebernehmungspretium zum Grunde geſetzet, und zwar dergeſtalt, daß die Pretia ante bellum bis annum 1755. incluſive, in der Regel pro baſi angenommen, bey denjenigen Gütern aber, welche im Kriege oder auch in den nächſtfolgenden Jahren erkauft ſind, darauf geſehen werde, ob dieſes letzte Pretium dem vorhergegangenen einigermaſſen proportioniret ſey, und ſolches nicht, als höchſtens um $\frac{1}{10}$ mehr, überſteige, als in welchem Fall ſich ebenfalls bloß nach dem Kaufpretio gerichtet, und zur Ausfertigung der Pfandbriefe, ohne daß eine Taxe vorhergehen dürfe, bis auf die Hälfte des Werthes, geſchritten werden kann.

§. 133. Dahingegen iſt die Aufnahme einer Taxe erforderlich, Erſtens, wenn die Proportion zwiſchen dem letzten Kaufgelde und dem nächſt vorhergehenden ante bellum gar zu ungleich, und um mehr als den zehnten Theil höher iſt, der Gutsbeſitzer aber ſich bey dem alten Kaufgelde nicht beruhigen will.

Zweytens, wenn das Gut nach dem Kriege wohlfeiler als vor demſelben gekauft und übernommen worden iſt, der Beſitzer aber mehr Pfandbriefe verlanget, als die Hälfte von dieſem letzten niedrigen Werthe ausmachet.

Drittens, wenn ein wahrſcheinlicher Verdacht vorwaltet, daß der Beſitzer zu hoch gekauft habe, oder das Gut bey einer, es ſey vor oder nach dem Kriege, erfolgten Erbtheilung, gegen den Werth, wofür es vorher gekauft war, allzuhoch in Anſchlag gebracht worden iſt.

Viertens, wenn ein Gut durch Veräußerung einiger Grundſtücke ſeit dem pro baſi angenommenen letzten Kaufe geſchwächet worden.

Fünftens, oder wenn es durch Ueberſchwemmungen, Devaſtation der Waldung, durch eine langwierige ſchlechte Bewirthſchaftung der vorigen Beſitzer, oder durch andere Umſtände, eine weſentliche Deterioration erlitten hat.

Sechstens, wenn der Beſitzer behauptet, daß ſein Gut wegen der darauf bewerkſtelligten Hauptmelioration, oder aus andern Urſachen, mehr werth ſey, als wofür er ſolches gekauft und übernommen hat, und daher auf deſſen Detaxation ſelbſt provociret.

Siebentens, wenn ein Gut ſeit einer langen Reihe von Jahren ohne Verkauf und Veranſchlagung von einer Perſon der Familie auf die andere übergegangen iſt, und alſo das letzte Kaufpretium entweder gar nicht conſtiret, oder ſich doch in gar zu entfernte Zeiten hinaus geſetzt findet.

§. 134. Wenn alſo ein Geſuch um Pfandbriefe an den Directorem gelanget; ſo muß derſelbe, mit Zuziehung des Hypothekenſcheines, und des vom Ritterſchaftlichen Collegio zu haltenden Regiſters, (wenn dergleichen ſchon von dem Gute vor=

handen ist) untersuchen, ob nach den in §phis 132. & 133. angeführten Principiis die Aufnehmung einer Taxe erforderlich seyn möchte. Wenn der Director von den Umständen des Guts aus eigener Kenntniß nicht genugsam unterrichtet ist, so muß er mit dem Rathe des Creyses, darinn das Gut lieget, correspondiren, und die erforderlichen Nachrichten vorläufig einziehen.

§. 135. Findet der Director nach dieser Untersuchung, und nachdem er des Syndici Gutachten erfordert hat, daß das Gut zu Ertheilung der verlangten Pfandbriefe ganz offenbar nicht qualificiret ist; so kann er solches dem Gutsbesitzer sofort mit Gründen zu wissen thun, damit dieser, wenn er sich die Gründe gehörig zu widerlegen getrauet, bey dem versammleten Ritterschafts-Collegio, oder bey der Hauptdirection, endlich aber bey dem Engern Ausschuß seine Beschwerden ausführen könne.

§. 136. Ist hingegen die Sache von solcher Beschaffenheit, daß dem Directori wegen Ertheilung der gebetenen Pfandbriefe gar kein Bedenken bleibet; so leget er die Eingabe bis zur nächsten Versammlung des Ritterschafts-Collegii zurück.

§. 137. Wenn endlich das Verhältniß der Umstände eine Detaxation erfordert; so wird solche von dem Directore demjenigen Rath, zu dessen Departement das Gut gehöret, aufgetragen, als welcher solche, ohne den geringsten Zeitverlust, mit Zuziehung des Syndici, oder einer andern zur Justitz verpflichteten Person vornehmen muß.

§. 138. Wenn das Ritterschafts-Collegium zusammen kommt, so distribuirt der Director die in dem abgelaufenen halben Jahr eingekommenen Memorialien und Taxen 14. Tage vor der Versammlung dergestalt, daß die von einem Rath aufgenommenen Taxen einem andern zur Revision zugestellet werden.

§. 139. Die Referenten müssen alle Umstände des Gesuchs genau erwägen, und besonders die Taxen mit den etablirten Principiis, und mit der ihnen vom Gut selbst beywohnenden Kenntniß zusammen halten, und dem Collegio darüber einen ordentlichen schriftlichen Vortrag thun, welches alsdann zum Votiren schreitet, und ein gewisses Quantum ausmittelt, wornach der Hauptdirection, zum weitern Vortrage beym Engern Ausschuß, der Vorschlag, wie hoch das Gut mit Pfandbriefen beleget werden könne, zu thun ist.

§. 140. Es dependiret zwar von dem Gutsbesitzer, in wie viel Pfandbriefe, und auf welche Summen, er dieses Quantum schreiben lassen will; es muß aber die Summe eines Pfandbriefes nie über 1000. Rthlr., und nie unter 50. Rthlr. betragen.

§. 141. Was das Collegium dieserhalb beschließt, muß sofort zu Protocoll gebracht, das Protocoll selbst am Ende einer jeden Session laut vorgelesen, und von dem gesammten Collegio unterschrieben werden.

§. 142. Wenn nun solchergestalt sämmtliche eingekommene Memoriale vorgetragen sind und darauf resolviret ist; so wird sogleich, mittelst Relation, das Protocoll, mit den sämmtlichen Beylagen, dem Hypothekenschein, Documenten und Taxen, an die Hauptdirection, auf Kosten des Gutsbesitzers, franco abgesandt, als welches alles von einem jeden Ritterschafts-Collegio vor dem 1sten August und 1sten Februar eingeschickt werden muß.

§. 143. Wenn die Sicherheit der nachgesuchten Pfandbriefe von der Haupt-Ritterschafts-Credit-Direction beurtheilet worden, so werden solche in der nächsten Versammlung des Engern Ausschusses bewilliget und legalisiret.

§. 144. Die Pfandbriefe werden auf starkes Papier, mit besonders dazu gestochenen Platten und lateinischen Lettern, nach beygehendem Formular sub Signo ⊙, abgedruckt.

§. 145. Diese Platten werden in dem Tresor dieses Creditwerks, wozu zwey Räthe als Curatores Cassae, und der Rendant jeder einen besondern Schlüssel haben, aufbewahret.

§. 146. Die Haupt-Ritterschafts-Direction träget dafür Sorge, daß, zu jeder Versammlung des Engern Ausschusses, eine hinlängliche Quantität von Abdrücken vorräthig sey.

§. 147. Diese werden in Gegenwart der beyden Curatoren und des Rendanten angefertiget, demnächst aber in dem Tresor deponiret, benebst einer Specification, auf welcher die herauszunehmenden und wieder hineinzubringenden Stücke jedesmal ab- und zugeschrieben werden müssen.

§. 148. Damit der Inhaber eines Pfandbriefes nicht nöthig habe, den Pfandbrief zur Interessen-Erhebung der Casse einzuschicken; so kann, auf Verlangen des Pfandbriefsbesitzers, demselben ein besonderer Schein zu Erhebung der Zinsen ausgefertiget werden, alsdann muß aber der Pfandbrief selbst zur Haupt-Casse ad depositum gegeben werden, und enthält der Schein zur Zinserhebung zugleich die Recognition über die geschehene Deposition des Pfandbriefes. Diese Zins- und Recognitionsscheine müssen von denjenigen ausgefertiget werden, welche die Pfandbriefe auszufertigen authorisiret sind; das Schema zu dergleichen Scheinen zeiget die Beylage sub Signo C.

§. 149. Die Zinsscheine werden abgedruckt, und gleichfalls im Tresor asserviret; sie werden mit lateinischen Lettern gedruckt, und mit eben den Solennitäten, als die Pfandbriefe selbst.

§. 150. Bey der Versammlung des Engern Ausschusses wird von einem Rathe, der Haupt-Ritterschafts-Credit-Direction vorgetragen, auf was für Güter, und wie viel nach dem Sentiment der Direction ausgefertiget werden können.

§. 151. Diese werden von dem Engern Ausschuß, per Majora, versaget oder bewilliget.

§. 152. Im erstern Fall wird dem Directori der Provinz aufgegeben, denjenigen, welcher das Ansuchen gethan hat, abschläglich mit Gründen zu bescheiden.

§. 153. Im zweyten Fall wird ein Termin zur Ausfüllung der Pfandbriefe angesetzet.

§. 154. In dieſem Termino bringen die beyden Curatores Caſſae ſo viel Exemplaria von Pfandbriefen und Zinsquittungen, als erforderlich ſind, in den Verſammlungsſaal des Engern Ausſchuſſes, in Begleitung des Rendanten und zweyer Canzeliſten.

§. 155. Daſelbſt werden die bewilligten Pfandbriefe von dem Syndico verleſen, und von dem erſten Canzeliſten ausgefüllet, von dem Rendanten mit der Nummer und dem dato reſp. vom 1. Julii und 2. Januar. verſehen, von einem Curatore Caſſae aber nach der Nummer in ein hiezu beſtimmtes Buch eingetragen; ein gleiches geſchiehet in ein beſonderes Buch von dem Directore der Provinz, zu welcher der Pfandbrief gehöret.

§. 156. Der zweite Curator Caſſae leget zugleich einem jeden Pfandbriefe den dazu etwa erforderten Zinsſchein bey, welchen der neben ihm ſitzende zweyte Canzeliſt mit der Nummer des Pfandbriefes zeichnet, und das Zinsquantum einſchreibet.

§. 157. Die dergeſtalt ausgefertigten Pfandbriefe werden, mit einer Specification der zu jeder Provinz gehörigen Pfandbriefe, in vierfacher Abſchrift, in einen mit 3. Schlöſſern verſehenen Kaſten gelegt.

§. 158. Zugleich wählet der Engere Ausſchuß zwey Deputirte zur Unterſchrift der Pfandbriefe und der Zinsſcheine; aus der Haupt-Ritterſchafts-Direction werden gleichfalls zwey Räthe zu dieſem Behuf ernannt, und werden alsdann, Erſtens, die Pfandbriefe

a. mit dem großen Siegel der Hauptdirection von dem Syndico geſtempelt.

b. von einem Deputato des Engern Ausſchuſſes, einem Rathe der Hauptdirection, und dem Directore der Provinz, zu welcher der Pfandbrief gehöret, unterſchrieben.

Zweitens, die Zinsſcheine werden auf eben dieſe Art ausgefertiget.

§. 159. Das hiezu beſtimmte Hauptſiegel wird, nach davon gemachtem vorgedachten Gebrauch, dem Königl. Commiſſario zur Verſiegelung mit ſeinem Petſchafte übergeben, und ſolchergeſtalt im Treſor der Hauptdirection aſſerviret.

§. 160. Alsdann werden die Pfandbriefe, mit den dazu gehörigen Zinsſcheinen, nach den Provinzen, zu welchen ſie gehören, eingetheilet, und ein jedes Paquet in einen für jede Provinz anzuſchaffenden beſondern Kaſten, welcher mit drey wohlverwahrten Schlöſſern verſehen ſeyn muß, geleget; zu dem erſten Schloß hat der Director der Provinz den Schlüſſel, zu dem zweyten hat ihn der Syndicus der Provinz, und zu dem dritten derjenige, ſo das Hypothekenbuch führet. Von dieſen beyden letzten Schlüſſeln ſind die Doubletten in Verwahrſam im Treſor der Haupt-Ritterſchafts-Direction.

§. 161. Dieſen Pfandbriefen wird eine von den §. 147. und 157. erwähnten Specificationen beygefügt; die zweyte ähnliche Specification erhält die Haupt-Ritterſchafts-Direction, die dritte der Director Provinciae, die vierte aber wird von der Hauptdirection, in continenti, demjenigen, ſo das Hypothekenbuch in der Provinz führet, zugefertiget, mit der Requiſition, die darauf bemerkten Pfandbriefe, wenn ſie durch den Director der Provinz präſentiret worden, ins Hypothekenbuch auf die reſp. Güter zu notiren, und wie ſolches geſchehen, auf die Pfandbriefe zu bemerken.

§. 162. Sobald die Directores in ihre reſp. Provinzen revertiret ſind; ſo verfügen ſie ſich ſogleich mit dem Syndico in die Lehns- oder Hypotheken-Regiſtratur, daſelbſt wird der §. 157. erwähnte Kaſten eröffnet, und derjenige, welcher das Hypothekenbuch führet, trägt ſogleich die Pfandbriefe ein, und notiret auf ſelbigen das Datum, wenn ſolches geſchehen iſt. Der Syndicus notiret neben der Specification, quo folio des Hypothekenbuchs ein jeder Pfandbrief eingetragen worden. Derjenige, ſo das Hypothekenbuch führet, thut ein gleiches auf der ihm von der Hauptdirection zugefertigten, und auf der im Kaſten mitgekommenen Specification, und vermerket die geſchehene Eintragung auf dem Pfandbriefe mit ſeines Namens Unterſchrift.

§. 163. Wenn dieſes geſchehen, werden die Pfandbriefe nach den verſchiedenen Gütern ſortiret, und wieder in den verſchloſſenen Kaſten gelegt, in welchem ſie bis zu dem 2. Julii und 2. Januar, als dem beſtimmten Termin zur Ausgabe der Pfandbriefe, in dem Hypotheken-Regiſtraturgewölbe ſtehen bleiben.

§. 164. An dieſem Tage verſammlet ſich der Director, der Syndicus, und der, ſo das Hypothekenbuch der Provinz führet, in gedachtem Regiſtraturgewölbe, woſelbſt ſich gleichfalls ſowohl diejenigen, welche Pfandbriefe auf ihre Güter ausfertigen laſſen, als diejenigen, welche ſolche annehmen, entweder in Perſon, oder durch einen hinlänglich bevollmächtigten Mandatarium einfinden müſſen.

§. 165. Die Austheilung der Pfandbriefe kann am füglichſten nach der Ordnung der Güter geſchehen; inzwiſchen iſt es auch nicht nöthig, ſich daran ſtricte zu binden, wenn etwa der eine oder der andere Creditor ausgeblieben ſeyn ſollte.

§. 166. Gegen den Empfang des Pfandbriefes muß ein jeder Creditor die bisher in Händen gehabte Documente zurück geben; daß ſolches geſchehen ſey, wird ins Hypothekenbuch notiret, das Document aber, an deſſen Stelle der Pfandbrief tritt, wird ſogleich durchſchnitten und zu den landſchaftlichen Acten gelegt.

§. 167. Mit dieſer Austheilung wird den 2. und 3. reſp. Julius und Januar fortgefahren, und geſchiehet ſolche in dieſen Tagen unentgeltlich. Diejenigen Pfandbriefe, welche in dieſer Zeit nicht abgeholet worden, bleiben in dem mehr erwähnten Kaſten liegen, und müſſen diejenigen, welche terminum verſäumet haben, ſich entweder gefallen laſſen, daß ihre Pfandbriefe bis zum nächſten Austheilungstermin liegen bleiben, oder ſich terminum extraordinarium von dem Directore der Provinz dazu erbitten, und die Kosten, als drey Rthlr. an den Director, zwey Rthlr. an den Syndicus, und zwey Rthlr. an die Registratur Diäten bezahlen. Es versteht sich aber von selbst, daß hieher nicht zu rechnen sey, wenn man, wegen Menge der Pfandbriefe, mit der Austheilung in den bestimmten drey Tagen nicht fertig werden könnte, sondern alle diejenigen, welche sich in dieser Zeit gemeldet, müssen auch schlechterdings ihre Pfandbriefe in den folgenden Tagen unentgeltlich erhalten. Weshalb denn auch der Director der Provinz dahin vorzüglich sehen wird, daß die Auswärtigen, so viel möglich, zuerst ihre Pfandbriefe erhalten.

§. 168. Nach geschehener Austheilung der Pfandbriefe remittiret derjenige, so das Hypothekenbuch führet, das ihm zugefertigte Exemplar der Designation von den ihm zur Eintragung aufgetragenen Pfandbriefen, mit den §. 162. erwähnten Vermerkungen, ad Acta der Hauptdirection. Das zweite von dem Syndico ausgefüllte Exemplar, wird vom Directore ad Acta der Hauptdirection eingesandt, wenn davon bey den Departementsacten Copia behalten worden.

§. 169. Sollte es sich zutragen, daß auf ein Gut, dessen Werth zum Beyspiel 20000 Rthlr. beträget, und worauf für 10000 Rthlr. Pfandbriefe ausgefertiget werden können, jemand zu Bezahlung einer Post von den auf der ersten Hälfte des Werths eingetragenen Debitis einen Pfandbrief verlangte; so ist es deshalb nicht nothwendig, alle 10000 Rthlr. in Pfandbriefe umzuschreiben, sondern die übrigen Creditores können ihre Obligationes behalten, nur müssen sie, in diesem Fall, wenn sie den Pfandbriefen vorstehen, ihrem Schuldner die Zinsen nicht länger, als höchstens auf ein Jahr, stunden, widrigenfalls sie, bey einem entstehenden Liquidationsprocesse, mit mehreren, als einjährigen, Zinsen und Kosten den Pfandbriefen nachstehen.

§. 170. Regulariter kann weder der Creditor den Debitorem zwingen, ihm für seine simple Hypotheke einen Pfandbrief zu geben, noch der Debitor den Creditorem nöthigen, einen Pfandbrief anzunehmen, und sein Hypotheken-Instrument wider seinen Willen zu extradiren.

§. 171. Es kann aber Creditor, der einen Pfandbrief haben will, dem Debitori sein Capital aufkündigen, worauf dieser schuldig ist, ihm entweder baare Zahlung zu leisten, oder den verlangten Pfandbrief zu ertheilen.

§. 172. Eben so kann Debitor, wenn sein Creditor keinen Pfandbrief nehmen will, nichts desto weniger mit dessen Ausfertigung verfahren lassen. Er muß aber demselben sein Capital, und zugleich der Direction dieses Creditwerks den an dessen Statt expedirten Pfandbrief, aufkündigen, mit dem ihm von selbigen verschafften baaren Gelde den Creditorem bezahlen, und solchergestalt das Hypotheken-Instrument, ad cassandum herbeyschaffen.

§. 173. Was die Ehepacten, Materna der Kinder erster Ehe, Cautiones, Substitutionsquanta, und andere dergleichen eingetragene Jura, als Lehnsstamm rc. rc., welche nicht eigentliche Darlehne sind, betrifft; so müssen solche zwar, wenn sie auf der ersten Hälfte stehen, unter der Summe, wie hoch Pfandbriefe zu ertheilen sind, mitgerechnet werden; eine würckliche Umschreibung aber ist alsdann erst möglich, wenn sich der Fall ereignet, daß würkliche Interessen davon bezahlet werden müssen. Z. E. wenn eine Frau von ihren Illatis jemanden etwas cediret, oder den Nießbrauch davon zu ziehen anfängt, wenn die Kinder separatam oeconomiam anstellen, einem Agnaten oder Bruder der Lehnsstamm ausgezahlet wird und dergleichen. In solchen Fällen wird es damit, wie mit andern Hypotheken gehalten.

§. 174. Es stehet auch noch jedermann frey, sich auf seine Güter, ohnerachtet er darauf würklich keine Schulden hat, Pfandbriefe in Vorrath ausfertigen zu lassen, die er entweder auf einen künftigen Nothfall bey sich behalten, oder in Cours bringen, oder der Direction des Creditwerks selbst aufkündigen kann, welche sie eben so gut, als diejenigen, die von andern Creditoribus aufgekündiget worden sind, durch baare Bezahlung abzulösen schuldig ist.

Cap. II. Von Aufnehmung der Taxen, und wie dabey zu verfahren.

§. 175. Die Aufnehmung der Taxen geschiehet allemal von einem Rathe des Ritterschafts-Collegii, und zwar von demjenigen, in dessen Departement das Gut gehöret. Regulariter führet der Syndicus dabey das Protocoll; wenn aber derselbe hieran durch Abhaltung behindert wird, so ist eine andere zur Justitz verpflichtete Person von dem Taxatore zu adhibiren.

§. 176. Wenn der Director nach demjenigen, was oben Cap. I. §. 133. gesagt ist, die Aufnehmung einer Taxe nöthig findet, so ertheilet er dem Rathe des Departements das Commissoriale dazu.

§. 177. Terminus ist dem Extrahenten in Zeiten bekannt zu machen, damit er sowohl die nöthigen Hülfsmittel zu Untersuchung des Guts in Bereitschaft halten, als eine Fuhre für den Commissarium und die Justitz-Person, welche zu Führung des Protocolls von dem Commissario zugezogen wird, besorgen kann. Wenn die Fuhre von dem Extrahenten der Taxe nicht besorget wird, so muß er sich alsdann die extrapostmäßige Bezahlung à 3. Pferde gefallen lassen.

§. 178. Bey der Aufnehmung der Taxe muß nach den Principiis verfahren werden, welche für die Chur- und Neumark überhaupt, oder einen einzelnen Creyß insbesondere, entworfen, und diesem Reglement beygefüget sind.

§. 179. Taxatores müssen sich zwar dabey aller möglichen Accuratesse befleißigen, und ein so wichtiges Werk mit erforderlicher Ueberlegung vornehmen, hingegen aber auch die Commission durch unnütze Weitläuftigkeiten nicht in die Länge ziehen.

§. 180. Die aufgenommenen Taxen muß der Rath, dem dieses Geschäfte aufgetragen gewesen ist, ohne Verzug dem Directori zusenden, und wenn etwa bey dem Gut ein besonderer Umstand obwaltet, solchen specifice bemerken.

§. 181. Wenn eine Taxe, wider alles Vermuthen, allzu hoch gerathen seyn sollte, daraus aber ein Nachtheil erwüchse; so muß untersuchet werden, ob solches

Erstens, von den Taxatoribus herrühre, welches,

a) durch Annehmung unrichtiger Sätze,

b) durch Ueberschreitung der vorgeschriebenen Principiorum, geschehen können, oder

Zweytens, ob solches von Unrichtigkeit der Principiorum herkomme.

§. 182. Im ersten Fall, und zwar

ad a) müssen Taxatores für den Schaden allein haften;

ad b) aber die Taxatores principaliter, und die Revisores der Taxen in subsidium, den zum Creditwerk verbundenen Ständen gerecht werden, und zwar wird dolus und culpa lata nach den gemeinen Rechten, culpa levis aber nur auf drey Jahr nach geschehener Revision der Taxe geleistet.

Im zweyten Fall hingegen, und wenn der Nachtheil aus einem in den Principiis selbst liegenden Fehler herrühret, so muß aller mögliche Nachtheil so übertragen werden, wie Parte I. Cap. I. §. 2. dieses Reglements festgesetzet ist. Die fehlerhaften Principia sind aber bey dem nächsten Engern Ausschusse zu rectificiren.

§. 183. Diese Taxen werden von dem Ritterschaftsrath ohnentgeldlich aufgenommen. Die dabey zu adhibirende Justitzperson erhält 2. Rthlr. Diäten, welche der Extrahent der Taxe, so wie alle übrige Kosten der Taxation bezahlet.

Cap. III. Von Bezahlung der Interessen von den Pfandbriefen.

§. 184. Die Interessen der Pfandbriefe werden von den Debitoribus in halbjährigen Terminen, und zwar den 24sten Junii und 24sten December eines jeden Jahres abgeführet.

§. 185. Debitores führen gegenwärtig die schuldigen Interessen an die Casse der Provinz, wohin das Gut gehöret, in der Münzsorte des Capitals ab. Das Ritterschafts-Collegium distribuiret den 1sten Julius und 2ten Januar und folgende Tage den Creditoren die Interessen, welche sie zu fordern haben, gegen Ablieferung der Zinsscheine, oder sendet sie in eben der Absicht, bey dem Schlusse der Rechnung, an die Haupt-Ritterschafts-Direction.

§. 186. Das Ritterschafts-Collegium versammlet sich den 24sten Junii und 24sten December eines jeden Jahres in der Hauptstadt des Departements, und empfänget daselbst die Zinsen, welche die Güterbesitzer entweder mit der Post franco einsenden, oder selbst überbringen.

Dies geschiehet täglich von 8. Uhr bis 2. Uhr Nachmittags. Die eingehenden Interessen werden von dem Rendanten erhoben und nachgezählet, von demselben und von dem Controlleur zu Buche getragen, und von den Räthen, welche deputirt sind, selbige

selbige in Empfang zu nehmen, in dem Interessen- und Depositalkasten verwahrlich niedergelegt.

§. 187. Dieser Kasten muß von Eisen seyn; er muß drey besondere Schlösser haben, zu welchen die Deputirten der Casse und der Rendant eben so viel besondere Schlüssel haben, damit keiner ohne den andern zur Casse gelangen könne.

§. 188. Außer der Session darf weder der Director, noch ein Deputirter, viel weniger der Syndicus oder Rendant, einige Gelder annehmen, sondern sie müssen diejenigen, die sich bey ihnen melden, zu der Zeit, wenn das Collegium versamlet seyn wird, bestellen.

§. 189. Die mit der Post einkommenden Gelder, welche allemal frankiret seyn müssen, werden zwar an den Directorem adreßiret, dieser aber darf dergleichen ihm eingehändigte Briefe nicht eher, als in pleno des versammleten Collegii, erbrechen, damit die Gelder oder Dokumente sogleich nachgezählet und nachgesehen werden können. Auch werden die Postscheine über die eingegangenen Gelder oder Geldes werthe Documente von dem Directore und einem Curatore Cassae attestiret, wovon das General-Postamt avertiret werden muß.

§. 190. Die Zahlung der Interessen geschiehet in baarem Gelde, und nicht durch Aßignation und Compensation. Es wäre dann, daß ein Gutsbesitzer die in den Interessenterminen zahlbaren Pfandbriefe oder Zinsscheine von den auf seinem Gute haftenden Pfandbriefen einlieferte. Sobald als die Bezahlung einer Post geschiehet, wird solche von einem Deputirten in das Protocoll, und von dem Rendanten in die Rechnungen, von dem Syndico aber in die Controlle, die er über beyde führen muß, bemerket.

§. 191. Den Debitoren werden über die eingezahlten Zinsen gedruckte Quittungen ertheilet, welche von drey Deputirten und zwey Räthen unterschrieben, und von dem Syndico contrasigniret sind; diese Quittungen werden nach der Nummer des Pfandbriefes, wofür die Zinsen entrichtet werden, numeriret, und die Nummern werden sowohl in dem Protocoll, als in den Rechnungen mit eingetragen.

§. 192. In dem Protocoll werden die Zahlungen hinter einander, wie sie geschehen, aufgeführet, und die Summe, der Name des Zahlers, die Nummer der Quittung und das Gut, dessen Pfandbriefe sie betreffen, darinn bemerket. Bey dem Schluß einer jeden Seßion wird das Protocoll mit der Controlle zusammen gehalten, und von sämmtlichen Deputirten unterschrieben.

§. 193. Was die Rechnungen betrifft, so wird dazu ein besonderes Buch gehalten, worinn hinlängliche folia für jedes Gut offen gelassen werden. Es muß also gleich, wenn das Ritterschafts-Collegium zusammen kommt, aus dem Register extrahiret werden, auf welchen Gütern, und wie viel auf jedem Gute Pfandbriefe haften, woraus sich ergiebet, wie viel Intereſſen von jedem einkommen müſſen. Bey erfolgter Zahlung wird ſogleich eingetragen, wie viel darauf bezahlet worden iſt.

§. 194. Die Controlle wird auf eben der Art geführet, und nebſt dem Rechnungsbuche und Protocoll, beym Schluſſe einer jeden Seßion, in dem Depoſitalkaſten mit verſchloſſen.

§. 195. Der Director muß auf dieſen ganzen Actum der Intereſſenzahlung ein wachſames Auge richten, auf die Beobachtung der Vorſchriften halten, und allen Differenzien, die zwiſchen Commiſſarien und Intereſſeaten etwa entſtehen, nach den Grundſätzen des Reglements abzuhelfen ſuchen.

§. 196. In Termino den 1ſten Julii und 2ten Januar müſſen ſämtliche Intereſſen in der Caſſe beyſammen ſeyn, ſonſt haben die Reſtanten die ohnfehlbare executiviſche Beytreibung zu gewärtigen.

Cap. IV. Von Auszahlung der Intereſſen an die Creditores, und wie dabey zu verfahren iſt.

§. 197. Den 2ten Julii und 2ten Januar wird mit Auszahlung der Intereſſen der Anfang gemacht.

§. 198. Zu Vermeidung der Beſchwerlichkeit, welche daraus entſtehet, wenn Creditores ihre Pfandbriefe in jedem Termine, darinn die Intereſſen zu erhalten ſind, an das Collegium, wo ſolche ausgezahlet werden, einzuſenden genöthiget ſind, wird zu einem Pfandbriefe, wenn es verlangt wird, ein beſonderer Zinsſchein, wie oben bereits bemerket worden, welcher ſich auf den Pfandbrief beziehet, dem Creditori gegeben, und bloß auf Vorzeigung dieſes Zinsſcheines der Zins bezahlet werden. Wie dieſe Scheine ausgefertiget werden, ſolches iſt bereits aus dem ſec. Part. 3. Cap. I. §. 148. annectirten Formular zu erſehen.

§. 199. In Anſehung des Verfahrens bey der Auszahlung ſelbſt, der Führung des Protocolls über die Rechnungen, und der Controlle, wird es durchgehends eben ſo gehalten, wie im vorigen Capitel bey der Einnahme der Zinſen verordnet worden.

§. 200. Nach Ablauf von 14. Tagen nach dem Zinstermine ſchließet das Collegium die Caſſe, und formiret aus dem Protocoll den General- und aus den Rechnungen den Specialabſchluß von jedem Gute.

§. 201. Das Collegium revidiret die Rechnungen, und ſowohl der Director als die Räthe atteſtiren ſolches. Ueber die etwa verbliebene Beſtände ertheilet das Collegium den Caſſendeputirten die Decharge. Die Zinſen, welche Creditores nicht in der Stadt, wo ſich das Ritterſchafts-Collegium verſammlet, erhoben haben, werden an die Hauptdirection dergeſtalt überſandt, daß ſolche ſchlechterdings den 18ten Julii und 18ten Januar aus der Provinz abgehen müſſen. Ueber den Empfang dieſer Beſtände ertheilet die Hauptdirection dem Ritterſchafts-Collegio eine Quittung.

§. 202. Den Geldern, welche der Hauptdirection überſandt werden, iſt ein ſpecifiquer Rechnungsextract in duplo beyzufügen, um daraus zu erſehen, auf welche Güter, und zu welchen Pfandbriefen ſie gehören. Dieſen Extract revidiret die Hauptdirection, und ſendet das Duplicat quittirt und dechargirt an das Provincial-Collegium zurück.

§. 203. Nach der Regel werden alle Intereſſen in der Stadt erhoben, wo ſich das Ritterſchafts-Collegium der Provinz verſammlet, unter deſſen Aufſicht das Gut, welches ſpecialiter für den Pfandbrief haftet, belegen iſt. Zu welchem Behuf denn auch auf jedem Bogen der Pfandbriefe und Zinsſcheine bemerket wird, wo die Zinſen zu erheben ſind; dabey aber ſind folgende Ausnahmen:

Wenn jemand ſeinen Pfandbrief oder Zinsſchein binnen 14. Tagen nach dem 1ſten Julii und 2ten Januar nicht einſendet; ſo wird dafür gehalten, daß er ſeine Zinſen für dasmal bey der Hauptdirection in Berlin erheben wolle. Die Zinſen werden alſo zu dem Ende dorthin abgeſandt, wie ſchon in dem vorſtehenden §pho gedacht iſt, und muß der Empfänger in dieſem Fall das Porto von der Stadt, wo er ſie erheben ſollen, bis nach Berlin entrichten.

§. 204. Ein jeder Inhaber eines ſolchen Pfandbriefes oder Zinsſcheines kann die Intereſſen halbjährig nach dem vorſtehenden §pho erheben, oder ſie auch unerhoben länger ſtehen laſſen. Er hat dabey keinen Schaden, als daß er ſolche demnächſt in Berlin erheben muß, wo ſie, wenn ſie auch nicht in der Provinz erhoben ſind, allemal in Termino den 1ſten Februar und 1ſten Auguſt erhoben werden können.

§. 205. Die Hauptdirection beobachtet bey der Auszahlung der Intereſſen eben dasjenige, was den Ritterſchafts-Collegiis vorgeſchrieben iſt, und beleget ihre bey dem Engern Ausſchuß abzulegende Berechnungen mit den abgelöſeten Pfandbriefen, und den über die geſchehene Zinszahlungen reſp. aufgenommenen und eingegangenen Protocollen.

§. 206. Was endlich die Pfandbriefe betrifft, welche der Beſitzer eines Guts entweder in Vorrath für ſich hat ausfertigen laſſen, oder durch baare Bezahlung an ſich gelöſet, und noch nicht caßiret hat; ſo kann derſelbe, ſtatt baarer Einſendung der Zinſen, ſolche überſchicken, wogegen ihm von dem Ritterſchafts-Collegio die Quittung über die bezahlten Zinſen ertheilet wird.

§. 207. Es iſt oben bereits angeführet worden, daß die Intereſſen an den Präſentanten des Original-Pfandbriefes oder Zinsſcheines bezahlet werden, deſſen bloßer Beſitz zur Legitimation hinlänglich iſt.

§. 208. Es können ſich aber die Fälle ereignen,

Erſtens, daß ein Pfandbrief oder Zinsſchein von einem unrechtmäßigen Beſitzer präſentiret wird.

Zweytens, daß zwey Zinsſcheine oder zwey Pfandbriefe von einem und eben demſelben Gute von einerley Nummer und Summe zum Vorſchein kommen, wovon der eine nothwendig falſch ſeyn muß.

Drittens, daß sich jemand für den Eigenthümer eines abhänden gekommenen Pfandbriefes oder Zinsscheines ausgiebet.

§. 209. Was den ersten Fall betrifft, so muß derjenige, dem sein Zinsschein entwendet, oder durch einen andern Zufall abhänden gekommen ist, solches nicht allein sofort auf eben die Art, wie bey gestohlenen oder verlornen Sachen zu geschehen pfleget, durch die öffentlichen Nachrichten dem Publico bekannt machen, sondern er muß auch dem Directori des Ritterschafts-Collegii, wo die Zinsen eigentlich zahlbar sind, zu gleicher Zeit davon Nachricht geben, und ihn requiriren, bey der nächsten Interessenzahlung darauf Acht geben zu lassen, wer diesen Zinsschein präsentiret, welche Anzeige sofort in dem Register angemerket werden muß.

§. 210. Dem Präsentanten wird alsdann der Pfandbrief oder Zinsschein sofort ab- und benebst den darauf fälligen Zinsen als bezahlt ad depositum genommen.

§. 211. Wenn sich der Präsentant hinlänglich legitimiren kann, so werden ihm die Zinsen bezahlet; sollte jemand behaupten, daß er zwar den Pfandbrief oder Zinsschein ausgehändiget, dessen Betrag aber nicht erhalten habe, so hat er die Sache in via juris ordinaria auszumachen, weil niemand den Pfandbrief oder Zinsschein extradiren muß, wenn er nicht zugleich das Recht übertragen will, darauf Capital oder Zinsen zu erheben.

§. 212. Sollte es sich zutragen, daß der unrechtmäßige Besitzer nicht entdecket werden könnte, so bleiben Capital und Zinsen so lange in deposito, bis einer sein Eigenthum bescheiniget.

§. 213. Wer die §. 209. vorgeschriebene Vorsicht nicht anwendet, hat es sich selbst beyzumessen, wenn indessen dem unrechtmäßigen Präsentanten die Interessen verabfolget sind; er muß sodann selbst zusehen, wie er den unrechtmäßigen Inhaber entdecken, und von selbigem durch den gewöhnlichen Weg Rechtens seine Schadloshaltung erhalten könne.

§. 214. Die etwanigen Kosten der vorläufigen Untersuchung, welche das Ritterschafts-Collegium hat anstellen müssen, werden von dem ausfindig gemachten unrechtmäßigen Besitzer, oder, wenn dieser nicht solvendo ist, von dem Extrahenten getragen, und solchenfalls von den in deposito befindlichen Zinsen abgezogen.

§. 215. Anlangend den zweiten Fall, daß nemlich zwey Pfandbriefe oder zwey Zinsscheine von einerley Nummer zum Vorschein kommen, so muß nicht allein überhaupt ein jeder, der einen solchen Pfandbrief oder Zinsschein von einem andern, und besonders einem Particulier, der ihm nicht hinreichend bekannt ist, an sich löset, sondern auch die zur Interessenzahlung ernannte Deputation, die präsentirten Pfandbriefe und Zinsscheine sorgfältig untersuchen, und mit den vorhandenen Pfandbriefs- und Zinsschein-Registern zusammen halten, als wodurch ein Falsum, welches an und für sich selbst, bey den bey der Ausfertigung zu beobachtenden Präcautionen, fast unmöglich ist, sonder Mühe wird entdeckt und unschädlich gemacht werden können.

§. 216. Wenn indessen der unwahrscheinliche Fall sich doch ereignen, und ein falscher Pfandbrief oder Zinsschein präsentiret werden sollte, so muß alsdann derjenige, welcher zuletzt präsentiret wird, sofort ad depositum genommen, auch der Präsentant desselben, wenn er verdächtig, in Verwahrung gebracht, bey dem Judicio abgeliefert, und der Präsentant des Ersten, welchen man aus dem Protocoll ersehen, ausgemittelt werden, da denn durch Gegeneinanderhaltung beyder Documente der ächte von dem nachgemachten ohnfehlbar unterschieden, auch der Thäter ausgemittelt werden kann.

§. 217. Wer etwas in den Pfandbriefen oder Zinsscheinen verfälschet, oder sie gar nachmachet, den belegen die bereits vorhandenen Gesetze, als einen Falsarium, mit nachdrücklicher Leibes- und dem Befinden nach Lebensstrafe.

§. 218. Im dritten Fall, wenn jemand behauptet, daß sein Pfandbrief oder Zinsschein verlohren oder entwandt ist, als welches er in den beyden nächsten Zinszahlungsterminen anzeigen muß, sich aber niemand meldet, welcher solchen zu Hebung der Interessen produciret; so bleiben die Interessen so lange in deposito, bis sich jemand meldet, und den Pfandbrief oder Zinsschein präsentiret.

Unterbleibt dieses in zweyen Zinszahlungsterminen, so muß das Nöthige durch öffentliche Proclamata, Intelligenzien und Zeitungen bekannt gemacht werden, und wenn sich alsdenn niemand in den fünf nächsten Jahren meldet, und den ausgerufenen Pfandbrief oder Zinsschein produciret; so werden sowohl das Capital, als auch die in deposito verbliebene Zinsen, demjenigen ausgezahlet, welcher den Verlust angezeiget hat; trifft hergegen der Fall zu, daß ein Pfandbrief oder Zinsschein in zwey Zahlungsterminen nicht präsentiret wird, und niemand dessen Verlust anzeiget, so wird solcher per publica proclamata ausgerufen, und wenn sich niemand binnen zehn Jahren dazu legitimiret, so fallen die in deposito befindlichen Zinsen der Casse anheim, und das Capital wird auf dem Gute gelöschet.

§. 219. Sollte ein Pfandbrief oder Zinsschein durch einen Zufall bloß unbrauchbar werden, bey dessen Vorzeigung aber derselbe doch noch kennbar seyn, so kann der Innhaber solchen dem Ritterschafts-Collegio aushändigen, und dieses bewürket durch die Hauptdirection bey dem Engern Ausschuß einen andern, welcher dem letztern Innhaber zugestellet wird.

Cap. V. Von Supplirung der zurückbleibenden Interessen und deren Beytreibung, wie auch der den Debitoribus zu ertheilenden Nachsicht.

§. 220 Es ist eines der Hauptgrundgesetze dieses Werks, daß die Interessen in den bestimmten Terminen, sobald die im vorigen Capitul beschriebene Pfandbriefe oder Zinsscheine präsentiret werden, zu entrichten sind.

§. 221. Damit dieser Verbindlichkeit ein Genüge geleistet werden könne, so ist nothwendig, daß:

Erſtens, die Schuldner ihre Intereſſen an die Caſſe prompt bezahlen, und ſolche, wenn ſie zurück bleiben, aus dem Gute mit den ſchleunigſten Executionsmitteln beygetrieben werden.

Zweytens, weil aber auch Fälle vorkommen können, worinn Debitor nicht ohne die offenbarſte Unbilligkeit mit der Execution zu übereilen ſeyn würde, feſtgeſetzet werde, was ſolches eigentlich für Fälle ſeyen, und wie in denenſelben zu verfahren.

Drittens, ſowohl alsdenn, wenn dem zurückbleibenden Schuldner eine Nachſicht verſtattet, als wenn mit der Execution wider ihn verfahren wird, darauf zu denken, woher der nöthige Vorſchuß zu nehmen ſey.

Sectio I. Von Beytreibung der Intereſſen-Rückſtände, und wie dabey zu verfahren.

§. 222. Wenn die zur Einnahme der Intereſſen beſtimmte Tage, und alſo reſp. der 1. Julii und 2. Januar verfloſſen ſind, ſo müſſen die Caſſendeputirte ſofort aus ihren Rechnungen eine Conſignation der Reſtanten, mit den Quantis, welche ſie an Intereſſen und Quittungsgroſchen noch entrichten ſollen, anfertigen, und dieſe Conſignation dem alsdenn verſammleten Ritterſchafts-Collegio vorlegen.

§. 223. Das Collegium giebet ſogleich dem Landreuter auf, die rückſtändige Zinſen binnen acht Tagen beyzutreiben, und dem Gutsbeſitzer wird ſolches notificiret. Wenn die Zinſen vor dem 8. Julii und reſp. 8. Januar nicht eingehen, ſo fertiget das Collegium einem Ritterſchafts-Rath einen Extract dieſer Conſignation zu, und trägt ihm auf, die Sequeſtration auf das Gut eines jeden dieſer Reſtanten einzulegen.

§. 224. Dieſe Decrete müſſen ſchleunig expediret, und von den Räthen befolget werden.

§. 225. Sobald dem Rath ein ſolches Executoriale eingehändiget wird, muß er ſich ohne Anſtand, mit Zuziehung des Juſtitiarii des Orts, oder einer zur Juſtitz verpflichteten Perſon, auf das zu ſequeſtrirende Gut verfügen, und daſelbſt den Sequeſter einſetzen, ohne ſich daran durch die Einwendungen und Klagen des Exequendi im mindeſten hindern zu laſſen.

§. 226. Wenn auf einem Gute ein dem Executori als ein tüchtiger und rechtſchaffener Mann bekannter Verwalter vorhanden iſt; ſo kann dieſem vornemlich, wenn das beyzutreibende Quantum nicht von ſonderlicher Erheblichkeit iſt, die Sequeſtration übergeben, und derſelbe zum Sequeſter vereydet werden. Wenn aber dieſes nicht thunlich iſt, ſo muß der Ritterſchafts-Rath ſofort einen andern geſchickten und ehrlichen Wirthſchafts-verſtändigen bey der Hand haben, welchen er als Sequeſter einſetzet und vereydet. Zu dem Ende müſſen ſich die Räthe in den Creyſen bey Zeiten um die Bekanntſchaft ſolcher Leute bewerben.

§. 227. Dem eingeſetzten Sequeſter wird ſodann die Wirthſchaft nach dem Inventario übergeben, das Geſinde und die Unterthanen werden, auf ſo lange die Sequeſtration dauret, an ihn verwiesen, er selbst aber wird mit einer ausführlichen Instruction, wie er sich bey seiner Administration verhalten solle, versehen. Zu dem Ende müssen von einem jeden Ritterschafts-Collegio dergleichen Instructiones im voraus entworfen, und der Haupt-Direction zur Revision eingesandt werden.

§. 228. Dem Sequester wird die nöthige Wohnung angewiesen; wenn aber der Exequendus denselben in Betreibung der wirthschaftlichen Geschäfte stöhren sollte, so ist er, auf angezeigte gegründete Beschwerde des Sequesters, allenfalls zu exmittiren.

§. 229. Bey Einsetzung des Sequesters muß der Commissarius zugleich die Umstände des Guts und die Verfassung der Wirthschaft untersuchen, auch, wenn er solche in einem schlechten Zustand findet, an den Directorem und das Collegium deshalb berichten.

§. 230. Die Aufsicht über dergleichen sequestrirte Güter hat der Ritterschafts-Rath des Departements; es stehet ihm aber frey, solche einem Benachbarten von Adel, oder andern tüchtigen Wirthschaftsverständigen, zu übertragen, und allenfalls auf die Vorschläge des Güterbesitzers möglichst zu reflectiren. Demjenigen, der die Aufsicht übernimmt, werden, wenn das Gut den in der landschaftlichen Taxe angenommenen Ertrag etwa im Anfange nicht gleich gewähret, zwey pro Cent von dem würklichen Ertrage, wenn aber der Haupt-Ertrag erreichet wird, vier pro Cent, und wenn mehr einkömmt, noch der zehnte Theil von dem Ueberschuß, nach geendigter Sequestration, von dem Ritterschafts-Collegio zugebilliget. Die Ober-Aufsicht behält stets der Rath des Departements.

§. 231. Der Curator muß die Wirthschaft fleißig revidiren, und den Sequester dazu anhalten, daß er solche ordentlich, und seiner Instruction gemäß betreibe.

§. 232. Der Sequester muß dem Curator die Monatsschlüsse übergeben, diese revidiret derselbe, machet dagegen nöthigen Falls Monita, vernimmt den Sequester dagegen vorläufig ad Protocollum mit seiner Verantwortung, und sendet sodann gedachte Monatsschlüsse an den Creysrath, welcher sie mit Bericht dem Directori mittheilet.

§. 233. Gleichergestalt muß er den Sequester anhalten, daß er mit dem Schlusse eines jeden Monats die vorhandenen baaren Bestände an den Directorem einsende, und sich mit einer Quittung desselben legitimire. Wenn die Einnahme vom Gut in einem Monat beträchtlich ist; so muß der Curator prüfen, ob er solche durch den Sequester erheben lassen könne, widrigenfalls er deshalb sichere Maaßregeln nehmen muß. Wenn kein Curator zu bekommen, oder die Sequestration nur von kurzer Dauer ist; so lieget dem Rathe des Departements ob, alles dasjenige selbst zu besorgen, was in den vorstehenden §phen von den Verrichtungen des Curatoris enthalten ist.

§. 234. Die Sequestration dauert regulariter so lange, bis die rückständigen Zinsen eingekommen, und die aufgelaufenen Kosten sowohl, als dasjenige, so etwa zu Wiederherstellung des taxmäßigen Werths des Guts nöthig gewesen, herbeygeschafft worden. Sollte aber die Sequestration mit Ablauf eines Jahres nicht aufhören können, und mit Gewißheit voraus zu sehen seyn, daß solche noch eine geraume Zeit dauern werde; so ist das Gut auf 6 Jahre zu verpachten, und dazu vom Collegio ein Termin vor dem Creysrath anzusetzen, bey welchem der Syndicus, oder eine andere zur Justitz vereydete Person, das Protocoll abhält. Wer das Meiste bietet, und gehörige Sicherheit bestellet, auch in allem sich der Untersuchung des Ritterschaftlichen Departements-Raths und den Sprüchen des Ritterschafts-Collegii unterwirft, dem ist die Pacht des Guts, bis auf Genehmigung des Collegii, zuzuschlagen, und das Gut von dem Departements-Rath zu übergeben. Processe werden in Pachtungssachen nicht gestattet; der Pächter hat aber die Freyheit, sich an die Hauptdirection, und endlich an den Engern Ausschuß zu wenden, wenn er sich gravirt achtet. Er muß aber bis dahin, wenn ein anderes von dem Ritterschafts-Collegio oder der Hauptdirection festgesetzet wird, dasjenige befolgen, was selbige recht befunden haben. Da die Pachtanschläge nach den Sätzen der Königlichen Aemter gemacht werden; so kann dem Pächter niemals Remission versprochen und zugebilliget werden, als wenn in ähnlichen Fällen bey den Königlichen Aemtern Remission bewilliget wird.

§. 235. Wenn bey Einsetzung des Sequesters das Gut, nach dem commissarischen Bericht, es sey an Ackerbau, Viehstand, Wirthschaftsgebäuden oder sonst in einem deteriorirten Zustande befunden würde; so stehet dem Ritterschafts-Collegio frey, die Sequestration so lange fortzusetzen, bis das Gut verpachtet wird, als welche Verpachtung in allen Fällen von der Sequestration befreyet; nur muß der Pächter angewiesen werden, die Pacht, so weit es nöthig ist, dem Ritterschafts-Collegio, bey Strafe doppelter Erstattung, zu bezahlen, als welches auch bey denjenigen Gütern statt findet, welche zur Zeit der einzulegenden Execution bereits verpachtet sind.

§. 236. Wenn auch ein Debitor sich als einen schlechten Wirth bekannt gemacht hat, und die Interessen verschiedenemal hinter einander haben beygetrieben werden müssen, wobey sein Gut allemal in schlechtem Wirthschaftsstande befunden worden ist; so kann mit der Sequestration so lange continuiret werden, bis sich der Schuldner zur Verpachtung entschließet

§. 237. Die Abnahme der Sequestrationsrechnungen geschiehet von dem Rathe, welcher den Sequester eingesetzet hat; es muß also der Schluß dieser Rechnungen dergestalt reguliret werden, daß, sobald als die Sequestration zu Ende ist, oder sonst kurz vor Versammlung des Ritterschafts-Collegii solche erfolget, damit der Rath in der Versammlung von demjenigen, was er befunden hat, zur weitern Verfügung Bericht erstatten, das Collegium aber festsetzen könne, ob und wie die Sequestration fortgesetzet oder aufgehoben werden soll. Nur das versammlete Provinzial-Collegium ist authorisiret, dem Sequester seine Decharge zu ertheilen.

§. 238. Der Debitor exequendus ist bey Abnahme der Rechnungen allemal mit zuzuziehen. Es müssen ihm daher die Monatsschlüße vorgeleget werden, damit er seine Monita dawider binnen einer gewissen Zeit einbringen könne, als auf welche sodann von dem Rathe und dem Collegio mit zu reflectiren ist. Es müssen jedoch keine ungegründete Monita angenommen, und dem Debitori zu viel gegen den Sequester eingeräumet werden. Ist ein Curator, wie §. 230. gedacht ist, bestellet worden; so wird dessen Zeugniß in den mehresten Fällen hinreichen, die etwa entstehende Differenzien hinlänglich zu erläutern.

§. 239. Die Verfügungen des Curatoris, und die Handlungen des Sequesters, in so ferne sie den Verfügungen des Erstern gemäß sind, darf Debitor nicht beurtheilen, noch weniger aber hindern, sondern derselbe hat dasjenige, was er mit Grunde gegen den Curator und die Sequestration erinnern zu können glaubet, dem Ritterschafts-Collegio oder Directori bey Zeiten anzuzeigen. Wenn er dergleichen Anzeigen zu thun unterlässet; so kann auf diejenigen Monita, welche er bey der Rechnungsabnahme deshalb machet, ganz oder gar nicht geachtet werden.

§. 240. Wenn der Schuldner oder der Sequester mit der Entscheidung des Ritterschafts-Collegii nicht zufrieden sind; so ist ihnen unbenommen, ihre Beschwerden an die Haupt-Ritterschafts-Direction gelangen zu lassen, welche, nach der Beschaffenheit der Umstände, eine nähere Untersuchung, aus einem benachbarten Ritterschafts-Collegio, auf Gefahr und Kosten des Succumbirenden verordnen, und sodann die Sache entscheiden kann.

§. 241. Wollen die Partheyen dabey sich nicht beruhigen, so stehet ihnen frey, sich an den Engern Ausschuß zu wenden, welcher alsdann das Erforderliche endlich verfügen und festsetzen kann.

§. 242. Da der Sequester in Administrationssachen lediglich den Collegien des Creditwerks unterworfen ist, so werden auch alle Streitigkeiten, die selbige zum Vorwurf haben, von solchen entschieden; betreffen sie hingegen andere Gegenstände, so gehöret das Erkenntniß vor den ordentlichen Richter.

§. 243. Ausser den Fällen, in welchen die Haupt-Ritterschafts-Direction aus eigener Bewegung die Sequestration verordnet, geruhen des Königs Majestät festzusetzen, daß alle Executiones, welche von Seiten der Landes-Justizcollegiorum gegen den Besitzer eines dem Ritterschaftlichen Creditwerke verpfändeten Guts verfüget worden, in so ferne solche das Gut selbst, oder die dazu gehörenden Inventaria und Producten, angehen, der Hauptdirection desselben zur Vollstreckung aufgetragen werden sollen. Es verstehet sich also von selbst, daß die Justitz-Collegia, nach wie vor, auf Wechselklage wider den Besitzer eines dem Creditwerke verpfändeten Guts, Execution in das Mobiliarvermögen und Pretiosa, so wie Personal-Arrest verfügen können.

§. 244. Wenn also ein hypothekarischer Gläubiger wider den Besitzer eines dem Ritterschaftlichen Creditwesen verpfändeten Guts bey dem Landes-Justitzcollegio seine Forderung einklaget, und Sequestration auswürket; so wird die Haupt-Landschaftsdirection, auf Requisition des Landes-Justitzcollegii, die Sequestration verfügen.

§. 245. Es müssen also in diesem Falle die Monatsschlüsse von dem Sequester ebenfalls an den Curatorem, den Rath, und von diesem an den Directorem eingesandt werden, welcher solche, mit Beyfügung seines Gutachtens, ohne Verzug an die Haupt-Landschaftsdirection, zur Beförderung an das Justitz-Collegium, sendet.

§. 246. Was hingegen die Bestände anlanget, so muß der Sequester gleich bey seiner Einsetzung ein für allemal angewiesen werden, daß er, vor allem andern, unmittelbar nach den oneribus publicis auf Herbeyschaffung der Interessen von den Ritterschaftlichen Pfandbriefen bedacht seyn müsse, auch die dazu erforderlichen Gelder allemal von den zuerst eingehenden Revenüen an den Director des Ritterschaftlichen Collegii einzusenden, und zugleich auf das Retablissement des Guts sein Augenmerk zu richten habe. Die alsdann noch übrigen Bestände hingegen müssen von dem Director ad depositum des Justitz-Collegii eingesandt werden.

§. 247. Die Direction der Wirthschaft während der Sequestration ist der Ritterschafts-Credit-Direction überlassen, als welche überhaupt, so wie im vorigen Fall, durch ihre Räthe und den angesetzten Curatoren, für deren ordentliche Betreibung Sorge tragen muß.

§. 248. Wenn dem Extrahenten der Sequestration ein Genüge geschehen ist, oder derselbe sonst in deren Aufhebung williget; so kann solche sofort verfüget werden.

§. 249. Die Rechnung wird in solchen Fällen, wo die Execution von dem Justitz-Collegio verordnet worden, von dem Sequester bey demselben abgeleget, doch bleibet der Haupt-Ritterschafts-Direction deren vorläufige summarische Revision vorbehalten, und es wird dieselbe ihre Erinnerungen dabey, zur Erläuterung der Sache, dem Justitz-Collegio communiciren. Ueberhaupt ist der Sequester, sowohl wegen seiner Administration, als wegen Verwendung der Gelder, immer responsable.

§. 250. Wenn der Creditor hypothecarius durch die Sequestration seine Befriedigung nicht erhalten kann, und dahero auf die Subhastation anträget, auch es endlich zur Eröffnung eines Liquidations- oder Concursprocesses kommt; so wird dadurch in der Verfassung der Sequestration nichts geändert, sondern es müssen die eingehenden Revenues, nach wie vor, hauptsächlich zu Bezahlung der auch pendente concursu fortlaufenden Zinsen von Pfandbriefen, und zum Retablissement des Guts, verwandt werden, der Ueberrest aber wird an das Justitz-Collegium, vor welchem der Proceß schwebt, eingesandt.

Sectio II. Von der den verunglückten Debitoribus zu verſtattenden Nachſicht der Zinſen.

§. 251. Es erfordert ſowohl die Pflicht als der Vortheil der zum Creditwerk Verbundenen, daß denjenigen Schuldnern, welche nicht durch ſchlechte Wirthſchaft, ſondern durch ungewöhnliche Unglücksfälle auſſer Stand geſetzet werden, ihre Zinſen auf einen oder den andern Termin prompt abzuführen, eine billige Nachſicht verſtattet werde.

§. 252. Damit aber dieſe Nachſicht in keinen andern, als ſolchen Fällen, wo die Nothwendigkeit ſolche würklich erfordert, bewilliget, und von unordentlichen und nachläßigen Wirthen nicht gemißbrauchet werden möge, ſo kann dieſelbe nicht anders, als auf vorgängige Unterſuchung verſtattet werden.

§. 253. Bey dieſer Unterſuchung iſt zuförderſt darauf zu ſehen, ob der Beſitzer etwa an ſeinem Unglücke ſelbſt Schuld ſey, als in welchem Fall ihm keine Nachſicht der Zinſen verſtattet wird.

§. 254. Der Unglücksfall muß ferner ſo groß ſeyn, daß das Gut nicht ſo viel träget, als in dem vorſtehenden Termin zur Bezahlung der Zinſen von den Pfandbriefen erfordert wird. Es kann alſo nicht ein jeder Ausfall an den Revenüen, bey dieſer oder jener Rubrike eines Gutes, dem Beſitzer eine dergleichen Nachſicht gewähren.

§. 255. Hiernächſt muß auch der Debitor den ihn betroffenen Unglücksfall, nach deſſen Erfolg, ſofort dem Directori der Provinz anzeigen; wenn er ſolches unterläſſet, ſoll er damit nicht ferner gehöret, ſondern mit der Sequeſtration ohne fernere Rückſicht verfahren werden. Wie denn auch der Unglücksfall reſp. vor dem letzten April und vor dem letzten September angezeiget ſeyn muß, wenn die Zinsſtundung auf den nächſten Zinstermin Statt finden ſoll.

§. 256. Auf Anzeige des Verunglückten muß der Director die erforderliche Unterſuchung einem der Räthe des Collegii auftragen, welcher die Sache nach obigen Principiis pflichtmäßig unterſuchet, ein umſtändliches Protocoll darüber aufnimmt, und ſolches mit ſeinem gutachtlichen Bericht und einer detaillirten Specification der gewöhnlichen Revenüs des Guts, und des dabey durch den Unglücksfall ſich ereigneten Verluſts, an den Director einſendet.

§. 257. Der Director ſendet dieſen Bericht nebſt den Anlagen ſogleich an die Haupt-Ritterſchafts-Direction ein, welche darauf, nach Maaßgabe des Reglements und der Vorſchläge des Directors, verfüget: ob und wie lange die Zinſen geſtundet werden können; regulariter kann aber dieſe Stundung nur auf ein halb Jahr bewilliget werden.

§. 258. Mit Ablauf dieſer Zeit muß der Schuldner das rückſtändige Quantum zur Provinzial-Caſſe ohnfehlbar abführen, oder gewärtigen, daß ſolches, ohne einige weitere Entſchuldigung anzunehmen, mit aller Schärfe beygetrieben werde.

Sectio III. Von Supplirung der ausbleibenden Interessen und Berechnung der eingehenden Reste.

§. 259. **Aus dem, was im Vorhergehenden gesagt worden, erhellet, daß Fälle vorkommen können, wo nicht alle Interessen in den festgesetzten Terminen so prompt eingehen, als es die den Creditoribus zu leistende pünktliche Bezahlung erfordert, mithin solche von der Haupt-Ritterschafts-Direction zu suppliren seyn werden.**

§. 260. Dieses geschiehet entweder aus dem eigenthümlichen Fond des Creditwerks, welcher zu dergleichen Bedürfnissen hauptsächlich bestimmt ist, und woraus die erforderlichen Vorschüsse genommen, nach eingegangenen Resten aber in 6 Monaten mit Interessen zurückgezahlet werden.

§. 261. Falls aber die Hauptdirection sich dessen nicht bedienen will; so ist sie befugt, durch aufzunehmende Darlehne die erforderlichen Gelder in Zeiten herbey zu schaffen, daher denn nicht nur die Debitores selbst, sondern auch der Credit-Departements-Rath dem Directori, und dieser der Haupt-Direction, spätestens zwey Monate vor dem Interessenzahlungstermin anzuzeigen haben, wo etwa Zinsen ausbleiben möchten, damit die Haupt-Direction auf Mittel bedacht seyn könne, die erforderlichen Gelder durch aufzunehmende Darlehne in Zeiten herbeyzuschaffen.

§. 262. **Dieses wird vornehmlich bey denenjenigen Interessen geschehen, in Ansehung derer dem Debitori eine Nachsicht accordiret worden, und von welchen man also mit Gewißheit und tempestive voraussehen kann, daß solche nicht zu rechter Zeit eingehen werden.**

§. 263. Derjenige, welcher zu Supplirung der rückständig gebliebenen Interessen Vorschuß machet, hat damit eben das Recht, als die Pfandbriefe selbst, und wenn ihm sein Vorschuß nicht in dem stipulirten Termino zurück gezahlet wird; so muß ihm auf seine bloße Anzeige, und ohne Verursachung der geringsten Kosten, eben die Execution sofort und ohne den mindesten Anstand accordiret werden, mit welcher das Ritterschaftliche Creditwerk eigene rückständige Zinsen von den säumigen Schuldnern beyzutreiben berechtiget ist.

§. 264. Es muß also ein dergleichen Creditor sich von demjenigen, welchem er den Vorschuß machet, einen von der Haupt-Direction ausgestelleten Revers ertheilen lassen, worinn diese bescheiniget, daß die Gelder quäst. zur Bezahlung der Pfandbriefs-Interessen für einen gewissen Termin geliehen und verwendet worden, und worinn ihm zugleich, in casu morae, die reglementsmäßige Execution versichert wird.

§. 265. Damit aber auch aller Mißbrauch vermieden werde, so kann dieser Revers und die darinn stipulirte Execution nur auf ein halbes Jahr, nehmlich von einem Zinstermin zum andern, gelten, und muß daher ein solcher Creditor, nach dessen Ablauf, die Execution sofort extrahiren, oder den Verlust seiner Priorität gewärtigen, es wäre denn, daß er die Prolongation des ihm ertheilten Reverſes geſuchet und erhalten hätte, in welchem Fall aber die Reverſe umgeſchrieben, der alte Vorſchuß als ein neues Darlehn auf den currenten Termin gerechnet, und die alten Reverſe caßiret werden müſſen, dergeſtalt, daß niemals ein höherer als halbjähriger Rückſtand aufſchwellen kann.

§. 266. Die Rückzahlung ſolcher Darlehne geſchiehet nicht eher, als bey der nächſten Provinzialverſammlung.

§. 267. Aus allem dem, was bishero geſaget worden, folget von ſelbſt, daß bey jedem Provinzial-Departement, ſo wie auch bey der Hauptdirection, außer der Intereſſen-Rechnung, noch eine beſondere Reſtenrechnung gehalten werden muß, da denn die Deputirten, welche in den Intereſſenzahlungsterminen die Caße verwaltet haben, aus den Zinsrechnungen extrahiren, wie viel Zinſen ein Gutsbeſitzer rückſtändig geblieben, und woher ſolche genommen worden. Hiernächſt aber muß von dem Directore und Syndico angemerket werden, zu welcher Zeit die Reſte eingekommen ſind, welches denn auch bey der Hauptdirection, in Anſehung der von dem Provinzial-Departement zu überſendenden Zinſen, gleichergeſtalt geſchehen muß.

§. 268. Es müſſen alſo ſowohl die Sequeſters von den ihnen übergebenen Gütern, als auch die Debitores, welche wegen der Zinſen Nachſicht erhalten haben, die fälligen Gelder an die Provinzial-Caſſe bezahlen, welche ſie ſofort in die Rechnungen gehörig eintragen, und das baare Geld in die Hauptcaſſe übermachen muß.

§. 269. Alle dergleichen Reſtrechnungen werden von der Hauptdirection dechargiret, bey der nächſten Verſammlung des Engern Ausſchuſſes vorgeleget, und von dieſem, nebſt den übrigen Rechnungen, durchgelegt und quittiret.

§. 270. Die Intereſſen und ſpeciellen Sequeſtrations-Rechnungen, nebſt den quittirten Reverſen dererjenigen, welche die Vorſchüſſe zu Supplirung ſothaner Reſte geleiſtet, und ſolche wieder bezahlt erhalten haben, ſind die Beläge, wodurch die Rechnungen, ſowohl bey den Provinzial-Caſſen, als bey der Hauptcaſſe, juſtificiret werden.

Cap. VI. Von Aufkündigung der Pfandbriefe und deren Ablöſung durch die Ritterſchafts-Credit-Direction.

§. 271. Es ſtehet bereits feſt, daß derjenige, welcher ſeinen Pfandbrief in baares Geld verwandeln will, ihn der Hauptdirection ein halbes Jahr vorher aufkündigen muß.

§. 272. Hierdurch wird indeſſen, wie ſich von ſelbſt verſtehet, niemanden die Freyheit benommen, ſolchen auch privatim an einen andern Particulier zu veräußern.

§. 273. Die Aufkündigung muß bey dem Provinzial-Departements-Collegio, wozu der Pfandbrief gehöret, in einem von den Intereſſenterminen, mit Präſentation des Pfandbriefes ad Protocollum geſchehen, worauf der aufgekündigte Pfandbrief ad Depoſitum genommen, dem Creditori aber ſtatt deſſen ein Recognitionsſchein ertheilet wird, wovon die Hauptdirection mit Einſendung des Protocolls benachrichtiget werden muß.

§. 274. Dieſer Recognitionsſchein muß auf den nächſten Termin wiederum präſentiret werden, und erhält der Eigenthümer dagegen ſeine Bezahlung, nebſt den während dieſer Zeit fällig gewordenen halbjährigen Zinſen, bey dem Provinzial-Departement, wozu das Gut gehöret.

§. 275. Es muß alſo das Haupt-Credit-Directorium für Herbeyſchaffung der erforderlichen Gelder zu Honorirung ſolcher Aufkündigungen Sorge tragen.

§. 276. Dieſe Gelder müſſen entweder

erſtens, durch Subſtituirung eines andern Creditoris, der den aufgekündigten Pfandbrief an ſich kaufen will, welches der Director der Provinz auf dem Pfandbriefe bemerkt, oder

zweytens, aus dem eigentlichen Fond des Creditwerks, herbeygeſchafft werden

§. 277. Was den erſten und gewöhnlichen Modum betrifft; ſo muß die Creditdirection ſich dazu die ihr angebotenen einländiſchen Capitalia zu Nutze machen.

§. 278. Wenn nicht beſondere Bedenklichkeiten vorhanden ſind; ſo kann der Creditor, welcher aufkündiget, ſofort brevi manu an denjenigen, der ſeinen Pfandbrief übernehmen will, gewieſen werden, und ſtehet dieſen beyden alsdenn frey, ſich wegen der Zeit und des Orts der Bezahlung, und überhaupt aller andern Modalitäten, mit einander zu vergleichen, jedoch dergeſtalt, daß wenn darüber Irrung unter ihnen entſtehen ſollte, die Direction ſchuldig iſt, ſolche beyzulegen, ſo daß weder dem alten noch dem neuen Creditori die geringſten Weitläuftigkeiten oder Koſten verurſachet werden können.

§. 279. Sollte die Anweiſung Schwierigkeiten finden, und etwa dieſer oder jener ſich mit dem andern privatim nicht einlaſſen, ſondern ſein Geld ſchlechterdings nicht anders, als an die Direction zahlen, oder von derſelben erheben wollen; ſo muß alsdann der alte und neue Creditor vor dieſelbe beſchieden werden, woſelbſt die Auswechſelung des Geldes gegen den Pfandbrief geſchiehet.

§. 280. Wenn der Director in ſeinem Departement die erforderlichen Fonds, um allen geſchehenen Aufkündigungen zu begegnen, nicht herbeyſchaffen kann; ſo muß er ſolches ſofort, und ohne den mindeſten Zeitverluſt, der Hauptdirection anzeigen, welche ihm aus ihrem Generalverzeichniß der geſuchten und im Lande vorhandenen Gelder die erforderliche Auskunft ertheilet, wohin er ſich dieſerhalb zu wenden oder die Creditores anzuweiſen habe.

§. 281. Wenn ein Debitor einen auf ſeinem Gut haftenden Pfandbrief ſelbſt ablöſen will; ſo muß er ſolches der Haupt-Direction durch die Departements-Direction anzeigen, welche auf den nächſten Intereſſentermin die Aufkündigung an den Präſentanten und dermaligen Beſitzer des Pfandbriefes ergehen läſſet, und ſolchen ad Depoſitum nimmt, bis die würkliche Ablöſung in dem folgenden Termin geſchiehet.

§. 282. Die Bezahlung muß der Debitor mit baarem Gelde leiſten, und kann dem Creditori wider ſeinen Willen kein anderer Pfandbrief aufgedrungen werden, ſondern, wenn der Debitor einen Pfandbrief beſitzet, und den auf ſeinem Gute haftenden damit einlöſen will; ſo kann er zu gleicher Zeit, da er ſeinem Creditori den Pfandbrief aufkündiget, auch in Anſehung des einzulöſenden Pfandbriefes die Aufkündigung an das Creditwerk ergehen laſſen, und ſich ſolchergeſtalt das erforderliche baare Geld verſchaffen.

§. 283. Es bleibet übrigens dem freyen Willen des Debitoris überlaſſen, ob er dergleichen eingelöſete Pfandbriefe caßiren, oder ſolche an ſich behalten, und nach dem, was oben geſagt worden, die Zinſen ſich ſelbſt bezahlen will.

§. 284. Die Caſſation geſchiehet vor dem verſammleten Engern Ausſchuß, welcher alsdenn den caßirten Pfandbrief in den Regiſtern löſchen läſſet, da er denn in den Hypothekenbüchern gleichfalls gelöſchet wird.

Cap. VII. Von den eigenthümlichen Fonds des Creditweſens und deren Adminiſtration.

§. 285. Die Einkünfte und die Zinſen von den eigenthümlichen Fonds des Creditwerks werden verwendet,

erſtens, zu deſſen Unterhaltung, und

zweytens, die zurückbleibenden Zinſen vorzuſchießen.

§. 286. Zu den Koſten, welche dem Creditwerke zur Laſt fallen, gehören die Unterhaltung der Haupt-Ritterſchafts-Direction, die Beſoldung der Directoren, Räthe, Syndicorum und Subalternen, bey den Collegiis, die Beſorgung des nöthigen Gelaſſes zur Caſſe, Regiſtratur und Verſammlung der Collegiorum, der Schreibmaterialien und übrigen Bedürfniſſe.

§. 287. Zu dieſen Bedürfniſſen hat das Creditwerk folgende Fonds:

Erſtens, die Zinſen von dem von Sr. Königl. Majeſtät allerhuldreichſt accordirten Capital,

Zweytens, die Ausfertigungsgebühren für die Pfandbriefe a ½ pro Cent, welche der Debitor bezahlen muß,

Drittens, den Quittungsgroſchen.

§. 288. Die Beſtände ſind, ſo viel möglich, in Pfandbriefe zu verwandeln, damit ſie dem Werke zu Nutzen kommen, mithin der Deckungs- und Amortiſations-Fond vermehrt werde.

Cap. VIII. Von den Depoſitis des Creditwerks und deren Adminiſtration.

§. 289. Es ſind verſchiedene Fälle möglich, da ſowohl baare Gelder, als Pfandbriefe, ad Depoſitum kommen können.

§. 290. Zu dem letzten gehöret,

Erſtens, wenn das Eigenthum eines Pfandbriefes oder Zinsscheines streitig ist, oder solche für unächt und nachgemacht ausgegeben werden.

Zweytens, wenn Pfandbriefe aufgekündiget, und bis zur erfolgenden Bezahlung ad Depositum gegeben werden.

Drittens, wenn das Creditwerk einen Theil seines eigenthümlichen Fonds in Pfandbriefe verwandelt hat.

§. 291. Baare Gelder hingegen können ad Depositum kommen,

Erstens, wenn die Interessen eines streitigen Pfandbriefes oder Zinsscheines von den Directionen eingenommen, und bis zur Beendigung der Sache verwahret werden.

Zweytens, wenn ein Theil des eigenthümlichen Fonds des Creditwerks nicht in Pfandbriefe hat umgesetzet werden können, folglich baar aufbehalten werden muß.

§. 292. Zu Respicirung dieses Depositi ernennet die Direction aus ihren Mitteln zwey Curatores; es dürfen aber nicht eben diejenige seyn, welche die Interessencasse zur Verwaltung haben. Der Syndicus führet dabey das Protocoll und die Rechnungen.

§. 293. Die Gelder und Pfandbriefe werden in einem eisernen Kasten mit drey Schlössern verwahret, welcher in dem Cassengewölbe stehet, und wozu die beyden Curatores und der Syndicus den Schlüssel führen.

§. 294. Wenn nun etwas ad Depositum gebracht, oder aus selbigem gegeben werden soll, so muß davon allemal bey dem versammleten Collegio entweder schriftlich, oder ad Protocollum, Anzeige geschehen.

§. 295. Wenn das Collegium gegen den Antrag nichts zu erinnern findet, ertheilet es den Curatoribus ein Decret zu der verlangten Annehmung oder Herausgebung.

§. 296. Da der Syndicus selbst mit Depositarius ist, so müssen alle dergleichen Decrete von dem Directore eigenhändig zu Protocoll genommen, und von sämmtlichen Membris Collegii, welche nicht Depositarii sind, unterschrieben werden.

§. 297. Dergleichen Decrete muß der Director in das Deposital-Protocollbuch eintragen.

§. 298. Die Depositarii, welche ohne dergleichen Ordres nichts annehmen noch herausgeben dürfen, müssen die Vorschriften derselben aufs genaueste befolgen, und den Deponenten über den Empfang ordentliche Depositalscheine geben, über die Auszahlung aber sich von den Empfängern Quittungen ertheilen lassen.

§. 299. Ueber die Deposita wird ein Register, und außerdem über jedes Depositum besondere Rechnung geführet.

§. 300. In dem Register sind die Einnahmen und Ausgaben nach der Ordnung, wie sie eingekommen und erfolgt, zu bemerken. In den Rechnungen aber sind die eigenthümlichen Deposita des Creditwerks von den fremden Depositis zu unterscheiden, und letztere nach den verschiedenen Gütern aufzuführen. Die Ordres zur Einnahme sowohl, als zur Ausgabe, vertreten,

nebst

nebst den Quittungen der Empfänger, die Stelle der Rechnungsbeläge.

§. 301. Beym Schluß eines jeden halben Jahres werden diese Depositalrechnungen von dem Directore und einem Deputato Collegii abgenommen, die Bestände revidiret, und wenn sie richtig befunden worden, so wird den Depositariis vom Collegio Decharge ertheilet.

§. 302. Es verstehet sich von selbst, daß die Depositarii die ihnen anvertraueten Deposita vertreten, und für allen dabey durch ihre Schuld sich ereigneten Defect dem Creditwerk und resp. dem Deponenten responsable seyn müssen. Berlin, den 14. Junii 1777.

204. Reskript, daß die Oberaufsicht des Pupillenkollegiums bei ertheilter venia aetatis aufhört, vom 8. August 1777.

Wir Friedrich von Gottes Gnaden, König von Preussen rc. Unsern Gruß zuvor. Unser Justiz-Departement findet Euer unterm 5ten Julii c. erstattetes Gutachten in sofern gegründet, daß eine Person, so veniam aetatis erlangt, für sich selbst auf die Theilung unbeweglicher Güter nicht antragen, weder solche allein vollziehen kann; was Ihr aber von dem Einfluß der Pupillen-Collegiorum in die Direction dieser Geschäfte hinzusetzt, folgt aus jenem Grundsatz gar nicht. Denn venia aetatis würkt durchgehends eine gänzliche Befreyung von der Vormundschaftlichen Gewalt, mithin auch der Oberaufsicht der Pupillen-Collegiorum, dahero so, wie von Veräußerung der Güter, so eine Person vornehmen will, die veniam aetatis erlangt hat, überhaupt den 30ten Jul. 1760. verordnet ist, muß auch die Provocation auf Theilung liegender Gründe, und diese selbst von einer Person, so veniam aetatis erlangt hat, angebracht und vollzogen werden, unter Autorität des Gerichts, unter welchem das Grundstück liegt; die Pupillen-Collegia oder Waysen-Aemter aber müssen ihres Orts bey jenen das Interesse derer concurrirenden Unmündigen durch die Vormünder respiciren lassen. Es ist auch keine Ursache vorhanden, warum bey einer solchen Theilung nicht alles dasjenige Application finden sollte, so nach dem Rescript vom 9. Febr. 1760. von dem Fall gilt, da die Theilung mit einer majorennen Person angeleget worden. Sind Euch mit Gnaden gewogen. Gegeben Berlin, den 8. August 1777.

205. Patent, die Priorität der in die Hypotheken-Bücher eingetragenen Forderungen betreffend, vom 18. August 1777.

Wir Friederich von Gottes Gnaden, König von Preussen rc. Thun kund und fügen hierdurch zu wissen, daß, nachdem Wir das von Unsern getreuen Landständen der Chur- und Neumark Brandenburg Uns zu Unserer höchsten Genehmigung vorgelegte Chur- und Neumärkische Ritterschaftliche Credit-Reglement vom 14ten Junii c., unterm 15ten desselben Monats, in allen seinen Punkten und Clausuln zu confirmiren und bestätigen, auch, daß solches als ein unverbrüchliches Gesetz von jedermann gehalten, und von Unserm General-Directorio und Justitz-Departement publicirt werden solle, zu befehlen geruhet, in diesem Reglement aber und zwar dessen Parte I. Capite I. §. 7. Num. 2. enthalten, und von Uns zu verordnen, auch durch ein mit diesem Reglement zugleich zu publicirendes Patent zu jedermanns Wissenschaft und Achtung bringen zu lassen, versprochen worden ist,

daß, von dem ersten Novembris dieses Jahres an, mit Aufhebung aller bisher in den Gesetzen einer oder andern Art von Forderungen und Rechten, es sey des Fisci, Königlicher und anderer öffentlicher Cassen, milder Stiftungen, Ehefrauen, Kinder erster Ehe, Baugläubiger, Unmündiger und Minderjähriger, oder anderer Gläubiger, sie haben Namen, wie sie wollen, beygelegter Priorität und Privilegien, allein das Datum der Eintragung der Forderung, oder des Rechts, in dem Hypothekenbuch, den Vorzug in Ansehung der Pfandbriefe bestimmen, und folglich keine stillschweigende nicht eingetragene Hypotheke, sie mag auch in den Gesetzen sonst so privilegirt seyn, als sie wolle, jemals einem Pfandbrief vorgehen, noch auch durch die Eintragung den Vorzug vor früher eingetragenen Pfandbriefen jemals erhalten solle, und davon bloß

a) einjährige Reste der gewöhnlichen Onerum, inclusive der Feuer-Societätsgelder,
b) einjähriges rückständiges Gesindelohn,
c) die Kosten der letzten Krankheit, und
d) des Begräbnisses, welche letztere doch niemals über 50 Rthlr. zu fixiren,

ausgenommen bleiben sollen;

nothwendig aber, da nach mehrgedachtem Credit-Reglement auch alle, wenn auch nicht sogleich, doch in der Folge, daran theilnehmende getreue Vasallen und Besitzer adelicher Güter davon die Vortheile geniessen sollen, die Festsetzung sothaner Grundsätze der Priorität nach dem dato der Eintragung in die Hypothekenbücher schon jetzo, ohne Ansehung, ob einer oder der andere Pfandbriefe auf sein Gut nehmen oder erhalten werde, allgemein geschehen muß; Wir folgendes zum allgemeinen Gesetz in Ansehung aller adelichen Güter in der Chur- und Neumark, hierdurch vorschreiben und verordnen:

1. Alles, was ein dingliches Recht an einem adelichen Gut in der Chur- und Neumark verschaffen und würken soll, muß in das Hypothekenbuch, welches über das Gut geführet wird, wie sich auch Unsere Chur- und Neumärkische Ritterschaft in Ansehung der von ihnen auszufertigenden Pfandbriefe demselben unterworfen hat, eingetragen werden, und das Datum der geschehenen Eintragung soll künftig, vom 1sten November dieses

Jahres an, allein die Priorität der dinglichen Rechte und Forderungen auf Chur- und Neumärkischen adelichen Gütern bestimmen.

2. Von dieser allgemeinen Vorschrift bleiben nur ausgenommen:

die gemeine Lasten und Pflichten, z. E. der Lehns- oder anderer jährlicher Canon, Servis, Feuer-Societätsgelder, Hufen- und Giebelschoß, Kirchen- und Pfarrgebühren rc.

welche während dem Concurs aus den bereitesten Einkünften gezahlet werden müssen, und auch ohne Eintragung in Ansehung der Rückstände, jedoch nur von Einem Jahre vor dem Concurs, so wie Einjähriges rückständiges Gesindelohn, die Kosten der letzten Krankheit und des Begräbnisses, jedoch letztere nicht über 50 Rthlr., den Vorzug vor allen eingetragenen Hypotheken und auch den Pfandbriefen behalten.

3. Dahingegen müssen alle übrige Forderungen, welche nach den bisherigen Gesetzen dergestalt privilegirt gewesen, daß ihnen auch ohne Eintragung in die Hypothekenbücher ein Vorzugsrecht vor den eingetragenen hypothekarischen Forderungen zugestanden, vor dem 1ten Novembris dieses Jahres, bey Verlust ihrer ehemaligen Vorzugsrechte, in die Hypothekenbücher eingetragen werden.

4. Alle vor dem Ablauf dieser Frist eingetragene Forderungen und dingliche Rechte, conserviren hierdurch ihre vorhin gehabte Vorzüge dergestalt, daß, wenn es zum Concurs oder Festsetzung einer Priorität zwischen diesen oder dem 1sten Novembris c. eingetragenen Forderungen kömmt, die bisherigen Prioritätgesetze die alleinige Entscheidung zwischen diesen geben.

5. Nach Ablauf des auf den 1sten Novembris dieses Jahres festgesetzten präclusivischen Termins aber bestimmt die Zeit der Eintragung allein den jeder hypothekarischen Post anzuweisenden Platz, und die bisher privilegirt gewesene Forderungen und Rechte:

1) Unsers Fisci und Unserer Cassen

a. an dem Vermögen Unserer Cassen-Rendanten, Administratoren und anderer Cassenbedienten,

b. an dem Vermögen Unserer Beamten und Pächter, wegen der aus den Pachtcontracten entspringenden Verbindlichkeiten,

c. an dem Vermögen der Entrepreneurs und Liveranten, wegen der von Unsern Geldern erhaltenen Vorschüße,

d. an dem Vermögen derjenigen, welche sich für Unsere Cassenbediente und Pächter, oder vorgedachte Entrepreneurs, verbürget, wegen entstandener Defecte;

2) derjenigen, welche zum Ankauf eines Grundstückes, oder zu dessen Aufbau, Besserung und Erhaltung, insbesondere zur Anschaffung des erforderlichen Saat-, Brod- und Futterkorns, Gelder vorschießen, oder das zu gedachtem Behuf erforderliche liefern, oder die dazu benöthigte Arbeiten leisten,

3) derjenigen, welche Kaufgelder unter Vorbehalt des Eigen-

thums creditiren, oder Erbgelder auf einem Grundstück stehen lassen,

4) derjenigen, welche zur Krieges-Equipage oder zum Studiren Gelder vorschießen,

5) derjenigen, welche sich wiederkäufliche jährliche Renten und Zinsen ausbedungen,

6) der Ehefrauen und deren Kinder, wegen des Eingebrachten an Ehegelde, Gegenvermächtniß, Paraphernalien, oder wie es sonst Namen haben mag,

7) der milden Stiftungen, Unmündigen und anderer mit ihnen gleiche Rechte habenden Personen, von deren Geldern Grundstücke erkauft worden;

erhalten daher in Zukunft nur durch die Eintragung in die Hypothenbücher, so wie schon ad Num. I. lit. c. durch das Edict vom 3ten August 1769. verordnet ist, ein Vorzugsrecht vor den später einzutragenden Hypotheken, und müssen den früher eingetragenen Hypotheken nachstehen.

6. Unsere sämtliche hohe und niedere Collegia, Unterthanen und Einwohner in Unserer Chur- und Neumark, wie auch diejenigen, so auf adeliche Güter in diesen Unsern Provinzien privilegirte und noch nicht eingetragene Rechte zu haben vermeinen, müssen sich hiernach auf das genaueste achten, und soll dieses Patent auf die allgemeinste Art unverzüglich durch den Druck zu jedermanns Wissenschaft gebracht werden.

Urkundlich unter Unserm Königlichen Insiegel. So gegeben, Berlin, den 16ten August 1777.

206. General- und Spezial-Tax-Prinzipia zur Abschätzung der Güter in der Kur- und Neumark, nach ihrem wahren Ertrage, vom 19. August 1777.

§. 1. Bey Abschätzung eines Guts wird der Taxe, die davon aufgenommen wird, eine deutliche und umständliche Beschreibung desselben prämittiret, und darinnen angemerket:

a) In welcher Provinz und Creyse, Entfernung von großen und Mittel-Städten, schiffbaren Flüssen und Canälen, auch Heer- und Poststraßen, das Gut belegen ist.

Auch sind die Oerter, mit welchen es gränzet, nebst der Entfernung von Städten, welche zwar klein sind, aber doch zum Absatz der Früchte des Guts dienen, oder woselbst die Wirthschafts- und der Landleute Bedürfnisse angefertiget werden können, mit anzuführen.

b) Ob die Gränzen berichtiget, oder ob und mit wem sie streitig sind?

c) Wie der Boden überhaupt beschaffen, ob selbiger nemlich warm- oder kaltgründig sey?

d) Ob und wie der Acker bisher in Düngung gehalten worden, auch in wie viel Felder oder Schläge selbiger eingetheilet; oder ob und welchergestalt die Koppelwirthschaft eingeführet ist?

e) Ob ein oder mehrere Vorwerke vorhanden, und ob diese Vorwerke mitten im Felde am Ende desselben liegen, wie viel und was für Gesinde zur Wirthschaft, und wie viel Ackergespann an Pferden und Ochsen gehalten werden?

f) Ob gehaacket oder gepflüget wird, und ob, im Fall das Gut verpachtet ist, das Feld- und Vieh-Inventarium dem Eigenthümer oder dem Pächter des Guts zugehöre?

g) Ob das Gut, oder ein Theil desselben, Ueberschwemmungen ausgesetzt, und wie der Zustand der Graben, sowohl auf dem Felde, als auf den Wiesen und in den Holzungen, besonders in den Elßbrüchen, zur Abführung des schädlichen oder Aufhaltung des nützlichen Wassers, gefunden worden, imgleichen, ob der Ueberschwemmung durch bereits angelegte Dämme gewehret worden, oder selbige durch noch anzulegende Verwallungen abgehalten werden könne?

Im ersten Falle ist die Beschaffenheit der Dämme genau zu beschreiben, im zweyten Falle aber der Kostenanschlag beyzufügen.

h) Ob die Aecker, Wiesen und Hütungen außer aller Gemeinschaft sind, oder ob erstere beyde mit der Unterthanen Aekker und Wiesen vermengt liegen, die Hütungen aber von der Herrschaft und den Unterthanen gemeinschaftlich genutzet werden?

i) Wie die Hütungen und Wiesen beschaffen, und ob der Boden grasreich sey; imgleichen, für welche Art der Viehzucht er sich am besten schicke? Auch ob das Gut Mithütungs-Gerechtigkeiten hat, oder dergleichen Servituten erleidet; Wo, oder von wem? Mit welcher Art Vieh?

k) In welchem Verhältnisse die Unterthanen, in Absicht ihrer innhabenden Höfe, mit ihren Obrigkeiten stehen, und Praestanda zu prästiren im Stande sind.

l) In was für einem Zustand die Wohn- und Wirthschaftsgebäude, sowohl auf den Herrschaftlichen Vorwerken, als auf den Höfen der Unterthanen, (in so fern der Gutsbesitzer solche zu erhalten verbunden) befindlich. Welchergestalt solche belegen; ob sie von Steinen, Holz und Leim, oder von Holzblöcken gebauet, und wie hoch sie in der Feuersocietät versichert sind; auch, in wie fern, nach der Observanz, die Herrschaft schuldig ist, der Unterthanen Gebäude zu repariren, oder neu zu bauen, imgleichen, ob und wie-viel Remission aus der Creyscasse gegeben wird.

m) Ob Holzung vorhanden, oder, ob sowohl Bau- als Brennholz, oder eines von beyden, und in wie fern zugekauft werden muß, oder aus fremder Forst frey, oder gegen Erlegung eines bestimmten Geldquanti, Heide-Hafer rc., genommen werden kann. Wobey nicht zu vergessen, in welcher Entfernung sowohl die eigenthümliche Forst, als die fremde, aus welcher das Holz gekauft, oder unentgeltlich genommen werden kann, lieget.

n) Ob Rohrung vorhanden, und welchergestalt solche beschaffen; desgleichen, ob das Rohr im Herbst, oder im Winter bey hartem Froste, gewonnen werden kann.

o) Ob und welche Jurisdiction das Gut hat, oder wem solche zustehet; wobey auch anzumerken ist, ob eine oder mehrere Obrigkeiten im Dorfe befindlich sind, und in welchem Verhältnisse selbige gegen einander stehen.

p) Bey welchem Judicio der Gutsbesitzer in erster Instanz Recht zu nehmen verbunden ist.

q) Ob und was für Jagdgerechtigkeit beym Gute vorhanden.

r) Ob eine Kirche im Dorfe; ob sie Mater oder Filia, andere Dörfer zur Kirche kommen, oder selbiges anderwärts zur Kirche gehet, und wem das Jus patronatus zustehet.

s) Was für Regalia noch sonst bey dem Gute vorhanden, imgleichen, ob die dabey befindliche Seen, Lüche und Brücher mit Nutzen abgegraben und urbar gemacht werden können, als wovon sowohl ein Kosten- als zu verhoffender Nutzungsanschlag beyzufügen ist.

t) Ein gleiches ist wegen der Gerechtigkeiten, Mühlen, Schankkrüge, Schmieden oder dergleichen, anzulegen, zu beobachten; auch ist zu bemerken, ob die Unterthanen Kindtaufen, Begräbniß, Fräuleinsteuer und dergleichen entrichten, oder Reisefuhren und Laufreisen thun müssen.

§. 2. Die Hauptnutzung der mehresten Chur- und Neumärkischen Güter bestehet im Ackerbau, und hierinn, so wie in allem, was aus den Anschlägen der Königl. Aemter bestimmt werden kann, sind die in selbigen angenommene Prinzipia, so viel als nur immer möglich ist, beyzubehalten, wie dazu sowohl in gegenwärtigen General- als den nachfolgenden Spezial-Tax-Prinzipiis jeder Provinz oder Creyses das Nöthige an die Hand gegeben worden.

§. 3. Diesemnach, und da sämmtliche Amtsanschläge sich auf Vermessungen gründen, es auch zur vollkommenen und gründlichen Beurtheilung, und zur Erlangung vollkommener Kenntniß eines Guts fast unumgänglich nöthig ist, daß sämtliche Grundstücke, als Aecker, Wiesen, Gärten, Holzungen, Hütungen, Lücher und Brücher, imgleichen die Unterthanen- und benachbarten Felder, wenn es auf die Ausmittelung eines Zehenden oder einer Hütungsnutzung ankommt, vermessen werden; so ist solches auch nicht zu unterlassen, wenn es auf irgend eine Art bewerkstelliget werden kann; und zwar muß diese Vermessung durch einen bey der Krieges- und Domainenkammer oder einem andern Landescollegio vereydeten Feldmesser geschehen, und in eine ordentliche Charte, mit beygefügtem Vermessungsregister, verzeichnet werden.

§. 4. Es ist indessen, und wenn der Besitzer des Gutes sich wegen Besorgniß der Kosten zur Aufnehmung einer Spezial-Vermessung nicht entschließen will, auch hinlänglich, wenn vorgedachte Grundstücke von einem vereydeten Feldmesser, zugleich bey der Bonitirung und Classification, also mit Zuziehung der

Taxanten, bloß überschlagen, und in ein tabellarisches Verzeichniß, nach der Morgenzahl, gebracht worden.

Wenn auch ein Gut bereits durch einen vereydeten Feldmesser vermessen ist; so bedarf es keiner neuen Vermessung, wenn nicht der Besitzer eine Melioration nachweisen will, oder Commissarius eine Deterioration wahrnimmt. In diesen Fällen darf jedoch nur das Grundstück, oder der Theil der Feldmark, worauf es ankommt, überschlagen und nachgerechnet werden.

Ueberhaupt aber ist die Vermessung nur bey denjenigen Grundstücken, welche anders nicht gehörig taxiret werden können, nicht aber bey ganzen Feldmarken, mit Inbegriff der Unterthanen-Aecker, nöthig, wenn es nicht auf Nutzungen, die bloß durch Bestimmung der Morgenzahl ausgemittelt werden können, ankommen sollte; doch muß Commissarius in zweifelhaften Fällen die Ueberschlagung nicht für sich verfügen, sondern mit Anführung der Gründe, weshalb er eine neue Ueberschlagung für nöthig hält, an die Provinzial-Direction referiren, und derselben Entscheidung zuförderst erwarten.

§. 5. Alle Vermessungen geschehen nach Magdeburgschem Morgen, zu 180 Quadratruthen, wovon eine jede 144 Rheinländische Quadratfuß enthält.

§. 6. Nach der Verschiedenheit und der Güte des Bodens wird der Acker in gewisse Classen eingetheilet, wie solches bey Veranschlagung der Königl. Aemter geschiehet. Diese Classen sind folgende:

1. Weitzen-Land,
2. Gersten-Land,
3. Hafer-Land,
4. Dreyjährig und } Roggen-Land.
5. Sechsjährig }

Das Weitzen-Land wird eingetheilet in starkes und schwaches Weitz-Land, und zwar verstehet man unter starkes Weitz-Land dasjenige, welches von Natur einen zum Weitzenbau vorzüglich tauglichen fetten Boden hat, und daher bey sechsjähriger Düngung zweymal Weitzen und zweymal Gerste, bey neunjähriger Düngung aber zweymal Weitzen, einmal Roggen und dreymal Gerste, mit Vortheil tragen kann. Schwaches Weitz-Land oder Weitz-Land zweyter Classe ist dasjenige, welches bey sechsjähriger Düngung einmal Weitzen, einmal Roggen und zweymal Gerste; bey neunjähriger Düngung aber einmal Weitzen, zweymal Roggen und dreymal Gerste, mit Nutzen bringen kann.

Das Gerst-Land zerfällt allenfalls in zwey Classen, nemlich in gutes und schlechteres. Das gute Gerst-Land oder Gerst-Land erster Classe ist dasjenige, welches bey sechsjähriger Düngung zweymal Roggen und zweymal Gerste tragen kann, bey neunjähriger Düngung aber dreymal Roggen, zweymal Gerste und einmal Hafer bringet. Vermag es dieses nicht, sondern kann es zur ersten oder zweyten Tracht nur Gerste bringen, und muß es mithin, bey sechsjähriger Düngung, in der dritten oder vierten Tracht mit Hafer besäet werden, so ist es nur für schlecht

Gerst-Land oder Gerst-Land zweyter Classe zu achten. Findet aber der Fall Statt, daß solches alle drey Jahre gedünget werden kann; so verstehet es sich von selbst, daß es als Gerst-Land der ersten Classe zu consideriren ist.

Hafer-Land nennt man dasjenige, welches zur Sommerung nur Hafer tragen kann; muß man es hingegen auch zuweilen im Sommerfelde liegen lassen, so ist es nur für schlechtes Hafer-Land zu achten. Hievon ist aber dasjenige Land zu unterscheiden, welches in gewissen Bruchgegenden mit Hafer besäet wird, weil es zu feuchte ist, Wintergetreide und Gerste zu tragen. Dieses ist zum Haferbau von vorzüglicher Güte, und kann nicht in die gewöhnliche Classe von Hafer-Land gezogen werden, sondern es ist, nach Beschaffenheit der Umstände, davon ein besonderer Anschlag zu formiren.

Das dreyjährige Roggen-Land ist dasjenige, welches, ohne Düngung zu erhalten, zwar nur alle drey Jahr Roggen trägt, jedoch aber, wenn es gedünget würde, Sömmerung tragen könnte. Kann dieses nicht geschehen, so kömmt es in die letzte Classe des sechsjährigen Landes, wovon nur der sechste Theil der vorhandenen Morgenzahl zum Anschlag gebracht wird.

Das neun- und zwölfjährige Land aber wird nur als Schaafweide gerechnet.

In den besondern Abschätzungsgrundsätzen einer jeden Provinz ist festgesetzet, unter welche Classe das in selbiger befindliche Ackerland gehöre.

§. 7. Die Wiesen werden gewöhnlich folgendergestalt classificiret:

Zweyhauigte gute, mittlere und schlechtere;

Einhauigte gute, mittlere, schlechte und ganz schlechte.

Damit nun Taxator wisse, in welcher Classe er die abzuschätzenden Wiesen zu zählen hat, und die Boniteurs darnach anweisen könne; so dienet ihm zur Richtschnur: daß

a) Eine Wiese gut zweyhauigt zu achten sey, wenn der Morgen gewöhnlich Achtzehn Centner Heu und Grummet jährlich bringen kann; wenn aber eine Wiese mehr als achtzehn Centner Heu jährlich bringen kann, so muß der Morgen Wiesewachs auch, nach dem Verhältniß des mehreren Heues, höher in der Nutzung taxiret werden, als in den Spezial-Tax-Prinzipiis jeder Provinz und Creyses bestimmt ist. Ist die Wiese aber schädlichen Ueberschwemmungen ausgesetzt, so muß sie auch geringer angeschlagen werden.

b) Bringt der Morgen aber nur sechszehn Centner, so wird die Wiese mittelmäßig zweyhauigt taxiret; wenn sie aber nur vierzehn Centner bringt, so ist sie für schlecht zweyhauig zu achten.

c) Eine gute einhauigte Wiese muß zwölf Centner geben.

d) Eine dergleichen, von mittler Qualität, Neun Centner.

e) Eine schlechte, Sechs Centner.

f) Eine ganz schlechte, Vier Centner.

Es giebt auch eine Art von Wiesen, welche im Felde liegen,

und nur alsdenn genutzet werden können, wenn das Feld mit Roggen oder Gersten besäet ist. Diese werden gewöhnlich Feld- oder Mäsch-Wiesen genannt, und hat Taxator von der bey einem Gute vorgefundenen Morgenzahl dieser Art Wiesen dasjenige Quantum, welches in der Brache fällt, wie zum Exempel bey drey Feldern, ein Drittel abzuziehen, und nicht mit in Anschlag zu bringen.

Wie hoch der Morgen Wiesewachs von jeder Sorte zu veranschlagen sey, solches findet sich ad Specialia einer jeden Provinz oder Creyses, wobey Taxator mit auf die Entfernung Rücksicht zu nehmen hat, und muß derselbe dannenhero, wenn eine Wiese über eine Meile weit von dem Gute entfernet ist, zwey Groschen per Morgen, wenn sie über zwey Meilen entlegen ist, vier Groschen per Morgen u. s. w., weniger, als den vorgeschriebenen Satz, zur Nutzung ansetzen.

§. 8. Damit der Taxator recht eigentlich wisse, zu welcher Classe die auf dem abzuschätzenden Gute befindlichen Grundstücke gehören; so müssen solche bonitiret oder gewürdiget werden, als welches jederzeit Statt findet, es werde nun das Gut nach §. 3. vermessen, oder, nach §. 4., nur überschlagen. Zur Erreichung dieses Entzwecks müssen Ackersleute, welche dazu die nöthige Einsicht haben, gewählet werden. Kann man dazu rechtschaffene und geschickte Männer aus dem Pächter- oder Verwalterstande finden; so ist es desto besser. In deren Ermangelung sind vereydete Schulzen, die schon bey Auseinandersetzung der Gemeinheiten eine Uebung erlangt haben, ferner geschworne Creys-Taxatores, oder sogenannte Landschulzen, wo solche vorhanden sind, zu adhibiren. Sollten auch dergleichen Leute nicht zu bekommen seyn; so werden drey Ackerverständige Einwohner aus den nächsten Dörfern genommen, und zu dieser Handlung, nachdem sie gehörig instruiret worden, vereydet.

Doch muß sich Taxator hiebey auf die Boniteurs nicht allein verlassen, sondern die Aussaat durch sechs oder neunjährige Saatregister und Kerbstöcke, wenn solche vorhanden, oder durch die, allenfalls eydlich zu bestärkende, Aussage der bey der Wirthschaft gebrauchten oder anderer Leute, die hievon Wissenschaft haben können, heraus zu bringen sich bemühen. Alles dieses hat Taxator sorgfältig zu bemerken, und mit der Aussage des Boniteurs zu balanciren, da sich denn bald finden wird, ob und wo die Boniteurs gefehlet haben. Es sind selbige in diesem Fall zurechte zu weisen, und die von ihnen gemachten Fehler zu verbessern. Es verstehet sich aber von selbst, daß Taxator, um hiebey nichts zu verabsäumen, und den Grund der Wahrheit zu treffen, die Feldfluhr, die Wiesen und andere Pertinenzien, mit Zuziehung der Taxanten selbst, in Augenschein zu nehmen hat.

§. 9. Da die Bonitirung nur die innere Güte des Bodens nachweiset, auch in den Spezial-Tax-Prinzipiis einiger Provinzen und Creyse beliebt worden, die verschiedenen Acker-Classen in sich selbst nach dem Düngungszustande zu classificiren; so wird es, zu Erlangung des intendirten Endzwecks genaue und zuverläßige Taxen anzufertigen, sehr nützlich seyn, Berechnungen anzustellen, ob und welchergestalt, nach dem Verhältnisse des Viehstandes gegen den Ackerbau, und nach dem gewöhnlichen Heu- und Strohgewinst, der Acker in Düngung erhalten werden kann, als wornach auch Taxator zu beurtheilen im Stande seyn wird, wie viel an Einfall oder Ertrag zu rechnen.

Zu diesem Behuf ist die sub signo ⊙ anliegende Tabelle entworfen worden, in welcher, nach der bemerkten Verschiedenheit der Gegenden, bestimmt ist, wie viel Düngung auf der Aussaat in Roggen gerechnet, von einer jeden Sorte von Vieh zu erwarten sey. Nach dieser Anleitung hat Taxator einen Ueberschlag zu machen, und solchen jederzeit mit den Mistungsregistern, wenn dergleichen vorhanden, oder, in deren Ermangelung, mit der Aussage derjenigen Leute, die davon die beste Wissenschaft haben, zu balanciren, auch allenfalls dabey die Ocularinspection, und äußerstenfalls die Ueberschlagung mit der Ruthe zu Hülfe zu nehmen, die Berechnung und Balance der Taxe beyzulegen, und dafern die befundene Düngung mit den in der Tabelle enthaltenen Sätzen nicht zutreffen sollte, die Ursachen und Umstände davon anzugeben, auch sein oeconomisches Gutachten beyzufügen, ob und in wie fern der Acker in gehöriger Düngung sey, und darinn gehalten werden könne, oder nicht.

Diese Berechnung muß Commissarius, nach dem durch genaue Erkundigung ausgemittelten, gewöhnlich gehaltenen, oder sicher zu haltenden Viehstande, anlegen. Wo Mergel, Kalk, Bruchetde oder anderer Dünger, der nicht bloß vom Viehe genommen wird, zur Düngung des Ackers üblich und nützlich, auch ein so großer Vorrath davon vorhanden ist, daß dessen Erschöpfung nicht leicht zu besorgen, als welches Taxator sorgfältig zu untersuchen hat; so ist solche Düngung mit in computum zu ziehen, dergestalt, daß nach einer Fraction angesetzt wird, wie viel Morgen oder Scheffel Aussaat jährlich auf solche Art in Würden gesetzt und erhalten werden können.

Wie nun die vorbemeldete Tabelle nur lediglich als eine Anleitung zu betrachten, welchergestalt zuverläßiger zu beurtheilen seyn würde, ob der Viehstand zur Düngung des Ackers zureichend sey oder nicht; so hat Commissarius die Düngung so anzunehmen, wie ihm solche nachgewiesen worden, und er nach sorgfältiger Erkundigung finden wird, daß die Aecker, wenn solche in drey Schläge getheilet, in drey, sechs, neun oder zwölf Jahren, bey der Eintheilung in vier Schläge aber, in vier, acht oder zwölf Jahren durchgedünget worden; und muß Commissarius die Gründe dieser gegen die Sätze der Tabelle befundenen Abweichung um so sorgfältiger anzeigen, als dadurch die Kenntniß in diesem wichtigen Stück der Oeconomie erweitert werden kann.

§. 10. Die Aussaat wird nach der Morgenzahl bestimmet, und dabey angenommen, daß nach Verschiedenheit der Güte des Bodens, und nach Beschaffenheit des Düngungszustandes, eine mehrere oder mindere Anzahl Metzen in jeden Morgen fällt, wie solches in den besondern Taxgrundsätzen jeder Provinz oder Creyses festgesetzet worden.

§. 11. Von der ausgemittelten Aussaat wird, nach der verschiedenen Güte der Ackerclassen, eine gewisse Anzahl von Körnern zum Ertrag gerechnet. Wie hoch solche anzunehmen seyen, solches weisen die Spezialia einer jeden Provinz und Creyses des mehreren nach. Um jedoch aber auch hierinn sich zu überzeugen, ob das angenommene Quantum richtig sey, und der Würklichkeit doch wenigstens nahe komme; so hat Taxator einen zwölfjährigen Extract aus den Rechnungen und Dreschregistern, wenn solche vorhanden, sonst aber aus der Aussage der abgehörten Drescher rc. zu machen, und das Fractionsquantum mit dem in Anschlage ausgeworfenen Quanto zu vergleichen, da er denn, wenn sich ein ansehnlicher Unterschied finden sollte, bald entdecken wird, woher der Unterschied rühret, und den etwa eingeschlichenen Fehler abändern kann.

§. 12. Von dem ausgemittelten Ertrage wird ein gewisser Theil, wie solcher ad specialia einer jeden Provinz bestimmt ist, unter dem Namen Wirthschaftskorn, zur Bestreitung sämtlicher wirthschaftlichen Ausgaben, als: zu Brodkorn und zur Speisung für die zur Haushaltung erforderlichen Leute, zu Deputat und Lohn für dergleichen, zu Schmiede-, Rademacher-, Seiler-Arbeit, und was dazu gehöret, in Abzug gebracht, dergestalt, daß für die wirthschaftlichen Bedürfnisse kein besonderer Titel der Ausgabe Statt findet. Sollte jedoch in die Augen fallen, daß das Wirthschaftskorn zu Bestreitung dieser Kosten nicht reichen könne, und wegen fehlender Dienste, Weitläuftigkeit der Feldmark, Entlegenheit der Heuwerbung, und vieler Fuhren, ein mehreres erforderlich sey; so bleibet Taxatori unbenommen, deshalb eine Berechnung anzulegen.

Es verstehet sich inzwischen von selbst, daß hierunter das Meßkorn des Predigers und Küsters, das Deputat und Lohn der Forstbedienten, imgleichen Wiesenzins, Heidehafer u. dergl. nicht zu rechnen, sondern solches besonders in Abzug zu bringen ist.

§. 13. Nach Abzug der Saat- und des Wirthschaftskorns wird der Ueberrest zur reinen Nutzung, nach den ad specialia jeder Provinz und Creyses angenommenen Getreidepreisen, angeschlagen.

§. 14. Von denjenigen Producten, welche in der Brache erzeuget werden, als: Erbsen, Wicken, Linsen, Toback, Erdtoffeln, Kohlrüben und dergleichen mehr, wird nichts veranschlaget, es wäre denn, daß der §. 7. bemerkte Fall eintreten sollte, daß nemlich der Besitzer des abzuschätzenden Guts darzuthun vermögte, daß sein Gut ihm würklich, im zwölfjährigen Durchschnitt, ein Ansehnliches mehr eingebracht hätte, als nach diesen Vorschriften ausgemittelt worden, da denn allerdings auf diese Brachnutzungen mit Rücksicht zu nehmen ist.

§. 15. Von Leinsaamen, Hanf und Hirse, wird gleichfalls nichts veranschlaget, wenn solche in der Brache gesäet werden. Werden sie aber im Winter- oder Sommersaatfelde gebauet; so kommt dafür so viel in Einnahme, als ad specialia jeder Provinz oder Creyses pro Scheffel Aussaat bestimmet worden; jedoch aber verstehet es sich von selbst, daß alsdenn um so viel weniger an Winter- oder Sommer-Aussaat angeschlagen wird, als dergleichen Lein-, Hanf- oder Hirsesaat erfordert.

§. 16. Generaliter ist in diesen Vorschriften von der gewöhnlichen Feldeintheilungsart, nach welcher der sämtliche Acker in drey Theile getheilet ist, geredet, und wird also ein Drittel des Ackers zur Winterung, ein Drittel zur Sommerung, und ein Drittel zur Brache gerechnet.

§ 17. Weil aber doch auch verschiedene Felder entweder nur in zwey, oder in mehr, als drey Schläge eingetheilet seyn, oder noch in der Folge eingetheilet werden könnten; so ist auch hierauf, da es in der Wirthschaft und in der Nutzung einen großen Unterschied veranlasset, Bedacht zu nehmen.

§. 18. In regula, und wenn nicht dieserhalb bereits etwas Bestimmtes, ad Specialia einer Provinz oder Creyses, festgesetzet worden, wird auf denjenigen Gütern, wo nur zwey Felder gehalten werden, Ein, auch wohl Ein und Ein halb bis Zwey Korn weniger Ertrag angesetzet; zum Exempel: wenn in specialibus vom Gerstlande das fünfte Korn, und, nach Abzug eines Korns zur Saat, zwey Körner zur Wirthschaft und zwey Körner zur Nutzung gerechnet werden; so hat Taxator bey zwey Feldern nur vier, auch nur drey Korn Ertrag zu rechnen, und nach Abzug der Saat von den übrigbleibenden die Hälfte zur Wirthschaft, die andere Hälfte aber zum Verkauf auszuwerfen.

§. 19. Werden hergegen vier Felder gehalten, dergestalt, daß ein Feld zu Roggen, und ein Feld zur Sommerung genutzet wird, zwey Felder aber braache liegen; so wird ein halb Korn mehr an Ertrag gerechnet. Es ist aber hiebey wohl zu attendiren, ob auch nicht, wie an einigen Orten geschiehet, dergestalt gewirthschaftet werde, daß ein Feld mit Roggen in Braache, das zweyte mit Roggen in Stoppeln, das dritte mit Sommerung besäet wird, mithin nur ein Viertel der Feldflur braache liegt; in diesem Fall kömmt es darauf an, ob der Acker in vierjähriger Düngung gehalten wird, oder nicht. Im ersten Fall muß von der Aussaat überhaupt dreyviertel Korn, im zweyten Fall hergegen ein ganz Korn, weniger Ertrag gerechnet werden. Wo die Feldflur in fünf Koppeln getheilet ist, von welcher drey braache liegen, wird billig dreyviertel Korn mehr, als in drey Feldern gerechnet. Von der Koppelwirthschaft überhaupt lässet sich, wegen der Verschiedenheit derselben, nichts positives bestimmen, und wird solche der Beurtheilung des Aestimatoris überlassen, jedoch aber demselben empfohlen, mit aller nur möglichen Behutsamkeit hiebey zu verfahren, weshalb es dann in diesem Falle unumgänglich nöthig ist, daß Taxator entweder ganz genaue Saat- und Dreschregister beylege, oder nähere Erkundigung einziehe, und dabey einen solchen Wirthschafts-Kundigen adhibire. Sollte also dergleichen Wirthschaftsart erst nur seit kurzem eingeführet, und noch nicht alle Schläge oder Koppeln durchgedünget worden seyn, dergestalt, daß man noch nicht wissen kann, ob selbige nützlich seyn wird oder nicht, so hat Taxator zwar davon ausführlichen Bericht, nebst seinem Gutachten von dem Vortheil oder Schaden, beyzufügen, den Anschlag aber nach der gewöhnlichen Eintheilung in drey Felder anzufertigen.

§. 20. Wenn aber auch Güter angetroffen werden sollten, die zwar an sich selbst einen guten Boden haben, deren Acker aber seit einiger Zeit nicht gehörig gedünget, oder nicht ordentlich bestellet worden, weil entweder bey Bewirthschaftung des Guts etwas versäumet, die Wasser- und Feldgraben nicht gehörig aufgenommen, die Wiesen nicht von Sträuchen und Mooß gereiniget worden, oder die vorhergegangenen Erndten, wegen erlittener Ueberschwemmungen, allgemeinen Mißwachs, Hagelschlag und dergleichen Unglücksfälle, schlecht ausgefallen, der Eigenthümer aber unvermögend gewesen, das zur Wiederherstellung des Guts Erforderliche anzuwenden, es also an Futter und Streuung fürs Vieh gemangelt, daher denn zuletzt so wenig der Zug- als Nutzviehstand complet, als der Acker in Würden gehalten, oder gehörig bestellet werden können, folglich der Ertrag von der Aussaat seit einigen Jahren sich verringert hat; so muß Taxator zwar das Gut, so wie er dasselbe findet, taxiren, jedoch solches sofort anzeigen, und zugleich Vorschläge thun, wie und mit wie viel Kosten, (davon die Anschläge beyzulegen) das Gut retabliret werden könne, auch sein öconomisches und mit Gründen unterstütztes Gutachten abgeben, wie viel dasselbe Gut, wenn es wieder in Stand gesetzet worden, bey jedes Orts gewöhnlicher doch ordentlicher Bewirthschaftung, und ohne außerordentliche Industrie, nach wenigen Jahren einbringen und werth seyn werde, damit allenfalls, und nach Beschaffenheit der Umstände, ein solchergestalt heruntergekommenes Gut, dessen Retablissement der Eigenthümer zu bewürken nicht vermögend gewesen, durch dazu vorzuschiessende Gelder retabliret werden könne, und nichts im Lande, zum Nachtheil des Publici, außer Cultur bleibe, auch dem Eigenthümer und dessen Nachkommen ein solches Gut erhalten werde. Jedoch verstehet sich solches nur von Gütern, die bald, und nicht mit gar großen Kosten, dergestalt in Stand gesetzet werden können, daß der Nutzen mit Gewißheit voraus zu sehen.

§. 21. Von der Hütung wird nichts besonders in Anschlag gebracht, indem solche bey der Viehzucht bereits mit angerechnet ist; ratione der Fettweiden aber ist, ad Specialia jeder Provinz und Creyses, bestimmt befindlich, wie hoch deren Nutzung zu rechnen sey. Jedoch muß sich Taxator in Absicht auf die Fetthammel wohl vorsehen, daß er solche nicht doppelt, zuförderst unter der Schäferey, und denn auf der Fettweide, anschlage. Und eben so ist es auch in Ansehung der Fettochsen zu halten, daß nur das Weidegeld für diejenigen Ochsen, welche über den gewöhnlichen Viehstand in die Weide genommen werden können, angerechnet werde, anderergestalt daraus gar leicht Errores dupli entstehen können.

§. 22. In Ansehung der Viehzucht ist zwar anzunehmen, daß so viele Stücken Vieh gehalten werden können, als in den letzten sechs Jahren, (wenn nicht Horn- oder Schaf-Viehsterben vorher gegangen) auf eigener oder doch solcher Weide, die, das Gut zu behüten, ein unstreitiges Recht hat, und bey selbst gewonnenem Strohfutter gehalten worden sind, immaßen, wenn auch Heu zugekauft werden müssen, solches zwar in Abzug gebracht, dennoch aber an Vieh keine geringere Anzahl veranschlaget werden kann.

Jedoch muß Taxator, ehe und bevor er die Nutzung von der Viehzucht zum Anschlag bringt, sich ganz genau erkundigen, und zu diesem Ende den Wirthschaftsschreiber, Meyer, Kuhpächter, Schäfer oder andere Leute, die hievon Wissenschaft haben können, vernehmen: ob jederzeit so viel Vieh, als angegeben oder befunden wird, gehalten worden, und wenn dieses nicht seyn sollte, ein mehreres nicht, als gewöhnlich, und mit Nutzen gehalten worden, zum Anschlag bringen. Sollte aber der Ackerzustand seit wenigen Jahren merklich verbessert, oder Wiesen und Acker zugekauft, oder geradet worden seyn; so hat Taxator hierauf allerdings Rücksicht zu nehmen, und einen verhältnißmäßigen höhern Viehstand, als vordem gehalten worden, anzunehmen.

Wenn auch an einigen Orten gebräuchlich seyn möchte, einen Theil des Feldes mit Futterkräutern zu besäen, einige Kühe damit den Sommer hindurch im Stalle zu erhalten, und so viel, als zu derselben Futterung im Winter nöthig, davon abzutrocknen; so hat Taxator in diesem Falle entweder die Kühe oder den solchergestalt besäeten und genutzten Acker nicht zum Anschlag zu bringen.

Sollte auch an einigen Orten das Vieh durch Erkaufung anderer Futterarten, z. E. Träber, Schlamm und dergleichen, oder durch geschrootenes Getrayde erhalten worden, und dadurch der Viehstand seit einiger Zeit verstärket seyn; so ist die auf solche Art verstärkte Anzahl des Viehes ebenfalls entweder nicht zum Anschlag zu bringen, oder doch die Kosten, so dazu verwendet worden, vorher davon abzuziehen.

In allen Fällen muß Taxator die Hütungs-Reviere, Grasgärten rc. rc. in Augenschein nehmen, die Güte, Beschaffenheit und Menge des darauf wachsenden Grases, allenfalls mit Zuziehung eines Sachverständigen, Gerichtsschulzen oder andern Mannes untersuchen, auch nicht außer Acht lassen, sich genau zu unterrichten, ob diese Hütungs-Reviere mit, und mit wie vielem fremden Viehe, oder nur allein mit eigenem Viehe, behütet werden, und denn wirthschaftlich beurtheilen, ob der angegebene Horn- und Schaafviehstand auch würklich mit Nutzen gehalten werden könne, oder nicht?

Bey gehöriger Beobachtung dieser Vorschrift lässet sich nun zwar keine unrichtige Taxe besorgen; allein es würde der Viehstand mit noch mehrerer Zuverläßigkeit bestimmet werden können, wenn unstreitig ausgemacht wäre, wie viel Weide, Heu und Stroh für jedes Haupt Vieh erforderlich, wie viel Stroh von jedem Scheffel Aussaat, und wie viel Heu von jedem Morgen Wiesewachs, nach Verschiedenheit des Bodens und der Gegend, gewonnen wird. Wie sich aber hierunter nichts allgemeines mit Sicherheit bestimmen lässet, weil die Weiden und Hütungen, in Ansehung der Gedeilichkeit und Nutzbarkeit, gar sehr unterschieden, eine Gegend, ein Feld, immer grasreicher als das andere ist, auch an manchen Orten im Frühjahre zeitiger ausgetrieben, an manchen später im Herbst gehütet werden kann, hiernächst auch bey der Schaaf-Winter-Futterung viel darauf ankömmt, ob für selbige gute Winterweide vorhanden, oder nicht, die Berechnung des Strohgewinnstes nach dem Körner-Ertrage auch nicht überall zutreffen möchte; so hat man, um der Sache so viel möglich näher zu kommen, und um gewisse und richtige Sätze, wegen der mit Nutzen zu haltenden Viehanzahl, herauszubringen;

1. Die sub signo ☾ anliegende Tabelle, welche vorschlägt, wie viel Vieh auf der Ackerweide;
2. Die sub signo ☿ anliegende Tabelle, welche angiebt, wie viel Vieh auf den verschiedenen Gattungen von Nebenhütungen in der Sommerweide gehalten werden könne;
3. Die sub signo ✱ anliegende Tabelle, durch welche Anleitung gegeben wird, zu berechnen, wie viel an Stroh und Heu, zur Ausfütterung des Viehes erforderlich sey, und
4. Die sub signo + anliegende Tabelle, in welcher den Strohgewinst nach dem Körnerertrag auszumitteln versuchet wird;

angefertiget, und Commissarius hat hiernach einen Ueberschlag zu machen, und zu balanciren, ob und in wie fern diese Tabellen bey dem abgeschätzten Gute zutreffen, oder nicht, jederzeit aber diese Berechnung und Balance der Taxe beyzulegen, damit die vorgeschlagenen Principia, durch Sammlung mehrerer Erfahrungen, zur vollkommensten Zuverläßigkeit gebracht werden können.

Es verstehet sich also schon von selbst, daß, wenn diese Tabellen mit dem Befund nicht stimmen sollten, Commissarius sich schlechterdings nach letzterm richten müsse. In der sub signo ☾ angehängten Tabelle ist der Viehstand nur auf die gewöhnlichsten Ackereintheilungen, in zwey, drey und vier Felder, berechnet; wo also fünf Felder gehalten werden, dergestalt, daß drey braach liegen, wenn zwey bestellet sind, kann Taxator zwey Drittel mehr Vieh, als bey der Ackereintheilung in drey Feldern, auf der Ackerweide rechnen.

Bey Koppelwirthschaften in sieben und mehr Schlägen, wird Taxator den Viehstand nach eben diesen Verhältnissen berechnen, und dabey mit eben derselben Behutsamkeit verfahren, welche ratione der Ackernutzung §. 19. geordnet worden.

Es ist auch nicht außer Acht zu lassen, ob die Hütungsreviere privative oder in Gemeinschaft genutzet werden, da denn, im letztern Fall, das Antheil, welches dem abzuschätzenden Gute zustehet, genau auszumitteln ist.

Auf gleiche Weise ist zu verfahren, wenn das abzuschätzende Gut ein Hütungsrecht auf einer fremden Feldmark hat. Wird solches mit einer bestimmten Anzahl Vieh täglich ausgeübet; so hat es kein Bedenken, die ganze Anzahl von Vieh für voll anzunehmen; wird solches aber zu unbestimmten Tagen mit einer unbestimmten Zahl von Vieh, exerciret; so muß Taxator alsdann auszumitteln suchen, wie viel Tage im Jahr dieses Hütungsrecht genutzet worden, und darnach das Verhältniß heraus zu bringen, sich bemühen.

§. 23. Von dem dergestalt ausgemittelten Rindviehstande werden zuförderst die Zugochsen abgezogen; und, damit genau bestimmet sey, wie viel Zugvieh gehalten werden müsse; so werden, auf jeden Winspel Aussaat an Winterung, zwey Stück Ochsen, und gegen vier Ochsen ein Pferd, mithin, auf zwey Winspel Winterungsaussaat, vier Ochsen und ein Pferd, gerechnet; hergegen für jeden Spanndienst mit zwey Pferden, à dreyhundert Tage jährlich, zwanzig Scheffel, oder, wenn die Dienste vierspännig geleistet werden, dreyßig Scheffel, in Abzug gebracht, so wie sich von selbst verstehet, daß bey demjenigen Gute, wo die Dienste, nach dieser Berechnung, zur Bestellung des Ackers hinlänglich sind, kein Zugvieh in Abrechnung kömmt.

Bey Wirthschaften in vier Feldern werden, wo bey drey Feldern vier Ochsen zu rechnen, fünf Stück, und bey Wirthschaften in fünf Feldern, da, wo bey drey Feldern drey Zugochsen gerechnet werden, vier Ochsen gerechnet, angesehen der mehrere Jahre unbearbeitet gebliebene Acker sich schwerer und langsamer bearbeiten lässet, als derjenige, welcher öfter gerühret wird. Für die Spanndienste sind daher, bey vier Feldern, nur achtzehen Scheffel, bey fünf Feldern nur sechszehen Scheffel, und bey vierspännigen Diensten, resp. nur sieben und zwanzig, oder vier und zwanzig Scheffel, in Abzug zu bringen. Wenn nun auf diese Art das Zugvieh abgezogen und das nutzbare Vieh ausgemittelt worden; so ist davon ein Drittel als Güstevieh, der Ueberrest aber als Molkenvieh, nach den ad specialia jeder Provinz oder Creyses bestimmten Sätzen, zu veranschlagen.

§. 24. Die Schaafe werden nach den Cammerprincipiis, mit Inbegriff des Schäferantheils und des Knechteviehes, veranschlaget, wie solches in den Special-Principiis jeder Provinz und Creyses bestimmt worden.

§. 25. Die Nutzung der Schweine wird, da deshalb kein Grundsatz in den Kammeranschlägen zu finden gewesen, nach der Aussaat gerechnet, und für jeden Winspel Winteraussaat in guten kornreichen Gegenden, Ein Rthlr. Acht Gr., und in

gerin-

geringern, Ein Rthlr., angeschlagen. Auf die etwa vorhandene Mastung oder Brauerey ist hiebey gar nicht zu achten, da die Mastung besonders angeschlagen wird, beym Anschlag der Brauerey und Brandtweinbrennerey aber bereits auf die davon habende Mastung Rücksicht genommen ist.

§. 26. Da auch wegen Veranschlagung der Nutzung vom Federviehe in den Aemteranschlägen keine bestimmten Sätze anzutreffen; so wird festgesetzt, daß, pro Winspel Aussaat Gerste, zwölf und pro Winspel Aussaat Hafer, acht Groschen dafür gerechnet werden soll.

§. 27. Da es, seltne Fälle ausgenommen, ein deutlicher Beweis einer üblen Wirthschaft ist, wenn Futter verkaufet wird; so ist der Titel, für verkauftes Futter, gänzlich wegzulassen, und unter selbigem nichts zur Einnahme zu bringen, um so mehr, da die Nutzung von den Wiesen nach der Morgenzahl angeschlagen wird, mithin, wenn auch ein mehreres an Heu gewonnen werden könnte, als zur Viehfütterung erforderlich ist, der zu verkaufende Ueberschuß bereits unter der Wiesennutzung mit veranschlaget worden.

§. 28. Die Obst- und Küchengärten werden nach der Morgenzahl abgeschätzet, so wie solche Specialia jeder Provinz oder Creyses nachweisen. Die Weinberge werden zu Ein Rthlr. Nutzung pro Morgen angeschlagen. Bloße Lust- und Thiergärten kommen gar nicht zum Anschlag; letztere allenfalls nur als Holzung. Die Hopfengärten können zu sechs Rthlr. reine Nutzung pro Morgen, wenn auf dem Gute Hopfenstangen und Dünger im Ueberfluß vorhanden, angeschlagen werden; müssen hergegen die Hopfenstangen gekaufet werden; so rechnet man nur drey Rthlr. pro Morgen. Fehlet es aber an Dünger, dergestalt, daß der zum Hopfenbau zu verwendende Mist dem Gerstlande entzogen wird; so kann das zum Hopfenbau angewendete Land nur als gewöhnliches Gartenland, nach den in den Special-Tax-Principiis bemerkten Sätzen gerechnet werden.

§. 29. Bienen werden regulariter nicht angeschlagen. Wenn aber dargethan werden kann, daß eine gewisse Anzahl von Bienenstöcken neun Jahre ununterbrochen hindurch ausgewintert worden; so wird für jeden ausgewinterten Stock, nach der Fraction, an reiner Nutzung sechszehen Groschen, und wo sie in die Heide gefahren werden, ein Rthlr. in Anschlag gebracht.

§. 30. Die Mühlen gehören entweder den Müllern erblich, gegen Erlegung einer beständigen jährlichen Pacht, oder sie sind auf Zeit verpachtet, oder werden durch einen Bescheider verwaltet. Im ersten Fall hat es dabey sein Bewenden, und wenn die Pacht in Gelde erlegt wird, so kömmt sie zu den fixirten baaren Gefällen; wird sie in Getreide entrichtet, so wird solches, nach der Cammertaxe, zu Gelde gerechnet. Im zweyten und dritten Fall hergegen wird zur Einnahme gestellet:

1) Die Mahlmetze, nemlich die sechszehente Metze von dem Consumtionsgetreyde derjenigen Personen, welche zur Mühle pflichtig sind, und werden auf die Personen über zehen Jahr,

acht bis höchstens zehn Scheffel Roggen, auf die Person unter zehn Jahr, vier Scheffel Roggen, und hievon die sechszehnte Metze, von dem Getreyde aber, welches zum Brauen und Brandweinbrennen geschroten wird, imgleichen von dem Grützkorn der Mahlpflichtigen, à zwey Scheffel auf jede Person durch die Bank, die zwey und dreyßigste Metze, nach dem Anschlagspreise jedes Orts zu Gelde gerechnet.

2) Das Mahlgeld, welches gewöhnlich mit drey oder sechs Pfennigen vom Scheffel, jedoch vom Grützkorne nicht bezahlet wird.

3) Für Stein- und Staubmehl, per Winspel Sichtekorn, vier Gr.

Hiervon kömmt zur Ausgabe:

a. Das Lohn des Müllers, welches man gewöhnlich auf sechzig Thaler zu fixiren pflegt.

b. Für Abgang an den Mühlsteinen,
c. Dem Schmiede, für Schärfung der Piken,
d. Zur Unterhaltung und Reparatur des gehenden Werks,
e. Zu Schmier, Talg, Licht und Beuteltuch,
} ein Proportionirliches.

Hisce deductis wird der Ueberschuß zur reinen Nutzung angeschlagen. Die Anzahl der zwangpflichtigen Mahlgäste kann am füglichsten aus der historischen Tabelle bestimmet werden, und wird solche von dem Landrath des Creyses zu erfordern seyn.

Für die fremden eximirten Mahlgäste wird ein Proportionirliches, nach der Lage der Mühle und Beschaffenheit der Umstände angesetzt, als welches auch bey denenjenigen Mühlen Statt findet, welche gar keine zwangpflichtige Mahlgäste haben, wobey jedoch, so viel möglich, auszumitteln ist, wie viel eine dergleichen Mühle im zwölfjährigen Durchschnitt, oder nach vieljährigen Pachtcontracten, gebracht hat, da denn dieses Quantum zur Nutzung anzusetzen ist.

§. 31. Die Geldpacht von den Schneidemühlen gehöret unter die Fixa; Sageblöcke, so über der Pacht frey geschnitten werden, kommen zu zwölf Groschen pro Stück in Anschlag. Sollte aber eine Schneidemühle administriret werden, so hat Commissarius aus zwölfjährigen Rechnungen die einjährige reine Nutzung, per fractionem, zu extrahiren, und solche zum Anschlag zu bringen, hierbey aber sorgfältig zu untersuchen und zu erforschen, ob etwa in dieser Zeit ein extraordinairer großer Bau in der Nachbarschaft gewesen, in welchem Fall denn die daher gehabte Einnahme nicht mit in computum zu ziehen ist.

§. 32. Taxator muß zuförderst ausmitteln, wie viel Malz alljährlich verbrauen worden, hievon aber die häusliche Consumtion abziehen, und demnächst auf anderthalb Scheffel Malz eine Tonne Bier, oder von einem Winspel Malz sechszehn Tonnen Bier rechnen. Hiervon wird der zwey und dreyßigste Theil zum Auffüllebier, und von dem, was alsdann noch übrig bleibt, die zwanzigste Tonne als Schenktonne abgerechnet.

Nach der Qualität des Bieres, und dem bessern oder schlechtern Debit, wird die Tonne angerechnet, wenigstens zu zwey Rthlr., höchstens zu zwey Rthlr. sechs Groschen.

Der Covent, pro Winspel Malz, zwölf Groschen.

Die Bärme, pro Winspel Malz, vier Groschen.

Für die Träber kommen, pro Winspel Malz, zwölf Gr. in Anschlag.

Solchergestalt wird die Einnahme fixiret, von welcher zur Ausgabe folgende Titel abgehen.

1) Die zum Malz erforderliche Gerste à $\frac{1}{9}$ weniger als Malz gerechnet worden, weil per Winspel drey Scheffel Quellmaaß angenommen wird. Diese Gerste wird nach dem Anschlagspreise zu Gelde gerechnet.
2) Hopfen pro Winspel zwey bis drey Scheffel, der Scheffel sechs bis acht Groschen.
3) Holz, zum Darren und Brauen, zu jedem Winspel eine Klafter Kiehnen und eine halbe Klafter Elsenholz. Solches a. zu hauen und b. anzufahren, wobey zu bemerken, ob das Holz auch in der Folge in der Nähe zu erhalten stehet.

   Das Holz selbst kömmt, in allen Fällen, nach des Orts Preisen zur Ausgabe, und wird dagegen an Orten, wo eigene Holzungen vorhanden, bey den Einkünften vom Holze wieder zur Einnahme gestellet.
4) Die Mahlmetze, so der Müller erhält, oder der zwey und dreyßigste Theil des Malzes, woferne nicht dafür ein gewisses Geldquantum fixiret ist. Muß der Müller frey schroten, so wird solches notiret, und unter diesem Titel nichts zur Ausgabe gebracht.
5) Mahlgeld, pro Scheffel regulariter drey Pf., woferne zwischen dem Eigenthümer und Müller nicht ein anderes verglichen worden ist.
6) Fuhren, das Malz auf und von der Mühle zu fahren; imgleichen das Bier zu verfahren, wie an einigen Orten üblich ist.
7) Brauerlohn und Deputat, regulariter sechszig Rthlr., wo ein Mehreres oder Wenigers nicht hergebracht ist.
8) Gehülfen, pro jedes Brauen zwey Hofediener, welche nach dem Dienstgeld-Anschlage angesetzt werden.
9) Böttcherlohn, regulariter pro Winspel acht Groschen.
10) Stroh, pro Winspel drey Bund, das Schock $1\frac{1}{2}$ Rthlr.
11) Insgemein, für Säcke, Licht, Besen u. s. w., pro Winspel drey Groschen.

   Die Ausgabe von der Einnahme abgezogen, wird der reine Profit zur Einnahme gebracht.

§. 33. Bey der Brandtweinbrennerey ist gleichfalls, zur Bestimmung der Einnahme auszumitteln, wie viel Scheffel Schroot alljährlich verschwehlet werden, wovon der Bedarf zur häuslichen Consumtion abgezogen wird, als welche nicht mit zum Anschlage kömmt.

Vom Scheffel Brandtweinschroot werden dreyzehn Quart

Brandtwein gezogen. Hievon gehet ab, von dem, so in den Krügen verkauft wird, das zwanzigste Quart, als Schänkquart; der Ueberrest wird zur Einnahme gestellet, à 2. Gr. 6. Pf. bis 3. Gr. pro Quart. Für den Schlamm zwölf Gr. pro Winspel. Zur Ausgabe wird gestellet:

1) der erforderliche Roggen und die Gerste, nach dem Anschlagspreise.

Es wird nemlich gerechnet, daß ein Scheffel Brandtweinschroot aus vier Theilen Roggen und einem Theile Gerstenmalz bestehet. Von dem ausgeworfenen Malze wird der neunte Theil als Quellmaaß abgezogen; der Rest ist die zur Ausgabe zu stellende Gerste. Wenn also 10 Wspl. 5 Schfl. Schroot verschwehlet werden, so werden

davon gerechnet	8 ,	4 ,
Roggen, und	2 ,	1 ,

Malz. Kommen zur Ausgabe acht Winspel vier Scheffel Roggen, und ein Winspel neunzehn Scheffel $8\frac{2}{3}$ Metzen Gerste.

2) Holz, zu jedem Winspel anderthalb Klafter Elsenholz, solches a) zu hauen, b) anzufahren.

Das Holz wird hier, wie bey der Brauerey, in allen Fällen zur Ausgabe gestellet.

3) Fuhren, das Getreyde nach und von der Mühle zu fahren, regulariter pro Winspel zwey Groschen.

4) Mahlmetze, pro Scheffel eine halbe Metze, wo nicht mit dem Müller ein anderes verglichen ist. Wenn der Müller frey schrooten muß, so fällt dieser Titul ganz weg.

5) Mahlgeld, pro Scheffel drey Pfennige, wenn nicht ein anderes verglichen worden.

6) Bärme kömmt nicht in Abzug, weil bey der Brauerey dafür nur ein Weniges zur Einnahme gebracht wird.

7) Brennerlohn pfleget gewöhnlich mit unter dem Deputat und Lohn des Brauers begriffen zu seyn, andergestalt pfleget man pro Winspel zwey Thaler zu rechnen.

8) Böttcherlohn, pro Winspel sechs Groschen.

9) Unterhalt der Blase, pro Winspel sechszehn Groschen.

10) Ingredienzien, pro Winspel vier Groschen.

11) Insgemein, für Säcke, Licht und dergl. pro Winspel drey Gr.

Die Ausgabe wird von der Einnahme abgezogen, und der Ueberschuß als reine Nutzung angesetzet.

§. 34. Was an Blasenzins, Ziese, Alt-Biergeld, Kriegesmetze, oder unter andern Tituln, von der Brau- und Brandweinbrennerey abgegeben werden muß, wird von dem Ueberschuß abgezogen, und nur das Uebrigbleibende zur wahren Nutzung ausgeworfen.

§. 35. Bey Veranschlagung der Brauerey und Brandweinbrennerey, muß Taxator genau erforschen, ob der bisherige Debit nicht durch ungewöhnliche Vorfälle vermehret worden. Z. E. Wenn an einem Orte, oder in der Gegend stark gebauet worden, oder wenn in einer Forst in der Nachbarschaft des

Verlages, in einem und mehreren Jahren nacheinander, Klapp-Holz-Schläger gearbeitet, und muß dergleichen ausserordentlicher Debit gar nicht, sondern nur derjenige in computum gezogen werden, auf welchen man beständig Rechnung machen kann. Im Fall aber keine Rechnungen oder Schankbücher vorhanden sind, sondern die Brauerey und Brandweinbrennerey verpachtet gewesen, dienen die Pacht-Contracte von zwölf Jahren zur Grundlage der Taxe.

§. 36. Da aber auch das Recht der Brauerey und Brandweinbrennerey, nicht nur zur eigenen Consumtion, sondern auch zum Verkauf, bey einigen Gütern angetroffen werden möchte, woselbst der Verschank jedoch seit einiger Zeit wenig oder gar nicht exerciret worden, die Nutzung folglich, wenn solche nach dem vorhergegangenen Debit berechnet und bestimmet werden sollte, wenig oder nichts betragen würde, und es jedoch, da es nur von demjenigen, der solch Guth zur Zeit der Abschätzung benutzet, oder künftig zu benutzen hat, abhänget, ob er von dieser Freyheit Gebrauch machen, und eine Revenüe daraus ziehen will oder nicht, billig ist, daß diese Nutzungs-Branche mit veranschlaget werde; so hat Commissarius auch darüber, und besonders wie hoch man etwa die Nutzung annehmen könnte, der Taxe seinen gutachtlichen ausführlichen Bericht zu annectiren.

§. 37. Sind wegen der See- und wilden Fischerey, Rechnungen oder Pacht-Contracte vorhanden, so wird der jährliche Nutzungs-Betrag nach zwölfjährigen Rechnungen oder Pacht-Geldern ausgemittelt, doch aber, wenn Pächter das Fischerzeug nicht selbst angeschaffet und unterhalten hat, oder dafür in den Rechnungen nichts angesetzt worden, ein Verhältnißmäßiges dafür abgezogen. Sind aber dieserhalb Rechnungen nicht vorhanden, so wird, wenn es offenbar ist, daß ein Nutzen daraus zu erhalten, die jährlich zu erhaltende Nutzung durch drey verständige und vereydete Fischer geschätzet, davon aber die zum Unterhalt des Fischerzeuges erforderlichen und andere Kosten abgerechnet, und denn, zu Deckung der etwanigen Ausfälle, noch der vierte Theil abgezogen, und nur drey Viertel der geschätzten Nutzung zum Anschlag gebracht.

Falls aber die See- und wilde Fischerey so beträchtlich nicht seyn sollte, daß mit Nutzen ein Fischer darauf gehalten werden kann, doch aber so beschaffen seyn, daß, zur Wirthschaft und eigenen Consumtion, oftmals Fische gefangen, und dadurch andere Consumtibilien erspart werden können; so wird, nach Verschiedenheit der Fischereyen, drey bis zehn Thaler dafür in Anschlag gebracht.

§. 38. Anlangend die Karpfen-Fischerey; so wird hierbey, ratione des Besatzes, die in den Schlesischen General-Detaxations-Principiis enthaltene Vorschrift, als die beste, welche bisher noch bekannt, zum Grunde geleget. Diesemnach müssen die Teiche nach der Scheffelzahl der Aussaat am Roggen validiret werden, und wird angenommen, daß ein Scheffel auf einen Morgen oder 180 Quadratruthen Rheinländisch ausfalle. Es wird also an Besatz gerechnet,

1. In Teichen, die in Dörfern oder Feldern liegen,
   a) in guten leimigen Boden, ein Schock auf ein bis ein und ein viertel Morgen,
   b) in mittlern und etwas leichtern Boden, ein Schock auf anderthalb Morgen,
   c) in schlechten und sandigen Boden, ein Schock auf zwey Morgen.
2. In den Wald-Teichen,
   a) In guten Boden, ein Schock auf zwey Morgen.
   b) In schlechten Boden, ein Schock auf drey bis vier Morgen.

Von den zum Besatz ausgerechneten Karpfen wird der dritte Theil zur jährlichen Nutzung gerechnet, hievon aber ein Drittel für den Abgang abgezogen. Von dem Ueberreste werden vierzig Stück auf einen Centner gerechnet, und der Centner nach dem Durchschnitt der Contracte mit den Fischern oder Fischkäufern angeschlagen, und solchergestalt die Einnahme ausgemittelt. Hiervon wird abgezogen

das Teichmeister-Lohn,
der Unterhalt der Fischergeräthschaften;

was übrig bleibt, giebt die reine Nutzung. Die Zoberfische werden nicht angeschlagen, sondern auf die Reparatur des Teiches gerechnet. Das in den Teichen befindliche Rohr wird gar nicht in Anschlag gebracht, weil es den Wachsthum der Fische hindert. Diese Sätze sollen immer beybehalten werden, ohne darauf zu sehen, ob der Teich beständig gewässert, oder auch zuweilen besäet wird.

§. 39. Taxator muß wohl unterscheiden, ob Eich- oder Buch- oder von beyden vermischte Mast vorhanden sey, und solches nach den verschiedenen Forst-Revieren wohl beschreiben. Alsdann wird Taxator aus zwölfjährigen Rechnungen zu eruiren sich bemühen, wie viel die Mast im Durchschnitt jährlich betragen hat, und darnach die Nutzung auswerfen. Sollte ihm aber dieses Hülfsmittel fehlen; so wird er durch zwey vereydete Forst-Bedienten abschätzen lassen, wie viel Schweine bey voller, bey mittlerer und bey Sprangmast, in dem Reviere eingefähmet werden können, und alsdann wieder annehmen, daß in sechs Jahren einmal volle Mast, einmal Mittel-Mast, einmal Sprang-Mast, und dreymal gar keine Mast, seyn werde, hiernach einem Divisorem mit sechs ziehen, und zur reinen Nutzung für jedes Schwein so viel ansetzen, als der Anschlags-Preis von zwey Scheffel Roggen beträgt. Zum Exempel,

die volle Mast werde taxiret zu 100 Schweinen,
die Mittelmast zu 50 Schweinen,
die Sprangmast zu 30 Schweinen,

so werden, nach vorstehendem Grundsatze, eingefähmet 180 Schweine, und das Fractions-Quantum beträgt 30 Stück, à

1 Rthlr. 12 Gr., wenn der Roggen zu 18 Gr. angeschlagen worden, macht reine Nutzung 45 Rthlr.

Sollte jedoch das gewöhnliche Mastgeld geringer seyn, als der Betrag für zwey Scheffel Roggen ausmacht, so ist der geringere Satz anzunehmen.

§. 40. Die Freyschweine, welche der Prediger, der Küster, auch andere Leute zu erhalten pflegen, müssen billig abgezogen werden; jedoch kann solches nicht von dem Fractions-Quanto, sondern nur von den Mast-Jahren gekürzet werden, weil, wenn keine Mast vorhanden ist, auch keine Freyschweine gegeben werden. Gesetzt nun, es würden auf dem Fundo taxando

bey voller Mast, 12 Freyschweine,
bey Mittelmast, 6 Freyschweine,
bey Sprangmast, 3 Freyschweine,

gegeben; so würden von der ganzen Summe der in sechs Jahren einzufähmenden Schweine 21 Schweine abgehen, nach der im vorstehenden §pho angenommenen Summe aber 159 Schweine zur Fraction kommen, das Fractions-Quantum aber 26 und ein halb Schwein betragen.

§. 41. Um den Nutzen richtig zu bestimmen, welcher aus einer Forst wirthschaftlich gezogen werden kann, sind die verschiedenen Arten des Holzes, welche genutzet werden sollen, die Beschaffenheit und Lage des Waldes, die mögliche wirthschaftliche Abnutzung, und der zu hoffende Debit, gründlich auszumitteln und in Erwägung zu ziehen.

§. 42. Die gewöhnlichsten Arten des Holzes sind: Eichen, Büchen, Fichten, Birken, Elsen, Rüstern, Espen und Unterholz.

Die wirthschaftlichste und beste Art, einen Wald zu benutzen, und dennoch denselben zu conserviren, ist allerdings die, daß man sich nach dem Zuwachs des Holzes richte, dergestalt, daß man den Wald in so viel Theile theilt, als Jahre erforderlich sind, um einen Baum in selbigen zu seiner Vollständigkeit zu bringen, welches man die Waldnutzung in Schlägen zu nennen pflegt; diese Schläge sind nicht nur nach der Art des Holzes, sondern auch nach der Beschaffenheit des Bodens zu bestimmen. Folgende Tabelle weiset nach, in wie viel Schläge eine Holzung, nach Beschaffenheit der Holz-Art und des Bodens, getheilet werden soll.

Holz-Arten.	Anzahl der Schläge.		
	in gutem Boden.	in Mittel-Boden.	in schlechtem Boden.
Eichen	250	300	—
Büchen	280	320	—
Nadelholz . . .	120	130	140
Birken und Espen .	25	30	35
Elsen	18	20	24
Rüstern und Espen .	80	100	—
Unterholz . .	12	15	20

§. 43. Wenn nun solchergestalt ausgemittelt worden, was für Holz vorhanden, und der wie vielte Theil zur jährlichen Abnutzung, ohne die Substanz der Forst zu alteriren, genommen werden kann; so kömmt es darauf an, ob die Forst vermessen ist oder nicht.

Ist die Forst vermessen, so bedarf es weiter nichts, als daß einige Probemorgen in jeder Holzart, und in den verschiedenen Sorten von der besten, mittlern und schlechten Qualität ausgestochen werden.

Diese Probemorgen werden durch drey verschiedene Forst-Bediente, durch jeden besonders und ohne daß sie zusammen communiciren, taxiret, wie viel an extra, stark, Mittel- und klein Bauholz, Sageblöcke, Planken, Holz, Stabholz, Schiffholz, Krummholz u. s. w. auf jeden Morgen vorhanden sey.

Die verschiedenen ad Protocollum zu nehmenden Angaben werden addiret und fractioniret, demnächst aber diese Fractions-Quanta der verschiedenen Morgen addiret, und wiederum fractioniret, alsdenn aber angenommen, daß auf jedem Morgen der Forst so viel Holz vorhanden sey, als auf die Probemorgen geschätzt worden, und daß der resp. 250te, 300te, 280te, 320te, 130te, 140te u. s. w. Theil der Morgenzahl nach der Tabelle jährlich abgeholzet werden kann.

Wegen des zu besorgenden Irrthums in der Abschätzung, muß man jederzeit ein Sechstel weniger rechnen. Ist hergegen die Forst nicht vermessen, und Possessor will dazu, wegen besorgter gar zu grossen Kosten, nicht schreiten; so muß der ganze Wald, auf oben bemeldete Art, durch drey Forstverständige abgeschätzet werden, welche dann angeben müssen, wie viel Holz von jeder Sorte darin vorhanden ist.

Hiervon wird gleichfalls resp. der 250te, 300te, 230te, 320te u. s. w. Theil, zur jährlichen Abnutzung gerechnet, davon aber, wegen zu besorgenden Erroris, der fünfte Theil abgezogen, damit man seiner Sache so viel möglich gewiß sey. Es bleibt dem Besitzer des Waldes frey, auf den Beckmannschen modum taxandi, welcher in seiner Anweisung zur Forstwissenschaft pag. 2. Cap. 2. an die Hand gegeben wird, doch auf diejenige Art allein, wornach der Wald blos als Brennholz taxiret wird, zu provociren.

§. 44. Ist nun solchergestalt ausgemittelt, der wie vielte Theil des Holzes, mit Bestand der Forst, jährlich gehauen werden kann; so ist zu untersuchen, ob dazu der erforderliche Debit vorhanden sey oder nicht.

Findet nun Taxator, nach einem zwölf- oder doch wenigstens neunjährigen Durchschnitt, daß das ausgeworfene Quantum, oder noch ein mehreres, würcklich verkauft worden; so kann er das ausgeworfene Quantum in Anschlag bringen; dagegen aber, wenn auch ein mehreres verkauft worden, dennoch mehr nicht, als was nach dem Arbitrio der adhibirten Forst-Verständigen jährlich verkauft werden kann, zum Anschlag bringen, indem es hier nicht auf die Ausmittelung einer wahrscheinlichen, sondern einer soliden, zuverläßige Sicherheit gewährenden Nutzungs-Ausmittelung ankömmt, weshalb denn Taxator sich wohl vorsehen muß, ob nicht etwa in den letztern Jahren ein extraordinairer Verkauf, entweder aus übler Wirthschaft des Possessoris, oder durch besondere Nebenumstände, von welchen der Possessor profitiret hat, die aber in der Folge wegfallen, geschehen ist. Dergleichen hat Taxator nicht mit zu computiren, sondern lediglich auf dasjenige zu rechnen, was nicht ohne Ruin der Forst verkauft, sondern auch sicher debitiret werden kann.

§. 45. Es verstehet sich außerdem von selbst, daß, ehe etwas von dem zum Verkauf ausgeworfenen Holze zum Debit gerechnet werden kann, zuförderst dasjenige abgezogen werden muß, was zur eigenen wirthschaftlichen Consumtion unumgänglich nöthig und erforderlich ist.

§. 46. Diesemnach wird von dem ausgeworfenen Klafter-Holze, welches zu drey Fuß Kloben-Länge, sechs Fuß hoch, sechs Fuß breit zu rechnen, abgezogen:

a. Das Freyholz der Unterthanen, wenn ihnen solches gebühret, oder selbige nicht bloß mit dem Raff- und Leseholz zufrieden seyn dürfen, sondern solches entweder ganz frey, oder für einen festgesetzten geringen Preis erhalten. Dieses bestehet nun entweder in einer bestimmten oder unbestimmten Klafterzahl. Ist die Klafterzahl bestimmt, so ist dabey weiter nichts zu erinnern. Ist sie unbestimmt, so muß Taxator sich auf alle Weise bemühen, dieses Quantum, so viel möglich, genau auszumitteln, eventualiter aber kann derselbe annehmen, für einen Bauer, incl. Backholz, 8 Kl. Kiehnen, oder 7 Kl. Elsen, oder 6 Kl. Eichen oder Büchen; für einen Coßäthen, incl. Backholz, 6½ Kl. Kiehnen, oder 6 Kl. Elsen, oder 5 Kl. Eichen oder Büchen; für einen Büdner, incl. Backholz, 5 Kl. Kiehnen, oder 4 Kl. Elsen, oder 3 Kl. Eichen oder Büchen.

b. Das Brennholz zur Feuerung in der Wirthschaft; dazu wird gerechnet:

1. Für den Gutsbesitzer selbst, oder dessen Generalpächter,

auf eine	Wohnstube	8 Klaftern	Eichen- oder Büchenholz. An Kiehnen und Birken ein Drittel mehr.
" "	Nebenstube	6 "	
" "	Küche	16 "	
" "	Gesindestube	6 "	

Anmerkung. Braucht der Besitzer auch ein Mehreres, so wird darauf nicht geachtet, indem nicht auf die mehrere oder mindere Bequemlichkeit des Herrn, wenn er auf dem Gute wohnet, zu reflectiren, sondern auf dasjenige zu sehen ist, was das Gut bringen kann, wenn der Besitzer nicht darauf wohnet, und das Gut verpachtet ist, weil der Besitzer in diesem Falle nur als Administrator seines Guts zu betrachten ist.

2. Auf eine Gesindestube, auf jedem Vorwerk, neun Klaftern Fichten- oder Birkenholz.

3. Auf den Mauerkessel, acht Klaftern Kiehnen- oder Birken-Holz.
4. Zur Speisung der Leute, zwölf Klaftern dergleichen Holz.
5. Für den Verwalter oder Unterpächter, zehn Klaftern dergleichen Holz.
6. Backholz, für die Person eine halbe Klafter, wenn solches nicht mit Reißgebünde verrichtet wird.
7. Deputat für einen Ackermeier, vier Klaftern, und für jeden Hirten vier Klaftern dergleichen Holz.

§. 47. Abzüge vom Bauholze finden nicht Statt, weil für die Reparatur der Gebäude ein Gewisses von den Einkünften des Guts abgezogen wird, die Kosten der neuen Erbauung fehlender oder ganz ruinirter Gebäude aber von dem Capital abgezogen werden, in den davon zu machenden Anschlägen aber das Bauholz, wenn es auf dem Gute vorhanden ist, nach der des Orts angenommenen Taxe, wenn es nicht vorhanden ist, nach dem Einkaufspreis, zur Ausgabe gestellet werden soll.

§. 48. Wenn nun endlich feststehet, wie viel Holz jährlich gehauen und debitiret werden kann; so bringet Taxator solches, nach der Forsttaxe, oder nach dem in der Gegend, und desselben Orts, üblichen Preise, inclusive des, bey den Brauerey-, Brandtweinbrennerey-, Ziegeley-, Kalkofen-, Glashütten- rc. Anschlägen zur Ausgabe gestelleten Holzes, zum Anschlag, wobey aber Taxator sehr vorsichtig seyn muß, weil dergleichen Preiß von den Umständen abhängt, und sehr variable seyn kann, und es muß dargethan seyn, daß das Holz, wenigstens in den letztern Jahren, immer diesen Preiß gehabt hat. Uebrigens sind sämmtliche Preise nach Abzug des Schlagerlohns anzusetzen, oder es ist das Schlagerlohn wieder in Abzug zu bringen.

§. 49. Da auch einige Güter die Gerechtigkeit haben, aus fremden Forsten, Bau-, Nutz- und Brennholz frey zu erhalten; so ist solches, wenn das Quantum bestimmt ist, nach des Orts üblichen Preise, zur Einnahme zu stellen, hergegen aber auch das Schlagerlohn und Fuhrlohn in Ausgabe zu bringen.

Ist das Quantum hergegen unbestimmt, dergestalt, daß der Besitzer des Guts so viel Bau- und Brennholz aus einer fremden Forst holen lassen kann, als ihm gefällig ist; so hat Taxator in diesem Fall anzunehmen:

Ratione des Brennholzes, daß sämmtliches nach §. 46. zur Bestreitung der Wirthschaft erforderliche Holz aus der Forst quaestionis genommen wird, mithin dieserhalb kein Abzug von dem eigenthümlichen Holze Statt findet.

Ratione des Bauholzes, daß solches gleichfalls sämmtlich aus der Forst, in welcher das indeterminirte jus lignandi ausgeübet wird, geholet werden kann; wenn sich aber auch bey einigen Gütern der Fall zuträgt, daß nicht nur das zur wirthschaftlichen Consumtion erforderliche Brennholz, sondern überhaupt, indeterminirt, so viel genommen werden kann, als der Besitzer des Guts, es sey zur wirthschaftlichen, oder zu seiner eigenen häuslichen Consumtion verbrauchen will; so ist einleuchtend, daß dieses Regale denjenigen Gütern, welche solches haben, einen großen Vortheil, gegen diejenigen, welche es nicht haben, gewähret. Denn wenn der Besitzer auf solchem seinem Gute wohnet; so kann er sämtliches zu seiner Bequemlichkeit erforderliche Holz ohnentgeltlich erhalten, wogegen derjenige, der die oberwähnte Gerechtigkeit nicht hat, das zu seiner Bequemlichkeit erforderliche Holz erkaufen, oder aus seiner Forst, von dem zum Verkauf ausgemittelten Quanto, nehmen muß, welches aber der, welcher dieses Holz aus einer fremden Forst zu nehmen berechtiget ist, nicht nöthig hat, sondern alles, was in seiner eigenen Forst zum Verkauf vorhanden, würklich verkaufen kann.

Da nun aber nach dem §. 46. dergleichen Holz nicht zum Abzug gebracht, sondern zum Verkauf angeschlagen wird, weil man das Gut betrachtet, wie es genutzet werden kann, wenn auch der Eigenthümer nicht darauf wohnet; so ist es billig denjenigen Gütern, welche eine reine Holz-Revenue liefern, der Besitzer wohne auf selbigen, oder nicht, diesen Vortheil anzurechnen, und dieserhalb etwas in Anschlag zu bringen.

Diesemnach wird hierdurch festgesetzet, daß für dieses Regale doppelt so viel Capital angesetzt werden soll, als §. 65. für den Werth des Wohnhauses gerechnet wird; doch nie über ein Tausend Thaler.

§. 50. Bey Eisenhammern und allen übrigen in dem rubro erwähnten Nutzungen muß Taxator zuförderst untersuchen, und wohl erwägen, ob das Holz dazu hinreichend vorhanden, und nicht mit mehrerem Vortheile auf andere Weise genutzet werden könne. Demnächst ist nicht weniger sorgfältig zu calculiren, ob der Vorrath der primae materiae und der Debit hinreichend ist, um die Nutzung als fortdauernd anzunehmen, oder ob solche nur eine kurze Zeit währen kann. Im letztern Fall, und wenn das dazu zu verwendende Holz besser genutzt werden kann, kommen sie gar nicht zum Anschlag. Im erstern Fall muß die reine Nutzung, durch richtig geführte Rechnungen, oder andere hinreichende Beweißmittel, dargethan, und nach einer zwölf- oder doch wenigstens neunjährigen Fraction angesetzet werden. Bey den Ziegeleyen, welche am gewöhnlichsten vorkommen, wird der Anschlag nach Cammer-Principiis dergestalt angefertiget, daß man zuförderst eruiret, wie viel Steine der Ofen hält, und wie oft jährlich gebrannt werde.

Die herauskommende Anzahl Steine wird zu einem billigen Preise, nachdem er in der Gegend üblich ist, von $3\frac{1}{2}$ bis sechs Thaler zwölf Groschen, angesetzt, und dieses giebet die Einnahme. Die Ausgabe bestehet, außer dem zur Ausgabe zu stellenden Holze, annoch aus folgenden Titeln:

1. Erde zu graben, pro 1. mille 2. Gr.
2. Solche anzufahren, gewöhnlich auch 2. Gr. pro 1. mille.
3. Holz a 1. Klafter pro mille.
4. Solches zu Klaftern zu schlagen, gewöhnlich 3 bis 4 Gr. pro mille.
5. Solches anzufahren.

6. Streicherlohn dem Ziegler.
7. Demselben Bier und Deputat, wo er dergleichen erhält.
8. Insgemein, Unterhalt der Geräthschaften, der Karren, des Ofens.
9. Die Steine an das Wasser zu fahren, wo solches nöthig ist, den Debit zu erlangen.

Nach allen diesen Abzügen wird der Ueberschuß als reine Nuzzung angesetzt.

§. 51. Von den Stutereyen, wenn dergleichen vorhanden sind, ist der Anschlag mit vieler Vorsicht zu machen, da diese Art der Nutzung äußerst mißlich ist, und nicht leicht eine sichere Revenue gewähret. Es muß also Taxator den Durchschnitt nach einer zwölfjährigen Fraction machen, und dabey keinen Titel der Ausgabe außer Obacht lassen.

§. 52. Auch der aus dem Seidenbau gezogene und zu ziehende Vortheil wird auf die §pho praecedente angeführte Art herausgebracht. Wenn die Maulbeerbäume aber auf dem Acker stehen, und dieser Acker, nach der Morgenzahl, mit der vollen Saat veranschlaget worden, so wird die Hälfte der Nutzung von dem Seidenbau, wenn keine andere Maulbeer-Bäume, als auf dem Acker, vorhanden sind, oder pro rata abgezogen.

§. 53. Der Morgen Rohrung wird, an reiner Nutzung, durchgehends zu ein bis zwey Thaler angeschlagen. Wo es schwer fallen möchte, die Morgenzahl zu bestimmen, kann auch die Anzahl der zu gewinnenden Dachschäfe ästimiret werden, und werden selbige nach den in der Gegend üblichen Preisen, nach Abzug der Werbekosten, zur Nutzung angeschlagen. Segge, so zum Decken gebrauchet wird, wird ein Viertel so hoch als Rohr angeschlagen.

§. 54. Brüche und Gelüche kommen nicht in Anschlag, weil sie schon bey der Weyde und Hütung mit eingerechnet, oder auch als Holzung angeschlagen sind; inzwischen muß Taxator, wie bereits §. 1. geordnet, mit aller nur möglichen Sorgfalt untersuchen, ob dergleichen Lüche und Brüche urbar gemacht werden können, und einen ausführlichen Kosten- und Nutzungsanschlag beyfügen, damit sich beurtheilen lasse, welchergestalt das Gut zu melioriren sey, und wie viel Kosten solches erfordert.

§. 55. Wenn nicht in specialibus eines jeden Creyses ein anderes bestimmet worden; wird angenommen, daß

Ein fettes Müllerschwein zu	3 Rthlr.	
= mageres	1 =	12 Gr.
= Pachthammel	1 bis 2 =	— =
= Zehendfüllen zu	2 = 3 =	— =
= abgesogenes Kalb	1 = 1 =	12 =
= Lamm auf Michaelis		12 bis 16 Gr.
= = zu Leuchtezeit		8 = 12 =
= Spanferkel		6 =
= Ganß		6 =
= Huhn		2 =
= Mandel Eyer		2 =

veranschlaget werden kann.

Der Betrag des Zehenden kann am besten aus den Zehendbüchern der Unterthanen berechnet werden. In Ermangelung der Zehendbücher kann angenommen werden:

Von jedem Vierhüfner in vier, jedem Zweyhüfner in sechs, jedem Coßäthen in acht, jedem Büdner in zwölf Jahren Ein Zehendkalb.

Von jedem Vierhüfner in zwey, jedem Zweyhüfner in drey, jedem Coßäthen in vier, jedem Büdner in sechs Jahren Ein Zehendferkel.

Von jedem Vierhüfner in ein, jedem Zweyhüfner in anderthalb, jedem Coßäthen in zwey, jedem Büdner in drey Jahren Eine Zehendganß, oder ein Zehendhuhn.

Bey Häußlern, Einliegern und dergleichen, wird eben der Maaßstab hiebey angenommen, wie bey solchen, in Absicht des Schutzgeldes bey der Jurisdiction, Statt hat.

§. 56. Wenn richtig geführte Rechnungen vorhanden sind, so wird aus selbigen per fractionem eruiret, wie viel der Garben-Zehend an Mandeln jährlich gebracht hat; sind aber dergleichen nicht vorhanden, so muß der zehendbare Acker vermessen und bonitiret werden. Alsdann wird, nach seiner Größe und Güte ein förmlicher Anschlag dergestalt gemacht, daß

im Weitzenacker vom Winspel Aussaat 120. Mandel Weitzen und 100. Mandel Gersten,
im Gerstlande, 100. Mandel Roggen und 100. Mandel Gerste,
im Haferlande, 70. Mandel Roggen und 40. Mandel Hafer,
im dreyjährigen Roggenlande, 50. Mandel Roggen,

gerechnet werden, wenn nemlich gehörig Braache gehalten wird. Geschiehet aber dieses nicht; so ist ein Viertel weniger anzunehmen. Hievon wird der zehende Theil zur Nutzung des Zehendherrn angeschlagen, und zwar

pro Mandel	Weitzen, . .	16	bis	20	Gr.
= =	Roggen, . .	13	=	16	=
= =	große Gerste,	11	=	13	=
= =	kleine Gerste,	11	=	12	=
= =	weißen Hafer,	11	=	12	=
= =	bunten Hafer,	7	=	8	=
= =	rauchen Hafer,	5	=	6	=

je nachdem die Anschlagspreise hoch oder niedrig gestellet sind, und muß übrigens darauf reflectiret werden, ob der Zehend abgehohlet werden muß, oder in die Scheune geliefert wird.

Im letztern Fall bleibt der Anschlag für voll, im erstern Fall hergegen muß dafür, nach der Entfernung, etwas abgerechnet werden, indem ein dergleichen Zehend offenbar weniger werth ist. Das Stroh wird zur Futterung gerechnet.

§. 57. Das Pachtgetreide wird sämtlich nach dem Anschlagspreise zur Einnahme gestellet, und muß, wo ein größerer Scheffel üblich seyn sollte, alles auf den Berliner Scheffel reduciret werden.

§. 58. Sämtliche Dienste werden zum Anschlag gebracht, wie solches ad specialia einer jeden Provinz oder Creyses bemerkt worden. Es muß aber darauf attendiret werden, ob die Unterthanen im Stande sind, Praestanda zu prästiren. Ist solches nicht; so ist es ganz natürlich, daß, besonders, wo Laßbauern sind, solche sehr oft ausfallen, und muß demnach in diesem Fall ein Proportionirliches dieserhalb in Abzug gebracht werden. Nicht weniger ist darauf Rücksicht zu nehmen, ob die Dienste in loco selbst, oder über Feld prästiret werden. Letztere sind offenbar von schlechterm Gebrauch, und müssen also auch geringer geschätzt werden; daher denn für jede halbe Meile, welche der Dienstleistende über Feld gehen muß, ehe er an die Arbeit kömmt, drey Pfennige abzuziehen sind, es wäre denn, daß darunter nichts von dem Dienste verlohren ginge.

§. 59. Die baaren Geld-Gefälle werden ohne Abzug in Anschlag gebracht; von den Haus-Miethen hergegen wird ein Sechstel abgerechnet, weil man nicht immer sicher seyn kann, daß sämmtliche Wohnungen jederzeit besetzt seyn werden. Diejenigen Geld-Zinsen, von welchen nicht vollkommen dargethan ist, daß sie in allen Stücken unveränderlich sind, werden nach der Fraction der Einnahme in den sechs letztern Jahren zum Anschlag gebracht.

§. 60. Wenn von der Jagd-Nutzung zwölfjährige nach einander folgende, richtig geführte Rechnungen vorhanden sind; so kann deren Ertrag zwar nach der Fraction bestimmet werden; es ist aber alles dasjenige in Abzug zu bringen, was der Jäger, die Hunde, Netze und dergleichen, gekostet haben. Finden sich keine Rechnungen; so kann für die hohe, Mittel- und kleine Jagd an Orten, wo ansehnliche Holzung, Brüche und sonst gute Gelegenheit vorhanden, Acht Groschen, in deren Ermangelung aber nur Sechs Groschen; Für die Mittel- und kleine Jagd an Orten, wo ansehnliche Holzung, Brüche und sonst gute Gelegenheit vorhanden, Sechs Groschen, wo nur wenige, aber doch einige Holzung vorhanden, Vier Groschen, wo aber gar keine Holzung vorhanden, Drey Groschen, per mille Capital des Guts, alljährliche Nutzung, gerechnet werden.

Werden aber gewisse Stücken Wild an die Besitzer des zu taxirenden Guts ohnentgeltlich geliefert; so können solche, nach der Forsttaxe, zur Nutzung angeschlagen werden; jedoch aber muß darauf Rücksicht genommen werden, ob das Wiltpret abgeholet, oder ein gewisses bestimmtes Fuhrlohn, oder auch wohl Schieß-Geld dafür bezahlet werden muß, und sind dergleichen Ausgaben in Abzug zu bringen.

§. 61. Alles dasjenige, was ausser den, in vorstehenden §phis bemerkten Nutzungen annoch Revenues gewähret, wie zum Exempel Fähren, Walkmühlen, Oehlmühlen, Zölle u. d. m., wird nach dem wahren reinen Ertrage, welcher aus dergleichen Pertinenzen, nach zwölfjähriger Fraction, gezogen worden, angeschlagen, jedoch aber muß dabey schlechterdings nachgewiesen werden, daß die Nutzung auch in Zukunft sicher erfolgen kann.

§. 62. Unfruchtbare Regalien, wie z. E. das Jus patronatus und die Jurisdiction, werden regulariter zu keiner Nutzung veranschlaget, es wäre denn, daß bey der Jurisdiction nachgewiesen werden könnte, daß davon jährlich eine Revenue gezogen worden, in welchem Falle solche nicht zu übergehen, sondern in Anschlag zu bringen, jedoch nach Abzug der Kosten, z. B. Gehalt des Justitiarii, Lohn und Deputat des Gerichtsdieners, Unterhalt der Gefängnisse, Straf-Instrumente u. d. m.

Es verstehet sich jedoch von selbst, daß das Schutzgeld der Einlieger besonders in Anschlag zu bringen, dergestalt daß drey Viertel der Einlieger gerechnet, und jeder Kopf jährlich mit zwölf Groschen, oder, wie es Observantiae ist, angeschlagen wird.

§. 63. Von den solchergestalt veranschlagten Einkünften des Guts werden in Abzug gebracht:

1. Sämmtliche Abgaben, welche zu den Königl. und Landescassen entrichtet werden müssen, wie z. E.

Der Lehns-Canon,

Contribution, Cavalleriegeld, Sommer- und Winterverpflegungs-Unkosten, nach der Fraction, Hufen- und Giebelschoß,	Im Fall beym Rittergute auch contribuabler Acker vorhanden, maßen vom Ritterfreyen Fundo dergleichen Onera nicht getragen werden.
Bierziese, Blasenzins,	in so fern dergleichen gegeben werden muß, und nicht bereits von der Brau- und Brandweinbrennerey-Nutzung abgezogen worden.

Metzkorn-Gelder,

Dammruthen-Gelder.

Sind dergleichen Abgaben nicht fixirt; so müssen solche nach einem sechsjährigen Durchschnitt ausgeworfen werden; sollten sich aber hiezu die erforderlichen Nachrichten auf dem abzuschätzenden Gute nicht finden, so sind solche von der Creisregistratur zu erfordern.

2. Die Feuersocietäts-Beyträge von den Wirthschaftsgebäuden allein, mithin excl. der herrschaftlichen Wohnung ꝛc. ꝛc. sind gleichfalls, nach der Fraction der Beyträge in dem laufenden Quinquennio, in Abzug zu bringen; jedoch wird nur dasjenige angerechnet, was jährlich über funfzehn Thaler von gedachten Gebäuden nach diesem Verhältnisse beygetragen worden.

3. Der Canon, welcher zum Unterhalt adelicher Wittwen und Waysen, wie auch Schulbedienten, von denjenigen Geldern gezahlet wird, welche des Königs Majestät zu Verbesserung der Güter, oder zu Bezahlung der darauf haftenden Schulden, a zwey pro Cent, geschenkt haben.

4. Für jede laufende Ruthe Hauptgraben werden,

wenn er	8	Fuß	hält,	4 Pf.,
- -	12	-	-	6 -
- -	18	-	-	8 -
- -	24	-	-	1 Gr.

für die Reparatur angesetzt; für weniger breite oder Feldgraben wird nichts in Abzug gebracht; doch werden die zu Bewürkung der Anbothe, der Teichschaue, und zum Buhnenbau verwandte Kosten, nach einer zwölfjährigen Fraction, abgezogen.

5. Ein Proportionirliches zum Unterhalt der Wirthschaftsgebäude, excl. des Wohnhauses, nemlich für jede laufende Ruthe, der Länge des Gebäudes nach, gemessen.

a. In hölzernen Gebäuden . . . . 1 Gr. 6 Pf.
Wo aber Holz aus fremden Forsten dazu unentgeltlich gegeben wird . . . . — : 9 :
b. In Maßiv-Gebäuden . . . . 1 : — :

Von der zweyten Etage wird ein Viertel dieser Sätze gerechnet.

Von Gebäuden mit Schindeln gedeckt wird die Hälfte mehr angeschlagen.

Von den Unterthanengebäuden aber die Hälfte von obigen Sätzen, an Orten, wo die Herrschaft die Gebäude der Unterthanen bauet. Wo hinlängliche Spann- und Handbaudienste geleistet werden, wird nur die Hälfte von obigen Sätzen angerechnet.

6. Das Lohn und Deputat der Forstbedienten.

7. Das Meßkorn der Prediger und Küster, nach den Anschlagspreisen, wie auch die sogenannte Altargelder oder baaren Geldquanta, welche die Kirche oder die Geistlichkeit erhält.

8. Die Unterhaltungskosten der etwa vorhandenen Armenhäuser, oder Wittwenhäuser und Anstalten.

9. Der von gewissen Gerechtigkeiten und Pertinenzien zu entrichtende Canon, an Wiesenzins, Weide- oder Holzhafer, Mastgeld, Triftgeld und was dergleichen mehr. Und zwar wird jederzeit das Getreide nach dem Anschlagspreise in Abzug gebracht.

10. Das aus fremden Forsten anzukaufende, nach dem §. 46. zur Wirthschaft erforderliche Brennholz, wenn dergleichen auf dem abzuschätzenden Gute entweder gar nicht, oder nicht hinlänglich vorhanden ist, und zwar wird solches nach dem Einkaufspreise, mit Inbegriff der Anfuhre, gerechnet.

11. Das zum Unterhalt des veranschlagten Viehes erforderliche Heu und Stroh, wenn solches nicht bereits von der Abnutzung des Viehes abgezogen worden, und zwar nach dem in der Gegend üblichen Mittelpreise.

12. Ad Extraordinaria, wohin auch die Remissiones für die Pächter zu zählen sind, sechszehn Groschen per mille vom ausgeworfenen Capital des Gutes.

§. 64. Wenn nun solchergestalt sämtliche Abzüge von dem ausgemittelten Ertrage abgerechnet worden, so wird der Ueberschuß nach dem jedesmal landüblichen Zinsfuß zu Capital gerechnet.

§. 65. Zu dem auf diese Art ausgemittelten Werth des Gutes wird für das Wohnhaus, wenn ein dergleichen vorhanden ist, zugerechnet, zumal selbiges allenfalls vermiethet werden kann.

Bey

Bey	Gütern	von	6	bis	10000	Rtlr.	ein	Capital	v.	200 Rtlr.
=	=	=	10	=	12000	=	=	=	=	300 =
=	=	=	12	=	20000	=	=	=	=	500 =
=	=	=	20	=	35000	=	=	=	=	800 =
=	=	=	35	=	50000	=	=	=	=	1000 =
=	=	=	50	=	65000	=	=	=	=	1200 =

und niemals mehr, das Gut mag noch so viel werth seyn. Wenn auf einem Gute mehrere Wohnhäuser vorhanden sind, solches jedoch nur einem Herrn zugehöret, so wird nur ein Wohnhaus gerechnet. Gehöret das Gut aber mehrern Herren, welche jeder ein besonderes Wohnhaus haben; so werden auch mehrere Wohnhäuser nach dem Werth eines jeden Antheils angeschlagen. Wenn aber ein Wohnhaus von so schlechter Beschaffenheit ist, daß ein gegründeter Zweifel entstehet, ob selbiges auch so viel werth sey, als nach der Vorschrift dieses §phi gerechnet wird; so muß es durch Sachverständige taxiret werden.

Für die Hoflage wird nichts gerechnet.

§. 66. Von dem solchergestalt bestimmten Werth des Guts wird abgerechnet:

1) das, was zur Haupt-Reparatur verfallener oder zum Wiederaufbau fehlender Wirthschafts- und Unterhanen-Gebäude, wenn letztere von der Herrschaft gebauet werden müssen, nach dem Anschlage eines arte periti, erforderlich ist;
2) das etwa fehlende Brau- und Brandwein-Gefäß, in sofern beym Gute Brauerey und Brandweinbrennerey veranschlaget worden.

§. 67. Taxator muß über den Actum Taxationis ein umständliches Protocoll aufnehmen, in welchem von Rubrik zu Rubrik bemerkt werden muß, wie dabey verfahren, und was für Hülfs- und Beweismittel gebraucht worden.

§. 68. Die Eigenthümer der Güter, oder derselben Tutores, Curatores ꝛc. ꝛc. sind schuldig, Taxatori alle Nutzungs-Rubriquen specifice schriftlich oder mündlich ad Protocollum anzuzeigen.

Thun sie dieses nicht, und es wird bey Aufnehmung der Taxe etwas, welches auch der Erforschung eines aufmerksamen Taxatoris entgehen kann, übersehen, und nicht mit zum Anschlag gebracht, welches doch nach äusserster Möglichkeit vermieden werden muß; so haben die Eigenthümer solches sich selbst oder ihren Tutoribus, Curatoribus ꝛc. ꝛc. zuzuschreiben, und es ist dem Taxatori dieserhalb alsdann nichts zur Last zu legen.

§. 69. Taxator muß dem Detaxando die aufgenommene Taxe weder ganz, noch Stückweise, vorzeigen, noch auf andere Art bekannt werden lassen, und selbige ungesäumt an die Behörde absenden. Der Eigenthümer des detaxirten Guts kann aber Copiam taxae vom Ritterschafts-Collegio bitten, oder durch den Taxatorem deshalb Ansuchung thun lassen, und Taxator ist, wenn dieses Verlangen bey Aufnehmung der Taxe ihm zu erkennen gegeben wird, verbunden, solches bey Einsendung der Taxe anzuzeigen, das Ritterschafts-Collegium aber muß alsdenn, wenn die Taxe allererst revidiret und rectificiret worden, dem Detaxato einen Extract, in welchem der Ertrag nicht nur überhaupt, sondern auch nach allen Nutzungs-Rubriquen insbesondere, imgleichen die Quantität und Qualität der abgeschätzten Aecker, Wiesen ꝛc. ꝛc. bemerkt ist, unverzüglich und gegen Bezahlung der Copialien allein zukommen lassen.

§. 70. Findet oder vermeinet nun der Eigenthümer des abgeschätzten Gutes, daß die Taxe allzu niedrig gemacht, oder gewisse Nutzungen gar nicht mit zum Anschlag gebracht worden; so stehet demselben frey, solches dem Ritterschafts-Collegio, mit specifiquer Bemeldung derjenigen Rubriquen, welche entweder zu niedrig, oder gar nicht zum Anschlag gebracht worden, anzuzeigen, auch, den Umständen nach, seine Beschwerden wider den Taxatorem, jedoch spätestens vierzehn Tage nach dem Empfang des vorbesagten Extracts, einzubringen, Abänderung oder Wiederholung der Taxe zu suchen, und darauf Verfügung zu gewärtigen.

§. 71. Auch bleibt dem Besitzer des Gutes, wenn er vermeinet, daß die nach den angenommenen Grundsätzen von seinem Gute aufgenommene Taxe würklich allzu niedrig ausgefallen, unbenommen, solches, und bey welchen Tituln die Fehler befindlich sind, gründlich nachzuweisen, da denn der Werth des Gutes nicht nach den Grundsätzen, sondern nach dem solchergestalt nachgewiesenen wahren Ertrage zu bestimmen ist. Dahingegen muß in diesem Falle Commissarius auch wohl prüfen und genau untersuchen, ob auch der Anschlag nach den angenommenen Grundsätzen bey den andern Tituln nicht die würkliche Nutzung übersteiget, in welchem Fall ihm denn oblieget, solches nicht nur anzuzeigen, sondern auch den Anschlag von solchen Tituln nach dem wahren Ertrage zu moderiren.

In Rücksicht dessen wird der Commissarius vorzüglich die letzten Pacht-Contracte, wenn dergleichen vorhanden sind, nachsehen, dabey aber sich ganz genau erkundigen, ob die Pächter den Contract erfüllet haben, und wie viel sie entweder jährlich, oder im Durchschnitt, an Remission erhalten haben, da es ihm dann nicht schwer fallen kann, die würkliche reine Revenue, welche das Gut in den letzten zwölf Jahren gebracht hat, auszumitteln. Findet eine dergleichen Abweichung von den Grundsätzen in der Abschätzung eines Gutes Statt; so müssen alsdenn sämmtliche von dem Besitzer beygebrachte und sonst vorgefundene Bescheinigungen, vornehmlich aber die Pacht-Contracte, dem Ritterschafts-Collegio mit zugesendet werden. Berlin, den 19ten August 1777.

207. Spezial-Tax-Prinzipia zur Abschätzung der Rittergüter in der Kur- und Neumark, vom 1. November 1777.

Detaxations-Grundsätze für die Altmark.

§. 1. Bey Festsetzung der besondern Tax-Principiorum, nach welchen die Rittergüter in der Altmark abgeschätzet werden sollen, können nicht die bey den Königl. Aemtern in der Altmark angenommenen Cammer-Prinzipia zum einzigen Maaßstabe dienen, indem sich solche nicht auf alle Gegenden der Altmark passen; sondern es muß auf die Lage und die Güte des Bodens insonderheit Rücksicht genommen, und daher folgende 4 Haupt-Classen beym Acker und der Hütung angenommen werden:

1. Die Wische.
2. Die gute Höhe.
3. Die schlechte Höhe.
4. Die Niederung.

Unter der Wische verstehet man den Theil der Altmark, der bey Osterburg, Seehausen und Werben, zwischen der Elbe, dem Ahland und der Biese belegen, und wechselsweise mit Weitzen, Roggen, Gerste und Pahlkorn besäet wird, auch bisweilen zu Fettweide und Heuschlag genutzet werden kann. Dieser Acker bestehet aus einem guten Kleeboden, und erfordert daher eine schwere Beackerung; da er aber den Durchbrüchen der Elbe und des Ahlands, imgleichen dem Aufquell- und Quellwasser unterworfen, so ist derselbe vielen Unglücksfällen ausgesetzt, und gewähret daher nicht alle Jahre gleich hohen Ertrag.

Die gute Höhe bestehet aus Acker, welcher wechselsweise mit Weitzen, Roggen, Gerste und gelbem Haser besäet werden kann, der Ueberschwemmung und dem Aussauren nicht unterworfen ist, und aus einem guten milden Boden besteht, welcher nur eine leichte Beackerung erfordert.

Die schlechte Höhe besteht aus Acker, welcher zum Roggen-, Haafer- und Buchweitzenbau dienlich, und größtentheils aus Sand und Heidegrund besteht, daher wenig grasartig, dagegen aber dem Aussauren nicht ausgesetzt ist, und nur eine sehr leichte Beackerung erfordert, jedoch nur schlechte Viehweide, aber sehr gesunde Schaafweide hat. Auf diese Gattung von Acker sind die bey dem Amte Diestorf angenommene Cammer-Prinzipia völlig passend.

Die Niederung besteht aus solchem Acker, welcher einen sumpfigten, wasserschleifigten und schwemmigten Boden hat, und dem Aussauren ausgesetzt, mithin seiner Natur nach kaltgründig und sauerbeitzig ist, dahero bedarf er einer stärkern Aussaat, nebst schwereren Beackerung, und gewähret sowohl wegen des häufigen Aussauerns, als wegen des vielen Unkrauts, geringen Ertrag. Wenn bey einem Gute einige von diesen Gattungen von Acker statt finden, so ist bey Abschätzung desselben der Anschlag von Ackerbau und der Viehzucht nach solchen Classen einzurichten.

§. 2. Bey diesen 4 Classen finden, in Ansehung der innern Güte des Ackers, folgende Unterabtheilungen statt, wovon bereits in den General-Detaxations-Prinzipiis die nöthigen Definitionen gegeben worden:

1. Weitzland von der besten Art,
2. minder gutes Weitzland,
3. Gerstland bester Art,
4. Gerstland minderer Güte,
5. Weißes oder gelbes Haferland,
6. schlechtes oder buntes Haferland,
7. Rauch-Haferland,
8. 3-, 6-, 9- und 12jährig Land.

§. 3. Die Wiesen in allen 4 Classen werden folgendermaßen eingetheilet und veranschlaget:

I. In Wiesen, so an der Elbe und dem Ahland belegen, diese sind:

1) Zweyhauigte	gute, der Morgen a 180 □R.,	2	Rthlr.	—	Gr.
2) "	mittel	1	"	16	"
3) "	schlechte	1	"	18	"
4) Einhauigte	gute	1	"	8	"
5) "	mittel	1	"	—	"
6) "	schlechte	—	"	16	"

II. In Wiesen, so an kleinen Flüssen und Bächen, oder auch an anderen Orten belegen, solche werden veranschlaget:

1) Zweyhauigte	gute, der Morgen a 180 □R.,	1	Rthlr.	8	Gr.
2) "	mittel	1	"	4	"
3) "	schlechte	1	"	—	"
4) Einhauigte	gute	—	"	20	"
5) "	mittel	—	"	16	"
6) "	schlechte	—	"	12	"
7) "	ganz schlechte	—	"	6	"

III. In Feld- oder Mäsch-Wiesen:

1) gute	1	"	—	"
2) schlechte	—	"	16	"

Von diesen werden, wenn 3 Felder gehalten werden, nur ⅔ veranschlaget, indem sie, wenn die Brache dahin fällt, nur blos als Hütung genutzet werden können.

§. 4. Auf jedem Magdeburgschen Morgen a 180 □Rth. wird ausgesäet:

I. Weitzen.

1) Im ersten Weitzlande	22	Metzen
2) im zweyten Weitzlande	20	"

II. Roggen.

1) Im zweyten Weitzlande	18	"
2) im ersten Gerstlande	18	"
3) im zweyten Gerstlande	16	"
4) im gelben Haferlande	14	"
5) im bunten Haferlande	12	"

6) im Rauch-Haferlande 8 Metzen
7) im dreyjährigen und schlechten Lande 8 -

III. Gerste.
1) Im besten Weitzlande 22 -
2) im minder guten Weitzlande 20 -
3) im ersten Gerstlande 20 -
4) im zweyten Gerstlande 18 -

IV. Hafer.
1) Im zweyten Gerstlande 18 -
2) im ersten Haferlande 16 -
3) im bunten Haferlande 12 -
4) im Rauch-Haferlande 10 -

Wo das Land kaltgründig ist, und zur letzten der 4 Haupt-Acker-Classen gehöret, wird auf den Morgen beym Roggen eine Metze Einfall mehr gerechnet. Die Aussaat an Pahlkorn wird nicht bestimmt, weil solche gewöhnlich in der Brache gesäet wird, und das darin gesäete Getraide, wegen des nachherigen geringern Körner-Ertrages des Ackers, nicht in Anschlag kömmt.

§. 5. Der Ertrag eines auf solche Art besäeten Morgens besteht;

I. Im Weitzenlande:
1) Im Weitzenlande erster Classe im 6ten Korn,
2) im Weitzenlande zweyter Classe im 5½ten Korn.

II. Im Roggen:
1) Im Weitzenlande zweyter Art im 5½ten Korn,
2) im besten Gerstenlande im 5ten Korn,
3) im zweyten Gerstenlande im 4ten Korn,
4) im besten Haferlande im 4ten Korn,
5) im schlechten Haferlande im 3ten Korn,
6) im Rauchhaferlande, 3jährig und schlechtern Lande, im 3ten Korn.

III. In der Gerste:
1) Im besten Weitzenlande im 6ten Korn,
2) im zweyten Weitzenlande im 5½ten Korn,
3) im besten Gerstenlande im 5ten Korn,
4) im zweyten Gerstenlande im 4½ten Korn.

IV. Im Hafer:
1) Im schlechten Gerstenlande im 4½ten Korn,
2) im guten Haferlande im 4ten Korn,
3) im bunten Haferlande im 3ten Korn,
4) im Rauch-Haferlande im 3ten Korn.

Buchweitzen wird nicht besonders veranschlaget, weil das Land, worinn er gesäet wird, als Haferland bereits veranschlaget worden. In der Wische wird bey der Gerste, wegen des vorzüglich guten Ertrags, 1 Korn mehr Einschnitt, und bey dem Acker, der zur 4ten Haupt-Classe des Ackers gehört, beym Roggen ½ Korn weniger Ertrag gerechnet; bey Gütern, die in Koppelschlägen liegen, wird nach deren Beschaffenheit ½ bis 1 Korn Ertrag mehr gerechnet.

§. 6. Von dem solchergestalt ausgemittelten Einschnitt wird bey allen Getreidearten 1 Korn zur Saat, und in der Wische

2½ Korn, wegen der dortigen schweren Bestellung zur Bestreitung der Wirthschaftskosten, in Abzug gebracht. Auf der guten und schlechten Höhe wird, nach Abzug der Aussaat, beym Weitzenland erster und zweyter Classe, und beym Gerstenlande erster Classe, vom Winter- und Sommergetraide, 2 Körner von dem Einschnitt, bey den übrigen Acker-Classen aber die Hälfte des nach Abzug der Saat übrig gebliebenen Einschnitts, zur Bestreitung der Wirthschaftskosten, in Abzug gebracht.

Bey der 4ten Hauptacker-Classe wird eben dieses Verhältniß beobachtet, aber in allen Unter-Ackerclassen, bis incl. gelb Haferland, wegen der schweren Beackerung, vom Wintergetraide ¼ Korn mehr, als bey der 2ten mittlern Ackerclasse, zur Wirthschaft in Abzug gebracht.

§. 7. Der Acker, der jenseits des Elbteiches, und gewöhnlich zwischen diesem und dem Schaarteiche belegen ist, wird, weil bey selbigem gewöhnlich keine ordentliche Felder gehalten werden, sondern solcher bloß mit Sommergetraide und Pachtkorn besäet wird, nicht als Acker, sondern blos als Fettweide angeschlagen. Wird im Sommerfelde Lein- oder Hanfsaamen gesäet, welcher, da er gewöhnlich in der Braache gesäet wird, nicht veranschlaget werden kann, so kömmt für jeden Scheffel, der ausgesäet wird, 3 Rthlr. Nutzung in Anschlag.

§. 8. Die Preise des Getraides werden folgendermaßen festgesetzt, nemlich pro Scheffel:

1) Weitzen	22 Gr.	
2) Roggen	18 -	
3) Gerste	14 -	
4) gelben Hafer	10 -	
5) bunten Hafer	8 -	
6) Rauchen Hafer	6 -	
7) Buchweitzen	14 -	wenn solches als Pachtgetraide gegeben wird.
8) Erbsen und Wicken	18 -	
9) Rüben	6 -	
10) Hopfen	6 -	

Bey den Pächten, die an Weizen, Roggen und Gerste entrichtet werden, wird 2 Gr., und bey dem gelben Hafer 1 Gr. pro Schfl. weniger gerechnet, weil dieses Getraide gewöhnlich schlecht, und sehr öfters Remißiones ertheilet werden müssen; bey den übrigen Getraidearten an Pächten bleiben obige Preise.

§. 9. Obst- und Gartenland, der Morgen 2 bis 3 Rthlr., bloßes Garten- oder Kohl-Land der Morgen

1) In der Wische 2 Rthlr.
2) Auf der guten Höhe 1 Rthlr.
3) Auf der schlechten Höhe 16 Gr.
4) In der Niederung 1 Rthlr.

§. 10. Die Anzahl des Viehes wird nach Beschaffenheit der Weide und des zu gewinnenden Futters angeschlagen, und dabey allenfalls dasjenige zum Maaßstabe angenommen, was deshalb in den General-Taxgrundsätzen für die Chur- und Neumark bestimmt worden ist; die Nutzung von der Viehzucht wird aber gerechnet:

I. In der Wische:

a. Eine milchende Kuh 5 Rthlr.

b. Ein Stück Güstvieh 1 Rthlr.

c. 100 Stück Schaafe, excl. Fetthammel 20 Rthlr. aber incl. des Schäfers Antheil und Knechts Vieh.

II. Auf der guten Höhe und Niederung:

1) Eine milchende Kuh

a. Auf guter Weide 3 Rthlr.

b. Auf mittler Weide 2 Rthlr. 12 Gr.

c. Auf schlechter Weide 2 Rthlr.

2) Ein Stück Güstvieh 16 Gr.

3) 100 Stück Schaafe 18 Rthlr.

incl. des Schäfers Antheil und Knechts Vieh.

III. Auf der schlechten Höhe:

1) Eine milchende Kuh

a. Auf guter Weide 2 Rthlr.

b. Auf einer schlechtern Weide 1 Rthlr. 12 Gr.

2) Ein Stück Güstvieh 8 Gr.

3) 100 Stück Schaafe 16 Gr.

incl. des Schäfers Antheil und Knechts Vieh.

Die Schweinezucht- und Federvieh-Nutzung wird nach den in den Generaltax-Prinzipils angenommenen Grundsätzen veranschlaget.

§. 11. Wenn Fettweiden vorhanden, so werden solche folgendermaßen veranschlaget:

Ein Ochse, auf den 2½ Morgen zur Weide gerechnet werden, zu 5 Rthlr.

100 Stück Hammel, auf welche 25 — 30 Morgen zu rechnen, 25 Rthlr.

Fettweide auf Brachhütung wird nicht als Fettweide veranschlaget.

§. 12. Die Dienste der Unterthanen werden, wenn Dienstgeld von einigen Unterthanen entrichtet wird, nach demselben berechnet; kann man aber solches nicht zur Richtschnur annehmen, so wird gerechnet:

für einen Spanndienst mit 4 Pferden täglich 4 Gr. 8 Pf.

für einen Spanndienst mit 2 Pferden 2 Gr. 4 Pf.

für einen Mannshanddienst, von Johannis bis Michaelis, 1 Gr. 6 Pf.

von Michaelis bis Fastnachten 1 Gr.

von Fastnacht bis Johannis 1 Gr. 3 Pf.

für einen Frauenshanddienst wird jederzeit 3 Pf. weniger gerechnet.

Ob ein Dienst für einen Manns- oder Frauensdienst zu rechnen, solches richtet sich nach der Schuldigkeit der Dienstpflichtigen. Geschehen solche promiscue, so ist davon die Hälfte als Manns- und die andere Hälfte als Frauensdienst zu rechnen.

Für eine Kornfuhre, so nicht im ordinairen Dienst geschiehet, für einen Winspel auf der Meile 4 Gr.

Ist die Meilenzahl dabey nicht bestimmt, so wird die Entfernung des Orts, wohin gewöhnlich der Verkauf oder die Anfuhre des Getreides geschiehet, zur norm angenommen. Muß alles Getreide von den Unterthanen verfahren werden, so wird sämmtliches zum Verkauf angeschlagenes Getreide hiernach berechnet.

Für eine Holzfuhre pro Klafter die Meile 4 Gr. Hierbey findet obiges, wenn die Entfernung nicht bestimmt worden, ebenfalls statt, und wird solches nach der Entfernung der Forst, wo das Holz gewöhnlich geholet wird, berechnet.

Für eine Wollfuhre, ohne Bestimmung der Weite, 1 Rthlr. bis 1 Rthlr. 8 Gr.

Müssen die Unterthanen sämtliche Aecker bestellen und abärndten, so daß kein Spannvieh gehalten werden darf, so wird kein Spannvieh und Wirthschaftskorn in Abzug gebracht; sondern nur das Lohn und Deputat des Ackervogts, der nöthigen Hirten, Schäfer und Gesinde, imgleichen das Drescherlohn und übrige Wirthschaftskosten, zu Gelde gerechnet und abgezogen.

Müssen aber die Unterthanen gewisse Wiesen, oder sämtliches Getreide, oder einen Theil davon abbringen, so wird solches bey den Wiesen nach Morgenzahl, beym Acker aber nach der Aussaat berechnet, und man schlägt an, für den Winspel Aussaat abzumähen 18 Gr., für den Morgen Wiesewachs abzumähen 1 Gr. 6 Pf. Müssen die Dienste auch das Getreide harken und binden, oder das Graß hauen, so wird gerechnet, pro Winspel Getreide überhaupt 1 Rthlr. 3 Gr., per Morgen Wiesewachs 2 Gr. 3. Pf.

Müssen die Dienste auch bestimmte Kutsch- oder Reisefuhren mit 4 oder 6 Pferden verrichten, so werden solche pro Meile mit 4 Gr. veranschlaget. Unbestimmte Kutschfuhren und Bothenläufer kommen nicht in Anschlag.

Pro Schaafschneiden und Waschen wird pro Tag 1 Gr. gerechnet.

Wenn die Unterthanen völlig gespeiset werden, wird nur bey Handdiensten das halbe, und bey Spanndiensten ¼ Dienstgeld gerechnet; erhalten sie aber nur gewisse Pröven, als Bier, Brod, Käse, Getreide 2c. 2c. so wird solches zu Gelde gerechnet, und von dem angesetzten Dienstgelde abgezogen, dabey wird ein Pfund Brod zu 3 Pfennige, ein Maaß Bier zu 4 Pfennige, ein Pfund Fleisch zu 6 Pfennige, und ein Pfund Butter zu 2½ Gr., und Käse zu 2 Pfennige in Anschlag gebracht.

Für ein Pfund Flachs zu spinnen 1 Gr.

Für ein Pfund Heede zu spinnen 6 Pf.

§. 13. Der Sack- und Garbenzehend wird nach den in den General-Taxations-Prinzipiis angenommenen Sätzen berechnet.

Der Fleisch- und Bienenzehend wird aber folgendergestalt zum Anschlag gebracht:

für ein Fohlen 2 Rthlr. 12 Gr.
für ein Spänkalb von 4 Wochen 20 Gr.
für ein Lamm zur Leuchtezeit, oder zur Zeit der Hammelung 8 Gr.
für ein Lamm auf Michaelis 12 Gr.
für ein Spanferkel 6 Gr.
für ein Rauchhuhn 2 Gr.
für ein jung Huhn 1 Gr.
für eine Ganß 5 Gr.
für einen Bienenschwarm 8 Gr.

§. 14. Da zuweilen, außer den Diensten, Pächten und Zehend von den Unterthanen und von Fremden, annoch gewisse Prästationes entrichtet werden, so sind solche, in sofern sie nicht in Gelde bestehen, folgendermaßen zu veranschlagen:

für ein fett Mühlenschwein 3 Rthlr.
für ein dergleichen mageres 1 Rthlr. 12 Gr.
für eine Mandel Eyer 1 Gr. 6 Pf.
für ein Pfund Flachs oder Hanf 2 Gr.

In Ansehung aller übrigen Prästationen, so hier nicht benannt, und deren Preise nicht bestimmt worden, bleibt die Bestimmung des Preises der Willkühr des Taxatoris überlassen.

§. 15. Fructus Jurisdictionis und Lehnsgefälle werden nach einem 12jährigen Durchschnitt, jedoch erst nach Abzug des Gehalts des Justitiarii und Gerichtsdieners, und der Kosten, so die Unterhaltung des Gefängnisses erfordert, berechnet.

§. 16. Worinn diese Spezial-Tax-Prinzipia nichts besonders vorschreiben, dienen die General-Tax-Prinzipia zur Richtschnur.

Detaxationsgrundsätze für die Provinz Priegnitz.

§. 1. Das Ackerland in der Priegnitz wird in folgende sieben Classen getheilet:

1. Weizland erster Güte.
2. Weizland zweyter Güte.
3. Gerstland erster Güte.
4. Gerstland zweyter Güte.
5. Weiß Haferland.
6. Roggenland, welches alle 3 Jahre mit Roggen und buntem Hafer besäet wird.
7. Roggenland, so alle 6 Jahre Roggen und Buchweizen trägt.

§. 2. Die Wiesen in der Priegnitz sind entweder bey der Elbe, Havel, Stepenitz und Löckenitz, oder anderswo belegen, und werden dabey folgende Classen angenommen:

A. Wenn sie bey den gedachten Flüssen belegen, so werden:
a. Zweyhauigte gute angeschlagen pro Morgen 2 Rthlr.
b. Zweyhauigte von mittler Güte 1 Rthlr. 16 Gr.

c. Zweyhauigte schlechte 1 Rthlr. 8 Gr.
d. Einhauigte gute 1 Rthlr.
e. Einhauigte von mittler Güte 20 Gr.
f. Einhauigte schlechte 16 Gr.

B. Wenn sie aber anderswo belegen:
a. Zweyhauigte gute 1 Rthlr. 8 bis 12 Gr.
b. Zweyhauigte von mittler Güte 1 Rthlr. 4 Gr.
c. Zweyhauigte schlechte 1 Rthlr.
d. Einhauigte gute 20 Gr.
e. Einhauigte von mittler Güte 16 Gr.
f. Einhauigte schlechte 12 Gr.
g. ganz schlechte 8 Gr.

§. 3. An Getreide-Einfall wird gerechnet pro Morgen;

Im Weitzenlande erster Güte.
Weitzen 22 Metzen, Gersten 22 Metzen.
Im Weitzlande zweyter Güte.
Weitzen 20 Metzen, Roggen 18 Metzen, Gersten 20 Metzen.
Im Gerstlande erster Güte.
Roggen 18 Metzen, Gersten 20 Metzen.
Im Gerstlande zweyter Güte.
Roggen 16 Metzen, Gersten 18 Metzen.
Im weißen Haferlande.
Roggen 12 bis 14 Metzen, Hafer 16 bis 18 Metzen.
Im dreyjährigen Roggenlande.
Roggen 8 bis 10 Metzen, Bunter Hafer 10 bis 14 Metzen.
Im sechsjährigen Roggenlande.
Roggen 8 Mtz., rauchen Hafer 10 Mtz., Buchweizen 4 Mtz.

§. 4. An Ertragkorn ist anzuschlagen:

Im Weitzlande erster Güte von Weizen und Gersten das 6te Korn.

Im Weizlande zweyter Güte von Weizen, Roggen und Gersten das 5½ Korn.

Im Gerstlande erster Güte von Roggen das 5te Korn, von der Gerste das 5te bis 5½ Korn.

Im Gerstlande zweyter Güte, von Roggen das 4te bis 4½ Korn, von der Gerste das 4½ Korn.

Im weißen Haferlande, von Roggen das 3½ bis 4te Korn, von Hafer das 4te bis 4½ Korn.

Im dreyjährigen Roggenlande, von Roggen das 8te Korn, von buntem Hafer das 3te Korn.

Im sechsjährigen Roggenlande, von Roggen das 2½ Korn, von rauchem Hafer das 3te Korn, von Buchweizen das 3te Korn.

Bey Gütern, die in Koppelschlägen liegen, wird, nach deren Beschaffenheit, ein halb bis ein Korn Ertrag mehr angeschlagen.

§. 5. An Wirthschaftskörnern wird, nach Abzug der Aussaat die Hälfte des übrig bleibenden Ertrags abgezogen, außer dem Fall, da mehr als das 5te Korn angeschlagen worden, weil niemals mehr als 2 Körner zur Wirthschaft abgezogen werden können.

§. 6. Der Scheffel Hanfkörner- und Leinsaamen-Aussaat im Winter- oder Sommerschlage ist 3 Rthlr. zu rechnen.

§. 7. Zum Getreidepreis wird festgesetzt:

Für einen Scheffel Weizen 22 Gr., Roggen 18 Gr., Gerste 14 Gr., Buchweizen 14 Gr., weißen Hafer 10 Gr., bunten Hafer 8 Gr., rauchen Hafer 6 Gr.

§. 8. Die Viehzucht wird nach Beschaffenheit der Weide, und des zu gewinnenden Futters, angeschlagen, und dabey allenfalls dasjenige zum Maaßstabe genommen, was deshalb in den General-Taxgrundsätzen für die Kur- und Neumark bestimmet worden ist.

§. 9. Das Haupt-Molkenvieh ist anzuschlagen:

auf guter Weide 4 bis 5 Rthlr., auf mittler Weide 3 Rthlr., auf schlechter Weide 2 bis 2 Rthlr. 12 Gr.

Das Haupt-Güstvieh aber

auf guter Weide 1 Rthlr., auf mittler Weide 16 Gr., auf schlechter Weide 12 Gr.

§. 10. Das Hundert Schaafe kommt 21 Rthlr. in Anschlag.

§. 11. Für einen Ochsen in reiner Fettweide bey der Elbe ist 5 Rthlr. anzuschlagen, und an Weide 2½ Morgen darauf zu rechnen; für Hundert Hammel aber werden 25 bis 30 Morgen gerechnet, und solche zu 25 Rthlr. Abnutzung veranschlaget.

§. 12. Der Morgen Gartenland kommt in Anschlag
mit Obstbäumen 2 Rthlr.
ohne Obstbäume 1 Rthlr. bis 1 Rthlr. 12 Gr.

§. 13. Der Fleischzehend ist anzuschlagen:

Ein Füllen . . .	2	bis	3	Rthlr.
Ein Kalb . .	16 Gr.	„	1	„
Ein Lamm auf Michaelis	12 Gr.	„	—	„
Ein jährig Schwein	— „	„	1	„
Ein Ferkel . .	6 „			
Eine Gans . .	6 „			
Ein Huhn . .	6 „			

§. 14. Die kleinen Praestanda der Unterthanen werden veranschlaget:

Ein Schock Dachschäwe .	1 Rthlr.	— Gr.	— Pf.
Ein Pfund Flachs oder Hanf	— „	2 „	— „
Die Mandel Eyer . .	— „	1 „	3 „
Ein Pfund Flachs zu spinnen	— „	1 „	— „
Ein Pfund Heede zu spinnen	— „	— „	6 „
Ein Pfund Brodt . .	— „	— „	3 „

§. 15. Beym Kruggzins ist anzuschlagen:
Eine Tonne Bier 1 Rthlr.
Ein Pfund Pfeffer 6 Gr.
Ein Pfund Jngber 4 Gr.

§. 16. Die Dienste der Unterthanen kommen in Anschlag:
Ein Spanntag mit 4 Pferden 4 Gr. 8 Pf.
„ „ 2 Pferden 2 „ 4 „

Ein Mannshandtag

von Johannis bis Michaelis	1 Gr.	6 Pf.
von Michaelis bis Fastnacht	1 =	— =
von Fastnacht bis Johannis	1 =	3 =

Der Frauensdienst wird 3 Pfennige weniger angeschlagen; werden aber die Unterthanen gespeiset, so ist bey den Spanndiensten der vierte Theil, und bey den Handdiensten die Hälfte abzurechnen.

§. 17. Die Kornfuhren außer dem Hofedienst werden, mit 12 Scheffel von allem Getreide, im Durchschnitt für jede Meile mit 2 Gr. angeschlagen.

Specialdetaxations-Principia für den Ruppinischen Creis.

§. 1.

Weizenacker zweyter Classe. Gut Gerstland. Schlechtes Gerstland. Gut Haferland. Schlechtes Haferland. Dreyjährig Roggenland.	Wobey anzumerken ist, daß bey diesen Taxprincipiis überhaupt vorzüglich die Taxprincipia der Kön. Aemter, Bergen, Lützow, Alt-Ruppin u. dessen Vorwerk Dabergotz zum Grunde gelegt worden.

§. 2. Zweyhauigte gute, mittlere und schlechte Mäsch-Wiesen.

Einhauigte gute, mittlere, schlechte und ganz schlechte Mäsch-Wiesen.

§. 3. Die Aussaat sowohl, als der Körner-Ertrag, richtet sich nicht allein nach der Güte des Ackers, sondern auch nach der Düngung, die demselben gegeben werden kann, dergestalt, daß an den Orten, wo excl. des dreyjährigen Landes, sämtlicher Acker nur alle neun, oder sechs Jahre gedünget wird, sowohl an Aussaat, als an Körner-Ertrag weniger, als an Orten, wo excl. des dreyjährigen Landes, alle drey Jahr sämtlicher Acker gedünget wird, zu rechnen ist.

	Bey neunjähriger Düngung.				Bey sechsjähriger Düngung.				Bey dreyjähriger Düngung.			
	In schlechten Boden		In guten Boden		In schlechten Boden		In guten Boden		In schlechten Boden		In guten Boden	
	Schff.	Mtzn.	Schff.	Mtzn.	Schff.	Mtzn.	Schff.	Mtzn.	Schff.	Mtzn.	Schff.	Mtzn.
Weizen	—	—	—	—	—	—	1	4	—	—	1	6
Roggen im Weizenboden	—	—	—	—	—	—	1	2	—	—	—	—
„ „ guten Gerstlande	1	—	1	1	1	1	1	2	—	—	1	4
„ „ schlecht. Gerstlande	—	14	1	—	1	—	1	1	—	—	—	—
„ „ Haferlande 1. Classe	—	12	—	14	—	14	1	—	1	—	1	1
„ „ „ 2. „	—	11	—	13	—	13	—	15	—	—	—	—
„ „ dreyjährigen Roggenlande .	—	10	—	10	—	10	—	10	—	10	—	10
Gerste im Weizenacker .	—	—	—	—	—	—	1	4	—	—	1	6
„ „ guten Gerstlande	1	2	1	3	1	3	1	4	1	4	1	6
„ „ schlechten Gerstlande	1	—	1	2	1	1	1	3	—	—	—	—
Hafer im Gerstlande 2. Classe und „ „ Haferlande 1. „	—	14	1	—	1	—	1	2	1	2	1	4
„ „ Haferlande 2. „	—	12	—	14	—	14	1	—	—	—	—	—

§. 4.

	Bey neunjähriger Düngung		Bey sechsjähriger Düngung.		Bey dreyjähriger Düngung.	
	In schlechten Boden	In guten Boden	In schlechten Boden	In guten Boden	In schlechten Boden	In guten Boden
	Körn.	Körn.	Körn.	Körn.	Körn.	Körn.
Vom Weizen . . .	—	—	—	5½	—	6
Roggen im Weizenboden .	—	—	—	5½	—	6
„ „ Gerstlande 1. Classe	4½	5	5	5½	5½	6
„ „ „ 2. „	4	4½	4½	5	—	—
„ „ Haferlande 1. „	3½	4	4	4½	4½	5
„ „ „ 2. „	3	3½	3½	4	—	—
„ dreyjährigen Roggenlande	3	3	3	3	3	3
Gerste im Weizenacker .	—	—	—	6	—	6½
„ „ Gerstlande 1. Classe	5	5½	5½	6	6	6½
„ „ „ 2. „	4	4½	4½	5½	—	—
Hafer im Gerstlande 2. „ u. „ „ Haferlande 1. „	4	4½	4½	5	5	5½
„ „ „ 2. „	3½	4	4	4½	—	—

Brachfrüchte kommen nicht in Anschlag, aus dem §. 20. der General-Detaxations-Principiorum angenommenen Grundsatze, wie denn auch solche in keinem einzigen Creise ad taxam kommen.

§. 5. Nach Abzug der Saat wird die Hälfte der übrigbleibenden Körnerzahl zur Wirthschaft abgerechnet, jedoch, wenn auch 5½ oder das 6te Korn angeschlagen wird, niemals mehr als 2 Körner.

§. 6. Weizen 22 Gr., Roggen 18 Gr., Gerste 14 Gr., Hafer 10 Gr.

§. 7.

		Rthlr.	Gr.	
Zweyhauigte	gute Wiesen	1	8	
	mittlere	1	4	
	schlechte	1	—	
Einhauigte	gute	—	20	
	mittlere	—	16	
	schlechte	—	12	
	ganz schlechte	—	8	
	Mäsch-Wiesen	—	16	bis 1 Rthlr.

§. 8.

	In der Nachbarschaft von Ruppin, und wenn das Obst gut nach Berlin gebracht werden kann.	In andern Gegenden.
Obst und Gartenland	4 Rthlr.	3 Rthlr.
Ordin. Gartenland	2 - 12 Gr.	2 -

§. 9.

		Rthlr.	Gr.
Eine Kuh	auf vorzüglich guter Weide	4	
	mittlerer Weide	3	
	schlechter Weide	2	12
Ein Stück Güstvieh	auf guter Weide	1	—
	mittlerer Weide	—	16
	schlechter Weide	—	12
Hundert Schaafe	. . .	21	—

§. 10. Auf einen Fettochsen, oder zehn Stück Hammel, würden 3 Morgen Weide, das Weidegeld aber für einen Ochsen auf 4 bis 5 Rthlr., und für den Hammel 6 bis 8 Gr. zu veranschlagen seyn.

§. 11. Ein Gespanndienst durch die Bank zu 3 Gr.

		Gr.	Pf.
Ein Mannshanddienst	von Joh. bis Mich.	1	6
	von Mich. bis Fastn.	1	—
	von Fastn. bis Joh.	1	3

Ein Frauensdienst wird täglich 3 Pf. weniger gerechnet, und ob ein Dienst als Manns- oder Frauensdienst zu rechnen sey, solches wird darnach beurtheilet, wie die Leute zu dienen schuldig sind. Wenn derjenige, der dienen muß, gespeiset wird; so wird von den Handdiensten die Hälfte, und von den Gespanndiensten der vierte Theil abgerechnet.

§. 12. Für das Pfund Heede zu spinnen 6 Pf.
Für das Pfund Flachs 1 Gr.

§. 13. Kornfuhren, die außer dem gewöhnlichen Hofedienst geschehen, werden pro Meile, mit einer Ladung von 12 Scheffel angeschlagen mit 2 Gr. Alle übrige Fuhren, so außer Hofedienst geschehen, werden pro Pferd die Meile mit 1 Gr., veranschlaget.

§. 14. Ein Fohlen 2 bis 3 Rthlr.
Ein abgesogen Kalb 1 Rthlr. bis 1 Rthlr. 6 Gr.
Ein Spahnferkel 6 Gr.
Ein Lamm zur Leuchtezeit 8 bis 12 Gr.
auf Michaelis 12 bis 16 Gr.
Eine Gans 6 Gr.
Ein Huhn 2 Gr.
Ein Mandel Eyer 1 Gr. 3 Pf.
Ein fettes Mühlenschwein 3 Rthlr.
Ein mageres 1 Rthlr. 12 Gr.
Ein Pachthammel 1 bis 2 Rthlr.
Eine Tonne Ruppiner Bier 2 Rthlr.
Ein Quart Brandtwein 3 Gr.
Ein Pfund Pfeffer 6 Gr.
Ein Pfund Jngber 4 Gr.

Specialia zur Taxe der im Ober-Barnimschen Creise belegenen Güter.

In dem Ober-Barnimschen Creise sind dreyerley, ganz unterschiedene Arten von Güter:

1. Bloße Höhegüter, welche mit dem Oderbruche in keiner Verbindung stehen.
2. Randgüter, welche entweder
   a) aus zusammenstossenden Höhe- und Oderbruchsgrundstücken bestehen, oder aber
   b) solche, die zu den Höhegütern in der Nähe Oderbruchsgrundstücke besitzen.
3. Bloße Bruchgüter, so mit der Höhe auf keine Weise verbunden sind.

Die Höhegüter sind, unter sich, wiederum in drey Classen zu theilen, bey welchen folgende Unterscheidungen zu bemerken stehen:

Erste Classe. Zu dieser werden alle die Güter gezogen, bey welchen das Gerstland von so vorzüglicher Güte, daß ein beträchtlicher Theil desselben Weizen träget, oder tragen kann, und wo das Haferland von so guter Beschaffenheit, daß bey zu bewürkender Vermehrung der Düngung, solches zum Theil oder ganz zu Gerstland gemacht werden könnte.

Zweyte Classe. In diese gehören diejenige Güter, welche zwar einen guten, fruchtbaren, festen, mit Leimen untermischten schwärzlichen und grauen Gerstboden haben, von welchen aber wenig oder gar nichts zum Weizen-Anbau brauchbar, und wo das Haferland unter keinerley Umständen, seiner Bestandtheile halber, in Gerstland zu verwandeln stehet.

Dritte Classe. Zu dieser werden alle solche Güter gezogen, wo eigentlich kein wahres Gerstland anzutreffen, sondern wo im besten Haferlande aus Noth Gerste gesäet wird.

Das Bruch ist, in Ansehung seiner innern Güter, gleichfalls in folgende drey Classen zu theilen:

Erste Classe. Alles Bruch, so aus Thon und grauem leimigten Boden bestehet, und wegen seiner vorzüglichen Lage, der schädlichen Ueberschwemmung nicht so leicht ausgesetzet ist.

Zweyte Classe. Dasjenige Bruch, welches zwar gleiche Beschaffenheit von Boden hat, wegen seiner Lage aber der schädlichen Ueberschwemmung zu sehr unterworfen, oder auch solches welches einen fruchtbaren torfigten Boden hat.

Dritte Classe. In diese gehören solche Bruchgrundstücke, welche sandiger und niedriger Art, so wie auch von leichtem Torfgrund sind; ferner alle die, so sauerbeiziges Gras tragen, und von den Landquellen nicht gehörig abgeschnitten sind.

Höhe 1. Classe.	Höhe 2. Cl.	Höhe 3. Cl.	Bruch.
Weizacker 1ster Classe			Weizack. 1 Cl.
" 2ter Classe			
Gerstland 1ster Classe			gut Gerstland
" 2ter Classe	Gerstland	Gerstland	
Haferland	Haferland	Haferland	
Dreyjährig Land	3jähr. Land	3jähr. Land	
Weizen.			
1te Classe 20 Metzen			1 Schfl. 6 M.
2te " 18 "			
Roggen.			
im Weizacker 1 Sfl. 2 M.			1 Schfl. 2 M.
im Gerstl. 1. Cl. 1 " 2 "			1 Schfl. 2 M.
" " 2. Cl. 1 " -- "	1 Scheffel	14 Metzen	
im Haferlande 14 Mtz.	12 Metzen	12 Metzen	
im 3jähr. Lande 10 "	9 Metzen	8 Metzen	
Gerste.			
Weizacker 1. Cl. 20 Mtz.			1 Schfl. 6 M.
" 2. Cl. 18 "			
Gerstland 1. Cl. 20 "	1 Scheffel		1 Schfl. 4 M.
" 2. Cl. 1 Schfl.			
Hafer 1 "	1 Scheffel	14 Metzen	
1te Classe 6te Korn			6. Korn
2te " 5te "			
Roggen.			
im Weizacker 5te Korn			6. Korn
im Gerstl. 1. Cl. 5. Korn	4½ Korn		
" " 2. Cl. 4½ "	4 "	4 Korn	
" Haferl. 4 "	4 "	3½ "	
" 3jähr. Lande 3 "	3 "	3 "	
Gerste.			
Weizacker 1. Cl. 6. Korn			7. Korn
" 2. Cl. 5. "			
im Gerstl. 1. Cl. 5. "	4½ Korn		6. Korn
" 2. Cl. 4½ "	4 "		
Hafer 4. "	4 "	3½ Korn	

Zur Wirthschaft wird die Hälfte des Körner=Ertrages, nach Abzug der Aussaat gerechnet, wenn diese Hälfte nicht mehr als 2 Körner beträgt.

Wiesen auf der Höhe.		Wiesen im Oderbruche.
Zweyhauigte gute Wiesen	1 Rthlr. 8 Gr.	2 Rthlr. — Gr
schlechtere	1 = 4 =	1 = 16 =
schlechte	1 = — =	1 = 8 =
Einhauigte gute	20 Gr.	1 = 8 =
mittlere	16 .	
schlechte	12 =	
ganz schlechte	8 =	
Mäsch=Wiesen 16 Gr. bis 1 Rthlr.		

1te Classe.	2te Classe.	3te Classe.	Bruch.
Von einer Kuh 4 Rthlr.	3 Rtl. 12 gr.	2 Rtl. 12 gr.	5 Rthlr.
1 St. Güstevieh 16 Gr.	— = 12 =	— = 8 =	1 =
100 Schafe 21 Rthl.	21 = — =	21 = — =	21 =

Weizen, der Scheffel . .	22 Gr.
Roggen = = . .	18 =
Gerste = = . .	14 =
Hafer = = . .	10 =
Obst= und Gartenland	2 Rthlr. — =
Gartenland . .	1 = 12 =

Fettweiden sind auf der Höhe nicht vorhanden; im Bruche aber soll im Durchschnitt auf einen Ochsen $2\frac{1}{2}$ Morgen, und auf hundert Hammel 25 bis 35 Morgen gerechnet, und für einen Ochsen 5 Rthlr., und für hundert Hammel 25 Rthlr. angeschlagen werden.

Die Fettweiden auf dem Vorlande, ob sie gleich von der Güte, wie die eingedammten, werden jedennoch, da sie der Ueberschwemmung ausgesetzt, und also darauf nicht eine so sichere Rechnung zu machen stehet, nur halb so hoch, wie diese, in Anschlag gebracht.

Kornfuhren, die nicht im Dienst geschehen, werden auf jede Meile 2 Gr. gerechnet, und die Ladung beträgt 12 Scheffel Roggen.

Ein alltäglicher Gespanndienst mit 4 Pferden 4 Gr.
mit 2 Pferden 2 Gr.

Ochsen werden halb so viel gerechnet.

Ein Mannshanddienst von Johannis bis Michaelis 1 Gr. 6 Pf.
= Michaelis bis Fastnacht 1 = — =
= Fastnacht bis Johannis 1 = 3 =

Ein Frauensdienst beträgt 3 Pf. weniger.

Für die Speisung wird für die Handdienste die Hälfte, und von den Spanndiensten ein Viertel abgerechnet.

Ob ein Dienst für einen Manns= oder Frauenshanddienst zu rechnen sey, solches richtet sich nach der Schuldigkeit derer, welche dienen müssen.

Ein Stück Garn zu spinnen, wenn es 120 Gebinde und 40 Faden enthält, der Haspel aber 1 Elle ist, 4 Gr.

Ein Fohlen . 3 Rthlr.
Ein Kalb 16 Gr. bis 1 ,
Ein Ferkel . 6 Gr.
Ein Lamm 6 bis 8 ,
nach der Jahreszeit,
Eine Gans . . 6 Gr.
Ein Huhn . . 2 ,
Ein fett Mühlenschwein 3 Rthlr.
Ein mageres . 1 , 12 Gr.

Mit Bemerkung: daß zur 3ten Güterklasse auf der Höhe diejenigen Güter zu rechnen, wo das Gerstland nur von zweyter Classe anzutreffen, welches nemlich in sechsjähriger Düngung nur einmal Gerste tragen kann; mithin ist auch dabey die Gerstenaussaat à 14 Metzen pro Morgen, und der Einschnitt zu $3\frac{1}{2}$ Korn zu rechnen.

Special-Tax-Principia des Nieder-Barnimschen Creises.

§. 1. In diesem Creise werden drey verschiedene Classen der Güter angenommen, und nach dem Verhältnisse der Aussaat an Sommerung, excl. des in der Brache gesäeten Getreides, gegen die Aussaat an Winterung bestimmt:

Zur ersten Classe gehören demnach diejenigen Güter, bey welchen in 6jähriger Düngung $\frac{2}{3}$tel oder mehr Sommerung gegen die Winterung gesäet wird, nemlich, gegen 12 Winspel Roggen, wenigstens 8 Winspel Gerste und Hafer. Bey dieser Art von Gütern sind die Principia nach dem Nieder-Schönhausischen Amtsanschlag festgesetzt.

Zur zweyten Classe werden diejenigen Güter gerechnet, bey welchen in 6jähriger Düngung nur halb so viel Sommerung als Winterung gebauet werden kann, oder gegen 12 Winspel Roggen, wenigstens 6 Winspel Gerste und Hafer. Bey dieser Art von Gütern sind die Principia nach dem Landsbergischen Amtsanschlage, excl. Wolfshagen, bestimmt.

Zur dritten Classe werden diejenigen Güter gezählet, bey welchen, in 6jähriger Düngung, weniger als die Hälfte an Sommerung gegen die Winterung ausgesäet wird, oder gegen 12 Winspel Roggen weniger, als 6 Winspel Gerste und Hafer. Bey dieser Art von Gütern sind die Anschläge des Königl. Amts Biesenthal zur Bestimmung der Principiorum zum Grunde gelegt.

§. 2. Die Ackerclassen sind in diesem Creise folgende, welche in den 3 Classen der Güter vorkommen, und sich durch die Verschiedenheit der Aussaat und des Einschnitts unterscheiden.

Gerstland,
Haferland,
dreyjährig Roggenland.

Das sechsjährige Land, wenn auch dergleichen vorkommen sollte, kommt gar nicht zum Anschlag.

§. 3. Die Classen der Wiesen, welche bey allen drey Classen der Güter vorkommen, sind folgende:

a. Zweyhauigte gute werden angeschlagen per Morg. 1 Rtl. 8 gr.
b. = mittlere 1 Rthlr. 4 Gr.
c. = schlechte 1 Rthlr.
d. Einhauigte gute 20 Gr.
e. = mittlere 16 Gr.
f. = schlechte 12 Gr.
g. = ganz schlechte 8 Gr,
h. Mäsch=Wiesen 16 Gr. bis 1 Rthlr.

§. 4. Aussaat wird gerechnet in der

der Güter per Morgen à 180 □R.	1sten Classe.	2ten Classe.	3ten Classe.
vom Roggen im Gerstlande	1 Sfl. 2 M.	1 Sfl. — M.	— Sfl. 14 M.
= Haferlande	— = 14 =	— = 14 =	— = 12 =
= Dreyjährigen	— = 10 =	— = 10 =	— = 10 =
von der Gerste	1 = 4 =	1 = 2 =	1 = — =
vom Hafer	1 = — =	1 = — =	— = 14 =

§. 5. Wird gerechnet in der

der Güter per Morgen à 180 □R.	1. Classe.	2. Classe.	3. Classe.
vom Roggen im Gerstlande	4½ = 5te Korn	4½ = 5te Korn	4te Korn.
= Haferlande	4. = — =	4. = — =	3½ =
= Dreyjährigen	3. = — =	3. = — =	3. =
von der Gerste	5. = — =	5. = — =	4. =
vom Hafer	4. = — =	4. = — =	3. =

§. 6. Nach Abzug eines Korns zur Saat wird die Hälfte des übrigbleibenden Körner=Ertrages, zur Bestreitung der Wirthschaft, durchgehends abgezogen.

§. 7. Getreidepreis. Für den Scheffel Roggen 18 Gr.
= Gerste 14 =
= Hafer 10 =

Für die Nutzung von einer Metze Hirse Aussaat 1 Rthlr.
= = einem Scheffel Leinsaamen 3 =

§. 8. Für den Magdeburgschen Morgen wird an reiner Nutzung gerechnet:

	in der 1. Classe,	2. Classe,	3. Classe.
a. vom Obst= und Gartenlande	3 Rtl. — gr.	3 Rtl. — gr.	2 Rtl. — gr.
b. vom ordin. Gartenlande	2=2 = 12 =	2=2 = 12 =	1 = 12 =

§. 9. Von der Viehzucht wird an reiner Nutzung angeschlagen:

	in der 1. Classe,	2. Classe,	3. Classe der Güter.
für eine melkende Kuh	5 Rtl. — Gr.	4 Rtl. — Gr.	3 Rtl. — Gr.
für das Stück Güstevieh	— = 16 =	— = 16 =	— = 12 =
für das 100 Schafe	21 = — =	21 = — =	21 = — =

§. 10. Fettweiden sind in diesem Creise nicht gewöhnlich.

§. 11. Ein täglicher Spanndienst wird angeschlagen,
wenn er mit 2 Pferden geleistet wird, zu 2 Gr. 6 Pf.
wenn er mit Ochsen geleistet wird 1 Gr. 6 Pf.

Ein täglicher Mannshanddienst wird angeschlagen,
von Johannis bis Michaelis 1 Gr. 6 Pf.
= Michaelis bis Fastnacht zu 1 Gr.
= Fastnacht bis Johannis 1 Gr. 3 Pf.

Die Frauenshanddienste werden zu 3 Pf. geringer angeschlagen.

Ob ein Dienst ein Manns- oder Frauens-Handdienst sey, solches ergiebt sich aus der Observanz. Reguläriter werden die Dienste in diesem Creise nicht gespeiset. Sollte jedoch der Fall vorkommen, so wird bey den Handdiensten die Hälfte, und bey den Spanndiensten der vierte Theil des vorbemerkten Preises abgezogen.

Ein Stück Garn zu spinnen, welches 120 Gebind, 40 Faden, und 1 Elle im Haspel hält, wird angeschlagen zu 4 Gr.

§. 12. Extraordinaire Kornfuhren, so außer dem sonst gewöhnlichen Dienst geleistet werden, sind in diesem Creise nicht gebräuchlich.

§. 13. Die Fleisch-Zehendstücke, so in diesem Creise gegeben werden möchten, sind anzuschlagen:

Ein Fohlen 2 bis 3 Rthlr.
Ein Kalb 16 Gr. bis 1 Rthlr.
Ein Lamm zur Leuchtezeit 8 Gr.
= auf Michaelis 12 Gr.
Eine Gans 6 Gr.
Ein Spahnferkel 6 Gr.
Ein Huhn 2 Gr.
Eine Mandel Eyer 1 Gr. [illegible] Pf.
Ein fett Mühlenschwein 3 Rthlr.
Ein mageres 1 Rthlr. 12 Gr.
Ein Pachthammel 2 Rthlr.

Special-Principia zur Abschätzung der Güter im Teltowschen Creise.

§. 1. Die Güter Teltowschen Creises werden nach dem Verhältniß der zu bewirkenden Düngung classificiret, und zwar gehören zur ersten Classe diejenigen Güter, wo das gute Land alle 3. Jahr herum gedünget wird, oder wo alles Gerst- und Haferland in einem Felde jährlich ausgedünget werden kann.

Zweyten Classe. Diejenigen Güter, wo das gute Land nur in sechsjähriger Düngung gehalten wird, oder wo nur die Hälfte des Gerst- und Haferlandes in einem Felde alljährlich ausgedünget wird.

Dritten Classe. Diejenigen Güter, wo das gute Land nur alle 9. Jahr frischen Dünger erhält, oder wo nur ⅓tel des Gerst- und Haferlandes in einem Felde jährlich bemistet wird.

§. 2. Die Ackerclassen sind in diesem Creise folgende, welche in den 3. Classen der Güter vorkommen, und sich durch die Verschiedenheit der Aussaat und des Einschnitts unterscheiden.

a. Weitzland zweyter Güte, oder von der Art, wo im 6jährigen Durchschnitt nur einmal Weitzen im frischen Mist gesäet werden kann.
b. Gerstland.

c. Haferland.
d. Dreyjährig Roggenland.

Das 6jährige Land, wenn auch dergleichen vorhanden seyn sollte, kömmt gar nicht zum Anschlage.

§. 3. Die Classen der Wiesen, welche bey allen drey Classen der Güter vorkommen, sind folgende:

a. Zweyhauigte gute werden angeschlagen, per Morg. 1 Rtlr. 8 gr.
b. „ mittlere 1 Rthlr. 4 Gr.
c. „ schlechte 1 Rthlr.
d. Einhauigte gute 20 Gr.
e. „ mittlere 16 Gr.
f. „ schlechte 12 Gr.
g. „ ganz schlechte 8 Gr.
h. „ Mäsch-Wiesen 16 Gr. bis 1 Rthlr.

§. 4. Die Aussaat wird gerechnet:

	In der 1. Classe der Güter, wo das gute Land alle 3 Jahr frisch gedünget wird. Aussaat p. Magdeburger Morg.				In der 2. Classe, wo das gute Land alle 6. Jahr frisch gedünget wird. Aussaat p. Magdeburger Morg.				In der 3. Classe wo das gute Land nur alle 9 Jahr gedünget werden kann. Aussaat p. Magdeburger Morg.			
	In guten Gegenden.		In schlechten Gegenden.		In guten Gegenden.		In schlechten Gegenden.		In guten Gegenden.		In schlechten Gegenden.	
	Sch.	Mtz	Sch.	Mtz	Sch.	Mtz	Sch.	Mtz	Sch.	Mtz	Sch.	Mtz
1. Im Weizacker.												
Weizen	1	4	—	—	1	4	—	—	1	4	—	—
Roggen	1	2	—	—	1	2	—	—	1	1	—	—
Gerste	1	4	—	—	1	4	—	—	1	2	—	—
2. Im Gerstlande.												
Roggen	1	2	1	—	1	2	1	—	1	1	—	15
Gerste	1	4	1	2	1	4	1	2	1	2	1	—
3. Im Haferlande.												
Roggen	1	—	—	14	—	14	—	13	—	12	—	12
Hafer	1	2	1	—	1	—	—	14	—	14	—	12
4. Im 3jährigen Roggenlande	—	10	—	9	—	10	—	9	—	10	—	9

§. 5. Einschnitt.

	In der 1. Classe.		In der 2. Classe.		In der 3. Classe.	
	In guten Gegenden.	In schlechten Gegenden.	In guten Gegenden.	In schlechten Gegenden.	In guten Gegenden.	In schlechten Gegenden.
1. Im Weizenacker.						
Weizen	d. 5½ K.	d. — K.	d. 5. K.	d. — K.	d. 4½ K.	d. — K.
Roggen	„ 5½ „	„ — „	„ 5 „	„ — „	„ 4½ „	„ — „
Gerste	„ 5½ „	„ — „	„ 5 „	„ — „	„ 4½ „	„ — „
2. Im Gerstlande.						
Roggen	„ 5 „	„ 4½ „	„ 4½ „	„ 4 „	„ 4 „	„ 3½ „
Gerste	„ 5 „	„ 4½ „	„ 4½ „	„ 4 „	„ 4 „	„ 3½ „
3. Im Haferlande.						
Roggen	„ 4½ „	„ 4 „	„ 4 „	„ 3½ „	„ 3½ „	„ 3 „
Hafer	„ 4½ „	„ 4 „	„ 4 „	„ 3½	„ 3½ „	„ 3 „
4. Im 3jährigen Roggenlande	„ 3 „	„ 2½ „	„ 3 „	„ 2½ „	„ 3 „	„ 2½ „

§. 6. Nach Abzug eines Korns zur Saat, wird die Hälfte des übrigbleibenden Körner-Ertrages, zu Bestreitung der Wirthschaft, durchgehends abgezogen, ausgenommen, wenn mehr als das 5te Korn angeschlagen wird, indem niemals mehr als 2 Körner zur Wirthschaft abgezogen werden.

§. 7. Die Getreidepreise werden, sowohl in Absicht auf die zum Verkauf anzusetzenden Körner, als der etwanigen Getreide-Pächte, pro Scheffel Berlinisch Maaß angenommen:

Weizen 22 Gr.
Roggen 18 „
Gerste 14 „
Hafer 10 „

Für die Nutzung von einer Metze Hirse saat 1 Rthlr.
Für einen Scheffel Leinsaamen 3 Rthlr.

§. 8. Für den Morgen wird an reiner Nutzung gerechnet:
In der Nachbarschaft von Berlin und Potsdam auf eine Meile
Obst- und Gartenland 4 Rthlr.
Ordin. Gartenland 3 Rthlr.
In weiterer Entfernung resp. zu 3 Rthlr. und 2 Rthlr.
In schlechten Gegenden 2 Rthlr. und 1 Rthlr. 12 Gr.

§. 9. Von der Viehzucht wird an reiner Nutzung angeschlagen:

	In der Entfernung von 2 Meilen von Berlin u. Potsdam.	Wenn das Gut weiter entlegen ist.
Für eine Kuh auf guter Weide	5 Rthlr.	4 Rthlr.
„ mittel „	4½ „	3 „
„ schlechte „	3½ „	2½ „
Für d. St. Jungvieh auf guter „	1 „	
„ mittel „	— „ 16 Gr.	
„ schlechter „	— „ 12 „	
Für das 100 Schafe durch d. Bank	21 „ — „	

§. 10. Fettweiden sind in diesem Creise nicht gewöhnlich.

§. 11. Ein täglicher Spanndienst wird angeschlagen, wenn er mit vier Pferden geleistet wird, 5 Gr.
= zwey Pferden 2 Gr. 6 Pf.
= = Ochsen 1 Gr. 6 Pf.

Ein täglicher Mannshanddienst wird angeschlagen:
von Johannis bis Michaelis 1 Gr. 6 Pf.
von Michaelis bis Fastnacht 1 Gr.
von Fastnacht bis Johannis 1 Gr. 3 Pf.

Die Frauensdienste werden zu 3 Pfennige weniger angeschlagen.

Ob ein Dienst ein Manns- oder Frauensdienst sey, solches ergiebt sich aus der Observanz. Regulariter werden die Dienste in diesem Creise nicht gespeiset. Sollte jedoch der Fall vorkommen, so wird bey den Handdiensten die Hälfte, und bey den Spanndiensten der vierte Theil des vorbemerkten Preises abgezogen.

Ein Stück Garn zu spinnen, welches 120 Gebind, 40 Faden, und eine Elle im Haspel hält, wird angeschlagen zu 4 Gr.

§. 12. Extraordinaire Kornfuhren, so von den Unterthanen außer dem Hofedienst geleistet werden, werden veranschlaget, für jeden halben Winspel, der verfahren werden muß, pro Meile 2 Gr.

§. 13. Die Fleischzehendstücke, so in diesem Creise gegeben werden möchten, sind anzuschlagen:

Ein Fohlen 2 bis 3 Rthlr.
Ein Kalb 16 Gr. bis 1 Rthlr.
Ein Lamm zur Leuchtezeit 8 Gr.
auf Michaelis 12 Gr.
Eine Gans 6 Gr.
Ein Spahnferkel 6 Gr.
Ein Rauchhuhn 3 Gr.
Ein Pachthuhn 1 Gr. 6 Pf.
Eine Mandel Eyer 1 Gr. 3 Pf.
Ein fett Mühlen-Schwein 3 Rthlr.
Ein mageres 1 Rthlr.
Ein Pachthammel 2 Rthlr.

Specialia der Güter-Taxen im Lebusischen Creise,

sind in den Principiis gegründet, wornach die Königlichen Aemter Goltzow, Lebus und Bodelzig, im Lebusischen Creyse, gewürdiget sind.

Darzu kommt noch das im Ober-Barnimschen Creyse gelegene Amt Biesenthal, in Absicht einiger auf der Höhe gelegenen Güter.

Darnach werden die Grundsätze zur Taxe des Lebusischen Creises im Bruche und auf der Höhe bestimmet, welche letztern sich wieder in die Beste, Mittlere und Schlechte theilt.

Das Bruch.

§. 1. Classen des Ackers.
Weizen-Acker 1ste Classe.
Gut Gerstland.
Haferland.

§. 2. Classen der Wiesen.
Zweyhauigte gute.
Zweyhauigte schlechtere.
Einhauigte gute.

§. 3. Aussaat. Weizen 1 Schfl. 6 Metzen.
Roggen im Gerstlande 1 Schfl. 4 Mtzn.
= im Haferlande 1 Schfl. 2 Mtzn.
Gerste 1 Schfl. 6 Mtzn.
Hafer 1 Schfl. 4 Mtzn. bis 1 Schfl. 8 Mtzn.

§. 4. Ertrag. Weizen 6te Korn.
Roggen im Gerstlande 5te Korn.
= im Haferlande 4½ Korn.
Große Gerste 7te Korn.
Kleine Gerste 6te Korn.
Hafer 5½ Korn.

§. 5. Wirthschafts-Abzüge.

Vom Weizen, Roggen im Gerstlande, = im Haferlande, Große Gerste, Kleine Gerste, Hafer: Jederzeit nach Abzug der Aussaat, die Hälfte des Ueberschusses zur Wirthschaft, ausgenommen, wo mehr als das 5te Korn angeschlagen wird, als woselbst jederzeit nur zwey Körner zur Wirthschaft abgezogen werden.

§. 6. Getreidepreis.

Weizen	22 Gr.
Roggen	18 =
Gerste	14 =
Hafer	10 =

§. 7. Nutzung der Wiesen.
Zweyhauigte gute Oder-Wiesen der Morgen 2 Rthlr.
= mittlere 1 Rthlr. 16 Gr.
= schlechtere 1 Rthlr. 8 Gr.
Einhauigte gute 1 Rthlr. 8 Gr.
= mittlere 1 Rthlr. 4 Gr.
= schlechtere 1 Rthlr.
Andere Wiesen wie bey der besten Höhe §. 7.

§. 8. Obst- und Gartenland der Morgen 2 Rthlr.
Gartenland 1 Rthlr. 12 Gr.

§. 9. Nutzung des Viehes.
Eine Kuh 5 Rthlr.
Ein Stück Güstvieh 1 Rthlr.
100 Schafe 21 Rthlr.

§. 10. Fettweiden.
Ein Ochse auf 3 Morgen gerechnet 5 Rthlr.
100 Hammel auf 30 Morgen 25 Rthlr.

§. 11. Dienste.
Gespanndienst mit 4 Pferden täglich 4 Gr. 8 Pf.

Gespanndienst mit 3 Pferden täglich 3 Gr.
mit 2 Pferden 2 Gr. 4 Pf.
mit Ochsen wird halb so viel als mit Pferden gerechnet.
Ein täglicher Mannshanddienst
von Johannis bis Michaelis 1 Gr. 6 Pf.
von Michaelis bis Fastnacht 1 Gr.
von Fastnachten bis Johannis 1 Gr. 3 Pf.
Ein Frauendienst wird 3 Pf. weniger gerechnet.

Wenn diejenigen, welche dienen, gespeiset werden, so wird bey dem Handdienste die Hälfte, und bey dem Gespanndienste der 4te Theil abgezogen.

Ob der Dienst für einen Manns- oder Frauensdienst zu rechnen ist, solches ergiebet sich aus der Schuldigkeit, welche deshalb den Dienenden oblieget.

Ein Stück Garn von 120 Gebinden und 40 Faden, wenn der Haspel eine Elle ist, wird gerechnet 4 Gr.

§. 12. Pro Winspel Roggen, so verfahren wird, per Meile, wenn solches außer dem ordinairen Dienst geschiehet, 4 Gr.

§. 13. Ein Fohlen 2 bis 3 Rthlr.
Ein Kalb 16 Gr. bis 1 Rthlr.
Ein Lamm 8 bis 12 Gr. nachdem die Zeit ist, darin es gegeben wird.
Eine Gans 6 Gr.
Ein Spahnferkel 6 Gr.
Ein Huhn 2 Gr.
Eine Mandel Eyer 2 Gr.
Ein fett Mühlenschwein 3 Rthlr.
Ein mageres 1 Rthlr. 12 Gr.

Die beste Höhe.

§. 1. Classen des Ackers.
Weizacker 1ster Classe.
" 2ter Classe.
Gerstland 1ster Classe.
" 2ter Classe.
Haferland.
3jährig Roggenland.

§. 2. Classen der Wiesen.
Zweyhauigte gute, mittlere.
" " " schlechtere.
Einhauigte gute, mittlere, schlechte, ganz schlechte.
Mäsch-Wiesen.

§. 3. Aussaat.
Weizen im Acker 1ster Classe 1 Schfl. 6 Mtzn.
" 2ter Classe 1 Schfl. 4 Mtzn.
Roggen im Weizacker 2ter Classe. 1 Schfl. 2 Metzen.
im besten Gerstlande 1 Schfl. 2 Metzen.
im schlechteren 1 Schfl.
im Haferlande 14 Metzen.
im dreyjährigen Roggenlande 10 Metzn.

Gerste im Weizacker 1ster Classe 1 Schfl. 6 Metzen.
im Weizacker 2ter Classe 1 Schfl. 4 Metzen.
im besten Gerstlande 1 Schfl. 4 Metzen.
im schlechteren 1 Schfl. 2 Metzen.
Hafer 1 Schfl.

§. 4. Ertrag.
Weizen im Weizacker 1ster Classe 6te Korn.
2ter Classe 5te Korn.
Roggen im Weizacker 2ter Classe 5te Korn.
im besten Gerstlande 5te Korn.
im schlechteren 4te Korn.
im Haferlande $3\frac{1}{2}$ Korn.
im 3jährigen Roggenlande 3te Korn.
Gerste im Weizacker 1ster Classe 6te Korn.
2ter Classe $5\frac{1}{2}$ Korn.
im besten Gerstlande 5te Korn.
im schlechteren 4te Korn.
Hafer 4te Korn.

§. 5. Wirthschafts-Abzüge.

Vom Weizen im Weizacker 1ster Classe 2ter Classe Roggen im Gerstland 1ster Classe im Gerstlande 2ter Classe im Haferlande Gerste im Weizacker besten Gerstlande schlechteren Hafer.	So wie bey der Bruch-taxe vorstehet.

§. 6. Getreidepreise.
Weizen, der Berlinische Scheffel 22 Gr.
Roggen 18 Gr.
Gerste 14 Gr.
Hafer 10 Gr.

Für eine Metze Hirse Aussaat, im Sommer- oder Winterfelde, reine Nutzung 1 Rthlr.

Ein Scheffel Leinsaamen, im Sommer- oder Winterfelde, an reiner Nutzung 3 Rthlr.

§. 7. Nutzung der Wiesen.
Zweyhauigte gute Wiesen der Morgen 1 Rthlr. 8 Gr.
" mittlere 1 Rthlr. 4 Gr.
" schlechtere 1 Rthlr.
Einhauigte gute 20 Gr.
" mittlere 16 Gr.
" schlechte 12 Gr.
" ganz schlechte 8 Gr.
Mäsch-Wiesen 1 Rthlr.

§. 8. Obst- und Gartenland, der Morgen 1 Rthlr. 12 Gr.
Gartenland 1 Rthlr. 8 Gr.

§. 9. Nutzung des Viehes.
Eine Kuh 4 Rthlr.
Ein Stück Güstvieh 16 Gr.
100 Schaafe 21 Rthlr.
§. 10. Fettweiden sind auf der Höhe nicht vorhanden.
§. 11. Dienste wie im Bruche.
§. 12. Kornfuhren wie im Bruche.
§. 13. Zehende wie im Bruche.

Die mittlere Höhe.

§. 1. Classen des Ackers.
Gut Gerstland.
Haferland.
Dreyjährig Roggenland.
§. 2. Classen der Wiesen wie bey der vorigen Classe.
§. 3. Aussaat.
Roggen im Gerstlande 1 Schfl.
" " Haferlande 14 Mtzn.
" " 3jährigen Roggenlande 10 Mtzn.
Gerste 1 Schfl. 2 Mtzn.
Hafer 1 Schfl.
§. 4. Ertrag.
Roggen im Gerstlande 4½ bis 5te Korn.
" im Haferlande 4te Korn.
" im 3jährigen Lande 3te Korn.
Gerste 5te Korn.
Hafer 4te Korn.
§. 5. Wirthschafts-Abzüge.
Roggen im Gerstlande 1½ bis 2 Körner.
" im Haferlande 1½ Korn.
" im 3jährigen Lande 1 Korn.
Gerste 2 Korn.
Hafer 1½ "
§. 6. Getreidepreis.
Roggen 18 Gr.
Gerste 14 Gr.
Hafer 10 Gr.
Eine Metze Hirse Aussaat im Sommer- und Winterfelde 1 Rthlr.
Ein Scheffel dergleichen Leinsaamen 3 Rthlr.
§. 7. Nutzung der Wiesen wie bey der ersten Classe der Höhe.
§. 8. Obst- und Gartenland 1 Rthlr. 12 Gr.
Gartenland 1 Rthlr.
§. 9. Nutzung des Viehes.
Eine Kuh 3 Rthlr.
Ein Sück Güstvieh 12 Gr.
Hundert Schafe 21 Rthlr.
§. 10. Fettweiden sind nicht gewöhnlich.
§. 11. Dienste sind denen gleich, die bey dem Bruche angeführet sind.

§. 12. Kornfuhren, so wie im Bruche.

§. 13. Zehenden, sind denen gleich, die bey dem Bruche angeführet sind.

Die schlechte Höhe.

§. 1. Classen des Ackers:
Gerst-Land 2ter Classe.
Hafer-Land 1ster Classe.
Hafer-Land 2ter Classe.
Dreyjährig Roggen-Land.

§. 2. Classen der Wiesen. Wie bey der 1sten Classe der Höhe.

§. 3. Aussaat:
Roggen im Gerst-Lande 14 Metzen,
im Haferlande 1ster Classe 12 Metzen,
2ter Classe 12 Metzen,
dreyjähriger Acker 10 Metzen,
Gerste 1 Scheffel,
Hafer im besten Hafer-Lande 1 Scheffel,
schlechtern 14 Metzen.

§. 4. Ertrag:
Roggen im Gerst-Lande 4tes Korn,
im Haferlande 1ster Classe 3½tes Korn,
2ter Classe 3tes Korn,
im dreyjährigen Roggen-Lande 3tes Korn,
Gerste 4tes Korn,
Hafer im besten Haferlande 4tes Korn,
schlechtern 3tes Korn.

§. 5. Wirthschafts-Abzüge:
Roggen im Gerst-Lande 1½tes Korn,
im Hafer-Lande 1ster Classe 1¼tel Korn,
2ter Classe 1 Korn,
im dreyjährigen Roggen-Lande 1 Korn,
Gerste 1½tes Korn,
Hafer im besten Hafer-Lande 1½tes Korn,
im schlechtern 1 Korn.

§. 6. Getreidepreis:
Roggen, der Berlinische Scheffel 18 Gr.
Gerste - - - 14 -
Hafer - - - 10 -
Eine Metze Hirse, die ausgesäet wird, an reiner Nutzung 1 Rthlr.
Ein Scheffel Leinsaamen, der ausgesäet wird, an reiner Nutzung 3 Rthlr.
Die Aussaat geschieht im Sommer- oder Winter-Felde.

§. 7. Nutzung der Wiesen: Wie bey der ersten Classe der Höhe.

§. 8. Obst- und Gartenland, der Morgen 1 Rthlr. 12 Gr., Garten-Land der Morgen 1 Rthlr.

§. 9. Nutzung des Viehes:
Eine Kuh 2 Rthlr. 12 Gr.

Ein Stück Güst-Vieh 12 Gr.
Hundert Schafe 21 Rthlr.

§. 10. Fettweiden sind nicht vorhanden.

§. 11. Dienste sind denen gleich, die bey den Gütern, die sich nach dem Bruch richten, eingeführet sind.

§. 12. Kornfuhren, die nicht im Dienst geschehen, sind nicht gebräuchlich.

§. 13. Die Zehenden sind denen gleich, die beym Bruche angeführet sind.

Die Classen im Lebusischen Creise auf der Höhe werden dadurch bestimmet, daß die Güter, wo nach der Qualität des Landes und der zu bewürkenden sechsjährigen Düngung, gegen einen Winspel Winterung, 20 Scheffel Sommerung im Sommerfelde, excl. der Brache und des Buchweizens, gesäet werden können, zur ersten, diejenigen, wo wenigstens 16 Scheffel Sommerung gegen den Winspel Winterung gesäet werden, zur 2ten Classe, und diejenigen, wo nur 12 Scheffel Sommerung oder weniger gegen den Winspel Winterung gesäet werden, zur 3ten Classe gerechnet werden.

Spezial-Tax-Prinzipia des Zauchischen, Ziesarschen und Luckenwaldischen Creises.

§. 1. In diesen Creisen werden drey verschiedene Classen der Güter angenommen, und nach dem Verhältnisse der Aussaat an Sommerung, exclusive des in der Brache gesäeten Getreides, gegen die Aussaat an Winterung bestimmt.

Zur 1sten Classe gehören demnach diejenigen Güter, bey welchen in sechsjähriger Düngung zwey Drittel oder mehr Sommerung gegen die Winterung gesäet wird.

Zur 2ten Classe werden diejenigen Güter gerechnet, bey welchen in sechsjähriger Düngung nur halb so viel Sommerung als Winterung gebauet werden kann, oder gegen 12 Winspel Roggen wenigstens 6 Winspel Gerste und Hafer.

Zur 3ten Classe werden diejenigen Güter gezählet, bey welchen in sechsjähriger Düngung weniger als die Hälfte an Sommerung gegen die Winterung ausgesäet wird, oder gegen 12 Winspel Roggen weniger, als 6 Winspel Gerste und Hafer.

§. 2. Die Acker-Classen sind in diesem Creise folgende, welche in den drey Classen der Güter vorkommen, und sich durch die Verschiedenheit der Aussaat und des Einschnitts unterscheiden:

Gerst-Land,
Hafer-Land,
Dreyjährig Roggen-Land.

Das sechsjährige Land, wenn auch dergleichen vorhanden seyn sollte, kömmt gar nicht zum Anschlage.

§. 3. Die Classen der Wiesen, welche bey allen drei Classen der Güter vorkommen, sind folgende:

a) Zweyhauigte gute werden angeschlagen per Morgen á 180 □Ruthen 1 Rthlr. 8 Gr.
b) von mittlerer Güte 1 Rthlr. 4 Gr.

c) von schlechterer Güte 1 Rthlr.
d) Einhauigte gute 20 Gr.
e) mittlere 16 Gr.
f) schlechte 12 Gr.
g) ganz schlechte 8 Gr.
h) Mäsch= oder Feld=Wiesen von vorzüglicher Güte 1 Rthlr., von minderer Güte 16 Gr.

§. 4. An Aussaat wird gerechnet in der 1sten Classe, 2ten Classe, 3ten Classe der Güter, per Morgen a 180 □Ruthen:

	1ste Classe.		2te Classe.		3te Classe.	
Roggen im Gerstlande	1 Schfl.	2 Mtz.	1 Schfl.	— Mtz.	— Schfl.	14 Mtz.
im Haferlande . .	— =	14 =	— =	14 =	— =	12 =
im dreyjährigen . .	— =	10 =	— =	10 =	— =	10 =
Gerste . .	1 =	4 =	1 =	2 =	1 =	— =
Hafer . .	1 =	— =	1 =	— =	— =	14 =

§. 5. An Einschnitt wird gerechnet, per Morgen à 180 □Ruthen:

	in der 1sten Classe,	2ten Classe,	3ten Classe der Güter.
Vom Roggen im Gerstlande	4½ bis 5te Korn.	4½ bis 5te Korn.	4te Korn.
im Haferlande . .	4	= 3½	= 3 =
im dreyjährigen . .	3	= 3	= 3 =
Von der Gerste . . .	5 bis 5½	= 5	= 4 =
Vom Hafer	4½	= 4	= 3 =

§. 6. Nach Abzug eines Korns zur Saat wird die Hälfte des übrigbleibenden Körner=Ertrags, zur Bestreitung der Wirthschaft, durchgehends abgezogen.

§. 7. Getreidepreis:

Für jeden zum Verkauf angeschlagenen Scheffel Berliner Maaß
Roggen 18 Gr.
Gerste 14 =
Hafer 10 =

Für die Nutzung von einer Metze Hirse Aussaat 1 Rthlr.
einem Scheffel Leinsaamen 3 =

§. 8. Garten=Nutzung:

Für den Magdeburgschen Morgen wird an reiner Nutzung gerechnet,

	in der 1sten,	2ten,	3ten Cl. d. Güter.
a. vom Obst= und Gartenland . .	2 Rtlr. 12 Gr.	2 Rtlr. — Gr.	1 Rtlr. 12 Gr.
b. v. ord. Gartenl.	2 = — =	1 = 12 =	1 = — =

§. 9. Von der Viehzucht wird an reiner Nutzung angeschlagen:

	in der 1sten,	2ten,	3ten Cl. d. Güter.
Für 1 melkende Kuh	4 Rtlr. — Gr.	3 Rtlr. — Gr.	2 Rtlr. 12 Gr.
F. d. St. Güstvieh	— = 16 =	— = 16 =	— = 12 =
F. das 100 Schaafe	21 = — =	21 = — =	21 = — =

§. 10. Nutzung von Fettweiden sind im Creise nicht gewöhnlich.

§. 11. Die Dienste werden, wenn Dienstgeld gegeben wird, nach demselben berechnet; kann man aber solches nicht zur Richtschnur annehmen, so wird gerechnet:

Für einen Spanndienst mit 4 Pferden täglich . .	4 Gr.	8 Pf.
2 Pferden	2 ‹	4 ‹
Für einen Mannshanddienst, v. Johañis b. Michaelis	1 ‹	6 ‹
von Michaelis bis Fastnachten	1 ‹	3 ‹

Für einen Frauenshanddienst wird jederzeit 3 Pf. weniger gerechnet.

Ob ein Dienst für einen Manns- oder Frauensdienst zu rechnen, solches richtet sich nach der Schuldigkeit der Dienstpflichtigen; geschehen solche promiscue, so ist davon die Hälfte als Manns- und die andere Hälfte als Frauensdienst zu rechnen.

Für eine Kornfuhre, so nicht im ordinairen Dienst geschiehet, für einen Winspel auf die Meile 4 Gr. Ist die Meilenzahl unbestimmt, so wird die Entfernung des Orts, wohin gewöhnlich der Verkauf oder die Anfuhre des Getreides geschiehet, zur Norm angenommen.

Muß alles Getreide von den Unterthanen verfahren werden, so wird sämtliches zum Verkauf angeschlagenes Getreide hiernach berechnet.

Für eine Holzfuhre pro Klafter die Meile 4 Gr.
Hierbey findet obiges, wenn die Entfernung nicht bestimmt worden, ebenfalls statt, und wird solches nach der Entfernung der Forst, wo das Holz gewöhnlich geholet wird, berechnet.

Für eine Wollfuhre, ohne Bestimmung der Weite, 1 Rthlr. bis 1 Rthlr. 8 Gr.

Müssen die Unterthanen sämtliche Aecker bestellen und aberndten, so daß kein Spanndienst gehalten werden kann, so wird kein Spannvieh und Wirthschaftskorn in Abzug gebracht, sondern nur das Lohn und Deputat des Ackervoigts, der nöthigen Hirten, Schäfer und Gesinde, imgleichen das Drescherlohn und die übrigen Wirthschaftskosten, zu Gelde gerechnet und abgezogen.

Müssen aber die Unterthanen gewisse Wiesen, oder sämtliches Getreide, oder einen Theil davon, abbringen, so wird solches bey den Wiesen nach Morgenzahl, beym Acker aber nach der Aussaat berechnet; und man schlägt an für den Winspel Aussaat abzumähen 18. Gr. Für den Morgen Wiesewachs abzumähen 1 Gr. 6 Pf.

Müssen die Dienste auch das Getreide harken und binden, oder das Gras heuen, so wird gerechnet pro Winspel Getreide überhaupt 1 Rthlr. 3 Gr., pro Morgen Wiesewachs 2 Gr. 3 Pfennige.

Müssen die Dienste auch bestimmte Kutsch- und Reisefuhren, außer Hofedienst, mit 4 oder 6 Pferden verrichten, so werden solche pro Meile mit 4 Gr. veranschlaget. Unbestimmte Kutsch- und Reisefuhren, auch Botenläufer, kommen nicht in Anschlag.

Für das Schaaf zu schneiden und Waschen wird pro Tag 1 Gr. gerechnet.

Wenn die Unterthanen völlig gespeiset werden, wird nur bey Handdiensten das halbe, und bey Spanndiensten drey Viertel Dienstgeld gerechnet; erhalten sie aber nur gewisse Pröven, als Bier, Brod, Käse, Getreide 2c., so wird solches zu Gelde gerechnet, und von dem angesetzten Dienstgelde abgezogen, dabey wird ein Pfund Brod zu 3 Pf., ein Maaß Bier zu 4 Pf., ein Pfund Fleisch zu 6 Pf., und ein Pfund Butter zu 2½ Gr., und ein Käse zu 2 Pf., in Anschlag gebracht.

Für ein Pfund Flachs zu spinnen wird angeschlagen 1 Gr.

Für ein Pfund Heede zu spinnen 6 Pf.

§. 12. Die Fleisch-Zehend-Stücke, so in diesem Creise gegeben werden möchten, sind anzuschlagen:

Ein Fohlen 2 bis 3 Rthlr.
Ein Kalb 16 Gr. bis 1 Rthlr.
Ein Lamm zur Leuchtezeit 8 Gr.
auf Michaelis 12 Gr.
Eine Gans 6 Gr.
Ein Spahnferkel 6 Gr.
Ein Huhn 2 Gr.
Eine Mandel Eyer 1 Gr. 3 Pf.
Ein fettes Mühlenschwein 3 Rthlr.
Ein mageres 1 Rthlr. 12 Gr.
Ein Pachthammel 2 Rthlr.

Spezial-Tax-Prinzipia für den Glien- und Löwenbergschen Creis.

§. 1. Classen des Ackers:

Weitzehacker 2ter Classe. Gut Gerstland. Schlechter Gerstland. Gut Haferland. Schlecht Haferland. 3jährig Roggenland.	Wobey anzumerken ist, daß bey diesen Tax-Prinzipiis vorzüglich die Königl. Cammer-Prinzipia, so bey Veranschlagung der Königl. Aemter Vehlefanz und Bötzow angenommen sind, auch hier zum Grunde gelegt worden.

§. 2. Classen der Wiesen:

Zweyhauigte gute,
mittlere,
schlechtere;
Einhauigte gute,
mittlere,
schlechtere,
ganz schlechte Mäsch-Wiesen.

§. 3. Die Aussaat sowohl, als der Körner-Ertrag, richtet sich nicht allein nach der Güte des Ackers, sondern auch nach der Düngung, die demselben gegeben werden kann, dergestalt, daß an den Orten, wo, excl. des dreyjährigen Landes, sämtlicher Acker nun alle neun oder sechs Jahre gedünget wird, sowohl an Aussaat, als an Körner-Ertrag, weniger, als an Orten, woselbst, excl. des dreyjährigen Landes, sämtlicher Acker alle drey Jahr gedünget wird, zu rechnen ist.

Bey

	Bey neunjähriger Düngung.				Bey sechsjähriger Düngung.				Bey dreyjähriger Düngung.			
	In schlechten Boden		In guten Boden		In schlechten Boden		In guten Boden		In schlechten Boden		In guten Boden	
	Schfl.	Mtzn.	Schfl.	Mtzn.	Schfl.	Mtzn.	Schfl.	Mtzn.	Schfl.	Mtzn.	Schfl.	Mtzn.
Weizen	—	—	—	—	—	—	1	3	—	—	1	4
Roggen im Weizenacker	—	—	—	—	—	—	1	2	—	—	1	2
„ „ guten Gerstlande	—	15	1	—	1	1	1	2	—	—	1	2
„ „ schlecht. Gerstlande	—	14	—	15	1	—	1	1	1	1	—	—
„ „ Haferlande 1. Classe	—	11	—	12	—	13	—	14	—	15	1	—
„ „ „ 2. „	—	10	—	11	—	12	—	13	—	15	1	—
„ „ dreyjährigen Roggenlande .	—	10	—	10	—	10	—	10	—	10	—	10
Gerste im Weizenacker .	—	—	—	—	—	—	1	3	—	—	1	4
„ „ guten Gerstlande	1	1	1	2	1	2	1	3	1	3	1	4
„ „ schlechten Gerstlande	1	—	1	1	1	1	1	2	—	—	1	3
Hafer im Gerstlande 2. Classe	—	14	—	15	1	—	1	1	1	1	1	2
und												
„ „ Haferlande 1. „	—	13	—	14	—	15	1	—	1	—	1	1
„ „ Haferlande 2. „	—	11	—	12	—	13	—	14	1	—	1	1

§. 4. Ertrag.

	Bey neunjähriger Düngung.		Bey sechsjähriger Düngung.		Bey dreyjähriger Düngung.	
	In schlechten Boden	In guten Boden	In schlechten Boden	In guten Boden	In schlechten Boden	In guten Boden
	Körn.	Körn.	Körn.	Körn.	Körn.	Körn.
Vom Weizen . . .	—	—	—	5	—	5½
Roggen im Weizenacker .	—	—	—	5	—	5½
„ „ Gerstlande 1. Classe	4	4½	4½	5	5	5½
„ „ „ 2. „	3½	4	4	4½	5	5½
„ „ Haferlande 1. „	—	3	3½	4	4	4½
„ „ „ 2. „	—	3	3	3½	4	4½
„ dreyjährigen Roggenlande	3	3	3	3	3	3
Gerste im Weizenacker .	—	—	—	5	—	5½
„ „ Gerstlande 1. Classe	—	4	4	4½	4½	5
„ „ „ 2. „	—	3½	3½	4	4	4½
Hafer im Gerstlande 2. „ u.						
„ „ Haferlande 1. „	—	3½	3½	4	4	5
„ „ „ 2. „	—	3	3	3½	4	

Brachfrüchte kommen, aus den in den General-Taxgrundsätzen angeführten Gründen, gar nicht zum Anschlag, wie denn auch selbige in keiner einzigen Provinz oder Creise zum Anschlage gebracht werden.

§. 5. Nach Abzug der Saat wird die Hälfte der übrigbleibenden Körnerzahl zur Wirthschaft abgerechnet, jedoch niemals mehr als 2 Körner; wenn also 5½ Korn Ertrag gerechnet wird, so wird ein Korn zur Saat, zwey Körner zur Wirthschaft, und zwey und ein halb Korn zum Verkauf gerechnet.

§. 6. Getreide-Preis:

Weitzen, der Scheffel Berliner Maaß 22 Gr.
Roggen 18 Gr.
Gerste 14 Gr.
Hafer 10 Gr.

§. 7. Nutzung der Wiesen:

Zweyhauigte gute, der Morgen zu 180 □Ruthen, 1 Rthlr.
mittlere 22 Gr.
schlechte 20 Gr.
Einhauigte gute 18 bis 20 Gr.
mittlere 16 bis 18 Gr.
schlechte 12 bis 16 Gr.
ganz schlechte 6 bis 10 Gr.
Mäsch-Wiesen 16 Gr. bis 1 Rthlr.

§. 8. Obst- und Gartenland der Morgen 2 Rthlr.
Ordinär Gartenland 1 - 12 Gr.

§. 9. Nutzung des Viehes:

Eine Kuh, auf vorzüglich guter Weide 4 Rthlr.
mittler Weide 3 Rthlr. 12 Gr.
schlechterer Weide 3 Rthlr.
Ein Stück Güstvieh, auf vorzüglich guter Weide 1 Rthlr.
mittler Weide 16 Gr.
schlechterer Weide 12 Gr.
Hundert Stück Schaafe 21 Rthlr.

§. 10. Fettweiden sind, so viel bekannt ist, nicht gewöhnlich; Sollten aber dergleichen sich doch finden, so werden auf einen Ochsen Drey Morgen Fettweide, und
für jeden Ochsen 5 Rthlr.
auf 100 Stück Hammel Dreyßig Morgen Fettweide, und dafür 25 Rthlr. gerechnet.

§. 11. Dienste:

Ein täglicher Spanndienst, wenn er mit 2 Pferden geleistet wird, 2 Gr. 6 Pf.
wenn er mit 4 Pferden geleistet wird, 3 Gr. 6 Pf.
wenn er mit 2 Ochsen geleistet wird, 2 Gr.
wenn er mit 4 Ochsen geleistet wird, 3 Gr.
Ein täglicher Mannshanddienst, von Johannis bis Michaelis, 1 Gr. 6 Pf.
von Michaelis bis Fastnacht, 1 Gr.
von Fastnacht bis Johannis, 1 Gr. 3 Pf.
Ein Frauenshanddienst wird 3 Pf. geringer angeschlagen; und

ob der Dienst als Manns- oder Frauensdienst anzusehen sey, wird darnach beurtheilet, wie die Leute zu dienen schuldig sind. Wenn derjenige, der dienen muß, gespeiset wird; so wird von den Handdiensten die Hälfte, und von den Gespanndiensten der vierte Theil abgezogen.

§. 12. Ein Stück Garn von 120 Gebinden, das Gebind zu 40 Faden, zu spinnen, wenn der Haspel eine Elle lang ist, 4 Gr.

§. 13. Kornfuhren, die außer dem gewöhnlichen Hofdienst geschehen, werden pro Meile mit einer Ladung von 12 Scheffeln angeschlagen, 2 Gr.

§. 14. Zehend:

Ein Füllen 2 bis 3 Rthlr.
Ein Kalb 16 Gr. bis 1 Rthlr.
Ein Lamm zur Leuchtezeit 8 Gr.
auf Michaelis 12 Gr.
Eine Gans 6 Gr.
Ein Huhn, worunter auch die Rauchhühner zu verstehen sind, 2 Gr.
Eine Mandel Eyer 1 Gr. 3 Pf.
Ein Spahnferkel 6 Gr.
Ein fettes Mühlenschwein 3 Rthlr.
Ein mageres 1 Rthlr 12 Gr.
Ein Pachthammel 1 bis 2 Rthlr.

Spezial-Tax-Prinzipia für die Ucker-Mark.

Nach Anleitung der von der Königl. Churmärkschen Krieges- und Domainen-Cammer bey den Aemter-Anschlägen angenommenen Grundsätze.

§. 1. Die Einsaat und der davon zu hoffende Ertrag ist nach der Beschaffenheit des Ackers und der Düngung, so demselben gegeben werden kann, zu bestimmen.

§. 2. In Ansehung des Ackers selbst werden sieben Classen angenommen:

1ste Classe, wo derselbe, nachdem er gedünget worden, in den ersten vier Trachten guten Weizen und Gerste trägt.

2te Classe, wo blos in frischer Düngung Weizen, in der dritten Tracht aber nur Roggen, und in der 2ten und 4ten Tracht Gerste gebauet werden kann.

3te Classe, wo bey vorhandener Düngung in den ersten 4 Trachten zweymal Roggen und zweymal Gerste gewonnen werden kann.

4te Classe, wo in der ersten Tracht Roggen, und nur noch in der zweyten kleine Gerste, demnächst aber Roggen und Hafer gesäet wird.

5te Classe, wo das Land in der ersten und dritten Tracht Roggen, in der zweyten und vierten nur Hafer tragen kann.

6te Classe, wo das Land in der ersten und dritten Tracht Roggen, und nur in der zweyten Hafer tragen kann.

7te Classe, wo das Land, aus Mangel der Düngung, nur alle drey oder sechs Jahre mit Roggen bestellt wird.

§. 3. Nachdem der sämmtliche Acker hiernach bonitiret, und zugleich dabey bemerket worden, ob er kaltgründig oder warm sey, so hat Taxator gehörig auszumitteln, wie oft man mit der Düngung im ganzen Felde herumgekommen, und ob dazu sechs, neun, zwölf oder mehrere Jahre erfordert werden?

Wornach denn auf den Morgen à 180 □Ruthen Rheinländisch, die Einsaat und der Ertrag folgendergestalt zu rechnen sind:

Bey 6jähriger Düngung.	Einsaat.		Ertrag	Bey 9jähriger Düngung.	Einsaat.		Ertrag	Bey 12jähriger Düngung.	Einsaat.		Ertrag.
	Schfl.	Metzn.	Körn.		Schfl.	Metzn.	Körn.		Schfl.	Metzn.	Körner.
Für die 1ste Cl.											
Weizen	1	6	7	Weizen	1	6	6½	Weizen	1	6	5½ b. 6
Gerste	1	6	7	Gerste	1	6	6½	Gerste	1	6	5½ „ 6
Braache	—	—	—	Braache	—	—	—	Braache	—	—	— „ —
Weizen	1	6	6½	Weizen	1	6	6	Roggen	1	4	5 „ —
Gerste	1	6	6	Gerste	1	6	6	Gerste	1	4	5 „ 5½
Braache	—	—	—	Braache	—	—	—	Braache	—	—	— „ —
				Roggen	1	4	5	Roggen	1	2	4½ „ 5
				Hafer	1	6	5	Hafer	1	6	4½ „ —
				Braache	—	—	—	Braache	—	—	— „ —
Für die 2te Cl.								Roggen	1	2	4½ „ —
								Hafer	1	6	4 „ —
Weizen	1	6	6	Weizen	1	4	6	Weizen	1	4	5½ „ 6
Gerste	1	6	6	Gerste	1	4	6	Gerste	1	4	5½ „ 6
Braache	—	—	—	Braache	—	—	—	Braache	—	—	— „ —
Roggen	1	4	5	Roggen	1	2	5	Roggen	1	2	4½ „ —
Gerste	1	6	5	Gerste	1	4	5	Gerste	1	4	4½ „ —
Braache	—	—	—	Braache	—	—	—	Braache	—	—	— „ —
				Roggen	1	2	4½	Roggen	1	—	4½ „ —
				Hafer	1	4	4	Hafer	1	4	3½ „ —
				Braache	—	—	—	Braache	—	—	— „ —
Für die 3te Cl.								Roggen	1	—	4 „ —
								Hafer	1	4	3 „ —
Roggen	1	2	5½	Roggen	1	2	5	Roggen	1	2	5 „ —
Gerste	1	2	5½	Gerste	1	2	5	Gerste	1	2	5 „ —
Braache	—	—	—	Braache	—	—	—	Braache	—	—	— „ —
Roggen	1	2	5	Roggen	1	2	4½	Roggen	1	—	4 „ —
Gerste	1	2	5	Gerste	1	2	4½	Gerste	1	2	4 „ —
Braache	—	—	—	Braache	—	—	—	Braache	—	—	— „ —
				Roggen	1	—	4	Roggen	1	—	3½ „ —
				Hafer	1	4	3	Hafer	1	2	3 „ —
				Braache	—	—	—	Braache	—	—	— „ —
								Roggen	1	—	3 „ —
								Hafer	1	2	2½ „ —

Bey 6jähriger Düngung.	Einsaat. Schfl.	Einsaat. Metzn.	Ertrag. Körn.	Bey 9jähriger Düngung.	Einsaat. Schfl.	Einsaat. Metzn.	Ertrag. Körn.
Für die 4te Cl.							
Roggen	1	—	4	Roggen	1	—	4
kl. Gerste	1	2	4	kl. Gerste	1	2	4
Braache	—	—	—	Braache	—	—	—
Roggen	1	—	4	Roggen	1	—	4
Hafer	1	2	3½	Hafer	1	2	3½
Braache	—	—	—	Braache	—	—	—
				Roggen	1	—	4
Für die 5te Cl.				Hafer	2	—	3½
				Braache	—	—	—
Roggen	1	—	4	Roggen	1	—	4
Hafer	1	2	3½	Hafer	1	2	3½
Braache	—	—	—	Braache	—	—	—
Roggen	1	—	3½	Roggen	1	—	3½
Hafer	1	2	3	Hafer	1	2	3
Braache	—	—	—	Braache	—	—	—
Für die 6te Cl.				Roggen	1	—	3½
				Hafer	1	2	3
Roggen	—	15	3½				
Hafer	1	—	3				
Braache	—	—	—				
Roggen	—	15	3				

Wo die Felder nicht wenigstens in zwölf Jahren durchgedünget werden können, da wird das übrige Land in drey Außenschlägen gelegt, und alle drey Jahr ein Schlag davon, ohne Düngung, besäet, das andere aber für die Schafe zur Weide gelaßen. Das solchergestalt durch die Ruhe und die Abtrift mit den Schafen gestärkte Land, wird nach der Bonitirung,

wenn es von der 1. Cl. zu 1 Schfl. Einfall Roggen u. zum 4ten Korn
„ „ 2. „ „ 1 „ „ „ zu 3½ „
„ „ 3. „ „ 14 Metzen Einfall und zu 3 „
„ „ 1 „ „ 12 „ „ und zu 3 „
„ „ 5.u.6 „ „ 10 „ „ und zum 3ten „
angeschlagen.

Das Sechsjährige Land wird zu 8 Metzen Einfall und zum 3ten Korn gerechnet.

Bey kaltgründigem Acker sind durchgängig auf den Morgen Winter-Getreide zwey Metzen mehr, als in wärmerem Boden, zur Einsaat zu rechnen, beym Ertrage aber kommen solche nicht in computum. Die Erbsen, womit in der Uckermark, wegen Mangel des Winterfutters, fast durchgängig der 12te oder 15te Theil der Brache bestellt wird, werden nicht mit angeschlagen. Die Erbsen aber und der Buchweizen, auch Leinsaamen, so man einiger Orten im Winter- und Sommerfelde säet, werden dem andern

Getreide gleich geachtet, und in der Taxe nicht nahmentlich mit aufgeführet.

§. 4. Von dem Ertrage wird ein Korn zur Saat, und von dem sodann übrig bleibenden die Hälfte zur Wirthschaft abgezogen, jedoch niemalen mehr als 2 Körner, der Ertrag sey so hoch, wie er wolle.

§. 5. Das nach diesen Abzügen zum Verkauf bleibende Getreide wird nach dem Berliner Scheffel angeschlagen, und zwar der Scheffel Weizen 22 Gr.
Roggen 18 =
Gerste 14 =
Hafer 10 =

§. 6. Obst- und Gartenland:

In guten Gegenden wird der Morgen Obst- und Gartenland zu 3 Rthlr. — Gr.
ordinaires Gartenland zu 2 = — =
in schlechten Gegenden der Morgen Obst- und Gartenland nur zu 2 = — =
ordinaires Gartenland zu 1 = 12 =

veranschlaget, es wäre denn, daß der Eigenthümer, vermittelst richtiger Sechsjähriger Rechnungen, Pacht-Contracte, Zeugen oder Würdigung durch vereydete Sachverständige aus der Nachbarschaft, darthun könnte, daß der Garten, deductis deducendis, ein Jahr ins andere gerechnet, mehr eingebracht habe, oder einbringen könne, welchenfalls der Anschlag, nach dem herauskommenden Quanto, zu formiren, wovon jedoch, zu Deckung der etwanigen Ausfälle, annoch der 4te Theil abzurechnen ist.

§. 7. Ein Morgen Wördeland wird, nach den Bonitirungs-Classen, zu Sechs Rthlr., Vier Rthlr. 12 Gr. und Drey Rthlr., in Taxe gebracht.

§. 8. Die Wiesen werden nach ihrer Güte angeschlagen, und zwar:

		An der Oder.		An der Ucker, Rande, Welse rc.		Auf der Höhe.	
		Rthl.	Gr.	Rthl.	Gr.	Rthl.	Gr.
Zweyhauigte	gute	2	—	1	16	1	8
	mittlere	1	16	1	8	1	4
	schlechte	1	8	1	4	1	—
Einhauigte	gute	1	4	1	—	—	20
	mittlere	1	—	—	20	—	16
	schlechte	—	20	—	16	—	12

Mäsch-Wiesen zu bis 20 Gr., bis 1 Rthlr.

§. 9. Die Nutzung vom Rindvieh wird folgendergestalt angeschlagen:

Auf guter Weide, für die Melkende Kuh 4 Rthlr.
für das Stück Güstvieh 1 Rthlr.
Auf mittel Weide, für die Melkende Kuh 3 Rthlr.
für das Stück Güstvieh 16 Gr.
Auf schlecht. Weide, für die Melkende Kuh 2 Rthlr. 12 Gr.
für das Stück Güstvieh 12 Gr.

§. 10. Das 100 Schaafe, so incl. des Schäfer- und Knechte-Viehes durchgewintert werden kann, wird nie über Ein und zwanzig Thaler in Anschlag gebracht; wo aber die Weiden und Abtriften ungesund und schlecht, muß der Commissarius von Zwanzig bis Achtzehn Thaler herunter gehen.

§. 11. Wenn bey einem Gute die Grasung so important ist, daß fremdes Vieh auf die Weide genommen werden kann, so ist solches nach der zu erweisenden Nutzung, nach einer sechsjährigen Fraction des Ertrages, anzuschlagen.

Die Fettweiden anlangend, so werden auf einen Ochsen drey Morgen gerechnet, und für jeden Ochsen 5 Rthlr., auf 100 Hammel aber werden dreißig Morgen gerechnet, und dafür Fünf und zwanzig Rthlr. angeschlagen.

§. 12. Da die adelichen Bauern und Unterthanen in der Uckermark Zeitpächter sind, und die Herrschaft sich daher mit ihnen über ihre Prästationen nach Gutbefinden vergleichet, so kommen ihre Nebendienste so hoch in Anschlag, als sie ihnen selbst statt baaren Geldes angerechnet, und von dem Pächter landüblich angenommen werden, und sind ein Surrogatum der baaren Gefälle. Wo aber die Unterthanen, wie in der Mittelmark, wöchentliche oder tägliche Dienste leisten, und nicht auf ein Geldpachtquantum angesetzet sind, da wird der Spanndienst

Mit 4 Pferden täglich zu	4 Gr. 8 Pf.	
Mit 3 Pferden	3 - — -	
Mit 2 Pferden	2 - 4 -	gerechnet.

Der Spanndienst mit Ochsen wird halb so hoch, als mit Pferden, angeschlagen:

Ein täglicher Mannshanddienst wird,
von Johannis bis Michaelis 1 Gr. 6 Pf.
von Michaelis bis Fastnacht 1 Gr.
von Fastnacht bis Johannis 1 Gr. 3 Pf.

Ein Frauensdienst aber 3 Pf. weniger, angerechnet.

Wo die Dienstleistenden gespeiset werden, da wird von den Handdiensten die Hälfte, und von den Gespanndiensten der vierte Theil, abgezogen.

§. 13. In Ansehung der Zehendstücke bleibt es bey den Generalien.

Spezial-Tax-Prinzipia für den Bees- und Storckowschen Creis.

Zu Abschätzung der Güter, die im Bees- und Storckowschen Creise gelegen sind, werden specialiter diejenigen Taxsätze (soweit selbige applicable sind) angenommen, nach welchen die Königliche Aemter Beeskow und Storckow angeschlagen und verpachtet sind.

§. 1. Classen des Ackers:
Weizenacker 2ter Classe.
Gut Gerstland.
Schlechter Gerstland.
Haferland.
Dreyjährig Roggenland.

§. 2. Classen der Wiesen:

Zweyhauigte gute, mittlere, schlechte.

Einhauigte gute, mittlere, schlechte, ganz schlechte.

Die Aussaat sowohl, als der Körner-Ertrag, richtet sich nicht allein nach der Güte des Ackers, sondern auch nach der Düngung, die demselben gegeben werden kann, dergestalt, daß an den Orten, wo, excl. des dreyjährigen Landes, sämmtlicher Acker nur alle neun Jahre gedünget wird, sowohl an Aussaat, als an Körner-Ertrage, weniger, als an Orten, wo, excl. des dreyjährigen Landes, alle sechs Jahre sämmtlicher Acker gedünget wird, zu rechnen ist.

§. 3. Aussaat pro Morgen.

	Bey 9jähriger Düngung				Bey 6jähriger Düngung			
	In schlechten Boden.		In guten Boden.		In schlechten Boden.		In guten Boden.	
	Schff.	Metzn.	Schff.	Metzn.	Schff.	Metzn.	Schff.	Metzn.
Weizen	—	—	1	2	—	—	1	4
Roggen im Weizacker .	—	—	1	2	—	—	1	3
„ „ guten Gerstlande	1	1	1	2	1	2	1	3
„ „ schlecht. Gerstlande	—	15	1	1	1	1	1	2
„ „ Haferlande .	—	13	—	14	—	14	1	—
„ „ 3jährigen Roggenlande .	—	9	—	10	—	9	—	10
Gerste im Weizacker .	—	—	1	3	—	—	1	4
„ „ guten Gerstlande	1	1	1	3	1	2	1	4
„ „ schlecht. Gerstlande	1	—	1	2	1	1	1	3
Hafer	1	—	1	2	1	2	1	4

§. 4. Ertrag.

	Bey 9jähriger Düngung.		Bey 6jähriger Düngung.	
	In schlechten Boden.	In guten Boden.	In schlechten Boden.	In guten Boden.
	Korn.	Korn.	Korn.	Korn.
Weizen	—	5	—	5
Roggen im Weizacker .	—	4½	—	5
„ „ guten Gerstlande	4	4½	4½	5
„ „ schlecht. Gerstlande	3	4	3½	4½
„ „ Haferlande .	3	3½	3½	4
„ „ 3jähr. Roggenlande	2½	3	2½	3
Gerste im Weizacker .	—	4½	—	5
„ „ guten Gerstlande	4	4½	4	5
„ „ schlecht. Gerstlande	3	4	3½	4½
Hafer	3	3½	3	4

Für eine Metze im Sommer- oder Winterfelde ausgesäete Hirse an reiner Nutzung 1 Rthlr.

Für einen Scheffel im Sommer- oder Winterfelde ausgesäeten Leinsamen 3 Rthlr.

Wo aber nur zwey Felder gehalten werden, halb so viel.

§. 5. Nach Abzug der Saat wird die Hälfte der übrigbleibenden Körnerzahl zur Wirthschaft abgerechnet.

§. 6. Getreidepreis:

Weizen, der Scheffel Berliner Maaß 22 Gr.
Roggen 18 Gr.
Gerste 14 Gr.
Hafer 10 Gr.

§. 7. Nutzung der Wiesen:

		Spreewiesen.		An andern Orten.	
		Rthlr.	Gr.	Rthlr.	Gr.
Zweyhauigte	gute der Morgen	1	8	1	4
	mittlere	1	4	1	—
	schlechtere	1	—	—	20
Einhauigte	gute	—	20	—	16
	mittlere	—	16	—	12
	schlechte	—	12	—	8
	ganz schlechte	—	8	—	6

Mäsch-Wiesen 16 Gr.

§. 8. Obst- und Gartenland der Morgen 2 Rthlr.
Gartenland 1 Rthlr. 12 Gr.

§. 9. Nutzung des Viehes:

Eine Kuh auf vorzüglich guter Weide 4 Rthlr.
Eine Kuh auf mittlerer Weide 3 Rthlr.
Eine Kuh auf schlechter Weide 2 Rthlr. 6 Gr. bis 2 Rthlr. 12 Gr.
Ein Stück Güstvieh 12 bis 16 Gr.
Ein Hundert Schaafe 21 Rthlr.

§. 10. Fettweiden sind nicht gewöhnlich.

§. 11. Dienste:

		Gr.	Pf.
Ein Gespanndienst	mit 2 Pferden täglich	2	
	4 Pferden	4	
Mannshanddienst,	von Johannis bis Michaelis	1	6
	von Michaelis bis Fastnacht	1	—
	von Fastnacht bis Johannis	1	3

Ein Frauensdienst wird täglich 3 Pfennige weniger gerechnet, und ob ein Dienst als Manns- oder Frauendienst zu rechnen sey, solches wird darnach beurtheilet, wie die Leute zu dienen schuldig sind.

Wenn derjenige, der dienen muß, gespeiset wird; so wird von dem Handdienste die Hälfte, und von dem Gespanndienste der vierte Theil abgerechnet.

§. 12. Ein Stück Garn zu spinnen, welches von 120 Gebinden, das Gebind zu 40 Faden, wenn der Haspel eine Elle lang ist, 4 Gr.

§. 13. Kornfuhren, die ausser dem gewöhnlichen Hofedienst geschehen, werden pro Meile, mit einer Ladung von 12 Scheffeln, angeschlagen mit 2 Gr.

§. 14. Zehende.
Ein Fohlen 2 bis 3 Rthlr.
Ein abgesogen Kalb 1 Rthlr. bis 1 Rthlr. 6 Gr.
Ein Spahnferkel 6 Gr.
Ein Lamm zur Leuchtezeit 8 bis 12 Gr.
auf Michaelis 12 bis 16 Gr.
Eine Gans 6 Gr.
Ein Huhn 2 Gr.
Eine Mandel Eyer 1 Gr. 3 Pf.
Ein fettes Mühlenschwein 3 Rthlr.
Ein mageres 1 Rthlr. 12 Gr.
Ein Pachthammel 2 Rthlr.

Wenn ein Gut zwey Felder hat, oder doch keine Brache hält, so bleibt es wegen des Ertrages bey den General=Tax=Prinzipiis.

Die Preise des Getreides sind alsdann:
Für den Scheffel Berliner Maaß Weizen 20 Gr.
Roggen 15 Gr.
Gerste 13 Gr.
Hafer 8 Gr.
und solche Güter werden nach den Taxsätzen des Cottbusschen Creises angeschlagen.

Zur Beurtheilung der Special=Tax=Principiorum für die Neumark, Sternberg und die incorporirten Creise gehört nothwendig, daß die General=Tax=Prinzipia, welche für die ganze Chur= und Neumark feststehen, zum Grunde gelegt werden, weil selbige nicht allein die Bestimmung enthalten, was unter einer jeden Acker= und Wiesenclasse verstanden wird, sondern darin auch vorgeschrieben ist, wie Taxator zu verfahren habe, um die Nutzung eines Guts herauszubringen.

Es ist ferner, zu Vermeidung der Wiederholungen, alles dasjenige, was in der ganzen Provinz, und sogar größtentheils in der Chur= und Neumark einerley ist, nicht bey einem jeden Creis, sondern im Schlusse aller Special=Principiorum, angeführt. Dergleichen ist der Abzug des Wirthschaftskorns, der Getreidepreis, Fettweiden, Dienste, Kornfuhren, Fleischzehende ꝛc.

Special=Tax=Prinzipia für den Soldinschen Creis.

In diesem Creise werden zwey Classen der Güter angenommen, und nach dem Verhältniß der Sommerung gegen die Winterung, excl. des in der Brache gesäeten Getreides, bestimmt.

Zur ersten Classe

gehören diejenigen Güter, welche bey 6jähriger Düngung $\frac{2}{3}$ und drüber an Sommerung gegen Winterung säen;

zur zweyten Classe

gehören die Güter, welche unter $\frac{2}{3}$ säen.

Erste und zweyte Classe der Güter.

§. 1. Ackerclassen.

Weizenacker 1ster Classe.
Weizenacker 2ter =
Gerstland 1ster =
Gerstland 2ter =
Haferland
Dreyjährig Roggenland.

§. 2. Einfall.

Getreide-Arten.	1ste Classe		2te Classe	
	Schfl.	Mtz	Schfl.	Mtz.
Weizen im Weizenacker 1ster Classe	1	6	—	—
= im Weizenacker 2ter =	1	4	1	4
Roggen im Weizenacker 2ter =	1	2	1	2
= im Gerstlande 1ster =	1	2	1	2
= = 2ter =	1	—	1	—
Roggen im Haferlande	1	—	—	14
= im 3jährigen Acker	—	10	—	10
Gerste im Weizacker 1ster Classe	1	6	—	—
= = 2ter =	1	4	1	4
= im Gerstlande 1ster =	1	4	1	4
= = 2ter =	1	2	1	2
Hafer	1	2	1	—

§. 3. Ertrag.

	1ste Classe.	2te Classe.
	Körner.	Körner.
Weizen im Weizacker 1ste Classe	6	—
= = 2te =	5½	5½
Roggen im Weizacker 2te =	5½	5
= im Gerstlande 1ste =	5	4½
= = 2te =	4½	4
= im Haferlande	4	3½
= im dreijährigen Lande	3	3
Gerste im Weizacker 1ste Classe.	6	—
= = 2te =	5½	5½
= im Gerstlande 1ste =	5½	5
= = 2te =	5	5
Hafer	4	3½

§. 4. Classen und Nutzung der Wiesen.

Zweyhauigte gute Wiesen, der Morgen zu 180 □Ruthen 1 Rthlr. 4 Gr.
mittlere 1 Rthlr.
schlechte 20 Gr.
Einhauigte gute 16 Gr.
mittlere 12 Gr.
schlechte 8 Gr.
ganz schlechte 6 Gr.
Mäsch- oder Feldwiesen 16 Gr.

§. 5. Obst- und Gartenland ein Morgen zu 180 □R.

	1ste Classe	2 Rthlr.	12 Gr.
	2te "	2 "	— "
Gartenland	1ste "	1 "	12 "
	2te "	1 "	— "

§. 6. Nutzung des Viehes.

	Reine Nutzung. 1ste Classe. Rthlr.	Gr.	2te Classe. Rthlr.	Gr.
Eine Kuh excl. Heu	3	—	2	12
Ein Stück jung Vieh	—	12	—	12
Hundert Schafe ohne Abzug	16	—	16	—

Special-Tax-Prinzipia für den Königsbergschen Creis.

Die Güter dieses Creises werden in drey Classen getheilt.

Zur ersten Classe gehören die Güter, bey welchen die Sommerung der Winterung beynahe gleich ist, so daß wenigstens $\frac{7}{8}$ Sommerung gegen Winterung gesäet werden.

Zur zweyten Classe gehören die Güter, bey welchen $\frac{3}{4}$ Sommerung gegen Winterung gesäet werden.

Zur dritten Classe werden die Güter gerechnet, bey welchen die Sommerung $\frac{1}{4}$ und drunter gegen die Winterung beträgt.

§. 1. Classen des Ackers.
Weizenacker 1ster Classe.
2ter Classe.
Gerstland 1ster Classe.
2ter Classe.
Haferland.
Dreyjährig und
Sechsjährig Roggenland.

§. 2. Getreide-Arten. Einfall.

	1ste Classe. Schfl.	Mtzn.	2te Classe. Schfl.	Mtzn	3te Classe. Schfl.	Mtzn.
Weizen im Weizacker 1ste Classe.	1	6	1	6	—	—
" " 2te "	1	4	1	4	1	4
Roggen im Weizacker 2te "	1	2	1	2	1	2
" Gerstlande 1ste "	1	2	1	2	1	2
" " 2te "	1	—	1	—	1	—
" Haferlande	1	—	1	—	—	14
" 3jährigen Roggenlande.	—	10	—	10	—	10
" 6jährigen Roggenlande.	—	8	—	8	—	8
Gerste im Weizacker 1ste Classe.	1	6	1	6	—	—
" Weizacker 2te "	1	4	1	4	1	4
" Gerstlande 1ste "	1	4	1	4	1	4
" " 2te "	1	2	1	2	1	2
Hafer	1	2	1	—	1	—

§. 3. Getreidearten. Ertrag.

	1ste Classe.	2te Classe.	3te Classe.
	Körner.	Körner.	Körner.
Weizen im Weizacker 1ste Classe.	6	5½	—
„ „ 2te „	5½	5½	5½
Roggen „ 2te „	5½	5	5
„ im Gerstlande 1ste „	5½	5	5
„ „ 2te „	5	4½	4
„ im Haferland	4½	4	3
„ im 3jährigen und schlechtern Lande	3	3	3
Gerste im Weizacker 1ste Classe.	6	5½	—
„ „ 2te „	5½	5	5
„ im Gerstlande 1ste „	5½	5	5
„ „ 2te „	5	4½	4½
Hafer	5	4	3½

§. 4. Classen und Nutzung der Wiesen.

Arten der Wiesen. Reine Nutzung.

Zweyhauigte gute Oderwiesen 2 Rthlr.
mittlere 1 Rthlr. 16 Gr.
schlechtere 1 Rthlr. 8 Gr.
Einhauigte gute 1 Rthlr 8 Gr.
mittlere 1 Rthlr. 4 Gr.
schlechtere 1 Rthlr.

Andere Wiesen.

Zweyhauigte gute 1 Rthlr. 8 Gr.
mittlere 1 Rthlr. 4 Gr.
schlechtere 1 Rthlr.
Einhauigte gute 20 Gr.
mittlere 16 Gr.
schlechtere 12 Gr.
ganz schlechte 6 Gr.
Mäschwiesen 16 Gr.

§. 5. Arten des Landes.

	1ste Classe.		2te Classe.		3te Classe.	
	Rtlr.	Gr.	Rtlr.	Gr.	Rtlr.	Gr.
Obst- und Gartenland	3	—	3	—	2	—
Gartenland	2	—	1	16	1	12

§. 6. Nutzung des Viehes.

Benennung des Viehes.	Reine Nutzung.					
	1ste Classe.		2te Classe.		3te Classe.	
	Rtlr.	Gr.	Rtlr.	Gr.	Rtlr.	Gr.
Eine Kuh ohne Heu	4	12	4	—	3	12
Ein Stück Jungvieh desgleichen	1	—	—	16	—	12
100 Stück Schafe desgleichen	21	—	21	—	18	—

Special-Tax-Prinzipia für den Landsbergschen Creis.

In diesem Creyse werden zwey Classen nöthig;
Die erste ist diejenige, wo ⅔ Sommerung gegen die Winterung gesäet wird.
Die zweyte ist, wo weniger Sommerung gegen Winterung gesäet wird.

1ste und 2te Classe.

§. 1. Ackerclassen.

Weizacker 2te Classe.
Gerstland 1te Classe.
= 2te Classe.
Haferland.
Dreyjährig Roggenland.
Schlechter Roggenland.

§. 2. Einfall.

Arten des Getreides.	1ste Classe.		2te Classe.	
	Schfl.	Mtzn.	Schfl.	Mtzn.
Weizenacker 2te Classe.	1	4	—	—
Roggen im Weizacker 2te =	1	2	1	—
= = Gerstlande 1ste =	1	2	—	14
= = Gerstlande 2te =	—	—	—	12
= = 3jährigen Acker	1	10	—	10
= = 6jährigen und schlechteren	—	8	—	8
Gerste im Weizacker 2te Classe.	1	4	—	—
= = Gerstlande 1ste =	1	4	1	2
= = = 2te =	1	2	1	—
Hafer	1	—	—	14

§. 3. Ertrag.

Getreide-Arten.	Körner.	Körner.
Weizen im Weizacker 2te Classe.	5	—
Roggen im Weizacker 2te =	4½	—
= Gerstlande 1ste =	4	4
= = 2te =	3½	3½
= Haferlande	3½	3
= 3jährigen und schlechten Acker	3	3
Gerste im Weizacker 2te Classe.	5	—
= Gerstlande 1ste =	4½	4
= = 2te =	4	4
Hafer	3½	3

§. 4. Classen und Nutzung der Wiesen.

Arten der Wiesen.

Zweyhauigte gute Wiesen, den Morg. zu 180 □Ruthen 1 Rtl. 4 gr.
mittlere 1 Rthlr.
schlechtere 20 Gr.
Einhauigte gute 16 Gr.
mittlere 12 Gr.
schlechte 8 Gr.
ganz schlechte 6 Gr.
Feld- oder Mäschwiesen 16 Gr.

§. 5.

Arten des Landes.	1ste Classe.	2te Classe.
Obst- und Gartenland, der Morgen	1 Rtl. 8 Gr.	1 Rtl. 8 Gr.
Gartenland	1 = — =	1 = — =

§. 6. Viehzucht und deren Nutzung.

Benennung des Viehes.	Reine Nutzung. 1ste Classe. Rthlr.	Gr.	2te Classe. Rthlr.	Gr.
Eine Kuh	3	—	2	12
Ein Stück jung Vieh	—	16	—	12
Hundert Schafe	21	—	18	—

Special-Taxprinzipia für den Friedebergschen Creis.

1. Die erste Classe machen diejenigen Güter, wo ⅔ Sommerung und mehr gegen Winterung gesäet werden kann.

2. Die zweyte Classe enthält diejenigen, wo unter ⅔ gesäet wird.

§. 1. Weitzacker, 2te Classe.
Gerstland, 1ste Classe.
Gerstland, 2te Classe.
Haferland.
Dreyjährig Roggenland.
Sechsjährig und schlechter Land.

§. 2. Einfall.

Arten des Getreides.	1ste Classe. Schfl.	Mtzn.	2te Classe. Schfl.	Mtzn.
Weizen im Weizacker 1ste Classe.	1	4	—	—
Roggen im Weizacker 2te =	1	2	—	—
= im Gerstlande 1ste =	1	2	1	—
= = 2te =	1	—	—	14
= im 3jährigen Lande	—	10	—	10
= im 6jährigen u. schlechteren Lande	—	8	—	8
Gerste im Weizacker 2te Classe.	1	4	—	—
= im Gerstlande 1ste =	1	4	1	2
= = 2te =	1	2	1	—
Hafer	1	—	—	14

§. 3. Ertrag.

Arten des Getreides.	Körner.	Körner.
Weizen im Weizacker 2te Classe.	5	—
Roggen im Weizacker 2te =	4½	—
= im Gerstlande 1ste =	4	4
= im Gerstlande 2ter Classe, u. Haferlande	3½	3½
= im 3jährigen schlechtern Roggenlande	3	3
Gerste im Weizacker 2te Classe.	5	—
= im Gerstlande 1ste =	4½	4
= = 2te =	4	4
Hafer	3½	3

§. 4. Wiesen und deren Nutzung.

Arten der Wiesen. Reine Nutzung.

Zweyhauigte gute, der Morgen zu 180 □Ruthen 1 Rthlr. 4 Gr.
" mittlere 1 Rthlr.
" schlechtere 20 Gr.
Einhauigte gute 16 Gr.
" mittlere 12 Gr.
" schlechtere 8 Gr.
" ganz schlechte 6 Gr.
Feld- oder Mäschwiesen 16 Gr.

§. 5. Arten des Landes.	1ste Classe.	2te Classe.
Obst- und Gartenland, der Morg. zu 180 □R.	1 Rtl. 8 gr.	1 Rtl. 8 gr.
Gartenland	1 " — "	1 " — "

§. 6. Nutzung des Viehes.

Benennung des Viehes.	Reine Nutzung. 1ste Classe Rthlr.	Gr.	2te Classe. Rthlr.	Gr.
Eine Kuh	3	12	2	12
Ein Stück jung Vieh	—	16	—	12
Hundert Schafe	21	—	21	—

Special-Tax-Prinzipia für den Arendswaldischen Creis.

In diesem Creise ist die
1ste. Classe der Güter diejenige, welche ⅞ Sommerung und drüber, gegen Winterung säen kann. Die
2te Classe begreift diejenigen, wo mit Nutzen über die Hälfte und bis ⅞ Sommerung gegen die Winterung gesäet werden kann. Zur
3ten Classe gehören diejenigen, wo nur die Hälfte und drunter, an Sommerung gegen Winterung gesäet werden kann.

§. 1. Classen des Ackers.

Weizacker 1ste Classe.
" 2te "
Gerstland 1ste "
" 2te "
Haferland.
Dreyjährig Roggenland.
Sechsjährig und schlechter Roggenland.

§. 2.

§. 2. Einfall.

Getreide-Arten.	1ste Classe. Schfl.	1ste Classe. Mtzn.	2te Classe. Schfl.	2te Classe. Mtzn.	3te Classe. Schfl.	3te Classe. Mtzn.
Weizen im Weizacker 1ste Classe.	1	6	—	—	—	—
„ „ 2te „	1	4	1	4	—	—
Roggen im Weizacker 2te „	1	2	1	2	—	—
„ im Gerstlande 1ste „	1	2	1	—	1	—
„ „ 2te „	1	—	—	14		
„ im Haferlande	1	—	—	12	—	12
„ im 3jährigen Lande	—	10	—	10	—	10
„ im 6jhr. u. schlechtern Lande	—	8	—	8	—	8
Gerste im Weizacker 1ste Classe.	1	6	—	—	—	—
„ „ 2te „	1	4	1	4	—	—
„ Gerstlande 1ste „	1	4	1	2	1	2
„ „ 2te „	1	2	1	—		
Hafer	1	2	—	14	—	14

§. 3. Ertrag.

Getreide-Arten.	Körner	Körner	Körner
Weizen im Weizacker 1ste Classe.	5½	—	—
„ „ 2te „	5	4½	—
Roggen im Weizacker 2te „	4½	4	—
„ im Gerstlande 1ste „	4	4	3½
„ „ 2te „	3½	3½	
„ im Haferlande	3½	3½	3
„ im 3jähr. und schlechtern Acker.	3	3	3
Gerste im Weizacker 1ste Classe.	5½	—	—
„ „ 2te „	5	4½	—
„ im Gerstlande 1ste „	4½	4	4
„ „ 2te „	4	4	
Hafer	4	3½	3

§. 4. Wiesen und deren Nutzung.

Arten der Wiesen. Reine Nutzung.

Zweyhauigte gute 1 Rthlr. 4 Gr.
„ mittlere 1 Rthlr.
„ schlechtere 20 Gr.
Einhauigte gute 16 Gr.
„ mittlere 12 Gr.
„ schlechte 8 Gr.
„ ganz schlechte 6 Gr.
Mäsch- oder Feldwiesen 16 Gr.

§. 5. Arten des Landes.	1ste Classe. Rthlr.	1ste Classe. Gr.	2te Classe. Rthlr.	2te Classe. Gr.	3te Classe. Rthlr.	3te Classe. Gr.
Obst- und Gartenland, der Morgen à 180 □Ruthen	2	—	1	12	1	—
Gartenland	1	8	1	—	—	16

§. 6. Nutzung des Viehes.

Arten des Viehes.	1ste Classe.		2te Classe.		3te Classe.	
	Rthlr.	Gr.	Rthlr.	Gr.	Rthlr.	Gr.
Eine Kuh	3	—	3	—	2	12
Ein Stück jung Vieh	—	16	—	16	—	12
Hundert Schafe	20	–	18	—	18	—

Special-Tax-Principia für den Dramburgischen Creis.

Dieser Creis hat Güter,

1) Deren Boden wenigstens ⅞ Sommerung gegen Winterung trägt. Die

2te Classe machen die Güter, wo mit Nutzen die Hälfte Sommerung gegen Winterung und bis ⅞ gesäet werden kann. Die

3te Classe besteht aus Gütern, bey welchen nur unter der Hälfte Sommerung gegen Winterung gesäet werden kann.

§. 1. Classen des Ackers.

Weizenacker, 2ter Classe.
Gerstland, 1ster Classe.
Gerstland, 2ter Classe.
Haferland.
Dreyjährig und
schlechter Roggenland.

§. 2. Einfall.

Getreide-Arten.	Reine Nutzung.					
	1ste Classe		2te Classe		3te Classe.	
	Schfl.	Mtz	Schfl.	Mtz.	Schfl.	Mtz.
Weizenacker 2ter Classe, und zwar - Weizen	1	4	1	4	—	—
Roggen im Weizacker 2ter Classe	1	2	1	2	—	—
" im Gerstlande 1ster Classe	1	2	1	—	1	—
" " 2ter Classe	1	—	—	14		
" im Haferlande	1	—	—	12	—	12
" im dreyjährigen Lande	—	10	—	10	—	10
" im schlechteren Lande	—	8	—	8	—	8
Gerste im Weizacker 2ter Classe	1	4	1	4	—	—
" im Gerstlande 1ster Classe	1	4	1	2	1	2
" " 2ter Classe	1	2	1	—		
Hafer	1	2	—	14	—	14

§. 3. Ertrag.

Getreide-Arten.	Körner	Körner	Körner
Weizen im Weizacker 2ter Classe.	5	4½	—
Roggen im Weizacker	4½	4	—
" im Gerstlande 1ster Classe.	4	4	3½
" " 2ter Classe.	4	4	
" im Haferlande	3½	3½	3½
" im 3jähr. u. schlechtern Lande	3	3	3
Gerste im Weizacker 2ter Classe.	5	4½	—
" im Gerstlande 1ster Classe.	4½	4½	4
" 2ter Classe.	4	4	
Hafer	4	3½	3

§. 4. Wiesen und deren Nutzung.

Arten der Wiesen. Reine Nutzung.

Zweyhauigte gute, der Morgen 180 □Ruthen
1 Rthlr. 4 Gr.
mittlere 1 Rthlr.
schlechtere 20 Gr.
Einhauigte gute 16 Gr.
mittlere 12 Gr.
schlechte 8 Gr.
ganz schlechte 6 Gr.
Mäsch- oder Feldwiesen 16 Gr.

§. 5. Arten des Landes.

	1ste Classe.	2te Classe.	3te Classe.
Obst- und Gartenland	2 Rtlr. — Gr.	1 Rtlr. 12 Gr.	1 Rtlr. — Gr.
Gartenland	1 ; 8 ;	1 ; — ;	— ; 16 ;

§. 6. Nutzung des Viehes.

	1ste Classe		2te Classe.		3te Classe.	
	Rthlr.	Gr.	Rthlr.	Gr.	Rthlr.	Gr.
Eine Kuh	3	—	3	—	2	12
Ein Stück jung Vieh	—	16	—	16	—	12
Hundert Schafe	20	—	18	—	18	—

Special-Tax-Prinzipia für den Schievelbeinschen Creis.

1. Ein Theil der Güter dieses Creises kann die Hälfte Sommerung gegen Winterung säen.

2. Auf andere Güter kann nicht die Hälfte gesäet werden. Und hieraus entstehen die beyden Classen der Güter dieses Creises.

§. 1. Ackerclassen.
Gerstland.
Haferland.
3jährig und schlechter Roggenland.

§. 2. Einfall.

Getreide-Arten.	1ste Classe		2te Classe.	
	Schfl.	Mtz.	Schfl.	Mtz.
Roggen im Gerstlande	1	—	—	14
; im Haferlande	—	14	—	12
; 3jährigen Lande	—	10	—	10
; schlechteren Lande	—	8	—	8
Gerste	1	2	1	—
Hafer	1	—	—	14

§. 3. Ertrag.

Getreide-Arten.	Körn er.	Körner
Roggen im Gerstlande.	4	4
; im Haferlande	3	3
; im 3jährigen und schlechtern Lande	3	3
Gerste	4	4
Hafer	3	3

§. 4. Wiesen und deren Nutzung.

Arten der Wiesen   Reine Nutzung.

Zweyhauigte gute, der Morg. zu 180 □R. 1 Rthlr.
schlechte 20 Gr.
Einhauigte gute 16 Gr.
mittlere 12 Gr.
schlechte 8 Gr.
ganz schlechte 6 Gr.
Mäsch- oder Feldwiesen 16 Gr.

§. 5. Arten des Landes. 1ste Classe. 2te Classe.
Obst- und Gartenland 1 Rthlr. — Gr. 1 Rthlr. — Gr.
Gartenland — - 16 - — - 16 -

§. 6. Nutzung des Viehes.

Arten des Viehes.	1ste Classe		2te Classe.	
	Rthlr.	Gr.	Rthlr.	Gr.
Eine Kuh	2	—	1	12
Ein Stück jung Vieh	—	12	—	8
Hundert Schaafe	18	—	16	—

Special-Tax-Prinzipia für den Sternbergschen Creis.

Die erste Classe besteht aus den Gütern, wo [illegible] Sommerung gegen Winterung gesäet werden kann. Die

Zweyte Classe begreift die Güter, wo 5/8 Sommerung gegen Winterung gesäet werden kann. Zur

Dritten Classe bleiben die Güter, wo nicht 5/8 Sommergetreide gegen Wintergetreide gesäet werden kann.

§. 1. Classen des Ackers.

Weizenacker 1ster Classe.
2ter -
Gerstland 1ster -
2ter -
Haferland.
Dreyjährig und schlechter Roggenland.

§. 2. Einfall.

Getreide-Arten.	1ste Classe.		2te Classe		3te Classe.	
	Schfl.	Mtz	Schfl.	Mtz.	Schfl.	Mtz.
Weizen im Weizacker 1ster Classe	1	6	—	—	—	—
- - 2ter -	1	4	—	—	—	—
Roggen im Weizacker 2ter -	1	2	—	—	—	—
- im Gerstlande 1ster -	1	2	1	2	—	14
- - 2ter -	1	—	1	—		
- Haferlande	1	—	—	14	—	12
- im 3jährigen Roggenlande	—	10	—	10	—	10
- im schlechtern	—	8	—	8	—	8
Gerste im Weizacker 1ster Classe.	1	6	—	—	—	—
- - 2ter -	1	4	—	—	—	—
- im Gerstlande 1ster -	1	4	1	4	1	—
- - 2ter -	1	2	1	2		
Hafer	1	2	1	—	—	14

§. 3. Ertrag

Getreide-Arten.	Körner	Körner	Körner
Weizen im Weizacker 1ster Classe.	6	—	—
= = 2ter =	5½	—	—
Roggen im Weizacker 2ter =	5	—	—
= Gerstlande 1ster =	5	4½	4
= = 2ter =	4½	4	
= Haferlande	4	3½	3
= 3jähr. u. schlechtern Roggenlande	3	3	3
Gerste im Weizacker 1ster Classe.	6	—	—
= = 2ter =	5½	—	—
= Gerstlande 1ster =	5	4	4
= = 2ter =	4½	4	
Hafer	4	3½	3

§. 4. Wiesen und deren Nutzung.

Arten der Wiesen.

Zweihauigte gute Oderwiesen, der Morgen à 180 □Ruthen 2 Rthlr.
mittlere 1 Rthlr 16 Gr.
schlechte 1 Rthlr. 8 Gr.
Einhauigte gute 1 Rthlr. 8 Gr.
mittlere 1 Rthlr. 4.
schlechtere 1 Rthlr.

Andere Wiesen.

Zweihauigte gute 1 Rthlr. 8 Gr.
mittlere 1 Rthlr. 4 Gr.
schlechtere 1 Rthlr.
Einhauigte gute 20 Gr.
mittlere 16 Gr.
schlechte 12 Gr.
ganz schlechte 8 Gr.
Mäsch- oder Feldwiesen 16 Gr.

§. 5. Arten des Ackers.	1ste Classe.	2te Classe.	3te Classe.
Obst- u. Gartenl. d. M. zu 180 □R.	3 Rtl.	1 Rtlr. 12 gr.	1 Rtlr. — gr.
Gartenland	2 =	1 = — =	— = 16 =

§. 6. Nutzung des Viehes

Arten des Viehes.	1ste Classe.		2te Classe.		3te Classe.	
	Rthlr.	Gr.	Rthlr	Gr.	Rthlr.	Gr.
Eine Kuh	4	—	3	—	2	—
Ein Stück jung Vieh	1	—	—	16	—	12
100 Schafe	21	—	20	—	18	—

Special-Tax-Prinzipia für den Crossenschen Creis.

Die erste Classe besteht aus Gütern, wo ⅞ Sommergetreide gegen Wintergetreide gesäet werden kann.

Die zweyte Classe begreift die Güter, wo ⅛ Sommerung gegen Winterung gesäet werden kann.

Zur dritten Classe bleiben die Güter, wo nicht Sommergetreide gegen Winterung gesäet werden kann.

§. 1. Ackerclassen.

Weizenacker 1ster Classe.
" 2ter "
Gerstland 1ster "
" 2ter "
Haferland.
Dreyjährig und schlechter Roggenland.

§. 2. Einfall.

Getreide-Arten.	1ste Classe.		2te Classe.		3te Classe.	
	Schfl.	Mtz.	Schfl.	Mtz.	Schfl.	Mtz.
Weizen im Weizacker 1ster Classe.	1	6	-	—	—	—
" " 2ter "	1	4	—	—	—	—
Roggen im Weizacker 2ter "	1	2	—		-	—
" im Gerstlande 1ter "	1	2	1	2	–	14
" " 2ter "	1	—	1	—		
" im Haferlande	1	—	–	14	—	12
" im 3jährigen Lande	—	10	–	10	—	10
" im schlechtern Lande	—	8	—	8	—	8
Gerste im Weizacker 1ster Classe	1	6	—	—	-	—
" " 2ter "	1	4	—	—	—	—
" im Gerstlande 1ster "	1	4	1	4	1	—
" " 2ter "	1	2	1	2		
Hafer	1	2	1	—	—	14

§. 3. Ertrag.

Getreide-Arten.	Körner	Körner	Körner
Weizen im Weizacker 1ster Classe.	6	—	—
" " 2ter "	5½	—	—
Roggen im Weizacker 2ter "	5	—	—
" im Gerstlande 1ter "	5	4½	4
" " 2ter "	4½	4	
" im Haferlande	4	3½	3
" im 3jähr. u. schlechtern Lande	3	3	3
Gerste im Weizacker 1ster Classe.	6	—	—
" " 2ter "	5½	—	—
" im Gerstlande 1ster "	5	4½	4
" " 2ter "	4½	4	
Hafer	4	3½	3

§. 4. Wiesen und deren Nutzung.

Arten der Wiesen.

Zweyhauigte gute Oderwiesen der Morg. zu 180 □R. 2 Rtl.
" mittlere 1 Rthlr. 16 Gr.
" schlechtere 1 Rthlr. 8 Gr.
Einhauigte gute 1 Rthlr. 8 Gr.
" mittlere 1 Rthlr. 4 Gr.
" schlechtere 1 Rthlr.

Andere Wiesen.

Zweyhauigte gute Wiesen der Morgen 1 Rthlr. 8 Gr.
" mittlere 1 Rthlr. 4 Gr.
" schlechtere 1 Rthlr.
Einhauigte gute 20 Gr.
" mittlere 16 Gr.
" schlechte 12 Gr.
" ganz schlechte 8 Gr.
Mäsch- oder Feld-Wiesen 16 Gr.

§. 5. Arten des Landes.

	in der 1. Classe,	2. Classe,	3. Classe.
Obst- und Gartenland der Morg. zu 180 □ R.	3 Rtl.	1 Rtl. 12 gr.	1 Rtl. — gr.
Gartenland	2 "	1 " — "	— " 16 "

§. 6. Nutzung des Viehes.

Arten des Viehes.	1ste Classe.		2te Classe.		3te Classe.	
	Rthlr.	Gr.	Rthlr.	Gr.	Rthlr.	Gr.
Eine Kuh	4	—	3	—	2	—
Ein Stück jung Vieh	1	—	—	16	—	12
100 Stück Schafe	21	—	20	—	18	—

Special-Tax-Prinzipia für den Züllichowschen Creis.

Die erste Classe enthält die Güter, wo fast eben so viel Sommerung als Winterung, und wenigstens ⅞ Sommerung gegen Winterung gesäet werden kann.

Die zweyte begreift die Güter, wo ⅜ bis ⅞ Sommerung gegen Winterung gesäet werden kann.

Die dritte begreift die Güter, wo weniger gesäet werden kann.

§. 1. Ackerklassen.

Weizenacker 1ster Classe.
" 2ter "
Gerstland 1ster "
" 2ter "
Haferland
Dreyjährig und
schlechter Roggenland.

§. 2. Einfall.

Getreide-Arten.	1ste Classe		2te Classe.		3te Classe.	
	Schfl.	Mtz	Schfl.	Mtz	Schfl.	Mtz.
Weizen im Weizacker 1ster Classe	1	6	—	—	—	—
" " 2ter "	1	4	1	4	—	—
Roggen im Weizacker 2ter "	1	2	1	2	—	—
" im Gerstlande 1ster "	1	2	1	2	1	2
" " 2ter "	1	—	1	—	1	—
" im Haferlande	1	—	—	14	—	12
" im 3jährigen Lande	—	10	—	10	—	10
" im schlechtern Lande	—	8	—	8	—	8
Gerste im Weizacker 1ster Classe	1	6	—	—	—	—
" " 2ter "	1	4	1	4	—	—
" im Gerstlande 1ster "	1	4	1	2	1	2
" " 2ter "	1	2	1	—	1	—
Hafer	1	2	1	—	—	14

§. 3. Ertrag.

Getreide-Arten.	Körner	Körner	Körner
Weizen im Weizacker 1ster Classe	6	—	—
„ „ 2ter „	5½	5½	—
Roggen im Weizacker 2ter „	5½	5	—
„ im Gerstlande 1ster „	5	5	4½
„ „ 2ter „	5	4½	4
„ im Haferlande	4	3½	3
„ im 3jähr. u. schlechtern Roggenlande	3	3	3
Gerste im Weizacker 1ster Classe	6	—	—
„ „ 2ter „	5½	5½	—
„ im Gerstlande 1ster „	5½	5	5
„ „ 2ter „	5	4½	4½
Hafer	4	3½	3

§. 4. Wiesen und deren Nutzung.

Arten der Wiesen. Reine Nutzung.

Zweyhauigte gute Oderwiesen, der Morgen zu 180 □R. 2 Rthlr.
mittlere 1 Rthlr. 16 Gr.
schlechtere 1 Rthlr. 8 Gr.
Einhauigte gute 1 Rthlr. 8 Gr.
mittlere 1 Rthlr. 4 Gr.
schlechtere 1 Rthlr.

Andere Wiesen.

Zweyhauigte gute 1 Rthlr. 8 Gr.
mittlere 1 Rthlr. 4 Gr.
schlechtere 1 Rthlr.
Einhauigte gute 20 Gr.
mittlere 16 Gr.
schlechtere 12 Gr.
Mäsch- oder Feldwiesen 16 Gr.

§. 5. Arten des Landes.	1ste Classe.	2te Classe.	3te Classe.
Obst- und Gartenland	2 Rtlr. — Gr.	1 Rtlr. 16 Gr.	1 Rtlr. 12 Gr.
Gartenland	1 „ 12 „	1 „ 8 „	1 „ — „

§. 6. Nutzung des Viehes.

Benennung des Viehes.	1ste Classe.		2te Classe.		3te Classe.	
	Rthlr.	Gr.	Rthlr.	Gr.	Rthlr.	Gr.
Eine Kuh	3	12	3	—	2	12
Ein Stück jung Vieh	—	16	—	16	—	12
100 Stück Schafe	21	—	21	—	18	—

Special-Tax-Principia für den Cottbusischen Creis.

In diesem Creise sind zu unterscheiden:

1. Die Güter, welche mit 6jähriger Düngung ⅔ Sommerung gegen Winterung säen können;
2. Diejenigen, bey welchen die Hälfte und bis ⅔ Sommerung gegen Winterung gesäet werden kann;
3. Diejenigen, welche nur weniger säen können.

§. 1. Ackerklassen.
Weizenacker 2ter Classe.
Gerstland 1ster „
„ 2ter „
Haferland.
Dreyjährig und schlechter Roggenland.

§. 2. Einfall.

Getreide-Arten.	1ste Classe Schfl.	Mtz.	2te Classe. Schfl.	Mtz.	3te Classe. Schfl.	Mtz.
Weizen	1	4	—	—	—	—
Roggen im Weizacker	1	4	—	—	—	—
„ im Gerstlande 1ster Classe	1	2	1	2	1	—
„ „ 2ter „	1	—	1	—		
„ im Haferland.	—	14	—	12	—	12
„ 3jährigen Lande	—	10	—	10	—	10
„ schlechteren Lande	—	8	—	8	—	8
Gerste im Weizacker	1	4	—	—		
„ im Gerstlande 1ster Classe	1	4	1	2	1	—
„ „ 2ter „	1	—	1	—		
Hafer	—	14	—	14	—	14

§. 3. Ertrag.

Getreide-Arten.	Körner	Körner	Körner
Weizen	4	—	—
Roggen im Weizacker	4	—	—
„ im Gerstlande 1ster Classe.	4	3½	3
„ „ 2ter „	3½	3	
„ im Haferlande	3	3	3
„ 3jähr. und schlechtern Lande	3	3	3
Gerste im Weizacker	4½	—	—
„ im Gerstlande 1ster Classe	4	4	3½
„ „ 2ter „	4	3½	
Hafer	3	3	3

Wenn jemand sein Land zu 3 Felder reduciren lassen will; so wird in jedem Morgen 1 Metze mehr Einfall und ein Korn mehr Ertrag gerechnet, wovon aber das dreyjährige Land ausgenommen ist, welches nur bis zum 3ten Korn gerechnet wird.

§. 4. Wiesen und deren Nutzung.
Arten der Wiesen. Reine Nutzung.
Zweyhauigte gute 1 Rthlr. 8 Gr.
„ mittlere 1 Rthlr. 4 Gr.
„ schlechtere 1 Rthlr.
Einhauigte gute 20 Gr.
„ mittlere 16 Gr.
„ schlechte 12 Gr.
„ ganz schlechte 8 Gr.
Mäsch= oder Feldwiesen 16 Gr.

§. 5. Arten des Landes.	1ste Classe,	2te Classe,	3te Classe.
Obst- und Gartenland	2 Rtlr. — gr.	1 Rtlr. 16 gr.	1 Rtlr. — gr.
Gartenland	1 : 12 :	1 : 8 :	— : 16 :

§. 6. Nutzung des Viehes.

Benennung des Viehes.	1ste Classe.		2te Classe.		3te Classe.	
	Rthlr.	Gr.	Rthlr.	Gr.	Rthlr.	Gr.
Eine Kuh	4	—	3	—	2	12
Ein Stück Jungvieh	—	16	—	14	—	12
100 Schafe	20	—	18	—	18	—

Die Special-Principia

welche in der ganzen Neumark, und sogar größtentheils in der Chur- und Neumark gelten, sind die folgenden:

§. 1. Von dem Ertrage, welchen Weizen, Roggen, Gerste und Hafer gewähren, wird ein Korn zur Saat, von dem übrigen aber die Hälfte zur Wirthschaft gerechnet, wenn diese Hälfte nicht zwey Körner übersteigt.

Hievon müssen alle Kosten an Lohn, Deputat, Kost der Dienstboten, Pferdefutter, nebst den Reparaturen an Ackergeräthen und Geschirren bestritten werden.

§. 2. Getreidepreis.

Weizen der Berliner Scheffel 20 Gr.
Roggen 15 Gr.
Gerste ohne Unterschied 13 Gr.
Hafer 8 Gr.

Wenn aber ein Gut nicht über 15 Meilen von Berlin gelegen, und also in dem Fall ist, darin sich die Aemter Zellin und Frauendorf befinden; so wird der Getreidepreis nach diesen Aemtern, und also der

Schfl. Weizen 22 Gr.
: Roggen 18 Gr.
: Gerste ohne Unterschied 14 Gr.
: Hafer 10 Gr.

angeschlagen. Cottbus wird ausgenommen, weil solches von Sachsen eingeschlossen ist.

Die Aussaat einer Metze Hirse, wenn sie nicht in der Brache gesäet ist, wird an reiner Nutzung 1 Rthlr., und ein Scheffel Leinsaamen 3 Rthlr. angeschlagen.

Ein Morgen zu 180 □R., der mit Kohlrüben oder Erdtoffeln bepflanzt ist 3 Rthlr. gerechnet; es stehet jedoch in des Gutsbesitzers Wahl, ob derselbe lieber das Land, welches zu den vorgedachten Gewächsen gebraucht wird, resp. als Acker- und Gartenland angeschlagen haben wolle.

§. 3. Fettweiden. Ein Ochse wird 5 Rthlr. und 100 Hammel 25 Rthlr. Weidegeld angeschlagen.

Auf einen Ochsen werden 3 kleine Morgen zu 180 □R., und auf 100 Stück Hammel 30 bis 35 Morgen gerechnet.

§. 4. Dienste. Ein täglicher Dienst mit 4 Pferden in den Orten, wo das Getreide den Preis des Amts Zellin und Frauendorf hat 4 Gr. 8 Pf.

Ein täglicher Dienst mit 2 Pferden 2 Gr. 4 Pf.
Ein täglicher Dienst mit Ochsen halb so viel.

Wo der Preis des Getreides nicht nach den vorgedachten Aemtern Zellin und Frauendorf gerechnet wird, daselbst ist

Der tägliche Dienst mit 4 Pferden 4 Gr.
" " mit 2 Pferden 2 Gr.

und der Dienst mit Ochsen halb so viel anzuschlagen.

Ein täglicher Mannshanddienst
von Johannis bis Michaelis überall 1 Gr. 6 Pf.
von Michaelis bis Fastnacht 1 Gr.
von Fastnacht bis Johannis 1 Gr. 3 Pf.

Ein Frauenshanddienst wird zu 3 Pf. weniger gerechnet.

Wenn die Leute auf dem Dienst gespeiset werden, so geht von dem Handdienste die Hälfte, von dem Gespanndienste aber ein Viertheil ab. Wenn sie nur Brod oder Bier bekommen, so wird solches nach dem Getreidepreis und Brauanschlage abgerechnet.

Ein Stück Garn zu spinnen, wenn solches 120 Gebinde, 40 Faden, und der Haspel eine Elle hält, 4 Gr. Sonst wird es nach Verhältniß weniger gerechnet.

§. 5. Kornfuhren, die nicht im Dienst geschehen, werden mit einer Ladung von zwölf Scheffel Roggen, oder Sechszehn Scheffel Sommerkorn, oder Acht Scheffel Weizen, für jede Meile 2 Gr. gerechnet.

§. 6. Fleischzehende.

Ein Fohlen 2 bis 3 Rthlr.
Ein abgesogen Kalb 16 Gr. bis 1 Rthlr.
Ein Spanferkel 6 Gr.
Ein Lamm zur Leuchtezeit 6 Gr.
Ein Lamm auf Michaelis 8 Gr.
Eine Gans 6 Gr.
Ein Huhn 2 Gr.
Eine Mandel Eyer 1 Gr. 3 Pf.
Ein Pachthammel 1 Rthlr. bis 1 Rthlr. 8 Gr.
Ein fett Mühlenschwein 3 Rthlr.
Ein mageres 1 Rthlr. 12 Gr.

§. 7. Sollten noch irgendwo sich einige Abgaben der Unterthanen finden, welche in diesen Specialibus nicht enthalten sind, so richten sich solche nach den übrigen Provinzen der Churmark. Berlin, den 1. November 1777.

Formularia zu den verschiedenen Eydes-Notuln.

I. Für die Räthe bey der Haupt-Ritterschafts-Direction.

Ich NN. schwöre zu Gott dem Allmächtigen einen leiblichen Eid, daß, nachdem ich zu einem Rath bey der Chur- und Neumärkschen Haupt-Ritterschafts-Direction erwählet bin, ich zuvörderst auch in diesem Amte Sr. Königl. Majestät in Preussen, meinem allergnädigsten König und Landesherrn, als ein getreuer Vasall, hold, unterthänig und gewärtig seyn will.

Sodann schwöre ich, den Pflichten meines Amtes, nach Vorschrift des Reglements, getreulich, lediglich nach meiner Pflicht und Gewissen, ohne alle eigennützige und sonst partheyische Nebenabsichten, obzuliegen, den Nutzen und das Beste des Creditwerks, zu dessen Direction ich erwählet bin, in allem, was an mir ist, zu befördern, Schaden und Nachtheil aber, nach meinem besten Vermögen abzukehren, auf eine genaue Beobachtung der Grundsätze dieses Werks überall ein wachsames Auge zu richten. und allen meinen Rath und Bemühung dahin zu verwenden, daß dieses Creditwerk auf einen soliden Fuß gesetzt und beständig erhalten werden möge. Insbesondere schwöre ich, mit den bey Gelegenheit der eingehenden Interessenbestände, Pfandbriefe oder sonst durch meine Hände gehenden Geldern getreulich zu handeln, nichts davon abhänden zu bringen, oder daß solches von andern geschehe, zu gestatten, auch überhaupt die nöthige Verschwiegenheit zu beobachten, und mich überall so zu betragen, wie es einem ehrlichen Manne und rechtschaffenen Rathe der Haupt-Ritterschafts-Direction eignet und gebühret. Getreulich und sonder Gefährde. So wahr ꝛc.

2. Für den Syndicum bey der Haupt-Ritterschafts-Direction.

Ich NN. schwöre ꝛc. ꝛc. daß, nachdem ich zum Syndico bey der Haupt-Ritterschafts-Direction in der Chur- und Neumark bestellet bin, ich zuförderst Sr. Königl. Majestät in Preußen, meinem allergnädigsten König und Landesherrn, treu, hold und unterthänig seyn will. Sodann schwöre ich, daß ich die Pflichten dieses meines Postens, nach den Vorschriften des Reglements unverbrüchlich beobachten, die Protocolle und Rechnungen richtig und getreulich führen, nichts dabey weglassen, zusetzen oder verfälschen, bey Verwaltung der Cassen, in so fern ich dazu gebraucht werden sollte, mit den durch meine Hände gehenden Geldern und Pfandbriefen, treu und ordentlich verfahren, nichts davon abhänden bringen, oder daß solches von andern geschehe, gestatten, auch überhaupt die nöthige Verschwiegenheit unverbrüchlich beobachten, und mich durchgehends so betragen will, wie es einem ehrlichen Mann und rechtschaffenen Syndico bey der Haupt-Ritterschafts-Direction wohl anstehet und gebühret. So wahr ꝛc. ꝛc.

3. Für den Rendanten bey den Cassen der Haupt-Ritterschafts-Direction und für die Rendanten bey den Provinzial-Directionen, mutatis mutandis.

Ich NN. schwöre ꝛc. ꝛc., daß, nachdem ich zum Cassen-Rendanten bey der Haupt-Ritterschafts-Direction bestellet worden bin, ich den Verrichtungen dieses meines Postens, nach Vorschrift des Reglements und meiner Instruction, mit allem Fleiße und Verschwiegenheit obliegen, nach Vorschrift des Cassen-Reglements vom 30sten May 1769., mit allen durch meine Hände gehenden Geldern und Pfandbriefen getreulich umgehen, nichts davon abhänden bringen, noch, daß solches von andern geschehe, gestatten, die Rechnungen ordentlich und accurat führen, die Einnahme und Ausgabe darin richtig vermerken, die Zahlungen ohne den mindesten Abzug leisten, und mich überall, nach Pflicht und Gewissen, so verhalten will, wie es einem ehrlichen Manne und rechtschaffenen Rendanten bey der Casse der Haupt-Ritterschafts-Direction wohl anstehet und gebühret. So wahr ꝛc. ꝛc.

4. Für den Secretair der Haupt-Ritterschafts-Direction.

Ich NN. schwöre ꝛc. ꝛc., daß, nachdem ich zum Secretair bey der Haupt-Ritterschafts-Direction bestellet worden bin, ich den Verrichtungen meines Postens mit allem Fleiße obliegen, die Expeditiones vorschriftsmäßig und mit aller Sorgfalt und Accuratesse entwerfen, für deren Mundirung und Bestellung sorgen, die nöthige Verschwiegenheit beobachten, und mich dergestalt betragen will, wie es einem ehrlichen Manne und rechtschaffenen Secretaire eignet und gebühret. So wahr ꝛc. ꝛc.

5. Für den Registrator der Haupt-Ritterschafts-Direction.

Ich NN. schwöre ꝛc. ꝛc., daß, nachdem ich zum Registratore bey der Haupt-Ritterschafts-Direction bestellet bin, ich diesem meinem Amte, nach den Vorschriften des Reglements und meiner Instruction treulich vorstehen, die mir anvertraute Registratur in gehöriger Ordnung halten, Acta ordentlich foliiren und rotuliren, alle mir anvertrauete Schriften und andere Piecen sorgfältig verwahren, nichts davon, ohne Vorwissen des Collegii, jemanden vorlegen, oder verabfolgen lassen, und mich überall, nach Pflicht und Gewissen, so betragen will, wie es einem ehrlichen Mann und ordentlichen Registratori wohl anstehet und gebühret. So wahr ꝛc.

6. Für den Calculatorem bey der Haupt-Ritterschafts-Direction.

Ich NN. schwöre ꝛc. ꝛc., daß, nachdem ich zum Calculatore bey der Haupt-Ritterschafts-Direction bestellet worden bin, ich diesem Geschäfte treulich vorstehen, die Rechnungen genau nachlegen, die mir aufgegebene Ausrechnungen sorgfältig machen, die nöthige Verschwiegenheit beobachten, und überhaupt mich überall nach Pflicht und Gewissen dergestalt betragen will, wie es einem ehrlichen Manne und rechtschaffenen Calculatori eignet und gebühret. So wahr ꝛc. ꝛc.

7. Für die Canzelisten bey der Haupt-Ritterschafts-Direction.

Ich NN. schwöre ꝛc. ꝛc., daß, nachdem ich zum Canzelisten bey der Haupt-Ritterschafts-Direction bestellet worden bin, ich diesem meinem Amte getreulich obliegen, die vorkommende Expeditiones ordentlich mundiren, für deren Bestellung die erforderliche Sorge tragen, in Ansehung alles dessen, was mir unter die Feder gegeben wird, eine unverbrüchliche Verschwiegenheit beobachten, solches niemanden lesen lassen, und überhaupt nach Pflicht und Gewissen alles thun will, was einem getreuen Canzelisten eignet und gebühret. So wahr ꝛc. ꝛc.

8. Für den Boten bey der Haupt-Ritterschafts-Direction.

Ich NN. schwöre ꝛc. ꝛc., daß, nachdem ich zum Boten bey der Haupt-Ritterschafts-Direction bestellt und angenommen worden bin, ich diesem meinem Amte mit aller Treue und Fleiße vorstehen, die Briefe und Decrete, wie mir befohlen wird, getreulich bestellen, auch andere des Präsidenten und Collegii Befehle mit Fleiß ausrichten, bey den Sessionen ordentlich aufwarten, über alles ein unverbrüchliches Stillschweigen beobachten, auf die Sicherheit des Versammlungshauses und der Casse ein wachsames Auge haben, und mich überall, nach Pflicht und Gewissen, treu, fleißig und gehorsam betragen will. So wahr ꝛc.

9. Für den Provinzial-Ritterschafts-Director.

Ich NN. schwöre ꝛc. ꝛc., daß, nachdem ich zum Director des Ritterschafts-Collegii in der Neumark erwählet worden bin, ich zuförderst Sr. Königl. Majestät von Preußen, meinem allergnädigsten König und Herrn, und dem ganzen Königl. Hause, auch in diesem Posten, als ein rechtschaffener Vasall, jederzeit treu und unterthänig seyn will.

Sodann schwöre ich, daß ich mir das Beste des Creditwerks, wobey ich in der Neumark zum Directore ernannt bin, in der Chur- und Neumark aus allen meinen Kräften will angelegen seyn lassen, und allen meinen Rath und Bemühung dahin verwenden, daß der Credit auf einem soliden Fuß erhalten und befördert werde. Zu dem Ende will ich mit allem Ernste, und so viel an mir ist, darauf halten, daß die Vorschriften, welche das zu diesem Ende emanirte Reglement enthält, in allen Creisen meiner Inspection genau befolgt, bey Ausfertigung der Pfandbriefe legaliter verfahren, die Interessen zu rechter Zeit eingezogen, an die Creditores bezahlt, oder zur Casse der Haupt-Direction, sofort in den gesetzten Terminen eingesandt, bey Aufnehmung der Taxen und deren Untersuchung die erforderliche Accuratesse beobachten, auch überall vorschriftsmäßig, und nicht nach Gunst und Ungunst, oder andern Privatabsichten, verfahren werde. Insbesondere gelobe ich, auf die meiner Oberaufsicht anvertrauten Interessen und andere Cassen ein wachsames Auge zu haben, solche oft zu visitiren, die Rechnungen genau durchzusehen, auch nichts, was wider Ehre, Pflicht und Rechtschaffenheit ist, vorzunehmen, oder, daß solches von andern geschehe, zu gestatten, und mich überhaupt in diesem meinem Amte, besonders mit größter Verschwiegenheit, so zu betragen, wie es einem ehrlichen Manne und rechtschaffenen Director eignet und gebühret. So wahr ꝛc. ꝛc.

10. Für die Ritterschafts-Räthe.

Ich NN. schwöre, daß, nachdem ich zu einem Rathe bey dem Ritterschafts-Collegio in der Neumark erwählet worden bin, ich zuförderst auch in diesem meinem Amte Sr. Königl. Majestät von Preussen, meinem allergnädigsten König und

Landesherrn, und dem ganzen Königl. Hause, jederzeit als ein rechtschaffener Vasall, alle Treue, Devotion und Unterthänigkeit beweisen will.

Sodann schwöre ich, daß ich mir das Wohl und Beste des mir anvertrauten Creises (Provinz) aus allen Kräften will angelegen seyn lassen, und allen meinen Rath und Bemühung dahin anwenden, daß der Credit der sich vereinigten Güterbesitzer auf einem soliden Fuß erhalten und verbessert werden möge. Zu dem Ende gelobe ich, insonderheit bey den von mir aufzunehmenden Taxen, die Vorschrift des Reglements, welches darüber entworfen ist, jedesmal genau zu beobachten, dabey lediglich auf meine Pflicht und Gewissen, und auf den wahren Befund der Sache zu sehen, und nichts aus Gunst oder Ungunst, Haß, Freundschaft oder andern tadelhaften Bewegungsgründen, zu thun, sondern in allen Stücken pflichtmäßig und unparteyisch zu verfahren. Gleichergestalt gelobe ich, wenn ich etwa bey Verwaltung der Interessen, oder anderer Gelder, gebraucht werden sollte, mich nach den Vorschriften des Reglements genau zu achten, mit den durch meine Hände gehenden Geldern oder Pfandbriefen getreulich umzugehen, nichts davon abhänden kommen zu lassen, oder daß dergleichen von andern geschehe, zu gestatten. Die mir anzuvertrauende Rechnungen will ich ordentlich und accurat führen, bey Einlegung der Sequestrationen vorschriftsmäßig verfahren, auf die Wirthschaft des Sequesters ein wachsames Auge haben, auch alle Unordnungen, welche in dem Districte der mir zur Aufsicht anvertrauet ist, dem Creditwerke nachtheilig seyn könnten, bey dem Ritterschafts-Collegio zur erforderlichen Remedur gewissenhaft anzeigen, überhaupt aber mich in Verwaltung dieses meines Amtes verschwiegen und durchgehends so betragen, wie einem ehrlichen Manne und rechtschaffenen Rathe eignet und gebühret. So wahr rc. rc.

11. Für den Ritterschafts-Syndicum.

Ich N.N. schwöre rc. rc., daß, nachdem ich zum Syndico bey dem Ritterschafts-Collegio der Neumark bestellet worden bin, ich zuförderst Sr. Königl. Majestät von Preussen, meinem allergnädigsten König und Landesherrn, treu, hold und unterthänig seyn will. Sodann schwöre ich, daß ich die Pflichten dieses meines Postens, nach den Vorschriften des Reglements, unverbrüchlich beobachten, die Protocolle und Register richtig und getreulich führen, nichts dabey weglassen, zusetzen oder verfälschen, bey Verwaltung der Cassen, in so fern ich dazu gebraucht werden sollte, mit den durch meine Hände gehenden Geldern und Pfandbriefen treu und ordentlich umgehen, nichts davon abhänden bringen, oder daß solches von andern geschehe, gestatten, bey der Aufnehmung der Taxen, in so ferne ich dazu gebraucht werde, mich auch meines Orts nach den festgesetzten Principiis durchgängig achten, und mich überhaupt verschwiegen und so betragen will, wie es einem ehrlichen Manne und rechtschaffenen Syndico wohl anstehet und gebühret. So wahr rc.

12. Für die Canzelisten bey dem Ritterschafts-Collegio.

Ich N. N. schwöre ꝛc. ꝛc., daß, nachdem ich zum Canzelisten bey dem Ritterschafts-Collegio der N. Mark bestellet worden bin, ich diesem meinem Amte getreulich obliegen, die vorkommende Expeditiones ordentlich und accurat mundiren, für deren Bestellung die erforderliche Sorge tragen, und in Ansehung alles dessen, was mir unter die Feder gegeben wird, ein unverbrüchliches Stillschweigen beobachten, solches niemanden vorlesen, noch lesen lassen will. Wenn ich zu Zahlung der Gelder gebraucht werde; so will ich mich vorschriftsmäßig aufführen, dabey überall getreu seyn, und mich durchgehends so verhalten, wie es einem ehrlichen Canzelisten eignet und gebühret. So wahr ꝛc. ꝛc.

13. Für den Boten bey dem Ritterschafts-Collegio.

Ich N. N. schwöre ꝛc. ꝛc., daß, nachdem ich zum Boten bey dem Ritterschafts-Collegio in der N. Mark bestellt und angenommen worden bin, ich diesem meinem Amte mit aller Treue und Fleiße vorstehen, die Briefe und Decrete, wie mir befohlen werden wird, getreulich bestellen, auch andere des Directoris und Collegii Befehle getreulich und fleißig ausrichten, bey den Sessionen ordentlich aufwarten, über alles, was dabey vorfällt, ein unverbrüchliches Stillschweigen beobachten, auf die Sicherheit des Versammlungshauses und der Casse ein wachsames Auge haben, und mich überall nach Pflicht und Gewissen treu, fleißig und gehorsam betragen will. So wahr ꝛc. ꝛc.

208. Cirkulare an die Kur- und Neumärkischen Landes-Justiz- und Pupillen-Kollegien, die Taxation der Landgüter betreffend, vom 18. Dezember 1777.

Wir Friederich von Gottes Gnaden, König in Preußen ꝛc. Unsern Gruß zuvor! Ihr werdet unter dem Geheimen Canzley-Couvert zugesandt erhalten haben die Special-Tax-Principia, die General- und Special-Tax-Principia, und die General-Tabellen, so als Beylagen zu dem von Uns genehmigten landschaftlichen Reglement gehören.

Damit nun bey Würdigung der adelichen Landgüter gleichförmig verfahren werde, so ist Unser Wille, daß, außer den Fällen, wo die Lehnsconstitution ihre Anwendung hat, Ihr Euch gleichfalls nach den landschaftlichen Vorschriften achten, und die zu den Taxen von Euch ernannte Commissarios darauf verweisen sollet. An dem geschieht Unser höchster Wille. Sind Euch mit Gnaden gewogen. Berlin, den 18. Decembr. 1777.

Mit dem Zusatz:

Auch müßt Ihr die Ritterschaftlichen Registraturen (die dortige Landschaft) anweisen, daß sie künftig keine andere Taxen, als

als die nach dieſen Grundſätzen aufgenommen ſind, in das Hypotheken-Buch eintragen ſollen.

209. Reſkript an die Neumärkiſche Regierung über den modum procedendi, wenn ein als volljährig erklärter Erbe den Majorennen die Erbſchafts-Grundſtücke pro pretio conventionali überläßt, vom 12. März 1781.

Friederich, König ꝛc. Unſern ꝛc. Wir haben Uns eure Anfrage vom 27ſten Februar a. c. über den modum procedendi, wenn ein vor volljährig erklärter Erbe den Majorennen die Erbſchafts-Grundſtücke pro pretio conventionali überläßt, vortragen laſſen.

Wenn jemand Veniam aetatis erhält, ſo hört die Gewalt der Vormünder und des vormundſchaftlichen Collegii zwar auf, es wird aber in Anſehung der unbeweglichen Grundſtücke eine willkührliche Freyheit zu deren Veräußerung und Verpfändung dadurch keinesweges erlanget, ſondern hiezu iſt nach den gemeinen Rechten und der damit übereinſtimmenden Verordnung vom 30ſten Juli 1760. ein Decret des ordentlichen Richters erforderlich. Das Reſcript vom 23ſten Februar 1760., welches von minderjährigen unter vormundſchaftlicher Gewalt ſtehenden Perſonen redet, paſſet demnach hier nicht, und Subhaſtatio wird alſo auch nicht erfordert. Die Obliegenheit des Richters, der das Decretum de alienando geben ſoll, iſt, dahin zu ſehen, daß der Theil, der Veniam aetatis erlanget, bey der Theilung nicht verkürzet werde. Das Decretum de alienando wird cum cauſae cognitione gegeben, und der Richter muß dahero zuverläßige Hülfs-Mittel vor ſich haben, um den Werth des Grundſtückes zu beurtheilen; das pflegt gemeiniglich deſſen gerichtliche Abſchäzzung zu ſeyn. Es können aber auch andere oft noch zuverläßigere Hülfs-Mittel als eine ſorgfältige vieljährige Bewirthſchaftung, worüber richtige Rechnungen aufbewahret ſind, die Stelle einer gerichtlichen Taxe vertreten. Sind ꝛc. Berlin, den 12ten Märtz 1781.

210. Reglement für das Kurmärkiſche Pupillen-Kollegium, vom 16. Auguſt 1781.

Nachdem Se. Königl. Majeſtät von Preuſſen, unſer allergnädigſter Herr, in Erfahrung gebracht haben, daß die bisherige Art des Verfahrens bey dem Churmärkiſchen Pupillen-Collegio annoch verſchiedene Verbeſſerungen bedürfe; ſo haben Höchſtgedachte Se. Königl Majeſtät nöthig gefunden, durch gegenwärtiges Reglement feſtzuſetzen, welchergeſtalt in Zukunft bey gedachtem Collegio die mit der Obervormundſchaftlichen Aufſicht verbundene Amts-Pflichten auf eine zweckmäßige Art in Ausübung gebracht werden ſollen.

§. 1. Da die größesten Inconvenienzien daraus entstanden sind, daß das Collegium sich nach der bisherigen Verfassung nur alle 14 Tage versammlet hat, so muß in Zukunft der Sonnabend jeder Woche zum ordentlichen Seßions-Tage bestimmt werden. Bey den solchergestalt angeordneten wöchentlichen Seßionen, müssen nach erfolgter Publication der eingelaufenen Rescripte die beyde zu Curatoren der Depositen-Casse ernannte Mitglieder des Collegii, zuerst mit den ihnen zugeschriebenen Sachen aufgerufen werden, damit sie, sobald ihre Vorträge geendiget sind, sich zur Casse verfügen und die ihnen daselbst obliegende Amts-Geschäfte verwalten können.

§. 2. Die Art der Verwaltung der Obervormundschaftlichen Pflichten anlangend, muß das Pupillen-Collegium sobald aus den Todten-Listen oder andern legalen Anzeigen sich ergiebt, daß ein Fall vorhanden sey, wo Minorenne unter Vormundschaftliche Obsorge zu nehmen sind, sofort die erforderliche Verfügungen ex officio treffen, und also in Fällen, wo die Versiegelung nach den Gesetzen nothwendig, und nicht etwa von den Gerichten schon ad instantiam Creditorum verfügt ist, solche gehörig veranlassen, oder wenn es keiner Versiegelung bedarf, den- oder diejenigen, welchen solches obliegt, zu Edirung der demnächst dem Befinden nach eydlich zu bestärkenden Verlassenschafts-Specification binnen einem proportionirlichen Spatio anzuweisen, auch wenn ein Testament vorhanden ist, für dessen unverzügliche Publication Sorge tragen.

§. 3. Das nächste Geschäfte des Pupillen-Collegii betrifft die ordentliche Bevormundung der Minorennen.

Wenn also entweder kein Testament vorhanden, oder in selbigen kein Vormund bestellt ist, so muß denjenigen, welchen es den Rechten nach obliegt und zukommt, sofort ex officio aufgegeben werden, einen Vormund in Vorschlag zu bringen, eventualiter aber muß das Collegium selbst ein taugliches Subjectum dazu aussuchen. Diese designirte, so wie die etwa im Testament bestellte Vormünder müssen auf einen nahen Termin vorgefordert, zu dem Officio Tutoris nach der Vormundschafts-Ordnung gehörig verpflichtet, die Tutoria für sie expedirt, auch die Taufscheine gleich zu Anfang der Curatel herbeygeschafft werden.

§. 4. Da es zum größten Nachtheil gereichet, wenn den Minorennen bis nach erfolgter, oft viele Jahre lang sich verzögernder Erbsonderung gar kein ordentlicher Vormund, sondern nur ein so genannter Litis-Curator bestellet wird, welcher sich weder um die Person und Erziehung der Minorennen, noch sonst um ihr würkliches Bestes bekümmert, sondern sich damit begnügt, den Inventur und Erbsonderungs-Commißionen beyzuwohnen, dafür und für seine mehrentheils unbedeutende und unnütze Eingaben starke Liquidationes zu formiren, und dadurch das Vermögen der Curanden noch mehr zu schwächen, so muß eine solche Anordnung von Litis-Curatoren gänzlich abgestellt werden. Es gehört zu dem Amte des würklichen Vormundes, so wie überhaupt also auch bey der Erbsonderung und andern gerichtlichen Verhandlungen, die Gerechtsame seiner Curanden wahrzunehmen, wobey ihm das Pupillen-Collegium, so viel das punctum juris betrifft, ex Officio an die Hand gehen, und alle Verkürzung der Minorennen zu verhüten bedacht seyn muß. Nur in wichtigen und sehr bedenklichen Fällen kann sich der Vormund der Aßistenz eines rechtsverständigen Mandatarii auf Kosten des Pupillen bedienen.

Die Bestellung eines besondern Curatoris ad Lites aber findet schon nach dem Begriffe des Wortes alsdenn nur statt, wenn die Curanden in Prozesse entweder unter einander selbst, oder mit ihrem Vormunde verwickelt werden, und hat ein solcher Curator alsdenn nur dasjenige, was diesen Prozeß angeht, zu besorgen.

§. 5 Sobald die Bevormundung der Minorennen berichtiget ist, muß in Fällen, wo die Versiegelung geschehen, oder wo sonst das Pupillen-Collegium es sonst nöthig findet, eine gerichtliche Inventur zu veranlassen, dieses Geschäfte einem der angestellten Secretarien oder Referendarien mit Zuziehung des Vormundes übertragen, und wenn es auf Editionem eines privat Inventarii ankömmt, auf dessen unverzügliche Einreichung und nöthigenfalls eydlich zu bewürkende Bestärkung ex Officio ernstlich und unabläßig angedrungen werden.

§. 6. Wenn das Inventarium oder die Specification einkömmt, muß das Pupillen-Collegium sich Constitutionem massae unverzüglich angelegen seyn lassen.

Zu dem Ende muß

a) wenn Immobilia vorhanden sind, ein richtiger und so viel als möglich zuverläßiger Nutzungs-Anschlag davon durch Sachverständige aufgenommen, und ad acta gebracht werden, an dessen Stelle jedoch eine ordentliche Taxe treten kann, wenn man voraus sieht, daß das Immobile nicht zu conserviren seyn, sondern entweder zum Behuf der Auseinandersetzung oder Schulden halber zum Verkauf kommen werde.

b) In Ansehung des Mobiliaris ist mit dem Vormund und den majorennen Miterben, wenn dergleichen vorhanden sind, in Ueberlegung zu nehmen, was davon auctionis lege verkauft, oder was asserviret und respective in natura getheilt, oder dem überlebenden Ehegatten pro taxa mit einer billigen Zulage überlassen werden solle.

c) In Ansehung der Activorum muß das Pupillen-Collegium sich für allen Dingen angelegen seyn lassen, die Qualitaet und Sicherheit derselben auszumitteln, zu dem Ende die Documente darüber genau examiniren, und in Ansehung derjenigen, wo die Sicherheit bedenklich scheinet, den Vormund zu deren Einziehung und nöthigenfalls zu Ausklagung der Schuldner gehörig anweisen.

d) Die vorgefundenen baaren Gelder müssen, in so fern sie den Minorennen ganz oder zum Theil gehören, wenn nicht in Continenti eine sichere Gelegenheit zu deren Unterbringung von dem Vormund nachgewiesen werden kann, ad depositum genommen, und bey der Banque belegt werden.

Gehören aber zu einer solchen Verlassenschaft auch majorenne Miterben, so sind denselben, wenn sonst in casu speciali kein besondres Bedenken obwaltet, ihre Ratae davon unter Vorbehalt der Anrechnung bey künftiger Erbschicht zu verabfolgen.

e) Auch die Ausmittelung des Status passivi muß das Pupillen-Collegium sich vorzüglich angelegen seyn lassen, zu dem Ende durch den Vormund und sonst genaue Erkundigung einziehen: ob die im Inventario vermerkten Passiva insgesammt ihre Richtigkeit haben, oder ob und gegen welche noch ein Bedenken obwalte; wie hoch der stipulirte Zinßfuß sey, und ob, auch wie viel Interessen etwa bis zum Tode des Erblassers in Rückstand geblieben sind.

§. 7. Diese Constitutio Massae muß der würklichen Erbsonderung regulariter vorangehen. Doch ist solches nicht so zu nehmen, als ob mit der Erbsonderung so lange zu warten sey, bis alle und jede Activa Massae würklich eingezogen, oder alle und jede Passiv-Schulden ad liquidum gebracht sind, vielmehr kann die Erbschicht für sich gehen, so bald nur die hauptsächlichsten Rubriquen und Posten, welche die Activ- und Passiv-Masse constituiren, hinlänglich ins Reine gesetzt sind, da, wenn auch noch ein oder anderes Activ-Capital auszuklagen, oder ein und anderes Passivum mit dem angeblichen Creditor im Wege Rechtens auszumitteln wäre, solches auch nach erfolgter Erbsonderung um so unbedenklicher geschehen kann, als bekannten Rechtens nach, Nomina ipso jure divisa sind.

§. 8. Bey der Erbsonderung selbst muß die Rata eines jeden Coheredis, so wie vornehmlich der Curanden, ganz klar und deutlich ausgemittelt, und einem jeden auf die Bestandtheile der Masse gehörig angewiesen werden. Der Vormund und das Pupillen-Collegium müssen die Gerechtsame der Curanden zwar mit aller Sorgfalt und Aufmerksamkeit wahrnehmen, dabey aber auch alles Ernstes sich bemühen, daß die Auseinandersetzung in Güte zu Stande komme, da die Erfahrung lehret, daß nicht leicht Prozesse weitläuftiger, kostbahrer und für die Partheyen verderblicher ausfallen, als wenn dergleichen Judicia Familiae erciscundae in via Juris ordinaria eingeleitet werden müssen.

§. 9. Bey dieser Gelegenheit, und wenn solchergestalt das wahre und richtige Vermögen der Curanden ausgemittelt ist, kann am füglichsten auch der Passus Cautionis in Richtigkeit gesetzt werden. Es ist bisher nur allzugewöhnlich gewesen, daß einige Obervormundschaftliche Gerichte theils aus übertriebener Aengstlichkeit, theils und vornehmlich aber, um sich der ihnen hauptsächlich obliegenden Pflichten auf den Vormund gänzlich zu entledigen, die Immobilia der Vormünder mit unbestimmten Pupillar-Cautionen belastet, denselben dadurch ihren Credit geschmälert, und ihnen die Disposition über ihr Eigenthum ohne Noth erschweret haben.

Dadurch ist das Amt eines Vormundes dergestalt lästig geworden, daß jeder, welcher nur irgend eine plausible Causam excusationis finden können, solches von sich abzulehnen bemühet gewesen, und es daher nicht selten schwer geworden ist, taugliche und verständige Vormünder aufzutreiben. Um solchen abzuhelfen, sind wegen der Cautions-Bestellungen der Vormünder nachstehende Grundsätze sorgfältig zu beobachten.

a) Die Cautiones indeterminatae müssen so viel möglich vermieden, und nur in ganz ausserordentlichen Fällen die Immobilia der Vormünder damit belastet werden.

b) Das Quantum cautionis determinatae, welches ex officio in den Hypothequen-Büchern zu vermerken ist, muß höchstens nach dem einjährigen ohngefähren Betrag der Revenüen des oder der Curanden regulariter arbitriret werden.

c) Um aber auch bey dieser Erleichterung der Vormünder zugleich für die Sicherheit der Curanden gehörig zu sorgen, muß das Pupillen-Collegium die erforderlichen Maaßregeln treffen, daß dem Vormunde von dem Capitalsvermögen der Minorennen so wenig als möglich in die Hände gegeben werden dürfe. Zu dem Ende müssen

d) Gleich bey der Inventur die Documente über die Activ-Schulden, ingleichen die Praetiosa an Juvelen, Silberzeug, Uhren rc. auch die baaren Gelder unter der §. 6. lit. d. bemerkten Maasgabe ad depositum pupillare genommen.

e) Den Tutoriis und Curatoriis die Clausul, daß sie ohne ausdrückliche approbation des Collegii Capitals- und Kaufgelder-Zahlungen in Empfang zu nehmen, nicht berechtiget sind, inseriret.

f) Wenn Capitalien aufgekündigt und zahlbar geworden, dem Vormund bestimmte Vorschläge wegen deren anderweitigen Unterbringung abgefordert, wenn dieser eine dergleichen occasionem elocandi anzeigt, der Zahlende an den neuen Debitorem verwiesen, das zu extradirende und neu anzunehmende Schuld-Instrument Zug um Zug gegen einander ausgewechselt, wenn hingegen nicht sofort eine solche annehmliche occasio elocandi vorhanden wäre, die Gelder wiederum zur Belegung bey der Banque ad Depositum pupillare eingezogen werden; auch muß

g) Das Pupillen-Collegium auf accurate und richtige jährliche Rechnungs-Legung und gehörige Sicherstellung der Bestände, oder deren Einzahlung ad Depositum ex officio sorgfältig invigiliren.

Unter gehöriger Beobachtung dieser Cautelen wird es in sehr vielen Fällen möglich seyn, ohne den geringsten Nachtheil der Pupillen oder Besorgniß einiger Vertretung die Cautiones der Vormünder entweder ganz zu entbehren, oder doch auf ein noch geringeres Quantum, als der einjährige Betrag von den Revenues des Pupillar-Vermögens ausmacht, herab zu setzen.

Wie denn zum Exempel, wenn für die Curanden ein gewisses Alimentations-Quantum bestimmt werden kann, welches in fixirten Terminen an diejenigen, bey welchen die Pupillen erzogen und verpflegt werden, zu bezahlen ist, dieses Alimentationsgeld von dem Cautionsbetrag abzuziehen, und der Vormund nur ein für allemahl anzuweisen ist, daß er längstens 14 Tage nach Ablauf des Termins die Quittung wegen der berichtigten Pension ad Acta bringen müße.

§. 10. Wenn solchergestalt Massa pupillaris constituirt, die Erbsonderung angelegt, und die Caution berichtigt ist, so kömmt es bey der fernern Direction der Vormundschaft hauptsächlich darauf an, daß

1) das Vermögen der Curanden ordentlich, treu und nutzbar verwaltet,
2) für die Verpflegung und Erziehung der Curanden gehörig gesorgt wird.

§. 11. Den ersten Punct anlangend, dependirt alles von einer ordentlichen, accuraten und vollständigen Rechnungs-Führung, deren sorgfältigen Revision und gründlichen Abnahme.

Es muß daher in jeder Vormundschaftssache dem Tutori ein gewisser, nach den Umständen zu arbitrirender Termin bestimmt werden, in welchem er seine Rechnung einzubringen habe, und der Decernent sowohl als der Präsident bey der Revision müssen ex officio invigiliren, daß der Vormund diesen Termin accurat inne halte, oder in deßen Entstehung durch nachdrückliche allenfalls durch poenale Verfügungen dazu adigirt werde. Die eingekommene Rechnung muß zuförderst von einem Rechnungsverständigen in Calculo revidirt, und sodenn mit der Revisionsnote dem zu Anfertigung der Monitorum besonders ernannten Mitgliede des Collegii zugestellt werden, welcher sie quo ad Materialia genau examiniren, mit den Acten und Vorlagen zusammen halten, und monita realia, wo es nöthig, darüber formiren muß.

Die Revisionsnote und Monita werden sodenn dem Vormund communicirt, und es wird Terminus Commissionis zur Abnahme der Rechnung anberaumet, in welchem der Commissarius (welcher in jeder Vormundschaft gleich zu Anfang bestellt, auf den Acten notirt und regulariter bis zu Ende der Curatel beybehalten werden muß) die Rechnung Ordnungsmäßig abnimmt, den Vormund die formirten Monita de passu ad passum erörtern läßt, und so viel möglich ein liquidum darüber mit ihm zu constituiren sucht.

Das Abnahme-Protocoll wird alsdenn bey dem Pupillen-Collegio von dem ordentlichen Decernenten gehörig vorgetragen, und dem Concluso gemäß per Decretum festgesetzt, welche Monita für erledigt zu achten, was der Vormund für liquide Defecte, es sey ex agnitione, oder sonst nach ganz klarer actenmäßigen Ausweiß zu vertreten, und entweder in continenti zu bezahlen, oder in künftiger Rechnung in Einnahme zu stellen habe, oder welche Passus einer genaueren allenfalls ad viam juris zu verweisenden Erörterung annoch bedürfen.

Hiebey ist es besonders die Pflicht des Präsidenten, genau Acht zu haben, und durch wiederholte Acten-Revisiones sich zu überzeugen, ob etwa der Calculator, Monent oder Commissarius dies Geschäfte der Rechnungs-Abnahme verschleppen oder gar erliegen laßen, maaßen regulariter solches von der Zeit der eingekommenen Rechnung in 4 bis höchstens 8 Wochen beendigt seyn, und wenn der Präsident, daß eine längere Zeit darüber verlaufen, findet, er sofort die Saumseeligen deshalb constituiren, und mit Nachdruck zu ihrer Schuldigkeit anhalten muß.

§. 12. Ob es sich gleich von selbst versteht, daß die Vormünder in wichtigen Sachen, und wo ein wesentliches Praejudicium der Curanden zu besorgen stehet, nicht eigenmächtig verfahren, sondern bey dem Collegio unter Beyfügung ihres Pflichtmäßigen Gutachtens anfragen, von diesem aber deutlich und umständlich beschieden werden müssen, so sind doch auch auf der andern Seite dergleichen Anfragen nicht ohne Noth zu häufen, zu deren Vermeidung ist gleich bey der ersten Einleitung der Curatel in allen Fällen, wo es sich nur irgend thun läßt, dem Vormund ein gewißer Etat vorzuschreiben, was er nach einem zwar ohngefähren aber doch möglichst accuraten Ueberschlage an Revenues, zum Exempel

a) an Interessen der Activorum,
b) an Miethen der Häuser;
c) an Erträgen anderer Fundorum einzunehmen, und dagegen
 a) an Aliment-Geldern und Erziehungskosten für die Curanden,
 b) an Interessen von den Passivis,
 c) an Oneribus publicis und gewöhnlichen Reparatur-Kosten von den Immobilibus etc. auszugeben habe.

§. 13. Was zweytens die Erziehung der Curanden betrifft, so ist solcher ein wenigstens eben so wichtiger Theil der Vormundschaftlichen Obsorge, als die Administration des Vermögens.

Es müssen daher gleich bey der ersten Einleitung der Curatel mit dem Vormunde die erforderliche Maasregeln verabredet werden, wo und wie die Curanden zu erziehen, ob nicht (wie in allen Fällen, wo es nur angeht, geschehen muß) ein gewisses Quantum fixum zu ihrer Verpflegung auszusetzen, und wie hoch solches zu bestimmen; zu welcher Lebens-Art, Metier, Kunst oder Profeßion die Curanden, nach Beschaffenheit ihres Standes, Alters, Talente, Neigung, cörperlicher Constitution, zu widmen; wie sie zu dieser ihrer Bestimmung am besten vorzubereiten, und was für Anstalten sonst, um sie zu guten und nützlichen Bürgern des Staats auszubilden, etwa erforderlich sind.

§. 14. Sodann muß der Vormund während der ganzen Dauer seines Amts auf die Erziehung und das Betragen der Curanden, ihre Application und moralisches Verhalten ein ununterbrochenes Augenmerk richten; in allen wichtigen dabey sich ereignenden Veränderungen, zum Exempel, wenn eine Curandin verheyrathet werden, ein Minorenner die Universität beziehen oder sich etabliren, oder den Orth seiner Erziehung und seines

Aufenthalts mit einem andern verwechseln soll, von dem Pupillen-Collegio weitere Verhaltungs-Vorschriften einholen, außerdem aber alljährlich ganz ohnfehlbar und ohnerfordert bey Gelegenheit der Rechnungs-Uebergabe von den persönlichen Umständen seiner Curanden und allem, was dahin gehört, pflichtmäßige Anzeige machen, und der Decernent sowohl, als der Präsident, müssen mit aller Attention darauf sehen, daß kein Vormund diese Hauptpflicht seines Amtes auf irgend eine Art vernachläßige. Es versteht sich jedoch hiebey von selbst, daß hierdurch die Gränzen der väterlichen Gewalt nicht eingeschränket werden sollen, und daher leibliche Väter, deren Kinder etwa wegen Mutter-Guths der obervormundschaftlichen Aufsicht unterworfen sind, zu diesen jährlichen Anzeigen nicht angehalten werden dürfen.

§. 15. Sobald die Vormundschaft den Rechten nach per adeptam Majorennitatem oder sonst aufhöret, muß das Pupillen-Collegium es nicht darauf ankommen laßen, daß der Vormund, oder die gewesene Curanden, die Quittungsleistung selbst urgiren, vielmehr muß jener alsdenn ex officio angehalten werden, den letztern die Schluß-Rechnung abzulegen, und ihnen darin ihr Vermögen gehörig an- und auszuweisen, und eben so müssen nach dessen Erfolg die gewesene Curanden angehalten werden, den Vormund ad effectum absolutorii generalis gerichtlich zu quittiren, und was etwa noch von ihrem Vermögen in Deposito befindlich ist, gegen gleichmäßige Quittung aus demselben in Empfang zu nehmen.

§. 16. Wenn ein Vater sich mit seinen Kindern erster Ehe, es sey auf seine eigene Provocation, oder weil er ad Secunda vota schreiten will, ratione Maternorum aus einander zu setzen hat, so bedarf es nicht der Bestellung eines ordentlichen Vormundes, sondern nur eines Curatoris ad Actum divisionis, wozu allenfalls auch Justiz-Commissarien, welchen die Familien-Umstände oft am besten bekannt sind, genommen werden können, und hat es übrigens wegen dieser Auseinandersetzung sowohl überhaupt, als in specie wegen der Bestimmung, in welchen Fällen einem solchen Vater das Vermögen der Kinder in Händen zu laßen, oder er zu dessen Auszahlung und Sicherstellung anzuhalten, und was dabey von Seiten des Pupillar-Judicii in Fällen, wo der Vater übermäßige Depensen zu machen, und seine Vermögenssubstanz zu vermindern anfängt, zu beobachten sey, bey den allgemeinen Vorschriften der Landesgesetze sein Bewenden.

§. 17. Auch bey geringern Vormundschaften, wo entweder gar kein, oder doch nur ein ganz unbeträchtliches Vermögen vorhanden ist, muß dennoch das Wesentliche der im gegenwärtigen Reglement enthaltenen Vorschriften, wegen der Bevormundung solcher Curanden, der Ausmittelung, Constituirung und Sicherstellung ihres etwanigen Vermögens, der treuen Verwaltung desselben, und vornehmlich wegen der für ihre Person und Erziehung zu tragenden Obsorge gehörig beobachtet werden.

§. 18. Wenn das Vermögen der Curanden so unbeträchtlich ist, daß die Revenues desselben eine förmliche Rechnungslegung nicht erfordern, so muß das Pupillen-Collegium die Sache gleich von Anfang so viel als möglich dahin einzuleiten suchen, daß die Curanden von irgend einer zuverläßigen Person, zum Exempel von der Mutter oder von einem andern nahen Verwandten, oder auch von dem Vormund selbst gegen den Genuß der Revenues in Pausch und Bogen zur Erziehung übernommen werden.

Ob es aber gleich in solchem Falle einer würklichen Rechnungslegung nicht bedarf, sondern es genug ist, wenn der Vormund halbjährig die Quittung über berichtigte Erziehungs-Kosten ad Acta bringt, so muß ihm jedennoch alljährlich ein gewißer fixirter Termin gesetzt werden, in welchem er schuldig ist, über die Substanz des Vermögens, wo solches untergebracht stehe, was sich dabey in dem abgewichenen Jahre etwa für Veränderungen ereignet, ob in Ansehung der Sicherheit der Schuldner oder sonst etwas anzumerken sey, gehörigen Ausweiß ad Protocollum zu ertheilen, und zugleich das Nöthige wegen Erziehung, Verpflegung, Conduite und Aufenthalt der Curanden zum Behuf der desfalls etwa zu treffenden Verfügungen anzuzeigen.

§. 19. Eine solche Anzeige und Ausweiß über die persönlichen Umstände und Verhältnisse der Curanden, muß in einem dazu bestimmten jährlichen Termino auch in Ansehung derjenigen Curatelen geschehen, wo gar kein Vermögen zu administriren ist; allermaaßen wie schon verschiedentlich erinnert worden, die Sorge für die Person und Erziehung der Curanden einen eben so wichtigen Theil der Vormundschaftlichen und obervormundschaftlichen Pflichten, als die würkliche Vermögens-Administration ausmacht.

§. 20. Was nun hiernächst die Verwaltung der Deposital-Casse betrifft, muß solche fernerhin, wie bisher, einem Rechnungs-Verständigen und in Cassen-Geschäften geübten Rendanten, gegen den Genuß der damit verknüpften Besoldung, übertragen werden, wenn derselbe zuförderst eine untadelhafte Caution von 5000 Rthlr. hoch bestellet, und zur Cassen-Verwaltung gehörig vereydet worden. Auf die Amtsführung dieses Rendanten muß zwar der Präsident und das ganze Collegium die genaueste Aufmerksamkeit richten; inzwischen ist dennoch die specielle Aufsicht über die Depositen-Casse künftig zween Curatoribus zu übertragen. Unter diese Curatores und den Rendanten sind die Schlüssel zum Deposital-Gewölbe und der darin befindlichen Spinden dergestalt zu vertheilen, daß keiner ohne Beyseyn der übrigen zur Casse gelangen kann.

§. 21. Zu den Deposital-Cassen-Geschäften ist der Sonnabend jeder Woche zu widmen, und erfolgt die Eröffnung der Casse, sobald die beyden Curatores auf die §. 2. festgesetzte Art ihre Vorträge geendigt haben. An diesen Cassen-Tagen müßen die an den Rendanten erlaßene Annahme- und Auszahlungs-Befehle auf die hiernächst vorgeschriebene Art befolgt werden.

§. 22. Damit das Collegium, welches gemeinschaftlich für die deponirte Gelder, Documente und Practiosa haften muß, den

Rendanten gehörig controlliren könne, muß der Haupt-Grundsatz, daß keine Einnahme oder Ausgabe bey der Depositencasse vorfallen kann, bevor nicht ein schriftlicher, im Mandats- oder Anschaffungs-Buche eingetragener Befehl ausgefertiget worden, fernerhin auf das genaueste befolgt werden, und es müssen daher sämtliche Decernenten in Deposital-Sachen nie einseitig, ohne Vorwissen des Collegii verordnen, sondern alle in Sachen dieser Art zu erlaßende Verfügungen jederzeit in den geordneten Sessions-Tagen vortragen, und alsdenn in das Depoſital-Buch des Collegii eintragen.

Dieses Mandat-Buch muß nach dem Schemate sub Lit. A. geführt, und im Sessions-Zimmer unter dem gehörigen Beschluß asserviret werden. Ueber sämtliche darinn eingetragene Deposita muß ein vollständiges Register angefertiget werden, in welchem auch alle nachher einkommende neue Deposita gehörig nachzutragen sind. Bey der Eintragung selbst muß jedem Deposito eine Nummer beygelegt werden, welche demselben zum immerwährenden Unterscheidungs-Zeichen dienet; außerdem ist aber auch der Nahme des Depositi jederzeit vollständig zu bemerken. Da die Fälle sich sehr oft ereignen, daß zu gleicher Zeit mehrere Deposita eines Nahmens vorhanden sind, so muß in solchen Fällen jederzeit der Vor- und Zunahme nebst dem Stande, Character und Gewerbe des Erblaßers in rubro des obgedachten Buches genau annotirt werden. Ferner müßen auch die Eintragungen der bey vorfallenden Einnahmen und Ausgaben erfolgenden Decrete nach Anleitung der Colonnen des Mandats-Buches dergestalt vollständig geschehen, daß dieses Buch jederzeit über alle ein jedes Depositum betreffende Umstände hinlängliche Auskunft geben kann, und daraus sowohl die Entstehung desselben, als auch die Verwendung der ad Depositum gekommenen Gelder, Documente und Effecten mit Zuverlässigkeit zu ersehen ist.

§. 23. Da auf der richtigen Eintragung im Anschaffungs-Buche die ganze Ordnung des Deposital-Wesens beruhet, und das Collegium nur dadurch gegen besorgliche Gefahren und Verantwortungen sicher gestellet werden kann, so muß deshalb folgende Vorsicht gebraucht werden. Wenn unter einem Decret, wodurch ein an den Rendanten ergehender Annahme- oder Auszahlungs-Befehl veranlaßt wird, die Note der erfolgten Eintragung mit der Bemerkung des Folii und der No. ermangelt, so muß der Secretarius bey 16 Gr. Strafe das Decret zurückschicken, und das Concept nicht eher anfertigen, bis diesem Mangel abgeholfen worden. Sollte diesem zuwider gehandelt werden, muß der Präsident bey der ihm obliegenden super revision aller Concepte den Secretarium jederzeit in sothane Strafe verurtheilen, und die Eintragung suppliren laßen; bey gleicher Strafe darf der Canzellist kein an den Rendanten ergehendes Mandat mundiren, wenn nicht obigen Vorschriften genüget worden, worauf der Präsident bey der Siegelung ein wachsames Auge haben muß. Damit aber auch die Eintragung selbst richtig, leserlich und vollständig erfolge, muß der Präsident bey der Unterschrift jederzeit das Anschaffungs-Buch conferiren, und bey eigener Verantwortung keinen Deposital-Befehl die Siegelung paßiren laßen, von dessen vorschriftsmäßigen Eintragung sich derselbe nicht durch Einsicht des Anschaffungs-Buchs überzeugt hat. Sollte der Präsident bey dieser Gelegenheit wahrnehmen, daß ein oder andres Mitglied des Collegii bey den Eintragungen eine incorrigible Fahrläßigkeit sich zur Gewohnheit werden laßen, so muß dem Chef der Justitz deshalb Anzeige geschehen, damit die zur Remedur erforderliche Maasregeln getroffen werden können.

§. 24. Die an den Rendanten ergehenden Annehmungs- und Auszahlungs-Befehle sammlet derselbe bis zum nähern Deposital-Tage, an welchem jederzeit zuerst die etwa vorfallende Banco-Geschäfte, die übrigen aber nach der Ordnung vorgenommen werden, wie diejenigen, welche etwas deponiren, oder ex Deposito erheben sollen, sich einfinden.

Die an jedem Depositaltage vorgenommene Geschäfte werden in das nach dem Schemate Sub. Lit. B. einzurichtende Protocoll-Buch vom ersten Curatore eingetragen. Diese Eintragung geschiehet in der Art, daß der erste Curator dasjenige, was er im Protocoll-Buche niederschreibt, zugleich dem zweyten Curatori und Rendanten dictirt, da denn der zweyte Curator über die bey jedem Deposito vorfallende Geschäfte besondere hiernächst zu den Vormundschafts-Acten zu bringende Neben-Protocolle aufnehmen, und der Rendant solche in sein nach eben dem Schemate, wie das Protocoll-Buch einzurichtendes Duplicat desselben mit eben den Worten eintragen muß. Diese dreyfache Vermerke collationiren Curatores und Rendant gemeinschaftlich, und zum Zeichen, daß solches geschehen, unterschreiben sie nicht allein die von dem zweyten Curatore aufgenommene, hiernächst zu den Vormundschafts-Acten zu heftende einzelne Protocolle, sondern auch den Schluß jeden Cassen-Deposital-Tages im Protocoll-Buch, sowohl bey der Einnahme als Ausgabe. Dieses Protocoll-Buch wird im Deposital-Gewölbe asservirt, wohingegen die Neben-Protocolle, sobald die Cassen-Geschäfte geendiget sind, an den Präsidenten versiegelt überschickt werden, welcher solche mit dem Anschaffungs-Buche conferirt, im letztern die Colonne: Quo dato dem Befehl genüget worden? eigenhändig ausfüllt und bey dieser Gelegenheit prüfet, ob das bey der Casse abgehaltene Protocoll mit dem im Anschaffungs-Buch eingetragenen Befehl übereinstimmt. Sollte der Präsident hierunter eine Verschiedenheit bemerken, so muß derselbe das Protocoll gegen den nächsten Sessions-Tag zum Vortrag befördern, damit sodenn das erforderliche entweder im Anschaffungs-Buch oder Protocoll-Buch rectificirt werden könne. Wenn hingegen die Protocolle mit dem Anschaffungs-Buch übereinstimmen, bedarf es keines Vortrages derselben, sondern der Präsident überschickt solche dem Registrator, um sie unverzüglich ad Acta causae zu heften.

§. 25. Da bereits vom Pupillen-Collegio die Einrichtung getroffen worden, daß alle baare Bestände zusammen geworfen, und solchergestalt aufbewahrt werden, so ist solche ferner beyzubehalten, und in Ansehung der Münzsorten nur zu beobachten, daß sich die Zusammenwerfung blos auf Preuß. Courant oder Friedrichsd'or, und die ihnen gleich zu achtenden vollwichtigen Carl- und Louisd'or erstreckt. Sollten andere Münzsorten einkommen, und zu den devaluirten Geld-Sorten gehören, so müssen solche jederzeit zur Münze abgeliefert, und in Preuß. Courant reduciret werden. Unwichtige Goldmünzen müßen nicht angenommen werden, und wenn sie etwa von auswärts eingeschickt, und nicht füglich remittirt werden können, sind solche sogleich gehörig zu verwechseln. Ein gleiches muß in Ansehung der in Ducaten einkommenden Gelder geschehen, welche um deswillen jederzeit gegen coursmäßiges Agio in Courant zu verwechseln sind, weil sonst die Rechnungsführung sehr erschweret werden würde, wenn man für die nur selten vorkommende Ducaten besondere Colonnen bestimmen wollte; jedoch bleibt es dem Ermeßen des Collegii überlaßen, die Ducaten beyzubehalten, jeden derselben zu 3 Rthlr. in Courant verrechnen, und ante lineam, daß die Post in Ducaten bestehe, vermerken zu laßen. Scheidemünzen müßen gleichfalls wo möglich nicht angenommen, oder in so fern sie nicht etwa gleich wieder ausgegeben werden können, in Courant verwechselt werden, da solche bey der Banque nicht belegt werden können. Harte Thaler, goldene und silberne Medaillen müßen, wenn solche etwa nach der Disposition der Erblasser nicht verwechselt werden sollen, auf den bisherigen Fuß gleich den Praetiosis besonders asserviret werden. Solchergestalt werden nur die Posten, welche in Friedrichs-, Louis- und Carlsd'or, oder in Preußisch Courant bestehen, oder in eine dieser Münzsorten verwechselt worden, in die für die zusammengeworfene Bestände bestimmte Colonnen eingetragen, damit bey deren Abschluß und Vergleichung mit dem baaren Cassen-Bestande jederzeit die erforderliche Uebereinstimmung obwalten könne. Diese Controllen bestehen in dem von dem ersten Curatore der Casse zu führenden Protocoll-Buche und dem Duplicate des Rendanten. Wenn diese nach den in dem gegenwärtigen und vorigen §. enthaltenen Vorschriften geführt werden, so müssen die davon zu jeder Zeit zu formirende Abschlüsse nicht allein unter sich, sondern auch mit dem würklichen Cassen-Bestande auf das genaueste harmoniren.

§. 26. Diese Zusammenwerfung der einzelnen Depositorum muß sich aber auch künftig auf die Banco-Obligationes erstrekken, wodurch nicht allein dem Rendanten und den Curatoribus der Casse, sondern auch den Banco-Officianten die größte Erleichterung verschafft, und den Minorennen viele unnöthige Kosten erspahrt werden. Hiebey findet nun zuförderst alles dasjenige Anwendung, was wegen der Münzsorten im §. 25. angeführt worden.

Hiernächst werden künftig die Banco-Obligationes nicht mehr auf die Nahmen der Interessenten jedes Depositi, sondern insgesammt auf den Nahmen der Depositen-Casse des Churmärkschen Pupillen-Collegii gerichtet, und bleibt die Bestimmung, in wie viel Obligationen der zuerst zusammen zu werfende Bestand zu vertheilen, dem Ermessen des Collegii überlassen.

§ 27. Die Vorschrift des Circularis vom 9. Martii 1771, nach welcher die Belegungen bey der Banque nur in runden Summen nach Decaden geschehen müssen, wird zwar zur Erleichterung der Rechnungsführung besonders in Ansehung der Zinsen beybehalten, dahingegen können bey der gegenwärtigen Einrichtung auch die weniger als 50 Rthlr. betragende Bestände mit zur Verzinsung gelangen, in welchen Betracht denn die Zusammenwerfung vorzüglich in kleinen Vormundschafts-Sachen einen beträchtlichen Vortheil gewährt.

Solchergestalt qualificiren sich nunmehro zur Verzinsung auch alle Posten, welche 10, 20, 30, 40 oder mehr Thaler betragen, und bleibt nur das über die Decaden überfließende baar in Deposito zurück. Die Umschreibung der zur Verzinsung gelangenden oder davon nicht ferner participirenden Posten, geschehen zur Erleichterung des Rendanten so viel möglich am Schlusse jeden Monaths, welches um so weniger bedenklich ist, da nach der Banco-Instruction vom 18. Julii 1768. die Collegia erst 6 Wochen nach Eingang der Gelder solche zur Banque absenden dürfen, welche gesetzliche Frist mithin nicht überschritten wird, wenn die Gelder am Schlusse des Monats, in welchem sie eingelaufen, zur Verzinsung gelangen.

Wenn daher während des Monats zur Bestreitung der vorfallenden Ausgaben hinlänglicher baarer Bestand in den erforderlichen Münz-Sorten vorhanden ist, so geschiehet keine Einziehung oder Belegung. Sollte hingegen der Rendant aus den an ihn erlassenen Auszahlungs-Befehlen ersehen, daß die darinn verordnete Ausgaben von dem vorräthigen Bestande entweder gar nicht, oder doch nicht in den erforderlichen Münzsorten, bestritten werden können, muß derselbe auch während des Monats dem Collegio schriftlich das Quantum anzeigen, welches von der Banque eingezogen werden muß, um ihn in den Stand zu setzen, die befohlne Auszahlungen bewürken zu können, wobey denn jederzeit die erforderliche Münzsorten und die Nahmen der Depositorum zu specificiren sind, bey welchen so ansehnliche Auszahlungen vorfallen. Ereignet sich hingegen kein Fall, in welchem die Ausgaben nicht aus dem vorräthigen Bestande bestritten werden können, so bleiben die Banco-Geschäfte obgedachtermaßen bis zum Schlusse des Monats ausgesetzt. Alsdenn verfertiget der Rendant eine Designation sowohl aller während des Monats eingekommenen Posten, welche sich vorgedachtermaßen nach Decaden zur Verzinsung qualificiren, als aller während des Monats ausgezahlten Summen, welche bis dahin an der Verzinsung participirt haben, und balanciret beyde Arten von Posten gegen einander. Findet sich nun bey dieser Balance, daß auf keiner Seite ein Ueberschuß ist, so bedarf es natürlich keiner Belegung oder Einziehung. Ereignet es sich, daß die ausgezahlte Posten sich höher, als die eingegangene belaufen, so trägt der Rendant dahin an, daß das überschießende Quantum von der Banque eingezogen wird. Ereignet es sich hingegen, daß die eingekommene sich höher als die ausgegebene Posten belaufen, und der Ueberschuß beträgt 50 Rthlr. oder mehr, so trägt der Rendant dahin an, daß dieser Ueberschuß bey der Banke belegt wird, indem die Banke einen weniger als 50 Rtl. betragenden Ueberschuß nicht annehmen würde, und daher der folgende Monat abgewartet werden müßte.

Diese Designation und Balance legt der Redant den Curatoribus vor, welche sie mit ihrem Protocoll-Buch conferiren, und wenn sie solche damit übereinstimmend finden, diese Uebereinkunft durch ihre Nahmens-Unterschriften attestiren.

Wenn die monathliche Designation solchergestalt attestiret ist, wird solche zum Vortrag befördert, und alsdenn wegen der bey der Banke zu belegenden oder von derselben einzuziehenden Gelder sowohl der Befehl an den Rendanten, als das erforderliche Schreiben an die Banke veranlasset.

§. 28. Ueber die würklich zur Banke abgesendete oder von der Banke eingezogene Gelder, dienen das Protocoll-Buch der Curatorum und das Duplicat des Rendanten eben wie bey dem baaren Gelde zur Controlle, so daß wenn die darinn für die Banco-Obligationes bestimmte Colonnen aufgerechnet und abgeschlossen worden, solche nicht allein unter einander übereinstimmen, sondern auch nachweisen müssen, wie hoch sich zu dieser Zeit der Totalbetrag sämmtlicher in Deposito befindlichen Banco-Obligationen beläuft. Hiebey ist jedoch genau zu bemerken, daß wenn noart wird, daß aus einem einzelnen Deposito ein gewisses Quantum bey der Banque belegt werden soll, deshalb in der Colonne an Banco-Obligationen nichts in Einnahme gestellt wird, weil sonst ein Error dupli unvermeidlich wäre, indem die auf die Depositen-Casse gerichtete Banco-Obligationen, so wie solche eingehen, in den dazu bestimmten Colonnen controllirt werden. Mit diesen Controllen muß aber das Anschaffungs-Buch nicht verwechselt werden. In diesen erfolgen auf den jeden Deposito gewidmeten Foliis die Eintragungen der Banco-Geschäfte eben so, als wenn die Deposita noch ferner einzeln bey der Banke belegt würden. Wenn daher nach den monathlichen Designationen eingekommene Gelder sich zur Verzinsung qualificiren, so werden bey jedem Deposito die in der Designation benannte Quanta im baaren Gelde in Ausgabe, und unter den Documenten in der Colonne an Banco-Obligationen, in Einnahme gestellt.

Wenn dahingegen nach eben diesen Designationen oder nach der juxta § 27 bey Unzulänglichkeit des Bestandes vom Rendanten einzureichenden speciellen Anzeige, Gelder, welche bishero an der Verzinsung participiret, ausgezahlt werden sollen, müssen bey jedem Deposito die bemerkte Quanta unter den Documenten, und zwar in der Colonne von Banco-Obligationen, in Ausgabe und im baaren Gelde in Einnahme gestellt werden.

Damit hiebey keine Verwirrung entstehe, müssen die Decernenten den Grundsatz merken, daß sie, wenn Gelder einkommen sollen, nicht zugleich die Belegung bey der Banke, und wenn Gelder ausgezahlt werden sollen, nicht zugleich die Einziehung von der Banke verordnen, sondern dieserhalb die monathliche Designationen oder speciellen Anzeigen des Rendanten erwarten, und daher die bey eingehenden oder auszuzahlenden Posten an den Rendanten zu erlassenden Befehle bloß auf die Annahmen und Auszahlungen der Gelder einschränken.

Ueber die Ablieferungen zur Banke und Einziehungen von derselben, erhält der Rendant auf die von ihm eingereichte monathliche Designationes oder speciellen Anzeigen jederzeit nur einen Befehl, worinn jedoch alle einzelne Deposita, bey welchen obgedachtermassen Veränderungen vorfallen, namentlich aufgeführt werden, und welcher statt der bisherigen einzelnen Beläge hiernächst bey der Rechnungs-Abnahme bey jedem darinn benannten Deposito produciret wird. Bey dieser Einrichtung kommen nun zwar keine Concepte der Befehle zur Belegung oder Einziehung der Gelder zu den jedes Depositum concernirenden Acten, allein da juxta §. 24. die Neben-Protocolle über alle bey der Casse vorgefallene Geschäfte ad Acta causae gebracht werden, so entgehet deren Vollständigkeit nicht das Geringste, sondern man kann jederzeit aus den Acten ersehen, wenn die deponirte Gelder zur Verzinsung gelangt, und wenn sie wegen der erfolgten Auszahlung davon zu participiren aufgehört.

§. 29. Die Banco-Zinsen müssen den Interessenten jeden Depositi ohne allen Abzug berechnet werden, indem davon weder Depositen-Gebühren und Zähl-Gelder genommen, noch die bey andern Collegiis eingeführt gewesene duodecima decourtiret werden darf.

Mit der Einhebung, Vertheilung und Berechnung derselben wird es zur Erleichterung des Rendanten folgendergestalt gehalten: von der Banke werden die Zinsen, wenn Obligationen eingezogen werden, bey der Einziehung sonst aber halbjährig gehoben, und damit diese halbjährige Einziehung nicht versäumt werde, muß der Rendant eine nach den Monaten des Jahrs eingetheilte Designation aller in Deposito befindlichen Banco-Obligationen anfertigen, in welcher auf dem jeden Monat gewidmeten Folio alle Obligationes verzeichnet, und resp. jährlich nachgetragen werden, welche in demselben Monat belegt worden.

Für die Vollständigkeit dieser Designation müssen sowohl die Curatores, als besonders der Präsident, bey den Cassen-Visitationen Sorge tragen, indem solche zur Controlle dient, daß vom Rendanten die Zinßhebung zu rechter Zeit besorgt werde, und keine Zinß-Post unberechnet bleibe. Es müssen nemlich Curatores am Schlusse jeden Monaths auf diese Designation recurriren, und mit Vergleichung gegen die im Protocoll-Buche notirte Einnahmen an Banco-Zinsen prüfen, ob auch der Rendant von allen in gedachten Monaten eingetragenen ungelöscht stehenden Obligationen die Zinsen erhoben und zur Cassa abgeliefert? die erhobene Zinsen werden, so wie sie eingehen, dem zusammengeworfenen baaren Bestande hinzugefügt, und im Protocoll-Buche nur mit Bemerkung der Obligationen, wofür solche gezahlt worden, eingetragen.

Ein Gleiches geschiehet im Duplicat des Rendanten, wohingegen die Repartition dieser Zinsen unter die zur Zinshebung stehende Deposita nicht sogleich erfolgt, sondern zur Erleichterung des Rendanten, bis zum jährlichen Rechnungs-Schluß ausgesetzt bleibt, in sofern nicht inzwischen Deposita ganz beendigt, oder darinn Auszahlungen verfügt worden, bey welchen die Banco-Zinsen mit gebraucht werden. Ereignet sich einer dieser Fälle, so muß der Rendant ausrechnen, wieviel die einem solchen Deposito gebührende Zinsen betragen.

Diese Berechnung geschiehet nach ganzen, halben u. Viertel-Monaten, und kommen einzelne Tage, die keinen Viertel-Monat ausmachen, nicht in Anschlag, sondern es wird der hierdurch nach und nach erwachsende kleine Ueberschuß an Zinsen, wenn solcher bey dem jährlichen Abschlusse ausgemittelt worden, zu den bey der Casse vorfallenden Ausgaben, Z. E. Reparaturen der Schlösser, Anschaffung der erforderlichen Bücher ꝛc. verwendet. Das solchergestalt für jedes Depositum ausgemittelte Zinsquantum zeigt der Rendant dem Collegio an, worauf denn solches im Mandats-Buche bey dem quästionirten Deposito in Einnahme gestellt wird. Eine gleiche Eintragung geschiehet vom Rendanten in seinem Manual, und am nächsten Cassen-Tage im Protocoll-Buche der Curatorum.

Bey dieser letzten Eintragung ist jedoch wohl zu merken, daß das auf ein einzelnes Depositum repartirte Zins-Quantum nur ante lineam in der Einnahme notirt wird, indem, wenn es in den Colonnen ausgeworfen würde, ein error dupli unvermeidlich seyn würde, da solches schon einmal, als es von der Banke eingegangen, in der gehörigen Colonne berechnet worden. Gleiche Vorsicht muß in dem Duplicat des Rendanten gebraucht werden. Dagegen wird, wenn die Auszahlung einer solchen Zins-Post allein oder mit dem etwanigen Bestande erfolgt, das ausgezahlte Quantum in den gehörigen Colonnen in Ausgabe gestellet, indem dabey keine Irrung vorfallen kann.

Wenn während des Cassen-Jahres bey einem einzelnen Deposito der Fall sich nicht ereignet hat, daß solches ganz ausgezahlt, oder die Banco-Zinsen zu den vorfallenden Ausgaben erfordert worden: so bleibt die Repartition der Zinsen obgedachtermassen bis zum Schlusse des Rechnungs-Jahres ausgesetzt. Alsdenn stellet der Rendant bey einem jeden Deposito die auf jede zur Zinshebung sich qualificirenden Post fallende Banco-Zinsen, und zwar von dem Tage an, da sie sich zur Zinshebung juxta §. 27. qualificirt, bis zum Schlusse des Rechnungs-Jahres in Einnahme, und überreicht hiernächst dem Collegio eine Designation aller dieser repartirten Zinsen, damit solche im Mandatsdats-Buche bey jeder Vormundschaft gehörigen Orts eingetragen werden. Wenn diese Designation vom Collegio approbirt worden, geschiehet auf oben angeführte Art die Bemerkung jeder repartirten Post im Protocoll-Buche, damit durch das Neben-Protocoll ad acta constire, wie viel Zinsen auf jedes Depositum repartiret worden.

Damit auch die solchergestalt vertheilte Zinsen, wenn solche nicht ausgezahlt worden, wieder zum Besten der Minorennen genutzt werden können, so verstehet es sich von selbst, daß wenn solche allein oder nebst dem baaren Bestande jeden Depositi zusammen eine zur Zinshebung sich qualificirende runde Summe ausmachen, damit im folgenden Monate auf eben die Art verfahren wird, als wenn eine solche Post von neuem eingetragen wäre.

So wie nun vorstehendermaaßen die Zinsen repartiret worden, so müssen auch gleichmäßig die Auslagen an Stempel- und Transport-Kosten verhältnißmäßig unter die Deposita vertheilt werden, wegen deren eine würkliche Belegung bey der Banke oder Einziehung von der Banke erfolgt.

Wohingegen sich von selbst versteht, daß wenn die zur Verzinsung sich qualificirende Posten nur an die Stelle solcher Gelder treten, welche zur Verzinsung gestanden und ausgezahlt worden, alsdenn keine Kosten vorfallen können, und mithin dergleichen den Partheyen auch nicht in Rechnung gebracht werden dürfen.

§. 30. Da auch bey der Depositen-Casse des Pupillen-Collegii der Unterschied obwaltet, daß in Gefolge des Circularis vom 7. Januar 1778. die minderjährigen oder blödsinnigen Personen gehörige Gelder zu 3 pro Cent; dahingegen die Majorennen Abwesenden oder Verschwendern zugehörige Gelder nur zu 2½ pro Cent belegt werden dürfen, so muß die genaueste Befolgung obgedachter gesetzlichen Vorschrift nie ausser Acht gelassen werden. Es müssen daher gleich bey der ersten Zusammenwerfung die jetzt nur zu 2½ pro Cent für einzelne majorenne Abwesende belegte Gelder in einer oder mehrern besondern Obligationen, gleichfalls nur zu 2½ pro Cent auf den Nahmen der Depositen-Casse belegt werden. Wenn hiernächst wiederum Gelder eingehen, welche majorennen Abwesenden gehören, so müssen solche nach diesem Zinsfuß belegt werden, und wenn das Vermögen von minderjährig gewesenen auch nach erlangter Majorennität um deswillen im Depositorio verbleiben muß, weil die gewesenen Minorennen abwesend oder für Verschwender erkläret worden; so müssen die ihnen zugehörige Gelder von der Zinshebung zu 3 pro Cent ausgeschlossen, und wenn sie nicht eben an die Stelle solcher zu 2½ pro Cent belegten, zur Auszahlung stehender Gelder treten können, von der Banke auf die zu 3 pro Cent lautende Obligationes eingezogen, und von neuem zu 2½ pro Cent belegt werden. Ein gleiches muß geschehen, sobald auch in andern Fällen Hindernisse vorhanden, warum den minorenn gewesenen nicht sogleich ihre Gelder nach erlangter

Großjährigkeit ausgezahlt werden können, und man voraus siehet, daß ein beträchtlicher Zeitraum verfließen dürfte, ehe diese Hindernisse aus dem Wege geräumet werden können.

§. 31. Die vorstehendermaßen in Ansehung der baaren in coursirenden Münzen bestehenden Bestände und der bey der Banke belegten Capitalien angeordnete Zusammenwerfung erstreckt sich nicht auf andere deponirte Documente, vielmehr werden solche auf die bisherige Art asservirt und wird zur Erleichterung des Aufsuchens um die zu jedem Deposito gehörige Documente ein Couvert-Bogen geschlagen, worauf die Nummer und der Nahme eines jeden Depositi auf eine in die Augen fallende Art verzeichnet wird.

Wenn sich jedoch in der Folge der Fall ereignet, daß privati bey der Depositen-Casse des Pupillen-Collegii Anlehne zu höheren pro-Centen als die Banque zahlt, gegen untadelhafte Hypothekarische Sicherheit nachsuchen und erhalten, so müssen solchenfalls die Obligationes gleichfalls auf den Nahmen der Depositen-Casse des Churmärkschen Pupillen-Collegii gerichtet werden, und ist sonst überall auf eben die Art wie bey den Banco-Obligationen zu verfahren, nur daß jederzeit constiren muß, welche Deposita an einem solchen zu höhern Zinsen belegten Capital participiren und dagegen auch dem Verluste ausgesetzt sind, welcher entstehen kann, wenn ein solches Anlehn in Concurs kommen sollte. Des Endes muß nicht allein bey der ersten Belegung eines solchen Capitals das Collegium nach einer vom Rendanten einzureichenden Designation, die Deposita benennen, aus welchen, das Anlehn zusammen geschossen werden soll, sondern es muß auch, wenn eines dieser Depositorum ausgezahlt wird, auf die vom Rendanten deshalb zu thuende Anfrage jederzeit das Depositum vom Collegio bestimmt werden, welches an die Stelle des ausgezahlten treten soll. Damit auch wenn sich der Fall ereignet, daß ein solcher Schuldner der Depositen-Casse in mißliche Vermögens-Umstände geräth, kein Streit entstehen kann, welche Interessenten die alsdenn zur Wiedereinziehung eines solchen Anlehns erforderliche Kosten übertragen, und den etwa besorglichen Ausfall an Zinsen oder Capital leiden sollen, so muß die Vorsicht gebraucht werden, daß sobald ein Schuldner der Depositen-Casse mit Abtragung der Zinsen dergestalt säumig ist, daß zwey Zinß-Termine unbezahlt geblieben, nicht allein die Aufkündigung und eventuelle Einklagung veranlaßet, sondern auch die Verfügung getroffen werden, daß eine solche Obligation gewissermaaßen gesperrt und für ein privatives Eigenthum derjenigen Interessenten erklähret wird, die alsdenn nach dem Anschaffungs-Buche des Collegii davon participiren. Damit diese Sperrung nicht zu lange verzögert werde, muß in solchen Obligationen vierteljährige Zinßzahlung stipuliret werden.

Wenn nun hiernächst von den Minorennen, welche an einer solchen gesperrten Obligation participiren, einer majorenn wird, so erhält er seinen Antheil nicht wie sonst in baaren Gelde, sondern es wird ihm eine vidimirte Abschrift der Obligation nebst einem Atteste, zu welchem Antheile er daran participiret, ausgehändigt, um selbst für deren Einziehung ferner Sorge zu tragen. Wie sich denn von selbst verstehet, daß die hiernächst auf eine, solche gesperrte Obligation eingehende Gelder nach Abzug der Kosten unter sämmtliche daran participirende Interessenten tributarisch vertheilet werden.

Außer diesem Falle werden den majorenn gewordenen, deren Gelder bey Schuldnern der Depositen-Casse belegt gewesen, ihre Antheile jederzeit baar ausgezahlt, um wiederum anderer Minorennen-Gelder zur Zinßhebung zu verhelfen, und kann daher kein majorenn gewordener verlangen, daß ihm eine solche auf die Depositen-Casse des Pupillen-Collegii lautende Obligation, ganz oder zum Theil cedirt werde. Damit jedoch hiebei niemand über Gewaltthätigkeiten klagen könne, so verstehet sich Obiges nur von den Obligationen, welche die Depositen-Casse erst in der Folge entweder dadurch, daß Particuliers bey derselben Anlehne nachsuchen oder dadurch acquirirt, wenn majorenn gewordene die Auszahlung ihres Vermögens in baaren Gelde verlangen, und die ihnen an dem in Deposito befindlichen Obligationen zustehende Rechte der Depositen-Casse des Pupillen-Collegii cediren.

Wenn daher auch in der Folge sich in dem Nachlaß eines Erblassers Obligationes finden, an deren Sicherheit das Pupillen-Collegium nach angestellter Prüfung nichts zu erinnern findet, so bleiben solche ein beständiges Eigenthum der Minorennen, von deren Erblasser solche herrühren, und müssen ihnen, wenn sie majorenn werden, Originaliter extradirt werden, in so fern sie nicht freywillig um die Auszahlung in baaren Gelde bitten. Ein gleiches muß alsdenn geschehen, wenn ein Vormund, Anverwandter oder Freund des Curanden eine Gelegenheit in Vorschlag bringt, wo dessen Gelder sicher untergebracht werden können, imgleichen, wenn ein Anlehn von den Geldern eines gewissen nahmhaft gemachten Curanden nachgesucht wird, daher denn obgedachtermaaßen nur die Obligationes beständig bey der Casse conserviret werden, welche in Zukunft der Casse entweder von majorenn gewordenen Curanden cedirt, oder weshalb die Anlehne bey dem Pupillen-Collegio nachgesucht werden, ohne die Curanden in Vorschlag zu bringen, deren Gelder dazu angewendet werden sollten.

§ 32. Wegen der sonst an den Cassentagen vorfallenden Geschäfte müssen Curatores und Rendant die Vorschriften der Deposital-Instruction vom 30. Julii 1761. auf das genaueste befolgen, bey Einnahmen den Deponenten statt der bisherigen Interims-Quittungen, eine vom Rendanten anzufertigende, von ihm und den Curatoribus zu unterschreibende Abschrift des wegen dieser Deposition gehaltenen Protocolls ertheilen, und bey Ausgaben nie an andere, als an die im Mandat benannte Personen, oder deren mit gerichtlicher Special-Vollmacht versehenen Mandatarium Zahlung leisten. Sollte derjenige, der sich zur Geldhebung aestellet, dem Rendanten oder einem der Curatorum nicht persönlich bekannt seyn, so muß die Auszahlung nicht eher geschehen, bis derselbe glaubhafte ihnen bekannte

Personen gestellt, welche versichern, daß er derjenige sey, auf welchen das Mandat lautet, und muß solchenfalls die hierunter beobachtete Vorsicht im Protocoll mit bemerkt werden. Ebenermaßen muß, wenn in Ansehung der Liquidation eines Bevollmächtigten das geringste Bedenken obwaltet, derselbe angewiesen werden, die deshalb producirte Documente dem Collegio einzureichen, und dessen weitere Verfügungen zu gewärtigen.

§. 33. Alle vorfallende Einnahmen und Ausgaben berechnet der Rendant, so wie solche an jedem Cassentage in dem von ihm zu führenden Duplicate des Protocoll-Buchs eingetragen worden, in seinem nach dem Schemate Sub Lit. C. zu führenden Manual, in welchem wie in dem Anschaffungs-Buche des Collegii ein jedes Depositum ein besonderes Folium erhält.

Bleibt ein Annahme- oder Auszahlungs-Befehl um deßwillen unbefolgt, weil diejenigen, die etwas deponiren oder ex Deposito erheben sollen, sich nicht einfinden, so muß der Rendant nach 14 Tagen davon Anzeige thun, damit dem Befinden nach das erforderliche Excitatorium angegeben, oder ein solcher etwa cessirender Befehl im Anschaffungs-Buche gelöscht werden könne. Mit dem Schlusse des Cassen-Jahres, welches wegen der bequemen Jahreszeit künftig mit dem 1. Junii jeden Jahres seinen Anfang nimmt, schließet der Rendant in seinem Manual in jedem Deposito alle Colonnen der Einnahme und Ausgabe ab, überträget solche in die nach dem Schemate Sub. Lit D. einzurichtende Deposital-Tabelle, formirt darin den Abschluß, und überreicht sothane Tabelle nebst seinem Manual dem Collegio zum Behuf der nun zu veranstaltenden Rechnungs-Abnahme.

§. 34. Sobald die übergebene Tabelle nebst dem Manual des Rendanten vom Calculatore durchgelegt und attestiret worden, geschiehet die Rechnungs-Abnahme vom Präsidenten, mit Zuziehung der abgehenden und antretenden Curatorum. Hiebey wird zuförderst die Casse in Ansehung der baaren Gelder und Banco-Obligationen nach einem zu formirenden Abschlusse des Protocoll-Buchs der Curatorum revidirt.

Hiernächst werden sämtliche in dem Manual aufgeführte Praetiosa und Documente genau nachgesehen, sodann die etwa noch unerledigte Monita der vorigen Decharge recherchiret, und wenn dieses geschehen, wird ein jedes Depositum dergestalt durchgegangen, daß jede in Einnahme und Ausgabe aufgeführte Post mit dem Anschaffungs-Buche und den zu producirenden Befehlen und Belägen verglichen und letztere, wenn sich dabey nichts zu erinnern findet, gestrichen werden.

Zugleich müssen die Rechnungs-Abnahme-Commissarii in Ansehung aller Depositorum, bey denen sich nichts zu erinnern findet, im Manual des Rendanten, dessen Richtigkeit durch ihre Unterschrift attestiren. Bey dieser Gelegenheit müssen auch mit Adhibirung der Acten nicht allein wegen der unbefolgt gebliebenen Befehle die erforderliche Verfügungen getroffen werden, sondern wenn bemerkt wird, daß eine Sache, worin ein Depositum vorhanden, bey der Revision der Acten übersehen worden, müssen bey dieser Gelegenheit die erforderliche Excitanda angegeben werden. Das bey der Rechnungs-Abnahme geführte Protocoll muß hiernächst im Collegio vorgetragen, dem Rendanten die Decharge entweder simpliciter oder mit Einrückung der noch zu erledigenden Monitorum ausgefertiget und das Manual nebst dem Abnahme-Protocoll und den gestrichenen Belägen in einem der im Deposital-Gewölbe befindlichen Spinden, unter dem Beschluß der beyden Curatorum asservirt werden, wenn zuförderst die Beläge dergestalt rangirt worden, daß alle diejenigen, welche dasselbe Depositum betreffen, zusammen in einem Fascicul geheftet worden, zu welchem, wenn das Depositum fortdauert, auch die im folgenden Cassen-Jahre vorkommenden Beläge nachgeheftet werden. Wenn solchergestalt die Rechnungs-Abnahme geschehen, werden im Mandats-Buche die ausgemittelte Bestände notirt, und es wird die vom Rendanten eingereichte Deposital-Tabelle, in so fern man dabey nichts zu erinnern gefunden, von den Curatoribus attestiret und abschriftlich nach Hofe eingeschickt.

§. 35. Damit auch das Collegium sich vor aller besorglichen Gefahr in Sicherheit setze, muß der Präsident zum öftern unvermuthete Cassen-Visitationes vornehmen, zu diesem Behuf an einem der bestimmten Cassen-Tage, sobald sämmtlich vorzunehmende Geschäfte beendigt worden, die Casse versiegeln, und hiernächst nicht allein das Protocoll-Buch der Curatorum, sondern auch sämmtliche Folia des Anschaffungsbuchs und des Manuals des Rendanten durch einen Calculatorem dergestalt ante lineam abschließen lassen, daß durch die aus jedem dieser Bücher anzufertigende Extracte ausgemittelt werde, ob solche untereinander übereinstimmen. Wenn hierdurch alles zur Cassen-Revision vorbereitet ist, muß der Präsident den baaren Cassen-Bestand, in so weit solcher nicht in Cassen-Beuteln bestehet, nachzählen, sich die Banco-Obligationes vorzeigen lassen und zusammen rechnen, wie hoch sich solche in jeder Münz-Sorte belaufen.

Ereignet es sich nun bey dergleichen Visitationen, daß entweder die Controllen des Collegii, nehmlich das Anschaffungs-Buch und das Protocoll-Buch der Curatorum unter sich oder mit dem Manual des Rendanten, oder sämtliche Bücher mit dem vorgefundenen Cassen-Bestande nicht übereinstimmen, so muß der Präsident die Differenzien genau ad Protocollum notiren lassen, und dem Rendanten aufgeben, deshalb fördersamst Auskunft zu geben, inzwischen aber nach geendigter Revision die Casse wieder entsiegeln, damit der Lauf der Geschäfte nicht gehemmet werde. Damit auch dergleichen Differenzien so viel möglich vorgebeugt werde, müssen Curatores und Rendant monathlich sowohl das Protocoll-Buch als das von dem Rendanten zu führende Duplicat abschließen, und nach dem formirten Abschluß den Bestand an baaren Gelde und Banco-Obligationen überschlagen, damit wenn etwa nur eine unrichtige Eintragung oder sonst ein Verstoß vorgefallen, solche nicht lange unbemerkt bleiben und deshalb die erforderliche Remedur erfolgen könne.

§. 36. In Ansehung des Sportul-Cassen-Wesens verbleibt es bey der dem Pupillen-Collegio, so wie allen Landes-Justiz-Collegiis den 2. May 1780. zur Richtschnur vorgeschriebenen Instruction.

§. 37. In Ansehung des Canzelley- und Registratur-Wesens müssen die allgemeinen Vorschriften des Corporis Juris Fridericiani L. 1. P. 3. Tit. 5. auf das genaueste beobachtet werden, und liegt es dem Präsidenten ob, sämmtliche vorfallende Arten der Geschäfte unter die angestellte Subaltern-Bedienten zu vertheilen, und dahin zu sehen, daß ein jeder die ihm obliegenden Pflichten auf das genaueste befolge. Des Endes muß der Präsident bey der ihm obliegenden Super-Revision aller Concepte auf die Secretarien, bey der Unterschrift auf die Canzellisten, und bey der Acten-Revision auf die Registratur-Bediente ein beständiges wachsames Auge haben, und bey jeder Gelegenheit die Art ihrer Amtsverwaltung prüfen.

§. 38. Zur Erleichterung der Revision muß jedem Acten-Stück eine nach dem Schemate Sub. Lit. E. einzurichtende Nachweisung vorgeheftet werden, woraus die Lage jeder Vormundschaft vollständig übersehen werden kann. Diese muß der Präsident bey der während dem Lauf eines jeden Vierteljahres vorzunehmenden Revision aller currenten Acten zum Grunde legen, deren Richtigkeit prüfen, solche nöthigenfalls suppliren und rectificiren, auch in die letzte Colonne eigenhändig, wie diesem genüget worden, vermerken, und dadurch alles in zweckmäßiger Ordnung erhalten.

Wenn nun die in diesem Reglement enthaltene specielle Anweisungen nebst den in Vormundschafts-Sachen geltenden allgemeinen gesetzlichen Vorschriften von dem Präsidenten, insgleichen den Mitgliedern und Subalternen des Pupillen-Collegii mit vereinigten Kräften und unermüdetem Dienst-Eyfer befolgt werden, so wird die Verwaltung des Vormundschafts-Wesens bey gedachtem Collegio bald zu dem Grade der Vollkommenheit gelangen, welchen Se. Königl. Majestät mit Recht von demselben fordern und erwarten können. Gegeben Berlin, den 16ten August 1781.

Lit. A. Schema zum Anschaffungs-Buche.

Depositum in Causa.

Einnahme.

No.	Nahmen des Decernenten u. Datum des Decrets.	Von wem und unter welchen Umständen die Deposition erfolgen soll.	An baarem Gelde.						An Documenten.			An Praetiosis.	Quo Dato dem Decret genüget worden.	Anmerkungen wegen der Arreste.
			Vorjähriger Bestand und deponirte Gelder.		Zurückgezahlte Capitalien.		Zinsen.		Benennung eines jeden Documents	Betrag.				
			In Golde	In Courant.	In Golde	In Courant.	In Golde	In Courant.		In Golde	In Courant.			
			rtl. gr.	rtl. gr. pf.	rtl. gr	rtl. gr. pf.	rtl. gr.	rtl. gr. pf.		rtl. gr.	rtl. gr. pf			

Depositum in Causa.

Ausgabe.

No.	Nahmen des Decernenten und Datum des Decrets.	An wen und unter welchen Umständen die Auszahlung oder Extradition erfolgen soll.	An baarem Gelde.				An Documenten.			An Praetiosis.	Quo Dato dem Decret genüget worden.
			Ausgeliehene Capitalia.		Andere Ausgaben.		Benennung eines jeden Documents.	Betrag.			
			In Golde	In Courant.	In Golde	In Courant.		In Golde	In Courant.		
			rtl. gr.	rtl. gr. pf.	rtl. gr.	rtl. gr. pf		rtl. gr.	rtl. gr. pf.		

Lit. B. Schema zum Protocoll=Buche der Curatorum der Deposital-Casse.

E i n n a h m e.

Quo Dato die Einnahme erfolgt.	Datum des Befehls.	Von wem und unter welchen Umständen die Deposition geschehen.	An baarem Gelde.		An Banco=Obligationen		An andern Documenten.	An Praetiosis.	Pagina des Deposital-Buchs des Collegii.
			In Golde	In Courant.	In Golde	In Courant.			
			rtl. gr.	rtl. gr. pf.	rtl. gr.	rtl. gr. pf.			

A u s g a b e.

Quo Dato die Ausgabe erfolgt.	Datum des Befehls.	An wen und unter welchen Umständen die Auszahlung oder Extradition erfolgt.	An baarem Gelde.		An Banco=Obligationen		An andern Documenten.	An Praetiosis.	Pagina des Deposital-Buchs des Collegii.
			In Golde	In Courant.	In Golde	In Courant.			
			rtl. gr.	rtl. gr. pf.	rtl. gr.	rtl. gr. pf.			

Lit. C. Schema zum Manual des Deposital-Rendanten.

Depositum in Causa.

Einnahme.														
			An baarem Gelde.						An Documenten.					
No.	Datum des Befehls.	Von wem und unter welchen Umständen die Deposition erfolgt.	Vorjähriger Bestand und deponirte Gelder.		Zurückgezahlte Capitalien.		Zinsen.		Benennung eines jeden Documents.	Betrag.		An Praetiosis	Bemerkungen wegen der Arreste.	Pagina des Protocoll-Buchs der Curatorum.
			In Golde rtl. gr	In Courant. rtl gr. pf.	In Golde rtl. gr.	In Courant. rtl gr. pf	In Golde rtl. gr.	In Courant. rtl. gr. pf.		In Golde rtl. gr.	In Courant. rtl. gr. pf.			

Depositum in Causa.

Ausgabe.											
			An baarem Gelde.				An Documenten.				
No.	Datum des Befehls.	An wen und unter welchen Umständen die Auszahlung oder Extradition erfolgt.	Ausgeliehene Capitalia.		Andere Ausgaben.		Benennung eines jeden Documents.	Betrag.		An Praetiosis.	Pagina des Protocoll-Buchs der Curatorum.
			In Golde rtl. gr.	In Courant. rtl. gr. pf.	In Golde rtl. gr.	In Courant. rtl. gr. pf.		In Golde rtl. gr.	In Courant. rtl. gr pf.		

Lit. D. Schema zur Deposital-Tabelle.

(Nota. Wegen der in Deposito befindlichen Praetiosorum wird eine besondere Designation beygefügt.)

No.	Nahmen der Depositorum.	Einnahme. An baarem Gelde.			Einnahme. An Documenten.			Total-Summa der Einnahme an baarem Gelde und Documenten.
		In Golde.	In Courant.	Summa.	In Golde	In Courant.	Summa.	
		rtl. gr.	rtl. gr. pf.	rtl. gr. pf.	rtl. gr.	rtl. gr. pf.	rtl. gr. pf.	rtl. gr. pf.

Ausgabe. An baarem Gelde.			Ausgabe. An Documenten.			Total-Summa der Ausgabe an baarem Gelde und Documenten.	Bestand. An baarem Gelde.			Bestand. An Documenten.			Total-Summa des Bestandes an baarem Gelde und Documenten.
In Golde.	In Courant.	Summa.	In Golde.	In Courant.	Summa.		In Golde.	In Courant.	Summa.	In Golde.	In Courant.	Summa.	
rtl. gr.	rtl. gr. pf.	rtl. gr. pf.	rtl. gr.	rtl. gr. pf.	rtl. gr. pf.	rtl. gr. pf	rtl gr	rtl gr. pf.	rtl. gr. pf	rtl gr.	rtl. gr. pf.	rtl gr. pf.	rtl. gr. pf.

Lit. E. Nachweisung, welche den Vormundschafts-Akten vorzuheften.

1. Wie der Erblasser heiße und wann er mit Tode abgegangen?

2. Ob er ein Testament verlassen, und wenn solches publiciret worden, auch quo folio solches in Actis befindlich?

3. Nahmen und Alter eines jeden Curanden und wo die Taufscheine befindlich?

4. Wer die Vormünder sind?

5. Ob ein Inventarium aufgenommen und wo solches in Actis anzutreffen sey?

6. Ob Immobilia vorhanden sind, und wie hoch solche oder deren Ertrag in Anschlag gebracht worden?

7. Wie hoch sich das baare oder in Capitalien vorhandene Vermögen sämmtlicher Curanden belaufe und wo die Nachricht anzutreffen?

8. Ob und wie hoch der Vormund Caution gemacht? oder warum er davon dispensiret worden?

9. Ob die Curanden Prozesse haben und in welchen Terminis jeder stehe, auch wer Litis Curator sey?

10. Ob die Theilung zwischen den Erben bereits angelegt und wo der Erb-Theilungs-Recess in Actis befindlich ist?

11. Wie hoch sich das Vermögen eines jeden Minorennen nach derselben belaufe und worin es eigentlich bestehe?

12. Ob und wo die einem jeden Curanden angewiesene Capitalien zinsbar untergebracht sind, wie die Sicherheit beschaffen und wo die Instrumente befindlich?

13. Ob das Mobiliare verauctioniret worden oder wo solches asserviret werde?

14. Wenn die Vormundschaftsrechnung eingereicht?

15. Wenn sie revidiret?

16. Wenn sie abgenommen worden?

17. Wenn den Desideratis von Seiten des Rechnungs-Ablegers ein Genüge geschehen?

18. Wo und wie die Curanden erzogen worden?

19. Wo der jährliche Vormundschaftsbericht von dem Aufenthalt der Education und der Conduite der Curanden befindlich sey?

20. Was etwa sonst noch in Ansehung dieser Vormundschaft vorzüglich zu bemerken sey?

21. Wenn Dirigens Collegii das Vol. Actorum zum letztenmal revidiret habe?

211. Reskript an das Pupillen-Kollegium, wodurch einige Stellen des Pupillen-Reglements erläutert werden, vom 13. November 1781.

Von Gottes Gnaden, Friderich, König von Preussen rc. Unsern rc. Nachdem Wir die von Euch mittelst Berichts vom 22ten et praes. den 27sten vorigen Monats, über die Anwendung des Reglements vom 16ten August c. gethane Anfrage, in genaue Erwägung gezogen haben, so finden Wir nöthig, Euch dieserhalb Unsere Willensmeinung folgendergestalt zu eröffnen.

Ad I. ist in den §§. 11. 18. 19. des Reglements nicht versehen, daß ein jeder Vormund schuldig seyn solle, zur Ablegung der Rechnung oder der abzugebenden Anzeigen, wegen Erziehung, Verpflegung und Aufführung der Curanden sich jederzeit persönlich zu gestellen, sondern es verstehet sich von selbst, daß es Eurem Ermessen überlassen bleibt, ob eine solche persönliche Erscheinung nothwendig sey, oder man sich wie in vielen Fällen geschehen kann, mit schriftlichen Nachweisungen begnüge, oder den Vormund an den Ort seines Wohnsitzes durch einen zu ernennenden Commissarium vernehmen lassen wolle.

Ad II. genehmigen Wir Euren Antrag, daß der Hofrath Seidel zum Curatore perpetuo der Depositen-Casse ernannt, und ihm ausserdem statt seiner bisherigen Arbeiten das Moniren der Vormundschafts-Rechnungen und die in Rechnungssachen vorfallenden Expeditiones beygelegt werden, wohingegen die Expedition der Depositen-Sachen mit der ihm obliegenden Curatel nicht kompatibel ist, und ihn auch in den als Mitgliede des Collegii zu übernehmenden Arbeiten zu sehr distrahiren würde.

Ad III. enthält der §. 29. des Reglements bereits die Beantwortung der Anfrage, ob die eingehenden Banco-Zinsen bey der Banque zur anderweitigen Zinß-Gewinnung belegt werden sollen? In diesem §. ist versehen, daß, sobald die einkommenden Banko-Zinsen, unter die partizipirende Deposita vertheilt worden, und nicht zugleich deren Auszahlung verordnet ist bey jeder Masse in so weit Dekaden formiret werden können, die anderweite Belegung geschehen soll. Bis zu dieser Repartition die Zinsen zum Vortheil der Sportul-Casse anderweitig zu belegen, würde eines theils gegründete Vorwürfe erregen können, anderntheils würde der zu erwartende geringe Gewinn mit der dadurch vermehrten Expeditions- und Calculatur-Arbeit in keinem Verhältnisse stehen. Die Cassen-Verwaltung wird ohnehin dadurch sehr erleichtert, wenn jederzeit einiger baarer Bestand vorräthig bleibt, aus welchem die vorfallende Ausgaben bestritten werden können, ohne daß wie bishero wegen jeder Kleinigkeit eine Einziehung von der Banque veranlaßt werden darf. Es ist daher bey der Verordnung des §. 29. um so mehr zu belassen, da sonst die Absicht sowohl dem Collegio als den Curatoribus und Rendanten die erforderliche Erleichterung zu verschaffen, größtentheils verfehlet werden würde.

Ad IV. verbleibt es bey der Euch zur Richtschnur vorgeschriebenen Deposital-Instruktion vom 2ten Januar 1763 so lange bis im neuen Gesetz-Buch, die wegen des Deposital-Wesens erforderliche Vorschriften werden ertheilt seyn, und ist das Allegatum vom 30ten Jul. 1761. aus einem Schreibfehler entstanden.

Ausser obigen von Euch vorgelegten Anfragen, sind Uns auch noch von dem Präsidio Eures Collegii vermittelst besonderen Berichts einige Bedenken eröffnet worden, weshalb Wir Euch mit folgenden Verhaltungs-Befehlen zu versehen nöthig finden.

Erstlich um die Besorgnisse aus dem Wege zu räumen, welche darüber geäussert worden, daß leicht wichtige Verstoße sich ereignen könnten, wenn das Anschaffungs-Buch nach dem vorgeschriebenen Schemate geführet werden sollte, und sämmtliche Decernenten die Eintragungen nicht mit gleicher Accuratesse verrichteten, haben Wir beschlossen, daß durch das Anschaffungs-Buch künftig nicht mehr jedes einzelne Depositum, sondern nur der Totalbetrag sämmtlicher Depositorum und also der Casse überhaupt kontrollirt werden soll. Ihr erhaltet daher anbey, ein dieser Absicht gemäß umgearbeitetes Schema zum Anschaffungs-Buche, welches mit leichter Mühe von den Mitgliedern des Collegii geführet werden kann, da ohne Separation der Massen alle zu verordnende Einnahmen und Ausgaben nach chronologischer Ordnung unter fortlaufenden Nummern eingetragen werden.

Die Colonnen: Ist eingekommen, ist ausgegeben, incl. Quo dato dem Decret genüget worden, werden an den Cassen-Tagen von einem der Curatorum ausgefüllet, sobald ein Annahme- oder Ausgabe-Befehl befolgt wird, und muß derselbe, wenn die Eintragungs-Nota im Anschaffungsbuch mit dem Inhalte des Mandats nicht völlig übereinstimmen sollte, deshalb jederzeit in der nächsten Session Anzeige thun, damit der Verstoß rectificiret werden könne.

Wenn nun solchergestalt dem Anschaffungs-Buche des Collegii die einzelnen Massen nicht ferner besonders controllirt werden, so muß dagegen auf das genaueste darauf gehalten werden, daß der Rendant unverzüglich nach jedem Cassen-Tage alle vorgefallene Geschäfte in seiner Rechnung unter jedem Deposito gehörig eintrage, und wie solches geschehen mit Bemerkung der Paginae in der letzten Colonne des Protocoll-Buches der Curatorum bemerke, welche mit der Rubrike: Pagina der Rechnung des Rendanten, zu versehen ist. Hierauf müssen die Curatores ein wachsames Auge haben, sobald letztgedachte

Colonne nicht überall ausgefüllet ist, den Rendanten deshalb konstituiren, auch öftere Proben anstellen, ob die Uebertragungen aus dem Protokoll-Buche in die Rechnung mit der erforderlichen Genauigkeit geschehen sind.

Solchergestalt ist künftig der Gang der Geschäfte folgender. Wenn z. E. ein Debitor der Casse ein aus vielen einzelnen Depositis zusammengeschossenes Anlehn nebst Zinsen zurück zu zahlen oder Zinsen berichtigen will, und solches ad Depositum offerirt, so muß zuförderst vom Calkulatore die Repartition auf die einzelne Massen angefertiget werden. Sobald solche vorhanden, wird der Annahme-Befehl dergestalt decretiret, daß specifice darin bemerkt wird, zu welchem Deposito jede repartirte Post nach der beyzufügenden Berechnung des Calkulatoris genommen werden solle; dahingegen wird bey der Eintragung dieses Decrets im Anschaffungs-Buche ohne Erwähnung der konkurrirenden speziellen Massen nur generaliter eingetragen, wie viel der Debitor zahlen solle.

Erfolgt nun hiernächst die Zahlung, so muß im Protokoll-Buche der Cassen-Curatorum die Eintragung nach dem Inhalt des Mandats specifice mit Benennung sämmtlicher konkurrirenden einzelnen Depositorum und Auswerfung der zu jedem derselben fliessenden Summen erfolgen. Wenn dieses geschehen, muß der Rendant in seiner Rechnung bey jedem einzelnen Deposito die erfolgte Einnahme gehörig notiren, und wie solches geschehen, dadurch dociren, daß im Protokoll-Buch bey jeder einzelnen Post die Pagina seiner Rechnung, wo die Eintragung erfolgt ist, in der letztern Colonne vermerkt. Auf diese Art kann Eurem Collegio die gewünschte Erleichterung verschaffet werden, ohne daß dabey der geringste Nachtheil zu besorgen stehet, wenn nur vom Präsidio dahin gesehen wird, daß ein jeder den ihm solchergestalt obliegenden Injunktis überall ein schuldiges Genüge leiste.

Zweytens würde es die Arbeit des Rendanten nur unnöthiger weise vermehren, wenn er über alle einlaufende Annahme und Auszahlungs-Befehle besondere Journale führen sollte. In dem § 33. des Reglements ist der Rendant angewiesen, die unbefolgt bleibende Mandata nach Verlauf von 14 Tagen dem Collegio zur anderweitigen Verfügung wieder einzureichen. Es kann dahero bey demselben sich nicht ein so grosser Vorrath von unbefolgten Mandatis, wie bishero, aufsammeln, und da sämmtliche Mandata mit den im Anschaffungs-Buche enthaltenen fortlaufenden Nummern versehen sind, kann er solche ohne besonderes Journal leicht in Ordnung halten und gehörig übersehen, auch von den Curatoribus wegen Befolgung des oberwähnten §. 33. des Reglements gehörig kontrolliret werden. Inzwischen können Wir es geschehen lassen, wenn der Rendant freywillig die Fortführung dieser Journale übernehmen will.

Drittens muß zwar der Rendant das Prozent-Gelder-Journal zur Controlle der Sportul-Casse vor der Hand noch fortführen, es wird sich aber bey Durchgehung des von Euch einzusendenden Projekts zur Sportul-Taxe finden, in wie ferne in Zukunft die Pupillen-Deposita mit dieser Abgabe belastet bleiben sollen.

Schließlich erwarten Wir, daß nunmehro, nachdem sämmtliche anscheinende Hindernisse aus dem Wege geräumet worden, dem Reglement vom 16. Aug. pr. überall auf das genaueste werde nachgelebt werden. Sind rc. rc. Gegeben Berlin, den 13. Nov. 1781.

Lit. A. Schema zum Anschaffungs-Buche.

Erste Abtheilung, über baare Gelder.

Einnahme.							Ausgabe.					
No.	Nomen Decernentis et Datum decreti.	Von wem und unter welchen Umständen die Deposition geschehen soll.	Soll einkommen.		Ist eingekommen.		An wen und unter welchen Umständen die Auszahlung erfolgen soll.	Soll ausgegeben werden.		Ist ausgegeben worden.		Quo dato dem Decret genügt worden.
			In Golde	In Courant.	In Golde	In Courant.		In Golde	In Courant.	In Golde	In Courant.	
			rtl. gr.	rtl. gr. pf.	rtl. gr.	rtl. gr. pf.		rtl. gr.	rtl gr. pf.	rtl gr.	rtl. gr. pf.	

Zweite Abtheilung, über Dokumente und Prätiosa.

Einnahme.									Ausgabe.							
No.	Nomen Decernentis et Datum decreti.	Von wem und unter welchen Umständen die Deposition erfolgen soll.	Benennung der zu deponirenden Dokumente.	Betrag der darunter befindlichen				Prätiosa	An wen und unter welchen Umständen die Extradition geschehen soll.	Benennung der zu extradirenden Dokumente.	Betrag der darunter befindlichen				Prätiosa	Quo dato dem Decret genügt worden.
				Banco-Obligationen		Pfand-Briefe.					Banco-Obligationen.		Pfand-Briefe.			
				in Gold	in Courant.	in Gold	in Courant.				in Gold	in Courant.	in Gold	in Courant.		

212. Revidirte General-Tax-Prinzipia zur Abschäzzung der Güter in der Kur- und Neumark, vom 25. Mai 1782.

213. Revidirtes Ritterschafts-Kredit-Reglement für die Kur- und Neumark, vom 14. Juli 1782.

Beide sind durch das Reskript vom 31. August 1784 (s. Nr. 216) wieder aufgehoben, und dagegen das ältere Reglement nebst dessen Tax-Prinzipia (s. Nr. 203, 206 u. 207) vom Jahr 1777 von Neuem bestätigt worden.

214. Reglement wegen künftiger Einrichtung des Justiz-Wesens bei den Ober- und Untergerichten der Kur- und Neumark Brandenburg, vom 30. November 1782.

Se. Königl. Majestät von Preussen ꝛc. ꝛc. Unser allergnädigster Herr, haben schon längst Allerhöchstselbst wahrgenommen, daß das Justiz-Wesen in der Chur- und Neumark Brandenburg noch nicht durchgehends in derjenigen vollkommenen Ordnung und zweckmäßigen Verfassung sey, wie Se. Königl. Majestät solches zur Wohlfahrt Höchstdero sämtlichen getreuen Vasallen und Unterthanen aus Landesväterlicher Huld und Fürsorge regulirt und eingerichtet wissen wollen.

Die Unter-Gerichte, besonders auf dem platten Lande, sind größtentheils noch mit Leuten besetzt, welchen es an den erforderlichen Fähigkeiten ermangelt, oder welche sich aus Eigennutz, Bequemlichkeit, Uebereilung oder andern unlautern Absichten zur Vernachlässigung ihrer Pflichten verleiten lassen.

Dergleichen unwissenden oder pflichtvergessenen Justitiarien hat bisher um deswillen nicht mit dem erforderlichen Nachdruck Einhalt geschehen können, weil die zum Theil entfernte Landes-Justiz-Collegia sie nicht gehörig übersehen, und nur selten Gelegenheit gehabt haben, von ihren Illegalitäten überzeugende Beweise zu erhalten.

Eben diese weite Entfernung der Landes-Justiz-Collegiorum hat die Partheyen in die Nothwendigkeit versetzt, kostbare und zeitversplitternde Reisen zu unternehmen, um ihre Gesuche anzubringen, oder der Verhandlung ihrer Rechts-Angelegenheiten beyzuwohnen.

Durch die bisherige Vertheilung der Geschäfte unter separirte, zum Theil von einander ganz unabhängige Collegia, ist der Gang und Betrieb der Sachen ungemein aufgehalten, die Arbeit ohne Noth vermehrt, und den Mitgliedern und Subalternen der Collegiorum durch allerhand distrahirende Neben-Geschäfte diejenige Zeit geraubt worden, welche sie weit nützlicher zu ihren eigentlichen Berufs-Arbeiten hätten verwenden können.

Bey verschiedenen dieser Gerichtshöfe sind nach deren besonderen Verfassung die durch die allgemeinen Landes-Gesetze für zulässig erklärte Rechts-Mittel theils gänzlich versagt, theils nur in Sachen von sehr hohem Werthe gestattet worden, ohnerachtet die als geringschätzig betrachteten Summen bey minder begüterten Partheyen auf deren Wohlstand und Erhaltung den grössesten Einfluß gehabt.

Hauptsächlich hat es an der erforderlichen Gleichförmigkeit in den Erkenntnissen ermangelt, weil mehrere von einander ganz abgesonderte Collegia die Urtel in den höhern und besonders in den letzten Instanzien abgefasset haben, und dadurch die größeste Ungewißheit des Rechts entstanden ist.

Um nun diesen Mängeln vollständig abzuhelfen, die Einrichtung des Justiz-Wesens in der Chur- und Neumark Brandenburg mit dem allgemeinen Plan der neuen Justiz-Verfassung in vollkommene Harmonie zu setzen, und solchergestalt sämtlichen Einwohnern und Unterthanen eine durchgehends regelmäßige, zuverlässige und prompte Rechtspflege zu versichern, haben Se. Königl. Majestät Allerhöchstselbst gewisse Prinzipia festgesetzt, nach welchen

I. sämmtliche Unter-Gerichte künftig mit tauglichen, zu dergleichen Bedienungen hinlänglich vorbereiteten und geprüften Subjectis besetzt, und denselben ein auskömmlicher Unterhalt verschafft werden soll;

II. durch die in jedem beträchtlichen Districte anzustellenden Creys-Justiz-Räthe nicht allein die Unter-Richter in beständiger Aufsicht gehalten, sondern auch

III. die aus der weiten Entfernung der Landes-Justiz-Collegiorum für die Partheyen entstehende Inconvenienzien gehoben;

IV. bey den Landes-Justiz-Collegiis die Geschäfte jeder Art zusammen gezogen, und jedes derselben nach einer gleichförmigen Bestimmung von distrahirenden Neben-Geschäften befreyet;

V. die nach den allgemeinen Landes-Gesetzen zulässige Rechts-Mittel den Partheyen nicht verschränkt, und

VI. die Erkenntnisse in den höheren, besonders letzten Instanzien ohne Ausnahme an die dazu niedergesetzten besondere Gerichte verwiesen werden sollen.

Die umständlichere Ausführung dieser Grundsätze enthält das gegenwärtige Reglement, welches daher Se. Königl. Majestät für Höchstdero Chur- und Neumark Brandenburg hiedurch und in Kraft dieses, als ein Landes-Fundamental-Gesetz bestimmen und vorschreiben, mit der ausdrücklichen Allerhöchsten Erklärung: daß nur nach diesem Reglement das Justiz-Wesen in der Chur- und Neumark Brandenburg eingerichtet, und in alle Folge betrieben werden; alle demselben entgegenstehende ältere Verordnungen aber von nun an gänzlich aufgehoben seyn, und weiter keine gesetzliche und verbindliche Kraft haben sollen.

Damit nun also jedermänniglich und insonderheit Sr. Königlichen Majestät Chur- und Neumärksche getreue Vasallen, Einsassen und Unterthanen von dem Sinn und Umfang dieser neuen Gerichts-Verfassung hinlänglich informirt seyn, und ein jeder zuverlässig wissen möge, wohin er sich in vorkommenden Fällen zu wenden, und bey wem er zunächst gegen etwanige Beschwerden oder Bedrückungen Schutz und Hülfe zu suchen habe; so finden Se. Königl. Majestät nöthig, Dero Allerhöchste Willens-Meynung über jeden der vorstehenden Haupt-Punkte folgendermaßen näher zu eröffnen.

Erster Abschnitt.

Von den Patrimonial-Gerichten in der Chur- und Neumark Brandenburg.

§. 1. Se. Königl. Majestät sind nicht gemeinet durch die in Ansehung der Patrimonial-Gerichte vorzunehmende Verbesserungen Dero getreue Vasallen in ihren wohlerworbenen Gerechtsamen im geringsten zu kränken, vielmehr soll den Gerichts-Herrschaften bey Ausübung ihrer Gerichtsbarkeit alle nur mögliche Erleichterung verschafft werden.

§. 2. Eben so wenig sollen durch die jetzige Anordnungen die bereits nach vorhergegangener vorschriftsmäßiger Prüfung angestellte Gerichtshalter unverschuldeter Weise verdrängt, sondern wenn sie sich bishero durch Fleiß, Geschicklichkeit und gewissenhafte Erfüllung ihrer Amts-Pflichten rühmlich ausgezeichnet, vorzüglich zu Creys-Justitiarien befördert werden.

§. 3. Es verbleibt dahero dem Adel und allen Jurisdictions-Berechtigten fernerhin das Recht, ihre Justitiarios selbst zu wählen, und es wird ihrem Gutfinden allein überlassen, ob sie in Zukunft eigene Justitiarien halten, oder sich mit den benachbarten Gerichtsherrschaften wegen Bestellung eines gemeinschaftlichen Justitiarii vereinigen wollen.

§. 4. Wenn aber Vacanzien entstehen, müssen die Gerichtsherrschaften zu Justitiariis nur solche Leute wählen, die bey einem Landes-Justitz-Collegio nicht bloß in der Theorie der Rechts-Gelehrsamkeit examinirt, sondern auch der Vorschrift des Corporis Juris Fridericiani Part. III. Tit. VIII. §. 5. gemäß, zu dergleichen Amte und dessen mancherley Obliegenheiten gehörig vorbereitet, auch in Ansehung ihrer guten regelmäßigen Conduite zuverläßig bekannt sind.

§. 5. Die Landes-Justitz-Collegia müssen ihres Orts dafür sorgen, daß bey ihnen jederzeit eine hinlängliche Anzahl solcher Subjecte, aus welchen die Jurisdictions-Berechtigten sich ihre Gerichts-Verwalter wählen können, vorhanden sey, zu welchem Ende sie die Anweisung des Corp. Jur. Frid. Part. III. Tit. IV. wegen Formirung und Ausbildung der Referendarien genau zu befolgen haben.

§. 6. Sobald daher ein Candidat das theoretische Examen überstanden, und darin zureichende Kenntnisse von der Rechtswissenschaft an den Tag gelegt hat, muß ihm der Präsident einen Rath des Collegii anweisen, unter dessen spezieller Aufsicht und Direktion er zu praktischen Arbeiten, in allen zum Justiz-Wesen gehörigen Geschäften, folglich nicht bloß in Prozeß-, sondern auch in Vormundschafts-, Deposital- und Hypotheken-Sachen angeführt und geübt werde.

§. 7. Wenn er mit dieser Vorbereitung einige Zeit zugebracht hat, und von seinem Aufseher das Zeugniß erhält, daß er zu würklichen Justiz-Bedienungen hinlängliche Kenntniß und Fertigkeit besitze; so muß das Collegium ihn durch eine Deputation darüber nochmals examiniren lassen, und nach befundener Tüchtigkeit ihm ein Attest ausfertigen, daß er sich nunmehr um dergleichen Justiz-Bedienungen bewerben könne.

§. 8. Ehe der Präsident dergleichen Attest ausstellt, muß er sich nach der bisherigen Conduite des Candidaten genau erkundigen, und niemals ein Zeugniß der Tüchtigkeit ertheilen, wenn er in Erfahrung bringt, daß sich derselbe durch unschickliche, niederträchtige Handlungen, oder durch einen ausschweifenden, unordentlichen Lebenswandel der Beförderung zu Justiz-Aemtern unwürdig gemacht habe.

§. 9. Damit nun die solchergestalt formirte, geschickte und qualificirte Subjekte zu Uebernehmung von Justitiariaten sich entschließen mögen, so müssen die Jurisdiktions-Berechtigte ihnen so viel möglich fixirte Besoldungen in Gelde und Naturalien dergestalt aussetzen, daß sie ihren auskömmlichen Unterhalt haben, und sich ohne ängstliche Nahrungs-Sorgen und distrahirende Neben-Geschäfte den Pflichten ihres Amtes gänzlich widmen können. Wohingegen sodann sämmtliche Gerichts-Sportuln dem Gerichtsherrn verbleiben und gehörig berechnet werden müssen.

§. 10. Da es aber den Gerichtsherren auf einzelnen Gütern ingleichen den Cämmereyen der kleinen Städte mehrentheils zu schwer fallen dürfte, dergleichen auskömmlichen fixirten Gehalt für einen eigenen Justitiarium aufzubringen, so ist rathsam, daß mehrere benachbarte Jurisdiktionen sich zusammen schlagen, und einen gemeinschaftlichen Justitiarium wählen.

§. 11. Dergleichen Zusammenschlagung muß durch gütliches Einverständniß der Interessenten, jedoch unter Direktion und Vermittelung des Landes-Justiz-Collegii geschehen.

§. 12. Es muß dabey auf die Lage der zu kombinirenden Dörfer und Ortschaften, auf den Umfang, die Bevölkerung, die Vermögens-Umstände und das mehr oder weniger ausgebreitete Gewerbe und Verkehr der Einwohner Rücksicht genommen, und mit Erwägung alles dessen, der einem solchen gemeinschaftlichen Justitiario anzuweisende Bezirk so bestimmt werden, daß er auf der einen Seite die darinn vorkommende Justiz-Sachen aller Art gehörig übersehen und bestreiten könne, auf der andern Seite aber auch hinlängliche Beschäftigung habe, und sein Unterhalt den verbundenen Interessenten nicht zu lästig falle.

§. 13. Bey der Zusammenschlagung selbst müssen die Interessenten untereinander reguliren und festsetzen:

1) was ein solcher Justitiarius an Gehalt und Naturalien erhalten,

2) wie und nach welchem Verhältniß solches von den vereinigten Gerichts-Herren zusammen gebracht werden,
3) wo der Justitiarius seinen Wohnsitz aufschlagen,
4) wie die Tour, in welcher er seinen Distrikt bereisen und die Gerichtstage an jedem Ort abwarten muß, bestimmt,
5) wie sein Transport zu diesen bestimmten Gerichtstagen von einem Ort zum andern besorgt werden solle,
6) wie oft an jedem Ort Gerichtstag zu halten.

§. 14. Die Landes-Justitz-Collegia müssen die Interessenten, welche in solche Verbindung treten wollen, über alle diese Punkte zu vereinigen suchen, und ihnen zu dem Ende mit Rath und Vorschlägen an die Hand gehen; können aber die Interessenten sich untereinander nicht einigen, so muß das Landes-Justitz-Collegium nach reiflicher Erwägung der obwaltenden Umstände bestimmen, welche unter den verschiedenen dazu gemachten Propositionen, als die schicklichste und dem Endzwecke gemäßeste statt haben solle.

§. 15. Wenn solchergestalt die Distrikte regulirt, und die übrigen Punkte festgesetzt sind, so müssen die verbundenen Interessenten unter den bisherigen Gerichtshaltern oder den von dem Landes-Justitz-Collegio zu dergleichen Amte geprüften und tauglich befundenen Subjektis den gemeinschaftlichen Justitiarium wählen. Fehlt es ihnen an eigner persönlicher Kenntniß solcher Subjekte, so muß ihnen das Landes-Justitz-Collegium einige derselben vorschlagen.

§. 16. Die Wahl selbst geschiehet nach der Mehrheit der Stimmen. Wie solche zu zählen, müssen die Interessenten bey der ersten Einrichtung ihrer Sozietät gleich den übrigen §. 13. angeführten Punkten allenfalls unter Vermittelung des Landes-Justitz-Collegii mit einander reguliren.

§. 17. Dergleichen Justitiarios müssen die Jurisdiktions-Berechtigte nicht bloß auf Zeit oder Willkühr annehmen, sondern ihnen ordentliche Bestallungen geben, da es dem allgemeinen Besten und der Würde der Justitz entgegen ist, wenn solche Gerichts-Verwalter mit bloßen Dienstboten in einerley Classe gesetzt werden sollten.

§. 18. Die Gerichtsherren können also auch solche Justitiarios nicht aus bloßem Eigensinn oder Willkühr ohne erhebliche Ursachen wiederum entlassen, sondern wenn sie gegen das Betragen derselben etwas zu erinnern haben, so müssen sie solches dem vorgesetzten Landes-Justitz-Collegio zur Untersuchung und weitern Verfügung anzeigen.

§. 19. Einem jeden dergleichen Justitiario muß durch ebenmäßige Wahl der Interessenten ein Actuarius beygegeben werden, dessen er sich zu Führung des Protokolls in allen Sachen, wo die Rechte judicem cum Actuario erfordern, wie auch sonst zu Besorgung minder wichtiger Angelegenheiten und Aufträge unter seiner Direktion bedienen könne.

§. 20. Zu Actuariis müssen gleichergestalt nur solche Leute genommen werden, die der Rechte kundig, bey den Landes-Justitz-Collegiis obbeschriebenermaßen, wie die Justitiarii, vorbereitet und geprüft, und zu einem solchen Amte für tüchtig erklärt worden sind.

§. 21. Die Actuarii müssen so wenig, wie die Justitiarii, mit den Gerichts-Sportuln, außer den ihnen zukommenden gewöhnlichen Schreibe-Gebühren, etwas zu thun haben; sondern es muß ihnen, eben so wie diesen, ein fixirter nothdürftiger Unterhalt an Geld und Naturalien von den Interessenten ausgesetzt werden.

§. 22. Die solchergestalt von einzelnen oder auch von mehrern zusammen verbundenen Jurisdiktions-Berechtigten, sowohl auf dem Lande, als in kleinen Städten bestellte Justitiarii exerziren die Gerichtsbarkeit ihrer Constituenten nach deren ganzen Umfang, mit Inbegriff aller dazu gehörigen Actuum contentiosae et voluntariae jurisdictionis, des Hypotheken-, Vormundschafts- und Deposital-Wesens, imgleichen der Criminalium, sofern als die Gerichts-Herren selbst nach der Landes-Verfassung und ihren Privilegiis mit der Criminal-Gerichtsbarkeit versehen sind.

§. 23. Bey Wahrnehmung aller dieser verschiedenen Angelegenheiten müssen die Justitiarii sich schlechterdings nach den Vorschriften der über eine jede derselben vorhandenen Gesetze richten, weder durch Menschen-Furcht, Vorurtheil des Ansehens, noch andere Neben-Rücksichten sich in regelmäßiger und gewissenhafter Ausübung der Justitz-Pflege irre machen lassen, ihr Amt auf keinerley Weise zu Bedrückung und Bevortheilung armer und schwacher Unterthanen mißbrauchen, vielmehr sich allen dergleichen Bedrückungen, so wie jeder andern unbefugten Einmischung in das Exerzitium der ihnen anvertraueten Jurisdiktion, wenn auch solche von dem Gerichts-Herrn selbst herkommen sollte, standhaft entgegen stellen, und wenn sie dergleichen Mißbräuche selbst abzuwehren nicht vermöchten, davon dem Landes-Justitz-Collegio zur weitern Verfügung und Remedur bey eigener Vertretung pflichtmäßig Anzeige machen.

§. 24. Auch den Dorf-Gerichten müssen sie keine Ausübung würklicher Jurisdiktions-Handlungen gestatten, sondern sich derselben nur bey Exekutionen, Inventuren, Taxen und andern dergleichen Vorfallenheiten mit bedienen, sie aber auch darin beständig dirigiren, und unter der erforderlichen Aufsicht halten.

§. 25. Uebrigens müssen sie sich der schuldigen Achtung und eines anständigen gesitteten Betragens gegen ihre Constituenten befleißigen, und denselben so wenig in ihrer Amtsführung, als übrigen Conduite, zur Unzufriedenheit über sie gegründeten Anlaß geben.

§. 26. Zu Abmachung und Besorgung der vorkommenden Geschäfte sollen an jedem Orte die bestimmte ordentliche Gerichtstage wenigstens von 3 zu 3 Monathen gehalten, und solche jedesmal den Einwohnern und Jurisdiktions-Eingesessenen in Zeiten bekannt gemacht werden.

§. 27. An diesen ordentlichen Gerichtstagen muß der Justitiarius alle vorkommende Sachen nach Möglichkeit völlig abthun, oder sie wenigstens dergestalt präpariren und einleiten, daß die Unterthanen und Einwohner außer dieser Zeit nicht ohne Noth von ihren Wohnungen abgezogen, noch an ihren ordentlichen Berufs-Arbeiten gehindert werden dürfen.

§. 28. Er muß also in diesen Gerichtstagen alle vorkommende Prozeß-Sachen gehörig instruiren und entscheiden, oder wenigstens, in so fern sie altioris indaginis sind, die Partheyen gegen einander vernehmen, den statum controversiae bestimmen, die Beweis-Mittel eruiren, die etwa nöthige Okular-Inspektion und andere zur Instruktion erforderliche Lokal-Kenntnisse gehörig einziehen, und mit einem Worte alles dergestalt vorbereiten, daß er die Instruktion längstens bis zum nächsten Gerichtstage zu Hause völlig abschließen, und das Erkenntniß darüber abfassen könne.

§. 29. Ferner muß der Justitiarius die zum Hypotheken-Wesen gehörigen Angelegenheiten in diesen ordentlichen Gerichts-Tagen besorgen, die Kauf- oder andere Contrakte, Hypotheken-Bestellungen, Quitungen und übrige vorkommende actus voluntariae jurisdictionis zum Protokoll aufnehmen, die Instrumente darüber ausfertigen, die etwa von den Contrahenten oder den Dorf-Gerichten schon entworfene Instrumente revidiren, die Partheyen darüber vernehmen, und die hier oder da noch fehlende rechtliche Erkenntnisse suppliren, die Eintragungen und Löschungen in dem Hypotheken-Buche vollziehen, die nach den Kaufbriefen etwa zu leistenden Termins-Zahlungen berichtigen lassen, und solche hinter den Contrakten, so wie in dem Hypotheken-Buche, gehörig abschreiben.

§. 30. Gleichergestalt muß er an diesen ordentlichen Gerichtstagen auch die Vormundschafts-Angelegenheiten besorgen, und zu dem Ende jeden Vormund alljährlich einen dergleichen Gerichtstag, an welchem er von seiner Amtsführung Rechenschaft zu geben habe, bestimmen; die auf jeden solchen Gerichtstag beschiedene Vormünder über den Aufenthalt, die Verpflegung und Erziehung ihrer Curanden examiniren, die Rechnungen von ihnen abnehmen, in Fällen, wo keine Rechnungs-Ablegung erforderlich ist, sie wenigstens den gegenwärtigen Vermögens-Zustand der Curanden und die dabey sich etwa zugetragene Veränderungen zum Protokoll anzeigen lassen, und sie überall mit den nöthigen Anweisungen versehen.

§. 31. Endlich müssen auch die Deposital-Angelegenheiten an diesen ordentlichen Gerichtstagen regulirt, und die etwa vorkommende Ein- und Auszahlungen vollzogen werden.

§. 32. Für die Abwartung dieser ordentlichen Gerichtstage, ingleichen für die Besorgung derjenigen Geschäfte, welche darin wegen Mangels der Zeit oder wegen der Natur, Weitläuftigkeit und Wichtigkeit der Sache nicht abgemacht werden können, und daher außer denselben in ihren Behausungen zu expediren sind, erhalten der Justitiarius und Actuarius ihre fixirte Besoldungen, und können dafür weder Diäten noch sonst etwas, außer der freyen Fuhre von einem Orte zum andern, verlangen.

§. 33. Wenn hingegen außer den ordentlichen Gerichts-Tagen die Gegenwart des Justitiarii oder Actuarii, oder beyder zugleich, auf Verlangen der Partheyen, am Orte selbst erfordert wird; so muß der Extrahent nicht nur die freye Fuhre und Quartier besorgen, sondern auch dem Justitiario, so wie dem Actuario, die in der Sportul-Taxe bestimmten Diäten entrichten.

§. 34. In Prozeß- und andern dergleichen Privat-Sachen müssen die Partheyen dem Justitiario die baaren Auslagen an Stempel, Postporto, Bothenlohn und dergleichen, so wie dem Actuario die ihm überlassene Schreibe-Gebühren vergütigen, die vorkommenden Gerichts-Sportuln aber, ohne den geringsten Unterschied, muß der Justitiarius taxmäßig festsetzen, die Specification derselben dem Gerichts-Herren oder dessen Beamten zustellen, und die Debenten zur Zahlung an sie verweisen.

§. 35. Kein Gerichtsherr muß bey fiskalischer Ahndung sich unterfangen, den Partheyen das Geringste an Gerichts-Sportuln abzufordern, oder von ihnen einzuziehen, was nicht vorstehendermaßen von dem Justitiario festgesetzt und zur Zahlung an ihn assignirt worden.

§. 36. Die Justitiarii müssen für jede ihnen zur Ausübung anvertrauete Jurisdiction ordentliche Registraturen halten, solche aber nicht in ihre Privat-Wohnung, sondern am Orte selbst in einem von dem Gerichtsherrn anzuweisenden Schranke, Spinde oder anderm schicklichen Behältnisse verwahren. Sie müssen also keine andere Acten an sich nehmen, und bey sich behalten, als welche sie zwischen den Gerichtstagen zu Bearbeitung der darin vorkommenden Geschäfte nöthig haben.

§. 37. Ueber alle Sachen, die zum ordentlichen Prozesse gediehen, und wovon also besondere Acten formirt sind, muß der Actuarius ein vollständiges Repertorium nach Vorschrift des Corp. Jur. Frid. Part. III. Tit. V. §. 46. seq. halten. Ueber sämtliche, im Gange befindliche Vormundschaften, muß er unter Direktion des Justitiarii die vorgeschriebene Pupillen-Tabellen führen. Von den übrigen zu jeder Registratur gehörigen Acten und Büchern aber dürfen nur bloße, jedoch vollständige, Consignationes gehalten werden.

§. 38. Alle in einem Distrikt befindliche Justitiarii sind dem diesem Distrikt vorgesetzten Creys-Justitz-Rathe subordinirt, müssen demselben auf Beschwerden, welche gegen sie eingegangen sind, oder auch auf sein sonstiges Erfordern Bericht abstatten und Acta einsenden, auch sich denen von ihm vorzunehmenden Visitationen unterwerfen.

§. 39. Außerdem müssen sie ihm alljährlich Extrakte aus ihren Prozeß-Listen einsenden, die am Ende des Jahres noch current bleibenden Sachen nach den Nahmen der Partheyen spezifiziren, auch bey jeder derselben die Lage der Sachen, und woran deren Beendigung sich noch accrochiret, pflichtmäßig anzeigen.

§. 40. Auch die Pupillen-Tabelle müssen sie am Ende des Jahres, und zwar originaliter zur unverzüglichen Revision und Zurücksendung, so wie aus den Deposital-Rechnungen richtige Extrakte über Einnahme und Ausgabe gebührend einreichen.

§. 41. Die Domainen-Justiz-Aemter verbleiben zwar in ihrer bisherigen Verfassung, jedoch behalten Sich Se. Königl. Majestät vor, in Ansehung derjenigen, bey welchen wegen weiten Umfangs der ihnen angewiesenen Gerichts-Bezirke die Rechtspflege bishero nicht mit der erforderlichen Schnelligkeit und Genauigkeit ausgeübt worden, zur Abstellung dieser Mängel kleinere Distrikte anzuordnen.

§. 42. Die Domainen-Justiz-Beamten und Actuarien müssen alles dasjenige genau beobachten, was oben in Ansehung der Justitiarien und Actuarien überhaupt vorgeschrieben worden, sie sind auch eben so, wie diese, der Ober-Aufsicht der Creys-Justiz-Räthe in so weit unterworfen, als sie den Landes-Justiz-Collegiis subordinirt waren.

§. 43. So viel die Städtische Gerichte betrifft, so sollen die in den kleinern Städten, wo es sich thun läßt, mit unter die Creys-Justitiariate gezogen, in Ansehung der übrigen aber, nach jeden Orts spezieller Verfassung, das etwa Nöthige besonders veranlaßt werden, sobald die Berichte wegen der angeordneten Justiz-Visitationen eingehen.

Zweyter Abschnitt.

Von dem Amte der Creys-Justiz-Räthe, deren Pflichten und Verrichtungen.

§. 1. Damit die Justitiarii oder Unterrichter durchgehends in beständiger Aufsicht gehalten werden, und zugleich die Ober-Justiz-Collegia in allen Gegenden des Landes tüchtige und zuverlässige Subjekte haben mögen, deren sie sich zu Besorgung der daselbst vorkommenden rechtlichen Angelegenheiten mit bedienen können, so soll das Departement eines jeden Landes-Justiz-Collegii in gewisse Distrikte oder Creyse getheilt, und jedem dergleichen Distrikte ein Creys-Justiz-Rath vorgesetzt werden.

§. 2. Bey dieser Eintheilung der Distrikte soll darauf gesehen werden, daß solche gegeneinander in einem billigen Verhältnisse stehen, und daß die Wohnung eines jeden Creys-Justiz-Raths so viel als möglich in dem Mittelpunkte seines Departements liege. Die zunächst an dem Sitze des Landes-Justiz-Collegii belegene Gegenden und die darin oder am Orte selbst befindlichen Untergerichte, bleiben der unmittelbaren Aufsicht des Collegii allein, und des von demselben dazu bestellten Departements-Raths vorbehalten.

§. 3. Die Creys-Justiz-Räthe müssen sich zu diesem Officio eben so vorbereiten und qualifiziren, wie solches in dem Corp. Jur. Frid. Part. III. Tit. IV. §. 20. seq. von denjenigen, welche in Landes-Justiz-Collegiis als Räthe placirt werden wollen, erfordert wird, wie es denn Sr. Königl. Majestät Allerhöchste Intention ist, daß dergleichen Creys-Justitz-Räthe, wenn sie sich in diesem Amte durch geschickte, fleißige und rechtschaffene Bearbeitung der ihnen aufgetragenen Geschäfte vortheilhaft auszeichnen, zu würklichen Raths-Stellen bey den Landes-Justitz-Collegiis vorzüglich befördert werden sollen.

§. 4. Die Creys-Justitz-Räthe erhalten ihre Bestallungen von dem Chef der Justitz, und es sollen ihnen darin gewisse fixirte Besoldungen aus den Salarien-Cassen der Landes-Justitz-Collegiorum ausgesetzt, auch gleicher Rang mit den in den Cammer-Departements bestellten Steuer-Räthen und Commissariis locorum nach dem Dato ihrer Bestallung eingeräumt werden.

§. 5. Einem jeden Creys-Justitz-Rathe wird zu seiner Assistenz ein Aktuarius beygegeben.

§. 6. Zu dergleichen Aktuariis sollen ebenfalls nur Leute genommen werden, welche sich zu dergleichen Justitz-Bedienungen nach der Vorschrift des Corp. Jur. Frid. P. III. T. IV. §. 32. vorzüglich qualifizirt haben. Wollen dergleichen Subjekta sich außerdem noch der loco citato §. 20. seq. vorgeschriebenen schärfern Prüfung unterwerfen; so haben sie zu erwarten, daß bey fernerem pflichtmäßigen Verhalten in ihrem Amte, bey Besetzung der vakanten Creys-Justitz-Raths-Stellen, auf sie vorzüglich reflektirt werden wird.

§. 7. Die Creys-Aktuarii werden von dem Landes-Justitz-Collegio vorgeschlagen, und erhalten ihre Bestallung, worin ihnen ebenfalls ein fixirtes Gehalt ausgesetzt werden soll, von dem Chef der Justitz.

§. 8. Einem jeden Creys-Justitz-Rath wird ferner ein Exekutor beygegeben, welcher zu diesem Offizio nach der Vorschrift des Corp. Jur. Frid. Part. III. T. V. Sect. V. ausgewählt und verpflichtet wird.

§. 9. An Orten, wo die Creys-Justitz-Räthe zugleich als Inquisitores publici die Criminal-Untersuchungen führen, stehen auch die Gefangen-Wärter oder Schließer unter ihrer Aufsicht.

§. 10. Außerdem muß ein jeder Creys-Justitz-Rath für einen sichern, ordentlichen und treuen Menschen sorgen, dessen er sich in vorkommenden Fällen als Copisten bedienen könne. Zur Unterhaltung desselben werden ihm die gewöhnlichen Schreibe-Gebühren in Fällen, wo dergleichen von den Partheyen oder Extrahenten zu bezahlen sind, angewiesen.

§. 11. Die Verrichtungen der Creys-Justitz-Räthe sind von vielerley Art, indem sie

I. die Aufsicht über die Unter-Gerichte ihres Distrikts führen;

II. gewisse, zum unmittelbaren Ressort der Landes-Justitz-Collegiorum an und für sich gehörige Geschäfte, als Commissarii derselben, vi delegationis perpetuae besorgen;

III. die in speziellen Sachen von den Landes-Justitz-Collegiis ihnen gemachten Aufträge vollziehen;

IV. die Criminal-Untersuchungen in der Qualität von Inquisitoribus publicis führen müssen.

§. 12. I. Ihrer Aufsicht in Justitz-Sachen sind alle in ihrem Distrikt befindliche Unter-Gerichte in so weit unterworfen, als solche dem Landes-Justitz-Collegio selbst bisher schon subordinirt gewesen.

§. 13. Zu dieser Aufsicht der Creys-Justitz-Räthe über die ihnen subordinirte Unter-Gerichte gehört zuförderst, daß sie fleißig Acht haben, daß diese Unter-Gerichte mit keinen andern, als solchen Subjektis, welche nach Anweisung des vorstehenden Abschnittes dazu gehörig qualificirt sind, besetzt werden, und daß sie, wenn Contraventiones dagegen vorfallen, solche dem Landes-Justitz-Collegio zur weitern Verfügung und erforderlichen Remedur unverzüglich anzeigen.

§. 14. Sie müssen ferner auf das Betragen dieser Unterrichter in ihrem Amte ein beständig wachsames Auge haben, sich fleißig erkundigen, ob dieselben ihren Pflichten getreu und sorgfältig obliegen, ob sie die Justitz-Sachen aller Art redlich, vorschriftsmäßig und prompt bearbeiten, und ob insonderheit die Creys-Justitiarii einen jeden, auch den geringsten Unterthan, mit seiner Nothdurft willig hören, auch die angeordnete Gerichtstage unausgesetzt und zweckmäßig abwarten.

§. 15. Wenn ihnen Anzeigen zukommen oder sie selbst wahrnehmen, daß ein oder andrer Unterrichter sein Amt verabsäume, sich dabey der Trägheit, Unordnung oder gar Partheylichkeit verdächtig mache, sich zu Bedrückungen der Unterthanen mißbrauchen lasse, oder denselben mit ihren Klagen und Anbringen das rechtliche Gehör versage u. s. w., so müssen sie dergleichen Verdachte mit größter Sorgfalt näher nachforschen, allenfalls eine Justitz-Visitation bey dem verdächtigen Unterrichter und in dessen Distrikt, und zwar eventualiter auf Kosten des dabey schuldig befundenen Unterrichters, anstellen, von dem Befund aber dem Landes-Justitz-Collegio pflichtmäßig ohne Rückhalt oder Schonung Bericht abstatten.

§. 16. Die nach Maaßgabe des vorigen Abschnitts von den Unterrichtern ihres Distrikts einzusendenden Prozeß-, Deposital- und Pupillen-Tabellen müssen sie sorgfältig nachsehen. Wenn sie daraus wahrnehmen, daß irgendwo etwas liegen bleibe, oder nicht in gehöriger Ordnung sey; so müssen sie wegen Abstellung solcher Unordnung, oder wegen bessern Betriebs der Sachen, das Erforderliche verfügen, und im Uebrigen aus den Tabellen sämtlicher ihnen subordinirten Unter-Gerichte alljährlich einen Extract an das Landes-Justitz-Collegium einsenden.

§. 17. Dem Präsidenten dieses Collegii müssen sie zugleich in einem besondern Berichte eine Conduiten-Liste von sämtlichen ihrer Aufsicht anvertrauten Unterrichtern und Justitiariis zustellen, und darin auf ihren Eyd und Pflicht, ohne Leidenschaft oder Rückhalt, anzeigen, was sie von dem Betragen oder Aufführung derselben, sowohl in- als außerhalb ihres Amts, bemerkt, und in sichere Erfahrung gebracht haben.

§. 18. Wenn Partheyen mit Beschwerden gegen die Unterrichter und Justitiarios des Distrikts sich bey ihnen melden, oder von dem Landes-Justiz-Collegio an sie gewiesen worden; so müssen sie solche damit ad Protocollum umständlich vernehmen, in sofern die Querel sich nicht schon aus ihrem eigenen Vortrage als ganz ungegründet darstellt, Auskunft darüber und Acta von dem Unterrichter abfordern, die Supplicanten allenfalls mit Zuziehung der Acten, und mit Vorbehaltung der in dem Berichte angeführten Umstände, noch näher examiniren, und solchergestalt den Grund oder Ungrund einer jeden Beschwerde in vollkommenes Licht zu setzen bemühet seyn.

§. 19. Findet es sich, daß die Beschwerde ganz ungegründet sey, so muß der Creys-Justiz-Rath den Supplicanten umständlich bedeuten, und das Untersuchungs-Protokoll mit dem Conzept der Vorbescheidung an das Landes-Justiz-Collegium einsenden.

§. 20. Ist der Ungrund der Beschwerde nicht ganz klar, sondern die Sache noch einigermaßen zweifelhaft; so muß der Creys-Justiz-Rath mit Einreichung des aufgenommenen Protokolls dem Landes-Collegio die weitere Verfügung anheim stellen.

§. 21. Ist die Beschwerde gegründet, und sie betrifft eine bloße Verzögerung oder Saumseeligkeit des Unterrichters; so muß er ein Monitorum an ihn erlassen, und allenfalls eine verhältnißmäßige Strafe comminiren; wenn aber auch dieses nicht fruchtete, dem Landes-Justiz-Collegio davon zu Festsetzung der Strafe und weitern Verfügung gebührend Anzeige machen.

§. 22. Liegt der Fehler des Unterrichters in einer mangelhaften oder inadäquaten Einleitung der Sache; so muß ihn der Creys-Justiz-Rath deshalb nach dem Sinne und Vorschrift der Gesetze zurechte weisen, und ihm Anleitung geben, wie er die Sache zweckmäßiger instruiren und behandeln solle.

§. 23. Ist aber der von dem Unterrichter begangene Fehler so beschaffen, daß, um solchen abzuhelfen, in der Procedur und den Verfügungen desselben, welche Materialia betreffen, etwas geändert oder aufgehoben, oder wohl gar der Unterrichter zur Vertretung und Strafe gezogen werden müßte; so muß der Creys-Justiz-Rath sein Untersuchungs-Protokoll mit den Acten an das Landes-Justiz-Collegium zur weitern Verfügung sofort einsenden, unterdessen aber dasjenige, was zur Sicherung der Partheyen und Verhütung weiterer nachtheiliger Folgen etwa nöthig ist, interimistisch ohne Zeitverlust besorgen.

§. 24. Wenn auch ein Einwohner des Distrikts sich bey dem Creys-Justiz-Rathe mit Beschwerden gegen ein Unter-Gericht, Justitiarium oder anderen Justiz-Bedienten, die ihm eigentlich nicht subordinirt sind, meldet; so muß er denselben gleichergestalt umständlich zum Protokoll vernehmen, das Protokoll aber, nach Bewandniß der Umstände, entweder an den kompetenten Justiz-Rath des Creyses, wohin die Sache gehört, abgeben, oder an das vorgesetzte Landes-Collegium einsenden.

§. 25. Zu den Verrichtungen der Creys-Justiz-Räthe, in so fern sie II. Commissarii perpetui der Landes-Collegiorum sind, gehöret erstlich, daß die Einwohner des Distrikts ihre bey dem Landes-Collegio anzustellende Klagen bey dem Creys-Justitz-Rath ad Protocollum anmelden können. Doch stehet es in der Wahl der Partheyen, dergleichen Anmeldungen auch unmittelbar bey dem Landes-Collegio schriftlich oder ad Protocollum anzubringen.

§. 26. Bey der Aufnahme solcher Anmeldungen muß der Creys-Justitz-Rath die Erfordernisse des Corp. Jur. Frid. P. I. Tit. II. gehörig beobachten, und zugleich den Kläger anweisen, daß und wie viel er an Vorschuß, zu Bestreitung der Stempel- und andern Kosten und Auslagen, bey dem Landes-Justitz-Collegio deponiren müsse. Wie diese Bedeutung geschehen, muß in dem Anmeldungs-Protokoll selbst vermerkt werden.

§. 27. Beträgt das Objekt der angemeldeten Klage nur 50 Rthlr. oder weniger, und ist der Beklagte innerhalb des Distrikts wohnhaft; so muß der Creys-Justitz-Rath die Sache nach Vorschrift der Prozeß-Ordnung von Bagatell-Sachen sofort weiter instruiren, und Acta zum Erkenntniß an das Landes-Justitz-Collegium einsenden.

§. 28. Betrifft die angemeldete Klage ein höheres oder keiner Schätzung nach Gelde fähiges Objekt, oder ist der Beklagte innerhalb des Distrikts nicht wohnhaft; so muß der Creys-Justitz-Rath, in so fern es eine Bagatell-Sache ist, die Klage selbst mit dem bey ihm erschienenen Kläger nach der Vorschrift des Corp. Jur. Frid. Part. II. Tit. II. §. 5. ad protocollum instruiren, in wichtigern Sachen das Part. I. Tit. III. beschriebene Informations-Protocoll gehörig aufnehmen, sodann aber in beyden Fällen die weitere Verfügung, wegen Fortsetzung der Instruktion mit Einsendung der aufgenommenen Protokolle dem Landes-Justitz-Collegio anheim stellen.

§. 29. Wenn zweytens von dem Erkenntnisse eines Unter-Gerichts appellirt wird, und das Objekt betrifft nur 30 Rthlr. oder weniger, in welchem Falle nach der Vorschrift des Corp. Jur. Frid. Part. II. Tit. II. §. 29. das Appellatorium von dem Unterrichter instruirt wird, so muß dieser die instruirten Acten an den vorgesetzten Creys-Justitz-Rath einsenden, welcher solche nachsiehet; wenn er etwas bey der Instruktion zu erinnern findet, oder die Partheyen sich von selbst bey ihm melden, und noch einen oder andern zur Sache gehörigen Umstand an die Hand geben, das Nöthige deshalb annoch fordersamst suppliren läßt; sonst aber die Acten weiter an das Landes-Justitz-Collegium zum Spruch befördert.

§. 30. Wenn das Objekt zwar über 30 Rthlr., jedoch unter oder nur 50 Rthlr. beträgt, so muß der Unterrichter die Acten mit dem Appellations-Protokoll an den Creys-Justitz-Rath einsenden, welcher das Remedium weiter instruirt, und sodann die Sache dem Landes-Justitz-Collegio zur Abfassung des Erkenntnisses einsendet.

§. 31. Beträgt endlich das Objekt über 50 Rthlr., oder ist solches keiner Schätzung nach Gelde fähig; so hat es bey der allgemeinen Vorschrift des Corp. Jur. Frid. Part. II. Tit. I. §. 52. seq., wornach der Unterrichter Acta nebst dem Appellations-Protokoll unmittelbar an das Landes-Justitz-Collegium einschikken muß, sein Bewenden. Uebrigens muß der Richter in allen Fällen, Acta gehen nun an den Creys-Justitz-Rath, oder unmittelbar an das Landes-Justitz-Collegium, darauf sehen, daß der erforderliche Kosten-Vorschuß von den Partheyen geleistet, und entweder mit den Acten zugleich eingesendet, oder von ihnen unmittelbar bey dem Landes-Justitz-Collegio deponirt werde.

§. 32. Wenn drittens jemand aus dem im Creyse wohnhaften Adel, oder andern eximirten Personen, einen Actum voluntariae jurisdictionis vornehmen will, z. E eine Hypothek ad protocollum bestellen, quittiren, Bürgschaft leisten, Dokumente rekognosciren, Contrakte vollziehen und darüber stipuliren u. s. w., so kann er sich deshalb bey dem Creys-Justitz-Rath melden, welcher das Gesuch zum Protokoll nehmen, die Sache nach Vorschrift der Gesetze gehörig instruiren, und sie sodann an das Landes-Justitz-Collegium zur weitern Verfügung befördern muß.

§. 33. Da jedoch diese Veranstaltung lediglich zur Bequemlichkeit der entfernten Partheyen, und um denselben weite Reisen zu ersparen, getroffen ist, so verstehet es sich von selbst, daß dergleichen Gesuche, nach der Wahl derselben von ihnen auch unmittelbar bey dem Landes-Justitz-Collegio angebracht, und die Aktus vor selbigem vollzogen werden können.

§. 34. Wenn vor dem Creys-Justitz-Rathe ein Vergleich, oder anderes Abkommen, auch in außergerichtlichen Angelegenheiten geschlossen oder vollzogen wird, so muß er solches nichts desto weniger zur gerichtlichen Bestätigung an das Landes-Justitz-Collegium ex officio befördern, damit dieses den Vergleich näher examiniren und nachsehen könne: ob solcher nach seiner Fassung deutlich und bestimmt genug, so wie nach seinem Inhalt, ohne Uebereilung oder Induktion eines oder des andern Theils, gesetz- und zweckmäßig eingerichtet sey.

§. 35. Wenn viertens jemand von Adel oder ein anderer Exemtus, der in dem Creyse wohnhaft ist, seinen letzten Willen in viam testamenti judicialis bey dem Landes-Justitz-Collegio niederlegen will, so ist der Creys-Justitz-Rath vi officii authorisiret, solches mit Zuziehung des Aktuarii von ihm anzunehmen, und nebst dem über den Aktum aufgenommenen Protokolle an das vorgesetzte Collegium ad depositum einzusenden. Das Collegium muß hiernächst die über die geschehene Niederlegung ausgefertigte Rekognition dem Creys-Justitz-Rathe zur weitern Beförderung zuschicken.

§. 36. Wenn von Aufnehmung eines mündlichen Testaments ad protocollum die Rede, so ist zwar der Creys-Justitz-Rath auch dazu auf Requisition des Testatoris berechtiget; er muß aber dabey die in den Landes-Gesetzen vorgeschriebenen Erfordernisse und Solennitäten sorgfältig beobachten.

§. 37. Wenn fünftens bey dem Absterben einer adelichen oder andern eximirten Person, welche im Creyse wohnhaft ist, oder Vermögen darin hat, der Fall eintritt, daß nach Vorschrift der Gesetze die gerichtliche Siegelung erforderlich ist; so muß der Creys-Justitz-Rath solche ex officio ordnungsmäßig vornehmen, und davon, mit Beylegung des Obsignations-Protokolls, an das Landes-Justitz-Collegium berichten.

§. 38. Wenn sechstens bey einem sich ereignenden Sterbefalle einer adlichen oder sonst eximirten Person Unmündige oder andere vorhanden sind, denen nach Vorschrift der Gesetze ein Curator bestellt werden muß, so ist der Creys-Justitz-Rath schuldig, solches dem Landes-Justitz-Collegio sofort anzuzeigen, und einige taugliche Subjekte, allenfalls nach genommener Abrede mit den überlebenden Ehegatten, oder andern in der Nähe befindlichen Verwandten, zur Auswählung eines Vormundes in Vorschlag zu bringen.

§. 39. Diesem überlebenden Ehegatten oder in loco befindlichen nächsten Verwandten muß er zugleich die Taufscheine der Minorennen abfordern, und solche, wo möglich, seinem Berichte bald beylegen, übrigens aber die Interessenten anweisen, sich zur weitern Regulirung der Sache bey dem Landes-Justitz-Collegio unverzüglich zu melden.

§. 40. Die Creys-Justitz-Räthe müssen siebentes, wenn in ihrem Distrikt Pupillen-Güther sich befinden, welche entweder von den Vormündern oder andern Administratoren verwaltet werden, oder in Pachtung ausgethan sind, die Wirthschafts-Führung auf selbigen beobachten, und wenn sie in Erfahrung bringen, oder selbst inne werden, daß dabey auf unwirthschaftliche, dem Interesse der Minorennen nachtheilige Art zu Werke gegangen, z. E. der Acker außer Düngung gebracht, die Gebäude nicht in baulichen Würden unterhalten, die Forsten devastirt, die Unterthanen enervirt oder vertrieben werden, dem Landes-Justitz-Collegio davon pflichtmäßige Anzeige machen.

§. 41. Specielle Aufträge sind III. die Landes-Justitz-Collegia den Creys-Justitz-Räthen in Angelegenheiten aller Art zu machen berechtiget.

§. 42. Sie können ihnen daher in Prozeß-Sachen nicht nur Vernehmungen der Kläger oder Beklagten, welche selbst nicht persönlich an ordentlicher Gerichtsstelle erscheinen, noch vorschriftmäßig qualificirte Bevollmächtigte dahin abschicken können, und andere dergleichen zur Instruktion des Prozesses gehörige einzelne Verrichtungen, z. E. Ocular-Inspektiones, Zeugen-Verhöre, Eydes-Abnahmen u. s. w committiren, sondern auch nach Beschaffenheit der Umstände, wenn z. E. beyde Theile in dem Creyse oder doch in der Nähe wohnhaft sind, oder wenn die Sache nach der Natur des Gegenstandes sich zur Local-Commission qualifiziret, ihnen die ganze Instruktion derselben auftragen.

§. 43. Die Exekutiones gegen Einwohner und Einsassen des Creyses, welche von dem Landes-Justitz-Collegio zu verfügen sind, werden in der Regel durch die Creys-Justiz-Räthe entweder unmittelbar, oder durch den ihnen beygegebenen Executorem unter ihrer Direktion, vollstreckt.

§. 44. Auch die Aufnehmung gerichtlicher Taxen kann in vorkommenden Fällen den Creys-Justiz-Räthen allenfalls mit Zuziehung von Oekonomie-Verständigen, aufgetragen werden.

§. 45. In außergerichtlichen Angelegenheiten können die Landes-Collegia sich der Creys-Justiz-Räthe zur Erleichterung der Partheyen in Besorgung solcher Geschäfte, die in loco am füglichsten abzuthun sind, ebenfalls bedienen. Sie können also z. E. ihnen auftragen, Dokumente oder Quitungen von den Ausstellern recognosciren zu lassen, Stipulationes über Kauf-Contrakte, Eheberedungen oder sonstige Verträge von den Partheyen abzunehmen, und andere dergleichen Actus voluntariae jurisdictionis bis zur richterlichen Bestätigung zu vollziehen.

§. 46. In Vormundschafts-Sachen können die Creys-Justiz-Räthe gebraucht werden, Vormünder zu verpflichten, Inventaria zu errichten, Erbtheilungen anzulegen, Rechnungen abzunehmen, die Wirthschaft der Vormünder auf den Pupillen-Güthern zu revidiren, Pacht-Anschläge von solchen Güthern anzufertigen, und die Verpachtungen selbst zu reguliren.

§. 47. Alle und jede Aufträge ohne Unterschied, welche ihnen solchergestalt von den Landes-Collegiis gemacht werden, müssen die Creys-Justiz-Räthe prompt und unweigerlich befolgen, und sich dabey nach den Vorschriften der Gesetze überhaupt, so wie nach den in ein oder anderem Falle von dem kommittirenden Collegio ertheilten speziellen Anweisungen genau und sorgfältig achten.

§. 48. Dagegen sind die Landes-Justiz-Collegia mit dergleichen Aufträge an die Person des im Creyse bestellten Justiz-Raths keineswegs gebunden, sondern es steht ihnen frey, solche nach ihrem Befinden und nach Beschaffenheit der Umstände auch einem benachbarten Creys-Justiz-Rathe selbst, wo es nöthig ist, in einem andern angrenzenden Departement, oder einem geschickten Justitiario, oder andern Unter-Gerichts-Bedienten, zu übertragen.

§. 49. In der Qualität als Inquisitores publici liegt den Creys-Justiz-Räthen ob, in allen Criminal-Fällen, welche sich in ihrem Distrikt ereignen, in so fern solche unmittelbar ad forum superius gehören, die Inquisitiones zu führen, und die Sache völlig zum Erkenntnisse zu instruiren.

§. 50. Da aber auch bey den wenigsten, besonders kleinen Städten, Aemtern und Patrimonial-Jurisdiktionen hinlänglich sichere Criminal-Gefängnisse und andere zur Aufbewahrung der Inquisiten erforderliche Veranstaltungen vorhanden sind; so soll einem jeden mit der Criminal-Jurisdiktion versehenen Unter-Gerichte freystehen, seine Inquisiten, wenn zuvörderst durch den Justitiarium das Corpus delicti erhoben, und die erste summarische Vernehmung besorgt worden, an den Creys-Justiz-Rath zur Fortsetzung der Inquisition abzuliefern.

§. 51.

§. 51. Es verstehet sich von selbst, daß von den Privat-Jurisdiktionariis die Sitz- und Atzungs-Gebühren für die von ihnen abgelieferten Inquisiten vorschußweise besorgt, auch die übrigen Untersuchungs-Kosten, in sofern dergleichen nach der Criminal-Ordnung und Taxe in jeder Provinz statt finden, bezahlt werden müssen.

§. 52. Bey Führung der Inquisitionen werden die Creyß-Justiz-Räthe auf die Vorschriften der Criminal-Ordnung und der übrigen deshalb vorhandenen Gesetze lediglich verwiesen.

§. 53. Bey allen diesen bisher angeführten Verrichtungen haben die Creyß-Justiz-Räthe sich der ihnen beygegebenen Actuarien als ihrer Assistenten zu bedienen. In Fällen, wo die Gesetze zur Gültigkeit und Rechtsbeständigkeit einer Handlung Judicem cum Actuario nothwendig erfordern, muß letzterer das Protocoll führen; in andern Angelegenheiten aber, besonders solchen, die von minderer Wichtigkeit sind, kann ihm der Creyß-Justiz-Rath Aufträge zur alleinigen Besorgung machen; doch muß er ihn dabey beständig dirigiren, und die von ihm verrichteten Arbeiten nachsehen.

§. 54. Desgleichen soll den Creyß-Justiz-Räthen erlaubt seyn, in vorkommenden besondern Fällen, die entweder eine vorzügliche Beschleunigung erfordern, und die von ihnen selbst, wegen Krankheit oder anderer Ehehaften nicht sofort besorgt werden können, oder wo es zur Abkürzung der Sache oder Erleichterung der Kosten für die Interessenten dienlich seyn kann, auch den ihnen subordinirten Justitiariis gewisse einzelne Actus z. E. Zeugen-Verhöre, Ocular-Inspectiones u. d. g. zu übertragen. Besonders kann dieses in Criminal-Fällen vorkommen, wenn von Erhebung oder Besichtigung des Corporis delicti oder von Einziehung gewisser anderer Lokal-Kenntnisse und Nachrichten die Rede ist.

§. 55. Hingegen können die Creyß-Justiz-Räthe in Angelegenheiten, welche zur Aufsicht über die Unter-Gerichte gehören, so wie bey den ihnen aufgetragenen Instruktionen ganzer Prozesse in wichtigen Sachen sich einer Subdelegation an einen Justitiarium oder andern Unter-Gerichts-Bedienten eigenmächtig nicht anmaßen.

§. 56. Eigentliche Registraturen können zwar außer in Criminalibus bey den Creyß-Justiz-Räthen nicht vorkommen; da dieselben alle von ihnen aufgenommene Protokolle oder von ihnen verhandelte Akten an die Landes-Justiz-Collegia einschicken müssen, in deren Repertoriis solche gehörigen Orts eingetragen und in ihren Registraturen asserviret werden. Inzwischen müssen dennoch die Creyß-Justiz-Räthe nicht nur ordentliche General-Akta über das, was zu ihrem Amte überhaupt gehört, oder die Einrichtung und Verfassung der ihnen subordinirten Unter-Gerichte betrifft, halten, sondern auch die in einzelnen Fällen vorkommende Piecen, z. E. die an sie ergehenden Original-Reskripte und Commissorialia des vorgesetzten Collegii, die Conzepte ihrer an selbige erstatteten Berichte ꝛc. gehörig aufbewahren, und in gewisse Volumina nach den verschiedenen Gegenständen, in sofern sie z. E. Prozessualia, Actus voluntariae jurisdictionis, Pupillen-Sachen u. s. w. betreffen, von Jahr zu Jahr ordentlich zusammenheften lassen.

§. 57. Ein jeder Creyß-Justitz-Rath muß über die von ihm besorgten Geschäfte nachstehende Listen von dem Aktuario unter seiner Aufsicht und Direktion halten lassen:

1) Ein Verzeichniß über die bey ihm angemeldeten Klagen.
2) Eine Liste über die ihm aufgetragenen Instruktiones.
3) Eine Consignation über sämmtliche bey ihm vorgekommene Protokolle, Eingaben, Reskripte und Berichte, welche einzelne Aktus, Beschwerden oder andere Verhandlungen in eigentlichen Justitz-Sachen betreffen.
4) Ein dergleichen Verzeichniß wegen der von ihm auf Anmelden der Partheyen, oder der nach dem Auftrage des Landes-Justitz-Collegii besorgten außergerichtlichen Geschäfte in außergerichtlichen und Pupillen-Sachen, ingleichen über die von ihm abgenommenen Testamente.
5) Die Criminal-Tabellen.

§. 58. Die letztere müssen nach dem vorgeschriebenen Formular geführt, und in den bestimmten Terminen an das vorgesetzte Landes-Justitz-Collegium eingesendet werden.

§. 59. In der Liste der angemeldeten Klagen müssen die Nahmen der Partheyen, das Datum des aufgenommenen Anmeldungs-Protokolls, und auch, wenn darauf verfügt worden, wenn z. E. der Creyß-Justitz-Rath das Protokoll an das Collegium eingesendet, oder wenn er solches, weil die Instruktion nach Maaßgabe §. 27. vor ihm gehört, in die Instruktions-Liste übertragen habe, enthalten seyn. Von diesem Verzeichniß der neu angemeldeten Klagen muß der Justitz-Rath zu Ende jeden Quartals, Abschrift an das vorgesetzte Collegium einschicken.

§. 60. Die Instruktions-Liste sub No. 2. muß alle Sachen enthalten, deren Instruktion dem Creyß-Justitz-Rath, entweder von dem vorgesetzten Landes-Collegio aufgetragen worden, oder ihm in den Fällen des §. 27. et 30. ex Officio obliegt. Sie wird nach folgenden Rubriquen geführt:

1) Nummer;
2) Nahmen der Partheyen und Objekt des Prozesses;
3) Datum des dazu erhaltenen Commissorialis, oder des Eingangs der Akten von dem Unterrichter in dem Falle des §. 30. oder der geschehenen Uebertragung aus der Liste der Anmeldungen in dem Falle des §. 27.
4) Lage der Sache.

Diese letzte Colonne muß besonders umständlich geführt und von der ganzen Liste am Ende jeden Quartals ein Extrakt in Ansehung derjenigen Sachen, wo die Instruktion alsdenn noch nicht geschlossen, und die Einsendung der Akten noch nicht erfolgt ist, dem vorgesetzten Collegio eingereicht werden.

§. 61. In die ad Num. 3. et 4. zu haltenden Verzeichnisse

der übrigen gerichtlichen und aussergerichtlichen Sachen müssen alle und jede dahin gehörige Piecen, nach der Zeitfolge, so wie sie einkommen, unter fortlaufenden Nummern eingetragen, und bey jeder Nummer unter besondern Colonnen vermerkt werden, was für Partheyen und welches Objekt solche betreffen, was darauf veranlaßt, und wenn die Sache an das Landes-Justitz-Collegium eingesendet worden. Von diesen Verzeichnissen bedarf es keiner Abschriften noch Extrakte; es muß aber der Creyß-Justitz-Rath solche jederzeit vollständig und in gehöriger Ordnung halten, damit er sie dem vorgesetzten Collegio, oder dessen Visitatori, auf jedesmaliges Erfordern vorlegen könne.

§. 62. Den Creyß-Justitz-Räthen sollen, wie schon oben angeführt worden, gewisse fixirte Besoldungen ausgesetzt, und auf die Salarien-Casse des Landes-Justitz-Collegii angewiesen werden.

§. 63. Gegen den Genuß dieser Besoldungen sind sie schuldig, die Aufsicht über die Unter-Gerichte zu führen, und alle dahin einschlagende Geschäfte, sie haben Nahmen wie sie wollen, unentgeldlich zu besorgen, auch alle Aufträge in Processualibus, sie betreffen Armen-Sachen oder nicht, zu verrichten.

Wenn ihnen also die Instruction eines ganzen Prozesses, oder gewisse dazu gehörige Actus aufgetragen worden, und die Partheyen des Armen-Rechts nicht genußbar sind, so müssen sie ihrem Berichte zugleich die Liquidation der Gebühren, nach den Principiis der Ober-Gerichts-Sportul-Taxe beylegen, welche sodann von dem Collegio festgesetzt und zur Sportul-Casse eingezogen, auch aus diesem Fond hauptsächlich die Salarien der Creyß-Justitz-Räthe bestritten werden.

§. 64. Wenn jedoch ein Creyß-Justitz-Rath zur Vollziehung eines ihm in Processualibus gewordenen Auftrags, Reisen thun, und Commissiones in loco außerhalb seinem gewöhnlichen Wohnorte halten muß; so sollen ihm dafür nicht nur die Fuhrkosten vergütet, sondern auch die in der Sportul-Taxe bestimmten Diäten nach richterlichem Ermessen zugebilliget werden.

§. 65. Außerdem müssen ihm auch die Partheyen alle bey dergleichen Verrichtungen vorkommende baare Auslagen an Stempeln, Post-Porto, Bothenlohn u. s. w., bonificiren.

§. 66. Bey den Executions-Vollstreckungen hingegen, desgleichen für alle zum Hypotheken- und Vormundschafts-Wesen gehörige oder andere außergerichtliche Actus und Verhandlungen, sollen den Justitz-Räthen die diesfällige Emolumente und Gebühren zu gute kommen.

§. 67. Wenn sie einen dergleichen Actum in ihrer Behausung expediren, so können sie nur die in der Sportul-Taxe bestimmten Gebühren pro Actu fordern; außer diesen aber und außer den etwanigen baaren Auslagen an Post-Porto, Bothen-Lohn, Stempel-, Schreibe-Gebühren ꝛc. weder für den Bericht noch sonst etwas liquidiren. Wenn sie hingegen solcher Verhandlungen wegen, entweder auf Instanz der Partheyen, oder sonst, wegen unumgänglicher Erforderniß der Sache z. E. bey Siegelungen in Sterbe-Fällen, Reisen thun müssen, so haben sie außer den Fuhrkosten und andern baaren Auslagen die in der Sportul-Taxe bestimmten Diäten zu erhalten, können aber alsdann für den Actum selbst nichts ansetzen.

§. 68. Wenn sie dergleichen Geschäfte vermöge eines Auftrages des Landes-Justitz-Collegii besorgen, so müssen sie dem darüber zu erstattenden Berichte ihre Liquidation beyfügen, und deren Festsetzung nebst dem zu erlassenden Zahlungs-Mandat, welches ihnen in der Regel zur eignen Insinuation und Einziehung zugestellet werden soll, abwarten.

§. 69. Wenn hingegen ein dergleichen Actus von ihnen auf eigenes Anmelden der Parthey vorgenommen wird, so können sie sich zwar die taxmäßigen Gebühren von dem Extrahenten sofort berichtigen lassen; sie müssen aber in dem hiernächst an das Landes-Justitz-Collegium zu erstattenden Berichte pflichtmäßig und specifice anzeigen: was und wie viel sie an dergleichen Gebühren gefordert und erhalten haben.

§. 70. Inquisitiones, wovon die Kosten aus den öffentlichen Fonds oder aus der Sportul-Casse zu tragen seyn würden, müssen sie ex officio gegen den Genuß ihres fixirten Gehalts übernehmen. Wenn aber der Inquisit vermögend, oder ein Privat-Jurisdictions-Berechtigter die Kosten zu tragen verbunden ist, so kommen solche, wenn sie zuförderst taxmäßig liquidirt und richterlich festgesetzt worden, dem inquirirenden Creyß-Justitz-Rathe zu gute.

§. 71. Die Creyß-Justitz-Actuarii erhalten gleich den Räthen verhältnißmäßige fixirte Besoldungen. Werden ihnen in Fällen, wo die Gebühren nach obigen Grundsätzen nicht zur Sportul-Casse fließen, gewisse Actus oder andere Verrichtungen von dem Justitz-Rathe aufgetragen; so empfangen sie statt seiner die Gebühren pro Actu. Wenn sie aber in dergleichen Fällen von dem Justitz-Rath nur zugezogen werden, so erhalten sie pro Actu oder an Diäten zwey Drittel desjenigen, was diesem in der Sportul-Taxe ausgesetzt ist.

§. 72. Uebrigens dispensirt die den Creyß-Justitz-Räthen vorstehend aufgetragene Inspection über die Unter-Gerichte, die Landes-Justitz-Collegia keinesweges von der auch ihnen über selbige, und zwar principaliter, obliegenden Aufsicht; vornehmlich aber müssen diese Collegia die Creyß-Justitz-Räthe selbst beständig übersehn und controlliren, auch dafür stehen, daß selbige das ihnen anvertraute Amt weder verabsäumen noch mißbrauchen.

Dritter Abschnitt.

Von den Landes-Justiz-Collegiis in der Chur- und Neumark Brandenburg.

§. 1. Die Gerichts-Bezirke der bisherigen Landes-Justiz-Collegiorum

1) des Cammer-Gerichts;
2) der Neumärkischen Regierung;
3) des Altmärkischen Ober-Gerichts;
4) des Uckermärkischen Ober-Gerichts;

bleiben vor der Hand unverändert, und exercirt jedes derselben in den ihm angewiesenen Districten die ihm verliehene Gerichtsbarkeit.

§. 2. Bey dem Cammer-Gerichte waren bishero die Geschäfte auf eine nicht zweckmäßige Art in mehrere Senate und Deputationen vertheilt und die bey denselben angestellte Mitglieder durch die mannigfaltige Gattungen der ihnen obliegenden Amts-Pflichten verhindert, ihren eigentlichen Berufs-Arbeiten alle ihre Kräfte zu widmen.

§. 3. Um hierunter für die Zukunft eine dem vorschriftmäßigern und schnellern Betrieb der Sachen angemessene Eintheilung zu treffen, haben Se. Königl. Majestät beschlossen, daß ein besonderes Hausvoigtey-Gericht niedergesetzet, das Cammer-Gericht selbst aus zwey von einander ganz unabhängigen Senaten, dem Instructions-Senat, und dem Ober-Appellations-Senat bestehen, und dem Ober-Tribunal die Entscheidung aller bishero bey dem Cammer-Gericht in Revisorio abgeurthelten Sachen überlassen werden soll.

§. 4. Das Hausvoigtey-Gericht soll aus einem Director, dem Hausvoigt, zween genugsam geübten Referendarien, und einigen zu Inquisitoribus publicis zu bestellenden Fiscälen bestehen, mit den nöthigen Subaltern-Bedienten versehen, und demselben zu Führung der Protocolle einige Auscultatoren des Cammer-Gerichts zugeordnet werden.

§. 5. Das solchergestalt besetzte Hausvoigtey-Gericht führt die Criminal-Untersuchungen und Inquisitionen, welche nicht zum Ressort der Unter-Gerichte gehören, oder einer der angeordneten Creyß-Justiz-Commissionen füglich übertragen werden können. In zweifelhaften Fällen richtet es seine Anfragen an den Instructions-Senat des Cammer-Gerichts, unter dessen Direction es überhaupt stehet, und an welchen es die instruirte Criminal-Acten zum Erkenntniß einreicht.

§. 6. Ferner instruirt das Hausvoigtey-Gericht, die nach der Disposition des Corp. Jur. Frid. Part. II. T. II. §. 1. 2. zu bestimmende Bagatell-Sachen, in Ansehung aller unter der unmittelbaren Gerichtsbarkeit des Cammer-Gerichts stehenden Personen, und entscheidet solche in erster Instanz.

§. 7. Außerdem wird dem Hausvoigtey-Gerichte die Instruction und Entscheidung der Injurien-Sachen, welche unter den von der Gerichtsbarkeit der Unter-Gerichte eximirten Personen vorfallen, jedoch mit der Ausnahme übertragen, daß die

Injurien-Sachen derer von Adel, der Königl. Räthe, und aller, welche mit diesen in gleichem oder höherm Range stehen, dem Cammer-Gerichte vorbehalten bleiben.

§. 8. Das Hausvoigtey-Gericht versammlet sich zur gemeinschaftlichen Bearbeitung der ihm obstehendermaßen übertragenen Geschäfte und zu Haltung der Gerichtstage in jeder Woche Dienstags und Freytags Vormittags um 8 Uhr auf der Hausvoigtey. Bey diesen Versammlungen wird mit dem Vortrag der eingekommenen Sachen und zu publicirenden Urtel und Resolutionen der Anfang gemacht; sodann aber besorgen die Mitglieder, ein jeder in seinem Departement, die ihnen angewiesenen speciellen Geschäfte, womit, wenn der Vormittag nicht hinreicht, an demselben Nachmittag, allenfalls aber auch am folgenden Tage ununterbrochen continuirt werden muß.

§. 9. In Ansehung der dem Hausvoigt in dieser Qualität allein obliegenden Amts-Pflichten, verbleibt es überall bey der bisherigen Verfassung.

§. 10. Der Instructions-Senat des Cammer-Gerichts soll aus einem Präsidenten, einem Directore und einer hinlänglichen Anzahl von Cammer-Gerichts- und Assistenz-Räthen bestehen, auch mit den erforderlichen Subaltern-Bedienten versehen werden.

§. 11. Die diesem Collegio obliegende Geschäfte werden theils im versammelten Senat, theils in zween aus demselben formirten Deputationen bearbeitet, deren eine sich mit den Criminal-, die andere hingegen mit den minder wichtigen Civil-Sachen beschäftigen soll.

§. 12. Zur Bearbeitung der Criminal-Sachen sollen einige in diesem Fache geübte Räthe, unter dem Vorsitz des Cammer-Gerichts-Directoris deputirt, auch solche nöthigen Falls, durch einige vorzüglich geschickte und zu Criminal-Räthen zu ernennende Mitglieder des Collegii der Justiz-Commissarien verstärkt werden.

§. 13. Diese Deputation beschäftigt sich einzig und allein mit Abfassung der Urthel und Gutachten in Criminal-Sachen, indem alle Vorträge, welche durch die bey den Unter-Gerichten, den Creyß-Justiz-Commissionen und dem Hausvoigtey-Gerichte schwebende Criminal-Sachen veranlaßt werden, zwar von den Räthen dieser Deputation, aber im versammleten Senate geschehen müssen.

§. 14. Es gehört dahero zum Ressort der Deputation in Criminal-Sachen;

I. Die Abfassung der Urtel und Gutachten in erster Instanz in allen von den Churmärkschen Unter-Gerichten zum Spruch eingereichten, oder von den Creyß-Justiz-Commissionen sowohl als dem Hausvoigtey-Gerichte instruirten Criminal-Sachen, welche von dieser Deputation respective zur Bestätigung nach Hofe, und zur Publication an die Inquirenten befördert werden.

§. 15. II. In den aus den Provinzen an das Criminal-

Departement des Etats-Ministerii in erster Instanz zur Confirmation gelangenden Criminal-Sachen, muß diese Deputation auf Erfordern gutachtliche Berichte erstatten.

§. 16. III. Ein Gleiches muß alsdann geschehen, wann das General-Directorium in den zu dessen Ressort gehörigen Criminal-Sachen rechtliche Gutachten zu verlangen, nöthig findet.

§. 17. Diese Deputation versammelt sich in jeder Woche Mittwochs Vormittags um 8 Uhr im Collegien-Hause, außerdem aber so oft, als der prompte Betrieb der Sachen und die vorräthige Anzahl der abgefaßten Relationen solches erfordert. Uebrigens bleibt es in allen deren Bearbeitung überlassenen Geschäften dem Ermessen des Directoris vorbehalten, bey sich ereignenden sehr erheblichen Bedenken oder in Sachen von vorzüglicher Wichtigkeit, den Vortrag zum Pleno des Instructions-Senats zu verweisen, bey welchem sodann die etwa zu Re- oder Correferenten bestellte Criminal-Räthe mit zugezogen werden.

§. 18. Die Deputation zur Bearbeitung der minder wichtigen Civil-Sachen, soll aus einem Director und zween Assistenz-Räthen nebst einigen vorzüglich geschickten und geübten Referendarien bestehen.

§. 19. Dieser Deputation wird beygelegt: I. die Instruction aller zum unmittelbaren Ressort des Cammer-Gerichts gehörigen §. 7. dem Hausvoigtey-Gericht nicht überlassenen Injuriensachen, worin, wenn es auf eine Bestrafung mit einer Geldbuße höchstens von 20 bis 30 Rthlr. ankommt, diese Deputation selbst erkennt, sonst aber die Sachen im versammleten Senat zum Vortrag bringt.

§. 20. II. Die Instruction und Entscheidung aller von den Unter-Gerichten oder dem Hausvoigtey-Gericht in erster Instanz abgeurtelten Injurien-Sachen, wenn dagegen ein Rechtsmittel eingewendet, oder ein Milderungs- oder Niederschlagungs-Gesuch übergeben worden.

§. 21. III. Die Instruction und Entscheidung des Appellatorii in allen bey den Unter-Gerichten oder dem Hausvoigtey-Gerichte in erster Instanz abgeurthelten mehr als 10 Rthlr. betragenden Bagatell-Sachen, welche, wenn die Instruction nach Vorschrift des Corp. Jur. Frid. bey dem erkennenden Gerichte selbst oder bey den Creyß-Justitz-Commissionen erfolgt ist, zur Aburthelung in zweyter Instanz bey dieser Deputation vorgelegt worden.

§. 22. Auch bey dieser Deputation bleibt es dem Ermessen des Directoris vorbehalten, in allen sich ereignenden zweifelhaften oder bedenklichen Fällen die Sachen im versammleten Senat zum Vortrag zu bringen, und daselbst die erforderliche Resolutiones oder Erkenntnisse abfassen zu lassen.

§. 23. Dahingegen gehört zum Ressort des gesammten Instructions-Senats:

I. Die Aufsicht über sämmtliche Unter-Gerichte der Chur-Mark, die in derselben anzusetzende Creyß-Justitz-Commissionen und das Hausvoigtey-Gericht, sowohl in Criminalibus als Civilibus, insbesondere die Untersuchung der erhobenen Beschwerden; die Bescheidung auf die von gedachten Gerichten einlaufenden Anfragen, und überhaupt die Beobachtung alles dessen was im Corp. Jur. Frid. L. I. P. 3. Tit. 8. §. 15. seq. den Landes-Justiz-Collegiis vorgeschrieben worden.

§. 24. II. Die Ausübung der Actuum voluntariae jurisdictionis theils unmittelbar, theils durch die anzuordnende Creyß-Justiz-Commissionen, insbesondere das Hypotheken-Wesen in Ansehung der unter der ehemaligen Hof-Gerichts-Jurisdiction belegenen Grund-Stücke, die Aufnahme der Testamente, Contracte, Schenkungen ꝛc., ingleichen die in Deposital- und Sportul-Cassen-Sachen vorfallende Verträge. So viel insonderheit die Actus voluntariae jurisdictionis und das Hypotheken-Wesen betrifft, so gehören zwar alle dahin einschlagende Verträge und zu erlassende Verfügungen für das Plenum des Instructions-Senats; zur Vollziehung der Actum selbst aber, z. E. zur Aufnehmung eines mündlichen Testaments; Abnehmung desselben in den Häusern; gerichtlicher Aufnahme und Verlautbarung der Contracte, Schenkungen u. dgl., sollen vornehmlich die Mitglieder der Civil-Deputation gebraucht werden.

§. 25. III. Die Instruction aller nach Anleitung des Corp. Jur. Frid. L. I.. P. 4. T. 2. zur unmittelbaren Bearbeitung der Landes-Justiz-Collegiorum verwiesenen Prozesse, in sofern solche bishero bey dem Cammer-Gerichte und den mit demselben combinirten Collegiis verhandelt worden, jedoch mit Ausschluß der nach Anleitung der §. 6. 7. an das Hausvoigtey-Gericht nach Vorschrift des §. 19. an die Deputation verwiesenen Bagatell- und Injurien-Sachen.

§. 26. IV. Die Abfassung der Erkenntnisse erster Instanz in allen nach Anleitung des vorigen §. instruirten Prozessen, ingleichen in allen Sachen, worin die niedergesetzte Deputationen die Entscheidung dem versammleten Senate zu überlassen nöthig finden.

§. 27. V. Die Instruction der Rechtsmittel, welche wider die von diesem Collegio abgefaßte Urthel eingewendet worden, wobey jedoch die Vorschrift des Corp. Jur. Frid. L. I. P. 1. T. 14. §. 36. wegen Ernennung eines andern Deputati auf das genaueste zu beobachten ist.

§. 28. VI. Die Instruction der höhern Instanzien in allen bey den Unter-Gerichten in erster Instanz abgeurthelten Sachen, in sofern solche nach Anleitung des Corp. Jur. Frid. L. I. P. 2. T. 1. bey den Landes-Justiz-Collegiis erfolgen muß, und nicht oben §. 20 und 21. in Bagatell- und Injurien-Sachen der Deputation überlassen worden.

§. 29. Zur Bearbeitung dieser Geschäfte versammlet sich der Instructions-Senat in jeder Woche Montags und Donnerstags Vormittags um 8 Uhr.

Sobald die Publication der vom Hofe eingelaufenen Rescripte erfolgt ist, wird mit denjenigen Vorträgen der Anfang gemacht, welche wegen ihrer Wichtigkeit oder Bedenklichkeit von den angeordneten Deputationen an den versammleten Senat verwiesen sind. Wenn dieser Vortrag geendiget ist, begiebt sich der Director nebst den Mitgliedern der in minder wichtigen Civil-Sachen angeordneten Deputation zur Bearbeitung der Geschäfte ihres Ressorts in das ihnen angewiesene besondere Zimmer, und das Plenum des Senats continuirt die Session nach der im Corp. Jur. Frid. L. I. P. 3. T. 1. §. 31. seq. vorgeschriebenen Ordnung.

§. 30. Der Ober-Appellations-Senat des Cammer-Gerichts soll, außer dem Chef-Präsidenten, aus einem Präsidenten und einer hinlänglichen Anzahl von Cammer-Gerichts-Räthen bestehen.

§. 31. Dieser Ober-Appellations-Senat beschäftigt sich bloß mit Abfassung der Erkenntnisse in den zur Aburthelung in zweyter Instanz dahin verwiesenen Sachen.

§. 32. Es gehöret daher zum Ressort des Ober-Appellations-Senats:

I. Die Abfassung der Erkenntnisse zweyter Instanz in allen Civil-Sachen, worin vom Instructions-Senat in erster Instanz erkannt worden, zu welchem Behuf Acta, sobald solche geschlossen, an diesen Senat abgegeben, und bey demselben zum Spruch vorgelegt werden.

§. 33. II. Die Entscheidung in zweyter Instanz in allen mehr als 50 Rthlr. betragenden, bey den Chur-Märkschen Unter-Gerichten in erster Instanz abgeurthelten Sachen, welche daher resp. von den Unter-Gerichten unmittelbar an das Ober-Appellations-Gericht eingesendet, oder wenn die Verhandlung in Appellatorio bey dem Instructions-Senat erfolgt, von diesem nach geschlossenem Verfahren dahin abgegeben worden.

§. 34. III. Die Abfassung der Erkenntnisse in allen von der Neumärkschen Regierung, dem Altmärkschen und Uckermärkschen Ober-Gericht in erster Instanz entschiedenen Civil-Sachen, weshalb Acta instructa von gedachten Collegiis unmittelbar an das Ober-Appellations-Gericht addressiret werden.

§. 35. IV. Wenn in Criminal-Sachen von den Chur-Märkschen Unter-Gerichten oder von dem Instructions-Senat des Cammer-Gerichts, und dessen zur Bearbeitung der Criminal-Sachen niedergesetzten Deputation, oder der Neumärkschen Regierung oder dem Altmärkschen und Uckermärkschen Ober-Gericht in erster Instanz erkannt worden, und dagegen das Rechts-Mittel der weiteren Vertheidigung eingewendet worden, so werden die in zweyter Instanz erforderlichen Urthel oder Gutachten bey dem Ober-Appellations-Senat abgefaßt, und von demselben resp. zur Confirmation oder Publication befördert.

§. 36. V. In den aus den Provinzen in zweyter Instanz zur Confirmation anhero kommenden Criminal-Sachen, muß das Ober-Appellations-Gericht auf Erfordern des Criminal-

Departements des Etats-Ministerii gutachtliche Berichte erstatten.

§. 37. Zur Bearbeitung dieser Geschäfte versammelt sich das Ober-Appellations-Gericht in jeder Woche Mittwochs Vormittags um 8 Uhr im Collegien-Hause und außerdem so oft es zum schnellern Betrieb der Sachen erfordert wird, nach der Anordnung des Präsidii.

§. 38. Da auch die Mitglieder des Ober-Appellations-Senats von den Instructionen dispensirt sind, so müssen sie dagegen die Vormundschafts-Sachen unter der bisherigen Direction bearbeiten, zu deren Vortrag der Sonnabend Vormittag jeder Woche bestimmt und dabey überall nach Vorschrift der Vormundschafts-Ordnung verfahren werden muß.

§. 39. Was insbesondere die vormundschaftliche nach Anleitung des Corp. Jur. Frid. L. I. P. 2. Tit. 15. zu instruirende Prozesse betrifft; so muß, wenn über die von einem ernannten Vormunde vorgeschützte Entschuldigungen, oder im Fall, wenn mehrere darüber streiten, wem eine Vormundschaft gebühre, die Entscheidung vom Pupillen-Collegio erfolgt ist, über die nach dem §. 5. und 10. loco alleg. zulässige Rechts-Mittel bey dem Ober-Tribunal erkannt werden. Wenn hingegen die Remotion eines Vormundes erfolgen soll, hat das Pupillen-Collegium, wenn es die Sache dazu qualificirt findet, die nach Vorschrift des §. 18. loc. all. erforderliche interimistische Verfügungen zu treffen, sodann aber, weil es auf eine Bestrafung ankommt, Acta instructa an die zur Aburthelung der Criminal-Sachen niedergesetzte Deputation zum Erkenntniß abgeben zu lassen. Werden dagegen die zulässigen Rechtsmittel eingewendet, so soll das Urthel zweyter Instanz von dem Pleno des Instructions-Senats, das Urthel dritter Instanz aber vom Ober-Tribunal abgefaßt werden.

§. 40. So wie auch schließlich die Justiz-Visitationes bey den Unter-Gerichten der Provinz in der Regel und gewöhnlich von den Creyß-Justiz-Räthen vorzunehmen sind; so muß dagegen in denjenigen Fällen, wo nach Vorschrift des Corp. Jur. Frid. Part. III. Tit. VIII. §. 27. extraordinaire Visitationes nöthig sind, zwar jeder Senat, welcher die vorwaltende Unordnungen eines solchen Unter-Gerichts zuerst bemerkt, es sey nun der Instructions- oder Appellations-Senat, dem Chef der Justiz davon pflichtmäßige Anzeige machen; die Visitatores aber sollen aus dem Appellations-Senat genommen werden; da die Mitglieder des Instructions-Senats, wegen der beständigen anstehenden Termine und ununterbrochen fortzusetzenden Instruktionen, nicht füglich lange Zeit abwesend seyn können.

§. 41. Das Ober-Tribunal bleibt unverändert in seiner bisherigen Verfassung, außer daß alle bis jetzt sowohl bey dem Cammer-Gerichte als bey der Neumärkischen Regierung in dritter Instanz abgeurthelte Sachen künftig zur Abfassung der Revisions-Erkenntnisse an dasselbe eingesandt werden.

§. 42. Die Neumärkische Regierung zu Cüstrin bleibt in

ihrer bisherigen Verfassung, außer daß, wenn wider die von derselben in erster Instanz gesprochenen mehr als 50 Rthlr. betragenden Urthel die Appellation oder weitere Vertheidigung eingewendet worden, Acta instructa an den Ober-Appellations-Senat des Cammer-Gerichts, und in allen Revisions-Fällen an das Ober-Tribunal eingesendet werden. Gegen beyde obgedachte Collegia stehet die Neumärkische Regierung in eben dem Verhältnisse, wie die Regierungen in den übrigen Provinzen.

§. 43. Das Altmärksche Ober-Gericht bleibt gleichmäßig in seiner jetzigen Verfassung, ausser daß solches alle in Appellatorio oder in instantia ulterioris defensionis zu transmittirende Acten an den Ober-Appellations-Senat des Cammer-Gerichts, und die zur Revision gelangende Sachen an das Ober-Tribunal einsendet, und beyden letztgedachten Collegiis subordinirt ist.

§. 44. Gleiche Bewandniß hat es mit dem Uckermärkschen Obergericht, welches vor der Hand unverändert bleibt, außer daß solches die bey demselben in erster Instanz entschiedene Sachen nach geschlossener Instruction des Appellatorii, zur Entscheidung in zweyter Instanz an den Ober-Appellations-Senat des Cammergerichts, so wie die in Revisorio zu transmittirende Sache an das Ober-Tribunal einsendet, auch beyden oberwähnten Collegiis subordinirt ist.

§. 45. Sämmtliche obbenannte Landes-Justiz-Collegia werden wegen ihrer Amts-Pflichten und aller ihnen solchergestalt angewiesenen Geschäfte, auf die Vorschriften des Corporis Juris Fridericiani verwiesen, bey deren genauen Befolgung und zweckmäßigen Anwendung es ihnen leicht seyn wird, die Rechts-Pflege in ihrem Departement zur möglichsten Vollkommenheit zu bringen.

Vierter Abschnitt.

Von Regulirung der Instanzien in der Chur- und Neumark Brandenburg.

§. 1. Zuförderst finden Se. Königliche Majestät nöthig, hiedurch allgemein festzusetzen, daß ohne Rücksicht auf die bishero bey einigen Gerichtshöfen eingeführte Einschränkungen, die Frage, in welchen Fällen die Rechtsmittel der Appellation und Revision zuläßig seyn sollen, bey allen Ober- und Untergerichten der Chur- und Neumark Brandenburg auf eine völlig gleichförmige Art nach den im Corp. Jur. Frid. enthaltenen Vorschriften einzig und allein beurtheilt werden sollen.

§. 2. Ebenmäßig wollen Se. Königl. Majestät, um in den gerichtlichen Entscheidungen die erforderliche Gleichförmigkeit einzuführen, daß ohne Ausnahme in allen Fällen, in welchen die Revisions-Instanz zuläßig ist, solche jederzeit bey dem Ober-Tribunal als dem für Höchstdero gesammte Staaten niedergesetzten höchsten Gerichtshofe entschieden werden soll.

§. 3. Nach diesen Grundsätzen werden die Instanzien

I. In dem Departement des Cammer-Gerichts

folgendergestalt regulirt:

1) Wenn in erster Instanz ein dem Cammergericht subordinirtes Untergericht in Civilsachen erkannt hat, und das Object Bagatell- oder Injurien-Sachen betrifft, so wird das Erkenntniß zweyter Instanz bey der dazu verordneten Deputation des Instructions-Senats des Cammergerichts abgefaßt.

2) Wenn in erster Instanz ein dem Cammergerichte subordinirtes Untergericht in Civilsachen erkannt hat, und das Object beträgt mehr als 50 Rthlr. wird in zweyter Instanz vom Ober-Appellations-Gericht, und in dritter Instanz vom Ober-Tribunal erkannt.

3) Wenn in erster Instanz vom Hausvoigteygericht erkannt worden, so gebühret das Erkenntniß zweyter Instanz der zur Aburthelung der Bagatell- und Injurien-Sachen verordneten Deputation des Instructions-Senats des Cammergerichts.

4) Wenn in erster Instanz vom Instructions-Senat des Cammergerichts erkannt worden, so wird, wie bishero in zweyter Instanz vom Ober-Appellations-Senat, und in dritter Instanz vom Ober-Tribunal gesprochen.

5) Wenn in vormundschaftlichen Prozessen bey dem Pupillen-Collegio erkannt ist, so wird wegen der zuläßigen Rechts-Mittel nach Vorschrift des §. 39. verfahren.

6) Wenn in Criminal-Sachen in erster Instanz von einem dem Cammer-Gericht subordinirten Unter-Gericht, oder dem Instructions-Senat, und dessen zur Aburtelung der Criminal-Sachen niedergesetzten Deputation gesprochen worden, so wird auf eingewandte weitere Vertheidigung von dem Ober-Appellations-Senat erkannt.

§. 4. Ferner werden

II. In dem Departement der Neumärkischen Regierung,

die Instanzien nachstehendermaßen bestimmt:

1) Wenn in erster Instanz die den Mediat-Regierungen oder Burg-Gerichte subordinirte Unter-Gerichte erkannt haben, so gebühret das Appellations-Urtel diesen Mediat-Regierungen oder Burg-Gerichten, das Revisions-Urtel aber dem Ober-Tribunal.

2) Wenn die Mediat-Regierungen oder Burg-Gerichte, oder ein der Neumärkischen Regierung unmittelbar subordinirtes Unter-Gericht in Civil-, Criminal- oder Injurien-Sachen erkannt hat, so wird das Erkenntniß in Appellatorio, oder in instantia ulterioris defensionis von der Neumärkschen Regierung, das Erkenntniß in Revisorio hingegen von dem Ober-Tribunal abgefasset.

3) Wenn in erster Instanz von der zu Aburthelung der Bagatell-Sachen ernannten Deputation der Regierung erkannt

worden, so wird das Urtel zweyter Instanz von dem Pleno der Regierung gefället.

4) Wenn in erster Instanz von der Regierung erkannt worden, gebühret das Appellations-Urthel dem Ober-Appellations-Senat des Cammergerichts, das Revisions-Urthel aber dem Ober-Tribunal.

5) Wenn von dem Neumärkschen Pupillen-Collegio ein vormundschaftlicher Prozeß in erster Instanz entschieden worden, so wird in zweyter Instanz vom Ober-Appellations-Senat des Cammergerichts und in sofern es auf Remotion eines Vormundes ankommt, in dritter Instanz vom Ober-Tribunal gesprochen.

6) Wenn in Criminal-Sachen in erster Instanz von dem Neumärkschen Criminal-Collegio gesprochen worden, so wird auf eingewandte weitere Vertheidigung von dem Ober-Appellations-Senat des Cammergerichts erkannt.

§. 5. So viel

III. Das Departement des Altmärkschen Obergerichts

betrifft, wird nachstehendes festgesetzt:

1) Wenn in erster Instanz von einem dem Ober-Gerichte subordinirten Unter-Gerichte in Civil-, Criminal- oder Injurien-Sachen erkannt worden, wird das Erkenntniß in Appellatorio, oder in instantia ulterioris defensionis von dem Ober-Gericht, dahingegen aber das Revisions-Erkenntniß vom Ober-Tribunal abgefasset.

2) Wenn in erster Instanz vom Ober-Gericht erkannt worden, so werden die Urthel in Appellatorio oder instantia ulterioris defensionis vom Ober-Appellations-Senat des Cammergerichts, und die Sentenzen in Revisorio vom Ober-Tribunal gefället.

§. 6. Endlich

IV. Das Departement des Uckermärkischen Ober-Gerichts

anlangend, wird folgendes zur Richtschnur vorgeschrieben:

1) Wenn in erster Instanz von einem dem Uckermärkischen Obergericht subordinirten Untergerichte erkannt worden, so gebühret das Urthel zweyter Instanz dem Obergericht, und in dritter Instanz, wo solche zuläßig, dem Tribunal.

2) Wenn in erster Instanz in Civilsachen vom Obergericht erkannt worden, so wird das Appellations-Urthel vom Ober-Appellations-Senat des Cammergerichts, und das Revisions-Urthel vom Ober-Tribunal abgefasset.

3) Wenn in Criminalsachen vom Obergericht erkannt worden, so wird in instantia ulterioris defensionis vom Ober-Appellations-Senat erkannt.

§. 7. Die solchergestalt in diesem Reglement getroffene Einrichtungen sollen mit dem ersten Januar künftigen Jahres ihren Anfang nehmen, und wird bis dahin nach den von Sr.

Königl. Majestät Höchstdero Groß-Canzler ertheilten Instructionen das Erforderliche überall verbreitet werden.

Schließlich befehlen Se. Königl. Majestät hiedurch nochmals allen und jeden Collegiis, Ober- und Untergerichten, wie auch allen Vasallen, Einwohnern und Unterthanen der Chur- und Neumark Brandenburg, sich nach den Verordnungen dieses Reglements überall pflichtmäßig zu achten, und werden Se. Königl. Majestät in Ansehung dieser zur allgemeinen Wohlfahrt nothwendigen verbesserten Gerichts-Verfassung unter keinerley Vorwand einige Einwendungen oder Ausnahmen gestatten.

Uhrkundlich unter Höchstgedachter Sr. Königl. Majestät Höchsteigenhändigen Unterschrift und beygedrucktem größerm Königl. Insiegel. So geschehen Berlin, den 30sten November 1782.

215. Verordnung, daß die Besitzer der in den Städten belegenen Burglehne, adelichen und anderer freien Güter, keine Bürgerstellen auskaufen und derselben Zubehörungen zu ihren Gütern nicht einziehen sollen, vom 31. August 1784.

Wir Friedrich von Gottes Gnaden, König von Preußen ꝛc. Thun kund und fügen hiermit zu wissen, daß Wir verschiedentlich, besonders durch die Edicte vom 12ten August 1749 und 12ten Julii 1764 Landesväterlich verordnet haben, daß die von Adel und andere Besitzer Adelich freyer Güther keine Bauerhöfe oder dazu gehörige Aecker, Wiesen und andere Pertinenzien, zu ihren eigenen Gütern und Vorwerkern einziehen, vielmehr solche contribuable Grundstücke, beständig mit Unterthanen und selbstständigen Familien besetzt seyn und bleiben sollen, damit nicht die bäuerlichen Familien vermindert, die Abgaben und Pflichten von dergleichen eingezogenen Höfen oder ihrer Zubehörung verdunkelt, und dem übrigen contribuablen Stande, dadurch Prägravationen verursacht werden mögen.

Nachdem aber wahrgenommen worden, daß auch in Städten, besonders in solchen, deren Gewerbe grossentheils mit aus Ackerbau und Landwirthschaft bestehet, und wo zugleich in oder nahe bey denenselben, Burglehne und andere, theils von vielen bürgerlichen gemeinen Lasten befreyete Güther vorhanden sind, die Besitzer derselben, bürgerliche Ländereyen und andere Nahrungs-Arten an sich gebracht haben, und hierdurch nicht nur die Bürgerstellen sehr geschwächet, ja so gar wüste, sondern auch die von den abgebrachten Zubehörungen beyzutragenden Lasten verdunkelt, und der Bürgerschaft, zu ihrer unerträglichen Beschwerung aufgewälzt, folglich dergleichen Städte in Abnahme und Verfall gebracht werden können; So finden Wir, nach Unserer, auf das Wohl aller Classen Unserer getreuen Unterthanen gerichteten Landesväterlichen Aufmerksamkeit nöthig, solchem Uebel bey dem Bürger- wie es bereits bey dem Bauerstande geschehen, für die Zukunft gleichfalls vorzubeugen, setzen demnach und befehlen hiermit:

I. Daß keinem Besitzer eines Burglehns, adelichen oder sonst freyen, mit Acker und Landwirthschaft versehenen Gutes in einer Stadt, imgleichen keinem angrenzenden Guthsbesitzer auf dem platten Lande, dessen Ländereyen mit den städtischen vermischt liegen, und Gemeinheits-Rechte haben, überhaupt erlaubt seyn soll, ein bürgerliches Ackergut oder Zubehörungen und Gerechtsame solcher Stadt, durch Kauf, Tausch, oder einen sonstigen titulum onerosum zu acquiriren, und dergleichen Bürgergut oder Zubehörungen davon seinem Gute einzuverleiben.

Wenn hingegen einem solchen Gutsbesitzer durch Erbschaft, Heyrath oder Schenkung, ein Bürgergut einer Stadt, in oder an welcher sein freyes, oder mit der Stadt und Bürgerschaft in Gemenge und Verbindung stehendes Gut liegt, zufallen sollte; so wollen Wir zwar solchen lucrativen Erwerb nicht hindern; ein Acquirent dieser Art aber soll nicht beyde Güter zusammen bewirthschaften können, sondern muß, wenn er selbst das ihm angefallene Bürgergut bewohnen und benutzen will, sein anderes Gut von vorgedachter Beschaffenheit verpachten oder verkaufen, oder das Bürgergut, ohne davon etwas zur Vergrößerung seines freyen Guts zu schmälern, an einen Bürger der Stadt, oder an einen solchen, der das Bürgerrecht gewinnet, und zu allen, sowohl persönlichen als dinglichen bürgerlichen Pflichten und Lasten, verpflichtet bleibt, verpachten; und überdies sind alle Ländereyen, Grenzen und Gerechtigkeiten solchen Guts in der Stadt und auf der städtischen Feldfluhr, mit allen Prästationen, in eine genaue, auf dem Rathhause aufzubewahrende Verschreibung zu bringen, dergestalt, daß niemals eine Abreissung von dergleichen Gütern und deren Incorporation in Adeliche, freye oder andere Landgüter soll geschehen und statt finden können, wie solches im folgenden 4ten §. näher vorgeschrieben ist.

II. Diejenigen von Adel und andere Eximirte, welche weder in der Stadt Freygüther, noch außer derselben an der Grenze und mit der städtischen Feldmark im Gemenge liegende Güther besitzen, sollen zwar, nach wie vor, bürgerliche Häuser und Grundstücke in solcher Stadt kaufen, bewohnen und nutzen können, alsdenn aber auch allen auf sothanen bürgerlichen Grundstücken haftenden Lasten, Abgaben und Pflichten, wie sie Nahmen haben mögen, oder nach Befinden der Umstände, noch künftig darauf gelegt werden mögten, unterworfen seyn, nicht minder, der Regel nach, so weit nicht in einer oder andern Unserer Provinzen und Städte, vermöge ausdrücklicher Gesetze oder gehöriger Observanz, die von Adel und Eximirten, wegen ihrer städtischen Besitzungen, von der Nothwendigkeit, Bürger zu werden, befreyet sind, nicht nur in einem des Endes dem Magistrat auszustellenden Revers, die auf dem bürgerlichen Hause oder Grundstücke haftende Lasten, Pflichten und Abgaben zu übernehmen, und die gewöhnlichen Jura für Ertheilung des Bürger-Rechts zu entrichten, sondern auch die persönlichen Prästationen, welche dem bürgerlichen Besitzer solcher Gründe in gemeinen Stadt-Angelegenheiten obliegen, als in welchen sie von den übrigen Bürgern nicht übertragen werden können, durch einen an ihre Stelle zu sistirenden Substituten, sofern sie solche Prästationen, wegen ihrer persönlichen Qualität, nicht selbst thun können oder wollen, vertreten zu lassen, nicht weniger das Bürgerrecht in solcher Stadt, und dafern die Brau-, Acker- oder andere mit ihren Grundstücken verbundene Nahrung, gesetzlich in Zunft und besondere Gesellschaft eingeschlossen ist, selbige gleichfalls zu gewinnen schuldig seyn, und nur die mit ihrer persönlichen Qualität verknüpften Immunitäten und Rechte, wie solche in jedem Orte durch Gesetze, Verträge und Gewohnheiten, bey welchen Wir es hierin belassen wollen, bestimmt oder wohl hergebracht sind, zu genießen haben.

III. Was die Bürger selbst in einer Stadt anlanget, so soll es gleichfalls nicht erlaubt seyn, daß ein Bürger alle Ländereyen von einer, oder von mehreren Bürgerstellen, zur Vergrößerung der seinigen zusammenkaufe, weil dadurch, besonders in Acker-Städten, die gänzlich von ihren Ländereyen entblößten Stellen in solchen Verfall gerathen könnten, daß sie endlich wüste werden müßten.

Besitzern solcher Bürgerstellen aber, die gar kein Land haben, soll es frey bleiben, einer damit versehenen Stelle solches abzukaufen, und zu der ihrigen zu legen, gleichermaßen soll es erlaubt seyn, zu einem bürgerlichen Gute, welches weniger Land hat, von dem mit mehrerem Lande versehenen Gute einen Theil abzukaufen, und solchergestalt, mit einiger Verringerung des andern, sein Gut zu verbessern, indem durch solche Aenderungen die Totalität der Stadt und gemeinen Bürgerschaft nicht leidet; nur muß darauf gesehen werden, daß das größere Bürgergut, von dessen Ländereyen ein Theil an ein anderes veräußert wird, im Stande bleibe, seinen Besitzer zu unterhalten, und das Verhältnißmäßige der Prästationen, so weit bey deren Repartition auf das Land Rücksicht genommen wird, dem einen Gute ab- und dem andern zugeschrieben werde, daher denn solche Veräußerungen auch nicht anders, als nach vorgängiger Untersuchung und Genehmigung der Obrigkeit der Stadt, sollen unternommen werden können.

In denjenigen Städten indessen, wo nach besondern Statuten und Verfassungen gewisse zu den Bürgerstellen gewidmete Ländereyen bisher ganz unabtrennlich gewesen sind, soll es, bis Wir zum gemeinen Besten solcher Städte ein anderes zu verordnen gut finden mögten, fernerhin dabey belassen werden.

Diejenigen Städte des Herzogthums Cleve und der Grafschaft Mark hingegen, deren Ländereyen nicht eigentlich zu Bürgerstellen gehören, oder eine Sohle ausmachen, und weder auf den Nahrungsstand, noch auf die Prästationen der Bürger, Einfluß haben, sondern von Bürgern und Landleuten ohne Unterschied gemiethet, gekauft und wieder verkauft werden, bleiben von der gegenwärtigen Verordnung ausgenommen, und es sollen daselbst die vom Adel und andere Landbewohner solche Ländereyen

reyen, so gut als Bürger, nach wie vor miethen, kaufen und besitzen können.

IV. Sollten in Unsern übrigen Provinzen, auf welche das Verbot §. 1. gehet, besondere Umstände vorkommen, welche die Uebereignung eines bürgerlichen contribuablen Grundstücks, an einen in oder bey derselben Stadt, mit einem adelichen oder freyen Gute bereits angesessener Vasallen nothwendig und thunlich, mithin eine Ausnahme von erwähntem Verbothe zuläßig machen mögten, so ist es damit folgendergestalt zu halten:

Es soll nemlich in solchen Fällen:

1) Jedesmal von der Obrigkeit, mit Meldung der Umstände, über dergleichen Nothwendigkeit pflichtmäßiger Bericht an das Krieges- und Domainen-Cammer-Collegium erstattet, und durch dasselbe vom General-Direktorio Consens eingeholet, auch ehe und bevor solcher erfolgt, irgend ein bürgerliches Haus, Acker oder anderes Grundstück, an einen adelichen Gutsbesitzer in oder bey derselben Stadt, schlechterdings nicht übereignet werden.

2) Erfolgt aber die nachgesuchte Genehmigung, so ist dergleichen Grundstück, wie bereits §. 1. wegen geschenkter, erheyratheter oder geerbter Bürgergüter verordnet worden, nach seinen Gebäuden, Grenzen, Pertinenzien, Lage, Größe, Gerechtigkeiten, Prästationen und allen Qualitäten genau zu beschreiben, und dieses alles in die Grund- und Lager-Bücher einzutragen. Gleichwie es

3) sich von selbst versteht, daß der Acquirent alle auf solchem Grundstücke haftende Real-Pflichten, Abgaben und Lasten, ohne irgend einige Ausnahme, übernehmen und leisten muß, so soll überdies

4) derselbe auch an solchen Orten, wo andere Adeliche und Eximirte, bey dem Besitz bürgerlicher Güter, gewisse persönliche Immunitäten, kraft besonderer Gesetze, Verträge oder Gewohnheiten, zu genießen haben, selbige nicht erhalten, sondern vielmehr wegen dergleichen Güter das Bürgerrecht gewinnen müssen, und sowohl der Gerichtsbarkeit des Magistrats, als allen persönlichen Verbindlichkeiten eines gemeinen Bürgers unterworfen seyn.

5) Muß in Absicht der Wohn- und Wirthschafts-Gebäude, von Zeit zu Zeit, bey den vorzunehmenden Visitationen der Feuerstellen, aufmerksam nachgesehen werden, ob selbige und die Stelle oder das Gehöfte noch in ihrem ganzen Umfange subsistiren, oder ob, zum Vortheil des freyen Grundstücks, irgend etwas daran geschmälert und davon abgebracht sey, und wenn sich dieses findet, so muß unverzüglich die nöthige Remedur deshalb getroffen werden, damit das bürgerliche Grundstück überall in seiner radicirten Quantität und Qualität erhalten werde.

6) Muß dasselbe schlechterdings nicht unbewohnt gelassen, sondern mit einer oder mehrern Familien besetzt, und wenn es ein ganzes Ackergut oder Brauhaus ist, wie bereits §. II. auf den Fall der Schenkung oder Vererbung eines Bürgerguts ver-

fügt worden, an einen tüchtigen Miethsmann, der Bürger in der Stadt ist, oder es zu dem Ende wird, verpachtet werden.

7) Wenn einem mit städtischen Ländereyen angesessenen Bürger ein Burglehn, adeliches oder sonst freyes Gut in und bey derselben Stadt, durch Schenkung oder Erbschaft zufällt, oder dergleichen Gut nach vorgängiger Untersuchung zu kaufen nachgelassen werden mögte, so soll es in beyden Fällen auf gleiche Art, wie in diesem und dem IIten §. verordnet worden, gehalten werden.

V. Die gegen diese Verordnungen geschlossene Contracte sollen nicht nur ungültig und nichtig seyn, sondern auch, sowohl die Contrahenten, als die dergleichen Contracte aufnehmenden und bestätigenden Obrigkeiten, überdies für ihre Contravention jeder, dem Befinden nach, in 25 bis 50 Rthlr. Strafe genommen werden.

VI. In Ansehung derjenigen contribuablen städtischen Grundstücke, welche die von Adel und andere Eximirte, neben ihren adelichen oder andern freyen Gütern in den Städten, würklich im Besitz und Eigenthum haben, wollen Wir zwar allergnädigst geschehen lassen, daß dieselben dabey fernerhin belassen und geschützt werden, in so fern auch dieselben Pertinenzien von ihren bürgerlichen mit ihren adelichen oder freyen Gütern bereits consolidirt, und zu dem Ende mit beyden Aenderungen gemacht haben, soll es in allergnädigster Rücksicht darauf, daß die Wiederherstellung in den vorigen Stand nicht ohne Kosten und Schaden würde geschehen können, bey solcher Einrichtung sein Bewenden behalten, und dawider zu ihrer Beunruhigung nichts vorgenommen werden; wo aber dergleichen Veränderungen und Consolidationen noch nicht ins Werk gesetzt sind, sollen die zur Verhütung derselben und der Schmälerungen der Bürgergüter §. II. und IV. gegebene Vorschriften beobachtet werden.

Wir befehlen Unsern Landes-Collegiis, insonderheit den Krieges- und Domainen-Cammern, Steuer-Räthen, Stadt-Obrigkeiten und dem Officio Fisci, so gnädig als ernstlich, auf diese Unsere Höchste Landes-Verordnung, in vorkommenden Fällen, genau zu halten; jedermänniglich aber sich darnach zu achten.

Urkundlich unter Unserer Höchsteigenhändigen Unterschrift und beygedrucktem Königlichen Insiegel. So geschehen und gegeben zu Berlin, den 31. Aug. 1784.

216. Wiederherstellung des Kur- und Neumärkschen Ritterschafts-Kredit-Reglements vom 15. Juni 1777, vom 17. April 1784, nebst Reskript vom 31. August 1784.

Wir Friederich, von Gottes Gnaden König von Preussen ꝛc. Thun hiermit kund und fügen jedermann zu wissen, daß, da Wir Allerhöchst-Selbst wahrgenommen, wie die im Jahr 1782.

Unserer Allerhöchsten Person in Vorschlag gebrachte Abänderung des Chur- und Neumärkschen Ritterschaftlichen Credit-Reglements vom 15. Junii 1777. nicht denjenigen Erfolg gehabt, der Uns davon hat angezeigt werden wollen, und Wir daher Allerhöchst bewogen worden, denen bey diesem Creditwerke verbundenen Güterbesitzern der Chur- und Neumark allergnädigst nachzulassen, sich wegen der zu einem zweckmäßigen Fortgang dieses Credit-Werks zu nehmenden Maasregeln unter sich zu vereinigen. Hierauf Uns auch allerunterthänigst von ihnen vorgetragen worden: Wir möchten allergnädigst geruhen, das von Uns Allerhöchst confirmirte Chur- und Neumärksche Ritterschaftliche Credit-Reglement vom 15. Junii 1777. mit seinen General- und Special-Tax-Principiis wieder herzustellen, und einen von ihren Deputirten dazu verfaßten Nachtrag allergnädigst zu genehmigen: und dann Wir Allerhöchst daraus ersehen und Uns überzeugt haben, daß dadurch mit einer größern Ausbreitung dieses Creditwerks zugleich eine desto vollkommenere Sicherheit, sowohl des Publici, als auch der zu diesem Creditwerk verbundenen Güterbesitzer selbst werde befördert werden. Als genehmigen und confirmiren Wir nicht nur die Wiederherstellung des obgedacht von Uns Allerhöchst unterm 15ten Junii 1777. bestätigten Chur- und Neumärkschen Ritterschaftlichen Credit-Reglements nebst seinen General- und Special-Tax-Principiis, sondern auch den oberwähnt dazu verfaßten Nachtrag vom 2ten April dieses jetzt laufenden Jahres; ordnen und wollen auch, daß von nun an lediglich hiernach von denen diesem Ritterschaftlichen Creditwerk vorgesetzten Collegiis in allen dabey vorkommenden Fällen verfahren werden soll; und befehlen zugleich Unserm General-Directorio und Justitz-Departement, dieses gehörig zu publiciren, und sowohl selbst als durch die ihnen untergeordnete Collegia darauf festzuhalten, und nicht zu gestatten, daß von irgend jemanden dargegen gehandelt werde. Uhrkundlich unter Unserer Königlichen Allerhöchsten Unterschrift und Insiegel. So geschehen, Berlin, den 17ten April 1784.

Nachtrag zum Ritterschaftlichen Credit-Reglement.

Nachdem Seine Königliche Majestät von Preussen, Unser allergnädigster Herr, für das Wohl Ihrer getreuen Vasallen und Unterthanen unabläßig bemühet, wahrgenommen haben, wie durch das revidirte Ritterschafts-Credit-Reglement für die Chur- und Neumark vom 14ten Julii 1782. der von Allerhöchst-Denenselben beabsichtigte Zweck bey dem Chur- und Neumärckschen Ritterschaftlichen Creditwerke nicht erreicht worden, und daher Seine Königliche Majestät bewogen worden, statt des Churmärkschen Landschafts-Directoris von Arnim, und auf vorhergegangene einmüthige Wahl der sich allhier versammleten Deputirten, Allerhöchst Dero Würklichen Geheimen Etatsminister von Werder, diesem Creditwerke als Königlichen Commissarium vorzusezzen, auch durch eine Allerhöchste Cabinets-Order vom 19. Januarii 1784. denen bey diesem Creditwerk verbundenen Ständen der Chur- und Neumark allergnädigst nachzulassen, sich wegen einer zweckmäßigeren Einrichtung dieses Creditwerks, unter sich zu vereinigen; so haben sich die convocirte Deputirte derselben allhier eingefunden, und mit ehrfurchtsvollem Danke, für diese Königliche Gnade, sich bis auf Königliche Allerhöchste Bestätigung, vereiniget, mit Aufhebung des revidirten Reglements vom 14. Julii 1782 und der demselben angehängten General-Tax-Principiorum, zuvörderst das von Seiner Königl. Majestät Allerhöchst bestätigte Chur- und Neumärksche Ritterschafts-Credit-Reglement vom 15. Junii 1777 mit seinen General- und Special-Tax-Principiis wieder herzustellen, hiernächst aber solches bey seinen durchlaufenden Paragraphen nachstehend zu erläutern und zu suppliren:

Beym §. 3. Pfandbriefe werden zwar nur auf die erste Hälfte des nach den Ritterschaftlichen Tax-Principiis zu bestimmenden Werths eines Guts ausgefertiget. Sollte jedoch ein Gutsbesitzer, zu seiner Conservation, einer weiteren Unterstützung des Creditwerks bedürfen, und darauf antragen; so kann ihm zwar noch Ein Zwölftheil des vorgedachtermaßen bestimmten Werths des Guths nachgegeben werden. Es muß aber die Ritterschafts-Direction der Provinz aufs Genaueste untersuchen, ob und unter welchen Bedingungen solches in jedem einzelnen Falle mit Sicherheit geschehen könne, und ob mit einiger Wahrscheinlichkeit zu vermuthen, daß der Gutsbesitzer, mittelst dieser Unterstützung, bey dem Besitz seines Guts werde erhalten werden können, und im Stande bleiben werde, die über die Hälfte zu bewilligenden Pfandbriefe, nach und nach in gewissen Ratis wieder abzuzahlen.

Dabey müssen aber die dem Reglement angehängte General- und Special-Tax-Principia, in so fern diese nicht, wie hiernächst bey denselben vorkommen wird, eine andere Bestimmung erhalten, desto genauer observiret und in Anwendung gebracht werden, damit das Creditwerk durch das zu bewilligende Ein Zwölftheil, bis zu dessen erfolgten Wiederbezahlung, nicht in Gefahr komme.

Besonders muß sich die Direction der Provinz

a) durch Pacht-Contracte oder zwölfjährige Wirthschafts-Rechnungen versichern, daß das Guth den ausgemittelten Ertrag würklich gewähre;
b) in Ermangelung dieser Nachweisung müssen die schon aufgenommene Taxen, nach den vorhin gedachten Principiis, nochmals genau revidirt und superrevidirt werden, und dabey müssen
c) die lebendige und todte Inventaria entweder ganz vollständig seyn, oder das Fehlende vom nachgesuchten Ein Zwölftheil abgezogen werden; auch muß
d) von diesem Ein Zwölftheil der in Taxe gebrachte Werth des Wohnhauses abgesetzet werden.

Die Ritterschafts-Direction der Provinz erstattet demnächst darüber ausführlichen Bericht an die Haupt-Ritterschafts-Direction, und dieser bleibt alsdann überlassen, dem Engern Ausschusse vorzutragen:

1) Ob und in wie ferne dieses Ein Zwölftheil dem Gutsbesitzer bewilliget werden könne;
2) unter welchen Bedingungen solches geschehen könne, und in welcher Art sich der Gutsbesitzer etwa einer speciellern Aufsicht der Ritterschafts-Direction der Provinz unterwerfen müsse; und
3) in welchen Ratis dieses zu bewilligende Ein Zwölftheil nach und nach wieder bezahlt werden müsse.

Bewilliget alsdann der Engere Ausschuß dieses Ein Zwölftheil, so werden die Pfandbriefe auf so hoch bey eben dieser Versammlung des Engern Ausschusses, dem davon der Vortrag geschehen, ausgefertiget.

Es versteht sich auch von selbst, daß von Gütern, auf welchen Pfandbriefe ausgefertiget worden sind, Pertinenzien ohne Vorwissen und Bewilligung der Ritterschafts-Directionen und des Engern Ausschusses nicht veräussert werden können.

Beym §. 6. Der reine Ertrag eines Guts wird unwandelbar zu 4 pro Cent zu Capital gerechnet.

Nach Ablauf des Triennii muß, wenn Creditores es verlangen, der Zuschlag für Zwey Drittheil derjenigen Taxe, auf welche die Pfandbriefe bewilliget worden, geschehen. Auch muß die Verkaufs-Taxe von dem Ritterschaftlichen Directions-Collegio der Provinz, in welcher das Gut belegen ist, aufgenommen, und von der Haupt-Ritterschafts-Direction superrevidirt worden seyn.

Demnächst geruhen Seine Königliche Majestät allergnädigst festzusetzen, daß die Ritterschafts-Directiones wohl befugt, auf alle unter ihre Administration kommende Güter, Pfandbriefe bis zur Hälfte, und wie beym §. 3. festgesetzt worden, auch noch auf Ein Zwölftheil des Werths des Guts auszufertigen; des Endes die Einsendung der eingetragenen Obligationen von denen, den Concurs- oder Liquidations-Prozeß dirigirenden Justitz-Collegiis zu erfordern, und die an deren Statt eingetragene Pfandbriefe diesen Justitz-Collegiis zur Befriedigung der Creditoren zu übersenden. Vorausgesetzt, daß keine Lehns- oder andere der Pfandbriefs-Ausfertigung und Eintragung hinderliche Qualitäten des Guts oder dessen Besitzers entgegen stehen; als worüber sich die Ritterschafts-Directiones jedesmal mit denen, den Concurs- oder Liquidations-Prozeß dirigirenden Justitz-Collegiis in Correspondenz setzen, und von diesen die Versicherung erhalten müssen, daß dergleichen Hindernisse der Umschreibung der eingetragenen Obligationen in Pfandbriefe nicht obwalten. Eine solche Pfandbriefs-Ausfertigung gereicht zum Besten der Gläubiger und selbst des Gemeinschuldners, indem alsdann von den umgeschriebenen Capitalien nur 4 pro Cent Zinsen nebst dem Quittungsgroschen bezahlt werden. Der hypothekarisch versichert gewesene Gläubiger kann desto früher mit den Pfandbriefen seine Bezahlung erhalten, und aus dem Concurs scheiden, und der

Verkauf dergleichen Güter wird dadurch erleichtert und befördert, weil die Kauflustige alsdann schon die erste Hälfte des Werths des Guts, und auch noch wohl Ein Zwölftheil darüber, mit Pfandbriefen bezahlt finden, und nur noch auf die Bezahlung des übrigen Liciti bedacht seyn dürfen, wodurch mancher Käufer zu einem höhern Licito disponiret werden dürfte, wenn er die Sache gleich solchergestalt arrangirt findet.

Beym §. 12. Die Güter müssen schlechterdings in den Ritterschaftlichen oder in den Ordens-, Lehns- oder in den Hypotheken-Büchern der Ober-Landes-Collegiorum eingetragen stehen, und dabey mindestens einen Werth von Sechs Tausend Thalern haben. Auf Güter, die in Städtischen oder Amts-Hypotheken-Büchern eingetragen stehen, können keine Pfandbriefe bewilliget werden.

Beym §. 26. Die Mitglieder der Haupt-Direction müssen Mitverbundene beym Creditwerke seyn, haben Vorsitz und Rang, nach der Mehrheit der bey der Wahl auf sie gefallenen Stimmen, und werden alle drey Jahre von neuem gewählt, mit welcher Wahl beym nächsten Engern Ausschuß den 20. May a. c. der Anfang gemacht werden soll.

Beym §. 33. Die Ansetzung dieser Officianten geschieht, je nachdem die Geschäfte beym Creditwerke mehrere oder wenigere Officianten erfordern werden.

Beym §. 34. Es wird die vom Rendanten zu bestellende Caution auf Vier Tausend Thaler festgesetzt.

Beym §. 47. Die Uckermark sendet hinführo zwey Deputirte, und sämmtliche Provinzen und Creise der Chur- und Neumark werden darauf möglichst Bedacht nehmen, daß ein und eben derselbe, und zwar beym Creditwerk mitverbundene Deputirte anhero komme, damit derselbe dadurch in der Connexion aller beym Engern Ausschuß vorkommenden Geschäfte, und davon seinen mitverbundenen Constituenten desto bessere Auskunft zu geben, im Stande bleibe.

Beym §. 48. Die Dauer der Versammlung des Engern Ausschusses wird nicht auf gewisse Tage festgesetzt, sondern regulirt sich lediglich nach denen dabey vorkommenden mehrern oder wenigern Geschäften.

Beym §. 49. Die Hauptrechnung über den verwalteten Fond des Instituts wird nur jährlich, und zwar bey dem den 20ten November sich versammlenden Engern Ausschusse abgelegt, welchem die Rechnung einige Tage zuvor zur Einsicht vorgelegt wird, und welcher alsdann die Haupt-Direction und dem Rendanten derselben darüber pleno cum effectu dechargirt.

Beym §. 79. Wenn alle Zinsen ausgezahlt worden, und es nicht die Geschäfte erfordern, daß das Collegium länger zusammen bleibe; so kann das Collegium, nach dem Befinden des Directoris der Provinz, auch früher auseinander gehen.

Beym §. 82. Litt. h. i. Dem Publico ist zwar bekannt gemacht worden, daß bey der Haupt-Direction ein Buch geführt werde, in welchem alle und jede, welche Capitalia auf Pfandbriefe zu belegen, sich erbieten, nach der Ordnung der Zeit des geschehenen Anerbietens notirt werden; und dabey verbleibt es auch. Es wird aber außerdem auch bey einem jeden Directions-Collegio der Provinz ein dergleichen Buch geführt, in welchem die Capitalisten, wenn sie sich auch bey der Direction der Provinz damit gemeldet haben, nach der Ordnung der Zeit des geschehenen Anerbietens notirt werden. Es bleibt also den Capitalisten überlassen, sich, zu Erreichung eines frühern Unterbringens ihrer Capitalien, mit ihren Capitalien auch bey den Directionen der Provinzen zu melden, welche alsdenn die sich in der Provinz gemeldete Capitalien zuerst, jedoch nach der Ordnung der Zeit des geschehenen Anerbietens, aufrufen, wovon, und daß die Einzahlung alldort geschehen, die Direction der Provinz, alsdann der Haupt-Direction, um die auch allhier offerirte, aber in der Provinz eingezahlte Capitalia in dem hiesigen Buche löschen zu können, Nachricht giebt.

Beym §. 139. Es bleibt jedem Pfandbriefe suchenden Gutsbesitzer frey, seine wider die aufgenommene Taxe habende Erinnerungen dem Provinzial-Directions-Collegio, welches die Taxe hat aufnehmen lassen, zur Abstellung seiner Erinnerungen einzureichen. Wird denselben nicht abgeholfen; so stehet ihm frey, sich damit an die Haupt-Direction, und zuletzt an den Engern Ausschuß zu wenden. Bey der Entscheidung des Engern Ausschusses aber behält es sodann schlechterdings sein Bewenden.

Die in den General-Tax-Prinzipiis §. 63. benahmte Onera und Deducenda werden bey der Bestimmung der Taxe vom ganzen Tax-Quanto abgezogen, und können auf die sodann übrig bleibende Hälfte des Werths, so wie auf das §. 3. erwähnte Ein Zwölftheil Pfandbriefe bewilliget werden. Wenn aber noch andere, in den General-Tax-Prinzipiis §. 63. nicht ausdrücklich benahmte Onera realia und Deducenda auf ein Gut haften, und solche den zehnten Theil des nach Abzug der in gedachtem §. 63. erwähnten Onerum etc. verbleibenden Ertrages des Guts übersteigen; so muß sodann das Quantum excedens von der ersten Hälfte des Werths des Guts abgezogen werden.

Beym §. 148. Statt der Zinßscheine werden, zu mehrerer Bequemlichkeit des Publici, und damit der Inhaber des Pfandbriefes nicht nöthig habe, denselben bey jeder Zinßerhebung zu präsentiren, oder an die Casse zu schicken, vor der Hand, so lange der Engere Ausschuß es gut und rathsam findet, von Vier zu Vier Jahren, Acht Stück Zinß-Coupons beygefügt, und werden, gegen Extradition des auf die zu erhebenden halbjährigen Zinsen ausgefertigten Coupons, die jedesmahl fällige halbjährige Zinsen bezahlt werden, ohne daß es dazu der Präsentation des Pfandbriefes selbst bedarf. Nach Ablauf der ausgegebenen acht Stück Zins-Coupons aber, muß sich ein jeder Pfandbriefs-Inhaber zum Empfang neuer Zins-Coupons durch Präsentation seines Pfandbriefes legitimiren, und wird auf der leer gelassenen Seite des Pfandbriefes bemerkt, bis zu welchem Termin die

Zinsen von den Pfandbriefen gegen die dem Inhaber desselben zugestellte Coupons erhoben worden.

Beym §. 162. 163. Da es mit Gefahr verknüpft seyn würde, durch die Eintragung der Pfandbriefe, ohne Löschung der schon eingetragen stehenden, in Pfandbriefe umzuschreibende Schulden, solchergestalt doppelte Hypotheken-Instrumente über ein und eben dieselbe Post existiren zu lassen; so müssen die Pfandbriefe niemals anders, als Zug um Zug gegen Löschung und Extradition bereits eingetragener Hypotheken-Instrumente ins Hypotheken-Buch eingetragen werden. Damit aber auch dadurch die Pfandbriefs-Eintragung nicht zum Nachtheil des Gutsbesitzers verzögert werde; so wird der §. 166. dahin abgeändert; Und geruhen Seine Königliche Majestät zu verordnen und festzusetzen:

1) Daß ein jeder Gläubiger, dessen auf ein Chur- oder Neumärksches Rittergut eingetragene Forderung in Pfandbriefe umgeschrieben wird, schuldig seyn soll, entweder die baare Bezahlung seines Capitals, oder die, statt seines alten Hypotheken-Instruments ausgefertigten Pfandbriefe, je nachdem er sich deshalb mit seinem Schuldner vereiniget hat, nach Ablauf der festgesetzten Loßkündigungs-Frist, in der Hauptstadt derjenigen Provinz, in welcher das ihm zur Hypothek verschriebene Gut belegen ist, bey der Ritterschafts-Direction der Provinz zu empfangen und anzunehmen.

2) Daß ein jeder Gläubiger schuldig seyn soll, sein in Pfandbriefe umzuschreibendes Hypotheken-Instrument spätestens sechs Wochen vor Ablauf der Loßkündigungs-Frist, bey der Ritterschafts-Direction derjenigen Provinz, in welcher das ihm zum Unterpfand verschriebene Gut belegen ist, einzureichen, und solches bey derselben, gegen Empfang eines gewöhnlichen Depositen-Scheins, zu deponiren.

Dahingegen liegt dem Güterbesitzer, auf dessen Instanz die Umschreibung des alten Hypotheken-Instruments in Pfandbriefe geschieht, ob, seinem Gläubiger, wenn dieser in der Hauptstadt der Provinz baare Zahlung annehmen muß, nach dem alten Hypotheken-Instrumente aber ein anderer locus solutionis bedungen worden, das Postporto bis an den Ort baar zu vergütigen, an welchem die Zahlung eigentlich hätte geschehen sollen.

Unterläßt ein Gläubiger die vorhin ad 1. et 2. gedachten Vorschriften zu befolgen, und hindert, entweder durch Zurückhaltung seines Hypotheken-Instruments, oder auf andere Art die vollständige Umschreibung seines Hypotheken-Instruments in Pfandbriefen, oder weigert sich, die baare Bezahlung des Capitals in der Hauptstadt der Provinz von der Direction der Provinz anzunehmen; so soll sich derselbe demohnerachtet mit den Zinsen von den, statt seines alten Hypotheken-Instruments ausgefertigten Pfandbriefen begnügen, und soll von dem Tage an, da die Bezahlung des Capitals, oder die Extradition der Pfandbriefe hätte geschehen können und sollen, von seinem Schuldner höhere Zinsen zu fordern nicht berechtiget, dieser aber wohl befugt seyn, die jedesmal fälligen Zinsen von den, statt des alten Hypotheken-Instruments ausgefertigten Pfandbriefen ad Depositum der Direction der Provinz zu bezahlen, und damit so lange zu continuiren, bis sein Gläubiger sich zur Befolgung der ad 1. et 2. gedachten Vorschriften entschließt.

Wenn aber solchergestalt das in Pfandbriefen umzuschreibende alte Hypotheken-Instrument extradirt, und im Hypotheken-Buche und darauf notiret worden, daß, und welche Nummer des Pfandbriefes in desselben Stelle getreten, so wird solches durchschnitten, und, ohne daß es einer weitern Einsendung desselben an die Haupt-Direction bedarf, zu den Acten der Hypotheken-Registratur zurückgelegt, und wird der Haupt-Direction hiernächst nur das Pfandbriefs-Ausreichungs-Protocoll nebst den Pfandbriefs-Specificationen und dem neuen Hypothekenscheine, welcher die geschehene Löschung der alten Schulden und Eintragung der Pfandbriefe nachweiset, eingeschickt.

Beym §. 173. geruhen Seine Königl. Majestät festzusetzen, daß alle Vormundschaften den einzutragenden Pfandbriefen nachgesetzt, und diese ohne Ausnahme, so viel deren bewilliget werden können und werden bewilliget werden, den Vormundschaften vorgesetzt werden sollen.

Beym §. 175. Die zur Taxe zu adhibirende Boniteurs müssen, ohne Rücksicht auf sonst schon geleistete Amts-Eide, zu jeder Bonitirung besonders vereydet, ihnen, daß solches geschehen müsse, vor Aufnehmung der Bonitirung gesagt, und erst nach vollendeter und ihnen nochmals vorgehaltenen Bonitirung die eidliche Bestärkung von ihnen geleistet werden.

Beym §. 176. Wenn der Ritterschafts-Rath des Creises, worin das abzuschätzende Gut belegen ist, mit dem Gutsbesitzer entweder bis Geschwister-Kind verwandt, oder verschwägert ist, oder mit ihm in offenbarer Feindschaft steht, oder wenn er selbst, oder seine nahe Anverwandte Anforderungen an das Gut haben; so muß die Taxe einem Ritterschafts-Rath des benachbarten Creises aufgetragen werden; auch müssen die Ritterschafts-Räthe nicht ihre eigene Güter reciproce abschätzen, noch derjenige Ritterschafts-Rath, dessen Gut abgeschätzt ist, bey der Taxe des Guts desjenigen, der sein Gut taxirt hat, zugezogen werden.

Beym §. 183. Der Ritterschafts-Rath erhält für die aufzunehmende Taxe Einen Thaler pro mille, und fliesset solches zur Casse der Provinz, in welcher das abgeschätzte Gut belegen ist.

Beym §. 190. Die Controlle führt künftig nicht der Syndicus, sondern einer der Räthe.

Beym §. 191. Unter den Deputirten, derer im Reglement Erwähnung geschieht, werden die deputirte Räthe des Directions-Collegii der Provinz verstanden.

Beym §. 198. In die Stelle dieser Zinsscheine treten die beym §. 148. bemerkte Zins-Coupons.

Beym §. 199. Statt der Quitung über die bezahlte Zinsen, wird der Casse, welche die Zinsen bezahlt, der Zins-Coupon ausgehändiget, auf welchen die Zinsen zu bezahlen fällig gewesen.

Beym §. 203. Es verbleibt dabey, daß, wie bisher, nicht der Empfänger, sondern die Haupt-Ritterschafts-Casse auf Rechnung der Provinzial-Casse, das Porto der bey ihr unerhobenen, an die Haupt-Casse abzuschickenden Zinsen trägt.

Beym §. 204. Eben so verbleibt es zwar dabey, daß auch fernerhin diese Zinsen vom 1sten bis 14ten Februarii, und vom 1sten bis 14ten August, in Berlin bey der Haupt-Casse erhoben werden können. Wer aber solche binnen diesen Tagen nicht erhebt, muß sich alsdann bis zum nächsten Zinszahlungs-Termin allhier in Berlin gedulden, weil der Rendant, wegen anderer Geschäfte, keine längere Zeit auf diese Zins-Auszahlung verwenden kann, und jeder Coupons-Inhaber sich selbst beymessen muß, wenn er sich zu dem früher für ihn bereit gelegenen Gelde später meldet.

Beym §. 205. Die Bezahlung der Zinsen wird mit dem vom Zins-Empfänger retradirten Coupon belegt.

Beym §. 206. Ein Gutsbesitzer, welcher die auf sein Gut ausgefertigte Pfandbriefe in Händen hat, kann statt der zu berichtigenden Zinsen den Zins-Coupon zur Casse einsenden, muß aber den Quitungs-Groschen beyfügen.

Beym §. 250. Sollte sich der Fall ereignen, daß ein dergleichen in Sequestration gerathenes Gut einen totalen Ruin erlitten hätte, und also bey der Sequestration nicht einmal die Hälfte seines ertragsmäßigen Werths, noch das etwa bewilligte Ein Zwölftheil verzinsen könnte, so haftet nach Seiner Königl. Majestät Allerhöchsten Willen und Befehl auch das übrige Vermögen des Gemeinschuldners für die Sicherheit der Pfandbriefe, so daß die übrige Masse des Vermögens des Gemeinschuldners, sowohl die Zinsen der Pfandbriefe, als auch das, was zur schleunigen Wiederherstellung des Guts nöthig ist, vorzuschießen gehalten ist. Sollte wider Verhoffen auch dieser Fond zu sothanem Behuf nicht hinlänglich seyn; so muß die Ritterschafts-Direction entweder aus ihrer eigenthümlichen Casse, oder durch aufzunehmende Darlehne, den nöthigen Vorschuß besorgen, welcher Vorschuß bey einem künftigen Verkauf, als gemeinschaftliche Kosten, vorzüglich vor andern Creditis, und zwar mit Zinsen zu 5 pro Cent, restituirt werden muß.

Dieses hat auch statt, wenn auch dergleichen Güter mit Pfandbriefen noch nicht belegt sind, und eine Sequestration oder Administration auf Verlangen eines Landes-Justitz-Collegii hat verfügt werden müssen.

Es werden auch alle Güter bey sich ereignenden Subhastationen, mit der von der Ritterschafts-Direction der Provinz aufzunehmenden Taxe, zum Verkauf gestellt. Ist dergleichen Taxe noch nicht vorhanden; so muß solche von dem Ritterschaftlichen Directions-Collegio der Provinz, bey dem eintretenden

Verkauf des Guts, sofort aufgenommen werden, es mag das Gut mit Pfandbriefen belegt seyn, oder nicht. Ist aber eine dergleichen Taxe schon vorhanden, so muß solche nochmals aufs genaueste revidirt, und eine jede seit der Zeit der Abschätzung des Guts vorgefallene Veränderung darin bemerkt, auch die beym Gute etwa vorhandene Realitäten, welche keinen würklichen Ertrag gewähren, als z. E. Jurisdiction, jus patronatus und andere dergleichen jura honorifica, dem Capital der Taxe nach landüblichen Sätzen hinzugesetzt werden. Die Kosten, welche hierdurch in beyden Fällen verursacht werden, muß derjenige tragen, dem solche nach Vorschrift der Gesetze zur Last fallen.

Beym §. 273. Mit den aufgekündigten Pfandbriefen müssen auch die dazu gehörige Zins-Coupons abgeliefert werden.

Beym §. 276. bis 280. wird Bezug genommen auf das, was beym §. 82. Litt. h. i. vorhin bemerkt worden.

Beym §. 281. Diese Anzeige muß aufs Späteste den 2ten Januarii oder 1sten Julii geschehen. Wird der Pfandbrief selbst präsentirt, so wird solcher gegen Ertheilung eines Recognitions-Scheins bis zum nächsten Zins-Termin ad depositum genommen; wird aber der Zins-Coupon präsentirt, so wird dem Präsentanten desselben aufgegeben, den dazu gehörigen Pfandbrief mit allen seinen Zins-Coupons binnen einer festzusetzenden Frist gleichfalls ad depositum der Ritterschafts-Direction einzureichen. Geschieht dieses, so wird dem Deponenten ein Recognitions-Schein ertheilt. Wird aber weder der Pfandbrief, noch der Zins-Coupon präsentirt, so wird der gekündigte Pfandbrief in den Zeitungen und Intelligenz-Blättern öffentlich aufgerufen und bekannt gemacht: daß solcher gekündiget, und das Capital mit den bis dahin fälligen Zinsen im nächsten Zinszahlungs-Termin, gegen Ausantwortung des Pfandbriefes, und der dazu gehörigen Coupons, in Empfang genommen werden müsse, oder ad depositum werde gebracht werden. Meldet sich hiernächst der Inhaber des Pfandbriefes in dem folgenden Zinszahlung-Termin nicht, so wird das Capital mit denen bis dahin aufgelaufenen Zinsen für seine Rechnung ad depositum des Directions-Collegii genommen, und die erfolgte Deposition öffentlich bekannt gemacht, auch die Vorladung des Inhabers des Pfandbriefes mit dem Beyfügen wiederholt: daß wenn er die Gelder auch nicht in dem nächstfolgenden Zinszahlungs-Termin erheben würde, mit der Mortification des Pfandbriefes werde verfahren werden. Bleibt nun der Inhaber des Pfandbriefes in selbigen abermals aus, so wird der Pfandbrief mortificirt, die deponirte Gelder aber bleiben für Rechnung des Inhabers des Pfandbriefes in Deposito der Ritterschafts-Direction; wobey es sich denn von selbst versteht, daß die Kosten der ganzen Procedur davon bestritten werden müssen, und solche dem Inhaber des mortificirten Pfandbriefes zur Last fallen.

Beym §. 283. Alle von dem Gutsbesitzer gekündigte Pfandbriefe werden, sobald sie eingelöset worden, ohne Unterschied cassirt.

Beym §. 284. Bevor diese Cassation beym Engern Ausschuß geschieht, müssen zuförderst diese cassirten Pfandbriefe im Hypothekenbuche und in den Registern der Direktion der Provinz gelöscht werden.

Beym §. 287. Da die zur Bequemlichkeit des Publici auszufertigende Coupons dem Creditwerke Kosten verursachen; so werden jedesmal bey der Ausreichung eines Pfandbriefes für die dabey befindliche Zins-Coupons, ohne Rücksicht auf die Zahl derselben, von dem Empfänger des Pfandbriefes, so wie, wenn dem Inhaber eines Pfandbriefes von neuem 4jährige Zins-Coupons ausgeliefert werden, für die dazu ausgefertigte Coupons von dem Inhaber des Pfandbriefes Zwey Groschen bezahlt, welche nebst den Ausfertigungs-Gebühren für die Pfandbriefe zur Haupt-Ritterschafts-Casse fliessen.

Der von Sr. Königl. Majestät dem Creditwerke verliehene Fond, und falls dergleichen noch anderweit im Capital, dem Creditwerke verliehen werden sollte, verbleibt sämmtlichen bey diesem Creditwerk Verbundenen, und kann davon kein Capital zu den Unterhaltungs-Bedürfnissen verwendet werden. Dieser Capitals-Fond stehet unter Administration der Haupt-Direction, welcher dem Engern Ausschuß davon jährlich Rechnung ablegt; die davon fallende Revenües aber, und wenn Se. Königl. Majestät sonst noch woher einen jährlichen Zuschuß dem Creditwerke allergnädigst zu verleihen geruhen möchten, werden nach einem von den itzt versammleten Deputirten unterm 28. März 1784. entworfenen, und unterm 29. ejusd. sich darüber vereinigten Plan, so lange zu den Unterhaltungs-Bedürfnissen sämmtlicher Haupt- und Provinzial-Ritterschafts-Directionen verwendet, bis so viel Einnahme da seyn wird, daß daraus die Bedürfnisse für sämmtliche Haupt- und Provinzial-Ritterschafts-Direktionen bestritten werden können. Sobald aber Ueberschuß da seyn wird; so soll dieser Ueberschuß so lange zu Capital geschlagen werden, bis die zur bisherigen Unterhaltung des Creditwerks verwandte Kosten wieder bezahlt seyn werden, welchemnächst sothane Ueberschüsse zur Hülfe der beym Creditwerk Verbundenen, durch Unglücksfälle, vorzüglich durch Hagelschlag, verunglückten Interessenten dergestalt verwendet werden sollen, daß mit diesem Ueberschusse den Verunglückten nach Ordnung der Zeit, wie sie sich beym Creditwerke interessirt haben, und nach dem Verhältnisse der aufs Gut ausgefertigten Pfandbriefe, zu Hülfe gekommen werden soll; diesen Behufs soll jedesmal von der Provinzial-Direktion, mit Beyfügung der nöthigen Bescheinigungen, an die Haupt-Direktion berichtet, und von dieser wiederum dem nächsten sich versammlenden Engern Ausschusse Vortrag geschehen, alsdann der Engere Ausschuß die dem Verunglückten zu bezahlende Hülfsgelder bestimmt und verwilliget, und die darauf dem Verunglückten geleistete Zahlung von der Haupt-Direktion bey der nächsten Jahres-Rechnung belegt werden muß.

Die §. 183. gedachte Taxations-Gebühren, der Quitungs-Groschen und die weiter unten vorkommende Expeditions-Gebühren hingegen fliessen zur Casse jeder Provinz, in welcher die mit Pfandbriefen belegte Güter liegen, und machen solche den eigenthümlichen Fond jeder Provinz aus.

Diesen Fond verwaltet die Ritterschafts-Direktion jeder Provinz, legt davon der Haupt-Direktion, welche demnächst dem Engern Ausschusse davon Vortrag thut, jährliche Rechnung ab, und wird darüber von der Haupt-Direktion dechargirt. Diese Einnahme wird so lange, bis sie zur Deckung aller verwilligten Bedürfnisse, und zur Bezahlung der Rückstände hinreichend ist, nach dem obgedachten, von den jetzt versammleten Deputirten gemachten Plan repartirt: Und da die Uckermark schon so viel Einnahme hat, daß sie ihre Bedürfnisse nicht nur davon bestreiten kann, sondern auch schon einen Ueberschuß hat; so verbindet sich diese Provinz, ihren jährlichen Ueberschuß zur Abhelfung der Bedürfnisse der übrigen vier Provinzen der Chur- u. Neumark annoch auf fünf Jahre herzugeben, mit der Bedingung, daß alsdann diese Provinzen sich so weit mit Pfandbriefen interessirt haben müssen, daß sie sich aus ihrer Einnahme erhalten, wenigstens nicht des Ueberschusses der Uckermark bedürfen, sondern allenfalls aus den Revenüen des Haupt-Fonds erhalten werden können, widrigenfalls die Uckermark nur noch so viel zu den Bedürfnissen der übrigen Provinzen hergiebt, als sie aus dem Haupt-Fond, von Zeit der Errichtung des Creditwerks, zu ihren Bedürfnissen erhalten hat, und in den vorerwähnten fünf Jahren noch nicht wieder erstattet haben wird: Alsdann aber konstituirt sie mit ihrer Einnahme einen eigenthümlichen Fond und Casse ihrer Provinz, und verwendet den Ueberschuß vorzüglich auf die, durch Hagelschlag Verunglückte und Hülfsbedürftigen beym Creditwerk verbundenen Interessenten ihrer Provinz, in eben der Art, als solches bey den künftigen Ueberschüssen der Hauptritterschafts-Casse vorhin festgesetzt worden.

Die übrigen vier Provinzen hingegen, wollen sich mit ihrer Einnahme so lange zu Hülfe kommen, bis die Hauptritterschafts-Casse allein den noch etwanigen Mangel der Einnahme einer oder der andern Provinz, zu ihren Bedürfnissen decken kann: welchemnächst jede Provinz, je nachdem sie zu einem Ueberschuß gelangt, mit ihrer Einnahme ihren eigenthümlichen Fond und Casse konstituirt, und ihren Ueberschuß, wie bey der Haupt-Ritterschafts-Casse, festgesetzt worden, zum vorzüglichen Bedarf der beym Creditwerk verbundenen und durch Unglücksfälle gelittenen Interessenten ihrer Provinz verwendet.

Einem jeden Ritterschafts-Direktions-Collegio bleibt überlassen, das zu seinen Bedürfnissen ausgesetzte jährliche Quantum, wie sie es nöthig und den Arbeiten der dabey angesetzten Offizianten angemessen finden, bis auf Approbation der Haupt-Direktion und des Königl. Commissarii unter sich zu vertheilen.

Und da die den Concurs- und Liquidations-Prozeß dirigirende Justitz-Collegia in dergleichen Sachen alle Ausfertigungen bezahlt erhalten, so geruhen Se. Königl. Majestät allergnädigst zu bewilligen, daß nach eben diesen Sätzen auch den Haupt-

und Provinzial=Ritterschafts=Direktionen, diese Ausfertigungen bezahlt werden sollen, und sollen solche zu denjenigen Cassen der Haupt= und Provinzial=Direktionen fließen, bey welchen von diesen Direktionen solche deserviret worden.

Die dem Reglement vom 15. Junii 1777. angehängte General=Taxprinzipia betreffend wird

Beym §. 1. Lit. c. bemerkt, daß bey den Taxen darauf Attention genommen werden müsse, ob der Boden bergigt oder eben, frey oder mit Holzungen umgeben sey?

Beym §. 6. Die Boniteurs müssen den Boden nach der innern Güte desselben beurtheilen, zu welchen der gewöhnlichen Feldfrüchte er sich vorzüglich schickt, und ihn in folgende Classen theilen:

1ste Classe, starkes Weizenland, welches in erster und dritter Tracht Weizen, in zweyter und vierter Tracht aber Gerste trägt.

2te Classe, schwaches Weizenland, welches blos in der ersten Tracht Weizen, in der dritten Roggen, in der zweyten und vierten Tracht aber Gerste bringt.

3te Classe, starkes Gerstenland, welches in erster und dritter Tracht Roggen, in zweyter und vierter Tracht Gerste trägt.

4te Classe, schwaches Gerstenland, welches in erster und dritter Tracht Roggen, in zweyter Gerste und in der vierten Tracht Hafer trägt.

5te Classe, starkes Haferland, welches in erster und dritter Tracht Roggen, in der zweyten und vierten Tracht aber Hafer trägt.

6te Classe, schwaches Haferland, welches in erster und dritter Tracht Roggen, in der zweyten Hafer trägt, nach der dritten aber ruhet.

7te Classe, dreyjähriges Roggenland, wenn es ohne Düngung ein Jahr Roggen trägt, und denn zwey Jahre ruhet, jedoch aber, wenn es wieder gedünget wird, Sommerung tragen kann.

Das sechs= und neunjährige Land wird nur als Schaafweide gewürdiget, und nach diesen Sätzen muß auch bey der Anwendung der Spezial=Tax=Prinzipien jeder Provinz und Creyses verfahren werden.

Beym §. 7. Die Classifikation der Wiesen geschieht, wie gewöhnlich, je nachdem sie zwey= oder einhauigt sind.

Zweyhauigte,

gute, sind solche, da der Morgen wenigstens jährlich 18 Centner Heu und Grummet bringen kann;

mittlere, da der Morgen nur 16 Centner Heu bringt;

schlechte, wenn der Morgen wenigstens 14 Centner Heu bringt;

Einhauigte,

gute, wenn der Morgen wenigstens 12 Centner Heu bringt;

mittlere, wenn der Morgen wenigstens 9 Centner Heu giebt;

schlechte, wenn wenigstens 6 Centner auf den Morgen fallen; ganz schlechte, wenn der Morgen nur 4 Centner Heu bringt.

Hiernach instruirt der Commissarius die Boniteurs, und sucht so genau als möglich ihre Bestimmungen des Heu-Ertrages, die sie gewöhnlich nur nach Fudern zu machen gewohnt sind, mit ihrer Zuziehung auf Centner zu reduciren; und da es auch nicht nur auf die Menge des Heues nach dem Gewichte, sondern eben so sehr auf seine Grasarten und deren Nahrhaftigkeit ankommt, so hat der Commissarius sein ganz besonderes Augenmerk auf die richtige Classifikation der Wiesen zu richten, den Heugewinnst nach der Classifikation zu berechnen, ihn mit dem Gewinnst, den er entweder aus den Tabellen, Rechnungen oder Zeugen-Aussagen hernehmen kann, zu balanciren, und die Irrthümer so viel als möglich zu berichtigen.

Die Mäsch- oder Feldwiesen werden in den Jahren, da das Feld Braach liegt, zur Hütung genutzt; folglich kann nur ein gewisser Theil derselben, z. E. bey der Ackertheilung in drey Schlägen, Zweydrittheil als Wiesewachs veranschlagt werden.

Beym §. 8. wird wiederholt, was beym §. 175. des Reglements, wegen jedesmaliger besonderen Vereidung der Boniteurs bemerkt worden.

Beym §. 9. Zwölfjährige Düngung wird gar nicht gerechnet.

Beym §. 12. Damit man überzeugt seyn möge, daß das abgezogene Wirthschaftskorn zur Bestreitung der Kosten und Ausgaben hinreiche, so muß der Commissarius allezeit eine genaue specifique und accurate Berechnung sämmtlicher Wirthschaftskosten anfertigen, und deren Betrag mit dem nach den Anschlags-Preisen zu Gelde ausgeworfenen Wirthschaftskorn balanciren. Findet es sich nach dieser Balance, daß das Wirthschaftskorn nicht hinreiche, die Kosten der Wirthschaft zu gewähren; so muß Commissarius von den übrigen Wirthschafts-Rubriken, als der Schäferey, Mulkerey rc. rc. gleichfalls ganz genaue und detaillirte Anschläge anfertigen, und nach selbigen untersuchen, ob und in wie fern das Fehlende durch die bey diesen Rubriken sich ergebende Ueberschüsse gedeckt werden könne. Wird nun hierdurch das bey den Kosten der Ackerwirthschaft fehlende Quantum gänzlich gedeckt; so hat es dabey sein Bewenden, im entstehenden Fall aber wird dasjenige Quantum, welches nicht durch den Ueberschuß bey andern Wirthschafts-Rubriken gedeckt werden kann, besonders in Abzug gebracht.

Beym §. 28. Wördenland ist nur dasjenige, was sechs Jahre vor der Aufnehmung der Taxe, als Wördenland eingeheegt, genutzt und in dreyjähriger Düngung gehalten worden, und nach der verschiedenen innern Bonität des Landes, kann solches höchstens nur fünf und mindestens zu drey Thaler in Taxe gebracht werden.

Beym §. 51. Stutereyen werden, da selbige nicht als eine beständig bleibende Nutzung des Guths, sondern nur als ein Werk der Industrie zu betrachten sind, nicht besonders veranschlagt; wo aber dergleichen vorhanden sind, wird die zu deren Erhaltung verwendete Weide und Winterfutterung, dem Rindviehstande, und der Schäferey, zu gute gerechnet.

Beym §. 55. Ein Bienenschwarm wird mit 8 Gr. in Taxe gebracht.

Beym §. 63. Die Feuer-Societäts-Beyträge werden ohne Unterschied ihres Betrages, bey der Taxe in Abzug gebracht, und müssen die Gebäude so hoch taxirt, und bey der Feuer-Societät eingetragen werden, daß der Schade durch die Bonification aus der Feuer-Societäts-Casse ersetzt, und das Gebäude dafür wieder hergestellt werden kann. Da indessen bey dem Guthe oft große und dem Werth desselben nicht angemessene Wohngebäude sind, so muß in Ansehung der Wohngebäude das dafür in den Tax-Prinzipiis festgesetzte Quantum triplirt bey der Feuer-Societät eingetragen werden.

Das in den General-Tax-Prinzipiis zum Unterhalt der Wirthschaftsgebäude bestimmte Abzugs-Quantum ist zu geringe, und statt dessen, doppelt so viel bey der Taxe in Abzug zu bringen.

Was von dem zur Bewirthschaftung des Guths erforderlichen Inventario fehlt, muß bey der Taxe von der Capitals-Summe in Abzug gebracht werden.

Was endlich die dem Reglement vom 15ten Junii 1777. beygefügte Spezial-Tax-Prinzipia betrifft, so wird es zwar bey selbigen belassen, jedoch daß auch diese nach denen bey den General-Tax-Prinzipiis vorgedacht erfolgten Abänderungen, Zusätzen und Erläuterungen, modificirt in taxando in Anwendung zu bringen sind, und wenn die Specialia höher, als die Generalia gehen; so ist alsdann der mindere Satz der General-Principiorum anzunehmen. Wenn aber die Specialia niedriger als die Generalia ausfallen, so werden die Specialia in taxando in Anwendung gebracht.

Der Hordenschlag wird in der ersten Tracht für voll, in der zweyten Tracht zur Hälfte, und in der dritten Tracht zu ein Viertheil in Anschlag gebracht. Berlin, den 2. April 1784.

Reskript vom 31. August 1784.

Auch finden Wir unter einem dasjenige, was in dem anliegenden Nachtrag vom 2ten April 1784 des Ritterschaftlichen Credit-Reglements in Ansehung der Verhältnisse, worinnen Ihr, in ein und andern Geschäfts-Falle mit der Ritterschaftlichen Credit-Societät zu stehen kommt, gedacht wird, hierdurch näher zu bestimmen und zu modificiren nöthig, und werdet Ihr Euch also darüber nachstehendes zur Achtung und Direction dienen lassen.

Ad §. 6. pag. 6. gedachten Nachtrags hat es zwar

1) bey der daselbst enthaltenen Disposition, daß auch die in Concurs- oder Liquidations-Prozeß verfallene Güther, in soferne sie sonst dazu qualificirt sind, mit Pfandbriefen belegt werden können, sein Bewenden. Hierbey aber

2) ver-

2) verstehet es sich von selbst, daß die Pfandbriefe nicht eher eingetragen und extradiret werden können, als bis Classificatoria ergangen, und in so weit rechtskräftig worden ist, daß mit hinlänglicher Gewißheit beurtheilet werden kann, welche Gläubiger von denen durch die Credit-Direction bewilligten Pfandbriefen ihre Befriedigung zu erwarten, und daher ihre eingetragene Schuld-Instrumente zum Behuf der Umschreibung zu extradiren haben. Nur alsdenn, wenn die Sache bis dahin gediehen ist, müssen von Euch diesen Creditoribus ihre Instrumente abgefordert, und solche zusammen an die Credit-Direction abgeliefert werden, damit diese die Umschreibung, so wie die Eintragung der in locum derselben tretenden Pfandbriefe besorgen könne. Ferner

3) müssen diese Pfandbriefe der Concurs- und Liquidations-Masse dergestalt zu gute kommen, daß diese das bey deren Umsetzung in klingende Münze zu erhaltende Aufgeld lucrire, wannenhero Euch solchenfalls nach Bewandtniß der Umstände, entweder die Credit-Direction um die Besorgung des Umsatzes und Berechnung des Aufgeldes zu requiriren, oder Euch die Pfandbriefe in natura einschicken, und den Umsatz bey Eurem Deposito unter Zuziehung des Curatoris Massae besorgen lassen müsset. Gegen den Gewinnst des solchergestalt der Masse zu gut kommenden Aufgeldes aber müssen auch

4) die Kosten der Ausfertigung und Eintragung der Pfandbriefe ex Massa genommen werden, so wie sich solches ratione der Taxationskosten von selbst verstehet, wobey jedoch die Credit-Societät ausdrücklich versprochen hat, daß die Taxationskosten möglichst menagiret, zur Beschleunigung der Tax-Aufnahmen, Re- und Super-Revisionen gemäße Verfügungen getroffen, auch denen Interessenten die ad §. 287. pag. 12. gedachte Sportuln nicht abgefordert werden sollen.

Unter diesen Umständen verbleibet es also auch: ad §. 250. pag. 10. dabey, daß bey allen Subhastationibus necessariis, auch solcher Güther, die mit Pfandbriefen noch nicht belegt sind, eine von der Credit-Direction aufgenommene Taxe zum Grunde gelegt, mithin die Verkaufs-Taxen zu Vier Prozent angefertiget werden müssen. Da aber, so wohl in dem Reglement von 1777. P. I. Cap. I. §. 6. als in dem Nachtrag pag. 6. der Haupt-Ritterschafts-Direction die Befugniß beygelegt worden, ein sub hasta stehendes Guth, worauf nicht das volle Pretium Taxatum gebothen wird, noch drey Jahre unter ihrer Administration zu behalten; so wird zur Vermeydung alles Mißverständnisses, hierdurch ausdrücklich festgesetzt:

a) daß unter der vollen Taxe bey deren nicht erfolgten Geboth, die Credit-Direction, dem Zuschlag zu contradiciren, befugt ist, nur eine solche zu verstehen sey, bey welcher der Ertrag mit 5 Prozent zum Capital gerechnet worden, und die also $\frac{4}{5}$ der eigentlichen zu 4 Prozent aufgenommenen Verkaufs-Taxe ausmacht.

b) Daß die Aussetzung des Zuschlags, in dem Fall, wo

nur ⅓tel der eigentlichen Verkaufs-Taxe gebothen worden, nicht in einer bloßen Willkühr der Credit-Direction beruhen, sondern nur in den Fällen statt finden soll, wenn entweder die Aussezzung des Zuschlags zur Deckung der Credit-Societät mit ihren Pfandbriefen und etwanigen Vorschüssen erforderlich ist, oder, wenn die Direction wahrscheinliche Hoffnung hat, durch den Aufschub des Verkaufs wegen der in der Zwischenzeit zu bewerkstelligenden Wirthschafts-Verbesserungen oder aus andern erheblichen Gründen, ein besseres Geboth zu erhalten, oder gar den Schuldner bey seinem Guthe zu conserviren; wobey auch noch ferner zu bemerken ist,

c) daß wenn die Credit-Direction nicht wegen ihrer eigenen Deckung, sondern bloß in der Absicht zum Besten der Masse und des Gemeinschuldners ein höheres Geboth zu erwarten, der Adjudication contradiciret, alsdann die Creditores der 3ten, 4ten und 5ten Classe darüber vernommen; und wenn diese insgesammt über den Zuschlag einig sind, mit selbigem, jenes Widerspruchs ohnerachtet verfahren werden soll.

Ad §. 139. pag. 7. muß endlich auch, da nach Vorschrift des Corp. Jur. Frid. P. II. Tit. 28. §. 21. nicht blos dem Guthsbesitzer, sondern auch den Extrahenten, imgleichen denen Kauflustigen, die, bey Aufnehmung der Taxen etwa vorgefallenen Fehler und Versehen dem Gericht anzuzeigen, freystehet, ein gleiches auch bey denen von den Credit-Directionen ad Effectum Subhastationis aufgenommenen Taxen statt finden und können also die Credit-Directiones sich nicht entbrechen, über dergleichen bey den Gerichten eingekommene Monita denenselben auf Verlangen Auskunft zu ertheilen, auch erforderlichen Falls nähere Untersuchung zu veranlaßen.

Dieses ist also, welchem gemäß die Hauptritterschafts-Direction durchgehends von der Behörde instruiret worden, und was Wir Euch, zu Eurer gleichmäßigen gebührenden Befolgung in vorkommenden Fällen gnädigst zu wissen fügen wollen. Berlin, den 31. August 1784.

217. Deklaration vom 12. Februar 1787 über das Reglement des Kurmärkschen Kirchen-Revenüen-Directoriums, vom 1. Februar 1723.*)

Nachdem Wir nunmehr Höchstselbst die in der Instruktion Unsers Kurmärkischen Amtskirchenrevenüendirektoriums vom 1. Februar 1723. §. 17. festgesetzte und bisher zweifelhaft und streitig gewesene Disposition über die Kirchengelder, auf den Uns geschehenen allerunterthänigsten Antrag authentisch dergestalt erklärt und bestimmt haben, wie Unsere mit ihrem relato in Abschrift hiebeygefügte Kabinetsordre vom 13ten Febr. d. J. mit mehrerm besagt: So haben Wir Euch davon zu Eurer

*) S. Nr. 160.

Nachricht und Achtung hierdurch gnädigst Kommunikation thun wollen ꝛc. Berlin, den 8ten März 1787.

v. Zedlitz.

An das Kurmärkische Oberkonsistorium.

Es sind bei verschiedenen unter dem Amtskirchenrevenüendirektorium stehenden Amtskirchen in der Kurmark beträchtliche Bauten nothwendig, die aber nicht ausgeführt werden können, weil diese Kirchen ganz und gar nichts im Vermögen haben. Dagegen giebt es auch wieder vermögende Amtskirchen, denen nach Abzug ihrer kurrenten Ausgaben noch ein jährlicher Ueberschuß von Interessen bleibt. Das geistliche Departement hält sich aber nicht berechtigt, diese Ueberschüsse der vermögenden Kirchen zum Bau der unvermögenden zu assigniren, weil in der dem Amtskirchenrevenüendirektorium von des höchstsel. Königs Friedrich Wilhelm I. Majest. ertheilten Instruktion §. 17. ausdrücklich festgesetzt ist:

„daß jeder Kirche das Eigenthum der von ihr einkommenden Gelder nach wie vor verbleiben solle."

Indessen findet sowohl das Generaldirektorium als das geistliche Departement es nicht unbillig, daß die Ueberschüsse an Zinsen von den Kapitalien reicher Amtskirchen angewendet, und obstehende Verordnung des §. 17. nur von Kapitalien und nicht von Zinsen verstanden werde; im Fall Ew. Königl. Majestät obige Worte der Instruktion des Amtskirchenrevenüendirektoriums darnach zu modificiren und das geistliche Departement dazu zu authorisiren geruhen mögten. Berlin, den 12ten Febr. 1787.

Blumenthal. Zedlitz. Gaudi. v. Heinitz. Werder. v. Arnim. Mauschwitz. Schulenburg.

An Se. Königl. Majestät.

Aus den in der Anlage angezeigten Ursachen sind Se. Königl. Majestät zufrieden, daß die in der von des höchstsel. Königs Friedrich Wilhelm I. Majest. dem Amtskirchenrevenüendirektorium ertheilten Instrukion §. 17. festgesetzte Disposition über die Kirchengelder, auf den Antrag des Generaldirektoriums und lutherischen geistlichen Departements, dahin modificirt werden soll, daß solche nur von ihren Kapitalien, nicht aber von Zinsen verstanden, und die Ueberschüsse von letzteren zum Bau der unbemittelten Amtskirchen mit angewendet werden können, und wollen gedachtes Departement dazu hiermit authorisiren. ꝛc. Berlin, den 13ten Febr. 1787.

Friedrich Wilhelm.

An das Generaldirektorium und luth. geistl. Departement.

218. Deklaration, wegen des den Patrimonial-Gerichtsbarkeiten in der Kur- und Neumark hergestellten Abschoß- und Abzugs-Rechts, vom 15. October 1787.

Nachdem Seiner Königl. Majestät von Preussen ꝛc. Unserm allergnädigsten Herrn vorgetragen worden, daß das verschiedenen Patrimonial-Gerichts-Obrigkeiten und Magisträten in Höchstdero Landen zukommende, theils auf ausdrückliche Provinzial-Gesetze, Recesse und Verträge, theils aber auch auf wohlhergebrachte Observanzen gegründeten Abschoß- oder Abzugsrecht, in Ansehung desjenigen Vermögens, und solcher Erbschaften, welche aus ihren Gerichtsbarkeiten unter andere innerhalb der Königl. Staaten befindliche Jurisdictionen gebracht werden, in neuern Zeiten, besonders durch einige im Jahr 1777. ergangene Verordnungen, mancherley Einschränkungen erlitten habe, wodurch diesen Jurisdictions-Berechtigten ein beträchtlicher Theil der ihnen von Alters her zukommenden fructuum jurisdictionis entzogen, und sie dadurch bey Tragung der unvermindert gebliebenen Jurisdictions-Lasten prägraviret worden; So haben Allerhöchstdieselben, um allen gegründeten Klagen über dergleichen Schmälerung wohl hergebrachter Befugnisse abzuhelfen, nachstehende Deklaration über diese Materie zu ertheilen geruhet:

I. So viel zuförderst sämmtliche Patrimonial-Gerichts-Obrigkeiten in der Chur- und Neumark betrifft, so soll denjenigen unter ihnen, welche vor dem Jahre 1777. das Recht, von einem aus ihrer Jurisdiction herausgehenden Vermögen, oder Nachlaß, Abschoß und Abzug zu fordern, durch ausdrückliche Privilegia oder rechtsbeständige Observanz erlangt gehabt, die Ausübung dieser Befugnisse in eben der Art und Maaße, wie ihnen solche vor dem bemerkten Zeitpunkte zugestanden hat, von nun an wiederum nachgelassen und gestattet werden.

II. Eben so soll den Magisträten derjenigen Chur- und Neumärkschen Städte, welche sich vor dem Jahre 1777. in einem rechtsgültigen Besitze, von den aus ihrer Jurisdiction gehenden Erbschaften Abschoß zu fordern, befunden haben, die Erhebung desselben in gleicher Maaße, als solche vorhin rechtlich hergebracht gewesen, wiederum zugelassen seyn.

Dagegen soll

III. das von einigen Magisträten oft benannter Provinzen vor dem Jahre 1777. sich ebenfalls angemaßte Recht, von dem Vermögen der aus ihrer Gerichtsbarkeit sich wegbegebenden, aber innerhalb der Königl. Lande verbleibenden Städtischen Einwohner, Abzug zu fordern, nach wie vor abgeschafft bleiben, dergestalt, daß die Magisträte diesen Censum emigrationis von Städtischen Einwohnern blos jure retorsionis, nehmlich alsdenn, wenn der Wegziehende sich unter eine solche Patrimonial-Jurisdiction begiebt, deren Inhaber von seinen in dieselbe Stadt ziehenden Jurisdictions-Gesessenen den Abzug fordert, zu verlangen, berechtigt seyn sollen.

So viel endlich

IV. die übrigen Provinzen ausser der Chur- und Neumark betrifft, so wollen Seine Königl. Majestät hiedurch überhaupt und im Allgemeinen erklären, daß in denselben, wegen des den Magisträten und Patrimonial-Gerichts-Obrigkeiten zukommenden Abschoß und Abzugs-Rechts, die Sachen wiederum auf eben den Fuß, auf welchem sie sich vor dem Jahre 1777. befunden haben, gebracht werden sollen; behalten sich aber vor, die nähern Bestimmungen darüber, der eigenthümlichen Verfassung einer jeden Provinz gemäß, nach Erforderniß der Umstände, entweder durch besondere Verordnungen, oder bey Anfertigung der Provinzial-Gesetzbücher, zu reguliren und festzusetzen.

Höchstgedachte Seine Königl. Majestät befehlen also hiedurch Dero General-Directorio und Justitz-Departement, sich nach dem Inhalt der gegenwärtigen Declaration fortan gebührend zu achten, dieselbe den Chur- und Neumärkschen Landes-Collegiis, und durch selbige sämmtlichen Magisträten und Patrimonial-Gerichten dieser Provinzen, gehörig publiciren zu lassen, auch den Inhalt des §. IV. den Landes-Collegiis der übrigen Provinzen, zu ihrem Nachverhalten, und weiterer Eröffnung an die mit dem Abschoß- und Abzugs-Recht versehenen Jurisdictions-Inhaber, vorläufig bekannt zu machen. Signatum Potsdam, den 15ten October 1787.

219. Reskript und Deklaration wegen Vereinigung des Uckermärkischen Obergerichts mit dem Kammergericht, vom 31. und 21. Januar 1789.

Von Gottes Gnaden Friedrich Wilhelm, König von Preussen ꝛc. Unsern gnädigen Gruß zuvor. Würdiger, Wohlgebohrner, Veste und Hochgelahrte Räthe, Liebe Getreue! Welchergestalt Unsere Allerhöchste Person, durch die gegenwärtige Zeit-Umstände sich genöthiget gefunden, das Uckermärksche Obergericht, in so weit es dasselbe bisher eine besondere Jurisdiction über die Einwohner und nicht eximirten Stände der Provinz ausgeübt hat, von diesen seinen Functionen vor der Hand zu suspendiren, und solches mit Eurem Collegio zu vereinigen, das ersehet Ihr aus der des Endes von Uns Allerhöchst Selbst unter dem 21. hujus vollzogenen und in beglaubter Abschrift hier beyliegenden Declaration mit mehreren.

Wir befehlen Euch darauf in Gnaden, wegen Publication dieser Unserer Erklärung in der Provinz das Erforderliche zu verfügen und behalten Uns vor, Euch mit bestimmteren Vorschriften, wie es mit Fortsetzung der am Ende des May annoch bey dem Obergericht current bleibenden so wie der künftig neu einkommenden Uckermärkischen Sachen, imgleichen mit dem

Transport der Registraturen und Cassen anhero gehalten werden soll, des nächsten umständlich zu versehen.

Sind rc. Gegeben Berlin, den 31. Jan. 1789.

Deklaration.

Nachdem Se. Königl. Majestät von Preussen rc., Unser allergnädigster Herr, Allerhöchst wahrgenommen haben, was maaßen die Prozesse und übrige Arbeiten bey dem Uckermärkischen Obergericht sich seit einigen Jahren aus verschiedenen Ursachen dergestalt vermindert, daß solche nicht ferner hinreichen, weder ein aus mehreren Mitgliedern bestehendes Landes-Collegium gehörig zu beschäftigen, noch die Salarienkasse desselben in dem zur Sustentation eines solchen Collegii hinreichenden Zustande ohne größere Belästigung der Jurisdictions-Gesessenen länger zu unterhalten; weshalb denn auch von den der Jurisdiction des Obergerichts bisher noch unterworfenen Ständen schon vor einiger Zeit der Antrag geschehen ist, solches vor der Hand in seinen Functionen zu suspendiren, und sie mit ihren Rechts-Angelegenheiten unmittelbar an das Cammergericht zu verweisen; So haben Allerhöchst Dieselben resolviret, in Erwägung aber dieser Gründe, dem Gesuch vorerwähnter Stände nunmehr in Gnaden statt zu geben, und verordnen also hierdurch:

daß das Uckermärksche Obergericht vom 1. Juny dieses Jahres an, in Ansehung aller bisher zu seinem Ressort gehörigen Functionen suspendirt, solches vor der Hand mit dem Cammergericht vereinigt, mithin sämmtliche Uckermärkische Justizsachen von gedachtem Zeitpunkt an durch das Cammergericht, die Vormundschaften aber von dem Churmärkschen Pupillen-Collegio bearbeitet werden sollen.

So wie nun Se. Königl. Majestät durch diese auf den eigenen Antrag des größern Theils Ihro getreuen Uckermärkschen Stände getroffene Verfügung den Gerechtsamen besagter Stände in irgend einiger Art zu präjudiciren nicht gemeinet sind, vielmehr ihnen solche in alle Wege, besonders auch die Befugniß, unter veränderten Umständen und möglich gewordener Ausmittelung eines auskömmlichen Sustentations-Fonds auf die Wiederherstellung des Obergerichts anzutragen, hierdurch ausdrücklich vorbehalten wollen; So befehlen Allerhöchst-dieselben zugleich, daß die Mitglieder des Obergerichts, die durch ihre bisherige treue und rechtschaffene Amtsführung sich Allerhöchst Dero Huld und Vorsorge würdig gemacht haben, imgleichen den Subalternen auf eine convenable Art anderwärts placirt, einer der Mitglieder in der Provinz zur Besorgung derjenigen Geschäfte, welche nur an Ort und Stelle am füglichsten verhandelt werden können, und die ihm also das Cammergericht in vorkommenden Fällen specialiter auftragen wird, zurückgelassen, übrigens aber sämmtliche zur Sustentation des Obergerichts bisher ausgesetzt gewesene fixirte Fonds aus Domainen-Aemter-, Contributions- und Cämmerey-Cassen gleichergestalt vom 1. Juni c. an, so lange die gegenwärtige Suspension des Obergerichts dauern wird, zur Salariencasse des Cammergerichts abgeführet werden sollen.

Urkundlich haben Se. Königl. Majestät diese Declaration Höchsteigenhändig vollzogen, und befehlen hierdurch sowohl Dero Cammergericht, als dem Uckermärkschen Obergericht und sonst jedermann, den es angeht, sich nach dem Inhalt derselben gebührend zu achten.

Gegeben Berlin, den 21ten Januar 1789.

220. Bericht der Gesetz-Kommission über die Frage: ob Neumärksche Lehns-Vettern, zu ihrer Legitimation ein öffentliches Aufgebot der unbekannten Lehnsfolger sub poena praeclusi auszubringen befugt sind, nebst Reskript vom 20. April 1789.

Allerdurchlauchtigster rc. rc.

Ew. Königl. Majestät haben unterm 30. Januar a. c. über die nebenstehende Anfrage der Neumärkschen Regierung vom 14. Januar a. c. unsern gutachtlichen und pflichtmäßigen Bericht allergnädigst erfordert;

Die Gelegenheit dazu hat folgender Vorfall gegeben: Der Hauptmann Carl Adolph von Waldow errichtete den 24. May 1745. mit seinen nächsten Lehns-Vettern einen Vertrag, wornach diese mit Vorbehalt eines Lehnsstammes von 8000 Rthlr. und des juris protimiseos die Güter Rauden und Neudorff für Erbe erklärten.

Er disponirte darauf über beyde Güter zum Vortheil des Züllichauschen Waisenhauses. Nach seinem Tode wurden die zwischen letzterem und den nächsten Lehns-Vettern entstandene Streitigkeiten durch den Vergleich vom 31. März 1753. beygelegt, unter der Voraussetzung, daß nach einer vormaligen irrigen Praxi in der Neumark Agnati proximiores ohne Zustimmung der Remotiorum das Lehn in Erbe zu verwandeln berechtigt wären. Es meldeten sich aber dem Edict vom 4. August 1763. zufolge verschiedene Agnaten und ließen ihr Successions-Recht auf obigen Gütern eintragen. Im Jahre 1786. nahmen sie beyde Güter in Anspruch, und das Waisenhaus verglich sich den 20. Januar 1787. mit ihnen, jedoch unter der Bedingung, daß vor Auszahlung des Vergleichsquanti die etwanigen unbekannten Agnaten und Gesammthänder in Ansehung obiger Güter edictaliter aufgeboten und präcludirt werden möchten.

Dies Präclusionsgesuch, welches vom Waisenhause und den adhärirenden Agnaten angebracht worden, hält die Neumärksche Regierung für unbedenklich, in sofern nicht etwan den unbekannten Agnaten nach dem Edikt vom 4. August 1763. §. 8. restitutio in integrum zu statten kommen könnte. Wider das entgegenstehende Conclusum der Gesetz-Commission von 1785., wornach die Vorladung unbekannter Lehns-Vettern, wenn dieselbe die Verwandlung des Lehns in Erbe zur Absicht hat, bey Strafe der Präclusion nicht geschehen kann, führt die Regierung an, der Grund desselben, daß ein noch nicht angefallenes Recht nicht verlohren gehen könne, stimme mit dem Edict vom 4. August 1763. §. 4. nicht, weil nach solchen die Agnaten und Gesammthänder zur Conservation ihrer künftigen Successions-Rechte sub poena praeclusionis sich melden müßten, und wenn die gedachte ratio des Conclusi so allgemein gelten könnte, so würde sogar kein Erwerber einer rei immobilis ex titulo singulari sich vor dergleichen verborgene künftige Rechte durchs Aufgebot sicher stellen können. Die Regierung hält es daher für ganz analogisch, daß auch Lehnsvettern, die ihre Lehnrechte bey der Landschaft verfolgt haben, zum Behuf ihrer Legitimation, daß sie die Alleinigen, folglich nach dem §. 103. der Neumärkschen Lehns-Constitution das Lehn in Erbe zu verwandeln berechtigt sind, befugt seyn müssen, zum Vortheil eines dritten Gutsbesitzers die etwanigen unbekannten Lehnsvettern edictaliter aufzubieten und präcludiren zu lassen.

Unsers Erachtens hat die Regierung darin Recht, daß, da nach dem Edict vom 4. Aug. 1763. §. 4. die Agnaten bis zum ersten Januar 1765. oder in der Neumark nach dem Reskript vom 12. November 1764. bis ultimo Juny 1765. ihr Successions-Recht bey Verlust desselben bey der Landschaft zur Eintragung anzeigen müssen, in Ansehung derjenigen, welche diese Frist versäumt haben, und nicht etwan zu der im §. 8. des obigen Edicts gestatteten Restitution qualificirt sind, nicht einmal eine Edictal-Citation und Präclusion nöthig sey, weil dieselbe schon durch das Gesetz präcludirt sind. Wenn also, wie im vorliegenden Falle, ein dritter Besitzer eines Lehns, der solches ex liberalitate eines Lehnsbesitzers und hernach ex transactione mit dem bekannten und eingetragenen Agnaten titulo oneroso erworben hat, in adhaesione dieser Agnaten zu mehrerer Sicherheit um Edictal-Citation und Präclusion der unbekannten etwanigen Agnaten bittet, so würden wir solches für unbedenklich halten. Auf das von der Regierung angeführte Conclusum der Gesetz-Commission von 1785. und ob dasselbe mit dem Edict vom 4. August 1763. §. 4. übereinstimme oder nicht, kömmt es hier gar nicht an. Denn dies Conclusum ist nach Pommern ergangen, wo nach einem in dem Bericht der Pommerschen Regierung in der Malzahnschen Lehnssache von 1788. angeführten Reskript vom 26. November 1764. das Edict vom 4. August 1763. nur wegen Berichtigung des tituli possessionis, nicht aber, intuitu agnatorum anwendbar ist, wodurch sich das gedachte Conclusum in Ansehung dieser Provinz von selbst rechtfertiget. Uebrigens würden wir auch der Edictal-Citation und Präclusion in dem vorliegenden Falle, ohne Rücksicht auf die im §. 8. des Edicts vom 4. August 1763. nachgegebenen Restitutions-Fälle die volle Würkung beylegen, theils weil diese Restitutions-Fälle, nachdem seit dem Ablauf des Neumärk. termini praeclusivi (ult. Junii 1765.) beinahe 24 Jahre verflossen sind, nicht leicht vorkommen können, theils weil die Restitution nur in Ansehung des Gutsbesitzers und dessen Erben, auch aller derjenigen, welche von ihnen durch eine Schenkung, Vermächtniß oder andere bloße Freygebigkeit, nicht weniger in Ansehung der übrigen Mitbelehnten, Agnaten und Anwärter statt finden soll, hier aber das Waisenhaus vorgedachtermaßen die Güter zum Theil titulo oneroso erworben hat. Ew. Königl. Majest. Höchstem Ermessen überlassen wir solchemnach, ob Höchstdieselben die Neumärk. Regierung hiernach allergnädigst zu bescheiden geruhen wollen. Wir remittiren den uns in originali zugefertigten Regierungs-Bericht und ersterben rc.

Ew. Königl. Majestät rc.

Berlin, den 4. April 1789.

Reskript.

Friedrich Wilhelm, König rc. rc. Unsern rc. Ueber Eure mittelst Berichts vom 19. Januar c. bey Uns gethane Anfrage:

ob Neumärk. Lehnsvettern, welche ihr Lehnsrecht edictmäßig verfolgt haben, befugt sind, zu ihrer Legitimation, daß sie die einzigen Agnaten und also nach dem §. 103. der Neumärkischen Lehns-Constitution, das Lehn in Erbe zu verwandeln, berechtigt sind, zum Besten eines Dritten das öffentliche Aufgebot der unbekannten Lehnsfolger sub poena praeclusi auszubringen?

haben Wir den gutachtlichen Bericht der Gesetz-Commission erfordert, und nachdem solcher nunmehro eingegangen ist, so lassen Wir Euch denselben loco resolutionis zur Nachricht und Achtung hiebey in Abschrift zufertigen. Sind rc.

Berlin, den 20. April 1789.

221. Reskript an das Kurmärksche Pupillen-Kollegium wegen des termini majorennitatis, vom 26. Mai 1794.

Friedrich Wilhelm, König rc. rc. Unsern rc. Der hiesige Magistrat hat abschriftlich neben liegender maaßen angefragt:

ob die Vormundschafts-Ordnung vom 23. Septbr. 1718. durch Unser neues allgemeine Landrecht aufgehoben

oder

ob gedachte Vormundschafts-Ordnung als ein für die Churmark und besonders für Unsere hiesigen Residenzien bestimmtes Provinzial-Gesetz anzusehen und bis zur Emanirung eines Provinzial-Gesetzbuches beyzubehalten sey?

Wir geben Euch zu Eurer Nachricht und Achtung aus der zweyten abschriftlichen Anlage zu ersehen, welchergestalt er darauf unter dem heutigen Dato beschieden worden. Sind rc. Gegeben Berlin, den 26. May 1794.

Reskript an den Magistrat zu Berlin.

Friedrich Wilhelm, König rc. rc. Unsern rc. Aus Eurem Berichte vom 20. d. M. haben Wir ersehen, wie bey Eurem Vormundschafts-Collegio das Bedenken entstanden:

ob die Vormundschafts-Ordnung vom 23. September 1718. durch Unser neues allgemeines Landrecht aufgehoben und dadurch vom 1. Juny c. an die Minderjährigkeit mit dem 24. Jahre geendiget,

oder

ob gedachte Vormundschafts-Ordnung als ein für die Churmark und besonders für Unsere hiesige Residenzien bestimmtes Provinzialgesetz anzusehen, bis zur Emanirung eines Provinzial-Gesetzbuches beyzubehalten und in Gefolge dessen der Terminus der Majorennität erst vom zurückgelegten 25sten Jahre fernerhin zu rechnen sey?

und Wir wollen Euch darauf hierdurch zu Eurer Direction nicht verhalten; daß die Abkürzung der Majorennitäts-Jahre auf einer besondern von den Vorschriften Unsers allgemeinen Landrechts unabhängigen Cabinetsordre beruhe, mithin dabey und bey den darnach abgefaßten Vorschriften Unsers Landrechts um so mehr sein Bewenden haben müsse, als an Orten und Provinzen, wo bisher ein längerer Terminus majorennitatis statt gefunden hat, die Abkürzung desselben ein Favorabile ist, worüber sich niemand mit irgend einem Scheine beschweren, oder sich eines juris contradicendi anmaßen kann. Sind rc. Berlin, den 26. May 1794.

222. Reskript an die Neumärksche Regierung, betreffend die Bürgschaft der Weiber, vom 30. Juni 1794.

Friedrich Wilhelm, König rc. rc. Unsern rc. Auf Euern Bericht vom 16. m. p. die verschiedenen Anfragen des Stadtgerichts zu Landsberg an der Warthe betreffend, wollen Wir Euch hiermit folgendes zu erkennen geben.

Da die Concursordnung vom 4. Febr. 1722. als ein wirkliches Provinzial-Landesgesetz bey den Bürgschaften der Weiber, die Zuziehung eines rechtskräftigen Assistenten nicht erfordert, und es nach Maaßgabe des hier eigentlich Anwendung findenden §. 3. des Patents vom 5. Febr. c. vor der Hand noch bey den Vorschriften der bestehenden Provinzialgesetze sein Bewenden haben soll; So approbiren Wir, daß der Magistrat zu Landsberg von Euch nach Eurem Antrage auch ad I. so wie unbedenklich ad II. et III. beschieden werden mag. Der Erlassung eines besondern Circularis an die Untergerichte wird es indessen nicht bedürfen, da wenn auch bey einem und dem andern statt der in der Konkursordnung vorgeschriebenen, die im Allgemeinen Landrechte angenommene Form der Handlung beobachtet werden sollte, dieses nach der Vorschrist des Patents §. VII. circa finem der Gültigkeit der Handlung nichts schaden würde; übrigens aber die Verbürgungen der Ehefrauen für ihre Männer keine Handlungen sind, die eine solche Begünstigung oder Erleichterung verdienen, daß man den in einem oder andern Falle mit der Herbeyschaffung eines rechtskundigen Beystandes verknüpften, niemals unüberwindlichen Schwierigkeiten den Zweck des Gesetzes nachsetzen sollte, welcher offenbar die Abwendung des aus solchen Bürgschaften so leicht entstehenden gänzlichen Ruins der Familien, und die Ersparung der für den Richter, wenn er zugleich den Consulenten vorstellen soll, sehr oft entstehenden Verlegenheiten beabsichtiget. Sind rc. Gegeben Berlin, den 30. Juny 1794.

Beilage a.

Allerdurchlauchtigster rc.

Aus dem abschriftlich allergehorsamst beygeschlossenen Bericht des Stadtgerichts zu Landsberg an der Warthe vom 6. dieses, werden Ew. Königl. Majest. zu ersehen geruhen, wie dasselbe verschiedene Anfragen in Ansehung des neuen Allgemeinen Landrechts thut, und sich darüber Belehrung erbittet.

So unbedenklich wir es nun halten, gedachtes Stadtgericht auf dessen 2te und 3te Anfrage zu bescheiden, wie es sich

ad Passum II. von selbst verstehe,

daß in dem aufgestellten Falle, vorausgesetzt, daß ein Jude der Schwängerer ist, auch ein Jude die Vormundschaft übernehmen müsse, da uneheliche Kinder den Geschlechtsnamen ihrer Mutter führen, zu deren Stande gehören, und bis zum 14ten Jahre in dem Glaubensbekenntnisse der Mutter erzogen werden sollen,

A. L. R. P. 2. Tit. 2. §. 640. 642. 643.

daß aber im entgegengesetzten Falle, wenn nemlich der Schwängerer ein Christ ist, wenigstens bis zum Anfang des 15ten Jahres, ein Christ die Vormundschaft über den Nasciturum führen müsse,

weil nach dem §. 643. alleg. Tit. das Kind bis nach zurückgelegtem 14ten Jahre in der christlichen Religion unterrichtet werden solle, folglich einem Juden bis dahin die Vormundschaft über dasselbe nicht anvertrauet werden kann.

Ferner daß

ad Passum III.

die Absicht des Allg. Landrechts dahin nicht gehen könne, an dem durch besondere Verordnungen vorgeschriebenen modo publicationis der beyden Gesetze quaest. etwas zu ändern.

So dünkt uns doch die Entscheidung der Anfrage Pass. I. etwas schwieriger, weil in beyden Fällen, es mag nun unter dem Ausdrucke

Rechtskundiger Beystand

ein authorisirter Justiz-Commissarius oder eine zur Justitz vereidete Person überhaupt verstanden werden, dessen Zuziehung vielen Weitläuftigkeiten unterworfen seyn würde.

Indessen scheinet bey diesem Passu die Anfrage überhaupt zu frühzeitig angebracht zu seyn, weil in dem Publikations-Patent vom 5. Febr. 1794. §. 7. ausdrücklich verordnet worden, daß in Ansehung der in den drey ersten Tituln des Allg. Landrechts vorkommenden Abweichungen von gewissen einzelnen Vorschriften, dasselbe doch innerhalb 2 Jahren nicht zur Ausübung gebracht werden solle.

Dies ist nun hier offenbar der Fall. Denn in der Materie, die Verbürgung der Frauenperson betreffend, hat es bisher an sichern und festen Vorschriften nicht gefehlet. Der Sitz dieser Materie, ist in der Konkursordnung vom 14. Febr. 1722. §. 47. 48 et 49.

Const. March. P. I. Sect. II. pag. 128 et 129.

anzutreffen, und wenn man diesen nach das Rescr. vom 29. November 1790.

pag. 2988 des Jahrganges pro 1790.

beyfügt, so scheint desfalls alles erschöpft zu seyn.

Nun verlangt dieses alte Landgesetz die Zuziehung eines Rechtskundigen Assistenten bey der Bürgschaft der Frauen nicht, sondern nur der Litis-Curatoren an den Orten, wo solche hergebracht sind, d. h. an den Orten, wo das Sachsenrecht gilt, sonst fordert es nicht einmal eine Zuziehung bloßer Assistenten vielweniger rechtskundiger Beystände, vielmehr sollen darnach die Gerichte selbst die Stelle derselben vertreten, den Bürgschaft leistenden Frauen die beneficia muliebria erklären, ihnen was sie mit deren Renunciation verlieren, vorhalten und diesen ganzen Aktum registriren.

Wir submittiren daher allergehorsamst, ob nicht das Stadtgericht zu Landsberg an der Warthe, so wie sämmtliche Gerichte der Provinz anzuweisen seyn dürften:

in Ansehung der Bürgschaft der Frauen überhaupt, in specie der Ehefrauen, in Gemäßheit des Publikations-Patents vom 5. Febr. c. §. 7. sich bis zur Emanirung des Provinzial-Gesetzbuchs nach der bisherigen Verfassung, welche sich auf den §. 47. 48. et 49. der Konkursordnung vom 4. Febr. 1722. als eines alten Landesgesetzes, ingleichen auf dem, nach vorhergegangenen Conkluso der Gesetzkommission emanirten Reskripte vom 29. Nov. 1790. gründet, zu dirigiren.

Wir erbitten uns hierüber zur weitern Veranlassung eine allergnädigste Resolution und ersterben

Ew. Königl. Majestät

Neumärksche Regierung.

Cüstrin, den 16. May 1794.

Beilage b.

Allerdurchlauchtigster ꝛc.

Indem wir anfangen die Vorschriften des Allgemeinen Landrechts auszuüben, stoßen wir auf Gesetze, in Ansehung derer wir genöthiget sind, allerunterthänigst anzufragen:

I. §. 43. Tit. I. Th. 2. verordnet:

die Zuziehung eines rechtskundigen Beystandes der Ehefrauen, wann sie Bürgschaften ꝛc. für den Ehemann übernehmen will.

Unter dem Worte Rechtskundig, kann nun offenbar zweyerley verstanden werden, einmal jemand, der die Rechte studirt, oder sie sich sonst hinlänglich bekannt gemacht hat, und zweitens ein Mann, der von dem Staate praevio examine als rechtskundig anerkannt und zur Aufnahme rechtlicher Handlungen authorisiret ist, als Richter und Justitz-Commissarien, Actuarien ꝛc. ꝛc.

Wenn die erste Classe unserer Meynung nach nicht gemeinet seyn kann, weil immer noch der Zweifel übrig bleibt, ob ein solcher auch würklich Rechtskundig gewesen sey, so hat die Herbeyschaffung eines Mannes der 2ten Art in unendlich viel Fällen unzählige Schwierigkeiten.

Auf den Justitzämtern und bey den Magisträten der kleinen Städte, ist nur Judex und Actuarius rechtsverständig. Letzterer kann der Beystand nicht seyn, denn da außer ihm keine Schöppen vorhanden sind, so gehöret er mit zum Gericht, und kann also nicht zugleich Beystand der Partheyen seyn. Ferner auf den Justitiariaten der adelichen Dörfer, muß der Richter schon zufrieden seyn, wenn er nur ein paar Schöppen findet, die ihren Namen schreiben können.

Soll nun durchaus ein rechtsverständiger Beystand vorhanden seyn, so müssen die Interessenten die Justitzbedienten der nächsten Städte um Beystand anflehen; Wie unendlich kostbar aber dies seyn würde, wollen Ew. Königl. Majestät ermessen, da sehr oft von den Landleuten Obligat. zu 50 Rthlr. ausgestellet werden, und sie mithin einen solchen Beystand doch wenigstens 1 Rthlr. 8 Gr. zahlen müssen.

Die Fuhre auf 2 bis 3 Meilen nicht einmal zu gedenken.

Aber auch in Unserer Stadt finden sich Schwierigkeiten. Hier sind außer mir dem Stadtrichter und dem Justitz-Commissarius Benicke, der Actuarius Judicii ist, nur folgende Rechtsverständige:

der Justitzrath Henneberger,
der Burgermeister Werther und
der Syndicus Pachur.

Ich, der Stadtrichter und der Benicke, können nicht Beystände seyn, denn wir constituiren eigentlich das Gericht. Der Henneberger und Pachur können dergleichen Assistenzen wegen ihrer Geschäfte nicht übernehmen, und der Werther ist gleichfalls ein Mitglied des Gerichts, vor welchem die Handlung vollzogen wird, mithin wissen wir gar nicht, wo wir bey Ausstellung der Obligationen, Bürgschaften ꝛc. rechtsverständige Beystände bekommen sollen.

Wir bitten allerunterthänigst

uns anzuweisen, wie wir uns hierbey zu verhalten und was den etwanigen rechtskundigen Beistand nach Verhältniß des Quanti an Gebühren, zuzubilligen seyn dürfte.

II. §. 891. Tit. 20. Th. 2. befiehlt:

Sobald die Schwangerschaft (außer der Ehe) angezeiget ist, muß der Leibesfrucht ein Vormund bestellet werden. Nun haben wir aber den Fall, daß ein Judenmädchen ihre Schwangerschaft angezeiget hat.

Wer ist schuldig, hier die Vormundschaft zu übernehmen, ein Jude oder ein Christ?

Wir bitten allergehorsamst uns hierüber zu bescheiden, als wir zum voraus sehen, daß, wenn wir einen Christen zum Vormund auffordern, Weitläuftigkeiten entstehen werden.

III. Den bisherigen Vorschriften zufolge sind die Edicte wider den Kindermord und Beförderung der Desertionen der Soldaten angeschlagen, und daß solches geschehen, quartaliter in den Intelligenzblättern bekannt gemacht. Das Landrecht verordnet diese Art der Publication nicht weiter, ob es gleich §. 2. der Einleitung will:

daß alle gesetzliche Verordnungen ihrem völligen Inhalte nach öffentlich angeschlagen, und in den Intelligenzblättern, in Auszügen bekannt gemacht werden sollen.

Wir bitten um Anweisung, ob die in Rede seyende vierteljährige Publication bleiben, und wenn solches ist, wie forthin gefasset werden solle. Die wir ersterben

Ew. Königl. Majest.

Das Stadtgericht allhier.

Landsberg, den 6. Juny 1794.

223. Reskript des General-Directorii an die Kurmärksche Kammer, daß in künftigen Vorfluthssachen nicht nach den ältern Specialverordnungen, sondern nach den Vorschriften des allgemeinen Landrechts verfahren werden soll, vom 13. Januar 1795.

Auf die Anfrage der Churmärkschen Krieges- und Domainen-Cammer vom 11ten Dezember 1794.

ob bey der Instruirung der Vorfluthsstreitigkeiten nach dem Vorfluthsedicte von 1772. oder nach der Vorschrift des allgemeinen Landrechts verfahren werden müsse?

ist derselben unterm 13ten Januar 1795. durch das General-Directorium zur Resolution ertheilt worden:

daß in künftigen Vorfluthssachen nach dem allgemeinen Landrechte zu verfahren sey, weil die ältern Vorfluthsverordnungen nicht blos für eine Provinz besonders ergangen, sondern in allen Provinzen als allgemeine Gesetze beobachtet werden.

Berlin, den 13ten Januar 1795.

224. Edikt wegen des Auseinanderbauens der Unterthanen-Gehöfte und Gebäude in der Kurmark, vom 15. Juni 1795.

Wir Friedrich Wilhelm, von Gottes Gnaden, König von Preussen 2c. 2c. Thun kund und fügen hierdurch zu wissen: Vielfältige Erfahrungen haben es gelehrt, daß die in den Dörfern der Churmark ausbrechenden Feuersbrünste deshalb ausserordentliche Verwüstungen anrichten, weil die Gebäude und Gehöfte der Unterthanen so nahe an einander gebauet sind, daß die Flamme von einem Gebäude unaufhaltsam dem andern mitgetheilt und dadurch der Gebrauch der Löschungswerkzeuge sehr erschwert oder wohl gar unmöglich gemacht wird.

Es sind zwar bereits mehrere Gerichtsobrigkeiten, überzeugt von den verderblichen Folgen einer solchen Bauart, zu ihrem eigenen und ihrer Unterthanen wahren Besten bemüht gewesen, diesem Mißbrauch abzuhelfen, sie haben aber, wie Wir vielfältig in Erfahrung bringen, in den ungegründeten Widersprüchen und Vorurtheilen ihrer Unterthanen große Hindernisse gefunden.

Wir haben daher für nöthig erachtet, durch eine landesherrliche gesetzliche Vorschrift die Gerichts-Obrigkeiten in der Churmark gegen alle ungegründete Widersprüche ihrer Unterthanen in diesem Stücke zu schützen und sicher zu stellen, und befehlen demnach hierdurch:

§. 1. daß wenn einzelne oder mehrere Unterthanen-Gebäude, Gehöfte oder wohl gar ganze Dörfer durch Feuersbrünste in die Asche gelegt werden, und deshalb oder sonst wegen Baufälligkeit, auch aus andern Ursachen neu erbauet werden sollen, kein Unterthan die Befugniß haben soll, eher den neuen Bau eines Gebäudes oder ganzen Gehöftes vorzunehmen, als bis ihm die Baustelle von der Gerichtsobrigkeit, an welche er sich in dieser Absicht zu wenden hat, angewiesen ist.

§. 2. Dem Ermessen der Gerichtsobrigkeiten, welchen zunächst die Polizeyaufsicht über ihre Dörfer obliegt und an der Erhaltung ihrer Unterthanen gelegen seyn muß, soll es überlassen bleiben, zu bestimmen: ob die neu zu erbauenden Gehöfte oder einzelnen Gebäude, ihre vormaligen oder welche neuen Stellen und in welchen wechselseitigen, zur Verhütung gefährlicher Feuersbrünste hinlänglichen, auch mit der wirthschaftlichen Bestimmung der Gebäude verträglichen Entfernung, wieder erhalten und wie die Hofstellen und Dorfstraßen erweitert werden sollen, wobey ihnen bloß zur Pflicht gemacht wird, dafür zu sorgen, daß die Unterthanen, deren Gehöfte oder einzelne Gebäude versetzt werden sollen, für den aus der Versetzung ihnen erwachsenden Verlust eine der Sache angemessene Entschädigung erhalten.

§. 3. Wenn zur Versetzung der Gehöfte oder einzelner Gebäude zwar nutzbare Grundstücke des Besitzers bebauet werden müssen, dagegen aber die alten Baustellen wiederum zu kultiviren und nutzbar zu machen sind, mithin der Besitzer keinen Verlust an dem Flächeninhalt seiner nutzbaren Grundstücke leidet, so soll gar keine Entschädigung Statt finden, dagegen aber solche in der Regel überall gegeben werden, wenn der Besitzer eines zu versetzenden Gehöftes oder einzelner zu versetzender Gebäude dadurch an dem bisherigen Flächen-Inhalt seiner nutzbaren Grundstücke einen Verlust erleidet.

Für den Verlust in Rücksicht auf die Bonität und bessere Kultur der Grundstücke darf jedoch, wenn der Schaden nicht von Bedeutung, und die Entschädigung dafür sehr schwierig ist, keine Vergütung verlangt oder gegeben werden, sondern einen solchen geringen, durch eigne Industrie zu ersetzenden Verlust muß der Besitzer, in Rücksicht auf die mehrere Sicherheit seiner Gebäude und seines Eigenthums, ohne Vergütung tragen.

§. 4. Sollte auch der Unterthan bey der Versetzung seiner eigenen Gebäude, an seinem nutzbaren Grund und Boden, oder an dessen Abnutzung, nur so wenig verlieren, daß der Verlust in Vergleichung mit seinem Nahrungsstande von gar keiner Erheblichkeit wäre, welches die Gerichtsobrigkeit mit Zuziehung des Landraths jedesmal zu arbitriren hat, als zum Beyspiel, wenn Drey- oder Vierhüfner einige Quadratfuß verlieren, und in solchen Fällen die Vergütung des geringen Schadens mit großen Schwierigkeiten verknüpft ist; so muß der Besitzer diesen Verlust ebenfalls ohne Vergütung allein übernehmen.

§. 5. Ein Gleiches soll auch statt finden, wenn nicht bloß die Gebäude eines einzelnen Unterthanen, sondern mehrere Gebäude oder Gehöfte benachbarter Wirthe versetzt werden, und der Verlust für jeden einzelnen Besitzer unbedeutend, und die Entschädigung schwierig ist.

§. 6. Kann aber die Vergütung des Schadens, wenn er auch von geringer Bedeutung seyn sollte, ohne große Weitläuftigkeit geschehen, und verlangt der Grundbesitzer eine solche Entschädigung, oder ist der Schaden von größerer Erheblichkeit, so muß solcher genau gewürdigt und ersetzt werden.

§. 7. Die Abschätzung des Schadens geschieht durch geschworne Kreisschulzen, und die Vermessung der Grundstücke, wofern solche nöthig seyn sollte, durch vereidete Feldmesser, wogegen wir, zur Beförderung der gemeinnützigen Sache, Landesväterlich gesonnen sind, die Detaxations- und Vermessungskosten, imgleichen die Kosten für die Aufnahme der etwa nöthigen Plane in Unsern Domainen-Aemtern, ganz aus Unsern Cassen zahlen zu lassen, bey Dörfern andrer Gerichtsobrigkeiten aber zur Hälfte aus Unsern Cassen, und zur Hälfte aus den Kreis-Cassen zu bewilligen.

§. 8.

§. 8. Die Vergütung des Verlustes an Grund und Boden soll in der Regel immer, soweit solches nur irgend möglich ist, und besonders, wenn der Besitzer sonst nicht in prästationsfähigem Zustande erhalten werden könnte, durch andere Grundstücke geschehen. Hiezu sind vor allen andern die Gemeindeplätze bey den Dörfern zu wählen, über deren unentgeldliche Abtretung die Gemeinen zwar zu hören sind, wogegen aber, wenn dieselben ihnen nur irgend entbehrlich sind, kein Widerspruch gestattet werden soll.

§. 9. Kann die Natural-Entschädigung durch Grundstücke nicht anders zweckmäßig geschehen, als daß der neue Grundbesitzer etwas von dem Grundstücke seines Nachbars erhält, so muß sich Letzterer solches mit Vorbehalt der Entschädigung unweigerlich gefallen lassen.

§. 10. Wenn die Vergütung des Verlustes an Grund und Boden auf solche Weise durch andere Grundstücke nicht geschehen kann, und es mit Bestande der Prästationsfähigkeit des Grundbesitzers und seiner Nahrung verträglich ist, ihn durch Geld zu entschädigen, oder wenn eine Gelegenheit vorhanden ist, benachbarte Grundstücke zur Natural-Entschädigung anzukaufen, oder wenn nur eine auf eine Zeitlang ausfallende Nuzzung zu vergüten ist: so muß der Ersatz nach vorgängiger genauer Abschätzung in Gelde geschehen.

§. 11. Behufs dieser Vergütung in Gelde sollen die Kreiskassen, welche durch eine mehr Feuersichere Bauart gewinnen, den Bauenden eine doppelte Kreis-Remission zahlen, und wofern hierdurch der zu ersetzende Schaden vergütet werden kann, hat es hierbey sein Bewenden.

§. 12. Sollte diese Remission aber zur völligen Entschädigung nicht hinreichend seyn, so muß das Fehlende aus der Gemeinde-Casse zugeschossen, oder wenn eine solche nicht vorhanden ist, von sämmtlichen Mitgliedern der Gemeine, mit Inbegriff der bauenden und zu entschädigenden Interessenten, als welche ihren societätsmäßigen Antheil mit übernehmen müssen, so wie andre ausserordentliche Gemeinde-Lasten, nach dem an jedem Orte üblichen Verhältnisse, aufgebracht werden.

§. 13. Bey Regulirung der Entschädigungen muß der Landrath jedesmal zugezogen werden. Dieser hat wegen Bewilligung der doppelten Kreis-Remission und eventuellen Aufbringung des Entschädigungs-Zuschusses, mit Einreichung der Anlage von den individuellen Beyträgen, an die Cammer zur Genehmigung zu berichten, auch sobald diese Genehmigung erfolgt, für die ungesäumte Ausführung des Bauplans Sorge zu tragen.

§. 14. Uebersteiget hingegen die Aufbringung der Entschädigungs-Zuschüsse die Kräfte der Gemeinde, welches sich gleich bey der ersten Anlegung des Plans wird übersehen lassen; so muß der Landrath hievon schleunigen Bericht an die Cammer erstatten, damit entweder der ganze Plan aufgegeben, oder derselbe auf eine ausführbare Art modificirt, oder auf andre Weise für die Erleichterung der Gemeinen gesorgt werden kann, wobey es Uns zum besondern gnädigen Wohlgefallen gereichen wird, wenn die Gerichtsobrigkeiten ausser dem gewöhnlichen Erlaß der Gutsherrlichen Abgaben, durch freywillige Zuschüsse die Ausführung solcher nützlichen Plane zu befördern sich willig finden lassen werden.

§. 15. Die Bestimmung: ob die in Gelde zu zahlenden Entschädigungs-Summen dem Besitzer ausgezahlt, oder auf welche andre Weise solche zu dessen und seines Hofes Nutzen verwendet werden sollen, bleibt lediglich dem Ermessen der Gerichtsobrigkeiten vorbehalten, wogegen diese für die Prästationsfähigkeit ihrer Unterthanen einzustehen gehalten sind.

§. 16. Gegen Erhaltung solcher Entschädigungen sollen die Unterthanen schlechterdings schuldig und verbunden seyn, sich die Versetzung ihrer Gebäude, auch ganzer Gehöfte, nach dem Verlangen ihrer Gerichtsobrigkeiten gefallen zu lassen.

§. 17. Widersprechen dieselben dem Vorhaben der Letztern, in Ansehung des Auseinanderbaues überhaupt, oder sind sie mit der ihnen angebotenen Entschädigung nicht zufrieden, so hat der Landrath die Unterthanen mit Zuziehung ihrer Obrigkeiten zu hören, ihre wechselseitigen Gründe und Gegengründe pflichtmäßig zu untersuchen und zu Protokoll zu nehmen, auch davon unverzüglich, mit Einreichung der darüber aufgenommenen Verhandlungen, nöthigenfalls auch eines richtigen Situationsplans, an die Cammer zu berichten.

§. 18. Sind die Unterthanen ausser der Gerichtsobrigkeit noch andern Gutsherrschaften dienst-, zehend- oder zinspflichtig, oder sind sie Zeitpächter, Erbpächter, Zinsleute, Pfarr- oder Kirchen-Bauern, oder gehören sie einer frommen Stiftung; so müssen bey der Untersuchung ihre Dienst-, Zehend-, Zinsherren, Zeit- oder Erbverpächter, Erbzinsmänner, Prediger, Kirchenvorsteher, imgleichen die Vorsteher der frommen Stiftungen, zugezogen; auch muß von den Predigern und diesen Vorstehern über das getroffene oder noch zu treffende Abkommen die Genehmigung Unsers Ober-Consistoriums eingeholt werden.

§. 19. Gelingt es dem Landrath, wie derselbe sich jedoch eifrig bemühen muß, nicht, den Streit zwischen den Obrigkeiten und den Unterthanen in Güte zu schlichten, so gelangt die Sache zur Entscheidung der Cammer, welche darin, nach vorgängiger sorgfältiger Prüfung derselben, mit Zuziehung eines oder mehrerer ihrer Justitiarien, einen ausführlichen Bescheid mit Gründen so schleunig als möglich ertheilen muß. Diesen Bescheid hat der Landrath ohne den mindesten Aufschub sämmtlichen Interessenten zu eröffnen, ihre Erklärung darüber zu erfordern, und wenn sie hierbey sich beruhigen, die Ausführung des Plans zu veranstalten; dagegen aber, wenn einer oder der andre sich dadurch beschwert finden sollte, ihn mit der Rechtfertigung seiner Beschwerden zu hören, auch alsdann ohne Zeitverlust, mit Einreichung sämmtlicher, die Sache betreffenden Verhandlungen, an die Cammer zu berichten.

§. 20. Diese hat die Sache nochmals mit Zuziehung eines andern Justitiarius in reifliche Erwägung zu ziehen, und darüber mit Einreichung ihrer und der Landräthlichen Akten, auch mit Abgebung ihres pflichtmäßigen Gutachtens, an das General-Directorium zur Final-Entscheidung zu berichten.

§. 21. Bey diesem Bescheide soll es, so viel die Ausführung des Plans zum Aufbau betrifft, schlechterdings sein unabänderliches Bewenden haben, und dagegen an keinerley Behörde irgend ein Recurs statt finden, indem Wir in dergleichen Polizeysachen, wobey es überdies auf das schleunige Retablissement der Unterthanen-Gebäude ankömmt, ein schleuniges Verfahren verlangen, und keine Prozesse bey den gewöhnlichen Gerichten gestatten wollen.

§. 22. Dagegen bleibt es demjenigen, welcher dabey nutzbare Grundstücke verliert, und durch die ausgemittelte Entschädigung nicht hinreichende Vergütung zu erhalten glaubt, unbenommen, dieses mit demjenigen, der die Entschädigung zu leisten hat, im Wege Rechtens in dessen ordentlichem Gerichtsstande auszumachen, wobey demselben jedoch, falls ihm durch richterliches Erkenntniß nicht mehr zuerkannt wird, als er nach der vorigen Ausmittelung erhalten haben würde, die Prozeßkosten allein zur Last fallen sollen.

§. 23. Wollen die Interessenten, deren Gehöfte oder einzelne Gebäude versetzt werden sollen, dem vom General-Directorio ertheilten Bescheide nicht Folge leisten, und den ihnen vorgeschriebenen Bau nicht vornehmen, so sollen die Gerichte des Orts, jedoch ohne alles prozessualische Verfahren, welches Wir hierin ausdrücklich untersagen, wenn die Renitenten, Pachtbauern oder Laßunterthanen sind, innerhalb einer Präjudicial-Frist von Acht Tagen gegen sie mit der Exmission verfahren, dem neuen Annehmer der Höfe muß aber die Ausführung des vorgeschriebenen Baues unter den vorgeschriebenen Modalitäten zur ersten Bedingung gemacht werden.

§. 24. Ist aber der widersprechende Unterthan eigenthümlicher Besitzer seiner Stelle, so sollen die zu Ausführung des Bauplans, in Ansehung seiner erforderlichen Kosten, aus seinem bereitesten Vermögen beygetrieben, oder wenn die Gutsherrschaft oder ein anderer sich zu deren Vorschuß verstehen will, auf dem Gute gehörig versichert, wenn aber ein solcher Vorschuß nicht prompt herbeyzuschaffen stände, mit Tax- und Subhastation des Hofes unverzüglich verfahren, und dabey dem Käufer die Ausführung des Bauplans zur Bedingung gemacht werden. Ein solcher erblicher Besitzer soll zwar noch in dem Bietungs-Termin die Befugniß haben, durch seine Erklärung dem ihm eröffneten Final-Bescheide sich unterwerfen zu wollen, den Verkauf seines Hofes rückgängig zu machen, und sich in dem Besitz desselben zu erhalten, dagegen aber ist er verbunden, die Tax- und Subhastationskosten zu tragen, imgleichen den sich eingefundenen Licitanten die von ihnen zu liquirende Reise- und Versäumniß-Kosten zu erstatten.

§. 25. Gegen eine solche Exmission oder Subhastation soll übrigens niemanden, selbst nicht Minderjährigen, Pfarren, Kirchen und frommen Stiftungen, die Rechtswohlthat der Wiedereinsetzung in den vorigen Zustand zu Statten kommen, sondern es bleibt ihnen überlaßen, an ihre Vormünder oder Vorsteher ihren Regreß zu nehmen; in Ansehung der Minderjährigen verordnen Wir jedoch, daß, wofern deren Vormünder sich hartnäckig weigern, sich der Ausführung des gesetzmäßig feststehenden Bauplans zu unterziehen, ihre Bewilligung von der Gerichts-Obrigkeit supplirt, und einem andern zu bestellenden Vormunde die Besorgung des Baues übertragen werden soll.

§. 26. Alle Verhandlungen und Ausfertigungen in den, den Auseinanderbau der Gehöfte und Gebäude betreffenden Sachen, sollen übrigens als Polizeysachen betrachtet werden, und die Stempel- und Gebühren-Freiheit genießen.

§. 27. Hiernach haben Wir zu Unsern getreuen Vasallen und Obrigkeiten das allergnädigste Vertrauen, daß sie sich in vorkommenden Fällen den Auseinanderbau ihrer Unterthanen-Gebäude, selbst mit einiger eigenen Aufopferung, welche durch die heilsamen Wirkungen solcher nützlichen Anordnung reichlich wieder eingebracht wird, eifrig angelegen seyn lassen werden, und verordnen Wir hiermit, daß über die Vorschriften dieses Edicts von allen bey der Sache interessirenden Behörden pflichtschuldigst gehalten, auch von den Justiz-Collegien kein Prozeß dagegen gestattet werden soll.

Urkundlich unter Unserer höchsteigenhändigen Unterschrift und beygedrucktem Königlichen Insiegel. So geschehen zu Berlin, den 15ten Juny 1795.

225. Reskript an die Neumärksche Regierung, wegen der Testamente der Wenden, vom 25. September 1795.

Friedrich Wilhelm, König rc. rc. Unsern rc. Auf Eure Anfrage vom 31. August c., die Testamente der Wenden betreffend, treten Wir Eurem Sentiment darin völlig bey, daß, da die Erhaltung, oder wohl gar die Verbreitung der Wendischen Sprache keinesweges Aufmunterung verdienet, von Seiten der Staats-Verwaltung und Gesetzgebung nichts geschehen müsse, was derselben dem bisher nicht gehabten Charakter einer Schriftsprache beylegen könnte. Wir approbiren daher Euren Antrag, daß die Testamente und Codicille der Wenden gar nicht in Wendischer, sondern bloß in teutscher Sprache niederzuschreiben, daß aber bey Aufnehmung solcher letztwilligen Dispositionen der Wendische Prediger, und noch müssen demselben ein dieser Sprache mächtiger Schulze oder Gerichtsmann zuzuziehen, beyde auf ihren geleisteten Amtseyd zu verweisen; durch sie der Wille des Testatoris zu vernehmen, und dem Richter blos mündlich zu übersetzen; sodann dieser Wille von dem Richter teutsch niederzuschreiben; die Verlesung oder Vorhaltung aber durch den Prediger in Wendischer Sprache zu verrichten, und wie alles dies geschehen, in dem Protokoll registriret, auch dies Protokoll von dem Prediger und dem zweyten zugezogenen Sprachkundigen mit unterzeichnet werde. Dem Prediger ist übrigens für diese Bemühung 16 Gr. bis 1 Rthlr. aus dem Vermögen oder Nachlasse des Testatoris zuzubilligen. Hiernach habt Ihr das Justitzamt Cottbus zu instruiren, aber auch dafür zu sorgen, daß das Nöthige deshalb in dem Provinzial-Gesetzbuche inseriret werde. Sind rc. Berlin, den 25. September 1795.

Beilage.

Allerdurchlauchtigster rc.

In dem allgemeinen Landrechte Part. I. Tit. 12. §. 126. und 127. ist verordnet:

daß, wenn Jemand, dessen Sprache der Richter nicht versteht, mündlich zum Protokoll testiren will, seine Erklärung in seiner eigenen Sprache, in Gegenwart des Richters, durch zwey vereydete Dollmetscher oder Zeugen aufgenommen, und von diesen in die dem Richter bekannte Sprache übersetzt; hiernächst aber das, was in beyden Sprachen niedergeschrieben worden, alsdenn eingesiegelt und aufbewahrt werden solle.

Die Anwendung dieses Gesetzes findet, nach dem abschriftlich allergehorsamst beygefügten Berichte des Justitz-Amts Cottbus vom 10ten dieses, in Ansehung der in den incorporirten Creysen, besonders im Cottbusschen, sich aufhaltenden Wenden viele Schwierigkeit. Die Vorschläge, welche in eben dieser Anlage zu deren Abhelfung gethan werden, scheinen uns solche nicht zu heben und nicht ausführbar zu seyn, besonders, wenn davon ausgegangen wird,

daß zufolge älterer Gesetze die wendische Sprache möglichst ausgerottet werden soll.

Es wird nie zu erlangen seyn, daß überall und zu allen Zeiten 2 Männer zugleich und schnell genug aufzufinden sind, welche die wendische Sprache schreiben, und das Niedergeschriebene lesen können.

Wir glauben daher, es dürfte der Sache angemessen seyn,

das Niederschreiben in wendischer Sprache gänzlich für nicht nothwendig zu erklären;

dagegen aber zu verordnen:

daß jedesmal der Prediger bey Aufnahme dieser Testamente gegenwärtig seyn, und in ebenmäßiger Gegenwart des Schultzen, und wenigstens eines Gerichtsmanns, den verlautbarten Willen des Testatoris ins Deutsche übersetzen, daß eben dieser hiernächst den deutsch niedergeschriebenen Willen dem Testatori nochmals wendisch vorhalten solle, und daß endlich alle Gegenwärtigen das zum Protokoll genommene Testament zu unterschreiben hätten.

Die Gebühren des Predigers würden wir auf 16 Groschen festsetzen.

Ob nun dieser unmaaßgebliche allerunterthänigste Vorschlag Ew. Königl. Majestät Allerhöchsten Beyfall finde, oder wie der Schwierigkeit auf andere Art ausgewichen werden solle, darüber erbitten wir uns allergnädigste Vorbescheidung, und ersterben in pflichtschuldigster Treue

Ew. Königlichen Majestät ꝛc.

226. Remissions-Reglement für die Unterthanen der Priegnitz, zur Unterstützung bei Unglücksfällen, vom 6. April 1796.

Da in Ansehung der Erlassung, welche den contribuabeln Unterthanen von ihren Abgaben zur Kreiskasse, besonders bey erlittenen Unglücksfällen, zu ihrer Erholung und Unterstützung billigerweise angedeihen muß, für die Provinz Priegnitz bis jetzt noch kein gehöriges Reglement vorhanden ist, solches aber sowohl überhaupt die Ordnung, als besonders Ein Königl. Hohes General-Directorum per Rescriptum vom 20sten Oktober 1791 erfordert hat: So haben sich die Stände der Priegnitz mit dem Kreis-Direktorio über nachfolgende Normalsätze bey Ertheilung einer Remission, mit Rücksicht auf den dazu vorhandenen, und im §. 1. bestimmten Provinzialfond, mit Genehmigung Eines Hohen General-Direktorii und der Königlichen Cammer dahin vereinigt.

§. 1. Der Fond zu den zu bewilligenden Remissionen besteht in demjenigen Beytrage, den die contribuablen Unterthanen außer ihren Quotisationsmäßigen Abgaben, in monatlichen Ratis an die Kreiskasse mit abliefern. Er beträgt jährlich Ein Tausend Sieben Hundert und Sieben Reichsthaler, und soll dieser Fond so lange zu diesem Behufe bestimmt bleiben, bis durch Veränderung der Umstände im Ganzen, auch eine Abänderung in der Aufbringung und Verwendung desselben nöthig befunden, und mit Zuziehung der Stände festgesetzt seyn wird.

§. 2. Die Gegenstände einer zu bewilligenden Remission sind entweder Neubauten der contribuabeln Unterthanen, oder ein an ihrem auf dem Halme stehendes Getreyde, oder ein an ihrem Viehe erlittener Unglücksfall.

§. 3. In Ansehung der Bauten ist zu bemerken, daß die desfalsige Remission bloß auf Wohnhäuser und Scheuern des Hofwirths, nicht aber auf Ställe und Altentheils-Wohnungen bewilliget werden, und hiernächst zu unterscheiden, ob solche durch eine Feuersbrunst, oder dadurch veranlaßt sind, daß dergleichen Gebäude deswegen neu aufgebauet werden müssen, weil sie Alters halber den Einfall gedrohet haben. Im letztern Falle, nämlich der Wiederherstellung veralteter Gebäude, wird der Betrag der ordinairen Contribution allein, mit Ausschluß der Reuter-Verpflegungsgelder, für das Wohnhaus auf Zwey Jahre, und für die Scheure auf Ein und Ein Halb Jahr, ertheilet.

Wenn aber jemand auf einem lange wüste gelegenen Hofe ein neues Wohnhaus oder Scheure erbaut, so erhält er auf jedes dieser Gebäude die vorbestimmte Remission nicht allein an der ordinairen Contribution, sondern auch zugleich den Betrag an den Reuter-Verpflegungsgeldern. Wie denn auch derjenige, der einen von seinem vorigen Wirthe verlaufenen Hof, worauf aber noch Haus und Scheure vorhanden sind, in Stand setzt, den Betrag der ordinairen Contribution und Reuter-Verpflegungsgelder auf ein ganzes Jahr erhält.

Erbauet aber Jemand statt eines verfallenen alten Gebäudes an dessen Stelle ein massives, so erhält er das Doppelte der vorbestimmten Remission, nämlich für das Wohnhaus Vierjährigen, und für die Scheure den Dreyjährigen Betrag der ordinairen Contribution.

§. 4. Sind aber die Neubauten durch eine Feuersbrunst veranlaßt, so wird die Remission dergestalt bestimmt, daß wenn der Bau von Holz geschieht, für das Haus der Dreyjährige Betrag der Contributions- und Reuter-Verpflegungsgelder, wird aber das Wohnhaus massiv gebauet, der Fünfjährige Betrag vorbenannter Abgaben bezahlt wird. In Ansehung der Scheuren aber soll dergleichen Erlassung unter nachfolgenden Bestimmungen ertheilt werden.

Hat sich der Feuerschaden gleich nach der Erndte ereignet, und bevor die Wintersaat bestellt worden; so hat eben die Erlassung, sowohl wenn der Wiederaufbau von Holz, als wenn er massiv geschieht, statt, als bey einem abgebrannten Wohnhause.

Ist der Schade nach bestellter Wintersaat, aber vor Bestellung der Sommersaat geschehen, so wird der Betrag von Zwey und Ein Halb Jahr der Contributions- und Reuter-Verpflegungsgelder; geschiehet der Bau aber massiv, von Vier Jahren erlassen; trift der Brand aber nach bestellter Sommersaat bis zur Erndte zu, so wird nur der Zweyjährige Ertrag bey dem Baue von Holz, und bey massivem Baue von Drey Jahren an vorberegten Abgaben erlassen.

§. 5. Bey Unglücksfällen, welche ein Unterthan an seinem auf dem Halme stehenden Getreyde erlitten hat, und zum Beyspiele durch Hagelschlag, Frost, Heuschreckenfraß, Ueberschwemmung, verursacht werden können, kömmt es sowohl auf die Wichtigkeit des Verlustes an Körnern, als auch besonders darauf an, ob der Unterthan zugleich des Strohes dadurch verlustig wird.

§. 6. Hat der Unfall das ganze Feld betroffen, so ist für jeden Scheffel an Wintergetreyde Drey Groschen, und an Sommergetreyde Zwey Groschen zu bewilligen. Betrifft er die Hälfte der Aussaat, so ist zu untersuchen, ob der unbeschädigt gebliebene Theil so gut steht, daß solcher den erlittenen Verlust übertragen könne. Ist dieses: so findet keine Erlassung statt, widrigenfalls aber soll, wenn außer dem Verlust an Körnern auch ein beträchtlicher Verlust an Stroh sich ergiebet, solcher ebenfalls mit Drey und respective mit Zwey Groschen für jeden Scheffel

Aussaat vergütiget, wenn aber der Verlust am Strohe nicht wichtig ist, nur Zwey Groschen und Drey Pfennige für jeden Scheffel Winter-, und Ein Groschen Sechs Pfennige für jeden Scheffel Sommergetreyde-Aussaat, als Vergütigung bewilligt werden.

Betrifft der Unfall nicht die Hälfte der Aussaat, so hat keine Entschädigung statt.

§. 7. In Ansehung des Pachtkorns, welches nicht im Sommerschlage, sondern in der Braache gesäet worden, findet keine Vergütigung bey vorkommenden Unglücksfällen statt; so wie solche auch unzuläßig ist, wenn nach geschehener Ueberschwemmung des Wintergetreydes an dessen Statt noch Sommergetreyde gesäet, und zur Reife gekommen ist.

§. 8. Wenn ein Unterthan ein Pferd, bey Gelegenheit des Vorspannes, verloren hat, so soll ihm solches mit Zehn Reichsthaler vergütigt werden. Wenn er aber bey einer Feuersbrunst ein Zugpferd, oder Ochsen, oder Kühe, einbüßt; so soll er für ein Pferd Vier Thaler, für einen Ochsen Drey Thaler, und für eine Kuh Zwey Thaler Zwölf Groschen; desgleichen für ein rotzig gewordenes Pferd Vier Thaler an Vergütigung bekommen. Für junges Vieh, Schaafe, Schweine, Federvieh und ganz abgelebte Pferde, desgleichen für Pferde und Ochsen, die nicht zum Ackerbaue gebraucht werden, findet keine Remission statt.

§. 9. Die Untersuchung der zu Remissionen sich qualificirenden Unglücksfälle muß der Landrath des Kreises, auf geschehener Anzeige, sogleich vornehmen, und mittelst Einreichung des Protocolli die Anweisung zur Auszahlung bey der Behörde nachsuchen; nur bey Verlust des Getreydes auf dem Halme ist diese Untersuchung, bis kurz vor der Erndte, auszusetzen, weil das Getreyde sich in der Zwischenzeit zum Theil wieder erholen kann.

§. 10. Die im §. 8. bestimmten, zur Remission qualificirten Unfälle am Vieh der contribuabeln Unterthanen, werden durch Zeugen ausgemittelt, über deren Aussage die Landräthe ein Protocoll aufnehmen müssen. Zur Assignation der dafür bestimmten Vergütigung werden auch die Landräthe, jedoch unter den im §. 9. festgesetzten Bestimmungen, von Einem Königlichen Hohen General-Directorio authorisirt.

§. 11. Sollte sich der Fall ereignen, daß der Remissionsfond zu den in einem Jahre sich ereigneten vielen Unglücksfällen nicht hinreichte, und dieser Fond daher durch einen extraordinairen Beytrag sämmtlicher daran theilnehmender Contribuenten verstärkt werden müsse; so hat das Kreis-Directorium darüber besonders an die Behörde zu berichten, und Verfügung nachzusuchen. Wie denn auch in dem Falle, wenn durch Feuerschäden, oder gänzlichen Hagelschlag, die verunglückten Unterthanen ihren Beytrag zur Fouragelieferung aufzubringen ganz außer Stande sind, die sämmtliche contribuable Unterthanen selbige übertragen, und das Kreis-Directorium das fehlende Quantum auf die ganze Provinz zu repartiren authorisirt wird.

§. 12. Schließlich hat dieses Reglement keine Anwendung auf die den Unterthanen von ihren Gutsherrschaften und Pachthebern zu bewilligenden Unterstützungen, die der bisherigen Observanz gemäß, durch das zu publicirende Provinzial-Gesetzbuch, näher zu bestimmen seyn werden. Es sollen indeß so lange, bis etwa hierunter eine Veränderung getroffen wird, die in der Priegnitz vorkommende Remissionsfälle nach gegenwärtigem Reglement beurtheilt und entschieden werden.

Berlin, den 6ten April 1796.

227. Reskript an das Kammergericht: das dem Zwanggesinde gebührende Lohn betreffend, vom 8ten October 1798.

Friedrich Wilhelm, König ꝛc. ꝛc. Unsern ꝛc. Wir lassen Euch hierneben in Abschrift das von Unserm General-Direktorio an die Churmärksche Cammer, unter dem 22. v. M. erlassene Reskript, betreffend das dem Zwang-Gesinde gebührende Lohn, zufertigen, mit der Anweisung, daß auch Ihr Euch in vorkommenden Fällen darnach zu achten habt. Sind ꝛc. Gegeben Berlin, den 8ten Oktober 1798.

Beilage.

Friedrich Wilhelm, König ꝛc. ꝛc. Unsern ꝛc. Im Gefolge des auf Eurem Bericht vom 31. July d. J. wegen des dem Zwanggesinde gebührenden Lohns, an Euch unterm 30. v. M. ergangenen Reskripts, kommuniciren Wir Euch in den abschriftlichen Anlagen das von Unserm General-Direktorio an das Justiz-Departement in dieser Angelegenheit erlassene Schreiben vom 30. v. M. und das von letzterm darauf eingekommene Antwortschreiben vom 10. d. M. Wie nun Eure generelle Anfrage:

> Ob wegen des dem Zwang-Gesinde gebührenden Lohns für die Zukunft nach der Gesinde-Ordnung vom 22sten August 1772, oder nach der vom 11ten Februar 1769 verfahren werden solle?

hierdurch dahin erlediget wird:

> daß auch dem Zwang-Gesinde in der Churmark durchgehends das in der neuesten Gesinde-Ordnung vom 11ten Februar 1769 Tit. 5. festgesetzte Lohn, ohne Abzug, von der Herrschaft zu reichen; gedachtes Gesinde aber auch mit diesem gesetzlichen Lohn sich zu begnügen verbunden ist;

so habt Ihr nicht nur Euch selbst in vorkommenden Fällen, namentlich auch in dem angezeigten Fall, mit dem Colonisten Baganz und Genossen zu Neu-Langsow, Amts Wollup, in so fern seine Kinder zwangdienstpflichtig sind, als worüber der erforderte nähere Bericht erwartet wird, darnach zu achten, sondern auch die Land-Räthe und Aemter unverzüglich dem gemäß zu instruiren. Sind ꝛc. Berlin, den 22sten September 1798.

228. Verordnung für die Provinzen Kur- und Neumark, mit Ausschluß des Kottbusischen Kreises, imgleichen für das Herzogthum Pommern, gegen das Vorvieh der Schäfer und Schäferknechte ꝛc., vom 3. Februar 1800. *)

Die bey den Schäfereyen in den Provinzen Kurmark, Neumark und Pommern bisher üblich gewesene, und in den Schäferordnungen beybehaltene Verfassung, nach welcher die Schäferknechte an Lohnes statt eine bestimmte Anzahl eigener Schaafe bey den Schäfereyen halten, und bey dem Abzuge mit sich wegnehmen können, ist nach der Erfahrung der Erhaltung der Schäfereyen, der Verbesserung der Schaafzucht, so wie der Veredlung der Wolle gleich hinderlich, indem die Schäfereyen oftmals durch das Knechtevieh von Krankheiten angesteckt und unrein gemacht werden, auch die Schäferknechte, bey der Hütung und Wartung der ihnen anvertrauten Heerden, ihr eigenes Vieh, zum Schaden des übrigen, vorzüglich besorgen. Eben so ist es den Schäfereyen aus dem erstern Grunde nachtheilig, wenn Schaafmeister und Schäfer, bey dem Abzuge von denselben, den Antheil, den sie an solchen, wiewohl im Gemenge haben, mit sich fort und zu andern Schäfereyen hinnehmen. Auch sind durch den Uebergang der den Schaafmeistern, Schäfern und Schäferknechten gehörigen Schäferey-Geräthschaften von einer Schäferey in die andere nicht selten ansteckende Krankheiten und Verunreinigung verbreitet worden.

Seine Königliche Majestät von Preußen, Unser allergnädigster Herr, finden Sich daher durch Landesherrliche Fürsorge für die Erhaltung und Verbesserung der Schäfereyen und damit in Verbindung stehende Veredlung der Wolle und Aufnahme der Wollmanufakturen, so wie durch den Wunsch mehrerer erfahrnen Landwirthe und Schäferey-Eigenthümer bewogen, in den Provinzen Chur- und Neumark, mit Ausschluß des Cottbusschen Kreises, imgleichen in dem Herzogthum Pommern, hierunter eine Aenderung zu treffen, und zu dem Ende nachstehende Vorschriften, wie es in Zukunft durchgehends wegen des den Schaafmeistern, Schäfern und Schäferknechten zugehörigen Viehes und Geräths gehalten werden soll, zu ertheilen.

Seine Königliche Majestät verordnen und befehlen demnach:

§ 1. daß diese Verordnung von dem Tage an, an welchem solche in den Provinzen Chur- und Neumark, mit Ausschluß des Cottbusschen Kreises, imgleichen im Herzogthum Pommern,

---

*) S. Nr. 230. 231.

zu jedermanns Wissenschaft öffentlich bekannt gemacht werden wird, völlige gesetzliche Kraft erhalten, und von diesem Tage an keinem Schäferknechte weiter gestattet werden soll, eine bestimmte Anzahl von eigenthümlichen, und mit einem besondern Zeichen versehenen Vieh oder Vorvieh zu haben, und solches als sein Eigenthum bey dem Abzuge von einer Schäferey zu einer andern mitzunehmen; vielmehr soll

§. 2. das besondere Eigenthum der Schäferknechte an den bestimmten Häuptern, welche sie in Gemäßheit der Schäfer-Ordnungen, Observanzen und Verträge, bisher in Verhältniß mit der Größe der Schäfereyen haben halten dürfen, aufhören, und, wie es bey den Schäfern schon üblich ist, ihr Vieh in die Stammheerde eingemengt, und der Antheil, den sie an der Heerde im Gemenge erhalten, ihnen bey dem Abzuge baar bezahlt werden, auch jeder Schäferknecht davon, während seiner Dienstzeit, verhältnißmäßig an allem Nutzen Theil haben, und in gleicher Weise zu den Kosten beytragen, in so fern nicht durch besondere Verträge mit den Herrschaften ein Anderes wegen der Unterhaltungskosten festgesetzt worden ist.

Eben so sollen auch Schaafmeister und Schäfer, welche einen eigenen Antheil an den Schäfereyen haben, bey ihrem Abzuge von solchen, selbige gegen baare Vergütung zurückzulassen verbunden, und keinesweges mit sich zu nehmen befugt seyn.

§. 3. Die Größe der Schäfereyen auf Urbani, da sie zu Sommer gezählt werden, und die Anzahl des Viehes, die jeder Knecht zu der Zeit darinnen hat, bestimmen den Antheil oder die Quotam, welche derselbe überhaupt und nach verschiedenen Posten ins Gemenge setzt.

Wenn daher eine Schäferey überhaupt in 1225 Häuptern bestehet, und an Knechtevieh darunter sich 175 Stück befinden, oder wenn bey kleinen Schäfereyen die Heerde, mit Inbegriff von 80 Stück Knechtevieh, überhaupt 560 Stück stark ist; so beträgt der Antheil der Knechte an der Schäferey den siebenten Theil exclusive der Molkenpacht, und es kann hiernach keine Schwierigkeit finden, den Antheil oder die Quotam eines jeden Knechts bey der jährlichen Zählung und Abrechnung zu bestimmen. Vorkommende Brüche aber werden durch Geld ausgeglichen.

§. 4. So wie die ganze Schäferey nach Umständen sich vermehrt oder verringert, so vergrößert oder vermindert sich auch in gleichem Verhältniß der bestimmte Antheil des Knechts an der Schäferey. Da nun das Interesse des Schäferknechts und sein Gewinn und Verlust mit dem Flor und Verfall der Schäferey unzertrennlich verbunden ist, so wird derselbe es inskünftige an seinem Fleiße und aller möglichen Sorgfalt für das Beste der Heerde nicht ermangeln lassen; dagegen die Herrschaft, wenn der Knecht zur Verbesserung der Schäferey nach seinen Kräften mitwirkt, ihm die Vermehrung seines Antheils gern gönnen.

§. 5. Bey dem Abzuge eines Schäferknechts wird dessen Antheil an der Schäferey, aus der schlechterdings kein Stück weggenommen werden darf, zwar durch den Lauf Posten für Posten abgesondert, solcher darauf taxirt, und ihm von der Herrschaft oder dem an seine Stelle ziehenden Knechte, nach dem dermaligen Werthe, sofort baar bezahlt, nachher aber der in Rede stehende Antheil sofort, und ohne daß er als Knechtevieh gezeichnet wird, in die Stammheerde wieder eingemengt.

§. 6. Im Fall die Herrschaft den ab- und anziehenden Knecht, wegen des Werths des von jenem auf diesen übergehenden Schäferey-Antheils, vereinigen kann, hat es dabei sein Bewenden; findet diese Vereinigung aber nicht statt, so wird zur Taxe geschritten, und solche durch drey sachverständige vereydete Männer, wovon einer von dem abziehenden Knechte, der zweyte von dem anziehenden Knechte und der dritte von der Herrschaft gestellt wird, verrichtet. In so fern aber die Taxanten bey Bestimmung des Werths nicht übereinkommen, so soll der Preis auf den Durchschnitt ihrer Angaben gegründet werden.

§. 7. Falls ein anziehender Schäferknecht nicht des Vermögens seyn sollte, dem abziehenden Knechte den Preis seines Schäferei-Antheils ganz zu bezahlen, so soll die Herrschaft zuzutreten, den Vorschuß des fehlenden Theils der Abfindung zu thun, und den abziehenden Knecht völlig zu befriedigen verbunden seyn, welches sie auch um so mehr ohne Nachtheil übernehmen kann und muß, da sie wegen des Vorschusses durch das im Gemenge bleibende Knechtevieh gesichert ist, sie auch, da sie den Schäferknecht annimmt, diejenige Mittel einzuschlagen hat, wodurch die Annahme und der Anzug des neuen Knechts möglich zu machen ist. Dagegen ist die Herrschaft auch befugt, von dem anziehenden Knechte von dem für ihn geleisteten Vorschusse die landesüblichen Zinsen zu nehmen, oder ein anderes in den Gesetzen nicht verbothenes Abkommen zu treffen, bis der Knecht den Vorschuß abgetragen hat.

§. 8. Eben so, wie in den vorstehenden §§. 5. 6. und 7. in Ansehung der Schäferknechte vorgeschrieben ist, soll es auch bey dem Ab- und Anzuge der Schaafmeister und Schäfer mit dem von dem Ab- und Anziehenden beziehungsweise zurückzulassenden und anzunehmenden Schäferei-Antheil, in Ansehung dessen Absonderung, Taxe, Vergütung und des Zutritts der Herrschaft bey letzterer im Falle der Unzulänglichkeit des Vermögens des anziehenden Schäfers 2c., gehalten werden.

§. 9. Halte- oder Butenvieh anzunehmen und in die Schäferey einzumengen, ist dem Schäferknechte unter keinerley Vorwande mehr erlaubt, und wird solches hiermit ausdrücklich verboten.

§. 10. Der Herrschaft bleibt die Freiheit vorbehalten, die Zahl des den Schaafmeistern, Schäfern und Schäferknechten in der Schäferey zugehörigen Schaafviehes auf einen geringern oder höhern Antheil, als im §. 3. angegeben ist, nach Gutbefinden zu bestimmen; indem es ihre Sorge ist, sich tüchtige Knechte zu halten, und sie so zu lohnen, daß sie bey der Schäferey einen verhältnißmäßigen Gewinn übrig behalten, und nicht veranlaßt werden dürfen, sich durch unerlaubte, der Herrschaft und der Schäferey nachtheilige Mittel zu erholen.

§. 11. Kein Schaafmeister, Schäfer oder Schäferknecht soll bey dem Umziehen von einer Schäferey zur andern Geräthschaften, die zu seinem Gewerbe gehören, mit sich führen, sondern es müssen selbige, falls sie dergleichen eigenthümlich besitzen, und nach dieser Vorschrift zurückzulassen haben, sich deshalb mit den Herrschaften wegen der Vergütung vereinigen, welche ihnen, nach der bey der Abschätzung des Schäferey-Antheils mit aufzunehmenden Taxe, nach obiger Vorschrift §. 6., gewährt werden soll.

§. 12. Jede Herrschaft soll dem Schäferknechte, sobald er sein Vieh ins Gemenge setzt, ein Buch geben, worin der Antheil, den er ins Gemenge bringt, imgleichen die mit ihm jährlich zu haltende Berechnung eingetragen, und überhaupt alles verzeichnet wird, was zur jedesmaligen Auseinandersetzung der Herrschaft mit dem Knechte zu wissen nöthig ist. Dieses Buch muß der Knecht wohl verwahren, und solches bey dem Abzuge, wenn er völlig abgefunden ist, der Herrschaft zurückgeben. Kommen Fälle vor, in welchen der Inhalt dieses Buchs zweifelhaft ist, so soll die Auslegung gegen die Herrschaft gemacht werden, weil sie das Buch führt, es daher ihre Sache ist, alles deutlich und bestimmt zu fassen.

§. 13. In Ansehung des Ab- und Anziehens der Schaafmeister, Schäfer und Schäferknechte, wird hierdurch verordnet, daß solches nicht ferner, wie bisher, auf Michaelis, sondern mit Urbani oder dem 25sten Mai geschehen, und jeder andere Ab- und Anzugstermin, wenn dergleichen auch zwischen der Herrschaft, imgleichen den Schaafmeistern, Schäfern und Schäferknechten verabredet und kontraktmäßig festgesetzt seyn sollte, vom Tage der Publikation dieser Verordnung an schlechterdings unzulässig seyn soll.

§. 14. Jeder Schäfer und Schäferknecht soll verpflichtet seyn, nach Publikation gegenwärtiger Verordnung, während eines, von der alsdann zunächst bevorstehenden, im vorhergehenden §. bestimmten Ziehzeit anzurechnenden Jahres, wider Willen der Herrschaft und ohne erhebliche, auf die durch das gegenwärtige Gesetz verordnete Abänderung sich durchaus nicht beziehende Ursachen, die Schäferey, in der er sich befindet, nicht zu verlassen. Streitigkeiten, welche bis zu Ablauf dieser ersten Abziehperiode zwischen dem Eigenthümer der Heerde, dem Schaafmeister oder dessen Knechten über die Anwendung dieser Verordnung auf ihre verschiedene Verhältnisse entstehn, sollen von dem Justitiarius des Orts gehört, die Akten durch den Landrath des Kreises zur Decision der Krieges- und Domainen-Cammer eingesandt und Processe darüber nicht gestattet werden. Nach Ablauf dieses Jahres werden die Streitigkeiten zwischen Herrschaften, Schäfern und Schäferknechten über ihre Dienstverhältnisse vor dem gewöhnlichen Gerichtsstande entschieden, so wie auch im Laufe dieses Jahres über alles, was die übrigen Verhältnisse zwischen Herrschaften, Schäfern und Schäferknechten betrift, rechtliches Gehör nicht versagt werden darf.

§. 15. Bey Bürger- und Bauer-Schäfereyen, wo die Interessenten die eigene häusliche Wartung des Viehes besorgen, und nur zur Hütung desselben besondere Schäfer oder Schäferknechte unterhalten, so wie bey guthsherrlichen Schäfereyen, für welche nur Kostknechte gehalten werden, soll diesen zwar noch ferner, nach jedes Orts Herkommen, verstattet seyn, eigenes Vieh und bestimmte Häupterzahl zu halten, solches in ein eigenes Zeichen zu schlagen, und, ohne es aufmengen zu dürfen, vorzutreiben; dahingegen sind sie gehalten, bey dem Abzuge dieses Vieh, wie auch die Schäferey-Geräthschaften, nach der Bestimmung der §§. 5. 6. und 11. zurückzulassen, mit der Maaßgabe, in Ansehung der Geräthschaften, daß die Vergütung für solche von dem anziehenden Schäfer oder Knechte dem abgehenden taxmäßig geleistet werden, die ganze Commune aber dafür einstehen muß.

Bei solchen Gemeine-Schäfereyen aber, bey welchen Schäfer und Schäferknechte bisher keine Schaafe halten dürfen, und solche dafür auf Lohn und Deputat gesetzt sind, soll es hierbey auch ferner sein Bewenden haben. Doch findet bey diesen wegen der etwanigen Geräthschaften der Schäfer und Knechte obige Vorschrift Statt.

§. 16. Uebrigens wollen Seine Königliche Majestät, daß diese Verordnung, wie bereits §. 1. vorgeschrieben ist, vom Tage der Publication an, in den benannten Provinzen bey allen Schäfereyen zur Ausübung gebracht werde, zu welchem Ende solche zum Druck befördert und allgemein publicirt, auch in Schulzen-Gerichten und Krügen angeschlagen werden soll; zugleich aber befehlen Allerhöchstdieselben allen Obrigkeiten, der Ritterschaft, den Beamten, Städten, Gemeinen und Schulzen, bey Zwanzig Rthaler Strafe für jeden Contraventionsfall, welche Strafe bey wiederholter Uebertretung verdoppelt werden soll, auf deren pünktliche Befolgung zu halten, sämmtliche Gerichts-Behörden aber insbesondere sich darnach in ihren Urtheilen, sowohl überhaupt als in vorkommenden Denunciationsfällen, auf das genaueste zu achten.

Gegeben Berlin, den 3ten Februar 1800.

229. Cirkular der Kurmärkschen Krieges- und Domainen-Kammer, wegen der den Besitzern der Kolonisten-Etablissements verstatteten freien Disposition über ihre eigenthümliche Stellen, vom 6ten Januar 1801.

Friedrich Wilhelm König rc. rc. Unsern rc. Die Umstände, welche vor Zeiten bey der ersten Gründung der Colonisten-

Etablissements und der Ansetzung der Ausländer im Lande es nothwendig machten, die Besitzer in der Disposition über die ihnen eigenthümlich verschriebenen Stellen, sowohl bei Verpfändungen als Veräußerungen zu beschränken, haben sich in der Folge der Zeit geändert, nachdem die Colonisten-Etablissements zu ihrer Vollkommenheit und Beständigkeit gediehen sind, und das Auswandern der damals ins Land gezogenen Familien nicht mehr zu besorgen ist. Es hören daher die Nothwendigkeit und der Grund auf, den Eigenthümern solcher Colonisten-Stellen, durch die, durch Verordnungen feststehenden, oder in den Erbverschreibungen bedungene Beschränkungen, die freye Disposition über ihr Eigenthum zu erschweren. Dahingegen ist es billig, daß dergleichen Familien, welche sich im Staate schon so lange Zeit ernährt und bestanden haben, mit den Eingebornen im Lande gleiche Rechte und Vortheile genießen, und es gereicht dieses in manchen Verhältnissen selbst zu ihrem bessern Nahrungsbetriebe und Fortkommen.

Diese Betrachtungen haben uns bewogen den Besitzern der Colonisten-Stellen, eine ausgedehntere Freyheit, sowohl in Ansehung der Verpfändungen als Veräußerungen zu gestatten, als ihnen in ihren Verschreibungen zugestanden worden ist.

Wir verordnen daher hiemit:

1) daß in Ansehung der Verpfändungen jedem Etablissements-Besitzer ohne Unterschied, ob er ein Einländer oder Ausländer sey, frey stehen soll, sein Etablissement so weit als er Credit darauf erhalten kann, zu verpfänden und mit Hypothek-Schulden zu beladen, ohne hiezu den Consens des General-Directorii, Unserer Churmärk. Cammer, des Amts oder des Magistrats, worunter er steht, einholen zu dürfen.

2) Daß in Ansehung der Veräußerung

a) nicht nur der Verkauf der Colonisten-Stellen an Einländer in dem Falle nachgelassen seyn soll, wenn entweder nur der Verfall der Stelle zu verhüten, oder von dem ausländischen Verkäufer nachgewiesen wird, daß das Kaufgeld wieder im Lande angelegt werde, sondern auch wenn dergleichen Etablissement einmal in den Händen eines Einländers ist, für die Folge die ausländische Qualität zum Besitze nicht weiter nachgewiesen, oder der einländische Käufer einschränkenden Bedingungen unterworfen werden soll, und hiernach soll

b) jedem einländischen Etablissements-Besitzer freystehen, sein Etablissement ohne vorgängige Einholung eines Consenses, an wen er will, zu verkaufen.

c) Dem ausländischen Besitzer eines Etablissements, in so fern derselbe nach dem Inhalte seiner Erbverschreibung, bisher in Veräußerungsfällen noch gewissen Einschränkungen unterworfen gewesen, ist unter den zu a festgesetzten Bedingungen, jedoch ebenfalls ohne Einholung des Consenses des General-Directoriums und von Unserer Churmärkischen Cammer, und bloß mit Vorbehalt der Genehmigung des

Amts oder Magistrats die Befugniß zur freyen Veräußerung zuzugestehen; auch

d) der einländische Besitzer, welcher als Nachfolger eines einländischen, oder sonst auf den Grund der Erbverschreibungen, einem einländischen gleich zu achten ist, mit diesem gleiche Befugniß bei Veräußerungen habe.

Diese Gerechtsame können jedoch nicht in ihrem ganzen Umfange

3) den Besitzern derjenigen Etablissements eingeräumt werden, welche, wie z. B. Spinner, Weber, Hopfengärtner, Kreisgärtner, Fabriken-Etablissements und dergl. gewisse eigne Bestimmungen haben.

Diesen Etablissements-Besitzern soll zwar

a) ebenfalls die uneingeschränkte Verpfändungs-Befugniß in der zu 1) bestimmten Art zugestanden werden. Dagegen aber liegt es

b) in der Natur der Sache, daß die Qualität dieses Etablissements auf jeden Besitzer übergehen muß, da der jedesmalige Inhaber nur befugt seyn kann

dergleichen Etablissements an solche Käufer zu veräußern, welche zur Erfüllung des Zwecks und der Bestimmung derselben hinreichend geeignet sind.

Zur Veräußerung an solche qualificirte Käufer bedarf es

c) keines Consenses, sondern es wird nur erfordert, daß der Gerichts-Obrigkeit die Qualification des Käufers gehörig nachgewiesen wird.

Uebrigens verstehet es sich

4) von selbst, daß, so wie es auch schon in den mehresten Erbverschreibungen bestimmt ist, die Veräußerungen der Etablissements nur alsdann zuläßig sind, wenn selbige ungetheilt verkauft werden sollen, indem alle Dismembrationen in der Regel unstatthaft sind, und hiezu, wenn sie von den Eigenthümern beabsichtigt worden, jedesmal der Consens der competenten höhern Behörden erfordert wird, so wie denn auch:

5) wenn dem Fisco in Veräußerungsfällen besondere Rechte, als das Vorkaufsrecht, vorbehalten worden sind, darüber bey Uns angefraget werden muß. Sind ꝛc. Berlin, den 6ten Januar 1801.

230. Nachtrag zur Verordnung vom 3. Februar 1800, den Aufkündigungs-Termin zwischen den Herrschaften und ihren Schäfern betreffend, vom 26. Februar 1801.

In der Verordnung vom 3ten Februar v. J. wegen des Vorviehes der Schäfer und Schäfer-Knechte ist im 13ten §. der Termin des Ab- und Zuziehens der Schafmeister, Schäfer und Schäferknechte auf Urbani festgesetzet, ein gesetzlicher Aufkündigungs-Termin aber nicht bestimmt, sondern solcher dem Uebereinkommen der Herrschaften mit ihren Schäfern überlassen worden. Da indessen mehrere Guthsbesitzer auf eine gesetzliche Bestimmung des Aufkündigungs-Termins angetragen haben, so ist dieser durch das Directorial-Rescript vom 28ten v. M. auf den Zeitraum vom 1sten bis zum 15ten Februar jeden Jahres dergestalt festgesetzet worden, daß vor dem 1sten und nach Verlauf des 15ten Februar keine Aufkündigung weder von Seiten der Herrschaft, noch von Seiten der Schäfmeister, Schäfer und Schäferknechte statt finden, und wofern diese Termine versäumt worden, letztere noch ein Jahr bey den Schäfereyen bleiben, und die Herrschaften solche so lange behalten sollen.

Ein Königliches rc. Cammer-Gericht ermangeln wir daher nicht hiervon in Verfolg unseres Schreibens vom 28sten März v. J. dienstergebenst zu benachrichtigen. Berlin, den 26sten Februar 1801.

Königl. Churmärkische Krieges- und Domainen-Cammer.

231. Edikt wegen Befolgung der Vorschriften der Verordnung vom 3. Februar 1800, die Abschaffung des Vorviehes der Schäfer und Schäferknechte betreffend, vom 16. Januar 1802.

Seine Königliche Majestät von Preussen rc. rc. Unser allergnädigster Herr, bringen mißfällig in Erfahrung, daß die Vorschriften der Verordnung vom 3ten Februar 1800, wegen Abschaffung des Vorviehes der Schäfer und Schäferknechte in der Kur- und Neumark und im Herzogthum Pommern, bisher größtentheils unbefolgt geblieben sind, weil theils die Gutsbesitzer, Beamten und Pächter selbst nicht überall mit gleichem Eifer darauf bedacht sind, bey ihren Schäfereien jene Vorschriften in Ausübung zu bringen und dadurch den Schäfern die Mittel, solchen auszuweichen, zu benehmen, theils aber auch die Schäfer und Schäferknechte aus beharrlichem Ungehorsam ihren Herrschaften den Dienst kündigen, zu anderen Gewerben übergehen, oder nach solchen Gegenden sich hinbegeben, woselbst gedachte Verordnung nicht gesetzliche Kraft hat.

Je mehr Seiner Königlichen Majestät ernstlicher Wille und Befehl dahin geht, daß gedachte heilsame Verordnung überall in gedachten Provinzen pünktlich befolgt werde, desto mehr finden Allerhöchstdieselben für nöthig, die Befolgung derselben durch geschärftere Vorschriften zu sichern und zu erleichtern, in welcher Absicht hierdurch verordnet wird:

§. 1. Daß die erwähnte Verordnung vom 3ten Februar 1800. mit den in Verfolg dieses Edikts ergehenden näheren Bestimmung derselben, längstens binnen sechs Wochen, vom Tage der Publikation des gegenwärtigen Gesetzes an gerechnet, unfehlbar überall in der Kurmark, Neumark, mit Ausschluß des Cottbusschen Creises, und im Herzogthum Pommern, da wo solches noch nicht geschehen ist, in Ausübung gebracht und jeder

Gutsbesitzer, Beamter oder Pächter, welcher in diesem Zeitraum diesen Vorschriften nicht genüget haben wird, und, wie solches geschehen ist, überzeugend nachweisen kann, in eine unerläßliche Strafe von Einhundert Thalern verurtheilt werden soll.

§. 2. Besonders wird solches den Landräthen zur Pflicht gemacht, damit sie den übrigen Einsassen ihrer Creise mit gutem Beispiele vorgehen.

§. 3 Nach Verlauf der sechswöchentlichen Frist müssen die Landräthe sämmtliche Schäfereien in ihren Creisen, worauf die in Rede stehenden Vorschriften Anwendung finden, sorgfältig revidiren, und diejenigen Gutsbesitzer, Beamten und Pächter, welche mit der Ausübung dieser Vorschriften im Rückstande sind, unverzüglich und ohne Nachsicht, der Cammer zur gehörigen Bestrafung anzeigen.

§. 4. Sollte ein Landrath in der Befolgung dieses Befehls sich säumig bezeigen, gegen diejenigen Guthsbesitzer, Beamten oder Pächter, welche jener Verordnung pünktliche Folge zu leisten verabsäumen, mit ungebührlicher Nachsicht zu Werke gehen und die Anzeige an die ihm vorgesetzte Cammer unterlassen oder verzögern, oder gestatten, daß in der Folge von den gesetzlichen Vorschriften wieder abgewichen und die ehemalige Einrichtung mit dem Vorvieh der Schäfer und Schäferknechte wieder eingeführt werde, so soll er in eine unerläßliche Strafe von Zweyhundert Thalern verfallen.

Damit aber auch den Gutsbesitzern, Beamten und Pächtern die Befolgung dieser Vorschriften möglich gemacht und der strafbare Ungehorsam der Schäfer und Schäferknechte gebeugt werde, verordnen Seine Königliche Majestät hierdurch

§. 5. so gnädig als ernstlich, daß jeder Schäfer und Schäferknecht, er möge bereits gekündigt haben oder nicht, schuldig seyn soll, wenn seine Herrschaft solches verlangt, noch bis Urbani 1804. in der Schäferey, bey welcher er gegenwärtig steht, zu verbleiben, wofern er nicht nachweisen kann, daß er in eine andere Schäferei übergehe, bei welcher die in Rede stehende Vorschriften ebenfalls in Ausübung gebracht werden, in welchem Falle es ihm freistehen soll, nach vorgängiger vorschriftmäßiger Kündigung vor Urbani 1804. abzuziehen.

§. 6. Der Termin zu dieser Kündigung wird, in Gemäßheit der deshalb bereits erlassenen öffentlichen Bekanntmachungen, auf den Zeitraum vom 1sten bis zum 15ten Februar jedes Jahres dergestalt festgesetzt, daß eine früher oder später erfolgte Kündigung für nicht geschehen geachtet und weder von Seiten der Herrschaften, noch von Seiten der Schaafmeister, Schäfer oder Schäferknechte angenommen werden soll.

§ 7. Da nach dem §. 5. die Schaafmeister, Schäfer und Schäferknechte auf Verlangen ihrer Herrschaften noch bis Urbani 1804. ihre gegenwärtige Dienste fortzusetzen gehalten sind, so verstehet es sich auch von selbst und wird zur Verhütung aller Zweifel hierdurch ausdrücklich verordnet, daß die im §. 14. der Verordnung vom 3ten Februar 1800. enthaltene Vorschrift, wegen Entscheidung der zwischen den Gutsbesitzern, Beamten und Pächtern und ihren Schaafmeistern, Schäfern und Schäferknechten entstehenden Streitigkeiten noch bis Urbani 1804, als der gegenwärtig bestimmten nächsten Umziehungszeit, ihre Gültigkeit behalten soll.

§. 8. Die Erfahrung hat ferner gelehrt, daß es nöthig sey, die Dispositionen der Verordnung vom 3ten Februar 1800. und die gegenwärtigen näheren Bestimmungen derselben, auch auf die Pachtschäfer ausdrücklich auszudehnen, und Seine Königliche Majestät verordnen daher hierdurch

a) daß auch bey den Pachtschäfereien kein anderer Umziehungs-Termin, als auf Urbani, Statt finden, und

b) jeder Pachtschäfer, gleich den Lohn- und Gemengeschäfern, verpflichtet seyn soll, auf Verlangen seines Verpächters bis Urbani 1804. seine Schaafpacht fortzusetzen, oder als Schäfer für Lohn oder Antheil bey der Heerde zu bleiben, wofern er nicht die im §. 5. wegen der Schäfer überhaupt vorgeschriebene Nachweisung geben kann.

§. 9. In Ansehung der Bürger- und Bauer-Schäfereien soll es zwar, wegen des eigenthümlichen Viehes der Gemeindehirten, bei der Disposition des §. 15. der Verordnung vom 3ten Februar 1800. vor der Hand noch ferner belassen werden, dagegen aber soll auch bei solchen Gemeindehirten von jetzt an kein anderer An- und Abzugs-Termin, als auf Urbani, Statt finden.

Ferner wollen und verordnen Seine Königliche Majestät

§. 10. daß die im §. 15. der Verordnung vom 3. Februar 1800. wegen der gutsherrlichen Schäfereien, für welche bloß Kostknechte gehalten werden, in Ansehung des diesen vorbehaltenen Eigenthums, auf eine bestimmte Häupterzahl, gemachte Ausnahme aufgehoben seyn, und in allen Schäfereien der Gutsbesitzer, Beamten und Pächter, ohne Unterschied das Eigenthum der Schaafmeister, Schäfer und Schäferknechte auf gewisse Häupter, bei Vermeidung der angedrohten Strafe, binnen sechs Wochen aufhören soll.

Dagegen sollen

§. 11. diese Vorschriften auf solche Schäfereien nicht Anwendung leiden, bei welchen die ganze Schäferei nicht dem Gutsbesitzer, sondern dem Schäfer und seinen Knechten gehört, als in welchem Falle es dem Eigenthümer des Schaafviehes frei stehen soll, auf die Aufrechthaltung seines Contrakts zu dringen und auf den Grund desselben sein Eigenthum zurückzunehmen.

§. 12. Da übrigens nach der ausdrücklichen Vorschrift des §. 1. und 2. der Verordnung vom 3ten Februar 1800, seit Erlassung derselben, das Eigenthum der Schäfer und Schäferknechte an gewissen bestimmten Häuptern ganz aufgehört hat, und das Eigenthum sämmtlicher Häupter ohne Unterschied dem Eigenthümer der Stammheerde gehört, so verstehet es sich von selbst, daß kein Schaafmeister, Schäfer oder Schäferknecht über gewisse Häupter Eigenthumsrechte ausüben, solche außer der Schäferei an einen dritten verkaufen kann, und daß im Uebertretungsfall die Disposition des allgemeinen Landrechts 1. Theil, 15. Titel, §. 17. und 2. Theil §§. 1108. 1109. 1110. und folgende, wegen Entwendung fremden Eigenthums, Anwendung leiden müssen.

Uebrigens soll es zwar

§. 13. in allen übrigen Punkten bey dem Inhalt der Verordnung vom 3ten Februar 1800. sein Bewenden haben, dagegen behalten Se. Königl. Majestät sich vor, die geordneten Strafen noch mehr zu schärfen, wenn die Erfahrung lehren sollte, daß die Schäfer und Schäferknechte in ihrem Ungehorsam beharren und die Gutsbesitzer, Beamten und Pächter ihnen hierin nachsehen sollten. Gegeben Berlin, den 16ten Januar 1802.

232. Nachtrag zu dem Edikt vom 15. Juni 1795, wegen des Auseinandersetzens der Unterthanen-Gehöfte und Gebäude in der Kurmark, vom 19. April 1804.

Seine Königliche Majestät von Preußen, unser allergnädigster Herr, haben in Erfahrung gebracht, daß die bey der Abfassung des Edikts vom 15ten Juny 1795, wegen des Auseinanderbaues der Unterthanen-Gehöfte und Gebäude in der Kurmark, zum Grunde liegende heilsame Absicht: zur Verminderung der täglich mehr zunehmenden Feuersbrünste auf dem platten Lande, dergleichen Gehöften und Gebäuden eine gegen Feuersgefahr und deren Verbreitung mehr sichernde und die Löschung der Feuersbrünste erleichternde Stellung zu geben, nicht vollkommen erreicht wird, indem theils die Vorschriften des gedachten Edikts im §. 1. sich blos auf die Fälle einschränken, wenn Unterthanen-Gehöfte und Gebäude durch Feuersbrünste in die Asche gelegt worden sind und deshalb, oder wegen Baufälligkeit oder aus andern Ursachen neu erbaut werden sollen, mithin auf die Versetzung stehender und noch bewohnbarer und brauchbarer, gleichwohl aber feuergefährlicher Gehöfte und Gebäude sich nicht erstrecken, theils aber Seiner Königlichen Majestät allerhöchste Landesväterliche Absicht durch eigenmächtige unzweckmäßige und die Feuersgefahr in den Dörfern vermehrende Anlegung neuer Gebäude und Feuerstellen vereitelt wird.

Zur Erreichung jener Absicht und Verhütung aller hiermit unverträglichen Mißbräuche, verordnen daher Höchstgedachte Seine Königliche Majestät hierdurch allergnädigst und ernstlich

§. 1. daß nicht nur die Vorschrift des Allgemeinen Landrechts 1. Theil, 8. Tit. §. 69. und folgende, nach welcher, bey Vermeidung der daselbst angeordneten Strafen, ohne vorgängige obrigkeitliche Erlaubniß, weder in den Städten noch auf dem Lande eine neue Feuerstelle errichtet, oder auch eine alte an einen andern Ort verlegt werden darf, auf das strengste beobachtet, sondern auch jede Guths- und Gerichts-Obrigkeit dafür verantwortlich gemacht werden soll, wenn sie zur Anlegung neuer, oder Verlegung alter Feuerstellen, ohne hierzu die Bestimmung des Landraths des Kreises zuvor eingeholt zu haben, die Erlaubniß ertheilt haben, und es sich hiernächst ergeben sollte, daß die Feuerstelle eine polizeywidrige oder gar feuergefährliche Stellung erhalten habe.

§. 2. Soll jeder Bewohner des platten Landes, er sey Eigenthümer oder Laß-Unterthan schuldig seyn, ohne einen wirklichen Feuerschaden oder die Baufälligkeit eines Gehöftes oder Gebäudes abzuwarten, sich die Versetzung seiner feuergefährlichen oder in feuergefährlicher Nähe mit andern stehenden, wenn gleich sonst noch bewohnbaren und brauchbaren Gebäude gefallen zu lassen, wenn die Guths- und Gerichts-Obrigkeit, mit Beistimmung des Landraths, eine solche Versetzung, zur Beförderung mehrerer Feuersicherheit und polizeilicher Ordnung in den Dörfern, für nöthig erachtet und der Eigenthümer oder Besitzer durch Erbauung anderer Gebäude von gleicher Güte und Beschaffenheit, auch für die auf seiner alten Stelle gehabten Nutzungen an Gärten und Hofraum, auf den Grund richtiger wirthschaftlicher Abschätzungen, gehörig entschädigt wird.

§. 3. Da Seine Königliche Majestät auf die Beförderung der Gemeinheitstheilungen, sowohl überhaupt, als auch in den Dorfgemeinden, zur Erleichterung und Verbesserung der Landes-Cultur, Allerhöchstdero besondere Aufmerksamkeit richten, so soll auch, abgesehen von der Beförderung mehrerer Feuersicherheit, unter gleichen, im vorstehenden §. bestimmten Voraussetzungen, auf die Verlegung stehender Gebäude gedrungen werden können, wenn dadurch das Zusammenlegen und die Vereinigung der durch solche dazwischenliegende Gebäude und Gehöfte getrennten Grundstücke und Wirthschaften bewirkt und befördert werden kann

§. 4. Behält es in Ansehung der bey solchen Versetzungen der Gebände zu regulirenden Entschädigungen, bey den in dem Edikt vom 15ten Juny 1795 vorgeschriebenen Grundsätzen sein Bewenden, und wird der §. 9. dieses Edikts hiermit dahin näher bestimmt, daß bey der Anweisung der neuen Bau- und Hofstellen, so wie überhaupt bey der Natural-Entschädigung durch Grundstücke, nicht blos der Nachbar des zu versetzenden Einsassen, sondern überhaupt jeder andere Einsasse und Dorf-Einwohner, mit Vorbehalt seiner gehörigen Entschädigung, den nöthigen Bedarf an Grundstücken, nach der im Einverständniß mit dem Landrath, erfolgten Bestimmung der Guths- und Gerichts-Obrigkeit herzugeben schuldig seyn soll.

§. 5. In Ansehung der Kosten des Wiederaufbaues abgebrannter oder wegen Baufälligkeit oder anderer Ursachen neu zu erbauenden Gebäude, behält es bey den Vorschriften des erwähnten Edikts sein Bewenden, wogegen die Kosten des Wiederaufbaues der zu versetzenden sonst noch brauchbaren Gebäude von dem hierauf provozirenden Interessenten getragen werden sollen, welche demselben jedoch, nach Maßgabe des oftgedachten

Edikts vom 15ten Juny 1795. §§. 11. 12. 13. und 14. durch Kreißguthsherrliche und Gemeinde-Beyhülfen möglichst zu erleichtern sind.

§. 6. Auf eine solche Versetzung stehender Gebäude ist jeder Einsasse, er sey Guthsbesitzer oder Unterthan, unter den vorstehenden Bedingungen zu provociren berechtigt.

Seine Königliche Majestät befehlen allen und jeden Bewohnern des platten Landes der Kurmark, sowohl Eigenthümer als Laß-Unterthanen, sich diesen zur Beförderung der allgemeinen Sicherheit und der Landes-Cultur gereichenden Vorschriften willig zu unterwerfen und sich darnach gehörig zu achten; der kurmärkschen Krieges- und Domainen-Kammer, den Landräthen sämmtlicher Kreise der Kurmark, den Beamten und Gerichtsobrigkeiten aber, wie auch den Schulzen und Gerichts-Schöppen, auf die strengste Beobachtung derselben zu halten, und darnach in vorkommenden Fällen zu verfahren. Gegeben Berlin, den 19ten April 1804.

233. Patent wegen näherer Bestimmung der Grundsätze über die Verpflichtung zur Verpflegung der Orts-Armen in der Kurmark, Neumark und Pommern, vom 8. September 1804.

Wir Friedrich Wilhelm, von Gottes Gnaden, König von Preussen &c. &c. haben bisher mit Wohlgefallen wahrgenommen, daß die bereits in mehrern Unserer Provinzen zu Stande gekommene Einrichtung der Land-Armen-Anstalten außer andern wohlthätigen Wirkungen, auch den heilsamen Erfolg gehabt hat, daß Obrigkeiten und Kommunen mehr, wie vormals, auf die Verpflegung ihrer einheimischen Armen, welche sonst als vagabondirende Bettler dem ganzen Lande zur Last fielen, Bedacht nehmen. Dagegen aber hat auch die bisherige Erfahrung gelehrt, daß die gegenwärtig bestehenden gesetzlichen Vorschriften, wegen Verpflegung der Ortsarmen, theils mangelhaft sind, theils aber, aus Mißdeutung derselben, zu mancherley Mißbräuchen Anlaß gegeben haben, und deshalb eine Ergänzung und nähere Bestimmung erfordern.

Diese wollen Wir daher durch gegenwärtiges Patent für die Provinzen Kurmark, Neumark und Pommern dahin ertheilen: daß

§. 1. als ein zur Verpflegung geeigneter Armer diejenige Person angesehen werden soll, welche weder hinreichendes Vermögen noch Kräfte besitzt, sich und den nicht arbeitsfähigen ihrigen, den zum Unterhalt durchaus nöthigen Bedarf an Nahrung, Kleidung, Obdach und Feuerung vollständig selbst zu verschaffen; jedoch ist

§. 2. jedermann, welcher hinreichende Kräfte besitzt, sich und den Seinigen den nöthigen Unterhalt zu verschaffen, verpflichtet, sich selbst nach erlaubten Mitteln und Gelegenheit hierzu umzusehen, indem er nur in dem Falle, wenn er überzeugend nachzuweisen im Stande ist, daß er es an seinen Bemühungen, dergleichen Mittel und Gelegenheit zu finden, nicht habe fehlen lassen, deren Anweisung von andern verlangen kann.

§. 3. In diesem Fall ist der Arme schuldig, die ihm angewiesene schickliche und seinen Kräften angemessene Arbeit unweigerlich zu verrichten.

§. 4. Wer sich dessen ohne rechtlichen Grund beharrlich weigert, wird als ein muthwilliger Bettler betrachtet und nach den Gesetzen behandelt.

§. 5. Liegt, nach den bestehenden besondern Gesetzen, gewissen Privat-Personen die Verpflichtung ob, die Verpflegung eines solchen Armen ganz, oder zur Ergänzung des ihm fehlenden Bedarfs zu übernehmen, so sind dergleichen Personen, wenn sie des Vermögens sind, ihrer Obliegenheit ein Genüge zu leisten, hierzu anzuhalten.

§. 6. Sind aber dergleichen, zur Armen-Verpflegung vorzugsweise verpflichtete Privat-Personen nicht vorhanden, oder sind sie nicht vermögend, ihrer Verpflichtung zu genügen, so ist zu untersuchen, ob der Arme ein Mitglied einer privilegirten, mit eigenen Armen-Anstalten versehenen Korporation ist, in welchem Falle dieser die Verpflegung des Armen obliegt.

§. 7. Ist aber der Arme kein Mitglied einer solchen Korporation, oder reichen die Mittel dieser Korporation nicht mehr zu, so ist er ein Ortsarmer, und der Kommune, zu welcher er gehört, liegt die Verpflichtung ob, seine Verpflegung zu übernehmen.

§. 8. Für Ortsarme sind aber nur die wirklichen Einwohner jedes Orts und deren hülfsbedürftige Kinder zu achten, und

§. 9. als ein Einwohner des Orts ist jede selbstständige Person zu betrachten, welche daselbst ihren festen Wohnsitz im rechtlichen Sinne genommen hat.

§. 10. Auf die Frage: seit welcher Zeit eine solche Person daselbst ihren festen Wohnsitz genommen hat? soll es hierbey gar nicht weiter ankommen, sondern mit dem Augenblick, in welchem jemand an einem Ort seinen letzten Wohnsitz nimmt, entsteht die Verpflichtung der Kommune zur Armen-Verpflegung, indem Wir die bisherige gesetzliche Bestimmung des dreyjährigen Aufenthalts hiermit gänzlich aufheben.

§. 11. Sollte aber eine Kommune nachzuweisen vermögen, daß ein solcher Ortsarmer schon zuvor an dem Orte seines früheren Aufenthalts verarmt gewesen sey, so ist sie berechtigt, ihn dorthin zur Verpflegung zurück zu weisen. Bis dahin aber, daß die Zurücknahme geschieht, muß der Arme von der Kommune, in welcher er sich befindet, mit Vorbehalt ihres Rechts, geduldet und nöthigen Falls verpflegt werden.

§. 12 Dieser Beweis der frühern Verarmung soll jedoch nur binnen Jahresfrist, von dem Zeitpunkt angerechnet, in welchem der Arme seinen letzten Wohnsitz genommen hat, offen stehen und zulässig seyn.

§. 13. Bloße Entfernung von dem Orte des bisherigen Wohnsitzes, ohne wirkliche Veränderung desselben, hebt in der Regel die Eigenschaft eines Orts-Einwohners (§. 6.) nicht auf, jedoch soll derjenige, welcher seinen letzten Wohnsitz freywillig verlassen hat, von demselben länger als drey Jahre abwesend ist, und keinen andern Wohnsitz im Einlande genommen hat, wenn er verarmt, nicht als ein Einwohner seines letzten Wohnorts und als ein Ortsarmer desselben betrachtet werden, sondern die Land-Armen-Anstalten derjenigen Provinz, in welcher der Ort seines letzten Wohnsitzes belegen ist, müssen für dessen Verpflegung sorgen.

§. 14. Eine gleiche Verpflichtung liegt den Land-Armen-Anstalten ob, wenn ein Armer noch nie einen eigenen Wohnsitz gehabt hat, seine Eltern verstorben sind, und der Arme länger als drey Jahre von dem Orte des letzten Wohnsitzes der Eltern abwesend gewesen ist.

§. 15. Jedermann bleibt nach wie vor uneingeschränkt befugt, den bey ihm sich aufhaltenden Einwohnern, Arbeitern und Gesinde, mit Beobachtung der gesetzlich bestimmten Fristen zu kündigen, und ein solcher Einwohner, Arbeiter und Dienstbote ist schuldig, sich sein anderweites Unterkommen zu suchen. Kann aber

§. 16. eine Person, welche nach der Bestimmung des §. 9. zu den wirklichen Einwohnern des Orts gehört, aller angewandten Bemühungen ungeachtet, weder im Orte ihres bisherigen Aufenthalts, noch sonst an einem andern Orte, Gelegenheit zum Unterkommen und Unterhalt finden, so sind, wenn diese Bemühungen gehörig nachgewiesen werden, die Obrigkeiten schuldig, einer solchen Person dergleichen Gelegenheit zu verschaffen.

§. 17. Jemehr die Obrigkeiten hierzu verpflichtet sind, desto weniger sind sie berechtigt, einem Orts-Einwohner, welcher nicht nach §. 1. zur Klasse der Armen gehört, und in der Kommune Wohnung und Unterhalt finden kann, dessen Aufführung auch keinen rechtlichen Grund zu seiner Entfernung an die Hand giebt, die Fortdauer seines bisherigen Wohnsitzes zu verweigern.

§. 18. Einer solchen Person muß auch in jedem andern Ort, woselbst sie Wohnung und Unterhalt finden kann, die Aufnahme daselbst als Orts-Einwohner von jeder Obrigkeit gestattet werden. Dagegen soll aber auch

§. 19. jeder nicht angesessene zu der Klasse der Armen nicht gehörige Einwohner (§. 9.), welchem seine bisherige Miethswohnung gekündigt worden ist, und welcher sich nicht bemüht, im Orte selbst oder anderswo williger sein Unterkommen zu finden, sondern von seinem Vermiether, oder auch von der Kommune die Fortdauer seines bisherigen Aufenthalts ertrotzen will, nach vorgängiger Anzeige des Hauseigenthümers oder der Kommune, von dem Land- und Steuerrathe zur Untersuchung gezogen, und von der Krieges- und Domainen-Cammer der Provinz, im Einverständniß mit der Land-Armen-Direction bestimmt werden, in welcher Art gegen ihn verfahren, und ob er, zur Strafe und Besserung in eine Land-Armen-Anstalt gebracht werden soll.

In Ansehung aller übrigen, durch gegenwärtiges Patent nicht abgeänderten Vorschriften, bestätigen Wir von neuem die ältern gesetzlichen Dispositionen des Edikts vom 28sten April 1748. des allgemeinen Landrechts, 2ter Theil, 19ter Titel, imgleichen der Land-Armen-Reglements jeder Provinz dergestalt, daß hierauf von allen betreffenden Behörden pflichtmäßig gehalten werden soll.

Unsern Krieges- und Domainen-Cammern, Regierungen, Land-Steuerräthen, Obrigkeiten, Gemeine-Vorstehern und Kommunen in den Provinzen Kurmark, Neumark und Pommern befehlen Wir hierdurch so gnädig als ernstlich, sich nach den Vorschriften des gegenwärtigen Patents, welches durch den Druck öffentlich bekannt gemacht werden soll, schuldigst zu achten.

Urkundlich haben Wir dieses Patent eigenhändig unterschrieben und mit Unserm Königlichen Insiegel bedrucken lassen. So geschehen Berlin, den 8ten September 1804.

234. Reskript, daß alle zur immerwährenden Fortsetzung einer Fabrikenanstalt gegebene Fonds niemals zur Erbtheilung kommen, sondern nur allein demjenigen der Erben zufallen sollen, welcher die Fortsetzung der Fabrik übernimmt, vom 14. Februar 1805.

Von Gottes Gnaden **Friedrich Wilhelm**, König von Preußen rc. rc. Unsern rc. Es ist durch eine unterm 3ten Nov. 1804. erlassene Cabinets-Ordre der bisher bey dem General-Fabriken-Departement allgemein angenommene Grundsatz:

> daß alle zur immerwährenden Fortsetzung einer Fabriken-Anstalt gegebene Fonds niemals zur Erbtheilung kommen, sondern nur allein demjenigen der Erben zufallen sollen, welcher die Fortsetzung der Fabrik übernimmt,

genehmiget und bestätiget worden, welches Euch in Gemäßheit des Hof-Reskripts vom 12ten Januar c. zur Nachricht und Achtung in vorkommenden Fällen hierdurch bekannt gemacht wird. Sind Euch mit Gnaden gewogen. Gegeben Berlin, den 14ten Februar 1805.

235. Verordnung für die Provinzen Kur- und Neumark und Pommern, wider das Austreiben des Viehes ohne Begleitung eines Hirten, vom 8. April 1806.

Obgleich bereits durch allgemeine Verordnungen das Austreiben des Viehes zur Hütung ohne Begleitung eines Hirten, oder das sogenannte Freijagen verboten ist, und das Allgemeine Landrecht Vorschriften, wegen der in solchem Falle Statt findenden Pfändungen enthält, so lehrt doch die Erfahrung, daß darauf in den Provinzen Kur- und Neumark und Pommern noch nicht allgemein geachtet wird, vielmehr dort noch immer, der Landes-Kultur, und besonders den Wintersaaten durch das hirtenlose Herumlaufen des Viehes, ein empfindlicher Schaden zugefügt wird. Se. Königl. Majest. von Preußen, Unser allergnädigster Herr, haben daher für nöthig befunden, den Einwohnern dieser Provinzen die deshalb schon bestehenden gesetzlichen Verordnungen in Erinnerung zu bringen, und solche nach den Umständen näher bestimmen zu lassen, weshalb hierdurch folgendes verordnet wird:

1. Niemand darf sein Vieh heerdenweise oder einzeln zur Weide gehen, oder in den Dörfern, außer den Ställen und verschlossenen Hoflagen oder verzäunten Koppeln, in den Dorfstraßen umher laufen lassen, ohne dasselbe der Aufsicht tüchtiger Hirten zu übergeben.

2. Vernachlässigt jemand diese Pflicht, und sein Vieh wird ohne Begleitung eines Hirten oder mit einem zur Wartung untüchtigen Aufseher auf fremden Feldern oder Weideplätzen betroffen, so sind die Eigenthümer dieser Grundstücke, ingleichen diejenigen, welche zur Aufsicht über die Felder bestellt werden, berechtigt, solches zu pfänden, und Niemand darf sich, bey Vermeidung nachdrücklicher Geld- oder Gefängnißstrafe, solcher Pfändung widersetzen.

3. Das in diesem Falle zu erlegende Pfandgeld wird hierdurch folgendermaßen festgesetzt:

1) Wenn das Vieh auf bestellten oder besäeten Aeckern, Gärten oder ungemäheten Wiesen betroffen wird,
   a. für ein Pferd oder Stück Rindvieh auf einen Thaler.
   b. für ein Schwein auf zwölf Groschen.
   c. für ein Schaf oder anderes Stück kleines Vieh auf acht Groschen.

2) Wenn das Uebertreten auf unbestellte Aecker, Gärten, gemähete Wiesen oder Weideplätze erfolgt,
   a. für ein Pferd oder ein Stück Rindvieh, ingleichen für ein Schwein auf acht Groschen.
   b. für ein Schaf oder ein anderes Stück kleines Vieh auf vier Groschen.

4. Dieses Pfandgeld muß für jedes Stück Vieh erlegt werden, welches auf dem fremden Revier angetroffen wird, auch selbst

in dem Fall, wenn keine Pfändung wirklich vorgenommen worden, sobald nur das Uebertreten geschehen und gehörig nachgewiesen ist.

5. Außerdem soll derjenige, welcher sein Vieh vorsätzlich auf fremde Grundstücke treibt, nach Verhältniß der Anzahl des Viehes und des gestifteten Schadens, mit Gefängniß- oder Zuchthausstrafe von vier Wochen bis zu drei Monaten belegt, auch diese Strafe im Wiederholungsfalle, durch Verlängerung der Dauer ebenfalls bis zu einem Jahre, oder körperliche Züchtigung verschärft werden.

6. Das Pfandgeld muß von dem Eigenthümer des übergetretenen Viehes, dem Besitzer des beschädigten Grundstücks entrichtet werden. Wenn aber Stadt- oder Dorfheerden ohne Hirten geweidet werden, und durch dieselben auf fremden Grundstücken Schaden verursacht wird; so sind in den Städten zuvörderst nur diejenigen Mitglieder des Magistrats und der Stadtverordneten oder Güldevorsteher, denen die Aufsicht über die Feldpolizei ausdrücklich übertragen ist, so wie in den Dörfern die Schulzen und Gerichtsmänner, und im Fall das Vieh der Gutsherrschaft mit dem der Dorfseinwohner zusammen geweidet wird, zugleich die Gutsherrschaft selbst, oder deren Stellvertreter, einer für alle und alle für einen, zu Entrichtung des Pfandgeldes verpflichtet. Nächst diesen haften in gleicher Art sämmtliche Mitglieder der Stadt- und Dorfsgemeine, oder sonstige Einwohner, welche Vieh in der Gemeine-Heerde halten; auch ist der Beschädigte berechtigt, die gepfändeten Stücke so lange zurückzubehalten, bis er vollständig befriedigt, oder doch dafür hinlängliche Sicherheit bestellt worden.

7. In der Regel ist unter dem oben festgesetzten Pfandgelde der Ersatz für den durch das übergetretene Vieh verursachten Schaden mit begriffen.

Will aber der Beschädigte sich damit nicht begnügen, so steht ihm zwar frei, besonderen Schadenersatz, nach der Abschätzung vereideter Sachverständiger zu fordern; er kann alsdann aber außerdem nicht das oben bestimmte hohe Pfandgeld, sondern nur das niedrigere und zwar auch nur für die wirklich gepfändeten Stücke Vieh verlangen.

8. Zu Hirten und Aufsehern über das Vieh sollen nicht unerwachsene Kinder, sondern überall nur solche Personen genommen werden, welche im Stande sind, dasselbe von Beschädigungen abzuhalten, und muß dieser das Vieh, wenn es zur Weide gehen soll, von dem Eigenthümer bei Vermeidung der vorhin bestimmten Strafen, gehörig vorgetrieben werden.

Wie viel Hirten an jedem Orte zu halten, und ob jede Viehart abgesondert, oder mehrere gemeinschaftlich zu weiden, bleibt dem Gutfinden des Eigenthümers, oder der Bestimmung der Polizey-Obrigkeit, nach der Lokalität und der bisherigen Observanz überlassen.

9. Pferde und anderes Zugvieh, welches bei Nacht geweidet wird, müssen in gehörig eingehegte sichere Nachtkoppeln

oder Roßgarten, aus welchen sie nicht übertreten können, eingetrieben, und wo sie nicht vorhanden sind, müssen dergleichen angelegt werden, da aus der Erfahrung bekannt ist, daß das auf nicht eingehegten Nachtkoppeln zur Nachtzeit weidende Vieh auch ohne Verschulden des zur Aufsicht bestellten Hirten von Beschädigung der benachbarten Felder nicht abgehalten werden kann.

10. Wenn den vorstehenden Vorschriften gemäß, bei dem Vieh tüchtige Hirten gehalten werden, diese aber die Aufsicht über dasselbe vernachlässigen, und solches auf fremden Grundstücken Schaden anrichtet, so sollen dieselben außer dem Ersatze des verursachten Schadens, nach dem Grade der bewiesenen Fahrlässigkeit, mit körperlicher Züchtigung, oder, wo diese nicht Anwendung findet, mit Gefängniß von 24 Stunden bis zu 4 Wochen, abwechselnd bey Wasser und Brod bestraft werden. Haben sie aber das Vieh vorsätzlich auf fremde Grundstücke gehen lassen, so finden die §. 5. bestimmten Strafen Anwendung; auch ist in beiden Fällen der Eigenthümer des Viehes berechtigt, und auf Verlangen des Beschädigten schuldig, den Hirten sofort zu entlassen, und einen andern an dessen Stelle anzunehmen.

11. Wird in diesem Falle das unter Aufsicht eines Hirten geweidete Vieh, weil es fremde Grundstücke beschädigt hat, gepfändet; so kann der Beschädigte nicht das vorhin bestimmte hohe Pfandgeld, sondern nur für ein Pferd, ein Stück Rindvieh oder Schwein 2 Groschen, und für ein Schaf 6 Pfennige für jedes wirklich gepfändete Stück Vieh fordern, und nur für dieses Pfandgeld ist der Eigenthümer des Viehes verhaftet, wogegen sich der Beschädigte, wegen des ihm außerdem noch gebührenden Schadenersatzes in der Regel nur an den Hirten zu halten hat. Wenn übrigens das Vieh in ungeschlossenen Feldern unter Aufsicht des Hirten bloß übertritt, ohne Schaden zu verursachen, sollen unter Nachbarn keine Pfändungen Statt finden.

12. In Ansehung des unerlaubten Hütens in den Forsten und Schonungen und der hierbei eintretenden Strafen, hat es überall bey den bestehenden hinlänglich bekannt gemachten besondern Vorschriften sein Bewenden.

Se. Königl. Majest. befehlen daher Dero Landes-Collegiis, ingleichen sämmtlichen Magisträten, Gutsherrschaften, Gerichtsobrigkeiten, Stadt- und Dorfgemeinen in den Provinzen Kurmark und Neumark und Pommern, so wie überhaupt jedermann, den es angeht, sich nach diesen Vorschriften gebührend zu achten, und soll gegenwärtige Verordnung durch die Magisträte und Dorf-Obrigkeiten überall bekannt gemacht, auch zu jedermanns Nachricht in den Städten und Dörfern, an der Gerichtsstelle, in den Krügen, und wo es sonst gewöhnlich ist, angeschlagen werden.

Berlin, den 8. April 1806.

Friedrich Wilhelm.

236. Deklaration der Holz-, Mast- und Jagdordnung für die Kur- und Neumark, vom 20. Mai 1720, das Raff- und Leseholz betreffend, vom 18. August 1806.

Wir Friedrich Wilhelm, von Gottes Gnaden König von Preußen rc. rc. Thun kund und fügen hiermit zu wissen:

Die Anordnungen der Chur- und Neumärkschen Holz-, Mast- und Jagdordnung vom 20sten May 1720. Tit. IV. §. 3. 4., nach welchen nicht bloß Unsern Amts-, sondern auch andern Unterthanen, und selbst Bürgern in den Städten gestattet worden ist, sich zum Raff- und Leseholz-Holen aus Unsern Forsten einzumiethen, sind bisher verschiedentlich dahin ausgelegt worden, als ob gedachte Anordnungen, gleich einem Vertrage, Unsere Forst-Behörden verpflichteten, alle und jede Unterthanen zu dieser Einmiethung in Unsern Forsten zuzulassen, oder als ob Letztere, wenn sie seit geraumer, in dazu angethanen Fällen, zu einer Verjährung hinreichenden Zeit, alljährlich einigen Bürgern oder Unterthanen, oder einer oder der andern Gemeine zugestanden worden, ein unwiderrufliches Recht für dieselben begründete, auch ferner den Genuß des Raff- und Leseholzes aus Unsern Forsten, gegen Bezahlung des Einmiethe-Geldes, zu fordern.

Da dies aber nach dem deutlichen Inhalte der gedachten Holz-, Mast- und Jagd-Ordnung gar nicht die Absicht derselben ist, indem diese Tit. IV. zwischen einem wirklichen Rechte, das auf Privilegien, Lehnbriefen, rc rc. beruhet, und zwischen einer bloßen Vergünstigung, gegen jährliche Miethe, die ihrer Natur nach von der Willkühr beider Theile abhängt, und zu allen Zeiten widerruflich ist, in dem letzten Absatze des §. 5. und resp. in den vorherigen Paragraphen genau unterscheidet, und Wir Uns überdies im Tit. XLIII. der Holzordnung vorbehalten haben, solche bei vorkommenden Umständen nach Gelegenheit, Unserm Willen und Gefallen gemäß, abzuändern; so setzen Wir hiermit Folgendes fest:

§. 1. Diejenigen, welche das Raff-, Lager- und Leseholz in Unsern Forsten gegen Dienste, oder gegen Abgaben an Geld oder in Körnern, oder unentgeltlich, durch Lehnbriefe, Privilegien, rechtliche Erkenntnisse oder Verträge, oder sonst auf eine rechtliche Weise erlangt haben, sollen ferner dabey geschützt werden.

§. 2. In der Verjährung allein kann sich der nicht gründen, welcher bisher auch durch die längste Zeit gleichförmig keine andere, als die in der Forst-Ordnung vom 20sten May 1720 vorgeschriebene Heidemiethe entrichtet hat.

§. 3. Diejenigen Unserer Amts-Unterthanen, welche nicht durch ihre Hofbriefe, oder sonst ein besonderes Recht erlangt haben, sollen zwar ferner, wenn sie sich zur Heidemiethe gehörig melden, nicht anders als im Fall des Holzmangels zurückgewiesen werden, aber verbunden seyn, die Heidemiethe, so wie

Wir solche nach Zeit und Umständen jedesmal zu bestimmen, zu erhöhen oder zu mindern, gut finden werden, mit zu erlegen.

§. 4. Diejenigen, welche keine Amts-Unterthanen sind, können nach dem Gutachten der Forst-Aemter mit der Heidemiethe abgewiesen werden, wofern sie nicht nach Anleitung des §. 1. und 2. ein besonderes Recht zum Raff- und Leseholz erworben haben.

Wir befehlen allen und jeden, insonderheit Unserm General- ꝛc. Directorium und Justitz-Ministerium, Unsern Krieges- und Domainen-Cammern in der Chur- und Neumark, und Unsern Landes-Justitz-Collegien, so wie auch allen Unter-Behörden dieser Provinzen, sich nach diesen Unsern Vorschriften auf das genaueste zu achten.

Urkundlich haben Wir diese Deklaration Höchsteigenhändig unterschrieben und mit Unserm Königlichen Insiegel bedrucken lassen.

So geschehen und gegeben Charlottenburg, den 18ten August 1806.

237. Verordnung wegen Zusammenziehung bäuerlicher Grundstücke oder Verwandlung derselben in Vorwerksland, für die Provinzen Kur- und Neumark und Pommern, vom 9. Januar 1810.

Seine Königliche Majestät von Preussen ꝛc. ꝛc. bestimmen wegen Zusammenziehung bäuerlicher Grundstücke oder Verwandelung derselben in Vorwerksland mit Bezug auf die §§. 6 und 7. des Edikts vom 9. October 1807. den erleichterten Besitz und freien Gebrauch des Grundeigenthums betreffend, zur allgemeinen Achtung und zur Instruction für die Regierungen in der Kur- und Neumark und Pommern folgendes:

1. Ohne Erlaubniß der Regierung darf keine Veränderung in Absicht der Zusammenziehung bäuerlicher Ländereien oder deren Benutzung als Vorwerksland bei Funfzig bis Einhundert Thaler Strafe vorgenommen werden. Die Landräthe sind besonders deshalb verantwortlich.

2. Will ein Gutsbesitzer bäuerliche Grundstücke zusammenziehen, oder deren Ländereien in Vorwerksland verwandeln; so ist zu Begründung seines Konsens-Gesuches, in sofern es vor Martini 1810 angebracht wird, wesentlich erforderlich, die Beibringung,

a. entweder eines Zeugnisses des Gerichtsamts: daß auf dem Gute, wozu die Ländereien, mit welchen eine Veränderung vorgenommen werden soll, gehören, keine Erbunterthänigkeit Statt finde;

b. oder, wenn noch Erbunterthanen da sind, eines Reverses, in welchem der Gutsbesitzer mit Erlangung des Consenses alle noch vorhandene Erbunterthanen ohne alles Loskaufsgeld für freie Leute erklärt.

Consensgesuche, welche nicht in dieser Art begründet sind, sollen von der Regierung sogleich zurückgewiesen werden.

3. Wird das eine oder das andere bei dem Gesuche eingereicht, oder wird das Gesuch erst nach Martini 1810 angebracht; so ist die Regierung verpflichtet, durch den Landrath des Kreises mit Zuziehung des Gerichtsamts, durch Untersuchung der Patrimonial-Gerichts-Verhandlungen, der Hypotheken-Bücher, der Besitz- oder Annehmungs-Briefe und Urbarien, auch durch Vernehmung der bisherigen Besitzer solcher Bauerländereien untersuchen zu lassen:

a. ob an dem Lande, womit die Veränderung vorgenommen werden soll, dem bisherigen Besitzer oder dessen Erben, oder sonst Jemanden ein Erbrecht, Erbpachts- oder Erbzinsrecht zustehet oder nicht?

b. ob das erwähnte Land am 15. Februar 1763 von bäuerlichen Besitzern als Bauerland benutzt wurde.

4. Wird durch diese Untersuchung erwiesen:

a. daß auf das Land, womit die Veränderung vorgenommen werden soll, weder dem Besitzer, noch einem Dritten, ein Erbrecht, Erbpachts- oder Erbzinsrecht zustehet,

b. und daß solches am 15. Februar 1763 nicht von bäuerlichen Besitzern als Bauerland besessen wurde,

so hat die Regierung unter dem Vorbehalt, daß das etwa Statt findende zeitliche Besitzrecht des bisherigen Besitzers auch beendigt sey, den Consens zur Zusammenziehung solcher Ländereien zu andern Besitzungen oder zu einem Vorwerke zu ertheilen.

5. Mittelt sich aber bei dieser Untersuchung aus, daß auf das erwähnte Land, welches am 15. Februar 1763 nicht von bäuerlichen Besitzern als Bauerland besessen wurde, irgend Jemanden ein Erbrecht, Erbpacht- oder Erbzinsrecht zustehet; so ist der Gutsherr in Gemäßheit des §. 7. des Edikts vom 9. October 1807 verbunden, bevor ihm der Konsens zu der Veränderung, die er zu machen wünscht, ertheilt werden kann, nachzuweisen, daß diejenigen, welchen nach der gehaltenen Untersuchung Ansprüche auf den erblichen Besitz solcher Ländereien zustehen, auf diese gerichtlich Verzicht geleistet haben.

Nur erst alsdann, wenn diese Verzichtleistung beigebracht ist, darf in diesem Falle der Consens, unter dem §. 4. bemerkten Vorbehalte, wegen der Zeitbesitzer, ertheilt werden.

6. Ergiebt sich bei der Untersuchung (§. 3.), daß auf das erwähnte Bauerland Niemanden ein Erbrecht, Erbpacht- oder Erbzinsrecht zustehet, oder ist die gerichtliche Verzichtleistung auf solche Rechte nachgewiesen und ist dieses Land am 15ten Februar 1763 als Bauerland in dem Besitz bäuerlicher Personen gewesen; so ist die Regierung gehalten, unter dem Vorbehalte der Gerechtsame derer, die etwa auf den Zeitbesitz dieses Landes Ansprüche haben,

a. die Zusammenziehung mehrerer Bauerhöfe in dem Falle zu gestatten, wenn von den dadurch entstehenden Etablissements keines mehr als sechs bis zwölf Hufen Magdeburgisch, nach der größern oder geringern Güte des Bodens und dem Ermessen der Regierung enthält.

b. Falls aus dem Bauerlande Vorwerksland werden soll, so kann die Regierung den Consens dazu nur ertheilen, wenn von dem Bauerlande, welches eingezogen werden soll, wenigstens die Hälfte Erbzins- oder Erbpachtsweise, oder auch als eigenthümliche Besitzung, frei von Dienst-, Mühlen- und Getränkezwang, von Schaftrift und andern Hütungs-Servituten, in sofern diese Gerechtigkeiten dem Gutsherrn und nicht etwa einem Dritten zustehen, in Etablissements, wovon der Flächeninhalt eines jeden nach Verschiedenheit des Bodens höchstens sechs bis zwölf Hufen Magdeburgisch beträgt, ausgethan wird und Annehmer dazu nachgewiesen werden.

7. Es kann dem Gutsbesitzer, wenn er es zuträglich findet, zwar nachgelassen werden von dem in einem einzelnen Bauerdorfe einzuziehenden Lande mehr als die Hälfte und selbst das Ganze zu Vorwerksland zu verwenden; er muß aber alsdann auf einem andern ihm zugehörigen Gute oder Vorwerke ein, dem Flächeninhalt, um welches er in jenem Dorfe die Hälfte überschritten hat, an Größe und Güte möglichst gleiches Grundstück zu den nach §. 6. b. auszuthuenden, oder zu veräußernden Etablissements hergeben, so daß im Allgemeinen die Regel beobachtet wird, daß von den am 15ten Februar 1763 besetzt gewesenen Bauerländereien nur die Hälfte in Vorwerksland verwandelt werden kann.

8. Doch kann in den Fällen §. 6. b. und 7. der Mangel an gleicher Güte des Bodens durch Zusatz an dem Flächeninhalte und umgekehrt, nach dem Ermessen der Regierung ausgeglichen werden, indem es bei der Vertheilung des einzuziehenden Landes nur darauf ankommt, daß der zu Etablissements zu verwendende Theil dem zu Vorwerken zu legenden Theil an Ertragsfähigkeit wenigstens gleich komme. Sollte die Gutsherrschaft nur einzelne bäuerliche Grundstücke, die nicht über eine Hufe Magdeburgisch enthalten, einziehen wollen; so kann die Regierung, wenn sie sich überzeugt, daß solches nicht etwa zur Umgehung der obigen Vorschriften geschehe, es gestatten, daß die Einziehung geschehe, ohne daß dann etwas zu anderweiten Etablissements verwendet werde.

9. In jedem Falle, wo die Regierungen den Consens ertheilen, und ein Revers wegen Aufhebung der Erbunterthänigkeit deshalb eingereicht ist, hat die Regierung die Pflicht, die Aufhebung der Erbunterthänigkeit, bei Ertheilung des Consenses allen Gutseinsassen bekannt zu machen.

10. Die Regierungen sind verpflichtet, wenn ein Gutsbesitzer die Erfüllung der §. 6. b. vorgeschriebenen Bedingung nicht binnen sechs Monaten durch Beibringung der gerichtlichen Con-

Contracte nachgewiesen hat, nach Ablauf dieser Zeit die Eintheilung der Etablissements aus den für sie bestimmten Ländereien vorzunehmen und die einzelnen Etablissements, frei von Dienst-, Trift- und Hütungs-Servituten, desgleichen vom Getränke- und Mühlenzwange, insofern diese Gerechtigkeiten der Herrschaft zustehen, öffentlich im Wege der Subhastation an den Meistbietenden eigenthümlich verkaufen zu lassen. Der Gutsbesitzer muß sich nicht allein die Eintheilung der Regierung gefallen lassen, sondern auch mit dem Meistgebote zufrieden seyn.

11. Die Zusammenziehung städtischer Ländereyen wird ohne alle Einschränkung gestattet. Auf die schon bestehenden städtischen Cämmerei- oder Bauer-Dörfer, finden aber obige Vorschriften wegen Zusammenziehung einzelner Bauerhöfe Anwendung.

12. Die Regierungen sorgen dafür, daß durch die vorgenommenen Veränderungen keine Vermischung oder Verdunkelung in Rücksicht der öffentlichen Gefälle, Prästationen und Societäts-Lasten, so wie in Rücksicht der Qualität der Grundstücke entstehe.

13. Alle Verfügungen der Regierungen und Unterbehörden, in den hier bestimmten Fällen sind, mit Ausnahme der Diäten der Commissarien bey Lokaluntersuchungen, kostenfrei zu erlassen.

Hiernach haben sich die Kur- und Neumärkschen und Pommerschen Landes-Collegia zu achten.

Gegeben Berlin, den 9. Januar 1810.

238. Kabinetsordre vom 1. August 1810, die Führung der ritterschaftlichen Hypothekenbücher betreffend.

Meine lieben Staatsminister Graf zu Dohna und von Kircheisen; Aus Euren an Mich erstatteten Berichten habe Ich Mich von den Mängeln der bisherigen Hypothekenbücher und von der Nothwendigkeit überzeugt, hierunter in der Churmark, mit Inbegriff der Priegnitz und Uckermark, so wie in der Neumark, eine solche bleibende Veränderung und Einrichtung zu treffen, welche dem Zeitalter angemessen ist, und dem Gouvernement die Ueberzeugung gewähret, daß diese Angelegenheit, auf welcher der Credit der Nation, die Sicherheit des Eigenthums der Unterthanen beruhet, mit derjenigen Rechtskenntniß, Zuverlässigkeit und Ordnung besorgt werde, welche die außerordentliche Wichtigkeit des Gegenstandes erfordert. Im Anfange des vorigen Jahrhunderts konnte der Landesherr Gründe haben, die Führung des Familien-Successionsbuches, verbunden mit dem Hypothekenbuche, der Ritterschaft zu überlassen; die Erfahrung hat die Erwartung aber nicht belegt, und dies Geschäft ist jetzt viel zu complicirt geworden, um es dabei zu belassen, und Meine Unterthanen bei den Mängeln, die sich hervorgethan, einer Gefahr aussetzen, die nur zu vermeiden ist, wenn diese Bücher nach dem Beispiele aller andern, selbst der älteren Provinzen, als eine unstreitige Beilage der dinglichen Gerichtsbarkeit, von den Ober-Landesgerichten der Provinz geführt werden, die mit den Veränderungen in der Gesetzgebung fortschreiten, das Vermögen der Pflegebefohlnen verwalten, und hiernach so vielfach diejenigen Fähigkeiten und Verpflichtungen haben, welche dieser Theil der Rechtspflege erfordert. Hiernach will ich, daß die Hypothekenbücher in allen Marken von dem Cammergerichte und von dem Neumärkischen Ober-Landesgerichte in dem ihnen beigelegten Gerichtsbezirke geführt werden sollen. Ich genehmige es, daß die Mittelmärkischen Bücher sogleich dem Cammergerichte übergeben sind, überlasse alles Detail dieser veränderten Einrichtung Eurer zweckmäßigen Veranstaltung, und habt Ihr hiernach die Beschwerde führende Ritterschaft, so wie besonders des Ruppinschen Kreises, zu bescheiden. Ich verbleibe Euer wohlaffectionirter König. Berlin, den 1. August 1810.

Friedrich Wilhelm.

239. Publikandum des Kammergerichts vom 21. Juli 1817, die Aufnahme unbedingter Erbeserklärungen betreffend.

Das Kammergericht hat verschiedentlich zu bemerken Gelegenheit gehabt, daß mehrere Untergerichte:

1) bei der Aufnahme unbedingter Erbeserklärungen die Vorschriften des §. 414. Tit. 9. Th. 1. des allgemeinen Landrechts unbeachtet lassen, wonach die Erklärung, eine Erbschaft ohne Vorbehalt annehmen zu wollen, eine deutliche Entsagung der Rechtswohlthat des Inventarii enthalten muß. Jede Entsagung, Erlaß oder Verzichtleistung, fordert allemal eine ausdrückliche Willenserklärung, und setzt, zumal bei Frauenspersonen, oder andern der Rechte unkundigen, und in den Geschäften des bürgerlichen Lebens unerfahrnen Personen, eine Belehrung über den Umfang der Rechte voraus, denen entsagt werden soll. Die unterbliebene Befolgung dieser Vorschriften erzeugt Ungewißheiten, welchen bei einiger Aufmerksamkeit vorgebeugt werden kann. Es ist die Pflicht jedes Richters, bei seinen Amtshandlungen mit Vorsicht und pünktlicher Beachtung der gesetzlichen Vorschriften zu verfahren, und dadurch die Partheien vor Schaden zu hüten.

2) Bei der Aufnahme von Specialvollmachten zur Einziehung ausstehender Forderungen wird selten darauf Rücksicht genommen, daß der Bevollmächtigte sehr häufig nicht von dem Schuldner, sondern von einem Dritten Zahlung erhält. Insofern mit der Forderung Hypotheken-, Pfand-, oder Rechte aus Bürgschaften verbunden sind, kann die Uebertragung derselben auf den Dritten nur durch eine Cession erfolgen.

(§. 47. und folgende, Tit. 16. Th. 1. des allgemeinen Landrechts.)

Es ist in diesem Falle erforderlich, daß der Bevollmächtigte ausdrücklich authorisirt seyn muß, Rechte cediren zu dürfen, weil hierzu nach den Gesetzen eine Specialvollmacht nothwendig ist.

(§. 103. Tit. 13. Th. 1. des allgem. Landrechts. Rescript vom 19. Octbr. 1809.)

Wenn von einer Hypothekenforderung die Rede ist, kann aus der Authorisation des Bevollmächtigten zur Cession für den Machtgeber kein Nachtheil entstehen, weil in diesem Falle die Evictionsverbindlichkeit des Cedenten nur auf die Verität der Forderung beschränkt wird, die Bonität derselben aber nicht vertreten zu werden braucht. Bei andern nichthypothekarischen Forderungen kann dagegen aus der Cession ein Nachtheil für den Machtgeber erwachsen, wenn sie nicht ausdrücklich ohne Eviction geleistet wird.

Die Untergerichte haben bey der Aufnahme von Special-Vollmachten zur Einziehung ausstehender Forderungen den Fall der Cessionsleistung zu berücksichtigen, unter Vorhaltung der rechtlichen Folgen den Machtgeber jederzeit zu befragen, ob der Bevollmächtigte auch hierzu beauftragt seyn soll, und die Erklärung darüber im Instrumente auszudrücken, damit es hiernächst beim Hypothekenverkehr keiner weitern Rückfrage bedarf, der Umfang der Rechte eines Bevollmächtigten vielmehr klar und bestimmt aus seiner Vollmacht hervorgeht.

Berlin, am 21. Juli 1817.

II. Provinzial=Gesetze für einzelne Landestheile der Mark Brandenburg.

A. Das Weichbild Kottbus.

240. Hans Herrn von Kottbus, Kottbusser Willkühr vom Tage Fabian Sebastian 1409.

Wir Hanß Herr zu Cottbus bekennen öffentlich und thun kund allen denen, die diesen Brief sehen oder hören, lesen, daß wir durch Nutz und Frommen unserer Herrschaft des Landes und der Stadt Cottbus mit unsern lieben Getrewen beyde Mannen und des Landes gemeiniglich und Bürgern, Rathmannen und der ganzen Gemeinen zu Cottbus einträchtiglich zu Rathe worden seyn, und haben die Willkür des Rechten der sich unsere Eltern und Wir darnach mit den unsern bis an diese Zeit gebraucht haben und gehalten, lassen abgehen. Und haben mit wohlbedachten Muthe, zeitlichen Rathe und mit guten Willen den genannten unsern lieben Getrewen Mannen, Rathmannen und der ganzen Gemeine des Landes gekohren, und uns einträchtiglich gegeben zu Sachsen Recht, nemlich kiesen wir und geben uns zu Magdeburgischem Rechte mit allen Unsern, dasselbe Magdeburgische Recht fürbas mehr zu halten und zu gebrauchen Jedermann zu seinem Rechte, sonderlich diese nachgeschriebene Artikell und Stück allein ausgenommen, „Stirbet einem Manne sein Waib so nimmt der Mann Zwey Theil des Gutes, stirbet aber ein Mann so nimmt die Hauß-Fraw den dritten Theil, Stirbet ein Mann, und läßt einen Sohn, der Sohn nimbt des Vatern Kleyder, läßt er aber nicht einen Sohn, so soll man die Kleider theilen gleich andern Gutte, Stirbt aber eine Fraw und läßet eine Tochter, die Tochter nimbt der Mutter Kleyder, läßt sie aber nicht eine Tochter, so fallen die Kleyder an die nächsten gleich andern Gutte, und wann man dem Manne oder der Frawen ihr Bettgerethe abgereicht, so soll das übrige alles, waß das ist, in die Theilung kommen gleich andern Guthe.“

Wäre es auch Sache, daß was da ist, unter zehen Schokken, kann er gehaben zwene unversprochene Menner, mit denen Er verfahre.

Daß wir das obgeschriebene Recht ganz unverbrüchlich, mit allen den Unsern für baß mehr halten und so bestättigen Wir daß mit Kraft und Macht dieses Brieffes.

Zu Uhrkund und wahrer Bestätigung haben Wir genandte Hanß Herr zu Cottbuß unser Insiegel mit gutem Wissen an diesem offenen Brief hangen lassen.

Geben zu Cottbuß nach Christi Geburth Tausend Vierhundert, darnach in dem Neundten Jahre am Tage Fabiani und Sebastiani.

241. Kurfürst Joachims Bestätigung der Kottbusser Willkühr, vom Jahre 1501.

Von Gottes Gnaden Wir Joachim ꝛc. Bekennen öffentlich mit diesem Brieffe vor aller Männiglich die ihn sehen, hören oder lesen, Alß zwischen unsern lieben getreuen der Erbaren Mannschaft, Burgemeisterer und Rathmanne unserer Herrschaft Cottbuß gebrechen und Irrunge gewachsen, deßhalben sie vor Unß zur Hörunge kommen seyn, daß Wir sie mit Ihren guten Willen, Wissen, und Vollwort folgender Meinunge gütlich entrichtet und entschieden haben, Also nach besage etwa des Edlen Hansen Herrn zu Cottbuß Brieffe über die Willkür mit allen andern Artikelln in demselben Briefe ausgedruckt, wollen Wir, daß solche Willkühr von den Unsern auff dem Lande der Herrschaft Cottbuß und allen Einwohnern der Stadt daselbst hinfuhro also unverbrüchlich soll gehalten werden, und so waß anders zu vergangenen Jahren biß auf diese Zeit bestehet soll bleiben von Jedermänniglich unangefochten und Niemand soll den andern weiter belangen, auf eigene Bewilligung Unserer Erbaren Mannschafft von Wegen der auf dem Lande unser Herrschaft Cottbuß und dann aus dem Rathe daselbst von gemeiner Stadt Cottbuß wegen, wollen Wir daß Niemands und sonderlich kein Krüger unter einer Meilen kein Cottbus Bier schenken, Es hätte denn Jemands von der Herrschaft sonderlich Beweiß und verschriebene Begnadung, auch soll nach ihrer eigenen Bewilligung kein Schuster, kein Schneider auch kein Kürschner oder sonsten keinerley Handwerksmann unter einer Meylen Weges um Cottbuß keinerley Handtthierung oder Handwerk treiben. „Eß soll auch kein Pauer in Unserer Herrschaft Cottbuß wohnende seine Wolle in seiner Behausung verkauffen, sondern die in die Stadt Cottbuß auf einen freyen Wollen-Markte bringen."

„Der erste Wollen-Markt soll seyn am Abendt Unsers Herrn Himmelfahrt und den Tag darnach."

„Den andern den Donnerstag, Freitag und Sonnabend vor den Cottbusischen Jahrmarkt im Herbst aus derselben beyden freyen Wollen-Märkten soll ein jedermann, Er sey Frembde oder Einheimisch Wolle zu kaufen und zu verkaufen Macht haben unverhindert, doch daß die nach der Wage des Gewichts zu Cottbuß gewogen werde."

Wo aber Jemands seine Wolle nicht verkauffen würde, mag Er die wieder hinweg führen, doch in seine Behausung wie vorstehet nicht verkaufen, Er mag aber die auf andere

Märkte, wo Ihm das eben führen, doch das Stücke soll der Adel mit Ihrer eigenen Wollen unverbunden und unbedrenget bleiben.

Eß soll auch kein Pauer in der Herrschaft Cottbus noch kein Frembder auf dem Lande kein Gewandt nach der Ele schneiden, sondern alleine die beide freye Jahrmärkte sollen sie sich des Gewandtschneidens vertragen, wo aber nicht, wollen Wir daß zu erkennen haben, und so Jemands er sey ein Einwohner des Landes oder fremde einigerley Stücke, wie oben berühret, nicht hielte, und den Stücken zu nahe ginge, der soll von Unß und Unserer Statt Cottbuß darüber gestraft werden ohne Gefehrde.

Dies alles und Jegliches haben die geschickten von der Mannschafft und Statt Cottbuß Unsern Räthen an Unserer Statt zu halten, gelobet und zugesagt, und damit sollen Sie solcher Ihrer Gebrechen und Irthumb endlich gerichtet und entschieden seyn und bleiben.

Zur Uhrkundt mit Unserm Margraf Joachims Churfürstl. anhangenden Innsiegel versiegelt und Geschehen und gegeben zu Cölln an der Spree am Dienstage Appollonis nach Christi Geburth Funfzehn Hundert und im Ersten Jahre.

242. Spezial=Revers für die Landschaft Kottbus, vom 12. Juni 1611.

Von Gottes Gnaden, Wier Johann Siegißmund, Marggraf zu Brandenburgk, des Heyl. Röm. Reichs Ertz=Cämmerer vndt Churfurst, thun kundt vndt bekennen hiermit, vor vns, vnsere Erben, vndt nachkommende Marggrafen vndt Churfürsten zu Brandenburgk, vnd sonst Menniglichen, Alß wier von zeit vnserer angehenden Churfl. Regierung, mit vnserer getrewen Landtschaft des Cotbusischen Creyses, wegen Erledigung ihrer vbergebenen Gravaminum, auch eines von Vns in vnsern izo obliegenden Hohen Beschwerden, an Sie begehrten Subsidij halben, in tractaten gestanden, Daruber vnterschiedene Tagefahrten vndt Handtlungen gepflogen worden, biß wir endlich einen Außschoß vnserer sämbtlichen getrewen Landtschaft der Newmarck vndt incorporirten Weichbilden, auf den 3ten Junij Jungst verschienen, anhero in vnsere Vestung Cüstrin erfordern vndt mit ihnen sambt und sonders deßwegen ferner tractiren lassen, Daß wier vns endlich mit Ihnen aller vbergebenen Punckten halber, folgender gestalt gnedist vereiniget vndt verglichen, Daruber auch stets, fest vndt vnuerbrüchlich gehalten werden soll.

Zuforderst wollen wier ermeldte vnsere getrewe Landtschaft des Cotbusischen Creyses, gleich andern vnsern Fürstenthumen vndt Landen bey der reinen Lehr des allein seligmachenden wort Gottes, auch ihren alten privilegien constitutionen, wohlhergebrachten gebreuchen, vndt verfassungen, gnedigst schützen vndt darbey geruhiglichen bleiben lassen, Immassen wir ihnen alle privilegia vndt freyheiten, die sie von vnsern in Gott ruhenden

Vorfahren erlanget vndt herbracht, hiermit vndt Kraft dieses bestetigen bekreftigen vndt confirmiren, vndt wollen daß Sie dabey jederzeit und vnuerruckt sollen gelassen werden.

Vndt weil wier vnserer getrewen Landschafft der Newmarck einen außführlichen Recefs vieler vnterschiedener Punckte halber, so wohl daß Geistliche alß Politische Regiment betreffende außfertigen vndt zustellen lassen, So wollen wier das alles, was in solchen Recefs befindlich vndt hierinnen sonderlich nicht geendert, auch auf Sie in Cotbusischen Weichbildern nach gelegenheit eines jeden ortes gemeinet vndt verstanden werden, vnd Sie sich dessen gleich andern vnsern getrewen Vnterthanen, der Newmarck zu erfrewen haben sollen, Immassen Jhnen solches Reverses vidimirte Copia auß vnser Canzley ertheilet werden soll.

Alß auch im Cotbusischen Weichbilde vor Alters ein Hof-Richter auf der Herrschaft vncosten gehalten worden, seindt wier denselben, wo es nöthig erachtet wirdt, zubestellen nicht weniger erbotigk.

Weil aber vnser itziger Haubtman daselbst mehrer theils im Ambte anwesent ist, Vndt durch denselben die Justitia nicht weniger befordert werden kan, hat es vnsere getrewe Ritterschaft des Orts auf dißmal dabey bleiben vndt bewenden lassen.

Solte aber kunftig ein Haubtman der Orten bestellet werden so mit andern vnsern gescheften vndt vorfallenden reisen beladen, wollen wier vf weiter ansuchen, mit bestellung eines Hof-Richters dem Herkommen gemees vns zu erzeigen wissen.

Ferner wollen wier geschehen lassen, daß die Jenigen, so von Altershero der Freyheit in Borckavischen vndt Jenßwaldischen Spreewalde zuholtzen vndt Zaunreissen, Geschirholtz, Reifstecken, vndt andere nothdurft zu holen berechtiget, darbey geruhiglich gelassen, vndt sich deren, nach inhalt der Anno 59 deswegen aufgerichteten ordnung, dergestalt gebrauchen sollen, daß Jhnen Jährlich im Winter ein gewisser tagk angemeldet werden soll, von welchen an zu rechnen, Sie 14 tage an einander zu holtzen befugt, nach außgang aber derselben sich dessen enthalten sollen, Immassen wier vnsern Ambts dienern deßwegen sonderbahren befehl geben wollen.

So sollen auch die Holtzmärkte alle 14 tage oder Vier Wochen, nach gelegenheit eines jeden orts gehalten, auch der Kauf nicht zu sehr gesteigert werden.

Welche auch von Alters herbracht, daß Sie gegen Entrichtung eines gewissen zinses oder Pachthafers sich der Heiden gebrauchen mögen, die wollen wier nach billigen dingen, bey solchen verbleiben lassen, oder do vns dasselbe nicht gelegen, Sie dagegen des Pachtes, den Sie deßwegen geben müssen erlassen, Immassen hieruon im Ambtbuche daselbst weitere nachrichtung vorhanden, vndt nach außweisung desselben, nach eingenommener gnugsammer erkundigung, wie es dießfals von Alters herbracht, auch nach außweisung Churfurst Johann Georgens ꝛc. Holtzordnung, hinfort darmit verfahren werden soll.

Den Muhlenzwang belangende, Wollen wier, daß die Dörfer, so von Alters zu einer Jeden Mühle gewiedmet, dabey gelassen vndt an andere örter nicht genötiget werden sollen, Wo aber deßwegen keine gewißheit verhanden, bleibet einem Jeden die freyheit, seiner gelegenheit nach an einem orth zu mahlen, beuor.

Da aber die Herrschafft bey ihren Vnterthanen mit auten willen es dahin bringen könte, daß sie allein in derselben Mühlen mahlen liessen, hat es dabey auch sein bleiben.

Wegen dessen aber so Hansen von Strens halben geklaget worden, soll dem Hauptman daselbst befohlen werden, erkundigung anzustellen vndt die gebühr zu uerordnen.

Wegen der folge in Jagten, haben wier Vns in obberührter der Newmärckischen Ritterschafft gegebenen Recess genugsamb erkleret, dessen sich auch vnsere Mannschaft in Cotbusischen Weichbilde zu uerhalten.

Die außkaufung der Pawren, können wier ohne vnterschied nicht verstatten, Sondern wollen, daß hierinnen vnsers in Gott ruhenden Großvaters Hl. Marggraf Johansen Verordnung nachgegangen werde.

Vide Raht vndt Cantzleyordnung §. So ofte sich auch etc.

Wann wier vnsere Mannschafft des Cotbusischen Creyses zu aufwartung vndt Landttagen beschieden, soll Jhnen gleich anderer vnserer Ritterschafft Futter vndt Mahl vor sich, Jhr gesinde vnd Pferde geliefert werden, Deßwegen wir vns auch in obgedachten Newmärckischen Recess ercleret.

Wann sie aber zu empfahung ihrer Lehn vndt leistung der huldigung ins Ambt Cotbuß beschrieben werden, Jst ein Jeder dieselbe vf seine vncosten zu suchen vndt zu leisten schuldig, Do aber befunden wurde, daß es vor alters anders gehalten worden, wollen wier es dabey auch bewenden lassen.

Die Müntze belangende, wollen wier geschehen lassen, daß hinfürder in vnsern Ambt Cotbuß die Bömische Münze, als Fünffer vndt Zehener in dem wehrt, wie sie in den benachbarten Landen gangbahr, sollen genommen werden.

Alß auch die von der Ritterschafft sich beschweret, daß die Beambten daselbst, wann arrest vndt Kummer im Ambte gesuchet, oder geldt deponiret wirdt, die Parten mit der taxa zimblichen vbersetzten. So wollen wier, daß hinfüro, wann ein Arrest angelegt, vndt zu dreyen Terminen prosequiret wird, auf eine Jede Clage mehr nicht alß 6 Gr. es sey auch die geclagte Sum so hoch alß sie wolle, vndt dan wegen der deponirten geldter von Jeden 100. auch 6 Gr. sollen genommen werden.

Die Steuren sollen dem herkommen gemees von denen hierzu verordneten Steur-Einnehmern, vndt nicht von dem Castner angenommen vndt an gehörende örter geliefert werden, Außerhalb der Fräulein- vndt Türckensteur, so der Castner des orts, von alters hero einzunehmen gehabt, Derwegen auch an Jhnen sonderbahr befehl ergehen soll.

Der Pristerschaft halben, lassen wier es bey der in den Newmerckischen Recess gemachten verordnung, Vndt weil die Cognition derselben sachen, so viel die personalia betrift, nunmehr vnserer Regierung zu Cüstrin eingeraumbt, hat ein Jeder, der vber seinen Pfarrern etwas zu klagen, sich daselbst schleuniges Rechtens zu erholen, Außgenommen, was Caspar von Löbens Prister betrift, soll es bey vnserer Verordnung verbleiben.

Wier wollen auch vnsern Beambten des orts befehl geben, daß Sie die benachbahrte mit vbermeßiger Pfändung vndt vnbilligen Pfandtgelde verschonen, vndt da ein Vieh vberleust, welches aber keinen schaden gethan, sich mit dem Landtvblichen Pfandtschilling begnügen lassen, Da aber schade geschehen, soll derselbe zuuor taxiret, vndt vber die taxa von den Leuten mehr nicht begehret, noch genommen werden.

Daß die Handtwercker zu Cotbuß mit vftreibung der Störer hinführo mehr Bescheidenheit brauchen, wollen wier bey dem Rath daselbst vndt den Landtreuter gebührende verordnung thun lassen, auch ihrer nothdurft zuuor bey den Gerichts-Junckern suchen, vndt vmb abschaffung des Störers bitten sollen.

Es soll auch den Vnterthanen des orths vngewehrt seyn, Garn, flachs, vndt dergleichen in die benachbahrte Königsche Städte auf feilen Marckt, der Cotbusischen Leinweber vngehindert zu tragen. Wofern nur solches hinwiderumb auß dem Königschen verstattet wirdt, vndt die Leinweber darüber nicht sonderlich von Alters hero privilegiret sein. So wollen wier auch die von Adel, daß Sie alleine die Cotbusischen Meurer zu aufbawung ihrer eignen Heuser brauchen solten, nicht verbinden lassen, Es könten den die Meurer, daß Sie darüber sonderlich privilegiret sindt, vndt es bestendig also herbracht, erweisen vndt darthun, Daß die Muthwillige entlaufene Buben in vnsern Embtern Cotbuß vndt Peitz, wie auch den Stedten nicht aufgenommen, noch geheget, vndt zu solchen Ende keiner allda angenommen werden soll, der nicht von dem orth, von dannen er abgezogen, richtige Kundschafft bringet, Daß auch denen, so Sie zu verfolgen gedencken, von vnsern Beambten, vndt den Gerichten der Städte die Handt geboten werden soll, wollen wier ernste verordnung vndt Befehl ergehen, auch dazu gehörige Mandata publiciren lassen.

Den vnlengst in Ambte Peiz gemachten Graben an der Spree, wie auch die Tämme, so vnsere vntersessene im Ambte daselbst aufgeworfen, belangende, darüber sich die Ritterschaft beschweret, weil derselben besichtigung vndt erkundigung bedarf, wollen wir denen zur visitirung vnserer Ambter albereit verordneten Commissarien befehl geben, daß Sie solchen baw besichtigen, vndt das Jenige darinnen verordnen sollen, das der Landschafft zum besten vnd abwendung des besagten Wasserschadens am dienstlichsten zu sein wird befunden werden.

Wann denn vnsere getrewe Mannschaft des Cotbusischen Weichbildes mit dieser vnserer gnedigsten resolution auf ihre eingebrachte sonderbahre gravamina vnterthenigst content vndt zufrieden seynd, So haben Sie zugesaget vndt versprochen, zu derjenigen Summa, welche vnsere sämbtliche Ritterschaft der Newmarck vndt incorporirten Landen Vns in itzigen Vnsern obliegenden Beschwerden gewilliget, ihre quotam richtig vndt vnweigerlich aufszubringen, und zu erlegen, auf maaß wie im oberürten Newmarckischen Recess deßwegen weiter enthalten.

Zu Vhrkundt haben wier diesen Recess mit vnsern Händen vnterschrieben vndt vnser Churfl. Secret darauf drücken lassen, wie auch neben vns, von wegen der Ritterschaft im Cottbusischen Weichbilde, Caspar von Löben, vndt Wiegandt Haacke; Welches geschehen in vnser Vestung Cüstrin, den 12ten Junij Anno 1611.

243. Bauer-, Gesinde-, Hirten- und Schäferordnung in der Herrschaft und Weichbild Kottbus, vom 30. November 1685.

Von Gottes Gnaden Friderich Wilhelm, Markgraf zu Brandenburg 2c. Fügen hiermit öffentlich zu vernehmen, welchergestalt Uns Unsere Unterthanen von Ritterschaft und Städten in Unserer Herrschaft und Weichbilde Cottbus unterthänigst zu erkennen gegeben, daß diejenige Bauern-, Gesinde-, Hirten- und Schäfer-Odnung, welche Wir in Unsern Landen, der Chur- und Mark Brandenburg, diesseits und jenseits der Elbe in Anno 1645. unterm 1sten September gnädigst publiciren lassen, sowohl auch die Policey- und Landes-Ordnung, so bey denen Sieben Neumärkischen Creisen, und dem Lande Sternberg, absonderlich in Verfassung gebracht, ihres Orts, wegen der von allen Seiten ringsherum liegenden Chur-Sächsischen Landschaften und Städten, insonderheit auch der Landesart und eingeführten Uebung halber, in allen und jeden Punkten und Clausulen, mit Nutzen sich nicht appliciren lassen wollte; dahero sie gleichergestalt, wie deroselben Commembrirte die von der Ritterschaft und Städten des Herzogthums Crossen auch gethan, hin und wieder, was nur practicabel erachtet worden, daraus zu nehmen, und in unterschiedenen Aenderung zu treffen, der Nothdurft befunden. Und nachdem sie folgends sich darüber mit denen Chur- und Sächsischen umliegenden Creisen und Städten, welche sich ebenermaßen diese Ordnung, wegen der erheischenden Angränzung zu halten, und an ihren Orten gebührlich publiciren zu lassen, in Schriften erkläret, vernommen, haben sie Kraft separirten Weichbild-Rechtes, ihrer alten Freyheit sich gebrauchet, und dieses alles, wie hernach gesetzet, zu befinden, absonderlich in Verfassung gebracht, und Uns darauf unterthänigst angelanget, Wir möchten darüber Unsere Chur- und Landes-Fürstliche Confirmation gnädigst ertheilen. Als Wir denn gesehen, daß ihnen dadurch Frommen gestiftet, hingegen Unheil und Schaden abgewendet würde, so haben Wir solches nachfolgendermaßen zu bestätigen gnädigst geruhet. Thun das confirmiren und bestätigen,

Kraft dieses gedachten Unsern getreuen Unterthanen von der Ritterschaft und Städten, in dem Weichbilde Cottbus, solche ihre mit einhelligem Belieben, aufgesetzte Policey- und Landes-Ordnung von Landes-Fürstlicher Macht und Obrigkeit wegen, und wollen in allen und jeden nachgesetzten Punkten und Clausulen steif, fest und unverbrüchlich darüber jederzeit gehalten haben.

Tit. I. Von der Unterthanen Kindern und derselben Diensten.

§. 1. Demnach so wollen Wir, daß kein Bauren- oder Coßäthen-Sohn, oder Tochter, wann der oder dieselbige kein ander vitae genus honestum erwählen, sondern bey der Bauer- und Feld-Arbeit beständig beharren, und wenn sie die Eltern zu ihren selbst eigenen Diensten nicht bedürfen, bey andern um Lohn dienen wollten, sich gar nicht vermiethen sollen, sie haben sich dann bey Unseren Aemtern, Gerichts-Junkern, Herren und andern Obrigkeiten (dann weiter ist es nicht zu extendiren) darunter sie gebohren oder erzogen, vor sich selbsten oder durch die Eltern vorhero zu Dienste angebothen, auf solchen Fall sie auf Begehren ihrer Herrschaft derselben, a dato publicationis, so lange sie sich in Diensten aufzuhalten Willens, und ihr eigen Hauswesen nicht anfangen, es seyn ihre Eltern noch am Leben oder verstorben, ihrer Obrigkeit, wann sie die Eltern selbst nicht nöthig haben, vor allen andern, jedoch nicht anders, als um gebührenden Lohn, zu dienen schuldig seyn sollen.

§. 2. Da aber der Sohn oder die Tochter, auf solch Erbiethen von ihren Herren nicht alsofort angenommen, oder von denen Unterthanen im Dorfe zu Dienst nicht begehret würden, soll ihnen nach acht oder vierzehn Tagen frey seyn, sich an andere Oerter, wohin sie wollen, zu Dienste zu begeben, jedoch nicht außerhalb Landes.

§. 3. Wo sich denn auch ein Knecht, oder Magd in Zeit des vermietheten Dienstes, würde verehelichen, oder ihre Eltern würden dieselbige zu ihren Diensten selbst bedürfen, sollen sie von ihren Herren, zu Verhinderung ihres zeitlichen Glücks, wann sie ein Jahr ausgedienet, oder im Jahr in ihre Stelle einen tüchtigen Dienstbothen geschaffet, darüber weiter zu dienen nicht gezwungen werden, jedoch daß der Knecht unter seiner Herrschaft sich seßhaftig machen, und die Braut ihme, wie billig folgen solle, es möchten denn die Umstände ein anders erfordern so auf der Herrschaft Erkenntniß stehet, maßen denn auch diejenigen Knechte und Mägde, so sich vor Publicirung dieser Ordnung bereits anderswo in Diensten eingelassen, oder sonsten von dieser Ordnung auf ein Jahr excipiret seyn, weilen dieselbe nur de futuris zu verstehen, und nicht ad praeterita zu extendiren, so weit unbeirret bleiben, es wäre denn Sache, daß ihnen solches von ihrer Herrschaft allbereits vor Weihnachten, welches dieser Orten die Dienstzeit ist, angedeutet worden.

§. 4. Unterfinge sich aber einer oder mehr, den Aemtern, Junkern und Obrigkeiten, obberührtermaßen seine Dienste zu entziehen, und unangemeldet an andern Orten sich zu vermiethen, und also die Landes-Reverse zu lochen, der oder dieselbigen sollen von den Gerichts-Obrigkeiten, durch die ihrigen, oder auf eines jeden Begehren, durch die Amts-Pfänder, ohne einigen besondern Befehl mit Vorwissen und Hülfe eines jeden Orts Obrigkeit aufgetrieben und nicht geduldet, auch da dies Auftreiben, wenn es einmal geschehen, nichts fruchten oder schaffen will, endlich gar in Haft genommen, und auf die nächstgelegene Vestung gebracht werden, gestalt dann der Gouverneur und Commendant allda, Kraft dieses befehligt seyn soll, solche Delinquenten anzunehmen, nachgehends auch auf der Herrschaft Erfordern, ohne fernere Ordre wieder los zu lassen, jedoch ohne Alimentation dererjenigen, so sie hinbringen.

§. 5. Und obwohl vorgesetzte Unterthanen vor keine Leibeigene, Knechte und Sclaven zu achten, so seyn sie doch denen alten Colonis censiticis, originariis und propriis hominibus meistens zu vergleichen, also daß sie im hiesigen Creise mit ihren Anspann und Handarbeit (außer den Churfürstlichen Aemtern, die ihre gewiße ordentliche Dienste haben) täglich bey der Sonnen Aufgang an die Arbeit, und bey der Sonnen Untergang wieder von der Arbeit gehen müssen, und da solches nicht erfolget, hat die Obigkeit die Verbrecher darob willkührlich zu bestrafen; die Unterthanen können auch ihre Höfe, ohne ihrer Obrigkeit Wissen und Willen nicht verlassen, verkaufen, oder einen Gewährsmann in ihre Stelle verschaffen, müssen in den Gütern, worunter sie gebohren, verbleiben, und seynd nicht nur schuldig, gewisse Jahre ihrer Obrigkeit zu dienen, sondern so lange, als sie dienen und nicht was eigenes unter ihrer Obrigkeit anfangen; Sie können auch von einem Dorfe ins andere, von einem Hof auf den andern versetzet werden, die Entlaufene sowohl Eltern als Kinder, können allemal rechtlich vindiciret werden, wowieder kein Cursus annorum statt finden kann.

Tit. II. Von der Gesinde Dienstzeit.

§. 1. Es soll das Gesinde insgemein nicht, auf ein viertel oder halb Jahr, besondern auf ein ganz Jahr von der Zeit an, wie jedes Ortes wegen dessen An- und Abziehens gebräuchlich, gemiethet und angenommen werden, da es aber die Noth erfordert, daß einer auf ein halb oder viertel Jahr angenommen werden müßte, soll ihnen doch nicht mehr, als das ordentliche Lohn pro rata temporis austräget, gegeben werden, es erheischen dann der Sachen Umstände ein anderes, welche billig zu rechtlicher Erkenntniß gestellet werden. Weil auch geklagt wird, daß die Dienstbothen oftermals wohl 14 Tage, auch 3 Wochen allererst nach dem Termin eintreten, so soll auch solches bey einer Arbitrar-Strafe hinführo nicht mehr geschehen, sondern ein jeder sich zu rechter Zeit in ipso Termino einstellen.

§. 2. Es ist auch an dem Gesinde zu mehrmalen diese Leichtfertigkeit gespüret, daß sie sich wohl bey mehr als einem

Herren vermiethen, oder da sie sich vermiethet, kurz zuvor, wann sie anziehen sollen, den Dienst wieder aufsagen, welches dann abermalen sehr große Ungelegenheit erreget.

§. 3. Verbiethen derowegen solches ernstlich und soll solche Leichtfertigkeit von keinem ehrlichen Dienstbothen billig erfahren werden; da aber jemand seinen Dienst zweyen Herren zugleich auf eine Zeit anbiethen und versprechen würde, soll er schuldig seyn, demjenigen, welchem die Zusage am ersten geschehen, den Dienst zu halten, und dem andern einen an seine Stelle zu schaffen, oder den zugefügten Schaden auf guter Leute Erkenntniß zu erstatten, oder da er auf seiner eigenen Hand sitzen wollte, soll er mit zehen Thaler gestrafet, hernach aber mit gehöriger Contribution, nebenst andern oneriret und solche Strafe iteriret und continuiret werden, welche Strafe den Gerichten, da dieses geklaget wird, anheim fället.

§. 4. Wäre er aber des Vermögens nicht, daß er solcher Strafe Erstattung thun und erlegen könnte, soll er andern zum Abscheu mit dem Gefängniß oder andern ernsten Strafen belegt werden, oder es sollen Unsere Amts-Pfänder, jedoch auf sonderbaren Unsers Amts Cottbus, oder der vorgesetzten Obrigkeit jedes Orts Befehl schuldig seyn, sowohl in Städten, als auf dem Lande, doch allezeit mit Vorbewust der Gerichts-Herren, bey welchen das Werk in prima Instantia zuvörderst und ohne Execution vorgenommen wird, anhängig gemachet, und die Hülfe gebührlicher Weise gesuchet werden sollte, den oder die, an denen Orten, da sie betreten, auf des Klägers Caution und Unkosten, gefänglich anzunehmen, und in eines jeden Gerichten zur Bestrafung, oder da es ihme nicht gefällig, auf den nächsten Amts-Häusern zu liefern, von dannen solche nach Unsern Vestungen geschicket werden, daselbst in die Eisen geschlagen, und auf ein ganz, halb, oder viertel Jahr (nachdem, wie die Umstände schwerer oder größer, oder aber leichter und kleiner seyn werden) bey Wasser und Brod, allerhand Arbeit, dazu man ihrer bedürfen wird, zu thuen angehalten, der Verhaft auch eher nicht entlassen werden sollen, bis daß er oder sie einen genugsamen Vorstand ihrer Besserung halber bestellt, alsdann mögen sie auf geschworne Urpheden auf freyen Fuß gestellet werden.

§. 5. Es soll auch das Gesinde vor sich selbsten zur Unzeit keinen Urlaub nehmen, vielweniger muthwilliger oder heimlicher Weise entlaufen, seine Zeit, so lange es sich vermiethet, aushalten, oder da es in Diensten nicht länger bleiben kann oder will, alsdann seinen Herren oder Frauen ein viertel Jahr zuvor den Dienst aufkündigen, und zur Versicherung seines künftigen Dienstes einen Erlaß-Zettel, welcher ihm auch von seinem Herren oder Frauen nicht versaget werden soll, fordern, und also mit gutem Willen scheiden, welches gleichergestalt der Herr oder Frau also halten sollen, wenn sie ihr Gesinde nicht länger behalten wollen, wo aber von keinem Theile die Aufkündigung geschiehet, soll einer dem andern noch ein Jahr lang den Dienst zu halten schuldig seyn. Die Unterthanen aber sollen so lange dienen, als ihre Herren sie von Nöthen haben, oder sie nicht selbst ihr eigenes anfangen.

Da aber Jemand vor der Zeit Urlaub nehmen, oder entlaufen würde, solcher soll seines ganzen Lohnes verlustig seyn, und nichts weniger die übrige Zeit seinem Herren oder Frauen umsonst ausdienen, oder gar, wie gemeldet, zumalen wann den gezwungenen oder Haßtragenden Diener oder Dienerin in fernere Dienste zu haben, bedenklich ist, andern zum Exempel ernstlich gestrafet werden; Wann auch ein Dienstbothe seinen Dienst aufkündiget, und bey einem andern zu ziehen fürhabens ist, soll er ein schriftlich Attestatum seines Wohlverhaltens von demjenigen, bey welchem er gedienet, oder da derselbe nicht schreiben könnte, vom Prediger oder Küster desselben Orts bringen, und außerdem von Niemand bey Zehen Thaler Strafe, welche der Miether zu erlegen verbunden, angenommen werden.

§. 6. Vermeinet er aber, daß ihm sein Herr oder Fraue, zur unzeitigen Urlaubnehmung oder Aufkündigung des Dienstes Ursach gegeben hätte, oder geben thäte, soll er doch darin sein eigener Richter nicht seyn, sondern es bey der ordentlichen Obrigkeit, als wider die Gerichts-Herren, in Unserm Amte Cottbus, wider die Bürgern und Bauern aber in Prima Instantia bey ihrer Unter-Obrigkeit in Städten und auf dem Lande suchen, und von derselben billiger Erweisung gewärtig seyn; Es soll auch der Herr und Knecht an dem Bescheide, den ihnen die Obrigkeit giebet, begnüget und ersätiget seyn, und sich demselben in allen gemäß verhalten.

Tit. III. Von Einwohnern und Dienstlosen.

§. 1. Ferner schaffen Wir auch abe, und verbiethen ernstlich, daß kein Gerichts-Herr, bey Strafe zehen Thaler (welche von den Land-Knechten eingefordert, und nach Abzug ihres gebührenden fünften Theils, das übrige ad Pios usus in denen Gerichten, da es straffällig worden, convertiret werden soll) in seinem Gerichte dulde oder gestatte, daß Einwohner oder Hausleute, so gesunde starke Leute, die wohl arbeiten können, zum Theil bey den Eltern, zum Theil bey den Krügern, oder andern, in seinem Dorfe wohnenden, beynahe das ganze Jahr auf der Bärenhaut liegen, und unter dem Schein des Pferde- und Viehhandels, welches hiermit bey Verlust der verkauften Pferde und Viehes gänzlich verbothen, und abgeschaffet seyn soll, sich gebrauchen, die Zeit mit Müssiggang zubringen, hernach aber in der Heu- und Erndte-Zeit den armen Landmann dermaßen übersetzen, daß er ihnen dieselbige, und wenige Zeit über, eben so viel oder noch mehr Lohn geben muß, als er sonst einem Dienst-Bothen ein ganzes Jahr über geben dürfen; Sondern es sollen die Gerichts-Herren vielmehr darauf sehen, damit ein jeder auf die vorbestimmte Zeit sich in den Dienst begeben, auch mit dem gewöhnlichen und üblichen Lohne zufrieden seyn, und sich stillen lassen möge.

§. 2. Was aber Eheleute und Wittwen seyn, und ihrer Kinder, auch Alters, und sonsten rechtmäßiger Ursach halber, für Dienstbothen sich nicht vermiethen können, sondern au ihre eigene Hand und zur Miethe sitzen müssen, solche sollen gegen Empfahung Essen und Trinken, ihrer Obrigkeit, worunter sie gesessen, die Woche zwey Tage, oder wie es sonsten jedes Orts gebräuchlich, zu dienen schuldig seyn, und wären sie ferner derselben von Nöthen, um übliches Tagelohn vor andern dienen, darunter aber doch die Exulanten nicht zu verstehen.

§. 3. So bleibet ihnen dabey auch unverbothen, sich zur Erndtezeit, doch mit Vorbewust ihrer Obrigkeit, (ob sie vielleicht sie selbsten bedürftig) auf ein viertel Jahr oder etliche Wochen, bey andern in Dienst zu begeben, es soll ihnen aber auf ein viertel Jahr nicht mehr Lohn gegeben werden, als sonsten einem Knecht oder Magd auf ein halb Jahr an Gelde zu ordentlichem Lohn gegeben wird, und daran sollen sie sich begnügen lassen, und den Hauswirth darüber nicht im geringsten zu beschweren.

§. 4. Würden sie aber ein mehreres fordern oder nehmen, sollen sie nicht allein aller Uebermaaß, besondern auch des halben Theils des zugelassenen Lohnes verlustig seyn, und solches der Obrigkeit zur Strafe anheim fallen, und die Meinung soll es auch haben, so sie sich nur auf ein halbes viertel Jahr vermiethen, daß ihnen nehmlich nicht mehr, denn ein viertel Jahr ordentliches Lohn gegeben und gefolget werden soll.

§. 5. Es soll auch keiner von Einwohnern und Hausleuten ohne Vorwissen der Gerichtsherren, sich aus einem Ort in den andern begeben, oder von anderer Obrigkeit, ohne genugsame Kundschaft seines vorigen Verhaltens und Abzuges, bey zwanzig Thaler unnachlässiger Strafe angenommen, auch von keiner Obrigkeit die begehrte Kundschaft versaget, oder er damit aufgehalten, sondern ihm dieselbe ohne alles Entgeld gegeben werden. Da aber einer oder der andere sich würde in ein Dorf, ohne Vorbewußt der Obrigkeit und Vorzeigung vorgedachter Kundschaft begeben, soll er alda keinesweges gelitten, und die vorgesetzte Strafe von der Obrigkeit, so in Annehmung des Unterthanen, die richtige Kundschaft präteriret, gefordert werden.

§. 6. Es soll auch solches Umziehen der Einwohner allemal am Tage Martini geschehen.

§ 7. Diejenigen aber, denen von den Gerichtsherren, unter welchen sie leben, angebothen wird, mit Mitteln zur Hofwehre zu Hülfe zu kommen, oder ihnen auf erträgliche Termine so viel fürzuschiessen, daß sie damit einen Bauer- oder Cossäthen-Hof, anfangen können, sollen solches annehmen, und das müssige Leben abzuschaffen verbunden seyn, es wäre denn, daß sie anderer Herrschaft verbunden wären, derer sie fügen müssen.

§. 8. Was nun zuvor vom Weglaufen der Dienstbothen gemeldet, soll auch von Handwerksleuten, Einwohnern oder Hausleuten verstanden werden, wann dieselben auf eine gewisse Zeit, eine Arbeit, um Tage= oder verdinget Lohn angenommen, es sey was Arbeit es wolle. Es soll auch ein jeder Hausgenosse, außer alten unvermögenden Leuten, und wann Eltern ihren Kindern die Haushaltung übergeben, und sich bey ihnen aufhalten, und zwar so es ledige Personen, der Obrigkeit jährlich zehen Groschen sechs Pfennige, so es aber Verehelichte, beyde zusammen einen Gülden Schutz=Geld geben, und daneben wöchentlich einen Tag dienen, auch ein Jahr unter solcher Obrigkeit bleiben, auch ohne einigen Schein wegen ihres Verhaltens aus desselben Jurisdiction und Bothmäßigkeit nicht begeben.

§. 9. Ferner sind die Unterthanen im fünf und zwanzigsten Jahre ihres Alters, Bauer= oder Cossäthen=Höfe anzunehmen schuldig, und können sich dessen nicht verweigern bey exemplarischer Bestrafung.

Tit. IV. Vom Weglaufen der Bauern.

§. 1. Ferner schaffen Wir auch abe und verbiethen ernstlich: das frevelhafte Entlaufen der Unterthanen in Flecken und Dörfern, da mancher Bauer oder Cossäthe, wann sie und zwar mehrentheils muthwillig in Schulden vertiefet, ihr Vieh, fahrende Habe, auch Getreide heimlich zu Gelde machen, oder ja bey nachtschlafender Zeit in andere Orte und Gerichte schaffen, und hiernächst heimlich davon streichen, und die Häuser und Höfe stehen lassen, dadurch diejenige, so ihnen mit dem Ihrigen gedienet, um dasselbe, wie auch Wir selbsten um die Schösse, die Junker und Obrigkeit um ihre Dienste und Pächte kommen und gebracht werden; Denn zu solchen allen spoliirten Gütern sich hernach selten oder nimmer ein Kaufmann wiederfindet.

§. 2. Setzen derowegen diesem zu steuern und zu begegenen hiermit wohlbedächtig auf, daß der oder diejenige, die solches hinführo thun werden, oder allbereit gethan, wenn sie auch gleich den Eyd nicht wirklich abgeleget, sondern nur durch einen Handschlag sich verbindlich gemacht, alsobald an Oerter, wo sie betreten, auf das erste Ansuchen, so wegen dessen, dem sie entzogen, oder entlaufen, geschiehet, eingezogen, ihm auch bis an den Ort, da sie entlaufen, abgefolget, und der Haft nicht eher ledig gelassen werden sollen, bis sie das verlaufene Guth entweder selbsten hinwieder annehmen, oder einen anderen tüchtigen Gewährsmann geschaffet, auch was sie schuldig bezahlet, oder ihre Gläubiger sonsten befriediget, oder aufs wenigste das, was sie also unzugelassener Weise verpartieret, hinwiederum in die Gerichte, dahinein solches gehörig, eingeschaffet, auch auf Ansuchen der Obrigkeit auf die Vestung Peiz gebracht,

bracht, daselbst eine Zeitlang mit Karren abgestrafet, und nachmals auf Caution wieder erlassen, und zu ihrer Obrigkeit zu ziehen angehalten werden sollen. Wann auch ein Bauer oder Cossäthe viel Söhne und Kinder verläßt, obgleich einer von denselben seines Vaters Guth angenommen, sollen dennoch die andern, wann sie was eigenes anfangen wollen unter ihrer Obrigkeit in andere Deroselben zugehörigen Dörfern, Höfe zu beziehen gehalten seyn.

§. 3. Alle diejenigen auch, so ihnen hierunter einigen Vorschub erweisen, sollen gleichergestalt nach Ermessung der Obrigkeit, unter welcher sie unmittelbar gesessen, mit Gefängniß oder an Gelde gestraft werden. Sintemal so die nicht wären, die denen Entlaufenen hierunter Vorschub erweisen, oder sie gar hauseten und hegeten, so würden derer auch wohl weniger seyn, die obbemeldeter Gestalt heimlich ausrissen und davon liefen

§. 4. Ob sich auch wohl bey den grausamen, vor Jahren im Lande vorgegangenen Plünderungen vielfältig begeben, daß die Unterthanen von den Höfen solcher Krieges=Beschwerungen halber, zu weichen, gedrungen worden, sollen sie doch darum von der Schuldigkeit, auf ihren Höfen zu bleiben, oder dieselben hinwieder zu beziehen, und den Obrigkeiten die gewöhnlichen Praestationes zu leisten, nicht allerdings los, sondern schuldig seyn, sich auf der Aemter, Ritterschaften und Gerichts=Herren Erfordern, wieder einzustellen, jedoch mit dem Unterscheide, daß diejenige, so sich nicht besessen gemacht, immer drey Monate nach der Erforderung unweigerlich kommen, die aber so inzwischen Haus und Hof in Städten oder Dörfern acquiriret, und sich damit eingerichtet, eines ganzen Jahres Zeit nach der Ankündigung, wann ihnen die Obrigkeit nicht länger nachsehen wollen (welches billig zu deren Gefallen stehet) haben sollen damit sie inzwischen ihre Häuser und Höfe, nicht aber ihr Vieh und fahrende Haabe verkaufen, oder sonsten an den Mann bringen, auch denjenigen Obrigkeiten, unter welchen sie sich gesetzet, und die ihnen, in Hofnung sie beharrlich zu behalten, Vorschub gethan, nach Billigkeit Satisfaction machen können.

§. 5. Da es aber aus Gottes gerechtem Zorn sich begeben, daß ins künftige ein Unterthan von Krieges=Beschwerungen gedrungen, seinen Hof zu verlassen, und er solchen, wie er sonst schuldig, zu bewohnen, Armuth halber verhindert würde, ihm auch alsofort von seiner Obrigkeit nicht könnte geholfen werden, soll ihm deshalben nicht zugelassen seyn, alsbald sich anderswo niederzulassen, oder in Dienste zu begeben, besondern soll schuldig seyn, seiner Obrigkeit auf Begehren vor andern zu dienen.

§. 6. Es sollen aber hingegen die Obrigkeiten auf beyde Fälle, des vorgegangenen und künftigen Entweichens schuldig seyn, dem Unterthan und seinem Weibe und Kindern üblichen Lohn und nothdürftigen Unterhalt zu geben und zu verschaffen, bis derselbe entweder für sich selbst Mittel bekommen, oder in zweyen Jahren (damit er und sein Weib nicht stets Knecht und

Magd bleiben dürfe, sondern auch einmal zu etwas eigenes kommen mögen) von seiner Obrigkeit also Hülfe erlange, daß er seinen oder einen andern Hof beziehen und behalten könne, alsdann er davon thut, was sich gebühret.

§. 7. Es soll auch Niemand von Bauern oder Cossäthen, ohne Einwilligung der Obrigkeit des Dorfs, in einem Dorfe zu wohnen, angenommen werden, indem diesem Mißbrauch bey jetzigen Zeiten dahero muß vorgekommen werden, weil er dergestalt eingerissen, daß die Bauern sich unterstehen, ihres Gefallens von einem Dorfe zum andern zu ziehen; welche auch von den Hausleuten (darunter Niemand als Eheleute und Wittwen verstanden werden, welche Alters, Schwachheit, oder ihrer Kinder halben nicht dienen können) sich an einen andern Ort begeben, der soll solches allemal mit Martini thun.

Tit. V. Von Hirten und Schäfern.

§. 1. Viel mehrer und schwererer Klage ist auch über Hirten und Schäfer, derer Stolz, Trotz, und Hochmuth sich so sehr überflüssig gehäufet, daß es zu verwundern, demselben Unwesen auch derowegen Rath zu schaffen, wird hiermit der Obrigkeit oder denen Schulzen, wie auch den Gemeinden jedes Ortes Dorfe, bey zehen Thaler Strafe, welche ad pios usus anzuwenden, so ofte hierwieder gehandelt wird, aufgeleget, keinen Hirten oder Schäfer anzunehmen, der nicht genugsame Kundschaft bringet, daß er mit gutem Willen aus seinem vorigen Dienste kommen, er habe nun gleich Unsern Aemtern, denen vom Adel, oder sonsten einem andern, oder auch einer ganzen Dorfschaft gedienet, doch sollen ihnen die Kundschaften im geringsten nicht versaget, sondern ohne Entgeld billig abgefolget werden. Wann auch ein Hirte oder Schäfer sich vermiethet, soll er Gezeugniß bringen, daß er den Dienst bey seinen vorigen Herren ordentlich aufgesaget, imgleichen soll er ein Zeugniß seines Wohlverhaltens beym Abzuge nehmen, und darin ausdrücklich setzen lassen, wie viel Viehe, und was für Sorten er beym Abzuge mitgenommen habe, dann soll der Schäfer oder Hirte beym Abzuge folgenden Eyd schwören:

Ich N. N. gelobe und schwöre zu Gott dem Allerhöchsten einen körperlichen Eyd, daß ich dem N. meines Wissens reine und gesunde Schaafe ins Gemenge zubringe, daß ich auch, so lange ich in seinem Dienste bin und bleiben werde, treue und hold seyn will, sein bestes wissen und fördern, Schaden und Nachtheil nach meinem besten Verstande und Vermögen hindern und wehren, daß ich die Schaafe mit allem getreuen Fleiße warten, dieselbe mit Willen durch die Knechte nicht verhüten, oder sonsten verwahrlosen und versäumen, und mich durchaus in allen der Churfürstlichen Schäfer-Ordnung des Cottbusschen Creises, so wie sie publiciret und von meiner Herrschaft mir vorgelesen worden, gemäß verhalten, alles, was darinnen begriffen, leisten und thun, dagegen weder durch mich noch die Meinen, oder meine Knechte, oder jemand anders, nicht das geringste veruntreuen, noch durch andere verüben lassen, sondern mich vielmehr in allen, wie einem ehrlichen, getreuen und fleißigen Schäfer wohl anstehet, geziemet und gebühret, verhalten will. So wahr, als mir Gott helfe, itzo und in meiner letzten Stunde durch Jesum Christum, Amen.

§. 2. Und sollen die Pacht-Schäfer und Kost-Knechte, wie auch Dorf-Schäfer und Dorf-Hirten, auch die Schäfer-Knechte auf Johannis gemiethet werden, und allemal auf Michaelis anziehen, damit diesem hierdurch vorgekommen werde, daß nicht, wie die Erfahrung öfters bezeuget, darnach, wenn das Enturlauben zu zeitig geschiehet, die Trifft und Heerde, indem der Hirte oder Schäfer nach andern Diensten herumlaufet, nicht alleine gelassen, und Schaden darzu geschehe, oder auch die Heerde gar aus Muthwillen und Frevel verhütet und ganz verderbet werde; da aber auf Johannis von beyden Theilen keine Aufkündigung geschiehet, soll stillschweigend ein Theil dem andern, den Dienst noch auf ein Jahr zu halten schuldig seyn.

§. 3. Es soll auch kein Pacht-Schäfer oder Kostknecht nachgesehen werden, von nun an weiters das abgegangene Viehe mit den Ohren zu berechnen, sondern mit Fellen, soll aller solcher Abgang, auch wann der Wolf Schaden thäte, jederzeit alsofort angesaget, und mit einem Zeichen beleget und erwiesen werden, alles bey zehen Thaler Strafe, darum auch den Klein- und Grob-Schmieden überall bei gleicher Strafe verboten seyn soll, keinem Schäfer oder Schäfer-Knechte, einiges Zeich-Eisen zu verfertigen und folgen zu lassen, es wäre dann von der Obrigkeit, oder dem Grund-Herrn der Schäfereyen selbst begehret.

§. 4. Würden sich auch einer oder mehr Schäfer unterstehen, dessen zu verweigern, soll ihnen die Gerichts-Obrigkeit hierinn der Gebühr und diesem Unsern Edict gemäß bestrafen.

§. 5. Würde aber die Obrigkeit bey der Sache nichts thuen, sollen die Amtsdiener oder Land-Knechte, welchen Wir fleißige Kundschaft darauf zu legen hiermit ernstlich anbefehlen, zum erstenmal die verwürkte zehen Thaler Strafe unnachlässig einfordern, und den fünften Theil davon vor sich behalten, das übrige aber zur Wiederbauung der eingefallenen Kirchen und Schulen, deren leider, Gott geklaget, viel im Lande zu finden, jedem Gerichts-Herrn einliefern, und wann das nicht verfänget, sollen sie alsdann solche trotzige Schäfer in das nächste daran gelegene Amt führen, und sie daselbst so lange gefänglich, doch auf ihre eigene Kosten enthalten lassen, bis daß sie genugsamen Vorstand bestellet, diesem Unserm Edict zu gehorsamen.

§. 6. Mehr gebiethen Wir hiermit, daß alle Pacht-Schäfer und Kost-Knechte, wann die Herrschaft oder Obrigkeit mit dem Schäfer setzen kann, dem alten Herkommen nach, an denen Orten, da es gebräuchlich, aufs Fünfte und Sechste nach der alten Landes-Ordnung zu setzen, und nebenst der Herrschaft auch ihre und der Knechte Melke-Schafe, völlig, wie eine jede

Herrschaft sich mit ihnen wegen des Pachts auf Geld oder Milch-Speise, darinnen der Herrschaft die Wahl gelassen wird, vergleichen kann, zu verpachten schuldig seyn sollen, jedoch gehen zwey Ammen und zwey Säuger, vor eines, wo auch die Herrschaft Ziegen halten will, sollen selbige gleichesfalls besetzet, und von einer so viel als von zwey Schaafen Pacht gegeben werden, und bleibet der Compost, Tisch-Käse und etliche Tage Milch, wie es jedes Orts gebräuchlich gewesen, durch obige Pacht der Herrschaft unbenommen, da aber einer oder der andere, bey diesen beschwerlichen Zeiten, in Gemenge nicht setzen könnte, sollen sie alsdann den halben Theil der Wolle von beyden Schaaren und Lämmern, auch Wolle und Molken-Pacht von allen Schaafen, worunter auch der Knechte Schaafe, so viel das Molken betrifft, mit verstanden werden, dem Gerichts-Herrn abgeben.

§. 7. Demjenigen Schäfer aber, so im Gemenge sitzet, oder der Herrschaft und Obrigkeit die Hälfte Lämmer und Wolle nebst der völligen Molken-Pacht entrichtet, soll nebenst dem gewöhnlichen Futter, auf jedes Hundert, so zu Winter gezählet (doch ohne Knechte-Vieh) Fünf Scheffel Korn Cottbußch Maaß an Mühlen-Pacht oder Korn, wie es jedes Orts gebräuchlich, auch was quartaliter gefällig und mehr nicht, richtig gegeben werden, es wäre dann, daß an Theils Orten ein geringer Deputat gebräuchlich, oder da an vielen oder wenigen Schaafen denen Schäfern ein gewisses von Alters her gegeben worden, wird es dabey gelassen, und dabey nach Proportion der Schaafe so viel Rindviehe, als jedes Orts gebräuchlich zu halten, so wohl an Küchel-Speise, als Rüben, Kraut, Gespinste und Hunde-Hafer, wie es jedes Orts von Alters üblich gewesen, zu fordern freygelassen seyn.

§. 8. Den Knechten soll mehr nicht, als jedem ein Viertel und dem Jungen ein halbviertel Schaafe passiren und gehalten, dem Schäfer aber die Austheilung unter ihnen gelassen werden, und im übrigen die Knechte von den Meistern nicht mehr Lohn, als jedes Orts gebräuchlich zu fordern befuget seyn, es sollen auch keine Weyde-Schäfer oder Knechte, auch Fleischer, mit welchen die Obrigkeit auf ein geringes tractiret, und also diese Ordnung, als da sie sonst die Hälfte Lämmer-Wolle und ganzes Molken zu geben schuldig, übertreten, durchaus nicht mehr geduldet werden, inmaßen die Land-Knechte darauf fleißige Acht geben sollen, daß dergleichen Schäfer- und Fleischer-Schaafe, nicht gehalten noch geduldet werden. Da aber einer angetroffen würde, soll der Schäfer und Fleischer der Schaafe verlustig seyn, und die Obrigkeit vom Amte mit zwanzig Thaler gestrafet werden, nach Abzug des vierten Theils, so dem Land-Knecht zufallen soll.

§. 9. In den Dörfern aber, da keine Pacht-Schäfereyen seyn, sollen den Schäfern und seinen Knechten ein Hundert, dem Kühe-Hirten Fünfzig und dem Schweiner so viel jedes Orts gebräuchlich (denn wo der Gebrauch nicht ist, soll es weder Küh-Hirten noch Schweinern zustehen) zu halten verstattet werden, bevorab, wenn es des Dorfes Feldmarken ohne Schaden dessen, der etwa das Jus pascendi darauf hat, ertragen kann, welches der Gerichtsherr jedes Dorfes auf der Bauerschaft erinnern, nach Billigkeit zu mindern, und zu mehren Macht hat; würden aber mehr Schaafe von Hirten gehalten werden, soll von der Uebermaaße die Hälfte Wolle und Lämmer, nebst dem vollen Molken, dem Gerichts-Herrn, welcher dagegen dem Hirten das Futter und Korn auf solche Uebermaaße entrichtet, abgefolget werden, und bleibet dem Gerichts-Herrn, wenn er das Futter giebt, auch der Dünger.

§. 10. Würde aber einer oder mehr sich obberührtermaßen zu setzen, oder die Hälfte Lämmer und Wolle von beyden Schaaren, sowohl das volle Molken alten Gebrauch nach, zu geben verweigern, der soll dafür zwanzig Thaler Strafe jedes Ortes Obrigkeit geben; Es ist auch aus gewissen Ursachen gut befunden, und hiemit ernstlich verordnet, daß die Knechte von Michaelis keine Lämmer für sich prätendiren, sondern alle Lämmer, sie seyn aus dem Gemenge, von Halt- oder Knecht-Schaafen, bis dahin gemein bleiben sollen, auf Michaelis aber soll ihnen nach Proportion des tragenden Viehes, so beym Gemenge der Halt- und Knecht-Schaafe auf Lichtzeit gewesen, ihr Antheil pro Quantitate et Qualitate zugeeignet werden, immittelst aber müssen Meister und Knechte die Lämmer, so nach der Lichtzeit jung werden, sowohl als die, so von der Zeit an sterben, alsofort am selbigen Tage ansagen und die Felle weisen, bey zehen Thaler Strafe. Damit sich aber ein jeder in die Eintheilung desto besser richten könne, ist beykommendes annectiret.

Designation was für Lämmer im Gemenge zur Hälfte und denen Knechten nach Michaelis nach Proportion eines jeden Theils tragenden Viehes, wie es sich auf der Lichtzeit befindet, gehören; Als zum Exempel: es sind fünfhundert tragende, nehmlich drey Hundert im Gemenge, ein Hundert mit dem Schäfer oder Knechten zur Hälfte, und Hundert Stück Knechte-Viehe; Es befinden sich aber wegen Abgang in dem harten Winter nur drey Hundert Lämmer in allen auf Michaelis bey der Theilung, diese werden, wenn die Besten, die Mittelsten, und Geringsten in drey Kafeln gesetzet seyn, dergestalt getheilet, daß Hundert und Achtzig Lämmer, als drey Quintae von der ganzen Summe im Gemenge sechzig zur Hälfte, und sechzig Lämmer denen Knechten gehören. Wann aber auf der Lichtzeit vierhundert tragende in der Schäferey befindlich, und davon zwey Hundert und Funfzig im Gemenge, Hundert zur Hälfte, und Funfzig Knechte-Viehe, an Lämmern aber drey Hundert und vierzig auf Michaelis vorhanden, so gehören ins Gemenge zwey Hundert und zwölf Stück, zur Hälfte drey und Achtzig und Knechte-Viehe Drey und Vierzig, und muß dem Knecht ein halbes von dem Gemenge bezahlt werden, und so weiter, nachdem jedes Theil tragendes Vieh hat. Würde auch einer oder der andere sich unterstehen, anderer Gestalt, als jetzo gemeldet, einen Schäfer anzunehmen, oder einen falschen Vertrag mit aufzurichten, sollen beyde Contrahenten und zwar jeder absonderlich so hoch in solche Strafe verfallen, und selbige ad pios usus verwendet seyn, welche der Land-Knecht, so ofte sie verwürket, auf obausgedruckte maße, und daß ihm der fünfte Theil der Strafe verbleibet, einfordern soll.

§. 11. Es soll auch hinführo nicht mehr verstattet seyn, das Viehe nach der Zechen und mit Abgang der Herrschaft Hofe-Dienste zu hüten, sondern es soll jedes Dorf seinen Hirten halten, selbigen auch mit der Herrschaft Wissen annehmen und entlassen.

§. 12. So sollen auch die Schäfer verbunden seyn, sie setzen im Gemenge oder nicht, in den Horden zu liegen, da sie es aber vorsätzlichen versäumen, sollen sie vor jede Nacht einen Scheffel Korn verfallen seyn.

§. 13. Ferner sollen auch die Schäfer, wie es jeden Orts gebräuchlich, bey dem Heumachen seyn, und mit helfen, auch bey der Woll-Schaare, wann er aufs Fünfte oder Sechste gesetzet, den fünften oder sechsten Theil des Speisens und Lohnens mit tragen, die aber die Hälfte Wolle und Lämmer nebst vollen Molken geben, tragen auch die Hälfte Unkosten, und gleichen Verstand hat es auch mit dem Salz und Theer, wie es vor Alters gebräuchlichen.

§. 14. Und damit hierüber desto genauer gehalten werde, sollen die Beamte und von Adel, wie auch Obrigkeiten in Städten, nicht allein ihres Theils in ihren Pacht-Schäfereyen und bey ihren Kost-Knechten fleißige Aufsicht haben, besondern sollen auch die Schulzen in den Dörfern, mit Zuziehung eines oder zweyen Schöppen, der Dorf-Hirten Vieh, des Jahres dreymal umzählen, würde sich ein mehreres befinden, soll der Hirte jedesmal des überlichen Viehes verlustig seyn, welches dann die Obrigkeit jedes Ortes ad pios et publicos usus anzuwenden.

§. 15. Weilen auch etliche Dorfschaften verwüstet und Wir in Erfahrung bracht, wie sich die Schäfer an solche Oerter begeben, und die Weide um geringen Abtrag gebrauchen, soll solches hinführo gänzlich abgeschaffet, und die Schäfer sich zu vermiethen, oder der Obrigkeit gegen Verreichung des gebräuchlichen Kornes und Futters die Hälfte Wolle und Lämmer, nebst der völligen Molken-Pacht zu geben angehalten werden.

§. 16. Und weil denn auch vormals von Unserm Herren Vater und Groß-Vater Churfürsten zu Brandenburg, höchstseligsten Andenkens, verbothen worden, allen Hirten und Schäfern der Gebrauch der Gewehr, als Büchsen, Degen, türkische Säbel und Spitzparten, wie auch allen und jeden Bauern und Müllern die Büchsen, damit sie sich unterstehen, Haasen und Enten zu schießen, ja auch zu Dräuen und andere muthwillige Attentaten zu gebrauchen, denn, den Schäfern und Hirten alle Verbündniß, Vergadderung, Verknüpfung und Innung, deren sie sich an eines Theils Orten neulich ganz frevelhafter, boshafter und hochstrafbarer Weise unterwunden, und dahingegen aufgesetzet, daß ihnen itzo gemeldete Wehr, jedes Ortes durch die Obrigkeit, auch durch die Amts-Pfänder und Einspänniger, wo sie nur sehen einen Bauer, Müller, Schäfer oder Hirten eine Büchse tragen und sich des Haasen- oder Enten-Schiessens gebrauchen, sollen abgenommen werden, und daß diejenigen, so sich zur Verachtung dieser Unserer Ordnung, dergleichen mehr unterstehen und dürstiglich unterfangen würden, ihrer wären viel oder wenig, der Obrigkeit durch zureichende Zwangsmittel, so bald es kund würde, von Stund an zur Verhaftung gebracht und nachher in die Gerichte und ferner nach den Vestungen geführet werden sollen, da sie nach Beschaffenheit der Unthat oder Mißhandlungen, entweder auch gar am Leben gestrafet, oder aber in die Eisen geschlagen, und theils die so viel verwürket, Zeit ihres Lebens gefangen bleiben, theils aber, als deren Verbrechen nicht von sothaner Schärfe und Erheblichkeit, auf eine Zeit lang an den Wällen, und da man ihrer sonsten bedarf, arbeiten sollen, bis so lange, daß diese letzten frömmer werden, und sich besser verhalten wollen, genugsame Verbürgung bestellet.

§. 17. Nun wollen Wir solche Ordnung zwar nicht aufheben, besondern nochmalen confirmiret haben, weil Uns aber dabey berichtet wird, daß wegen Vielheit der Wölfe, wie auch der raubenden Partheyen oftmahls solche Gewehr von Nöthen, wollen Wir auf solchen Fall den Gebrauch des Gewehrs zu nothwendiger Defension gnädigst zugelassen haben, doch daß alle Insolentien verbothener maßen vermieden werden.

§. 18. Auch soll sich kein Hirte mehr unterziehen, auch dem allergeringsten in seinen Gerichten maaß zu geben, was er vor Satzung, wegen Bestallung der Hirten- oder Schäfer-Dienste, auch deroselben Belohnung, machen oder wen er hierzu miethen und annehmen soll, ohne Unterschied, ob einer, der zum Hirten angenommen werden soll, von Hirten oder Schäfern oder andern Leuten gebohren, alles bey Leibes-Strafe, dann es ist dieses Gesindleins Bosheit also hoch gestiegen, daß sie auch ungescheuet zum Schimpf und Despect des Landes-Fürsten, eine solche Ordnung (da es anders des Nahmens würdig ist) unter sich machen dürfen, keinen vor einen Hirten oder Schäfer zu leiden, dessen Eltern auch nicht Hirten oder Schäfer gewesen wären, dafern er nicht die Gülde bey ihnen gewönne, auch zu derselben Gülde schwüre.

§. 19. Auch haben sie die nicht leiden wollen, die sich um geringen Lohn miethen lassen, oder anderer Gestalt, wie es ihnen gefällig, die Schaafe verpachten, oder auch zu Hause setzeten, und was mehr ist, haben sie sich so weit verbinden dürfen, daß sie vor Niemanden, wer der auch wäre, dieses Wesens halber, Rede und Antwort geben, oder auch sich von Jemanden strafen lassen wollten, als blos vor, und von denen Richtern, welche sie sich selbst erkohren und gesetzet hätten, welches hernach auf die, so sich noch in etwas zur Frömmigkeit beflissen, hinausgegangen, ja sie sind noch weiter zugefahren, und da es überall nicht nach ihren Köpfen gangen, sondern solche zu Schäfern und Hirten angenommen, die ihnen nicht gefällig, haben sie alsofort Fehde-Briefe, an die Dörfer und Oerter, in welchen diejenige, so ihnen mißfällig gewesen, sich aufgehalten und gedienet, abgehen lassen, auch Brandzeichen gestecket, an eines Theils Oerter sind auch diejenigen, welche ihren bösen Rath und übeln Meinung, nicht willigen wollen, eben dadurch aufgetrieben, und gänzlich verjaget, soll demnach wieder ihr Gülde-Meister und Schulzen, die sie unter sich aufgeworfen, und in ihrem bösen Beginnen stärken, absonderlich inquiriret, und nach Befindung bestrafet werden.

§. 20. Ob auch schon vor Publicirung dieser Unserer Ordnunge einer oder ander Schäfer vom verschienen Michaelis angenommen wäre, soll jedoch solches hiermit gänzlich cassiret, und aufgehoben bleiben, bey obgemeldter Zwanzig Thaler Strafe, beyden Theilen, sowohl der sie anderer Gestalt im Dienste hat, als der Schäfer selber, Uns oder den Gerichten, da welche seyn, zu entrichten.

§. 21. Welcher Schäfer zur Verachtung dieser Unserer Ordnung, aus Vorsatz und Muthwillen, und ohne Kundschaft außer Landes ziehen will, soll von dem Gerichts-Junker in Unsern Aemtern angezeiget, und deshalb überall, auch in Unsern Geleiten und Zöllen, sammt seinem Viehe, und alles, was sein ist, so er außerhalb Landes mitnimmt, wie auch zur Abführung des gewöhnlichen Vieh-Zettels, und nach Befindung dermaßen ernstlich abgestrafet werden, daß andern um so viel mehr dieser Ordnung zu gehorsamen ein Exempel nehmen mögen.

§. 22. Auf die Fleischer und Handwerksleute aber, so mit Schaafen und anderm Viehe handeln, soll dieses nicht gezogen werden, doch, daß sie auch keines Unterschleifes sich gebrauchen, bey einer arbitrar Strafe.

§. 23. Mehr sollen die Schäfer und Hirten, allezeit ihre Hunde, bey Vermeidung fünf Thaler Strafe, so ofte sie dawider thuen, am Stricke führen, und sowohl sie, als sonsten Jedermann, des Pasern, , Land-Ansteckung des Grases auf den Feldern, bey Erstattung des verursachten Schadens, oder wer dazu kein Vermögen hat, bey Leib- und Lebensstrafe sich enthalten.

§. 24. Es ist endlich auch billig und erforderts die Ehrbarkeit, daß ein jeder seinem Stande gemäß in Kleidung sich verhalte, derowegen soll kein Schäfer (ob er schon ein Arrendarius adelicher Güter wäre) noch Schäfer-Knecht sich unterstehen, à la Mode Hüthe und Röcke, abgestutzte Stiefeln und Sporen oder Degen zu tragen und zu führen, oder zu ihrer Kleidung Tuch zu gebrauchen, dessen die Elle über einen Thaler kostet, alles bey Strafe solches Uebermuths und Abnehmung der ungeziemenden Kleidung.

Tit. VI. Lohn und Ordnung von Dienstbothen, Knechten, Mägden und Tagelöhnern.

§. 1. Unter andern Beschwerden, so diese Unsere Lande nicht wenig drücken, und ihme fast unerträglich fallen, ist die geringste nicht, so Herren und Frauen von ihrem frechen, muthwilligen und verwehneten Gesinde, sowohl andern Dienstbothen und Tagelöhnern, wegen der geforderten hohen Belohnung und anderer Zugänge empfinden, womit es auch so hoch gestiegen, daß sie fast nicht darbey bleiben können, derowegen die hohe Noth erfordert, auf Mittel zu gedenken, dadurch die eingerissenen Mißbräuche, wo nicht ganz abgeschaffet, doch etlichermaßen gedämpfet werden, damit sie nicht weiter einreißen und überhand nehmen mögen.

§. 2. Und weil ein böser Mißbrauch, daß man dem Gesinde über ihr gebührendes Lohn noch allerhand Getreide säen, und solches dazu mit der Herren Viehe in die Erde bringen lassen muß, dasselbe aber dem Landes-Recessui de Anno 1611. zuwiderläuft; Als soll solches hinführo in Kraft dieses ganz abgeschaffet seyn und bey zwanzig Thaler Strafe, da einer oder der andere seinem Gesinde das geringste ferner säen wird, imgleichen auch das Gesinde, so darwider handelt, mit Gefängniß hart abgestrafet werden.

§. 3. Wegen des Gesinde-Lohns aber soll es inskünftige in dem Weichbilde Cottbus nachfolgender Gestalt gehalten und jährlich gegeben werden.

Als Erstlich

Einem Voigte auf ein Jahr.

Acht Thaler an Gelde.
Ein Paar Stiefeln oder einen Thaler dafür.
Ein Paar Nieder-Schuhe oder zwanzig Groschen dafür.
Achtzehn Ellen Leinewand.

Einem Ackermann, der mit einem Pfluge pflüget, dazu acht Ochsen gehören, nebst dem Gesinde, was dazu gehörig.

Ein Malter Korn.
Ein Scheffel Gerste.
Ein Scheffel Heidekorn.
Eine Metze Hirse.
Vier Gülden Geld aufm Pflug.

Einem Großen Knechte, so den Acker arbeiten und anrichten kann.

Acht Thaler an Gelde.
Ein Paar Stiefeln.
Achtzehn Ellen Leinewand.

Einem Mittel-Knechte.

Sieben Thaler an Gelde.

Zwey Paar Nieder-Schuhe oder einen Thaler dafür.
Drey Hemden und Leinewand zu Hosen.

Einem Kutscher, der arbeitet.

Sieben Thaler an Gelde.
Ein Paar Stiefeln oder einen Thaler dafür.
Acht Ellen Leinewand.
Drey Hemden.

Einem Ochsen- oder Kühe-Hirten.

Einen Thaler zwölf Groschen an Gelde.
Zwey Paar Nieder-Schuhe oder einen Thaler dafür.
Zwey Hemden und Leinewand zu Hosen.

Einem Pflugtreiber.

Zwey Thaler an Gelde.
Fünf Ellen Kleine }
Vier Ellen Mittel } Leinewand.
Zwanzig Ellen Grobe }

Folget der Mägde Belohnung.

Einer Köchin oder Käsemutter.

Zwey Thaler an Gelde.
Ein Paar Stiefeln oder zwanzig Groschen dafür.
Ein Paar Nieder-Schuhe oder zehen Groschen dafür.
Zwanzig Ellen breite grobe Leinewand.
Sechs Ellen kleine Werken sechs Viertel breite Leinewand.
Sechs Ellen kleine sechs Viertel breite Leinewand, und
Drey Ellen, auch sechs Viertel breite kleine Leinewand zu Schleyern.

Einer Viehe-Magd.

Zwey Thaler an Gelde.
Ein Paar Stiefeln } oder an deren Statt einen Thaler
Ein Paar Niederschuh } sechs Groschen.
Neun und zwanzig Ellen allerhand Leinewand.

Einer Mittel- oder Kleinen-Magd.

Einen Thaler zwölf Groschen an Gelde.
Ein Paar Stiefeln und } oder an deren Statt einen Thaler
Ein Paar Niederschuh } sechs Groschen.

Denen Knechten oder Mägden, die sich selbst beköstigen wollen.

Einem Knechte.

Vier Scheffel Korn zu Brod, Cottbußch Maaß.
Zwey Viertel Gerste.
Zwey Viertel Heidekorn.
Zwey Metzen Salz.
Zwey Standlein Butter.

Drey Schock Käse, und
Ein alt Schaaf zu Fleisch.

Einer Magd.

Vier Scheffel Korn zu Brod.
Zwey Viertel Gerste.
Zwey Viertel Heidekorn.
Ein Viertel Erbsen.
Zwey Metzen Salz.
Drey Schock Käse und
Ein alt Schaaf zu Fleisch.

§. 4. Und soll das Gesinde aller Orten ohnweigerlich, sowohl mit Ochsen als mit Pferden ackern, und sich dessen bey Verlust ihres Lohns nicht weigern, und obwohl an etlichen Orten, weniger Geld und mehr Leinwand, oder auch nebst dem Gelde etliches Korn ins Lohn gegeben wird, so soll doch beydes zusammen sich nicht höher erstrecken, als jetzt gesetztes Lohn austräget.

§. 5. Wo aber geringer Lohn üblich und gebräuchlich, oder die Parthen hätten sich dessen unter sich verglichen, lassen Wir es billig dabey bewenden, ein höheres aber soll nicht gegeben werden, und obschon vor Publicirung Unserer Ordnung ein höheres gelobet, soll es hiermit cassiret und aufgehoben seyn.

§. 6. Es sollen auch die Bauern, Gesinde, Mäher und Tagelöhner mit Speise-Bier in der Erndte vorlieb nehmen, und kein stark Bier fordern.

§. 7. Was das andere Gesinde betrifft, dessen hierinnen nicht gedacht wird, als Weinmeister, Voigte, Fischer und dergleichen, dieselben sollen nicht befugt seyn, ihr Lohn zu steigern, sondern es bleibet damit wie es an jedem Orte vor Alters gebräuchlich gewesen, bey Vermeidung der hierin enthaltenen Strafe.

§. 8. Wie dann auch den Weinmeistern hiermit verbothen wird, allerley Gartengewächse unter die Weinstöcke zu säen, bey Vermeidung willkührlicher Strafe.

§. 9. Darneben soll auch keinem verstattet werden, seinem Knechte oder Magd, wie im Eingange gedacht, Lein, Hafer oder ander Getreide, auf seinen eigenen, oder auf eines andern Acker, über ihr ordentliches Lohn zu säen oder einzuackern, Schaafe oder Vieh zu halten, oder auszufuttern, oder auch Jahr-Märkte oder Neu-Jahr-Geschenke, oder auch andere Verehrungen oder Begünstigungen, sie mögen auch Nahmen haben, wie sie wollen, obenein zu loben, mit der Verwarnung, da es hierüber geschehen wird, daß alsdann der Herr, welcher ein solches Ueberlohn seinen Knechten zugesaget hätte, der Obrigkeit zwey Gülden, und der Knecht oder Magd, die solches ihrem Herrn angemuthet oder abgedrungen hätten, sein oder ihr ordentliches halbes Lohn zur Strafe verfallen, und darneben des gesäeten Kornes, oder zugesagten oder empfangenen Jahr-Marktes, verlustig seyn, welches den Gerichten anheim fallen soll. So soll auch kein Herr oder Frau ihren Knechten, Jungen und Mägden, zu den Fastnacht-, Pfingsten-, vielweniger zu den Wochen-Zechen etwas zu geben schuldig seyn, sondern es sollen alle solche Zechen, da sie zwey, drey oder mehr Tage vor dem Fasse liegen, und allerhand Leichtfertigkeit und Unzucht treiben, inmittelst auch ihrer Herren Arbeit, nicht ohne geringen Nachtheil deroselben, sich entziehen, gänzlich cassiret und aufgehoben seyn. Wenn dann diesem zuwider zu handeln, sich das Gesinde unterstehen wollte, soll die Obrigkeit jedes Orts solche Verbrecher darum strafen, und die Schaffner, so sie hierzu jährlich zu erwählen pflegen, nach Unser Vestung zur Arbeit schicken.

§. 10. Mehr soll sich auch jedweder enthalten, er sey Priester, Bürger oder Bauer, oder was Standes er wolle, seinem Nächsten sein Gesinde, durch Verläumdung oder andere Practiquen, abwendig zu machen, und an sich zu ziehen, auch keinen Knecht oder Maad zu miethen, ehe er, oder sie von ihrem vorigen Herren Urlaub genommen, und solches mit dessen Schein, den sie desfalls bey Urlaubnehmung fordern sollen, beweisen können, und wann sie solches guten Abschiedes von dem vorigen Herrn also vergewißert, sollen sie denselben bey fernerer Miethung einen Hand-Pfennig, und zwar dem Knecht Drey Groschen, und der Magd Zwey Groschen geben.

§. 11. Letztlich schaffen Wir aus Churfürstlicher Gewalt abe, alle und jede Mißbräuche, so hierwider möchten angezogen werden, auch alle und jede Pacta, so den Dienern zum Vortheil und den Herren zum Schaden und Beschwerung und Erhöhung des Lohnes gereichen könnten oder möchten.

§. 12. Nachdem auch über die Untreu und Ruchlosigkeit des Gesindes an Knechten und Mägden nicht genugsam geklaget werden kann, deren Tichten und Trachten fast nur dahin gehet, Herren und Frauen in Schaden zu bringen, es sey mit Versäumung der Arbeit, oder auch wohl Verwahrlosung des anvertrauten Viehes, also, daß alle Mängel und Beschwerden, fast nicht können erzählet werden; Als gehet Unser ernster Befehl dahin, daß sich ein jeder in seinem Dienste redlich und getreue verhalten solle. Insonderheit sollen die Knechte auf das Geschirre und Wagenzeug fleißig Acht haben, solches nicht verwahrlosen oder abhänden kommen lassen, die Pferde mit der Futter- und Tränkung wohl in Acht nehmen, damit durch solche Unzeitlichkeit und Verwahrlosung ein Pferd nicht verfuttert werde und verschlage, sonst sollen sie zur Erstattung des Schadens angehalten, und wenn sie dazu nicht genugsam, mit anderer exemplarischer Strafe angesehen werden.

§. 13. Es sollen die Knechte und das Gesinde auch kein Feuer und Licht des Abends und Morgens in die Ställe und Scheunen keinesweges hineinbringen (wie dann solches allen Unterthanen, Wirthen und Wirthinnen hiermit ernstlich untersaget wird, daß sie beym Feuer in den Scheunen nicht dröschen sollen, wie gemeiniglich hier der böse Gebrauch ist, bey hoher exemplarischer Strafe) auch weder Toback in den Scheunen oder Ställen rauchen, wer nun darüber von Knechten und Mägden betroffen wird, soll allemal einen Thaler von seinem Lohn verlustig seyn.

§. 14. Weil in den Spinn=Stuben viele Muthwillen und Ueppigkeit getrieben werden, da Knechte und Mägde und alle Dienstlose zusammenkommen; Als sollen solche gar verbothen seyn, bey Strafe des Gefängniß und der Kirchen=Buße.

§. 15. Wie dann auch weder Knechten noch Mägden vergönnet wird, unter dem Fürwand der Verheyrathung, obschon die Wahrheit darunter ist, ihres Herrn Dienste zu verlassen und aufzusagen, sondern sollen dennoch schuldig seyn, ihre Jahre auszudienen, oder einen andern anzunehmen und in ihre Stelle zu schaffen, und also ihren Herrn überall schadlos zu halten.

Tit. VII. Von Handwerkern, Tagelöhnern und Bothen.

§. 1. Wir erfahren auch, und vermerken es in großen Ungnaden, daß die Handwerker und Tagelöhner, ihres Gefallens ihr Lohn steigern, und so übermäßig nehmen, indem sie sich unterstehen, nicht um Tagelohn zu arbeiten, sondern alles verdingen wollen, darum sie die Bau=Herren im Verdingen sehr übersetzen, und die Arbeit nach der Hand unfleißig machen, als soll solches hiermit gänzlich abgeschaffet, und in des Bau=Herrn Willen stehen, ob er verdingen oder um Tagelohn arbeiten lassen will.

§. 2. Setzen demnach und ordnen ernstlich, daß bey Unserer hiebevor aufm Lande und in Städten publicirten und gemachten Tax=Ordnung, welche ehest revidiret und publiciret werden soll, allerdings bewenden, und einem Tagelöhner der Gewohnheit nach, nebst der Speisung, als aufs höchste, des Tages drey Mahlzeiten, und nicht mehr gegeben werden soll, als folget: Einem Zimmermann, Tischler und Maurer, auch Teichgräber, zwischen Lichtmessen und Martini, bey den längsten Tagen, nebst nothdürftigem Essen und Speise=Bier:

Dem Meister des Tages drey Groschen sechs Pfennige.
Dem Gesellen oder Knechte zwey Groschen drey Pfennige.
Einem Decker drey Groschen.
Einem andern Arbeiter oder Tagelöhner, es sey was Arbeit es wolle, Einen Groschen sechs Pfennige.
In der Erndte einem Mäher drey Groschen.
Einer Binderschin Einen Groschen sechs Pfennige.
Einem Harker Einen Groschen.
Einer Weibs=Person, in anderer Arbeit, Einen Groschen.

§. 3. Nach Martini aber, wann die Tage kürzer werden, thut auch billig vom Lohne etwas abgehen, soll demnach zwischen Martini und Lichtmesse nicht mehr gegeben werden als:

Einem Zimmermann, Tischler, Maurer und Teichgräber.
Dem Meister, zwey Groschen sechs Pfennige.
Dem Gesellen und Knechte Einen Groschen sechs Pfennige.

Dem Decker zwey Groschen.
Einem andern Tagelöhner Einen Groschen.
Einer Weibs-Person Neun Pfennige.

§. 4. Wer sich aber selber speiset, soll mit dem gedoppelten Tagelohn zufrieden seyn, und soll die Option oder Wahl nicht bey dem Tagelöhner oder Handwerker, besondern bey dem, so ihn gemiethet, stehen.

§. 5. Weil auch die Dröscher das Lohn ihres Gefallens steigern, als sollen sie hinführo bey höchster Strafe, um den achtzehenden Scheffel zu dröschen schuldig seyn, wo es aber anders vor Alters im Gebrauch gewesen, bleibt es bey selbiger Gewohnheit.

§. 6. Weil auch die Leineweber den Adel, Bürger und Landmann sehr übersetzen, indem sie mehr Garn und höher Lohn fordern, als gebräuchlich, und doch die Leinwand schmähler machen, als sollen sie schuldig seyn, wie vor Alters schmale und breite Leinwand zu zwey Ellen zu machen, um den Preis, wie die vorige Tax-Ordnungen besagen, sie sollen auch schuldig seyn aufm Lande und in Städten, auf Begehren im Hause selbsten, oder durch Knappen zu arbeiten, das Garn auch gewogen anzunehmen, und die gemachte Leinewand, jedoch trocken, und ohne alle andere Vortheile, im gleichen Gewichte wieder zu liefern.

§. 7. Einem Bothen innerhalb Landes vor die Meile Zwey Groschen.

Warte-Geld eines Tages Zwey Groschen.

Außerhalb Landes für die Meile Zwey Groschen sechs Pfennige.

Warte-Geld eines Tages drey Groschen.

Und soll jeder Bothe schuldig seyn, in seiner Abfertigung notiren zu lassen, den Tag seiner Ankunft und Ablaufens.

§. 8. So sollen auch die Kahnführer oder Flößer-Knechte wie nicht weniger die Mieth-Kutscher und Fuhrleute, welche zu Wasser und Lande gedinget werden, mit ihren alten billigen Lohn friedlich seyn, und solchen bey willkührlicher Strafe nicht steigern, worauf jedes Orts Obrigkeit gute Aufsicht haben, und auf begebendes Ansuchen den Kahnführern oder Fuhrleuten einen billigmäßigen Lohn, entweder auf Tagezeit oder nach den Meilen und Centner setzen, dieselben auch zu solcher Verrichtung anhalten soll.

§. 9. Um dieses Tagelohn sollen obgemeldete zu arbeiten schuldig seyn, wer aber zur Verachtung dieser Unserer Verordnung ein mehreres wird begehren, und darum nicht arbeiten wollen, soll nach Gelegenheit seines Begehrens, Uns oder den Gerichten, wo er einen übermäßigen Lohn fordert, mit fünf, auch wohl zehen Thaler Strafe verfallen seyn, welches eben die Meinung hat, wenn er gar nicht arbeiten, sondern vorsätzlich die Arbeit verweigern wollte.

§. 10. Es soll auch keinem um Tagelohn zu arbeiten vergönnet seyn, als seßhaften Eheleuten, oder im Wittwenstand lebenden armen Leuten, die wegen ihrer Kinder sich nicht vermiethen können, und sollen solche Tagelöhner, vor andern ihrer Obrigkeit diese Dienste, so ofte sie begehret werden, zu leisten schuldig, an andere Oerter aber vor Martini sich zu begeben nicht befugt seyn.

§. 11. Sonsten soll jedwede Obrigkeit, sowohl in den Städten, als auf dem Lande dahin sehen, daß kein Herrenlos Gesinde an Mann- und Weibes-Personen in ihren Gerichten gelitten, noch geduldet werden.

§. 12. Weil Wir auch berichtet werden, daß bey den itzigen, leider schweren Krieges-Zeiten sich ein oder der andere Unterthan, sowohl in Städten als auf dem Lande, heimlich und öffentlich an andere Oerter begeben, denen andere zu folgen sich verlauten lassen sollen, als wird solches hiermit gänzlich verbothen, und soll forthin kein Unterthan von Bürgern oder Bauern, ohne Vorwissen und Willen seiner Obrigkeit in andere Gerichte sich begeben, und soll derjenige, welcher um eines ausgerißenen oder der auszureißen gemeinet, Wissenschaft träget, solches der ordentlichen Obrigkeit bey seinen Pflichten auch arbitrair Strafe anzuzeigen, oder wenn er derenthalben befraget würde, die Wahrheit zu eröfnen schuldig seyn.

Wie es mit den Tagelöhnern und andern Arbeitern, in und bey der Stadt Cottbus vor Zeiten gehalten worden, und nechst Abschaffung der eingeschlichenen Uebermaaß ferner gehalten werden soll.

Einem Meher, so in der Erndte Getreide mehet, täglich fünf Groschen.

Einem Graßmeher vier Groschen.

Wobey zu merken, wann von diesen Arbeitern einer eine Kanne Bier nimmt des Tages, daß ihm davor ein Argent am Tagelohne weniger soll gegeben werden.

Einer Harkerin im Felde und auf der Wiese, täglich zwey Groschen.

Einem Weibe, so im Garten gräbet oder andere Arbeit verrichtet, zwey Groschen.

Einem Weinmeister täglich, drey Groschen.

Eines Weinmeisters Sohne, von vierzehn Jahren, zwey Groschen.

Einem Helfer oder Knechte zwey Groschen sechs Pfennige.

Einem Weibe so auf Bergen arbeitet zwey Groschen.

Einem Jungen Einen Groschen sechs Pfennige.

Einem Mistlahder zwey Groschen sechs Pfennige.

Einer Mistlahderin zwey Groschen.

Wobey zu merken, daß diese Personen des Morgens frühe um fünf Uhr an die Arbeit gehen, zu Mittage eine Stunde ruhen und Abends mit des Tages Untergange abgehen sollen.

Einem Holzhauer wird gelohnet nach Fuder-Zahl, vom Bürger-Fuder Ein Groschen vier Pfennige.

Vom Bauer-Fuder acht Pfennige.

Einem Dröscher von Ostern an bis Michaelis täglich drey Groschen.

Von Michaelis an bis Ostern zwey Groschen sechs Pfennige.

Jedoch soll auch bey der Stadt dem Wirthe die Freyheit und Wahl gelassen seyn, ob er lieber um den Scheffel dröschen lassen wolle, wie es auf dem Lande gehalten wird und verordnet ist.

Einem Hechselschneider von jeder Mandel Stroh für die Pferde kurz zu schneiden drey Groschen.

Vors Rind-Vieh zu schneiden zwey Groschen sechs Pfennige.

Einem Lehmklicker, wie auch einem Decker täglich vier Groschen.

Einem Helfer oder Handlanger drey Groschen.

Und wann auch diese Personen eine Kanne Bier nehmen, soll ihnen davor ein Argent am Tagelohne gekürzet werden.

Endlichen soll der Brandwein, den die Arbeiter etwa bishero gefordert, ganz abgeschaffet seyn, und weder vom Arbeiter gefordert, noch vom Wirthe gegeben werden.

Tit. VIII. Vom ganzen und halben Säen.

§. 1. Diesen Wuchern thut in Städten und aufm Lande zu Müßiggang nicht wenig Ursach geben, das Wucherliche zu halben und zur Miethe säen, indem ein jeder Müßiggänger, der nur etliche Scheffel Korn aufbringen kann, ganz wucherlich mit den armen Bauern zu halben säet, solches soll nun gänzlich und bey Verlust des ganzen halb gesäeten Korns, verbothen seyn.

§. 2. Sollte aber ein oder der andere Ackermann so nothdürftig seyn, daß er zu dem Saamen nicht könnte Rath schaffen, soll er mit Consens und Einwilligung seiner Obrigkeit das halbe Säen also anstellen, daß von dem zu halben gesäeten Korn, vorerst die Pächter pro rata der Aussaat, wie auch andere auf die Aussaat geschlagen Beschwerden und Contribution genommen werden, denn soll das Stroh bey dem Hofe bleiben, und mag also das Korn mit dem Scheffel unter dem so den Acker und Arbeit, und der den Saamen thut, getheilet werden, sollte aber einer, oder der ander aus Städten oder aufm Lande hierwider thun, soll er des ganzen zu halb gesäeten Korns verlustig seyn; Soll derowegen das halbe Säen ohne des Landes Interesse zu bloßem Wucher gar nicht passiren, und also auch diese nicht gelitten werden, welche Geld auf Acker geben, und dagegen den Nutz davon nehmen, insonderheit, wann es Müßiggänger und Herrenlose Leute seyn, welche die Commun nur verzehren, und von denen keine Wirthschaften zu hoffen.

§. 3. Wenn nun dieses zu halben Säen verbothen, also soll sich auch ein jeder, der nicht gesessen und kein eigen Haus und Hof hätte, des Pferde-, Vieh- und Salz-Handels zu enthalten, und keine fremden Pferde oder Viehe auf die Weide bringen, damit nicht allein mancher Bauer sich zum Müßiggang auch wohl oft unter dem Prätext des Kaufs zum Diebstahl gewehnet,

wehnet, besondern auch mit schadhaften Pferden und Vieh die Weide verderbet, in Summa es soll ein jeder in seinem Beruf und Stande verbleiben, und außerdeme in keinen Gerichten gelitten werden; Alles bey Vermeidung willkührlicher Strafe.

Tit. IX. Von denen, die ihre eigene Aecker liegen lassen, und fremde um den Einfall säen.

§. 1. Wir kommen in Erfahrung, daß bey itzigen übelen Zustande sich etliche Bauern unterstehen, ihre eigenen Aecker muthwilliger Weise wüste liegen zu lassen, und bestellen dagegen andere fremde Aecker um den Einfall, damit sie der Dienste und Pächte wollen enthoben seyn; Dieses verbiethen Wir ernstlich und bey Verlust zehen Thaler, auch des ganzen ausgesäeten Korns mit dem Zuwachse unnachlässiger Strafe.

§. 2. Soll demnach ein jeder Ackermann seinen eigenen Acker so viel möglich bestellen, und davon Uns und seiner Obrigkeit, denen er mit Diensten und Pächten verwandt, die gebührlichen Dienste und Pächte, so weit immer möglich, leisten und geben.

§. 3. Damit auch aller Unterschleif verhütet, und die Interessenten und Pacht=Herren das ihrige erlangen mögen, sollen die Schulzen und Bauern jedes Orts eidlich aussagen, zu welchen Höfen die Hufen, Wiesen und Holzungen gehören, und wer dieselben im Nutz und Gebrauch habe, würden sie sich dessen weigern, sollen sie in obige Strafe verfallen, und gleichmäßige Verordnung soll auch Burgermeister und Rath in Städten, da Pacht=Hufen seyn, zu machen schuldig seyn.

Tit. X. Von denen Müllern und ihrem übermäßigen Metzen und Mahlgelde.

§. 1. Und weil nicht weniger Klage geführet wird, daß in den Mühlen auf dem Lande und in den Städten die Mahl=Gäste sehr übersetzt und vervortheilet werden, dahero weil die Metzen zum öftern übermässig groß, und den Mahlenden von eines Theils Müllern angemuthet, ja aufgedrungen wird, von dem Malz und Schrodt=Korn, so nur einmal durchläufet und keines Sichttuches bedarf, vom Scheffel sowohl eine Metze zu geben, als von dem Korn, so zum verbacken gemahlen, und durch die Tücher zwey oder dreymal gehen muß, ja daß auch die Müller vor sich zu ihrem Mahl=Gelde sechs Pfennige vom Scheffel heischen dürfen.

§. 2. Weil nun solches wider alles Altes, auch noch an vielen Orten in billiger Observanz gehaltenes Herkommen läufet, und dadurch Unsere ohne das hochbeschwerte Armuth unbilliger Weise oneriret wird:

§. 3. Als setzen Wir hiermit, daß in den Mühlen richtige Metzen gehalten, und gebraucht werden sollen, und soll hinfüro von jedem Scheffel Sichte=Korn eine Metze gegeben werden, mit dem Scheffel Malz oder Schrote=Korn verbleibet es, wie vor Alters gebräuchlich.

§. 4. So sollen auch die Müller das Mahl-Geld oder Sichtegeld nicht steigern, sondern hergebrachten billigen Gebrauch nach, von einem Einwohnenden zwey Pfennige, und von denen aus andern zugehörigen Dörfern kommenden Mahl-Gäste drey Pfennige, und darüber nichts mehr, wie es Nahmen haben mag, vom Scheffel nehmen, wo aber das Mahl- oder Sichte-Geld nicht gebräuchlich, daselbst soll auch hiermit nichts eingeführet werden, es sollen auch die Müller und Mühl-Knechte, denjenigen Eyd, so in Unser Mühlen- und Mahlziese-Ordnung enthalten, würklich zu schwören schuldig seyn, da aber hierwider gehandelt und geklaget würde, soll der Müller und Mühlen-Knecht allemal Fünf Thaler Strafe, so ofte das Verbrechen geschicht, in den Gerichten, worunter er gehörig, abtragen, und nach Beschaffenheit nebenst Erlegung der Strafe seines Dienstes verlustig seyn.

Tit. XI. Von Küstern, Schmieden, Hirten und andern gemeinen Dienern.

§. 1. Die Küster, Schmiede, Hirten und andere gemeine Dorf-Diener, wollen sich gemeiniglich an ihren Lohn nicht genügen lassen, sondern fangen starke Viehzuchten und Ackerbau daneben an, genießen ofte der besten Gelegenheiten, und haben den meisten Vortheil, oder gebrauchen sich nahrhafter Handwerker, wollen dennoch ihren Dorfschaften in keiner Contribution oder andern Beschwerungen beyspringen, solche gemeine Diener nun, die nicht bloß bey ihrem Lohne bleiben, und sich über ihre Armuth geringen Aufenthalt mit Fug nicht zu beschweren haben, sollen jedesmahl bey Vermeidung der Execution, dasjenige in der Contribution entrichten, was in selbigem Dorfe, darinne sie sich aufhalten, auf einen Coßäthen, denen sie ohne das vor Alters haben gleich geben müssen, zu tragen kommet, diejenigen aber, welche über ihr bloßes Lohn keine andere Nahrung haben, können sich mit ihrer Obrigkeit oder gemeinen Dorfschaft der Schöße und anderer Beschwerungen halber, nach Billigkeit vergleichen, und soll hierwider nicht gelten, ob jemand bey seiner Bestallung ihme diese oder jene Freyheit ausgedinget hätte.

§. 2. Es bleibet auch bey dem Herkommen, daß die Schmiede auf Johannis sich vermiethen, und auf Martini antreten sollen; Mit den Hirten aber wird es gehalten, wie vorhero im 5. Titul geordnet.

Tit. XII. Von gemeiner Policey.

§. 1. Damit auch der Hauswirth und sonderlich der Ackersmann hinführo durch unrechte Scheffel und andere Maaß, falsche Gewichte und Uebertheuerung einer oder andern Waaren, nicht gar zu Boden gedrucket werde, so sollen die Bürgermeister und Richter, in allen Städten, die von den seeligen Vorfahren, der Marggrafen und Churfürsten zu Brandenburg in der Neumark und incorporirten Landen statuirte und in stätigen Vigor erhaltene Policey, und andere heilsame Ordnungen in fleißiger Obacht halten, und darwider nichts verhängen, bey einer ansehnlichen und empfindlichen arbitrar Strafe.

Titulus XIII.

§. 1. Schließlich befehlen Wir hiermit Unserm Hauptmann der Aemter Cottbus und Peitz, wie auch denen von der Ritterschaft und Gerichts-Junkern aufm Lande, sowohl Unsern Amt-Leuten und dem Magistrat in den Städten, und insgemein allen denen, die wegen Unser einige Verwaltung der Gerichte inne haben, auch Schulzen und Gemeinden über dieser Unserer Ordnung, vest, steif und unverbrüchlich nicht allein vor sich zu halten, sondern auch allen denen, welchen etwas, so dieser Unserer Ordnung zuwider bezeuget wäre, auf ihr gebührliches Anrufen, zu Unser Handhabung dieses Unsers Edicts, alle mögliche beforderliche Handbiethung zu erweisen.

§. 2. Es soll auch jedweder Gerichts-Herr die unfehlbare Versehung thun, damit diese Ordnung den nechsten Sonntag hernach, nachdem sie ihme zukommen, öffentlich von der Canzel, auch vor den Kirchhöfen aufm Lande, in Städten aber aufm Rathhause abgelesen werde, welches Ablesen auch also, je von jedem Jahre zum andern, allemal auf Michaelis-Tag erwiedert und wiederholet werden soll.

§. 3. Sollte aber von einem oder dem andern hierwider gehandelt werden, soll mit der angedeuteten Strafe, wie allenthalben vor angezogen, wieder denselben würklich verfahren, insonderheit die entwichene Unterthanen und Gesinde unnachlässig durch die Land-Knechte oder andere Amts- und Gerichts-Pfänder, aufgetrieben, und in den Creis, dahin sie gehören, oder zu ihrem vorigen Wirthe gebracht werden.

§. 4. Im übrigen mögen auch Unsere getreue Stände in passibus utilibus der Neumärkischen Bauer-, Gesinde-, Hirten- und Schäfer-Ordnung sich gebrauchen, und soll darauf in judicando et decidendo gesehen werden, dann Unser eigentlicher Zweck dieser ist, daß das gemeine Feld- und Hauswesen überall befördert, und der Eigennutz, Boß- und Ruchlosigkeit des Gesindes gesteuert, und aller andern Unordnungen gewehrt werden möge.

§. 5. Endlich halten Wir Uns bevor, diese Unsere Ordnung, nach Befindung, mit Unserer des Cottbußischen Weichbildes eingesessenen Land-Stände Vorwissen und Willen zu ändern, zu mindern, zu vermehren und zu verbessern.

§. 6. Uhrkundlich haben Wir diese Ordnung mit eigenen Händen unterschrieben und mit Unserm großen Secret besiegeln lassen und sollen die gedruckte Exemplaria mit Unserm Secret besiegelt, allzumal also gültig und kräftig seyn, als wann Wir sie unterschrieben hätten.

Geschehen und gegeben

Cölln an der Spree am Tage Martini Anno 1685.

244. Deklaration der Kottbusser Gesindeordnung, vom 14. November 1736.

Friderich Wilhelm, König rc.

Unsern rc. Nachdem Uns vorgetragen worden, was ihr über der Mann- und Ritterschaft des Cottbusischen Creises Gesuches, wegen Vindicirung zweyer Unterthanen Söhne aus dem Dorfe Kleinosnitz, welche zu Cottbus Handwercker lernen sollen, unterm 27. Sept. allerunterthänigst berichtet; So haben Wir allerhöchst resolviret, daß gedachte 2. Unterthanen Söhne nicht ausgeliefert werden, sondern ihnen frey stehen solle, Handwercker zu lernen, gestalt es denn auch künftig, wenn mehr dergleichen Casus so-wol in diesen als übrigen Neumärckischen, Sternberg und incorporirten Creysen vorkommen möchten, eben so zu halten, und die Erlernung der Handwercke in Unsern Städten der Unterthanen Söhnen, wenn gleich die Gerichts-Obrigkeit, nachdem dieselbe vorhero deshalb ersucht worden, ihre Einwilligung dazu nicht geben wolte, zu erlauben ist, immassen Wir die Cottbußische Bauer- und Gesinde-Ordnung hiemit dahin allerhöchst declariren. Sind rc. Berlin, den 14. Novemb. 1736.

245. Edikt wegen Aufhebung der Erbunterthänigkeit in dem Kottbusser Kreise und den übrigen vormaligen Königlich-Sächsischen Landestheilen, vom 18. Januar 1819.

Wir Friedrich Wilhelm, von Gottes Gnaden, König von Preußen rc. rc.

Um die in dem Edikt vom 9ten Oktober 1807. §. 10., 11. und 12. enthaltenen Bestimmungen, durch welche die Erbunterthänigkeit in Unserer gesammten Monarchie aufgehoben worden, auch in dem Cottbusser Kreise, und in den ehemals Königlich-Sächsischen Provinzen, wo theils die Erbunterthänigkeit, theils einzelne Ausflüsse derselben bestanden haben, nach der geschehenen Einführung Unserer Gesetze in volle Ausführung zu bringen, verordnen Wir, auf Antrag Unsers Staatsministerii und nach vernommenem Gutachten Unsers Staatsraths, wie folgt:

§. 1. Die aufgehobene Erbunterthänigkeit kann auch künftig weder durch Geburt, noch durch Heirath, noch durch Uebernehmung einer ehemals unterthänigen Stelle, noch durch Vertrag, noch aus irgend einem andern sonst zulässig gewesenen Rechtsgrunde wieder entstehen.

§. 2. Mit dem Tage der Bekanntmachung dieser Verordnung hören die aus der Erbunterthänigkeit bisher geflossenen nachstehenden Befugnisse der Gutsherren auf:

a) das den Gutsherren zugestandene Recht, für die Loslassung aus der Erbunterthänigkeit, persönliche und dingliche Loslassungs- und Abzugs-Gelder zu fordern;

b) das Recht der Gutsherren (nach Ablauf des im §. 3. bestimmten Termins), noch weiter zu verlangen, daß die Kinder der zeitherigen Erbunterthanen auf dem herrschaftlichen Hofe, oder auf andern zu dem Gute gehörigen Stellen, denen sie von der Gutsherrschaft zugewiesen worden, für ein bestimmtes, oder bisher übliches Lohn dienen;

c) das Recht, von denjenigen Erbunterthanen-Kindern eine Geld-Entschädigung zu fordern, welche die (unter b.) erwähnten Zwangsgesinde-Dienste nicht in Person geleistet haben;

d) das Recht, von den auswärts dienenden Erbunterthanen für die Erlaubniß, außerhalb des Dorfes sich Unterhalt zu suchen, ein bestimmtes Schutzgeld zu fordern;

e) das Recht, von den Schutzunterthanen, Hausgenossen und Hausleuten, außer dem nach §. 8. vorbehaltenen Schutzgelde, noch gewisse observanzmäßige Dienste zu fordern und zu verlangen, daß sie der Gutsherrschaft vorzugsweise dienen müssen. Dagegen versteht sich von selbst, daß die Gutsherrschaft dergleichen Schutzunterthanen, Hausgenossen und Hausleuten, auch die denselben zeither etwa zugestandenen Vortheile, wie z. B. an verschiedenen Orten durch Hüthung, oder Raff- und Leseholz der Fall gewesen ist, weiterhin nicht mehr zukommen lassen darf, auch daß diese Vorschrift auf Kontrakte mit freien Tagelöhnern, die in gutsherrlichen Häusern wohnen, keine Anwendung finde;

f) das Recht, die Erbunterthanen zur Annahme einer dienstpflichtigen Stelle zu zwingen;

g) das Recht, zu bestimmen, welches unter mehreren Kindern die von den Eltern nachgelassene bäuerliche Stelle in der Erbschaft übernehmen solle; und

h) das Recht, auf Ermäßigung des, von dem Erblasser eines dienstpflichtigen Grundstücks in seinem letzten Willen angeblich zu hoch veranschlagten Werths der Stelle anzutragen.

§. 3. Die Verpflichtung der Kinder bisheriger Erbunterthanen zum Zwangsgesinde-Dienste (§. 2. Buchst. b. c. d.), imgleichen der Schutzunterthanen, Hausgenossen und Hausleute, gewisse observanzmäßige Dienste zu leisten, oder der Gutsherrschaft vorzugsweise zu dienen (§. 2. Buchst. e.), dauert jedoch bis zu dem jeden Orts gewöhnlichen, in das Jahr 1820. treffenden, ersten Umzugstermine des Landgesindes, fort.

§. 4. Die wechselseitigen Rechte und Pflichten der Dienstherrschaften und des Landgesindes müssen auch hinführo nach den in der allgemeinen Gesindeordnung vom 8ten November 1810. ertheilten Vorschriften beurtheilt werden.

§. 5. Kein bisheriger Erbunterthan ist fortan zur vorhabenden Verheirathung und eben so wenig zur Erlernung eines bürgerlichen Gewerbes, so wie zur Disposition über sein Eigenthum, die gutsherrschaftliche Genehmigung nachzusuchen, verbunden.

§. 6. Dagegen ist jeder bisherige Erbunterthan dem Gutsherrn seines Wohnorts, als Inhaber der Civil- und Polizei-Gerichtsbarkeit, so lange noch hierunter keine andere Einrichtung getroffen worden ist, auch fernerhin Folgsamkeit und gesetzlichen Gehorsam zu beweisen schuldig, und verbunden, sich mittelst Handschlages dazu ausdrücklich zu verpflichten.

§. 7. Es ist daher auch jeder bisherige Erbunterthan, welcher seinen Wohnort verlassen will, um sich sein Unterkommen im Lande anderwärts zu suchen, den schon bestehenden Polizeigesetzen gemäß, verbunden, das zum Ausweis seiner Unverdächtigkeit erforderliche Zeugniß bei dem Gutsherrn als Inhaber der dermaligen Polizeigerichtsbarkeit des Orts, den er verlassen will, nachzusuchen.

§. 8. Es steht auch jedem Gutsbesitzer, so lange nicht wegen Verwaltung der Patrimonial-Gerichtsbarkeit etwas Anderes verordnet worden, in Zukunft ferner die Befugniß zu, von allen auf das Gut anziehenden Schutzverwandten, Hausleuten und Inliegern, desgleichen auch von Ausgedingern, als Beihülfe zu den Lasten der Gerichtsbarkeit, ein jährliches Schutzgeld zu fordern.

§. 9. Ueberall, wo bei Besitzveränderungen der Käufer einer solchen Rustikalstelle sogenanntes Laudemium, Marktgroschen, oder eine ähnliche Abgabe von dem Kaufwerthe des Grundstücks zeither zu entrichten verbunden war, ist derselbe auch fernerhin solche unweigerlich zu entrichten verbunden.

§. 10. Jeder Einwohner eines Dorfes, welcher ein Rustikalgrundstück besitzt, ist der erfolgten Aufhebung der persönlichen Erbunterthänigkeit ungeachtet, nach wie vor verbunden, alle und jede auf seinem Besitzthum haftenden, gutsherrlichen Dienste, Lasten und Abgaben, namentlich alle Spann- und Handdienste, desgleichen auch alle Geld-, Getreide- und sonstige Natural-Zinsen und Leistungen in der nämlichen Art, wie er solche dem Gutsherrn, nach Inhalt seines Kaufbriefes, oder nach Ausweis des Urbarii, oder kraft rechtsgültiger Verträge und Observanzen, zeither zu leisten und zu entrichten verpflichtet war, auch in Zukunft fernerhin ohne Widerrede zu leisten und prompt zu entrichten.

§. 11. Die im Vorstehenden ertheilten Vorschriften finden nicht blos Anwendung auf diejenigen Fälle, wo die Erbunterthänigkeit bisher noch im vollen Umfange bestanden hat, sondern auf alle und jede dem Inhalte dieser Verordnung zuwiderlaufende Einschränkungen der persönlichen Freiheit der Landbewohner, ohne Unterschied, ob diese oder jene Verhältnisse aus allgemeinen Verordnungen, Provinzialgesetzen und Gewohnheiten, oder speziellen Verträgen, oder irgend einem andern Rechtsgrunde, abgeleitet werden.

Gegeben Berlin, den 18ten Januar 1819.

246. Verordnung wegen Anwendung des Edikts vom 14. September 1811 über die Regulirung der gutsherrlichen und bäuerlichen Verhältnisse, auf den Kottbusser Kreis, vom 18. November 1819.

Wir Friedrich Wilhelm, von Gottes Gnaden, König von Preußen &c. &c. haben in Betracht der seit langer Zeit bestehenden Gleichartigkeit der gutsherrlichen und bäuerlichen Verhältnisse in dem Cottbusser Kreise mit denen in der Neumark beschlossen, die wegen deren Regulirung erlassenen Gesetze auch in dem Cottbusser Kreise zur Ausführung bringen zu lassen; und verordnen deshalb, auf den Antrag Unsers Staatsministerii und nach vernommenem Gutachten des Staatsraths, wie folgt:

§. 1. Das Edikt vom 14ten September 1811. und die dasselbe abändernden, ergänzenden und erläuternden Bestimmungen, als die Deklaration vom 29sten Mai 1816. u. s. w., finden unter den nachfolgenden Bestimmungen auf den Kottbusser Kreis, und zwar auf alle bei der Wiederbesitznahme desselben dazu gehörig gewesene Güter, Anwendung. Dies gilt insbesondere von allen denjenigen Bestimmungen, welche sich auf die besondern Verhältnisse der Neumark beziehen.

Dem zufolge gehört auch die Ausführung der Auseinandersetzungen vor die Neumärksche Generalkommission.

§. 2. Alle Zeitbestimmungen, welche sich auf den Publikationstermin des Edikts vom 14ten September 1811. beziehen, sind in der Anwendung auf den Cottbusser Kreis von dem Tage zu verstehen, an welchem diese Verordnung verkündigt wird.

Gegeben Berlin, den 18ten November 1819.

247. Gesetz wegen der Löhnung und des Umzuges der Schäferknechte im Kottbusser Kreise, vom 13. Mai 1822.

Wir Friedrich Wilhelm, von Gottes Gnaden, König von Preußen &c. &c. haben beschlossen, das Gesetz vom 1sten Juni 1820. wegen der Löhnung und des Umzugs der Schäfer und Schäferknechte in Neuvorpommern und Rügen &c. auch auf die Provinzen Sachsen und Westphalen, ingleichen auf den Kottbusser Kreis und die zu den Regierungsbezirken Potsdam, Frankfurt und Liegnitz geschlagenen vormals sächsischen Landestheile, woselbst noch zum Nachtheile der Schaafzucht die Gewohnheit besteht, daß Schäfer und Schäferknechte an Lohnes Statt eigene Schaafe in den Schäfereien halten, auszudehnen; nicht weniger in der Provinz Schlesien, wo jene Gewohnheit zwar schon aufgehoben ist, aber noch kein fester Umzugstermin für die genannten Wirthschaftsbeamten und Dienstboten besteht, solchen zu bestimmen. Wir verordnen demnach auf den Antrag

Unseres Staats-Ministeriums, nach vernommenem Gutachten Unsers Staatsraths, wie folgt:

§. 1. In den Provinzen Sachsen und Westphalen, imgleichen in dem Kottbusser Kreise und in den zu den Regierungsbezirken Potsdam, Frankfurt und Liegnitz geschlagenen vormals sächsischen Landestheilen, soll das gedachte Gesetz vom 1sten Juni 1820. mit dem Umzugstermine 1823. in Anwendung kommen.

§. 2. Unter den näheren Bestimmungen der §§. 8. und 9. jenes Gesetzes, soll der Umzugstermin dienender Schäfer und Schäferknechte von dem Jahre 1823. an, in der Provinz Sachsen und in den zu den Regierungsbezirken Potsdam und Frankfurt gelegten vormals sächsischen Landestheilen der 25ste Mai, in den Provinzen Schlesien und Westphalen aber, so wie in dem Theile der Ober-Lausitz, welcher zum Bezirk der Regierung zu Liegnitz gehört, der 24ste Juni sein. Die Dienstkündigungen müssen daher vom Jahre 1823. an in der Zeit vom 1sten bis zum 15ten Februar jeden Jahres erfolgen. Für das jetzt laufende Jahr behält es dagegen bei den üblichen Kündigungsterminen sein Bewenden.

§. 3. Für die Provinz Sachsen ermächtigen Wir jedoch hierdurch Unser Ministerium des Innern, dem Befinden nach um zwei bis drei Jahre den Zeitpunkt zu verlängern, von welchem ab das gegenwärtige Gesetz in dieser Provinz in Kraft treten soll.

§. 4. In der Provinz Westphalen findet übrigens der §. 6. des Gesetzes vom 1sten Juni 1820. auch auf Schäfer und Schäferknechte bei solchen Schaafheerden Anwendung, welche zwar einem Eigenthümer gehören, jedoch weniger als hundert Häupter, die Lämmer und das Vorvieh nicht mitgerechnet, zählen. Auch behält daselbst es rücksichtlich der Umzugszeit solcher Schäfer und Knechte bei den wegen des Umzugs des Gesindes ertheilten Vorschriften sein Bewenden.

Urkundlich unter Unserer Allerhöchsten Unterschrift und mit Beifügung Unseres Königlichen Insiegels.

Gegeben Berlin, den 13ten Mai 1822.

B. Das Herzogthum Krossen mit dem Weichbilde Züllichau.

248. Privilegium über die Krossensche Willkühr, vom Jahre 1469.

In Gottes Nahmen Amen. Seit deme alle Dinge von Schwachheit menschlicher Naturen mit der Zeit seynd vergängl. hierum, daß dieselben aus dem Gedächtniß nicht werden gelassen sondern mit offenbahren Schriften bestätiget, und bekräftiget hierum Wir Heinrich von Gottes Gnaden Hertzog in Schlesien und Herr zu Grossen, Glogow 2c. 2c. Bekennen mit diesen gegenwärtigen offenen Briefe, vor allen, die die ihn sehen oder hören lesen, daß wir betrachtet, und angesehen haben, merckliche Städte und willige Dienste, die uns unsere getreue liebe Bürger zu Crossen haben gethan, und uns in künftigen Zeiten noch thun mögen, um daß sie unser Stadt, und ihre Ehre wohl mögen bewahren, daß wir u. alle unsere Nachkömmlige mit wohlbedachten Muthe, u. mit guten Willen von unsern getreuen Mann, Recht, wollen sie und alle ihre getreue Nachkömmlinge, getreulich und fleißig behalten, bey allen ihren Gerechtigkeiten, Briefen, Freyheiten und Gebrauchungen, keinesweges ausgenommen die sie von unsern lieben Vatern seeligen und allen unsern Alt-Vätern und Ober-Eltern gehabt haben.

Darum so haben wir von sonderlichen unsern Gnaden den unsern obgenandten getreuen Bürgern zu Crossen bestättiget, und zugeeignet, bestättigen und zueignen ihnen, in Krafft dieses Briefes die Münze. Auch bestättigen wir den genannten unsern getreuen lieben Bürgern zu Crossen ihre Willkühr und Gewohnheit, nehmlich so, alß sie in deme von Alters nach solcher ihrer Willkühr in erblichen Gütern zu halb und zu halb gesessen haben, das sollen sie noch haben. Desselbigengleichen sollen sie mit Hergewette und Gerade zu halb und zu halb setzen, imgleichen Theile mit andern ihren erblichen Gütern auch ob eines dem andern als Mann und Weib, die nicht Kinder mit einander hätten seines Theils an erblichen Gütern Hergewette oder Gerade gönnen wolte und aufgeben vor gehegter Banck, daß sollen sie gantz haben von sonderlichen unsern Fürstlichen Gnaden, so daß solche Aufgabe unbezwungen soll zugehen, keines dem andern in keine Weise dazu soll zwingen mit Worten noch mit Wercken ꝛc. und darum wenn sich Mann und Weib zur Ehe nehmen, wieviel sie Güter zusammen bringen, oder jeglich bringet, so schiere ein Weib Nahm des Mannes Bette beschreitet, so soll das Guth des Mannes die Helffte und auch der Frauen die Helffte seyn gewinnen sie Kinder mit einander, stirbt der Mann, das Weib soll nehmen zuvor die Helffte des Guths, und die Kinder die andere Helffte, haben sie aber nicht Kinder mit einander, und hätte der Mann seinen Weibe sein Theil nicht aufgegeben, so soll die Frau ihre Helffte zuvor behalten, und des Mannes Erben oder Nächsten die Helffte seiner Güther geben und folgen lassen, desgleichen soll es auch zugehen und gehalten werden, ob das Weib stirbet.

Um daß das diese Gnade und Bestättigung, die wir den genandten unsern lieben getreuen Bürgern zu Crossen gethan haben mit guten Willen, jemand nimmer thöre oder tegere, zu brechen oder zu argern; So haben wir ihnen diesen Brief gegeben, und mit unsern anhangenden Insiegel und gewiget, nach unser getreuen Manne Rathe, der gegeben ist zu Crossen am Dienstage nach Oculi, nach Christi Geburth vierzehn hundert, und im neun und sechzigsten Jahren.

Dabey seynd gewesen unser getreuen Lieben Melchior Woran, Balthasar Lest, Heintze von Waldow, Caspar Lemberg, Hans und Fritze Stabeno und Ehr Simon Neuenwalde Pfarrer zu Beuten, unser Schreiber dem dieser Brief empfohlen war.

249. Verordnung wegen der Konsense und der Weiber Leibgedinge im Weichbilde Krossen und Züllichau, vom Jahre 1515.

Joachim, von Gottes Gnaden rc. Churfürst rc. Marggraf zu Brandenburg Unsern Gruß zuvorn lieber Getreuer. Die erbar Mannschafft Unserer Weichbilde Crossen u. Züllichau haben sich itzt vor Uns beclaget, wie jnen beschwerlich, zu jrer Notturfft umb Verpfendung jrer Lehn-Gutter Uns Personlich umb Vorwilligung anzulangen und allhier zu besuchen, derhalb Uns gebeten, die Bevehlig zu thun. Dieweil Wir dann betrachten, daß sie zu Zeithen um geringer Summa Gelts ferne Reis thun müssen, haben Wir nachgegeben, die Bewilligung vff widerkauffen der Summa 25 Gulden, und darunter, bey dir als Unserm Amptmann desselben Orts zu suchen, darumb begern Wir an dich hiemit bevelhende, du wollest jrer jtlichen obgemelter Unser Mannschafft vff seine Bitte und Summa 25 Gulden und nicht darüber, von Unserntwegen Vorwilligung und Consens zu Versetzung jrer Lehen-Gutter, wor du des redlich Ursach befindest, geben, doch vff 4. 5. oder 6. Jar, nach eines jeglichen Vermögen wieder zu lössen, Versicherung und Rewers-Brieff wider von jnnen nemen, und sie zu-Verwilligung über angezeigter Summa hieher an Uns weisen, dich auch dieselben zu thun enthalten, und so Wir bericht, daß die Hof-Gerichte zu Crossen dieser Zeit übel bestalt, sich auch die Mannschafft dafür zu steen beschweren, wollest Uns vermelden, wie es zuvorn und von Alters damit gehalten worden. Verlassen Wir Uns allenthalben von dir zu gescheen, in Gnaden zu erkennen. Datum Cölln an der Sprew, Dienstags nach Gallji anno 1515.

An Hauptmann zu Crossen und Züllich, Melchior von Löben.

Auch begern Wir an dich, du wollest in Unsern Weichbilden Crossen und Züllich die Frauen vff jrer Man betlich Ansuchen gegen jrem Einbringen und nach Lants Gewohnheit Beleipgedingen und versorgen, doch sie darüber mit Brieven zu versehen, in Unser Cantzley wisen, do jnnen Lewgedings-Brieff unter Unserm Siegel soll gegeben werden. Actum ut supra.

250. Privilegium für die Stadt Krossen vom Jahre 1551.

Wir Johannes von Gottes Gnaden rc. Bekennen und thun kund öffentlich mit diesem Unsern Brieffe, vor Uns, Unsere Erben und Nachkommen, für aller männiglich, die ihn sehen, hören, lesen, daß Wir Unsern Lieben Getreuen Burgemeistern und Rathmannen Unser Stadt Croßen, auf Ihr unterthänigstes gehorsamstes Bitten, gnädiglichen privilegiret, begnadet und befreyet haben, nemblich dergestalt und also. Nach dem sie und die Ihrigen von Alters her zu Sachßen gewiedmet, und ihrer Erholung der Rechten in allen peinlichen und bürgerlichen Fällen der Succession halber zu Magdeburg gehabt, die weil Sie uns unterthänig berichtet, daß der Schöppen Stuhl zu Leipzig mit mehren Rechts-Gelehrten versehen, und aus denen und andern Ursachen, sowohl der Rath oder die verordnete Gerichts Verwalter daselbst gebethen, so offte es sich nun und zu allen Zeiten zutragen würde, daß Ihnen, oder Jemandts anders Erholung des Rechtens aller Fällen, wie sie wären, pein oder bürgerlich, oder der succession von nöthen wären, die sich fürm Raht und Unsern Stadt Rechten daselbst zu verhören gebuhreten, daß die Erholung des Rechten wie obstehet, an keinen andern Ohrte, denn bey dem Schöppen Stuhl zu Leipzig solle gesprochen, und ohne allen gefährlichen Verzug, männiglich gleich gerichtet, und Recht gehalten werden, doch ausgezogen die 2. Fälle, die Succession Kindes Kind und Schwester und Brüder Kind, bei denen soll es verbleiben, bey Röm. Käyserl. Mayst. Unsern allergnädigsten Herrn gesatzeten und von des Heil. Röm. Reichs Ständen bewilligten Constitution, wie die auch Weyl. Unsers Herrn Vaters gemeine Landschafft der Marck Brandenburg, und zugehörigen Landen publiciret, und durch sie alle einträchtiglichen angenommen worden, Begnadigen, priveligiren, und befreyen, genandte Burgemeister und Raht, Sie und Ihre Nachkommen, mit deme, wie obstehet, in Krafft und Macht dieses unsers Brieffes, und wollen ihnen diese Begnadung von Uns, Unsern Erben und Nachkommen, und sonst männiglichen stet, fest, und unverbruchlichen soll gehalten werden, doch vorbehalten, ob einen oder mehr gelegen, und nothdurfftig seyn wurde, sich von derselbigen Urtheil an Uns oder Unser Fürstl. Cammergericht zuberuffen, soll einem jeden allzeit frey und offen stehen, und zugelaßen werden Getreulich ohne Gefehrde, zu Uhrkund mit Unsern rc. und geben zu Croßen Dienstages in Oster Feyertagen Anno 1551.

251. Landes-Ordnung für Krossen und Züllichau vom Jahre 1561.

Von Gottes Gnaden, Wir Johannes Marggraff zue Brandenburgk bekennen hiemit öffentlich, als vndt nachdem Vns die Erbare Mannschafft beyder Vnserer Weichbilder Crossen vnd Züllich etzliche verfassete Artickel, nun zum zweyten mahl Vntertheniglich vbergeben, ihnen dieselben zu ihrem vnd derer von Stedten in solchen Weichbildern gelegen, so wohl als auch zu ihrer allerseits Vnterhanen Besten, vnd Nutze zu vermindern vnd zu vorbessern, vnterthenialich heimgestellet, mit vntertheniger Piette, solche verfassete Artickel gnediglich zu confirmiren vnd zu bestettigen.

So haben Wir angesehen ihre billige vnd ziemliche Piette, vnd ihnen als der Landes-Fürst hernach folgende Artickel zu ihren vnd ihrer Vnterthanen Gedey, Aufnehmen, vnd Wohlfahr gnediglich confirmiret, vnd bestettiget, Thun auch solches von Landes-Fürstl. Hoheit vnd Obrigkeit wegen hiermit kegenwertiglich setzen, ordnen, vnd wollen auch daß dieselben Artickel von Vnser Ritterschafften, denen von Stedten vnd Paurschafften dergestalt ins Werck gerichtet vnd vnverbrüchlich gehalten werden, als bey nachgesetzter vnd ausgedruckter Poen vnnachläßig zu erlegen.

1. Soll keiner einem Pacht-Schäffer anders dann zum Sechsten aufnehmen vnd setzen lassen, jedoch mit deme Bescheide, do einer einen Kost-Knecht seiner Gelegenheit nach annehmen vnd halten wolte, daß ihme solches zugelassen, jedoch daß keiner in kein Gemenge mit einem Kost-Knecht sitze.

Wer aber bis in 300. Schaffe hat, soll der Scheffer nicht mehr dann von jeden hundert 8. Scheffel Pacht-Korn groß Maße, dauon doch des Scheffers sechste Theil abgezogen werden soll, geben. Hette aber eine Herrschafft zu ihrem Antheil vber 300. oder 400. Schaffe ohne des Scheffers sechste Theil, so sollen sie gleichwohl auch darum nicht mehr denn 2. Malder Korn, dem Scheffer zu geben schuldig seyn.

Es sollen auch keinem Knecht der eigen Vieh hat, vber ein Viertel Schaffe gehalten, vnd ausgewintert werden.

Vff jedes hundert soll man dem Scheffer nicht mehr den 6. Ziegen halten.

Die Ziegen sollen vnter die gelden Schaffe allewege gestalt, vnd bey ihnen gefüttert werden.

Kein Pfennig Lohn soll dem Scheffer nun hinführo nicht mehr gegeben werden, denn allein 2. Scheffel Haber auf seine Hunde.

Die Scheffer sollen von einer jeglichen Ammen den halben Pacht an Putter vnd Keesen zu geben vnd zu entrichten schuldig seyn, das thut im fullen Pacht von einem mülcken Schaffe 15 große, oder 30. kleine Keese vnd vom Viertel Mulcke, zwey kleine, oder einen grossen Eimer Putter, jedoch denen Lemmern ohne Schaden, denen so die Vormilch von der Leithe-Zeit an, bis auf Walpurgis nicht nehmen.

Dermassen soll der Compst im Herbst der Herrschafften wie vor Alters vorbehalten seyn. Das Pacht-Saltz bleibet wie vor Alters nemlich von jeden Viertel Lemmer so der Scheffer verpachtet, ein Viertel Saltz zu geben, doch daß der Schäffer seinen sechsten Theil darzu schaffe.

Wann die Summa der Schaffe so den Scheffern vff Michaëlis im Winter vnderschiedlich zu gezehlet werden, vnd deren etliche Haubt abgingen, und der Scheffer die Anzahl mit den gezogenen jungen Lemmern auf Walpurgis nicht erfüllen noch aufbringen könte; So soll dem Scheffer solcher Mangel so befunden mit Korne nicht gegeben werden.

Vnd nachdem gebreuchlich, daß die Scheffer mit den Fellen berechnen, sollen sie solches, sobald ein Schaff abgehet, anzeigen, ehe es gestreufft wird, vnd so bald es gestreufft ist, soll es der Scheffer für die Hunde werffen, vnd ohne das sollen ihnen solche Schaffe so obiger maß daß sie abgegangen nicht bewiesen, in der Rechnung nicht passirt werden, sondern es sollen die Scheffer dafür zu antworten, vnd den Mangel zu erstatten schuldig seyn.

Es sollen keinen über drey Rinder zu halten auch im Züllchischen da die Bethen klein, vber zwe Bethe vnd im Croßnischen vber ein Bethe Kraut durch ein Pflug gewende, jedoch daß der Scheffer die Pflantzen dazu schicke, imgleichen auch so viel Rüben Saamen aussen, und nicht mehr ihme darüber gegeben werden.

Welcher Scheffer nicht abpachten könte, soll vor jeder Schock kleine Pacht-Käse, 14. Märcks. Groschen seiner Herrschafft zu geben schuldig sein.

Man soll keinen Scheffer vber ¼ Lein, oder Hanff ihnen seen, eins welches unter den zweyden am gefälligsten zu sein deuchtet, frey stehet.

Welcher Edelmann Bürger Schultz oder Lehnmann seinem Scheffer mehr geben würde, dann nach besage dieser aufgesatzten Landes-Ordnunge, wehre es ein Edelmann soll er Vns 10. fl., wehre es ein Bürger 5. fl., wehre es ein Schultz oder Lehnmann 3. fl., zuer poen verfallen seyn.

Welcher Scheffer mit solcher Landts-Ordnung nicht zufrieden seyn vnd darauf nicht hueten wolte, der soll von keiner Herrschafft gedachter weichbilder, weder für einen Scheffer, Pawer, Gertner noch Haußgenossen angenommen noch geduldet werden.

Weil auch die Scheffer und alle andere Hirten mit ihren Beilen, Exten vnd Barten viel Holtzung verderben, sollen sie zu verhüetung solches Schadens die hinforder bey ihnen nicht tragen, oder finden lassen, es were denn sache, daß sie zu ihrer Notturfft an Oertern da es ihnen vergunt, Holtz zu ihrer Feuerung hawen müssen. Deßgleichen sollen die Büchsen allen Scheffern Hirten vnd gemeinen Bürgern vnd Pawersleuten so nicht vber Land reisen zu tragen gentzlich verbotten sein. Ob aber etzliche so auff Strassen durch Gehege oder Holtzung zögen mit Püchsen schiessen würden, solches von ihnen gesehen, oder gehöret würde, solten dieselben in nachgesetzte Poen verfallen sein, und solche Büchse ihnen abgepfendet werden.

Dermassen sollen sich die Pawren vnd Hirten so wohl als andere mit Püchsen Haasen vnd Gefögel, zu schiessen, als mit Bartten, Beilen und Keulen Hasen zu schlagen vnd zu werffen enthalten, vnd do solches hierüber bei jemandts befunden, sollen sie deßhalben der Herrschafft auf welcher Grund vnd Boden sie beschlagen 1 fl. zur Straffe und demjenigen der sie darüber beschleichet Büchsen, Echsen, Beile oder Bartten abgepfändet, vnd vorfallen sein, der sie auch ohne einige Wiederkehr behalten vnd seines Gefallens damit gebahren mag.

Nachdem sich auch die Pawerschafften vber alte Gewohnheit vnterstehen, viel Schafe vnd Ziegen zu halten, dadurch den Herrschafften an den Weyden vnd Holtzungen viel Schadens zugefüget wird; So soll hinforder einen jederm Pawersmann so von Alters Schaafe zu halten befugt gewesen, nachgelassen seyn, ohn der Herrschafft weitere Bewilligung von jeder Huefen, so viel er dero hat ein Viertel Schaffe vnd keine Ziegen in den Winter zu schlagen, aber keinen Gerttner sollen weder Ziegen noch Schaffe zu halten verstattet seyn, sie hetten denn solches von Alters her vnd vber Verwehrung im Gebrauch gehabt, so solte ihnen doch nicht mehr auf den Fall denn ein halb Viertel Schaffe zugelassen seyn. Keinen Dorff-Hirten sollen nicht mehr denn 16. Schaaffe Wehr-Viehe zu halten verstattet werden, welcher Pawer oder Gerttner darüber mehr halten würde dann ihme vermüge dieser Ordnung zugelassen, soll die Herrschafft macht haben, darunter er besessen die vbrigen Heubt es seind Ziegen oder Schaff wegzunehmen, vnd sollen doch alle Hirten vnd Pawren jeder ihrer Herrschafft jährlichen das zehende Lamme zue geben schuldig sein.

Die Schultzen vnd andere Lehnleute so durch hergebrachten Gebrauch vnd Verjährunge oder sonsten von der Herrschafft mit Schäffereyen vnd Gerechtigkeiten belehnet, aber in ihren Brieffen nicht ausgedruckt wehre, wie viel sie Schaaf zu halten befugt, sollen ihme auf jeder Huefen zwey Viertel Schaffe zuehalten vergönnet sein, doch keine Ziegen. Sie sollen aber sowohl als andere den Zehenden ihrer Herrschafft von solchen Schaffen entrichten. Es were denn Sache, daß sie die Schäfferey Gerechtigkeit durch briefflіche Vrkunden erlanget, alsdann vnd eher nicht sollen sie mit den Zeheaden verschonet bleiben.

Da nun einige Hirten, Pauern, Schultzen oder anderen Lehnmannen darüber mehrers zu halten verstattet, vnd sich mit Straffe kegen demselben laut die Ordnung nicht verhalten würde, welche Herrschafft solches zu sehen vnd verhängen würde, es wehre ein Edelmann, so solte er 5. fl. zur Staffe, wehre es ein Bürger 3. fl., wehre es eine Dorffschafft Schultze oder Lehnmann 2. fl. Vns verfallen sein.

Kein Dorffschmied Hirte oder Haußgenosse sol hinter Wissen vnd Willen der Herrschafft von den Pauren angenommen werden, bey Poen 3. fl., thete es aber eine entzele Person, so ein Haußgenoß ohne Vorwissen der Gemeine, so soll dieselbe Person ihrer Herrschafft darunter sie gesessen 1. fl. zur Straffe verfallen seyn, jedoch sollen die Eltern so bey den Kindern nun bleiben in solchen Gütern vnd sich sonst nicht ernehren könten, damit nicht begriffen vnd gemeinet seyn. Es soll auch kein Edelmann keinen annehmen er habe denn Kundschafft daß er mit Wissen vnd Willen abgeschieden bey poen 5. fl. Vns zur Straffe.

So viel die Hoffleute belanget, die sollen hinfürder zum sechsten von denen so vier Malter oder drüber an Korn aussehen, vber Winter, von denen so darunter aussehen zum fünfften angenommen werden, vnd man soll ihnen auff jedern Pflugk eine mulcke Kuhe davon die Milch-Speise zu geniessen, vndergeben, vnd sonsten auf ein Pflugk noch eine Kuhe, so sein selbst wehre, futtern vnd aushalten, auch mag er von seiner Kuhe ein Kalb ziehen.

Auch soll hinförder das Auslesen der Mandel wenn die Gertner in den Erndten um die zehende Mandel schneiden nicht gestattet werden.

So viel das Dröschen anlanget soll die Herrschafft macht haben sich vmb nach benandten Lohn vmbs Geld mit denen Dröschern zu vergleichen oder wo sie vmb den Scheffel dröschen soll man ihnen den 18ten Scheffel wie bishero gebreuchlich gewesen gestatten, vnd darüber niemands weiter zu beschweren. Imgleichen die Wurffschauffel auf den Scheunenflueren, wenn die Gertner vom Dröschen ihrem Scheffel haben wollen, soll das Getreidig mit solcher Schauffel wegzunehmen sowohl als die Heuffunge des Viertels abgeschaffet sein.

Ferner ist nach alten Gebrauch des Landes geordnet, daß ein jeder der Söhne oder Töchter zu vermieten hette, der solle sie seiner Herrschafft zuvor anbieten, vnd da die Herrschafft ihrer bedürffe, soll sie sich mit demselben Knechte oder Magdt nach Gelegenheit der Personen vnd Arbeit, darzu sie solch Gesinde bedürfftig, vorgleichen.

Vnd darauf ist weiter geordnet daß man einem großen Ackerknecht nicht mehr denn 6. Marck meißner, deren Marck eine 19. sgr. 2. gute Pf. macht. Item zwey Hemden 1. Schurtz 1. paar Stiffeln und 1. paar Schuhe geben sollen. Einem Mittel-Knecht sollen vber 4. Marck obiges Werths zum meisten an Gelde nicht gegeben werden, samt andern nach seiner Gelegenheit vnd alten Gebrauch. Das ander kleine Gesinde soll ein jeder nach seinem Alter vnd Stärcke miethen vnd vnterhalten wie gebreuchlich.

Einer grossen Viehemagdt 7. Schillinge Meißner, 2 paar Schuhe, 1. Hembde, 1. Schleyer, 1. Kittlichen oder aber 3 fl. alter Wehrung an Gelde für alles. Vnd soll niemandts er sey von Adell in Städten oder aufm Lande seinem Gesinde darüber mehrers geben, noch einig Getreydig, Lein, oder Hanffkörner seehen lassen. Wer es darüber thete, oder thuen, vnd ein mehrer Lohns oder Geschencke geben würde, ist es ein Edelmann, soll vns 5 fl., ist es ein Bürger 3 fl, ist es ein Pauer oder Schultze oder Lehnmann 2. fl. zur Straffe ohn Mittel verfallen sein.

Es sol auch keiner seine Kinder vermieten er habe sie denn zuvor seiner Herrschafft, darunter er gesessen wie obgemeldet angebothen, würden sich aber die Eltern oder Freunde solches vnterstehen, sollen sie zur Straffe der Herrschafft, darunter sie besessen so viel geben, als dieselbe Personen auff das Jahr an Lohn hette können verdienen. Jedoch soll auch die Herrschafft davor sein, daß ihrer Vnterthanen Töchter zu ihrem Dienst nicht geschandflecket werden.

Wolten aber die Kinder ihren Eltern vnd Freunden nicht folgen, vnd sich wider ihren Willen, auch vnangesagt ihrer Obrigkeit oder Herrschafft, an fremde vermiethen so sollen sie dadurch ihrer Herrschafft, darunter sie gesessen aller ihrer Erbschafft verfallen sein, bey solcher poen soll auch einem jedern sich ausserhalb der beyder Weichbilder Crossen vnd Züllich zu vermietten verbotten sein, es were dann sache, daß er in solchen Weichbildern weder in denen Landen noch in denen Stedten, Dienst bekommen könte vnd das Schein hätte, daß er seinen Dienst sowohl auf dem Lande als in Stedten angebotten.

Es soll auch ein jeder Pauer, er sey Huefner oder Gertner, wie er gesessen, oder auch ein Hausgenoß seinen Junckern ein Stück Garn vmbs Lohn spinnen lassen, dafür ihme seine Juncker von einem Stücke Garn 14. glatte Pf. an statt 18. straub Pf. für alles ohn einiges Brodt geben soll, oder aber von einem Stücke 12. straub Pf. oder 10. glatte Pf. vnd ein Haußbacken Brodt darzu, wie solches bis dahero gebräuchlich gewesen, welches vnter denen beyden eins zu geben bey der Herrschafft Gefallen stehen soll.

Es soll allerley Leichtfertigkeit zu vermeiden, die gemeinen Spinstuben zu halten hiermit abgeschnitten vnd verbotten seyn.

Nachdem auch in Stedten sowohl als aufm Lande von den Tagelöhnern allerley Vbersatzung geschicht, ist darauf geordnet daß man ihnen hienfürder nachfolgenden Lohn machen vnd verordnen soll, mit der Kost vnd ausser der Kost, einem der den gantzen Tag aus mehet, es sey getreydig oder Graß, als auch einem Leimklicker, dem sollen am Gelde nicht mehr den 25. straube Pf. das machen 20. glatte Pf. gegeben werden vnd kein Essen oder Trincken dabey.

Einem Weinhacker auf einen gantzen Tagk 15. glatte Pf. vnd kein Essen oder Trincken.

Was Meurer, Zimmerleute, vnd ihre Handlanger anlanget soll es bey Vnser publicirten Ordnung in der Neumarck vnd im Lande zu Sternbergk ausgangen, bleiben.

Einem Schnitter vnd Binder im Augst item einen Butten-Träger 15. glatte Pf. vnd kein Essen vnd Trincken.

Einem Hechsel-Schneider 15. gute Pf.

Einer Gräberin 10. gute Pf. für Essen vnd Trincken.

Einer Hefterin vnd Hewrerin 8. gute Pf.

Einer Leserin 8. Pf. für Essen vnd Trincken.

Einem Droscher 12. gute Pf. des Tages ohn Essen vnd Trincken oder vmb den 18. Scheffel wie vorgemeldet.

Welchen man nu vnter diesen die Kost als Essen vnd Trincken geben soll, ist zu verstehen von Frembden vnd nicht von Vnterthanen, die ihren Herrschafften ohne des zu dienen schuldig sind, mit denen es billig nach alten Gebrauch gehalten wird, vnd wie solches auch der Hausgenossen halber sonderlich ausgedruckt ist.

Do man deme so da mehet, imgleichen auch einem Leimklicker die Kost giebet, so soll man ihme nicht mehr den 8. glatte Pf. vnd vier derselben Pf. zu Bier neben gewöhnlicher Kost des Tages geben vnd verreichen.

Was die Schnitter, Binder, Hechselschneider vnd Butten-Träger anlanget, welche man zu 15. Pf. ohne Kost giebet, soll man

man einem jeden des Tages 7. gutte Pf. zu Tagelohn vnd 3. gutte Pf. zue Bier nebest der Kost verreichen.

Einem Dröscher 7. gutte Pf. vnd für 2. gutte Pf. Bier neben der Kost.

Einer Greberin des Tages 6. gutte Pf. vnd für 2. gutte Pf. Bier.

Der Hefterin, Heureherin vnd Lesserinne des Tages 4. gute Pf. zu Lohn, vnd 2. gute Pf. zu Bier nebest gewöhnlicher Kost.

Die Pauerschaften sollen auch keinem Knecht mehr Lohn, denn wie gemeldet, geben.

Was die Haußgenossen anlangt, die Alters und Schwachheit halber nicht dienen können vnd eigen Viehe haben, sollen halben Dienst neben den Gertnern zue thun verpflichtet seyn.

Die aber kein Viehe haben, sollen in der Erndten vmbs Lohn ihrer Herrschafft wie andere zu dienen schuldig seyn.

Welcher nun dieser Verordnung zuwider mehr Lohns gebe, ist es ein Edelmann soll 5. fl., ist es ein Bürger 3. fl., ist es ein Schultze, Lehnmann oder Paur in 2. fl. Vns zur Straffe verfallen seyn.

So aber die Arbeits-Leuthe vmb solchen Lohn nicht dienen wolten vnd sich doch bey denen von Adell oder Bürgerschafft zu vormiethen anbiethen wurden, wehre es einer so Eltern aufm Lande oder Erbschafft derer Oerter zu gewarten hette, solte er Vns 1. fl. zur Straffe alsbaldt verfallen sein, oder seiner Erbschaft verlüstigk getheilet werden, von welcher Erbschafft nichts minder die Herrschafft Vns die angeregte poen folgen zu lassen verbunden sein soll. Seind es aber Haußgenossen, oder sonst Handlanger, die im Lande keine Erbschafft zue gewarten haben, sollen sie eingezogen werden, solche Poen zu erlegen. Da sie aber nicht hetten oder vermöchten, sollen sie in solchen Vnsern Fürstenthumb vndt Landen weiter nicht geduldet, sondern derselben vorwiesen werden vnd sein. Vnd bey welcher ein solcher verwiesener in seinen Gerichten als für seinen Haußgenossen oder Einwohner befunden, soll solche Straff Vns duppelt verfallen sein.

Weiter ist geordnet, daß keiner des andern Vnterthanen, oder Dienstbotten, so sich zuvor gegen seiner Herrschafft nicht angesaget, oder da er besessen, nicht mit Willen oder Uhrlaub abgeschieden, vnd des keinen Schein hette, zu keinem Unterthanen annehmen, noch in seinem Dienste, da er seiner Herrschafft nicht ausgedienet, und ihm angemeldet wurde, vorenthalten, noch behalten soll, bey Poen vnd Straffe wie oben stehet, vndt ausgedruckt.

So aber einem Vnterthanen vnter seiner Herrschafft zu wohnen nicht gelegen sein wolte, so soll ihme seine Besserung zu suchen, so weit er sein Erbe vorwehnet mit einer andern tüglichern Personen wieder vorerbet, der seinen Juncker-Dienst vnd Zinse verrichten kann, nicht geweigert werden, vndt welcher Vnterthaner sich kegen seiner Herrschafft dergestalt angiebet, erbeuth, vnd solchem Erbieten volget, auch der Herrschafft ihren Abzug erleget, dem soll ein jeder von Adel des Schein vnter seinen Siegel mit zugeben, vnd von solcher Kundschafft nicht mehr denn 4. Gr. zuefordern noch zunehmen bey obgesatzter Poen verpflichtet sein.

Hinwieder do eine Herrschafft einem Pawren vnter ihme hette, so ihm die gebührliche Dienste oder Zinsse wie vor Alters hergebracht nicht thäte, oder thun wolte, noch sein Guth in gebührlicher Werthe hielte, noch zu thun vermöchte, soll die Herrschafft Fug und Recht haben, auf dem Fall solchen Pauren zu beuehlen, zu verkauffen, vnd sein Erbe in einem Viertel, oder zum lengsten halben Jahre zu vererben; Im Fall er aber solches nicht verkeuffen wolte, soll der Juncker Macht haben ihn einzuziehen, bis so lange er sich verbürget der Volge zu thun.

Da aber derselbige auch keine Bürgen erlangen könte, soll die Herrschafft den Pauren seiner Gefängniß darauf entledigen, do derselbige willigen würde, was die Gerichte in solchen Dorffe auf vorhergehende Erlassung des Junckern ihre geleistete Pflicht auf ihren Eyd aussagen, vnd wirdigen würden, daß er sich daran nach solchen Gerichtlichen Erkenntnuß, vnd wie ihme das nach Landes-Gebrauch auf Tage-Zeiten zuerkannt würde, wolten begnügen lassen, auch was sich gebührete, bey solchem Hoff-Erbe zu lassen, dobey es auch endlich bleiben soll, doch soll dem Vorkeuffer aus solchem Guthe nicht mehr folgen, denn so viel er davon bezahlet hette, vnd solcher Hoff soll durch einen andern bewehret werden, damit der Herrschafft kein Abbruch an ihrer Gerechtigkeit geschehen müge.

Damit man auch wissen müge, was die Hoffwehre hinforder bey einem jeden Huefener vnd Coßäthen seyn möchte, sintemahlen die Güter auch dermassen gestiegen, daß sie dieselbe hiebeuor vmb 40. 50. 60. Marck minder und mehr gegeben, itzo dakegen zu 150. 200. auch 300. Marck verkeuffen, daß also der Keuffer so nichts bey solchen Güttern findet, dadurch in solchen Armuth gereth, daß er weder Hoffwehre, Huffner-Dienste noch andere Gebühr seiner Herrschafft leisten könne.

Dem allen nach ist geordnet, daß hinforder ein jeder Huefener seine Hoffwehre dergestalt haben, auch so offt er sein Gut verkeufft, bey solchen Gutte lassen, oder in Mangel, do er solches nicht hette, den Wehrt desselben an deren ersten Kauff-Geldern abgehen lassen soll, damit dardurch die Güter bewehret den Herrschafften ihr Gebühr an Diensten vnd andern desto besser möchten geleistet werden.

Folget darauf die Gewehr.

Erstlich soll ein jeder Huefener bey seinen Gute 2. Pferde auf 16. fl. gewirdiget lassen.

Item zwee Zugk-Ochsen auf 12. fl. gewirdiget.

Zwee mülcke oder trechtige Kühe auf 8. fl. geschlagen.

Eine Pferdtmutter, Seumutter auf 2. fl. gewirdiget.

Ein Paar Gense auf 8. Gr. gewirdiget, vier Hüner, darunter 1. Hahn auf 5. Gr.

Item das Winterfeldt besehet und darzu so viel Sommersaht an Getreyde bey solchem Gute zu lassen, als man des zur Notturfft bedarff.

Item Ein Pflugk nebst einer Ege.

Einem Wagen mit Hew- und Mist-Leitern.

Item Eine Axte vnd Mistfurchen.

Item eine Sense.

Thete die Hoffwehre in alles ohne Saht, Wagen, Pflug vnd derselben Zubehör 39. fl. 13. Gr. M. oder im Marcken 35. Marck. 1. Schwerdt Gr. vnd 2. straube Pf.

Was die Hoffwehre der Gertner anlanget, weil dieselbige im Kauff vngleich, so kann darauf kein gewisser Anschlagk gemacht werden.

Welcher Gertner sein Gutt vmb 10 M. oder darunter verkaufft, der soll bey solchen Hoffe nicht mehr denn den Sahmen zu seinem solchen Garten so weit es anders nicht beseet wehre, dobey lassen.

Item ein Genser mit zween Gensen vnd fünff Huehner, darunter 1. Hahn, 1. Axt, 1. Mistgabel, 1. Hewgabel, 1. Sense.

Do aber sein Gutt vber 20. M. oder darunter gegeben, solte er zu solcher Hoffwehrunge noch ein Burgschwein, oder 1. Thl. in des statt darzu lassen schuldig seyn.

Do aber einer seinen Garten vmb 30. M. darüber oder darunter, doch nicht auf den andern gesetzten Kauff geben würde, solte er darzu noch ein Versse, oder Kuhelein von 2. Jahren, oder 2. fl. in des stadt bey solchen Garten zu lassen verbunden sein.

Damit auch Richtigkeit in Abzugen vnd Erbgelden gemacht wirdt, ist die Erklehrung auch hiebey geschehen, wo sich Erbfelle zu tragen, also daß aus eines Gerichten in des andern Gerichte von wegen solcher Erbfelle, das Erbe genommen, so soll erstlich von einer jeden Person so viel dero siendt, die da Erbe nehmen wollen der Herrschafft 12. Schwerd Gr. alsbald erleget werden, vnd so viel er an Erb-Gerechtigkeit aus solchen Gerichten, es sey auch woran es wolle, zu erwarten, soll er abermahl der Herrschafft von jederer Marck 4. Schwerd Gr. des Wehrts wie es ihme in solcher Erbtheilung zugeschlagen vndt gewirdiget wirdt, alsbald zue Abzuge zue geben, vndt zu entrichten schuldigk seyn. Also ist auch zu verstehen, do ein Paur verkäuffte, daß er von deme so er aus solchen Gerichten wegwendet von jeder Marck desselben Wehrts, es sey Bahrschafft, Viehe, oder anders seiner Herrschafft die 4. Schwerdt Gr. zu geben verpflichtet seyn soll. Do aber seine Herrschafft in zugelassenen Fällen seinen Pauren auskauffte, so solte derselbe Vnterthaner solchen Abzug zue geben nicht schuldig seyn.

Dieweil auch der alte Gebrauch bey Vnser Vorfahren also gehalten worden, daß man aus Beheim kein Erb in diesen Landen heraussser folgen lest, vnd sich offte zutreget, daß Vnterthanen ohne Vorwissen vnd Vhrlaub ihrer Herrschafft in Beheim lauffen, vnd sich alda setzen, vnd nicht minder wenn sich solche Fälle zutragen, ihre Erbe fördern, darauf auch von Vnsern Vorfahren in Bewegung solcher Ungleichheit geordnet, daß man denselben hienwiederum so wenig Erbe in Beheim als sie aus Beheim hierher folgen lassen solten, bey solcher Verordnung lassen Wir es nochmahls bewenden, wollen auch noch, daß dieselbe unverrück soll bleiben.

Weiter ist auch von der Ritterschafft Vnserer beyden Weichbilder Crossen vnd Züllich auch den eingeleibten Städten, Vns bewilliget worden, daß keiner dem andern von Fastnachten an bis auf den Tags Bartholomaei auf dem seinen weder hetzen noch jagen, stellen, oder einigerley Weydewerk treiben solle. Desgleichen ist auch im Winter vnd so lange der Schnee lieget sich solches Weydewercks zu enthalten zu vorstehen.

Vnd welcher darüber thete vnd befunden würde, ist es ein Edelman, so soll er Vns zur Strafe 5. fl., ist es ein Bürger 3 fl., ist es aber ein Hirte, Scheffer oder Paur 1 fl. verfallen sein, bey solcher nechstgemeldter Poen, soll auch alles kuren und nachjagen durchaus verbotten sein vnd bleiben.

Was die Scheffer, so zu Felde liegen, anlanget, damit soll es auf nachfolgende Maß gehalten werden. Alle Scheffer, so zu Felde liegen, soll man geben für das Pfirchlohn vndt anders von jederm 100. Schaafe, so ins Gemenge geschlagen wird, ausserhalb der Knechte Schaafe 10. Schfl. Korn Croßnisch Maaß, welche aufs 6te auch im Gemenge setzen, sollen dem Hirten oder Meister-Knechte zwey viertel vnd jederm Knechte ein viertel, welche ins Gemenge nicht gehören, gehalten werden, vnd sollen der Knechte mülckene Schaafe mit auf den Eymer gehen, vnd wo der Hauffe der im Winter geschlagen, biß in 800. oder 1000. Schaafe starck ist, soll man ihme darzu ein halb malder Gersten oder Maltz geben, dauon soll er zur Pacht, vor jeglichen 100. mulcke Schaffe ½ Tonne Putter, vnd eine Tonne Käse zu geben schuldig seyn, darunter des Scheffers vnd der Knechte Vieh mit gerechnet sein, vnd sollen allewege zwee Ammen in solcher Pacht für ein mülcke Schaaf angeschlagen werden, sonst soll es do mehr Viehe befunden, item mit Beschüttung, Einzehlung in vnd aus dem Winter vnd allem andern mit der Poen im Fall der Vbertretunge der Herrschafft oder Scheffer, wie bey den Pacht-Scheffern ausgedruckt vnd zue befinden ist, gehalten werden.

Es sollen auch hinfürder die Scheffer ihren Hunden Knöbel einer Croßnischen Ellen lang anbinden, oder aber die zue Felde stets an Stricken angebünden führen. Würde aber einer hierüber dieser Ordnung entkegen, oder zuwider leben, soll derselbe so offt er betroffen obige Poen vnnachläßig zu erlegen verfallen sein.

Damit sich auch niemandts Vnwissenheit zu entschuldigen, soll diese Ordnung allen Obrigkeiten ihren Vnterthanen vorlesen, vndt zu erklehren befohlen sein, daß sich ein jeder für solcher Poen vnd Straff in Vbertretung derselbigen zu hütten haben magk.

Vnd auf solches alles befehlen Wier Vnsern Vorwesern Hauptleuten vnd Kastenern zu Crossen vndt Züllich so itzo seindt oder künfftigen Zeiten sein werden, vnd wollen, daß sie vber dieser verfasseten vndt von Vns bestettigten Landes-Ordnung Amtshalber festiglich vnd mit Ernst halten, auch zu Erlangung der Straffen von dem Vbertretern, Als der Vorweser zu Crossen, vnd der Heuptmann zu Züllig vber die Mannschafften die von Stätten vber derselben beyderseits Vnterthanen in beyden Vnsern Weichbildern, der Castener aber zu Crossen vber vnd wider seine Ampts-Pauern alsbald vnnachleßig Hülffe thun, oder aber gefaßt sein sollen, jedesmahl solche Straffe geduppelt zu erlegen. Welcher auch solche Vbertretung von seinen Nachbahrn wüste, vnd der es seiner Herrschafft und Befehlichs-Leuten nicht anmeldete, der soll Vns allemahl noch so viel zur Straffe zugeben verfallen sein.

Des zu Vhrkundt vnd daß die Landes-Ordnunge mit Bewilligung der Mannschafft beder Vnser Weichbilder Crossen vnd Züllich auch derer von Stedten ist verfasset und aufgerichtet worden, haben Wier Vnser Secret zu Ende aufdrucken, vnd solcher Ordnung zwey gleich lautende Exemplaria fertigen, deren eins allhier im Amt Crossen vnd das ander im Amt Züllich verwahren lassen. Geschehen vnd gegeben zu Crossen Mittwochs nach Purificationis Mariae, Anno 1561.

252. Spezial-Revers für die Landschaft Krossen, vom Jahre 1611.

Von Gottes gnaden, Wir Johan Sigißmund, Marggraf zu Brandenburgk, des Heyl. Röm. Reichs Ertz Cämmer vnd Churfürst ꝛc. ꝛc. Thun kundt vndt bekennen hiermit vor Vns Unsere Erben vndt Nachkommen Marggrafen vndt Churfürsten zu Brandenburgk, vndt sonst menniglich; Alß wier von Zeit Unserer angehenden Churfürstl. Regierunge mit Unser getrewen Landtschaft des Fürstenthumbs Crossen vndt Zülchow, wegen Erledigung Ihrer vbergebenen gravaminium auch eines von Uns, in Unsern ietzo obliegenden hohen Beschwerden an Sie begehrten Subsidii halben in tractaten gestanden, darüber vnterschiedene Tagefarthen, vndt Handlungen gepflogen worden, bis wier endlich einen Außschuß Unsern semptlichen getrewen Landtschafft der Newmark, vndt incorporirten Weichbilden auf den 3. Juny iüngst erschienen, anhero in Unser Vestung Cüstrin erfordern, vndt mit Ihnen sampt vndt sonders deßwegen ferner tractiren lassen. Daß wier Unß endlich mit Ihnen aller vbergebener puncte halber folgender gestalt gnedigst vereiniget vndt verglichen, Darüber auch stet, fest, vnverbrüchlich gehalten werden soll.

Zuförderst wollen wier ermelte Unsere getrewe Landtschaft es Fürstenthumbs Crossen vndt Zülchow gleich andern Fürstenthumern vndt Landen, bey der Reinen Lehre des allein seeligmachenden Worts Gottes, auch Ihren alten privilegien, constitutionen, wohlhergebrachten gebreuchen vndt verfassungen gnedigst schützen, vndt dabey geruhlichen pleiben, Immassen Wier Ihnen alle Ihre Privilegia vndt Freyheiten, die Sie von Unsern in Gott ruhenden Vorfahren erlanget, vndt hergebracht, hiermit, vndt Krafft dieses befestigen, bekrafftigen vndt confirmiren, vnd wollen, daß sie dabey iederzeit vnverruckt sollen gelassen werden.

Vndt weil wier Unserer getrewen Landtschafft der Newmarck einen ausführlichen Recess vieler vnterschiedenen punct halben, sowohl das Geistliche, als politische Regiment betreffende, ausfertigen, vndt zustellen lassen, So wollen wier das alles, waß in solchen Recess befindlich, vnd hierinnen sonderlich nicht geendert, auch auf Sie im Croßnischen vndt Züllichschen Weichbildt nach gelegenheit eines ieden orts gemeinet, vndt verstanden werden, vndt Sie sich des gleich andern Unsern getrewen Unterthanen der Newmarck zu erfrewen haben sollen, Immassen Ihnen solches Reverses vidimirte Copia aus Unsere Cantzley ertheilet werden soll.

Hier benebst wollen wier Sie auffs eheste mit einem Vorweser einer Adelichen tüchtigen, vndt qualificirten Persohn Ihres mittels den herkommen gemeß versehen, vndt Ihm die direction des Justicien wesens vndt anderer gemeiner Landtsachen auftragen vndt befehlen, behalten Vns aber bevor in Unsern Aemptern die Oeconomie, vnd Haushaltung Unsers gefallens zue bestellen, oder auch, da es Unß gefiele, dem Verweser zu vntergeben, darinnen wier vngebunden sein vndt bleiben wollen.

Ob auch wohl eine Erbahre Landtschafft bey Unß angesuchet, daß wier das Ampt Zülchow mit einem besondern Hauptman besetzen mögten, weil aber vor diesen allbereit beede Empter durch den Verweser bestellet worden; So lassen wier es dabey zu diesem mahl bewenden, vndt wollen, daß der Vorweser auch direction der Justicien vndt Landessachen in Ampte vndt Creyße Zülchow haben, vndt zu Expedition derselben, sich zuweilen von Crossen daselbst hinbegeben soll, Insonderheit soll Er in denen sachen, so in den Züllischen Creyß gehoeren, die Tage farten, so viel moeglich ins Ampt daselbst legen, vndt dieselben ohne sonderbahre vrsachen nicht nach Crossen ziehen.

So wollen wier auch das Hofgerichte zu Crossen vndt Zülchow dem Herkommen gemeß bestellen, vndt halten lassen, Undt weil hiebevor breuchlich gewesen, daß zwey von Adel, als Hof-Schöppen demselben beygewohnet; So wollen wier vf der Ritterschafft anjezo gethanes vnterthenigstes Anhalten geschehen lassen, daß es hinführo auch also gehalten werde.

Vndt haben wier hierzu an iezo Hanß Christoph von Rotenburgk, vndt Zacharias von Knobelsdorf in Croßnischen Creyß, Hanßen von Schenckendorf zue Schmellen, vndt Christoph von Löben, im Zülchowschen benandt, bestetiget vndt verordnet.

Vndt wollen, daß Sie solchem Hofgerichte, wie vor Alters herkommen vndt bräuchlich, als Schöpfen beywohnen, Und daßiehnige waß sich hiebey gepühret, verrichten, wollen Ihnen aber ausser dem, was Sie von den Sportulen haben, sonderbahre Besoldung zugeben, nicht verbunden seyn.

Weil auch hiebevor die Ritterschafft in Croßnischen vndt Züllichowischen, iedes orts zweene Eltisten Ihres mittels gehabt, welche des Landes notturfft in Contribution vndt andern sachen in acht genommen, auch deßwegen die Ritterschafft ihres Creyses zu convociren Macht gehabt, wollen wier ihnen dieselben zu wehlen, auch die Zusammenkunfft nochmahls verstatten; Jedoch, das vnß dieiehnigen, so gewehlet werden, iederzeit nahmhafftigk gemacht, vndt vnsere Regierung zu Cüstrin confirmation suchen, auch auf die pflicht, damit Sie Unß ohne das verwandt vndt zugethan, Vnsern Ober-Hauptmann oder Cantzler ein handt gelübte thun, solchen ihren Ampte getrewlich vorzustehen, wieder Unß, vndt die Unserigen nichts, weder heimlich noch öffentlich zu attentiren, den Vorweser gepührlich zu respectiren, vndt ohne sein Vorwissen vndt Bewilligung keine zusammenkunfft der Ritterschafft auszuschreiben, auch was in solchen zusammenkünfften tractiret werden soll, oder tractiret worden, iederzeit, wenn es begehret wirdt, dem Vorweßer, oder Unß selbst anzuzeigen. Würde auch einer dem iehnigen, waß sie tragenden Amptß halben bestellen, vndt anordnen, nicht nachkommen, sondern sich wiedersetzig erzeigen, sollen Sie Ihm Ihres gefallens zu strafen, nicht befugt sein, sondern dasselbe an den Vorweser, oder da derselbe auch seumig, an Unsere Regierung zu Cüstrin gelangen lassen, welche Ihnen an Unsere statt die Handt bieten, vndt zu dem, waß billich behülfflich sein soll.

Da auch einer aus den erwehlten Eltisten mit todte abgehen würde, soll der überlebende mit vorwissen des Vorwesers, die Ritterschafft convociren, damit Sie einen andern in des verstorbenen Stat wehlen, welcher darauf von Unserer Regierung confirmiret werden soll.

Es soll auch der Vorweßer Recht vndt Gerechtigkeit gleichförmig, den Armen sowohl als den Reichen, wiederfahren lassen, darneben aber sonderlich die Klagen, so sich zwischen denen von Adel vndt ihren Vnterthanen erheben, fleißig hören vndt daran sein, daß die Vnterthanen zur vnbilligkeit nicht beschweret, die Muthwilligen aber in Ihrer Halßstarrigkeit nicht gestercket werden. Vndt lassen wier es wegen solcher der Unterthanen vnnötigen vndt muthwilligen Klagens, bey der in obberärten Unsern general Recess angesetzten straf bewenden, damit der Vorweser nach gelegenheit zu verfahren wissen wirdt, Undt soll sonsten mit den pauer diensten iedes ortes also gehalten werden, wie es bestendiglich hergebracht, also daß die Leuthe darüber nicht beschweret, Ihnen aber auch der schuldigen Dienste sich zu entziehen, nicht gestattet werde.

Der Zölle halben haben wier, wie es dieses falß mit derer von Adel zu Ihrer Haushaltunge eingekaufften Victualien, auch verführung ihres eigenen zuwachßes in vndt ausserhalb Landes zu wasser, oder auf der Axe, Item den pferde zoll gehalten werden solle, gnugsamb erklehret, dabey wier es, wie auch bey dem, so Anno 1574. deswegen verabscheidet, im Croßnischen vndt Züllchowischen Weichbilde bewenden lassen, Vndt da von denen Zöllnern da wieder gehandelt, vndt jemandt darüber beschwehret würde, hat Er solches bey vnser Cammer zu Cüstrin, auch ferner bey der Regierung, oder Unß selbst zu suchen. So viel aber den Zoll anlanget, damit Unsere Unterthanen ietzo zur newerunge in Schlesien beleget werden, wollen wier die notturfft an die Königl. Cammer zu Groß Glogau gelangen lassen, und deßwegen fernere Verordnung machen.

Wegen auskaufung der Pawren, wollen wier des Marggraf Hanßens Christmilder gedechtnüß, verordnung, auch waß in dem Unserer Newmerckischen Landtschafft aniezo zugestalten Recess begriffen, allerdings gehalten, vndt sonst solches auskeuffen, so viel moeglich, verhütet werden.

Diejenigen, so Wetterschaden gelitten, sollen die im Recess de Anno 1574. bewilligte 3. Jahr des Hufenschosses vndt anderer Stewren befreyet sein und bleiben.

Alß auch die Ritterschafft sich vber Unsere Stadt Franckfurt an der Oder dahero beclaget, das Ihnen nicht gestattet werden will, einige victualien oder andere notturfft zu Ihrer Haushaltung gehoerigk, den Oderstrohm hinauf zu führen, ob sie gleich ihre Wahren fast teglich die Oder hinab, nach Franckfurt bringen vndt anführen, Imgleichen, daß Sie zu auswaschung vndt aussetzung des Klapholtzes vnd Diehlen, so daselbst vorübergeführet werden, angehalten werden wollen, Vndt gleichwohl die Stadt aniezo darüber nicht gehöret werden können, wollen wir solches Suchen forderlichst an den Rath daselbst gelangen lassen, Und darauf nach befindung die gepühr verordnen; Immassen die von der Ritterschafft deßwegen ferner bey Unß anzuhalten wissen werden.

Mit besetzung der Schultzen Gerichte bleibet es bey dehme, wie es an ortern, da Sachßen-Recht in brauch ist, herkommen, daß der Jüngste vor andern dazu, verstattet werde. Es wehre den Sache, daß derselbe etwa mangelhafft, oder nicht alt genug, oder sonst zum Schultzen-Ampt nicht tüchtigk. Auf einen solchen Fall soll einen Lehnsherrn bevorstehen, der andern Brüder einen, den er an besten dazu qualificiret zu sein erachtet, anzunehmen, welche aber deßwegen sonderbahre pacta in den Lehnbriefen haben, bey denselben bleibet es billigk.

Weil auch wegen Mangel des Saltzes, vndt anderen bey denselben handel eingerissene Mißbräuche halben, allerhand grosse Klagen geführet werden, wollen wier bey denen, so denselben iezo in henden haben, daran sein, daß solcher Mangel so viel moeglich, verbessert, auch da nicht andere sonderbahre bedencken vorhanden, zu Crossen vndt Zülchow eine sonderbahre Niederlage des Saltzes angestellet, vndt gehalten werde.

Wann wier Unsere getrewe Ritterschafft zu aufwartung, vndt andern tage leistungen Unsere selbst eigenen sachen betreffende, erfordern, wollen wier Sie vor sich, Ihr Gesinde vndt pferde, mit futter vndt Mahl versehen lassen. Anlangende die Consens, so wegen verpfendunge der Lehngüter vndt Leibgedinge gesucht vnd bißhero alle 3 Jahr haben renovirt werden müssen, haben wier solches in dem Unserer Ritterschafft der Newmarck zugestaltten Recess auf andere ertregliche wege gerichtet, dessen die von der Ritterschafft dieses orths nicht weniger zu geniessen haben sollen. Ingleichen was der gesambten Handt halben in solchen Recess ferner disponiret vndt verordnet. In vbrigen aber bleibet es der Croßnischen und Züllechowischen Lehn halber bey dem, des orts vblichen Sechßischen Rechten, Insonderheit wollen wier, daß die gesambte hender der gesambten Handt in der persohn folge thun, vndt Ihre pflicht ablegen sollen; Da aber einer so gar weit abgesessen, oder andern erheblichen impedimenten halber davon abgehalten würde, seindt wier gnedigst zufrieden, daß er durch einen gnugsamben Gevollmechtigten die Lehn muthe, darauf Ihm nach befindung der Ehehafften ein Muthzedel ertheilet, Und Er nichts destoweniger schuldig sein sol, aufß eheste, als es müeglich, sich zu leistung der pflicht persöhnlich einzustellen. Wegen der revocatorien feudi, lassen wier es bey Marggraf Johansens Christmilder Gedechtnüs verordnung, so am Tage Thomae Apostoli Anno 1569. datiret, vndt dem, waß Wier Unß in dem iezigen Newmerkischen Recess ferner erklehret.

So tragen auch die Witfrawen, so auf ein Lehngut beleibgedinget, die onera billig.

Den von der Ritterschafft iezo gesuchten Krugverlagk, können wier denen Stedten zum nachtheil keines weges bewilligen, sondern wollen, das vber die Anno 1544. vndt 1546. zwischen der Ritterschafft vndt der Stadt Crossen, vndt dan in Züllichschen An. 62. aufgerichteten vergleichung fest gehalten werde. Würde sich aber befinden, daß der Stadt mit einem Kruge, so vor Alters dahin nicht gewiedmet, nicht gedienet, können Wier geschehen lassen, daß der, dem solcher Krug gehoeret, mit der Stadt handele, vndt es vf andere Wege richte.

Wegen der verlaufenen Unterthanen, haben wier in dem Newmerckischen General-Recess, Uns zur gnüge erpotten, wollen auch, wen deßwegen weiter bey Unß angesuchet wirdt, an dem König in Pohlen vnd andere Benachbarte die notturfft gelangen lassen.

Die Jurisdiction über die Geistliche belangende, haben wir dieselbe Unserer Newmerckischen Regierung, so viel die personalia betrifft, volkömblich aufgetragen, daselbst die Croßnische Ritterschafft Ihre notturfft (wofern den sachen von dem Superintendenten daselbst nicht abgeholffen werden kan) gleichergestalt zu suchen.

Ferner ist zwar in der Newmerckischen Consistorial-Ordnung versehen, daß der verstorbenen Pastoren Witben, lenger nicht als ein halb Jahr stat des gnaden Jahres haben sollen, weil aber dasselbe hernachen durch Unsers in Gott ruhenden Groß Herrn Vaters rescript, vndt darauf hergebrachte Observanz auf ein gantz Jahr erstrecket, dessen sich zwar die Ritterschafft zum theil beschweret, aber gleichwohl den armen Witben vndt Weysen hierunter etwas zu entziehen, bedencken gehabt, lassen wier es auch dabey bewenden.

Solte aber an einem oder den andern orte, deßwegen etwaß vorfallen, soll dem Superintendenten solches angezeiget, vndt Er demselben nach billigkeit zu remediren befehliget seyn und werden.

Waß der pfender halber in der zwischen der Ritterschafft vndt der Stadt Crossen Anno 44. aufgerichteter Vergleichung loblich vndt wohl versehen, dabey soll es allenhalben gelassen, auch die Stadt Crossen, denselben Ihreß theils also nach zu leben, von Unß ermahnet werden, wollen auch, daß solche Ordnung in Züllichowischen Weichbilde angestellet werde, Immassen Unser künfftiger Vorweser, solches ins Werk zu richten, sich befleißigen soll.

So auch eine notturfft befunden würde vber die Aus-Reuter vnd pfender, so albereit zu Crossen vndt Züllichow gehalten werden, Wollen Wier solches des Vorwesers discretion anheimb gestellet haben, der sich darüber mit der Landtschafft zu vergleichen, Jedoch, daß Er solches, ehe es zu wercke gerichtet werde, an Unß oder Unsere Cammer zu Cüstrin gelangen lasse, vndt fernerer resolution sich erhole.

Wier wollen auch wegen Unsers Haassen-Jegerß daselbst geybten, vndt iezo beclagten muthwillens, erkundigung einnehmen, vndt denselben nach befindung zu gebührender Strafe ziehen, Vndt soll der Vorweser daran sein, daß Er sich dessen hinführo enthalte.

Der Jagdten halber, daß ein ieder auf dem Seinen pleibe, wollen wier die begehrte mandata bey 50. thlr. strafe fertigen vndt publiciren lassen.

Ingleichen soll den Castner zu Züllichow nicht gestattet werden, die Schreibgepühr in Ambte seines gefallens zu erhoehen, sondern soll der Verweser vf erholtes gutachten Unsere Regierung zue Cüstrin, deswegen eine gewisse Verordnung machen.

'Die Fehre zu Tschichercich, wie auch den Tham in Glauchenwalde, befinden wier den Reisenden, vndt andern so derer örter ab vndt zu ziehen, hochnüzlich, Vndt weill deren keines ohne vncosten gehalten werden kan, wirdt von denen, so sich derselben commoditet gebrauchen, billig etwaß entrichtet, Wollen auch hierinnen gebührende moderation, (insonderheit der Unterthanen zu Glauchenwalde halben, daß dieselben in ein vndt ausfahren nicht doppelt beleget werden) treffen lassen, dazu Wier aus Mangell vollkommenen berichts, aniezo nicht gelangen können. Soll aber aus Unser Cammer zu Cüstrin, deßwegen auf ferners anhalten forderlichste resolution erfolgen. Da auch iemandt der berührten Fehre halben interessiret, mag Er sich bey Unß angeben, wollen wier Unß gegen Ihnen gepührlich zu erkleren wissen.

Daß in denen Stetten Crossen vndt Züllichow ein gleiches vndt richtiges maaß gehalten werde, soll der Vorweser in guter acht nehmen, vndt die iezige Maaß mit zuziehung der Landtschafft Eltisten, nebenst den Rahtspersonen richten lassen.

Daß die von Adel eine Zeitlang mit ihren pferden das Getreydig aus der Stadt Züllichow abholen, vndt auf ihre Mühlen führen lassen, hat ein Rath daselbst so weit geschehen lassen, daß darümb die Bürgerschafft so wenig auf deren von Adel alß der Stadt oder Unser Mühlen zu mahlen gezwungen werden sollen, Ihnen auch vorbehalten, Ihre Mühlen in bessern Gange zu bringen, welches Ihnen nicht vnbillig gestattet würde. Daß die Vnterthanen den herkommen zuwieder mit abforderung des Zehenden, beleget werden sollen, können wier nicht gestatten, sondern pleiben damit nochmahlß billig verschonet.

So wird auch des Wachen halber, wie es bishero iedes orts breuchlich gewesen, gelassen, Und pleiben sonst die Unterthanen mit newen diensten vndt vflagen billig verschonet.

Wie es mit denen von der Ritterschafft oder Ihren Witben, so sich in die Stedte begeben, gehalten werden soll, ist in der Newmarck schon versehung geschehen, vndt sollen dieselben, wenn sie keine bürgerliche Nahrung treiben, mit den bürgerlichen pflichten vndt andern oneribus verschonet bleiben, Da sie aber bürgerliche Nahrung sich vnterfangen, können sie sich der darauf belegten beschwerden nicht entbrechen. Es soll ihnen aber vor ihren tisch zwee gebrewe Bier ohne Ziesen frey zu brawen vergönnet seyn, also daß Sie dieselben weder im Hauße mit Geste setzen ausschenken, noch auf der Gassen verkauffen.

Wir wollen auch zu ehester gelegenheit Unsers in Gott ruhenden Herrn Vaters vndt Groß Herrn Vaters, Visitation vndt policey, vndt Landtes Ordnung mit zuziehung Unserer getrewen Landt-Stende revidiren lassen, dieselbe durch öffentliche ausschreibe confirmiren vndt publiciren, auch daran seyn, daß von Unsern Beampten darüber steif, fest, vndt vnverbrüchlich gehalten werde.

Das Woll-Edict aber, so vnlengst von Vnß publiciret worden, Darüber sich eine Ehrbahre Landtschafft, diesseit der Oder in etlichen puncten beschweret, wollen wier vf diesen orth nicht gemeinet, noch verstanden haben, sondern es bey dehme, wie es allenthalben herbracht, vndt vblich gehalten worden, verpleiben lassen, Behalten Unß aber dennoch beuor, die Mißbreuche, so etwa hiervnter eingerissen, oder so künfftig einreissen möchten, mit Raht Unserer getreuen Landt-Stende zue corrigiren, vndt aufzuheben.

Wann dann Unsere getreue Mannschafft des Fürstenthums Crossen vnd Züllichow mit dieser Unser gnedigsten resolution auf Ihre eingebrachte sonderbahre gravamina content, vndt zufrieden.

So haben sie zugesaget, vnd versprechen, zue deriehnigen Summe, welche Unsere semptliche Ritterschafft, der New Marck, vnd incoporirten Lande, Uns in iezwegen obliegenden beschwerden, gewilliget, Ihre quotam richtig vndt vnweigerlich auf bestimbten termin auszubringen, vndt zue erlegen auf maaß, wie in obberührten Newmerckischen Recess deswegen weiter enthalten.

Vnd ob sowohl solcher quotae vndt des modi contribuendi halben, zwischen Ihnen vndt der Ritterschafft in der Newmarck streit vorgefallen; So laßen wier es doch, weil auff dießmahl kein ander mittel zutreffen, bey dem, wie es in solchen fällen von Alters herkommens, bewenden, Stehet aber der Croßnischen vndt Züllichowschen Ritterschafft frey, zu außbringung solcher Ihrer quotae vnter sich eine sonderbahre Anlage zumachen.

Zu Urkundt haben Wier diesen Recess mit Unsern henden vnterschrieben, vndt Unser Churfl. Secret darauff drucken lassen, Wie ingleichen von wegen der Ritterschafft im Croßnischen Unsere Liebe getrewe Eustachius von Schlieben zue Tammendorf, vndt Hanß Christoph vor Rotenburg, vf beeden Natken, Von wegen der Züllichoischen aber, Aßmuß von Troßcke auf Podlegar, vndt Christoph Haacke zu Schönborn, denselben nebenst Unß mit Ihrer Handt vndt Siegel volzogen. Welches geschehen ist in Unserer Vestung Cüstrin den 12ten Juny Anno 1611.

253. Revidirte Bauern-, Gesinde-, Hirten- und Schäferordnung für das Herzogthum Krossen und Züllichau vom 18. Januar 1686.

Wir Friderich Wilhelm, von Gottes Gnaden Markgraf zu Brandenburg 2c. Fügen hiermit öffentlich zu vernehmen, welchergestalt Uns Unsere Unterthanen von Ritterschaft und Städten in Unserm Herzogthum Croßen und Züllichow unterthänigst zu erkennen gegeben, was gestalt vonnöthen sein wollte, daß die, Ihnen von der Durchlauchtigsten Hochgebohrnen Fürstin und Frauen, Frauen Elisabeth Charlotten, Marggräfin und Churfürstin zu Brandenburg, gebohrner aus dem Churfürstl. Stamme der Pfalzgrafen beym Rhein, Unser in Gott ruhenden Frau Mutter, Christmilden Andenkens in Anno 1646. in ihrer Witumbs Regierung bestätigte Bauer- Gesinde- Hirten- und Schäfer-Ordnung, wovon wenig Exemplaria mehr vorhanden wären, und dannenhero das Gesinde und andere darinnen benannte fast nach eigenem Gefallen lebten, und der Obrigkeit durch Trotz, Eigensinn und allerhand Verdruß, ganz unerträglich fallen wollten, aufs neue revidiret, nach dem Zustande und der Zeiten Beschaffenheit eingerichtet und zu jedermänniglich Wissenschaft in den Druck befördert würde, warumb sie denn Uns, als den Landes-Fürsten in Unterthänigkeit angeflehet; Wann wir denn gesehen, daß ihnen dadurch Frommen gestiftet, hingegen Unheil und Schaden abgewendet, und allem üppigen

Beginnen gesteuret werde, so haben Wir solche Ihre absonderliche Verfassung angenommen und nachfolgendermaßen zu bestätigen in Gnaden geruhet.

Thun das confirmiren und bestätigen Kraft dieses gedachten Unsern getreuen Unterthanen von der Ritterschaft und Städten im Herzogthum Croßen und Züllichow, solche Ihre mit einhelligem Belieben aufgesetzte Policey und Landes-Ordnung, von Fürstlicher Macht und Obrigkeitswegen und wollen in allen und jeden nachgesetzten Puncten und Clausuln steif, fest und unverbrüchlich darüber jederzeit gehalten haben.

Tit. I. Von der Unterthanen Kinder und Diensten.

§. 1. Demnach so wollen wir, daß kein Bauer oder Coßäthen Sohn oder Tochter, in Flecken und Dörfern, so denen von Adel und Räthen in Städten zuständig, wann der oder dieselbe kein ander vitae genus honestum erwählen, sondern bey der Bauer- und Feld-Arbeit beständig verharren, und wann die Eltern sie zu ihren selbst eigenen Diensten nicht bedürfen, bey andern um Lohn dienen wollen, sich gar nicht vermiethen sollen, sie haben denn bei unsern Aemtern, den Gerichts-Junkern und Herrn (denn weiter ist es nicht zu extendiren) darunter sie gebohren oder erzogen, vor sich selbst oder durch die Eltern vorher zu Diensten angebothen, auf solchen Fall sie auf Begehren, ihrer Herrschaft, derselben vor allen andern und nicht allein in dem Dorfe, da sie gebohren oder erzogen, sondern auch auf andern ihrer Herrschaft zugehörigen Güthern und Vorwerkern, sowohl bey Leben der Eltern als nach deren Tode, ob sie auch schon der Erbschaft verzeihen wollten, jedoch nicht anders, als um gebührendes und gebräuchliches Lohn, so lange bis die Söhne eigene Höfe annehmen und die Töchter mit Vorbewust der Herrschafft sich verheyrathen, weil die dreyjährigen Dienste durch den Landtags Receß de Anno 1653. abgeschaffet seyn, zu dienen schuldig seyn sollen. Die Eltern aber müssen nicht fälschlichen vorwenden, daß sie ihre Kinder bedürfen, und dieselben sonderlich zu wohlfeilen Zeiten lieber daheime liegen faullenzen, oder in der Erndte andern umbs Lohn arbeiten, zur Zeit der Noth im Lohne übersetzen, oder auf allerhand Kauf-Händel sich befleißigen, oder gar die Wälder und Felder an Obst, Hopfen, Most, Fischen &c. bestehlen, als vermiethen und redlich arbeiten lassen, sondern es wird jede Obrigkeit ermeßen, wie viel Gesinde jeder Wirth des Jahres zu seiner Acker und Vieh-Nahrung von nöthen habe, wie dann auch der Schäfer, Hirten, Hausleute, Schmiede, Krüger und der Dorf-Handwerker Kinder sich nicht entbrechen sollen, ihrer Herrschaft, so lange ihre Eltern an dem Orte wohnen, vor allen andern zu dienen, imgleichen derjenigen Unterthanen, welche nach Anno 1653 sich der ordentlichen Hofe-Dienste durch Verträge mit ihrer Herrschaft entschüttet, in selbigen aber nicht ausdrücklich benennet, daß ihre Kinder von solchem Dienste befreyet seyn sollen, gestalt dem ganzen Lande zum Schaden, einem die Landes-Ordnung dergestalt zu durchlöchern, nicht anstehet.

So sind auch unter der Eltern Kinder die zu verstehen, welche aufs Guth mit den Eltern angezogen seyn, ob sie gleich nicht im Lande gebohren, oder an dem Orte erzogen, sondern ante subjectionem erzeugt sind, es wäre denn durch ausdrückl. Beredung bey Auf- und Annehmung des Unterthanen, die mitgebrachten Kinder insgesamt, oder zum Theil von der Erb-Unterthänigkeit ausgeschloßen und dessen genugsamer Beweis vorhanden, nach Anleitung unsers gnädigsten Rescripts d. d. Cölln an der Spree den 15ten Nov. 1670. Ob auch gleich einiger Unterthanen Kinder nur andern zu arbeiten und um den 12ten Scheffel zu dreschen pflegen, nicht aber sich vermiethen wollen, sollen sie doch schuldig seyn, ihrer Erb-Obrigkeit vor andern umb das in der Landes-Ordnung gebilligte Tagelohn, oder um den 18ten Scheffel, vermöge jüngsten Landes-Tages-Receß de Anno 1653 zu dreschen, auch sonst allerhand Arbeit, welche die Herrschaft von ihnen fordern wird, unweigerlich zu verrichten.

§. 2. Da nun der Sohn oder die Tochter auf solch Erbiethen zu dienen, von ihren Herren nicht alsofort angenommen würden, soll ihnen nach Verlauf vierzehn Tagen frey seyn, sich an andern Ort, wohin sie wollen, wann in eben demselben Dorfe kein Dienst bei den Unterthanen zu bekommen, in Dienst zu begeben, dann so lange die Einwohner desselben Dorfes ihres Dienstes benöthigt, sollen sie an andere Orte zu begeben sich nicht gefugt seyn, es soll aber dieses Erbiethen gegen die Jahres-Zeit geschehen, da das Gesinde an und abzuziehen pfleget, diese Meinung hat es nicht allein, wann der Unterthanen Kinder noch bey ihren Eltern seyn, sondern auch, wann sie entweder ohne Vorbewust, oder mit Willen ihrer Herren, von demselben abgezogen seyn und anderswo ausgedienet haben, da sie sich hernach wieder vermiethen wollen, sollen sie eben so wohl bey ihrer Obrigkeit sich von neuen anzumelden und ihnen oder deren anderen Einwohnern des Dorfes obstehendermaßen vor andern umb gebührenden Lohn zu dienen schuldig und verbunden seyn.

§. 3. Wo sich denn auch ein Knecht oder Magd in der Zeit des vermiethenden Dienstes würde verehelichen, oder ihre Eltern würden dieselben zu ihren Diensten selbsten bedürfen, oder sonst ihre Condition nicht in dem Lohne, sondern durch andere ehrliche und zulässige Mittel zu verbessern wissen, sollen sie von ihren Herren, zu Verhinderung ihres zeitlichen Glückes, wann sie ein Jahr ausgedienet, oder im Jahre, in ihre Stelle einen tüchtigen Dienstbothen verschaffet, darüber zu dienen weiter nicht gezwungen werden, jedoch daß der Knecht unter seiner Herrschafft sich seßhaft mache, und die Braut, wie billig ihm folge, es möchten denn die Umstände ein anderes erfordern, so auf der Herrschaft Erkenntniß stehet: Maaßen denn auch diejenigen Knechte und Mägde, so sich vor Publicirung dieser Ordnung bereits anderswo in Diensten eingelassen, von dieser Ordnung auf ein Jahr eximiret seyn, weilen dieselbe nur de futuris zu verstehen, und nicht ad praeterita zu extendiren, so weit unbeirret bleiben, es wäre dann Sache, daß ihnen solches von ihrer Herrschaft allbereits vor Weihnachten, welches dieser Orten die Dienst-Zeit ist, angedeutet worden, jedoch soll die Dienstbarkeit und Leibeigenschaft, an denen Orten, da sie im Schwange, hiermit nicht aufgehoben, besonders bey hergebrachten Brauche und Verordnung des Land-Tags-Reversen, unverschrenkt gelassen, auch die Uhralte Gewohnheit an Diensten und Pächten, nach Anweisung jeden Ortes Erb-Register, Uns und allen Obrigkeiten mit Treue und Fleiß zu verrichten, widrigenfalls aber gewärtig zu seyn, daß die Widerspänstigen sowohl Eltern als Kinder von ihren Obrigkeiten durch zureichende Mittel abzustrafen, beybehalten werden.

§. 4. Unterfienge sich aber einer oder der andere, den Aemtern, Junkern und Obrigkeiten obberührter maßen seine Dienste zu entziehen und unangemeldet an andere Orte sich zu vermiethen, und also die Land-Reverse zu löchern, der oder dieselben, sollen von den Gerichts-Obrigkeiten durch die Ihrige, oder auf eines jeden Begehren, durch die Amts-Pfänder ohne einigen besonderen Befehl mit Vorwissen und Hülfe eines jeden Orts-Obrigkeit, welche solche Leute bei Vermeidung einer arbitrar Strafe, nicht vorenthalten, sondern unweigerlich folgen zu lassen schuldig seyn sollen, auf die nechst anliegende Vestungen gebracht werden, gestalt denn der Gouverneur oder Commendant allda, Kraft dieses, befehligt seyn soll, solche Deliquenten nicht allein anzunehmen, sondern auch auf der Obrigkeit Begehren wieder abfolgen zu lassen.

Tit. II. Von der Gesinde Dienstzeit.

§. 1. Es soll das Gesinde insgemein nicht, auf ein viertel oder halb Jahr, sondern auf ein ganz Jahr von der Zeit an, wie es jedes Ortes wegen dessen An- und Abziehens gebräuchlich, gemiethet und angenommen werden, da es aber die Noth erfordert, daß einer auf ein halb oder viertel Jahr angenommen werden müste, soll ihme doch nicht mehr, als was das ordentliche Lohn pro rata temporis austräget, gegeben werden, es erheische dann der Sachen Umstände ein anderes, welche billig zur rechtlichen Erkenntniß gestellet werden.

§. 2. Um damit deswegen im Lande keine Unordnung vorgehe, soll alles Gesinde, auch die Meyer, worunter aber die Hofleute, die aufs 5te oder 6te sitzen, weil sie nach dem hiesigen Landes-Gebrauch auf Martini an- und abzuziehen pflegen, nicht zu verstehen, hinführo in Weihnachten auf den Tag Stephani, weil es dieser Orten jederzeit üblich und Herkommens gewesen, an- und abziehen, sich auch des langen Spazierengehens, da sie manchmal nach der Heil. Drey Könige Tage und später allererst zur Arbeit antreten, und die Hauswirthe mit großer Beschwer und Schaden, unterdeß alleine lassen, sich durchaus und bey Verlust eines vierteljährigen Lohnes enthalten und sofort in ipso termino Weihnachten zum Dienst einstellen.

§. 3. Dann wollen wir, damit keiner Gelegenheit oder Entschuldigung zu solchem Spazierengehen haben möge, daß sich ein jeder Dienstbothe vier Wochen vor Weihnachten dahin verspreche, wo er das folgende Jahr dienen soll, und daß diejenige, welche auf bemeldeten Tag Stephani nicht angetreten seyn, sondern unterm Schein, als suchten sie allererst Dienste, auf Müssigkeit herumgehen werden, durch die Amts-Pfänder aufgenommen, und auf ein viertel Jahr Lohn gestrafet, und wenn bey ihnen nichts zum Besten, in unsere näheste Amts-Gerichte zu gefänglicher Haft, bis sie jemand gemiethet, und die Strafe auf künftigen Lohnes-Abschlag für sie entrichtet, gebracht werden, würden sie aber von der vorigen Herrschaft begehret, da sie noch keine Dienste hätten, und von ihrer Obrigkeit, da sie unterthänig seind, auf geschehenes gebührendes Anbiethen oder auch von den Einwohnern des Dorfes nicht zum Diensten begehret würden, sollen sie bey derselben noch ein Jahr zu verbleiben schuldig seyn und dazu gezwungen werden.

§. 4. Es ist auch an dem Gesinde zu mehrmahlen diese Leichtfertigkeit gespüret, daß sie sich wohl bey mehr als einem Herrn vermiethen, oder da sie vermiethet, kurz zuvor, wenn sie anziehen sollen, den Dienst wieder aufsagen, welches denn abermahlen große Ungelegenheit erreget; verbiethen derowegen solches ernstlich, und soll solche Leichtfertigkeit von keinem ehrlichen Dienstbothen billig erfahren werden; da aber jemand seinen Dienst zweyen Herren zugleich auf eine Zeit anbiethen und versprechen würde, soll er schuldig seyn, demjenigen, welchem die Zusage am ersten geschehen, den Dienst zu halten, und dem andern einen an seine Stelle zu schaffen, oder da er solches nicht vermöchte, das Lohn auf so hoch baar zu entrichten, wollte er aber auf seine eigene Hand sitzen, soll er mit zehen Rthlr. gestrafet, hernach aber mit gehöriger Contribution nebst andern oneriret, und solche Strafe, so oft einer darinnen sündiget, interiret und continuiret werden, welche Strafe denen Gerichten, da dieses geklaget wird, anheim fället, weil auch die Dienstbothen diejenigen, bey welchen sie sich vermiethen wollten, mit Forderung eines ungebührlichen Handgeldes zu übersetzen pflegen und 4. 5. 6. oder auch mehr Groschen zu fordern sich unterfangen, so soll solches hierdurch gänzlich abgeschaffet, und ein jeder Dienstbothe mit 2. Gr. aufs höchste zum Mieth-Groschen vorliebzunehmen, oder im widrigen Fall die Herrschaft so ein mehreres giebt, fünf Thaler und das Gesinde einen Thaler, so ad Pias Causas an demselben Ort zu verwenden, zur Strafe zu erlegen schuldig seyn.

§. 5. Wäre er aber des Vermögens nicht, daß er solcher Strafe Erstattung thun oder Erlegen könnte, soll er andern zum Abscheu mit dem Gefängniß, oder andern ernsten Strafen belegt werden, oder es sollen unsere Amts-Pfänder, jedoch auf sonderbaren Unsern Verweser-Amte, oder der vorgesetzten Obrigkeit

keit jeden Orts Befehl schuldig seyn, sowohl in den Städten, als auf dem Lande, (doch allezeit mit Vorbewust der Gerichts-Herrn, bey welchen das Werk in prima Instantia zuvörderst und ehe die Execution vorgenommen wird, anhängig gemacht, und die Hülfe gebührlicher Weise gesucht werden soll) selbigen oder sie an denen Orten, da sie betreten werden, auf des Klägers Caution und Unkosten, gefänglich anzunehmen, und in eines jeden Gerichten zur Bestrafung, oder da es ihnen nicht gefällig, auf die näheste Amts-Häuser zu liefern, von dannen solche nach Unsern Vestungen geschicket werden, daselbst in Eisen geschlagen, und auf ein ganz, halb, oder viertel Jahr (nachdem wie die Umstände schwer und größer, oder aber leichter oder kleiner seyn werden) bey Wasser und Brod, allerhand Arbeit, dazu man ihrer bedürfen wird, zu thun angehalten, der Verhaftung auch nicht eher erlassen werden, bis daß er oder sie einen genugsamen Verstand ihrer Besserung halber, bestalt, alsdann mögen sie nach geschworenen Urphed auf freyen Fuß gestellet werden.

§. 6. Es soll auch das Gesinde vor sich selbsten zur Unzeit keinen Urlaub nehmen, vielweniger muthwilliger oder heimlicher Weise entlaufen, seine Zeit, so lange es sich vermiethet, aushalten. Da aber einer oder der andere Dienstbothe, es sey Knecht oder Magd durch Heyrathen, oder andere gute Gelegenheit, dadurch seine zeitliche Wohlfahrt merklich verbessert werden könnte, sich gerne, auch mitten im Jahre oder vor der Erlaßzeit von seinem Dienst losmachen wollte, so soll derselbe seinen Herrn oder Frauen einen andern tauglichen Dienstbothen an seine Stelle zu verschaffen schuldig, und ehe und zuvor solches geschiehet seines Dienstes durchaus nicht erlassen seyn. Da aber jemand vor der Zeit Urlaub nehmen, entlaufen, oder sich bloß der Herrschaft zum Trotz und ohne Noth sich werben lassen würde, soll solcher seines ganzen Lohnes verlustig seyn, und nichts weniger die übrige Zeit seinen Herren oder Frauen umsonst ausdienen, und überdieses wie obbemeldet ernstlich gestrafet werden. Wie denn auch diejenigen, welche solche Entlaufene oder ohne genugsame Ursach ausgetretene Dienstbothen, vorsätzlicher Weise an sich ziehen oder hausen und hegen, mit gebührlicher Strafe belegt werden sollen.

§. 7. Vermeinet er aber, daß ihme sein Herr oder Frau, zur unzeitigen Urlaubnehmung oder Ankündigung des Dienstes, Ursach geben hätte oder geben thäte, soll er doch darinn sein eigen Richter nicht seyn, sondern es bey der ordentlichen Obrigkeit, als wieder die Gerichts-Herrn bey Unserm Verweser-Amte zu Crossen, wider die Bürgern und Bauern aber in prima Instantia bey ihrer Unter-Obrigkeit, als in denen Aemtern, Städten und auf dem Lande suchen, und von derselbigen billiger Weisung gewärtig seyn. Es soll auch Herr und Knecht an dem Bescheide, den ihnen die Obrigkeit giebet, begnüget und ersätiget seyn, und sich demselben in allem gemäß verhalten.

§. 8. Wann auch ein Dienstbothe seinen Dienst aufkündiget, und bey einem andern zu ziehen vorhabens ist, soll er ein schriftlich Attestatum seines Wohlverhaltens (welches dem Dienstbothen, wenn er nicht zu verbleiben schuldig, bei Strafe nicht zu versagen ist) von demjenigen, bey welchem er gedienet, oder da derselbe nicht schreiben könnte, vom Prediger oder Küster desselbigen Orts, bringen, und außerdem von niemand, bei zwanzig Rthl. Strafe, welche der Mieth-Herr zu erlegen verbunden, angenommen werden soll, von welcher Strafe der halbe Theil jedes Orts-Obrigkeit, die andere Hälfte aber, halb dem Amts-Pfänder und halb der Kirchen, auf vorhergehende richterliche Erkenntniß in foro competenti verfallen seyn. Und weil zu vermuthen, daß das freche Gesinde sich aller Vortheile und Ränke, diese Unsere zu allgemeinem Besten angesehene Ordnung zu durchlöchern, und lieber das Vaterland zu verlassen, und in andere Herren Gebiethe, daselbst sie doch dergleichen Ordnung auffinden würden, zu laufen, als sich diesen so guten Regeln zu untergeben anmaßen dürfte, so ist Unser ernster Wille und Meinung, daß forthin die Unterthanen, von Bürgern und Bauern und andern Eingesessenen, wie auch derselben Kinder ohne Vorwissen und Willen ihrer Obrigkeit, weder ausser Landes zu wandern, noch in andere Gerichte sich zu wenden, daselbst zu wohnen oder zu dienen, befugt seyn sollen, es seyn dann redliche, erhebliche, sattsame in continenti beybringliche Ursachen des Wegziehens vorhanden, oder ein beglaubter Schein vorzuzeigen, daß weder auf dem Lande noch in den Städten, Croßenschen Weichbildes, Dienst oder Gelegenheit zu bleiben erlanget werden könnte.

Wer demnach hierwieder zu handeln sich gelüsten ließe, soll nicht allein seine gesammte Anwartungen und Erbfälle in unsern Churfürstl. gesammten Landen verlustig und seiner Erb-Herrschaft verfallen seyn, sondern auch vor sich, seine Kinder und Kindes-Kinder zu ewigen Zeiten keine ehrliche Kundschaft und Geburts-Briefe zu suchen und zu erlangen fähig seyn. Die Schulzen, Aeltesten und andere Gemeinden jeden Dorfes, sollen auch solcher Vaterlands-Verräther sich jederzeit zu bemächtigen, anzuhalten und derer Erb-Obrigkeit anzuzeigen, bey harter Leibes-Strafe schuldig seyn, gestalt, daß die Ausgetretenen sich wieder einfinden mögen durch Churfürstl. offene, und jeden Orts-Obrigkeit publicirte Patente mit dergleichen Verwarnung zurücke gerufen werden sollen.

Tit. III. Von Einwohnern und Dienstlosen.

§. 1. Ferner schaffen wir abe, und verbiethen ernstlich, daß kein Gerichtsherr, bey Strafe zehen Rthlr. (welche von den Amts-Pfändern eingefordert, und nach Abzug seines gebührenden 5ten Theils, das übrige ad pios usus in denen Gerichten, da es straffällig worden, convertiret werden soll) in seinen Gerichten gedulde und gestatte, daß Einwohner oder Hausleute, so gesunde und starke Leute, die wohl arbeiten können, zum Theil bey den Eltern, zum Theil bey den Krügern oder andern in seinem Dorfe wohnenden, beynahe das ganze Jahr auf der Bärenhaut liegen, und unter Schein des Pferde-, Vieh- und Getreide-Handels, welches hiebey mit Verlust der verkauften Pferde, Viehes und Getreides gänzlich verbothen und abgeschaffet seyn soll, sich gebrauchen, die Zeit mit Müßiggang zubringen, hernach aber, in Heu- und Erndte-Zeit den armen Landmann dermaßen übersetzen, daß er ihnen dieselbige wenige und geringe Zeit über, eben so viel oder noch mehr Lohn geben muß, als er sonsten einen Dienstbothen ein ganz Jahr über geben dürfen, sondern es sollen die Gerichts-Herrn vielmehr darauf sehen, damit ein jeder auf die vorbestimmte Zeit sich in Dienst begeben, auch mit dem gewöhnlichen und üblichen Lohn zufrieden seyn, und sich stillen lassen möge.

§. 2. Was aber Eheleute oder Wittwen seyn, die ihrer Kinder, oder Alters, oder sonst rechtmäßiger Ursachen halben, für Dienst-Bothen sich nicht vermiethen können, sondern auf ihrer eigenen Hand und zur Haus-Miethe sitzen müssen, solche, dafern sie keine Mittel erlangen können, einen Bauer- oder Coßäthen-Hof zu bewohnen, sollen gegen Empfahung Essen und Trinken, wo es also Herkommens ihrer Obrigkeit, worunter sie gesessen, die Woche zwey Tage, oder wie es sonst jeden Orts gebräuchlich zu dienen schuldig seyn, und wären sie ferner deroselben vonnöthen um übliches Tagelohn vor andern dienen, auch sowohl Mann als Weib, wo sie noch jung und stark, ein jeder vor seine Person, die Dienste also zu bestellen gehalten seyn, darunter aber doch die Exulanten nicht zu verstehen, es erfordert denn des Standes-Unterschied und die Länge der Zeit, da sie an einem Orte verharren, ein anderes; Was aber die Unterthanen, welche ihre Häuser den Kindern übergeben und ihr Ausgedinge haben, anreichet, müssen dieselbe, wenn sie unter funfzig Jahren ihres Alters seyn, der Herrschaft gleich andern Hausleuten dienen, wenn sie aber über funfzig Jahr alt seyn, bleiben sie billig davon befreiet, welches auch auf das Spinnen zu verstehen, wie es jedes Orts bräuchlich.

§. 3. So bleibet ihnen auch dabey unverbothen, sich zur Erndte-Zeit, doch mit Vorbewust ihrer Obrigkeit (ob sie vielleicht sie selbsten bedürfen), auf ein viertel Jahr, oder etliche Wochen, bey andern in Dienst zu begeben, es soll ihm aber auf ein viertel Jahr nicht mehr Lohn gegeben werden, als sonsten einem Knecht oder Magd auf ein halb Jahr an Gelde zu ordentlichen Lohn gegeben wird, und daran sollen sie sich begnügen lassen, und den Hauswirth darüber nicht im geringsten beschweren.

§. 4. Würden sie aber ein mehreres fordern, oder nehmen, sollen sie nicht allein aller Uebermaß, besonders auch des halben Theils des zugeschlagenen Lohns verlustig und solches der Obrigkeit zur Strafe verfallen seyn. Und die Meinung soll es auch haben, so sie sich nur auf ein halbes viertel Jahr in der Erndte-Zeit vermiethen, daß ihnen, nehmlichen nicht mehr, denn ein viertel Jahr ordentliches Lohn gegeben und gefolget werden soll.

§. 5. Es soll auch keiner von Einwohnern und Haus-Leuten, ohne Vorwissen der Gerichts-Herrn (welche Aufsagung jedoch ein viertel Jahr vorher geschehen muß, denn außerdem wären solche Hausleute noch ein ganz Jahr des Orts zu verbleiben schuldig) sich aus einem Ort in den andern begeben, oder von anderer Obrigkeit ohne genugsame Kundschaft seines vorigen Verhaltens und Abzugs bey 20 Rthlr. unnachläßiger Strafe, angenommen und von keiner Obrigkeit die begehrte Kundschaft versaget und damit aufgehalten, sondern ihnen ohne alles Entgeld gegeben werden, da aber einer oder anderer sich würde in ein Dorf ohne Vorbewust der Obrigkeit und Vorzeigung gedachter Kundschaft begeben, soll er allda keinesweges gelitten und die vorgesetzte Strafe von der Obrigkeit, so einen gesessenen Unterthanen ohne Kundschaft angenommen, gefordert werden.

§. 6. Es soll auch solches Umbziehen der Einwohner oder Haus-Leute allemal den Tag Martini geschehen.

§. 7. Diejenigen aber, denen von den Gerichts-Herren, unter welchen sie leben, angebothen wird, ihnen mit Mitteln zum Bau oder zur Hofwehr zu Hülfe zu kommen, oder auf erträgliche Termine so viel vorzuschießen, daß sie damit einen Bauern- oder Coßäthen-Hof anfangen können, sollen solches anzunehmen und das müßige Leben abzuschaffen verbunden seyn, es wäre dann, daß sie anderer Herrschaft angehörten, derer sie fügen müßten. Die so unter einer Herrschaft vier Jahre gesessen, und vermuthlich sich eingerichtet, sind schuldig, etwas erbliches anzunehmen, oder im Weigerungs-Fall in Verhaft zu bringen, und ehender nicht zu entlassen, bis sie deshalben genugsamen Vorstand durch Bürgen gestellet, oder zum wenigsten einen tüchtigen Gewährsmann in seine Stelle geschaffet, der den Hof erblich annimmt. Kein Hausmann oder Ausgedingsmann, Hausweib oder Ausgedings-Weib, soll mehr nicht dann eine Kuh zu halten befugt seyn, auch keines Unterthanen Recht in Feldern, Wäldern, Büschen, Wässern ꝛc. ꝛc. zu genießen haben, gestalt der in Ausgedinge sitzet, sein Recht den Kindern abgetreten hat, sollte ihm aber mehr oder ander Vieh zu halten vergönnet werden, muß er der Obrigkeit davon zinsen oder dienen, wie denn übrigens es allerdings auch bey dem §. 5. Tit. III. von Einwohnern und Dienstlosen der Neumärkischen Bauer- und Gesinde-Ordnung de Anno 1646 und 1685, daß sie der Herrschaft, ihn alle ihr Viehe verzehenden sollen, darunter die Ausgedings-Leute und die, so eigene oder frey Häuser haben, mit begriffen, billig verbleibet.

§. 8. Was nun zuvor vom Weglaufen der Dienstbothen verordnet, soll auch von Handwerks-Leuten, Einwohnern oder Haus-Leuten verstanden werden, wann dieselbe auf eine gewiße Zeit, eine Arbeit ums Tage- oder verdingten Lohn angenommen, es sey was Arbeit es wolle.

§. 9. Ferner hat auch jedes Orts Obrigkeit dahin zu sehen, daß keine ledigen Leute sich in den Dörfern aufhalten, sondern dieselbe, wie auch die Knechte in 24 Jahre des Alters sich zu verheyrathen und zu setzen angehalten werden sollen.

§. 10. Noch weniger soll verstattet werden, daß der Unterthanen oder im Lande geseßene Kinder ohne Vorbewußt ihrer Obrigkeit und deroselben Kundschaft sich zu Schiffern, Fuhrleuten, Teichgräbern, Rademachern, Dorfschmieden, Spielleuten, Klapholzhauern, noch Flößern begeben, sondern bey gewißen Leuten, fürnehmlich aber bey der Obrigkeit verbleiben sollen; Wann dergleichen erfahren wird, sollen die Schiffer, Fuhrleute, Klapholzhauer, Flößer und andere obgedachte, daß ihnen solche Personen durch den Amts-Pfänder wieder abgenommen werden, gewärtig seyn: Was die uneheliche Kinder betrift; so sollen dieselben derjenigen Herrschaft, darunter die Mutter ratione subjectionis gehört, unterthänig seyn: Ist aber darüber ein Zweifel, soll der Herrschaft, da das Kind gebohren wird, frey stehen, dasselbe unterthänig zu machen und zu vindiciren.

Tit. IV. Vom Weglaufen der Unterthanen und Wiederbesetzung der wüsten Höfe.

§. 1. Ferner schaffen Wir auch abe und verbiethen ernstlich: das freventliche Entlaufen der Unterthanen, in Flecken und Dörfern, da mancher Bauer, Cossäthe oder Büdner, wenn sie und zwar mehrentheils muthwillig in Schulden vertiefet, ihr Vieh, fahrende Habe, auch Getreidich heimlich zu Gelde machen, oder ja bey nachtschlafender Zeit in andere Orte und Gerichte schaffen, und hernach heimlich davon streichen, und die Häuser und Höfe stehen lassen, dadurch diejenige, so ihnen mit den Seinigen gedienet, umb dasselbe, wie auch wir selbst umb die Schöße, und die Grund-Herren und Obrigkeit umb ihre Pächte und Dienste kommen und gebracht werden; denn zu solchen spolirten Gütern sich hernach selten oder nimmer ein Kaufmann hinwieder findet, welches am allermeisten geschiehet, wenn die Unterthanen ihre Frey-Jahre genoßen, daß sie sich fortmachen und die Höfe, auch das abgetriebene Gespann, welches ihnen die Obrigkeit zur Hülfe der Hofwehr gegeben, stehen lassen.

So bald auch ein Wirth auf dem Gute verstirbet, sollen die nachgelassene Wittib und Erben, sie treten die Erbschaft an oder nicht, binnen 4 Wochen schuldig seyn, den Hof zu verwehren, und zum wenigsten, es wären viele oder auch nur zween Söhne, wenn sie alle Feldarbeit treiben auch alle unter der Erb-Obrigkeit als ein neu Unterthan zu bleiben, und ohne Unterschied, sie sind Bauer, Coßäthen oder anderer Unterthanen Kinder, sowohl einen wüsten Bauer- als Coßäthen-Hof oder Büdner ohne Unterschied, es sey eines Bauern oder Coßäthen Sohn, nach Belieben der Herrschaft anzunehmen, und bey Verweigerung bis zur Verbürgung, gefänglich angenommen werden, welches alles eben den Verstand hat und also gehalten werden soll, so lange der Vater noch am Leben ist.

Wann auch bey einem Gute keine wüste Unterthanen Stellen wären, in dem andern aber, so eben derselben Obrigkeit zuständig, noch dergleichen vorhanden, so sollen der bewohnten Güter Kinder gleichfalls schuldig seyn, auf den andern ihrer Herrschaft zuständigen Gütern, wüste Höfe anzunehmen.

Sollten auch einige Wirthe, freventlicher, meineidiger Weise, dieser unser Ordnung zuwider, dennoch heimlich davon ziehen, so sollen die nehesten Nachbarn, wenn sie Wissenschaft davon haben, oder sich disfalls juramento nicht purgiren können, da sie solches ihrer Erb-Herrschaft bey Zeiten nicht angesaget, davor stehen, den Flüchtigen wiederzuschaffen und ad interesse ihrer Herrschaft verbunden seyn. Hingegen wenn ein Unterthan aus redlichen Ursachen sein Erbe veräußerte und mit Willen der Herrschaft an einen tüchtigen Gewehrsmann brächte, so wird er doch nebst der Abfahrt oder Atzung schuldig seyn, die Kinder und zwar jeden Sohn mit 10 Rthlr. und jede Tochter mit 3 Rthl. baares Geld der lösen. Und ob zwar den Töchtern ihr Glück in Verheirathungen aus denen Geburts-Dörfern nicht zu verweigern, so ist doch jeder Obrigkeit daran gelegen, wer dermaleinst ihrer Unterthanen Verlassenschaft sich zu erfreuen habe, so sollen die Eltern und Vormünder schuldig seyn, darum bey der Erb-Herrschaft Verlaub zu bitten und sich der Erlaßung halber mit der Obrigkeit gebührend abfinden.

§. 2. Setzen derowegen diesem zu steuern und zu begegenen hiermit wohlbedächtig auf, daß der oder diejenige, die solches hinführo thun werden, oder allbereit gethan, wenn sie auch gleich den Eyd nicht wirklich abgelegt, sondern nur durch einen Handschlag sich verbindlich gemachet, alsofort an andere Oerter, wo sie betreten, auf das erste Ansuchen, so wegen dessen, deme sie entzogen, oder entlaufen, geschieht, eingezogen, ihme auch bis an den Ort, da sie entlaufen, abgefolget, und der Haft nicht eher ledig gelassen werden sollen, bis daß er sein verlaufenes Guth entweder selbsten wieder annehmen, oder einen andern tüchtigen Gewährsmann geschaffet, auch das was er schuldig, gezahlet, oder seine Gläubiger sonsten befriediget, oder aufs wenigste das, was er also unzugelassener Weise verpartiret, hinwiederumb in die Gerichte, dahinein ein solches gehörig, eingeschaffet.

Damit aber überdies der ausweichenden Unterthanen Frevel und Muthwille, andern zum Abscheu und zum Exempel gebührend abgestrafet und hiebey ein rechter Ernst gebrauchet werden möge; Also ordnen Wir hiermit, daß wenn hinführo wirkliche Unterthanen oder deren Kinder austreten und in auswärtige Lande entweichen werden, ihre Obrigkeiten Macht haben sollen, sie durch einen offenen Brief, der am Kruge oder Schulzen-Gericht angeschlagen werden kann, zurück zu fordern mit ernstem Befehl, daß sie binnen 4 Wochen sich wieder einfinden, oder auf den widrigen Fall gewärtigen sollen, daß sie aller Ehren entsetzet, ihre Namen an den Galgen geschlagen, alle

Anfälle und Erbschaften ihnen entzogen, und da man sie ausforschen und ertappen würde, sie mit ewiger Gefängniß- und Festungs-Arbeit, auch nach Befinden an Leib und Leben gestrafet werden sollen, welches im Fall, wenn sie binnen der gedachten Zeit sich nicht gestellen, unfehlbar exequirirt werden soll, gestalt Wir dann Unsern Gouverneurs und Commendanten jedes Orts hiermit befehlen, ohne weitere absonderliche Unsere gnädigste Ordre die Verbrecher anzunehmen.

Es soll auch wider alle die, welche zu ihrem Ausweichen Rath oder That gegeben, oder Wissenschaft davon gehabt, und es nicht angesaget mit geschärftem Ernste verfahren, und sie ohne Unterschied, sie mögen seyn Eltern, Freunde, oder frembde Leute angehalten werden, wann der geringste Verdacht wider sie beygebracht wird, mit einem leiblichen Eide sich des Verdachts zu entledigen, und da sie solches nicht thun könnten, vor die Entlaufene zu haften, alle Schäden, Abgang des Nutzens, Ungelegenheit und Unkosten zu erstatten und andere Unterthanen an der entwichenen Stelle zu verschaffen, würde sich auch nachgehends herfür thun, daß sie falsch geschworen, haben sie über dies alles die Strafe des Meineides, durch Abhauung der beyden vordersten Finger an der rechten Hand, und daß sie öffentlich für unehrlich erklärt würden, unausbleiblich zu gewarten. Und damit dem heimlichen Ausweichen der Unterthanen und ihrer Kinder destomehr fürgebeuget werden möge; Also befehlen wir hiemit allen denen, die in oder bey den Päßen in allen Ströhmen, bey Fähren und Ueberfuhrten wohnen, sie seyen Unsere Bediente oder andere, ernstlich, daß sie niemanden von dergleichen Leuten, ohne beglaubte Kundschaft annehmen, vielweniger heimlich hausen, hegen oder überführen, sondern alle die, welche mit glaubwürdigen Kundschaften nicht versehen seyn, allsofort anhalten, und dem nächst gelegenen Amte oder anderer Obrigkeit schleunige Nachricht davon geben, oder auf den widrigen Fall gewärtigen müssen, daß sie für die Ausweichende selbst stehen und allen Schaden erstatten sollen, wie dann auch die Obrigkeiten, Schulzen und Gerichten jedes Orts, niemanden ohne genugsamen Paß und Zeugniß durch ihre Straßen und Dörfer paßiren lassen, sondern der Verdächtigen sich sofort bemächtigen, und an gehörige Oerter solches berichten sollen, damit sie wieder dahin gebracht werden mögen, auf welchen Fall ihnen alle Unkosten und Gerichts-Gebühren, die sie hierauf gewendet, erstattet werden müssen.

§. 3. Alle diejenigen auch, so ihme hierunter einigen Vorschub erwiesen, sollen gleichergestalt nach Ermessung der Obrigkeit, unter welcher sie unmittelbar geseßen, mit Gefängniß oder an Gelde gestraft werden, sintemahl so die nicht wären, die denen Entlaufenen hierunter Vorschub erwiesen, oder sie gar hauseten und hegeten, so würden deren auch wohl weniger seyn, die obbemeldeter gestalt heimlich ausreißen und davon laufen.

§. 4. Ob sich auch wohl bey den grausamen, vor Jahren im Lande und Städten vorgegangenen Plünderungen vielfältig begeben, daß die Unterthanen von den Höfen solcher Krieges-Beschwerung halber zu weichen gedrungen worden, sollen sie doch darumb von der Schuldigkeit, auf ihren Höfen zu bleiben, oder dieselben hinwieder zu beziehen, und den Obrigkeiten die gewöhnlichen Prästationes zu leisten, nicht allerdings los, sondern schuldig seyn, sich auf der Aemter, Ritterschaften und Gerichtsherren Erfordern, wieder einzustellen, jedoch mit dem Unterschied, daß diejenigen, so sich nicht beseßen gemacht, immer drey Monath nach Erforderung unweigerlich kommen, die aber so inzwischen Haus und Hof in Städten oder Dörfern acquiriret, und sich damit eingerichtet, eines ganzen Jahres-Zeit nach der Ankündigung, wann ihme die Obrigkeit nicht länger nachsehen wollen (welches billig zu dero Gefallen stehet) haben sollen, damit sie inzwischen ihre Häuser und Höfe, nicht aber ihr Vieh und fahrende Haabe verkaufen, oder sonsten an den Mann bringen, auch denjenigen Obrigkeiten, unter welchen sie sich gesetzet, und die ihnen, in Hoffnung sie beharrlichen zu behalten, Vorschub gethan, nach Billigkeit Satisfaction machen können, gestalt, wann ein Unterthan an einem Orte geheyrathet und sich daselbst niedergelaßen hat, in allewege seinem Gerichts-Herrn, unter welchem er gezogen und gebohren, mit seiner Familie, die er dort überkommen, und gezeuget, ohne Auffenthalt und Widerrede ausgefolget werden muß.

§. 5. Da es aber aus Gottes gerechtem Zorn sich begebe, daß inskünftige ein Unterthan von Krieges-Beschwerungen gedrungen, seinen Hof zu verlassen, und er solchen, wie er sonst schuldig, zu bewohnen, Armuth halber verhindert würde, ihme auch sofort von seiner Obrigkeit nicht könnte geholfen werden, soll ihme deshalben nicht zugelaßen seyn, alsbald sich anderswo niederzulassen, oder in Dienste zu begeben, besondern soll schuldig seyn, nebst seinem Weibe und Kindern, seiner Obrigkeit auf Begehren vor andern zu dienen.

§. 6. Es sollen aber hingegen die Obrigkeiten auf beyde Fälle, des vorgegangenen und künftigen Entweichens schuldig seyn, dem Unterthan und seinem Weibe und Kinde üblichen Lohn und nothdürftigen Unterhalt zu geben, und zu verschaffen, bis derselbe entweder vor sich Mittel bekommen oder in zwey Jahren (damit er und sein Weib nicht stets Knecht und Magd bleiben dürfen, sondern auch einsmals zu was eigenes kommen mögen) von seiner Obrigkeit also Hülfe erlange, daß er seinen oder einen Hof beziehen und behalten könne, alsdenn er davor thut, was sich gebühret, zu welchem er sich alle Jahr 4 Wochen vor Weyhnachten bey der Obrigkeit anzugeben, seinen Dienst ferner anzubiethen, oder Concession, sich anderswohin, jedoch in diesem Herzogthum, zu vermiethen, zu erhalten, schuldig seyn soll.

§. 7. Es soll auch Niemand von Bauern oder Coßäthen, ohne Einwilligung der Obrigkeit des Dorfes, in einem Dorfe zu wohnen, ohne Kundschaft angenommen werden, welche aber ohne Kundschaft angenommen, und anderer Herrschaft zuständig wären, werden derselben billig wieder abgefolget, indem dieser Mißbrauch bey itzigen Zeiten dahero muß vorgekommen werden, weil er dergestalt eingerißen, daß die Bauern sich unterstehen, ihres Gefallens von einem Dorfe zum andern zu ziehen.

Die Dienste müßen die Unterthanen treulich, als es ihre eigene Arbeit wäre, verrichten, auch auf Abrechnung wo gesetzte Dienste seyn, ohne Widerrede ein 14 Tage voraus und 14 Tage nach dienen, und aufs Heumachen selbander gehen, jedoch daß es den Unterthanen bald nach der Erndte und Saat an den Diensten gleich abgerechnet werde, auch auf die weitesten Zechen täglich 6 Meilen, und wenn sie über 12 Meilen fahren, für jede Meile mit 4 Gr. zufrieden seyn, wo es aber schon bräuchlich ohne Entgeld vorzuspannen oder tägliche Dienste seyn, fället dieses dahin.

Die Unterthanen dürfen auch keine Hunde mit in die Hayden und aufs Feld nehmen, die sie aber des Nachts bey den Pferden haben, sollen sie anbinden oder Knittel schleppen laßen, bey zehen Rthlr. Strafe. Und weil bei vorigen verderblichen Kriegesläuften der Ungehorsam und Untreue, Faulheit und Gottlosigkeit bey Unterthanen und Dienstbothen so tief eingewurzelt, daß dieselben sich nicht mehr mit Gelindigkeit regieren laßen wollen, so sollen dieselben, wann sie ein paarmahl gütlich von ihrer Erbherrschaft, jedoch ohne Frucht gewarnet worden, nach den Vestungen zum Bau geliefert, an die Karren geschmiedt, und zur Arbeit und Gehorsam gewöhnet werden, bis etwa ein Zuchthaus vor solche und andere aufgerichtet werden könnte.

Tit. V. Von Hirten und Schäfern.

§. 1. Viel mehrer und schwererer Klage ist auch über Hirten und Schäfer geführet worden, derer Stolz, Troz, und Hochmuth sich so sehr und überflüssig gehäufet, daß es zu verwundern, demselben Unwesen derowegen auch Rath zu schaffen, wird hiemit der Obrigkeit oder dem Schulzen auch den Gemeinden jedes Orts und Dorfs bey Zehen Thaler Strafe, welche ad pios usus anzuwenden, so oft hiewider gehandelt wird, aufgeleget, keinen Hirten oder Schäfer anzunehmen, der nicht genugsame Kundschaft bringet, daß er mit gutem Willen aus seinen vorigen Diensten kommen, er habe nun gleich unsern Aemtern, denen von Adel, oder sonst einem andern, oder auch einer ganzen Dorfschaft gedienet, doch sollen ihnen die Kundschaften im geringsten nicht versaget, sondern ohne Entgeld billig abgefolget werden, es müßen aber unter andern auch die Schäfer-Knechte in ihrer Kundschaft ausdrücklich setzen laßen, wie viel Vieh und was vor Sorten sie beym Abzuge mit weggenommen haben.

Der Eyd,
welchen die Schäfer abschwören sollen, lautet also:

Ich N. N. gelobe zu Gott dem Allerhöchsten einen körperlichen Eid, daß ich dem N. meines Wissens reine und gesunde Schaafe ins Gemenge zu bringen, daß ich auch, so lange ich in seinen Diensten bin, und bleiben werde, treu und hold seyn will, sein Bestes wißen und fördern, Schaden und Nachtheil nach meinem besten Verstande und Vermögen hindern und wehren, daß ich die Schaafe mit allem getreuen Fleiße warten, dieselbe mit Willen durch die Knechte nicht verhüten, oder sonst verwahrlosen und versäumen, und mich durchaus in allen der Churfürstl. Croßnischen Schäfer-Ordnung, so wie sie publiciret und mir vorgelesen worden, gemäß verhalten, alles was darinnen begriffen, leisten und thun, dagegen weder durch mich noch durch die Meinen, oder meine Knechte, oder jemand anders, nicht das geringste veruntreuen, noch durch andere verüben lassen, sondern mich vielmehr in allen, wie einem ehrlichen, getreuen und fleißigen Schäfer wohl anstehet, geziemet und gebühret, verhalten will. So wahr, als mir Gott helfe, jetzo und in meiner letzten Stunde durch Jesum Christum, Amen.

§. 2. Es sollen die Pacht-Schäfer und Kost-Knechte, wie auch Dorf-Schäfer und Dorf-Hirten, auch die Schäfer-Knechte auf Johannis gemiethet werden, und allemal auf Michaelis anziehen, damit diesem hierdurch vorgekommen werde, daß nicht, wie die Erfahrung öfters bezeuget, darnach, wenn das Enturlauben zu Zeiten geschiehet, die Trift und Heerde, indeme der Hirte oder Schäfer nach andern Diensten herumläufet, nicht alleine gelassen, und Schaden dadurch geschehe, oder auch die Heerde gar aus Muthwillen und Frevel verhütet und ganz verderbet werde. Da aber auf Johannis von beyden Theilen keine Aufkündigung geschiehet, soll stillschweigend ein Theil dem andern den Dienst noch auf ein Jahr zu halten schuldig seyn.

§. 3. Es soll auch ein jeder Pacht-, Halb-Schäfer und Kost-Knecht schuldig seyn, jedes abgestandene Vieh, ehe es abgezogen wird, der Herrschaft anzusagen, damit es, wenn es aufm Hofe oder im Stalle gestorben, könne durch jemand seiner Leute besichtiget werden, wenn es aber im Felde gestorben, soll und muß der Schäfer noch selbiges Tages das frisch abgezogene Fell auf den Hof bringen, wobey die Herrschaft jedes Orts dahin sehen soll, daß denenselben die Ohren abgeschnitten werden, damit selbige nicht noch einmal berechnet werden mögen, und wofern solche Felle bei den Kürschnern oder andern Orten gefunden würden, da die Ohren nicht abgeschnitten wären, soll der Amts-Pfänder dieselbe wegzunehmen, hiemit befehliget seyn: Es sollen auch die Schäfer und ihre Knechte kein Schaaf-Vieh auch keine Felle von ihren eigenen Schaafen eher nicht verkaufen, bis sie selbige der Herrschaft fürgezeiget haben, auch ihrem Schaaf-Vieh die Wolle nicht eher als der Herrschaft Vieh abnehmen, wie sie denn allerdings die Pflück-Wolle der Herrschaft bei Vermeidung einer nachdrücklichen Strafe allemal richtig einliefern müssen: Ferner sollen sie von nun an weiter nicht das abgegangene Vieh mit den Ohren berechnen, sondern mit Fellen soll all solcher Abgang beleget und erwiesen werden, gleichergestalt müssen sie auch von der Lammzeit an den Abgang aller und jeder Menges-Hälfte und Knechte Lämmer mit Schmasken belegen, alles bei Zehen Rthlr. Strafe, wobei auch den Klein- und Grob-Schmieden überall bei gleicher Strafe hiemit verbothen seyn soll, keinen Schäfer oder Schäferknecht einiges Zeich-Eisen zu verfertigen oder folgen zu lassen.

§. 4. Würden sich auch einer oder der andre Schäfer unterstehen, dessen zu verweigern, soll ihn die Gerichts-Obrigkeit hierinn der Gebühr und diesem Unserm Edict gemäß, bestrafen, würde aber die Obrigkeit bei der Sache nichts thun, soll der Amts-Pfänder, welchen wir fleißige Kundschaft darauf zu legen, hiemit ernstlich anbefehlen, zum erstenmal die verwürkten Zehen Rthl. Strafe unnachläßlich einzufordern, und den fünften Theil davon vor sich behalten, das übrige aber zu Wiederanbauung der eingefallenen Kirchen und Schulen, deren leider viel im Lande zu finden, jedem Gerichtsherrn einliefern, und wenn das nicht verfänget, soll er alsdann solche trotzige Schäfer in das nächst daran gelegene Amt führen, und sie daselbst so lange gefänglich, doch auf ihre eigene Kosten enthalten lassen, bis sie genugsamen Vorstand bestellet, diesem Unserm Edict und Befehl zu gehorsamen, wann aber der Amts-Pfänder keine gewisse Anzeigung hat, soll er ohne der Herrschaft Vorbewust und Einwilligung keine Inquisition vornehmen, auch niemalen Futter und Mahl zu fordern befugt seyn, sondern sich mit seinem Antheil an denen Strafen, es mögen dieselben oft oder selten fallen, vergnügen.

§. 5. Mehr gebiethen wir, daß alle Pacht-Schäfer und Kost-Knechte, wie die Herrschaft oder Obrigkeit mit dem Schäfer setzen kann, dem alten Herkommen nach, wie es jederzeit gebräuchlich gewesen, aufs Sechste, nach der alten Landes-Ordnung zu setzen, und nebst der Herrschaft auch ihre und der Knechte Melck-Schaafe, an denen Orten, wo es also Herkommens und gebräuchlich, völlig (wie denn eine jede Herrschaft sich mit ihnen wegen des Pachts auf Geld oder Milch-Speise, darinnen der Herrschaft die Wahl gelassen wird, aufs füglichste vergleichen kann) zu verpachten schuldig seyn sollen, jedoch gehen zwey Ammen und zwey Seger-Schaafe vor eins, über dis aber muß, von jedem Hundert Mulken-Schaafen ein großer gewürzter Tisch-Käse, worzu das Gewürz die Herrschaft giebt, und ein Achten Theil Kompost abgegeben werden. Da aber einer oder der andre bei diesen beschwerlichen Zeiten entweder gar nichts in Gemenge setzen, oder der Zahl eines Schäferviehes nach der Proportion nicht gleich kommen könnte, also, daß entweder die ganze Heerde des Schäfers allein seyn, oder ein gutes Theil derselben außer dem Gemenge übrig bleiben müssen (dann so der übrigen Stücke nicht viel wären, soll der Schäfer dieselben der Herrschaft oder der Obrigkeit auf desselben Begehren umb billigen Werth zu verkaufen, und also ins Gemenge zu stellen verbunden seyn) sollen sie alsdann den halben Theil der Wolle von beiden Schaaren und Helfte Lemmer, die Pacht aber von allen Schaafen, worunter auch der Knechte so viel das Milkevieh betrift, mit verstanden werden, ihrem Herren abgeben, und soll das sechste Lamb, so bishero von etlichen Schäfern von der Herrschaft Helfte voraus genommen worden, hiemit abgeschaffet seyn.

An denen Orten auch, wo Ziegen gehalten werden, und keinen Schaden thun können, muß der Schäfer der Herrschaft Ziegen, sie würden mit ins Gemenge geschlagen oder nicht (gestalt der Herrschaft die Wahl frey stehet) mit hüten, von seinen eigenen Ziegen die halben Hancken der Herrschaft und von jeder Ziege so viel Molcken=Pacht als sonsten gewöhnlich von dreyen Schaafen gegeben wird, entrichten.

§. 6. Demjenigen Schäfer aber, so im Gemenge sitzet, oder der Herrschaft und Obrigkeit die Hälfte Lämmer und Wolle nebst der völligen Molken=Pacht entrichtet, soll nebst dem gewöhnlichen Futter, wann die Schäferey unter oder bis 600 Häupter ist, auf jedes Hundert, so zu Winter gezählet wird, (jedoch daß Knechte=Vieh nicht mit gerechnet) fünf Schfl. Croßnisch Maaß, an Mühlen=Pacht oder Korn, wie es jedes Orts im Gebrauche ist, auch was quartaliter gefällig und mehr nicht gegeben werden. Wann aber die Schäferey über 600 ist, sie steige so hoch als sie immer wolle, soll dennoch ein mehreres nicht als 30 Scheffel Croßnisch Maas gegeben werden, dieweil dieses Getreide nicht nach Anzahl der Schaafe, sondern auf die Knechte gegeben wird, und also in denen großen und starken Schäfereyen, weil in denenselben nicht mehr Knechte gehalten werden dürfen, und unnöthig ist, mehreres an Getreide als zuvor gedacht zu entrichten; So soll auch an Küchel=Speise, als Rüben, Kraut, Gespinste und Hunde=Hafer ein mehreres nicht als jedes Orts vor Alters üblich gewesen, imgleichen nach Proportion der Schaafe so viel Rindvieh, als es jeden Orts Herkommens zu halten, vergönnet seyn, und weil auch theils Orten gebräuchlich, daß denen Schäfern zwei Ochsen in Futter gehalten werden, so müssen sie auch das Laub, Heu und Stroh auch die Hurten und ihr Brennholz an= und fortschaffen, da auch eine und andere Obrigkeit kein Belieben trüge, den Schäfer auf die Hälfte Wolle und Lämmer zu halten, sondern ihre eigene Schäferey wieder anzurichten, so soll der Schäfer schuldig seyn, das Mutter= und auch ander Vieh umb einen billigen Kauf zu überlassen, welches auch der Schäfer, wenn er abziehet, wegen seines gemengeten sechsten Theils geschehen lassen, oder seine Schaafe mit dem neu anziehenden Schäfer vertauschen, und sich deshalb mit ihm vergleichen muß, und soll, wenn die Herrschaft kaufet, der Schäfer einen Hammel vor 20 Gr. und ein Schaaf vor 16 Gr. und zwey Jährlinge auch vor 16 Gr. ungeachtet gut und geringes Vieh durch einander zu lassen schuldig seyn.

§. 7. Den Knechten soll mehr nicht, als jedem ein Viertel und dem Jungen ein halb viertel Schaafe passiren und gehalten, den Schäfern aber die Austheilung unter ihnen gelassen werden, und im übrigen die Knechte von den Meistern nicht mehr Lohn, als jedes Orts gebräuchlich zu fordern befugt seyn. Es ist auch aus gewissen Ursachen gut befunden, und hiermit ernstlich verordnet, daß die Knechte vor der Lämmer Absätzungs-Zeit, keine Lämmer vor sich prätendiren, sondern alle Lämmer, sie sein aus dem Gemenge, von Halben oder Knecht-Schaafen, bis dahin gemein bleiben sollen, wobei den Schäfern oder ihren Knechten der Vorwand, daß ihre Schaafe insgesamt gelammet, der Herrschaft Schaafe aber nicht gelammet, sondern güste geblieben, durchaus nicht zu statten kommen soll. Bey der Absetzung aber soll ihnen nach Proportion des tragenden Viehes so beim Gemenge der Halb- und Knecht-Schaafen auf der Lichtzeit gewesen, ihr Antheil sowohl an der Zahl als Beschaffenheit der Lämmer zugeeignet werden, immittelst aber müssen Meister und Knechte die Lämmer, so nach der Lichtzeit jung werden, sowohl als die so vor der Zeit absterben, alsofort am selbigen Tage ansagen und die Felle weisen bei 10 Thaler Strafe.

Damit sich aber ein jeder in die Eintheilung desto besser richten könne, sein nachfolgende Exempel beigefüget; Wann in einer Schäferey auf Wallpurgis seynd 150 tragende, darunter die Knechte 40 tragende haben, und befinden sich bei der Absetzung in allen 119 Lämmer so multipliciret man der Knechte tragende 40 Haupt mit den 119 Stück Lämmern, und dividiret hernach mit den 150 Stück tragenden, was alsdann herauskommet, gehöret den Knechten, diese abgezogen von den 119 Lämmern verbleibet das übrige in Gemenge, findet sich aber dabey ein Bruch, daß denen Knechten entweder das 2te oder 4te Theil von denen bei der Division übrig gebliebenen Lämmern gebühre, so soll zur Vermeidung der Rechnung ihm vor sein Antheil, es sey groß oder klein, Drey Groschen gegeben werden, wie aus nachfolgendem zu ersehen.

tragende —	darunter denen Knechten —	hievon auf Michael
150	40	119 Lämmer
		40
		4760

1
121
4760 } 31 Lämmer so denen Knechten gehören, und 3 Groschen für den Bruch, wie itzt gedacht.
1500
15

Diese von denen 119 Lämmern abgezogen
31
bleiben im Gemenge 88 Stück.

item. Wann in einer Schäferey seyn

tragende —	worunter die Knechte —	davon auf Michael
160	40	150 Lämmer.
		40
		6000

15 328 6000 1600 16	37 Stück den Knechten und für den Bruch 3 Gr.

Diese von den 150 Lämmern abgezogen,
37
bleiben im Gemenge 113 Stück.

Wenn nun in einer Schäferey auch Hundert mehr oder weniger tragende Schaafe mit dem Schäfer oder Knecht zur Hälfte, so werden diese eben wie in denen vorgesetzten Exempeln mit der Summa der Lämmer, bei der Absetzung befindlich, multiplicirt, und mit der Summe der tragenden, so auf Walpurgis befindlich, dividiret, was heraus kommet, sind die Halb-Lämmer, so hernach in 2 Theile zwischen der Obrigkeit und den, der sie gehalten, getheilet werden.

Wann nun ein Knecht 30 Lämmer zu gewarten hat, und in der Schäferey in allen 300 Lämmer seyn, so werden die 300 in 3 Caveln gesetzet, als

100 gute 100 mittel 100 schlechte	Lämmer

solchergestalt bekommet der Knecht von jeder Sorte 10 Stück, selbige in den 100 / 100 / 1 } 10 eingetheilet, bekommet er das Zehende im Laufen.

Verbleibet ihm ein Lamm und mehr in einer Cavel übrig, wird die folgende Cavel darauf gezählet, mangelt ihm aber in seiner Summe, als zum Exempel, wenn er 31 Lämmer hätte, ein Stück, bekommet er von der mittelsten Sorte eins; Sollte aber eine Herrschaft bey der Absetzung befinden, daß so wohl sein Schäfer als die Knechte keinen Unterschleif wegen der Lämmer gebrauchet, sondern die Lämmer sowohl an der Zahl als guten Lämmern in der ganzen Schäferey mehrentheils gleich seyn, ist die Herrschaft nicht eben verbunden, dieses Mittel, welches blos zu Verhütung des Unterschleifes verordnet worden, fürzunehmen, sondern, es soll alsdann in seinem Belieben stehen, ob er sich dessen gebrauchen wolle oder nicht, würden sich nun der Schäfer oder dessen Knechte, wann die Herrschaft dieses Mittel einführen wollte, dieser unser Verordnung widersetzen, so soll jeder Obrigkeit frey stehen, nach Beschaffenheit seiner Widersetzlichkeit, und dabey laufenden Umständen dieselbe exemplariter zu bestrafen, worzu ihm auf allen Fall der Amts-Pfänder die hülfliche Hand leisten, und die Verbrecher, da es die Herrschaft nöthig findet, in die näheste Vestung bringen soll.

Wo aber die Knechte heimlich mehr haben, als sie vermöge unserer obigen Ordnung zu halten befugt seyn, sollen sie alles dessen, was sie darüber haben, verlustig und solches ihrer

Obrigkeit verfallen seyn. Es sollen aber die Knechte ihre Schaafe redlich anzusagen, und diejenigen, welche sie über Lohn Schaafe haben, mit ihrer Herrschaft zur Hälfte zu halten, schuldig seyn, da denn auf jedes Hundert nicht mehr als 5. Scheffel Roggen Crosznisch Maas passiret werden sollen, der Knecht diene beim Gemenge oder Halbe-Schäfer, da auch der Knecht 150 eigene Schaafe und darüber hat, soll er auf der Herrschaft Begehren schuldig seyn, eine eigene Schäferey anzunehmen.

§. 8. Unter diesen Schein aber der Knechte Viehes, wann nehmlich dieselbe ihre vergönnete Zahl nicht voll haben, sollen den Schaafmeistern keine übrige Schafe über das Gemenge (oder wann die Schaafe ihnen allein zustehen) von der halben Wolle und Lämmer frey gelassen werden, sondern da die Knechte ihre vergönnete Zahl nicht voll hätten, soll der Vortheil der Herrschaft wegen der Ausfütterung zu gute kommen. Denn sonsten die Schäfer mit Fleiß nach solchen Knechten trachten, die da wenig Vieh mitbringen, welches dann allemal nicht zum besten geräth, sondern öfters über die gemengte Heerde ausgehet.

§. 9. In denen Dörfern aber, da keine Pacht-Schäfereyen sind, sollen den Schäfern und seinen Knechten Einhundert, den Kuhhirten Fünfzig und dem Schweinehirten, so viel jedes Orts bräuchlich (denn da der Gebrauch nicht ist, soll es weder Kuhhirten noch Schweinehirten zustehen) zu halten verstattet werden, bevoraus, wenn es des Dorfs Feldmarken ohne Schaden dessen, der etwann das Jus pascendi darauf hat, ertragen kann, welches der Gerichtsherr jedes Dorfs auf der Bauerschaft Erinnern, nach Billigkeit zu mindern und zu mehren Macht hat, wo der Herrschaft Pacht-Schäfereyen sein, sollen nach der Landes-Ordnung 1561. der gemeinen Schäfer nicht mehr denn 36 Haupt-Landes-Wehrung und keine Ziegen in dem Winter passiret werden, würden aber mit Bewilligung der Herrschaft mehr Schaafe von denen Hirten gehalten, sollen von solcher Uebermaß die Hälfte Wolle und Lämmer nebst dem vollen Molken-Pacht dem Gerichtsherrn abgeführet werden, welche dagegen den Hirten das Futter und Korn auf solche Uebermaß entrichtet, von allen aber bleibet der Dünger den Kirchen-Aeckern, und so die nicht vorhanden, der Herrschaft, wann sie Futter und Streu zu Hülfe giebet, sowohl auch der Herrschaft das 10te Lamm.

§. 10. Würde aber einer weniger, als aufs Sechste, wo es gebräuchlich, setzen, oder von allem Viehe die Hälfte Lämmer und Wolle von beiden Schaaren sowohl das volle Molken von den Knechten wie von des Schäfers Schaafen, alter Gewohnheit und Gebrauch nach, oder den vollen Werth davon an Gelde, wenn es demjenigen, der die Schäferey-Gerechtigkeit hat, also gefallen würde, zu geben sich verweigern, der soll davon 20 Rthl. Strafe jedes Ortes Obrigkeit geben.

§. 11. Würde aber einer oder der andere sich unterstehen, anderergestalt, als itzo gemeldet, einen Schäfer öffentlich oder heimlich durch falsche Dinge-Zettul anzunehmen, derselbe soll uns in solche Strafe verfallen seyn, welche der Amts-Pfänder, so ofte sie verwürket, auf obausgedruckte Maaß, und daß ihme der 5te Theil der Strafe verbleibet, einfordern soll.

§. 12. Es sollen auch denen Schäfern, welche mit ihren eigenen Schaafen um die halbe Wolle und Lämmer anziehen, keine übrige freye Schaafe passiret, sondern dieselbe durch den Amts-Pfänder weggenommen, und in unsere Aemter geliefert, auch von denen Edelleuten und andern, welche solche Freyhaltung in der Miethe bewilliget und eingeräumet, gleich würdige Strafe als die Anzahl austräget, jedes Stück zum Thaler angeschlagen, abgefordert werden, woran der Amts-Pfänder jedesmal seine fünfte Part behalten, auch dem Denuncianten auf dessen Begehren den 4ten Theil von allen vorhero zuwenden mag.

§. 13. Und damit hierüber desto genauer gehalten werde, sollen die Beamte und von Adel, wie auch Obrigkeit in Städten, nicht allein ihres Theils in ihren eigenen Pacht-Schäfereyen und bey ihren Kost-Knechten fleißige Aufsicht haben, sondern auch einer auf den andern sehen, daß die Schulzen auf den Dörfern, mit Zuziehung eines oder zwei Schöppen der Dorfhirten Vieh, des Jahres 3 mal umzehlen, würde sich ein mehreres befinden, soll der Hirte jedesmal des übrigen Viehes verlustig seyn, welches denn die Obrigkeit jedes Ortes ad pios et publicos usus anzuwenden; Es soll aber die Zahl allezeit darnach gerechnet, auch Lohn und Abnutzung gefordert werden, wie die Heerde in dem Winter zur Ausfutterung gezählet worden. Wann aber ein Schaafsterben einfiele, und solches so groß wäre, daß der Schäfer einen oder mehr Knechte abschaffen müßte, so wird ihm billig von dem Deputat nach Proportion der Zeit, da die Knechte abgeschaffet worden, ein gewisses abgezogen, welches bei dem Gemenge Schaafen zu verstehen. Bey den Hälft-Schaafen aber darf auf obgedachten Fall auf mehr Schaafe das Lohn nicht gereichet werden, als noch lebendig geblieben, und der Herr würklich mit zu geniessen hat.

§. 14. An Rindvieh soll niemand seinen Schäfer, er diene auf was Weise er wolle, mehr aushalten, als zwei Kühe, bis an 500 Schaafen, auf 500 Schaafe aber 3 Kühe, und bey einer Schäferey von 1000, 4 Kühe, von solchen 4 Kühen alsdann von dem Hirten dem Herrn ein abgesetztes Kalb soll gegeben werden.

§. 15. Es soll auch kein Pacht-Schäfer oder Kostknecht, er sitze aufs Gemenge oder auf halbe Wolle und Lämmer (denn kein andres wird verstattet) wie bisher muthwillig geschehen, hinführo sich verweigern, auf seiner Obrigkeit Begehren von Marien Verkündigungstage bis so lange die Pfähle, Frostes halber, nicht mehr in die Erde gebracht werden können, das Hurtlager bey Mittage und zu Nachte zu halten, bey Erstattung

des

des Schadens, so derselbige, dem das Hurtlager abgehet, auf guter Leute Erkenntniß zu ästimiren hat, und bey Strafe, so nach Maße der bewiesenen Wiederwärtigkeit anzuordnen, daferne auch die Hürten nicht alle Morgen fortgesetzet würden, soll der Schäfer vor jedesmal, so er vorsetzlich versäumet, einen Scheffel Korn vom Lohne seinem Herrn verfallen seyn, wegen des Hurte-Lagers aber soll ihnen nichts gegeben werden, sondern sie sollen mit ihrem ordentlichen Deputat, wie es oben specificiret, zufrieden seyn.

§. 16. Sie sollen auch, wie es jeden Orts gebräuchlich, bey dem Heumachen seyn, und allezeit mit helfen, ohne Unterschied, ob sie das folgende Jahr nach Michaelis an den Ort bleiben sollen oder nicht, auch bei der Wollschaar, wenn sie aufs 5te oder 6te gesetzet, den 5ten oder 6ten Theil des Speisens, und Lohnes mit tragen, die aber die Hälfte Wolle und Lämmer nebst vollen Molken geben, tragen auch die Hälfte Unkosten, und gleichen Verstand hat es auch mit dem Salze, Hafer, zugekauften Heu, und andern aufwendenden Unkosten, wie nicht weniger es an denen Orten bei dem alten Gebrauche verbleibet, wo die Schäfer dasselbe geworbene Heu zum 5ten oder 6ten Theil ihrer Herrschaft bezahlen müssen.

§. 17. Was auch die Schäfer an Diensten mit einem Pferde oder mit Ochsen, item mit einer Magd oder sonsten in- oder außerhalb der Erndte vor Alters an jedem Orte haben leisten, wie auch das Stroh und Futter auffuhren müssen, dessen sollen sie sich, wie auch des von Alters her gewöhnlichen Hufen-Schoßes bei Strafe des Ungehorsams hinführo nicht verwiedern.

§. 18. Dieweil es ferner ohne allerhand Ungelegenheit nicht zugehen kann, wann die Schäfereyen alle Jahre von neuen vermenget werden müssen, als wollen Wir hiemit gesetzet und geordnet haben, daß alle Schäfer ohne Unterschied auf 3 Jahr zum wenigsten sich vermiethen, und wider ihrer Herrn Willen vor Ausgang solcher 3 Jahre nicht austreten sollen. Und wann die Schäfer-Knechte einige Schaafe verhüten, an solche Orte treiben, da sie fäulich und anbrüchig werden, sollen die Schäfer sich beizeiten an dieselbe erholen, oder selbst davor stehen, und allen Schaden erstatten; Wie sie denn auch, sobald sie vermerken, daß die Schaafe räudig werden, solches ihrer Herrschaft anzusagen schuldig seyn, welche verbunden seyn soll, es alsofort unserm Verweser zu Crossen zu hinterbringen, der ohne Verzug Anstalt machen muß, damit die Räudigen und unreinen Schaafe vermöge des Neumärks. Landtags-Recessus de ao. 1572. abgeschaffet werden.

§. 19. Alsdann auch der Hochmuth und Unbilligkeit dieser Leute dahin je mehr und mehr gewachsen, daß jedermann, der es nicht befuget, sich nach ihnen umgethan, indem die Erfahrung bezeuget, daß an theils Orten die Burgermeister und Rathmänner in Städten, auch Amt- und Korn-Schreiber auf ihre Privat-Güther, item die Pfarrer, Schulzen, Krüger,

Müller, ja auch gemeine Bauern und andere particular-Leute auf den Dörfern sich unterstehen, eigene Pacht-Schäfer oder Kost-Knechte um die halbe Wolle und Lämmer, oder nur auf bloße Molken-Pacht, auch wohl gar aufs Gemenge an sich ziehen, ohngeachtet sie keine Schäferey oder Hirtenlagers-Gerechtigkeit haben, und dadurch Uns und Unsern hierzu befugten Ständen und Untersassen merklichen Praejudice und Eintrag zu thun, dieweil dadurch mancher keinen Schäfer bekommen können, oder ja mit unverantwortlichem Lohne gleichsam einen erbitten müssen; So wollen wir hiemit alle die, welche dergleichen Schäfereyen bey sich haben und dessen nicht berechtiget seyn, ohne Unterschied der Person hiemit ernstlich vermahnet haben, solche alsofort nach Verlesung und Erkundigung dieser Unser ausgehenden Ordnung abzuschaffen, und von sich zu weisen, imgleichen vermahnen wir dieselbigen Schäfer, nicht länger in solchen Diensten zu bleiben: befehlen auch hiemit Unserm Verweser zu Crossen, und andern geordneten Gerichten, Beamten, Aufsehern, und Amts-Pfändern, daß sie hierüber ein jeder nach Erforderung seiner Charge fest halten, fleißige Aufsicht haben, und denjenigen, welche hiewider zu leben continuiren, und sich nicht abmahnen lassen wollen, alles Schaafvieh nehmen, und in unsere Aemter, zu unsers Verweser-Amts Disposition einliefern sollen, davon denn abermahl den Aufsehern und Amts-Pfänder, so die Execution verrichten, der 5te Theil, auch dem Denuncianten auf sein Begehren vorhero der 3te Theil von allem verbleiben soll, und weil die Landes-Ordnung de ao. 1561. klar besaget, daß ein Frey- und Lehn-Schulze von jeder Hufe nicht mehr denn zwei Viertel, es wäre denn, daß in seinem Lehnbriefe ein anderes versehen, und ein Bauer, jedoch nur an denen Orten, da es hiebevor bräuchlich gewesen, von jeder Hufe ein viertel Schaafe eigen Viehe Landes-Wehrung, keine Ziegen aber halten möge, doch auch das zehente Lamm davon ihrer Obrigkeit zu geben schuldig seyn, so soll es nochmals dabei bleiben, das Vieh aber, was die Fleischer und Bürger zu halten geben, und die Unterthanen von den Schäfern oder den Bauern ihren Nachbaren zu halten nehmen, ist der Orts-Herrschaft verfallen, gestalt denn denen Bauern und Unterthanen auch an denen Orten, da sie sonst Schaafe halten mögen, solche von andern Leuten zur Hälfte anzunehmen, hiermit gänzlich verbothen seyn soll.

§. 20. Weil auch etliche Dorfschaften verwüstet, und Wir in Erfahrung bracht, wie sich die Schäfer in solche Orte begeben, und die Weyde um einen geringen Abtrag gebrauchen, soll solches hinführo gänzlich abgeschaffet, und die Schäfer sich zu vermiethen, oder der Obrigkeit gegen Verreichung des gesetzten und gebräuchlichen Kornes und Futters die Hälfte Wolle und Lämmer nebst der Molken-Pacht zu geben angehalten werden, oder bei Weigerung dessen ihres halben Viehes verlustig seyn.

§. 21. Und weil denn auch vormals von denen hochlöbl. Marggrafen und Churfürsten zu Brandenburg höchstseel. Andenkens verbothen worden, allen Hirten und Schäfern der Gebrauch der Gewehre, als Büchsen, Degen, türkische Säbel, und Spießbarten, wie auch allen und jeden Bauern und Müllern die Büchsen, damit sie sich unterstehen, Haasen und Enten zu schießen, ja auch zu dräuen und andern muthwilligen Attentaten zu gebrauchen, dann den Schäfern und Hirten alle Verbündniß, Vergaddrung, Verknüpfung und Innung, derer sie sich an eines Theils Orten vorhin ganz freventlich boshafter und höchststrafbarer Weise unterwunden, und dahingegen aufgesetzet, daß ihnen itzo gemeldte Gewehre jeden Orts durch die Amts-Pfänder, wo sie nur einen Bauern, Müller, Schäfer oder Hirten eine Büchse tragen und sich des Haasen- und Entenschießens gebrauchen, sollen abgenommen werden; so wollen Wir annoch ernstlich verordnen und gesetzt haben, daß diejenigen, so sich zur Verachtung dieser Ordnung dergleichen mehr unterstehen und unterfangen würden, ihrer wären viel oder wenig, durch die Amts-Pfänder, sobald es kund würde, von Stund an zur Verhaftung gebracht, und nachher den Gerichten, und ferner nach den Vestungen geführet werden sollen, da sie nach Beschaffenheit der Unthat und Mißhandlung entweder auch gar am Leben gestraft, oder aber in die Eisen geschlagen, und theils die so viel verwürket, Zeit ihres Lebens gefangen bleiben, theils, aber als deren Verbrechen nicht von sothaner Schärfe und Erheblichkeit auf eine Zeitlang an den Wällen, und da man ihrer sonst bedarf, arbeiten sollen, bis daß so lange die andern frömmer werden, und sich besser verhalten wollen, genugsame Verbürgung gestellet.

§. 22. Weil uns aber dabei berichtet wird, daß wegen Vielheit der Wölfe, wie auch der raubenden Parteyen öftermals solche Gewehr vonnöthen, wollen wir auf solchen Fall den Gebrauch des Gewehrs zu nothwendiger Defension, jedoch mit Vorbewust und Bewilligung jedes Orts Herrschaft gnädigst zugelassen haben, doch daß alle Insolentien vorhin verbothener massen, vermieden werden.

§. 23. Auch soll sich kein Hirte mehr unterstehen, auch den allergeringsten in seinen Gerichten Maaß zu geben, was er vor Satzung, wegen Bestallung der Hirten- oder Schäfer-Dienste, auch deroselben Belohnung machen, und wem er hiezu miethen oder annehmen soll, ohne Unterschied, ob einer, der zum Hirten angenommen werden soll, vom Hirten oder Schäfer oder andern Leuten gebohren, alles bei Leibes-Strafe: Denn es ist dieses Gesindleins Bosheit also hoch gestiegen, daß sie auch ungescheut zum Schimpf und Despect der Landes-Fürsten eine solche Ordnung (da es sonsten des Namens würdig ist) unter sich machen dürfen, keinen vor einen Hirten oder Schäfer zu leiden, dessen Eltern auch nicht Hirten oder Schäfer gewesen wären, daferne er nicht der Gülde bei ihnen gewonnen, auch zu derselbigen Gülde schweren wollen.

Auch haben sie die nicht leiden wollen, die sich umb geringen Lohn miethen lassen, oder anderer Gestalt, wie es ihnen gefällig, die Schaafe verpachten, oder auch zu Hauf setzeten, und was mehr ist, haben sie sich so weit verbinden dürfen, daß sie vor Niemanden, wer der auch wäre, dieses Wesens halber, Rede und Antwort geben, oder auch sich von jemanden strafen lassen wollen, als blos vor und von denen Richtern, welche sie sich selbst erkohren und gesetzet hätten, welches hernacher auf die, so sich noch in etwas zur Frömmigkeit beflißen, ausgangen; ja sie sind noch weiter zugefahren, und da es überall nicht nach ihren Köpfen gangen, sondern solche zu Schäfern und Hirten angenommen, die ihnen nicht gefällig, haben sie Vehde-Briefe an die Dörfer und Oerter, in welche diejenigen, so ihnen mißfällig gewesen, sich aufgehalten und gedienet, abgehen lassen, auch Brand-Zeichen gestecket, an ein theils Orten sind auch diejenigen, so in ihren bösen Rath und üblen Meinung nicht willigen wollen, eben dadurch aufgetrieben, und gänzlich verjaget worden. Soll demnach auf solch Beginnen von Unserm Verweser-Amte und jeden Orts Obrigkeit fleissig inquiriret, und derjenige, so sich einzigs unterstehen wollte, andern zum Abscheu, nach Befindung auch wohl an Leib und Leben gestrafet werden.

§. 24. Welcher Schäfer zur Verachtung unser Ordnung, es sey in welchem Punct es wolle, aus Vorsatz und Muthwillen und ohne Kundschaft aus dem Lande ziehen will, soll von dem Gerichts-Junker in unsern Aemtern angezeiget, und derhalb überall, als auch in Unsern Geleiten und Zollen samt seinem Viehe zur Abstattung des gebührenden Abzuges, oder der Abfahrt, von Schaaf und andern Vieh, und alles, was sein ist, so er außerhalb Landes nimmet, wie auch zu Abführung des gewöhnlichen Vieh-Zolles angehalten, und nach Befindung dermaßen ernstlich gestrafet werden, daß andere umb so viel desto mehr, dieser Ordnung zu gehorsamen, ein Exempel nehmen mögen.

§. 25. Auf die Fleischer und Handwerksleute aber, so mit Schaafen und anderm Vieh handeln, soll dieses nicht gezogen werden, doch daß sie sich auch keines Unterschleifes gebrauchen, bey einer arbitrar Strafe.

§. 26. Es ist endlich billig und erfordert es die Ehrbarkeit, daß ein jeder seinem Stande in Kleidung und Tractamenten sich gemäß verhalte, darum ordnen wir ferner hiemit, und wollen es ernstlich, daß kein Schäfer (ob er schon ein Arendarius adelicher Güter oder sonsten wäre) noch Schäfer-Knecht sich unterstehen solle, zu tragen und zu führen, à la mode Hüthe und Röcke, Feder-Büsche, große Ueberschläge, Handblätter, abgesetzte Stiefeln, Sporen, Sattelzeug, Pistolen, Degen, Windhunde, oder zu ihrer Kleidung Tuch zu gebrauchen, dessen die Elle über einen Märkschen Gulden, nehmlich 17 Gr. kostet, denn solches alles ihnen abzunehmen einem jedweden frey stehen solle, und so ofte darwider gehandelt wird, soll der Verbrecher uns Zehen Rthl. Strafe abzulegen schuldig seyn, so soll auch vor jedes Essen, welchen sie bei ihren Gelagen über 3 aufsetzen werden, Drei Rthl. abgefordert werden.

§. 27. Mehr sollen sich Schäfer und Hirten, wie auch sonsten jedermänniglich des Posern Land Ansteckung des Grases auf den Feldern, bei Vermeidung der in Unserm ao. 1684 diesfalls publicirten Edicto exprimirten unnachläßigen Strafe und Erstattung des verursachten Schadens gänzlich enthalten.

§. 28. Ob auch schon vor Publicirung dieser Ordnung einer oder der andere Schäfer auf andere Conditiones und Bedinge, so dieser Unser Ordnung zuwider von verschienen Michaelis angenommen wäre, soll jedoch solches hiemit gänzlich cassiret und aufgehoben bleiben, bey obbemeldter 20 Rthl. Strafe von beiden Theilen, sowohl der sie anderer gestalt in Dienste hat, als auch der Schäfer selber, wann er dieser Ordnung nicht pariren will, uns oder den Gerichten, da welche seyn, zu entrichten.

§. 29. Hiebey setzen und ordnen Wir, wenn das ordentliche Futter, so auf das Gemenge gegeben wird, nicht zureichen will, soll alsdann nicht allein der Schäfer zu denjenigen, so darüber gekaufet werden müste, sein Sechstes, sondern auch die Knechte pro rata ihres Vorviehes das Ihrige zu tragen schuldig seyn.

§. 30. Und weil durch die Zech-Hütung mehr Schaden im Felde und an den Wiesen zu geschehen pfleget, als wohl durch ordentliche Vieh-Hirten, imgleichen eines Theils Orten die Unterthanen solche Zech-Hütungen auf Abgaben der ordentlichen Hofe-Dienste zu verrichten sich unterstehen wollen, so sollen dergleichen Zech-Hütungen gänzlich abgeschaffet, und jede Gemeine schuldig seyn, einen ordentlichen Hirten zu allerley Viehe zu rechter Zeit umb billiges Lohn zu miethen und zu halten, an den man sich wegen gethaner Schäden erholen könne. Wo auch vor Alters her nicht bräuchlich gewesen, absonderlich Feldhirten von Ostern an, bis das Kraut und Rüben eingeführet, zu halten, gleichwohl aber das Bestehlen des Feldes und der Gärthen nicht zu billigen, maßen die Müssiggänger und andere böse Menschen sich an solche Diebstücke gewöhnen, und das, was sie nur erraffen können, wegnehmen, so soll jede Gemeine einen Feld-Hirten, auf Zeit, wie gemeldet, miethen, oder bestellen, den Schaden täglich anschneiden, wöchentlich berechnen, und dem gut thun lassen, welchem er begegnet.

§. 31. Die Pferde-Hirten müssen des Vor-Jahres, sobald offen Wetter ist, austreiben, die Pferde bis 14 Tage nach Michaelis des Nachts, und nachgehends als immer offen hüten, und zum höchsten nicht mehr als ein Viertel Crossner Maas, wo es aber gebräuchlich, nur ein halbviertel Roggen von jedem Pferde, an Lohne nehmen.

Tit. VI. Lohn=Ordnung von Dienstbothen, Knechten, Mägden und Tagelöhnern.

§. 1. Unter andern Beschwerdten, so diese Unsere Lande nicht wenig drücken, und ihme fast unerträglich fallen, ist die geringste nicht, so Herren und Frauen von ihrem frechen und muthwilligen und verwehnten Gesinde sowohl an den Dienstbothen und Tagelöhnern wegen der geforderten hohen Belohnungen und anderer Zugänge empfinden, womit es auch so hoch gestiegen, daß sie fast nicht bey bleiben können, derowegen die hohe Noth erfordert, auf Mittel zu gedenken, dadurch die eingerissenen Mißbräuche, wo nicht ganz abgeschaffet, doch etlichermassen gedämpfet werden, damit sie nicht weiter einreißen und überhand nehmen mögen. Und weiln ein böser Misbrauch, daß man dem Gesindlein über ihr gebührendes Lohn noch allerhand Getraide säen und solches dazu mit der Herren Vieh in die Erde bringen lassen, dasselbe aber dem Land=Receß de ao. 1611. zuwiderläuft; also soll solches hinführo, in Kraft dieses, ganz abgeschaffet seyn, und bey 20 Rthl. Strafe, da einer oder der ander seinem Gesinde außer Lein oder Hampf das geringste fernner säen wird, imgleichen auch das Gesinde, so darwider handelt, mit Gefängniß hart bestrafet werden.

§. 2. Wegen des Gesinde=Lohns aber soll es inskünftige in obbemeldtem Herzogthum Croßen und Züllichow nachfolgendergestalt gehalten und jährlich gegeben werden, als erstlich

Einem Voigte auf ein Jahr

10 Thaler an Gelde.
Ein paar Stiefeln oder 1 Thl. davor, und
Ein paar Niederschue oder 12 Gr. davor, und
Drey Hembden, auch täglich ein Quart Bier nebst der Kost.

Einem Großen Knechte, so in Acker arbeiten und anrichten kann.

Neun Rthl. an Gelde.
Zwey paar Niederschue oder 1 Rthl. davor.
Drey Hembden, auch Leinewand zu Hosen.

Einem Mittel=Knechte.

Sieben Rthl. an Gelde.
Zwey paar Niederschue oder 1 Rthl. davor.
Drey Hembden, und Leinewand zu Hosen.

Einem Knechte, der mit zwey Pferden arbeiten kann.

Sieben Rthl. an Gelde.
Ein paar Stiefeln oder 1 Rthl. davor.
Ein paar Niederschuhe oder 12 Gr. davor.
Drey Hembden, und Leinewand zu Hosen.

Einem Ochsen- oder Kuhhirten.

Zwey Rthl. an Gelde.
Zwey paar Niederschue oder 1 Rthl. davor.
Zwey Hembden und Leinewand zu Hosen, oder statt dessen nothdürftige Kleidung.

Einem Pflugtreiber.

Zwey Rthl. an Gelde.
Zwey paar Niederschue oder 1 Rthl. davor.
Zwey Hembden und Leinewand zu Hosen, oder statt dessen nothdürftige Kleidung.

Folget, was einer jeden Magd jährlichen soll am Lohne gegeben werden.

Einer Köchin oder Käsemutter.

Zwey Rthl. an Gelde.
Ein paar Stiefeln oder 20 Gr. davor.
Ein paar Niederschue oder 10 Gr. davor.
Zwanzig Ellen, Ellenbreite grobe Leinewand.
Sechs Ellen kleine würken, sechs viertel breite Leinewand.
Sechs Ellen kleine, sechs viertel breite Leinewand.
Drey Ellen auch sechs viertel breite Leinewand zu Schleyern.

Einer Viehe-Magd.

Zwey Rthl. an Gelde.
1 paar Stiefeln, und
1 paar Niederschue, oder statt deren 1 Rthl. 6 Gr.
20 Ellen, Ellenbreite grobe Leinewand.
6 Ellen, 6 viertel breite kleine werken item.
6 Ellen, 6 viertel breite kleine item.
3 Ellen, 6 viertel breite kleine Leinewand zu Schleyern.

Einer mitteln oder kleinen Magd.

1 Rthl. 12 Gr. an Gelde.
1 paar Stiefeln und
1 paar Niederschue, oder statt deren 1 Rthl. 6 Gr.
16 Ellen, Ellenbreite grobe Leinewand.
4 Ellen, 6 viertel breite kleine Wercken item.
3 Ellen, 6 viertel breite kleine Leinewand zu Schleyern.

In denen Städten.

Ein Groß-Knecht.

9 Rthl. Geld.
1 Rthl. 12 Gr. zu Stiefeln, und ein paar Schue.
Drey Hembden und Leinewand zu Hosen, und sonst nichts mehr.

Ein ander Groß-Knecht, welcher bei einem Bürger dienet, der nebst dem Acker-Wercke ein Brauhaus hat, item der bei einem Handelsmann, Kramer oder Gewandschneider dienet:

Eilf bis 12 Rthl. an Gelde.
1 Rthl. 12 Gr. zu Stiefeln und ein paar Schue.
3 Hembden.

Einer Ammen.

6 Rthl. Geld und sonst nichts mehr.

Auf ihr Kind aber

2 Schfl. Roggen oder 2 Rthl. davor.
4 Pf. Butter.
4 Pf. Speck.
1 Metze Grütze.
1 Metze Erbsen.
2 Mandel Käse.
Eine halbe Metze Salz.
6 Gr. Biergeld.

Einer großen Magd, die Malz machen und gut kochen kann.

Sechs Rthl. und nichts mehr.

Einer andern Haus-Magd.

Fünf Rthl. und weiter nichts.

Ein Kinder-Weib.

Vier Rthl. 12 Gr. sonst ferner nichts.

Ein Mägdchen.

Drey Rthl. und weiter nichts.

Denen Knechten oder Mägdchen, die außer ihres Lohnes sich selbsten beköstigen sollen, in Croßnischen und Züllichowschen Creysen:

Einem Knechte.

Sechs Scheffel Korn zu Brod, groß Maaß.
Zwey Viertel Gerste.
Zwey Viertel Heidekorn.
Ein Viertel Erbsen.
Zwey Metzen Salz.
Zwey Ständelein Butter.
3 Schock Käse, und
Ein alt Schaaf oder 12 Gr. davor.

Einer Magd.

4 Scheffel zwei Viertel Korn zu Brod.
2 Viertel Gerste.
2 Viertel Heidekorn.
1 Viertel Erbsen.
2 Metzen Salz.
2 Ständelein Butter.
3 Schock Käse, und
1 alt Schaaf oder 12 Gr. davor;

oder anstatt der Butter und Käse eine Kuhe in freyen Futter zu halten.

Der Voigt und ein jeder Knecht ist auch schuldig, wann der Schulz oder ein Gerichtsmann des Dorfes nicht so bald zu erlangen (dann der Schulz oder ein Gerichtsmann ist solches zu thun ohnweigerlich verbunden) die Delinquenten zu gefänglicher Haft zu bringen und zu schließen, welches jedoch ihnen allerseits vorhin dieshalb ausgegangenen Patenten gemäß, wie auch ihren Kindern an Ehren unnachtheilig seyn und einen Weg wie den andern zunftmäßig bleiben sollen, gestalt, wenn sich Straffälle begeben, daß sie schließen müssen, der es thut von einem Fremden, der außer der Jurisdiction ist, 12 Gr., von denen aber, so unter der Jurisdiction seyn, nach Billigung der Obrigkeit, etwas davor zu heben hat. Die Knechte sollen auf das Geschirre und Wagenzeug fleißige Acht haben, solches nicht verwahrlosen oder abhänden kommen lassen, die Pferde und Ochsen mit der Futter- und Tränkung wohl in Acht nehmen, damit durch solche Unzeitigkeit und Verwahrlosung kein Vieh verfüttert werde, verschlage, oder sonsten umfalle, anders sollen sie zur Erstattung des Schadens angehalten werden, und wenn sie dazu nicht genugsam, mit anderer exemplarischer Strafe angesehen werden, es sollen die Knechte und das Gesinde auch mit Licht und Feuer sich des Abends in den Ställen vorsehen, entweder das Licht gar aus dem Stalle lassen, oder doch ohne Leuchte es nicht hineinbringen, keinesweges sich aber gelüsten lassen, Toback in den Scheunen oder Ställen zu rauchen, wer darüber betroffen wird, soll allemal einen Thaler seines Lohnes verlustig seyn.

Imgleichen sollen die Knechte des Nachts sich nicht aus ihrer Herren Höfe begeben, sondern bei ihrem Vieh und Pferden bleiben, sich des Abends nicht vollsaufen, wodurch sie des andern Tages von der Arbeit abgehalten werden, oder im Felde sich müssen niederlegen, auszuschlafen, alles bei willkührlicher Strafe des Herrn; wie denn auch den Mägden untersaget wird, daß sie bei nächtlicher Weile nicht sollen aus ihrer Herren Häuser gehen, oder sich bei liederlicher Gesellschaft einfinden, sondern daheim bleiben, spinnen, aufräumen, des Feuers wohl warten, und sich in allem redlich und ehrlich verhalten, bey Strafe des Gefängnisses und was sonsten die Beschaffenheit des Lasters erfordern möchte.

§. 3. Damit nun durch ein oder zwey Personen dergleichen Unordnung und Mißbräuche nicht mehr eingeführet werden mögen, so sollen doch insonderheit die Bauersleute, bei welchen doch keine andere als schlechte Arbeit vorfallen kann, aufs genaueste mit ihrem Gesinde dingen, und wenn sie denn mit ihrer Lohnforderung übersetzet werden, sollen sie es ihrer nächsten Obrigkeit anzeigen, und bey denen sich Raths und Hülfe erholen, welche Obrigkeit alsdann nicht dahin sehen wird, daß die Unbilligkeit abgeschaffet, oder Inhalts dieser Ordnung gestrafet würde, derselbe soll dessen Verantwortung auf sich nehmen.

§. 4. Wäre auch in einer Stadt oder Dorfe eines Creises ein geringer Lohn üblich als im andern, sonderlich da die

Bauern nicht so viele oder nicht so starke Aecker haben als anderswo, und dannenhero die Arbeit leichter fället, so soll das Gesinde, zuvörderst die Knechte an das Herkommen verbunden seyn, und diese gesetzte Maaß und Ordnung dahin nicht ausdeuten, sonst wäre eben ein jeder Wirth dies Lohn, welches wir fürs höchste passiren lassen, zu geben schuldig, sondern es muß jeder Unterscheid des Orts und Gelegenheit in Acht behalten werden. Wann nun also sich die Parte auf ein geringeres verglichen, hat es billig dabey sein Bewenden, ein höheres aber wie obstehet soll nirgends gegeben werden, und obschon vor Publicirung unser Ordnung ein höheres gelobet, soll es hiemit cassiret und aufgehoben seyn.

§. 5. Ob es auch zwar mit Ausfütterung der Meyer eigenen Viehes bishero keine beständige Ordnung gehabt, so wollen wir doch hinführo ferner nicht zugelassen haben, daß einem Meyer auf drey Pflüge über 4 Haupt-Rind-Vieh, ohne die jährlichen Kälber gehalten und ausgefüttert werden, und soll das Gesinde unweigerlich sowohl mit Ochsen als mit Pferden, ackern, und sich dessen bey Verlust ihres Lohnes nicht weigern, die Meyer oder Hofleute auch vereydet werden.

§. 6. Es sollen auch aller Diener Weiber, wenn sie sich gleich bey ihren Männern aufhalten, gleich andern Hausinnen, ihrer Herrschaft zu Dienste gehen, und darunter, wenn sie gleich andern Hausleuten ihr Essen oder Lohn bekommen, kein Unterschied Statt haben.

§. 7. Was das andere Gesinde betrifft, dessen hierin nicht gedacht wird, als Weinmeister, Fischer und dergleichen, dieselben sollen nicht befuget seyn, ihr Lohn zu steigern, sondern es bleibet damit, wie es an jedem Orte vor Alters gebräuchlich gewesen, oder wie sich ein jeder mit ihnen aufs genaueste vergleichen kann, jedoch wird er nicht mehr zusagen, als bei der Nachbarschaft dies- und jenseit der Oder im Sternbergschen und sonst angränzenden Oertern gebräuchlich, es bleibet aber der Titul 6. §. 4. in seinem Valor, jedoch daß einem Meher in Roggen und Waitzen 3 gr. beim Heu und Sommer-Getreide aber nur 2 gr. zum Tagelohn gegeben werden, und soll das Säen gänzlich abgeschaffet seyn, bei Vermeidung der hierin enthaltenen Strafe, so wird auch hiemit verbothen, einiges Gartengewächs unter die Weinstöcke zu säen oder zu pflanzen, bei unausbleiblicher Strafe, und soll ein Wintzer vor die ganze Jahreszeit haben 9 Rthlr., da bishero wohl 10 bis 11 Rthlr. gegeben werden müssen, vom Morgen Weingebürge Senkerlohn von Michaelis bis zu Martini des Tages 3 Argent von Martini bis Weihnachten 2 Gr. 6 Pf.

§. 8. Daneben soll auch keinem verstattet werden, seinen Knecht oder Magd, wie im Eingange gedacht, außer Lein oder Hanf, Hafer oder ander Getraydig auf seinen eigenen oder eines andern Acker über ihr ordentliches Lohn zu säen oder einzuackern, Schaafe oder Vieh zu halten, oder auch Jahrmärkte oder Neujahrsgeschenke, oder auch andere Verehrungen oder

Begünstigungen, sie mögen auch Nahmen haben, wie sie wollen, obenein zu loben, mit der Verwarnung, da es hierüber geschehen wird, daß alsdann der Herr oder Frau, Wirth oder Wirthin, welcher ein solches Ueberlohn seinen Knechten und Mägden zugesaget hätte, der Obrigkeit 2 fl. und der Knecht und die Magd, die solches ihrem Herrn angemuthet oder abgedrungen hätten, sein oder ihr ordentliches halbes Lohn zur Strafe verfallen, und daneben des gesäeten Kornes, oder zugesagten oder auch schon empfangenen Jahrmarktes verlustig seyn, welches denen Gerichten heimfället, die es zwar zu sich nehmen, doch aber zu den Kirchen und Gemeinden, Stadt- oder Dorf-Gebäuden anwenden, auch den Armen nach ihrer Obrigkeit oder Gerichts-Herren Anordnung davon austheilen sollen; so soll auch kein Herr oder Frau ihren Knechten, Jungen und Mägden zu den Fastnachten, Pfingsten, vielweniger zu den Wochen-Zechen etwas zu geben schuldig seyn, sondern es sollen alle Zechen, da sie zwey, drey oder mehr Tage vor den Fässern liegen, und allerhand Leichtfertigkeit und Unzucht treiben, immittelst auch ihrer Herren Arbeit ohne nicht geringen Nachtheil dererselben sich entziehen, gänzlich cassiret und aufgehoben seyn. Wann dann diesen zuwider zu handeln, sich das Gesinde unterstehen wollte, soll die Obrigkeit jedes Orts solche Verbrecher darumb strafen, und die Schafner, so sie jährlich hierzu zu erwählen pflegen, nacher Unser Vestung zur Arbeit schicken.

§. 9. Mehr soll sich auch jedweder enthalten, er sey von Adel, Priester, Bürger oder Bauer oder was Standes er wolle, seinen Nehesten das Gesinde durch Verläumdung oder andern Praticken abwendig zu machen, und an sich zu ziehen, auch keinen Knecht oder Magd zu miethen, ehe er oder sie von ihrem vorigen Herren Urlaub genommen, und solches mit dessen Schein, den sie desfals bey der Urlaubnehmung fordern sollen, beweisen können, und wenn sie solches guten Abschiedes von dem vorigen Herrn also vergewißert, sollen sie demselben bey ferner Miethung an denen Orten, wo es üblich, einen Hand-Pfennig, und zwar dem Knechte aufs höchste 3. Gr. und der Magd 2. Gr. geben, und soll ein jeder nach der was sup. Tit. 2. §. 4. in fine et §. 8. verordnet, sich richten und halten.

§. 10. Letztlichen schaffen Wir aus Churfürstlicher Gewalt abe, alle und jede Mißbräuche, so hiewider möchten angezogen werden, auch alle und jede Pacta, so den Dienern zum Vortheil und dem Herrn zum Schaden oder Beschwehrung und Erhöhung des Lohns gereichen könnte, oder möchte, bey Verlust der Hälfte des von Uns verordneten jährlichen Lohns, welches jedes Orts Obrigkeit heimfallen soll.

Tit. VII. Von Handwerkern, Tagelöhnern, Fuhrleuten und Bothen.

§. 1. Wir erfahren auch und merken es in großen Ungnaden, daß die Handwerker und Tagelöhner ihres Gefallens ihr Lohn steigern und so übermäßig, indem sie sich unterstehen, um keinen Tagelohn zu arbeiten, sondern wollen alles verdingen, darinnen sie die Bau-Herren im Verdingen sehr übersetzen, und die Arbeit nach der Hand unfleißig machen; also soll solches hiemit gänzlichen abgeschaffet, und in des Bau-Herrn Willen stehen, ob er verdingen oder um Tagelohn arbeiten lassen will.

§. 2. Setzen demnach und ordnen ernstlich, daß bey Unserer hiebevor auf dem Lande und in Städten publicirten und gemachten Tax-Ordnung allerdings bewenden soll, und einem Handwerker und Tagelöhner der Gewohnheit nach nebst der Speisung, als aufs höchste des Tages drey Mahlzeiten und nicht mehr gegeben werden, wie folget, dagegen sie ganze Tage von der Sonnen Aufgang bis zu derselben Niedergang, zu arbeiten schuldig.

Als einem Zimmermann, Tischler, Maurer und Teichgräber, zwischen Lichtmesse und Martini bey den längsten Tagen nebst nothdürftigem Essen und Speisebier:

Dem Meister des Tages 8 Gr. 6 Pf.
Dem Gesellen oder Knechte 2 Gr. 3 Pf.
Einem Decker 2 Gr.
Einem andern Arbeiter und Tagelöhner, es sey was Arbeit es wolle 1 Gr. 6 Pf.
In der Erndte einem Meher bey Roggen und Weitzen 3 Gr.
Demselben bey Heu und Sommer-Getreyde 2 Gr.
Einer Binderin 1 Gr. 6 Pf.
Einem Harker 1 Gr.
Einer Weibs-Person in der Arbeit 1 Gr.

Nach Martini aber, wenn die Tage kürzer werden, thut auch billig am Lohne was abgehen; soll demnach zwischen Martini und Lichtmesse nicht mehr gegeben werden, als:

Einem Zimmermann, Tischler, Maurer und Teichgräber.
Dem Meister des Tages 2 Gr. 3 Pf.
Dem Gesellen oder Knechte 1 Gr. 6 Pf.
Dem Decker 1 Gr. 6 Pf.
Einem andern Tagelöhner 1 Gr.
Einer Weibs-Person 9 Pf.

§. 3. Wer sich aber selbst speiset, soll mit dem gedoppelten Tagelohn zufrieden seyn, und soll die Wahl nicht bey dem Tagelöhner oder Handwerker, sondern bey deme, der ihn gemiethet, stehen.

§. 4. Weil auch die Drescher das Lohn ihres Gefallens steigern, als sollen sie hinführo bey hoher Strafe, umb den 18ten Scheffel, glatt gestrichen, zu dröschen schuldig seyn, jedoch wo eine andere Gewohnheit üblichen, daß sie um den 16ten Scheffel dreschen, hat es sein Bleiben, darunter aber soll niemand dreschen lassen, das Getraide gelte so wenig als es immer wolle, und sollen die gehäufte Maaße aufm Lande sowohl als in Städten ganz abgeschaffet seyn, auch sollen die Drescher verbunden seyn, demjenigen, der sie in seinen Scheunen annimmet, den Eyd der Treue auf sein Begehren abzulegen, das Stroh rein auszudreschen, das Getreide auf die Schüttboden zu tragen, alles bey willkührlicher Strafe, sowohl denjenigen, die ein mehreres hiewider gestatten, als die es begehren, und den Hauswirthen, und soll insonderheit das Essen und Trinken, welches die Drescher bey dem Aufmessen zu fordern pflegen, hiemit gänzlich abgeschaffet und ernstlich verbothen seyn.

§. 5. Weil auch die Leinweber den Adel, Bürger und Landmann sehr übersetzen, indem sie mehr Garn und höhern Lohn als gebräuchlichen fordern, und doch die Leinwand schmäller machen, als sollen sie schuldig seyn, wie vor Alters schmale und breite Leinwand zu zwey Ellen zu machen, um den Preis, wie die vorigen Tax-Ordnungen besagen, sie sollen auch schuldig seyn auf dem Lande und in den Städten auf Begehren in Häusern selbsten oder durch Knappen zu arbeiten, das Garn auch gewogen anzunehmen, und die gemachte Leinewand, jedoch trocken, und ohne andere Vortheile in gleichem Gewichte wiederum zu liefern.

§. 6. Einem Bothenläufer innerhalb oder außerhalb Landes vor die Meile 2. Argent.

Wartegeld eines Tages 2. Argent.

und soll jeder Bothe schuldig seyn, in seiner Abfertigung notiren zu lassen, den Tag seiner Ankunft und Ablaufens.

§. 7. Sollen auch die Schiffer und Flößer-Knechte, wie nicht weniger die Mieth-Kutscher und Fuhrleute, welche zu Wasser und Lande gedinget werden, mit ihrem alten billigen Lohn friedlich seyn, und solchen bey willkührlicher Strafe nicht steigern, worauf jedes Orts Obrigkeit gute Aufsicht haben, und auf Ansuchen den Schiffern und Fuhrleuten einen billig mäßigen Lohn entweder auf Tage-Zeit oder nach den Meilen und Centnern setzen, dieselben auch zu solchen Vorreich anhalten sollen.

§. 8. Ein Fuhrmann, der über Land fähret, und nur Personen und keine Last ladet, auf zwey Pferde von jedem Tage, nebst Futter, Mahl und Auslösung, und zwar auf zwey Pferde Tag und Nacht ein Viertel hiesiges Maaß Hafer 8 Gr.

Vom Stilllager täglich auf eine Person und zwey Pferde nebst Futter, Mahl und Auslösung 6 Gr., und soll Tag und Nacht auf ein paar Pferde ein Viertel Hafer oder eine Metze hart Korn und dem Fuhrmann nebst der Speisung täglich zwey Quart Bier gereichet werden. Wenn aber der Fuhrmann Centner-Last fähret, von jedem Centner auf 6 Meilen 10 Gr. oder zum höchsten 12 Gr. um dieses alles gesetzte Tagelohn sollen obbemeldete zu arbeiten schuldig seyn, wer aber zu Verachtung dieser Unser Ordnung ein mehreres wird begehren, und darumb nicht arbeiten wollen, soll nach Gelegenheit seines Begehrens Uns mit fünf auch wohl zehen Thaler Strafe verfallen seyn, welche obberührtermaßen der Amts-Pfänder in seinen Beritt soll fordern, den fünften Theil davon behalten, das übrige aber in unser Verweser-Amt einliefern, welche Meinung es auch hat, wenn einer gar nicht arbeiten, sondern die Arbeit vorsetzlichen verweigern wollen.

§. 9. Es soll aber keinem umb Tagelohn zu arbeiten vergönnet seyn, als seßhaftigen Eheleuten, oder in Wittwenstande lebenden armen Leuten, die wegen ihrer Kinder sich nicht vermiethen können, und sollen solche Tagelöhner vor andern ihrer Obrigkeit diese Dienste, so oft sie begehret werden, zu leisten schuldig, in andere Orte aber vor Martini sich zu begeben nicht befugt seyn, wie es dann auch fremden aus andern Ländern zufälliger Weise ankommenden Personen unverbothen ist.

§. 10. Sonsten soll jedwede Obrigkeit, sowohl in den Städten, als auf dem Lande dahin sehen, daß kein Herrenlos Gesinde an Manns- und Weibs-Personen in ihren Gerichten gelitten, noch geduldet werden.

§. 11. Weiln wir auch berichtet worden, daß bey den itzigen leider schwehren Krieges-Zeiten, sich ein oder ander Unterthan sowohl in Städten als aufm Lande, heimlich und öffentlich an andere Orte begeben, denen andere zu folgen sich verlauten lassen sollen, als wird solches hiermit gänzlich verbothen, und soll forthin kein Unterthan von Bürgern oder Bauern ohne Vorwissen und Willen seiner Obrigkeit in andere Gerichte sich begeben, und soll derjenige, welcher um einen ausgerißenen oder der auszureißen gemeinet, Wissenschaft träget, solches der ordentlichen Obrigkeit bey seinen Pflichten auch arbitrar Strafe anzuzeigen, und wenn er derenthalben befraget würde, die Wahrheit zu eröfnen schuldig seyn.

Tit. VIII. Vom halben und zur Miethe-Säen.

§. 1. Weil auch denen Wucherern in Städten und auf dem Lande zum Müßiggang nicht wenig Ursach giebt, das Wucherliche zu halben und zur Miethe säen, indem ein jeder Müßiggänger, der nur etliche Scheffel Korn aufbringen kann, ganz wucherlich mit andern zu halben säet, ja was noch mehr ist, so lassen viele ihre ehrlichen Handwerke und andere redliche Handthierungen und Arbeit liegen, schaffen ihnen Vieh zu Vorspann, geben etwas Geld, Korn oder dergleichen auf Aecker oder miethen dieselben umb ein ganz liederliches, also, daß es ofte nicht die Aussaat, so sie ins Land geworfen, erreichen thut, viel dürfen sich wohl gar unterstehen, ohne jemandes Vergunst die wüsten Aecker zu besäen, und den Einschnitt ohne einige Landesbürde oder andern Entgelt davon zu nehmen, woraus dann dieses Uebel entstehet, daß nicht allein dem Grund-Herrn die Aecker ausgeplündert, und verdorben werden, sondern ehrliche Handwerke vergehen, niemand will etwas lernen, und also wird alle Nahrung, sonderlich des Ackerbaues ganz schwehr gemacht, und wird endlich gar dahinfallen müssen, solches soll nun gänzlichen und bei Verlust alles zu halben und durch Eigenthätigkeit gesäeten Korns verbothen seyn.

§. 2. Sollte aber der eine oder der andere Ackermann so nothdürftig seyn, daß er zu dem Saamen nicht könnte Rath schaffen, soll er mit Consens und Einwilligung seiner Obrigkeit das halbe Säen also anstellen, daß von deme zu halben gesäeten Korne vors erste die Pächte pro rata der Aussaat, wie auch andern auf die Aussaat geschlagenen Beschwerden und Contribution genommen werden, dann sowohl das Stroh beim Hofe bleiben, und mag aldann das Korn mit dem Scheffel unter dem, so den Acker und Arbeit, und der den Saamen thut, getheilet werden, sollte aber einer, oder der ander aus Städten hiewider thun, soll er des ganzen zu halben gesäeten Kornes verlustig seyn.

§. 3. Izt vorgedachtermaßen aber um eine schlechte Land-Miethe nach Morgenzahl sich des Ackers zu gebrauchen, wird hiemit allerdings verbothen und soll sich deßen Niemand bey Verlust Viehe-Kornes und Vorraths hinführo unterfangen, sondern ein jeder soll entweder in Städten zu bürgerlicher Nahrung, oder aufm Lande zu Bauren- oder Coßäthen-Höfen sich begeben, und die Onera tragen helfen, wer aber dazu nicht gelangen kann, der soll sich um ein billig Lohn vermiethen. Diejenigen aber, so bishero des Landsäens um die geringe Miethe sich gebrauchet, sollen von diesem letzten Abschnitt alle Unpflichten und Contributiones erstatten, so dieses Jahr über nach Proportion der ordinair Anlagen darauf pro rata anlaufen werden.

§. 4. Worunter Wir gleichwohl die rechtmäßigen und zulässigen Mieths-Contracte, da jemand sein Guth um billige Jahres-Pension ausgethan, nicht aufgehoben oder verbothen haben wollen, sondern dieselben werden, einem jeden seiner Angelegenheit nach, frey gestellet, und daß die Pensionarii ihr Gewissen dabey in acht nehmen, und ihren dürftigen ruinirten Nebesten nicht, wie es leider oft geschiehet, unchristlich übervortheilen.

§. 5. Sollte aber ja um der schweren Contribution willen zu des Landes Besten einiger wüster Acker vermiethet werden, so soll solches an gesessene Leute geschehen, welche ohne das ihre ehrliche Handthierung treiben, nicht aber an Müßiggänger, oder an die, so ihr Handwerke zu gebrauchen schuldig seyn.

§. 6. Wie nun dieses zu halben und zur Miethe-Säen verbothen, also soll sich auch ein jeder, der nicht gesessen, und kein eigen Haus noch Hof hat, des Pferde-, und Vieh-Handels, auch mit Salz und andern Waaren Handlung treiben, (desfalls sich jedermann an Unsern, und Unsern Herrn Vorfahren hiebevorigen Edicten zu richten hat) gänzlich enthalten, und keine fremde Pferde oder Vieh auf die Weide bringen, damit nicht allein mancher Bauer sich zum Müßiggang auch wohl oft unter dem Prätext des Kaufes zum Diebstahl gewehnet, besondern auch mit schadhaften Pferden und Viehe die Weide verderbet. In Summa es soll ein jeder in seinem Beruf und Stande verbleiben, und außerdem in keinen Gerichten gelitten werden; alles bey Vermeidung ernster willkührlicher Strafe.

Tit. IX. Von denenjenigen, die ihren eigenen Acker liegen lassen, und fremden umb den Einfall säen.

§. 1. Wir kommen in Erfahrung, daß bey itzigem üblen Zustande sich ezliche von Adel, Bauern und andere unterstehen, ihre eigenen Aecker muthwilligerweise wüste liegen zu lassen, und bestellen dagegen andere frembde Aecker umb den Einfall oder Einschnitt, damit sie der Dienste, Contribution und Pächte wollen enthoben seyn, dieses verbiethen Wir ernstlich und bey Verlust 10 Rthlr. Strafe, auch des ganzen ausgesäeten Korns mit dem Zuwachs, so denen Gerichts-Herren jedes Orts, oder nachdem die Verbrecher immediate unter Uns gesessen seyn, in Unser Verweser-Amt geliefert werden soll, davon der Amts-Pfänder, wenn er dieselbige fleißig einfordert, den fünften Theil zu sich nehmen mag.

§. 2. Soll demnach ein jedweder Ackersmann seinen eigenen Acker so viel möglich, selbsten bestellen, und davon Uns und seiner Obrigkeit, denen er mit Diensten und Pächten verwandt, die gebührlichen Dienste und Pächte samt den Land-Oneribus so weit immer möglich, leisten und geben.

§. 3. Damit auch aller Unterschleif verhindert bleibe, und die Interessenten und Pacht-Herren das Ihrige erlangen mögen, sollen die Schulzen und Bauern jedes Orts eidlichen aussagen, zu welchen Höfen die Hufen, Wiesen und Holzungen gehören, und wer dasselbe in Nutz und Gebrauch habe, würden sie sich dessen weigern, sollen sie in obige Strafe verfallen seyn. Und gleichmäßige Verordnung sollen auch Burgermeistere und Räthe in Städten, wo Pacht-Hufen vorhanden, zu machen schuldig seyn.

§. 4. Weilen nun bishero durch angezogenes Säen der wüsten Aecker ein jeder Müßiggänger seinen Auffenthalt zu des Landes Schaden haben können, so ist auch daraus dieser Uebermuth entstanden, daß die Bauren und Coßäthen ihre Häuser nicht beßern wollen, sondern dieselbige eingehen lassen, und so sie hernach die Obrigkeit zu Diensten und Pächten behalten wollen, und ihre Kinder die Höfe haben besitzen sollen, so haben ihnen die Häuser wiederumb gebauet werden müssen, wozu sie nicht einmahl die Arbeit, welche sie mit eigener Hand verrichten können, anwenden wollen, sollen derohalben diejenigen, die gekaufte Höfe haben, ihre Häuser und Höfe, sie haben bishero darinnen gewohnet oder nicht, auch diejenigen, die in alt fertige Häuser, so nicht ihr eigen vor diesen oder neuerlich eingezogen, oder künftig noch eingehen werden, verbunden seyn, die Höfe nach und nach in erträglichen Terminen nach billiger Taxe und nach jeden Orts Gebrauch zu bezahlen, und sie ihre Kinder und Kindes Kinder, oder nächste Erben sollen schuldig seyn, solche Höfe nach Vermögen zu erbauen und in bester und steter Bewahrung zu erhalten, wie es ohne das in geerbten und auch in den gekauften Höfen in alle Wege sich gebühret; diejenigen aber, welche aus Muthwillen ihre Häuser einfallen lassen und nichts daran bessern, sollen den Schaden selber tragen, welcher ihnen oder ihren Erben an ihren Mobilien und Vorrath abgezogen oder die eingefallenen Häuser ihnen gelassen, und mit ihren andern besten Güthern und Verlassenschaft der

Obrig-

Obrigkeit genung davor gethan, sie auch darneben nach Gutachten sollen bestrafet werden.

Tit. X. Von der Unterthanen Diensten.

§. 1. Hierneben ist es Uns auch berichtet, daß die Bauern, welche gewisse Tage Dienste in der Woche haben nebst denselben auch die Baufuhren zu verrichten sich verwiedern, wenn aber solches den alten Landtags-Recessen gemäß; als wollen Wir, daß hinführo kein Bauer seiner Herrschaft die Baufuhren auch an denen Orten da es bräuchlich ist, Gärtner und Büdner die Hand-Bau-Diensten zu denen Rittersitzen, Schäfereyen, Meyereyen, Weinpressen, Winzler-Häuser, Vorwergen und andern zum Rittersitz gehörigen Gebäuden, versagen, und dieselbe keinesweges an dem Tage Dienste anschlagen, auch die Gärtner und Büdner, imgleichen Hofleute, Schäfer, Hirten, Schmide rc. nebst den Bauern die Zimmer und Gebäude, ohne einigen Abgang der ordentlichen Hofe-Dienste heben und aufrichten zu helfen, sich keinesweges entbrechen sollen, bei harter Strafe, so ihre Obrigkeit, da sie sich hierunter widersetzen, nach des Muthwillen Größe, Beschaffenheit auf gewisses Geld zu setzen, oder sonsten durch Gefängniß und anderer Gelegenheit anzuordnen hat. So oft aber der Bauern Halsstarrigkeit so groß seyn wird, daß sie für Uns oder Unsern Verweser-Amt gebracht muß werden, soll die Strafe, gestalten Dingen nach, durch Unsern Amts-Pfänder eingefordert und exequiret werden, in welchen Orten aber die Bauern täglich Dienste verrichten müssen, kann dieses nicht practiciret, sondern es müssen die Baufuhren an Hofe-Diensten passiret werden. Es sollen auch die Bauern, Coßäthen und andere Dorfs-Einwohner schuldig seyn, über ihre ordentliche Wochen- oder Jahres-Tagedienste (die so täglich Dienste haben, werden ausgenommen) die Schloß- und Hofe-Wachen, so oft es die Noth erfordert, als wenn von Zigeunern, landstreichenden Bettlern, Marcheen, Mordbrennern oder sonsten Gefahr vorhanden, sowohl Tages als Nachts zu verrichten, item wenn sie in den 6 Wochen oder andern schweren Krankheiten auf dem Hofe Handreichung thun, oder bei den Hofleichen wachen, oder die Mühlen-Flößer räumen, oder die Stege und Wege bessern, oder Brunnen räumen oder graben helfen, die Gemeine-Hüthungen und Triften, an Graben und Sträuchern raden, verzäumen und bessern, oder dem Schmiede, Hirten und Müller, auch Mühlensteine, es sey denn, daß wo es bräuchlichen von Alters her, daß die Müller selbst die Steine holen müssen, und die Personen, so in peinlichen Processen nöthig, holen, gestalt die Müller, Hirten und Schmiede ihnen Essen und Trinken willig davor zu reichen pflegen, und die übrigen alle solche gemeine Dienste seyn, von welchen kein Einwohner, er sey sonst dienstfrey oder nicht, sich entziehen kann, sollen sich solches alles, imgleichen die Wachen bey den Malefiz-Personen, sie hätten auf den Aemtern, Herren-Höfen, in Dörfern, oder sonsten delinquiret, und derselben Abfuhre und Begleitung, wenn sie nach der Festung oder sonst wohin gebracht werden müssen, ohne Abgang der ordentlichen Dienste zu verrichten, verbunden seyn.

§. 2. Unter den Baufuhren sind zu verstehen, alle und jede Holz, Stein, Kalck, Ziegel, Leim, Sand, Spließ, Schindel, Rohr, Dachstroh, Schöve, Dach- und Band-Stöcke, Latten, Boden und Tischler-Dielen, Fenster, Kacheln, Tischer- und Eisen-Arbeit, und ander zum Bau benöthigten Fuhren, sie werden binnen oder außer der Gräntze aus Städten oder Dörfern geholet, wie sie denn auch den Schutt von den alten Gebäuden, von denen Orten, dahin wieder neue Gebäude gesetzet werden sollen, weil im widrigen Fall der Bau sowohl auf den Churfürstlichen Aemtern, als auch sonsten verhindert wird, ohne Abzug der ordinair Dienste wegzuführen schuldig seyn.

§. 3. Was die Zäune betrifft, sollen die Unterthanen schuldig seyn, zu allen und jeden Zäunen, so umb die Herren-Höfe und dazu gehörigen Obst-, Kraut- und Küchen-Gärten, Schäfereyen, Meyereyen und Vorwerker gezogen werden, die Fuhren, auch da es bräuchlich ist, die Gärtner und Büdner, die Handdienste ohne Abgang ihrer ordentlichen Hofe-Dienste, zu thun, verbunden seyn.

§. 4. Ferner ist Uns fürgetragen worden, welchergestalt bei diesen verworrenen Zeiten theils Bauern also untreue an ihren Herrschaften worden, daß, ob sie Gott schon wiederumb gesegnet, daß es ihnen an der Anspannung nicht ermangelt, sie dennoch dieselbe zu ihren Herren schuldige Tagediensten sonderlich in den Pflug-Zeiten nicht völlig gebrauchen wollen, zu dem auch mit Sonnen-Aufgang auf den Aeckern nicht erscheinen, und der Mittags-Ruhe-Stunden, derer billig über anderthalb nicht seyn sollen, sich ganz übermäßig mißbrauchen, also, daß aus einem ganzen Tage fast nur ein halber gemachet wird, dergestalt werden ihre Dienste mit großem Nachtheil und Hinderung der Herrschaft schläfrich und schlecht bestellet; Setzen derowegen, ordnen und befehlen Wir hiemit insgemein, daß die Bauern und alle andere Unterthanen mit der Sonnen-Aufgang zu Dienste kommen und mit der Sonnen Niedergang wieder davon gehen sollen, gestalt dann die böse Gewohnheit einiger Oerter, da die Unterthanen allererst, wenn der Schwein-Hirte austreibet, sich zu dem Dienste einfinden, hiermit gänzlich aufgehoben, und bey harter unausbleiblicher Strafe hinführo eingestellet werden soll, gleichergestalt sollen alle Bauern, welche ihr nothdürftiges Anspannungs-Vieh haben können, auf ihrer Herrschaft Angesinnen ohne einiges Widersetzen bei Strafe des Thurms oder sonst anderer ernster Bestrafung schuldig seyn, anstatt eines Tages-Dienstes allemal ein Morgen Landes von 300 gevierdten Ruthen umbzupflügen, daß es bestehe, auch an denen Orten, da sie alle Tage und zwar so lange die ganze Erndte währet, selbander dienen müssen, ohne Unterschied der Arbeit, wie sie die Herrschaft begehret, selbander zu arbeiten, wo aber das Unvermögen scheinbar, wird man sich der Billigkeit befleißen.

§. 5. Weil auch an Theil Orten die böse Gewohnheit eingerissen, daß die Unterthanen, Haußleute und Tagelöhner des Tages 4 mal gespeiset seyn worden, dadurch der Tag mit Essen und Trinken hingehet, und die Arbeit liegen bleibet, als soll solches hiemit gänzlich abgeschaffet, und sie aufs höchste über 3 mal nicht gespeiset werden, an denen Orten aber, da sie bisher nur zweymal des Tages gespeiset worden, muß es dabey sein Verbleiben haben.

§. 6. Weil auch schon im Landtags-Receß de ao. 1653. klärlich versehen, daß das Speisen gar abgeschaffet, und die Unterthanen hievor ein gewisses Deputat nehmen sollen, solches auch in den meisten Orten der Neumark schon eingeführet ist; als soll auch in diesem Herzogthum einer jeden Obrigkeit freystehen, in ihren Dörfern das Speisen gänzlich abzuschaffen, und statt dessen das Deputat einzuführen, welches Deputat durch verständige von Unserm Verweser-Amt darzu confirmirte Commissarien nach Proportion der Dienste eingerichtet werden soll, und soll ihm solches Deputat halb auf Trinitatis, die andere Hälfte auf Martini abgegeben werden. Sollten eine oder andere Dorfschaften oder auch einzelne Bauern sich diesen widersetzen wollen, sollen die Verbrecher, sobald sie Unserm Verweser zu Crossen angemeldet, zur gefänglichen Haft gebracht und andern zum Exempel mit Vestungsarbeit oder sonst am Leibe gebührend abgestrafet und die Rädelsführer vor andern angesehen werden.

§. 7. Es soll auch keiner, sowohl von Amts als Adelichen und andern Unterthanen unterstehen, kleine Jungen oder Mädgens, oder auch wohl gar Kinder wie bisher vielfältig geschehen, auf die Hofe-Dienste zu schicken, sondern sie sollen verbunden seyn, ihre schuldigen Dienste durch starke und tüchtige Personen, ihren abgestatteten Unterthanen-Eyde gemäß, verrichten lassen, oder wo sie solche nicht haben, selbst zu verrichten, oder in widrigenfall gebührender Bestrafung gewärtig zu seyn.

Tit. XI. Von den Müllern und ihrem übermäßigen Metzen und Mahlgelde.

§. 1. Und weil nicht wenige Klage geführet wird, daß in Mühlen auf dem Lande und in Städten die Mahlgäste sehr übersetzet und vervortheilet werden, dahero weil zum öftern die Metzen zu übermässig groß, und den Mahlenden von eines Theils Müllern angemuthet, ja auch gedrungen wird, von dem Malz und Schrot-Korn, so nur einmal durchläuft und keines Sichte-Tuchs bedarf, vom Scheffel sowohl eine Metze zu geben, als von dem Korn, so zum verbacken gemahlen, oder durch die Tücher zwey oder drey mal gehen muß, ja daß auch die Müller vor sich zu ihrem Mahlgelde sechs Pfennige vom Scheffel heischen dürfen.

§. 2. Weil nun solches wider alle alte und noch an vielen Orten billiger Observanz gehaltenes Herkommen läufet und dadurch Unsere ohnedies hoch beschwerte Armuth unbilliger Weise noch mehr oneriret wird:

§. 3. Also setzen Wir hiermit, daß in den Mühlen richtige Metzen gehalten, und gebrauchet werden sollen, und soll von jedem Scheffel Sichte-Korn eine Metze gegeben werden, mit Scheffel Malz oder Schrot-Korn verbleibet es, wie vor Alters gebräuchlich.

§. 4. So sollen auch die Müller das Mahlgeld nicht steigern, sondern hergebrachten Billigkeit nach von einem Einwohner zwey Pfennige und von denen aus andern zugehörigen Dörfern kommenden Mahlgästen, drey Pfennige und darüber nicht mehr, wie es Nahmen haben mag, vom Scheffel nehmen, wäre aber vor Alters an etlichen Orten ein wenigeres gegeben worden, bleibet es darbey, wo aber das Mahle- und Sichte-Geld gar nicht gebräuchlich, damit soll auch hierdurch nichts eingeführet seyn: Es sollen auch die Müller aufm Lande denen, die ihnen das Korn zugewogen liefern, nach Abzug, was die Metze austräget, das volle Gewicht wiederzugeben, wie auch die Müller und Mühlen-Knechte denjenigen Eyd, so in Unserer Malz-Ziese und Mühlen-Ordnung enthalten, würklich zu schwören schuldig seyn, da aber hierwider gehandelt und geklaget würde, soll der Müller und Mühlen-Knecht allemal funf Thaler Strafe, so oft das Verbrechen geschiehet, in denen Gerichten, worunter er gehörig, abtragen, und nach Beschaffenheit nebst Erlegung der Strafe, des Dienstes verlustig seyn; So soll auch das Mühlen-Maaß und Gewichte quartaliter revidiret werden, von der Müller Obrigkeit auf iedes Begehren, bey Strafe zehen Rthlr. dem Churfürstlichen Fisko zu erlegen.

§. 5. Ingleichen sollen die Müller das Stein-Mehl nicht gar zu ofte abkehren, die Steine nicht zu ofte hauen, und wenn das geschehen, mit ihrem eigenen Korne oder Kleyen wieder füllen, und keine Dieb-Löcher noch andere Unterschleife, zu Schaden der Mahl-Gäste gebrauchen, worüber allenthalben die Gerichts-Obrigkeit ein fleißiges Auge zu haben und die Verbrecher zu bestrafen hat.

Tit. XII. - Von Küstern, Schneidern, Hirthen und andern gemeinen Dienern.

§. 1. Die Küster, Schmiede, Hirten und andere gemeine Dorf-Diener, wollen sich gemeiniglich an ihrem Lohne nicht genügen lassen, sondern fangen starke Viehzuchten, und Ackerbau daneben an, genießen ofte der besten Gelegenheiten, und haben das meiste Vortheil, oder gebrauchen sich nahrhafter Handwerker, wollen demnach ihren Dorfschaften in keiner Contribution oder andern Beschwerungen beyspringen, solche gemeine Diener nun, die nicht bloß bey ihrem Lohne bleiben, und sich über ihre Armuth und geringen Aufenthalt mit Fug nicht zu beschweren haben, sollen jedesmahl bey Vermeidung der Execution, dasjenige in der Contribution entrichten, was in selbigem Dorfe, darinnen sie sich aufhalten, auf einen Coßäthen, deme sie ohne das vor Alters haben gleich geben müssen, zu tragen kommet, diejenigen aber, welche über ihr bloßes Lohn keine andere Nahrung haben, können sich mit ihrer Obrigkeit oder gemeinen Dorfschaft der Schöße und anderer Beschwerungen halber, nach Billigkeit vergleichen, und soll hierwider nicht gelten, ob jemand bey seiner Bestallung ihme diese oder jene Freyheit ausgedungen hätte.

§. 2. Es bleibet auch bey dem Herkommen, daß die Schmiede auf Johannis allemal sich vermiethen, und auf Martini antreten sollen. Mit den Hirten aber wird es gehalten, wie vorhero im fünften Titul geordnet.

§. 3. Es sollen sich auch die Gemeinen und Dorfschaften keinesweges unterstehen, ohne ihrer Gerichts-Obrigkeit Consens und Einwilligung, Hirten, Schmiede und andere gemeine Diener anzunehmen, welche hierwider handeln, sollen mit gebührender Strafe nach Ermessung der Obrigkeit beleget werden.

Tit. XIII. Von gemeiner Policey.

§. 1. Damit auch der Hauswirth und sonderlich der Ackersmann hinführo durch unrechte Scheffel und andere Maaß, falsch Gewichte und Uebertheuerung einer oder andern Waaren, nicht gar zu Boden gedrücket werde, so sollen die Bürgermeister und Richter, in allen Städten, die von Unsern Seligen Vorfahren, den Marggrafen und Churfürsten zu Brandenburg in der Neumark und incorporirten Landen statuirte und in stetigen Vigor erhaltene Policey und andere heilsame Ordnungen, in fleißiger Obacht halten, und darwider nichts verhängen, bey einer ansehnlichen und empfindlichen arbitrar Strafe.

Titulus XIV.

§. 1. Schlüßlich setzen, wollen und ordnen Wir, daß durch diese Unsere publicirte und jetzo von neuen revidirte Landes-Ordnung, derer von Marggraf Hansens Liebden, Cristmildester Gedächtniß, im Herzogthum Croßen de Anno 1561. constituirte Landes-Ordnung in den Punctis, denen hierdurch keine Aenderung geschehen, nichts benommen, sondern dieselbe in allen Punkten und Clausuln nochmahls gehalten und beobachtet werden solle und befehlen hiermit Unser Neumärkschen Regierung, Verweser und Hauptmann des Herzogthums Crossen und Züllichau, wie auch denen von der Ritterschaft, Unsern Amtleuten, Amtschreibern und allen Unsern Städten, und insgemein allen denen, die wegen Unsere einige Verwaltung der Gerichte inne haben, auch Schulzen und Gemeinden über dieser Unser Ordnung, steif, fest und unverbrüchlich nicht allein vor sich zu halten, sondern auch allen denen, welche etwas, so dieser Ordnung zuwider, bezeuget wäre auf ihr gebührliches Anrufen, zu Unser Handhabung dieses Unsers Edicts, mögliche Beforderung und Handbiethung zu erweisen.

§. 2. Es soll auch jedweder Gerichts-Herr die unfehlbare Verfügung thun, damit diese Ordnung öffentlich von der Canzel, oder vorm Kirchhofe aufm Lande und zwar etliche Sonntage nach einander, den ersten Sonntag, nachdem sie ihm zugekommen, damit anzufangen, in Städten aber zu Rathhause abgelesen werde, welches Ablesen auch alsofort, ja von jedem Jahre zum andern, allemal auf Michaelis erwiedert und wiederholet werden sollen.

§. 3. Sollte aber von einem und dem andern hierwider gehandelt werden, soll mit der angedeuteten Strafe, wie allenthalben vor dieselbe angezogen, wieder die Verbrecher und Uebertreter, sowohl wider die Obrigkeit als Unterthanen und Dienstbothen verfahren, insonderheit die entwichenen Unterthanen und Gesindel unnachlässig durch den Amts-Pfänder exequiret und in die Gerichte jedes Orts, dahin sie gehören, gebracht werden.

§. 4. Ferner soll auch wegen der ausgetretenen Dienstbothen und Unterthanen, oder in andern verübten Excessen in unserm Lande, ein Gerichts-Herre dem andern zu Manutenirung dieser unser Landes-Ordnung auf gebührliches Anrufen, alle mögliche beförderliche Handbiethung erwiesen werden.

§. 5. Sollten einige Casus vorfallen, so hierinne nicht begriffen, soll es in solchen Fällen nach der Neumärkschen von neuen revidirten und von Uns confirmirten Bauer- und Gesinde-Ordnung vom 14ten September des verwichenen 1685 Jahres, so weit es der Zustand und Gelegenheit dieses Herzogthums leidet, und sich practiciren lässet, gehalten und darnach gesprochen werden.

§. 6. Endlich behalten Wir Uns vor, diese Unsere neue Landes-Ordnung nach Befinden mit Unserer Landes-Stände Vorwissen und Willen zu ändern, zu mindern, zu mehren und zu verbessern.

Urkundlich haben Wir diese revidirte Ordnung nicht allein gnädigst confirmiret, sondern auch Unsern Verweser zu Crossen solches mit Unserm Verweser-Amts-Siegel des Herzogthums Crossen und Züllichow zu besiegeln gnädigst Befehl ertheilet, und sollen die gedruckte und obstehender Maaßen besiegelte Exemplarien eben so kräftig und gültig seyn, als wenn Wir sie selbst unterschrieben hätten.

Geschehen und gegeben zu Croßen, den 18ten Januar 1686 Jahres.

C. Das Land Sternberg.

254. Polizei-Ordnung für das Land Sternberg, vom Jahre 1537.

Von Gottes gnaden, Wir Johannes, Marggraff zu Brandenburg rc. rc. Bekennen und thun offentlich vor Unß, Unser Erben und Nachkommen, Marggraffen zu Brandenburg und Unß vor allermänniglich, Nachdem und alß Wir zu mehrmahlen von unsern lieben Getreuen der Ehrbaren Mannschafft Unsers Landes zu Sternberg und Burgermeister und Rathmannen unserer Stadt Drossen, mit embsiger Bitt, unterthäniglich angelanget, daß wir in denselben unsern Landen zu Sternberg eine Ordnung, wie es mit allerley Policey soll gehalten werden, wolten stellen und begreiffen lassen, auch fordre die gnädiglich confirmiren und zu bestätigen.

Demnach haben wir mit ihren sämbtl. einträchtigen Rath und Bewilligung folgende Ordnung und Policey in bemeldten unsern Landen zu Sternberg aufgerichtet, dieselbe nun hinfürter für sie und ihre Nachkommen zu halten gnädiglich confirmiret und bestätiget, confirmiren und bestätigen dieselbe in Kraft und Macht dieses unsers offenen Briefes und Siegels, wie folgt.

Erstlich von Gotteslästerung, Injurien und Schmähreden.

Nachdem und alß die Gottes-Lästerung dadurch die Glori und Majestät Göttl. Nahmens zu Erregung seines ernsten Strafen und vorstehet auch zu, wie daß den beschriebenen Rechten, bey gemeinen Ständen fast hoch und sehr überhand genommen; so ordnen, setzen, constituiren und befehlen Wir hiermit ernstlich und wollen für allen Dingen, daß die Gottes-Lästerung, bey seinen heiligen Nahmen, und wie die geschehen mögen, allenthalben abgestellet seyn sollen, bey den von Adel ihren Gesinde, Bürgern, Pauern, Handtwercks-Gesellen und sonst für aller männiglich, wer in den übertreten sollen von Adel die Unß das erstemahl 2 Schock Märckisch verfallen seyn, das Vierdte aber soll stehen in unsern Gefallen, die oder dieselben nach unserm Erkäntniß zu straffen. Die Bürger, Pauer und Handtwercks-Gesellen und andere, so nicht von Adel seyn, sollen zu jedem mahl in den Gerichten der etwan Gotteslästerung brechen würde, halb so viel verfallen seyn. Wer es an Gelde oder Pfand zu erlegen nicht vermag, soll derhalben durch Gefängniß das erste mahl 4. Tage und Nacht, das andere mahl 8. Tage und Nacht, das 3te mahl 12 Tage und Nacht eingezogen und gestraffet werden, das 4te mahl unsers Landes ohne alle Behülff und Verzug verwiesen werden. Da denn auch ettliche ohne Bedacht der Zeugen ein oder ander Leuth mit Injurien, Schmäh- und Laster-Reden zubeschweren und zuberüchtigen, wo nun einer oder mehr des Adels jemands dergestalt närren würden wird, und solches nach Ordnung der Rechte nicht außführen würde, den wollen wir nach unserm Erkänntniß in Straffe einzunehmen wißen. Der Bürger, Pauer und Handwercksmann und ihres gleichen sollen zudem mahlen den Gerichten, darunter er in Schmäh-Sachen gebrochen, und die zu Rechte nicht ausführen würden, ein Schock Marck verfallen seyn, wo aber die Injurien atroces wären, soll der oder dieselben, nach Aussaag der Rechten darumb gestraffet werden.

2) Von Maasse, Ellen und Gewichte.

Der Hoffrichter sambt 2. von der ehrbaren Mannschafft mit dero Burgermeister und Rathmannen unser Stadt Drossen, sollen alle Maaß aufs neue eichen lassen, nemlich an Bier-Tonnen und Faßen, Scheffeln, Vierteln und Metzen, voll Gewicht,

Fleischer ℔., Chramer ℔., Ellen, Quartier ℔. und Nößel, der Größe, wie sie vor Alters biß daher erhalten, und von einem jeden gleichigen Maaße bey dem Rathe, halten werden, daß zu jeder Zeit gleiche Faße, Tonnen, Wage, Gewichte, Elle und ℔. Maaße gegeben, und so viel es von nöthen, daß dieselbe andrigen Maaße zu eichen seyn möge. Welche Maaß, Ellen, Gewichte und Wage soll durch unser gantz Landt zu Sternberg den Drenischen gleich gehalten werden, die Ubertreter darum mit gewöhnlicher alter Buße und Ablegung gestraffet werden.

Ein Rath zu Drossen soll fleißig Aufachtung haben, daß Semmeln und Brod in ziemlicher Größe nach feilung und theure Zeit des Getreydes werde gebacken, die Fleischer gut Fleisch haben, dasselbe mit rechten Pfunden gewogen und solches gleiches ziemliches Kaufs geben, auch daß die Tuchmacher das Gewandt von voller Breite und Dicke, wie vor Alters machen sollen, desgleichen die Leinweber von der Ellen Sack oder klein breitender schmal und sonsten von allen gewürcketen eine gewöhnliche Belohnung, und dabey sie bleiben mögen, werde genommen. Es soll hinfürter kein Bierfuhre die von Adel, deren Krüger von ihnen abführen, mit Bier verehren, wie bißher von ettlichen geschehen, weder mit Faßen oder mit Tonnen, weniger oder viel, bey einem Märckischen Schock poen, so offt es geschehen, von jedem theil dem Geber und Nehmer, Unß durch Unsern Hoff-Richter bey Verpfändung einzubringen, so auch ein Brauer seinen eigenen Krüger, Bier zuführen wolte, soll ihm frey stehen, wo aber jemand einem andern, der seinen eigenen Krüger, Bier zuführen würde, soll E. Rath zu Drossen zu jedem mahl ein Schock Märckisch, verfallen seyn. Desgleichen soll es mit denen so zu brauen selbst befugt, gehalten werden, wenn sie nicht selbst brauen, daß sie ihr Bier und Maltz in Drossen holen, bey obberegter Straffe. Damit aber auch niemand, die Erhohlung Saltz und andern, daß ihme zu seiner Haußhaltung zu erkauffen von Nöthen, Mangel habe, so haben Wir unser Stadt Drossen aufs neue, mit einem freyen Wochen-Marckt, wie Wochen-Marckt Gewohnheit ist, soll gehalten werden, und denn alle Frembde, wer die seyn, wann die Märckisch abgenommen wird, welches in alle Wege geschehen soll, den Sommer aber von Ostern bis auf Michaelis um 8. Uhr, und in Winters Zeit von Michaelis wiederumb biß auf Ostern um 9. Schläge, frey und Macht haben sollen, allerley Getreyde und Wahre alda zu verkauffen, und aus unsern Landen mit Verrichtung gewöhnlicher Zölle und auf allen gewöhnlichen Landtstraßen auszuführen.

So haben wir auch geordnet, und beschaffen, nachdem an etlichen Fahren an der Oder Unterschleiff geschieht, mit ausführen des Getreydes und andern Wahren, dadurch neu ungewöhnliche Straßen und Wege gemacht, Unß und Unsern zum Nachtheil und Abfuhre der Zölle, daß die Ausfuhren auf der Fehre über Wasser aus benennten Vaterlande Sternberg, allenthalben sollen abgethan seyn, ausgenommen, dem es wir gestaiten, und solches mit Unsern Wissen und zulassen thun würden, welche sich aber hierüber der Ausfuhre zu Wasser unterstehen würden, sollen mit ihrer Wahre, Pferd und Wagen auf- und eingetrieben werden.

3) Von Vorkauffen und Handwerckern auf dem Lande.

Es sollen auch alle Vorkäuffer in unsern gantzen Lande Sternberg, an aller Wahre, es sey Ochsen, Rinder, Hammel, Schweine, Getreyde, Wolle, Kalck, Fellwerck, Schmeßen, und wie Nahmen haben mögen, es geschehe von ein- oder ausländischen, niemand hierinne ausgeschlossen, verbothen vnd abaethan seyn, und alle Wahr auf die Jahr und Wochen Märckte gebracht und daselbst verkauffet werden. Wer darüber durch unsern Landtreuther, oder auch die von Adel in ihren Gerichten oder auf der Strassen begriffen, und die kauffte Wahr, Pferd und Wagen unsern Hoffrichter, oder dem Rathe unser Stadt Drossen, welche in dem weitern Befehl haben, überantworten müssen. Jedoch sollen die von Adel, Macht haben ihre eigene Wahren ausserhalb der Wochen Marckt zu verkauffen, doch wen sie das verkaufft niemand Gleit oder zoll frey seyn, ob sie gleich die Wahre selbst außerm Lande führen lassen, sondern die Verkäuffer davon die gewöhnliche Zölle entrichten lassen, damit Unß und den unsern, an abgang der Zölle nicht zu Gefahr oder Nachtheil gehandelt. Inwendig einer Meilen von Drossen soll auf den Dörffern kein Schneider gehalten werden, ausgezogen der Adel mag vor sich selbst und weiter nichts gebrauchen. Es sollen auch sonsten im gantzen Weichbilde Drossen, keine andere Handtwercke werden gestattet, es wäre denn jemand insonderheit damit gefreyet, wo jemands begriffen, sollen durch die Gewercke zu Drossen mit zuthat des Rahts daselbst, aufgetrieben werden, und nach alter Gewohnheit, durch ihre Herrschafft oder unserm Hoffrichter gebüßet und gestraffet werden; Unsere ehrbare Mannschafft, benebst dem Hoffrichter und Rath zu Drossen, sollen sich mit einander der breite Wege und geleiser halber, zum forderlichsten vergleichen, damit die Weg und Straßen auf Ostern künfftig anzufahren geweitert und breite Wege im gantzen Lande zu Sternberg werden gemacht.

4) Ordnung mit den Schäffer, Hirten und Dienstbothen.

Die Pacht Schäffer sollen zum setzen . . . und keine Vorschaaffe halten, allein ein halb hundert Ziegen, der Knecht ein viertel Schaaff dieselben zu bemengen, dem Schäffer 3 Schilling um Pfenning Lohn und 2 Malter Korn geben. Auch soll kein Schäffer über . . . . Schweine halten, darzu 2. Kühe und 2. Ochsen zu seiner Nothdurfft, wer in dem überschritte, soll Unß zu jeden mahl 5. Märkische Schock verfallen seyn.

Die Pauer, Hirten und Schäffer sollen keiner überhalb Hundert Schaafe halten, und ein viertel ziegen. Einen großen Knecht soll man zu Lohn geben 14. Schilling mit zubehörung aufs nechste, wie sich ein jeder vertragen kann, und sonst keinen Acker.

Ein Mittel Knecht 8. Schilling und zubehörung an Acker.

Einen kleinen Knecht 6. Schilling und zubehörung an Acker.

Einer großen Magd 7. Schilling.

Einer Mittel Magd 1 Schock.

Mit einem kleinen Mägdelein, sambt der zubehörunge, Groß, Mittel, mit dem mag sich ein jeder vertragen, aufs nechste er kan.

Das Gesinde soll in alle Wege nicht ehr, als auf Weyhnachten gemiedet werden, bey poen 2. Schock Märckisch, wer aber in der Miethung mehr geben wird, den diese Ordnung mit bringet, soll zu jedenmahl Unß so viel, alß das gantze Miethlohn austräget, verfallen seyn. Es soll aufm Lande Niemand Kinder, Knechte oder Mägdte vermiethen, sie haben sich dann ihren Junckern, darin sie wären, angesaget, ob er die miethen wolle, alß dann, wo sie ihre Herrschafft nicht bedarff, mögen sie sich vermiethen wohin sie wollen, doch in unsern Lande zu Sternberg.

Der Rath von Drossen und die von den Gewercken, sollen die Geburths Brieffe von dem Adel, von denen, so unter ihnen gebohren, anzunehmen schuldig seyn, und wenn sie die, ihrer ehrlichen Geburth halben, und wie vor Alters der Gebrauch gewest, überantworten, alß dann in die Zunfft und Werck ohne Enthalt oder wieder Noch zugelassen werden. Und da sich über das, einer oder mehr Knechte oder Mägde in Unsern Lande oben angezeiget, in Pohlen oder ander Weg vermiethen würden, sollen sie zum erstenmahl, wenn sie betroffen, aller ihrer Güther, und was sie unter Uns haben, verlustig seyn, zum andern mahle, unser Lande verwiesen, und zum dritten mahl an Leibe gestraffet werden, darnach sich ein jeder zu richten habe.

Schulde halben, so die Einwohner zu Drossen vor Bier und anders aufm Lande haben, darum sollen sie eines jeden Herrschafft ersuchen, wäre es aber, daß ihnen von derselben nicht geholffen, so mögen sie die Hülffe bey unserm Hoffrichter suchen, der soll jedermann gebührliche Hülffe ergehen lassen, und niemand rechtloß machen.

Damit aber diese Policey und Ordnung in allen Clausuln, Puncten und Articuln, stets, fest und unverbrüchlich gehalten, auch die übertreter zu gebührlicher Straffe mögen gebracht werden, so soll einen jeden wer er sey, wer er wolle, niemandten ausgeschlossen, wie die Nahmen haben mögen, an das Hauß die Ubertretung an einen oder mehrern Articuln geschehe, oder er die sonsten durch beständigen Bericht in Erfahrung bekomme, der soll es unsern Hoffmeister, so zu jeder Zeit seyn wird, den Rath unser Stadt Drossen oder sonsten einer jeden Herrschafft oder Gerichten, darinn die Ubertretung geschehen wäre, vermelden, welcher es verschweigen und nicht ansagen wird, so viel, als derselbe schuldig, verfallen seyn. Befehlen darauf unsern

Hoffrichter unsers Landes Sternberg unserer Erben und Mannschafft daselbst Burgermeister und Rathmanne unserer Stadt Drossen, und ingemein allen den unsern, so in unsern Lande Sternberg begriffen, gesessen und wohnhafftig, ihr wollet über solche Policey und Ordnung ohne Widerred halten, und mit ernsten Fleiß darauf Achtung geben, daß sie von männiglich des Orts gehalten werde, und die, so darwider handeln würden, die ausgedrückte Straffe, wie obstehet, von ihm nehmen, sonder einige Nachlassung. In dem allen und jeden verbringet ihr unsern ernsten Willen, und wolten unß die zu Euch in Krafft eurer Verwandtniß geschehe, gäntzlich verlassen. Doch vorbehalten wir Unß und Unsern Nachkommen, ob nach Verfliessung der Zeit, erfunden, daß hierinnen einiger Veränderung von nöthen, daß wollen wir zu jederzeit zu thun Macht haben.

Zu Uhrkundt und steter Festerhaltung, haben wir unser Secret hierauf wissentlich auf drücken lassen und geben auf unsern Schloß zu Cottbus, Dienstages nach aller heyligen Tage Christi unsers Erlösers Geburth 1537 Jahr.

255. Landes-Ordnung für den Sternbergischen Kreis, vom Jahre 1562.

Von Gottes Gnaden Wier Johans, Marggraff zu Brandenburgk, zu Stettin, Pommern, rc. Bekennen vndt thun kundt öffentlich vor Vns Vnsere Erben und Nachkommende Marggraffen zu Brandenburgk rc. vndt sonsten allermenniglich. Nachdem vndt alß Wier zue mehrmahlen von Vnsern Getrewen, der Manschafft Vnsers Landes zue Sternbergk, auch Bürgermeister vndt Rathmanne Vnserer Stadt Drossen, mit embsiger Bitte vntertheniglich angelangt, daß Wier in demselbigen Vnsern Lande zue Sternbergk eine Ordnung, wie es mit allerley Policey soll gehalten werden, wolten Stellen vnd Begreiffen lassen, auch förder die gnediglich zue confirmir vnd zu bestetigen.

Demnach haben Wier mit ihrer semptlichen vndt eintrechtigen Raht vnd Verwilligung nachfolgende Ordnung vnd Policey in bemeltem Vnsern Lande zue Sternbergk aufgericht, dieselbe auch Hinfürder vor sie vndt ihre Nachkommen gnediglich confirmiret vnd bestettiget, Confirmiren vnd bestettigen die hiermit in Krafft vndt Macht dieses Vnsers offenen Brieffs vndt Siegels wie folget.

1. Von Gottes-Lesterung, Injurien vnd Schmehe-Sachen.

Nachdeme vndt als die Gottes-Lesterung dadurch die Glori vnd Majest. Göttliches Nahmens zue Erregung einer ernsten Straffe vnd Zorns versehret, auch zuwieder den beschriebenen Kayserl. Rechten bey gemeinen Ständen fast hoch vnd sehr vberhandt genommen; So ordnen, setzen, constituiren vnd befehlen Wier hiermit ernstlich vnd wollen, daß vor allen Dingen die Gottes-Lesterung bey seinem heiligen Nahmen, vnd wie die geschehen mögen, allendthalben abgestaldt sein sollen, bey denen von Adel ihrem Gesinde, Bürgern, Pauren, Handwercks-Gesellen, vndt sonst vor allermenniglichen, wer in dem vbertrete.

Zum ersten sollen die vom Adel Vnß das erstemahl 2. Schock Marck, zum 2ten vier Schock, zum 3ten sechs Schock verfallen sein, das 4te aber soll stehen zu Vnserm Gefallen, den oder dieselben nach Vnsern Erkendtnüß zue straffen.

Zum andern der Bürger, Pawer, Handwercks-Gesellen vnd andere so nicht vom Adel seindt, soll zu iedem mahl in den Gerichten, do er mit Gottes-Lesterung brechen würde, halb so viel verfallen sein, wer es an Gelde oder Pfande zu erlegen nicht vermag, der soll durch Gefengniß das erstemahl 4. Tage vndt Nacht, das anderemahl 8. Tage vnd Nacht, das 3te mahl 12. Tage vndt Nacht eingezogen vndt gestraffet, das 4te mahl Vnsers Landes ohne alle Behelff oder Verzug verwiesen werden.

Zum 3ten so dann auch etzliche ohne Bedacht darzue geneiget ander Leutte mit Injurien Schmehe- vnd Lester-Reden zue beschweren, vnd zu berüchtigen. Wo nun einer oder mehr des Adels jemand dergestalt Injurien oder verurrechten, vnd solches nach Ordnung der Rechte nicht ausführen würde, den wollen Wier nach Vnser Erkendtniß in Straffe zu nehmen wissen.

Zum 4ten wo aber die Injurien atroces wehren, soll der oder dieselben nach Aussage der Rechte darumb gestraffet werden.

Zum 5ten der Bürger, Pawer vndt Handtwercks-Gesell vndt ihres gleichen, soll zue ieden mahl den Gerichten, darunter er in Schmehe-Sachen gebrochen, vnd die zu Rechte nicht außführen würde, 1. Schock Merkisch verfallen sein.

2. Von Satzung der Bier-Maasse, Ellen vnd Gewichte.

1. Es soll Vnser Hauptmann Vnsers Landes Sterneberg, sambt 2. von der Erbarn Manschafft neben dem Bürgermeister vnd Raht zue Drossen alle Jahr auf Martini eine Sazung machen, wie tewer man das Bier, die Tonnen vnd Faß des Jahrs vber von Martini anzuheben, biß wieder auf Martini des folgenden Jahres geben soll.

Nemblich nach Achtung des Kauffs an der Gersten, nachdem dieselbe tewr oder wohlfeil ist; Alsdan soll das Bier wie der Kauff angesazt, daß Jahr über im Kauf bestehen bleiben, es sey Merz oder Trencke, daß es niemands tewer gebe, bey einem Merckischen Schock Poena dem Raht Vnser Stadt Drossen vnnachleßig zugefallen, will es iemandt neher geben das stehet ihnen frey.

2. Der Hauptman sambt 2. von der Mannschafft mit dem Bürgermeister Vnser Stadt Drossen, sollen alle Maaß aufs neue Eichen lassen, nemblich an Tonnen vnd Fassen, Scheffel, Viert- und Metzen, voll Gewicht Fleischer Pfund,

Crahmer Pfund, Ellen, Quarter vnd Nössel, der grösse wie die von Alters dahero gehalten, vndt von jedem gleiche Kegen-Maasse bey dem Raht gehalten werden, daß zu jederzeit gleichfals Tonnen, Wage, Gewicht, Ellen vndt Maaß gegeben werden, vndt so offt es von nöthen, daß dieselbigen an dem Kegen-Maaß zue Eichen sein mögen. Solches Maaß, Ell vnd Gewicht auch Wage soll durch Vnser gantze Landt zu Sterenebergk dem Droßnischen gleich gehalten, die Vbertreter darümb mit gewöhnlicher alter Buß vndt Ablegung gestrafft werden.

3. Ein Raht zue Drossen soll fleißig Aussehen haben, das Semmel vndt Brodt ziemblicher Grösse nach Tewrung vnd Wohlfeilheit des Getreidigs zue jederzeit werde gebacken, die Fleischer gueth Fleisch haben, dasselbe mit rechtem Pfunde gewogen, vnd solches gleich zimbliches Kauffs geben, auch daß die Tuchmacher das Gewandt an voller Breite vnd Dicke wie vor Alters machen.

4. Deßgleichen die Leinweber von der Ellen grob vnd klein, breidt oder schmal, vnd sonsten von allen Gewercken ein gewöhnliche Belohnung dabey sie bleiben mögen werde genommen.

5. Soll hinfürder kein Bürger die von Adell dero Krüger von ihnen Bier abholen, mit Bier verehren, wie bishero geschehen, weder mit Fassen noch mit Tonnen, wenig oder viel bey einem Merck. schock poena so offt es geschehe von jedem Theile der Geber vnd Nehmer Vns durch Vnsern Hauptmann bey der Pfandung einzubringen.

6. Wo auch ein Bürger seinem eigenen Krüger Bier zuführen wolte, soll ihme frey stehen, wo aber jemandt einem andern, denn seinen eigenen Krüger Bier zuführen würde, soll dem Rath zue Drossen zue jedem mahl ein Schock Merck. verfallen sein.

7. Es sollen vnd wollen alle Krüger, so ins Weichbildt Drossen behörig, die Erholung an Bier und Maltz nirgendt anders thuen dann zue Drossen, wer vberschritte soll zue jedemmahl Vns 10. Schock verfallen sein.

8. Soll es deßgleichen mit denen so zue Brawen selbst befugt, gehalten werden, wann sie nicht selber Brawen, daß sie ihr Bier vnd Maltz zue Drossen holen, bey obiger poena.

9. Damit aber auch niemand der Erholung am Saltz vnd andern, daß ihme zue seiner Haußhaltung zu erkeuffen von nöthen, Mangel habe, so haben Wier Vnser Stadt Drossen auffs newe mit einem freyen Wochen-Marckt gnediglich begabet, also daß alle Wochen auf den Mitwoch ein freyher Wochen-Marckt, wie Wochenmarckts Recht vndt Gewohnheit ist, von allen Einwohnern des Landes zu Sterenebergk, soll gehalten werden, vnd daß alle Frembden vnd wer die seyn, wann der Marcktwisch abgenommen wirdt, welches in allewege geschehen soll, den Sommer vber von Ostern an biß auf Michaelis vmb 8. Vhr, vnd in Winters-Zeit von Michaelis biß wieder auf Ostern vmb 9. Schläge frey vnd Macht haben sollen, allerley Getreydig vnd Wahre alda zue keuffen vnd aus Vnserm Lande mit end-

richtung gewöhnlicher Zölle vnd auf den alten gewöhnlichen Landstrassen auszufuehren.

10. So offt nun die von Drossen solchen Marckt nicht hielten, sollen sie Vns allemahl 5. fl. zur Straffe verfallen sein, würden auch die Landstrassen mit zufuhren an andern Orten beschlagen, es were dann sache, daß etzliches Korn vnverkaufft auf dem Marckt zu Drossen vbrig bliebe, davor sie doch allemahl Schein oder Zettel nehmen sollen, solches mögen sie auf den Fall den Donnerstag hernacher nach Franckfurth oder Reppen zuführen macht haben. Welcher aber darüber ohne Zettel mit ausführe des Getreydigs betroffen oder beschlagen, der soll solch Getreyde Vns verfallen sein, davon dann dem Landreuter oder deme, der ihn vmbreittet, sein Gebühr auch folgen soll.

11. So haben Wier auch geordnet vnd beschafft, nachdeme an etlichen Fähren an der Oder etlich Vnterschleiff geschehen mit Ausfuhre des Getreydigs vnd anderer Wahre, dadurch newe vngewöhnliche Strassen vndt Wege gemacht, Vns vndt dem Vnsern zum Nachtheil vndt Abbruch der Zölle, daß die Ausfuhre auf den Fähren vber Wasser aus berührtem Vnsern Lande zu Sterneberg, allendthalben sollen abgethan sein, ausgenommen denen Wier es gestatten, vnd solches mit Vnsern Wissen vnd Zuelassen, thuen werden, welche sich aber hierüber der Ausfuhre zue Wasser vnterfahen vndt begriffen würden: Sollen mit ihrer Wahre Pferdt vnd Wagen auf- und eingetrieben werden.

Von Vorkauffen vnd Handtwercken auf dem Lande.

1. Es sollen auch alle Verkeuffereyen in Vnsern gantzen Lande zue Sterneberg an allerley Wahre, es sey an Vieh, Ochsen, Rindern, Hammeln, Schweinen, Getreyde, Wulle, Talch, Fellwerck, Schmasen, vnd wie die Nahmen haben mögen, es geschehe von In- oder Auslendischen, niemands hierin ausgenommen, verbothen vndt abgethan sein, vndt alle Wahre auf die Jahr- vndt Wochen-Märckte gebracht, daselbst verkaufft werden, wer drüber von Vnsern Landtreuter oder auch die vom Adell zue ihren Gerichten, oder auf der Strassen begriffen, sollen vmbgetrieben vndt die verkauffte Wahr, Pferdt vndt Wagen Vnsern Hauptmann oder Raht Vnser Stadt Drossen, welche in dem weiter Befehl haben vberandtwortet werden, jedoch sollen die von Adell Macht haben, ausserhalb der Wochen-Märckte ihre eigene Wahre zu verkeuffen, doch wann sie die verkaufft niemahls Gleidt- oder Zollfrey sein, ob sie gleich die Wahr selbst aus Vnserm Lande führen liessen, sondern die Keuffer die gewöhnliche Zölle davon endtrichten lassen, damit Vns vndt den Vnsern in Abgang der Zölle nichts zu gefehr oder Nachtheil gehandelt.

2. Inwendig einer Meilen von Drossen soll auf den Dörffern kein Schneider gehalten werden, ausgezogen der Adell mag vor sich selbst vndt nicht weiter Schneider gebrauchen, so sollen auch sonsten im Weichbildt Drossen keine andere Handwerck

gestattet, es wehre dann sonst jemands insonderheit befreyhet, so jemandts begriffen, sollen durch die Gewercke zue Drossen mit Zuethat des Raths aufgetrieben, und nach alter Gewohnheit durch ihre Herrschafft oder durch Unsern Hauptmann gebüsset vndt gestraffet werden.

3. Unsere erbare Manschafft beneben dem Hauptmann vndt dem Rath zue Drossen sollen sich mit einander der breiten Wege vnd Gleissen halben zum förderlichsten vergleichen, damit die Wege vnd Strassen auf Ostern künfftig anzufahen geweitert vnd breitte Wege im gantzen Lande zue Sterneberg werden gemacht.

4. Der Raht von Drossen vnd die von Stewerofen sollen die Gebuethrs-Brieffe vom Adell vnd von denen so vnter ihnen gebohren anzunehmen schüldigk sein, vndt wenn sie die in ihrer ehrlichen Geburth halben, und wie vor Alters der Gebrauch gewesen, vberandtwordten, alsdann in die Zunfft vnd Gewercke ohne Einhaldt vnd Einrede zugelassen werden.

5. Schuldt halben, so die Einwohner zue Drossen vor Bier oder anders auf dem Lande haben, darümb sollen eines jeden Herrschafft Ansuchen, were es aber daß ihnen von denselben nicht geholffen, so mögen sie die Hülffe bey Unsern Hauptmann suchen, der soll jedern schleunige gebührliche Hülffe eingehen, vndt niemals rechtloß lassen.

Weitere Ordnung mit den Schäffern, Hirten, Diensibothen vnd andern.

1. Erstlich soll keiner keinen Pachtschäffer anders den zum 6ten aufnehmen vnd sitzen lassen, jedoch mit dem Bescheide do einer einen Kostknecht seiner Gelegenheit nach annehmen, vndt halten wolte, daß ihme solches zugelassen, jedoch daß keiner in keinem Gemenge mit einem Kostknechte sitze.

2. Wer aber bis in drey hundert Schaffe hat, soll dem Schäffer nicht mehr dann von einem hundert 8. Schfl. Pacht-Korn groß Maaß, oder 16. Schfl. Droßnisch Maaß geben.

3. Hat eine Herrschafft zu ihrem Antheil vber 3. oder 400. Schaffe ohne des Scheffers 6ten Theil, so sollen sie gleichwoll auch nicht mehr den 2. Malder 8. Schfl. Korn oder 2. Malder 16. Schefl. Droßnisch Maaß dem Schäffer zu geben schuldig sein, es sollen auch keinem Knechte, der eigen Vieh hat, vber ein Viertel Schaffe gehalten vnd ausgewintert werden.

4. Die Ziegen sollen vnter die gelten Schaffe alle wege gestaldt vnd bey ihnen gefuttert werden.

5. Kein Pfennig Lohn soll dem Schäffer nun hinfort nicht mehr gegeben werden, denn allein 2. grosse oder 4. kleine Scheffel Habern auf seine Hunde.

6. Die Schäffer sollen von jeder Ammen den halben Pacht Butter vndt Käse zue geben schüldig sein, das thuet in vollem Pacht von einem mülcke Schaffe 20. grosse oder 30. kleine Kässe, vnd vom Viertel Mulcken 2. kleine oder 1. grossen Eymer Putter, jedoch den Lemmern ohne Schaden, denen so die Frühmülcke für der Leithe-Zeit an bis auf Walpurgis nicht nehmen,

dermaassen soll der Compoß zue Herbst der Herrschafft wie vor alters vorbehalten sein.

7. Das Pacht-Saltz bleibet wie vor alters, nemblich von einem jeglichen Viertel Lemmer so der Schäffer verpachtet, ein Viertel Saltz zu geben, doch daß der Schäfer seinen 6ten Theil dazue schaffe.

8. Wann die Summa der Schaffe dem Schäffer uf Michaelis unterschiedlichen in Winter zugestaldt worden, und davon etliche Heupt abgingen, vnd der Schäffer die Anzahl mit den gezogenen jungen Lemmern auf Walpurgis nicht erfüllen noch aufbringen köndte, so soll dem Schäffer solcher Mangel, so befunden, mit Korne nicht gegeben werden.

9. Vnd nachdem gebräuchlichen daß die Schäffer mit den Fellen berechnen, sollen sie solches so baldt das Schaff abgehet anzeigen, ehe es gestreiffet wird.

10. Vndt so balde es gestreiffet, soll es der Schäffer vor die Hunde werffen, vnd ohne das sollen ihm solche Schaffe, so er obiger maassen, daß sie abgangen, nicht bewiesen hette, in der Rechnung nicht passiret werden, sondern es sollen die Schäffer davor zu antworten vnd den Mangel zu erstatten schuldig sein.

11. Es soll keinen vber 2. Ochsen, vnd 2. Kühe gehalten werden, und darzue an Garten oder Feldte ein Bette, ein Pflug gewende groß eingethan werden, jedoch daß der Schäffer die Pflügen darzue schaffet, imgleichen, auch so viel Ruben-Sahmen aussehen vnd nicht mehr darüber gegeben werden.

12. Welch Schäffer nicht abpachten könte, soll vor jeder Schock kleine Käse 14. M. Groschen seine Herrschafft zu geben schüldig sein, vndt soll kein Schäffer über ein Viertel Lein vndt Hanff. welches vnter den beiden dem Schäffer am gelegensten ausseen lassen.

13. Welcher Edelman, Bürger, Schultz oder Lehnmann seinem Schäffer mehr geben würde, denn nach besage dieser ausgesatzten Landes-Ordnung, wehre es ein Edelman, so soll er 10. fl., wehre er ein Bürger 5. fl., wehre es ein Schultz oder Lehnman 3. fl. poen verfallen sein.

14. Welcher Schäffer mit dieser Landes-Ordnung nicht zufrieden vnd darauf nicht hüten wolte, der soll von keiner Herrschafft gedachtes Vnsers Landes zu Sterneberg weder vor einen Schäffer, Pawr, Gärtner, noch Hauß-Genoß angenommen noch gedultet werden.

15. Weil auch die Schäffer vnd alle andere Hirten, mit ihren Beilen, Exten vndt Pahrten viel Hölzung verderben, sollen sie zue Verhüetung solches Schadens die hinfürder bey ihnen nicht tragen, oder finden lassen, es wehre dann Sache, daß sie zue ihrer Notturfft an Oerter da es ihnen vergönnt Holtz zu ihrer Fewrung hawen müssen.

16. Sollen deßgleichen die Büchsen allen Schäfern vnd Hirten vnd gemeinen Bürgers- vnd Pawers-Leuthen zu tragen genzlich verbothen sein; Ob aber ezliche auf Strassen durch Ge-

häge

häge oder Höltzer Büchsen hetten, das soll ihnen ohne Gefahr sein, würde aber einer oder mehr betroffen, so bey der Strassen im Gehäge oder Höltzungen mit Büchsen schiessen würden, vnd solches von ihnen gesehen vnd gehöret, sollen dieselben in nachgesazter Poen gefallen sein vnd solche Büchsen ihnen abgepfandt werden.

17. Dermassen sollen sich die Bürger, Pawer vnd Hirten, sowohl als andere mit Büchsen Hasen vnd Vogel zu schiessen, als mit Parthen, Beilen vnd Keulen Hasen zue schlagen vnd zu werffen, enthalten, vnd da solches hierüber bei iemandt gefunden, sollen sie deßhalben der Herrschafft auf welches Grundt vnd Boden sie geschlagen 1. fl. zuer Straffe vndt demjenigen so sie darüber beschlegt, vndt Büchse, Axte, Beil oder Parthe abepfendet, verfallen sein, daß er auch ohne einige Wiederkehr vnd seines Gefallens damit gebahren mag.

18. Nachdem sich auch die Pawrschafften vber alle Gewohnheit unterstehen viel Schaffe zu halten, dadurch den Herrschafften an denen Heiden vnd Holtzungen viel Schaden zugefügt wirdt, so soll hinfürder einem jeden Pawersmann vndt Dorffschafft so von Alters Schaffe zue halten befugt gewesen, auch gehalten haben, nachgelassen sein, ohne der Herrschafft weiter Bewilligung von jeder Huesen so viel er deren hat ein virtel Schaffe vnd keine Ziegen in Winter zu schlagen; Aber keinem Gärtner sollen weder Ziegen noch Schaffe zue halten verstattet sein, sie hetten dann solches von Alters here vndt über Verjährung im Gebrauch gehabt, so solte doch ihnen auf dem Fall nicht mehr dann ½ virtel Schaffe zue gelassen sein, keinem Dorff-Hirten sollen nicht mehr den 2. virtel Schaffe wehr Vieh zue halten verstattet werden, vnd keine Ziegen.

19. Welch Pawr oder Gärtner darüber mehr halten würde, denn ihme vermöge dieser Ordnung zugelassen, so soll die Herrschafft Macht haben darunter er besessen die vbrigen Heupter es sein Ziegen oder Schaffe wegkzunehmen.

20. Vnd sollen doch alle Hirten vnd Pawren jeder ihrer Herrschafft daß 10te Lamm zue geben schuldigk sein, die Schultzen vnd ander Lehen-Leuthe, so durch hergebrachten Gebrauch vnd Verjährung oder sonsten von der Herrschafften mit Schäfferey-Gerechtigkeiten belehnet, aber in ihrem Lehen-Briefe nichts außgedruckt wehre, wie viel sie Schaffe befugt, sollen ihnen auf jeder Huffen 2. Virtel Schaffe zu halten vergönnet sein, doch keine Ziegen, sie sollen aber sowohl als andere den 10ten ihrer Herrschafft von solchen Schaffen entrichten, es wehre dann Sache, daß sie Schäfferey-Gerechtigkeiten durch Briefliche Uhrkunden erlanget, als dann vnd ehe nicht sollen sie mit den 10ten verschonet bleiben.

21. So nun einigen Hirten, Pawren, Schultzen oder Lehnman darüber mehres zu halten verstattet, vnd sich mit Straffe kegen denselbigen laudt der Ordnung nicht verhalten würde, wehre es ein Edelmann, so soll er 5. fl. zuer Straffe, ein Bürger

3. fl. ein Dorffschafft Schultz oder Lehnman 2. fl. Buß verfallen sein.

22. Kein Dorff-Hirdt, Schmidt oder Hauß-Genoß soll hinter wissen und willen der Herrschafft angenommen werden, bey Poen 3 fl. Thete es aber eine enzele Person, so einen Hauß-Genossen, ohne Vorwissen der Gemeine, zu sich nehme, so soll dieselbe Persohn ihrer Herrschafft darunter sie besessen 5 fl. zuer Straffe verfallen sein, jedoch sollen die Eltern so bey den Kindern blieben in solchen Güetern, vndt sich sonsten nicht nehren köndten damit nicht gemeinet, noch begriffen seyn; Es soll auch kein Edelmann keinen annehmen, er habe dann Kundschafft daß er mit wissen abgeschieden, bey Poen Vnß 5. fl.

23. So viel die Hoff-Leuthe belanget, die sollen hinfürder zum 6ten, von denen so 4. Malder oder darüber an Korn vber Winter aussehen zum 5ten aufgenommen werden, vnd man soll ihnen auf jeden Pflugk eine mulcke Kuehe davon die Milch-Speise zu genießen untergeben, vnd sonsten auf einen Pflug noch eine Kueh so sein selbst wehre futtern vnd außhalten, auch mag er von seiner Kueh ein Kalb ziehen.

24. Auch soll hinfürder daß aussetzen der Mandeln wann die Gärtner in der Erndte umb die 10te Mandel schneiden, nicht gestattet werden.

25. So viel das Dröschen belanget, soll die Herrschafft Macht haben, sich umb den Lohn umb Geld mit 3 Dröschers zu vergleichen, oder aber wo sie umb den Scheffel dröschen so soll man ihnen den 18ten Scheffel wie biß dahero gebreuchlich gewesen gestatten, vnd darüber niemandts weiter beschweren.

Imgleichen die Wurffschauffeln in den Scheunen-Fluhren, wann die Gärtner vom Dröschen ihren Scheffel haben wollen, soll das Getreidig mit solcher Schauffel wegkzunehmen, so wohl Heuffung des Virtels abgeschafft seyn.

27. Ferner ist nach altem Gebrauch des Landes geordnet, daß ein jeder der Söhne vndt Töchter zu vermieten hette, der soll sich zuvor seiner Herrschafft anbiethen, vnd da die Herrschafft ihrer bedürffte, soll sie sich mit demselben Knecht oder Magdt nach Gelegenheit der Persohnen vndt Arbeit, darzue solch Gesinde bedürfftig, vergleichen.

28. Vndt darauf ist ferner geordnet, daß man einem grossen Acker-Knechte nicht mehr dann 6. Marck Meißnisch, derer Marck einer 19. Groschen vnd 2 guthe Pfennig, machen, Item 2 Hembden, eine Schürtze, ein paar Stiefeln, vnd ein paar Schue geben soll.

29. Einem Mittel-Knechte sollen über 4 Marck obiges Werths an Gelde nicht gegeben werden, samt andern nach seiner Gelegenheit, vnd alten Gebrauch.

30. Das ander kleine Gesinde soll jeder nach seinem Alter vndt Stärcke unterhalten, wie gebreuchlich.

31. Einer grossen Vieh-Magt 7. Schilling laut der vorigen Policey, 2 paar Schue, 1 Hembde, ein Schleyer, ein Kittlichen oder 3. fl. alter Wehrung an Gelde vor alles.

32. So soll auch kein ledig Gesinde, so sich nicht vormieten oder umb das nachgesatzte Tage-Lohn arbeiten wolte in Städten noch in Dörffern gelitten werden.

33. Vndt soll niemands er sey vom Adel in Städten oder aufm Lande seinem Gesinde darüber mehres geben, noch einig Getreydig Leinen oder Hanff-Körner seen lassen, wehr es darüber thete oder thuen, vndt ihnen mehr Lohn oder Geschencke geben würde, ist es ein Edelman so soll er Vns 5. fl. zur Straffe ohne Mittel verfallen sein.

34. Es soll auch keiner seine Kinder vermieten, er habe sie dann zuvor seiner Herrschafft darunter er gesessen wie obgemeldt angebothen, würden sich aber die Eltern vnd Freunde solches unterstehen, sollen sie zur Straffe darunter sie gesessen, so viel geben, alß dieselbe Persohn auf das Jahr hette können verdienen; jedoch soll auch die Herrschafft davor sein, daß ihrer Vnterthanen Töchter in ihren Diensten nicht beschandtfleckt werden.

35. Wolten aber die Kinder ihren Eltern vndt Freunden nicht folgen, vndt sich wieder ihren Willen auch vnangesagt ihrer Obrigkeit vnd Herrschafft frembden vermieten, so sollen sie dadurch ihrer Herrschafft darunter sie gesessen, alle ihre Erbschafft verfallen sein; Bei solcher Poena soll auch einem ieden sich ausserhalb des Landes Sternbergk an andere Oerter zu vermieten verbothen sein, Es wehre denn Sache daß er in solchem Lande weder bey seinem Junckern, noch bey einer Herrschafft in Städten Dienst bekommen könte, vndt dessen Schein von seinem Junckern oder Rath zeigete, daß er seinen Dienst auf dem Lande sowol als in Städten angebothen. Hat er aber dessen keinen Schein, so soll er darumb eingezogen werden, vndt mit ihme vermöge dieser Ordnung gebahret, vnd vmb mehrer vergewisserung sollen jeder Herrschafft Register vber alle Jahr vber solche vermietete Persohnen halten lassen, vnd alle Verbrecher bey obiger poen in Straff Vns gefallen sein lassen.

36. Es soll auch ein jeder Pawr er sey Huefener Gärtner wie er gesessen, oder auch ein Hausgenoß seinen Junckern ein stück Garn vmb Lohn spinnen lassen, dafür ihm sein Juncker für ein Stücke 14. glatte Pfennige an stadt 18. straube Pf. für alles ohn einiges Brodt geben soll, oder aber von einem Stück 12. straube Pf. oder ein hausbacken Brodt darzue, wie solches bis dahero gebreuchlich gewesen, welches vnter den beiden eines zu geben, bey der Herrschafft gefallen stehen soll.

37. Es soll auch allerley Leichtfertigkeit zue vermeiden, die Garne in Spinstuben zu halten hiermit abgeschnitten vnd verbothen sein.

38. Nachdem auch in den Städten sowohl als auf dem Lande, von den Tagelöhnern allerley Vbersetzung geschiet, ist darauf geordnet, daß man ihnen hinfürder nachfolgenden Lohn machen vnd ordnen soll, mit der Kost vnd ausser der Kost.

39. Einer der einen gantzen Tagk aus mehet, es sey Getreyde oder Graß, also auch einem Leimklicker denselbigen sollen

an Gelde nicht mehr den 25. straube Pf. an stadt der 20. glatte Pf. gegeben werden, vndt kein Essen noch trincken darbey.

40. Welche nach Morgen-Zahl verdingen wollen, die sollen, von einer jeden Morgen Getreidig nebenst Essen vndt Trincken nicht mehr als 2 Märck. Groschen geben.

41. Einem Weinhacker auf einem gantzen Tagk 15. glatte Pf. vndt kein Essen vnd Trincken.

42. Waß Mewrer vnd Zimmerleuthe vndt ihre Handlanger anlanget, soll es bey Vnser publicirten Ordnung in der Neuemarck vnd im Lande zue Sterneberg ausgangen bleiben.

43. Einer Gräberin 10. gute pf. für Essen vndt Trincken.

44. Ein Schnitter vndt Binder im Augst, item einen Butten-Träger 15. glatte pf.

45. Einem Hexelschneider 15. glatte pf.

46. Einer Hefftterin vndt Hewrecherin 8. gute Pfenige.

47. Einer Löserin 8. gute pf.

48. Einen Dröscher 12. gute pf. des Tages ohne Essen vndt Trincken oder vmb den 18ten Scheffel wie vor gemeldet.

49. Welchen man vnter diesen die Kost als Essen vndt Trincken geben soll.

1. Ist zu verstehen von Frembden vndt nicht von Vnterthanen, die ihren Herren ohne daß zue dienen schuldig seindt, mit denen es billig nach altem Gebrauch gehalten wirdt, wie solches der Hausgenossen halber sonderlichen ausgedruckt ist.

2. So man deme so da mehet imgleichen auch ein Leimklicker die Kost giebet, so soll man ihm nicht mehr als 8. glatte pf. vndt 4. derselben zue Biehr nebenst gewöhnlicher Kost des Tages geben vnd verreichen.

3. Einem Dröscher 7. gute pf. vndt vor 2. pf. Bier nebenst gewöhnlicher Kost.

4. Einer Gräberin des Tages 6. gute pf. vndt 2. zu Bier.

5. Der Hefftterin, Hewrecherin vnd Leserin des Tages 4. gute Pf. vnd 2. zu Bier nebenst gewöhnlicher Kost.

6. Die Pawerschafften sollen auch keinen mehr Lohn denn wie gemeldet geben.

7. Was Hausgenossen anlangt, die Alters vnd Schwachheit halben nicht dienen können, vndt eigen Vieh haben, sollen halben Dienst neben den Gärtnern zu thuen verpflichtet sein, die aber kein Vieh haben, sollen in der Erndte vmbs Lohn ihrer Herrschafft wie andere zu dienen schuldigk sein.

8. Welcher nun dieser Ordnung zuwider mehr Lohns gebe, ist er ein Edelmann, soll Vns 5. fl., ein Bürger 3. fl., vndt ein Schultz, Lehnmann oder Pawr 2. fl. zur Straffe verfallen sein.

9. So aber die Arbeits-Leute vmb solchen Lohn nicht dienen wolten, vnd sich bey denen vom Adel vnd Bürgerschafften zu vermieten anbieten würden, wehre es einer so Eltern aufm Lande oder Erbschafft der Oerter zugewartten hette, soll er Vns 1. fl. alsbaldt zuer Straffe verfallen sein, oder seiner Erbschafft verlustig getheilet werden, von welcher Erbschafft nichts minder

die Herrschafft Uns die angeregte Poen folgen zu lassen verbunden sein soll, seind es aber Haußgenossen oder sonst Handtlanger, die im Lande keine Erbschafft zu gewarten haben, sollen sie eingezogen werden, solche Poen zu erlegen, do sie aber die nicht hetten, oder vermöchten, sollen solche in Unsern Fürstenthumb vndt Landen weiter nicht geduldet, sondern desselben verwiesen werden vndt sein.

10. Weiter ist geordnet, daß keiner des andern Unterthanen oder Dienstbothen, so sich zuvor kegen seiner Herrschaft nicht angesagt, oder do er gesessen, nicht mit Willen oder Urlaub abgeschieden, vnd des wie obgemeldt keinen Schein hette, zu keinen Unterthanen annehmen, noch in seinem Dienste, do er seiner Herrschafft nicht ausgedienet, vnd es ihme angemeldet würde, vorenthalten noch behalten, bey Poen vndt Straff, wie oben ausgedruckt.

11. Da aber einem Unterthanen unter seiner Herrschafft zu wohnen nicht gelegen seyn wolte, so soll ihm seine Besserung zue suchen, so weit er seine Erbe verwehret vnd mit einer andern tüchtigen Persohn wieder vererben, der seinem Junckern Dienst vnd Zinse verrichten kann, nicht geweigert werden.

12. Vndt welch Unterthan sich kegen seiner Herrschafft angiebet, erbeuth, vnd solchem Erbieten zue Folge auch der Herrschafft ihren Abzugk erleget, dem soll ein jeder vom Adel des Schein unter seinem Siegel mittheilen, vndt vor solche Kundtschafft nicht mehr den 4. M. Gr. zue fordern noch zue nehmen bey obgesatzter Poen verpflichtet seyn.

13. Hinwieder da eine Herrschafft einem Paur unter ihm hette, so ihme die gebüehrlich Dienste vnd Zinse, wie von Alters hergebracht nicht thete oder thuen wolte, noch sein Guth in gebüehrlicher Wehr hielte, noch zue thuen vermöchte, so soll die Herrschafft Fug vndt Macht haben, auf den Fall solchen Pawr zu befehlen, zu verkeuffen vnd sein Erb in ein viertel Jahr vndt zum lengsten in ein halb Jahr zu verkeuffen vndt vererben.

14. Im Fall er solches nicht verkeuffen wolte, soll der Juncker Macht haben, ihm einzuziehen, biß so lange er sich verbürget, deme Folge zu thuen, do aber derselbe keine Bürgen erlangen köndte, soll die Herrschafft dem Pawer seiner Gefengnüß darauf entledigen, do derselbe verwilligen würde, was die Gerichte in selbigen Dorffe auf folgende Veranlassung des Junckers ihrer geleisteten Pflicht auf ihren Eyde aussagen vnd würdigen würden, daß er sich daran nach solchen gerichtlichen Erkendtniß, vnd wie ihme das nach Landes-Gebrauch auf Tage-Zeit zuerkandt würde, wolte beruhen lassen; Auch was sich gebühret bey solchem Hof-Erbe zue lassen, dabey es auch endtlichen bleiben soll, doch sollen dem Vorkeuffer aus solchem Guthe nicht mehr folgen, dann so viel er daran bezahlet hette, ein solcher Hoff soll durch einen andern bewohnet werden, damit der Herrschafft an ihrer Gerechtigkeit kein Abbruch geschehen möge.

15. Damit man auch wissen möge, was die Hoffwehr bey einem ieden Hüefener vndt Cossäthen sein möchte, sintemahl die Güether auch dermassen gestiegen, daß sie dieselbe so hiebevohr vmb 40. 50. minder vnd mehr gegeben, jetzo dagegen zu 150. 200 auch 300. Marck verkauffen, daß also der Käuffer so nichts bey solchem Gute findet, dadurch in solche Armuth geräth, daß er weder Hofwehr-Dienste noch ander Gebuehr seiner Herrschafft leisten kan.

Folget darauff die Gewehr.

1. Soll ein jeder Hüeffener bey seinem Gute 2. Pferde auf 16. fl. gewürdiget lassen.

2. Welcher Gärtner sein Guth vmb 10. Marck oder darunter verkaufft der soll zue solchen Hoffe nicht mehr denn den Sahmen zue solchen seinen Garten so weit er anders nicht beseet, darbey lassen.

3. Einen Gänser mit 2. Gänsen.

4. Fünff Hüner, darunter ein Hahne.

5. Eine Ext.

6. Ein Mißgabel.

7. Ein Sense.

8. Do aber sein Guth vmb 20. Marck oder darunter gegeben, soll er noch zue solcher Hofwehr ein Borgschwein oder 1. Thaler an desselben stadt darzulassen, schüldig sein.

9. Do er aber seinen Garten vmb 30. Marck darüber oder darunter, doch nicht auf den andern gesatzten Kauff, geben würde, sollte er noch darüber ein Fehrse oder Kühelein von 2. Jahren oder 2. fl. an dessen stadt. bey solchen Gute zue lassen verbunden sein.

10. Damit nun auch Richtigkeit im Abzuge vndt Erbgeldern gemacht werde, ist die Erklerung hiebey geschehen, wo sich Erbfälle zutrügen.

11. Also do einer aus eines Gerichten in das ander Gerichte von wegen solcher Erbfälle das Erbe genommen, so soll erstlich von einer jeden Persohn so viel deren sein, die das Erbe nehmen wollen, der Herrschafft 12. Schwerdt Gr. alsbaldt erleget werden, vnd so viel er an Erbgerechtigkeit aus solchen Gerichten, es sey auch woran es wolle zu erwarten, soll er allemahl der Herrschafft von jeder Marck 4. Schwerdt gl. oder von einem Merck. Schock 4. Merck. gl. deß Werths, wie es in solcher Erbtheilung zugeschlagen vndt gewürdiget worden, alßbaldt abzugeben vndt zu enderichten schüldig sein.

12. Also ist es auch zu verstehen, do ein Pawer verkaufft, daß er von dehme, so er aus solchen Gerichten wegk gewendet, von ieder Marck oder Schock des Werths, es sey Baarschafft, Vieh, oder anders, seiner Herrschafft die 4. gl. zu geben verpflichtet seyn soll. Do aber eine Herrschafft in zugelassen Fällen seinen Pawren außkaufft, so soll derselbige Vnterthan solchen Abzugk zu geben nicht schüldigk sein.

13. Dieweil auch der alte Gebrauch bey Vnsern Vorfah-

ren also gehaltten worden, daß man aus Böhmen kein Erbe in diese Lande folgen lesset, und sich offt zuetregt, daß Unterthanen ohne Vorwissen vnd Vhrlaub ihrer Herrschafft in Böhmen lauffen, sich allda setzen, vndt nichts minder, wenn sich Fälle zutrügen, ihre Erbe fordern, darauf auch von Unsern Vorfahren in Bewegung solcher Ungleichheit, geordnet, daß man denselbigen hinwiederumb so wenig Erbe in Böhmen, als sie ausser Böhmen hieher, 'folgen lassen soll, bey solcher Ordnung lassen Wiers nochmahln bewenden, wollen auch noch, daß dieselbe vnverruckt soll bleiben.

14. Weiter ist Uns von den Ritterschafften Unsers Landes zue Sternbergk vnd den eingeleibten Städten der Oerter bewilligt worden, daß keiner den andern von Fastnacht an, biß auf den Tag Bartholomaei auf dem seinen weder hetzen, iagen, stellen oder einigerley Weidewerck treiben soll, doch der von Drossen Heide vnd Unser Gehege außgezogen, darinnen niemandß zue iagen Macht hatt.

15. Dergleichen ist es auch zu Winters-Zeit vnd so lange der Schnee leidt, zu verstehen, vndt welcher es darüber thete, vnd befunden, wehre es ein Edellmann, so soll er 5. fl., ist es ein Bürger 3. fl.: Ist es aber ein Schäffer, Hirte oder Pawer, 1. fl. verfallen sein, bey solcher poena soll auch alles Kurren und Nachtjagen verbothen seyn vndt bleiben.

Was die Schäffer, so zu Felde liegen, anlangt, damit soll es nachfolgender Maaße gehalten werden.

Zum Ersten allen Schäffern, so zue Felde liegen, soll man geben für das Hurtlohn vnd anders von iederm 100. Schaffen, so ins Gemenge geschlazen wirdt, ausserhalb der Knechte Schaffe 10. Scheffel Korn Droßnisch Maaß, davon des Schäffers 6te Theil abgezogeu, oder aber auff volle Gemenge mit des Schäffers 6ten Theil, welche auch im Gemenge aufs 6te sitzen sollen.

2. Den Hirten-, Hueter- undt Meister-Knechte 2. Viertell, vnd iedem Knechte 1. Viertell, so ins Gemenge nicht gehören, gehalten werden, und sollen der Knechte mulcke Schaffe mit auf den Eymer gehen, vnd wo der Hauffe, so im Winter geschlagen, biß in die 800. oder 1000. starck ist, soll man ihme darzue ein halb Malder Gersten oder Maltz geben, davon soll er zue Pacht von iedem 100. mulcke Schaffe eine halbe Tonne Butter, vud eine Tonne Käße zu geben schüldigk seyn.

3. Darunter des Schäffers vnd der Knechte Vieh mit gerechnet sind, vnd sollen allewege zwo Ammen in solcher Pacht für ein Mulck-Schaff angeschlagen werden, sonst soll es, do mehr Vieh befunden, ihnen mit Beschüttung, Einzehlung ein vnd auß dem Winter vnd allen andern mit der poen, im Fall der Vbertretung der Herrschafft oder der Schäffer, wie bey den Pacht-Schäffern außgedruckt vnd zue befinden ist, gehalten werden.

4. Es sollen auch hinfürder die Schäffer ihren Hunden

Knöbell einer Drosznischen Ellen lang anbinden, oder aber die zue Felde stets am Strick angebunden fuehren; Würde aber einer drüber dieser Ordnung zuentkegen oder zuwieder leben, soll derselbige so offt er betroffen, obige poen vnnachleßig zu erlegen verfallen sein.

5. Damit sich auch niemandt Vnwissenheits zu entschuldigen, so sollen diese Ordnung alle Obrigkeiten ihren Vnterthanen vorlesen lassen, vnd zu erkleren befohlen sein, auf daß sich ein jeder vor solcher poen zue hüten haben magk.

6. Vnd auf solches alles befehlen Wier Vnserm Hauptmann im Lande zue Sternbergk, auch neben ihme Vnsern Bürgermeistern in den Städten vndt Zöllen, auch Vnsern Landtreuttern so itzo sein, oder zu künfftiger Zeit sein werden, vndt wollen, daß sie vber dieser verfasseten vndt von Vnß bestettigten Landes-Ordnung Ambts halben fleißiglichen mit Ernst halten, auch zu Erlangung der Straffe von den Vbertretern, alß der Hauptmann über die Mannschafften, die von Städten vnd derselben beiderseits Vnterthanen neben den obgemeldten, alßbald vnnachleßig thuen, oder gefasset sein sollen, jedesmahl solche Straffe geduppelt zu erlegen.

7. Wer auch solche Vbertretung von seinem Nachpar wüste, vnd er es seiner Herrschafft oder Befehlichsleuten nicht anmeldete, der soll Vns allemahl noch so viel zuer Straffe zu geben verfallen sein.

8. Deß zue Vhrkund, vnd daß diese Landes-Ordnung mit Bewilligung der Landtschafft vndt Städten des Landes zue Sternebergk verfasset vnd auffgerichtet worden, haben Wier Vnser Secret zue Ende aufdrucken, vnd solcher Ordnung gleichlautende zwey Exemplar deren eins Vnser Hauptmann, das ander Vnser Rath zue Drossen verwahren, fertigen lassen. Geschehen vnd geben zu Cüstrin, am Newen Jahrstage Ao. 1562.

D. Der Luckenwalder Kreis.

256. Kabinetsordre vom 18. September und Hof-Reskript vom 22. September 1772, daß der Luckenwalder Kreis zur Kurmark Brandenburg gelegt werde u. s. w., die Eingesessenen aber ihre Spezialgesetze behalten.

Friedrich 2c. 2c. Unsern 2c. Es ist von Unserer höchsten Person selbst bemerket worden, daß verschiedene Distrikte, Orthschaften und Gegenden der Churmarck, besonders aber des dazu gehörigen Zauchschen Creyses, theils sehr nahe bey der Stadt Magdeburg belegen, theils in dem dortigen Herzogthum ganz und gar enclaviret, theils von Berlin allzu weit entfernt sind, dagegen aber der Luckenwaldsche Creyß von Euch so weit entlegen ist, daß, so wie auf diesen von den dortigen Collegiis, also auf jene von hieraus bishero die gehörige Aufsicht nicht gehalten werden, und daraus nichts als Inconvenienzien, Verzögerungen und Nachtheil im Dienste entstanden sind.

Da Wir nun besage der kopeylich anliegenden Cabinets-Ordre vom 18ten dieses Uns hierdurch bewogen gefunden, festzusetzen:

Daß, um allen Irrungen fürs künftige abzuhelfen, und damit alles mit mehrerer Aufsicht und Promtitude tractiret werden möge, vorgedachter Luckenwaldscher Creis von Trinitatis 1773 an, zur Churmarck und dagegen der Theil des Zauchschen Creyses, welcher jenseits der sogenannten Bache bey dem Sächsischen Dorfe Briesen, inclusive Gröningen und Wollin, bis an die Buckau lieget, und worinn die in der gleichfalls abschriftlich beygefügten Specification sub A benannte Oerter befindlich sind, zu Unserem Herzogthum Magdeburg verleget, und also diese Distrikte von denen respective Landescollegiis der Provinzien, wozu selbige nunmehro geleget, respiciret werden sollen; So werdet Ihr hierdurch befehliget:

1) Diese Unsere Anordnung denen Besitzern der im Luckenwaldischen Creyse befindlichen, nunmehro zur Churmarck verlegten Güther durch ein Circulare gehörig bekannt machen zu lassen, und sie zugleich darinn künftig von Trinitatis 1773 an, in Justizsachen an das Cammer-Gericht zu verweisen.

2) Eine accurate Specifikation derer noch jetzt aus diesem künftig zur Churmarck verlegten Luckenwaldischen Creyß, bey Eurem Collegio schwebenden Prozeße, aufzunehmen, und Euch alles Fleisses zu bemühen, solche Proceße wo möglich vor Trinitatis zum völligen Ende zu bringen, oder gegen diese Zeit die Specifikation derselben sowohl, als der noch seit jezzo bis dahin dazu neu eingekommenen, folglich aller derjenigen, welche nicht abgethan werden können, nebst einer noch hinzu zufügenden Anzeige, in was für Terminis jede stehe, einzusenden, damit sodann, wo eine oder die andere Sache zu ihrer völligen Endschaft gebracht werden könne, das Nöthige weiter verfüget werde.

3) Gegen Trinitatis 1773 die Bekanntmachung dieser Unserer Willensmeynung in dem Euch nunmehro zugelegten Theil des Zauchschen Creyses gleichfalls zu veranstalten, und endlich

4) vermittelst des an die hiesige Landschaftl. Registratur und Cammergericht zu erlassenden und eigener Wahrnehmung die gegenseitige Auslieferung derer Hypotheken-Bücher über die verwechselte Distrikte zu verschaffen.

Gleichwie sich übrigens von selbst verstehet, von Uns auch noch überdem ausdrücklich erkläret worden, daß die Eingeseßene des gedachten Theils vom Zauchschen Creyse, ohngeachtet dieser ihrer Verlegung zum dortigen Herzogthum ihre Rechte und Special-Gesetze behalten; als werdet Ihr Euch künftig in Ansehung der aus diesem Creise bey Eurem Collegio eingehenden

Sachen darnach sententionando eigentlich gehorsamst zu achten wissen. Sind rc. Gegeben Berlin, den 22. September 1772.

A. S. K. Maj. A. Sp. B.

Fürst. Münchhausen. Zedlitz. v. Dörnberg.

An die Magdeburg. Regierung.

Demnach Se. Königl. Majestät von Preussen rc. Unser Allergnädigster Herr, Allerhöchst Selbst bemerket haben, daß verschiedene Distrikte, Orthschaften und Gegenden der Churmarck, besonders des dazu gehörigen Zauchischen Creises, nahe bey der Stadt Magdeburg und in dem dortigen Herzogthum belegen, von hieraus aber zuweit entfernt sind, als daß darauf die gehörige Aufsicht gehalten werden könne, woraus denn nichts als Inconvenienzien, Verzögerungen und Nachtheil im Dienst bishero entstanden; so haben höchstgedachte Se. Königl. Majestät, bey diesen Umständen, und da der Luckenwaldische Creiß, eben soweit von Magdeburg ab, und der Churmarck näher belegen ist, in Gnaden resolviret, daß, um allen Irrungen fürs künftige abzuhelfen, und damit alles mit mehrerer Aufsicht und Promtitude tractiret werden möge, vorgedachter Luckenwaldischer Creiß von Trinitatis a. f. zur Churmarck, und dagegen der Theil des Zauchschen Creyses, welcher jenseits der sogenannten Bache bey dem Sächsischen Dorfe Briesen, inclusive Gröningen und Wollin, bis an die Buckau liegt, und worinn die in anliegender Specifikation sub A. benannte Oerter befindlich sind, zum Herzogthum Magdeburg verlegt, und also diese Distrikte, in Landes- und Hoheitssachen, von denen respective Landescollegiis der Provinzien, wozu selbige gelegt werden, respiciret werden sollen. Und befehlen dahero Allerhöchst dieselben Dero Justiz- und Geistlichen Departement hiermit in Gnaden hiernach an die Justizcollegia und Consistoria, das Nöthige zu verfügen, jedoch aber denenselben dabey aufzugeben, in denen Erkänntnissen sich nach denen in jeder Provinz hergebrachten Rechten zu achten. Potsdam, den 18ten September 1772. Friedrich.

An das Justiz- und geistliche Departement.

Friedrich rc. rc. Unsern rc. Bey Gelegenheit der Incorporation eines Theils des Zauchischen Creyses, und des darin belegenen Amtes Ziesar in das Herzogthum Magdeburg de anno 1772 ist zwar das Domainen-Amt Ziesar nach Magdeburg gewiesen, dabey aber in der Euch unterm 21ten September 1772 zugefertigten Specification, diejenigen Oerter ausgelassen worden, die ob zwar auch zu dem Amte Ziesar gehörig, doch im Havelländischen Creise belegen sind, nemlich die Mediat-Städte und Dörfer, Ketzin, Etzin, Prizerbe, Förde, Verchesar, Weseram, Knobloch, Mäpelin und Riez.

Damit nun dieserhalb nicht in der Folge Ungewisheit oder Zweifel entstehe, und das Amt Ziesar in Justizsachen, in Ansehung dieser Oerter noch ferner von Euch und nicht dem Cammer-Gerichte die Befehle annehme; so fügen Wir Euch solches zur Nachricht und Achtung hierdurch zu wissen, mit dem Befehl: das Amt sowohl als die Mediat-Städte und Dörfer davon zu benachrichtigen. Sind rc. Gegeben zu Berlin, den 2ten Junii 1777.

Auf Sr. Königl. Majestät allergnädigsten
Special-Befehl.

Fürst. Blumenthal. Münchhausen. v. Derschau.
Zedlitz. Schulenburg. v. Dörnberg.

An die Magdeburg. Regierung und
Krieges- und Domainen-Cammer.

257. Reskripte vom 15. April 1775, daß in Ansehung der Erbfolge nach der Magdeburgischen Polizei-Ordnung von 1668 zu verfahren.

A.

Von Gottes Gnaden Friederich, König von Preussen rc. rc. Unsern rc. Wir haben auf den Uns von Unserm Justitz-Departement geschehenen Vortrag, wie es zur Gefährde und Vervortheilung der Contrahenten gereichen würde, wenn in dem Antheil des Zauchischen Creyses, der denen Collegiis Unsers Herzogthums Magdeburg untergeben ist, das Alter, womit die Großjährigkeit erlanget wird, nach den Märkischen Rechten, wie vorhin, bestimmet bleibe, zu verordnen geruhet:

daß sich dieser District hierunter an die in Unserm Herzogthum Magdeburg geltende Gesetze halten, folglich das 21te Jahr das Ziel seyn solle, mit welchem die völlige Großjährigkeit erlanget wird.

Ihr habt Euch hiernach nicht nur selbst gehorsamst zu achten, sondern auch in dem Euch untergebenen Theil des Zauchischen Creyses solches gewöhnlicher maßen zu publiciren. Sind rc. Berlin, den 15ten April 1775.

Auf Sr. Königlichen Majestät allergnädigsten Special-Befehl.

v. Fürst. v. Münchhausen. v. Zedlitz. v. Dörnberg.

An die Magdeburgische Regierung
und Pupillen-Collegium.

B.

Von Gottes Gnaden Friederich, König von Preussen rc. rc. Unsern rc. Wir haben auf den Vortrag Unsers Justitz-Departements eine Gleichförmigkeit in dem den Magdeburgischen Landes-Collegiis untergebenen Antheil des Zauchischen Creyses mit dem Herzogthum Magdeburg, über den Anfang der Großjährigkeit einzuführen verordnet. Damit nun hiebey aller Mißverstand vermieden werde, so dienet Euch zur Nachricht und Achtung, daß sothane Verordnung für den Luckenwaldischen Creyß nichts entscheide, sondern in diesem die vorigen Rechte und Verfassungen, auch hierunter unverändert bleiben; allermaaßen in dem unter die Magdeburgische Landes-Collegia gezogenen Theil des Zauchischen Creyses, eine Abweichung von den Magdeburgischen Gesetzen, nicht hat beybehalten werden können, ohne Unerfahrne die diesen kleinen District für einen Theil des Herzogthums Magdeburg halten müssen, bey ihren Contracten zu gefährden. In dem Luckenwaldischen Creyse hingegen, kann ein ähnlicher Irrthum sonst keine bedenkliche Folgen haben, als allenfalls die Anwendung einer überflüßigen Vorsicht. Sind rc.

Berlin, den 15. April 1775.

Auf Sr. Königlichen Majestät allergnädigsten Special-Befehl.

v. Fürst. v. Münchhausen. v. Zedlitz. v. Dörnberg.

An das Cammer-Gericht.

Insimili

An das hiesige Pupillen-Collegium.

258. Kabinetsordre vom 20. Mai 1826, wegen Aufhebung der Geschlechts-Vormundschaft im Luckenwalder Kreise.

Auf Ihren Bericht vom 8ten d. M., und in Verfolg der Verordnung vom 22sten Januar d. J., wegen der Geschlechts-Vormundschaft in dem diesseits der Elbe belegenen Theile des Herzogthums Magdeburg, bestimme Ich hierdurch: daß die in dem ehemals zum Magdeburgschen gehörig gewesenen, jetzt der Kurmark einverleibten Luckenwaldeschen Kreise noch bestehende Geschlechtsvormundschaft ebenfalls aufgehoben seyn soll. Sie haben hiernach das Erforderliche zu veranlassen.

Berlin, den 20sten Mai 1826.

Friedrich Wilhelm.

III. Statutarische Gesetze einzelner Städte der Mark Brandenburg.

A. Berlin.

259. Bau-Ordnung der Stadt Berlin, vom 30. November 1641.

1. Wann ein Bürger in einer breiten Gasse sein Haus, das zuvor im Holz gestanden, mit Steinen bauet, hat er Macht, die Mauer 1½ Stein oder Werkschuhe herauszurücken und zu setzen; wäre aber zuvor ein steinernes Haus daselbst gestanden, und hernach auf die alten Mauern, so noch ein Fundament vorhanden, ein hölzern Haus gesetzet würde, muß er sich an dem alten Fundamente gemäß verhalten, und nicht weiter, denn sich solch Fundament erstrecket, herausrücken und sein Haus setzen.

2. Es hat auch kein Bürger Macht, einen Erkner herauszusetzen, da zuvor keiner gestanden, ohne Vorwissen E. Edlen Raths und Bewilligung seiner Nachbarn, und wenn ein Bürger nicht einen Kellerhals auf der Gassen hat, darf er ihn ohne Vorwissen E. E. Raths und der verordneten Bauherrn nicht heraussetzen.

3. Was aber die kleinen Gäßlein, als Nagel- und Siebergäßlein und dergleichen, da die Durchfahrt enge ist, anlanget, kann nicht erlaubet werden, 1½ Schuhe weit heraus, vielweniger einen Kellerhals zu bauen.

4. Es unterstehen sich auch viele Bürger, daß sie auf den freyen Straßen, und ofte unter den Stubenfenstern Säu- und Schweineställe machen, welches E. Edler Rath durchaus nicht leiden, noch haben will, und keinesweges verstattet werden soll.

5. Der Seitenwände an den Stuben und andern Gebäuden hin und wieder hält der gemeine Mann, daß mans, wie man herein gehet, auf der rechten zu setzen schuldig sey, sie wird aber an vielen Orten anders befunden, wie es die Besichtigung giebet, wann man dazu gefordert wird.

6. Es seynd auch viele Gebäude hin und wieder in der Stadt an den Häusern und Scheunen, daß ein Nachbar eine ganze Wand hat und der andre hat keine. Solches ist der eine Nachbar, der die Wand hat, nicht zu leiden schuldig, sondern

der andre muß darzu eine Gegenwand halten, oder sich mit einander vergleichen, und eine Mauer aufziehen.

7. Es träget sich auch manchmal zu, daß ein Nachbar dem andern, durch seine Anbauung Schweine- und auch Kühheställe die Wände läßt entzwey fallen und reissen, auch manchmal Schaden thut mit Holz, so selbe Nachbarn muthwilliger weise daran legen. Derselbe, der dem andern Schaden thut, ist ihm zu erstatten solches schuldig und den Schaden zu erlegen.

8. Es träget sich auch zu, daß beyde Nachbaren im Bauen den Gang vergehen lassen, und sich mit einander vergleichen, eine Brandmauer in der Mitten zu setzen, stehet ihnen frey, um die Schwibbogen unten und oben müssen sie beyde einig werden, wer sie haben soll, auch daß daneben ein Theil den halben Gang mag einnehmen, und eine Giebelwand.

9. Es träget sich auch zu wegen der Gänge, daß zwischen zwey Nachbaren ein Gang ist und beyde Tropfen darin fallen: Derselbe, der den Eingang vorn oder im Hofe hat, verthädiget den Gang vor sich, und hat der Andre nichts mehr als Trauf-Recht darinnen; es ist aber beyden verbothen, ein Secret oben oder unten, oder sonsten Ställe daran zu machen, sondern derselbe muß den Gang reine halten, damit seinem Nachbar an den Säulen und Wänden kein Schade geschehe; trägt sichs aber zu, daß der andre an seinem Dach oder Wänden besserte, so ist derselbe den Gang wieder zu räumen schuldig, daß das Tropfrecht seinen Gang hat, und hat keiner Macht, mit den Latten oder Kragen länger heraus zu setzen, als wie bräuchlichen, daß dem andern Nachbar kein Schaden an den Wänden geschiehet.

10. Es ist kein Bürger befugt, einen Schweinestall an der Wand zu setzen, er muß seinem Nachbar drey Werkschuhe weichen, ihm auch keine Sohle oder Mistwasser auf seinen Hof zuführen.

11. Es seynd auch viele streitbare Brunnen, so in den Scheidezäunen ungleich seyn, wie man es vor Alter her gefunden, mus der Zaun oder die Wände also gemachet werden, daß einem jeden sein Recht zum Brunnen bleibet.

12. Gleichfalls träget es sich zu, daß zwey oder mehr Nachbarn bey einander wohnen, und das Regenwasser durch der andern Hofe schießen oder fließen lassen, die Nachbarn keine Aschelrade, Seifwasser, Blutwasser, durchaus an den Ort nicht ausgiessen oder fliessen lassen, sondern gebühret ihnen, davor ein Gitter machen zu lassen.

13. Es träget sich auch vielfältig zu in- und außerhalb der Stadt, daß einer ein Gebäude abbricht, seiner Gelegenheit nach, dasselbe Gebäude aber stehet und gränzet mit 2 oder 3 Nachbaren und hält den Zaun, ist derselbe durch Wegbrechen seinem Nachbaren die Zäune zu halten schuldig.

14. Es träget sich aber zu, daß einer ein Secret in der Erde bauen will, ist er schuldig, seinen Nachbaren 3 Werkschuhe zu weichen, wann aber sein Nachbar willens, ein Secret dane-

ben zu setzen, darf er ihm nicht weichen, sondern wie sie sich einander vergleichen, machen sie die Mauern zugleich.

15. Wann einer Willens ist, ein Secret in seinem Hofraum zu bauen, seinen Nachbarn ohne Schaden, muß er darauf Achtung geben, so der Nachbar einen Brunnen auf seinem Hofe hat, muß er ihm mit dem Secret 20 Werkschuhe weichen, wegen der Adern, so zu dem Brunnen gehen; trifft er aber an dem Ort die Adern und der Brunnen hat länger gestanden, wird ihm gar nicht erlaubet, das Secret zu vollziehen wegen des Brunnens: wenn aber die Quelle des Brunnens nach dem Secret gehet, hat er Fug zu bauen und fertig zu machen.

16. Die Freyhöfe sind durch vielfältige Befehlige und Abscheide E. E. Raths mit Anhaugung ziemlicher Strafen versehen, daß die Nachbarn, so darum wohnen, denselben Ort säubern und rein halten sollen, und Schweinställe darauf zu setzen, ist ihnen ganz und gar verbothen.

17. Auch ist ein freyer Gang hier am Molkenmarkt, der nicht einmal sondern mehrmals und fast von allen Bürgermeistern besichtiget worden, und ein gründlicher Abscheid gegeben, daß kein Nachbar, so Thüren daran hat, sich unterstehen soll, mit Schweineställen oder sonsten mit andern Gebäuden zu verbauen, sondern die freye Pforte bleiben zu lassen.

18. Es werden auch etliche Keller gefunden, nicht in den Häusern, da sie darinnen wohnen, sondern unter ihres Nachbarn Hause rc. rc. Wann nun derselbige Nachbar, der oben dem Keller wohnt, Ursach giebet mit Holzhauen, oder sonsten mit anderm Ungebühr, daß der Kellerboden einweichen oder einfallen müßte, ist derselbe den Boden auf seine Unkosten zu machen schuldig, wenn aber der Boden sonsten verfaulet, muß ihn derselbe Bauherr, der den Keller im Gebrauch hat, bauen.

19. Es nimmt mancher einen Zaun weg und setzet ein Gebäude an selbigen Ort anstatt des Zauns, wo er Tropfrecht in seines Nachbarn Hof führen will, muß er 1½ Werkschuhe in seinem Hofe hereinweichen, daß die Tropfen an den Ort fallen, da der Zaun vorhin gestanden ist, wenn einer einen Giebel in eines andern Gehöfte hat, und sein Nachbar auch bauen will, hat er Macht, hart an den Giebel zu bauen.

20. Wenn einer einen Giebel an eines andern Gehöfte hat, und sein Nachbar auch bauen will, hat er Macht, hart an den Giebel an der Wand zu setzen oder zu bauen.

21. Auch fallen vielfältige Uneinigkeiten für zwischen Nachbarn wegen der Fenstern. Erstlich die Stocklöcher ist sein Nachbar befuget, daß er dieselbe so hoch hat, damit er seinem Nachbaren nicht auf seinen Hof sehen kann.

22. Es seynd auch viele Brunnen in der Stadt, darzu beyde Nachbarn gehen, mit der eisernen Ketten und zwey Eymern, wann dieselbe Brunnen wandelbar werden, was es auch sei, sind sie beyde solche zu machen schuldig.

23. Auch werden viele Gebäude an seines Nachbarn Hofe gefunden, dazu er Fenster hoch benöthigt, er darf aber ohne Vorwissen seiner Nachbarn dieselbe nicht dahin machen. Woferne sein Nachbar zufrieden, und ihm den Tag vergönnet, muß er die Fenster so hoch bauen ohne Schößgen mit eisernen Stangen, damit keiner von dem Boden durch die Fenster auf des Nachbarn Haus gießen oder sehen möge.

24. Es trüge sich aber zu, daß ein Nachbar dem andern ein oder mehrere Fenster erlaubet, eine Zeitlang dieselben zu seiner Nothdurft und Tageslicht zu gebrauchen, wann sichs aber begiebt, daß sein Nachbar auch bauen will, hat er Macht, die Fenster wieder zu verbauen.

25. Es sind auch etliche Nachbaren, die dem andern ein oder mehr Fenster verkaufen, dieselbe hat er nicht Macht, zu verbauen.

26. Auch findet man, daß 3 oder 4 kleine Häuser neben einander stehen, sowohl auch in vornehmen Häusern, die Licht und Fenster in seines Benachbarten Hofe haben, und alle Unsauberkeiten dahin gießen und schütten, hat sein Nachbar ihm und andern zu jeder Zeit Macht, wenn er kann, zu verbauen, doch wenn die Tropfe darum gehet, muß er 3 Schuh von seinem Nachbarn weichen, offene Fenster ist sein Nachbar nicht schuldig zu leiden, vielweniger Unsauberkeiten daraus zu gießen.

27. Weil man auch viele störrische Köpfe findet, die ihren Nachbarn kein Licht, welches uns doch Gott allein gegeben hat, gönnen, hat E. E. Rath so viele Macht, ihm zu erlauben, wie vorgedacht, ein Fenster, so hoch ohne Schößgen, mit Gitter oder Stangen, daß er auf seines Benachbarten Hof nicht sehen kann, zu machen.

28. Auch trägts sich zu, daß zwey oder mehr Nachbaren bey einander wohnen, ihre Regen- oder ander Wasser dadurch geflossen, der mittelste verhöhet sein Gehöfte so hoch, daß des andern Wasser nirgends hin kann, und muß es also abtragen, wann nun derselbe mit lebendigen Zeugen beweisen kann, daß die Traufe dadurch gelaufen, muß derjenige Verfänger weichen, und seine Tropfe und Regenwasser dadurch gehen lassen, aber kein unsauber Wasser, und muß ein eisern Gitter vor das Loch machen.

29. Man findet gar viele Nachbarn, die eine Rönne zugleich halten, und zu beyden Theilen Dachfenster haben, dieselbe seynd zu beyden Theilen zuzuschließen schuldig, und wann die Rönne unreine, wieder zu gleichen Theilen auszuräumen.

30. Man findet auch Rönnen zwischen zweyen Nachbarn, daß die Rönne auf eines Mannes Haus allein liegen, und doch beide Tropfen hereingehen, wie das zugehet, kann man nicht wissen, und bleibet es also, wie man findet.

31. Vielmal trägt sichs zu, daß zweene Nachbaren bey einander wohnen, und eine Rönne haben, der eine Nachbar bricht nach seiner Gelegenheit ab, und bauet ein neu Haus, auch ein Gemach höher als seines Nachbaren, und so nahe, daß man

man keine Rönne halten kann, fället nicht allein des erbauten Hauses, sondern auch seine Tropfe darauf, welches seinem Nachbar großen Schaden thut, den er nicht zu tragen schuldig, so fällt auch die Tropfe von seines Nachbarn hoch erbauetem Haus, und verfaulet ihm die ganze Wand, daran Niemand schuldig, als der also hat bauen lassen.

32. Man findet auch Gänge, daß beyde Nachbaren dazu kommen können, dadurch seine Pferde oder Kühe leiten oder treiben, dieselbe seynd eine Thür zu halten schuldig, auch keiner seine Wand dicker zu machen, dadurch der Gang verschmälert wird.

33. Die gemeine Regel, da man sich nach richtet, hält man dafür: wenn man die Riegel und Nägel zuschläget, ist den Zaun zu halten schuldig, doch wird es bisweilen versehen durch die Zimmerleute, die es nicht verstehen.

34. Was die Gezäun und Gebäude an der Spree belanget, hat E. E. Rath nichts damit zu schaffen, sondern gehören Sr. Churfürstl. Durchlaucht. Die haben an der Spree die Botmäßigkeit.

35. Man findet auch allhier bey der Stadt und draußen bey den Gärten Durchgänge durch Häuser; der den Durchgang hat, ist schuldig, unten die Seitenwand zu halten und zu bauen, wenn er sie verderbet, die Obengemächer muß er bessern, der darinnen wohnt.

36. Gleichfalls findet man auch etliche Thorwege, da einer die Einfahrt hat, der ander oben die Wohnung, muß ein Theil der Seiten und oben die Gebäude halten, und seynd auch etliche Thorwege, die die Auffahrt haben, die dürfen keine Wand halten, noch die Gebäude, der die Einfahrt hat, dem darf kein Fenster an seinem Hofe gestattet werden.

37. Auch findet man Wohnungen, die von dem großen Hause abgenommen und verkaufet seyn, und die in den kleinen Häuslein wohnen, müssen das Oberdach halten.

38. Gleichfalls findet man auch Kammern in andern Häusern, müssen ihre Wände und Boden halten, der ander das Dach.

39. Mancher hat einen Gang, der nicht über 5 oder 6 Schuhe weit ist, und darf sich unterstehen, Schweineställe darin zu bauen, welches er keinen Fug hat, weil er 3 Werkschuhe seinen Nachbaren weichen muß, wegen des großen Gestanks.

40. Gleichfalls findet man auch in etlichen Brauhäusern, die ihre Dörre offen auf den Boden haben, um welches willen die Nachbaren in großer Feuersgefahr sitzen, und seynd allein zu leiden nicht schuldig, sondern auch von E. E. Rath bei großer Strafe verbothen.

41. Auch findet man etliche Gärten in der Stadt, die Nachbaren, so daneben wohnen, halten Kühe und Schweine, und haben doch keinen Abfluß, sondern dringet unten durch die Schwellen und Zäune und machet, daß in den Gärten vor solcher Feuchtigkeit nichts wachsen kann.

42. Weil man viel Gerbhäuser bei den Schustern findet, auch bei andern, der Häute gar macht, und gerben müssen und wenig Raum dazu haben, und den Nachbaren die Beitze, Laden oder Kalke zu nahe an ihre Wände und Zäune setzen, daß die Nachbaren durchaus zu leiden nicht schuldig seyn, auch ein Theil sich unterstehen, einen solchen Gestank im Keller zuzurichten, ist gar verboten, und mögen solches an andere fügliche Oerter verschaffen und verrichten.

43. An den Freyhäusern hat E. E. Rath keine Bothmäßigkeit, und die Bauherrn seynd nicht schuldig hinzugehen, wo sie es nicht E. E. Rath zu Ehren thun, es muß sich aber keiner unterstehen, seinem Nachbar Dienstbarkeit aufzubürden.

44. Auch findet man allhier, daß ein Bürger etliche Buden hat, unter den Buden ein Einfahrt, Hofraum und Brunnen, davon verkauft er die Buden, behält also seine Einfahrt, Hofraum und Brunnen vor sich, darnach hat er ihm durch Bitte Wasser holen lassen, der die Bude wieder verkaufet, hat sich den Brunnen vorbehalten, den Zaun lassen zumachen, und den Brunnen vor sich zu vertheidigen, dabey er muß geschützet werden, auch haben beyde Buden keinen Abschuß neben dem Thorwege, und wollen die beyde ihre Durchgänge durch seinen Hof führen, welches er zu leiden nicht schuldig.

45. So findet man auch, daß einer eine Rönne seiner Nothdurft nach muß halten, und seine Benachbarte bauen nach ihrer Gelegenheit, und führen also ihre Tropfen in die Rönne, seynd also die Rönne zu halten schuldig.

46. Allhier findet man auch viele Häuser, daß man eher aus Unvermögen dieselbe nicht bauen oder bessern kann, und läßt es darüber gar einfallen, thut dadurch seinen Benachbarten großen Schaden an den Dächern, Wänden und Zäunen; wenn der Augenschein vorhanden, ist derselbe, der es verursachet, den Schaden zu erstatten schuldig.

47. Man findet in der ganzen Stadt an vielen Orten gefährliche Schornsteine, darüber sich die Nachbaren zum höchsten beklagen; wann nun durch Befehl E. E. Raths die Bauherren denselben Ort besichtigen, und zum Abscheid geben, solchen in einer kurzen Zeit zu bauen, oder des Raths Strafe gewärtig zu seyn.

48. Es wird auch oftermals befunden, daß zweene Nachbarn bey einander wohnen, einer in einem großen, der andre in einem kleinen Hause, der in dem kleinen bricht ab und bauet, und der in dem großen Hause giebt ihm zwey mehr oder weniger Werkschuhe zu, dergestalt, wenn der in dem großen Hause über kurz oder lang sein Haus bauen will, daß er Macht hat, seine Balken auf des Benachbarten seine Mauern einzustrecken, und darauf zu ruhen Fug hat.

49. Desgleichen findet auch von Alters her, die allzuweite Gänge oder Hofräume eingenommen, daß seine Benachbarten, so hernach bauen, nicht allein Fug haben, die Balken einzu-

strecken, daß er möge einen Giebel auf die Mauer zu setzen befugt seyn.

50. Es hat auch allhier sich zugetragen, daß ein großer Mann ein Gebäude fing an zu bauen, das er auf das Fundament eines halben Mannes hoch über der Erden, und höher geführet hatte, wie er nun an der Ecken das Fundament will suchen und graben lassen, findet sich ein Fundament, das eine 3 oder 3½ Werkschuhe das Fundament heraußer gehet, riß derselbe das ganze Fundament und Mauerwerk ab, und bauete dem gefundenen Erkner nach, daß alle die Benachbarten an der Seiten im Winkel stehen müssen, ist aber nicht recht.

51. Man findet auch Gänge, da beyde Traufen einfallen, und beyde Nachbaren eine verschlossene Thür zum Gange haben, ist keiner befugt, in dem Gang unten oder oben ein Secret zu bauen, sondern die beyde Nachbaren müssen den Gang säubern und reine halten.

52. Man findet auch Häuser, daß ein Stück davon verkaufet wird, der Käufer bauet eine Bude darauf, das andere Haus hat keinen Abschoß, sondern ist an dem Ort durchgegangen, da die Bude hingebauet wird, daß das Brunnen- und Regenwasser mit einer Rönne durch die Bude auf den Flur, oder wo es sonsten seyn kann, durchgeleitet worden.

53. Auch findet man, daß ein Haus wird getheilet, und der ander hat seinen Keller unter das Haus, oder der das Stück vom Hause gekauft hat, machet Pferde- oder Küheställe über den Keller, verdirbet also den Keller und das Getränke, so darin lieget, ist derselbe, so der Keller gehöret, ihm dieses zu gestatten nicht schuldig.

54. Es setzet mancher einen Stall oder Holzkammer an seines Nachbaren Wand, und unter seiner Traufe, wann nun die Traufe dem andern Nachbar seine Wand einweichet, ist derselbe, von denen die Traufe auf die Wand fället, den Schaden nicht zu erlegen schuldig, sondern der zu nahe gebauet hat, muß den Schaden vor sich behalten.

Cölln an der Spree, den 30sten November 1641.

260. Edikt, das Erb- und Lager-Buch in Berlin betreffend, vom 28. September 1693.

Wir Friedrich der Dritte, von Gottes Gnaden Marggraf zu Brandenburg, des Heil. Röm. Reichs Ertz-Cämmerer und Churfürst, in Preussen ꝛc. Geben hiemit Jedermänniglich, denen es zu wissen nöthig, und absonderlich Burgermeistern und Rathmannen, wie auch allen Bürgern und Einwohnern Unserer hiesigen Residentz-Städte und deren Vorstädte, wes Standes und Würden sie seyn, in Gnaden zu vernehmen; Demnach Wir vernommen, was Gestalt eine Zeithero allhier in Unsern hiesigen Residentz-Städten Berlin, Cölln, Friderichswerder, Dorotheen-Stadt und Friderichs-Stadt, wie auch in denen Vorstädten ein grosser Mißbrauch mit Hypothecirung und Verschreibung der

Häuser, Gärten und Aecker vorgegangen, in dem Einer und der andere darauf bald von diesem, bald von jenem Creditore vielmehr Gelder aufgenommen, und gehoben, als das verschriebene Unterpfand wehrt gewesen, wodurch es dann geschehen, daß ein- und ander Creditor ůmb sein außgeliehenes Geld gekommen, und in grossen Schaden gerahten: Und dann zu Verhütung fernern Ruins und Schadens, und damit niemand hinführo hintergangen, oder ůmb das Seinige gebracht, sondern guter Credit beybehalten, und ein jeder seiner Bezahlung vergewissert seyn möge, nöthig befunden worden, ein gewisses Reglement deßfalls zu machen; Als verordnen und befehlen Wir hiemit, und Krafft dieses Unsers offenen Edicts:

1. Daß auf jedwedem Rahthause, in hiesigen Unsern obbenanten Residentz-Städten, ein gewisses Erb- und Lager-Buch verfertiget, und in demselben alle und jede Bürgerliche Häuser, Buden, Gärten, Aecker, Wiesen, und in Summa, alle liegende Gründe in und vor den Residentz-Städten, sie mögen von Eximirten, oder von Bürgern bewohnet und besessen seyn, nebst ihren Possessoribus verzeichnet und numeriret, auch dabey jedesmahl so viel Platz und Raum gelassen werden solle, damit die Namen der hiernächst folgenden neuen Possessoren, oder der Creditorum, welche auf solche Immobilien Geld leihen, dabey verzeichnet werden können.

2. Daß, so offt von solchen Häusern und andern liegenden Gründen etwas an einen andern verkaufft, oder durch Erbschafft, oder auf irgend eine andere Art und Titul transferiret oder veräussert wird, der neue Possessor, er sey Eximirter oder Bürger, schuldig seyn solle, es also fort anzugeben, damit dasjenige Immobile, so auf Ihn gekommen, auf seinen Nahmen in dem Lager- und Erb-Buche verzeichnet und geschrieben werden möge, mit der Verwarnung, daß sonst sein Titulus Possessionis für ungültig und nichtig gehalten werden solle, auf welche Weise dann ein jeder Creditor vergewissert seyn kan, ob und was für liegende Gründe der Debitor im Besitz habe.

3. Daß keine Pfand-Verschreibung oder Hypotheken, sie seyen conventionales oder legales vel tacitae, a die publicationis hujus Edicti, gelten, noch einiges jus reale oder praelationis, haben solle, wann nicht der Creditor oder Debitor dieselbe in dem Erb- und Lager-Buche des Ortes, da des Debitoris Immobilia gelegen, ob gleich der Debitor ein Eximirter ist, verzeichnen lassen; Und daß

4. In specie, die gerichtlich verschriebene, wie auch die coram Notario et Testibus aufgerichtete Verpfändungen nicht eher gültig seyn, noch vim judicialis hypothecae, oder einige Praelation haben sollen, biß Sie so wol, als alle andere Hypotheken in das Erb- und Lager-Buch verzeichnet seynd.

5. Daß auch die Krafft solcher Hypotheken, ratione temporis, nicht ehender, als a dato der beschehenen Einschreibung, gültig seyn, und gerechnet werden solle.

6. Daß bey dergleichen Einschreibung allemal der Debitor oder dessen Erben citiret werden sollen, ad agnoscendum debitum, welches aus der Obligation ins Lager-Buch inseriret und eingeschrieben werden soll: Würde aber der Debitor oder dessen Erben weder selbst, noch per Mandatarium, auf die erste Citation im angesetzten Termino nicht erscheinen, so soll, auf des Creditoris Ansuchen, nach eingenommener Relation, mit der Einschreibung in contumaciam verfahren werden.

7. Daß alle bishero constituirte Hypotheken, sie seyen gerichtlich, oder coram Notario et Testibus oder nur privatim verschrieben, zum längsten innerhalb sechs Monaten, von dato dieses publicirten Edicts an zu rechnen, von denen Creditoribus angegeben, und ins Erb- und Lager-Buch verzeichnet werden sollen, welchen Falls sie absque ulla novatione in pleno vigore verbleiben, und alle denselben, so wol ratione temporis vel diei, als sonst competirende praerogativen völlig behalten, in Entstehung dessen aber sollen solche Verpfändungen und Hypotheken, contra tertium et in concursu, für unkräftig, und die Creditores, denen solche verschrieben, pro nudis Chirographariis gehalten werden.

8. Wann auch jemand zu wissen begehrte, ob auf ein Hauß oder andere liegende Gründe, worauf er Geld auszuleihen ersuchet wird, nicht etwa bereits Gelder von andern wären ausgeliehen und verschrieben worden, so soll der Magistrat schuldig seyn, demselben ein glaubwürdiges Attestat, ob und wie viel Gelder allbereits darauf außgeliehen und verschrieben worden, sub Sigillo, umb billige Gebühr zu ertheilen, damit der Creditor sich darnach richten, seine Sicherheit beobachten, und nicht mehr Gelder außleihen möge, als das Hauß oder liegende Grund wehrt ist.

9. Es soll auch inskünftige ein jeder neuer Possessor liegender Gründe, welcher dieselbe in das Lager-Buch eintragen, wie auch ein jeder Creditor oder Debitor, so die Oppignoration ins Hypotheken-Buch verschreiben lässet, dem Magistrat pro labore, von jedem hundert Thaler vier Groschen zu geben schuldig seyn.

10. Schließlich sollen alle und jede Unsere Ober- und Niedere Gerichte tam in prima quam secunda et ulteriori Instantia, sich hiernach gehorsamst achten, und über dieses Unser Edict und dessen Inhalt fest und unverbrüchlich halten. Urkundlich haben Wir dasselbe eigenhändig unterschrieben, und mit Unserm Insiegel bekräftigen lassen. So geschehen, Cölln an der Spree, den 28. Septembr. 1693.

261. Deklaration des Edikts vom Erb- und Lager-Buch zu Berlin, vom 20. Februar 1695.

Wir Friedrich der Dritte, von Gottes Gnaden, Marggraff zu Brandenburg :c. Geben hiemit Jedermänniglich, denen es zu wissen nöthig, und absonderlich Bürgermeisteren und Rahtmannen, wie auch allen Bürgern und Einwohnern Unserer hiesigen Residentz-Städte, Berlin, Cölln, Friderichswerder, Dorotheen-Stadt und Friderichs-Stadt, wie auch deren Vor-Städte wes Standes und Würde sie seyn, in Gnaden zu vernehmen: Demnach Wir uns erinnern, was massen Wir, sub dato des 28ten Sept. 1693. vermittels eines offenen Edicts, ein gewisses Reglement, wegen Hypothecirung und Verschreibung der unbeweglichen Güter, in gedachten Unseren Residentz-Städten, publiciren lassen, um die dabey bishero vorgegangene Mißbräuche und Unterschleiffe, wodurch verschiedene Creditores, entweder gar um ihr Geld gekommen, oder doch in kostbahre Processe und grossen Schaden gerathen, abzuschaffen, und den Credit desto besser zu erhalten; Und sich dan hernachgehends befunden, auch unterschiedliche Casus und Ursachen sich ereugnet, daß der durch solches Unser gemachtes Reglement intendirte Zweck, der Creditorum Sicherheit nicht allerdings zu erhalten gewesen: Als haben Wir, nach reifflicher Ueberlegung der Sache, sothanes Edict, nachfolgender gestalt, zu erklähren und einzurichten gut gefunden, allermassen Wir dann hiermit gnädigst verordnen und wollen: Daß inskünfftige alle Obligationes und Verhypothecirungen der Immobilien, als Häuser, Gärten, Vorwercker, Meyereyen, Scheunen, Aecker und Wiesen, vor Notarien und Zeugen, so viel den Effectum publicae hypothecae und das beneficium praelationis betrifft, gäntzlich abgeschaffet, die bereits auf sothane Art für Notarien und Zeugen aufgerichtete Obligationes aber, innerhalb sechs Monathen a dato dieses Unsers Edicts, anzurechnen bey denen Gerichten, unter deren Jurisdiction die Hypothec belegen ist, in das daselbst befindliche und übliche Hypothequen-Buch eingetragen werden, und solchergestalt, ihren bisherigen Valorem und Praerogativ behalten sollen; Wann sonsten des Notarii und der Zeugen Unterschrifften, ihre behörige Requisita haben, und sich kein Verdacht dabey findet, wiedrigenfals aber, und wofern es hieran fehlen solte, so kan die Eintragung ins Hypothequen-Buch, sothanen Mangel nicht ersetzen, sondern es bleibet solchenfals einem jeden, insonderheit denen Creditoribus, darwider die Nothdurfft billig vorbehalten, und sollen vorgemeldte Obligationes, welche innerhalb sechs Monahten, a dato publicationis dieses, in das Hypothequen-Buch vorgedachter massen, nicht eingetragen worden, nach Verfliessung solcher Zeit, nicht anders, als Privat-Hypothequen consideriret werden. Wir befehlen demnach, allen und jeden Unseren Ober- und Nieder-Gerichten tam in prima quam in secunda vel ulteriori Instantia, hiermit gnädigst, sich gehorsamst hiernach zu achten, und über diese Unsere Verordnung und Edict fest und unverbrüchlich zu halten. Uhrkundlich haben Wir dasselbe eigenhändig unterschrieben, und mit Unserm Churfürstl. Insiegel bekräfftigen lassen. So geschehen zu Cölln an der Spree, den 20. Februarii 1695.

262. Gerichts-Verfassung in der Residenzstadt Berlin, vom 21. Januar 1710.

Friederich, von Gottes Gnaden, König in Preussen rc. Thun kund und fügen hiemit zu wissen. Nachdem Uns Bürgermeister und Rath Unser alhiesigen Residentz-Stadt Berlin, wegen des nunmehr constituirten und bestelleten gemeinen Stadt-Gerichts, nachfolgende Verfassung und Gerichts-Ordnung zu Unserer gnädigsten approbation allerunterthänigst übergeben, und solche zu confirmiren gebeten, welche von Wort zu Wort lautet:

Gerichts-Verfassung der Königlichen Preußischen Residentzien.

Nachdem Sr. Königl. Majestät in Preussen allergnädigst gefallen, daß, wie Sie im vorigen 1709ten Jahre nunmehro hinfort nur einen Stadt-Rath in Dero Königl. Residentz Berlin, Cölln, Friedrichswerder, Dorotheen- und Friedrichs-Stadt angeordnet, und demselben die Policey- sowol, als Justitz-Sachen fernerhin allergnädigst aufgetragen; Also auch ein Gemeines Stadt-Gerichte zu mehrerer Beforderung der Justitz, und Verwaltung der dem Rath in denen Residentzien zustehenden Jurisdiction, gesetzet, und anbey allergnädigst befohlen, sothanen Gerichts-Verfassung, behörig einzurichten; Als soll

1. Das Stadt-Gericht jedesmal mit einem Directore, welches einer von denen vier Burgermeistern seyn soll, und denen Stadt-Richtern, so itzo noch bestellet, oder so viel hinkünfftig derselben bleiben werden, und eben so viel anderen Assessoren, doch auch tüchtigen, redlichen und capablen Leuten, die der Rechte nicht unerfahren, besetzet werden.

2. Und sollen hinkünfftig die Assessores, ehe Sie zu dem Officio bestellet werden, so, wie sonsten in andern Collegiis gebräuchlich, zuforderst ab Actis, die Ihnen zu geben, zu Bezeugung ihrer Capacität, so ferne dieselbe nicht sonst schon bekannt wäre, referiren; Und zwar derjenige, so zugleich als Richter in einer Residentz-Stadt die Criminalia mit respiciren soll, aus einem Criminal-Proceß, die übrigen aber in einer Civil-Sache.

3. Sothanes Gericht wird, als an ordentlichen Gerichts-Tagen, den Dienstag, Donnerstag und Sonnabend Session halten, und von 8. bis 12. Uhr morgens, und von 3. biß 6. Uhr Nachmittages, die Sachen öffentlich hören, und wann solches geschehen, Contumaciam der ungehorsam- aussenbleibenden accusiren lassen.

4. Der Ferien halber, auch was in diebus feriatis vorzunehmen, hat sich das Judicium nach dem 2. Tit. der Königl. Cammer-Gerichts-Ordnung §. 3. et seq. zu achten, nur, daß in Sachen, so zwischen Bürgern allein vorkommen, und wobey keine Auswärtige interessiret, in denen Weyhnachts- Oster- und Erndte-Ferien, dieselbe 8 Tage später anheben.

5. Der dirigirende Burgermeister wird, so viel möglich, und Ihn die andern Stadt-Geschäffte nicht abziehen, in dem

Judicio Selbst gegenwärtig seyn, und was zu Verkürtzung der Processe gereichen könte, veranlassen, auch auf die Autorität des Gerichts halten, die Sententzen, wann dieselbe nach gehöreten Votis verfasset, publiciren, auf die Richter und Assessores, auch übrige zum Gericht gehörige Personen, daß Sie, ein jeglicher, was ihres Amts, mit pflichtmäßigem Fleiß verrichten, und im Collegio erscheinen, acht haben, und dergestalt die Justitz aufs beste befordern.

6. Würde aber der dirigirende Burgermeister, entweder durch Leibes-Schwachheit, oder anderer in seinem Burgermeister-Amt vorfallenden Geschäfften verhindert, daß Er in dem Collegio nicht erscheinen könte, noch auch seine Vices zu versehen, einen andern Burgermeister ersuchen, oder dieser gleichfals nicht erscheinen, hat der nechstfolgende Assessor sich der Direction anzunehmen, auch die abgefassete Sententzen zu publiciren.

7. Das Gerichts-Siegel, wie Sr. Königl. Majestät dasselbe ertheilet, soll allezeit bey dem Directore, oder in dessen Abwesenheit, bey einem andern Burgemeister seyn, und sollen alle expedirte Abschiede und offene Citationen, auch was sonsten bey den Gerichten, unter dem Siegel auszufertigen ist, von denen Gerichts-Dienern in einer gewissen Stunde, so er ihnen setzen wird, gesiegelt werden; Er hat aber wegen der Siegelung von denen Ausfertigungen nichts besonders zu geniessen.

8. Die Assessores haben sich bey allen Gerichts-Tägen fleißig einzufinden, oder des Ausbleibens Ursach anzeigen zu lassen, und sich im Decretiren nach dem, wie es die Königl. Cammer-Gerichts-Ordnung Tit. IV. und Tit. XIX. anweiset, zu verhalten; Wofern aber in Judicio die Supplicata nicht alle decretiret werden könten, und unter die Assessores zum decretiren vertheilet, oder aber in ihren Häusern übergeben würden, stehet ihnen frey, darauf, auch ausserhalb den Gerichten, Decreta anzugeben.

9. Wann aber Ihnen Sachen vorkämen, so altioris indaginis, als Executiones, Immissiones, oder dergleichen, haben Sie solches im Collegio vorzutragen, und communicato Consilio alsdann die Verordnung anzugeben; Insonderheit haben Sie keine Executiones, ohne Vorwissen des Burgermeisters, welcher das Directorium führet, vollstrecken zu lassen; Jedoch sind darunter Sachen von geringer Importantz und celerrimae Expeditionis nicht zu verstehen.

10. Denen Assessoribus stehet frey, bey dem Vortrag der Parteyen, zu besserer Begreiffung der Sachen, und Abgebung ihrer Votorum, vor Sich mit zu protocolliren. Damit aber auch ein vollständig ausführliches Protocoll vorhanden seyn möge; So soll ein Assessor von denen, so zugleich das Richter-Amt mitführen, nach dem andern, von einem viertel Jahr zum andern, solches ausführlich halten, und so, daß durch das gantze Jahr, in einem Volumine continuiret werde.

11. Dafern auch das Stadt-Gericht, mit vielen Sachen an den Gerichts-Tagen überhäuffet werden solte, wird der diri-

girende Burgermeister, oder in dessen Abwesenheit, das Judicium, einige Assessores deputiren, welche in einem a parten Zimmer, einen Theil der Sachen zugleich daselbst vornehmen, auch entscheiden, oder allenfalls referiren sollen.

12. Vor allen Dingen hat das Judicium, um die Sachen aufzugreiffen, unter den Partheyen, insonderheit auch bey injurien-Sachen, mit Vorstellung, daß dabey nur ein lucrum inane, und die Kosten verspillert werden, die Güte zu versuchen.

13. Wolte aber die Güte nicht statt finden, haben Sie die Sache nach der Observantz, Edictis, und Landes-Constitionen, und wo dieselben nicht hinreichend, nach dem gemeinen, durch die Landes-Recesse auf solche Fälle eingeführten Recht, zu urtheilen, insbesondere aber die von Sr. Königl. Majest. eingeführte Cammer-Gerichts-Ordnung in acht zunehmen.

14. Vor diesem Gericht sind alle Bürger der Stadt, auch Fremde, so sich in Bürger-Häusern befinden, und Exemtionem a Jurisdictione Senatus nicht haben, zu belangen, und zwar in allen Civil-Sachen, wie die Nahmen haben mögen, ausgenommen diejenigen, derer Cognitionem Magistratus Sich reserviret, oder in specie an die Unter-Richter verwiesen.

15. Es stehet aber einem jeden frey, ob er in Civil-Sachen, vor dem Magistrat oder diesem Stadt-Gerichte klagen wolle, sodann aber würcket die ausgelassene Citation praeventionem.

16. Die Injurien-Sachen, so zum Prozeß gedeyen, sowol wegen Verbal- als Real-Injurien, sind allein vor diesem judicio zu tractiren, jedoch sind darunter nicht zu rechnen die Injurien-Sachen wobey gantze Gewercke interessiren.

17. Ueberdem gehören vor dieses Gericht, und müssen bey und von demselben geschehen 1) die Insinuationes der Testamente, 2) die Taxationes und Subhastationes, 3) die Citationes ad liquidandum, Sententiae Prioritatis, und Distributiones, 4) die Conscribirung der Inventarien, auch Erbtheilungen, und 5.) Bestätigung der Gerichtlichen Hypotheken.

18. Die Testamenta hat der Assessor judicii, so zugleich ein Richter ist, in denen Städten, wozu Er als Richter verordnet, nebst 2. oder dreyen andern Gerichts-Assessoren, und dem Actuario, so zu der Stadt geordnet, aufzunehmen.

19. Bey Concurs- und Liquidations-Processen sollen die Citationes und Proclamata an dem Ort, woselbst das Gericht seine Session hält, allein affigiret werden; Die Distributiones aber hat der Richter, ein jeder der Residentz-Städte, mit dem Ihme ad Criminalia angewiesenem Assessore und Actuario zu verrichten.

20. Die Conscribirung der Inventarien muß von den Gerichten vorgenommen werden, und stehet nicht bey dem Willen der Erben von Bürgern, oder derjenigen, so unter des Magistrats Jurisdiction gestanden, sondern solche Verlassenschafften sind von den Gerichten, wie schon hiebevor per Rescriptum verordnet,

zu inventiren, weil solches nicht allein zum Besten derer öffters dabey interessirenden Pupillen und Minderjährigen geschiehet, sondern auch das Interesse des Magistrats wegen des Abschosses, so die Richter wol zu observiren, darunter mit versiret: Doch wird Niemanden benommen, daß Er einen Advocatum oder Notarium mit bey der Inventur adhibire.

21. Mit Eintragung der Hypotheken soll es bleiben, wie es vor dem gehalten, würde aber jemand aus dem Hypotheken-Buch ein Attestatum verlangen, soll ihm solches nicht anders, als unter dem Gericht-Siegel ausgefertiget werden.

22. Hingegen gehören von Civil-Sachen allein vor dem Magistrat, und nicht vor der Städte Gerichte, 1) alle Policey-Sachen, 2) Handwercks-Sachen, auch darunter die §. 16. gedachte Injurien-Sachen, 3) Dationes Curatorum et Tutorum, wie auch Curatorum Litis et Bonorum 4) Die Abnahme der Vormundschaffts-Rechnungen, 5) Wechsel-Sachen, 6) Alle Confirmationes der Kauff-Briefe; Wäre aber in diesen Dominium oder hypotheca ratione residui pretii reserviret oder constituiret worden, müsten Sich Contrahenten auch bei den Gerichten melden, und ihre Jura ins Hypotheken-Buch eintragen lassen, 7) Die zu deponirende Gelder, Geburths-Brieffe, auch Attestata. Wofern nun in solchen Sachen sich jemand bei dem Gericht melden solte, hat das Gericht solche sofort an den Magistrat zu verweisen.

23. Vor die Unter-Richter gehören 1) Injurien-Klagen, so zu keinen Proceß gedeihen, und gleich gehoben werden. 2) Klagen, so zwischen Herrschafft und Gesinde vorfallen. 3) Schuld-Sachen, so unter 10. Tahl. seyn. 4) Klagen in puncto locati conducti, jedoch nur in geringen Sachen, und dergleichen, so celerrimae Expeditionis seyn. Andere Sachen müssen entweder zum Städte-Gericht, oder an den Magistrat von denen Richtern und Assessoren gleich verwiesen werden.

24. Das Unter-Gericht soll ein jeglicher der itzigen Richter bey der Stadt, dazu Er hiebevor angenommen, als Unter-Richter mit Zuziehung zweyer bishero gewesenen, und aus der Stadt Verordneten genommenen Schöppen, so als Beysitzer zu erscheinen, und das Amt jährlich unter sich alterniren zu lassen schuldig, und zwar in den bisher gewöhnlichen Gerichts-Stuben jeder Stadt, oder in einem andern logiment, so Jhm anzuweisen, formiren, bis Jhnen im Stadt-Hause andere Apartements dazu angewiesen werden können. Sie sollen aber zu Haltung dieses Gerichts den Montag und Freitag anwenden.

25. Jn denen Sachen, so bey dem Unter-Gericht vorkommen, hat der Unter-Richter in Enstehung der Güte, möglichster Kürtze, jedoch, wie solches die Rechte anweisen, sich zu befleißigen, und soll zu dem Ende kein Vortrag von Advocatis, oder schrifftliche Sätze angenommen werden; Vielmehr müssen, wann es zu diesem letztern kommen, und die Partheyen sich nicht bedeuten lassen solten, die Sachen zum Städte-Gericht verwiesen werden.

26. Was nun bey den Unter-Gerichten verabscheidet wird, und dessen Ausfertigung begehret werden möchte, solches muß der Unter-Richter in den Formalien: Gibt der Richter zu zum Bescheid ꝛc. ausfertigen, seinen Nahmen unterschreiben, und Sich des Jhm zu dem Ende anvertraueten kleinern Siegels dabey gebrauchen. Wogegen Er für die Ausfertigung eines Abscheides, oder was Er sonst expediren soll, nicht mehr als 12 gl. inclusive Stempel-Papier und Siegels, zu geniessen haben soll.

27. Die Richter aber müssen mit dem Jhnen zu Ausfertigung der Kleinigkeiten gelassenen Siegels, bey Verlust ihres Dienstes, nichts anders als was Sie als Unter-Richter auszufertigen haben, zu siegeln sich unterstehen.

28. Wann aber in denen vor das ordinaire Städte-Gericht gehörigen Sachen, eine Sententz ausgefertiget wird, muß solches in den Formalien: Erkennet das Stadt-Gerichte ꝛc., geschehen, und ausser dem Actuario, der die Ausfertigung hat, von dem Richter der Residentz, wo der Reus wohnet, wann die Sententz fleißig von Jhm revidiret, gleichfalls unterschrieben, und sodann zur Siegelung befördert werden; Gleichergestalt ist es auch mit andern Expediendis zu halten.

29. Dafern auch von einer solchen Sententz des Städte-Gerichts appelliret werden solte, und der Appellant kein forensis, müssen von demselben die gewöhnliche Succumbentz-Gelder erleget, und im Fall erfolgender Confirmatoriae, dieselbige vorhin gewöhnlicher massen, zwischen der Cämmerey und Gericht vertheilet werden.

Die Succumbentz-Gelder cessiren nach Königl. Constitution von Abkürtzung der Processe de 3. Sept. 1718. §. 13.

30. Sonsten aber bleibet es mit den Appellationibus, und ratione judici ad quod, so wie es bis dahero bey denen Stadt-Gerichten Herkommens.

31. Die Criminal-Sachen sollen nicht vor diesem gantzen Städte-Gericht tractiret werden; Sondern ein jeder Unter-Richter soll in der Stadt, wozu Er gesetzet, und in dem Ort, der Jhm zum Unter-Gericht angewiesen, die Criminal-Sachen tractiren, und zwar, so viel möglich, absonderlich in wichtigen Dingen, in Beyseyn zweyer Assessorum des ordinairen Städte-Gerichts, des Actuarii, auch zweyer Schöppen aus der Bürgerschafft, so ihnen angewiesen werden sollen.

32. Es sollen auch die Richter, wegen der darin vielfältig vorkommenden Verbrechen, auf die kleinen Keller, Thee-, Caffe- und Spiel-Häuser, in der Stadt, darin Sie als Richter gehören, wohl acht haben, verdächtige Weibes-Leute und Huren aufheben, und wöchentlich durch die Diener fleißig visitiren lassen.

33. Jn den Criminal-Sachen haben Sie Sich nach der vorgeschriebenen Peinl. Gerichts-Ordnung bey Instruirung des Processes fleißig zu richten; Wann es aber bis zur Transmission kömmt, müssen Sie die Acta Criminalia zuvor, auch ante Con-

firmationem oder Executionem die eingekommene Urtheil dem Magistrat, oder wenigstens dem bey dem Gericht dirigirenden Burgermeister, welcher deshalb mit dem gantzen Collegio communiciren wird, einschicken.

34. Wann ein Delinquent executiret, und deshalb das Gericht in der so genannten gehegten Banck öffentlich geheget werden müste, hat solches der Richter, der den Proceß geführet, auch die Assessores, so bey dem Proceß gewesen, samt denen Schöppen aus allen Städten, wie auch ein Actuarius aus der Stadt, in welcher der Inquisitions-Process geführet worden, zu verrichten.

35. Würde auch ein Delinquent aus der Hauß-Voigtey zur Execution gelieffert, hat der vorsitzende Richter mit den Stadt-Schöppen und Actuario aus Berlin, das Gericht zu bestellen, die Banck aber ist jedesmal vor das Rathhauß in Cölln zu gewöhnlicher Zeit auszusetzen.

36. Die Delinquenten sollen nach wie vor, den Tag vor der Execution in die Bütteley gebracht, von dort des Morgens um 9. Uhr, vor die öffentliche gehegete Gerichts-Banck geführet, und nach geschehener öffentlichen Condemnation, ad locum supplicii gebracht werden. Bey der Execution soll der Richter, so den Proceß dirigiret, und die Assessores, so dabey zugegen gewesen, gegenwärtig seyn, weil sich noch etwas notables ereignen, oder in Articulo Mortis der Delinquent noch ein und andere Deposition thun könte.

37. Damit die Delinquenten, wenn Sie nicht des Vermögens, sich selbst zu unterhalten, verpfleget werden können, auch die Unkosten der einzuholenden Urthel nicht alle auf das aerarium Civitatis fallen, haben die Richter, ein jeder in seiner Stadt treulich zu verzeichnen, was bey den Gerichten pro juribus Magistratus bey Auffnahme der Testamenten, derselben, auch der Urtheln, so allhier oder auswärtig gesprochen worden, Publication, von den Taxen der Immobilien, und an Geldstraffen, insonderheit von geschwängerten Personen einkömmt, (worüber in allen Residentzien eine Gleichheit zu halten,) und aus solchen Geldern hat der Richter die Unkosten zum Unterhalt und Urtheln, so weit es reichet, zu nehmen, und seine Rechnung alle Jahr bey dem Magistrat abzulegen. Was aber bey Verkauffung der Häuser, oder sonst ad pios usus einkommt, davon ist nicht allein die Specification, sondern auch das Geld selbst quartaliter bey dem Rath einzuschicken.

38. Die Actuarii, deren zwar 2. künfftig bey dem Gerichts-Collegio nur bestellet, die übrige aber, so jetzo vorhanden, pro nunc beybehalten werden sollen, haben so wol in Civilibus als Criminalibus ihr Amt mit gebührendem Fleiß, und nach der Cammer-Gerichts-Ordnung zu verrichten; In Civilibus haben Sie insonderheit bey Aufnehmung der Testamente, die Worte der Testatorum wol zu protocolliren und denenselben solche, wann Sie zum Protocoll genommen, nochmals deutlich vorzulesen, damit darunter kein Fehler begangen werde. Bey Con-

scribirung der Inventarien haben Sie sich gleichfalls, wie der dabey sitzende Richter, die Inventur instruiren wird, fleißig zu verzeichnen, und sonderlich bey den Hypotheken und deren Confirmation, alles genau in das Hypotheken-Buch einzutragen.

39. Wann einem bey dem Gericht an Relationen, oder sonsten auch an Abscheiden, und andern Gerichtlichen Handlungen etwas zu expediren, entweder vom Städte-Gericht aufgetragen, oder von Partheyen gefordert würde, worzu Ihnen eine besondere Cammer, oder wenigstens Taffel, in der Gerichts-Stube angewiesen werden soll, müssen Sie beydes ohngesäumt verrichten, und die Partheyen über die Gebühr nicht aufhalten, und wann Sie von Abscheiden oder andern gerichtlichen Handlungen etwas auszufertigen haben, dasselbe ante expeditionem am Ende der letzten Seite, worauf geschrieben, unterzeichnen, und bey der Ausfertigung zur Revision demjenigen Richter, wohin Beklagter sonst ratione fori gehörte, zuschicken.

40. Bey Criminal-Processen müssen Sie in jeder Stadt, darzu Sie angenommen, die Criminal-Protocolla fleißig halten, und sauber mundiret zu den Acten legen.

41. Bey denen Expeditionen sind bekandter massen die Sporteln auf gewisse Art zwischen dem Richter und Actuarien getheilet worden; Wie nun so wenig ein Actuarius als ein Richter neue Sportuln einführen mag, so haben sie sich schlechterdinges nach der, bey der Königl. Cammer-Gerichts-Ordnung angehängten Taxe zu richten, und in diesen die Leute nicht zu übersetzen, sonsten aber die Sporteln mit dem Richter, wie vorhin gewöhnlich gewesen, (worunter auch das Siegel-Geld dem Richter verbleibet) zu theilen; Doch so, daß der Cöllnische Richter hinkünfftig eben so viel von den Sporteln ziehe, als sonst der Richter in Berlin empfangen.

42. Für die Hypotheken-Scheine, so hinkünfftig unter dem Gerichts-Siegel von den Actuarien zu ertheilen, ist nur 10 Gl. zu bezahlen, als 2 Gl. vors Siegel, 3 Gl. Stempel-Papier und das übrige dem Actuario.

43. Es haben aber die Actuarii so wol, als auch Unter-Richter bey ihren Expeditionen das forum Rei zu attendiren, und ein jeglicher in den Sachen des Districts, der Ihnen zukommt, die Ausfertigung zu veranlassen und zu thun, auch die Sportuln daraus zu ziehen, auf keinerley Weise aber darin einander Eintrag zu thun.

44. Und so ist es auch mit denen Assessoren zu halten, welchen, was von Abnahme der Testamenten, Taxen der Immobilien, und sonst an Gebühren einkömmt, nach der bisherigen Repartition einem jeden in der Stadt, wozu er angewiesen, das seinige zuzutheilen.

45. Die Actuarii müssen, weil noch keine Registratores bestellet, (welche aber, falls sie künfftig, da nur 2. Actuarii gehalten, anzunehmen nöthig befunden würden, gesetzet werden sollen,) die Acta und Processe der Einwohner der Städte, wozu Sie angewiesen, in guter Ordnung halten, nicht allein ein

ordentliches Register über die Processe führen, sondern auch bey jedem Proceß einen richtigen Rotulum machen, und in densel-ben, so bald etwas zu den Acten kommt, eintragen, auch die Acta nach Anweisung der Cammer-Gerichts-Ordnung hefften, ein richtiges Tage-Buch halten, und einen Tage-Zettel, damit eine jede Partey oder deren Advocati, in was Ordnung Er an-gesetzet, sehen möge, vor Oeffnung der Audientz in der Parten-Stube affigiren lassen.

46. Es sollen auch dieselbe ausser denen ordentlichen Ge-richts-Tagen in dem Zimmer, worin die Acta jedesmal bewah-ret werden, wenigstens des Nachmittages von 2. biß 5 sich fin-den lassen, damit die Parteyen die Acta allemal zur Inspection haben könen.

47. Und da bey dem Städte-Gericht 2. Advocati Curiae bestellet, haben Dieselbe auf alle und jede straffbahre Unthaten, so unter des Raths Jurisdiction geschehen, sorgfältig und fleißig acht zu haben, damit solche gebührend bestraffet werden, und muß wenigstens alle Gerichts-Tage einer bey den Verhören seyn, sich auf bedürffenden Fall interveniendo zu melden, und die Nothdurfft zu beobachten. Sie haben auch die Straffen, so in den Abscheiden dictiret, mit allem Fleiß beyzutreiben, zu welchem Ende Ihnen sofort nach ertheilter Sententz von dem Actuario, der die Expedition hat, Copia zugefertiget werden soll; Noch müssen Sie mit allem Fleiß des Magistrats Interesse, so wol ratione des Abschosses, als auch wegen dessen, was aus denen Handwercken und Zünfften zur Cämmerey fället, obser-viren, und mit beytreiben. Für ihren Fleiß, und zu dessen Be-forderung aber soll Ihnen aus den Straffen, so Sie beytreiben, und in das aerarium Civitatis fliessen, der behörige Antheil ge-geben, und ihre Mühe, dem Befinden nach, sonst vergolten werden.

48. Es sollen aber auch diese Advocati Curiae der Armen-Parteyen Sachen mit übernehmen, und dieselbe möglichsten Fleisses, und wie solches die Pflicht eines sonst in specie consti-tuirten Advocati pauperum erheischet, befordern, jedoch kan nach Befinden das Judicium auch wol einen andern derer Advocato-rum, so bey dem Gericht angenommen, der Armen Sachen auf-tragen, die solchenfals Dieselben zu übernehmen, sich nicht ent-brechen können.

49. Das Patrocinium Causarum als Advocatus bey dem Städte-Gericht zu übernehmen, soll niemand zugelassen werden, es sey dann, daß Er beym Cammer-Gericht recipiret, oder, daß Er sich zuvor, wann Er daselbst nicht recipiret ad Colloquium Juridicum vor den Syndicis sistiret, und darauf die Pflicht als Advocatus abgeleget.

50. Und diese haben sich in ihrem Amt, so wie es im gemei-nen Recht und Cammer-Gerichts-Ordnung denen Advocatis vorgeschrieben, überall zu verhalten.

51. Die Gerichts-Diener haben das, was Ihnen von dem Gericht befohlen wird, getreulich und fleißig zu verrichten,

insonderheit aber bey Insinuationen den Parteyen die Citationes gebührend zu bedeuten, und fals Sie diejenigen, so zu citiren, in Person nicht antreffen, deren Frau, Kindern, oder auch anderen Domestiquen, die Citation und den Termin, auch daß Sie solche dem Citato ohngesäumt anzeigen sollen, bekannt zu machen. Auf den Originalen der decretirten Citationen sollen Sie nachhero ungesäumt verzeichnen, wann und wie Sie die Citation verrichtet, und ob Sie den Citatum selbst, oder wen von seinen Domestiquen gesprochen, und den Termin angezeiget.

52. Für Verrichtung der Insinuation und was Sie sonsten in der Stadt, wozu Sie angenommen, zu verrichten haben, sollen Sie so viel als die Raths-Diener geniessen, auch was Ihnen sonst bisher gebühret, und bey der Cammer-Gerichts-Ordnung nicht geändert, weiter zu nehmen befugt seyn.

53. Wann dann diese Verfassung nach allergnädigster Königlicher Confirmation beym Städte-Gericht sofort eingeführet werden soll; So hat von daran ein jeglicher nach sothaner Verfassung Sich überall zu achten, bis vorkommenden Umständen und Befinden nach, in ein und anderm ein anders auch ein mehrers von dem Magistrat geordnet werden möge.

Daß Wir solchem Ihrem allerunterthänigsten Suchen in Gnaden deferiret und statt gegeben, allermassen dann Wir, als der Landes-Fürst und Landes-Herr, vorbeschriebener Verfassung und Ordnung des gemeinen Stadt-Gerichts in Unseren hiesigen Residentzien, hiemit und Krafft dieses approbiren, confirmiren und bestättigen, auch Unserm Geheimten Rath, Cammer-Gericht, und sonsten männiglich hiemit in Gnaden anbefehlen, darüber jedesmahl fest und unverbrüchlich zu halten, darwider nicht zu handeln, noch von andern handeln zu lassen. Uhrkundlich unter Unserer eigenhändigen Unterschrifft und vorgedrucktem Insiegel. Gegeben zu Cölln an der Spree, den 21ten Januarii Anno 1710.

263. Verbesserte Gerichts-Verfassung in der Residenzstadt Berlin, vom 25. Oktober 1728.

Von Gottes Gnaden, Friedrich Wilhelm, König von Preussen 2c. Unsern gnädigen Gruß zuvor, Hochgelahrter und Liebe Getreue. Nachdem gegen einige Richtere Unserer hiesigen Residentzien verschiedene Klage geführet, und Wir daher gemüßiget worden, eine andere Verfassung bey denen hiesigen Stadt-Gerichten zu machen.

So haben Wir die in Anno 1710. publicirte Gerichts-Ordnung revidiren lassen, und dieselbe in nachfolgenden Puncten geändert. Wornach Ihr Euch zu achten und überall zu verfahren habt. Sind Euch mit Gnaden gewogen. Geben Berlin, den 25. Octobris 1728.

Ad §. 3.

Es sollen künfftig zu denen ordinairen Gerichts-Tagen, der Montag, Donnerstag und Sonnabend genommen werden.

ad §. 4.

Es müssen die Gerichte alle Montage in denen Ferien sich versammlen und Verhöre, insonderheit in causis celeris Expeditionis et privilegiatis, ansetzen.

ad §. 6.

Wann der Praesident abwesend, soll der folgende Assessor das Directorium führen.

ad §. 8.

Es sollen auch Praesident und Assessores nicht eher, als biß die im §. 3. angesetzte Stunde verflossen, weggehen, oder jedesmahl, wann sie auf den Schlag nicht gegenwärtig seyn, oder vor gesetzter Zeit weggehen, 8. Gr. in die Armen-Büchse, welche auf dem Tisch stehen soll, erlegen. Und weil nunmehro alles collegialiter tractiret werden soll, so müssen alle Memorialien künfftig nicht mehr im Hause, sondern judicialiter decretiret und kein Decretum, insonderheit aber keine Dilationes extra Acta ertheilet werden. In causis repentinis aber, oder wann nudae Citationes zu veranlassen, kann ein jeder Assessor das benöthigte extrajudicialiter verfügen, wovon unten ad §. 23. seq. mit mehrem gehandelt werden soll.

ad §. 9.

Wann in Executione auf Distraction der Güther procediret werden solte, muß das Gericht zuförderst mit dem Magistrat communiciren. Es muß aber der Magistrat die Distraction nicht aufhalten, sondern binnen 3. Tagen sein Bedencken ertheilen, oder gewärtigen, daß mit der Distraction verfahren werden solle.

ad §. 12.

Das Collegium muß suchen, die Processe zu verkürtzen und zu dem Ende die Advocaten fleißig zu ihrer Schuldigkeit anhalten, insonderheit aber dahin sehen, daß, so viel möglich, hauptsächlich geurtheilet und durch Neben-Bescheide oder Interlocute die Sachen nicht vorzögert und weitläufftig gemachet werden. Im übrigen aber die Edicte und in specie so viel die Depositen-Gelder betrifft, wohl beobachten.

ad §. 16.

In Injurien-Sachen soll künfftig nicht anders, als nach Anleitung des Edicti von der Selbst-Rache de Anno 1713. §. 11. in Fine, ohne alle Weitläufftigkeit verfahren werden.

ad §. 18.

Wann Testamenta von Jemand im Hause, es sey verschlossen oder von Mund aus, ad Protocollum genommen werden sollen; hat Praeses einen Assessorem, (so ad Acta registriret werden muß,) dazu zu deputiren, welcher nebst dem Actuario und zweyen Schöppen die Testamenta an oder ad Protocollum zu nehmen haben.

Im Fall aber periculum in mora; so soll einen jeden Assessori

sori verstattet seyn, in dem ihm assignirten District nebst dem Actuario, oder zweyen Schöppen, sothane Testamenta an- und aufzunehmen; Er muß aber sofort dem Praesidi davon Nachricht geben und in proxima in pleno Bericht davon thun, das Testament daselbst übergeben und seine Verrichtung Gerichtlich protocolliren lassen.

ad §. 19.

Es muß in Concurs-Processen überall der publicirten Concurs-Ordnung und deren Declaration nachgelebet werden, insonderheit hat Praeses sogleich bey der Citation der Creditoren zweyen von denen Assessoren zu benennen, welche die Verification der Creditoren verordneter massen aufnehmen, und eine Re- und Correlation darüber abstatten, und dem Judicio vorlegen sollen.

ad §. 20.

Das Gericht muß bey Conscribirung des Inventarii, wann wegen des Abschosses etwas vorfält, dem Magistrat unverzüglich Nachricht davon ertheilen.

ad §. 21.

Weil dem Publico hauptsächlich daran gelegen, daß die Hypothequen-Bücher in guter und richtiger Ordnung gehalten werden, und das gantze Collegium vor die Sicherheit stehen müsse; Als sollen künfftig (a) alle Hypothequen-Bücher von denen Städten und Vorstädten beständig in loco Judicii, in einem besonderen Schranck, beybehalten und (b) einem Actuario, welchen der Praesident zu benennen, die Aufsicht und Verwahrung derselben committiret werden, welcher (c) bey jedem Fall, da etwas in das Hypothequen-Buch eingetragen, oder ein Schein daraus ertheilet werden muß, die Bücher in pleno vorlegen soll, da dann (d) in Gegenwart des Praesidis und der Assessoren die Eintragung geschehen, registriret, die Hypothequen-Scheine aber sowol, als die gerichtliche Obligationes, oder auch die Confirmationes deren eingerichteten und enregistrirten Obligationen a Singulis unterschrieben werden sollen.

Es muß aber (e) überall, wegen der Hypothequen, die Hypothequen-Ordnung wohl in acht genommen, und dabey niemand über die Gebühr beschweret werden; im übrigen muß (f) Judex ex officio besorgen, daß das bey denen Erb-Vergleichen ausgemachte Vater- und Mutter-Guth gehörig eingetragen werde.

ad §. 23. usque ad §. 27. inclusive.

Weil die Local-Richter gäntzlich aufgehoben, und ein Gericht, worinn alles communi Consilio tractiret werden soll, angeordnet worden, so daß ein jedes Membrum vor das Factum Collegii zu repondiren schuldig ist;

So müssen künfftig alle Sachen gerichtlich und unter dem allgemeinen Gerichts-Siegel ausgefertiget, und von dem Praeside unterschrieben werden. Weil aber die in diesem §. erwehnte Kleinigkeiten in denen ordentlichen Gerichts-Tagen, wegen Menge der Sachen, nicht abgethan werden können; So sollen wöchentlich 2. Tage, als der Dienstag und Freytag dazu genommen werden, worzu der Praesident alternative wöchentlich zwey Assessores zu deputiren, welche die vorangeführte Kleinigkeiten ohne Unterscheid, aus was einem Theil der Stadt sie wären, auf dem Berlinischen Raht-Hause vom Morgen um 8. Uhr bis 12. und Nachmittags von 3. bis 6. untersuchen, sich nach dem vorgeschriebenen Modo procedendi achten, insonderheit in Herrschafft- und Gesinde-Sachen auf die Gesinde-Ordnung sehen, wann sie einen Zweiffel bey der Sache finden, mit dem Praeside communiciren, oder die Sache in pleno vortragen, und in proxima Juridica denen Partheyen den Bescheid publiciren, keinesweges aber Terminos in dergleichen Fällen vervielfältigen sollen. Damit aber auch die Partheyen wissen mögen, an wem dieselbe, wann causae repentinae vorkommen, sich halten sollen; So ist die von dem Praeside vorgeschlagene Repartition der Städte und Vorstädte dahin approbiret worden, daß ein jeder Assessor die Partheyen, so in seinem District wohnen, anhören, Citationes veranlassen, Leute in Arrest nehmen, die arrestirten sofort ad Protocollum vernehmen und alle in dergleichen Fällen nöthige Anordnung machen, jedoch dem Praesidi sofort Nachricht geben, nichts aber, als in den ordentlichen oder Neben-Gerichts-Tagen decidiren solle. Dahero dann auch die Assessores nie ausgehen müssen, ohne Nachricht zu Hause zu lassen, wo die klagende Partheyen dieselbe finden können. Es ist aber dem Praesidi hierdurch nicht benommen, nach seinem Gefallen, diesem oder jenem Assessori, ohne Beobachtung der assignirten Districte, Acta zu distribuiren und denenselben promiscue zu committiren, daß sie Taxe, Inventarien und Testamenta aufnehmen, auch alles übrige, wann er es nöthig findet, expediren und verrichten müssen.

Und damit auch wegen der Revision derer Expediendorum keine Unrichtigkeit entstehen möge; So muß die Revision in Judicialibus von dem Assessore geschehen, welcher den Tag, da die Sache vorgekommen, das Protocoll geführet, in anderen Sachen als Testamenten, Taxen, Inventarien rc., derjenige, welchem solches aufgetragen worden.

ad §. 31. et 33.

Wird das Judicium auf die Königl. Criminal-Ordnung verwiesen; Welchemnach der Praesident (da keine Local-Richter mehr sind) einem oder zweyen derer Assessoren zu Vollführung jeden Inquisitions-Processus nebst einem Actuario deputiren muß, welche die Inquisition mit allem Fleiß beschleunigen, und Praesidi täglich, wie weit sie gekommen, referiren, auch so bald jemand zur Hafft gebracht, denselben summariter ad Protocollum vernehmen und solches nicht aufschieben sollen. Mit Einsendung der Gefangen-Liste an den Magistrat, welcher die Verpflegung der Delinquenten ex aerario publico besorgen muß, ist zu continuiren, wie solche bishero eingerichtet. Damit auch die Alimentation derer Arrestanten der Cämmerey nicht zu schwer fallen möge, und sie dazu nicht gar zu grossen Vorschuß thun müsse, hat das Gerichte die Straf-Gefälle und was sonsten von ihnen eingehoben wird, und zur Cämmerey fliesset, ohne Aufschub bey-treiben zu lassen, und quartaliter an die Cämmerey ohne Abzug, mit einer von ihnen unterschriebenen Specification einzuschicken, und dagegen wegen der bey den Gerichten aufgehenden Kosten, (worunter auch die Schreib-Materialien und anderer baarer Vorschuß zu rechnen, und welche die Cämmerey zu tragen schuldig,) Wöchentlich auf ihre Anzeigung und des Magistrats Verordnung, Zahlung zu gewarten; Auch wird Praeses, wo nicht selbst, doch per Deputatos alle Monathe Carceres visitiren, und von deren Befinden ad Acta referiren lassen, auch davon mit dem Magistrat communiciren.

ad §. 34. usque ad §. 36.

Die Scabini sollen bey Inquisitions-Processen und Executionen, wie bißhero gewöhnlich gewesen, mit adhibiret werden, der Assessor aber, so den Proceß geführet, soll, wann das Gericht publice geheget wird, dabey so wohl, als bey der Execution vices Judicis vertreten. Wann aber jemand von dem Hof-Gericht zur Execution geliefert würde, hat Praeses jemand ex Assessoribus zu Hegung des Gerichts zu committiren.

ad §. 37.

Müssen die Rechnungen mit denen Extracten ex Protocollo beleget werden.

ad §. 38.

Die Actuarii sollen in denen angesetzten drey ordinairen und zwey extraordinairen Tagen, eben so, wie die Assessores in dem Gericht erscheinen, oder 8. Gr. in die Armen-Büchse erlegen. Der Registrator aber muß auch den sechsten Tag des Morgens von 9. bis 12. und Nachmittags von 2. bis 5. sich in der Registratur finden lassen.

ad §. 39.

Es müssen die Actuarii auf alle Expeditiones, nach Anweisung des Königlichen Rescripti vom 13. September 1720. was dafür bezahlet, verzeichnen.

ad §. 41. 42. 43. 44.

Es sollen künfftig alle Sportulen, sie mögen Nahmen haben, wie sie wollen, sie mögen wegen Abhörung der Zeugen, wegen Aufnehmung einer Taxe, Inventarii oder Testamenti, oder sonst aus einem andern Actu Judiciali vel extrajudiciali herrühren, (ausser was vor Abfassung der Sentenzien, Priorität Urthel und Relationes, wie auch Trau-Scheine und was aus dem Abschoß denenselben bishero zugeflossen, gegeben wird, als welche unter die vier Richter allein vertheilet werden sollen,) in eine Casse gebracht, und unter die Assessores und Actuarios zu gleichen Theilen getheilet werden, jedoch dergestalt, daß dem Praesidi jährlich zwey hundert Thaler, aus dieser Casse, von Zeit der Publication dieser verbesserten Ordnung, als ein Fixum vermacht, und bey jeder Distribution ihm sein Quantum voraus bezahlet werden soll. Und haben die Actuarii, wegen der, denen Richtern verstatteten Praerogative sich um so viel weniger zu beschweren, weil sie von denen Sportulen derer Kleinigkeiten, so die Richter bißhero allein expediret, jetzo ihren Antheil mit geniessen. Jedoch sollen ihnen die Abschriften der ad Acta zu legenden Protocollorum allein verbleiben.

ad §. 45.

Weil über die Actuarios vorhin viele Beschwerden geführet worden; So sollen die Actuarii bey Cassation angewiesen werden, künfftig in denen ordinairen und extraordinairen Gerichts-Tagen die Acta in guter Ordnung bey der Hand zu haben, die eingekommene Memorialia nebst denen darzu gehörigen Actis gehörig vorzulegen, die Rotulos bey denen Actis zu verfertigen, auch wo solches noch nicht geschehen, binnen vier Wochen zu suppliren, Acta so fort, und bey Einhefftung eines jeden Memorials zu foliiren, kein Memorial länger, als biß den andern Morgen nach der Ueberreichung bey sich zu behalten, die zu den Acten gehörige Protocolla, ohne Zeit-Verlust, aus dem Haupt-Protocoll abzuschreiben, und denen Actis beyzufügen, damit die Abfassung der Urthel dadurch nicht aufgehalten werde. Die Protocolla, welche ihnen in Termino Verificationis oder anderen Gelegenheiten von Munde aus in die Feder dictiret werden, nebst dem Assessore mit zu unterschreiben, diejenige Protocolla, so in Kleinigkeiten gehalten werden, ordentlich nach denen Jahren und Monathen in Convolute zu binden, und ein Register darüber zu halten, damit man solche gleich finden könne, die Convolute aber nach denen Quartiren der Stadt einzurichten, und wo solches bißhero nicht geschehen, dasselbe binnen zwey Monathen aufs längste zu besorgen. Denen Advocaten und Procuratoren, mit behöriger Bescheidenheit und ohne verdrüßliche Minen zu begegnen. Wann Versiegelungen, oder andere dergleichen Actus, wo periculum in mora ist, geschehen, sich sogleich dazu zu finden, und die Sache unter dem Praetext, daß es zu spät am Tage, oder sonsten, nicht aufschieben; Weil auch die Departements wegen der Actuarien nicht wohl aufgehoben werden können; So soll dem Praesidi anheim gegeben werden, zweyen Actuariis die gerichtliche Expeditiones zu committiren, und solche unter dieselbe zu repartiren, einem die Registratur (worzu Magistratus seinem Erbiethen nach, einen Platz anweisen muß) aufzutragen, dem vierten aber die Besorgung der Hypothequen-Bücher zu committiren. Wobey sich aber die beyde letztere nicht entbrechen können, wann der Praeses denenselben die Führung des Protocolli, insonderheit bey Inquisitions-Sachen committiren, oder ihnen andere Actus sive Judiciales sive extrajudiciales zu verrichten auftragen solte, solches ohne Wider-Rede zu thun, auch wann einer oder der andere verhindert werden solte, die Expeditiones zu übernehmen.

ad §. 51.

Sollen die Gerichts-Diener, wie bißhero, bey dem ihnen angewiesenen District gelassen werden; Es müssen aber dieselbe sich des Morgens und Nachmittags bey dem Assessore des Districts melden und von demselben Ordre erwarten. Signatum Berlin, den 25. Octobr. 1728.

264. Verordnung für Berlin wegen der Luftlöcher und Fenster in nachbarlichen Häusern, vom 3. Juli und 6. August 1733.

Friderich Wilhelm, König in Preussen ꝛc. Unsern ꝛc. Uns ist aus eurer allerunterthänigsten Relation vom 17. Juli 1731. vorgetragen worden, was ihr wegen des zwischen dem Holtz-Schreiber, Streve und Sattler, Immhof, hieselbst obschwebenden Bau-Streits allergehorsamst berichtet, und sowohl dieserhalb als auch wie es hinführo wegen der Luft-Löcher der Brau-Häuser, so nach eines andern Hof hingehen, nicht weniger ratione der Fenster oder Oeffnungen, welche ein Nachbar nach des andern Hofe hat, gehalten werden solle, angefraget habt. Da Wir nun nöthig gefunden, darüber der Churmärckschen Krieges- und Domainen-Cammer Gutachten zu erfordern, und dann dieselbe nicht nur wegen des Streve, mit dem Immhof habenden Streits, sondern auch über die Hauptsache und wie es ratione futuri zu halten sey, unterm 3. Julii jüngsthin ihre pflichtmäßige Meinung abgegeben hat; als wird euch sothanes Gutachten hierbey in Copia communiciret, mit allergnädigsten Befehl, mehrbemeldeten Streve und Sattler, Immhof, darnach zu bescheiden, euch auch bey andern vorkommenden Fällen wegen Zumachung der Luft-Löcher, Fenster und Lucken, nach dem Inhalt desselben zu achten. Seynd ꝛc. Gegeben Berlin, den 6. Aug. 1733.

An die hiesige Bau-Commission.

Beilage.

Ew. Königl. Majest. haben unterm 25. Aug. et praesentato den 14. Sept. 1731. an uns remittiret, was die verordnete Bauräthe hiesiger Residentz bey Gelegenheit der von dem Heinrich Streve geführten Beschwerden, daß sein Nachbar, der Sattler, Immhof, ein Luftloch seines Brau-Hauses schon verbauet habe, und ihme jetzo das noch übrige Fenster im Brau-Hause gleichfalls verbauen wolle, berichtet, und welchergestalt dieselbe beschieden zu werden bitten, ob sie denen Rechten und alten Gebrauch nach, auf die Luftlöcher der Brau-Häuser, so nach eines andern Hofe hingehen, und auch auf die Fenster und Oeffnungen, welche ein Nachbar auf des andern Hofe hat, ferner sprechen oder ob sie davon abgehen, und der neuesten Verordnung gemäß schlechthin in dieser und andern Sachen alle Oefnungen, Lucken und Löcher und Fenster, die nach des andern Hofe und Gebäude gehen, sie mögen quocunque titulo ratione der Brau-Häuser oder anderer Gebäude erworben seyn, verbiethen und darnach erkennen, oder ob und was für Unterschied darinne gehalten werden solle, mit gnädigstem Befehl hierüber unsern Bericht und Gutachten abzustatten. Nun ist bekannten Rechtens, daß ein jeder auf dem

Seinen bauen könne, so nahe seinem Nachbarn, auch so hoch, wie er wolle, welches, und daß dabey Lucken und Fenster verbauet werden, ihme von niemanden verwehret werden kan, es wäre dann, daß dieser dergleichen jus prohibendi ex pacto seu servitute erhalten hätte, sonst er bey der Disposition gemeinen Rechte auch intuitu der Brau-Häuser und Luftlöcher so vielmehr billig verbleiben muß, als dadurch einem Nachbar (des beständigen Qualms und Ungemachs nicht zu gedencken) leichter als durch andere Gebäude Schaden entstehen kan, und ist es unseres Dafürhaltens, aber auch nicht eine Nothwendigkeit, daß dergleichen Luftlöcher zur Gefahr und zum Ungemach der Nachbaren in den Seiten-Mauren gemachet werden, da sie eben sowohl in den Vorder- oder Hinter-Wänden gefertiget werden können, auch solten.

Wir können demnach die contraire Observantz bey dem Bau-Collegio, da nehmlich auf die Erhaltung und Schonung der Luftlöcher erkandt worden, gar nicht approbiren, weil solche nicht alleine denen gemeinen Rechten zuwider, auch wie gedacht, dem Publico wegen beständiger Feuersgefahr, absonderlich an Oertern, wo mit Holtz gebauet wird, gefährlich, sondern auch dem Aufbau der Städte und Häuser hinderlich ist, immassen nicht leicht jemand sich entschliessen dürfte, an einem solchem Orte, wo ein Brauhauß stehet, welches seine Luftlöcher in den Seiten-Wänden hat, neben an zu bauen, und sich dabey der Feuersgefahr und beständigen Ungemach zu exponiren, wie wir demnach dergleichen Luftlöcher so wenig als andere Fenster privilegiret halten; so seyn wir der ohnvorgreiflich allerunterthänigsten Meinung, daß selbige, so viel möglich, aus den Seiten-Wänden abzuschaffen, und dieselbige in der Vorder- oder Hintermauer, welche an kein nahe gelegenes Gebäude stossen, anzufertigen, es auch pro bono publico zu wünschen sey, daß dergleichen Gebäude, davon mehr als von andern Häusern Feuers-Gefahr zu besorgen ist, nicht in Haupt- und andern Strassen, sondern an abgelegenen Orten oder auch in den Hinter-Gebäugen angeleget würden, welches bey einem neuen Anbau auch dergestalt wohl gefasset werden könte. Da inzwischen Ew. Königliche Majestät nunmehro durchgehends befohlen, daß die Oefnung nach des Nachbaren Gebäude zugemachet werden sollen, so würde auch ferner für die Luftlöcher der Brauhäuser nach der bey dem Bau-Collegio sonst eingeführten Observantz so vielweniger weiter zu sprechen seyn, als vorgemeldetermassen sothane Luftlöcher der Gefahr halber für andern Luftlöchern und Oefnungen keine Exemtion verdienen.

In Sachen Immhof contra Streve, deshalb das Bau-Collegium Anfrage gethan, und berichtet, wird der Vergleich, welchen dieser für sich allegiret, ob interesse publicum bey der der Abschaffung halber ergangenen Verordnung weiter nichts operiren können, es also auch bey dem von ersteren vollenzogenen Bau zu lassen seyn. Und wie wir nach vorhin festgesetzten Principiis der Meinung seyn, daß durchgehends die Luftlöcher bey Brau-Häusern gegen des Nachbaren Gebäude nicht zu dulten, hergegen nach des Nachbarn Hofe, wenn deshalb ein Pactum oder Servitut vorhanden, es dabey zu lassen seyn wird; so seyn wir auch ferner bey den Fenstern, welche in den Seitenwänden und Gipfeln der nach der Strasse ausgehenden Gebäude befindlich, der ohnmaßgeblichen Meinung, daß, wenn etwa eine wüste Stelle neben angelegen, welche zu bebauen, solches auch mit Verbauung der Fenster, obgleich pacta seu servitutes vorhanden, toleriret werden müste, cum hic bonum privatum cedere debeat bono publico.

Bey denen bereits stehenden Gebäuden aber wird eine etwanige servitus luminum, et ne luminibus officiatur, prospectus, et de non altius tollendo ferner in seinem Werth billig verbleiben müssen, wie denn auch bey denen Hinter-Gebäuden und Oefnungen, welche nach der Nachbaren Hof hingehen, dergleichen Servitutes allemahl auf Recht zu erhalten seyn werden.

Immassen sonst einem Nachbarn, der sich titulo oneroso oder auf eine andere Art mit solcher Gerechtigkeit versehen, und darbey öfters köstliche Gebäude aufgeführet, durch den andern gar leicht ein unwiederbringlicher Schade widerfahren, und ihm der Gebrauch seines Hauses oder Zimmer gäntzlich inutil gemachet werden könte, welches denn mit den Regeln der Justiz und aequität nicht allerdings harmoniren würde, stellen es jedoch Ew. Königl. Majestät höchsten Resolution lediglich allerunterthänigst anheim. Berlin, den 3. Julii 1733.

Churmärckische Krieges- und Domainen-Cammer.

265. Reskript wegen der Rechtsregel: Kauf bricht Miethe, für die Residenzstadt Berlin, vom 29. März 1764.

Friderich, König rc. Unsern rc. Wänn ihr in eurem allergehorsamsten Bericht vom 22ten dieses, zu Verhütung derer, bey gegenwärtigen häufigen Häuser-Verkäufen, aus der in Observantz seyenden Rechts-Regul: Kauf bricht Miethe, für viele Incoln entstehenden Inconvenientzien in allerunterthänigsten Vorschlag bringet:

Daß wenn ein Eigenthümer in hiesigen Residentzien sein Haus verkaufe, der Miether das Logis wider Willen nicht eher zu räumen schuldig seyn solle, als ein Viertel-Jahr nach Ablauf des Miethe-Quartals, in welchen das Haus verkauffet worden, um daß zu Verhütung alles Streits über das Datum des Verkaufs, solches nach dem Tage, da der Haus-Kauf-Contrakt gerichtlich geschlossen oder confirmiret, oder das Haus gerichtlich adjudiciret worden, zu rechnen sey.

Es wäre dann

daß der Miether ohne dem am Ende des Quartals, in welchem das Haus verkauft, hätte ausziehen müssen, keine tacita relocatio im Contract stipulirt, oder wann solches geschehen, zu gehöriger Zeit von dem Verkäuffer die Aufkündigung geschehen.

Oder aber

der Vermiether sich im Mieths-Contract vorbehalten, daß der Miether, wenn er das Haus verkaufen sollte, in demselben Quartal noch ausziehen müste:

So treten Wir dieser eurer Meinung, jedoch nicht weiter, als von Uns hier ausdrücklich angeführet worden, gnädigst bey, und habt ihr darnach die zwischen Miethere und Vermiethere entstehende Streitigkeiten vom 1. April c. an, so lange zu entscheiden, bis deshalb ein vollständiges Edict publiciret worden seyn wird.

Und hievon ist auch bey denen Häusern, so sub hasta verkauft werden, keine Ausnahme zu machen, vielmehr muß denen darin befindlichen Miethsleuten ein gleiches angedeihen. Sind ꝛc. Berlin, den 29. Mart. 1764.

An den hiesigen Magistrat.

266. Reskript an den Magistrat zu Berlin, die Adjudikation der Grundstücke bei Theilungen unter Minorennen, betreffend, vom 30. September 1768.

Von Gottes Gnaden Fridrich, König in Preußen ꝛc. Unsern ꝛc. Das hiesige Pupillen-Collegium ist, in abschriftlich beygehendem Bericht vom 14ten dieses, der Meynung:

Daß, wenn in casu provocationis ad divisionem, wo minores concurriren, auch nicht die ⅔tel der Taxe geboten, und die Curatores nicht für rathsam erachten, die Grundstücke für ihre Curanden selbst zu erstehen, die Judicia mit der Adjudication verfahren müssen.

Da Wir nun besagtem Collegio hierunter völligen Beyfall geben, so habt ihr euch darnach fürs künftige zu achten, auch weiter keinen Anstand zu nehmen, im gegenwärtigen Falle, der Wittwe NN. den Garten quaest. zuzuschlagen. Sind ꝛc. Gegeben Berlin, den 30sten September 1768.

267. Gerichts-Ordnung, nebst revidirter Sportel-Ordnung für das Stadtgericht zu Berlin, vom 5. April 1770.

Wir Friedrich, von Gottes Gnaden, König ꝛc. Thun kund und fügen hiermit zu wissen: Nachdem Wir eine Gerichts-Ordnung für die hiesige Stadt-Gerichten entwerfen zu lassen, gut und nöthig gefunden; als setzen Wir folgendes fest und verordnen hiermit.

Tit. I. Von dem Stadt-Gerichte überhaupt, den Personen, woraus es bestehen soll, und der ihm zukommenden Gerichtsbarkeit.

§. 1. Die Stadt-Gerichte unserer Residentzien sollen aus

Einem Director,
fünf Richtern und
fünf Actuarien
bestehen, und daneben
ein oder zwey Referendarien
zur Arbeit mit zugezogen, ausserdem aber dabey:
ein Registratur-Assistent,
acht Gerichts-Schöppen,
drey Copisten und
sechs Gerichts-Diener
bestellet werden.

§. 2. Von den fünf Stadt-Richtern respiciren viere derselben alle Civil-Processe, und was bey Ausübung der Civil-Gerichtsbarkeit überhaupt vorfällt, wogegen der Fünfte die Criminal-Sachen besorget. Von den 5 Actuarien haben zwey die Expeditiones in Civil-Sachen, Taxen, Inventarien etc. wie dieß unten näher bestimmet werden soll. Der dritte die Registratur, der vierte das Hypothequen-Wesen, und der fünfte die bey den Criminal-Sachen vorfallende Arbeit. Von den drey Copisten besorgen zwey die bey den Expeditionen der Civil-Sachen, und der dritte die beym Hypothequen-Wesen vorfallenden Munda und Copeyen. Von den 6 Gerichts-Dienern muß der jüngste die Abschriften der ad Acta kommenden Verhörs- und Constitutions-Protocollorum besorgen, und in sofern die Vices eines Copisten mit versehen, wie dieß alles unten näher bestimmet werden soll.

§. 3. Gleichwie Wir Uns die Bestellung des Directoris lediglich vorbehalten, so lassen Wir doch gnädigst geschehen, daß der Magistrat dessen Vereydigung und Introduction besorge. Dahingegen bleibt dem Magistrat sowol in Ansehung der Stadt-Richter und Referendarien, als auch in Ansehung der Actuarien das Wahlrecht, wie er es bishero ausgeübet, auch das Examen der letztern, der Richter aber dem Cammer-Gericht überlassen.

§. 4. Wenn das zum Richter, Referendario, Actuario gewählte Subjectum nach vorgängiger Prüfung und vom Magistrat abgestatteten Bericht confirmiret, und für ihn in der Geheimen Etats-Cantzley die Bestallung ausgefertiget worden; so wird solches dem Magistrat bekannt gemachet, welcher sodann die Vereydigung nnd Introduction bey den Stadt-Gerichten besorget.

Die Eintheilung der Amts-Geschäfte aber imgleichen die Anweisung der Stadt-Richter, Referendarien, Actuarien, zu dieser oder jener Function und Dienstleistung bleibet lediglich dem Directori der Stadt-Gerichte vorbehalten.

Der Eyd, welchen der Director der Stadt-Gerichte ableistet, ist folgender:

Ich NN. gelobe und schwöre zu Gott dem Allmächtigen einen cörperlichen Eyd, nachdem Seine Königl. Majestät in Preussen, mein allergnädigster Herr, mich zum Directore der hiesigen Stadt-Gerichte allergnädigst bestellet und angenommen haben, daß Sr. Königl. Majestät ich will getreu, gehorsam und gewärtig seyn, Dero, wie auch des Raths hiesiger Residentzien, der gantzen Gemeine und aller Einwohner Bestes wissen und erfordern, Schaden und Nachtheil aber, nach Vermögen warnen und abwenden. So will ich auch meinem Director-Amt Inhalts der neuen Gerichts-Verordnung und der im Codice den Präsidenten vorgeschriebenen Instruction getreulich und redlich vorstehen, nach gemeinen geschriebenen Rechten, ehrbaren und guten Ordnungen, Begnadungen, Statuten und Gewohnheiten, sofern dieselben vorkommen, und beglaubet werden, meinem besten Verstande nach männiglichen hohen und niedrigen Standes ohne Ansehen der Person gerne hören, gleich urtheilen, mich weder Furcht, Dräuung, Gewalt, Befehl, eigene Geschäfte, Liebe, Neid, Freundschaft oder Feindschaft, Gabe oder andere Sachen, in was Nahmen es immer geschehen mögte, nicht bewegen lassen, auch mit niemanden einigerley Anhang im Urtheilen suchen noch machen, von den Partheyen, so vor Gericht handeln oder zu thun haben, oder andern ihrentwegen kein Geschenck, Gabe, Nutzung durch mich selbst, oder andern nehmen, oder in meinen Nahmen nehmen lassen, keiner Parthey rathen oder Warnung thun, die Heimlichkeiten der Rathschläge und Gerichts, den Partheyen oder andern für oder nach der Urthel nicht eröffnen, auf die Mängel bey dem Gericht fleißige Aufmerkung haben, dieselbige abschaffen, die zum Gericht und in der Canzley verordnete Personen zu fleißiger Abwartung ihres Amts fleißig ermahnen und anhalten, das mir anvertraute Gerichts-Siegel in guter Verwahrung halten, und dafür sorgen wolle, daß alle Processe in einem Jahre so viel es nach menschlichem Vermögen geschehen kan, zum Ende gebracht werden; Daß ich auch sonsten alles thun und verrichten will, was einem aufrichtigen, getreuen Stadt-Gerichts-Directori gebühret und wohl anstehet; Alles getreulich und sonder Gefährde. So wahr mir Gott helfe durch seinen Sohn Jesum Christum zur ewigen Seeligkeit.

§. 5. Der Eyd, womit ein Stadtrichter beleget wird, ist folgender:

Ich N. N. gelobe und schwöre zu Gott dem Allmächtigen einen körperlichen Eyd, daß nachdem ich von dem Magistrat hiesiger Residentzien zum Stadtrichter erwehlet, auch von Sr. Königl. Majestät dazu allergnädigst bestätiget worden, ich zuförderst Sr. Königl. Majestät, meinem allergnädigsten Herrn unterthänig und gehorsam, dann auch dem Rath und ganzer Gemeine allhier getreu und gewärtig seyn, ihren Schaden kehren und wenden, ihren Frommen und Nutzen wissen und befördern, den Gerichtstagen fleißig beywohnen, dasjenige, was mir von dem Directore und Stadt-Gerichts-Collegio, sowohl in Civil-Sachen, als auch bey etwaniger Verhinderung des Criminal-Richters in Criminal-Sachen aufgetragen wird, mit aller Treue und Fleiß übernehmen und ausrichten, und meinem besten Verstande, Geschicklichkeit und Vermögen nach, bey diesem Amte thun und richten will, dem Armen als dem Reichen, dem Fremden als Befreunden, solches auch nicht lassen will, weder um Freundschaft, Eigennutz, Liebe, Neid, Furcht, Gifft oder Gabe, noch sonsten einigerley andern Sachen oder Absicht willen, sondern ich soll und will bey meinen Treuen einem jeden, was billig, recht und dazu er befugt ist, verhelfen und wiederfahren lassen, mich auch nach der Gerichts-Verfassung und der dabey gefügten Sportul-Ordnung, auch denen sonst ergangenen Königlichen Verordnungen richten.

Was ich auch im Rath, desgleichen in der Gerichts-Stube, in der Schöppenbanck und sonsten, das den Rath und Gemeine Stadt angehet, erfahren werde, das ich schweigen soll, das will ich schweigen, und was ich offenbaren soll, das will ich offenbaren, und in dem allen getreulich, fürsichtig und mit Vernunft handeln und verfahren, und mich überall dergestalt erweisen und betragen, wie es einem getreuen, fleißigen und gewissenhaften Stadtrichter wohl anstehet, eignet und gebühret; So wahr mir Gott helfe durch seinen Sohn Jesum Christum zur ewigen Seeligkeit.

Der Eyd des Criminal-Richters.

Ich N. N. gelobe und schwöre zu Gott dem Allmächtigen einen cörperlichen Eyd, daß nachdem ich von dem Magistrat hiesiger Residentzien zum Criminal-Richter erwählet, auch von Sr. Königl. Majestät dazu allergnädigst bestätiget worden, ich zuförderst Sr. Königl. Majestät, meinem allergnädigsten Herrn, unterthänig und gehorsam, dann auch dem Rath und gantzer Gemeine allhier getreu und gewärtig seyn, ihren Schaden kehren und wenden, ihren Frommen und Nutzen wissen und befördern, den Gerichtstagen, wenn es erfordert wird, beywohnen, dasjenige, was mir von dem Directore und Stadt-Gerichts-Collegio aufgetragen wird, mit aller Treue und Fleiß übernehmen und ausrichten, die bey dem Magistrat und unter dessen Jurisdiction vorfallende Inquisitiones, den Rechten und der Criminal-Ordnung gemäß führen, auch dabey mein Gewissen und die Gerechtigkeit jederzeit zum unverrückten Augenmerk haben, insonderheit auf die Beschleunigung der Inquisitions-Processe äusserst bedacht seyn, auf die Inquisiten und Gefangene, wie nicht weniger auf derselben sicheren Verwahrung, und daß sie gehörig verpfleget, imgleichen, wie es deren Umstände und Verbrechen erfordern gehalten, auch die Gefängnisse in guten Stande conserviret werden, nicht minder auf den Gefangen-Inspector und übrige zu Bewahrung der Inquisiten bestellte Leute, daß sie in allen Stücken ihre Pflicht und Schuldigkeit erfüllen, die genaueste Obacht haben, und mich überall so betragen will, wie es einem getreuen und rechtschaffenen Criminal-Richter eignet und gebühret.

Was ich auch im Rath, desgleichen auch in der Gerichts-Stube, in der Schöppen-Banck und sonst, das den Rath und gemeine Stadt angehet, erfahren werde, das ich schweigen soll, das will ich schweigen, und was ich offenbaren soll, das will ich offenbaren, und in dem allen getreulich, fürsichtig und mit Vernunft handeln und verfahren; So wahr mir Gott helfe durch seinen Sohn Jesum Christum zur ewigen Seeligkeit.

Der Eyd eines Gerichts-Referendarii.

Ich N. N. gelobe und schwöre zu Gott dem Allmächtigen einen cörperlichen Eyd, daß, nachdem ich von dem Magistrat hiesiger Residentzien zum Referendario erwählet, auch von Seiner Königlichen Majestät dazu allergnädigst bestätiget worden, ich zuvorderst Sr. Königlichen Majestät meinem allergnädigsten Herrn, denn auch dem Rath und gantzer Gemeine allhier getreu und gewärtig seyn, ihren Schaden kehren und wenden, ihren Frommen und Nutzen wissen und befördern, den Gerichtstagen fleißig beywohnen, dasjenige, was mir von den Directore und Stadtgerichts-Collegio aufgetragen wird, mit aller Treue und willig übernehmen, das Protocoll mit Fleiß und Sorgfalt halten, und was vorgetragen wird, getreulich niederschreiben, insonderheit aber dasjenige, was in dem Gericht verhandelt und vorgetragen wird, niemand ohne Erlaubniß des Directoris und Collegii eröfnen, sondern alles, was ich von den Heimlichkeiten des Collegii erfahre, verschwiegen halten, auch dergestalt überall mich betragen will, wie einem getreuen Referendario wohl anstehet, eignet und gebühret; So wahr mir Gott helfe durch seinen Sohn Jesum Christum zur ewigen Seeligkeit.

Der Eyd eines Actuarii.

Ich N. N. gelobe und schwöre zu Gott dem Allmächtigen einen cörperlichen Eyd, daß, nachdem ich von dem Magistrat hiesiger Residentzien zum Actuario bey den Stadtgerichten erwählet, auch von Seiner Königlichen Majestät dazu allergnädigst bestätiget worden, ich zuvorderst Sr. Königl. Majestät meinem allergnädigsten Herrn unterthänig und gehorsam, und auch dem Rath und gantzer Gemeine allhier getreu und gewärtig seyn, ihren Schaden kehren und wenden, und ihren Frommen und Nutzen wissen und befördern, was mir in diesem meinem Amte, sowohl in Civil- als auch bey Verhinderung des Criminal-Actuarii in Criminal-Sachen, zu schreiben, auszufertigen, zu bestellen und auszurichten, aufgetragen wird, und mir sonst obliegt, mit allem Fleiß und Sorgfalt bestellen und verrichten, bey Expeditionen der Rechts- und andern Sachen die Parthey nicht aufhalten, niemand übel begegnen, noch über die gemachte Sportul-Ordnung etwas mehreres fordern oder nehmen, gegen die Partheyen und sonst die gehörige Verschwiegenheit gebrauchen, und mich überhaupt so erweisen und betragen will, als es einem gewissenhaften und getreuen Actuario eignet und gebühret; So wahr mir Gott helfe durch seinen Sohn Jesum Christum zur ewigen Seeligkeit.

Der Eyd des Criminal-Actuarii.

Ich N. N. gelobe und schwöre zu Gott dem Allmächtigen einen cörperlichen Eyd, daß, nachdem ich von dem Magistrat hiesiger Residentzien zum Criminal-Actuario erwählet, auch dazu von Sr. Königl. Majestät allergnädigst bestätiget worden, ich zuvorderst Sr. Königl. Majestät meinem allergnädigsten Herrn unterthänig und gehorsam, dann auch dem Rath und gantzer Gemeine allhier getreu und gewärtig seyn, ihren Schaden kehren und wenden, und ihren Frommen und Nutzen wissen und befördern, was mir in diesem meinem Amte in peinlichen Sachen und sonst zu schreiben, auszufertigen, zu bestellen und auszurichten aufgetragen wird und mir sonst oblieget, mit allem Fleiß, Sorgfalt und möglichster Eil verzeichnen, bestellen und verrichten, Acta in gehöriger Ordnung halten, niemand übel begegnen, mich mit den gesetzten Sportuln begnügen, und gehörige Verschwiegenheit beobachten, bey allen meinen Amts-Verrichtungen, auch die Königl. Criminal- und übrige in peinlichen Sachen ergangene Verordnungen zum beständigen Augenmerk haben, und mich davon weder durch Ansehen der Person, unzeitiges Mitleiden, Feindschaft oder Freundschaft, Geschenck, Gift oder Gaben oder andere Ursachen abhalten lassen will; So wahr mir Gott helfe durch seinen Sohn Jesum Christum zur ewigen Seeligkeit.

§. 6. Den Registratur-Aßistenten und die Copisten wählen sich die Stadt-Gerichte selbst, weil diese Leute erst zur mehrern Ordnung neu angenommen sind, und von dem Magistrat keine Besoldung erhalten. Nach geschehener Wahl, wenn es den Registratur-Aßistenten betrift, müssen die Stadt-Gerichte, mit Beylegung des Wahl-Protocolli, worin zugleich, daß das gewählte Subjectum die Probe gemachet und tüchtig befunden worden, bezeugt seyn muß, die Confirmation bey Unserm Justiz-Departement nachsuchen, da dann dem erwählten Subjecto eine Bestallung in der Geheimen Etats-Canzley expediret werden soll, und wird derselbe sodann nach erfolgter Confirmation von dem Magistrat vereydet, und von dem Directore der Stadt-Gerichte angewiesen.

Wegen der Copisten bedarf es der Nachsuchung einer Confirmation nicht, sondern dieselben werden nach erfolgter Wahl von dem Magistrat vereydet und von dem Directore zu ihrem Amte angewiesen.

§. 7. Die Gerichts-Schöppen, wozu ansehnliche, ehrliche, unbescholtene und des Schreibens kundige Bürger zu nehmen, bringen die Stadt-Gerichte bey dem Magistrat in Vorschlag, der sie sodann annimmt und es den Stadt-Gerichten bekannt machet, woselbst sie vereydet werden.

§. 8. Zu Gerichtsdienern sind tüchtige Leute, und vorzüglich Invaliden so Schreibens und Rechnens wohl erfahren, und zu weiten Gängen in den entfernten Gegenden hiesiger Residentzien aufgeleget, zu nehmen, und von dem Magistrat zu bestellen und zu vereyden, der es sodann den Stadt-Gerichten, mittelst eines Antwort-Schreibens bekannt machet.

§. 9. Der Eyd eines Registratur-Aßistenten ist folgender:

Ich N. N. gelobe und schwöre zu Gott dem Allmächtigen einen leiblichen Eyd, nachdem ich bey der Stadt-Gerichts-Registratur zum Aßistenten angenommen worden, daß ich zuforderst dem Magistrat und Stadt-Gerichts-Collegio, allen schuldigen Gehorsam und Respect bezeigen, und die Anordnungen bey der Registratur, sonderlich die Vorschriften in der neuen Gerichts-Ordnung und die mir darin auferlegte Arbeit zum Augenmerck haben, mit allem Fleiß verrichten, mit den Acten treulich umgehen, nichts davon abhänden bringen, die abgethane Acta in gehöriger Ordnung reponiren, ohne Vorwissen des Registratoris aber keine Abschriften anfertigen oder ausgeben, noch weniger Acta verabfolgen lassen, die auszugebende Acta in den Journalen treulich verzeichnen, von demjenigen, was geheim gehalten werden muß, und zu meiner Wissenschaft gelanget, niemanden etwas offenbaren und übrigens bey meiner Arbeit mich so betragen wolle, wie es von einem treuen und fleißigen Registratur-Aßistenten erfordert wird; So wahr mir Gott helfe durch seinen Sohn Jesum Christum zur ewigen Seeligkeit.

Der Eyd eines Copisten ist folgender:

Ich N. N. gelobe und schwöre zu Gott dem Allmächtigen einen cörperlichen Eyd, daß nachdem ich bey den hiesigen Stadt-Gerichten zum Copisten angenommen worden, ich mein Amt in Lesen, Schreiben und copiren treulich vorstehen, die Heimlichkeiten des Stadt-Gerichts, besonders die abgefaßte Urtheile, Decrete und Berichte, ehe es der Ordnung nach erlaubt ist, nicht eröfnen, noch Abschriften geben, die Copeyen und munda, so viel in meinen Kräften ist, beschleunigen, und mich überhaupt so betragen wolle, wie es einem getreuen Copisten eignet und gebühret; So wahr mir Gott helfe durch seinen Sohn Jesum Christum zur ewigen Seeligkeit.

Der Eyd eines Gerichts-Schöppen ist folgender:

Ich N. N. schwöre zu Gott dem Allmächtigen einen leiblichen Eyd, daß, nachdem ich von dem Magistrat hiesiger Residenzien zum Gerichts-Schöppen bestellet worden, ich diesem Amte nach meinem besten Wissen und Gewissen, Kräften und Vermögen vorstehen, insbesondere aber, so viel an mir ist, dahin sehen, daß bey denen Inquisitionen, absonderlich wenn dem Gefangenen seine Aussage und denen Zeugen ihr gegebenes Zeugniß vorgelesen wird, alles ohne Verdacht und aufrichtig zugehe, Acht haben, und mich davon durch kein Ansehen der Person, unzeitiges Mitleiden, Freundschaft oder Feindschaft, Geschenck, Gifft oder Gaben, oder andere Ursachen abhalten lassen, und alles dasjenige treulich beobachten wolle, so mir in meinem Amte oblieget: So wahr mir Gott helfe durch seinen Sohn Jesum Christum zur ewigen Seeligkeit.

Der Eyd eines Gerichts-Dieners ist folgender:

Ich N. N. schwöre zu Gott dem Allmächtigen einen leiblichen Eyd, daß nachdem ich von dem hiesigen Magistrat, zum Gerichts-Diener der hiesigen Stadt-Gerichte angenommen worden, ich dem Magistrat und Gerichte gehorsam und gewärtig seyn, ihren Nutzen befördern und ihren Schaden abwenden, dasjenige, was mir von dem Directore, Stadt-Richtern und Actuariis in gerichtlichen Handlungen befohlen werden wird, treulich ausrichten, die Insinuationes mit gehöriger Sorgfalt verrichten, an Gebühren nicht das geringste mehr als was in der neuen Gerichts-Ordnung festgesetzet worden, nehmen, und mich überhaupt nach derselben genau achten wolle; So wahr mir Gott helfe durch seinen Sohn Jesum Christum zur ewigen Seeligkeit.

§. 10. Die Gerichtsbarkeit des Stadt-Gerichts, welche dasselbe Nahmens des Magistrats verwaltet, erstrecket sich auf alle Bürger der Stadt und Einwohner, so nicht zu denen Eximirten gehören, und sonst kein forum privilegiatum haben, wie auch die Advocaten, so bey demselben praxin treiben, insofern sie nicht mit einem Charackter versehen, nach Maaßgabe des Rescripts vom 16. Junii 1760. auch Fremde, es mögen letztere Juden oder Christen seyn, falls nicht die Christen nach Vorschrift des Codicis Part. 3. Tit. II. §. 3. zu den eximirten Personen gehören.

§. 11. Alle Civil- und Criminal-Processe dieser Personen gehören zu der Stadt-Gerichte Cognition, und ob zwar der hiesige Magistrat in Civil-Processen mit den Stadt-Gerichten concurrentem cognitionem gehabt, so hat sich doch derselbe erkläret, vorjetzo solche nur, in denjenigen Sachen, worin das objectum litis Ein tausend Thaler und mehr beträget, mit den Stadt-Gerichten zu behalten, welches wir auch dergestalt allergnädigst genehmiget, daß zwar die Instruction und Direction des Processus auch in dergleichen Sachen, so Ein tausend Thaler und mehr betragen, bey den Stadt-Gerichten bleiben, nach geschehenem Schluß der Sache aber der einen oder der andern Parthey frey stehen soll, auf das Erkenntniß des Magistrats anzutragen, welcher sodann in der Sache zu referiren und zu erkennen, und die Sentenzien mit seiner Unterschrift an das Stadt-Gericht zur Publikation zuzufertigen hat; es verstehet sich aber hierbey von selbst, daß wenn der Director der Stadt-Gerichte einer von den Burgermeistern ist, demselben in dergleichen Sachen sein Votum bey dem Magistrat verbleibet und erforderlich ist. Sollte aber die Director-Stelle mit einem Burgermeister nicht besetzet seyn; so soll der Magistrat jedesmahl einen der Stadt-Richter, welchen der Präsident des Magistrats zu ernennen, bey Ablesung der Relationen mitzuziehen, und sein Votum, wie ihm solches bey den Stadt-Gerichten competiret, ertheilen lassen.

§ 12. Vor die Stadt-Gerichte gehöret überdem und müssen vor demselben geschehen alle Insinuationes und Aufnahmen der Testamente derjenigen Personen, so unter des Magistrats

Jurisdiction stehen, alle Tax- und Subhastationes, die Conscription der Inventarien, Anfertigungen der Erbvergleiche, Ausfertigungen der gerichtlichen Obligationen, Bestellung der Hypothequen und Ausfertigung der Hypothequen-Scheine.

Wo hingegen die Wechsel- und Vormundschafts-, auch alle Gewercks-, imgleichen die Injurien-Sachen, wobey gantze Gewercke interessiren, imgleichen die Ausfertigungen der Geburths- und Lehrbriefe zur alleinigen Cognition des Magistrats verbleiben, und resp. vor demselben errichtet, ausgefertiget und bestätiget werden müssen; so wie sich auch die Stadt-Gerichte in Policey-Sachen nicht zu mischen haben, als welche lediglich zum Ressort des Policey-Directorii gehören.

Tit. II. Von dem Amt des Directoris, der Stadt-Richter und Referendarien, auch von der Gerichts-Verwaltung in Civil-Sachen überhaupt.

§. 1. Anfänglich ordnen und setzen Wir hiermit feste, daß alle zu den ordentlichen Gerichts-Tagen gehörige Sachen gemeinschaftlich vorgetragen und entschieden werden müssen, und der bisher eingeführte Gebrauch, daß die Gerichtsbarkeit nach gewissen Districten, als 1. Berlin, 2. Cölln nebst dazu gehöriger Vorstadt, 3. Friedrichs-Werder, Friedrichsstadt, Neustadt und 4. Königs- und Spandauer-Vorstadt, von einem jeden Richter grösten Theils besonders ausgeübet worden, gäntzlich aufgehoben seyn soll, ausgenommen in denenjenigen Stücken, wo Wir diese Abtheilung nach der fernern Vorschrift dieser Gerichts-Verordnung beyzubehalten vor gut gefunden haben.

§. 2. Der Director hat die Oberaufsicht über das gantze Collegium, und muß dahin sehen, daß diese vorgeschriebene Ordnung genau befolget werde, die Richter und Subaltern-Bedienten und Advocaten zur gesetzten und unten zu bestimmenden Zeit sich einfinden, und überhaupt ein jeder sein ihm obliegendes Amt genau erfülle, gestalt er dann die Säumigen privatim oder wenn es nöthig im Collegio ermahnen, und wenn diß nicht und gegen die Subaltern-Bedienten und Advocaten keine Straffen fruchten wollen, dieserhalb an das Ministerium des Justitz-Departements Bericht erstatten muß, massen Wir Uns, wenn Klagen über Bedienten geführet werden, lediglich an ihn halten werden.

§. 3. Der Director hat das Gerichts-Siegel in seiner Verwahrung, und werden bey demselben die Sachen am Montag, Mittwoch und Freytag gesiegelt, ausser wo periculum in mora ist, da denn die Siegelung auch ausser den bestimmten Tagen geschehen, und die gesiegelte Verordnung in dem unten angeordneten Siegelungs-Buche nachgetragen werden muß.

Der Director unterschreibt mit Contrasignation des Actuarii alle Verordnungen, die vom Gericht erlassen werden, in seiner Abwesenheit aber der älteste Richter.

§. 4. Der Director erbricht alle an das Stadt-Gericht einlaufende Rescripte, durch die Post und sonst einlaufende Schreiben, und befördert sodann dieselbe zur Registratur.

§. 5.

§. 5. Er schreibt einem jeden Stadt-Richter sowohl die Memorialia, als zum schriftlichen Verfahren oder loco oralis verwiesene und geschlossene Sache ad referendum ohne Unterschied des Districts zu, und werden letztere in ein besonderes Buch eingetragen.

§. 6. Er träget auch einem jeden Stadt-Richter die vorfallende Commissiones worunter auch die Erbtheilungs- und Credit-Sachen zu verstehen, und die Aufnahme der Testamente, ohne Absicht auf die Stadt-Districte, auf, mithin muß ohne dergleichen Auftrag kein Testament aufgenommen, und des Endes die Aufnahme eines Testaments schriftlich gesuchet werden. Es wäre denn periculum in mora, in welchem Fall es zwar einem jeden Richter, bey dem deshalb Anzeige geschiehet, frey stehet, das Testament mit Zuziehung eines Actuarii und eines Schöppen, als welche beyde letztere jedesmahl bey Aufnehmung eines Testaments überhaupt adhibiret werden müssen, aufzunehmen. Es muß aber derselbe an dem nächsten Gerichts-Tage dasselbe mittelst einer schriftlichen Anzeige in pleno übergeben, damit dessen Beylegung, Expedition des Rekognitions-Scheins rc. verordnet werden könne. Eine gleiche Anzeige muß auch geschehen, wenn ein Testament ex Commissione Collegii oder des Directoris aufgenommen wird. Solten die Stadt-Richter diesem zuwieder, in Fällen, wo nicht periculum in mora ist, die Testamente dennoch ohne Auftrag aufnehmen, und die Expedition des Recognitions-Scheins vor sich veranlassen, so muß der Director es denselben ernstlich verweisen, und wenn diß von keiner Würckung ist, es dem Ministerio des Justitz-Departements anzeigen.

§. 7. Trift es sich, daß außer den Gerichts-Tagen sich Leute auf dem Rathhause meldeten, so ein Testament schriftlich überreichen, oder mündlich ad protocollum geben wolten, so muß entweder der Direktor einen Richter mit dem Actuario und Gerichts-Schöppen deputiren, oder ihnen freygelassen werden, es an dem nächsten Gerichts-Tage zu thun, da es dann in pleno an- oder per Deputatos ad protocollum genommen, das letztere sofort dem Collegio vorgeleget und das nöthige verfüget werden muß.

§. 8. Der Direktor muß ferner dahin sehen, daß die Sachen nicht liegen bleiben, des Endes er von Zeit zu Zeit sowohl bey der Expedition als Registratur, Visitationes anstellen, den Tage-Zettul, ob auch alles expediret, bey Ende der Woche nachsehen, sich auch Acta ad excitandum, besonders in Concurs-, Liquidations- und Erbtheilungs-Sachen, desgleichen das Distributions- und die Verhörs-Bücher, wovon unten gedacht werden wird, vorlegen lassen muß.

§. 9. Solten die Stadt-Richter nicht im Stande seyn, die auf sie nach dem §. 5. bey dem schriftlichen Verfahren distribuirte Sachen auszuarbeiten, so muß der Director sich deren Ausarbeitung gegen Genuß der dem Urthels-Verfasser zukommenden Gebühren, mit unterziehen, und stehet demselben frey, wenn sie länger als vier Wochen zum Spruch vorliegen, sie von dem Referenten zu diesem Behuf abfordern zu lassen.

§. 10. Wird ein Stadt-Richter durch Kranckheiten verhindert, sein Amt zu verwalten, so muß der Direktor dahin sehen, daß dennoch dessen Arbeit durch die übrigen Membra besorget werde, und sich auch selbst der Ausarbeitung der Verhörsbescheide und anderer Sachen mit unterziehen.

§. 11. Gestattet es an den unten festzusetzenden beyden Gerichts-Tagen die Zeit nicht, alle Bescheide, Sentenzien, Commissiones rc vorzutragen, so muß der Direktor das Collegium dazu ausserordentlich zusammen berufen, damit die Sachen nicht aufgehalten werden.

§. 12. Ist der Direktor durch Kranckheit oder Abwesenheit behindert, sein Amt zu verwalten, oder den Sessionen beyzuwohnen, so vertritt der älteste Stadt-Richter seine Stelle, und von der Verhörs-Deputation, wovon unten mit mehrern gehandelt werden soll, bleibt ein Membrum zur Ergänzung des Pleni bey den Vorträgen zurück.

§. 13. Auf die Criminal-Sachen muß der Direktor gleichfalls ein genaues Augenmerck haben, und dahin sehen, daß dieselben so bald als möglich beendiget werden.

§. 14. Die Stadt-Richter, sämtliche Subaltern-Bedienten und Advocaten müssen dem Direktori mit gebührender Achtung und Respect begegnen, die von ihm erhaltene Aufträge willig übernehmen, und wenn sie daran behindert werden, es mit Bescheidenheit anzeigen.

§. 15. Die vier nach dem §. 2. Tit. I. zur Justiz-Pflege in Civil-Sachen bestellte Stadt-Richter müssen sich aller einseitigen Verfügung enthalten, nichts vor sich verordnen, und dahero alle Sachen, wenn darauf auch nur, wie bey Erb- und Solutions-Recessen blosse Resolutiones zu ertheilen sind, zum Vortrag bringen. Noch weniger muß der bisherige Judex loci gerichtliche Atteste allein ausstellen, so auch bey zu ertheilenden Scheinen, darüber, ob ein Wittwer oder Wittwe mit denen Kindern erster Ehe Richtigkeit gemachet, und wieder heyrathen kan, zu beobachten, sondern dergleichen Atteste müssen vom Direktore und dem ganzen Collegio mit unterschrieben werden.

§. 16. Auf die Vorträge müssen sie genau Acht haben, und ihre Meinung ohne Ansehen der Person eröfnen.

§. 17. Wenn ihnen Commissiones aufgetragen werden, wobey es auf die Führung des Protocolli mit ankommt, so müssen sie die Protocolla allein aufnehmen, und die Actuarien dazu nicht adhibiren, damit diese nicht von ihren andern Geschäften abgehalten werden; Ausser bey Liquidations-, Verifikations- und Solutions-Terminen, wo sie zwar die Aktuarien zur Führung des Protocolli zuziehen können, jedoch müssen sie dabey gegenwärtig seyn, und das Protocoll mit unterschreiben.

§. 18 Wenn auf die abgehaltene Commissions-Protokolla ein Erkänntniß zu ertheilen, so muß der Commissarius sich dieser Arbeit unterziehen, und diese sowohl als übrige den Stadt-

Richtern zugeschriebene Sachen mit Fleiß ausarbeiten, und hierbey sowohl als überhaupt bey der Ausübung der Gerichtsbarkeit, die gemeinen Rechte und Landesgesetze in Obacht nehmen. Von den zum schriftlichen Verfahren verwiesenen Sachen müssen dieselben baldmöglichst schriftliche Relationes anfertigen, darin das Faktum deutlich auseinandersetzen, die Einwendungen des Beklagten genau aufnehmen, was der Kläger dagegen erwiedert, bemercken, und ihre Meynung mit Gründen ex Actis und der Theoria juris abgeben, welche Relationes sodann in pleno von den Referenten abgelesen, das secundum majora abgefaßte Conclusum von dem Direktore darunter verzeichnet, und sodann die Sentenz nach dem Concluso des Collegii von dem Referenten abgefasset, und dem Direktori zur Beförderung, zur Publikation zugestellet werden muß.

§. 19. Die Stadt-Richter dürfen keinen Partheyen, die vor dem Stadt-Gericht zu rechten haben, oder unter des Magistrats Gerichtsbarkeit stehen, a consiliis seyn, und denselben mit einem vermeintlichen guten Rath, wie sie die Sachen anzufangen haben, an die Hand geben, da niemand Richter und Advokat zugleich seyn darf.

§. 20. Die schon in praxi geübten Referendarien, welche auf dem Cämmerey-Etat mit keiner Besoldung angesetzet, müssen zur Abhaltung der vorfallenden Commißionen, wenn die Stadt-Richter damit zu sehr beladen werden, gegen Genuß der Commißions- und Urthels-Gebühren, des kleinen Gerichts-Tages, wenn ein Stadt-Richter kranck oder abwesend ist, nicht minder zur Aufnahme der Testamente statt des Schöppen, Abhaltung der Verhörs- und Inquisitions-Protokolle, Abfassung der Bescheide und Ausarbeitung zum Verfahren loco oralis verwiesener Sachen, gegen Genuß der Urthels-Gebühren (weshalb jedoch der Direktor oder ein Richter, vor dem Vortrag den entworfenen Bescheid oder abgefassete Relation mit den Akten nachzusehen hat) gebrauchet werden.

§. 21. Das Stadt-Gericht versammlet sich ausser den Ferien, des Montags und Freytags früh um 8 Uhr, und in den Ferien, weshalb sich dasselbe nach Vorschrift des Codicis P. I. Tit. II. §. 4. zu achten hat, des Freytags um die gesetzte Stunde, und muß keiner von den Gerichts-Personen ohne Erlaubniß des Direktoris sich der Beywohnung der Seßionen entziehen, und wenn er Kranckheits- oder anderer Ursachen halber nicht erscheinen kann, es dem Direktori anzeigen.

§. 22. Der Anfang der Seßionen wird mit dem Vortrag der eingelaufenen Reskripte, Anschreiben und Memorialien gemachet, welche von der Registratur auf einen Tagezettul, dessen Beschreibung unten vorkommen wird, verzeichnet sind, und damit alle Vorstellungen und Memorialien auf diesen Tagezettul, und also zum collegialischen Vortrag kommen, so müssen alle einzureichende Vorstellungen ordentlicher Weise in der Registratur abgegeben, und dem Registratori zugestellet werden.

Falls aber eine oder die andere von den litigirenden Partheyen eine Beschwerde über einige Gerichts-Personen oder Advokaten anzubringen hätte, oder sonst dienlich halten solte, ihre Vorstellung dem Direktori selbst einzuhändigen, so soll solches zwar zugelassen seyn, es wird aber dennoch derselbe sodann die bey ihm eingereichte Vorstellungen auf den Tagezettul setzen lassen, und darauf bedacht seyn, daß der Supplikant dem Befinden nach baldigst beschieden werde.

§. 23. Ist bey den dem Direktori überreichten Vorstellungen, Gefahr im Verzuge, so muß er nach verfügter Beylegung der Akten, falls dergleichen vorhanden, die Vorstellung dem Decernenten zuschicken, der sie sodann mit seinem Voto dem Direktori ohngesäumt remittiren muß. Ist der Direktor mit dem Voto einig, so wird hiernach verordnet und expediret; ist aber derselbe verschiedener Meynung, so muß die Sache bey den übrigen Membris zum votiren herum geschickt werden, da denn secundum majora das Dekret zu ertheilen und zu expedirен, hiernächst aber die Vorstellung dem Registratori, um dieselbe wegen des Stempel-Betrages auf den Tagezettul zu setzen, einzuhändigen.

§. 24. Wenn bey den Stadtrichtern Vorstellungen in Sachen, die vor dem Stadtgerichts-Collegio gehören, eingereicht werden, so müssen dieselben dem Registratori solche, um sie auf den Tagezettul zu setzen, zustellen.

§. 25. Wäre jedoch bey dem den Stadtrichtern eingereichten Gesuch periculum in mora, so haben dieselben, falls Acta dazu nöthig, diese schleunigst beylegen zu lassen, und die Vorstellung cum Actis dem Directori mit ihrem Voto ungesäumt zuzustellen, da es dann, wie in dem vorhergehenden §. 23. verordnet worden, damit gehalten werden muß.

§. 26. Ist bey der dem Registratori eingereichten Vorstellung periculum in mora, so muß derselbe, nach geschehener Verzeichnung im Tagezettul, falls Acta vorhanden, die Vorstellung cum Actis dem Decernenti ordinario sofort zuschicken, und dies zugleich im Tagezettul bemercken, da sich dann der Decernent nach der Vorschrift des §. 25. zu achten hat.

Sind von der eingereichten Vorstellung noch keine Acta vorhanden, so sendet der Registrator diese Vorstellung nach geschehener Verzeichnung in dem Tagezettul dem Direktor zu, der sodann nach Vorschrift des §. 23. verfähret.

§. 27. Mit dem Vortrag der nach obigen §phis auf den Tagezettul gebrachten Reskripten, Anschreiben und Vorstellungen, womit jedoch, wie sogleich verordnet werden wird, die zwey zur Abhaltung der Verhöre deputirte Richter den Anfang machen, ist bis gegen 9 Uhr fortzufahren, da sodann die Advokaten und Partheyen hereingerufen, die anstehende Verhöre, Eydesleistungen, Subhastationes, publicationes Testamentorum et Rotulorum, productiones Documentorum und Inrotulationes aus einem besondern Buche in pleno von dem Directore abgelesen, und die Contumacien, so einer der Stadtrichter in ein besonderes Buch verzeichnet, angenommen werden. Sind die Advokaten mit diesem Vortrage der Contumacien fertig, alsdann nimmt ausser den Ferien das Constitutioniren, und nach dessen Beendigung die Verhöre ihren Anfang, und soll es mit dieser Arbeit überhaupt folgender Gestalt gehalten werde.

§. 28. Da die Menge der Sachen nicht gestattet, daß die Verhöre in pleno gehalten werden, so müssen dazu zwey Richter in einem besondern Zimmer deputiret werden, worunter sich dieselben wöchentlich mit denen andern beyden ablösen. Solte jedoch ein in pleno zurück gebliebenes Membrum durch Kranckheit oder andere Abhaltung behindert werden, der Seßion beyzuwohnen, so hat nur ein Membrum die Direktion der Verhöre, und das andere Membrum bleibt zur Ergäntzung des Pleni bey den Vorträgen zurück, es muß aber dennoch die nach dem folgenden §pho vorfallende Arbeit bey dem Verhöre in Ausarbeitung der Bescheide und Resolutionen mit übernehmen.

§. 29. Die beyden deputirte Richter halten alle an dem Gerichtstage anstehende Verhöre, in eigenen dazu eingerichteten Protokoll-Büchern ab, wobey sie wechselsweise das Protokoll führen, und sie müssen alle in der Woche vorfallende abzufassende Bescheide oder Resolutiones ohne Unterscheid des Distrikts anfertigen. Sie besorgen ferner die anstehende Eydes-Abnahmen, halten die Subhastationes ab, und publiciren alle Sentenzien, Bescheide, Resolutiones, Rotulos und Testamente.

§. 30. Eine jede Deputation muß ein besonderes Buch haben, worin die Anzahl der anstehenden Verhöre, Eidesleistungen ꝛc. und einige Colonnen verzeichnet seyn müssen, aus deren Ausfüllung zu ersehen, ob und wie die Sache vor sich gegangen, wie viel an Bescheids-Gebühren zu erlegen, und ob Stempelbogen bey den Verhören eingekommen. Der vorsitzende älteste Stadtrichter hat davor zu sorgen, daß die in besagtem Buche befindliche Colonnen gehörig ausgefüllet werden.

§. 31. Wenn die Contumacien nach dem §. 27. angegeben worden, so muß der jüngste der beyden Stadtrichter, die die Verhörs-Woche haben, dieselbe niederschreiben und der älteste dagegen dieselben in dem Verhörs-Buche der Deputation bemercken.

§. 32. Damit nun diese Verhöre baldigst ihren Anfang nehmen, und um 9 Uhr mit der Ablesung derselben nach der Vorschrift des §. 27. angefangen werden könne, so muß der Direktor das eine Membrum der Verhörs-Deputation seine sämtliche vorzutragende Sachen zuerst, und wenn noch Zeit übrig, auch das zweyte Membrum seine Sachen vortragen lassen.

§. 33. Die Aufnahme der konstitutionsmäßigen Vorträge, so nach dem §. 27. nach der Angabe der Contumacien ihren Anfang nehmen, verrichten die beyden andern nicht zur Haltung der Verhöre abgehende Richter, und schreiben dieselben in zweyen dazu besonders bestimmten Büchern wechselsweise nieder.

§. 34. Nach Endigung dieser Vorträge gehet die Verhörs-Deputation, oder wenn nicht beyde mit ihren Vorträgen fertig werden können, ein Membrum nebst den Advocaten und Partheyen in das zur Abhaltung der Verhöre bestimmte Zimmer, und macht mit den Verhören den Anfang. In den Ferien aber, wo das Constitutioniren wegfällt, geschiehet es sogleich, wenn nach dem §. 27. die Contumacien angegeben sind.

§. 35. Hierauf trägt das andere Membrum der Verhörs-Deputation seine übrige Memorialien, Bescheide rc. vor, und begiebt sich hierauf gleichfalls in das zur Abhaltung der Verhöre bestimmte Zimmer.

§. 36. Währender Abhaltung der Verhöre werden von den beyden andern Stadtrichtern die Memorialien und Constitutions-Vorträge, rückständige Bescheide, Commißionssachen rc. vorgetragen, die Decreta auf die Memorialien und Constitutions-Vorträge sogleich angefertiget, und wenn noch Zeit übrig, die Relationes aus den zum Verfahren verwiesen gewesenen Sachen abgelesen, und dazu die beyden zu den Verhören deputirte Richter, falls solche inmittelst mit Abhaltung der Verhöre fertig, gerufen, wenn es aber die Zeit nicht gestattet, so muß es so gehalten werden, wie in §. 12. versehen ist.

§. 37. Gegen 1 Uhr werden der Verhörs-Deputation die zu publicirende Sententzien, Bescheide, Resolutiones, Rotuli rc. zugeschickt, wozu der Registratur-Assistent, von dem in der Folge ein mehreres vorkommen wird, herbey zu fordern; sodann geschiehet die Publikation von dem vorsitzenden Richter, die Publikata werden dem zur Seite stehenden Registratur-Assistenten eingehändiget, und mit Abhaltung der noch übrigen anstehenden Verhöre, Abnahme der noch übrigen abzuleistenden Eyde, und Abnahme der Contumacial-Vorträge bey den Verhören der Beschluß gemachet.

§. 38 Hierauf theilt sich die Verhörs-Deputation die abgehaltene Verhöre, abgenommene Eyde, Subhastations-Protokolla rc. nach der Ordnung, wie sie im Buche stehen, und wird der Anfangs-Buchstabe desjenigen, welchem sie zugefallen, bey der dazu im Verhörsbuche befindlichen Colonne bemercket, ihm die Acta am folgenden Tage durch die Registratur zugeschickt, um in dem nächstfolgenden Gerichts-Tage (falls die Sache nicht von grosser Weitläuftigkeit oder von grosser Anzahl ist, als in welchen Fällen dieselben auch wohl bis zum folgenden Gerichts-Tage ausgesetzet werden können) in pleno vorgetragen, zu welchem Ende der Direktor vom vorsitzenden Richter das Verhörs-Buch abzufordern und nachzusehen hat. Wäre aber bey einer Sache, worin Verhör angestanden, periculum in mora, so muß die Verhörs-Deputation noch denselben Vormittag, da das Verhör angestanden, den Vortrag in pleno thun, und den Bescheid an demselben Tage publiciren.

§. 39. Die Verhörs-Deputation muß darauf acht haben, daß sämtliche Verhöre, wenn beyde Partheyen sich beym Ablesen gemeldet, vor sich gehen und die Litis Contestationes genau und deutlich nach Vorschrift unsers Codicis mit specifiquen Bezug auf die Umstände des Klag-Libells geschehen. Des Endes die

Gerichte ex officio die bey solchem Klag-Libell und der Litis Contestation sich ereignenden Mängel den Advokaten mit Nachdruck vorzuhalten, und wenn sie bey diesen wesentlichen Stücken des Prozessus ihre Pflicht nicht beobachten, sie mit Verlust ihrer Gebühren und Erstattung der vergeblich verursachten Kosten zu bestraffen.

§. 40. Solte sich finden, daß beym Ablesen der Partheyen der Beklagte sich in Person ohne Beistand eines Advokati melden solte, so muß es damit folgender gestalt gehalten werden.

§. 41. Ordentlicher Weise kann in Sachen, die zu dem Stadtgerichts-Collegio gehören, und 50 Rthlr. und mehr betragen, kein Theil, er sey Kläger oder Beklagter in einem Verhörs-Termino in Person ohne Beystand eines recipirten Advokati erscheinen, um seine Sache selbst vorzutragen, immassen Wir aber zu dem Ende, und damit die Gerechtsame der Einwohner Unserer hiesigen Residentzien desto gründlicher eingesehen und vorgetragen werden, Untergerichts-Advokaten, an welche ein jeglicher Prozeß führender Theil sich wenden kann, geordnet.

Wenn also ein Beklagter in Person ohne Beystand eines Advokati erscheinet, so ist derselbe anzuweisen, sich einen Advokaten anzunehmen oder demselben auf sein Begehr ein Advokat zuzuordnen. Es wäre denn, daß desselben Einwendungen, als weshalb die Verhörs-Deputation denselben zu vernehmen hat, bloß in einer zu erhaltenden Nachsicht beständen, oder ganz offenbar unerheblich wären; In welchem Fall des Beklagten Einwendungen ad Protocollum zu vernehmen, das Verfahren zu beschliessen, die Güthe dem Befinden nach zu versuchen, und in Entstehung derselben der hiernächst zu publicirende Bescheid dem Beklagten in vim publicati in Abschrift zuzufertigen ist.

§. 42. Das sogenannte Absetzen der Verhöre muß nicht anders als bey einer grossen Anzahl oder Weitläuftigkeit der Verhöre, die während der Zeit ad protocollum niederzuschreiben unthunlich, zugelassen werden, und muß die Verhörs-Deputation, besonders der vorsitzende Richter, der das oben bemerckte Buch führet, dahin sehen, daß die Protokolla denselben Gerichtstag, oder bey einer grossen Weitläuftigkeit doch den folgenden Gerichtstag exhibiret werden, und allenfalls durch Strafbefehle die Advokaten dazu anhalten, weshalb er dann öfters in dem Verhörs-Buche nachzusehen und darnach zu forschen hat, ob die abgesetzten Protokolla von den Advokaten eingereichet worden.

§. 43. Die bey den Verhören zugeschriebene Verhörs-Protokolla müssen die Stadtrichter mit denen Klag-Libellen und Actis genau conferiren, und sowohl hierbey als bey dem Vortrag aller übrigen Sachen, besonders auf die Bevollmächtigung der Advokaten ein genaues Augenmerck haben ꝛc. Da jedoch viele Prozesse oft solche geringfügige Objekta haben, in welchen es nach Vorschrift des Stempel-Edikts vom 13ten May 1766. keines Stempel-Papiers bedarf, so soll es zur Verminderung der Kosten mit der Bevollmächtigung der Advokaten bey den hiesigen Stadtgerichten folgendergestalt gehalten werden.

§. 44. Ordentlicher Weise muß jedes Klag-Libell, jede Satz-Schrift und jede Vorstellung, so die Materialien der Sache betrift, von einem recipirten und mit Vollmacht versehenen Advokaten unterschrieben seyn. Wenn dahero dergleichen Vorstellungen übergeben werden, so muß auf denselben nicht verordnet, sondern den Supplikanten zuvorderst die Unterschrift eines recipirten Advokaten, und wenn diese vorhanden, aber die Vollmacht fehlet, dem Advokaten die Beybringung der Vollmacht aufgegeben werden.

Es wäre dann, daß der Advocat de rato cavirete, und periculum in mora wäre, als in welchem Fall zwar darauf zu verordnen, jedoch dem Advokaten die Beybringung der Vollmacht aufzugeben, oder die Partheyen bloß um die Beschleunigung der Sache einen Versuch der Güthe bäten, oder über die Saumseeligkeit oder üble Begegnungen der Gerichts-Personen und Advokaten Beschwerde führten, als in welchen Fällen, da dieses in einem blossen Pro Memoria geschehen können, wenn sie schon von keinem Advokaten unterschrieben ist, dennoch darauf verordnet werden muß.

Sollte auch durch ein blosses Pro Memoria sich jemand beschweren, daß ihm kein Gerichts-Advokat bedient seyn wolle, so ist dem von dem Supplikanten ernannten, oder wenn er keinen vorgeschlagen, einem andern aufzugeben, seine Sache vorzustellen, wenn er solche ganz ungegründet befindet, solches gehörig anzuzeigen, worauf dem Befinden nach zu verordnen, damit jedermann, der nicht offenbar Unrecht hat, nach gehörter Sache Justitz administriret werde.

§. 45. Von der im vorigen §pho festgesetzten Regel, daß alle Klagen und Vorstellungen, durch einen mit Vollmacht versehenen Advokaten unterschrieben seyn müssen, wird die einzige Ausnahme gemachet, wenn das objectum litis noch nicht dreyßig Thaler betrift, als in welchem Fall die Klagen und Vorstellungen, wenn sie nicht undeutlich abgefasset sind, auch ohne Unterschrift der Advokaten angenommen, diese aber, wenn sie solche aufgesetzet oder revidiret haben, mit keiner Vollmacht versehen seyn dürfen.

§. 46. Damit aber von der Gewißheit constire, daß die Klagen und Vorstellungen mit des Supplikanten Vorbewust von dem unterschriebenen Advokato angefertiget und übergeben worden, so müssen die Partheyen die Vorstellungen selbst so lange eigenhändig unterschreiben, bis sie bey den Verhören oder mündlichen Vorträgen in Person ad Protocollum deklariret, daß der sich unterschriebene Advokat ihr Anwald sey.

§. 47. Unterläßt der sich unterschriebene Advokat zu besorgen, daß die Parthey die Vorstellung bis zur Erklärung ad Protocollum eigenhändig unterschreibt, so ist auf dieselbe quo ad merita causae nichts zu verordnen, sondern zuvorderst die eigenhändige Unterschrift oder persönliche Bestellung des unterschriebenen Advokaten zum Mandatario zu erfordern. Es muß daher auch auf dem Vortrag eines solchen illegitimirten Advokaten bey dem Constitutioniren oder den Verhören, wenn die Parthey nicht in Person gegenwärtig ist, gar nicht reflektiret, und derselbe dieserhalb in Straffe genommen werden; es wäre dann, daß periculum in mora oder die Parthey des Schreibens ganz unerfahren wäre, und der Advokat de rato cavirte, in welchem Fall jedoch dem Advokato aufzugeben, die ratihabition seines Prinzipalis beyzubringen.

§. 48. Wenn ein Advokat in dergleichen geringfügigen oder auch andern Sachen, wozu es einer gedruckten Vollmacht bedarf, in termino als in Beystand des in Person erscheinenden Beklagten Verhör hält, so muß derselbe als bestellter Mandatarius angesehen und gegen ihn in Sachen, die über 30 Rthlr. sind, auf die Beybringung einer Vollmacht mit Straffe gedrungen werden.

§. 49. Wenn ein Concurs-Prozeß erfordert wird, muß das nöthige ex officio angegeben, und nicht dem Betrieb der Advokaten überlassen werden; des Endes das Stadtgericht sich damit nicht begnügen muß, einen Interims-Curatorem zu bestellen, und diesem das nöthige weiter zu suchen aufzugeben, sondern sofort die Ediktal-Citation mit Erlassung der Proklamatum nach Vorschrift der Concurs-Ordnung, und was dem anhängig ꝛc. die Obsignation, dem Befinden nach die Captur des Schuldners verfügen, und sich überall nach den Banqueroutier-Edikten genau achten.

§. 50. Der Commissarius Verificationis, dessen Gegenwart bey dem Verifikations-Verfahren nothwendig ist, muß auch auf den Fortgang des Concurs-Prozessus ein besonderes Augenmerck haben, und von Zeit zu Zeit das nöthige ex officio verordnen, damit nicht nur das Verifikations-Verfahren baldigst geschlossen, sondern auch der ganze Concurs-Prozeß durch Vertheilung der Masse beendiget werde; des Endes besonders darauf zu halten ist, daß die Advokaten in termino liquidationis sämtliche Liquidationes einreichen, und die Säumigen bey Ermanglung einer erheblichen Ursache jedesmahl in Straffe genommen werden.

§. 51. Da es sich zuträget, daß oft Schuldner mit Hinterlassung eines sehr geringen zu Bezahlung der Schulden gantz unzureichenden Vermögens, sich heimlicher Weise entfernen, oder auch versterben, mithin die Fälle vorhanden sind, daß Concursus eröfnet werden muß, so soll, wenn nach dem Inventario die Masse nicht 100 Rthlr. beträget, zu Ersparung der Kosten genug seyn, wenn die unbekannten Creditores ad terminum liquidationis durch die Intelligentz-Blätter und einem in loco Judicii zu affigirenden Proklamate vorgeladen werden, die bekannten aber müssen per patentum ad domum convociret werden.

§. 52. Bey Concurs- und Liquidations-Prozessen müssen die ex Actis konstirende Creditores zum Empfang der ihnen gebührenden Gelder per patentum ad Domum vorgeladen, keinesweges aber der dazu angesetzte Zahlungs-Termin wie bisher geschehen, durch die Intelligenz-Blätter unnützer Weise bekannt gemachet werden. Will aber ein Käufer zu seiner Sicherheit gerichtlich zahlen, und vor alle etwa unbekannte Ansprüche gedeckt seyn, so muß er angewiesen werden, die ordnungsmäßige Edictal-Citation der Creditorum in Ansehung des erkauften Grundstücks nachzusuchen.

§. 53. Bey Subhastationibus, sie mögen voluntariae oder necessariae seyn, soll es genug seyn, wenn die Proklamata in zweyen Jurisdiktionen angeschlagen werden, und sind daher nur zwey Proklamata zu expediren. Dahingegen aber die Termine durch die Intelligenz-Blätter nach wie vor bekannt zu machen.

§. 54. Auf die nach dem Edikt vom 30. April 1765. von Erbschafts-Fällen oft nöthige Versiegelungen der Verlassenschaften, muß genau gehalten werden, des Endes die bey den Stadtgerichten wöchentlich eingereichte Todten-Listen von der Registratur zum Vortrag befördert, von dem ernannten Decernenten bey einem jeden Sterbe-Fall, wo ex officio nach Maaßgabe obbesagten Edikti eine Versiegelung nöthig, dieselbe sogleich und überdem verfüget werden, daß von solchen Anzeigen eines Verstorbenen, der Unmündige oder Abwesende, oder der Anzeige in der Todtenliste nach, gar keine Erben vorhanden, dem Advokato curiae, dessen unten mit mehrern gedacht werden soll, zur Beobachtung der Cämmerey, wegen des Abschosses oder Einziehung des Vermögens, als eines boni vacantis, davon Nachricht gegeben werden muß.

§. 55. Es ist nicht jederzeit nothwendig, daß diejenigen, so Erbtheilung vor den Stadtgerichten halten müssen, auch die Inventaria gerichtlich anfertigen dürfen, sondern es ist hinreichend, wenn derjenige, so ein Inventarium zu ediren schuldig, eine selbst aufgesetzte, eydlich zu bestärckende Spezifikation übergiebet, jedoch bleibet den Stadtgerichten vorbehalten, wenn die überreichte Spezifikation verworren und unverständlich, besonders wenn minores concurriren, dieselbe durch den Aktuarium revidiren zu lassen. Wie denn auch nach vorhin angezogenem Edikt vom 30. April 1765. §. 29. die Stadtgerichte nach Beschaffenheit der Umstände zu verordnen haben, in wie weit die Aufsiegelung ohne Inventur oder mit selbigen zugleich geschehen solle.

§. 56. Von dem exhibirten Inventario, wobey minores concurriren, ist auf der zu verordnenden Expedition zu verfügen, daß eine Abschrift sofort zur Magistrats-Registratur gegeben werde.

§. 57. Die ad instantiam eines Creditoris hypothecarii cum effectu praeclusionis bey den Stadtgerichten sonst durch einen Mißbrauch nachgegebene Citatio Creditorum, so an dem verpfändeten Grundstücke eine Anforderung haben, ist unnütz und ordnungswidrig, und muß dahero nicht ferner verstattet werden, allermassen den Käufern allein frey stehet, um solche Citation anzuhalten.

§. 58. Wenn Strafen comminiret oder diktiret werden, so müssen dieselben in einem besondern Buche mit Anmerckung des

Dati der Verordnung, der Person, dem sie comminiret oder diktiret worden, und der Rubrik der Akten, in welchen es geschehen, eingetragen, und in den Ferien, Acta von dem Direktore mit Zuziehung eines Stadtrichters nachgesehen werden, ob dem injuncto genüget, oder die diktirte Strafe etwa erlassen worden.

Ist den Injunctis bey comminirten Strafen nicht genüget, so ist dieselbe, durch eine besondere ad acta specialia anzugebende Resolution festzusetzen, das Injunctum bey schärferer Strafe zu wiederholen, und die solchergestalt festgesetzten unter die Abtheilung der diktirten, und die von neuem gedrohete, unter die Abtheilung der comminirten zu tragen, demjenigen aber, den die Strafe angehet, zu seiner Achtung vorzuzeigen.

Von diesen, solchergestalt festgesetzten und dictirten, aber nicht remittirten Strafen, muß dem Magistrat beym Ablauf des Jahres eine Spezifikation zugefertiget werden, um dieselben durch die Advocatos Curiae zur Cämmerey einziehen zu lassen.

§. 59. Von den Succumbenz-Geldern erhält die Cämmerey die Hälfte, und die andere Hälfte wird nach der bisherigen Observanz zwischen dem Verfasser des Erkänntnisses und dem Actuario causae getheilet, jedoch werden dieselben nur in Sachen, so über 50 Rthlr. betragen, zugelassen. Und damit hierunter zum Nachtheil der Cämmerey nichts ausser Acht gelassen werde, so sind dieselben jedesmahl, wenn deren Einziehung verordnet wird, in ein besonder Buch zu verzeichnen, und der Betrag derselben beym Ende des Jahres der Cämmerey abzuliefern, worauf der Direktor, daß es geschehe, besonders Acht haben muß.

§ 60 Die Bescheide und Urtheile werden in Sachen unter 50 Rthlr. nicht expediret, in allen übrigen hingegen geschiehet die Expedition.

Tit. III. Von dem Expeditions-Wesen bey den Civil-Prozessen.

§. 1. Das Expeditions-Wesen in Ansehung der Civil-Prozesse versehen nach Vorschrift des obigen §. 2. Tit. I. hauptsächlich 2 Aktuarien und 2 Copisten.

§ 2. Diese beyden Aktuarien besorgen, ausser den Expeditionen, in so fern sie nicht das Hypothequen-Wesen angehen, als welches unten festgesetzet werden soll, die Aufnahme der Taxen, Inventuren, Versiegelungen, halten die Inrotulations-Protokolla ab, setzen die abzuschwörende Eydes-Formuln auf, und müssen sich bey Aufnahme der Testamente, auch Abhaltung der Liquidations-, Verifikations- und Solutions-Termine hauptsächlich gebrauchen lassen. Und da es zur bessern Ordnung gereichet, daß ein jeder der expedirenden Aktuarien seinen gewissen ihm angewiesenen Distrikt habe, so soll es damit dergestalt gehalten werden, daß der eine Cölln nebst der dazu gehörigen Vorstadt, den Friedrichs-Werder, Friedrichsstadt und Neustadt, der zweyte aber Berlin, nebst dazu gehörigen Vorstädten, in Ansehung der ihnen obliegenden Arbeiten zu respiciren haben soll; jedoch hängt es von dem Direktore ab, den Aktuarien auch ohne Rücksicht der Distrikte, wenn er es nöthig findet, Aufträge zu thun, oder dem einen gegen Abtretung des einen Distrikts, einen andern anzuweisen.

§. 3. Die expedirende Aktuarien müssen sich täglich des Morgens von 8 bis 1 Uhr, um ihre Arbeit zu verrichten, auf dem Rathhause einfinden, des Endes dieselben die Inventuren, Taxen und Termine, so viel möglich, des Nachmittages vornehmen müssen.

§. 4. Da bishero in den Prozeß-Sachen gar nichts expediret, sondern eine blosse Abschrift des Decreti nebst der Abschrift des Supplikats dem Gegentheil kommuniciret worden, so soll es zwar in Sachen, die unter 200 Rthlr. betragen, dabey sein Bewenden haben, in Sachen aber, wo das Objectum litis 200 Rthlr. und drüber beträget, müssen die Decreta ordentlich expediret, des Endes von den expedirenden Aktuarien Conzepte entworfen, dem Decernenten zur Revision zugeschicket, und sodann auf den erforderlichen Stempel-Bogen expedirt, gesiegelt und von dem Direktore allein unterschrieben, und dem Gerichts-Diener zur Insinuation zugestellet werden.

§. 5. Von den Conzepten erhalten die Gerichts-Diener eine Abschrift, um die Insinuationes zu attestiren, welche diese dem Extrahenten zustellen.

§. 6. Der Entwurf der Conzepte muß in allen zu expedirenden zur Siegelung kommenden Sachen, als Antwort-Schreiben, Requisitorialien, Patentis ad Domum, Proclamatibus, gerichtlichen Attesten ꝛc. geschehen, und zur Revision dem Decernenten zugeschicket werden, welche Conzepte, wie sich von selbst verstehet, ad Acta zu nehmen.

§. 7. Die expedirende Aktuarien müssen dahin sehen, daß sämtliche, auf dem Tagezettul stehende Sachen, expediret werden. Sie erhalten des Endes von dem Registratur-Aßistenten eine Specifikation der zum Vortrag kommenden, ihren Distrikt betreffenden Sachen, damit sie wissen können, was aus der Gerichtsstube zu ihnen kommen muß. Sie müssen dahero, wenn eine auf der Specifikation stehende Sache, mit oder ohne Actis, wie es das Zeichen der Registratur auf der Vorstellung mit sich bringet, nicht zur Expeditions-Stube kömmt, sogleich Nachfrage thun, daß sie nicht unexpedirt bleibt, oder verworfen werde.

§. 8. Dieselben füllen die auf dem Tagezettul befindliche Colonnen sorgfältig aus, damit man daraus, ob und wann sie expedirt, wenn Acta zur Registratur gekommen, den Betrag der Gebühren für die Expedition, und den Stempel-Betrag, der zur Expedition nöthig gewesen, ersehen könne.

Damit auch der Direktor urtheilen könne, ob und wenn die durch Constitutions-Decrete, Sentenzien, Resolutionen und Angaben ex officio geschehene Verordnungen expedirt worden, so müssen die Aktuarien ein dazu eingerichtetes Journal fortführen, und die darinn befindliche, so wie in dem Tage-Zettul nach vorstehendem §pho eingerichtete Colonnen, ausfüllen.

§. 9. Die Expeditiones müssen nicht fernerhin bis zur Auslösung der Partheyen liegen bleiben, sondern sobald sie fertig, abgegeben und befördert werden.

§. 10. Gleichergestalt müssen den Advokaten die expedirten Sentenzien und Bescheide, und die blosse Copeyen derselben, nicht minder die Abschriften der Constitutions-Vorträge und Decretorum, Zeugen-Rotulorum, ohne Aufenthalt durch die Aktuarien, welche darauf sehen müssen, zugestellet, und dieses nicht der willkührlichen Abforderung der Advokaten überlassen werden.

§. 11. Da aber, so viel die Bezahlung der Urthel-Bescheids, Expeditions-, Insinuations-Gebühren und Succumbenz-Gelder, nicht minder der Gebühren, die an ein auswärtiges Gericht auf das ad instantiam einer Parthey erlassene Requisitoriale, überschickt werden müssen, incl. des Post-Porto betrift, ferner für die Abschriften der Sentenzien, Decrete und Rotulorum unthunlich ist, daß dieselben von den Partheyen selbst beygetrieben werden können, so müssen die Advokaten, die Partheyen mögen allhier, oder ausserhalb der Stadt wohnen, den Vorschuß dieser ohnedem geringen Gebühren thun, des Endes die Aktuarien mit denselben wöchentlich Abrechnung halten, und wenn die Advokaten hierunter säumig sind, es anzeigen, damit sodann gegen die Säumigen sofort mit der Exekution verfahren werden könne. Damit aber auch die Advokaten in Ansehung der Auswärtigen, wegen des Vorschusses in keine Gefahr gesetzet werden, so ist unten die nöthige Vorsehung geschehen.

§. 12. Die Abschriften der ad Acta kommenden Protokollorum und Constitutions-Vorträge besorgt, nach dem §. 2. Tit. I. der jüngste Gerichts-Diener, wovor demselben monäthlich drey Rthlr. bezahlet wird, welches er von dem Antheil der beyden expedirenden Aktuarien und desjenigen, der der Registratur vorstehet, so dieselbe nach der in dem Titul von dem Sportul-Wesen enthaltenen Verordnung, aus der gemeinschaftlichen Casse erhalten, einen Monath um den andern abgezogen wird, erhält, jedoch müssen sie die ad Acta kommende Protokolla und Constitutions-Vorträge unterschreiben, und hierunter monathlich alterniren.

§. 13. Bey Aufnahme der Taxen, wozu ein Schöppe adhibiret werden muß, müssen Protokolla aufgenommen, und bey Abhörung der Zeugen keine besondere Termini productionis angesetzet, sondern in uno termino vereydiget und abgehöret werden. Bleiben die Zeugen aus, so muß das darüber zu haltende Protocollum contumaciae dem Registratori eingehändiget werden, um es auf den Tage-Zettul zu setzen, und solchergestalt zum Vortrag zu befördern, damit sodann novus terminus productionis testium praefigiret werden könne, wozu die Zeugen bey Strafe vorzuladen.

§. 14. Wenn Partheyen Cessiones, Vollmachten und andere Erklärungen gerichtlich resp. ausstellen und von sich geben wollen, so müssen die expedirenden Aktuarien, als welche hierdurch dazu, auch ohne besondern Auftrag des Collegii authorisirt werden, darüber ein umständliches Protokoll in einem besondern mit Folien, Zahl und Register versehenen Buche aufnehmen, es von der Parthey unterschreiben lassen, und sodann, wenn Abseiten des Collegii nichts dabey zu erinnern ist, expediren.

§. 15. Die zur Siegelung kommenden Sachen müssen die Aktuarien in den dazu besonders zu haltenden Büchern, nebst dem Quanto der Gebühren und Stempel eigenhändig verzeichnen, und an den zur Siegelung bestimmten Tagen dem Gerichts-Diener nebst den Büchern zustellen.

§. 16. Die beyden nach dem §pho 1. dieses Tituli den expedirenden Aktuarien zur Seite gesetzten Copisten, verfertigen alle Copeyen und Munda bey den Expeditionen, ertheilen die Abschriften der Sentenzien, Bescheide, Constitutions-Decretorum, Rotulorum, Inventarien, verfertigen die Extrakte der Todten-Listen, stellen dieselben dem Registratori zu, und müssen überdem die Abschriften der Sentenzien und Bescheide in dem dazu besonders gehaltenen Buche, wechselsweise mit dem Registratur-Aßistenten besorgen helfen.

§. 17. Sie verrichten diese Arbeit, so wie sie in dem Distrikt desjenigen Aktuarii, an den sie besonders gewiesen werden, vorfällt, nur allein die Abschriften der Sentenzien und Bescheide in das obbenannte Buch ausgenommen, als worin sie zu Vermeidung alles Aufenthalts ohne Rücksicht des Distrikts wöchentlich alterniren.

§. 18. An Emolumenten geniessen dieselben die Gebühren vor die Abschriften der Sentenzien, Bescheide, Resolutionen und Constitutions-Decrete, so wie auch der Zeugen Rotulorum, wenn dergleichen in dem Distrikt des Aktuarii vorfällt, wogegen sie alle übrige Abschriften ohnentgeldlich verrichten müssen, und genießet der Aktuarius die davon fallende Copialien allein.

Tit. IV. Von der Registratur.

§. 1. Zur Versehung der Registratur ist ein Aktuarius nach dem §. 2. Tit. I. als Registrator, und ein Registratur-Aßistent demselben zur Hülfe geordnet.

§. 2. Der Registrator muß nebst dem Aßistenten sich täglich des Morgens von 8 bis 1 Uhr und des Nachmittags von 3 bis 6 Uhr in der Registratur einfinden, um die ihnen obliegenden Geschäfte auszurichten.

§. 3. Der Registrator setzet auf die ihm zugestellte Vorstellungen das Präsentatum, und besorget die Beyfügung der dazu gehörigen Akten, und stellt diese dem Registratur-Aßistenten mit den Vorstellungen zur Anfertigung des Tage-Zettuls zu. Er führet ferner das Repertorium, hält von den Requisitorialien, die nicht in gangbare Prozesse einschlagen, ein besonder Journal verfertiget die Rotulus vor den Akten, foliirt dieselbe und besorget, daß sie ordentlich geheftet werden.

§. 4. Derselbe ertheilet die Abschriften der ad Acta befindlichen Sachen, und muß sich der Aßistent deren Ertheilung ohne Vorbewust des Registratoris schlechterdings enthalten.

§. 5. Die einlaufenden Verordnungen an Reskripten und Edikten sammlet derselbe in ein besonderes Buch, welches mit einer besondern Spezifikation und jährlichen Abschluß versehen seyn muß.

§. 6. Derselbe schreibet die Contumazien aus dem dazu vorhandenen Buche auf einen halben Bogen, und bringt sie zu den Akten. Die anstehende Verhöre verzeichnet derselbe in dem Tage-Buche und in dem Verhörs-Buche der Verhörs-Deputation, die die Woche hat, hält die Acta zu den Verhören in Bereitschaft, und besorget, daß sie an den Gerichts-Tage des Morgens, in die Gerichts-Stube geleget werden.

§. 7. Die zum Spruch nach geschlossenem schriftlichen Verfahren instruirte Sachen, verzeichnet derselbe in ein besonderes Distributions-Buch, und leget dieses Buch dem Direktori zur Ernennung eines Referenten vor.

§. 8. Derselbe muß ferner von Zeit zu Zeit dem Direktori Acta, die durch die Saumseeligkeit der Partheyen und Advokaten unbetrieben liegen bleiben, besonders Erbtheilungs-, Concurs- und Liquidations-Akten ad excitandum zusenden.

§. 9. Wenn den Injunctis auf die Extrakte der Todten-Listen binnen der gesetzten Frist, kein Genüge geschiehet, muß der Registrator dieselben von neuem auf den Tage-Zettul setzen lassen, damit die Verordnungen wiederholet werden können.

§. 10. Derselbe hat ferner die Verwahrung derer bey den Stadtgerichten niedergelegten, oder von denselben aufgenommenen Testamente, und muß sich darüber ein genaues Verzeichniß, und dieselben in einer solchen Ordnung halten, daß sie zu allen Zeiten ohne Mühe aufgefunden werden können.

§. 11. Ausser diesen Geschäften kann sich derselbe jedoch auch nicht entziehen, wenn ihm der Direktor oder das Collegium andere Sachen, als Expeditiones, Aufnahmen der Testamente ꝛc. aufträgt, diese Aufträge anzunehmen und zu verrichten, wie er sich denn auch nicht entbrechen kann, wenn Partheyen gerichtliche Vollmachten, Cessiones oder andere Erklärungen resp. ertheilen und von sich geben wollen, bey Abwesenheit der expedirenden Aktuarien die Protokolla aufzunehmen, weshalb er sich jedoch nach dem §. 14. Tit. III. zu achten hat.

§. 12. Der Registratur-Aßistent fertiget die Rubriquen der Akten und den Tage-Zettul an. Dieser letztere ist ein Verzeichniß der an einem Gerichtstage zum Vortrag kommenden Reskriptorum, Memorialien und Schreiben, und enthält ausser denen schon oben §. 8. Tit. III. bemerckten Colonnen eine Colonne, ob Acta bey der Vorstellung gewesen, das Datum praesentationis, den Nahmen der Decernenten, Advokati und den Stempel-

Betrag der eingereichten Vorstellungen, welche jetzt benannte Colonnen der Registratur-Aßistent ausfüllen, und wo noch kein Decernent ernannt, die Stelle zu dessen Ernennung von dem Director, offen lassen muß.

§. 13. Diesen Tage-Zettul überschickt derselbe cum Actis zwey Tage vor dem Gerichts-Tage an den Direktor zur Durchsicht der eingekommenen Vorstellungen und etwanigen Ernennung des Decernenten, und besorgt nach dessen Remißion die Wegschickung der darauf verzeichneten Sachen cum Actis an die Decernenten.

§. 14. Von diesem Tage-Zettul stellet derselbe einem jeden Aktuario einen Extrakt, der seinen Distrikt betreffenden Sachen zu, damit dieselben wißen können, was zu ihrer Expedition kommen muß.

§. 15. Derselbe muß ferner besorgen, daß die von dem jüngsten Gerichts-Diener abzuschreibende Verhörs-Protokolla, so bald sie ihm eingehändiget werden, dem Stadtrichter, dem die Sache zugetheilet worden, cum Actis überschickt werden.

§. 16. Er besorget ferner, daß die Acta in denen Littern des Repertorii geleget werden, die reponirenden Acta so ihm der Registrator anzuweisen hat, muß derselbe ordentlich wegpacken, und den Umschlag mit dem Anfangs-Buchstaben des Klägers, nebst der Jahrzahl bemercken, damit sie jederzeit wiedergefunden werden können.

§. 17. Er führet ferner die Controlle der Bescheids-Gebühren, nebst dem dazu erforderlichen Stempel-Betrag, des Endes er zur Publikation herbeygerufen werden muß, um dieselben in Empfang zu nehmen, nach deren Eintragung und Bemerckung der Gebühren er dieselben den Copisten zur Ertheilung der Abschriften zustellet.

§. 18. Die zu publicirenden Rotuli müssen demselben von dem Registratore gleichfalls zugestellet werden, um sie in die Verhörs-Stube zur Publikation mitzunehmen, nach deren Publikation er dieselben den Copisten zustellet.

§. 19. Die Bescheide und Sentenzien müssen zu mehrerer Ordnung bey dem Stadtgerichte abschriftlich aufbehalten, und zu dem Ende in ein besonder Buch eingeschrieben werden. Diese Arbeit verrichtet der Registratur-Assistent mit den beyden Copisten, wie oben Tit. III. §. 16. bereits verordnet, wechselsweise, und lösen sich hierunter wöchentlich ab. Zu welchem Ende der Copist, der die Abschrift derselben an die Advokaten ertheilet, sogleich als dieses geschehen, dieselben den Registratur-Assistenten, wenn er die Woche hat, zustellen muß.

§. 20. Der Registrator und dessen Assistent müssen an niemand, der nicht zum Stadtgerichts-Collegio gehöret, ohne Vorbewust des Direktoris und des Collegii Acta verabfolgen lassen, auch sich jedesmahl, wenn Acta aus der Registratur verabfolget werden, darüber einen Schein geben lassen, jedoch verstehet es sich von selbst, daß wenn der Magistrat Acta abfordern läßt, solche verabfolget werden müssen.

Tit. V.

Tit. V. Von dem Depositen-Wesen.

§. 1. In Ansehung des Depositen-Wesens werden die Stadtgerichte auf die unterm 30ten Januarii 1761. vor sämmtliche Unter-Gerichte verfertigte Deposital-Instruktion und deren pünktlichen Ausübung verwiesen, und da nach dem §. 1. Tit. II. die Abtheilung der Städte in Ansehung der zum Stadtgerichts-Collegio gehörigen Sachen aufgehoben worden, so müssen auch künftig nicht ferner von jedem Distrikte Deposita unter besondern Beschluß und Aufsicht gehalten, sondern sämtliche Deposita einem Rendanten zur Berechnung unter gehörigen Beschluß übergeben werden. Jedoch wollen Wir bey den Stadtgerichten von der Vorschrift der gedachten Instruktion folgende Ausnahme gestatten.

§. 2. Erstlich. Ob schon nach dem §. 1. der Deposital-Instruktion, zwey Curatores, die besondere Aufsicht über die Deposita haben sollen, so wollen Wir jedoch wegen der überhäuften Beschäftigung der Stadtrichter gestatten, daß nur ein Curator bestellet seyn dürfe.

§. 3. Zweytens. Da die Menge an einem Gerichtstage vorfallender andern Arbeit nicht gestattet, daß die Gelder, Dokumenta und Sachen an einem Gerichtstage nach Vorschrift des §. 11. der gedachten Instruktion ad Depositum gegeben werden können, so wird dazu der Donnerstag Vormittag in der Gerichtsstube festgesetzet, ausser welchem Tage, falls nicht periculum in mora ist, keine Einnahmen und Ausgaben geschehen müssen.

§. 4. Es müssen daher die Partheyen nur an diesem Tage dem Rendanten, in Gegenwart des Curatoris, das zu deponirende Geld oder Dokument, auf dem Rathhause zustellen, falls nicht in einem besondern Fall ein besonderer Tag von dem Gerichte bestimmet worden, jedoch alsdann auch die Zahlung nicht anders, als in Gegenwart des Curatoris, auf dem Rathhause in der Gerichts-Stube, verrichten.

§. 5. Da solchergestalt die Depositiones nicht in pleno der Stadt-Gerichte geschehen können, so muß dasjenige ausgeübet und von den Deponenten beobachtet werden, was der §. 13. der gedachten Instruktion vorschreibet.

§. 6. Den Rendanten, wozu auch einer der Referendarien, wenn er anders dazu qualificiret, gebrauchet werden kann, erwählet das Stadt-Gericht unter sich per majora, und muß derjenige, der erwählet wird, es schlechterdings übernehmen. Wogegen der Direktor den Curatorem, welcher jährlich abzuwechseln, benennet, der ohne Widerrede sich dieser Arbeit unterziehen muß.

§. 7. Bey der grossen Anzahl Depositen-Gelder ist die Aufbehaltung derselben in Kasten bey der Auszahlung mit zu vieler Beschwerlichkeit verknüpft. Es müssen daher die Gelder und Dokumenta, in einem mit Abtheilung nach dem Alphabet und mit 3. Schlössern versehenen Spinde, so wie dasselbe bey dem Magistrat eingeführet ist, aufbehalten und ohne Verzug dieserhalb die nöthige Veranstaltung getroffen werden.

§. 8. Uebrigens muß wegen der Visitation und Rechnungs-Abnahme, die Vorschrift der Deposital-Instruktion pünktlich beobachtet, und die bereits vorhin geordnet gewesene Zähl-Gelder 4 Gr. pro 100. imgleichen der zwölfte Theil der eingehenden Zinsen von den ad Depositum kommenden Geldern, zwischen dem Rendanten und Curatore getheilet werden.

Von denjenigen Geldern aber, so bey Belegung der Kauf-Gelder oder sonst für Pupillen und Minderjährige, auch andere unter der Curatel des Magistrats stehende Personen gezählet werden, müssen keine Depositen-Gebühren genommen, auch solche, so bald es möglich, an das Depositorium des Magistrats abgeliefert werden.

Tit. VI. Vom Hypothequen-Wesen.

§. 1. Das Hypothequen-Wesen versiehet nach dem §. 2. Tit. I. der zum Hypothequen-Wesen besonders angesetzte Aktuarius, und der ihm zur Seite gesetzte Copist, welche sich des Endes täglich um 8 Uhr auf dem Rathhause in dem ihnen besonders angewiesenen Zimmer, einfinden müssen.

§. 2. Der erstere hält das Hypothequen-Buch nach Vorschrift der Concurs-Ordnung. Er verrichtet die Eintragung der Titulorum possessionis, Schuld-Verschreibungen, Cautions-Notuln rc., besorgt die Anfertigung der Hypothequen-Scheine und Obligationen, wovon unten mit mehrern gehandelt werden soll, löscht die letztern und übrige gemachte Notata, und concipiret die bey dem Hypothequen-Wesen vorfallende Berichte und Antwortschreiben. Jedoch kann sich derselbe auch nicht entziehen, wenn ihm Aufträge wegen Aufnahme eines Testaments oder Concipirung einer andern Expedition geschehen, dieselbe zu übernehmen.

§. 3. Der Copist schreibt alle Munda und Copeyen gegen Genuß der Copialien.

§. 4. Mit Ausstellung einer gerichtlichen Obligation und Caution, so nomine des ganzen Collegii expediret wird, soll es folgender Gestalt gehalten werden.

§. 5. Wenn sich jemand meldet, der eine gerichtliche Obligation oder Caution ausstellen will, so bey diesem Aktuario in der Hypothequen-Stube geschehen muß, so werden zuvorderst die Contenta derselben von diesem Aktuario nach Vorschrift der Konkurs-Ordnung §. 14. in ein Protokoll-Buch, so mit Foliis und einem Register versehen seyn muß, aufgenommen, das Conzept der Obligation, so wie es die Konkurs-Ordnung vorschreibt, entworfen, von dem Aktuario unterschrieben und den Ausstellern sodann ein Tag zur Vollziehung der Obligation oder Caution bestimmet.

§. 6. An eben diesem Tage, wogegen der Aktuarius das Conzept durch den ihm zur Seite gesetzten Copisten mundiren lassen, unterschreiben die Aussteller der Obligation oder Caution das Protokoll in dem besagten Buche und zugleich das Mundum der Obligation oder Caution, und zwar bey Obligationen mit dem Bekänntniß der empfangenen Summa des Darlehns.

§. 7. Hierauf wird dem Stadtrichter desjenigen Distrikts, worin das Immobile belegen (als in welchem Fall Wir es aus bewegenden Ursachen bey der Eintheilung der Städte belassen) das Conzept und das von dem Aktuario kontrasignirte, und den Partheyen unterschriebene Mundum der Obligation oder Caution zugesandt.

§. 8. Der Stadtrichter erkläret sodann den Ausstellern den Inhalt der Verschreibungen nach Vorschrift der Conkurs-Ordnung auf eine legale Weise, bemercket im Conzept In margine loco congruo zum Beweise der certioration das Faktum und unterschreibt das Mundum.

§. 9. Dieses unterschriebene Mundum nebst dem Conzept wird dem Aktuario von den Partheyen oder Gerichts-Dienern wieder zugestellet, der dann die Eintragung in das Hypothequen-Buch verrichtet, und daß es geschehen, bey der Stelle, daß der Debitor sein Grundstück verpfändet, zu mehrerer Ueberzeugung des Creditoris, der selten gegenwärtig ist, und dessen Gegenwart auch nicht nothwendig ist, bemercket,

daß die Eintragung, auf der zu allegirenden Pagina des Hypothequen-Buches, würklich geschehen.

Worauf sodann der Aktuarius die Obligation oder Caution zur Siegelung und Unterschrift des ganzen Collegii befördert.

§. 10. Die Conzepte der Obligationen und Cautionen werden in ein besonder Buch, so mit einem Register und Folien-Zahl versehen seyn muß, gesammlet.

§. 11. Werden Obligationes oder Cautiones ausser gerichtlich ausgestellet, und die Eintragung verlanget, so kann dieß mediante supplica bey dem Stadt-Gerichts-Collegio oder auch mündlich bey dem Aktuario nachgesuchet werden, jedoch muß im ersten Fall der Aktuarius das Dekret des Collegii abwarten.

§. 12. Ist in dem Dokumento dem Inhaber die Freyheit gegeben worden, es eintragen zu lassen, und sonst keine Bedenklichkeit dabey, so wird bloß supur productione documenti in dem Protokoll-Buch ein Protokoll aufgenommen, das Dokument in das Hypothequen-Buch eingetragen, von dem Dokument eine Abschrift genommen, die geschehene Eintragung, wie oben §. 9. verordnet, von dem Aktuario in dem Mundo verzeichnet, dem Original-Dokumento beygeheftet, und endlich zur Unterschrift des Collegii und Siegelung befördert. Ist aber in dem Dokumento dem Inhaber die Freyheit, dasselbe auf dem verpfändeten Grundstücke eintragen zu lassen, nicht gestattet, so muß der Aussteller zuvor zur Rekognition und ob er etwa gegen die Eintragung Einwendung hätte, bestellet, darüber das Protokoll mit aufgenommen, und wenn beyde Theile einig, wie vorstehet, verfahren werden.

§. 13. Wenn bey andern Gerichten ausgestellte Obligationes oder Cautiones zur Eintragung präsentiret werden; so wird, falls das unter der Jurisdiktion der Stadt-Gerichte belegene Immobile allein verpfändet wird, es so wie im vorstehenden §pho verordnet worden, gehalten, nur daß es keiner Rekognition des Debitoris bedarf. Wären aber in der Verschreibung verschiedene Grundstücke unter diverser Jurisdiktion zur Spezial-Hypotheque verschrieben, so wird es damit wie im §. 5. der Conkurs-Ordnung vorgeschrieben, gehalten.

§. 14. Wenn Hypothequen-Scheine verlanget werden, so muß sich derjenige, der dergleichen verlanget, bey dem Aktuario, der das Hypothequen-Wesen respiciret, melden, der sodann denselben in einem zu haltenden Buche aus dem Hypothequen-Buche concipiret.

§. 15. Diese Conzepte werden von einem Stadt-Richter, worunter dieselben wöchentlich alterniren, in der Hypothequen-Stube mit dem Hypothequen-Buche conferiret, zum Beweiß dieser Revision, im Buche unterschrieben, sodann durch den Copisten mundiret, und von dem Aktuario, der ihn contrasigniret, zur Siegelung und Unterschrift des ganzen Collegii befördert.

§. 16. In dem Hypothequen-Schein muß außer dem, was die Concurs-Ordnung vorschreibet, auch in dem Fall, wenn keine Vormundschaften, pacta familiae etc. eingetragen sind, das ausdrücklich nach Vorschrift des Edikts vom 19. Febr. 1739. in demselben angemercket werden.

§. 17. Die Conzepte der Hypothequen-Scheine werden in ein besonder Buch gesammlet, so mit einem Register und Foliis versehen seyn muß.

§. 18. Wenn Cessiones einer Obligation gerichtlich geschehen sollen, so muß darüber von dem Aktuario ein Protokoll nach der Angabe des Cedenten im Protokoll-Buche aufgenommen, sodann das Instrumentum cessionis ex protocollo expediret, mundiret, zur Siegelung befördert und von dem ganzen Collegio unterschrieben werden.

§. 19. Die Eintragung eines tituli possessionis, eines Legati, der Vormundschaften, Erbgelder, ausser gerichtlichen Cessionen, und die Löschung der Obligationen und Cautionen verrichtet der Aktuarius nach geschehener Produktion des Originals vor sich ohne Concurrenz des Stadtgerichts-Collegii, und verzeichnet dieses auf dem Original-Dokument, wobey aber derselbe alle mögliche Behutsamkeit gebrauchen, und bey einem irgends zweifelhaften Falle bey dem Collegio schriftlich anfragen, und Resolution erbitten muß.

§. 20. Wenn die Löschung eines verlohren gegangenen Original-Dokumenti verlanget wird, so muß der Aktuarius denjenigen, der dieses sucht, an das Stadtgericht verweisen, um dieserhalb eine Verordnung auszubringen, welches sich sodann nach der Vorschrift des §. 41. der schlesischen Hypothequen-Ordnung vom 4. Aug. 1750. zu achten hat, jedoch kan die bey demselben bisher gebrauchte Vorsicht:

daß die Löschung cum termino von 4 Wochen noch zuvor durch die Intelligenz-Blätter bekannt gemachet werden,
zu mehrerer Verhütung alles Mißbrauchs mit einem solchen Dokument beybehalten werden.

§. 21. Wie es mit der Reproduktion einer eingetragenen Original-Obligation bey Concurs- und Liquidations-Prozessen in Ansehung der ausfallenden Creditorum, wie auch wegen Citation der unbekannten hypothekarischen Gläubiger zu halten, dieserhalb werden die Stadtgerichte auf den §. 42. der angezogenen Schlesischen Hypothequen-Ordnung verwiesen.

§. 22. Wenn von dem Ober-Gericht die Löschung eines Dokumenti ohne dessen Uebersendung in originali, anbefohlen wird, so muß das Stadt-Gericht zwar dagegen Anzeige thun:
daß die Reproduktion geschehen müsse.
Sollte jedoch das Ober-Gericht dennoch auf die Löschung desselben bestehen, so muß dieselbe zwar geschehen, im Hypothequen-Buche aber angemercket werden:
daß dies ohne Reproduktion des Originals auf wiederholten Befehl des Obergerichts geschehen.

§. 23. Der Regul nach müssen alle Dokumenta, wodurch der titulus possessionis begründet wird, in den Copey-Büchern, so mit Registern und Folien-Zahl versehen seyn müssen, in copiis gesammlet werden. Nur allein die Dokumenta ausgenommen, deren Originalia bey dem Magistrat oder Stadt-Gericht sich befinden.

§. 24. Der unnütze und dem Grund-Begriff des Hypothequen-Wesens entgegenlaufende Gebrauch:
Daß Schuld-Verschreibungen auf ausstehende Schulden, Waarenlager, Strumpf-Stühle, Barbier-Gerechtigkeiten, Privilegien und Mobilien, in einem besondern dazu bestimmten Buche eingetragen werden, muß gäntzlich abgestellet, und die Gläubiger dadurch nicht zu einer eingebildeten Sicherheit verleitet werden.

§. 25. Die Registratur des Hypothequen-Wesens muß in guter Ordnung gehalten, und des Endes sämmtliche Hypothequen-, Protokoll-, Conzept- und Copey-Bücher auf Repositoriis, nach der Ordnung der Zeit gesetzet, und darüber Spezifikationes gehalten werden.

§. 26. Die zur Siegelung kommende Sachen müssen von dem Aktuario in ein besonder Buch eingetragen, und in demselben der Stempel-Betrag, die Gebühren, und wenn die Sache bestellet worden, in besondern Colonnen angemercket werden.

Tit. VII. Von dem Sportul-Wesen.

§. 1. Die in der anliegenden revidirten Sportul-Ordnung festgesetzten Sätze müssen von dem Stadtgericht genau beobachtet werden, und damit man ersehen könne, ob auch dieselben nicht überschritten werden, so muß unter allen Bescheiden und Sententzien der Betrag der Urthels- und Commißions-Gebühren, und unter allen mundis, so unter dem Gerichts-Siegel expediret werden, der Betrag der Gebühren von dem Aktuario verzeichnet werden.

§. 2. Urthels- und Expeditions-Gebühren müssen vor Publikation des Urthels und Extradition des Expediendi schlechterdings nicht genommen werden.

§. 3. Mit der Einnahme der Sporteln wird es dergestalt gehalten, daß, der dem Hypothequen-Buch vorstehende Aktuarius die vor Anfertigung der Obligationen, Hypothequen-Scheine, Cautionen ꝛc. zu erlegende Gebühren, und die beyden expedirenden Aktuarii die übrigen in ihrem Distrikt fallende Sporteln einsammlen, und monathlich zur Theilung bringen. Sie müssen darüber besondere Specificationes und der Direktor genaue Controlle halten, welche sodann zu Ende eines jeden Monaths mit einander verglichen werden.

§. 4. Die von den deponirten Geldern zur gemeinschaftlichen Casse kommende Depositen-Gebühren muß der Rendant in der zu exhibirenden Rechnung in Ausgabe bringen, und diese müssen sodann bey Abnahme der Rechnungen und Ueberzählung des Bestandes, abgezogen und vertheilet werden.

§. 5. Da es gebräuchlich gewesen, daß bey der Adjudikation eines Grundstücks einige Thaler ad pios usus zum Besten der Armen-Casse gegeben werden, so müssen selbige bey den Adjudikations-Bescheiden ante lineam ausgeworfen und controlliret werden. Ein gleiches muß auch mit denen Geldern geschehen, welche von Strafgefällen, Taxen, Testamenten, Succumbenzien, auch an Abschoß und bonis vacantibus der Cämmerey zufließen, als welche derselben quartaliter mittelst besonderer Specification ohne Abzug abgeliefert werden müssen, wogegen wegen der bey den Stadt-Gerichten aufgehenden Kosten (worunter auch die Schreibmaterialien der Richter und anderer baarer Vorschuß zu rechnen) welche die Cämmerey zu tragen schuldig, auf Anzeige und Verordnung des Magistrats die Zahlung zu gewärtigen ist.

Tit. VIII. Von den Advokaten.

§. 1. Die Advokaten werden von dem hiesigen Magistrat gewählet, examiniret, bey Unserm Groß-Canzler in Vorschlag gebracht, und nach geschehener Confirmation und erhaltener Bestallung von dem Magistrat vereydiget.

§. 2. Dieselben müssen sich an den oben bestimmten Gerichtstagen des Morgens gegen 9 Uhr auf dem Stadtgerichte einfinden, und sich nicht eher wegbegeben, bis die Urtheile publiciret worden.

§. 3. Da Wir das sogenannte Constitutioniren einführen lassen, so werden die Advokaten dieserhalb, und was zu diesen Vorträgen gehöret, auf die Vorschrift Unsers Codicis, und in Ansehung der Prozeß-Ordnung überhaupt auf eben diese Vorschrift, den Anhang zum Codice, und diese Gerichts-Ordnung, so viel dieselbe sie angehet, verwiesen.

§. 4. Da aber die Advokaten durch das eingeführte Constitutioniren, und die daher entstehende Abnahme der Memorialien nicht nur an ihrem Verdienst verliehren, sondern ohne dies die der Gerichts-Ordnung de Anno 1710. beygefügte unvollständige, nach den damahligen Zeiten eingerichtete Sportul-Ordnung, jetzt nicht füglich anzuwenden, so sollen der Advokaten Gebühren künftig nach der beygefügten Taxe festgesetzet werden.

§. 5. Weil aber in dieser Tax-Ordnung denselben pro Cura instantiae ein hinlängliches Quantum zugebilliget worden, so können sie sich dagegen nach Inhalt des §. 11. Tit. III. der Auslösung und Bezahlung der Expeditionen und übrigen Vorschüsse nicht entbrechen; jedoch stehet denselben frey, wegen der Stempel-Gebühren, den erforderlichen Vorschuß, auch von den ausserhalb der Provinz wohnenden Partheyen einen proportionirlichen Vorschuß zu nehmen, und muß denselben zu ihrem Vorschuß und Auslagen von dem Stadtgerichte durch die bereiteste Exekution und Requisitorialien ohne alle Gerichtsgebühren verholfen werden.

§. 6. Die Advokati Curiae, deren zwey seyn müssen, sollen auf alle strafbare Vergehungen und Unthaten, so von den unter der Jurisdiction des Magistrats stehenden Personen begangen werden, genaue Acht haben, und wenn sie dergleichen in Erfahrung bringen, dem Magistrat oder Stadtgerichte anzeigen.

§. 7. Sie müssen bey den Verhören Acht haben, und sich, wenn dergleichen Vergehungen sich dabey hervorthun, interveniendo melden, und auf die Bestrafung antragen.

§. 8. Wenn ihnen von dem Stadgerichte Aufträge geschehen, denjenigen, der wider die Gesetze handelt, in Anspruch zu nehmen, müssen sie die Klage sofort anstellen, das Stadtgericht aber dergleichen Auftrag in ein besonderes Buch verzeichnen, und der Direktor muß dasselbe von Zeit zu Zeit cum Actis nachsehen, und wenn dem Auftrag kein Genüge geschehen, den Advocatum Curiae durch Straf-Befehle dazu anhalten. Ordentliche Inquisitiones werden jedoch denselben nicht aufgetragen, sondern gehören vor den dazu besonders bestellten Criminal-Richter.

§. 9. Da dieselbe das Interesse des Magistrats wegen des Abschosses, der bonorum vacantium und sonst wahrzunehmen haben, so müssen sie, wenn ihnen nach dem §. 55. Tit. II. dieserhalb Nachricht gegeben wird, sofort das nöthige suchen, auch sonst ex officio darauf acht haben.

§. 10. Die Armen-Sachen müssen dieselben vorzüglich übernehmen, jedoch stehet dem Stadtgericht auch frey, einen andern Advokaten dergleichen aufzutragen, und muß sich niemand diesem Auftrag entziehen.

§. 11. Uebrigens müssen die Advokaten ohne Vorbewust und Erlaubniß des Direktoris des Stadtgerichts, und wenn sie über 3 Tage abwesend seyn müssen, ohne Bewilligung des Stadt-Präsidenten nicht verreisen, und wenn ihnen gleich nachgelassen wird, auswärtige Justitiariate in der Nachbarschaft der hiesigen

Residenzien zu versehen, so müssen sie dennoch, wenn sie dieserhalb verreisen müssen, Urlaub haben, und sich also einrichten, daß ihre Sachen dieserhalb nicht aufgehalten werden.

Tit. IX. Von dem Criminal-Wesen.

Die Criminal-Gerichtsbarkeit versiehet nach dem §. 2. Tit. I. ein besonders dazu bestellter Richter und Aktuarius, und wenn ein oder anderer Kranckheits oder anderer erheblicher Ursachen wegen die Arbeit nicht bestreiten kan, so muß solche einem Stadt-Richter, mit Zuziehung eines Referendarii oder Aktuarii aufgetragen werden. Wie es denn auch die Pflicht eines Referendarii erfordert, durch Uebung in Criminal-Sachen die erforderliche Geschicklichkeit zu erlangen.

Tit. X. Von den Gerichts-Dienern.

§. 1. Von denen §. 1. und 2. Tit. I. bestellten sechs Gerichtsdienern werden 5. zur eigentlichen Beobachtung der Funktion eines Gerichtsdieners nach den obgedachten Distrikten und zwar dergestalt angewiesen, daß der eine alle in Berlin, der zweyte alle in Cölln nebst dazu gehörigen Vorstädten, der dritte alle in den Berliner Vorstädten, der vierte alle auf dem Friedrichs-Werder und Neustadt, und der fünfte alle auf der Friedrichsstadt vorfallende Arbeiten verrichtet.

§. 2. Ein jeder dieser 5 Gerichtsdiener muß sich des Morgens um 8 und des Nachmittags um 2 Uhr bey dem Richter desjenigen Distrikts, welcher demselben in gewissen Fällen nach dieser Gerichts-Ordnung und besonders den folgenden Titul gelassen worden, und der ihm nach vorstehenden §. 1. angewiesen wird, melden, und dasjenige, was ihm anbefohlen wird, ausrichten.

§. 3. Ueberhaupt müssen dieselben alle Insinuationes der von den Stadtgerichten ergangenen Verordnung nach Vorschrift Unsers Codicis getreulich verrichten, in Sachen, so unter 200 Rthlr. betragen, die geschehene Insinuationes der Abschriften, oder wenn sie den Citatum nicht gefunden, an wen sie die Insinuation sonst verrichtet, hinter dem Decret auf der Original-Vorstellung verzeichnen, in Sachen aber, die über 200 Rthlr. betragen, und nach dem §. 4. Tit. III. schriftlich expediret werden, die erhaltene Original-Verordnung dem Citato zustellen, und auf die zu erhaltene Copey der Verordnung die geschehene Insinuation attestiren, und diese dem Extrahenten zustellen.

§. 4. Und damit wegen Abgabe der decretirten Vorstellungen zur Registratur, welche sie aus der Expeditions-Stube, um darauf die Insinuationes zu attestiren, erhalten, keine Unordnung entstehe, so müssen sie sich dieserhalb eigene Bücher halten, und die Abgabe derselben zur Registratur sich durch den Registratorem attestiren lassen.

§. 5. Die Gerichts-Diener können auch zur Ersparung der Kosten bey geringfügigen Erbschaften, so dem arbitrio der Stadtgerichte überlassen wird, zur Aufnahme der Inventarien gebrauchet werden, es muß aber bey dem Vortrag darauf, ob sie auch ordentlich eingerichtet worden, genaue Acht gehabt, und dem Befinden nach die Revision des Verzeichnisses durch den Aktuarium verordnet, sodann aber für die Revision keine neue Gebühren genommen werden.

§. 6. Wenn Exekutiones, wozu einem jeden Gerichtsdiener ein Stadtdiener zugeordnet ist, veranlasset sind, erhalten dieselben die Abschrift des Decreti oder die expedirte Verordnung nach Beschaffenheit des Objecti Litis der Vorschrift des §. 4. et 5. Tit. III. zufolge, worauf dieselben die Exekution ungesäumt ankündigen, und nach Verlauf der in der Verordnung enthaltenen Zeit dergestalt vollstrecken müssen, daß sie sofort einen Stadt-Diener einlegen, und nach Ablauf dreyer Tage, falls nicht die Parition der Verordnung dociret wird, ohne Abwartung eines neuen Befehls, mit der Auspfändung verfahren, die abgepfändete Sachen entweder, wenn der Schuldner zwey Behältnisse in seiner Wohnung hat, in dem einen versiegeln, oder in die Pfand-Cammer auf dem Rathhause bringen lassen, wovon sie sodann mittelst Einreichung der Spezifikation der abgepfändeten Sachen zur fernern Verordnung dem Stadtgerichts-Collegio Anzeige thun, und diese dem Registratori, um sie zum Vortrag zu befördern, einhändigen.

§. 7. Die Siegelung der expedirten Sachen an den bestimmten Tagen verrichten dieselben, worunter sie wöchentlich alterniren, und fordern sich des Endes von den Aktuarien die zur Siegelung kommenden Sachen, nebst den Siegelungs-Büchern ab.

§. 8. Nach geschehener Siegelung muß derjenige Gerichts-Diener, der die Siegelung gehabt, einem jeden, die seinem Distrikt angehenden Sachen zur Insinuation zustellen.

§. 9. An Emolumenten genießen dieselben ausser den ihnen auf dem Cämmerey-Etat ausgemachten Besoldungen dasjenige, so in der anliegenden Sportul-Ordnung festgesetzet ist, und müssen sie bey Vermeidung der Cassation ein mehreres nicht nehmen.

§. 10. Der 6te und jüngste Gerichts-Diener muß die Abschriften der ad Acta kommenden Verhörs- und Constitutions-Protokollorum, deren Verfertigung ihm nach der Vorschrift des §. 12. Tit. III. oblieget, den folgenden Tag nach dem Gerichts-Tage gegen Mittag, und zwar die Verhörs-Protocolla dem Registratori und die Constitutions-Decrete und Protocolla den Copisten, wenn er zuvorderst deren Unterschrift des Aktuarii nach dem oben gedachten §. 12. Tit. III. beschaffet hat, zustellen.

§. 11. Derselbe muß sich täglich des Morgens um 8 Uhr, und des Nachmittags um 2 Uhr bey dem Direktore einfinden, und Verhaltungs-Befehle erwarten.

§. 12. Die bey dem Direktore vorfallende Sachen, wo periculum in mora ist, müssen demselben zur Besorgung aufgetragen werden, es stehet aber auch dem Direktori und Stadt-

Gerichts-Collegio frey, besonders bey Saumseligkeit eines andern Gerichts-Dieners, demselben Aufträge zu thun, wobey er sich überall nach der Vorschrift so oben §. 2. 3. seq. dieses Tituli den Gerichts-Dienern gegeben worden, zu achten hat.

§. 13. An Emolumenten hat er ausser demjenigen, was er nach obigem §. 12. Tit. III. vor Abschrift der ad Acta kommenden Protokollorum von den Aktuarien erhält, die Gebühren vor die ihm von dem Direktore und dem Stadt-Gerichts-Collegio aufgetragenen Sachen zu genießen, so einem Gerichts-Diener nach der anliegenden Sportul-Ordnung zukommen.

Tit. XI. Von dem kleinen Gerichts-Tage.

§. 1. Ob schon nach dem Inhalt dieser Gerichts-Ordnung, die sogenannte Distrikte in Sachen, so zu dem ordentlichen Gerichtstage gehören, abgeschaffet sind, und alles gemeinschaftlich vorgetragen und entschieden werden muß, so soll es jedoch in Ansehung derjenigen Sachen, so zu dem kleinen Gerichts-Tage gehören, aus bewegenden Ursachen, dabey sein Verbleiben haben, nach der oben §. 1. Tit. II. vorgekommenen Absonderung der Distrikte die vorfallenden Streitigkeiten in geringfügigen Sachen, unter den Stadt-Richtern eingetheilet bleiben, und hiernach die kleinen Gerichts-Tage von ihnen abgewartet werden.

Er entscheidet also die Sachen vor sich allein, und bedienet sich dabey des kleinen Gerichts-Siegels, so einem jeden zu dem Ende anvertrauet wird.

§. 2. Es gehören aber dahin bloß:

1) Injurien-Sachen unter ganz geringen Leuten.
2) Sachen, so 10 Rthlr. und darunter betreffen.
3) Mieths-Sachen, sowohl wegen der rückständigen Miethe, wenn das geforderte Quantum 10 Rthlr. und darunter beträget, als auch wegen des Ein- und Ausziehens, entweder in Ansehung solcher Quartiere, weshalb die jährliche Mieths-Gelder nur 10 Rthlr. betragen, oder in Ansehung solcher, da das Mieths-Geld für die streitige Mieths-Zeit nur 10 Rthlr. und darunter beträget.

Die Gesinde-Sachen, welche nach der Gerichts-Ordnung de 1710. §. 23. ehedem zu dem kleinen Gerichts-Tage gehöret, werden nach Vorschrift der Gesinde-Ordnung vom 2ten Jan. 1746. vor dem daselbst Tit. X. angeordneten Gesinde-Amt entschieden.

§. 3. Der kleine Gerichts-Tag wird
von dem Richter zu Berlin des Dienstags,
von dem Richter zu Cölln des Sonnabends,
von dem Richter vor dem Königs- und Spandauer-Thore an einem von dem Direktore zu bestimmenden Tage,
auf dem Berlinischen Rathhause des Morgens um 8 Uhr, und
von dem Richter auf der Friedrichs-Stadt, Werder und Dorotheen-Stadt des Dienstags und Sonnabends,
auf dem Werderschen Rathhause um die gesetzte Stunde abge-

halten, und muß dabey jedesmahl ein Gerichts-Schöppe gegenwärtig seyn.

§. 4. In dergleichen zum kleinen Gerichts-Tage gehörigen Sachen melden sich die Partheyen bey dem Richter des Districts, der sodann auf ihre angebrachte Beschwerden das nöthige verordnet, und dieselbe dem Gerichts-Diener zur Ansetzung eines Termini und Vorladung des Gegentheils zustellet.

§. 5. Der Anfang des Gerichts-Tages wird mit Ablesung der anstehenden Verhöre aus dem dazu besonders vorhandenen Buche gemacht, in welchem der Gerichts-Diener dieselben verzeichnet hat.

§. 6. In dem Termino, wozu keine Advokaten zuzulassen, muß zuvorderst möglichsten Fleisses die Güte versuchet, und in deren Entstehung mit Abschneidung aller Weitläuftigkeiten, jedoch mit Beybehaltung der wesentlichen Stücke des Prozessus, die Sache so viel möglich zu einem Definitiv-Erkenntniß instruiret, und von dem Richter sogleich der Bescheid publiciret werden, wobey es ohne Zulassung eines Remedii verbleibet, und wenn es in Injurien-Sachen auf die Bestrafung mit Gefängniß ankommt, das Erkenntniß sofort zur Exekution gebracht wird.

Jedoch stehet dem Direktori frey, wenn sich die Partheyen beschweren, Acta zu erfordern, und wenn sich aus denselben ergiebet, daß zuvor eilig und nulliter verfahren worden, oder dem sich beschwerenden Theil gantz offenbar Unrecht geschehen sey, kann bey Schuld- oder Mieths-Sachen das Verfahren nach geschehenem Vortrag in pleno der Stadt-Gerichte aufgehoben, und die Sache zur nochmaligen Cognition gezogen werden, in welchem Fall jedoch der Direktor die Sache einem andern Richter auftragen muß.

§. 7. Obschon nach Vorschrift Unsers Codicis der erste Terminus in Bagatell-Sachen praejudicialis ist, und in Injuriensachen dem Injuriato aufgegeben werden muß, seine Zeugen mit zur Stelle zu bringen, so lassen wir es jedoch aus bewegenden Ursachen bey dem bisherigen Gerichts-Gebrauch, daß im erstern Fall beym Ausbleiben des Gegners novus terminus sub praejudicio auszubringen und anzusetzen, und in dem zweyten Falle beyden Theilen in termino erst aufzugeben, ihre Zeugen in alio termino, der ihnen bekannt zu machen, zu sistiren, bewenden.

§. 8. Wenn bey einer Injurien-Klage die Sache dadurch abgemachet wird, daß der Injuriant sich erkläret, wie er den Injuriaten für einen unbescholtenen Mann halte, und der erste ein Beweißthum dieser Erklärung (Ehren-Schein) verlanget, so ist demselben das Protokoll unter der Unterschrift des Richters, mittelst Beydruckung des kleinen Gerichts-Siegels zu expediren.

§. 9. Wenn von den Partheyen die Ausfertigung der Abschiede verlanget wird, so müssen dieselben von dem Richter unter dessen Unterschrift und dem kleinen Gerichts-Siegel ertheilet werden.

§. 10. Die Stadt-Richter müssen sich durchaus nicht unterstehen, das kleine Gerichts-Siegel zu einem andern Behuf, als zu Ausfertigung dergleichen zum kleinen Gerichts-Tag gehörigen Sachen zu gebrauchen.

§. 11. Der Gerichts-Diener des Districts versiehet bey den zum kleinen Gerichts-Tag gehörigen Sachen die Funktion eines Registratoris, des Endes er die eingelaufenen Klagen und abgehaltene Protokolla nebst den ertheilten Bescheiden sammlet, in ein Buch heftet, und mit einem Register versiehet, damit dieselben bey vorfallender Nachfrage aufgefunden werden können.

Uhrkundlich unter Unserer Höchsteigenhändigen Unterschrift und aufgedrucktem Königlichen Insiegel. Gegeben zu Berlin, den 5ten April 1770.

Revidirte Sportul-Ordnung für die hiesige Stadt-Gerichte.

1. Pro Citatione per Decretum und vor eine jede Verordnung in Sachen, wo das objectum litis unter 200 Rtl. beträgt, und also nicht ordentlich sub Sigillo expediret wird, 3 Gr.

Falls aber die Vorstellung und Libell incl. der Beylagen über einen Bogen starck ist, vor jeden Bogen an Copialien 1 Gr.

Dem Gerichts-Diener pro insinuatione et relatione vor eine jede Person 1 Gr.

Vor eine schriftliche Citation und Verordnung unter dem Siegel incl. Siegelungs-Groschen 6 Gr.

Dem Diener pro insinuatione et relatione vor eine jede Person 2 Gr.

2. Für Anlegung und Loßkündigung eines Arrests,

a) in Sachen, so unter 200 Rtlr. 4 Gr.

Dem Gerichts-Diener 2 Gr.

b) in Sachen über 200 Rtlr., welche sub Sigillo ausgefertiget werden, inclusive Siegelungs-Gelder 6 Gr.

und pro Nuncio 2 Gr.

Wenn die Miethe eines Hauses mit Arrest beleget wird, bekommt der Gerichts-Diener für den Miethsmann 1 Gr.

3. Für die Abhörung eines Zeugen ad Articulos und interrogatoria 16 Gr.

Für eine summarische Abhörung incl. Beeydigung 8 Gr.

4. Den Zeugen-Rotulum zu verfertigen 1 Rthlr.

Wenn er aber über 12 Bogen starck ist, für jeden Bogen mehr 2 Gr.

5. Vor einen Bescheid, der ad Protocollum audientiae gegeben wird,

a) wenn die Sache 30 bis 50 Rthlr. betrifft, von beyden Theilen zusammen 8 Gr.

b) wenn die Sache über 50 Rthlr. und unter 100 Rthlr. betrifft 12 Gr.

c) wenn die Sache 100 Rthlr. und darüber betrifft 16 Gr. bis 1 Rthlr.

6. Vor einen Bescheid ad Protocollum Commissionis, wie vorstehet, falls die Sache wichtig und weitläuftig ist, kann auch genommen werden bis 2 Rthlr.

7. Pro inrotulatione Actorum beyde Theile 12 Gr.

8. Vor Verfertigung des Rotuli beyde Theile 8 Gr.

9. Für Heftung der Akten dem Registratori 2 Gr.

10. Vor Anfertigung einer Sententz ex Actis auf ein schriftliches Verfahren 2 bis 4 Rthlr.

11. Für ein Expensen-Urthel 8 Gr.

12. Für die Ausfertigung einer Sentenz in Sachen, die 30 Rthlr. und mehr betragen, 12 Gr.
und 2 Gr. Protokoll-Gebühren, so der Aktuarius allein bekömmt.

13. Succumbenz-Gelder,
wenn die Sache über 200 Rthlr. betrifft 6 Rthlr.
wenn die Sache 50 bis 200 Rthlr betrifft 3 Rthlr.
welche ohne Unterscheid, ob der Appellant ein Exemtus ist oder nicht, genommen werden, wovon die Cämmerey die Hälfte, und die andere Hälfte der Urthels-Fasser und der Aktuarius des Distrikts erhält; in unter 50 Rtlr. betragenden Sachen wird nichts genommen.

14. Für die Exekution in Sachen, so vor dem Collegio und nicht zum kleinen Gerichts-Tage gehören, 4 Gr.
Der Gerichts-Diener täglich 4 Gr.
und der Stadt-Diener 3 Gr.

15. Pro Designatione der Pfänder nach der Wichtigkeit der Arbeit 8 bis 12 Gr.

16. Pro Distractione der Pfänder, nachdem die Arbeit ist, 16 Gr. bis 1 Rthlr.
Kömmt es aber zur ordentlichen Auktion, so einige Tage dauert, die Gerichte für einen ganzen Tag 2 Rthlr.
und vor einen halben Tag 1 Rthlr.

17. Vor die Taxe eines kleinen und Mittel-Hauses, so nicht über 3000 Rthlr. taxirt wird, wird dem Gericht gegeben 2 Rthlr.

18. Vor die Taxanten, Gerichts-Schöppen und Gerichts-Diener, welche letztere jeder pro termino taxae 6 Gr. bekommen, 1 Rthlr. 21 Gr.

19. Ist ein Brauhauß dabey oder Geräthschaften, oder ein Garten, so wird mehr bezahlt, 1 Rthlr.
Wovon im letztern Fall von diesen 1 Rtl. 12 Gr. der Gärtner erhält, und der Böttcher und Kupferschmidt besonders jeder 9 Gr.

20. Vor die Taxe eines Hauses über 3000 Rthlr. bekommen die Gerichte 3 Rthlr.
und die Taxanten 2 Rthlr 15 Gr.,
wovon der Schöppe 6 Gr. und der Nuncius 3 Gr. erhält.

21. Ist ein Brauhauß oder Garten dabey, so wird die ad 19. bezahlt.
Die Cämmerey erhält von den Gerichts-Gebühren 8 Gr.

22. Der Gerichts-Diener erhält pro Citatione der Taxatorum und Gerichts-Schöppen für einen jeden 1 Gr.
23. Für Ausfertigung der Taxe 18 Gr.
24. Für ein Proclama 16 Gr.
25. Pro prolongatione termini unter denen Proclamatibus 4 Gr.
26. Pro aff- et refixione proclamatum der Gerichts-Diener 2 Gr.
27. Vor Ausfertigung eines Adjudikations-Scheins 1 Rthlr. 12 Gr.
28. Pro termino liquidationis et verificationis, wenn die Sache in einem termino abgemachet wird, 1 Rthlr. 12 Gr.
Für jeden darauf folgenden Termin 1 Rthlr.
29. Dem Gerichts-Diener für den ersten Termin 6 Gr.
Und für die übrigen 4 Gr.
Und zwar in beyden Fällen überhaupt und nicht für jede Parthey.
30. Pro inrotulatione der Concurs- und Liquidations-Akten 12 Gr.
31. Pro patento ad Domum 12 Gr.
32. Für ein Prioritäts-Urthel nach Weitläuftigkeit und Wichtigkeit der Sache 4 bis 5 Rthlr.
33. Für Ausfertigung derselben 20 Gr.
34. Für den Bericht, wenn Acta auf erhobene Appellation eingesandt werden, 8 Gr.
35. Der Nuncius für die Besorgung der Siegelung und Wegtragung der Akten 4 Gr.
36. Für einen Bericht, der ad instantiam partium erstattet wird, nach Beschaffenheit und Weitläuftigkeit, 1 bis 2 Rthlr.
37. Pro termin. distributionis et solutionis 1 Rthlr. 12 Gr.
38. Pro Expeditione des Distributions- und Solutions-Rezessus 1 Rthlr.
39. Für Aufsetzung eines Eydes 4 Gr.
40. Für einen Deklarations-Schein, Quittung, Ceßion, Attest, Vollmacht, Tutorium Curatorium, 18 Gr.
41. Pro Requisitoriali, Intercessions- und Subsidial-Schreiben 8 Gr.
42. Für eine gerichtliche Versiegelung 1 Rthlr. 12 Gr.
pro resignatione 1 Rthlr.
der Gerichtsdiener pro obsignatione 4 Gr.
pro resignatione eben so viel.
43. Vor die Inventur, so der Aktuarius verrichtet, für den halben Tag 1 Rthlr.
und für einen ganzen Tag 1 Rthlr. 16 Gr.
vor den Gerichtsdiener pro termino inventurae 6 Gr.
Verrichtet dieselbe aber in Kleinigkeiten der Nuncius nach Beschaffenheit des Objekti 8, 12 bis 16 Gr.
44. Für die Erbtheilung, wenn die Sachen unter 200 Rtlr. überhaupt 1 Rthlr. 8 Gr.
und der Gerichtsdiener 4 Gr.

45. Wenn die Sache über 200 Rthlr. vor jeden Termin, der darauf nothwendig zugebracht werden muß, 1 Rthlr. 16 Gr.

46. Für die Anfertigung des Inventarii und Erbvergleichs, so das Stück nicht über 3 Bogen, 1 Rthlr. 4 Gr. Ist es stärcker, 3 Gr. pro Bogen mehr.

47. Pro Confirmatione eines Erbvergleichs, so die Erben unter sich machen, vor jeden Erben 12 Gr.

48. Deposital-Gebühren pro 100 20 Gr.
Zähl-Gelder pro 100 4 Gr.
dem Rendanten für die Interims-Quittung 3 Gr.

49. Für die gerichtliche Auszahlung solcher Gelder, die nicht ex Depositorio gezahlt werden, pro 100 4 Gr.

50. Wenn eine Sache zur Commission verwiesen wird, pro termino Commissionis, so der Commissarius allein bekommt 1 Rthlr. bis 1 Rthlr. 12 Gr.
und der Gerichts-Diener 4 Gr.

51. Für ein Testament, so im Hause ad Protocollum gegeben wird, und pro Concept- et expeditione incl. des Recognitionsscheins, 4 Rthlr. 8 Gr.
für den Gerichts-Diener 4 Gr.
für den Schöppen 8 Gr.
für die Cämmerey 8 Gr.

52. Für ein Testament, so im Hause verschlossen überreichet wird, an Gerichts-Gebühren und vor Recognitions-Schein 3 Rthlr. 12 Gr.
für den Gerichts-Diener, Schöppen und die Cämmerey, wie vorstehet.

53. Für ein Testament, so auf dem Rathhause ad Protocollum gegeben wird, und pro Expeditione incl. Recognitions-Scheins 3 Rthlr.
für den Gerichts-Diener 4 Gr.

54. Für ein schriftliches im Gericht übergebenes Testament, an Gerichts-Gebühren incl. Recognitions-Schein 2 Rthlr. 12 Gr.
für den Gerichts-Diener 4 Gr.

55. Pro apertura testamenti 1 Rthlr.

56. Wenn ein Testament oder Donation ohne Publikation zurück gegeben wird 16 Gr.

57. Für eine Obligation, Contract und Vergleich, oder pro confirmatione derselben 1 Rthlr.

58. Für ein jedes 100 Hypothequen-Jura 6 Gr.
der Gerichts-Diener für die Besorgung der Unterschrift, Siegelung und Insinuation 2 Gr.
Wenn die Obligation im Hause vollzogen wird, dem Gerichts-Diener vor die Hinbringung des Protokoll-Buchs 4 Gr.

59. Für einen Hypothequen-Schein 12 Gr.
dem Gerichts-Diener pro insinuatione 2 Gr.
wenn er abgeholet wird, nichts.

60. Für Eintragung eines tituli possessionis 8 Gr.

61. Für Eintragung einer stillschweigenden Hypotheque und eines andern Notati auf Verlangen der Parthey 6 Gr.

62. Für Eintragung einer Cession 8 Gr.

63. Für Eintragung einer bey einem andern Gericht ausgestellten Obligation, nach Vorschrift des §. 5. der Concurs- und Hypothequen-Ordnung 4 bis 8 Gr.

64. Für die Löschung 6 Gr.
desgleichen für die Eintragung eines Arrests 6 Gr.

65. Für einen Trau-Schein 16 Gr. bis 1 Rthlr.

66. Für einen Steckbrief 16 Gr.

Ausser vorstehenden Sätzen werden bey einem Testament, Recognitions-Schein, Obligation, Hypothequen-Schein, Vollmachten, Cessionen und was überhaupt bey Actibus voluntariae jurisdictionis gesiegelt wird, ausser obigen Sätzen 2 Gr. an Siegelungsgebühren bezahlt.

Vorstehende sämtliche Sätze fließen zur gemeinschaftlichen Casse, wo nicht besonders bemercket ist, daß der Direktor, die Stadtrichter, Aktuarii ꝛc. es allein vor sich bekommen.

67. An Copialien, von Sentenzien, Bescheiden, Memorialien, pro Bogen, wenn er der Ordnung nach geschrieben ist, 1 Gr. 6 Pf.

68. An Copialien bey Satzschriften und Zeugen-Rotulis, so den Partheyen abschriftlich gegeben werden, vor einen Stoß, der 6 Bogen hält, 6 Gr.

69. Für ein Constitutions-Decret, so die Advokaten abschriftlich erhalten, 6 Pf.

70. Für eine mündliche Citation in Sachen, so zu den kleinen Gerichts-Tagen gehören, 2 Gr.

Wovon der Richter und Gerichts-Diener jeder die Hälfte bekommt.

71. Für Anlegung und Loskündigung eines Arrests in dergleichen Sachen 4 Gr.

72. Für ein Interlocut in dergleichen Sachen, so unter dem kleinen Gerichts-Siegel expediret wird, so der Richter erhält, 6 Gr.

73. Für ein Definitiv-Urthel, Vergleich und Ehren-Schein, so expedirt wird, und der Richter erhält, 12 Gr.

Erneuerte Taxe für die Advokaten des Stadt-Gerichts.

1. Pro libello

a) in Sachen, wo das objectum litis bis 50 Rthlr. beträgt, 8 Gr.

b) in Sachen von 50 bis 200 Rthlr., und Injurien-Sachen, so nicht vor die kleine Gerichts-Tage gehören, 12 bis 16 Gr.

c) in Sachen, so über 200 Rthlr., 20 Gr., wenn aber das Libell eine mühsame Auseinandersetzung des Fakti erfordert und das Objekt wichtig ist, 1 Rthlr. bis 1 Rthlr. 4 Gr.

2. a) pro accusatione contumaciae, wenn die Sache über

500

500 Rthlr., imgleichen wenn pars adversa in einem Comissions-Termin ausbleibt, 16 Gr.

b) für alle übrige Contumacien 8 Gr.

3. Für alle Suppliquen, so zur Instruktion des Prozessus gehören, in den Ferien, oder wenn pars adversa keinen Mandatarium hat, excl. Beweises, Bescheinigungs-Antretungen und Appellations-Schedul in Sachen über 50 bis 200 Rthlr., 8 Gr.

in Sachen unter 50 Rthlr. 6 Gr.

wenn aber dieselben weitläuftig nach Beschaffenheit des Objekti und der Arbeit 16 Gr.

an Copialien und Beylagen pro Bogen 1 Gr. 6 Pf.

4. Pro termino audientiae in ord. jurid.

a) wenn die Sache 50 Rthlr. und darunter betrifft, 12 Gr.

b) wenn die Sache über 50 bis 100 Rthlr. betrifft, 18 Gr.

c) in Sachen über 200 Rthlr. bis 500 Rthlr., und in Injurien-Sachen, so vor dem Judicio traktiret werden, 1 Rthlr. 12 Gr.

d) wenn die Sache über 500 Rthlr. betrifft, 1 Rthlr. 12 Gr.

5. Für ein Verfahren loco oralis 2 bis 3 Rthlr.

und wenn die Sachen zum schriftlichen Verfahren verwiesen worden, nach Beschaffenheit des Objekti und guten Ausarbeitung der Schriften.

6. Pro audienda et publicanda Sententia prioritatis,

a) wenn die Forderung des Prinzipals 50 bis 100 Rthlr. betrifft, 12 Gr.

b) wenn sie über 100 Rthlr. betrifft, desgleichen, da Mandatarius Curator Concursus, 16 Gr.

Pro publicatione der Bescheide, Sentenzien und Rotulorum passiret nichts, da denen Advokaten pro cura instantiae ein Quantum zugebilliget wird.

7. Pro termino productionis testium,

a) in Bescheinigung 8 Gr.

b) in Beweiß 16 Gr.

8. Pro termino praestat. juramenti, in Sachen unter 100 Rthlr. 8 Gr.

über 100 Rthlr. 16 Gr.

9. Für eine Beweiß-Antretung

a) wenn der Beweiß durch Artikul angetreten wird, in Sachen unter 100 Rthlr. 16 Gr.

in Sachen über 100 Rthlr. 1 Rthlr.

b) wenn der Beweiß ohne Artikul per juramenti delationem oder Documenta angetreten wird, 12 bis 16 Gr.

10. Für eine Bescheinigungs-Antretung 8 Gr.

11. Pro termino inrotulationis 16 Gr.

12. Für eine Appellations-Schedul 16 Gr.

13. Pro termino licitationis 16 Gr.

14. Pro termino liquidationis,

a) wenn die Forderung des Liquidanten bis 50 Rthlr. beträgt, 8 Gr.

b) wenn die Forderung über 50 Rthlr. beträget, oder pro liquidato, oder pro Curatore, 16 Gr.

15. Pro termino verificationis, wie bey dem termino audientiae ad 4.

Pro liquidante, pro liquidato aut Curatore.
Wenn aber gegen mehr als 4 Creditores verfahren worden, vor jedes Verfahren gegen die Liquidanten 12 Gr.

16. Pro termino Commissionis in solchen Sachen, wo der terminus Commissionis eine Berechnung oder Verfahren in Defekt-Sachen betrifft, wie ad 4.

Für andere Commissions-Termine aber 1 Rthlr. 12 Gr.

17. Pro Cura instantiae,

a) in Sachen über 50 bis 100 Rthlr., 12 Gr.
b) über 100 bis 500 Rthlr., 1 Rthlr.
c) über 500 Rthlr., 2 Rthlr.

268. Reskript, die Jurisdiktions-Streitigkeiten zwischen dem Kammergericht und dem Stadtgericht zu Berlin betreffend, vom 22. April 1779.

Friedrich, König rc. Unsern rc. Bey Unserm Hoflager sind Eure Berichte vom 25ten Sept. und 9ten Octob. 1778. eingegangen, worinn Ihr nicht allein einige neuerlich zwischen dem ersten Senat des Cammergerichts und Euch entstandene Jurisdictions-Differenzien angezeiget, sondern auch sowohl auf diese, als auch noch weit mehrere nicht blos ähnliche Fälle sich erstreckende Anweisung an gedachten ersten Senat verlanget.

Wir haben darüber den ersten, auch den zweyten und dritten Senat des Cammergerichts, dessen Gerichtsbarkeit Eure Behauptungen gleichfalls anfechten, gehöret, und finden nöthig, folgendes Euch zu erkennen zu geben. Zuförderst habt Ihr überhaupt die Ehrerbietung nicht aus den Augen zu setzen, die Ihr als ein blos städtisches Untergericht Unserm Churmärkischen Landes-Justitz-Collegio dem Cammergerichte schuldig seyd, und davon der erste Senat eben sowohl, als der zweyte und dritte ein Theil ist; auch alle drey Senate zusammen einen Unserer Etats-Ministres zum Chef-Präsidenten haben. Es ist also höchst ungeziemend von Euch gehandelt, wenn ihr Euch weigert, von diesem Chef-Präsidenten des Cammergerichts unterschriebene, es seyen in einem oder dem andern Senat vorgetragene und concludirte Rescripte anzunehmen, ja Euch sogar einer Beurtheilung anzumaßen, was zu dieses oder jenes Senats Departement gehöret.

So wenig Wir nöthig gefunden, bey der in anno 1748. geschehenen Combination des Hofgerichts, des Criminal-Collegii, der Juden-Commission und anderer Collegiorum und besonderen Gerichtsbarkeiten mit dem Cammergericht Eure Meinung und Einstimmung zu verlangen; so wenig werden wir Uns auch jetzt von Euch vorschreiben lassen, was diesem oder jenem Senate für

Theile der dem Cammergericht obliegenden Geschäfte zuzutheilen, und in welchem zu dem Ressort des mit verschiedenen ehemaligen besondern Collegiis durch die neue Justiz-Einrichtung combinirten Cammergerichts gehörigen Sachen der erste Senat, oder der zweyte und dritte in secunda instantia zu erkennen, oder Mandata an Euch zu erlassen befugt sey. Wir wollen Euch vielmehr hiermit aufs allerernstlichste anweisen, Euch von nun an, besser als bishero geschehen, in den gehörigen Schranken der Subordination zu halten.

Zweytens kann und muß es Euch zwar aus diesen vorangeführten Gründen ganz gleichgültig seyn, welcher der drey Senate des Cammergerichts in secunda instantia in Injuriensachen, es mag in prima instantia bey Euch oder andern Untergerichten erkannt seyn, zu erkennen habe. Indessen wird Euch hierdurch bekannt gemacht, daß Wir für gut gefunden, dem zweyten Senat des Cammergerichts die Erkenntnisse in secunda instantia in Injuriensachen, die bey Euch in erster Instanz geschwebet, aufzutragen, wornach ihr Euch also achten müsset.

Drittens können Euch gleichfalls wegen der übrigen in Euren allegirten Berichten obmovirten Jurisdictionsstreitigkeiten die von Euch deshalb zum Grunde gelegte Sätze nicht eingeräumet werden:

1) daß bey dem, den 11. Jun. 1768 publicirten Jurisdictions-Deciso sub N. 9. litt. A. et B. zum Principio angenommen sey, daß nicht die bloße Bestallung, sondern Bestallung und Besoldung conjunctim, das ist, ein würklicher Königlicher oder Prinzlicher Dienst von dem foro civico eximire.

2) Daß nach der Analogie des Rescripts vom 30. Julii 1761 im Anhange des Codicis pag. 107. alle Arten von Unterbedienten aller Collegiorum als Canzleydiener, Boten, oder Unserer Regalien und Domainen-Institutorum, als Holzanweiser und andere Arbeiter bey der Accise, Lotterie rc. unter Eure Gerichtsbarkeit gehörten, weil ohnedem das Pupillen-Collegium die Bevormundung der hinterlassenen unmündigen Kinder dergleichen Personen dem Magistrat überlasse.

Denn ad 1. stehet in dem Deciso vom 11. Junii 1768. N. 9. litt. A. et B. wörtlich:

a. betreffend die Jurisdictionem realem wegen der Grundstücke derjenigen Personen, welche zwar nicht den Charakter als Räthe, wohl aber einen andern Charakter, als Commissarii, Secretarii, Bedienten von der Servis-Casse oder sonst haben.

b. Betreffend die Jurisdictionem personalem sowohl über diese Personen, wenn sie bürgerliche Nahrung treiben, als auch über die Hofarbeiter, die nur den bloßen Namen, nicht aber eine Bestallung und würkliche Besoldung haben, sind der Magistrat und Stadtgerichte sothane Jurisdictionem tam realem quam personalem, jedoch so viel die realem betrift, nur in so weit zu exerciren wol befugt, als in so fern nicht die fundi selbst durch Special-Privilegia eximiret, oder daferne solche nicht in dem oberörterten a jurisdictione des Magistrats und Stadtgerichts eximirten Gegenden belegen sind.

Es kommt also bey der jurisdictione personali über die ad a. benannte Personen alleine darauf an,

ob sie bürgerliche Nahrung treiben, nicht aber, ob sie auch ausser den Bestallungen Besoldungen haben.

Ad 2. hingegen verwechselt Ihr in Ansehung der erwehnten Arten von Personen ganz und gar, die dem Cammergericht und dessen sämtlichen Senaten zustehende Gerichtsbarkeit mit der dem ersten Senat beygelegten Hofgerichts-Jurisdiction; allermaßen ihr die ganz unrichtige Folge ziehet, daß wenn diese oder jene Person unter dieser letztern Jurisdiction nicht stehet, sie unter Euch gehöre.

Die alte Stadtgerichts-Ordnung vom 21. Jan. 1710, die neuere vom 5. April 1770, die alte Cammergerichts-Ordnung vom 1. März 1709 und der Cod. Frid. P. III. Tit. II. §. 2. 3. bestimmen die Grenzen der Gerichtsbarkeit ganz klar. Das nach Halberstadt ergangene Rescript vom 30. Julii 1761 hingegen kann keine allgemeine Regul geben, die auch auf die hiesige Gerichtsbarkeiten Anwendung finde, da ohnedem nach eben dieses Rescripts klarem Inhalt der Magistrat in Halberstadt keine eigene, sondern die Königliche Jurisdiction nur pachtweise hat.

Viertens gehöret demnach nicht aus den von Euch angeführten Gründen, sondern weil der verstorbene Holzanweiser Boetz nach dem beygebrachten Attest der rc. Cammer vom 19. Nov. 1778 kein von Uns oder der privilegirten Holzoctroi, so wie die Holzsetzer, angenommener und vereydeter Bedienter ist, und die Holzanweiser blos von den Holzverwaltern angenommen, folglich auch verabschiedet werden können, unter Eure Gerichtsbarkeit. Es ist auch bereits dem ersten Senat unter den 3. Dec. 1778 die Regulirung des Boetz Verlassenschaft Euch zu überlassen anbefohlen worden, wobey es sein Verbleiben hat.

Fünftens gebühret Euch nicht weniger die Gerichtsbarkeit über den Musikus Linde, da derselbe für keine zum französischen bereits im vorigen Jahre aufgehobenen Theatre gehörige Person, noch als ein solcher Fremder angesehen werden kann, der als eine Standes- oder sonst wohl conditionirte Person nach dem Codice unter der Cammergerichts-Jurisdiction stehet, welches wir dem ersten Senat des Cammergerichts auch bekannt machen lassen.

Sechstens ist in Ansehung des Prinzlichen Commissarii Krüger nicht hinlänglich ins Licht gesetzet, ob er würklich bürgerliche Nahrung treibe, als in welchem Fall Ihr nur allein einen gegründeten Anspruch auf die Gerichtsbarkeit über ihn haben würdet. Indessen scheinet es keiner weitern Entscheidung hierüber zu bedürfen, da Ihr schon die Sache abgegeben. Endlich ist zwar auch noch

Siebentens von dem ersten Senat des Cammergerichts darüber eine neuere Beschwerde angebracht worden, daß Ihr in einer Injuriensache gegen einen eximirten Denuntianten, als Redenuntiaten auf Gefängniß erkannt habt; geschiehet solches in Ansehung einer Verbal- oder Real-Injurie, die mit den von dem Excmto denunciirten in Ansehung der Zeit und des Ortes connex ist, so wollen Wir Euch solches, sonst aber nicht, verstatten. Und habt Ihr nur hiebey mit aller Behutsamkeit zu verfahren. Sind rc. Berlin, den 22. April 1779.

269. Vergleich wegen der Real-Jurisdiktion zwischen dem Kammergericht und dem Magistrat und Stadtgericht zu Berlin, vom 28. Juli 1787.

Wir Friederich Wilhelm von Gottes Gnaden, König von Preußen rc. Thun kund und fügen hiermit zu wissen; nachdem Uns Unser Geheimes Etats-Ministerium gebührend zu vernehmen gegeben, wasmaßen die zwischen dem mit Unserm Kammergericht combinirten Hofgericht und dem Magistrat und Stadt-Gerichten Unsrer hiesigen Residenzien über die sogenannte Burglehne und Freyhäuser, imgleichen über diejenigen Gebäude, welche auf dem Terrain der ehemaligen Vestungswerke und andern Landesherrlichen Grund und Boden in neuern Zeiten errichtet worden, eingetretene Jurisdictions-Irrungen, welche seit geraumer Zeit nicht nur zu vielen Weiterungen zwischen den Collegiis selbst Anlaß gegeben, sondern auch für die Besitzer und Einwohner solcher Häuser in ihren Rechts-Angelegenheiten manche nachtheilige Folgen gehabt, durch einen von dem dazu ernannten Commissario zu Stande gebrachten Vergleich, dessen Inhalt von Wort zu Wort lautet, wie folget:

Nachdem die Streitigkeiten zwischen dem Königl. Hofgericht und dem Magistrat hiesiger Residenzien über die Gränzen der Gerichtsbarkeit durch das von des Hochs. Königs Majestät unter dem 16ten May 1768 Allerhöchst bestätigte Commissarische Urtel noch nicht völlig beygelegt worden, weil das Königl. Hofgericht theils wegen einiger in dem gedachten Urtel untergelaufenen Irrthümer, theils über den allgemeinen Satz:

daß alle auf dem Fundo des Thiergartens, der Meklings Wiese, Meindershagenschen Meyerey, und auf anderen ohnstreitigen Königl. Fundis belegene Häuser, da solche auf Landesherrlichem Grund und Boden erbauet worden, unter des Hofgerichts-Jurisdiction verbleiben;

unter dem 16ten July 1768 Declaration nachgesucht, und dadurch eine große Anzahl bisher noch nicht im Streit befangener Gebäude, besonders auch diejenigen, welche auf den ehemaligen Fortificationswerken erbauet worden, in Anspruch genommen hat; hiedurch aber nicht nur das Hypothekenwesen beyder Gerichte leidet, sondern auch in Zukunft bey Entstehung neuer Gebäude zugleich neuer Anlaß zu Irrungen entsteht, weshalb ein hohes Justitz-Departement noch unterm 27sten Februar 1785 die gütliche Beylegung dieser Streitigkeiten durch ein bestimmtes Regulativ empfohlen hat, so ist zwischen dem Königl. Hof- und Cammergericht an einem, und dem Magistrat, ingleichen den Stadtgerichten hiesiger Königl. Residenzien am andern Theil und Vorbehalt Allerhöchster Bestätigung folgendes als ein unveränderliches Regulativ festgesetzt worden:

§. 1. Dem Königl. Hof- und Kammergericht verbleibt zuvörderst Jurisdictio realis über alle öffentliche Gebäude, deren Eigenthum entweder Sr. Majestät dem Könige oder solchen öffentlichen Anstalten zusteht, die nicht unmittelbar unter des hiesigen Magistrats Aufsicht stehn; und zwar sowohl derjenigen, welche nach dem sub A. beyliegendem Verzeichniß gegenwärtig vorhanden sind, als auch derjenigen, welche künftig entstehen werden.

§. 2. Es kommt hiebey nicht darauf an, ob dergleichen öffentliche Gebäude auf Königl. Fundis oder auf städtischem Grund und Boden erbauet sind; ob sie von ihrem Ursprung an öffentliche Gebäude oder Bürgerhäuser gewesen sind. Sollten daher auch in Zukunft solche Grundstücke, welche gegenwärtig zur Gerichtsbarkeit des Magistrats und der Stadtgerichte gehören, die Qualität eines öffentlichen Gebäudes nach den Bestimmungen des §. 1. erlangen, so gehen solche zur Jurisdiction des Hof- und Kammergerichts über.

§. 3. Zu den öffentlichen Gebäuden werden jedoch nicht diejenigen gerechnet, welche die Prinzen und Prinzessinnen oder andere Personen des Königl. Hauses dominiotenus besitzen, sondern es kommt in Absicht derselben auf die Beschaffenheit an, welche sie an und für sich haben.

§. 4. Ferner sollen nicht für öffentliche Gebäude erachtet werden, diejenigen, welche des Königs Majestät an Privatpersonen, z. B. den Entrepreneurs der Fabriken, erb- und eigenthümlich überlassen haben, wenn gleich diese Ueberlassung sub conditione vel modo geschehen wäre; sondern es kommt auch hier auf die Beschaffenheit an, welche dergleichen Gebäude in Rücksicht des Grund und Bodens an und für sich haben. Fällt aber ein solches Gebäude hiernächst an des Königs Majestät zurück, so erlangt es die Qualität eines öffentlichen Gebäudes, bis es von neuem einer Privatperson erb- und eigenthümlich überlassen wird.

§. 5. Wenn ein öffentliches Gebäude einer Privatperson erb- und eigenthümlich überlassen wird, so verliert es seine Qualität, und es kommt darauf an, ob das Gebäude wenigstens zum Theil auf unstreitigem Königl. Fundo, wozu jedoch die ehemaligen Fortificationswerke nicht zu rechnen sind, belegen sey oder nicht? Im ersten Fall verbleibet dem Hof- und Kammergericht Jurisdictio realis, im letztern Fall hingegen steht solche dem Magistrat und den Stadtgerichten so lange zu, bis ein solches Grundstück die Qualität eines öffentlichen Gebäudes wiederum erlangt.

§. 6. Was in dem Vorstehenden von öffentlichen Gebäuden festgesetzt worden, findet auch auf andere liegende Gründe, als Gärten, Aeckern, Wiesen ꝛc. Anwendung; ingleichen auf die Pertinenzien solcher öffentlichen Gebäude.

§. 7. Bey der Jurisdictioni personali über die Bewohner öffentlicher Gebäude und Grundstücke entscheidet lediglich die persönliche Qualität derselben, und dies findet auch alsdann statt, wenn ein öffentliches Gebäude einer Privatperson erb- und eigenthümlich überlassen wird.

§. 8. Zur Jurisdictioni personali gehört sowohl in diesem Fall, als in allen nachfolgenden Bestimmungen des gegenwärtigen Regulativs, die Direction eines über das Vermögen des Besitzers entstehenden Concursus universalis, die Einleitung des Verfahrens über ein Moratorium generale vel speciale, die Siegelung in Sterbefällen, die Erbauseinandersetzung, die Anordnung der Vormundschaft u. s. w. nur allein eigentliche actiones reales, die Bestätigung der Kauf-Contrakte über Grundstücke und anderer Veräußerungen derselben, das Hypothekenwesen, Tax- Subhastationes der Grundstücke, ingleichen solche Liquidations-Processe und Aufbietungen, welche nach Anleitung des Corp. Juris Fr. P. II. Tit. 27. §. 3. bis 42. und §. 86. bis 99. ein unbewegliches Grundstück, dessen Kaufgeld oder ein darauf haftendes Realrecht betreffen, werden ad jurisdictionem realem gerechnet. Hiernach werden auch alle Schuldklagen, wenn sie gleich aus einer eventuellen Verpfändung des Grundstücks entspringen, und vorzüglich auf Befriedigung aus der Hypothek oder auf Tax- und Subhastation gerichtet sind, in foro personali erörtert, und hier die Verkümmerung der Miethen und anderer fructum verfügt; blos die Tax- und Subhastation geschiehet hiernächst in foro rei sitae auf den Grund des in foro personali ergangenen Judicati; das Judicium rei sitae faßt den Adjudications-Bescheid ab und zieht die Kaufgelder ein, jedoch in Concurs- und erbschaftlichen Liquidations-Prozessen mit Beobachtung der Vorschriften des Corp. Jur. Fr. P. II. Tit. 26. §. 307. und 308.

§. 9. Dem Königl. Hof- und Kammergericht verbleibt ferner Jurisdictio realis über alle eigentliche Burglehne und Freyhäuser, welche sowohl nach dem sub B. anliegenden Verzeichniß gegenwärtig vorhanden sind, als auch in Zukunft durch besondere Landesherrliche Privilegia diese Qualität erlangen; ingleichen Jurisdictio personalis über die in solchen Burglehnen oder Freyhäusern wohnenden Eigenthümer, wenn gleich solche Bürger sind, und bürgerliche Nahrung treiben; in welchem Fall sie jedoch in Polizey-, Gewerks- und Innungssachen dem Magistrat unterworfen bleiben. Wohnt der Eigenthümer nicht in seinem Burglehn oder Freyhause, so findet diese Exemtion in Absicht der Jurisdictionis personalis nicht statt, sondern es tritt das forum ordinarium ein.

§. 10. Da es zweifelhaft geblieben ist, ob

a) das Haus der Geschwistere Stahl am Molkenmarkt,

b) das Haus der von Bredowschen Erben in der Wallstraße,
c) das Haus der verwittweten Majorin von Katt in der Wilhelmsstraße,
d) das Palais der Prinzessinn Amalia, Königl. Hoheit, in der Wilhelmsstraße,
e) das Haus des Holzverwalters, Carl Philipp Spielberger, am Holzmarkt,

als Freyhäuser betrachtet werden könnten: so werden dem Königlichen Hof- und Kammergerichte sowohl wegen dieser Häuser, als auch wegen der sonst in dem sub B. beyliegenden Verzeichniß nicht aufgeführten schon jetzt vorhandenen Burglehne und Freyhäuser competentia auf den Fall hiemit vorbehalten, wenn der eine oder andere Besitzer gehörig nachweisen sollte, daß seinem Grundstück die Qualität eines Burglehns oder Freyhauses wirklich zukomme.

§. 11. In Absicht der Miethsleute der Burglehne und Freyhäuser, und deren so wie auch der Eigenthümer, Domestiken, hat es bey der Entscheidung des Commissarischen Urtels vom 16ten May 1768, daß über diese Personen, in so fern sie nicht an und für sich zu den Exemtis gehören, dem Magistrat und Stadtgericht Jurisdictio personalis zustehe, sein Bewenden.

§. 12. Bey den vermöge der gedachten Sentenz außer den eigentlichen Burglehnen und Freyhäusern dem Hof- und Kammergericht bereits namentlich zuerkannten, oder sonst zu dessen Jurisdiction unstreitig gehörenden Häusern und Grundstücken, welche in dem sub C. anliegenden Verzeichniß aufgeführt sind, behält sich das Königl. Hof- und Kammergericht blos Jurisdictionem realem vor, und überläßt dagegen dem Magistrat und den Stadtgerichten Jurisdictionem personalem über die Eigenthümer und Bewohner, in so fern solche nicht für ihre Person zu den Exemten gehören, nach den Bestimmungen des §. 8.

§. 13. Von allen übrigen auf den streitigen Revieren belegenen Häusern und Grundstücken verbleiben blos diejenigen, welche in dem sub D. beyliegenden Verzeichniß benannt sind, dem Hof- und Kammergericht quoad Jurisdictionem realem, indem bey dem vormaligen Verfahren die Exemtion derselben, nach dem Gutachten der Commission zum Theil nachgewiesen worden, auch verschiedene Besitzer bereits erklärt haben, unter der Gerichtsbarkeit des Hof- und Kammer-Gerichts stehen zu wollen.

§. 14. Dagegen wird dem Magistrat und Stadtgericht Jurisdictio personalis über die Eigenthümer dieser Häuser und Grundstücke, in so fern sie nicht an und für sich Exemti sind, gleichfalls nach den Bestimmungen des §. 8. überlassen.

§. 15. Um auch allem Anlaß zu fernern Jurisdiktions-Irrungen gänzlich vorzubeugen, so ertheilt das Hof- und Kammergericht dem Magistrat und Stadtgericht hiemit die Versicherung, sich sowohl jetzt als zu ewigen Zeiten, mit den nach dem vorstehenden Regulativ dessen Jurisdiction unterworfenen in den sub A. B. C. et D. beyliegenden Verzeichnissen namentlich aufgeführten Häusern und Grundstücken zu begnügen, und unter keinem Vorwand auf mehrere Grundstücke und bereits erbauete oder noch zu erbauende Häuser Anspruch zu machen, vielmehr solche, sie mögen auf Königl. Fundis oder auf den ehemaligen Fortifications-Werken, oder wo es sonst seyn mag, belegen seyn, dem Magistrat und Stadtgericht lediglich zu überlassen. Zu welchem Ende das Hof- und Kammergericht allem nach der Sentenz vom 16ten May 1768, oder ex alio quocunque titulo demselben zustehende Rechte entsagt.

§. 16. Hievon findet nur in dem einzigen Fall eine Ausnahme statt, wenn einer oder der andere Besitzer die Exemtion von der Jurisdiction des Magistrats und des Stadtgerichts aus rechtlichem Grunde behaupten und ausführen sollte, indem es sich von selbst verstehet, daß den Eigenthümern ihre etwanigen Rechte vorbehalten bleiben. Jedoch soll auch alsdann der Magistrat und das Stadtgericht befugt seyn, die Jurisdiction so lange zu exerciren, bis durch Urthel und Recht das Gegentheil festgesetzt worden.

§. 17. Wegen der Schuldklagen gegen Eximirte, welche unter der Jurisdiction des Magistrats und der Stadtgerichte Häuser oder andre Grundstücke besitzen, wird auf die Bestimmungen des §. 8. Bezug genommen.

§. 18. In Absicht der Hofarbeiter wird der entstandene Zweifel über den Sinn der Sentenz vom 16ten May 1768 dahin erledigt, daß solche nur alsdann quoad Jurisdictionem personalem und mit Vorbehalt der Polizey-, Gewerks- und Innungs-Sachen, dem Hof- und Kammergericht unterworfen seyn sollen, wenn sie nicht nur eine Bestallung, sondern auch wirkliche Besoldung haben; wohingegen diejenigen, welche entweder keine Bestallung oder doch nicht Bestallung und wirkliche Besoldung zugleich haben, der Jurisdiction des Magistrats und der Stadtgerichte überlassen bleiben.

§. 19. Sobald dieses Regulativ höchsten Orts bestätiget ist, wird das Hof- und Kammergericht seine Hypotheken-Registratur anweisen und anhalten, binnen 6 Wochen darnach das Hypothekenbuch völlig zu berichtigen; bey allen der Real-Jurisdiction des Stadtgerichts überlassenen Häusern, und andern Grundstücken eine beglaubte Abschrift von dem Folio derselben im Hypothekenbuche nebst den dazu gehörenden Belags-Acten dem Stadtgericht zum Behuf der vorschriftsmäßigen Uebertragung zuzufertigen, und sich in Zukunft genau nach diesem Regulativ zu achten.

§. 20. Eben dies wird binnen gleicher Frist von Seiten des Stadtgerichts in Absicht derjenigen Häuser und anderen Grundstücke, welche nach diesem Regulativ der Real-Jurisdiction des Hof- und Kammergerichts unterworfen sind, genau beobachtet; auch den Eigenthümern der übertragenen Häuser und Grundstücke davon ex officio Nachricht gegeben.

§. 21. Ferner sollen die Registratur- und Kanzley-Bedienten der beyderseitigen Collegiorum auf gegenwärtiges Regulativ zur genauen Achtung verwiesen werden.

§. 22. Dem Churmärkschen Pupillen-Collegio wird vom Kammergericht, und der Vormundschafts-Deputation des Magistrats von letzterm eine Abschrift dieses Regulativs mitgetheilt. Sollten bey dem einen oder andern Collegio Vormundschaften schweben, welche nach den vorstehenden Bestimmungen dahin nicht gehören, so werden die darüber bisher verhandelten Acten nebst den in Deposito befindlichen baaren Geldern und Dokumenten dem zuständigen Vormundschaftsgericht zur weitern Bearbeitung überschickt.

§. 23. Die bey dem Hof- und Kammergericht oder bey den Sadtgerichten über die deren Jurisdiction in gegenwärtigem Regulativ beygelegten Häuser und Grundstücke, oder gegen die Eigenthümer derselben bereits schwebende Prozesse sollen da, wo sie anhängig sind, bis zur Execution fortgesetzt werden, damit für die Partheyen kein Aufenthalt und unnöthiger Kostenaufwand entstehe.

Die Execution hingegen geschieht von demjenigen Gericht, zu dessen Jurisdiction die Sache nach den vorstehenden Bestimmungen gehört. Gleiche Bewandniß hat es mit den Hof-Arbeitern.

Urkundlich ist dieses Regulativ dreyfach ausgefertiget und nebst den dazu gehörenden Verzeichnissen sub A. B. C. und D, von dem Präsidio beyderseitiger Collegiorum unterzeichnet, auch mit deren Gerichts-Siegel bekräftiget worden. So geschehen Berlin, den Acht und zwanzigsten Julius Eintausend Siebenhundert und Sieben und Achtzig.

270. Reglement wegen der Trödler und deren Handel in der Residenzstadt Berlin, vom 21. Oktober 1788.

Wir Friederich Wilhelm von Gottes Gnaden König von Preussen ꝛc. Thun kund und fügen hierdurch zu wissen: daß, nachdem vielfältige Beschwerden eingegangen, wie viele Personen vom Militair- und Civilstande, ohne obrigkeitliches Vorwissen und Genehmigung, sich den sogenannten Trödelhandel angemasset, zu großem Nachtheil der Kaufmannschaft, Professionisten und Handwerker die Jahrmärkte in den Landstädten ordentlich bezogen, auch sich, dem Privilegio der Kaufmannschaft entgegen, sehr vieler, einem Trödler nicht zukommender Handlungs-Artikel angemaßet, und sonst allerley Mißbräuche bey ihrem Verkehr getrieben, Wir, zur Steuerung dieses Unwesens, hiermit folgendes allergnädigst verordnen und festsetzen wollen:

§. 1. Es soll niemand, weder vom Militair- noch Civilstande, sich mit dem Trödelhandel in hiesigen Residenzien befassen, der nicht vom Polizeydirectorio dazu besonders concessioniret ist.

§. 2. Wird das Polizeydirectorium ernstlich angewiesen, niemanden zum Trödelhandel zuzulassen und mit einer Concefsion zu versehen, der eine Profession oder sonst eine bürgerliche Nahrung treibet, es wäre denn, daß er sich des Betriebes seiner Profession oder einer andern bürgerlichen Nahrung zuvor begeben hätte.

§. 3. Diejenigen Personen, welchen der Trödelhandel zu gestatten, müssen in einem guten Ruf stehen, und wenigstens ein eigenes Vermögen von Ein Hundert Reichsthaler besitzen, solches auch hinreichend bescheinigen können, ausserdem aber soll keiner zum Trödler, er sey vom Militair- oder Civilstande, angenommen, und ganz genau hierauf gesehen werden.

§. 4. Die Anzahl der Trödler für die Residenzien Berlin wird überhaupt auf Sechzig festgesetzet und bestimmet, und soll diese Anzahl in der Folge, so lange Wir nicht Höchstselbst ein anderes zu verfügen, oder jemanden, aus besonders bewegenden Ursachen, über diese Anzahl, mit einer Conceßion zum Trödelhandel zu begnadigen gut finden mögten, nie überschritten werden.

Wenn aber gegenwärtig allhier mehr als 150 Personen, sich mit diesem Handel befassen; so sollen diese Leute, in sofern sie nicht noch andere Gewerbe dabey treiben, in Betracht sie einmal mit diesem Handel verwickelt sind, dabey zwar gelassen, und ihnen die Concessionen vom Polizeydirectorio gratis ausgefertiget werden. Wenn sie jedoch mehrere Nahrungsarten nebenbey betreiben, und sich solcher nicht begeben wollen, sollen sie den Trödelhandel gänzlich niederlegen, wozu ihnen das Polizeydirectorium, nach vorgängiger Untersuchung, die präclusivische Frist, nach Billigkeit bestimmen muß.

§. 5. Da die Anzahl der Trödler auf Sechzig festgesetzet ist; so verstehet es sich von selbst, daß nicht eher neue Concessiones ertheilet werden müssen, als bis die jetzt vorhandene Anzahl derselben bis auf 60, ausgestorben oder sonst abgegangen seyn wird.

§. 6. Für eine Conceßion zum Trödelhandel, sollen künftig an Chargengebühren 6 Rthl. und an Stempelgebühren, excl. des Expeditionsstempels 2 Rthl. 12 Gr. entrichtet werden, die Trödler auch gehalten seyn, pro recognitione jährlich 1 Rthl. Canon zur hiesigen Cämmerey zu bezahlen.

§. 7. Die Trödler sollen nur Befugniß haben, mit alten Sachen, keinesweges aber mit neuen, zu handeln, bey Strafe der Confiscation aller bei ihnen gefundenen neuen Waaren, es wäre denn, daß sie solche auf Auctionen gekaufet, worunter jedoch nur blos, die zu einem gewissen Behuf bereits fertige neue Sachen, in soweit deren Verkauf nicht durch die Gesetze verbothen ist, also keinesweges ungeschnittne Zeuge und andere Materien zu verstehen sind.

§. 8. Damit aber dem Trödler alle Eingriffe in die Privilegia der Kaufleute, Profeßionisten und Handwerker gänzlich benommen werden; so setzen Wir hierdurch fest: daß die Trödler eigentlich nur befugt seyn sollen, mit folgenden Articuln zu handeln, nehmlich mit alten oder schon gebrauchten Kleidungsstücken, dergleichen Tischzeug, Mobilien, Geräthschaften und Cincaillerie, (worunter alle alte Eisenhändler-Waaren begriffen sind), in soweit deren Verkauf nicht durch die Gesetze allgemein verbothen ist, und daß sie in dem Falle nur allein obige Sachen neu führen können, wenn sie solche auf Auctionen gekauft, und dieses gehörig zu bescheinigen im Stande sind, zu welchem Ende sie sich hierüber von dem Auctions-Commissario Atteste, mit Benennung der Auction, worinn diese neue Sachen erstanden sind, geben lassen müssen; wobey sich jedoch von selbst verstehet, daß der Auctions-Commissarius nicht neue Sachen, um solche in Auctionen mitzugeben, verfertigen lassen darf, und wird ihm dieses hiermit auf das nachdrücklichste verbothen.

Dagegen soll sich der Trödler, bey Strafe der Confiscation, und, dem Befinden nach, bey Verlust seiner Concession, des Handels mit neuen, zu keinem gewissen Behuf bestimmten Waaren und Sachen, als mit Tüchern, Boy, Fries, Flanell, Parchent, Seide, Cameel- und anderm Garn, rohem Eisen, Blech, Wolle und wollenen auch halbwollenen Zeugen, imgleichen unverarbeitetem Leder gänzlich enthalten; wie ihm denn bei gleicher Strafe auch nicht erlaubt ist, dergleichen und andere neue Waaren in Commission zu nehmen.

§. 9. Keinem Trödler ist erlaubt, Messen oder Jahrmärkte zu beziehen, und soll die Obrigkeit des Orts, wenn sich ein Trödler auf den Jahrmärkten in den Landstädten einfindet, demselben die Waaren sofort anhalten, und darüber an die Behörde berichten.

§. 10. Keinem Trödler soll gestattet werden, auf Auctionen, die in dem 8. §. verbothenen Artikel zu kaufen, es wäre denn eine Kleinigkeit, die er zu seiner eigenen Consumtion selbst benöthiget wäre, in welchem Fall ihm zwar der Einkauf zu gestatten ist. Wenn sich aber demnächst finden sollte, daß er diese Waaren in seiner Bude zum Verkauf stellet, und einen Handel damit treibet, oder solche sogar hausiren schicket; so soll ihm, ausser der Confiscation solcher Waaren, der Trödelhandel gänzlich geleget werden; wer aber von den jetzigen Trödlern noch dergleichen zum Trödelhandel nicht qualificirte Waaren und Sachen vorräthig hat, muß solche a dato publicationis, binnen sechs Monaten, bey Strafe der Confiscation abschaffen.

§. 11. Ein Trödler muß schlechterdings lesen und schreiben können, und sowohl über seinen Ein- als Verkauf ein Buch führen, in welchem er besonders die Nahmen derjenigen Personen, die ihm etwas zum Verkauf bringen, eintragen muß, nebst dem Preise, wie hoch er es verkauft hat.

§. 12. Kein Trödler soll sich unterfangen, Sachen von Personen zu kaufen, von welchen er nicht überzeuget ist, daß dieselben darüber zu verfügen, und solche zu veräußern berechtiget sind.

§. 13. Wenn ihm dahero Soldaten, Dienstbothen, Lehrbursche, Unmündige oder andere unter väterlicher Gewalt oder Vormundschaft stehende Personen, Sachen zum Kauf anbiethen; so muß er sich mit denselben nicht anders einlassen, als wenn sie einen schriftlichen Consens der respect. Compagnie-Chefs, Dienstherrschaften, Lehrmeistern und Vormündern beybringen.

§. 14. Ist die Person des Verkäufers dem Trödler unbekannt; so muß er sich ihrenthalben bey andern bekannten und glaubhaften Personen erkundigen, und nicht eher den Kauf schließen, als bis er von diesen versichert worden, daß gegen den Verkäufer und die Befugniß desselben die Sache zu veräussern, nichts Bedenkliches und Verdächtiges obwalte.

§. 15. Die zu seiner Rechtfertigung bey einem solchen Ankauf dienenden Umstände, und die von ihm dabey gebrauchte Vorsicht, muß der Trödler in seinem Buche genau bemerken.

§. 16. Erwächst aus den Umständen ein wahrscheinlicher Verdacht, daß die zum Kauf angebothene Sache entwendet sey; so ist der Trödler, bey nachdrücklicher Ahndung, schuldig, eine solche verdächtige Sache anzuhalten, und an das Polizey-Directorium zur weitern Untersuchung abzuliefern.

§. 17. Dies muß insonderheit geschehen, wenn Sachen von Werth, zum Exempel: Gold, Silber, Juwelen, Spitzen, oder andere Kostbarkeiten von ganz unbekannten oder von solchen Leuten, die nach ihrem Stand und Gewerbe dergleichen Sachen nicht zu haben pflegen, zum Kauf angebothen werden, und noch mehr, wenn der Werth der Sache den dafür geforderten Preiß beträchtlich übersteigt.

§. 18. Vornehmlich müssen die Trödler solche, von unbekannten oder verdächtigen Personen angebothene, Sachen anhalten, und abliefern, wenn sie durch die öffentliche Bekanntmachung in den Intelligenz-Blättern, durch obrigkeitliche Warnungen, oder auch nur durch glaubwürdige Privat-Anzeigen benachrichtiget sind, daß Sachen von dieser Art und mit solchen Kennzeichen versehen, gestohlen oder verlohren worden.

§. 19. Hat ein Trödler Sachen von denen er weiß, daß solche gestohlen sind, gekauft; so soll er nicht nur seiner Concession sofort verlustig seyn, sondern auch als ein Dieb bestraft werden.

Eben diese Strafe soll den Trödler auch alsdenn treffen, wenn er auch nur das erstemal überführet wird, gewußt zu haben, daß der Verkäufer von einer der §. 13. benannten Personen aufgestellt sey, und er gleichwohl ohne Anwendung der gesetzmäßigen Vorsicht auf dergleichen verstelltes Geschäft sich eingelassen hat.

§. 20. Hat er gestohlene Sachen, in Ansehung welcher er nach §. 18. vorher gewarnet worden, dennoch gekauft; so soll ihm, wenn er auch der Wissenschaft nicht völlig überführet werden kann, gleichwohl der fernere Trödelhandel, bey mehrjähriger Gefängniß- oder Zuchthaußstrafe, gänzlich untersaget, und die erhaltene Conceßion abgenommen, er auch überdies, nach Verhältniß des gegen ihn obwaltenden Verdachts der Diebeshelerey, mit Gefängniß- oder Zuchthausstrafe beleget werden.

§. 21. Hat ausserdem ein Trödler gestohlene Sachen zwar nicht wissentlich, aber doch mit Verabsäumung der nach vorstehenden §§. 12—15. ihm obgelegenen Vorsicht, gekaufet; so soll ihm ebenfalls die Concešion sofort abgenommen, und wider ihn, nach Verhältniß der begangenen Nachläßigkeit, auf eine angemessene Geld- oder Gefängnißstrafe erkannt werden.

§. 22. Ein gleiches soll statt finden, wenn ein Trödler mehr als einmal, Sachen von Personen, die nach §. 13. darüber zu disponiren nicht befugt sind, ohne Anwendung der gesetzmäßigen Vorsicht, gekauft hat.

§. 23. Da auch durch den Gebrauch von Kleidern, Leinen und Betten, welche Personen, die mit ansteckenden Krankheiten behaftet sind, auf und an ihrem Leibe gehabt haben, der Gesundheit anderer sehr geschadet, und dadurch dergleichen epidemische Krankheiten weiter verbreitet werden können; so haben Wir resolviret, darüber, in wie ferne solche Kleider, Leinen und Betten entweder ganz vernichtet, oder was sonst bey deren weitern Gebrauch zur Verhütung des Ansteckens für Vorsichtsregeln angewendet werden sollen, das Nöthige in einem besonderen Publicando zu verordnen. Nach diesem Publicando, welches den Trödlern zu seiner Zeit ausdrücklich bekannt gemacht werden soll, müssen dieselben mit vorzüglicher Sorgfalt und Genauigkeit sich achten, und haben diejenigen, welche demselben, es sey vorsetzlich oder aus groben Versehen, zuwider handeln, nach Bewandniß der Umstände, des Grades der Moralität und des an der Gesundheit anderer verursachten Schadens, verhältnißmäßige Geldstrafe, Verlust ihrer Concession, oder wohl gar schwere Leibesstrafe zu gewärtigen.

Immittelst aber müssen die Trödler auch schon jetzt vom Tage der ihnen geschehenen Bekanntmachung dieses Reglements an, wissentlich keine Kleider, Leib-Leinen und Betten, die mit ansteckenden Krankheiten, als venerischer Seuche, bösartigem Scorbut und Pocken, der Krätze, Fleck- und Faulfieber behaftet gewesene Personen, auf und an ihrem Leibe gehabt haben, zu ihrem Trödel-Gewerbe kaufen, und die wissentlich dawider gehandelt zu haben überführet werden, sollen mit dem Verlust ihrer Concession und, nach Befinden, mit der hier erwehnten Strafe, angesehen werden.

§. 24. Uebrigens muß der Trödler zwar in allen Fällen die gestohlene oder von unbefugten Personen gekaufte Sachen wieder herausgeben.

Hat er jedoch die gesetzmäßige Vorsicht bey dem Ankauf angewandt; so bleibt ihm der Regreß gegen seinen Verkäufer sowohl als gegen denjenigen, der ihm die Sicherheit des Verkäufers attestiret hat, rechtlicher Art nach, vorbehalten.

§. 25. Alle Schlüssel und Dietriche, welche dem Trödler zum Verkauf angeboten werden, muß er sofort, auch wo möglich, den Verkäufer selbst anhalten, und an das Polizey-Direktorium abliefern.

§. 26. Damit auch die Aufkäuferey von gestohlenen Sachen, so viel möglich verhütet werde; so wird dem Polizey-Direktorio anbefohlen, durch die Commissaires de Quartiers alle 6, höchstens 8 Wochen eine unvermuthete Visitation bey den Trödlern in jedem Revier der Stadt, vornehmen, deren Bücher genau revidiren, in Ansehung der vorzufindenden neuen und in die Augen fallenden Sachen unterweilen bey den Verkäufern und gewesenen Eigenthümern sich in Absicht der Richtigkeit erkundigen, besonders auch darauf: ob in den Trödelbuden unter dem Boden oder sonst heimliche Versteckungs-Oerter angebracht sind, genau attendiren, und von einer jeden Revision Bericht abstatten zu lassen.

§. 27. Dem Polizey-Direktorio und Magistrat in Berlin, den Steuerräthen und den Magisträten in den Landstädten befehlen Wir allergnädigst, über dieses Trödler-Reglement, so weit dessen Beobachtung zu eines jeden Amt gehöret, genau und ernstlich zu halten, und dagegen bey eigener Verantwortung keine Contravention zu gestatten; wie denn auch bey entstehendem Verdacht die Trödlerbuden sogleich ausserordentlich zu visitiren, und alle diejenige Waaren, die dem Trödler zu führen nicht erlaubt sind, oder von welchen er den Verkäufer nicht nachweisen kann, in gerichtlichen Beschlag zu nehmen sind. Urkundlich haben Wir dieses Reglement Höchsteigenhändig vollzogen, und mit Unserm Königlichen Insiegel bedrucken lassen. So geschehen und gegeben zu Berlin, den 21. Oct. 1788.

271. Instruktion wegen Untersuchung und Bestrafung der Diebstähle und ähnlicher Verbrechen in Berlin, vom 26. Februar 1799.

Wir Friedrich Wilhelm von Gottes Gnaden König von Preußen ꝛc. Thun kund und fügen hiemit zu wissen. Da wir durch die seit einiger Zeit häufiger als sonst verübte Diebstähle, und das öftere Entweichen der Verbrecher bewogen worden, mittelst besonderer Verordnung vom heutigen dato, die Art der Bestrafung solcher Verbrecher schärfer und zweckmäßiger zu bestimmen, so finden Wir noch besonders nöthig, die Gerichte, welche die Criminal-Jurisdiction innerhalb Unserer hiesigen Residenzien, oder in einem von den Thoren und Landwehren derselben auf fünf Meilen zu berechnenden Umkreise verwalten, wegen ihrer darauf Beziehung habenden Amtsgeschäfte, mit nachstehender Instruktion zu versehen, welche jedoch auf die Militairgerichte keine Anwendung findet.

§. 1. Um jeden Aufenthalt zu vermeiden, welcher aus der Verschiedenheit der Gerichtsbarkeiten entstehen könnte, und ein überall gleichmäßiges Verfahren einzuführen, haben Wir eine Immediatcommission allhier niedergesetzt, welche als eine beständige Deputation des Kammergerichts bey allen Untersuchungen dieser Art die Oberaufsicht führen, in vorkommenden Fällen den instruirenden Criminalgerichten und den vom Kammergericht ernannten Inquirenten die nöthige Anweisungen ertheilen und dahin sehen soll, daß dieser Instruktion auf das genaueste nachgelebet werde.

§. 2. Wenn zwischen den der Oberaufsicht der Commission untergeordneten Criminalgerichten oder Gerichtspersonen darüber Streit entstehet, wem die Führung einer wegen Diebereyen zu veranlassenden Untersuchung obliege, so muß bey der Commission angefragt und von derselben in unbedenklichen Fällen entschieden, sonst aber interimistisch festgesetzt werden, welches Gericht sich diesem Geschäfte unterziehen solle.

Auf gleiche Art muß der Immediat-Commission Anzeige geschehen, wenn die von diesen Gerichten wechselseitig erlassene Requisitionen nicht ungesäumt und zweckmäßig befolgt werden, da denn die Commission in diesen und allen Fällen, wo Beschwerden über das Verfahren eines dieser Criminalgerichte oder Inquirenten eingehen, oder die Commission selbst bey Revision der Akten oder Visitation der Gefängnisse Mängel entdeckt, die dem Befinden nach nöthige Verfügungen zu treffen und zur Ausübung zu bringen hat.

§. 3. Sobald der Immediat-Commission ein beträchtlicher Diebstahl angezeigt wird, oder so oft sie es sonst nöthig findet, muß von den Gerichten, welchen sie dazu Anweisung ertheilt, eine, mit Requisition der Polizey, und erforderlichen Falls des Militairs, an verdächtigen Orten vorzunehmende Haussuchung veranstaltet werden, um sowohl die gestohlnen Sachen als den Thäter zu entdecken.

§. 4. Werden bey solchen Haussuchungen verdächtige Sachen gefunden, so müssen sie in Beschlag genommen, und nach dem Ermessen der Commission in gerichtlichen Gewahrsam gebracht werden, welchemnächst von demjenigen, bey welchem sie entdeckt worden, die Nachweisung erfordert wird, in welcher Art er zu deren Besitz gelanget sey.

§. 5. Der Beurtheilung der Commission bleibt es in solchen Fällen überlassen, ob derjenige, bey welchem verdächtige Sachen gefunden worden, um deswillen zur gefänglichen Haft zu bringen, auch wegen seiner Beschäftigung und Erwerbsmittel Nachforschung und hiernächst dem Befinden nach fernere Untersuchung zu veranlassen.

§. 6. Wegen der bey solchen Haussuchungen entdeckten Vagabunden sind die schon vorhandene gesetzliche Vorschriften genau zu befolgen; die Commission muß gemeinschaftlich mit dem Polizey-Direktorio dahin arbeiten, daß dergleichen verdächtige Personen bey Gelegenheit der Haussuchungen oder sonst entdeckt und zur gefänglichen Haft gebracht werden, welchenfalls es der Polizeybehörde ausdrückliche Pflicht ist, strenge darauf zu halten, daß solchem Gesindel der Aufenthalt in den hiesigen Residenzien und deren Bezirk nicht gestattet werde, und daß, wenn sie der ihnen zu ertheilenden Warnung ohngeachtet zurück kehren, deren Einsperrung in eine Besserungsanstalt eben so erfolge, als wenn sie auf einen gemeinen Diebstahl ertappt wären. Außerhalb den Residenzien sind die Polizeybehörden zu einer gleichen Mitwürkung verpflichtet.

§. 7.

§. 7. Um die Ausmittelung entwendeter Sachen zu erleichtern, soll über die von den Bestohlnen bey dem Kammergericht oder der Commission eingereichten Verzeichnisse ein vollständiges Register geführet werden. Sind dergleichen Verzeichnisse bey einem der unter der Aufsicht der Commission stehenden Criminalgerichte übergeben, so müssen diese sogleich ein Duplikat an die Commission einsenden, welche die daraus, so wie auch die aus den hiesigen Intelligenzblättern zu entnehmenden Nachrichten, in sothanes Register eintragen läßt, damit einem jeden, welcher verdächtige Sachen anzuhalten Gelegenheit hat, aus diesem Register die erforderliche Auskunft, auch dem Bestohlnen die nöthige Nachricht unverzüglich ertheilt werden könne.

§. 8. Gleichmäßig ist bey der Commission über die Namen und Bezeichnungen der durch Steckbriefe verfolgten entwichenen Verbrecher oder Gefangenen ein besonderes Verzeichniß nach alphabetischer Ordnung zu führen, und solches durch die den Zeitungs- und Intelligenzblättern eingerückte Nachrichten möglichst zu ergänzen, damit, wenn ein Entsprungener von neuem in Untersuchung geräth, oder bey veranstalteten Visitationen als verdächtig eingebracht wird, derselbe sofort dem die Untersuchung führenden Gerichte zurückgeliefert werden könne.

§. 9. Damit wegen der jetzt festgesetzten strengen Strafe des Entweichens sich niemand mit der Unwissenheit entschuldigen könne, müssen diese Strafen jedem zur Haft gebrachten vollständig mit der nöthigen Warnung bekannt gemacht werden, und ist die Veranstaltung zu treffen, daß diese Warnung von Zeit zu Zeit erneuert werde.

§. 10. Zu den wegen Diebstähls Verhafteten darf vor geendeter Untersuchung oder erfolgtem Eingeständnisse des angeschuldigten Verbrechens niemand unter irgend einem Vorwand, ohne ausdrückliche Erlaubniß des Gerichts der Zugang verstattet werden. Sind zwischen ihnen und ihren Angehörigen Benachrichtigungen nothwendig, so muß deshalb das Erforderliche von den Gerichtspersonen oder mit deren Genehmigung von den Aufsehern des Gefängnisses bewürkt werden. Solchen Verhafteten ist daher der Gebrauch von Schreibmaterialien nicht zu gestatten, und wenn ihre Angehörige ihnen Kleidungsstücke, Wäsche oder Lebensmittel zuschicken, muß dieses, so wie alles, was der Verhaftete den Seinigen zurücksendet, auf das genaueste durchsucht werden, um jede die Ueberführung erschwerende Bestellung zu verhüten. In gleicher Absicht muß auch bey Bestimmung der solchen Verhafteten anzuweisenden Gefängnisse, und zu gestatteten Freystunden dahin gesehen werden, daß jede zweckwidrige Communikation möglichst verhütet werde.

§. 11. Um den Verhafteten zum Geständnisse zu bewegen, dürfen keine gewaltsame Mittel angewendet werden, und nur denn, wenn derselbe auf die Fragen des Gerichts eine bestimmte Antwort zu ertheilen hartnäckig weigert, ist es erlaubt, ihn wegen dieses Ungehorsams durch strengeres Gefängniß oder Peitschen- und Ruthenhiebe züchtigen zu lassen. Eine gleiche Befugniß gebühret dem Gerichte, wenn der geständige oder überwiesene Verbrecher die Anzeige verweigert, wo sich die gestohlnen Sachen befinden, oder wenn er zwar darüber, was er mit diesen Sachen gemacht habe, Auskunft ertheilet, diese aber bey angestellter Prüfung unwahr befunden wird.

§. 12. Bey der Bestimmung, in wie weit ein des Verbrechens nicht Geständiger für überführt zu achten sey, soll vorzüglich mit darauf gesehen werden, ob er vorhero einen unbescholtenen Lebenswandel geführt, und nachweisen könne, wie er sich bis dahin auf eine redliche Art seinen Unterhalt verschaffet habe.

Es muß daher der instruirende Richter von dem Verhafteten die Anzeige solcher glaubhaften Personen erfordern, welche dieserhalb Auskunft ertheilen können, und wenn durch deren Vernehmung nicht hinlängliche Aufklärung erfolgt, bey den Wirthen, Hausgenossen, Nachbarn, und denjenigen Erkundigung einziehen, welche von den individuellen Verhältnissen des Verhafteten Kenntniß haben können.

§. 13. Um zu erforschen, ob der Verhaftete bereits wegen Diebstahls bestraft worden, müssen sämmtliche der Commission untergeordnete Criminalgerichte derselben vollständige Verzeichnisse einreichen, welche Verbrecher in den letzten 5 Jahren wegen Diebstahls, Diebesheelerey, Raub, Brandstiftung oder Betrügereyen verurtheilt worden. Diese Verzeichnisse sind so einzurichten, daß daraus der Vor- und Zunahme, Stand, Gewerbe oder sonstige Kennzeichen des Verbrechers ersehen werden können. Ein gleiches Verzeichniß muß aus den in den Registraturen des Cammergerichts befindlichen Nachrichten angefertiget werden. Ferner hat sich die Commission durch Requisition des Commendanten der Festung Spandau und der Direction des dortigen Zuchthauses ein ähnliches Verzeichniß der seit 5 Jahren von dort entlassenen, entsprungenen, oder noch jetzt in Verhaft befindlichen Verbrecher dieser Art zu beschaffen.

Aus diesen Verzeichnissen ist ein Register nach alphabetischer Ordnung anzufertigen, und in der Folge mit möglichst genauer Bezeichnung der Verbrecher fortzuführen.

§. 14. Damit sämmtliche zum Ressort der Commission gehörige Untersuchungen in ununterbrochenem Fortgang erhalten werden, müssen die derselben subordinirte Gerichte, imgleichen die vom Cammergericht ernannte Inquirenten, der Commission monatliche Listen einsenden, woraus zu ersehen:

1) der Vor- und Zunahme, auch Stand und Gewerbe der wegen Diebstahl oder ähnlicher Verbrechen Verhafteten;
2) der Tag der Verhaftung;
3) die Lage der Untersuchung;
4) ob und welchergestalt erkannt worden;
5) der Tag, wenn die erkannte Strafe vollzogen oder der Verhaftete entlassen ist.

Auf den Grund dieser Listen muß die Commission das im vorigen §. angeordnete Register fortführen lassen, auch dem Befinden nach die erforderliche Revision der Akten und Visitation der Gefängnisse vornehmen, und dahin sehen, daß keine Untersuchung in Stillstand gerathe.

§. 15. Da zum öfteren Verzögerungen entstehen, wenn der Bestohlne Bedenken trägt, den Werth der entwendeten Sachen zu beschwören, so wird hierdurch festgesetzt, daß bey sonst glaubhaften Personen von unbescholtenem Rufe die gewissenhafte Anzeige ihrer Wissenschaft von dem Werthe des Gestohlnen statt der eidlichen Bestärkung angenommen werden soll.

§. 16. Wenn eine Untersuchung durch die verzögerte Abhörung auswärtiger Zeugen aufgehalten wird, so muß die Commission, in sofern ein einländisches Gericht diese Vernehmung bewürken soll, dem Groß-Kanzler, und wenn ein ausländisches Gericht requirirt worden, dem Departement der auswärtigen Angelegenheiten davon Bericht erstatten, worauf dem Befinden nach das zur Beschleunigung Erforderliche veranlaßt werden wird. Sollten diese Verfügungen fruchtlos seyn, so bleibt es dem Ermessen der Commission überlassen, ob nicht, ohne ferner auf das ausgebliebene Verhör zu warten, mit Abschluß der Instruction zu verfahren, und wenn Defensionalzeugen vernommen werden sollten, dem Angeklagten frey zu lassen, seinen Antrag wegen deren Vernehmung in zweyter Instanz zu erneuern.

§. 17. Sobald der Angeschuldigte das Verbrechen, wegen dessen er verhaftet worden, geständig oder überführt ist, muß die Untersuchung geschlossen, und mit Vorlegung der Akten zum Spruch verfahren werden, wenn gleich annoch Verdacht obwaltet, daß der Verhaftete mehrere oder gröbere Verbrechen dieser Art begangen habe, deren er noch nicht geständig, oder überführt ist, und weshalb die Ausmittelung beträchtlichen Aufenthalt verursachen könnte.

Dem Ermessen des erkennenden Gerichts bleibt es solchenfalls überlassen, außer der Bestimmung der wegen des eingestandenen oder erwiesenen Verbrechens verwürkten Strafe zugleich festzusetzen, ob und weshalb annoch eine fernere Untersuchung zu verfügen, und ob die sonst etwa früher erfolgende Entlassung bis zur Beendigung der anderweitigen Untersuchung zu verschieben sey.

§. 18. Die Zuordnung eines Vertheidigers ist in geringfügigen leicht zu übersehenden Sachen nicht erforderlich. Dahingegen muß in wichtigen und verwickelten Fällen der Verhaftete bey dem Schlusse der Untersuchung befragt werden, ob er verlange, das ihm ein Vertheidiger bestellt werde, und wen er solchenfalls dazu ausersehen habe. Wird ein Vertheidiger von ihm verlangt, aber niemand in Vorschlag gebracht, der sich diesem Auftrage unterziehen will, so muß ihm das Gericht aus der Zahl der bey demselben angestellten Justizcommissarien, nach einer deshalb zu beobachtenden Reihefolge einen Vertheidiger bestellen. Sind bey dem Gericht keine Justizcommissarien angestellt, so muß solches deshalb die erforderliche Requisition erlassen, und nöthigenfalls bei der Immediatcommission die Anordnung eines Defensoris nachsuchen.

§. 19. Gleich nach dem Schlusse der Instruction muß der instruirende Richter einen möglichst kurz zu fassenden Auszug der Akten anfertigen, aus welchem vollständig zu übersehen ist, welche Verbrechen man dem Verhafteten zur Last legt, in wie weit er derselben geständig, und was zur Begründung seiner Ueberführung oder Freysprechung, imgleichen zur Milderung oder Schärfung seiner Strafe ausgemittelt worden.

§. 20. Dieser Auszug muß jederzeit dem Verhafteten, und wenn er einen Vertheidiger verlangt hat, in des letztern Gegenwart langsam und vernehmlich vorgelesen, sodann aber dem Verhafteten verstattet werden, mit seinem Vertheidiger Rücksprache zu halten, selbst, oder durch diesen die Richtigkeit des Auszugs zu prüfen, und die ihm oder dem Vertheidiger nöthig scheinende Erinnerungen oder Anträge wegen noch beyzubringender Vertheidigungsmittel zum Protokoll vermerken zu lassen, auch zugleich erforderlichenfalls dasjenige annoch zu ergänzen, was eine Milderung der Strafe bewürken könnte.

§. 21. Nur in sehr wichtigen und verwickelten Sachen soll die Einbringung einer besondern schriftlichen Defension gestattet und dem Vertheidiger nachgegeben werden, zu diesem Behuf um Verabfolgung der Akten zu bitten. Es muß aber solchenfalls jedesmal eine verhältnißmäßige kurze Frist zur Einreichung der Defension bestimmt, und wenn diese verstrichen ist, der säumige Justiz-Commissarius dadurch bestraft werden, daß einem andern zu bestellenden Defensor die Ausarbeitung zu übertragen, und die zu bestimmenden Gebühren, nebst der während der dadurch entstehenden Verzögerung auflaufenden Atzungskosten von dem Säumigen einzufordern, auch bey nicht erfolgender Berichtigung sofort executivisch beyzutreiben.

§. 22. Sobald auf die mündliche oder schriftliche Defension das etwa noch erforderliche nachgeholt worden, muß, wenn der instruirenden Gerichtsperson auch die Abfassung des Erkenntnisses obliegt, diese unverzüglich erfolgen, sonst aber die Vorlegung der Akten zum Spruch verfügt werden. Im letztern Falle bleibt es dem Ermessen des Dirigenten des Spruch-Collegii überlassen, ob ein bloß mündlich oder schriftlich abgefaßter Vortrag erfolgen, und ein Correferent ernannt werden solle.

§. 23. Der ernannte Referent muß den vom Instruenten angefertigten Auszug auf das genaueste mit den Akten vergleichen, und kann ihn, nach befundener Richtigkeit oder erfolgter Berichtigung und Ergänzung bey seiner Arbeit zum Grunde legen, so daß er nur den Antrag: ob und welche Strafe statt finden solle, nebst der zur Rechtfertigung sothanen Antrages nöthigen Ausführung hinzuzufügen hat.

§. 24. Dem etwa ernannten Correferenten wird die Arbeit des Referenten mit den Akten eingehändigt; er ist nur verpflichtet, deren Richtigkeit und Vollständigkeit zu prüfen, hiernächst aber dem Befinden nach seine Beystimmung oder dasjenige unter der Relation zu vermerken, was ihm zur Ergänzung oder Berichtigung nöthig scheint.

§. 25. Bey der solchergestalt erleichterten Arbeit der Re- und Correferenten muß der Referent solche jederzeit binnen 8, und in weitläuftigen oder verwickelten Sachen, binnen 14 Tagen nach der Distribution, der Correferent aber binnen 8 Tagen nach erhaltener Relation beendigen, und der Referent in der auf den Vortrag zunächst folgenden Sitzung des Gerichts das Urtel zur Unterschrift vorlegen.

§. 26. Werden obgedachte Fristen vom Re- oder Correferenten nicht eingehalten, und kann der Säumige nicht nachweisen, daß die Verzögerung unvermeidlich gewesen, so muß ihm der Ersatz der nach Ablauf sothaner Frist bis zur Endigung seiner Arbeit auflaufenden Atzungskosten zur Last gelegt, auch nöthigenfalls auf dessen Kosten die Re- oder Correlation durch ein anderes Mitglied des Gerichts geliefert werden.

§. 27. Das in erster Instanz abgefaßte Urtel wird in keinem Fall zur Confirmation eingesendet, sondern diese Einsendung bleibt ausgesetzt, bis man weiß, ob der Bestrafte das Rechtsmittel der weitern Vertheidigung ergreifen wird.

§. 28. Ausser den Fällen, wo jemand aus dem Bauer- oder gemeinen Bürgerstande zu einer leichten Züchtigung oder kurzen Strafarbeit verurtheilt worden, soll das Rechtsmittel der weitern Vertheidigung jederzeit zuläßig seyn, und deshalb die nöthige Bekanntmachung bey der Publikation erfolgen, zugleich auch die Belehrung hinzugefügt werden, daß eines Theils, wenn sich finden sollte, daß ohne hinlänglichen Grund ein Rechtsmittel eingewendet worden, sodann die Urtelsfasser zweiter Instanz eine Schärfung der erkannten Züchtigung verfügen würden, andern Theils aber auch in Fällen, wo nach §. 31. das Urtel zur höheren Bestätigung eingesendet werden muß, die Milderung der nach dem Ermessen des Criminal-Departements zu hart ausgefallenen Strafe erfolgen werde, ohnerachtet der Bestrafte sich dem Erkenntniß unterworfen.

§. 29. Wenn der Verurtheilte zur Erklärung, ob er ein Rechtsmittel einwenden wolle, Bedenkzeit fordert, oder mit seinem Vertheidiger Rücksprache zu halten verlangt, muß ihm dazu eine Frist, jedoch höchstens von 3 Tagen gestattet werden.

§. 30. Erklärt der Verurtheilte, daß er kein Rechtsmittel einwenden wolle, so wird das Urtel, wenn solches keiner höhern Bestätigung bedarf sobald als möglich zur Vollziehung gebracht, sonst aber zur Bestätigung eingesendet.

§. 31. Die Einsendung zur Bestätigung wird, in Fällen, wo nach der Verordnung vom heutigen Dato wegen Bestrafung der Diebstähle und ähnlicher Verbrechen erkannt ist, nur dann erfordert:

1) wenn der Verbrecher länger als drey Jahre oder bis zur erfolgenden Begnadigung in eine strengere Besserungsanstalt, in ein Zuchthaus oder eine Festung eingesperrt, oder sonst mit einer noch härteren Strafe belegt werden soll.
2) Wenn der zu einer gelindern Strafe Verurtheilte ein weltliches oder geistliches Amt bekleidet, und daher von dem

vorgesetzten Departement beurtheilt werden muß, in wie weit sein Vergehen auf seine Dienstverhältnisse Einfluß habe.

In den Nr. 1. benannten Fällen ist jederzeit eine kurze Anzeige von Bewandniß der Sache und dem Inhalte des Urthels zu dem Behuf beyzufügen, damit solche dem Bericht beygelegt werden könne, vermittelst dessen die nöthigenfalls erforderliche Annahmeordre oder Bestätigung des Urthels Unserer Höchsten Person zur Vollziehung vorgelegt wird.

Die Beifügung der Akten ist in Fällen, wo kein Rechtsmittel eingewendet worden, nicht erforderlich, und bleibt es dem Ermessen des Criminal-Departements vorbehalten, bey entstehendem Bedenken, deren ungesäumte Nachsendung zu erfordern.

§. 32. Erklärt der Verurtheilte, daß er von dem ihm offen stehenden Rechtsmittel Gebrauch machen wolle, so muß ihn das Gericht befragen:

1) ob solches geschehe, um gänzliche Freisprechung zu bewirken, oder ob und weshalb er Milderung der erkannten Strafe verlange;
2) ob und auf welche neue Vertheidigungsmittel er sich berufe?

§. 33. Ergiebt sich durch diese Vernehmung, daß der Verurtheilte Milderung der erkannten körperlichen Züchtigung unter dem Behaupten schwacher oder ungesunder Leibesbeschaffenheit verlangt, so muß jederzeit durch einen in erster Instanz nicht zugezogenen Stadt- oder Kreis-Physicum oder Chirurgum eine Besichtigung vorgenommen, und ein pflichtmäßiges Gutachten zu den Akten gebracht werden.

§. 34. Sind neue Vertheidigungsmittel angezeigt, so ist deren Instruktion zu verfügen, und nach dem Schluß derselben, sonst aber gleich nach erfolgter Erklärung, daß von keinen neuen Vertheidigungsmitteln Gebrauch gemacht werden solle, wegen der zum Protokoll zu nehmenden oder besonders einzureichenden Vertheidigung, ingleichen wegen Abfassung des Urthels überall wie in erster Instanz zu verfahren.

§. 35. Bedarf das in zweyter Instanz erfolgende Urthel nach den in §. 31. erhaltenen Bestimmungen einer höheren Bestätigung, so muß solche auf die daselbst vorgeschriebene Art, und zwar mit jedesmaliger Beyfügung der Akten, nachgesucht werden, damit das Criminal-Departement solche selbst einsehen, oder ein etwa noch nöthig scheinendes Gutachten einfordern könne.

§. 36. Wenn hingegen das in zweyter Instanz abgefaßte Urthel nach §. 31. keiner höheren Bestätigung bedarf, oder wenn diese erfolgt ist, muß ungesäumt mit der Publikation, und da kein ferneres Rechtsmittel zuläßig ist, mit der Vollstreckung des Urthels verfahren werden.

§. 37. Wegen der in eine gelinde oder strengere Besserungsanstalt auf bestimmte Zeit oder bis zu Erreichung dieses Endzwecks Eingesperrten, müssen die Gerichte sowohl, als die

Immediat-Commission ihr Hauptaugenmerk darauf richten, daß diese Besserung bewirkt, und diese Anstalten baldmöglichst zu der Vollkommenheit gebracht werden, daß nicht allein der Erwerb zur Bestreitung der Unterhaltungskosten hinreiche, sondern auch dasjenige, was der Eingesperrte mehr verdient, als seine Bekleidung und Beköstigung kostet, für ihn besonders berechnet, aufbewahrt, und zu dem Behuf gesammelt werde, damit es ihm bey seiner Entlassung ausgehändigt, und ihm dadurch die Mittel ehrlichen Erwerbs erleichtert werden können.

§. 38. Da Sicherstellung des Eigenthums nicht erreicht werden kann, wenn nicht dem Entweichen der Verhafteten möglichst vorgebeugt wird, so hat die Immediat-Commission dahin zu sehen, daß in dem ganzen unter ihrer Oberaufsicht stehenden Bezirk die Criminalgefängnisse in haltbaren Stand gesetzt, und erhalten werden. Das Endes müssen solche unverzüglich, und in der Folge von Zeit zu Zeit visitiret werden, damit die Abstellung der etwa bemerkten Mängel sonder Zeitverlust bewirkt werden könne. Werden die deshalb von der Commission ertheilte Anweisungen nicht befolgt, so muß deshalb Bericht erstattet, und inzwischen interimistische Verfügung getroffen werden, daß die Gefangenen auf Kosten der hierin säumigen Gerichtsherrschaft in dem nächst belegenen haltbaren Gefängniß untergebracht werden.

§. 39. Die baldige Wiedereinbringung der ausgebrochenen oder entsprungenen Gefangenen oder zur Strafarbeit Verurtheilten zu bewirken, muß die Commission die Veranstaltung treffen, sie durch Abzeichen in der Bekleidung oder sonst auf eine zweckmäßige Art dergestalt kenntbar zu machen, daß ihnen jede Aussicht des Entkommens vereitelt werde. Wie diese Bezeichnung auf eine nicht leicht zu vertilgende und der Gesundheit unschädliche Art zu bewirken sey, deshalb wird die Commission nach eingeholtem Gutachten des Ober-Collegii-Medici mit näherer Anweisung versehen werden.

§. 40. Sobald die Besserungsanstalten dergestalt eingerichtet sind, daß dem besorglichen Entweichen hinlänglich vorgebeugt werden kann, müssen die bereits wegen Dieberey mit Einsperrung in Arbeits- oder Besserungsanstalten, Zuchthäusern, oder Vestungen Bestrafte, wenn sie von neuem wegen Dieberey in Untersuchung gerathen, gleich nach deren Schluß, und sobald die §. 20. geordnete Vernehmung erfolgt ist, bis zur Rechtskraft und Vollstreckung des Urthels in die Besserungsanstalt abgeliefert werden.

Ist in Fällen dieser Art eine Instruction in zweyter Instanz erforderlich, so bleibt es den Gerichten überlassen, ob der Verhaftete während derselben in der Besserungsanstalt oder in dem gewöhnlichen Gefängnisse aufbewahret werden solle.

§. 41. Damit auch der Hauptzweck nicht verfehlt werde, den Bestohlnen bald möglichst zur Wiedererlangung des ihnen Entwendeten zu verhelfen, muß die Commission ihr vorzüglichstes Augenmerk dahin richten, daß die gestohlne Sachen, sobald deren Eigenthümer ausgemittelt ist, demselben ohne den fernern Fortgang der Untersuchung abzuwarten, unverzüglich zurückgegeben werden, und dieser deshalb mit Bezahlung von Gerichtsgebühren oder Kosten der Unterhaltung der zur gefänglichen Haft Gebrachten gänzlich verschont bleibe.

§. 42. Durch genaue Beobachtung der in dieser Instruction enthaltenen Vorschriften werden sämmtliche zu deren Befolgung anzuweisende Gerichtspersonen sich Unsers vorzüglichen gnädigen Wohlgefallens würdig machen, und davon bey sich ereignender Gelegenheit überzeugende Beweise erhalten; wohingegen diejenige, welche die pünktliche Erfüllung ihrer Obliegenheiten unterlassen, oder sich darin nachläßig beweisen, unausbleiblich zu gewärtigen haben, daß strenge Maaßregeln ergriffen werden sollen, um sie zu ihrer Schuldigkeit anzuhalten, oder bey unterbleibender Besserung gänzlich zu verabschieden.

Damit auch diese Instruction allgemein bekannt werde, ist solche unverzüglich zum Druck zu befördern, und in den hiesigen Residenzien und deren oben bezeichneten Bezirk auf die vollständigste Art zu publiciren.

Urkundlich haben wir diese Instruction Allerhöchst selbst eigenhändig vollzogen, und mit unserm Königlichen Insiegel bedrucken lassen. So geschehen und gegeben Berlin, den 26sten Februar 1799.

272. Instruktion für die Taxation der Immobilien in Berlin, vom 10. Februar 1800.

Friedrich Wilhelm König ꝛc. ꝛc. Unsern ꝛc. Den von Euch mittelst Eures Berichts vom 31. v. M. eingereichten, rectificirten Entwurf der Instruction und Taxe für die hiesigen Taxatores, bey Aufnahme der Haus- und anderer Immobilien-Taxen, und der ihnen dafür zugebilligten Taxations-Gebühren, haben Wir den Umständen gemäß, abgefaßt gefunden, und lautet gedachter Entwurf folgendermaßen:

Damit bey Abschätzung der hiesigen Grundstücke, der eigentliche wahre Werth derselben, wie solcher sich zur Zeit der Abschätzung befindet, ausgemittelt werde, so ist für nöthig gefunden, denen bey der Taxe zu adhibirenden hiesigen Stadtverordneten und sämmtlichen bey Aufnahme der Haus-Taxen erforderlichen Taxanten, in Bezug auf die Vorschrift der Allgemeinen Gerichtsordnung Theil 2. Tit. 6. §. 15. folgende Instruction zu ertheilen:

§. 1. Die Stadtverordneten haben inskünftige den Grund und Boden nach seiner Lage genau zu bezeichnen, dabey die zum Hause gehörigen Pertinenzien-Stücke, an Gärten, Wiesen, Aeckern und dergleichen; imgleichen die dabey verbundenen Gerechtigkeiten, genau zu detailliren, auch die Anzahl und Einrichtung der im Hause befindlichen Wohnung und andern Behältnissen, umständlich zu beschreiben, und ganz bestimmt anzugeben:

a) Was er nach ihrer Abschätzung für Miethe tragen könne;

b) Mit welchen Lasten das Grundstück, zur Zeit der Taxe belastet ist, als Servis und Schoß; imgleichen was es an Einquartirungskosten und dergleichen, ungefähr jährlich zu tragen habe.

§. 2. Die Taxatores, und zwar

1) Die Mauer- und Zimmermeister, haben die im Hause befindlichen Materialien, nach dem gegenwärtigen Zustande derselben, zu revidiren, und solche specifice abzuschätzen;

dabey aber genau zu bemerken, in welchen baulichen Würden das Grundstück selbst, sich anjetzt befindet; desgleichen haben sie gemeinschaftlich, von jeder Taxe eine Zeichnung von der äußersten Grundfläche des Gebäudes, mit Beschreibung der Längen, Höhen, Tiefen, auch ob es massiv oder Fachwerk ist, mit der Taxe jedesmal einzureichen. Auch haben sie den Grund und Boden, nach dem Flächen-Inhalt mit abzuschätzen, und dabey auf die Lage des Grundstücks ihr Augenmerk vorzüglich mit zu richten.

2) Die Töpfer, Lehmer, Klempner, Steinsetzer, Stukkatur, Brunnenmacher, Schmiede, Tischler, Schlösser und Glasermeister, über die ihnen zur Taxe angewiesenen Stücke, ihre Taxen specifice einzureichen, und solche nicht mehr, wie bisher geschehen ist, in folle anzugeben.

§. 3. Bey Abschätzung der Gärten ist von den Taxatoren auf deren Flächen-Inhalt und die Anzahl der darin enthaltenen Quadrat-Ruthen Rücksicht zu nehmen, und genau darauf zu sehen:

1) Auf den Nutzen, den solcher Garten trägt, oder tragen kann;
2) Auf die Güte des Grund und Bodens;
3) Auf das Vergnügen, welches für den Besitzer des Gartens durch selbigen wirklich entsteht, oder entstehen kann; und
4) Die Lage des Gartens.

Nach diesen Datis ist, nach Vorschrift der Allgemeinen Gerichtsordnung Theil 2. Tit. 6. §. 16. der ungefähre Werth nach vernünftigem Ermessen zu bestimmen.

§. 4. Bey Abschätzung der Wiesen und Aecker ist es bey der bisherigen Observanz zu belaßen, daß solche durch die hiesigen Wrehmänner abgeschätzet werden.

§. 5. Für die solcherhalb verrichtete Abschätzung eines Grundstücks sollen an den Stadtverordneten und an die Taxatores folgende Gebühren gezahlet werden:

I. Dem Stadtverordneten, für die §. 1 bemerkte Arbeit, für jedes Grundstück, ohne Unterschied dessen Werths, 1 Rthlr.

II. Den Taxatoren:

a) für Abschätzung der Mauer-, Töpfer-, Lehmer-, Klempner-, Steinsetzer- und Stukkatur-Arbeit, bey einer Taxe, wo der Werth des ganzen Grundstücks beträgt:

bis 2000	Rtlr.	1 Rtlr.	
= 5000	=	1 =	8 Gr.
= 10000	=	2 =	— =

= 20000 Rtlr.	3 Rtlr. — Gr.	
= 30000 =	4 = — =	
= 40000 =	5 = — =	
über 40000 =	6 = — =	

b) Für Abschätzung der Zimmer=, Brunnenmacher= und Schmiede=Arbeit, bey einer Taxe, wo der Werth des ganzen Grundstücks beträgt:

bis 2000 Rtlr.		20 Gr.
= 5000 =	1 Rtlr.	— =
= 10000 =	1 =	12 =
= 20000 =	2 =	12 =
= 30000 =	3 =	— =
= 40000 =	4 =	— =
über 40000 =	5 =	— =

Sind die Gebäude aber von Holz und Fachwerk, so bekommt der Zimmermeister so viel, wie jedesmal in dieser Taxe für den Mauermeister angesetzt ist, und der Mauermeister erhält dagegen das, was für den Zimmermeister in dieser Taxe angesetzet worden.

c) Für Abschätzung der Tischler=Arbeit wird bey einer Haus=Taxe, deren Werth vom ganzen Grundstück beträgt:

bis 2000 Rtlr.		12 Gr.
= 5000 =		16 =
= 10000 =		20 =
= 20000 =	1 Rtlr.	6 =
= 30000 =	1 =	18 =
über 30000 =	2 =	12 =

d) Eben so viel, als für die Abschätzung der Tischler=Arbeit ad c. bestimmt worden, wird für die Schlosser=Arbeit festgesetzt.

e) Für die Abschätzung der Glaser=Arbeit bey einem taxirten Grundstück

bis auf 2000 Rtlr.		8 Gr.
5000 =		12 =
10000 =		16 =
20000 =		20 =
30000 =	1 Rtlr.	— =
über 30000 =	1 =	16 =

f) Für die Abschätzung der Kupferschmidt=Arbeit, ohne Rücksicht auf den Werth des Grundstücks, 1 Rtlr.

g) Für die Abschätzung der Böttcher=Arbeit, ebenfalls überhaupt 1 Rtlr.

h) Desgleichen für die Abschätzung der Gärten, für jede Taxe 1 Rtlr.

i) Für die Taxatoren der Aecker und Wiesen bekommen:

a) im Cöllnischen Viertel:

Der Ober=Wrehherr 1 Rthlr.

Die beyden Wrehmänner jeder 12 Gr.

b) im Berlinschen Viertel:
Der Ober-Wrehherr 2 Rtlr.
Ein jeder der beyden Wrehmänner 1 Rtlr.

Wir wollen diese Instruktion und Taxe für die hiesige Taxatores demnach hiermit bestätigen, und Euch hierdurch anweisen, auf ihren Inhalt gehörig zu achten. Sind ꝛc. Berlin, den 10. Febr. 1800.

273. Regulativ wegen Arretirung bürgerlicher Personen durch die Militairwachten in Berlin, vom 16. März 1802.

Da Seine Königliche Majestät von Preussen ꝛc. ꝛc. Unser allergnädigster Herr, nöthig gefunden haben, die in verschiedenen älteren und neueren Dienst-Instruktionen, Reglements und Publikandis zerstreute Verordnungen wegen Arretirung bürgerlicher Personen in den hiesigen Residenzien durch die Militärwachten, in ein besonderes Regulativ zusammen tragen, selbige zur Aufrechthaltung der öffentlichen Ruhe und Sicherheit näher bestimmen, und zur vollständigen Wissenschaft der concernirenden Militär- und Civilbehörden, wie auch des ganzen Publikums bringen zu lassen, so wird hierdurch zu Jedermanns Nachricht und genauesten Nachachtung folgendes festgesetzt:

1. Wegen der auf Requisition des Polizeidirektorii zu verfügenden Arretirungen behält es bei der gegenwärtigen Verfassung, wornach jede Wacht die sich dieserhalb meldenden Polizei-Offizianten auf Vorzeigung der bey sich habenden Arretirungs-Scheine assistiren muß, sein Bewenden.

2. Den Nachtwächtern, welche gegen Diebe und Ruhestörer vermittelst ihrer Pfeifen oder durch mündliche Anzeigen Hülfe nachsuchen, muß solche von allen Wachten und Patrouillen sofort geleistet werden, und wird wegen der dabei zu nehmenden Maßregeln, imgleichen wegen Vertheilung der Stadtdistrikte unter sämmtliche Wachten auf die Ordre des Gouvernements vom 13ten Dezember 1767 und das Patrouillenreglement vom 10 ej. Bezug genommen.

3. Wenn aus Privathäusern die Verhaftung eines ergriffenen Diebes oder sonstigen Verbrechers und Ruhestörers nachgesucht wird, so muß solche von der deshalb requirirten Wacht verfügt werden.

4. Bei entstehenden Schlägereien und dabei gewöhnlich vorfallenden Aufläufen, es sey auf der Straße, oder in den Häusern, sendet die nächste Wacht sogleich auf erhaltene Nachricht hinlängliche Mannschaft dahin, um die Ordnung herzustellen, und falls die Ruhestörer sich nicht in Güte dazu weisen lassen wollen, so arretiren sie die Urheber und diejenigen, welche sich darin mischen, auch nehmen sie diejenigen in Schutz, welche der Mißhandlung des Pöbels ausgesetzt sind.

5. Wer die den Wachten, Patrouillen, detachirten Mannschaften und Schildwachten gebührende Achtung aus den Augen setzt, selbige wörtlich oder thätlich beleidigt, oder einige Widersetzlichkeit gegen sie sich zu Schulden kommen läßt, soll sofort arretirt und zur gesetzmäßigen Untersuchung und Bestrafung abgeliefert werden. Selbst unter dem Vorwande, daß eine Wacht bei ihrer Dienstverrichtung überhaupt, oder bei einer Arretirung insbesondere, ihre Befugnisse überschritten habe, darf derselben kein Widerstand geleistet werden, da im möglichen Fall eines solchen Excesses der Beleidigte in jedem Falle die ihm gebührende Genugthuung erhalten, die öffentliche Ruhe und Sicherheit aber nicht ohne unbedingten Gehorsam gegen die Wachten erhalten werden kann.

6. Um den noch immer sehr häufigen Contraventionen gegen die dieserhalb mehremal erlassene, und zuletzt unterm 2ten April 1792 publicirte Verordnung desto nachdrücklicher zu begegnen, wird wegen der Glaubwürdigkeit der einzeln stehenden Schildwachten in solchen Fällen, wo weder von dem einen, noch von dem andern Theile Zeugen aufgestellt werden können, hierdurch bestimmt, daß, wenn die einer Civilperson von einer Schildwacht angeschuldigten Excesse oder Contraventionen von ersterer geleugnet werden, über die bisherige Aufführung und über die größere oder geringere Glaubwürdigkeit des Denuncianten ein Attest seines militärischen Vorgesetzten erfordert werden soll, worauf, wenn solches günstig ausfällt, mit der Vereidung der Schildwacht zu verfahren ist.

7. Diese beeidigte Angabe, falls derselben keine rechtlichen Einwendungen entgegen stehen, soll die Kraft eines halben Beweises in dem Fall haben, wenn die Anzeige der Schildwacht nicht eine ihr selbst widerfahrne Beleidigung, sondern eine Contravention betrift, zu deren Verhinderung sie auf ihren Posten gestellt war. Ist die Schildwacht selbst beleidigt, so wird durch ihre Angabe die Person des Beleidigers zur Hälfte erwiesen, wenn durch andere Beweismittel die Beleidigung im Allgemeinen dargethan ist.

8. Falls hingegen diese Beleidigung nicht anderweit festgestellt ist, und folglich die Angabe der Beleidigung und der Person des Beleidigers einzig und allein auf der beschwornen Anzeige einer unbescholtenen glaubwürdigen Schildwacht beruht, so tritt in Erwägung aller begleitenden Umstände eine außerordentliche Bestrafung ein.

9. Wenn im Angesicht der Wachten, Patrouillen, detachirten Mannschaften oder einzelnen Schildwachten gegen die, wegen des Tabacksrauchens auf der Straße, des schnellen Fahrens und Reitens, des muthwilligen Beschädigens der Laternen, des Reitens, Fahrens und Karrens auf den Bürgersteigen und dergleichen mehr bestehenden Polizeiverordnungen von Jemanden gehandelt wird, so sind erstere befugt und verpflichtet, die Contravenienten zur Beobachtung der Ordnung anzuweisen, im Fall

der Widerspenstigkeit aber, oder wenn schon Schaden geschehen ist, sie zur Haft zu bringen.

10. Den nicht im wirklichen Dienst befindlichen Officiers, Unterofficiers und Soldaten steht die Befugniß nicht zu, wegen Privatstreitigkeiten irgend eine Person arretiren zu lassen, oder selbst zu arretiren, vielmehr müssen sie, wenn sie zur Verhütung oder Bestrafung eines Verbrechens oder Excesses die Arretirung nothwendig finden, sich deshalb an die nächste Wacht wenden, oder den Schuldigen mit dahin nehmen, wobei es sich jedoch von selbst versteht, daß sie für die Richtigkeit ihrer Anzeigen strenge verantwortlich bleiben. Eben dieses gilt von den Fällen, wo Militärpersonen eine Verhaftung zur Verhütung oder Bestrafung eines Verbrechens besonders dann nothwendig finden, wenn der Schuldige zu entspringen Gelegenheit haben würde, oder nicht gekannt ist.

11. Wegen gebührender Behandlung der Arretirten während ihrer Verhaftung wird auf die vom Gouvernement den sämmtlichen Wachten unterm 10ten April 1792. ertheilte besondere Vorschrift Bezug genommen.

12. Ein jeder Arretirte soll der Regel nach an die Neuemarkts-Hauptwacht abgeliefert werden. Ist sein Vergehen aber von keiner besonderen Wichtigkeit, oder ist der Arretirte ein angesehener oder sonst sicherer Mann, der entweder der Wacht als ein solcher bekannt ist, oder sich in dieser Art ausweisen, oder auch eine mit der künftigen Geldstrafe in Verhältniß stehende Caution sogleich bestellen kann, so kann die Wacht, die ihn arretirt hat, ihn zwar wieder entlassen, jedoch erst nach wieder hergestellter Ordnung, und wenn der etwanige Zusammenlauf auseinander gebracht ist; auch muß die Wacht solche Vorfälle mit Anzeigung des Namens, Standes und der Wohnung des Arretirten nebst dessen Wiederentlassung dem Gouvernement und der Neuenmarkts-Hauptwacht sofort melden.

13. Den Polizeicommissarien, welche alle Einwohner ihres Reviers kennen sollen, steht zwar frei, sich für die Entlassung eines Arretirten zu verwenden, insofern ihnen derselbe als ein sichrer, der Flucht nicht verdächtiger Mann bekannt ist. Sie müssen aber dabei die den Wachten schuldige Achtung nicht aus den Augen setzen, noch weniger sich die eigenmächtige Aufhebung des Arrests anmassen, sondern sich auf bescheidene Vorstellungen der Umstände einschränken; auch haben sie sich mit denselben bloß an die Wacht habenden Officiers und Unterofficiers, nicht aber an die abgeschickten Mannschaften zu wenden, indem letztere das, was ihnen bei ihrer Absendung auf der Wacht befohlen worden ist, pünktlich ausrichten müssen. Uebrigens müssen gedachte Polizeikommissarien bei diesen Verwendungen vorsichtig zu Werke gehen, indem sie für die Folgen der darauf geschehenen Entlassung responsable bleiben.

Sämmtliche Militär- und Civilbehörden, insbesondere aber das hiesige Gouvernement und Polizeidirektorium haben auf die genaueste Befolgung dieser Vorschriften ernstlich zu halten, und dafür zu sorgen, daß solche durch öffentliche Bekanntmachung zur Wissenschaft der Garnison und des Publikums gebracht werden. Gegeben Berlin, den 16ten März 1802.

274. Instruktion für die Haus-Administratoren in Berlin, vom 17. April 1812.*)

1. Der gerichtlich bestellte Administrator eines Grundstücks ist den Anordnungen derjenigen Behörde unterworfen, welche ihm dieses Geschäft übertragen hat. Diese ist berechtigt, ihn durch Ordnungsstrafen und Einlegung des Executors zur Befolgung seiner Obliegenheiten anzuhalten.

2. Der Administrator beschäftigt sich mit der unmittelbaren Verwaltung der unter gerichtliche Administration kommenden Grundstücke. Sein Recht entspringt aus dem ihm deshalb gewordenen Auftrage, welcher jedoch von den Gerichten zurückgenommen werden kann. Er ist unter der speziellen Aufsicht des Häuser-Administrations-Inspectors, und steht gegen denselben in Subordinations-Verhältnissen, dergestalt, daß er ihm zu jeder Zeit über alle Theile und Angelegenheiten seiner Dienstführung Auskunft geben, die Bücher, Rechnungen, Acten und Contracte vorlegen, den Cassenbestand vorzeigen, und überhaupt allen Anordnungen desselben gebührende Folge leisten muß. In Fällen, wo er zweifelhaft ist, oder Belehrung bedarf, wendet er sich an diesen, welcher ihn mit Anweisung zu versehen, eventualiter aber anzufragen hat.

3. Der Hausadministrator ist verbunden, ein Kassenbuch zu führen; dies muß nach dem anliegenden Formulare sub A. eingerichtet seyn. Es wird in dasselbe nach der Zeitfolge, unter Beifügung des Datums und der Häuser, wozu die Post gehört, jede Einnahme oder Ausgabe, welche die zu administrirenden Grundstücke betrifft, eingetragen und in die gehörigen Colonnen ausgeworfen.

Allgem. Landrecht Th. 1. Tit. 13. §. 136.

Dies Kassenbuch muß auf jeder Seite, sobald solche gefüllt ist, abgeschlossen, die Summe aber auf das folgende Blatt übertragen werden, dergestalt, daß also mit leichter Mühe jederzeit das Kassenverkehr dargestellt, und der Zustand der Kasse ausgemittelt werden kann.

Der Administrator ist auch gehalten, jährlich zweimal, Ostern und Michaelis, das Kassenbuch selbst abzuschließen, Einnahme und Ausgabe zu balanciren, das Resultat mit dem Kassenbestande, mit den Resultaten der besser unten vorkommenden Special-Rechnungen zu vergleichen, wo es nicht stimmt, durch Aufsuchung der Verstöße in Ordnung zu bringen, hiernächst aber in die von neuem anzufangende Abtheilung seines Kassenbuchs zu übertragen.

---

*) S. Nr. 279.

4. Außer dem Kassenbuche führt der Administrator über jedes, ihm in Administration gegebene, Grundstück besondere, unter fortlaufenden Nummern in einem Repertorio zu verzeichnende, Administrations-Acten. Ein einzelnes Actenstück darf sich durchaus nicht auf mehrere Häuser erstrecken, wenn diese gleich einen Besitzer haben, oder von einem Creditor zugleich angegriffen werden.

In diesen Acten werden alle Verhandlungen, Protocolle, Contracte, Beläge, Verfügungen, Concepte und sonstige Papiere gesammelt, welche die Administration des kompetenten Grundstücks betreffen. Jede dieser Administrations-Acten enthält aber auch ganz besonders die spezielle Rechnung des zu administrirenden Grundstücks, und diese muß nach den Formularen sub B. und C. geführt werden.

5. Gleich beim Anfange der Administration wird nehmlich in das Formular sub B. und zwar in die kompetente Colonne des

Soll einkommen

aus dem vom Administations-Inspector aufgenommenen Einleitungs-Protokolle, aus den Miethss-Contracten und sonstigen Einnahme-Belägen, alles dasjenige eingetragen, was die Miethsleute aus den abgelaufenen Quartalen, und dann wieder auf das bevorstehende, an Miethe, Schutt- und Müllgeld zu zahlen haben.

Es werden die Miethsleute einzeln, mit dem Datum ihres Contracts, viritim aufgeführt.

6. Vermehrt sich im Laufe des Quartals die Einnahme, wie z. B. bei Vermiethung leer stehender Quartiere, bei Vergütigung der Einquartirung, durch zuerkannte Verzugszinsen, oder Erstattung von Proceßkosten; so wird eine solche Post, sobald der Administrator davon Nachricht erhält, in das — Soll einkommen — nachträglich aufgeführt.

7. Auf eine ähnliche Art, wie in das — Soll einkommen — muß auch in das Formular sub C. dasjenige eingetragen werden, was der Administrator aus der zu erwartenden Einnahme zu bezahlen hat. Es wird also bei Einleitung der Administration sofort in das

Soll ausgegeben werden

diejenige Summe ausgeworfen, weshalb die Administration verhängt ist.

Besteht dieselbe aus Kapital und Zinsen, so werden beide von einander abgesondert, und letztere bis zum Ende des Quartals berechnet und aufgeführt.

Diese, die Administration veranlassende Schuldpost ersieht der Administrator aus dem Administratorio, und muß, wenn sie darin nicht etwa ausgedrückt seyn sollte, deshalb beim Collegio anfragen, damit er weiß, bis zu welchem Ziele die Administration fortgeführt werden muß, und er, wenn es erreicht ist, davon Anzeige machen kann.

8. Außer dieser Position wird aus dem Einleitungsprotokolle in das — Soll ausgegeben werden — alles dasjenige vollständig eingetragen, was an öffentlichen Abgaben, an Feuerkassen-Geldern, Krieges-Steuer rc. nach dem Einleitungs-Protokolle zu zahlen ist.

9. Werden im Laufe des Quartals unbedenkliche Ansprüche angemeldet, welche aus der Administrations-Kasse — nach Anleitung des §. 36. — ohne weitere Rückfrage gezahlt werden müssen, so sind sie in der Colonne — Soll ausgegeben werden — ebenfalls zu notiren, und die deshalb ergangenen Zahlungs-Befehle, Aufforderungen, Schreiben, Mahnbriefe, sind Beläge.

Eben so wird es mit denjenigen Zahlungs-Befehlen gehalten, welche der Administrator von dem kompetenten Gerichte in der Administrations-Sache aus den kompetenten Administrations-Acten erhält.

Zahlungs-Befehle aus andern, besonders Prozeß-Acten des Hausbesitzers, muß der Administrator zu den gehörigen Administrations-Acten einreichen, und Verhaltungs-Befehle darüber erbitten. Ansprüche von Seiten der Creditoren verweiset er unbedingt an das Gericht.

Bei den Rechnungen der Handwerker muß der Administrator sorgfältig prüfen, ob nicht zuviel gefordert wird. Die behandelte Summe wird auf die Rechnung geschrieben, und nur diese kommt in das: „Soll" der Ausgabe.

10. Auf diese Art wird der Einnahme- und Ausgabe-Etat für jedes Quartal, nehmlich Weihnachten, 1sten Januar, Ostern, 1sten April, Johannis, 1sten Juli, und Michaelis, 1sten October, regulirt.

Was nun aber die wirkliche Einnahme und Ausgabe betrifft, so ist dieselbe aus dem ad 3. beschriebenen Kassenbuche in die Spezial-Administrations-Rechnungen zu übertragen. Der Administrator muß dabei die erforderliche Aufmerksamkeit beobachten, welche besonders in Ansehung der Münzsorten zu empfehlen ist. Diese Uebertragung aus dem Kassenbuche ist am Ende eines jeden Tages vorzunehmen, und es wird, sobald sie geschehen ist, die zur Controlle dieser Uebertragung eingeführte letzte Kolonne im Kassenbuche ausgefüllt.

11. Wenn bei einer Spezial-Administration eine Münzsorte in eine andere Sorte umgesetzt werden soll, so wird die zu verwechselnde Summe in Ausgabe, und die dafür eingewechselte in Einnahme gestellt.

In dieser Art ist jede Verwechselung mit Bezeichnung der Masse, bei welcher sie vorgenommen wird, im Kassenbuche aufzuführen, aus dem Kassenbuche aber in die Spezial-Administrations-Rechnung zu übertragen, wobei das Attest des Wechslers Belag ist.

12. Am Ende des Quartals schließt der Administrator die Rechnung. Es werden die Reste ausgeworfen, und sämmtliche Kolonnen aufgezogen. Einnahme und Einnahme-Reste zu-

zusammengenommen, müssen mit dem — Soll einkommen — stimmen, und eben so ist die Probe bei der Ausgabe zu machen.

Hiernächst wird die wirkliche Einnahme mit der wirklichen Ausgabe balancirt, und auf solche Art ausgemittelt: ob Bestand oder Vorschuß ist.

13. Alsdann fertigt der Administrator eine integrale Abschrift dieser aufgezogenen und balancirten Quartalrechnung an, und überreicht sie, ohne Beläge, zu den kompetenten Administrations-Acten, mit einer Anzeige, in welcher er, wenn Bestand in der Kasse ist, mit Bezug auf die Reste und die bevorstehende Einnahme, auseinandersetzt, ob er für die Administration entbehrlich ist oder nicht. Er bittet sodann, ihn zu bescheiden, an wen er die vorhandenen Gelder zahlen soll. Die darauf zu erhaltende Verfügung ist Belag für das — Soll ausgegeben werden — des folgenden Quartals.

Ein solcher vierteljähriger Rechnungs-Auszug

Allg. Gerichts-Ordnung Th. 1. Tit. 24. §. 124.

muß spätestens innerhalb acht Tagen nach dem 1sten April, 1sten Juli, 1sten October und 1sten Januar eingehen. Derselbe dient auch zur Uebersicht, ob die Administration ein Mittel ist, den Extrahenten zu befriedigen.

Allg. Gerichts-Ordnung Th. 1. Tit. 24. §. 141.

14. Sobald der Rechnungs-Auszug eingereicht ist, fertigt der Administrator in seinen Administrations-Acten wiederum das: „Soll" der Einnahme und Ausgabe, für das folgende Quartal. Die Reste sind aus der letzten Quartal-Rechnung in das — Soll — für die neue zu übertragen, und wird demnächst das „Soll" der currenten Quartal-Einnahme und Ausgabe, wie vorhin angeordnet worden, eingeschrieben.

In das — Ist eingekommen — und in das — Ist ausgegeben — kommen sofort, beziehungsweise, die Bestände und Vorschüsse aus der vorigen Rechnung, im Laufe des Quartals aber successive aus dem Kassenbuche die wirkliche Einnahme und Ausgabe.

Am Schlusse des Quartals wird wieder verfahren, wie vorher beschrieben ist, dergestalt, daß also, so lange die Administration dauert, am Ende eines jeden Quartals nicht sowohl ein Rechnungs-Extract mit dem erforderlichen Antrage zu den Acten kömmt, sondern auch der Etat für die Einnahme und Ausgabe des nächsten Quartals entworfen wird.

Für diejenige Quartal-Rechnung, welche zunächst nach Abnahme der unten vorkommenden Administrationsrechnung angefertigt wird, ist aber zu bemerken, daß sie die stehen gebliebenen Erinnerungen, nach Anleitung der deshalb zu erwartenden Verfügung, in der kompetenten Kolonne des Soll — und des: Ist — enthalten muß, wobei das Decret Belag ist.

15. Ein Administrator, der sechs Wochen nach Ablauf des Quartals seinen Extract einzureichen unterläßt, wird nicht allein durch Ordnungsstrafen und durch executivische Zwangsmittel zur Befolgung seiner Pflicht angehalten, sondern muß auch die et-

wanigen Bestände, von Ablauf dieser Frist an, landüblich verzinsen.

Allgem. Landrecht Th. 1. Tit 14. §. 140.

16. Außer diesem quartaliter einzureichenden Extracte, ist der Administrator verbunden, jährlich eine förmliche Administrations-Rechnung zu legen,

Allg. Gerichts-Ordnung Th. 1. Tit. 24. §. 126.
Allg. Landrecht Th. 1. Tit. 14. §. 139.

und fängt dieser jährliche Zeitraum von Ostern oder Michaelis an, je nachdem dieser oder jener Zeitpunkt nach eingeleiteter Administration eintritt, dergestalt, daß also die erste Jahresrechnung nicht allein eine Zeit von Ostern bis Ostern, oder Michaelis bis Michaelis, sondern auch noch außerdem diejenigen einzelnen Monate umfaßt, welche von Einleitung der Administration, bis zu dem bezeichneten Anfange des Rechnungs-Jahres, fallen.

Diese Administrations-Rechnung enthält ganz dieselben Positionen, welche sich in den Rechnungs-Auszügen finden. Sie schließt auch mit demselben Bestande oder Vorschusse, den die letzte Quartal-Rechnung ergiebt.

Dieselbe wird auch ganz nach demselben Formulare eingerichtet, wie der Rechnungs-Auszug. Das, worin sie sich von diesem unterscheidet, ist, daß ihr Inhalt in verschiedene Titel zergliedert wird, welche die Uebersicht erleichtern, und daß die Beläge bei den verschiedenen Positionen anzuführen sind.

17. Was die Titel betrifft, so sind diese für die Einnahme folgende:

Tit. I. Bestand.
Tit. II. Erinnerungen aus voriger Rechnung.
Tit. III. Einnahme-Reste aus voriger Rechnung.
Tit. IV. Miethe aus dem Zeitraume, welchen die Rechnung umfaßt.
Tit. V. Extraordinaire Einnahme.
Tit. VI. Geldverwechselungen.

Was in die drei ersten Titel kommt, ist oben schon angedeutet. In Ansehung der Titel III. und IV. ist zu erinnern, daß dieselben in Abtheilungen nach den Quartalen zerfallen, und den Namen der Schuldner enthalten müssen. Im Titel IV. sind alle Quartiere, so sich im Hause befinden, mit Beifügung der Namen der Miether, und die unvermietheten mit Beifügung des Wortes — Leer — aufzuführen.

In den Titel V. gehören alle Einnahmen für theilweise Vermiethung der leer stehenden Quartiere, Entschädigung für Einquartirung, Verzugszinsen für zu spät gezahlte Miethe, zu erstattende Prozeßkosten, kurz alles, was in keinen der übrigen Titel paßt.

18. Bei der Ausgabe sind folgende Titel einzurichten:

Tit. I. Vorschuß.
Tit. II. Erinnerungen aus voriger Rechnung.
Tit. III. Ausgabe-Reste aus voriger Rechnung.

Tit. IV. Reparaturen und Ausgaben für Reinigung des Hauses.
Tit. V. Oeffentliche Ausgaben.
Tit. VI. Kosten der Einquartirung.
Tit. VII. Extraordinaire Ausgaben.
Tit VIII. Geldverwechselungen.
Tit. IX. Zahlungen an die Extrahenten.
Tit. X. Administrations-Kosten.

Was in die drei ersten Titel kommt, ist schon auseinandergesetzt, nur ist ad Tit. III. zu erinnern, daß die Ausgabe-Reste speciell aufzuführen sind. Es muß bei jedem der Titel der vorigen Rechnung, aus welchem der Rest sich herschreibt, allegirt werden.

In den Tit. IV. gehört alles, was für Ausbesserung des Hauses, des Daches, der Zimmer, der Oefen, Reinigung der Schornsteine, der Rinnsteine, für das Fortschaffen des Unraths aus dem Hause, des Schnees von den Böden, für das Aufeisen bei Thauwetter, rc. rc. verausgabt wird.

Ad Tit. V. und VI. ist nichts zu bemerken.

In den Tit. VII. aber werden Prozeßkosten, Stempel-Insertions-Gebühren rc., kurz alles, was in die übrigen Rubriken nicht gehört, aufgenommen.

Ad Tit. VIII. ist schon das Erforderliche gesagt.

In den Tit. IX. gehört die Forderung des Extrahenten, und wer sonst Execution in das Grundstück ausgebracht hat.

Der letztere Titel enthält die Belohnungen des Administrators und des Administrations-Inspectors.

19. Die solchergestalt zergliederte Administrations-Rechnung wird nun in eben der Art wie ad §. 12. vorgeschrieben ist, adbirt und balancirt. Hiernächst werden die Beläge mit einer durch alle Administrations-Rechnungen, jedoch sowohl für die Einnahme als für die Ausgabe besonders, fortlaufenden Nummer versehen, dergestalt, daß sich am Ende der Administration aus der Schluß-Rechnung die Zahl sämmtlicher, sowohl Einnahme- als Ausgabe-Beläge, ergiebt. Diese Nummer des Belags ist in die dazu bestimmte Kolonne der Rechnung einzutragen. Endlich wird die ganze Rechnung mundirt, und mit den an die Rechnung zu heftenden Belägen bei dem kompetenten Gerichte zu den betreffenden Administrations-Akten eingereicht.

Jede Rechnung muß aber alle in den §.§. 17. und 18. verzeichnete Titel enthalten, selbst wenn die darin gehörende Einnahme oder Ausgabe nicht vorgefallen ist.

Es wird auch der ersten Rechnung ein besonderer Bogen, worauf ein Verzeichniß der dem Administrator übergebenen Inventarienstücke nebst Taxe, was dazu gekommen oder davon abgegangen ist, und die Veranlassung davon, geschrieben, vorgeheftet. Bei den folgenden Rechnungen sind nur die etwanigen Veränderungen zu bemerken.

Jede Rechnung erhält übrigens eine fortlaufende Nummer, als z. B. 1ste Administrations-Rechnung des Administrators

N. N., betreffend das N. N'sche Haus in der N. N. Straße, No. —, für den Zeitraum vom 1sten April 18''.

20. Von der Führung eines Kassenbuches, so wie es ad 3. vorgeschrieben ist, bleibt nur derjenige Administrator befreit, welcher nicht mehr als ein einziges Haus zu administriren hat. Sobald aber deren zwei oder mehrere sind, ist er an diese, auf das eigene Beste des Administrators abzweckende, Kassen-Verwaltung gebunden.

21. In dem zur Abnahme der Rechnung anberaumten Termine erscheint der Administrator, erklärt sich über die gezogene Erinnerungen mündlich, oder überreicht die schriftliche Beantwortung derselben, giebt die fehlende Auskunft, und bespricht sich mit dem Extrahenten der Administration über die dazu geeigneten Gegenstände, läßt sich aber nach abgehaltenen Terminen die cassirten Beläge zurückgeben, welche in die Administrations-Acten eingeheftet werden.

22. In Termino zur Abnahme der Schluß-Rechnung ist der Administator verbunden, sein Administratorium mit seinen Administrations-Acten, in welchen also alle Beläge der frühern Rechnungen enthalten sind, dem Gerichte zu übergeben, damit letztre entweder dem Nachfolger in der Administration zur Fortsetzung derselben, oder dem Besitzer der unter Administration gewesenen Häuser,

Allgem. Landrecht Th. 1. Tit. 14. §. 160.

zugestellt werden können, um innerhalb der zehnjährigen Frist

§. 150. loc. cit.

seine Erinnerungen auch gegen die bereits quittirten Rechnungen anzubringen.

23. Was die Administration selbst betrifft, so ist der Administrator schuldig, das ihm anvertraute Grundstück nach den Grundsätzen eines guten Hausvaters treu und ehrlich zu verwalten, Schaden und Nachtheil nach seinem besten Wissen und Kräften abzuwenden, für die möglichst vortheilhafte Benutzung des Immobile's zu sorgen, überhaupt aber dahin zu trachten, daß die Einnahme vermehrt, die Ausgabe aber vermindert werde.

Allg. Landrecht Th. 1. Tit. 14. §. 10.

24. Der Administrator ist nicht befugt, die ihm anvertraute Hausadministration einem Substituten eigenmächtig zu übertragen. Thut er es dennoch, so macht er sich nicht allein verantwortlich, sondern ist auch in verhältnißmäßige Geld- oder Gefängnißstrafe verfallen.

Allg. Landrecht Th. 1. Tit. 13. §. 41. und 44.

Eine Ausnahme findet statt, wenn der Administrator durch Krankheit oder andere Zufälle, die Geschäfte seines Amtes zu betreiben, auf eine Zeitlang außer Stande gesetzt wird, als in welchem Falle er den Administrations-Inspector die eingetretenen Verhältnisse und wie lange sie fortdauern dürften, schriftlich anzuzeigen, auch seinen Stellvertreter zu benennen hat, für welchen er durchaus verantwortlich ist, und dessen Einmischung, sobald die Veranlassung dazu aufhört, fortfallen muß.

§. 45. loc. cit.

Dagegen ist jedem Administrator erlaubt, sich zur Ausrichtung einzelner Geschäfte, welche ihrer Natur nach eine Beihülfe anderer nöthig machen, so wie bei Besorgung einer Angelegenheit, welche keinen Verzug leidet, bei eintretender persönlicher Behinderung, eines tüchtigen Gehülfen zu bedienen.

Allg. Landrecht Th. 1. Tit. 14. §. 124. Tit. 13. §. 46. 47.

§. 25. Der Administrator ist ohne weiteres legitimirt, Klagen wegen rückständiger Miethe, auf Exmißion der Miether, auf Erfüllung des Miethe-Contracts, und aller aus demselben fließenden Verbindlichkeiten, anzustellen. Dazu bedarf es also keiner besondern Authorisation, sondern nur der Production seines Administratorii. Er muß aber jedesmal, wenn er rückständige Miethe einklagt, auf Verzugszinsen à fünf Prozent, vom Verfalltage ab gerechnet, antragen, und die Gerichte sind, wenn der Administrator, dieser Vorschrift ungeachtet, dies zu thun unterlassen sollte, verbunden, von Amtswegen darauf zu erkennen.

Allg. Gerichtsordnung Th. 1. Tit. 23. §. 58.

26. Auch zur Abschließung von Kontrakten, welche die Verwaltung der Häuser nothwendig machen, namentlich von Mieths-Contracten, ist der Administrator berechtigt.

Allg. Landr. Th. 1. Tit. 14. §. 129. Tit. 13. §. 58.

Er ist indessen in Ansehung des Miethsquantums an diejenigen Anweisungen gebunden, worüber sich der Hausbesitzer und der Extrahent der Administration, bei ihrer Einleitung vor dem Administrations-Inspector, vereinigt haben.

Fehlt diese, so ist er verpflichtet, sich nach dem Willen des Extrahenten zu achten, ist ihm aber auch dieserhalb nichts zugekommen, so darf er zwar für die bisherige Miethe weiter vermiethen, wird aber weniger als diese geboten, so ist es verbunden, zuvörderst die Erklärung des Extrahenten auszubringen und ihm dabei mit seinem Gutachten an die Hand zu gehen, dergestalt, daß ein Administrator niemals, ohne Zustimmung des Extrahenten der Administration, ermächtigt ist, unter dem bisherigen und letzten Miethspreise zu vermiethen.

27. Was die Dauer der Mieths-Contracte betrifft, so ist der Administrator, wenn er nicht abweichende Anweisungen vom Extrahenten deshalb erhalten hat, berechtigt, bis auf zwei Jahre ohne Rückfrage abzuschließen.

Wird aber eine längere Zeit gefordert, so muß er darüber die Zustimmung des Extrahenten ausbringen. Die Zustimmung des Hausbesitzers ist nur dann erforderlich, wenn nach einem ungefähren Ueberschlage der Extrahent der Administration vor Ablauf der verlangten Miethszeit, durch die Administration, wegen seiner Forderung befriedigt wird.

Steht übrigens das zu administrirende Haus sub hasta, so hängt die Bestimmung der Zeit, auf welche vermiethet werden soll, unbedingt von der Bestimmung des Extrahenten der Administration ab, indem der mit dem Administrator geschlossene Miethscontract den Käufer des Hauses sub hasta verbindet.

Reskript vom 15ten April 1755.

Mylius N. C. C. M. B. 3. S. 678. No. 35. §. 10.

Es muß also in solchen Fällen allemal die schriftliche Erklärung dieser Extrahenten ausgebracht werden.

28. Melden sich zu einem Quartier mehrere Miethslustige, so bescheidet sie der Administrator sämmtlich zu einer bestimmten Zeit in das zu vermiethende Quartier, und wählt unter ihnen denjenigen, der das Meiste bietet, oder sonst die vortheilhaftesten Bedingungen offerirt.

29. Ist der Extrahent der Administration der Meinung, daß ein Miethsmann zu wenig Miethe giebt, so muß er den Administrator mit schriftlicher Anweisung versehen, wieviel derselbe fordern soll, und darnach hat sich alsdann der Administrator zu achten, indem er den Miether zur gehörigen Zeit auffordert, entweder mit ihm zu dem vorgeschriebenen höhern Preise zu contrahiren, oder das Quartier zu verlassen.

Ohne diese bestimmte Anweisung des Extrahenten ist der Administrator nicht berechtigt, den Miether zu steigern, und selbst die auf Aufkündigung stehenden Miethscontracte ist er beim Mangel eines besondern Auftrages abseiten des Extrahenten, zu kündigen nicht berechtigt. Er prolongirt auch alle Contracte stillschweigend, wenn der Extrahent der Administration ihn nicht ausdrücklich zu einem andern anweiset.

In allen diesen Fällen hat also der Administrator in der Regel die Entschließung oder Aufforderung des Extrahenten abzuwarten, und ist nicht verbunden, erstere auszubringen, wodurch indessen, was sich von selbst versteht, die Befugniß dazu keinesweges ausgeschlossen ist.

Zur Direction der Administration wird aber bemerkt, daß die Kündigungsfrist, in Ermangelung einer besondern Verabredung im Contracte, für Berlin nicht nach der Vorschrift des

Allgem. Landrechts Th. 1. Tit. 21. §. 344.

sondern nach dem Reskript

vom 15ten April 1765. N. C. C. M. Bd. III. No. 35. S. 674.

auf drei Monate dergestalt zu berechnen ist, daß solche mit Ablauf des Quartals, in welchem die Kündigung erfolgt, zu laufen anfängt.

Bei monatsweise gemietheten Wohnungen muß, wenn nicht ein anderes ausdrücklich verabredet worden, die Aufkündigung in der ersten Hälfte und spätestens am 15ten Tage des laufenden Monats, für dessen Dauer der Betrag des monatlichen Miethszinses bestimmt ist, geschehen, indem im Entstehungsfalle der Contract auf einen Monat stillschweigend für prolongirt erachtet wird.

Gesetzsammlung pro 1812. No. 1. S. 4. Verordnung vom 9ten Januar 1812.

30. Leer stehende Quartiere ist der Administrator verbunden, von Quartal zu Quartal in den beiden hiesigen Zeitungen

und Intelligenzblättern, mit Bezeichnung der Straße, der Nummer, der Etage und der Zahl der Zimmer auszubieten, weshalb er also mit Anfang eines jeden Vierteljahres ein Verzeichniß sämmtlicher, in allen von ihm administrirten Häusern zu vermiethenden Quartiere anzufertigen und somit öffentlich auszubieten hat.

Die Kosten werden pro rata vertheilt, und erhält der Administrations-Inspector diese Repartition mit den Belägen, um davon bei Revision der einzelnen Rechnungen Gebrauch machen zu können.

Uebrigens ist, sobald ein Quartier gekündiget oder sonst miethslos wird, ebenfalls eine Bekanntmachung in den öffentlichen Blättern zu veranstalten, in allen Fällen aber, wo Quartiere zu vermiethen stehen, sofort der Miethszettel bis zur erfolgten Vermiethung auszuhängen. Es erhält der Vicewirth im Hause eine schriftliche Erklärung des Administrators mit seiner Addresse, wieviel für das Quartier gefordert wird.

Die Insertion in den öffentlichen Blättern wird so lange fortgesetzt, entweder bis das Quartier vermiethet ist, oder der Extrahent der Sequestration schriftlich diese Ausbietung untersagt, wodurch sich alsdann der Administrator legitimiren kann.

Ist keine Masse vorhanden, die Kosten der Insertion zu bestreiten: so muß der Extrahent der Administration solche bezahlen, weshalb in solchen Fällen die Insertion selbst von seiner deshalb zu erbittenden Entschließung abhängig ist.

31. Der Administrator ist berechtigt, die Miethe von dem administrirten Hause zu erheben und gültig darüber zu quittiren.

Die Quittung muß außer dem Bekenntnisse des Empfanges der gezahlten Summe, die Münzsorte, in welcher die Zahlung erfolgt, und den Zeitraum, für welchen die Zahlung zu rechnen ist, enthalten. Der Administrator unterschreibt solche mit Beifügung seiner Qualität als Administrator.

32. Erfolgt diese Zahlung nicht zur bestimmten Zeit, so erinnert der Administrator den Säumigen, und ist nach Ablauf von spätestens vier Wochen verbunden, ihm zu eröffnen, daß er verpflichtet sey zu klagen.

Bleiben diese Erinnerungen und Drohungen ohne Erfolg, so hat der Administrator nach Verlauf von abermals 14 Tagen die Klage anzustellen, so daß also kein Miethsrest länger als sechs Wochen unausgeklagt bleiben kann; vernachlässigt der Administrator diese Vorschrift, so wird er für den dadurch entstehenden Einnahmerest verantwortlich, und muß ihn, wenn er in der Folge inexigibel wird, mit Vorbehalt des Regresses an den Restanten, aus seinen eigenen Mitteln bezahlen.

Allgem. Landrecht Th. 1. Tit. 14. §. 163.

Eine Ausnahme findet dann nur statt, wenn die Interessenten der Administration, an welche der Administrator alle dergleichen Stundungsgesuche zu verweisen hat, schriftliche Nachsicht geben, nach deren Ablauf der Administrator aber wiederum ebenfalls, wie oben vorgeschrieben ist, zu verfahren hat.

Hält der Administrator dafür, daß eine, gegen den Miether anzustellende Klage, wegen Mangel eines Objecti executionis, fruchtlos durchfallen möchte, so darf er sich dadurch nicht abhalten lassen, das, was eben vorgeschrieben ist, zu thun. Er muß aber die Interessenten der Administration sofort, wenn die erste Interpellation erfolgt, davon unterrichten, und ihnen überlassen zu bestimmen, ob er die Anstellung der Klage aussetzen soll. Nur dann, wenn alle schriftlich consentiren, ist die Unterlassung der Klage gerechtfertigt.

33. Bleibt ein Miethsmann mit der Miethe zwei Quartal hindurch in Rückstand, und erhält er keine Nachsicht; so ist der Administrator verpflichtet, ihm den Mieths-Contract gerichtlich zu kündigen, und für die Bescheinigung zu sorgen, nach Ablauf der Kündigungs-Frist aber auf Exmission wider ihn zu klagen.

Allgem. Landrecht Th. 1. Tit. 21. §. 298.

Diese Kündigung kann auch nach Ablauf jener zweier Quartale noch an den drei ersten Tagen des dritten Quartals erfolgen.

Allgem. Landrecht Th. 1. Tit. 21. §. 344.
Hof-Rescript vom 30sten August 1806.

Der Administrator ist also verbunden, diese dreitägige Frist zu beobachten.

Versäumt er, nach Ablauf des zweiten nicht bezahlten Quartals innerhalb dreier Tagen zu kündigen, oder nach Ablauf der Kündigungs-Frist innerhalb spätestens 14 Tagen auf Exmission zu klagen, so treten wider ihn die oben bezeichneten nachtheiligen Folgen ein. (§. 32.)

34. Wenn der Administrator fürchtet, daß der Miethsmann, welcher die Miethe restiret, das Quartier heimlich verlassen, und durch Hinwegschaffung seiner Sachen der Administration das dem Vermiether zustehende Zurückhaltungs-Recht auf die eingebrachten Sachen vereiteln mögte, so ertheilt er dem Vicewirthe und sonstigen Bewohnern des Hauses Auftrag, ohne seine Erlaubniß die Sachen des Miethers, wenn dieser ausziehen will, nicht aus dem Hause zu lassen, eventualiter die Hülfe der Polizei oder der Wache, des Nachtwächters rc. herbei zu rufen. Er verwarnt den Miether unter der Eröffnung, daß er sich durch heimliche oder gewaltsame Hinwegschaffung seiner Sachen, vor berichtigter Miethe, der Ahndung der Gesetze aussetzen, und in die Strafe der eigenmächtigen Selbsthülfe verfallen werde, wobei die vom Miether besessenen Sachen zu specificiren, die aber, welche angeblich der Ehefrau oder andern Personen gehören sollen, besonders aufzuzeichnen sind.

Allgem. Landrecht Th. 2. Tit. 20. §. 157.

Der Administrator nimmt hierüber ein Protocoll auf, und adhibirt, wenn die Unterschrift verweigert wird, einen dazu herbei zu rufenden Zeugen. Zieht der Miether indessen, dieser Vorkehrung ungeachtet, dennoch aus, ohne die Miethe zu bezahlen, so muß der Administrator sich Mühe geben, seinen Aufenthalt auszumitteln, und denunciirt sodann nicht allein gegen ihn, sondern klagt auch auf Zurückgabe der entzogenen Sachen.

Allgem. Landrecht Th. 1. Tit. 20. §. 561.

Zu dieser Klage bedarf der Administrator indessen einer Authorisation des Extrahenten der Administration.

35. Die aus den administrirten Häusern aufkommenden Miethsgelder ist der Administrator an einem sichern Orte, und mit eben der Aufmerksamkeit, wie seine eigene Baarschaft, aufzubewahren verbunden.

Allgem. Landrecht Th. 1. Tit. 14. §. 11. und 119.

Er ist dieselben von seinem eigenen Vermögen abzusondern verpflichtet, und darf dieselben weder ausleihen, noch für sich selbst gebrauchen, noch sonst in seinen Nutzen verwenden, wenn es auch mit völliger Sicherheit für die Interessenten geschehen könnte,

Allgem. Landrecht Th. 1. Tit. 14. §. 118.

widrigenfalls derselbe sich der in den Strafgesetzen enthaltenen Ahndung aussetzt.

Allgem. Landrecht Th. 2. Tit. 20. §. 443. seq.

36. Dagegen ist der Administrator berechtigt, ohne Anweisung und Authorisation, aus den eingegangenen Revenüen zu bezahlen: alles was zur Unterhaltung des Hauses und zur Reinigung desselben erforderlich ist, die kurrenten Abgaben und Lasten aller Art, die Feuer-Cassen-Gelder und zweijährige Rückstände derselben, zweijährige Rückstände von öffentlichen und gemeinen Abgaben (mit Ausschluß der restirenden Kriegssteuer), die kurrenten Einquartirungskosten, die Kosten und Vorschüsse, welche vom Administrator zu den, gegen die Miether und den Haus-Eigenthümer anzustellenden Klagen vorgeschossen oder sonst dazu gezahlt werden müssen, desgleichen, welche zur Sglarien-Casse in Betreff der Administration eingefordert werden, und endlich sein eigenes Honorar, die Stempel zu den Rechnungen und Klagen.

Allgem. Gerichts-Ordnung Th. 1. Tit. 50. §. 496.

Zur Verwechselung der Münzsorten ist der Administrator nur in so weit berechtigt, als es zu den Ausgaben nöthig ist.

Allgem. Landrecht Th. 1. Tit. 14. §. 120.

Ergiebt sich, daß die Einnahme nicht hinreicht, die hiernach zu leistenden prioritätischen Ausgaben zu bestreiten: so zeigt der Administrator den Vorfall dem Inspector an, bemerkt, welche Positionen er zahlen solle, und bittet um Bestimmung der Priorität, wonach er sich dann zu achten hat.

37. Außer diesen, ohne weitere Rückfrage zu befriedigenden Posten, darf der Administrator an Niemand, selbst nicht an einen hypothekarischen Gläubiger, oder an den Extrahenten der Administration Zahlung leisten, bevor er nicht dazu den Befehl des die Administration dirigirenden Gerichts erhalten hat.

Er ist also, wenn er am Ende eines Quartals Bestand hat, anzufragen und Vorbescheidung zu extrahiren schuldig, wem er die Gelder zahlen soll? —

Alle Ansprüche der Creditoren auf Zahlung, sind an das Gericht zu verweisen, und selbst die Zahlungsbefehle, wonach Sporteln in Prozeß-Sachen des Hausbesitzers, oder des Extrahenten der Administration gefordert werden, müssen zu den kompetenten Administrations-Acten, mit der Bitte um Vorbescheidung, eingereicht werden, ob die Zahlung geleistet werden soll.

38. Alle Quittungen über geleistete Zahlungen, hat der Administrator sorgfältig aufzubewahren, und es muß dafür gesorgt werden, daß der Aussteller die Münzsorte, in welcher er Zahlung erhalten hat, ausdrückt. Bei Rechnungen ist es nicht hinreichend, wenn der Empfänger die Worte — erhalten — bezahlt — oder ähnliche allgemeine Ausdrücke unter die Rechnung setzt. Derselbe muß angehalten werden, ausdrücklich die Summe, welche er empfänget und in welcher Münzsorte sie gezahlt wird, auszudrücken. Versäumt der Administrator diese letzte Obliegenheit, so paßirt ihm die Ausgabe nicht in Rechnung, bis die fehlende Bestimmung nachgebracht ist, eventualiter, wenn diese nicht zu erhalten steht, nur als Münze.

39. Was die Reparaturen anbetrifft, so ist der Administrator berechtigt, diejenigen, welche den Betrag von fünf Thalern nicht übersteigen, ohne Anfrage und Rücksprache zu veranstalten. Ist eine höhere Summe der Wahrscheinlichkeit nach erforderlich, so muß der Administrator, bevor die Besserung vorgenommen wird, dem Extrahenten der Administration unter Vorlegung eines von einem Werkmeister angefertigten Anschlages, davon Nachricht geben, und ihn auffordern, sich von der Sache zu unterrichten, mit Anzeige dessen, was er wegen dieser Angelegenheit gethan habe und thun werde. Ohne die schriftliche Einwilligung des Extrahenten darf der Administrator solche größere, 5 Rthlr. übersteigende Reparaturen nicht vornehmen. — Wenn der Extrahent in acht Tagen nicht antwortet oder sonst in schleunigen Fällen, ist der Inspector befugt, statt des abwesenden oder zurückhaltenden Extrahenten den Consens zu geben. Er muß aber alsdann sich jedesmal an Ort und Stelle begeben, die Sache untersuchen und darüber ein Protocoll aufnehmen. Erklärt der Extrahent, daß er selbst die Besserung veranstalten wolle, so muß der Administrator dies geschehen lassen, und eben so ist er verbunden, auf die Vorschläge des Extrahenten, wegen wohlfeilerer und sparsamerer Einrichtung der Sache, Rücksicht zu nehmen.

Dem Hausbesitzer kann, wenn er sich dazu erbietet, eine Besserung auf Rechnung der Administration nur dann überlassen werden, wenn er dazu den schriftlichen, von ihm selbst zu beschaffenden Consens des Extrahenten der Administration beibringt.

Uebrigens muß der Administrator jeden Bau und jede Besserung, bevor er die dafür angesetzte Gelder zahlt, sorgfältig revidiren, und nachdem er sich überzeugt hat, daß alles, was angesetzt worden, wirklich gemacht ist, attestirt er solches unter der Rechnung, worauf sodann die Zahlung geleistet werden kann.

Einer förmlichen Revision der Reparaturen nach dem Anschlage bedarf es nur, wenn es der Extrahent ausdrücklich verlangt.

40. Ist der Extrahent der Administration, und wenn deren Mehrere sind, auch diese, wegen ihrer sämmtlichen Forderungen befriedigt, so muß der Administrator davon Anzeige ad Acta machen, und seine Anträge wegen Aufhebung der Administration formiren.

Bei Anfertigung der Schlußrechnung ist das Soll der Einnahme wie der Ausgabe für das ganze Quartal, innerhalb welches die Schlußrechnung gelegt wird, aufzuführen, die Rechnung selbst aber mit den Belägen und den Administrations-Acten, welche alle frühern, namentlich die bereits kassirten Quittungen enthält, nebst dem Auftrage zur Administration ad Acta zu geben.

41. Die Belohnung des Administrators ist zwar von der Vereinigung der Interessenten, nehmlich der Extrahenten und des Hausbesitzers, abhängig.

Es kann demselben aber niemals in Praejudicium anderer Creditoren eine Remuneration bewilligt werden, welche den Betrag der hier unten stehenden gesetzlichen übersteigt.

Uebernimmt Jemand, der als Administrator generaliter nicht verpflichtet ist, eine Hausadministration, ohne sich eine Belohnung zu stipuliren, so kann er auf eine solche keine Ansprüche machen.

Allgem. Landrecht Th. 1. Tit. 13. §. 74.

Verlangt er aber eine Remuneration, und können sich die Interessenten über den Betrag derselben nicht vereinigen, so treten folgende Grundsätze ein.

Zuvörderst erhält der Administrator jährliche Prozentgelder von der eingenommenen Miethe eines Quartiers, das jährlich bis 50 Rthlr. inclusive Miethe trägt, Sieben Prozent, von 50 bis 100 Rthlr. inclusive jährlich Sechs Prozent, von 100 bis 150 Rthlr. inclusive Fünf Prozent, von allen höhern Miethen aber Vier Prozent.

Außerdem erhält er landübliche Zinsen von seinen Vorschüssen,

Allgem. Landrecht Th. 1. Tit. 13. §. 70. und 73.

und wenn in dem von ihm geführten Prozesse der Verklagte in Erstattung der Kosten verurtheilt wird, dieselben Gebühren, welche den Justizcommissarien in dergleichen Sachen festgesetzt werden, weshalb er sodann förmlich nach der kompetenten Sporteltaxe zu liquidiren und Erstattung nachzusuchen hat. Es ist indeß keineswegs die Absicht, dem Administrator diese Gebühren zu evinciren. Stehen solche also vom Verklagten nicht beizutreiben, oder verliert der Administrator den Prozeß, so leidet er den Ausfall.

Endlich wird ihm noch eine außerordentliche Remuneration bewilligt, wenn ein bewohntes Quartier höher als bisher vermiethet wird. Diese Belohnung besteht nehmlich in dem achten Theile des einjährigen Betrages der solchergestalt gewonnenen Mehr-Einnahme, darf jedoch auf keinen Fall bei einzelnen Quartieren die Summe von Zwanzig Thalern übersteigen.

Außer der hiernach festgesetzten Belohnung erhält der Administrator keine Entschädigung für Kopialien, Schreibmaterialien, Insinuations-Termins-Gebühren oder Diäten, kurz durchaus nichts weiter an Emolumenten oder sonstige Vergütigung.

42. Schließlich werden die Administratoren auf das angelegentlichste erinnert, das Publikum, namentlich die Hauseigenthümer und Miethsleute, mit welchen sie zu thun haben, bescheiden und höflich zu behandeln, jedem Mieths- oder Kauflustigen aber die erforderliche Auskunft so fort und unweigerlich zu ertheilen. Wer gegen diese Vorschrift handelt, hat in Gefolge des Allgemeinen Landrechts Th. 2. Tit. 20. §. 334. u. 335. nach Bewandniß der Umstände, Verweis, Geldbuße oder Gefängnißstrafe zu erwarten.

Berlin, den 17ten April 1812.

275. Instruktion für die Gerichte, die Häuser-Administration in Berlin betreffend, vom 17. April 1812 *).

Die vielen, bei den gerichtlichen Administrationen hiesiger Grundstücke eingerissenen Mißbräuche und Unordnungen, haben eine Revision des ganzen Administrations-Wesens und eine bessere Organisation desselben veranlaßt.

Zur Anleitung für die Gerichte, wie bei dieser Einrichtung die Administrations-Sachen künftig bearbeitet werden sollen, dient folgendes:

§. 1. Alle Angelegenheiten der Administration, bis auf die Rechnungs-Abnahme, werden unter Leitung des Gerichts durch einen Beamten betrieben, welcher sich ausschließlich mit der Aufsicht über die Administratoren beschäftigt. Er führt das Prädikat eines Häuseradministrations-Inspectors. Die Hausadministratoren sind zunächst ihm untergeordnet, und stehen mit ihm fortdauernd in unmittelbarer Beziehung. Das Gericht verweiset also alle vorhin bezeichnete Gegenstände an diesen rc. Inspector, und verfügt auf dessen Anträge. Seine nähern Verhältnisse zum Gericht und zu den Administratoren ergiebt eine besondere Dienst-Instruction.

§. 2. Die Zahl der Häuseradministrations-Inspectoren in Berlin hängt von den Bestimmungen des Justizministers ab. Werden deren zwei angestellt, so wird die Stadt zu dem Ende in zwei, durch den Spreestrohm getheilte Hälften abgesondert. Es

---

*) S. Nr. 279.

gilt wegen der Grenze, was dieserhalb bei den Auktions-Commissarien feststehet. Jeder ꝛc. Inspector führt die Aufsicht über die innerhalb seines Bezirks schwebenden gerichtlichen Administrationen.

§. 3. Da den Gerichten die Oberaufsicht über die Administrationen obliegt, und sie für die Erreichung des dabei beabsichtigten Zwecks zu sorgen haben, so darf die Wahl des Administrators fernerhin nicht von dem Gutbefinden der Interessenten abhängig seyn. Es können künftig nur solche Individuen zu Administrationen verstattet werden, welche mit den, bei der neuen Einrichtung vorausgesetzten, Eigenschaften und Kenntnissen versehen sind. Die Beurtheilung darüber steht allein den Gerichten zu, und ist deshalb für eine gehörige Anzahl solcher qualificirter Individuen zu sorgen. Bleibt nun zwar dem vernünftigen Ermessen der Gerichte überlassen, in einzelnen besondern Fällen dasjenige Subject, dem die Interessenten eine Administration einstimmig übertragen, zum Administrator anzunehmen: so wird doch als Regel festgesetzt, daß, bis eine solche Ausnahme verstattet ist, jede Administration ohne Unterschied, einem geprüften und verpflichteten Administrator übertragen muß. Es giebt also zweierlei Administratoren,

a) solche, welche im Allgemeinen für mehrere Haus-Administrationen bestimmt sind,
b) und solche, welche in besondern Fällen vom Gerichte zu einzelnen Administrationen verstattet werden.

Beide Gattungen von Administratoren haben sich nach der, für die Hausadministratoren entworfenen Instruktion zu achten.

§. 4. Die bisherige Verfassung, wornach einzelne Administratoren in allen Theilen der Stadt zu administriren hatten, wird abgestellt, und sind die bereits eingeleiteten, wie die künftigen vorfallenden Administrationen, nach Revieren zu vertheilen, so daß ein Administrator in der Regel alle Administrationen erhält, welche innerhalb eines gewissen Bezirks schweben. Jeder Administrator muß, wo möglich, innerhalb seines Reviers oder doch in dessen Nähe wohnen. Die Einrichtung der verschiedenen Reviere und die Vertheilung derselben auf die vorhandenen Administratoren, bleibt dem Kammergerichte überlassen, welches das Gutachten des Stadtgerichts zu hören und dafür zu sorgen hat, daß dabei die Arbeit, wie die Remuneration, so viel als möglich ist, gleichmäßig vertheilt wird.

§. 5. Die Bezirks-Administratoren erhalten indessen auf die innerhalb ihres Bezirks vorfallenden Administrationen keinesweges ein jus exclusivum, sondern es bleibt einem jeden Gerichte unbenommen, in einzelnen Fällen, wo es die Umstände erfordern, einzelne Administrationen, sowohl bei Einleitung als im Laufe derselben, dem Administrator eines benachbarten Bezirks zu übertragen, so wie denn auch das Kammergericht, wenn sich ein auffallendes Mißverhältniß zwischen der Arbeit oder der Einnahme einzelner benachbarter Distrikts-Administratoren ergiebt, zur Ausgleichung desselben berechtigt ist, dem einen

Theil seiner Administrationen zu nehmen und dem andern zuzutheilen.

§. 6. Unfähig zu Administrations-Inspectoren und Administratoren beider Gattung ist jeder, dem die, zu Uebernehmung öffentlicher Aemter erforderlichen Eigenschaften mangeln, namentlich derjenige, welcher wegen Verbrechen gegen das Eigenthum gestraft oder ab instantia absolvirt, wegen anderer Vergehen zur Festung oder Zuchthausstrafe verurtheilt ist, oder wer sonst durch unordentliche oder unmoralische Lebensart das Zutrauen des Publikums verloren hat.

§. 7. Es ist nicht nöthig, daß der Häuseradministrations-Inspector studiert habe oder ein Rechtsgelehrter sey. Es kommt nur darauf an, daß er ein durchaus rechtlicher Mann ist, und weder durch seinen Gesundheits-Zustand, noch durch seine Jahre abgehalten wird, die mit seinem Amte verbundenen körperlichen Anstrengungen zu übernehmen. Besonders aber muß dazu ein, im Calculatur-Wesen geübtes Individuum genommen werden, was sich durch Mühsamkeit und Genauigkeit auszeichnet.

§. 8. Der Häuseradministrations-Inspector wird beim Kammergerichte examinirt, dem Justiz-Minister vorgeschlagen, von diesem bestallt, demnächst aber beim Kammergerichte verpflichtet. Sein Eid ist auch auf die richtige Führung der Protocolle auszudehnen. Seine Anstellung wird sämmtlichen hiesigen Gerichten und Vormundschafts-Behörden bekannt gemacht.

§. 9. Privatpersonen, welche zu einzelnen Administrationen verstattet werden, sind blos zu verpflichten und auf die Instruktion des Hausadministrators zu verweisen.

§. 10. Was aber die Bezirks-Administratoren betrifft: so sind solche durch den Häuseradministrations-Inspector zu examiniren, ob sie diejenigen Kenntnisse besitzen, welche zu ihrem Amte, nach Anleitung ihrer Instruktion, besonders im Rechnungsfache erforderlich sind.

Diese Administratoren müssen mindestens eine Kaution von 1000 Rthlr. für alle ihnen zu übertragende Administrationen bestellen, welche zu prüfen und gerichtlich niederzulegen ist. Es wird wegen ihrer Anstellung nach Hofe berichtet. Sie werden vom Justizminister bestätigt und hiernächst verpflichtet, wovon dem Administrations-Inspector Nachricht zu geben ist.

§. 11. Jedes Gericht führt zwar die Aufsicht über den Administrator in den einzelnen Sachen, und bedient sich dabei des Administrations-Inspectors. Die General-Aufsicht über den letztern und über alle Administratoren führt aber das Kammergericht, welches dafür zu sorgen hat, daß die vom Administrations-Inspector jährlich zu veranstaltenden Revisionen und Cassenvisitationen gehalten werden, die in seiner Instruction bezeichneten General-Berichte aber zur gehörigen Zeit eingehen. Dieser General-Bericht wird den Directoren und Präsidenten derjenigen Behörden, welche dem Administrations-Inspector Aufträge ertheilt haben, zur Nachricht mitgetheilt. Das Präsidium des Kammergerichts liefert in dem, an den Justizminister alljährlich zu erstattenden General-Bericht, eine Uebersicht des Häuseradministrations-Wesens in Berlin.

§. 12. Beschwerden über Unordnungen im administrirten Hause und über den Administrator, desgleichen Streitigkeiten der Miethsleute und der Hausbesitzer werden dem Häuseradministrations-Inspector zur Untersuchung mittelst einer vorzuzeigenden Verfügung zugefertigt. Er verfügt nach Anleitung seiner Instruction zur Remedur das Erforderliche, und das Gericht prüft, wenn er davon Anzeige leistet, sein Verfahren, ändert das Unrichtige und entscheidet auf seine Anträge.

§. 13. Finden sich Unordnungen, so wird der Administrator nach Verhältniß der Umstände rectificirt oder in Strafe genommen. Das Gericht extrahirt und das Kammergericht verhängt, wo es Verdacht einer unrichtigen Verwaltung schöpft, eine außerordentliche Revision der ganzen Geschäftsführung des Administrators und eine Visitation seiner Casse durch den Inspector, macht auch, wenn der Bericht eingeht, in den dazu geeigneten Fällen, die Sache im competenten foro des Administrators anhängig.

Erfolgt die Suspensio ab officio, so ist für die interimistische Verwaltung der Geschäfte des Angeschuldigten zu sorgen. Es wird deshalb sofort ein Stellvertreter ernannt, welcher Caution zu bestellen hat. Diesem sind alle Geschäfte des Suspendirten interimistisch zu übertragen. Er erhält die vorgefundenen Cassen-Bestände, und ein Verzeichniß der vom Angeschuldigten administrirten Häuser, welches der Administrations-Inspector, wenn er es zuvörderst mit seinem Repertorio verglichen hat, attestirt. Die Administrations-Acten werden, wenn sie lose Piegen enthalten, geheftet, wo es noch nicht geschehen ist, foliirt, demnächst aber specificirt und mit dem abzuschließenden Cassenbuche vom Commissario asservirt.

§. 14. Ist der Angeschuldigte verhaftet, so bedarf es keiner Vorkehrung wegen der von den Miethern zu entrichtenden Gelder; diese müssen aber im entgegengesetzten Falle, oder wenn der Administrator latitirt, getroffen werden, weshalb mit Rücksicht auf die Zahl der von ihm verwalteten Häuser und auch der Nähe des gewöhnlichen Zahlungstermins, entweder eine allgemeine Anweisung in den öffentlichen Blättern, oder eine specielle an die Bewohner der administrirten Häuser zu veranlassen ist.

§. 15. Hiernächst wird der Administrations-Inspector unter Mittheilung der Designationen beauftragt, mit Zuziehung der Interessenten, wegen Uebergabe der administrirten Häuser an den interimistischen Administrator, mit Zuziehung eines von dem Suspendirten zu bestimmenden, eventualiter ihm ex officio zuzuordnenden Mandatarii, bei den einzelnen Administrationen nach Anleitung seiner Instruction das erforderliche zu veranstalten, und die deshalb aufzunehmenden einzelnen Verhandlungen zu den competenten Acten einzureichen. Der Administrations-

Inspector adhibirt bei diesem Geschäfte die Administrations-Acten des Angeschuldigten.

§. 16. Stirbt ein Hausadministrator, so kommt alles das zur Anwendung, was wegen Ernennung eines Stellvertreters, wegen Uebergabe und Rechnungslegung im §. 13. und 15. vorgeschrieben ist, nur mit der Ausnahme, daß bei der Uebergabe die Erben oder deren Vormünder zugezogen werden müssen, und daß diese im Besitz der Administrations-Acten und des Cassen-Buchs bleiben.

§. 17. Außerdem wird, wenn der Administrator stirbt, oder ab officio suspendirt wird, sofort nach erfolgtem Eintritt dieser Veränderung, für die Anfertigung der Schlußrechnung bey den verschiedenen Administrationen gesorgt. Dazu sind der Mandatarius des Administrators, eventualiter der Curator seines Vermögens, wenn er aber gestorben ist, seine Erben anzuweisen. Es muß aber die Rechnung so angelegt werden, daß das Soll einkommen und Soll ausgegeben werden, bis zum Ende des Quartals, in welchem die Administration aufhörte, aufgeführt steht. Zu dieser Arbeit erhält der Rechnungsleger die Administrations-Acten und das Cassenbuch. Dem verhafteten Administrator können solche nur mit Bewilligung des, die Untersuchung leitenden Gerichts ausgehändigt werden, weshalb demselben auch nur in diesem Falle die Anfertigung der Schluß-Rechnung zu überlassen ist.

§. 18. Will ein Administrator seine Geschäfte überhäupt niederlegen, so kann er dies nur mit Ostern und Michaelis thun, und muß, bis sein Nachfolger constirt und die Uebergabe an ihn erfolgen kann, seine Administration fortsetzen.

§. 19. Alle von den Gerichten in Berlin verhängte Haus-Administrationen müssen durchaus der Aufsicht eines Administrations-Inspektors ohne Ausnahme unterworfen werden. Dem Churmärkischen Pupillen-Collegio und dem Vormundschaftlichen Gerichte hiesiger Residenzien steht es frei, ob oder welche Vormünder oder Grundstücke sie unter Aufsicht des Administrations-Inspectors und resp. unter Administration setzen wollen; sie sind aber, wenn sie solches thun, an die gegenwärtige Instruction gebunden, und können nur solche Grundstücke der Aufsicht des Administrations-Inspectors übertragen werden, welche innerhalb Berlin und dessen nächsten Umgebungen liegen.

§. 20. Die ersten Grade der Real-Execution zerfallen in die Beschlagnahme der Revenüen und in die gerichtliche Einweisung oder Administration. Es ist also in Fällen, wo generaliter Real-Execution gesucht wird, der Extrahent, wenn er es unterläßt, zur bestimmten Erklärung aufzufordern, ob er erstere, oder mit Uebergehung derselben, die letztere verlangt, als in welchem Falle er sein Gesuch gehörig substantiiren muß.

Allg. Gerichtsordn. Th. 1. Tit. 24. §. 112. seq. §. 116. seq.

§. 21. Bei Beschlagnahme der Revenüen ist es hinreichend, wenn an die im Hause wohnenden, vom insinuirenden Boten näher auszumittelnden Miethsleute, per Patentum ad domum, und

und gehöriger Verwarnung, das nach Vorschrift der Allgemeinen Gerichtsordn. Th. 1. Tit. 24. §. 101. einzurichtende Arrestatorium, und an den Arrestaten das eben daselbst vorgeschriebene Inhibitoriale cum mandato editionis der Mieths-Contracte erlassen wird.

§. 22. Bewohnt der Besitzer das Haus ganz allein, so ist der Fall im §. 116. Tit. 24. Allgemeine Gerichtsordnung vorhanden, wonach sofort Administration zu verhängen ist.

§. 23. Trägt der Extrahent darauf an, nach Anleitung der Allgemeinen Gerichtsordnung Th. 1. Tit. 24. §. 112. zu untersuchen, ob er innerhalb Jahresfrist aus den Einkünften des Grundstücks seine Befriedigung zu erhalten hoffen könne; so wird der neueste Hypothekenschein erfordert, und, unter Zufertigung desselben, das Geschäft dem Häuser-Administrations-Inspector übertragen, welcher nach Anleitung seiner Instruction verfährt.

§. 24. Das Gutachten des Häuser-Administrations-Inspectors entscheidet salvo recursu über die Frage, ob Beschlagnahme der Einkünfte oder gerichtliche Einweisung statt findet, und wird, bis ein anderes feststehet, danach verfahren.

§. 25. Sobald die gerichtliche Einsendung verhängt wird, müssen besondere Administrations-Acten angelegt werden. Es ist durchaus unzulässig, Verhandlungen, welche die Administration eines Grundstücks betreffen, mit anderen Acten, namentlich mit den Prozeß-Acten, oder den, welche die Constitution einer Activmasse überhaupt betreffen, zu vermischen. Dergleichen Administrations-Acten sind also für ein jedes, in Administration kommende, Grundstück anzulegen. Es ist auch nothwendig, die Verhandlungen über die Administration einzelner Häuser in besondern Administrations-Acten von einander abzusondern, und sind deshalb selbst auch alsdann besondere Acten über die einzelnen Häuser anzulegen, wenn solche sogar einen gemeinschaftlichen Besitzer haben, und einem Creditor verhaftet sind.

§. 26. Einem jeden Volumen Administrations-Acten hat die Registratur ein, nach anliegendem Muster eingerichtetes, Schema sub A. vorzuheften, und wenn ein zweites oder folgendes Volumen angelegt wird, jedesmal zu demselben originaliter herüber zu bringen, dergestalt, daß dasselbe immer in dem letzten Volumen zu finden ist. Dies Schema enthält, wenn es successive ausgefüllet wird, eine jedesmalige Uebersicht der Sache, weshalb der Dezernent für dessen Vollständigkeit zu sorgen hat. Ob und in welchem Falle für jeden Jahrgang oder für jede sonstige Periode besondere Special-Fascikel einzurichten sind, bleibt der Beurtheilung des Gerichts in wichtigen, dazu geeigneten, Fällen vorbehalten.

§. 27. Der Registrator führt über die Administrations-Acten besondere Repertorien nach dem Schema B., und trägt in die, für die Reproducenda bestimmten Verzeichnisse sofort beim Anfange eines jeden Quartals, also Anfangs Januar, April,

Julius und October, auf einen, sechs Wochen nach diesem Termin fallenden Vortragstag,

Allg. Landrecht Th. 1. Tit. 14. §. 140. Allg. Ger. Ordn. Tit. 50. §. 243.

alle nach dem Repertorio annoch schwebende Administrations-Sachen ein. Die im Laufe des Quartals wegfallenden, desgleichen die eingehenden Rechnungen, werden in diesem Verzeichnisse gelöscht, die hiernach rückständigen aber zu der bezeichneten Zeit mittelst Vorlegung der Acten ex officio erinnert.

§. 28. Wird die Administration für zulässig befunden, so muß der Extrahent derselben, in sofern er nicht in Berlin ist, und solches noch nicht gethan hat, angehalten werden, einen mit gerichtlicher Vollmacht versehenen General-Mandatarius zum Betrieb der Administration zu bestellen.

Demnächst fordert das Gericht vom Extrahenten der Administration, in sofern er noch nicht in actis seyn sollte, den neuesten Hypothekenschein des in Beschlag zu nehmenden Grundstücks, und befiehlt ihm die Bekanntmachung der Administration an die daraus hervorgehenden Real-Gläubiger, mit der Auflage, solche entweder nachzuweisen oder auszubringen, sub comminatione des §. 136. der Allgemeinen Gerichtsordnung Th. 1. Tit. 24. Melden sich in der Folge ein oder mehrere Gläubiger mit Forderungen an Capital oder Zinsen, so müssen sie angewiesen werden, wenn es noch nicht geschehen seyn sollte, ihre Ansprüche allererst zur Execution zu bringen, sub comminatione, daß, wenn dies beim Eingange der nächsten Rechnung nicht geschehen, oder Arrest auf den Bestand nicht ausgebracht sey, mit Auslieferung des letztern an den Extrahenten der Execution verfahren werden müsse.

Allgem. Gerichtsordnung Th. 1. Tit. 51. §. 51.

§. 29. Außer dieser an den Extrahenten zu erlassenden Verfügung verhängt das Gericht sofort die Einleitung der Administration; diese wird allemal dem Häuseradministrations-Inspector übertragen, cum Mandato, den Mieths-Arrest anzulegen, den Besitzer die Disposition über das in Administration zu nehmende Grundstück zu untersagen, und alles dasjenige zu verhandeln, was nach seiner Dienst-Instruktion zur Einleitung der Administration erforderlich ist. Es sind dem Administrations-Inspector die, bei dem Geschäfte zuzuziehenden, nach §. 46. zu bestimmenden Interessenten namentlich, eventualiter deren legitimirte Mandatarien, bekannt zu machen.

§. 30. Da der Administrations-Inspector nach seiner Instruction im allgemeinen beauftragt ist, den Arrest auch bei den, der Jurisdiction des die Administration leitenden Gerichts nicht unterworfenen, Personen ohne speciellen Auftrag anzulegen, so fallen die bisher deshalb erlassenen Requisitionen und Implorationen fort.

§. 31. Der Administrations-Inspector überreicht sein Einleitungs-Protokoll mittelst Berichts dem kompetenten Gericht, und es wird, wenn dasselbe eingeht, geprüft, ob alles, was nach der Instruction zu thun war, geschehen ist, im Entstehungsfalle wird, wegen Nachholung des fehlenden, demnächst auf die Anträge des Inspectors das Erforderliche verfügt. Abschrift der Einleitungs-Protokolle unter Eröffnung dessen, was verfügt worden, erhält allemal sowohl der Administrator als der Extrahent per copiam decreti, und ist letzterer, wo es fehlt, aufzufordern, den ersteren mit Anweisung zu versehen. Der bestellte Vicewirth ist, sub notificatione der verhängten Administration, dem Polizei-Präsidio bekannt zu machen.

§. 32. Ferner wird auf das Einleitungsprotokoll die Ausfertigung des Administratorii verfügt. Das Administratorium muß enthalten:

a) die Veranlassung der Administration mit Bezeichnung
b) des Extrahenten und
c) der Sache, aus welcher sie sich herschreibt;
d) das Object an Capital und Zinsen, wobei die letzteren nach den Prozenten und dem termino a quo genau bestimmt werden müssen;
e) die Nummer nebst Straße des zu administrirenden Hauses;
f) die Bestellung des Administrators und Verweisung desselben auf die Instruction für die Hausadministratoren;
g) endlich werden dem Administrator die nach §. 46. zu bestimmten Interessenten der Administration und deren legitimirte Mandatarien, an welche er sich nach Anleitung seiner Instruction zu wenden hat, bekannt gemacht.

Ist Caution zu bestellen, oder der Administrator zu verpflichten, so wird deshalb das Erforderliche verfügt.

§. 33. Weigert sich der Besitzer des zu administrirenden Hauses, den Betrag der Miethen und was davon restirt, anzugeben, kann derselbe auch durch Vernehmung der Miether mit Zuverlässigkeit nicht ausgemittelt werden, oder waltet überhaupt ein Verdacht ob, daß der Besitzer mit den Miethsleuten colludirt, so muß der erstere zur Leistung des Manifestations- und Editions-Eides angehalten werden, weshalb nach Anleitung der Allgemeinen Gerichtsordnung Theil 1. Tit. 22. §. 29. Nr. 1. 4. 6. und 8. §. 30. bis 34. das Erforderliche zu verfügen ist.

§. 34. Wegen des angelegten Mieths-Arrestes bedarf es in der Regel weiter keiner Verfügung, indem die vom Administrations-Inspector ad protocollum erfolgte Anweisung hinreicht. Hat aber dieselbe dem Miether überhaupt oder ihm selbst nicht ertheilt werden können, so muß deshalb ein besonderes Arrestatorium von Seiten des Gerichts mit der erforderlichen Commination,

Allgem. Gerichtsordnung Th. 1. Tit. 24. §. 101.

erlassen, auch für die gehörige Bescheinigung der Insinuation gesorgt werden, und ist wegen des Interesse, was der Hausbesitzer zur Sache hat, eine Insinuation des Arrestatorii an ihn,

Allgem. Gerichtsordnung Th. 1. Tit. 7. §. 21.

unzulässig, weshalb, wenn im Quartiere Niemand von den Angehörigen oder dem Gesinde des Miethers zu finden ist, das Arrestatorium sofort an die kompetente Stubenthür angenagelt werden muß.

§ 35. Eben so muß das Gericht, wenn der Administrations-Inspector den Besitzer des in Administration gekommenen Hauses nicht gefunden hat, oder der Stellvertreter desselben nicht gehörig legitimirt ist, das nach der Allgemeinen Gerichts-Ordnung Th. 1. Tit. 24 §. 101. an ihn zu erlassende Inhibitoriale und mandatum editionis unter gehöriger Warnung verfügen.

§. 36. Ist der Hausbesitzer bereit, seine Wohnung zu räumen oder Miethe zu bezahlen: so wird in Gemäßheit der getroffenen Vereinigung, eventualiter nach dem Gutachten des Gerichtsschöppen, das Erforderliche im Wege eines Resoluts festgestellt, worauf die Execution verhängt werden kann. Ist aber Streit: so hängt es von den eventualiter zu erfordernden Erklärungen der Extrahenten der Administration ab, ob und in wiefern der Administrator zur Anstellung der Klage anzuweisen ist.

§. 37. Von Einreichung der Quartal-Extracte kann der Administrator nicht dispensirt werden; dagegen ist es erlaubt, die Frist zur Rechnungslegung zu verlängern. Diese Abweichung von der Regel kann aber nur mit Zustimmung des Extrahenten der Administration, des Hauseigenthümers und sämmtlicher eingetragenen Gläubiger, gültig festgestellt werden, wovon sodann der Administrations-Inspector zu unterrichten ist. Geht übrigens der Quartal-Extract oder die Rechnung zur bestimmten Zeit nicht ein: so wird der Administrator durch Ordnungsstrafen, Einziehung derselben und Einlegung des Exekutors, zu seiner Pflicht angehalten. Sind auch diese Mittel fruchtlos, so erhält der Administrations-Inspector den Auftrag, unter seiner Leitung durch einen Dritten, nach Lage der vom Administrator abzufordernden Acten und Bücher, die Rechnung auf dessen Kosten arbeiten zu lassen.

§. 38. Wenn die Administrations-Rechnungen eingehen, so ist nachzusehen, ob die Beläge beigefügt sind. Diese werden, wenn sie fehlen, nachgefordert; demnächst ist die Rechnung mit diesen und den Administrationsakten, dem Administrations-Inspector zur Revision zuzustellen. Die Registratur muß angewiesen werden, die Sache ad excitandum zum Vortrage zu bringen, wenn in vier Wochen der Revisions-Bericht nicht eingeht; und hängt es in diesem Falle von dem Gutbefinden des Gerichts ab, ob es dem Administrations-Inspector die Sache abnehmen und auf seine Kosten von einem andern arbeiten lassen, oder ihn durch einen Strafbefehl, eventualiter Exekution, zur Befolgung seiner Obliegenheit anhalten will.

§. 39. Geht der Revisions-Bericht ein, so wird ein Commissarius zur Abnahme der Rechnung ernannt, und terminus dazu anberaumt. Da die Administratoren in den ersten 14 Tagen eines jeden Quartals, als vom 1sten bis 14ten Januar, April, Juli und Oktober, mit Vereinnahmung der Miethen, und die beiden ersten Tage eines jeden Monats mit Verausgabung der öffentlichen Abgaben beschäftiget sind, so darf an diesen Tagen kein Termin zur Rechnungsabnahme anberaumt werden. Uebrigens wird dazu der Administrator per copiam decreti vorgeladen und erhält Abschrift des Revisions-Berichts. Eben diese erhalten die Interessenten, und zwar per patentum ad domum mit einer Abschrift der Administrations-Rechnung, dergestalt, daß der Extrahent der Administration, und wenn demselben mehrere adhaerirt haben, der zuletzt eingetragene, im Patento ad domum zuletzt genannt wird, mithin die Beilage des Umlaufs behält.

Allg. Gerichtsordn. Th. 1. Tit. 7. §. 81.

Außerdem wird das Erforderliche auf die sonstigen Anträge des Revisoris verfügt.

§. 40. In termino zur Abnahme der Rechnungen werden die Verhandlungen über die einzelnen Monita von einander abgesondert. Der Administrator ist anzuhalten, jede Erinnerung bestimmt zu beantworten, darüber erklären sich die erschienenen Interessenten, und der Administrator giebt die erforderlichen Erläuterungen, am Ende aber, wenn beide Theile gehört sind, sagt der Commissarius sein Gutachten. Dies Verfahren wird bei jedem Monito des Revisions-Berichts beobachtet und kann nicht eher zum folgenden übergegangen werden, bis nicht alles, was das frühere betrifft, in dieser Art verhandelt ist.

§. 41. Sind solchergestalt sämmtliche Monita des Revisoris discutirt, so werden die Interessenten der Administration zu Anzeige aufgefordert, ob sie besondere Erinnerungen anzubringen haben, und sind diese in casu quod sic ebenfalls zu instruiren. Hiernächst ist Commissarius verbunden, die Rechnung selbst durchzusehen und ad protocollum zu registriren, ob und was er seinerseits zu erinnern gefunden hat, worauf auch darüber eventualiter zu verfahren ist.

Sind in dieser Art alle Monita bearbeitet, so werden die Ausgabe-Beläge, Stück vor Stück, mit Dinte durchstrichen, und in sofern sie nicht bei Beurtheilung der Erinnerungen für den Dezernenten nöthig sind, mit den Belägen für die Einnahme und für das: Soll ausgegeben werden, dem Administrator retradirt, womit sich die Verhandlung schließt. Kommissarius giebt hierauf das Protokoll zum Vortrage.

§. 42. Der Dezernent hat hierauf bei dem Monito zu bestimmen, ob dasselbe erledigt zu erachten ist oder nicht, und im letztern Falle was geschehen soll: ob und wieviel bei der künftigen Rechnung zu vereinnahmen oder zu verausgaben ist. Von dieser Verfügung und von dem Abnahme-Protokoll erhält der Administrator Abschrift, indem letzteres seine Decharge enthält, und erstere bei der nächsten Quartal- und Administrations-Rechnung zu berücksichtigen ist. Denn es gilt diese so erwähnte Bestimmung des Dezernenten als Interimisticum, bis judicatmäßig ein anderes feststehet, weshalb demjenigen, der damit nicht zufrieden ist, der Weg Rechtens offen bleibt.

§. 43. Bleibt der Administrator aus, so wird die Erklärung der Interessenten über die Rechnung, und was Commissarius noch besonders zu erinnern findet, zwar zu Protokoll genommen, es wird aber, wenn eine Auskunft oder Verantwortung vom Administrator zu erfordern ist, auf Kosten des Administrators ein neuer Termin angesetzt, welchen Commissarius sofort mit den erschienenen Interessenten der Administration verabredet, und den Administrator dazu per copiam decreti sub communicatione protocolli, unter Androhung einer Ordnungsstrafe, adcitirt. Dies wird im Ausbleibungsfalle unter Verschärfung der Strafe wiederholt, eventualiter wird der Administrator realiter sistirt, so daß also gegen ihn ein Contumacial-Verfahren niemals statt findet, vielmehr derselbe durchaus angehalten werden muß, Rede und Antwort von seiner Wirthschaft zu geben.

§. 44. Bleibt dagegen aber einer von den Interessenten der Administration aus, so verfährt der Commissarius mit Abnahme der Rechnung von Amts wegen; indem bei ihrem Ausbleiben dafür angenommen wird, daß sie außer dem, was der Revisor gefunden hat, bei der Sache nichts zu erinnern haben, weshalb denn ihnen sowohl als dem Administrator, in der Vorladung die Folgen ihres Ausbleibens bekannt zu machen sind.

§. 45. Was die Verwendung der Bestände betrifft, so ist quartaliter

Allgem. Gerichtsordn. Th. 1. Tit. 24. §. 124.

von Amts wegen, das Gericht deshalb zu verfügen verbunden, so oft beim Eingange der Quartals-Extracte ein Bestand in der Casse vorhanden ist, der Administrator aber, welcher wegen Verwendung desselben Anträge machen muß, nicht ausdrücklich anzeigt, daß er diesen Bestand zu Reparaturen oder andern, den Creditoren vorgehenden, Ausgaben gebrauche. In dieser Hinsicht ist nun zu unterscheiden, ob außer den Extrahenten der Administration mehrere von den, nach Anleitung der Allgemeinen Gerichtsordnung Tit. 24. §. 136. dazu aufgeforderten, oder sonstige Creditoren, ihre Forderungen zur Execution gebracht, oder Arrest auf den Bestand gelegt haben. Hat sich Niemand gemeldet, so wird der Administrator angewiesen, den ganzen Bestand an den Extrahenten der Administration zu zahlen.

Allgem. Gerichtsordn. Th. 1. Tit. 24. §. 136.

Sind aber dergleichen neue Executionen verhängt, oder ist die Miethe noch von einem andern Creditor verkümmert, so wird der Administrator angewiesen, den ganzen Bestand ad depositum zu zahlen.

Allgem. Gerichtsordn. Th. 1. Tit. 24. §. 135.

Uebrigens erhalten die Extrahenten der Administration jedesmal Abschrift des Quartal-Extracts und der darauf ergehenden Verfügung, woraus sich dann ergiebt ob die Administration ein Mittel ist, sie in Jahresfrist zu befriedigen,

Allgem. Gerichtsordn. Th. 1. Tit. 24. §. 141.

weshalb die zur Ausmittelung dieses Umstandes sonst üblich gewesene Anberaumung eines besondern Termins fortfällt.

§. 46. Das Gericht nimmt von hypothekarischen Gläubigern, welche sich nicht melden, keine Notiz, und deshalb sind auch dieselben bei den Verhandlungen über die Administration und Rechnungsabnahme nur dann zuzuziehen, wenn sie es ausdrücklich verlangen, als in welchem Falle der Administrator davon zu unterrichten ist; sie haben indessen, so lange sie selbst keine Exekution ausgebracht haben, kein entscheidendes Votum und werden daher unter Interessenten der Administration nur verstanden: die aktuellen Besitzer des zu administrirenden Hauses, eventualiter die im Hypothekenbuche eingetragenen Besitzer desselben, und diejenigen Creditoren, welche die Administration ausgebracht, oder in der Folge, gleich dem Extrahenten, für immitirt erklärt sind.

Allgem. Gerichtsordn. Th. 1. Tit. 24. §. 116.

Bei Immobilien, welche zu Concursmassen gehören, hingegen, ist der Curator, welcher die jura der eingetragenen Gläubiger wahrnehmen muß, als einziger Interessent zu betrachten und zuzuziehen, welches auch alsdann gilt, wenn die Administration einer Erbschaftsmasse den Gerichten überlassen wird. Hat aber ein Creditor schon früher Beschlagnahme der Revenüen oder Immission ausgebracht, so ist dieser auch bei Concursen und erbschaftlichen Liquidations-Prozessen als Interessent anzusehen.

Allgem. Gerichtsordn. Th. 1. Tit. 50. §. 245.

Die hiernach zu bestimmenden Interessenten sind dem Administrations-Inspector und Administrator jedesmal bekannt zu machen.

§. 47. Was die Vertheilung der ad Depositum abzuliefernden Bestände betrifft, so erfolgt dieselbe, wenn nicht die Creditoren ausdrücklich ein anderes bestimmen, so oft ein erheblicher Bestand ad Depositum angenommen wird. Das Gericht giebt nämlich dem Häuseradministrations-Inspector oder einem Calculator den Auftrag, einen Distributions-Plan nach Anleitung der Allgemeinen Gerichtsordnung Th. 1. Tit. 50 §. 499. 502. Tit. 51. §. 51. zu entwerfen, worauf sodann ein Deputirter ernannt und das weitere nach Anleitung der Allgem. Gerichtsordnung Th. 1. Tit. 50. §. 506. verfügt wird.

§. 48. Soll in der Person des Administrators eine Veränderung erfolgen, so bleibt der alte Administrator bis zum Ende des Quartals, in welchem jene Anträge formirt sind, das Gericht aber überträgt sodann die Regulirung der Sache dem Administrations-Inspector, welcher nach Anleitung seiner Instruktion verfährt. Wenn seine Verhandlungen eingehen, wird Schlußrechnung gefordert, ein neues Administratorium expedirt, das frühere aber cassirt ad acta behalten.

§. 49. Wenn die sämmtlichen Interessenten der Administration befriedigt sind, oder wenn sonst die Administration fortfällt: so wird sofort die Aufhebung der Administration verfügt und dem Inspector die Ausführung dieses Befehls ertheilt. In

Ansehung der Schlußrechnung wird es eben so gehalten, wie oben §. 17. vorgeschrieben ist, das Gericht fordert dieselbe und hält darauf, daß das Administratorium zur Cassation ad acta überreicht wird, worauf sodann die Revision und Abnahme der Rechnung erfolgt, bei welcher vorzüglich der Hauseigenthümer zuzuziehen ist.

§. 50. In Termino zur Abnahme der Schlußrechnung ist der Administrator verbunden, dem Commissarius seine Administrations-Acten zu überliefern, der Extrahent der Administration aber die, nach dem Allgemeinen Landrecht Th. 1. Tit. 14. §. 145. vorgeschriebene Quittungen zu leisten, welchemnächst die Administrations-Acten dem Besitzer des Hauses auszuhändigen sind.

Allg. Landrecht Th. 1. Tit. 14. §. 160.

Nach eingegangenem Rechnungs-Abnahme-Protocoll wird wegen der stehen gebliebenen Einwendungen das Erforderliche verfügt, dem Administrator aber eine General-Decharge dahin expedirt;

daß er von dem zu bezeichnenden Anfange der Administration, bis zu deren ebenfalls auszudrückendem Ende, Rechnung gelegt habe.

Berlin, den 17ten April 1812.

276. Verordnung wegen der Hausmiethen in Berlin, vom 24. November 1812.

Wir Friedrich Wilhelm, von Gottes Gnaden König von Preußen ꝛc. ꝛc. haben in Erwägung gezogen, daß die, wegen der Hausmiethen in Unserer Residenz Berlin, in dem Edikt vom 10ten Januar 1754. und dem Reskript vom 15ten April 1765. enthaltenen Vorschriften nicht mehr nöthig und nur eine Veranlassung zu Zweifeln und Streitigkeiten geworden sind. Wir befehlen und verordnen daher, daß diese Vorschriften völlig aufgehoben und abgeschafft seyn, und die Rechte und Verbindlichkeiten der Hausvermiether und Miether lediglich nach den Bestimmungen des Allgemeinen Landrechts, Th. 1. Tit 21. § 258. und folgende, und der Verordnung vom 9ten Januar dieses Jahres beurtheilt werden sollen.

Urkundlich unter Unserer Höchsteigenen Unterschrift und beygedrucktem Königlichen Insiegel.

So geschehen Berlin, den 24sten November 1812.

277. Reglement für das Fabrikengericht zu Berlin, vom 4. April 1815.

Die Fabrik-Prozeß-Sachen in Berlin sollen künftig von einer besondern Deputation des Stadtgerichts bearbeitet werden, um die Schnelligkeit und Regelmäßigkeit zu gewähren, welche diese Gerichtsbarkeit fordert.

Dem zufolge werden nachstehende Bestimmungen getroffen:

§. 1. Die Deputation besteht aus einem Mitgliede des Stadtgerichts, und einem technischen Mitarbeiter, welcher vom Finanz-Ministerio ernannt wird. Für jetzt sind dazu die beiden Fabriken-Kommissarien bestimmt. Diese sollen alternirend den wöchentlichen Sitzungen (§. 16.) beiwohnen, dem Deputirten des Stadtgerichts assistiren, und bei Abwesenheit oder sonstiger Verhinderung sich gegenseitig vertreten. Sind beide verhindert; so soll aus den verpflichteten Sachverständigen (§. 4.) ein Stellvertreter von dem Deputirten des Stadtgerichts gewählt werden.

Auscultatoren oder Referendarien werden nach dem Maaße der Geschäfte und mit Rücksicht auf ihre Zahl und Qualification überhaupt vom Stadtgerichte zur Hülfe gegeben.

§. 2. Der Richter leitet ausschließlich sämmtliche Geschäfte, erläßt alle Verfügungen, und entscheidet in den Fällen, wo ihm die Abfassung des Erkenntnisses zusteht (§. 29.). Ein untergeordnetes Verhältniß findet aber zwischen dem Richter und dem technischen Mitarbeiter nicht statt.

§. 3. Die Subaltern-Geschäfte besorgt ein Registrator, Expedient, und ein Kanzellist in einer Person, und das Amt des Boten und Exekutors wird ebenfalls vereinigt.

§. 4. Die in Prozessen zuzuziehenden Sachverständigen werden von dem Finanz-Ministerio ein für allemal bestellt, und im Pleno des Stadtgerichts mittelst Handschlages verpflichtet. Sie haben keinen Theil an der Leitung der Geschäfte, und werden nur da mit ihrem Gutachten gehört, wo der Richter sie dazu auffordert.

Nach Ablauf eines jeden Jahres werden auf ihr Verlangen die Sachverständigen gewechselt.

§. 5. Ihren Sitz erhält die Deputation im Geschäfts-Lokale des Stadtgerichts.

§. 6. Sie verfügt und verhandelt unter dem Siegel und dem Namen des Stadtgerichts. Die Ausfertigungen ihrer Verfügungen werden von dem deputirten Mitgliede des Stadtgerichts vollzogen.

§. 7. Die Besoldungen der Offizianten werden auf die Staatskasse angewiesen.

§. 8. Die Sportel-Einnahme fließt im ersten Jahre zur Salarienkasse des Stadtgerichts, und diese bestreitet dagegen die Kosten des Bedarfs an Schreibmaterialien, und sonstige zur Geschäftsführung nöthige Ausgaben. Nach Ablauf des ersten Jahres soll über diesen Gegenstand fernere Bestimmung ergehen.

§. 9. Die für Contraventionen gegen Fabrikengesetze eingehenden Geldstrafen sollen für das erste Jahr zur Kämmerei-Kasse gezahlt werden. Für die folgende Zeit wird eine anderweitige Bestimmung vorbehalten. Der nach früherer Verfassung bestandene Denunzianten-Antheil wird aufgehoben.

§. 10. Alle in dem Umfange von Berlin befindlichen Fabriken und Manufakturen, sie mögen dem Staate oder Privat-

Personen gehören, sind in Fabriken-Rechts-Angelegenheiten der Deputation unterworfen.

§. 11. Fabrik oder Manufaktur ist jede Anstalt, in welcher unter Leitung und für Rechnung eines Unternehmers oder Verlegers Waaren für den Handel verfertigt werden.

§. 12. Auch die außerhalb der Stadt unter fremder Jurisdiction wohnenden Fabrikanten und Arbeiter einer Berliner Fabrik, müssen in Fabrikangelegenheiten vor der Deputation Recht nehmen.

§. 13. Persönliche Befreiung vom Gerichtsstande des Untergerichts ändert ebenfalls nichts in dieser Verpflichtung. Diese Vorschrift findet auch auf diejenigen Anwendung, welche nicht Fabrik-Unternehmer oder Arbeiter sind, in Fabriksachen aber, sey es als Zeugen, oder aus einem andern Grunde, vorgeladen werden.

§. 14. Zur Cognition der Deputation gehören:

a) alle Streitigkeiten der Fabrikunternehmer und ihrer Arbeiter gegen einander über schlechte und kontraktwidrige Arbeit, über ihre Verzögerung und Verfälschung, über das Verderben der Geräthschaften und Materialien, und über die Entfernung und Abdankung der Arbeiter vor der Zeit, überhaupt alle Streitigkeiten, welche unmittelbar die Fabrikation und die deshalb übernommenen oder gesetzlich vorgeschriebenen Verpflichtungen und Befugnisse zum Gegenstande haben.

Von den Arbeitern sind nur die eigentlichen Tagelöhner ausgenommen, denen es freisteht, ihre Verbindung mit einer Fabrik an jedem Tage aufzuheben.

b) Die Streitigkeiten der Fabrikunternehmer unter sich wegen Verführung und Abspenstigmachens der Arbeiter.

c) Die Untersuchung der gegen Fabrikgesetze von den Unternehmern und den Arbeitern begangenen Contraventionen.

§. 15. Injurien, welche zwischen Fabrikvorgesetzten und den Arbeitern, und zwischen den Arbeitern unter sich vorfallen, und Schuldsachen, so weit sie aus der Fabrikverbindung entstehen, gehören ebenfalls zur Verhandlung vor den Fabrikrichter, nicht aber die Wechselsachen.

Dagegen ist er zu Handlungen der freiwilligen Gerichtsbarkeit, deren Gegenstand das Fabrikwesen betrifft, nur in sofern berechtigt und verpflichtet, als das Object keine stempelfähige Summe erreicht.

§. 16. Die Deputation versammelt sich an einem bestimmten Tage in der Woche von acht Uhr Morgens an, um die Partheien zu hören, welche sich uneingeladen einfinden, und die Termine abzuhalten, welche anberaumt sind.

§. 17. Das technische Mitglied muß in der Regel an diesem Tage gegenwärtig seyn.

§. 18. Im Laufe der Instruktion oder Untersuchung muß der Richter jeden andern Tag zur Fortsetzung der Sachen benutzen.

§. 19. Es ist nicht nothwendig, daß die verpflichteten Sachverständigen (§. 5.) sämmtlich an dem bestimmten Gerichtstage gegenwärtig sind, es hängt vielmehr von dem Richter ab, diejenigen von ihnen vorzuladen, auf deren Gutachten es in den Prozessen, in welchen verhandelt werden soll, ankommen wird. Es soll indessen durch diese Bestimmung einer sachdienlichen Vereinigung zwischen dem Richter und den Sachverständigen nicht vorgegriffen werden. Auf jeden Fall muß der etwa nothwendige, aber abwesende, Sachverständige ohne Verzug herbeigeholt werden.

§. 20. Jedes Mitglied der Deputation ist schuldig, Gesuche, welche von Partheien bei ihm angebracht werden, aufzunehmen, und eine gleiche Verpflichtung hat der Offiziant der Registratur. Es versteht sich von selbst, daß Partheien ihre Gesuche auch in der Anmeldungsstube des Stadtgerichts können aufnehmen lassen.

§. 21. Alle Vorladungen in Prozessen, deren Gegenstand die Summe von 10 Thalern nicht übersteigt, geschehen durch den Boten mündlich. Er berichtet über die Behändigung unter der Verfügung, welche die Vorladung anordnet.

§. 22. Bei Gegenständen über 10 Thalern bis zu vollen Hundert Thalern ergehen die Verfügungen durch Abschrift derselben. Ein gleiches geschieht in allen Untersuchungen ohne Unterschied.

§. 23. Die Registratur-, Expeditions- und Kanzleigeschäfte werden nach den schon bestehenden Vorschriften verwaltet, und die Prozeßliste wird jährlich der stadtgerichtlichen einverleibt.

§. 24. Der Richter befolgt bei Leitung der Prozesse und Untersuchungen die Vorschriften der Gerichtsordnung mit den Ausnahmen, die vorstehend angeordnet sind, und welche außerdem ein schleuniges Verfahren fordert. Daher können in vorzüglich dringenden Fällen die Bestimmungen des 30sten Titels zur Anwendung gebracht werden.

§. 25. Ganz besonders muß er bemüht seyn, die Partheien über ihre Streitigkeiten im Wege der Güte auszugleichen. Sobald er von den gegenseitigen Ansprüchen und Einwendungen im Allgemeinen unterrichtet ist, muß er mit Zuziehung des technischen Mitgliedes, oder der Sachverständigen, wenn es anders auf ihre Meinung ankommt, Vergleichsvorschläge entwerfen, und den Interessenten zur Erklärung vorlegen.

§. 26. Wird auf diesem Wege die Sache nicht beigelegt, und sie ist von der Art, daß die Erhaltung und Fortsetzung einer Fabrik in Gefahr kommt, wenn die vielleicht nicht sogleich zu bewirkende Entscheidung abgewartet werden soll: so muß schleunig ein Interimisticum regulirt, und zur Vollziehung gebracht werden.

§. 27. Wird aber in diesem Falle das Erkenntniß sogleich abgefaßt: so gilt solches im Laufe des etwa eingewandten Rechtsmittels als ein Interimisticum.

§. 28. Widerspenstige Arbeiter müssen während des Prozesses, wenn Gefahr im Verzuge ist, durch executivische Zwangsmittel, allenfalls durch Arrest, zur einstweiligen Erfüllung ihrer Obliegenheiten angehalten werden. Bei Lehrlingen aus der geringen Volksklasse wird in diesem Falle eine mäßige körperliche Züchtigung gestattet.

§. 29. Die Entscheidung in Bagatell- und Injurien-Sachen gebührt dem deputirten Richter, das Erkenntniß wird, sofern es nur möglich ist, am Tage des Abschlusses der Sache abgefaßt, und den noch anwesenden Partheien eröffnet. Kann dies nicht geschehen: so müssen sie für diesen Zweck zum folgenden Tage bestellt werden.

§. 30. In allen andern Sachen gebührt dem Pleno des Stadtgerichts die Abfassung der Erkenntnisse. Die Deputation giebt aber ein Gutachten zu den Acten.

§. 31. Sobald das Urthel abgefaßt ist: geht es an die Deputation zurück, um ausgefertigt und publizirt zu werden.

§. 32. Die Instruction des Appellatorii geschieht ohne Rücksicht auf den Gegenstand des Streits bei der Deputation.

§. 33. Gebührt die Entscheidung in zweiter Instanz dem Ober-Appellations-Senate des Kammergerichts: so werden die Acten unmittelbar bei demselben eingereicht.

§. 34. Was die Contraventionen gegen Fabrikgesetze betrifft: so wird dem Richter die Befugniß gegeben, auf den Grund der geführten Untersuchung eine Geldbuße bis zu 5 Thalern, oder eine Gefängnißstrafe bis zu acht Tagen inclusive, durch eine bloße Verfügung festzusetzen, gegen welche kein Rechtsmittel statt findet. Bestimmt aber das Gesetz für den niedrigsten Grad eine höhere Strafe: so werden die geschlossenen Acten an die Kriminal-Deputation abgegeben. Diese faßt das Erkenntniß ab, und giebt es an den Fabrikrichter zurück, um die Publication und das Fernere zu verfügen, auch demnächst die rechtskräftig feststehende Strafe zu vollziehen.

§. 35. Die Vollstreckung der Gefängnißstrafen geschieht in der Stadtvoigtei; damit aber Fabrikarbeiter durch ihre ununterbrochene Vollziehung nicht außer Nahrungsstand gesetzt werden: so sollen dergleichen Strafen über 3 Tage hinaus, und wenn die Dauer derselben vier Wochen nicht übersteigt, auf den Antrag der Denunziaten nur an Sonn- und Festtagen vollzogen werden.

§. 36. Sobald der Richter bei Ausübung seines Amts Bedenken findet, über die er selbst zu entscheiden Anstand nimmt: so kann er darüber in der Sitzung des Pleni oder der Civil-Deputation Vortrag halten.

§. 37. Bei Vollziehung executivischer Maaßregeln ist die Deputation, wenn es in besondern Fällen darauf ankommt, polizeiliche Hülfe nachzusuchen berechtigt. Die Polizeibehörde wird im Allgemeinen angewiesen, solche zu leisten, sobald der Fabrikrichter sie fordert.

§. 38. Die für verschiedene hiesige Fabriken gegebenen besondern Reglements, welche die gegenseitigen Rechtsverhältnisse der Unternehmer und Arbeiter bestimmen, dienen auch fernerhin bei Entscheidungen zur Richtschnur.

§. 39. Kosten werden nur genommen:

a) wenn ein Fabrikunternehmer mit dem andern streitet;

b) wenn der Prozeß zwar zwischen dem Unternehmer und seinen Arbeitern schwebt, der Gegenstand desselben aber 100 Rthlr. und mehr beträgt; es dürfen aber die gegenseitigen Forderungen in einem und demselben Rechtsstreite nicht zusammengerechnet werden.

c) Der Fabrikunternehmer entrichtet in allen Fällen die Kosten, wo er unterliegender Theil ist.

d) In Untersuchungssachen wird auf die Vermögenheit der Angeschuldigten Rücksicht genommen, jedoch soll auch in diesem Falle mit Nachsicht verfahren werden.

§. 40. Die Sportelfreiheit hat auf die Stempelverpflichtung keinen Einfluß, und der Stempelbedarf wird von dem Stempel-Receptor des Haupt-Collegii des Stadtgerichts entnommen.

§. 41. Die Kanzlei-, Registratur-, Boten- und Executions-Gebühren werden den Subalternen (§ 3) angewiesen. Die Registratur führt darüber, so wie über alle andere Kosten, den Einnahme-Belag, und die Einziehung geschieht durch die Hauptkasse des Stadtgerichts.

§. 42. Die Mitglieder der Deputation können in keinem Falle Diäten liquidiren; dagegen sollen ihnen unvermeidliche baare Auslagen, ohne Rücksicht, ob die Sache an sich sportelfähig ist, oder nicht, von den Partheyen erstattet werden.

§. 43. Die Einziehung der Geldstrafen für Contraventionen geschieht durch die Deputation, und der Registrator nimmt sie in Empfang. Er führt über die festgesetzten oder rechtskräftig erkannten Strafen eine Liste, und bemerkt in einer besondern Colonne den Eingang. Für seine Bemühung wird ihm der vierte Theil der Strafgelder zugebilligt.

Von diesem Verzeichnisse erhält der Magistrat im ersten Jahre halbjährig eine von der Deputation attestirte Abschrift mit dem Betrage der eingegangenen Strafen.

§. 44. Die Geldstrafen für Injurien gebühren für immer der Kämmerey-Kasse; sie sollen daher, wenn auch besonders, doch nach Anleitung des §. 43., berechnet, und nach Abzug des dem Registrator gebührenden vierten Theils gezahlt werden.

Berlin, den 4. April 1815.

278. Ministerial-Reskript vom 13. April 1816, die gerichtliche Kündigung der Miethkontrakte betreffend.

Der, von dem hiesigen Königlichen Stadtgerichte unter dem 29sten v. M. erstattete Bericht, wonach das Collegium über die, bei den gerichtlichen Kündigungen der Miethscontracte zu beobachtende Verfahrungsart beschieden zu werden bittet, ist dem Justiz-Minister vorgetragen, und es sind die darin zur Entscheidung gestellten, durch keinen erheblichen Zweifel gerechtfertigten Anfragen erwogen worden.

In dem Betracht nun:

1) daß das Gesetz die Fälle, in welchen eine Kündigung der Miethen zulässig und nothwendig ist, ganz genau bezeichnet hat,
(Allgem. Landrecht Th. I. Tit. XXI. §. 340. seqq.)
2) daß eine dergleichen Kündigung, insofern der Miethscontract nicht etwa entgegengesetzte Bestimmungen darüber enthält, an keine bestimmte Form gebunden ist, auch durch jedes im allgemeinen zulässige Beweismittel dargethan werden kann,
(§. 348. loco alleg.)
3) daß derjenige, welcher den Weg der gerichtlichen Kündigung wählt, ohne damit einen förmlichen Klage-Antrag zu verbinden, sich blos eine beweisende Urkunde über die geschehene Insinuation schleunig zu verschaffen, keinesweges aber die Zulässigkeit der Kündigung dem richterlichen Urtheil zu unterwerfen beabsichtet;
4) daß die Frage, über die Erheblichkeit der dagegen zu machenden Einwendungen, erst alsdann zur Sprache kommen kann, wenn der andere Theil die Statthaftigkeit, so wie die Wirkungen jeder Kündigung, bestreitet,

wird das Königliche Stadtgericht hierdurch angewiesen, die bei ihm eingehenden gerichtlichen Kündigungen der Mieths-Contracte, ohne sich auf eine Prüfung der gesetzlichen Zulässigkeit und Wirkung derselben einzulassen, dem gekündigten Theile, mit Beseitigung jeder präjudiciellen Commination, insinuiren, und dem Extrahenten das Insinuations-Document, auf dessen Kosten, zugehen zu lassen.

Berlin, den 13ten April 1816.

279. Reskript des Justizministeriums vom 1. März 1817, wegen Aufhebung des §. 27. der Instruktion für die Hausadministration in Berlin, in Ansehung der Miethkontrakte.

a.

Das Königliche Stadtgericht erhält in der Anlage die Beschwerde des Gastwirths N. N. in Sachen des N. N. wider ihn dd. den 27. Februar c. um durch einen Deputirten, wozu am füglichsten der Executions-Inspektor gewählt werden kann, sofort die Sühne ernstlich versuchen zu lassen, und wo möglich den Kläger zur Verhütung des dem Verklagten drohenden Nachtheils zu bestimmen, dem letztern die Wohnung entweder ganz oder theilweise bis zum 1. April c. zu überlassen.

Aus dem dieser Eingabe beiliegenden Erkenntnisse des hiesigen Stadtgerichts vom 20sten Dezember v. J. ersieht der Justizminister, daß das Königliche Stadtgericht den Grundsatz aufgestellt hat, daß die Bestimmungen §. 27. der Instruction für die Administratoren der Häuser, welche aus dem Reskript vom 15. April 1765. darin aufgenommen sind, noch in gesetzlicher Kraft wären. Dies ist aber eine irrige Voraussetzung. Denn die verbindende Kraft des Reskripts vom 15. April 1765. ist ganz ausdrücklich durch die in der Gesetzsammlung de 1812. pag. 196. enthaltene Verordnung vom 24. November 1812. aufgehoben, und alles, was aus jenem Reskripte in die Administrations-Ordnung vom 17. April 1812. eingeflossen ist, ist durch jene spätere Verordnung aufgehoben. Dies hat das Königliche Stadtgericht in Zukunft zu beachten, und ist das Königliche Kammergericht angewiesen, hierauf die Administratoren aufmerksam zu machen.

Berlin, den 1. März 1817.

Der Justizminister
v. Kircheisen.

An
das Königliche Stadtgericht hieselbst.

b.

Aus den in Sachen des Ofenfabrikanten N. N. wider den Gastwirth N. N. verhandelten Acten ersieht der Justizminister, daß das hiesige Stadtgericht, den Bestimmungen der Administrations-Ordnung vom 27. April 1812, welche aus dem Reskript vom 15ten April 1765. aufgenommen sind, verbindende Kraft beilegt, wenn sie gleich gegen die Bestimmungen des Allgemeinen Landrechts streiten. Das Königliche Stadtgericht ist über die Unrichtigkeit des aufgestellten Grundsatzes belehrt, damit aber die Administratoren nicht durch die unrichtige Anwendung der aufgehobenen Bestimmungen der Administrations-Ordnung den Partheien Nachtheil stiften, hat das Königliche Kammergericht sie durch eine Verfügung, welche dem Stadtgericht mitzutheilen ist, besonders zu belehren; auch Abschrift derselben einzureichen.

Berlin, den 1. März 1817.

Der Justizminister
v. Kircheisen

An
das Königliche Kammergericht.

c.

Durch die Königliche Verordnung vom 24. November 1812. (Gesetz-Sammlung 1812. Seite 196) sind alle in dem Edikt vom 10. Januar 1754 und dem Reskripte vom 15. April 1765 wegen den Hausmiethen zu Berlin enthaltenen Vorschriften völlig aufgehoben und abgeschafft worden. Es treten an deren Stelle die Bestimmungen des Allgem. Landrechts und der Verordnung vom 9ten Januar 1812. (Gesetz=Sammlung 1812 Seite 4).

Den Häuser=Administratoren wird dieß mit dem Bemerken in Erinnerung gebracht: daß sich hierdurch die §. §. 27. und 29. ihrer Instruktion vom 17ten April 1812. dahin abändern:

27. Was die Dauer der Miethe=Kontrakte betrifft, so ist der Administrator, wenn er nicht abweichende Anweisung vom Extrahenten deshalb erhalten hat, berechtigt, nur auf zwey Jahre ohne Rückfrage abzuschließen.

Wird aber eine längere Zeit gefordert, so muß er die Zustimmung des Extrahenten einholen. Die Einwilligung des Hausbesitzers ist nur dann erforderlich, wenn nach einem ungefähren Ueberschlage der Extrahent der Administration wegen seiner Forderung befriedigt wird.

Tritt der Fall einer nothwendigen gerichtlichen Veräußerung des administrirten Hauses ein, so muß der Miether sich die Aufkündigung auch innerhalb der kontraktsmäßigen Zeit nach der Vorschrift §. 350. seq. Tit. 21. P. 1. des Allg. Landrechts gefallen lassen, und kann der Administrator nur unter dieser jedesmal in den Kontrakt zu setzenden Bestimmung den Kontrakt abschließen, insofern nicht der Extrahent der Sequestration ihn schriftlich zur Abweichung von dieser Bestimmung ermächtigt, und den desfalsigen Anspruch des Miethers übernimmt.

29. Ist der Extrahent der Administration der Meinung, daß ein Miethsmann zu wenig Miethe giebt, so muß er den Administrator mit schriftlicher Anweisung versehen, wie viel derselbe fordern soll, und darnach hat sich alsdann der Administrator zu achten, indem er den Miether zur gehörigen Zeit auffordert, entweder mit ihm zu dem vorgeschriebenen höhern Preise zu kontrahiren, oder das Quartier zu verlassen.

Ohne die bestimmte Anweisung des Extrahenten ist der Administrator nicht berechtigt, den Miether zu steigern und selbst die auf Kündigung stehenden Miethe=Kontrakte ist er beim Mangel eines besondern Auftrags von Seiten des Extrahenten zu kündigen nicht berechtigt. Bei dem Mangel einer bestimmten Anweisung des Extrahenten werden die Miethe=Kontrakte stillschweigend prolongirt.

Die Aufkündigung muß übrigens in Ermangelung einer besondern Verabredung im Kontrakte spätestens in den ersten drey Tagen desjenigen Quartals erfolgen, mit dessen Ablaufe der Besitz geräumt werden soll.

Bey monatsweise gemietheten Wohnungen muß, wenn nicht ein anderes ausdrücklich verabredet worden, die Aufkündigung in der ersten Hälfte, und spätestens am 15ten Tage des laufenden Monats, für dessen Dauer der Betrag des monatlichen Miethszinses bestimmt ist, geschehen, indem im Entstehungsfalle der

der Kontrakt auf einen Monat stillschweigend für prolongirt erachtet wird.

Berlin, den 24. April 1817.

Königl. Preuß. Kammergericht.

Anweisung
an sämmtliche Häuser-Administratoren
in Berlin.

d.

Se. Excellenz der Herr Justizminister haben uns mittelst der hohen Verfügung vom 1. März d. J. beauftragt, die Häuser-Administratoren hiesiger Residenz zu belehren, daß die in ihrer Instruktion vom 17. April 1812 aus dem Edikte vom 10. Januar 1754 und dem Reskripte vom 15. April 1765 aufgenommenen Vorschriften durch die spätere Königliche Verordnung vom 24. Novbr. 1812 völlig aufgehoben und abgeschafft worden sind.

Wir haben eine Anweisung an die Administratoren zu diesem Zweck entworfen, dieselbe Sr. Excellenz überreicht, und nach erfolgter Prüfung und Berichtigung zur weitern Verfügung zurück erhalten.

Das Königl. Stadtgericht erhält in der Anlage eine Ausfertigung hiervon zu seiner Nachricht, mit dem Bemerken, daß nun auch die in der Instruktion für die Administrations-Inspektoren im §. 18. erfolgte Bezugnahme auf das Hof-Reskript vom 15. April 1765 wegfällt, und demselben die Vorschrift des §. 343. Tit. 21. Th. I. Allgem. Land-Rechts zu substituiren ist.

Zugleich wird das Königliche Stadtgericht angewiesen, wenn ein administrirtes Grundstück im Falle einer nothwendigen gerichtlichen Veräußerung sub hasta gestellt wird, den jedesmaligen Administrator hiervon, und von dem letzten Bietungstermine zur weitern Bekanntmachung, an die Miether sofort zu benachrichtigen.

Berlin, den 24. April 1817.

K. P. Kammergericht.

An
das Königliche Stadtgericht hieselbst.

280. Statut für die Kaufmannschaft in Berlin, vom 2. März 1820.

Wir Friederich Wilhelm, von Gottes Gnaden, König von Preußen rc. rc. Thun kund und fügen hiermit zu wissen:

Da die Verfassung der hiesigen Kaufmannschaft und vereinigten Börsen-Korporation weder der bestehenden Gesetzgebung, noch den Bedürfnissen des hiesigen Handelsstandes angemessen befunden, und Uns von dessen Vorstehern selbst der Wunsch wiederholt vorgetragen ist, an die Stelle der bisherigen Verfassung eine neue zu setzen, auch im §. 31. der Verordnung über die polizeilichen Verhältnisse der Gewerbe vom 7ten September 1811. vorbehalten worden, in besonderen Fällen die Gewerbtreibenden gewisser Art von Landespolizei wegen zu einem gemeinnützigen Zwecke in eine Korporation zu vereinigen; so haben Wir den anderweiten Entwurf eines Statuts für die hiesige Kaufmannschaft, der Uns von derselben und der Börsen-Korporation eingereicht worden, sorgfältig prüfen lassen, und solchen in nachstehender Art genehmigt:

I. Abschnitt.

Von der Einrichtung der Korporation der Kaufmannschaft.

§. 1. Die hier bisher bestandenen beiden Kaufmannsgilden der Tuch- und Seidenhandlung und der Materialhandlung, imgleichen die hiesige vereinigte Börsen-Korporation werden hiermit aufgehoben.

§. 2. Dagegen bildet sich aus allen Kaufleuten und Handeltreibenden zu Berlin und in dessen Polizeibezirk, welche die durch das Landrecht Theil 2. Tit. 8. näher bestimmten kaufmännischen Rechte, namentlich in Bezug auf Glaubwürdigkeit der Bücher, auf Wechselfähigkeit, auf Geschäftsfähigkeit der Handelsgehülfen, auf Zinsen und Provision u. s. w. jetzt behalten und für die Zukunft erlangen wollen, eine Gesellschaft unter der Benennung: „Korporation der Berliner Kaufmannschaft."

Handeltreibende jeder Art hingegen, welche den Besitz und Gebrauch der erwähnten kaufmännischen Rechte nicht zu bedürfen vermeinen, sind nicht verpflichtet, der Korporation beizutreten, sondern erlangen die Befugniß zum Betriebe ihres Handels schon durch die Lösung des Gewerbescheins, indem durch die gegenwärtige Anordnung in der bestehenden Gewerbefreiheit nichts abgeändert werden soll.

Uebrigens wird durch die Vereinigung der bisher für sich bestandenen kaufmännischen Gilden und Innungen weder in den Rechten und Verbindlichkeiten derselben zu dritten Personen, noch in dem Rechtsverhältnisse der letzteren zu jenen ehemaligen Gilden und Innungen, insofern nämlich frühere Handlungen dabei zu Grunde liegen, das Geringste verändert.

§. 3. Der Besitz der gesetzlichen kaufmännischen Rechte kann fortan nur durch die Aufnahme in die Korporation erlangt werden, und ist von derselben dergestalt unzertrennlich, daß jeder der letztern beitreten muß, welcher in dem Falle des § 2. sich befindet. Die gesetzlich feststehende Verpflichtung der Handeltreibenden, einen Gewerbeschein zu lösen, wird hierdurch nicht verändert, sondern bleibt in ihrer Allgemeinheit stehen.

Die solchergestalt mit einem Gewerbeschein versehenen Handeltreibenden erlangen nach der Publikation dieser Verordnung nicht durch den Gewerbeschein, sondern durch die Aufnahme in die Korporation, die im §. 2. angeführten kaufmännischen Rechte.

§. 4. Allen Personen beiderlei Geschlechts, welche Handelsgeschäfte, von welcher Art sie auch seyn mögen, wirklich betreiben oder betreiben wollen, und entweder schon bestehende Handlungen übernehmen oder fortführen, oder ganz neu etabliren, steht die Aufnahme in die Korporation der Kaufmannschaft offen, und sie können dieselbe verlangen, insofern sie

a) großjährig und völlig verfügungsfähig sind;
b) das Bürgerrecht von Berlin oder Charlottenburg erlangt haben, und
c) den Ruf der vollkommensten Unbescholtenheit besitzen.

§. 5. Die Mitgliedschaft ist rein persönlich. Es müssen daher auch Wittwen von Mitgliedern der Korporation, welche die Handelsgeschäfte ihrer verstorbenen Ehemänner fortsetzen wollen, so wie alle andere Personen, denen bereits bestehende Handlungen durch Erbschaft oder aus irgend einem anderen Fundament zufallen, und Selbstdisponenten, welche den Handlungshäusern verstorbener Mitglieder, die für Rechnung minderjähriger oder anderer Erben verwaltet werden, vorstehen, Mitglieder der Korporation werden, und die geordneten Eintrittsgelder entrichten, insofern von ihnen kaufmännische Rechte ausgeübt werden sollen.

Wo nach dem pflichtmäßigen Ermessen der Aeltesten, deren in diesem Statute gedacht werden wird, die Entrichtung der Eintrittsgelder einzelnen Wittwen zu schwer fallen möchte, sollen die Aeltesten zu ihrer Erlassung befugt seyn.

§. 6. Der Austritt aus der Korporation darf in der Regel nur am Ende eines jeden Jahres, für welches die Mitgliedschaft erlangt oder fortgesetzt ist, erfolgen. Ausnahmen hiervon finden nur dann Statt, wenn einzelne Individuen sich ganz von dem Betriebe aller Handelsgeschäfte lossagen wollen. In diesem Falle ist der Austritt auch im Laufe eines Jahres zulässig; in Bezug auf die Verbindlichkeit, die Korporationslasten für dasselbe mitzutragen, oder zur Tilgung der etwanigen Schulden durch die Zahlung verhältnißmäßiger Beiträge mitzuwirken, bleibt es jedoch bei den allgemeinen gesetzlichen Bestimmungen.

§. 7. Die Gesuche um die Aufnahme in die Korporation müssen schriftlich an die Aeltesten derselben gerichtet werden.

II. Abschnitt.

Von den gemeinsamen Angelegenheiten der Korporation der Kaufmannschaft.

§. 8. Die gemeinsamen Angelegenheiten der Korporation der Kaufmannschaft betreffen das Interesse des hiesigen Handels in allen seinen Zweigen, die öffentlichen Anstalten und Einrichtungen, welche zum Betriebe desselben dienen, insoweit ihr das Eigenthum oder die Verwaltung derselben zukommt, oder von Staatswegen beigelegt wird, das besondere Vermögen und die Rechte, welche ihr als Korporation aus Grundstücken, Kapitalien, Mobilien und Stiftungen zukommen, und die Verhältnisse der Mitglieder zu der Korporation als einem Ganzen.

§. 9. Namentlich gehört hierher das hiesige Börsenhaus, welches die Korporation mit allen darauf haftenden Lasten übernimmt.

§. 10. Die Korporation wählt und präsentirt zur Bestätigung diejenigen öffentlich zum Besten des Berliner Handels angestellten Personen, deren Wahl nach §. 112. und 115. des Gewerbe-Polizei-Edikts vom 7ten September 1811. den Kaufmannschaften beigelegt worden ist, oder noch eingeräumt werden möchte. Die bei den Ministerien des Handels, des Schatzes und der Finanzen, so wie bei der Hauptverwaltung der Staatsschulden angestellten oder künftig anzustellenden Agenten haben als solche, und ohne daß es in Ansehung ihrer der Wahl von Seiten der Korporation und deren Bestätigung durch die kompetente Behörde bedarf, das Recht, Wechsel- und Fondsgeschäfte auch für Privatpersonen, gleich den übrigen vereideten Mäklern, und mit derselben rechtlichen Wirkung an der hiesigen Börse zu vermitteln, wobei sich von selbst versteht, daß sie in dieser Beziehung gleich den übrigen Mäklern der Disciplin der Aeltesten unterworfen sind.

III. Abschnitt.

Von der Verwaltung der Angelegenheiten der Kaufmannschaft.

§. 11. Die Kaufmannschaft kann die Verwaltung ihrer gemeinsamen Angelegenheiten, welche derselben nach diesem Statute oder als einer Korporation nach den allgemeinen gesetzlichen Vorschriften zukommen, nicht unmittelbar selbst besorgen. Diese und die freie Verfügung über die Gegenstände des gemeinsamen Vermögens der Korporation wird daher einer aus ihrer Mitte zu erwählenden Behörde, die den Namen: „Aelteste der Kaufmannschaft von Berlin" führen soll, mit derselben Gewalt übertragen, welche der Kaufmannschaft als Korporation selbst zustehet.

§. 12. Diese Behörde beschließt nach der Stimmenmehrheit über alle diese gemeinsamen Angelegenheiten der Kaufmannschaft allein, ohne Rücksprache mit derselben und ohne deren Genehmigung, vollgültig und verbindend für alle Mitglieder.

§. 13. Sie ist zur Vollziehung aller der Angelegenheiten und Geschäfte der Kaufmannschaft, zu welchen nach dem Allg. Landrecht Th. I. Tit. 13. §. 99. bis 109. eine Spezial-Vollmacht erfordert wird, Kraft dieses Statuts und zufolge ihrer Anstellung befugt.

§. 14. Sie kann auch Beiträge von den Korporationsgliedern zu nothwendigen und nützlichen Zwecken der Kaufmannschaft, als solcher, unter Beachtung der im §. 51. ihr vorgeschriebenen Vertheilungs-Grundsätze erheben, jedoch bleibt demjenigen, der sich prägravirt glaubt, der Rekurs vorbehalten.

§. 15. Die Aeltesten sind schuldig, der Kaufmannschaft von ihrer Verwaltung jährlich Rechenschaft abzulegen.

§. 16. Außerdem sind sie für ihre Beschlüsse nur der Obrigkeit und ihrem Gewissen verantwortlich.

IV. Abschnitt.

Von der Bestellung der Aeltesten der Kaufmannschaft.

§. 17. Die Verwaltungsbehörde der Korporation besteht aus 21 männlichen Mitgliedern, welche aus der Korporation auf drei Jahre gewählt werden. Jährlich scheidet ein Drittheil derselben aus, welches so weit durch das Loos bestimmt wird, als die dreijährige Dauer des Auftrages noch nicht verflossen ist. Die Austretenden sind wieder wählbar. Die Ausscheidenden und die, welche durch den Tod oder andere Ereignisse abgehen, werden jährlich durch eine neue Wahl ersetzt, welche am Jahrestage der ersten Wahlversammlung statt finden soll.

§. 18. Die Wahl wird durch sämmtliche männliche Mitglieder der Korporation im Börsen-Lokale vollzogen.

Die Berufung zur ersten Wahl geschieht durch die jetzigen Gilde-Aeltesten, mit Zuziehung der Börsenvorsteher, zu den folgenden durch die Aeltesten der Korporation. Abwesende können ihre Stimmen weder einsenden, noch die Ausübung des Stimmrechts auf andere übertragen, sondern sie sind dem Beschlusse der Mehrheit unterworfen.

§. 19. Wahlfähig ist jedes männliche aktive Mitglied der Korporation, ohne Beschränkung auf einen besonderen Handelszweig, Religion oder vormaliges Gilderecht.

§. 20. Weibliche Mitglieder sind für ihre Personen weder stimm- noch wahlfähig. Sie können an der Ausübung der Ehrenrechte der Korporation, die im Stimmrecht und in der Wahlfähigkeit, in der Theilnahme an der Verwaltung und an den Berathungen bestehen, nur durch Disponenten Theil nehmen, welche Mitglieder derselben sind.

§. 21. Die Aeltesten der Korporation wählen aus ihrer Mitte für jedes Jahr einen Vorsteher und zwei Stellvertreter desselben.

V. Abschnitt.

Von dem Verfahren der Aeltesten der Kaufmannschaft bei ihrer Verwaltung.

§. 22. Die Aeltesten beschließen gültig, wenn wenigstens 15 ihrer Mitglieder gesetzlich versammelt sind.

§. 23. Gesetzlich versammelt sind dieselben

A. Ordentlich:

a) am ersten Mittwoch nach der jährlichen Wahl, vor Eröffnung der Börse, wo sie für das laufende Jahr den Vorsteher und die Stellvertreter wählen, und sich über regelmäßige Sitzungen an bestimmten Tagen einigen;

b) an den zu diesen regelmäßigen Sitzungen bestimmten Zeiten.

B. Außerordentlich:

a) durch ein Cirkular des Vorstehers:

b) auf eine sämmtlichen anwesenden Mitgliedern insinuirte schriftliche Anweisung der ihnen vorgeordneten Staats-Verwaltungs-Behörde.

§. 24. Der Vorsteher eröffnet die Versammlung. Er hat darin den Vorsitz und Vortrag; den letzteren kann er auch unter die übrigen Mitglieder vertheilen.

§. 25. Bei den Berathschlagungen bestimmt er unter mehreren, die das Wort fordern, die Reihefolge, erklärt solche zum Stimmensammeln für geschlossen und spricht den Beschluß aus.

§. 26. Bei Gleichheit der Stimmen gilt die Meinung, für welche er gestimmt hat. Außerdem hat er gleich jedem anderen Mitgliede nur eine Stimme und muß sich dem Beschlusse der Mehrheit unterwerfen.

§. 27. Er ist der Obrigkeit dafür verantwortlich, daß keine den Landesgesetzen und diesem Statute entgegenstehende Beschlüsse (wohin jedoch, wie sich von selbst versteht, bescheidene Vorstellungen gegen bestehende auf den Handel Bezug und Einfluß habende Verordnungen und Einrichtungen nicht zu rechnen sind) in den Versammlungen der Aeltesten gefaßt werden. Beschließt die Versammlung irgend etwas gesetz- oder statutwidriges, so muß er solches unverzüglich dem hiesigen Magistrate anzeigen, und die Ausführung des Beschlusses durch alle ihm zu Gebot stehende Mittel verhindern.

§. 28. Die Verhandlungen, welche bei den Versammlungen vorkommen, und die Beschlüsse werden protokollirt.

§. 29. Die Vorsteher und die Stellvertreter sind mit der Vollziehung der Beschlüsse beauftragt.

§. 30. Sie unterzeichnen die Protokolle der Sitzungen, sämmtliche Urkunden und alle übrige Ausfertigungen.

§. 31. Der Vorsteher empfängt, erbricht und vertheilt die eingehenden, und sorgt für den Abgang der ausgefertigten Sachen.

§. 32. Den Aeltesten der Korporation wird Behufs der Beglaubigung der Ausfertigungen und zu den sonst in Betracht kommenden Zwecken ein Siegel bewilligt, über welches sie sich zu einigen und das sie hiernächst bei dem Minister des Handels in Antrag zu bringen haben.

§. 33. Bei einer Abwesenheit des Vorstehers wird derselbe von dem ersten und wenn dieser gleichfalls verhindert wird, in der Versammlung zu erscheinen, von dem zweiten Stellvertreter, die letzteren aber werden erforderlichenfalls von denjenigen übrigen Mitgliedern vertreten, welche den Jahren nach die ältesten sind.

§. 34. Die Aeltesten führen die Rolle der zu der Korporation der Kaufmannschaft gehörigen Mitglieder. Eintragungen und Löschungen können nicht anders als auf ihren Beschluß in ihren Sitzungen, durch den Vorsteher oder den, der ihn vertritt, vollzogen werden. Die Eingetragenen und Gelöschten erhalten darüber von den Aeltesten schriftliche Bescheinigungen unter deren Siegel.

§. 35. Damit die Namen der jedesmaligen Mitglieder der Korporation gehörig bekannt werden, müssen die Aeltesten

a) eine Nachweisung von denselben fortwährend an der Börse aushängen, und sie nach den Ab- und Zuschreibungen stets berichtigen und vervollständigen;
b) mit dem Anfange eines jeden Jahres eine gedruckte Liste unter die hiesigen Kaufleute vertheilen, und
c) eine solche dem Magistrate, dem Stadtgericht, dem Kammergericht, der hiesigen Regierung und dem Handels-Ministerium einsenden.

Welche den allgemeinen Gesetzen angemessene Mittel sie sonst noch zur Erreichung des Zwecks anwenden wollen, bleibt ihnen überlassen.

§. 36. Die Aeltesten wählen jährlich eine Kommission von sieben Mitgliedern aus ihrer Mitte, welche wöchentlich eine Sitzung hält. Die Geschäfte dieser Kommission sind:

a) diejenigen Streitigkeiten in Handels-Angelegenheiten, die von den Partheien freiwillig an sie gebracht werden, durch einen Vergleich gütlich beizulegen. Hierbei findet alles dasjenige Anwendung, was die allgemeine Gerichtsordnung Th. II. §. 167—176. von Schiedsrichtern vorschreibt;
b) diejenigen Gutachten abzufassen und den Aeltesten zur Prüfung und Genehmigung vorzulegen, welche öffentliche Behörden von der Kaufmannschaft verlangen dürften;
c) die Materialien zu Anträgen an die Behörden über wichtige Handels-Gegenstände vorzubereiten, und die hierüber gefertigten Vorstellungen den Aeltesten zur Prüfung und Genehmigung vorzulegen;
d) die Prüfung der nach §. 10. dieses Statuts zu dem Betriebe des Handels anzustellenden Beamten im Auftrage der Aeltesten zu besorgen.

§. 37. Auch können die Aeltesten für einzelne Verwaltungszweige besondere Kuratoren aus ihrer Mitte anordnen, die ihnen aber von den, die übernommene Verwaltung betreffenden, Verhandlungen Bericht abzustatten haben, und ihre Verfügungen annehmen müssen.

§. 38. Die Aeltesten beziehen als solche keine Besoldung oder ein anderes Einkommen. Sie können bloß die Erstattung baarer Auslagen, welche etwa bei einzelnen Verrichtungen im Dienste von ihnen gemacht werden müßten, fordern.

§. 39. Sie wählen die für ihre Geschäfte erforderlichen Subalternen, kontrahiren mit denselben über deren Dienstverrichtungen und die Dauer des Dienstes, so wie über deren Gehalt; auch verpflichten sie dieselben.

§. 40. Der Vorsteher der Aeltesten kann einzelnen Korporations-Mitgliedern die Ausrichtung einzelner Geschäfte auftragen, welchen der Beauftragte sich willig unterziehen muß.

§. 41. Wenn aber durch Vollmachten Geschäfte aufgetragen werden, welche gerichtlich zu verhandeln sind, oder wodurch der Kaufmannschaft Rechte und Verbindlichkeiten erwachsen;

so können solche gültig nur von der Versammlung der Aeltesten in der im §. 28. dieses Abschnitts vorgeschriebenen Form ertheilt werden.

VI. Abschnitt.

Von der Handhabung der polizeilichen Ordnung in den Versammlungen auf der Börse.

§. 42. Der Vorsteher hält in den Versammlungen der Korporation und der Aeltesten auf Ruhe, Ordnung und Anstand.

§. 43. Die Ruhestörer müssen auf sein Geheiß sogleich die Versammlung verlassen, welche sie gestört haben. Außerdem können die Aeltesten dieselben auf seinen Antrag mit einer Ordnungsstrafe, die zur Armenkasse fließen soll, belegen. Denjenigen, welche die Strafe erleiden sollen, bleibt jedoch der Rekurs offen.

§. 44. Die Aeltesten können die Ausschließung derjenigen Mitglieder aus ihrer Mitte beschließen, welche sich durch fortgesetzte Ruhestörungen oder durch ein öffentlich anstößiges Betragen ihrer Stelle unwürdig zeigen. Dem Ausgeschlossenen bleibt jedoch der im vorigen §. nachgegebene Rekurs unbenommen.

§. 45. Die Aeltesten wählen jährlich 4 Börsen-Kommissarien aus ihrer Mitte, welchen die Erhaltung der äußeren Ordnung bei den Börsen-Versammlungen und die Aufsicht darüber übertragen wird, daß die in dem jedesmaligen Börsenreglement befindlichen Vorschriften genau gehalten werden. Im übrigen bestimmen die Aeltesten die Rechte und Verpflichtungen dieser 4 Börsen-Kommissarien, und lassen sich von ihnen Bericht über die Fälle der Börsen-Disciplin erstatten, welche sie ihrer Entscheidung vorbehalten werden.

§. 46. Oeffentliche Bekanntmachungen an die Korporation, welche deren Angelegenheiten oder Belehrungen, Notizen und dgl. enthalten, werden durchaus an der Börse besorgt. Eine Nachricht ist als vollständig bekannt gemacht anzusehen, wenn sie während der Dauer der Börsenzeit an den dazu bestimmten Ort affigirt wird, und acht Tage lang dort ausgehängt bleibt.

§. 47. Nur die Aeltesten sind berechtigt, Bekanntmachungen in der Form des vorstehenden §. zu erlassen. Sie dürfen sich jedoch niemals weigern, solchergestalt sogleich bekannt zu machen, was ihnen von der ihnen zunächst vorgesetzten Behörde oder von den dieser vorgeordneten Instanzen, zur Bekanntmachung zugefertigt wird.

§. 48. Privatpersonen, sie mögen Mitglieder der Korporation seyn oder nicht, müssen die Anschläge, welche sie an der Börse anheften zu lassen wünschen, einem der Börsen-Kommissarien zustellen, welcher die Anheftung veranlassen wird, wenn er kein Bedenken dagegen findet. Bezweifelt er aber die Schicklichkeit oder selbst die Rechtlichkeit der beabsichtigten Bekanntmachung, so giebt er den Anschlag im ersten Falle an den Verfasser zurück, im anderen Falle legt er ihn den Aeltesten vor.

VII. Abschnitt.

Von den Beiträgen der Korporations-Mitglieder und von der Verwaltung der Gemeinkasse.

§. 49. Jeder in die Korporation Aufzunehmende zahlt für die Aufnahme und Eintragung in die Rolle 30 Rthlr. zur Gemeinkasse, außerdem 2 Rthlr. Ausfertigungs-Gebühren für den Eintragungsschein, so wie die Botengebühren, mit 1 Rthlr. Von denjenigen Individuen, welche am Tage der Publikation dieses Statuts Mitglieder der Börsen-Korporation sind, in sofern sie nicht zugleich Mitglieder einer der beiden Gilden gewesen, darf nur soviel von den vorbestimmten Gebühren für die Eintragung gefordert werden, als die Mitglieder der beiden Gilden früher für ihre Aufnahme in selbige haben entrichten müssen.

§. 50. Sind die Bestände der Gemeinkasse zur Bestreitung der Besoldungen, der Unterhaltung des Börsenhauses und der sonstigen Gemein-Ausgaben nicht hinreichend, so werden die für das Bedürfniß nöthigen Beiträge von den Mitgliedern der Korporation erfordert.

§. 51. Sämmtliche Mitglieder werden zu diesem Zwecke jährlich durch die Aeltesten nach dem besten Wissen in fünf Klassen getheilt, deren jede nach dem Verhältnisse beiträgt, daß eine Person in der nächsten höhern Klasse das 1 und ½fache dessen giebt, was auf die Person in der nächsten niedrigern Klasse trifft. Zahlt also, um ein Beispiel anzuführen,

das Individuum	in der ersten Klasse	6	Rthlr.	18	Gr.
so zahlt es	in der zweiten	4	-	12	-
	in der dritten	3	-	—	-
	in der vierten	2	-	—	-
	in der fünften	1	-	8	-

§. 52. Werden bei den Aeltesten Beschwerden wegen Ueberschätzung angebracht, so zeigen sie am nächsten Wahltage die Namen der Beschwerdeführenden der zur Wahl versammelten Korporation an, und diese wählt alsdann aus denjenigen ihrer Glieder, welche seit den letzten drei Jahren nicht Mitglieder der Versammlung der Aeltesten gewesen sind, eine Kommission von fünf Personen, aus jeder der obigen fünf Klassen eine, die binnen den nächsten vier Wochen über die Beschwerde entscheidet und die Klassen bestimmt, in welche jeder der Beschwerdeführenden zu setzen ist. Auch hier findet ein Rekurs statt.

§. 53. Bis die Entscheidung erfolgt, müssen die Beschwerdeführenden den auf sie von den Aeltesten vertheilten Beitrag zahlen.

§. 54. Die Aeltesten fertigen den jährlichen Anschlag von den gewöhnlichen Ausgaben an. Die außergewöhnlichen Zahlungen dürfen nur auf den Beschluß derselben von der Kasse gemacht werden.

§. 55. Jährlich legen die Aeltesten der zur Wahl versammelten Korporation die Rechnung über die Verwaltung der

Gemeinkasse ab, und vertheilen unter den Anwesenden gedruckte Auszüge davon.

§. 56. Die Korporation läßt diese Rechnung durch eine aus ihrer Mitte vor der Eröffnung der Wahlversammlung zu ernennende Kommission von drei Gliedern, die aber nicht zu den Aeltesten gehören dürfen, abnehmen und die Decharge darüber ertheilen.

VIII. Abschnitt.

Von der Verpflichtung zur Annahme der Wahlen und Aufträge.

§. 57. Wer die ihm nach diesem Statute durch die Wahl oder besondern Auftrag übertragenen Aemter und Geschäfte nicht annehmen will, muß rechtliche Entschuldigungsgründe dafür anführen.

§. 58. Zunächst entschuldigt von dieser Annahme das, was nach dem Allg. Landrecht Th. 2. Tit. 18. §. 208. und 209. von der Uebernahme der Vormundschaft entbindet.

§. 59. Auch Stadtverordnete und Bezirksvorsteher können zur Uebernahme solcher Geschäfte wider ihren Willen nicht verpflichtet werden.

§. 60. Die aus der Versammlung der Aeltesten scheidenden Mitglieder können zur Annahme einer abermaligen Wahl in selbigen erst nach Verlauf von vollen drei Jahren nach ihrem Austritte verpflichtet werden.

§. 61. Die Schätzungs-Kommissarien (§. 52.) sind zwar in folgenden Jahren wieder wählbar; es kann aber Niemand genöthigt werden, die Wahl öfter als einmal in drei nach einander folgenden Jahren anzunehmen.

§. 62. Besondere Aufträge können die Aeltesten oder deren Vorsteher einem Korporationsgliede nur einmal in einem Jahre geben.

§. 63. Wer außer obigen Entschuldigungsgründen die Annahme der nach diesem Statut auf ihn gefallenen Wahlen oder ihm gemachten Aufträge verweigert, erhält eine Woche Bedenkzeit und kann, wenn er am Ende derselben noch auf seiner Weigerung beharrt, von den Aeltesten bestraft werden.

Für den ersten Weigerungsfall dürfen dieselben eine Erhöhung der Geldbeiträge eintreten lassen; im zweiten Falle können sie das sich weigernde Mitglied außerdem noch von dem Genusse der Ehrenrechte, die im §. 20. bereits bezeichnet sind, ausschließen, und im dritten Falle sind sie berechtigt, dasselbe gänzlich aus der Korporation zu excludiren.

§. 64. Sollte Jemand so wenig Gemeinsinn verrathen, daß er die mit seinem Amte verbundenen Verpflichtungen nicht wahrnimmt, und sich geflissentlich denselben entzieht, und sollten die Aufforderungen der Aeltesten oder des Vorstehers insbesondere hierunter vergeblich seyn; so tritt für die letzteren ebenfalls die Befugniß zur Ausübung des Strafrechts ein. Wegen der Strafen gilt das im vorigen §. für den ersten und zweiten Fall Geordnete hier ebenfalls; doch sind die Aeltesten noch außerdem berechtigt, das nachlässige Mitglied schon bei dem ersten Straffalle seines Amtes zu entsetzen.

§. 65. In Beziehung auf beide vorhergehende §§. bleibt jedoch dem, der die Strafe erleiden soll, der Rekurs vorbehalten; auch steht es den Aeltesten frei, zu jeder Zeit die ergangenen Strafbestimmungen zu mildern oder gänzlich wieder aufzuheben.

IX. Abschnitt.

Von der Suspension und dem Verluste der Mitgliedschaft.

§. 66. Die Rechte der Mitgliedschaft der Korporation sind unterbrochen, wenn das Mitglied unter Kuratel gestellt wird, sich für Zahlungsunfähig erklärt, oder in eine kriminelle Untersuchung fällt.

§. 67. Die Wirkung dieser Suspension haftet nur auf der Person des Suspendirten und nicht auf dem Gewerbe. Der Suspendirte kann persönlich keine Geschäfte vollziehen, welche die Rechte der Mitgliedschaft voraussetzen, er kann überhaupt diese Rechte nicht ausüben, darf den Versammlungen der Korporation nicht beiwohnen und ist weder stimm- noch wahlfähig. Die Handlungsgeschäfte können indessen durch einen persönlich fähigen Disponenten während der Dauer der Suspension fortgesetzt betrieben werden.

§. 68. Die Suspension wird aufgehoben:

a) durch die Aufhebung der Kuratel,
b) durch vollständige Abfindung mit den Gläubigern, sey es durch Zahlung oder Erlaß oder Befristung,
c) durch vollständige Freisprechung von der Criminal-Beschuldigung.

§. 69. Eine Lossprechung auf weiteren Beweis bewirkt dagegen die Aufhebung der Suspension an sich nicht, vielmehr entscheiden die Aeltesten, ob die Suspension aufhören könne, ohne den Ruf der Korporation zu gefährden, oder, ob sie blos fortgesetzt werden müsse, oder, ob der haftende Verdacht so dringend oder so erniedrigender Art sey, daß die gänzliche Ausschließung erfolgen müsse. Die Aeltesten sind in dieser Hinsicht berechtigt, die Gerichte um die Mittheilung des erfolgten Erkenntnisses zu ersuchen.

§. 70. Die Rechte der Mitgliedschaft und die kaufmännischen Rechte gehen verloren:

a) durch den Tod,
b) durch freiwillige Entsagung, welche jedoch den Aeltesten in glaubhafter Form angezeigt werden muß,
c) durch einen Beschluß der Letzteren.

§. 71. Die Aeltesten sind verpflichtet, die Ausschließung eines Mitgliedes aus der Korporation durch einen Beschluß auszusprechen, wenn dasselbe

a) für einen muthwilligen oder gar betrügerischen Bankerutti- rer durch rechtskräftiges Urtheil erklärt worden ist;
b) wenn dasselbe eines Meineides, Verfälschung öffentlicher Papiere, Privat-Urkunden oder Unterschriften, der ab- sichtlichen Verbreitung falscher Münzen, oder sonst eines qualifizirten Betruges überwiesen ist;
c) wenn auch wegen anderer Verbrechen auf Zuchthaus- oder Festungsstrafe oder gar körperliche Züchtigung gegen dasselbe rechtskräftig erkannt ist;
d) wenn dasselbe das Stadtbürgerrecht verliert, dies mag nun durch Entsagung, Entfernung, durch rechtskräftiges Er- kenntniß, oder durch einen Beschluß der Stadtverordneten- Versammlung erfolgen;
e) wenn durch ein richterliches rechtskräftiges Erkenntniß der Verlust der kaufmännischen Rechte festgesetzt wird;
f) wenn ein Mitglied wegenböslicher Defraudation landes- herrlicher Gefälle zum zweitenmale durch ein förmliches Er- kenntniß verurtheilt worden ist;
g) wenn ein Mitglied der Uebertretung gegen die Wucherge- setze überführt und deshalb bestraft worden ist.

§. 72. Dagegen bleibt es den Aeltesten überlassen, den von ihnen wohl zu erwägenden Umständen nach, entweder die Ausschließung oder die Suspension oder auch die unbe- schränkte Beibehaltung in der Korporation zu beschließen:

a) in den im §. 69. angeführten Fällen;
b) wenn bei einer Criminal-Untersuchung in Fällen, die nicht zu dem §. 71. a. und b. dieses Abschnitts gehören, bloß auf Geld oder Gefängnißstrafe erkannt worden ist;
c) wenn die nach §. 71. dieses Abschnitts rechtskräftig erkannte Strafe im Wege der Gnade erlassen, oder in Geld- oder in bloße Gefängnißstrafe verwandelt worden ist.

Die Ansicht, welche die Aeltesten hierbei leiten muß, ist zunächst die Erhaltung der Ehre und des unbescholtenen Rufes der Korporation im Publico und auf auswärtigen Handelsplätzen.

d) Eben so bleibt es den Aeltesten überlassen, zur Ehre der Korporation und zum Vortheil des Handelsstandes, der durch Defraudanten ebenfalls gefährdet wird, sonst bekannte Personen, die zu dieser Klasse gehören, schon auf das erste rechtskräftige Erkenntniß zu excludiren.

§. 73. Wenn im Publikum Gerüchte über ein Mitglied der Korporation umlaufen, wodurch dasselbe solcher Handlungen beschuldigt wird, die, wenn sie erweislich wären, die Ausschlie- ßung zur Folge haben würden; so sind die Aeltesten berechtigt, ein solches Mitglied vor sich zu laden, ihm mit Schonung diese Gerüchte zu eröffnen, eine Warnung zu erlassen und ihm an- heimzugeben, seinen Ruf zu vertheidigen. Geschieht dies nicht, erhalten die Gerüchte sich, und bleibt auch eine zweite War- nung ohne Erfolg; so wird es dem Ermessen der Aeltesten über- lassen, nach Maaßgabe des Grundes der Gerüchte, den Verlust der Mitgliedschaft festzusetzen, wogegen indessen ebenfalls der Rekurs freisteht.

X. Abschnitt.

Von den Lehrlingen und Gehülfen.

§. 74. Die Verträge, welche Mitglieder der Korporation über die Annahme der Lehrlinge und Gehülfen schriftlich abzuschließen haben, sind zwar an und für sich selbst eine bloße Privat Angelegenheit; sie sollen jedoch einer Verlautbarung vor den Aeltesten bedürfen, so wie diese auch die Zeugnisse nach beendigter Lehr- oder Dienstzeit, falls sie kein Bedenken dabei finden, bestätigen, und bei diesem wichtigen Theile ihres Berufs überhaupt dahin wirken sollen, daß Rechtlichkeit, Ordnungsliebe und Sachkenntniß als die wahren Grundlagen kaufmännischer Bildung anerkannt und behauptet werden. Die Art und Weise, wie die Aeltesten diesen Endzweck zu erfüllen gedenken, und das Verfahren, so sie dabei in Ausübung gebracht zu sehen wünschen, bleibt ihrer reiflichen Prüfung überlassen; sie sind jedoch verpflichtet, auf Erfordern der Obrigkeit darüber zu jeder Zeit sich gründlich auszuweisen.

§. 75. Jedes Mitglied der Korporation ist verpflichtet, einen Lehrling oder Gehülfen auf die Aufforderung der Aeltesten sofort zu entlassen, wenn dieses wegen solcher Vergehungen gefordert wird, welche bei Mitgliedern der Korporation Ausschließung begründen würden. Der Rekurs bleibt jedoch nachgelassen.

XI. Abschnitt.

Von der Ausübung der Befugniß des Rekurses und der Aufsicht über die Korporation.

§. 76. In den Fällen, wo einem Mitgliede der kaufmännischen Korporation, das eine Strafe erleiden soll, das Recht des Rekurses eingeräumt ist, muß dasselbe binnen 10 Tagen nach dem Empfange des Bescheides, seine Beschwerde bei der höhern Instanz anbringen, wenn es von der Befugniß, Remedur nachzusuchen, Gebrauch machen will. Geschieht dieses ordnungsmäßig, so muß vor der Anwendung der Strafmaßregel die Entscheidung der vorgeordneten Instanzen abgewartet werden, im entgegengesetzten Falle aber ist mit der Exekution vorzugehen.

§. 77. Der hiesige Magistrat soll die der Korporation zunächst vorgesetzte Behörde seyn, und als solche unter der hiesigen Regierung und dem Ministerium für Handel und Gewerbe stehen.

Urkundlich haben Wir dieses Statut, welchem Wir hierdurch Gesetzeskraft verleihen, und über welches Wir fest und unverbrüchlich gehalten wissen wollen, durch Unsere eigenhändige Unterschrift und unter Beifügung Unseres großen Königl. Insiegels vollzogen.

Gegeben Berlin, den 2. März 1820.

281. Reglement für die Exekutions-Inspektoren in Berlin, vom 12. März 1821.

Bestimmung.

Der Exekutions-Inspektor ist bestimmt, alle beim Königl. Stadtgericht und dessen verschiedenen Abtheilungen vorkommende Executionen zu leiten. Ausgenommen sind die Cassen-Sachen, indem zur Einziehung der Sportel-Reste unter Aufsicht der Cassen-Officianten, besondere Cassen-Executoren angestellt sind, auf welche das gegenwärtige Reglement keine Anwendung leidet.

Personal.

§. 1. Zum Betriebe der hiernach vor die Executions-Inspektion gehörenden Executionen, ist eine verhältnißmäßige Anzahl Executoren angestellt.

Besoldung.

§. 2. Der Executions-Inspector sowohl als die Executoren haben fixirtes Gehalt, und außerdem nur in wenigen durch die Allg. Gebührentaxe bestimmten Fällen Reise- und Zehrungskosten, Commissions-Gebühren und Diäten. Die Executions-Gebühren ohne Ausnahme fließen zur Salarien-Casse.

Caution.

§. 3. Der Executions-Inspector bestellt eine Caution von 500 Thlr., jeder Executor aber von 200 Thlr., deren Sicherheit vom Collegio geprüft wird. Die zur Caution eingezahlten Gelder oder Documente werden im Stadtgerichts-Depositorio aufbewahrt.

Qualification des Executions-Inspectors.

§. 4. Der Executions-Inspector muß die zu seinem Amte nöthigen juristischen Kenntnisse besitzen und wo nicht das Auscultator-Examen bestanden haben, doch als Protocollführer vereidet seyn.

Qualification der Executoren.

§. 5. Zu Executoren können nur Individuen genommen werden, welche mit einem Invaliden-Versorgungsschein versehen sind, hinreichende Kenntnisse im Lesen, Schreiben und Rechnen, außerdem aber die zur Verwaltung ihres Amtes nöthigen Körperkräfte besitzen, und Zeugnisse ihrer bisherigen untadelhaften Aufführung beibringen.

Laufbahn der Executoren.

§. 6. Die bei der Executions-Inspection anzustellenden Executoren werden aus den schlechter besoldeten Cassen-Executoren gewählt, und demnächst in so fern sie sich durch ihre Führung Ansprüche darauf erworben haben, zu Stadtgerichts-Nuntien befördert, welche wiederum besser als sie besoldet sind.

Anstellung.

§. 7. Die Anstellung sowohl des Executions-Inspectors als der Executoren, erfolgt von Seiten des Justiz-Ministerii auf den Bericht der Vorgesetzten des Stadtgerichts.

Amtstracht.

§. 8. Im Dienste trägt der Executions-Inspector, wenn er Referendarius oder Auskultator ist, die Amtsuniform, welche für diese bestimmt ist; die Executoren aber neben bürgerlicher Kleidung unter dem Rocke ein versilbertes Schild von Metall mit dem Preußischen Adler und der Umschrift: „Königliches Stadtgericht zu Berlin."

Subordinations-Verhältniß.

§. 9. Der Executions-Inspektor steht im Subordinations-Verhältnisse zum Collegio und die Executoren zu ihm.

Verfahren und Geschäftsgang.

§. 10. Alle in der Executions-Instanz ergehende Verfügungen ohne Unterschied, werden an den Executions-Inspector gerichtet; auch das Notificatorium, was für den Exequendus bestimmt ist, wird ihm mit dem Executions-Mandate zugefertigt. Das Notificatorium an den Extrahenten der Execution dagegen, geht seinen gewöhnlichen Gang, und wird durch den Nuntius insinuirt.

Der Executions-Inspector vertheilt die eingehenden Executorialia auf die Executoren, diese insinuiren dem Exequendus das an ihn gerichtete Notificatorium, und vollstrecken demnächst die Execution, dabei werden zugleich die Gebühren für

1) das Executoriale und die Notificatorien,
2) für die Executions-Vollstreckung

eingezogen. Beide liefert der Executor an die Salarien-Casse und berichtet alsdann an den Executions-Inspector, welcher wegen Eintragung der Kosten das Nöthige verfügt.

Gebühren und Belag für die Einnahme derselben.

§. 11. Die Kosten des Executions-Befehls und des Notificatorii an die Partheien mit Einschluß der Insinuations-Gebühren, werden gleich bei der Ausfertigung vom Expedienten liquidirt, und in die gewöhnlichen Einnahme-Beläge auf Rechnung des Exequendus eingetragen. Davon sind zu unterscheiden, die Executions-Gebühren, welche, je nachdem es zur wirklichen Vollstreckung kommt oder nicht,

Allgem. Gebühren-Taxe vom 23. August 1815., Abschnitt 4. No. 15. Litt. b. No. 1 bis 7.

zwar im Voraus nach dem Objecte und nach Verschiedenheit der Fälle angegeben, jedoch erst wenn der Executor berichtet, festgesetzt und eingetragen werden können. Dies letztere geschieht in einem besondern Belag, welcher den Buchstaben K führt und folgende Colonnen hat:

1) laufende Nummer,
2) Nummer des Exekutions-Journals,
3) Datum des Executoriale und dessen Expeditions-Nummer,

4) Rubrum der Sache und deren Registratur-Zeichen,
5) Name des Debenten,
6) Betrag der eingezogenen
7) und der restirenden Exekutions-Gebühren,
8) Volumen und Pagina des Contobuchs,
9) Bemerkungen.

Dieser Einnahme-Belag wird von dem Verfasser der übrigen Einnahme-Beläge geführt.

Cassen-Wesen.

§. 12. Was zuförderst die Gebühren für das Exekutoriale und die Notifikatorii betrifft: so creditirt die Salarien-Casse die darauf eingehenden Gelder dem Exequendus, auf dessen Rechnung sie in dem Einnahme-Belag einzuschreiben sind. Was dagegen die Executions-Gebühren selbst betrifft: so richtet dieselbe zuvörderst ein General-Conto für sämmtliche von den Executoren abgelieferte Executions-Gebühren ein, stellt auf denselben zum Credit, alles was die Executoren ihr als erhobene Executions-Gebühren einzahlen, und setzt die Cassen-Quitung ad marginem des ihr dazu vorzulegenden Berichts über die Vollstreckung der Execution. Nach Anleitung dieses Berichts wird die Eintragung in den Einnahme-Belag verfügt. Executions-Gebühren, welche bereits zur Kasse eingeliefert sind, werden in die Colonne 6. des Einnahme-Belags Litt. K. mit Ausfüllung der frühern und Durchstreichung der Colonne 7. und 8. eingetragen. Sind sie aber nicht bezahlt, so wird der festgestellte Betrag derselben mit Durchstreichung der Colonne 6. und Ausfüllung der frühern in die Colonne 7., in die Colonne 5. aber der in der Verfügung zu bestimmende Debent, in die Colonne 8. das aus dem Executions-Mandate zu entnehmende Cassen-Zeichen eingeschrieben. Zum Beweise dieser Eintragung setzt der Verfasser des Einnahme-Belags die Nummer, den Monat und den Buchstaben des letztern unter die betreffende Verfügung.

Monatlich ist der Belag Litt. K. abzuschließen, aufzuziehen und von dem, welcher ihn führt, zu unterschreiben.

Die Salarien-Casse überträgt:

A. aus der Colonne 7. jede Post speciell auf das Debet des bezeichneten Folii,
B. die Posten aus der Colonne 6. aber auf das Debet des General-Conto: Executions-Gebühren, und zwar:
   a) im Ganzen wenn der Betrag der Colonne 6. mit dem aufzuziehenden Betrage des Conto im Credit übereinstimmt,
   b) sonst aber speziell.

Einrichtung des Executions-Mandats und des Notificatorii.

§. 13. Ein jedes Executions-Mandat muß außer dem, was die Hauptsache erfordert, durchaus folgendes enthalten:

1) das Rubrum der Sache und das Registratur-Zeichen desselben nach Buchstaben, Nummer und Jahrgang,

2) den

2) den Nahmen und die Wohnung des Extrahenten der Execution, und seines etwanigen Mandatarii,
3) den Auftrag durch den Executor, dessen Name offen bleibt, das Notificatorium insinuiren und die Execution vollstrecken zu lassen,
4) eine genaue Bezeichnung des Exequendi und seine Wohnung,
5) eine Bestimmung, ob und welche Ankündigungsfrist eintreten soll,
6) an wen und auf welche Art das zur Execution gestellte Objekt übereignet werden soll,

Allgem. Gerichts-Ordn. Tit. 24. §. 66.

7) eine Anweisung, wie viel Gebühren für das Executoriale und für das Notificatorium
8) und abgesondert, wie viel Executions-Gebühren nach Verschiedenheit der Fälle vom Exequendus zu erheben sind.
9) Den Befehl, alle diese Gebühren an die Salarien-Casse abzuliefern und zwar die ad 8. auf das nach Volumen und Pagina zu bezeichnende Conto des Exequendi, die ad 9. aber auf das General-Conto: Executions-Gebühren.
10) Endlich die Auflage, bei Erstattung des Berichts Quittung über die Ablieferung der beigetriebenen Gegenstände und erhobenen Gebühren einzureichen, außerdem aber
11) das Executions-Mandat in originali zurück zu geben.

Auf die Gerichts-Ferien wird bei Erlassung des Executions-Mandats so wenig als bei der Ausfertigung und Vertheilung desselben auf die Executoren Rücksicht genommen, indem während derselben nur die wirkliche Vollstreckung der Executionen unterbleibt.

Alle Executions-Mandate werden ohne Unterschied des Objects unter dem Siegel und der Unterschrift des Collegii ausgefertigt. Nur in dringenden schleunigen Fällen kann die Execution durch eine jedoch jedesmal zu vidimirende Abschrift der Verfügung oder Vorzeigung des Original-Decrets verhängt werden. Im Notificatorio wird dem Exequendus der Name des Executors, welcher die Execution wider ihn zu vollstrecken hat und der Betrag der Kosten ad 6. und 7. bekannt gemacht.

Amts-Verrichtungen des Executions-Inspectors.

§. 14. Zum Amte des Executions-Inspectors gehört:
1) die Aufsicht über sämmtliche bei der Executions-Inspection angestellte Executoren,
2) und über die von ihnen zu vollstreckende Executionen nebst deren Leitung,
3) Festsetzung der dabei vorkommenden Executions-Gebühren,
4) die vorläufige Untersuchung der Interventions-Ansprüche,
5) die Controlle über sämmtliche von den Executoren der Exekutions-Inspection abgepfändeten Gegenstände,
6) die Aufbewahrung der letztern und die Führung der Rechnung darüber,

7) ihr öffentlicher Verkauf,
8) die Verrechnung und Nachweisung der Auctions-Gelder,
9) die Aufbewahrung der Asservanda und Führung der Rechnung darüber,
10) die Bearbeitung der besondern, ihm vom Collegio übertragenen Geschäfte.

Aufsicht über die Executoren.

§. 15. Der Executions-Inspector hat darauf zu sehen, daß die Executoren die ihnen übertragenen Geschäfte mit Treue, Fleiß und Ordnung besorgen, sich der Nüchternheit und Bescheidenheit befleißigen, nicht das Mindeste von den Exequendis fordern oder annehmen, als was das Executions-Mandat besagt, und bei der Executions-Vollstreckung selbst zwar mit Ernst und Nachdruck, doch aber mit Gelassenheit und Anstand verfahren.

Bei geringen Verstößen beschränkt sich der Inspector auf Erinnerungen, Ermahnungen und Verweise. Bei Wiederholungen und überhaupt bedeutenden Excessen, besonders aber bei jeder auch der geringsten Verletzung der Treue, ist er dem Präsidio pflichtmäßige Anzeige zu leisten verbunden. Er überreicht demselben am Ende des Geschäfts-Jahres eine Conduiten-Liste über die alsdann bei der Executions-Inspection arbeitenden Executoren.

Beschwerden über die Executoren.

§. 16. Alle beim Collegio eingehenden Beschwerden über die Dienstführung und das Betragen der Executoren, werden an den Executions-Inspector zur Erörterung verwiesen. Er unterzieht sich derselben auch unaufgefordert, so oft dieselben sonst zu seiner Kenntniß kommen, die darüber aufgenommene Verhandlung überreicht er mittelst Berichts dem Collegio zu den betreffenden Akten, und schließt denselben jedesmal mit einem gutachtlichen auf seinen nähern ihm von den dabei interessirenden Personen beiwohnenden Kenntnissen gegründeten Antrage.

Beschwerden der Executoren.

§. 17. Wegen unbedeutender Widersetzlichkeiten oder leichter Beleidigungen, welche bei Gelegenheit einer Hülfs-Vollstreckung gegen den Executor verübt werden, soll in der Regel nicht sogleich die fiskalische Untersuchung eröffnet werden. Excesse dieser Art werden durch den Executions-Inspector summarisch untersucht. Derselbe läßt den Excedenten persönlich zu sich einladen, unterrichtet sich vom Facto und dessen Veranlassung, hält dem Excedenten, wenn ihm etwas zur Last fällt, sein Unrecht vor, und fordert ihn auf, dasselbe durch ein freies Anerkenntniß gegen den beleidigten Executor wieder gut zu machen, womit alsdann, wenn dies erfolgt, die Sache, jedoch immer mit Vorbehalt der Genehmigung des Collegii abgemacht, und der Excedent mit der Nachricht hiervon und der Ermahnung dergleichen für die Zukunft nicht wieder zu thun, entlassen; der Vorfall selbst aber jedesmal mit wenigen Worten zu den betreffenden Akten angezeigt wird.

Verweigert der Excedent aber jene Genugthuung oder ist der Vorfall von der Art, daß eine gütliche Beilegung für die Sache oder den Dienst nachtheilig wirken dürfte, so zeigt der Executions-Inspector denselben zur Untersuchung dem Collegio an, und bildet dabei seine Anträge.

Vertheilung der Arbeiten.

§. 18. Der Executions-Inspector präsentirt die eingehenden Executions-Mandate, und ernennt den Executor, welcher die Execution vollstrecken soll. Ist von einer Observation die Rede, so setzt er unten am Fuße des Mandats die Namen der Executoren, welche sich von Zeit zu Zeit abzulösen haben. Die Ordnung, in welcher sie hier stehen, bestimmt ihre Reihefolge. Den Namen des Executors, welcher die Execution vollstrecken, und respective mit der Observation den Anfang machen soll, setzt er in das Executions-Mandat in der dazu offen gelassenen Stelle. Bei Vertheilung der Arbeiten ist darauf Rücksicht zu nehmen, daß die Executoren, wenn jeder von ihnen in allen Theilen der Stadt beschäftigt wird, viel Zeit mit Gehen verlieren. Es sind also in der Regel die Sachen nach Verschiedenheit der Gegend zu vertheilen, wodurch indessen der Inspector keinesweges behindert sein soll, einzelne, besonders aber wichtige Sachen ohne alle weitere Rücksicht demjenigen Executor zu übertragen, der sich am besten dazu paßt.

Vorsichts-Maaßregeln.

§. 19. Da auf solche Art sich für die verschiedene Executoren besondere Reviere bilden, und in diesen Gelegenheit zu fortdauernden Verhältnissen des Executors zu Exequendis entsteht, welche für den Dienst nachtheilig werden können: so muß der Executions-Inspector um dies zu vermeiden, von Zeit zu Zeit die Reviere verändern, oder doch wenigstens, wenn öfter gegen ein und dasselbe Individuum Executionen verfügt werden, die Mandate auf einen andern Executor vertheilen. Bemerkt er im Allgemeinen, daß ein Executor fortwährend säumig ist, und nur dann erst die Reste abmacht, wenn er von neuem Aufträge erhält, so ist es seine Pflicht, der Veranlassung zu dieser Erscheinung auf den Grund zu gehen, welches zuletzt am sichersten geschieht, wenn er plötzlich aufhört, einem solchen Executor neue Sachen zuzutheilen, und nicht eher wieder dazu schreitet, als bis auch der letzte Rest aufgearbeitet ist.

Leitung.

§. 20. Der Executions-Inspector ist verbunden, die ihm untergeordneten Executoren, wo er es nöthig findet, im übrigen aber, so oft sie sich deshalb an ihn wenden, mit der erforderlichen Anweisung und Verhaltungsbefehle, eventualiter nach zuvor eingeholter Vorbescheidung des Collegii, mündlich zu versehen. Er giebt ihnen in den dazu geeigneten Fällen, besonders bei Verhaftungen den erforderlichen Beistand durch Zuordnung eines zweiten oder dritten Executors. Ist ein Executor dem ihm ertheilten Auftrage nicht gewachsen, oder vorauszusehen, daß er nach seiner Persönlichkeit mit den dabei sich ergebenden Schwierigkeiten nicht fertig wird, so muß der Executions-Inspector, so bald er dieses merkt, ihm die Sache abnehmen und einem andern übertragen, der besser dazu paßt, sonst aber in allen wichtigen, schwierigen oder bedenklichen Fällen sich persönlich mit dem Executor an Ort und Stelle begeben, und zur Erledigung des Auftrages das Erforderliche anordnen, ohne deshalb den Antrag eines Interessenten oder den besondern Befehl des Collegii abzuwarten.

Besondere Befugniß des Executions-Inspectors.

§. 21. Der Executions-Inspector, wenn er die Executorialia erhält, ist verbunden, dieselben durchzusehen, ob die Executions-Gebühren in denselben richtig vorgeschrieben sind, und hat das Recht, dieselben nach der Sportel-Taxe, sowohl herauf als herunter zu setzen. Er ändert hiernach die Positionen, sowohl im Executoriale als im Notificatorio ab. Der Executions-Inspector ist ferner berechtigt, die Executions-Vollstreckung aufzuschieben oder einzustellen, dieselbe gänzlich aufzuheben, die in Beschlag genommenen Sachen frei zu geben, die angelegten Siegel abzunehmen, bereits abgepfändete Sachen zurückzugeben, Observationen einzustellen und aufzuheben, auch den Exequendus aus dem Personal-Arreste zu entlassen (Anhang zur Allg. Gerichtsordnung §. 209.), sobald nemlich der Extrahent der Execution in alle diese Maasregeln schriftlich einwilligt. Dabei ist es aber seine Sache, sich glaubhaft zu überzeugen, daß auch wirklich der Extrahent die schriftliche Einwilligung ertheilt und geschrieben hat. Bestimmte Vorschriften, wie und auf welche Art dies zu bewerkstelligen sey, lassen sich im Allgemeinen nicht ertheilen, ohne auf der einen Seite unnothigerweise die Last der Formen zu häufen, auf der andern aber die Ansprüche des Extrahenten der Execution in Gefahr zu setzen.

Es genügt also, zu bestimmen, daß der Executions-Inspector, wenn Bedenken entstehen, ob der Extrahent der Execution die eben erwähnte schriftliche Einwilligung ertheilt hat, berechtigt ist, entweder denselben zur Erklärung darüber mündlich durch den Executor zu sich einzuladen, wo alsdann nach constatirter Identität der Person ein Protokoll aufzunehmen ist, oder beim Collegio anzufragen. Verpflichtet zu den oben erwähnten Arten der Verfügungen, in den bezeichneten Fällen, ist der Exekutions-Inspector, wenn der Exequendus ihm das objectum executionis zur Aushändigung an den anwesenden oder außerhalb der Stadt wohnenden Extrahenten der Execution übergiebt, desgleichen wenn der Extrahent der Exekution in Person darauf anträgt.

Aufsicht über die verhängten Executionen.

§. 22. Der Exekutions-Inspektor ist verbunden, für die Befolgung der ihm zukommenden Befehle zu sorgen, und sie bis zum Austrage der Sache zu kontrolliren; diese Controlle wird geführt:

1) durch das Exekutions-Journal,
2) durch den Rapport,
3) und durch persönliche Nachforschung an Ort und Stelle.

Executions-Journal.

§. 23. Der Exekutions-Inspektor führt für jede Abtheilung des Stadtgerichts ein besonderes Exekutions-Journal über die ihm zukommenden Exekutions-Mandate.

Die dadurch beabsichtigte Controlle beschränkt sich aber nur auf die Fälle, wo:

a) die Sache ohne Auspfändung abgemacht wird,
b) oder wenn es dazu kommt bis zur Beschlagnahme von Gegenständen der Exekution.

Dieses Exekutions-Journal hat folgende Colonnen:

1) laufende Nummer,
2) Datum der Verfügung,
3) Expeditions-Nummer derselben,
4) Rubrum der Sache und Registratur-Zeichen,
5) Name und Wohnung des Exequendi,
6) was durch die Exekution bewirkt werden soll,
7) Tag, an welchem das Mandat beim Exekutions-Inspektor eingegangen,
8) und dem Exekutor zugestellt ist,
9) Name des Exekutors,
10) Lage der Sache,
11) Tag, an welchem der Exekutor berichtet hat,
12) kurzer Inhalt des Berichts,
13) Datum, an welchem der Exekutions-Inspektor den Bericht zur Registratur gegeben hat,
14) Nummer der Controlle über abgepfändete Sachen,
15) Bemerkungen.

Gebrauch des Executions-Journals.

§. 24. Der Exekutions-Inspektor trägt die Exekutions-Mandate so wie er sie erhält, ohne allen Zeitverlust in das Exekutions-Journal unter fortlaufenden, alle Jahre von neuem anfangenden, Nummern ein. Er füllt nach Anleitung der einzelnen Exekutions-Befehle die Colonnen 2—9. aus, und setzt die laufende Nummer des Exekutions-Journals aus der Colonne 1. desselben oben linker Hand auf das Exekutions-Mandat, nicht allein zum Beweise der erfolgten Einschreibung, sondern auch um darnach die Sache selbst im Journal wieder auffinden zu können. Wenn dies geschehen ist, wird das Exekutions-Mandat, und wenn demselben ein Notifikatorium beiliegt, auch dieses dem ernannten Exekutor zur Besorgung ohne weiteres zugestellt.

Vom Rapport.

§. 25. In der Regel müssen alle Exekutoren, in sofern sie nicht durch Observationen behindert sind, täglich, jedoch nicht des Sonntags, mit dem Exekutions-Inspektor zu einer ein für allemal von ihm dazu auszuwählenden Stunde, am besten gegen Abend, im Stadtgerichts-Gebäude zusammen treffen. Diese Zusammenkunft heißt der Rapport. Bei diesem Rapporte liefern die Exekutoren ihre Berichte über die Vollstreckung der Exekution an den Exekutions-Inspektor ab, wonach die Colonne 11 und 12. des Exekutions-Journals ausgefüllt wird, derselbe geht mit ihnen die im Exekutions-Journale alsdann noch offen stehenden Sachen durch, sie ertheilen ihm mündlich über die Lage derselben Auskunft, wonach das Nöthige in der Colonne 10. zu bemerken ist, erhalten von ihm die erforderliche Anweisung, und nehmen zuletzt die neuen auf sie ertheilten Exekutions-Mandate in Empfang.

Da Fälle vorkommen, welche nicht immer bis zum Rapport Zeit haben, so hat der Exekutions-Inspektor die Einrichtung zu treffen, daß wochenweise nach einer anzuordnenden Reihefolge ein Exekutor außer dem Rapporte täglich, selbst des Sonntags sich bei ihm an einer bestimmten Stunde zur Besorgung der schleunigen Sachen einfindet.

Observation.

§. 26. Eine gerichtliche Observation ist dasselbe, was sonst mit dem Ausdruck Stuben-Arrest bezeichnet wird, und unterscheidet sich vom Personal-Arreste nur durch die Art der Haft und die Art der Festhaltung des Observandi, indem was beim Personal-Arrest durch Gefängniß und Gefangenwärter geschieht, bei der Observation durch den Exekutor und Auswahl eines geeigneten Locals in der Behausung des Exequendi bewirkt wird.

Die Auswahl ist das Geschäft des Exekutions-Inspektors. Er nimmt die Wohnung des Exequendi in Augenschein, bestimmt die Zimmer, welche derselbe, so lange die Observation dauert, nicht verlassen darf, und veranstaltet, daß alle Oeffnungen oder Zugänge dieses Lokals bis auf eine Thür gehörig verschlossen werden; der Hauptzweck bei dieser Bestimmung bleibt die Sorge, daß der Exequendus nicht entweichen kann, untergeordnet ist die Rücksicht auf seine persönliche Bequemlichkeit.

Ist der Exequendus mit dem, was der Exekutions-Inspektor hierunter bestimmt, nicht zufrieden, so vernimmt ihn der letztere mit seinen Beschwerden zu Protokoll, und berichtet deshalb an das Collegium, bis zu dessen Vorbescheidung es aber auf jeden Fall bei den Anordnungen des Exekutions-Inspektors verbleibt.

Die Observation wird vom Exekutions-Inspektor in der Regel je zweien Exekutoren übertragen und nur ausnahmsweise je einem, nemlich:

1) bei geringen Objecten,
2) wo die Lokalität oder die Persönlichkeit des Exequendi besondere Sicherheit gewährt.

Der Exekutions-Inspektor bestimmt ein für allemal im Allgemeinen, zu welcher Stunde die Exekutoren sich ablösen, und wie lange jeder observirt. Er ist verbunden, bei jeder

Observation die dabei angestellten Exekutoren fleißig zu visitiren, ob sie ihre Schuldigkeit thun. Dies muß indessen jedesmal unerwartet geschehen.

Local-Recherche.

§. 27. Die Fälle, in welchen der Exekutions-Inspektor zur Controlle eine Lokal-Recherche vorzunehmen hat, lassen sich speziell nicht aufführen. Er schreitet im Allgemeinen dazu, so oft er es nöthig findet, sich davon zu unterrichten, ob die Angabe des Exekutors richtig ist, namentlich, wenn der Exekutor bei bekanntlich wohlhabenden Individuen kein objectum executionis oder nur solche gefunden haben will, welche per modum interventionis in Anspruch genommen werden, wenn der Bericht des Exekutors, daß ein zu verhaftendes Individuum Krankheits halber oder zur Büßung der Gefängnißstrafe nicht abgeführt werden könne, mit dem im Widerspruche steht, was ihm vom Exequendo sonst bekannt geworden ist. Außerdem aber muß der Exekutions-Inspektor, welcher überhaupt berechtigt ist, allen Amts-Verrichtungen der Exekutoren ohne Ausnahme beizuwohnen, bei einem jeden der ihm untergeordneten Exekutoren, und zwar ohne Ausnahme, wenigstens dreimal im Jahre die Richtigkeit mindestens eines von ihm erstatteten Berichts an Ort und Stelle recherchiren. Ueber das Resultat dieser Revision hat der Exekutions-Inspektor bei Einreichung der Conduiten-Liste, an die Vorgesetzten des Stadtgerichts zu berichten.

Executions-Bericht.

§. 28. Der Exekutions-Inspektor muß dafür sorgen, daß die Exekutoren zur rechten Zeit und prompt berichten, dabei aber alles, was ihnen vorgeschrieben ist, pünktlich beobachten. Ist in dem Berichte etwas versehen oder mangelhaft, so läßt er das Fehlende nachholen. Ist aber nichts zu erinnern, so zeichnet er denselben, indem er vor dem Namen des Exekutors den seinigen schreibt. In Fällen, wo er dem Collegio besondere Anzeige zu leisten nöthig findet, überreicht er mit dieser den Bericht des Exekutors, und bildet dabei seine bestimmten Anträge.

Festsetzung und Eintragung der Executions-Gebühren.

§. 29. Zum Amte des Exekutions-Inspektors gehört auch die Regulirung des Kostenpunkts in Exekutions-Sachen. Was zuförderst die Kosten für das Exekutoriale und Notifikatorium betrifft, so bedarf es, wenn sie eingehen, keiner Verfügung. Werden sie aber bei der Execution nicht eingezogen, so sind dieselben

1) auf das Conto des Exequendi zu löschen,
2) und auf das des Extrahenten der Exekution zu übertragen.

Was dagegen die Exekutions-Gebühren betrifft, so werden diese

a) wenn sie bezahlt sind, ohne weitere Bestimmung eines Debenten auf das General-Conto: Exekutions-Gebühren § 12.,

b) wenn sie aber nicht bezahlt sind, auf Rechnung des Extrahenten der Exekution eingetragen.

Weigert sich der Exequendus die Exekutions-Gebühren zu bezahlen, weil der Extrahent der Exekution befriedigt ist, so muß unterschieden werden, ob diese Befriedigung

1) früher als die Exekution nachgesucht ward,
2) während der Ankündigungsfrist,
3) oder erst nachdem der Exekutor zur Vollstreckung der Exekution oder zur Observation geschritten war,

erfolgte. Im ersten Falle werden gar keine, weder die Exekutions-Gebühren noch die Kosten des Exekutions-Mandats und des Notifikatorii, im zweiten bloß die letztere, im dritten aber beide, und zwar die Exekutions-Gebühren so weit sie deservirt sind, eingezogen.

Bei den Liegetagen werden einzelne Stunden für volle 24 Stunden gerechnet.

Kommt es in Fällen, wo keine speziellen Executions-Gebühren, sondern statt derselben nur ein Pausch-Quantum genommen werden darf, nicht zur Auspfändung, so wird da, wo nach dem oben Gesagten Exekutions-Gebühren zu zahlen sind, vom Exequendo nur die Hälfte des Pausch-Quanti erhoben.

Nach diesen Grundsätzen instruirt der Executions-Inspector den Executor.

Alle Verfügungen, welche die Feststellung der Executions-Gebühren, ihre Eintragung und die Bestimmung des Debenten derselben nöthig macht, werden vom Executions-Inspector erlassen, und auf den Berichten der Executoren von ihm angegeben. Dergleichen Dekrete gehen an den Verfasser des Einnahme-Belages, welcher sie bei 1 Thlr. Strafe für jeden Contraventions-Fall in spätestens 24 Stunden befolgen, und dem Executions-Inspector zurückgeben muß.

Interventions-Ansprüche.

§. 30. Ergiebt sich aus dem Berichte:

1) daß der Executor bei Vollstreckung der Execution Sachen unter Siegel gelegt hat, welche schon in einem andern Rechtsstreite oder von andern Behörden in Beschlag genommen sind,
2) oder hat bei der Abpfändung ein dritter Eigenthums-Ansprüche angemeldet,
3) oder aus denselben Gegenständen vorzugsweise seine Befriedigung verlangt,

so muß der Executions-Inspector dergleichen Ansprüche vorläufig recherchiren, und auch das Collegium verweiset zu diesem Behufe an ihn alle bei demselben eingehende und hierauf abzweckende Gesuche, indem es sie demselben originaliter mittelst vorzuzeigender Verfügung zufertigt.

Eine Ausnahme findet statt, und fällt deshalb diese vorläufige Recherche von Seiten des Executions-Inspectors fort, wenn der Extrahent weder in Berlin wohnt, noch hier einen

Mandatarius bestellt hat, desgleichen wenn eine Geldstrafe beigetrieben werden soll.

Vorläufige Recherche der Interventions-Ansprüche.

§. 31. Das Geschäft des Executions-Inspectors ist darauf beschränkt, zu wissen, ob der Extrahent der Execution es auf den Interventions-Prozeß ankommen lassen will oder nicht. Meldet derselbe sich auf die mündliche durch den Executor zu besorgende Einladung des Executions-Inspectors, womit in der Regel angefangen wird, zur bestimmten Zeit weder schriftlich noch mündlich — oder ist er abwesend: so erläßt der Executions-Inspector nomine collegii an ihn per copiam decreti unter abschriftlicher Mittheilung des Executions-Berichts eine Aufforderung, in einem vor ihm anzusetzenden Termin persönlich oder vor Eintritt desselben, schriftlich sich zu erklären:

ob er den Interventions-Anspruch einräume und mit Freigebung der in Anspruch genommenen Gegenstände sofort die übrigen Grade der Execution ergreifen wolle,

oder

ob er eine nähere Erörterung der Sache im Wege Rechtens verlange,

unter der Warnung,

daß bei seinem Ausbleiben dafür angenommen werde, er bestreite den Interventions-Anspruch, worauf sodann mit Einleitung des Prozesses wider ihn verfahren werden müsse.

Wenn Sachen in Beschlag genommen werden, welche schon ad instantiam anderer Creditoren gesiegelt, oder abgepfändet sind: so fordert der Exekutions-Inspector den Extrahenten der letzten Execution auf, sich zu erklären: ob der für ihn gelegte Beschlag aufgehoben, und alsdann sofort die übrigen Grade der Execution ergriffen werden sollen, ob er mit dem Extrahenten der frühern Execution de prioritate certiren, oder den Verkauf der für jenen abgepfändeten Gegenstände, und in wie fern daraus ein Ueberschuß für ihn sich ergeben werde, abwarten wolle, unter der Verwarnung, daß letzteres angenommen werde, und es bei der Beschlagnahme verbleibe.

Erscheinen die Vorgeladenen, so muß der Executions-Inspector ihnen die Lage der Dinge, die Bewandtniß der Sache, und welche rechtliche Folgen ihre Erklärungen haben, mit Hinsicht auf die Vorschriften der Allg. Gerichtsordnung Tit. 50. §. 296. seq. Tit. 51. §. 51. bekannt machen, besonders aber dahin wirken, daß kein neuer Prozeß entsteht, im Gegentheile wo möglich vermieden wird. Uebrigens ist, der Vorgeladene mag erscheinen oder nicht, in termino ein Protocoll aufzunehmen, welches mittelst Berichts dem Collegio überreicht wird. Der Executions-Inspector bildet dabei bestimmte Anträge, und zeigt in Fällen, wo schon früher für andere die abgepfändeten Sachen in Beschlag genommen sind, so viel es sich ausmitteln läßt:

1) die Behörde, von welcher

2) das Rubrum und Registratur-Zeichen der Sache, in welcher
3) das Datum und die Expeditions-Nummer der Verfügung, durch welche

dieselbe verhängt war, an.

Den Tag, an welchem dieser Bericht, so wie überhaupt alle sonstige Executions-Berichte zur Registratur gegeben werden, bemerkt der Executions-Inspector in der Colonne 12. seines Executions-Journals, und füllt dabei die Colonne 13. desselben aus.

Für diese vom Executions-Inspector abzuhaltenden Termine wird nichts liquidirt, dagegen werden für die Vorladungen des Extrahenten der Execution a Conto desselben die gewöhnlichen Copialien, und wo es zulässig ist, die Insinuations-Gebühren in die gewöhnlichen Einnahme-Beläge eingetragen.

Controlle über die in Beschlag genommenen Gegenstände.

§. 32. Der Executions-Inspector führt eine Controlle über die Gegenstände, welche auf die an ihn erlassenen Executions-Mandate in Beschlag genommen werden, und zwar für jedes Executions-Journal abgesondert. Sie hat folgende Colonnen:

1) laufende Nummer,
2) Nummer des Executions-Journals und Datum des Executions-Befehls,
3) Rubrum der Sache und Registratur-Zeichen,
4) Name des Executors, der die Sachen in Beschlag genommen hat,
5) Datum der vom Executor über die Beschlagnahme geleisteten Anzeige,
6) ob Interventions-Ansprüche angemeldet sind, Tag des Termins und des Berichts über die vorläufige Recherche,
7) Specification der abgepfändeten Gegenstände,
8) Tag, an welchem die Sache anderweit in Erinnerung gebracht ist,
9) Datum der Verfügung, wonach die Sachen verkauft werden sollen,
10) Tag der aufgegebenen Abholung und Name des dazu beauftragten Executors,
11) Tag der Ablieferung zur Pfand-Kammer,
12) Nummer des Pfand-Kammer- oder Asservanten-Buchs,
13) Tag der Verfügung, wodurch die abgepfändeten Sachen freigegeben und die Siegel abgenommen sind,
14) Bemerkungen.

Gebrauch der Controlle.

§. 33. Durch diese Controlle laufen,

a) alle Executions-Mandate, auf welche Sachen abgepfändet sind, bei welchen kein Interventions-Anspruch angemeldet ist,

b) diejenigen, bei welchen dieser Fall eintritt, jedoch nur in sofern, als der Executions-Inspector auf Einleitung des Interventions- oder Prioritäts-Verfahrens angetragen hat, nicht aber diejenigen Mandate, worauf zwar Sachen in Beschlag genommen, jedoch aber auf die beim Executions-Inspector abgegebene Erklärung des Extrahenten der Execution freigegeben werden.

Alle diese ad a und b bezeichneten Mandate trägt der Exekutions-Inspektor unter einer fortlaufenden, alle Jahr von neuem anfangenden Nummer in die Controlle ein, indem er nach Inhalt des über die Exekution erstatteten Berichts die 7 ersten Colonnen ausfüllt, und die laufende Nummer aus der ersten

a) in die Colonne 14. des betreffenden Exekutions-Journals,
b) und auf das Exekutions-Mandat unter der darauf stehenden Nummer des Exekutions-Journals

überträgt.

Erledigung der Controlle.

§. 34 a. Der Exekutions-Inspektor hat für die Erledigung aller in der Controlle eingetragenen Sachen zu sorgen, bis sie

a) entweder frei gegeben,
b) oder verkauft sind.

Ergehen hierauf Bezug habende Verfügungen ohne sein Zuthun, so präsentirt er solche, setzt darauf die Nummer des Exekutions-Journals, so wie die betreffende Abtheilung des Stadtgerichts, bei welcher das Exekutions-Mandat erlassen ist, und füllt demnächst nach Inhalt des Dekrets die betreffende Colonne sub No. 9 und resp. 13. der Controlle aus, indem er auf dem Dekrete die laufende Nummer setzt, unter welcher die Sache in der Controlle zu finden ist.

Erfolgt in vier Wochen eine solche Verfügung nicht, so muß der Exekutions-Inspektor die Sache von Amtswegen in Anregung bringen.

Er frägt deshalb zu den betreffenden Akten an:

ob dem Verkaufe der abgepfändeten Sachen Hindernisse im Wege stehen,

und bittet falls damit verfahren werden soll,

1) ihn zur öffentlichen Versteigerung anzuweisen

eventualiter

2) diejenigen Sachen, welche nicht verkauft werden sollen, zu bezeichnen, auf jeden Fall aber,
3) die darauf ergehende Verfügung zur Abkürzung der Sache und Ersparung der Kosten ihm originaliter zustellen zu lassen.

Diese Anzeige rubricirt er nach Anleitung der Colonne 3. der Controlle, fügt aus derselben das Registratur-Zeichen hinzu und bezeichnet nach Colonne 2. das Exekutoriale nach dem Datum desselben.

Mit solchen Anfragen fährt der Exekutions-Inspektor von 4 zu 4 Wochen fort, bis die Sache auf die eine oder die andere Art erledigt ist. Auch wenn der Interventions-Prozeß eingeleitet ist, darf er diese Anzeige deshalb nicht aussetzen.

Das Datum dieser Anzeige wird in die Colonne 8. der Controlle eingetragen.

Freigebung der abgepfändeten Sachen.

§. 34 b. Ist die Freigebung der abgepfändeten Sachen verfügt, so läßt der Executions-Inspector die Siegel, wo möglich durch denselben Executor, welcher sie angelegt hat, auf jeden Fall aber unter Mitgebung desjenigen Executions-Mandaten-Buchs, aus welchem hervorgeht, wie viel Siegel und auf welchen Sachen angelegt sind — wieder abnehmen. Diese Abnahme der Siegel darf niemals unterbleiben, wenn abgepfändete Sachen frei gegeben werden, und der Executions-Inspector hat dafür zu sorgen, daß hierunter die strengste Ordnung beobachtet wird, damit nicht theils durch Siegel, welche weiter keine rechtliche Würkung haben, die Partheyen unnöthiger Weise in der Disposition ihres Eigenthums beschränkt, theils bei künftigen Pfändungen unnütze Streitigkeiten veranlaßt werden, überhaupt aber die gerichtlichen Siegel nicht in ihrer Achtung verlieren, wenn niemand sich weiter darum kümmert, und sie ungeahndet von dem Inhaber der damit belegten Sachen abgenommen werden können. Der Executions-Inspector muß deshalb jedesmal über die erfolgte Abnahme der Siegel berichten, der Executions-Inspector notirt das Datum der Anzeige in der Colonne 13. der Controlle, und fügt zum Zeichen, daß es geschehen, dem Namen des Exekutors den seinigen hinzu, womit sogleich die Verfügung zurückgegeben wird, wodurch die Abnahme der Siegel befohlen war; für dieses Abnehmen der Siegel werden keine Gebühren angesetzt oder bezahlt.

Abholung der abgepfändeten Sachen.

§. 35. Bei der Beschränktheit des Lokals, bei der Kostspieligkeit des Transports welcher nicht selten das Objekt der Exekution erschöpft und bei der großen Menge von Sachen, welche abgepfändet werden, erfolgt, wenn nicht ein anderes ausdrücklich vorgeschrieben ist, die Abholung der letzteren nicht sofort, sondern erst, wenn der Verkauf realisirt werden soll. Der Exekutions-Inspektor giebt alsdann dem Exekutor, und zwar wo möglich demselben, welcher die zu verkaufenden Gegenstände in Beschlag genommen hat, und wenn dies nicht seyn kann, doch unter Mitgebung des Exekutions-Mandaten-Buchs (§. 51.) in welchem die unter Siegel gelegten Sachen verzeichnet stehen, das Dekret, wodurch der Verkauf befohlen ist, überträgt ihm in einer darauf zu setzenden, und von ihm zu unterschreibenden Verfügung, worin er den Namen des dazu beauftragten Exekutors ausdrückt, die Abholung der Sachen und bemerkt den Tag, an welchem dies geschiehet und den Namen des Exekutors in der Colonne 10.

Pfandkammer und Pfandkammer-Buch.

§. 36. Die Pfandkammer des Stadtgerichts steht unter dem Beschlusse, der Aufsicht und Verantwortlichkeit des Exekutions-Inspektors, welcher darüber Buch und Rechnung führt.

Das Buch heißt das Pfandkammer-Buch, zerfällt in
Einnahme und
Ausgabe
und hat folgende Colonnen:

I. in der Einnahme:

1) Tag der Einlieferung,
2) Nummer des Exekutions-Journals, Behörde, welche das Exekutoriale erlassen, und Betrag der beizutreibenden Summe,
3) laufende Nummer der abgepfändeten Sachen,
4) Rubrum der Sache und Spezifikation der abgelieferten Gegenstände, und Name des abliefernden Exekutors,
5) Taxe,
6) Transportkosten, beide letztere Colonnen mit Unter-Abtheilungen für Thaler, Groschen, Pfennige;

II. in der Ausgabe:

7) Tag der verfügten Einstellung des Verkaufs,
8) Name des Empfängers und Datum seiner Quittung,
9) Tag, an welchem die Quittung ad Acta überreicht, und der Anzeige, mit welcher es geschehen ist,
10) Tag, an welchem die Auktion abgehalten, Datum des Berichts, mit welchem der Extrakt zu den Akten eingereicht,
11) zur Casse,
12) und zur Registratur gegeben ist,
13) Anmerkung.

Ablieferung und Annahme zur Pfandkammer.

§. 37. Wenn der Exekutor die in Beschlag genommenen Gegenstände vom Exequendus abgeholt und zur Pfandkammer abgeliefert hat, so wird im Pfandkammer-Buche die Colonne 1 und 2. ausgefüllt. Alsdann erfolgt die Einschreibung der abgepfändeten Gegenstände einzeln in die Colonne 4. unter fortlaufender, jährlich von neuem anfangender, Nummer, welche in der Colonne 3. neben jeder Sache angemerkt wird.

Eben diese Nummer wird, wenn dies geschehen ist, auf besonderen Zetteln von gleichmäßiger Größe geschrieben, und mit Mundlack auf den zur Pfandkammer abgelieferten betreffenden Sachen angeheftet, so daß nach diesem also jene Sachen in der Pfandkammer, und wohin eine jede derselben gehört, nachgewiesen werden könne. Die Eintragung in das Pfandkammer-Buch wird mit Beifügung der betreffenden laufenden Nummer desselben, und des Tages der Ablieferung

a) unter dem Dekrete, wodurch die Abholung verfügt ist, und
b) in der Controlle, Colonne 11 und 12 attestirt.

Es bleibt dem Exekutions-Inspektor überlassen, das Numeriren der abgepfändeten Gegenstände, und das Einschreiben derselben in die 4 ersten Colonnen des Pfandkammer-Buchs dem abliefernden Executor zu übertragen. Seine Verantwortlichkeit für das was im Pfandkammer-Buche steht, wird aber dadurch nicht verändert. Er sorgt hiernächst, sobald die Eintragung geschehen ist, dafür, daß die abgelieferten Effecten von einem vereideten Taxator abgeschätzt werden, und läßt die Taxe in die Colonne 5. des Pfandkammer-Buchs vom Taxator eintragen, welcher sie am Fuße der Colonne mit Beifügung des Datums unterschreibt, und dabei seine Taxations-Gebühren liquidirt.

Transport und Transport-Kosten.

§. 38. Zur Bestreitung der baaren Auslagen, welche durch den Transport der abgepfändeten Sachen in die Pfandkammer entstehen, erhält der Executions-Inspector einen verhältnißmäßigen eisernen Bestand aus der Salarien-Casse, welchen derselbe am Ende seiner Dienstführung zurück giebt. Die Transport-Kosten liquidirt der Executor unter dem Decret, wodurch die Abhplung verfügt ist, der Executions-Inspector erstattet sie ihm gegen eine unter die Liquidation zu setzende Quittung, fordert, wo es nöthig ist, jedesmal aber wenn die Transport-Kosten die Summe von 1 Thlr. übersteigen, die betreffenden Beläge, und notirt was er bezahlt hat zu seiner Nachricht in der Colonne 6. des Pfandkammer-Buchs, um diese Auslagen in der Folge bei Verrechnung der Auctions-Lösung davon in Abzug zu bringen; werden die Sachen nicht verkauft, sondern zurückgegeben, so läßt er sich die Transport-Kosten vom Empfänger erstatten, und übt, bis er deshalb befriedigt ist, ein Retentions-Recht an der zurückzugebenden Sache aus. Behauptet der Empfänger, daß er nicht verbunden sey die Transport-Kosten zu bezahlen: so verweiset der Executions-Inspektor den Anspruch zur Entscheidung an das Collegium. Sobald die Transport-Kosten dem Executions-Inspector auf die eine oder die andere Art erstattet sind, durchstreicht derselbe, zum Beweise dessen, die Post in der Colonne 6. des Pfandkammer-Buchs.

Zurückgabe der abgepfändeten Sachen.

§. 39. Wird die Verfügung, wonach die abgepfändeten Sachen verkauft werden sollen, ausgesetzt: so bemerkt der Executions-Inspector dies in der Colonne 7. des Pfandkammer-Buchs, und bittet von 4 zu 4 Wochen mittelst besonderer Anzeige um Verhaltungs-Befehle bis diese erfolgen. Wird die Zurückgabe der Sachen aus der Pfandkammer verfügt, so fordert der Executions-Inspector den in der Verfügung ausgedrückten Empfänger, falls derselbe sich in 8 Tagen bei ihm nicht meldet, zur Empfangnahme in termino praefigendo auf, und zeigt, wenn dies fruchtlos geschehen ist, solches dem Collegio zur weitern Verfügung an. Meldet sich der Empfänger: so quittirt derselbe, nachdem die Siegel von den Sachen abgenommen worden, im Pfandkammer-Buche Colonne 8, stellt aber außerdem über die richtig erfolgte Zurückgabe eine besondere Quittung aus, welche der Executions-Inspector mit Beifügung der deshalb ergangenen Verfügung dem Collegio zu den betreffenden

Acten einreicht, und darnach die Colonne 7 und 9 des Pfand-Kammer-Buchs ausfüllt.

Auction.

§. 40. Die öffentliche Versteigerung der im Wege der Execution abgepfändeten Gegenstände erfolgt beim Stadtgericht durch den Executions-Inspector, welcher sie, so oft es die Nothdurft erfordert, sonst aber mindestens von 6 zu 6 Wochen regelmäßig veranstältet. Der von ihm anzusetzende Termin wird dem Exequendus durch den Executions-Inspector mittelst Abschrift der Verfügung, dem Publicum durch einmalige Einrückung in beide hiesige Zeitungen, und in die Intelligenz Blätter bekannt gemacht, demnächst aber mit Zuziehung eines Executors, der die Stelle des Ausrufers vertritt, abgehalten. Das Auctions-Protocoll hat folgende Colonnen:

1) Nummer des Pfandkammer-Buchs,
2) Bezeichnung des zu verkaufenden Gegenstandes,
3) Name des Käufers,
4) Meistgebot,
5) Zahlung (die beiden letzteren Colonnen mit Unterabtheilungen nach Thlr. — Gr. — Pf.)
6) Bemerkungen.

Quer über alle Colonnen wird das Datum des Auctions-Protocolls und dessen Einleitung geschrieben. Der Executions-Inspector legt zwar der Verhandlung selbst das Pfandkammer-Buch zum Grunde, indem er die Nummer desselben und die Reihefolge derselben im Auctions-Protocoll beibehält. An die letztere ist er aber beim Verkaufe selbst nicht gebunden. Wenn eine Sache zum Verkauf gestellt wird, so schreibt er sie bei der betreffenden Nummer aus dem Pfandkammer-Buche in die Colonne 2. des Auctions-Protocolls buchstäblich eben so, wie sie im Pfandkammer-Buche Colonne 4. bezeichnet ist, und durchstreicht in dieser die Sache. Erfolgt der Zuschlag und die Zahlung, so füllt er darnach die Colonne 3, 4 und 5 des Auctions-Protocolls aus. In dieser Art fährt der Executions-Inspector mit der Versteigerung fort, bis sämmtliche im Pfandkammer-Buche zur Auction stehende Sachen durchstrichen, und so mit verkauft sind, welchemnächst er das Protocoll abschließt, und mit dem Ausrufer unterschreibt, welcher dabei die ihm nach der Sportel-Taxe zukommenden Gebühren liquidirt. Der Tag der abgehaltenen Auction wird in der Colonne 10 des Pfandkammer-Buchs notirt.

Verfahren bei der Auction.

§. 41. Der Executions-Inspector hat bei der Auction selbst die Vorschriften der Allg. Gerichtsordn. Th. 1. Tit. 24. §. 86 bis 89 zu befolgen. Sind Gegenstände zu versteigern, welche den Käufern zugemessen oder zugewogen werden müssen, so ist dem Executions-Inspector erlaubt, zu diesem Zweck einen Sachverständigen zuzuziehen. Dies ist in der Regel derjenige, welcher die Waaren taxirt hat. Derselbe liquidirt dafür die dem Taxator in der Sportel-Taxe zugesprochenen Termins-Gebüren. Ob

Vorräthe in Masse oder in kleinen Posten zu versteigern, und wie diese abzumessen sind, bleibt dem Ermessen des Executions-Inspectors und des zugezogenen Sachverständigen überlassen, welche sich dabei nach den Anträgen der Partheyen eventualiter der vorwaltenden Umstände zu richten haben.

Bemerkt der Executions-Inspector, daß zwischen den Kauflustigen Verabredungen getroffen werden, oder Verbindungen existiren, welche auf einen unerlaubten Gewinn gerichtet sind, so muß er sich bemühen, dergleichen zu hintertreiben, die betreffenden Individuen aber mit den Vorschriften der Verordnung gegen die Mißbräuche bei gerichtlichen oder andern öffentlichen Subhastationen und Versteigerungen de dato Berlin, den 14ten July 1797 bekannt machen, wonach dergleichen Geschäfte sub poena nullitatis verboten, und dem Betruge gleich bestraft werden sollen.

Außerdem ist es zwar eigentlich Sache der beim Verkaufe interessirenden Individuen, zur Hintertreibung der aus solchem Verhältnisse entstehenden Nachtheile, die zweckdienlichen Maaßregeln zu ergreifen. Sind diese aber abwesend, so wird dem Executions-Inspector in den oben bezeichneten Fällen nachgelassen, denselben einen dritten zur Wahrnehmung ihrer Gerechtsame durch Mitbieten auf eigene Rechnung anzustellen, dessen Remuneration aus der Auctions-Loosung indessen nur nach zuvoriger Anweisung des Collegii erfolgen kann.

Uebrigens muß der Executions-Inspector, bevor die verauctionirten Sachen verabfolgt, und zwar so bald er das Geld dafür erhalten hat, das Siegel von denselben abnehmen lassen, und auf das Strengste darauf halten, daß keine Sachen mit dem Gerichts-Siegel aus den Händen gegeben werden.

Kosten der Auction.

§. 42. Wenn die Auction beendet ist, macht der Executions-Inspector aus dem Auctions-Protocolle einen Auszug für jede Sache, in welcher abgepfändete Gegenstände verkauft sind, indem er die dazu gehörigen Nummern in derselben Ordnung, wie sie in dem Pfandkammer-Buche stehen, zusammenstellt, und dabei den Namen des Käufers und das Meistgebot hinzufügt. Jeder Extract wird aufgezogen, und auf solche Art der Brutto-Ertrag, welcher aus den abgepfändeten Gegenständen bei jeder Execution gelöset ist, nach Verschiedenheit derselben festgestellt. Wenn dies geschehen ist, wird die Colonne 4. des Auctions-Protocolls ebenfalls aufgezogen. Diese muß gleich seyn

1) der Summa sämmtlicher Extracte des Auctions-Protocolls
2) und der des Geldes, was der Executions-Inspector aus der Auction gelöset hat.

Ist dies nicht der Fall, so muß der Differenz nachgeforscht werden, bis alles stimmt. Alsdann überreicht der Executions-Inspector das Original-Auctions-Protocoll ad acta generalia betreffend die vom Executions-Inspector abgehaltenen Auctionen, mit der Liquidation der sämmtlichen Kommun-Kosten unter

Beifügung der Beläge. Er trägt dahin an, ihn zu authorisiren, dieselben an die Percipienten,

die Procent-Gelder, so wie die Gebühren pro Expeditione der öffentlichen Bekanntmachung des Auctions-Termins aber — zur Salarien-Casse zu zahlen und letztere in den Belag K. sub. Nr. 6. einzutragen.

Er zeigt dabei an, daß er die Kommun-Kosten nach Verschiedenheit der Masse durch die Calculatur vertheilen lassen werde, und bringt

die Remuneration derselben nach den Sätzen der Sportel-Taxe in Antrag, mit der Bitte, dieselbe festzusetzen, die ergehenden Verfügungen ihm aber originaliter zur Befolgung vorlegen zu lassen.

Verrechnung der Auctions-Gelder.

§. 43. Der Executions-Inspector zahlt hierauf, nachdem die zur Salarien-Casse fließenden Posten in die Einnahme-Beläge eingetragen worden, alles, was er nach der ergangenen Verfügung an Kommun-Kosten zu zahlen hat, gegen Quittung, und giebt demnächst

1) sein Original-Auctions-Protocoll,
2) die darauf erlassene Verfügung des Collegii,
3) die Quittung über die bezahlten Kommun-Kosten,
4) und die Extracte des Auctions-Protocolls,

zur Calculatur, um nach Anleitung der letztern die Kommun-Kosten verhältnißmäßig zu vertheilen, für jede einzelne Sache unter dem Extracte, dessen Richtigkeit in calculo attestirt wird, zu berechnen und von der Auctions-Losung abzusetzen.

Ist in einer Sache weniger als 1 Thlr. gelöset, so concurrirt sie nicht an den Kommun-Kosten, sondern wird bei deren Vertheilung übergangen. Eben dies ist der Fall, wenn in einer Sache aus den verkauften Gegenständen zwar größere Summen, aber neben ihnen auch Groschen und Pfennige gelöset sind, indem beide nicht, sondern nur die Thaler zur Berechnung kommen. So bald die Calculatur ihre Arbeit geendet hat, überreicht der Executions-Inspector mittelst besonderer Anzeige zu den betreffenden Acten den Extract des Auctions-Protocolls, fügt den Befehl, wonach die Sachen abgeholt und verkauft werden sollen bei, und zeigt an wie viel

1) die Commissions-Gebüren des etwa bei der Auction zugezogenen Sachverständigen,
2) und des etwanigen Mandatarius der Interessenten betragen, mit der Bitte:
   a) diese Liquidation festzusetzen,
   b) ihn zur Auszahlung an die Percipienten zu authorisiren,
   c) zu bestimmen, an wen der Ueberrest ausgezahlt werden soll,
   d) diesen per copiam decreti aufzufordern, sich zur Empfangnahme der demselben bekannt zu machenden

Summe nach Abzug der für diese Verfügung entstehenden Kosten, in einem von ihm auszusetzenden Termine einzufinden,

e) vom Ausfalle der Execution und der ad d. ergangenen Verfügung aber den Exequendus ebenfalls per copiam decreti in Kenntniß zu setzen.

Wenn dies geschehen ist, füllt der Executions-Inspector im Pfandkammer-Buche die Colonne 10. aus, indem er die Colonnen 7, 8 und 9. durchstreicht.

Auszahlung der Auctions-Gelder.

§. 44. Der Executions-Inspector giebt alle eben bezeichnete Anzeigen ohne Unterschied und Ausnahme zur Salarien-Casse und bemerkt den Tag wo dies geschieht in der Colonne 11. des Pfandkammer-Buchs, diese steht in den Conto-Büchern nach

ob die Kosten des Executions-Mandats und des Notificatorii §. 11. 12.

und der Executions-Vollstreckung §. 29.

oder

was sonst noch auf die Rechnung desjenigen offen steht, der den Bestand der Auctions-Gelder zu erheben hat.

Findet sich ein solcher Rest, so bittet die Casse auf die Anzeige des Executions-Inspectors um Zahlung aus dem Bestande.

Allg. Gerichtsordnung Tit. 24. §. 90.

Die Kasse giebt sämmtliche Anzeigen dem Executions-Inspector zurück, welcher sie demnächst zur Registratur giebt, wornach die Colonne 12. des Pfandkammer-Buchs auszufüllen ist.

Sind sämmtliche Extracte des Auctions-Protocolls ad acta specialia eingereicht, so zeigt dies der Executions-Inspector ad acta generalia an mit Beifügung des Original-Auctions-Protocolls der calculatorischen Vertheilung der Kommun-Kosten, und der Quittung über die Auszahlung der letzteren.

Was auf die zu den Special-Acten eingereichten Extracte des Auctions-Protocolls zu zahlen ist, berichtigt der Executions-Inspector nach Anleitung der deshalb ergangenen Verfügung, und leistet davon mit Beifügung des Quittungs-Protocolls Anzeige.

Cassen-Buch über die Auctions-Gelder.

§. 45. Um Ordnung bei den Auctions-Geldern zu erhalten, führt der Executions-Inspector ein Cassen-Buch. Dasselbe hat auf neben einander liegenden Seiten folgende Colonnen

A. auf der Seite links

I. Einnahme:

1) Total-Summe der Auctions-Gelder,
2) Tag der Einnahme,
3) Betrag der eingegangenen Auctions-Gelder.

II. Ausgabe:

4) laufende Nummer,
5) Nummer des Executions-Journals,
6) Behörde, von welcher die Auction verhängt ist,
7) Rubrum der Sache,

B. auf der Seite rechts
8) Betrag dessen was gezahlt werden soll,
9) Tag des Decrets, wodurch die Auszahlung verfügt ist,
10) Name dessen, dem die Zahlung geleistet werden soll,
11) Betrag dessen, was gezahlt ist,
12) Tag, an welchem die Zahlung geleistet und die Quittung ad acta gereicht ist,
13) Bemerkung.

Die Colonnen 1, 3, 8 und 11. erhalten Unterabtheilungen für Thaler, Groschen und Pfennige. Dieses Cassen-Buch ist ausschließlich für die Auctions-Gelder bestimmt, und wird gleich bei der Einrichtung desselben paginirt.

Jede Auction, welche der Executions-Inspector abzuhalten hat, bekommt darin ein besonderes Folium. Er ist verbunden, sofort nach jeder Auction das Soll-Einkommen der Auctions-Gelder, und was auf Rechnung derselben eingegangen ist, ungesäumt in das Cassenbuch mit Ausfüllung der 3 ersten Colonnen einzutragen, das Folium aber im Original-Auctions-Protocoll, wo die vereinnahmte Summe dargestellt ist, zum Zeichen der wirklich erfolgten Eintragung mit Beifügung des Datums und seiner Unterschrift zu notiren.

Was nun die Ausgabe betrifft: so werden die aus den Auctions-Geldern zu leistenden Zahlungen auf dem betreffenden Folium unter fortlaufender bei jeder Auction von neuem anfangenden Nummer (Colonne 4.) eingetragen, und zwar zuerst die Kommun-Kosten so bald das Collegium sie festgesetzt und deren Zahlung verfügt hat, mit Ausfüllung der Colonnen 8, 9 u. 10, und Durchstreichung der Colonnen 5, 6 und 7. Wenn hiernächst der Executions-Inspector die Extracte des Auctions-Protocolls nach §. 42. zu den verschiedenen Acten überreicht, so trägt er dieselben ehe es geschiehet, in das Cassen-Buch ein mit Ausfüllung der Colonnen 4, 5, 6 und 7. Auf den Extracten selbst setzt er die laufende Nummer aus der Colonne 4, und füllt sobald die Verfügung zur Auszahlung ergangen ist, nach Anleitung derselben die Colonnen 8, 9 u. 10 aus, so daß bei einem jeden der verschiedenen in der Colonne 10. aufzuführenden Percipienten der in der Colonne 8. einzuschreibende Betrag seines Percipienten abgesondert hervorgeht. Hiernächst müssen die Colonnen 1, 3 und 8. wenn sie aufgezogen werden, mit einander balanciren, und wenn es nicht der Fall ist, die Differenzen aufgesucht und erledigt werden. Was auf dieses Soll der Ausgabe gezahlt wird, trägt der Executions-Inspector nach seinem Zahlungs-Protocolle in die Colonne 11 und 12. dergestalt, daß wenn erstere aufgezogen und mit der Colonne 3. verglichen wird, sich der Bestand ergiebt, den der Executions-Inspector aus jeder Auction noch in Händen hat.

Asservaten-Buch.

§. 46. Der Executions-Inspector darf sich in der Regel nur mit Aufbewahrung von Gegenständen, welche im Wege der

Execution abgepfändet sind, befassen. Indessen kommen doch Fälle vor, wo Ausnahmen zugelassen werden müssen. Gegenstände dieser Art eignen sich nicht zur Annahme in die Pfandkammer; das Cassen-Buch ist blos für Auctions-Gelder bestimmt. Es bedarf also eines dritten, und dieses ist das sogenannte Asservaten-Buch. Dasselbe wird ebenfalls vom Executions-Inspector geführt, und hat folgende Colonnen

I. Auf der Seite links, Einnahme:

1) laufende Nummer,
2) Nummer des Executions-Journals oder Datum der Verfügung nebst ihrer Vortrags- oder Expeditions-Nummer,
3) Bezeichnung der Behörde, welche sie erlassen hat,
4) Rubrum der Sache, Registratur-Zeichen nach Littera, Nummer und Jahrgang und Bezeichnung des Asservats,
5) Tag der erfolgten Annahme.

II. Auf der Seite rechts, Ausgabe:

6) Tag, an welchem die Erledigung des Asservats in Anregung gebracht ist,
7) Tag der darauf ergangenen Verfügung,
8) Tag der erfolgten Verausgabung,
9) Bezeichnung des verausgabten Gegenstandes,
10) Tag der erfolgten Herausgabe und Name des Empfängers,
11) Tag, an welchem die Quittung ad acta überreicht ist,
12) Bemerkung.

In dieses Asservaten-Buch trägt der Executions-Inspector die oben bezeichneten Gegenstände, sobald dergleichen an ihn abgeliefert werden, unter fortlaufender, erst bei Einrichtung eines neuen Buchs wieder von neuem anfangender, Nummer, und bemerkt dieselbe auf der Verfügung oder der Anzeige, welche zur Annahme Veranlassung giebt, zum Zeichen der wirklich erfolgten Eintragung. Er füllt sofort die Colonnen 2, 3, 4 und 5. aus.

Dem Executions-Inspector wird es zur Pflicht gemacht, sich mit Gegenständen, welche nicht zur Asservation, sondern zur Deposition geeignet sind, durchaus nicht zu befassen, sondern dieselben sofort an den Deposital-Rendanten abliefern zu lassen, oder doch wenigstens, wenn dem besondere Umstände entgegen sind, ungesäumt die Annahme ad depositum auszubringen, im übrigen aber für die Erledigung der vereinnahmten Asservate zu sorgen. Er muß deshalb von 4 zu 4 Wochen, bis die Verausgabung erfolgt, von Amtswegen zweckdienliche Anträge zu den betreffenden Acten bilden, und bemerkt, was er in dieser Hinsicht von Zeit zu Zeit thut, nach dem Datum bei der betreffenden Nummer in der Colonne 6.

Ergeht eine Verfügung, wodurch die Verausgabung befohlen wird, so notirt er den Tag derselben in der Colonne 7, und setzt, wenn es nicht schon von Seiten des Collegii geschehen ist, Terminum zur Erledigung seines Antrags an. Bei der Verausgabung läßt sich der Executions-Inspector vom Empfänger ad protocollum und in der Colonne 10. des Asservaten-Buchs quittiren, wonach dann die Colonnen 8, 9 und 11. auszufüllen sind.

Aufbewahrung der Pretiosen, Gelder und geldwerthen Papiere.

§. 47. Der Executions-Inspector führt einen eisernen Kasten, welcher in der Salarien-Casse aufbewahrt wird, und ist verbunden, in demselben alle Pretiosen, Gelder, und geldwerthe Papiere, welche er in seinem Amte aufzubewahren hat, ohne Rücksicht wohin sie gehören, zu verschliessen, namentlich die Bestände aus den Auctions-Geldern, und die zur Asservation kommenden Gegenstände der oben bezeichneten Art.

Besondere Aufträge.

§. 48. Außer den bisher berührten Gegenständen hat der Executions-Inspector diejenigen Angelegenheiten, welche das Collegium ihm zu übertragen für gut findet, zu besorgen.

Besonders gehört zu seinem Amte die Regulirung

1) des Cautions-Punkts in Personal-Arrestsachen, Anhang zur Allg. Gerichtsordn. §. 209. 210.,
2) von Angelegenheiten, wenn bei Ausübung des Retensions-Rechts mehr Sachen zurückgehalten sind als zur Deckung der Forderung nöthig ist. Anhang zur Allg. Gerichtsordn. §. 302.
3) bei Interimisticis, wenn zwischen Eheleuten die sich vorläufig zu trennen die Erlaubniß erhalten haben, Streit entsteht, über das was mitgegeben werden soll, was davon vorhanden ist oder nicht,
4) die Beschlagnahme einer Handlung und Einleitung einer Administration über dieselbe im Wege der Execution. Anhang § 158. und 334.

Bei allen diesen Aufträgen achtet sich der Executions-Inspector nach den ihm gewordenen Verfügungen, und ist bei Bearbeitungen der Sachen in den Verhältnissen eines Commissarii, welcher alle zum Betrieb seines Auftrages nothwendige Vorladungen und sonstige Verfügungen selbstständig erläßt.

Commissions-Gebühren.

§. 49. Der Executions-Inspector hat, da er ein Fixum beziehet, in der Regel keine Ansprüche auf besondere Remuneration für die Arbeiten, welche er bei Gelegenheit seiner Amtsverrichtungen zu besorgen hat.

Eine Ausnahme findet aber in folgenden Fällen statt. Er erhält nemlich die in der Allg. Gebühren-Taxe vom 23sten August 1815 näher bezeichnete Commissions-Gebühren:

1) in den Fällen, wovon §. 20. und 48. die Rede ist, vorausgesetzt, daß die Geschäfte außerhalb der Gerichts-Stätte vorgenommen werden müssen.

2) Bei Observationen erhält der Executions-Inspector Commissions-Gebühren nach Verschiedenheit der Colonnen, für den ersten an Ort und Stelle abzuhaltenden Einleitungs-Termin §. 26.; für die von ihm vorzunehmenden Revisionen aber keine Gebühren.

3) Bei Auctionen erhält der Executions-Inspector die in der Allgemeinen Gebühren-Taxe bezeichneten Commissions-Gebühren.

Einfluß des Verhältnisses des Executions-Inspectors auf das der Executoren.

§. 50. Das Verfahren der Executoren bei Vollführung der ihnen zugetheilten Arbeiten, besonders bei Vollstreckung der Execution, ist in der Allg. Gerichtsordnung Tit. 24. §. 45. seq. vorgeschrieben. Wie und in welcher Art sich diese Bestimmungen durch die Einwürkung des Executions-Inspectors im allgemeinen modificiren, ergiebt sich aus dem Vorstehenden, jedoch bedarf es um die Verbindung jenes Verfahrens mit dem, was in diesem Reglement angeordnet ist, zu vervollständigen, einiger besondern Vorschriften.

Executions-Mandaten-Buch der Executoren.

§. 51. Ein jeder Executor, welcher bei der Executions-Inspection angestellt ist, muß ein Executions-Mandaten-Buch führen; dasselbe hat folgende Colonnen:

1) Nummer des Executions-Journals, die Abtheilung, welche das Executoriale erlassen hat, und Datum des letztern,
2) Rubrum der Sache, Gegenstand worauf die Execution gerichtet werden soll und Ankündigungs-Frist,
3) Name und Wohnung des Exequendi und des Extrahenten der Execution oder seines Mandatarii,
4) Tag des Empfanges,
5) Tag der Insinuation des Notificatorii und der angekündigten Execution,
6) Tag der Vollstreckung,
7) Erfolg der Execution, Verzeichniß der abgepfändeten Gegenstände und Zahl der angelegten Siegel,
8) Datum des erstatteten Berichts,
9) ob und wie viel Gebühren eingezogen sind,
10) ob und an welchem Tage die Siegel abgenommen sind,
11) Bemerkung.

In dieses Buch trägt der Executor jedes Executions-Mandat, sobald er es erhält, und füllt nach dem Inhalte desselben und des Notificatorii die 4 ersten Colonnen aus. Wohnungsveränderungen werden in der Colonne 3. bemerkt, die übrigen Colonnen füllt er im Laufe der Execution nach Verschiedenheit der Fälle aus. Dieses Executions-Mandaten-Buch muß der Executor jeder Zeit, so oft er im Dienste ist, namentlich wenn er zum Rapporte kommt, bei sich führen.

Anlegung der Siegel.

§. 52. Wenn der Executor zur Siegelung schreitet: so wird das Siegel mit dem Siegellack in der Regel nicht unmittelbar auf den zwar in Beschlag zu nehmenden aber doch zu schonenden Gegenstand, sondern auf einem viereckigen Stückchen Papier abgedruckt. Er schreibt auf demselben und neben dem Siegel die betreffende Nummer des Executions-Journals, die Abtheilung, von welcher die Execution verhängt ist, und die Jahreszahl. Das solchergestalt besiegelte und beschriebene Blättchen wird auf den in Beschlag genommenen Gegenstand mit Mundlack aufgeklebt. In Fällen, wo es nicht sowohl auf Beschlagnahme als auf den Verschluß eines Behältnisses ankommt, erfolgt die Siegelung zwar durch unmittelbare Aufdrückung des Executions-Siegels mit Siegellack. Es muß aber alsdann neben dem Siegel ein Zettelchen mit der eben erwähnten schriftlichen Notiz besonders angeheftet werden. Diese Maaßregel ist nöthig, um bei mehreren Beschlagnahmen die Veranlassung derselben aufzufinden, und wenn Siegel gehoben werden sollen, Verwechselungen zu vermeiden.

Oberaufsicht.

§. 53. Alle 3 Monate muß die Executions-Inspection revidirt werden. Es wird dazu ein Deputirter ernannt, und von diesem ein Termin angesetzt, in welchem der Executions-Inspector ein Verzeichniß

1) aller in den Journalen,
2) und Controllen offen stehenden Nummern,
3) der Bestände in der Pfandkammer,
4) der Auctions-Gelder,
5) und Asservaten,

nebst allen nach diesem Reglement von ihm zu führenden Büchern vorlegt. Der Commissarius vergleicht jenes mit diesen, schreitet sodann zur speciellen Revision der im Journal und der Controlle noch offen stehenden Posten, und erfordert vom Executions-Inspector, wo es nöthig ist, Auskunft.

Demnächst läßt er sich die Bestände in der Pfandkammer, und nachdem der Cassen-Extract in calculo revidirt ist, die vorräthigen Auctions-Gelder so wie endlich sämmtliche noch nicht extradirte Asservate vorzeigen. Er unterrichtet sich, ob das Auctions-Wesen überall in der vorschriftsmäßigen Ordnung ist, und nimmt am Ende ein Protocoll auf, in welchem er sich über alle hier berührten Gegenstände verbreitet, dasjenige, was er zu erinnern findet, aufzeichnet und bei jedem Monito die zur Remedur dienlichen Anträge bildet. Auf den Grund dieser vom Executions-Inspector mit zu unterschreibenden Verhandlung, attestirt der Deputirte die erfolgte Revision in den Büchern mit Beifügung des Datums und seines Namens, worauf das Protocoll zum Vortrag geht.

Berlin den 12. März 1821.

282. Reskript vom 19. April 1822, in wie fern eine Bude für ein Immobile zu halten.

Auf die Anfrage im Berichte vom 10. d. M.:

die Einleitung der Subhastation einer, dem Kanzleidiener N. zugehörigen hölzernen Handelsbude betreffend,

wird dem Königl. Stadtgerichte eröffnet: daß es bei der Verfügung des Kammergerichts sein Bewenden hat, indem gedachtes Kollegium nach ausgemittelter Qualität der Bude — da sie ein gemauertes Fundament hat, und ohne Schaden ihrer Substanz nicht von der Stelle gebracht werden kann — sie nach Theil I. Tit. 2. §. 6. des allgem. Land-Rechts allerdings für ein Immobile erklären müssen.

Berlin, den 19. April 1822.

283. Börsen-Ordnung für die Korporation der Kaufmannschaft zu Berlin, vom 7. Mai 1825.

Wir Friedrich Wilhelm, von Gottes Gnaden, König von Preußen &c. &c., haben der hiesigen Kaufmannschaft durch das Statut vom 2ten März 1820. eine Verfassung verliehen, und da durch dieselbe mehrere Punkte des von Uns unterm 15ten Juli 1805. vollzogenen Börsen-Reglements anders bestimmt worden sind, eine Revision desselben vornehmen zu lassen geruhet.

Wir verordnen demnach, mit Aufhebung dieses Reglements, wie folgt:

§. 1. Die Börse ist die unter Genehmigung des Staats statt findende Versammlung von Kaufleuten, Mäklern, Schaffnern und andern Personen, zur Erleichterung des Betriebes kaufmännischer Geschäfte aller Art.

Es kann in Berlin nur eine Börse zugelassen werden.

§. 2. Die hiesige Börse ist zwar ein der Korporation der Berliner Kaufmannschaft zunächst angehöriges Institut, indeß soll auch jedem Handeltreibenden, der nach dem Statut für die Korporation vom 2ten März 1820. zu der letzteren nicht gehört, in sofern derselbe die §. 5. angeordneten Beiträge zahlt, so wie überhaupt Jedermann, jedoch mit den §. 3. und 4. folgenden Beschränkungen, das Recht der Theilnahme an den Börsen-Versammlungen zustehen.

§. 3. Ausgeschlossen von den Börsen-Versammlungen sind dagegen:

1) Personen weiblichen Geschlechts;
2) Personen, die erweislich nicht des Handelsverkehrs, sondern anderer demselben fremden Zwecke wegen, sich einfinden möchten;
3) diejenigen Kaufleute, so wie diejenigen Handeltreibenden ohne kaufmännische Rechte, welche in Konkurs versunken sind, oder ihre Zahlungen eingestellt haben, oder ihre Kreditoren außergerichtlich behandeln. Die Ausschließung solcher Personen dauert so lange, bis der Konkurs aufgehoben, oder beendigt ist, oder die Kreditoren durch Vergleich abgefunden, oder durch längere Befristung beruhigt sind, es wäre denn, daß die Aeltesten der Kaufmannschaft, wenn sie sich überzeugt, daß die Insolvenz nur in wirklichen Unglücksfällen ihren Grund hat, dem Ausgeschlossenen den Zugang schon früher ausdrücklich verstatteten;

4) diejenigen, die für muthwillige, oder gar betrügerische Bankerutirer durch rechtskräftiges Erkenntniß erklärt, oder eines Meineides, einer Verfälschung öffentlicher Papiere, Privaturkunden oder Unterschriften, der absichtlichen Verbreitung falscher Münzen, nach richterlichem Urtheil überwiesen, oder wegen eines andern Verbrechens zur Zuchthausstrafe mit Verlust der kaufmännischen Rechte, oder der bürgerlichen Ehrenrechte, rechtskräftig verurtheilt worden sind, desgleichen erklärte Verschwender und unter Kuratel stehende Personen.

§. 4. Außerdem steht den, nach dem Statut vom 2ten März 1820. angeordneten Börsenkommissarien die Befugniß zu, nach vorgängiger sorgsamer Berathung in der Versammlung der Aeltesten der Korporation, und nach eingeholtem statutenmäßigen Beschluß der letzteren, auch anderen, als den §. 3. verzeichneten Personen, die nicht zur Korporation gehören, den Zutritt zur Börse zu versagen; jedoch bleibt dagegen der Rekurs offen, da ohne erhebliche Ursach Niemand ausgeschlossen werden soll.

§. 5. Der jährliche Beitrag zu den Kosten der Börsen-Versammlungen ist auf Drei Thaler festgesetzt, wird aber nur von solchen Kaufleuten und Handeltreibenden, welche die Börse besuchen, und nicht zur Korporation gehören, und zwar in halbjährigen Ratis, entrichtet.

Sollte auch ein solches nicht zur Korporation gehöriges Handlungshaus aus mehreren die Börse besuchenden Gesellschaftern bestehen, so wird dieser Beitrag von ihnen doch nur einfach entrichtet.

Fremde, desgleichen Personen, die nicht zum Handelsstande gehören, sind zu keinem Beitrage verpflichtet; jedoch nimmt ein im Börsenlokal angebrachtes verschlossenes Behältniß freiwillige, für die Armen bestimmte Beiträge an.

§. 6. Die Börsen-Versammlungen sollen in dem dazu von der Kaufmannschaft, unter Genehmigung der vorgesetzten Behörde, bestimmten Lokal, gegenwärtig dem hiesigen Börsenhause, gehalten werden.

§. 7. Sie werden mit Ausnahme der Sonn- und Festtage, täglich Mittags 1 Uhr mittelst Anschlagens der Glocke eröffnet, und um 2 Uhr mittelst abermaligen Anschlagens der Glocke geschlossen.

§. 8. Während dieser Zeit können alle Arten von Privatverträgen geschlossen werden.

Kündigungen bereits geschlossener Verträge aber, welche nach Inhalt des Vertrages an der Börse erfolgen sollen, müssen von jedem Interessenten vor 1½ Uhr geschehen, wenn sie von rechtlicher Wirkung seyn sollen. Auch dieser Zeitpunkt wird durch Anschlag der Glocke bekannt gemacht.

§. 9. Während der Dauer der Börsen-Versammlungen liegt den Börsenkommissarien die Erhaltung und Handhabung der äußern Ruhe und Ordnung ob.

Zu dem Ende ist jeder von ihnen befugt, diejenigen, welche

diese Ruhe durch Aufsehen und Aergerniß erregende Streitigkeiten, oder sonst stören, sofort und ohne alle Erörterung der Ursach des Streits und der Störung von der Börse entfernen zu lassen.

Die Polizei ist verpflichtet, auf Erfordern, Assistenz zu leisten.

§. 10. Außerdem haben die Börsenkommissarien die Kourse zu reguliren, und mit aller Sorgfalt darauf zu wachen, daß dies richtig, und dem wahren Verkehr angemessen geschehe, da solches für das Publikum und den Handelsstand insbesondere von großer Wichtigkeit ist.

§. 11. Die Fonds- und Geldkourse werden, mit Ausnahme des Mittwochs, täglich, die Wechselkourse nur Dienstags, Donnerstags und Sonnabends und die Waarenkourse nur Freitags festgestellt.

§. 12. Diese Feststellung geschieht auf folgende Weise: Nach dem Schluß der Börse verfügen sich die Börsenkommissarien in das zu diesem Geschäft bestimmte Zimmer. Ihnen folgen dorthin die sämmtlichen Geld-, Fonds- und Waarenmäkler an den sie betreffenden Tagen.

Die Börsenkommissarien erfordern von den letztern pflichtmäßige und auf ihren geleisteten Amtseid zu nehmende Anzeige, zu welchen Preisen Wechsel, Geldsorten, Fonds und Waaren aller Art zu haben gewesen sind, was dafür geboten, und auf welche Summe wirklich abgeschlossen worden. — Sie können auch die Mäkler auffordern, ihre Meinung darüber, wie die Preise zu notiren seyen, gutachtlich auszusprechen, haben aber nicht nöthig, sich darüber auf Diskussion mit den Mäklern selbst einzulassen, noch eine solche überhaupt unter den Anwesenden zu gestatten, sobald sie dieselbe für überflüssig halten, und sind befugt, die Vorlegung der Taschenbücher der Mäkler, jedoch mit Verdeckung der Namen der Kontrahenten, zu verlangen.

Bei diesen Verhandlungen müssen wenigstens 3 Börsenkommissarien und der Börsensekretarius anwesend seyn.

Auf den Grund der solchergestalt aus den mündlichen Angaben der Mäkler, oder aus ihren Taschenbüchern gesammelten Materialien, bestimmen die Börsenkommissarien in Gegenwart der Mäkler und des Börsensekretarius die Kourse und Preise. In Fällen, da die Börsenkommissarien sich nicht einigen können, entscheidet die Mehrheit der Stimmen, bei eintretender Stimmengleichheit aber entscheidet die Stimme desjenigen Börsenkommissarius, welcher der Aelteste im Amte ist; kann aber auch hierdurch die Sache nicht entschieden werden, weil die Börsenkommissarien gleiche Zeit im Amte sind, so giebt die Stimme desjenigen, der den Jahren nach der Aelteste ist, den Ausschlag.

Agenten, welche nicht zugleich den Mäklereid geleistet haben, können beim Koursmachen nicht zugelassen werden.

Ueberhaupt darf während der Regulirung der Kourse, außer den Börsenkommissarien, dem Börsensekretarius und Mäkler, Niemand im Kourszimmer anwesend seyn.

§. 13. Sobald die Kourse festgestellt sind, werden sie von einem der vereideten Börsensekretarien, in Gegenwart der Börsenkommissarien, in ein besonderes Protokollbuch eingetragen.

§. 14. Demnächst wird dies Protokoll sofort in die Drukkerei des Börsenhauses und zum Druck der Kourszettel befördert. Dieser muß sogleich, und die Ausgabe der Kourszettel noch an demselben Nachmittage erfolgen.

§. 15. Die Kourszettel führen mit dem Börsenstempel die Ueberschrift: „Börse von Berlin." Eine Unterschrift führen sie nicht.

Die sonstige Form der Kourszettel über Waaren und Fonds, hängt von der Bestimmung der Aeltesten ab. Keinem Mäkler ist übrigens das Versenden der Kourszettel nach andern Orten erlaubt.

§. 16. Diese Kourszettel sollen, in sofern sie mit dem, §. 13. gedachten, Protokollbuche übereinstimmen, auch in streitigen Fällen den richterlichen Entscheidungen zur Grundlage dienen.

§. 17. Die Börsenkommissarien haben darauf zu wachen, daß die Mäkler und Schaffner ihren Verpflichtungen bei Vermittelung und Abschließung der Geschäfte, während der Dauer der Börsen-Versammlungen und bei Regulirung der Kourse, nachkommen.

§. 18. Alle Wechsel- und Waaren-Mäkler, imgleichen alle Schaffner, sind verbunden, in allen Börsen-Versammlungen, während der §. 7. bestimmten Dauer derselben anwesend zu seyn.

Für jeden Kontraventionsfall verfallen sie in eine Strafe von Drei Thalern; es wäre denn, daß sie sich bei den Börsenkommissarien mit erheblichen Hinderungsursachen entschuldigt hätten.

Die Entscheidung hierüber, wie die Festsetzung der Strafe, gebührt den Börsenkommissarien.

§. 19. Eben so sind sie verbunden, sich an demjenigen Tage, an welchem die sie betreffenden Kourse regulirt werden, nach dem Schlusse der Börse in das zum Koursmachen bestimmte Zimmer zu verfügen, dort den Börsenkommissarien die stattgehabten Kourse auf Verlangen, selbst mit Vorzeigung ihrer Taschenbücher, anzugeben, und der Koursregulirung beizuwohnen.

Wer dies unterläßt, oder erst nach beendigter Koursregulirung sich einfindet, hat eine Geldbuße von Fünf Thalern, wer auf Verlangen die Vorzeigung seines Taschenbuchs verweigert, eine Strafe von Zwanzig Thalern verwirkt.

§. 20. Kein Mäkler und Agent soll andere, als die §. 12. in der Börsendruckerei angefertigten Kourszettel ausgeben; entgegengesetzten Falls verfällt er in eine Geldstrafe von Zwanzig Thalern.

§. 21. Die Mäkler sind verbunden, die von ihnen über

abgeschlossene Geschäfte zu ertheilenden Schlußzettel den Kontrahenten am Tage des geschlossenen Geschäfts zuzustellen.

Verlangt einer der Kontrahenten die Unterschrift des Schlußzettels von dem Kontrahenten, so haben solche die Mäkler vor Aushändigung des Schlußzettels bewirken zu lassen. Verweigert einer der Kontrahenten diese Unterschrift, so haben sie dem andern Theile diese Weigerung binnen 24 Stunden anzuzeigen, und daß sie solches gethan, sich von demselben schriftlich bescheinigen zu lassen.

§. 22. In Ansehung der im §. 46. — 48. des Statuts vom 2ten März 1820. gedachten öffentlichen Bekanntmachungen an die Korporation, hat es bei den dortigen Vorschriften sein Bewenden.

Bekanntmachungen, welche Mitglieder der Korporation, Privatpersonen, Künstler und Fabrikanten über eine etwanige Erfindung 2c. wünschen, und nach §. 48. des Statuts den Börsenkommissarien zugestellt werden müssen, sollen diese nur veranlassen, wenn sie sich von der Aechtheit der Unterschrift überzeugt haben.

Wenn daher Auswärtige dergleichen Anzeigen zur Bekanntmachung einsenden, so müssen solche, dafern sie nicht mit einer gerichtlichen oder notariellen Beglaubigung versehen sind, den Börsenkommissarien durch ein bekanntes hiesiges Handlungshaus, welches für die Aechtheit der Unterschrift zu haften hat, persönlich überreicht werden.

Die Börsenkommissarien nehmen hierüber eine Registratur auf, und lassen solche von dem Handlungshause unterschreiben.

In Ermangelung solcher Bürgschaft wird zwar die eingeschickte Anzeige dennoch angeschlagen, jedoch mit der ausdrücklichen Bemerkung in der Affixions-Registratur: daß die Aechtheit der Unterschrift unverbürgt sey.

Was aber die im Allgemeinen Landrecht Theil 2. Titel 8. §§. 503. 504. 511. 530. 531. 618. 620. 623. 624. bis 627. 658. bis 660. 665. 677. angeordneten, auf die Privatrechte einwirkenden, Bekanntmachungen anlangt, so sollen selbige den Börsenkommissarien in zweien Exemplaren eingereicht werden.

Das eine Exemplar wird in der nächsten Versammlung der Aeltesten diesen nachrichtlich vorgelegt, und in der Börsen-Registratur zu eines jeden Einsicht aufbewahrt, das andere Exemplar aber sofort ausgehängt, wenn die Börsenkommissarien solches verfügen.

Finden sie deshalb ein Bedenken, so haben sie darüber zuvor den Beschluß der Aeltesten einzuholen und abzuwarten.

Obschon dergleichen Bekanntmachungen nach Vorschrift des Statuts vom 2ten März 1820. §. 46. nach einem achttägigen Aushang für gehörig geschehen anzusehen sind, und fernerhin bleiben, so soll diese dennoch vier Wochen lang fortgesetzt werden.

§. 23. Alle Schiffer und Fuhrleute sollen spätestens ihre Ankunft in Berlin den ersten Tag nach derselben, und ihre

Abfahrt von Berlin den letzten Tag vor derselben auf der Börse schriftlich oder bei einem Börsensekretair zu Protokoll anzeigen, und sind in eine Geldstrafe von Drei Thalern verfallen, wenn sie diese Anzeige unterlassen.

Diese Anzeigen werden in ein besonderes dazu bestimmtes Buch eingetragen, welches täglich zu Jedermanns Einsicht in der Registratur vorliegen muß, auch sogleich durch Aushang bekannt gemacht.

§. 24. Jeder Schiffer oder Fuhrmann, welcher Frachtgüter nach Berlin, oder von hier aus nach andern Orten angenommen hat, und Umstände oder Thatsachen in Erfahrung bringt, wodurch seine Ankunft am Ort der Bestimmung vier bis fünf Tage länger als gewöhnlich verzögert, oder eine Beschädigung der Güter veranlaßt werden kann, hat diese Umstände sofort schriftlich unmittelbar, oder durch einen Schaffner, oder zu Protokoll in der Börsenregistratur anzuzeigen.

Jede Unterlassung einer solchen (nöthigenfalls mit der Post zu machenden) Anzeige wird mit einer Strafe von Zehn Thalern geahndet, deren Entrichtung übrigens in dem gesetzlichen Entschädigungs-Anspruche der Befrachter nichts ändert.

Anzeigen dieser Art sind schleunigst den Aeltesten oder Börsenkommissarien zur Verfügung des Aushanges, der auf alle Weise beeilt werden muß, vorzulegen, und ebenfalls in ein besonderes, täglich in der Registratur ausliegendes Buch einzutragen.

§. 25. Endlich sind die Börsenkommissarien insbesondere verpflichtet, auf die Beobachtung dieser Börsenordnung zu wachen, und Vorschläge, Anträge auf Abänderungen und Verbesserungen derselben, sobald sie solche den gemachten Erfahrungen oder veränderten Umständen angemessen finden, bei den Aeltesten zu machen. Indessen stehen auch jedem Mitgliede der Korporation dergleichen Anträge frei.

§. 26. Das Grundstück des Börsenhauses, in welchem die Börsenversammlungen gehalten werden, ist nach der Bestimmung des Statuts vom 2ten März 1820. Eigenthum der Korporation, und die Verwaltung desselben in den Händen der Aeltesten.

Der Verkauf von Waaren oder anderen Vermögensobjekten, im Wege einer öffentlichen Lizitation, kann im Börsenlokal nicht anders, als mit Vorwissen und Genehmigung der Aeltesten der Kaufmannschaft geschehen.

§. 27. In dem Börsenhause befindet sich der zu den Sitzungen der Aeltesten bestimmte Versammlungssaal.

§. 28. Die Korporation hat zur Zeit zwei Sekretarien. Einer von ihnen soll im Börsenhause wohnen. Ihnen liegen ob, die gewissenhafte richtige Führung der Protokolle, der ihnen übertragenen Listen und Verzeichnisse, die Expeditionsgeschäfte, die Aff- und Refixionen von Bekanntmachungen, die Ausfertigung der hierüber erforderlichen und sonstigen Atteste, die persönliche Anwesenheit im Börsenhause während der Börsenversammlungen und Sitzungen der Aeltesten, die Ertheilung von Nachricht und Auskunft, so weit solche zulässig ist, an die Mitglieder der Korporation, und alle und jede ordentliche und außergerichtliche Geschäfte in Beziehung auf die Korporation, welche die Aeltesten ihnen auftragen.

Den Korporationsmitgliedern steht es frei, kaufmännische Geschäfte in ein dazu besonders bestimmtes Börsenprotokoll in den Börsenstunden durch den Sekretair eintragen zu lassen. Dergleichen von beiden Theilen unterschriebene Registratur, macht unter den Kontrahenten einen vollen Beweis aus, und vertritt die Stelle eines Schlußzettels.

Die Wahl, Anstellung und Besoldung der Börsensekretarien, imgleichen die Vertheilung der Geschäfte unter ihnen, hängt von den Aeltesten ab.

§. 29. Dasselbe gilt von den Registratur- und Kanzleibedienten, imgleichen von den Boten.

Ihre Vereidigung aber, wie die der Secretarien, geschieht vom Magistrat, im Beiseyn einer Deputation der Aeltesten.

§. 30. In der Registratur sollen alle die hiesige Korporation der Kaufmannschaft betreffenden Verhandlungen aufbewahrt werden.

Insbesondere soll sie enthalten: ein Verzeichniß

1) aller Mitglieder der Korporation,
2) aller Unterschriften ihrer Handlungsfirmen,
3) die vollständigen Namen aller Theilnehmer der Handlung, sofern sie nicht stille Gesellschafter sind,
4) die Familien- und Taufnamen derer, welchen Prokura ertheilt ist, vollständig ausgeschrieben.

Zu dem Ende sollen alle jetzige Mitglieder der hiesigen Korporation, acht Tage nach Publikation dieser Ordnung, alle künftige aber sofort nach ihrer Aufnahme, nach Annahme einer Firma, oder Ausstellung einer Prokura, eine schriftliche Angabe vorstehenden Inhalts mit der Originalprokura einreichen, wobei auch der Prokurant die Unterschrift, deren er sich bedienen will, mit seinem vollständigen Namen versehen, eigenhändig geschrieben, und daß er dies gethan, ausdrücklich bemerkt haben muß.

Wer diese Anzeige auch nach erfolgter Aufforderung von Seiten der Aeltesten unterläßt, ist in eine unerläßliche Geldbuße von Funfzig Thalern verfallen.

Von den eingereichten Originalprokuren hat der Börsensekretair sofort beglaubte Abschrift zu nehmen, und daß dies geschehen, auf dem Original zu vermerken.

Sodann wird letzteres der Handlung zurückgegeben, um solches auf dem Komtoir, wo der Prokurant arbeitet, aufzubewahren, und auf Verlangen derjenigen, welche dasselbe vor Abschließung oder Erfüllung eines Geschäfts einsehen wollen, vorzeigen zu können.

Von allen eingegangenen und künftig eingehenden Prokuren soll ein alphabetisches Register nach einem von den Aeltesten vorzuschreibenden Schema geführt, jede vorfallende Veränderung darin, und jeder Nachtrag dazu, sofort und pünktlich vermerkt werden, und solches täglich in der Börsenregistratur zu Jedermanns Einsicht vorliegen. Einer der Börsensecretarien soll dies Register der Prokuren führen, und für dessen tägliche Richtigkeit und Vollständigkeit verantwortlich seyn.

Uebrigens müssen die Prokuren ohne Ausnahme entweder gerichtlich oder vor Notar und Zeugen beglaubigt seyn, auch die Bestimmung enthalten, daß der Prokurant unter der Unterschrift der Firma oder des Namens des Prinzipals, seinen eigenen Namen, mit dem Bemerken, daß er per procuram gezeichnet habe, hinzuzufügen schuldig, also z. B. in folgender Form:

Julius & Comp.
p. p. (heißt per procuram) N. N.

zeichnen müsse.

Prokuren, welche nicht nach den vorstehenden Vorschriften eingerichtet sind, sollen zur Bekanntmachung auf der Börse nicht angenommen werden.

§. 31. Die zum Besten des Handels in Berlin öffentlich angestellten Personen, besonders diejenigen, deren Wahl den Aeltesten der Kaufmannschaft gebührt, stehen zunächst unter der Aufsicht und Disziplin dieser letztern.

Den Aeltesten steht daher auch die Befugniß zu, jene Personen zur Erfüllung der ihnen obliegenden Amts-Verbindlichkeiten anzuhalten, und Geldstrafen, welche die Gesetze, oder besondere Amts-Instruktionen für gewisse Fälle anordnen, mit Vorbehalt des Rekurses, für verwirkt zu erklären.

§. 32. Die Befugniß, gegen Verfügungen oder Strafbestimmungen der Aeltesten und der Börsenkommissarien, Rekurs zu ergreifen, muß auf die in dem XIten Abschnitte des Statuts vom 2ten März 1820. vorgeschriebene Weise ausgeübt werden.

§. 33. Die in der gegenwärtigen Börsenordnung festgesetzten Strafen fließen zu Einem Fünftel in die Armenkasse der Korporation, und zu Vier Fünfteln zum Besten der Armen in die Kämmereikasse.

§. 34. Jedem jetzigen und künftigen Mitgliede der Korporation, jedem Mäkler, Agenten und Schaffner soll ein Exemplar dieser Ordnung, jedem Schaffner aber sollen überdies zehn die Verhältnisse dieser Gewerbtreibenden betreffende Auszüge derselben, zum Aushange in seinem Komtoir, und zur Vertheilung an Fuhrleute und Schiffer, zugefertigt werden.

Ein Exemplar der Börsenordnung wird und bleibt an der Börse ausgehängt.

Wir bestätigen diese Börsenordnung hierdurch in allen Punkten, und wollen, daß darüber von Unsern Behörden und dem Handelsstande festgehalten werde.

Gegeben Berlin, den 7ten Mai 1825.

284. Kabinetsordre, die Gerichtsbarkeit der Juden in Berlin betreffend, vom 17. April 1829.

Auf Ihren gemeinschaftlichen Bericht vom 1sten dieses Monats genehmige Ich, nach Ihrem Antrage, mit Aufhebung der im §. 29. des Gesetzes vom 11. März 1812. über die bürgerlichen Verhältnisse der Juden enthaltenen Bestimmung, daß die Gerichtsbarkeit über die Juden in Berlin auf das Stadtgericht übergehe, mit der Maaßgabe, daß die bereits rechtshängigen Angelegenheiten im bisherigen Gerichtsstande beendigt werden. Ich überlasse Ihnen, diesen Befehl durch die Gesetzsammlung bekannt zu machen und die betreffenden Behörden dem gemäß anzuweisen.

Berlin, den 17. April 1829.

Friedrich Wilhelm.

An die Staatsminister v. Schuckmann und Graf v. Danckelman.

B. Brandenburg.

285. Reglement vom 27. März 1715, die Kombinirung der Städte Alt- und Neu-Brandenburg betreffend.

Nachdem Seine Königliche Majestät in Preußen ꝛc., unser allergnädigster Herr, angemerket, daß bishero das Rathhäußliche- und Stadt-Wesen, der beyden Städte Brandenburg, überall nicht so administriret worden, wie es wohl die Nothdurft und das gemeine Beste erfordert hätte, und daß der Unterschied der jurisdiction zu denen eingeschlichenen Unordnungen und Mißbräuche unter andern nicht geringen Anlaß gegeben, welchen Inconvenienzien aber sowohl in der Residenz Berlin, als denen beyden Städten Salzwedel durch Combination und bessere Verfassung der Rathhäuser mit gutem Succeſs abgeholfen worden. Alß haben Dieselbe allergnädigst resolviret und gut gefunden, die beyden Rathhäuser gedachter Alt- und Neustadt Brandenburg ebenmäßig zu combiniren und zu solchem Ende nachfolgendes Reglement abfassen und publiciren zu lassen, und zwar:

I. Sollen von nun an, in den beyden Haupt-Städten Alt- und Neu-Brandenburg, nicht wie vorhin zwei, sondern nur ein Magiſtratus seyn, der sowohl in Ecclesiaſticis als Civilibus, Criminalibus, und Politicis die Nothdurfft pflichtmäßig besorgen und davor antworten soll.

II. Und wie Sr. Königlichen Majestät, allergnädigste Intention dahin gehet, daß in diesen Städten so wohl unpartheyische und schleunige Juſtiz adminiſtriret, als auch bey ehrbaren Wandel die Bürgerliche Nahrung gebeßert und das Aufnehmen der Städte nach ihrer Situation und Umständen befördert

dert werden möge; Alß verordnen und setzen Se. Königliche Majestät allergnädigst, daß der gantze Magistrat hinführo in Zwo Collegia oder Senatus getheilt werden soll, deren das eine das Justitz-Wesen, das andere aber alle vorkommende Policey-Sachen nach denen hiernächst zu entwerffenden und von Dero-selben allergnädigst zu confirmirenden besondern Reglements be-obachten solle, und wie voritzo nicht alles, was einem jeden Collegio und dessen Membris oblieget, specificiret und verfasset wer-den kann, von denen zur Combination verordneten Commissariis aber zu berathschlagen, und dem Magistrat an Hand zu geben ist. So gehet doch Sr. Königlichen Majestät allergnädigster Wille und Meynung überhaupt dahin, daß in Civilibus und Criminalibus unpartheyische und schleunige Justitz einem jeden wiederfahren; dabey von dem Policey-Magistratu reichlich über-leget, ausgefunden und angeordnet werden möge: Wie in Bran-denburg die Bürgerliche Nahrung, Unmündiger Waysen Gü-ther und Vermögen zu erhalten und zu bessern, dieselbe wie auch alle Jugend von beyderley Geschlecht wohl zu erziehen, und darzu tüchtige und zulängliche Schulen anzulegen, wie dann auch dieses Collegium das Einquartirungs- und Armen-Wesen, die Brau-Nahrung, Fleisch- und Brod-Taxe, Reinigung der Gas-sen, Feuer-Ordnung, Brunnen-Wesen, Aufnahme der Künste und Handwerker, Wochen- und Jahr-Märkte, und daß die bisherige Commercia in guten Flor erhalten, auch neue, so sich hieher schicken, introduciret werden, und was weiter ad Conservationem Rei Publicae dienlich, mit allem Eifer und Fleiß zu besorgen und zu beobachten, im übrigen aber Magistratus alles zu tentiren, und in Vorschlag zu bringen hat, was zu Verfassung und Aufnahme eines wohl eingerichteten gemeinen Wesens gereichen, auch künftig bey andern Städten zum Modell dienen kann.

III. Gehet Sr. Königl. Majestät Intention dahin, daß durch vielerley Collegia und Instantzien diejenigen, so Procefs oder sonst was zu suchen haben, sonderlich Handwerks-Leuthe, nicht mit hin- und herlaufen von ihrer Nahrung ab, und zum Müßiggang verleitet, und in diesen Betracht hinführo kein be-sonderer Richter und Assessores ad judicandum gesetzt werden sol-len, sondern es müssen alle Sachen bey dem Justitz-Collegio verhandelt und entschieden werden. Dasselbe hat unter andern auch dahin zu sehen, daß nicht mehr Verhöre, als füglich ab-gethan werden können, täglich angesetzet werden mögen, solte aber wegen Weitläufftigkeit einer oder andere Sachen solches sich nicht effectuiren lassen wollen, so können nach befinden die Verhöre getheilt, und zwar ad audiendas Causas, worinnen Advocati vortragen, aus dem Policey- und Justitz-Collegio drey bis vier Personen, als etwan ein Burgemeister, Syndicus, Senator, Secretarius abgeordnet werden, die Protocolla aufzuneh-men, über welche sodann, wie unten weiter verordnet werden soll, die Decisa und Sentenzien in Pleno abgefaßet werden müssen.

IV. Ad Criminalia ist vor das künfftige ein besonderer Richter, unter Assistenz des Syndici und drey bis vier hierzu verordneten Assessoren aus dem Rath zu bestellen, welche Personen zugleich alle vorkommende Testamenta in Häusern aufzunehmen, Inventaria zu conscribiren; auch so wohl dabey als sonsten die Taxen zu verrichten haben, vorietzo aber sollen dieses alles der Syndicus Stelzner und Richter Kriel, mit denen, so ihnen vom Magistratu werden zugeordnet werden, verrichten, auch die Accidentia, so wie selbige im künfftigen Reglement werden festgesetzt werden, geniessen.

V. Bey dem Cämmerey-Wesen ist Sr. Königl. Majestät allergnädigster Wille, daß solches vorietzo annoch wie vorher von denen Senatoribus, die dazu verordnet sind und zulängliche Caution bestellen können, respiciret werde, welches auch dahero so viel leichter geschehen kann, da Se. Königl. Majestät allergnädigst wollen, daß künftig alle Rathhäußliche Güther per modum licitationis sollen verpachtet werden; Es müssen aber die Cämmerer unter dem Policey-Collegio stehen und ohne desselben Genehmhaltung nichts vornehmen; hingegen Monatlich einen Etat von Einnahme und Ausgabe demselben einreichen, und ihren Cassen dergestalt vorstehen, damit bey denen Monatlichen Visitationen derselben keine Unordnung oder Unrichtigkeit bemerkt werde, vors künfftige aber soll nur ein Cämmerer aus denen Senatoribus zur Casse und Rechnungsführen genommen, imgleichen ein besonderer Oeconomus, wie auch zu dem Bau-Wesen ein eigener Inspector, so in der Mathematic und Architectur erfahren, bestellet, dieses alles aber unter Direction des Policey-Collegii respiciret werden.

VI. Sollen diese zwey Collegia, nehmlich das Justitz- und das Policey-Directorium in ihrer Arbeit dergestalt wechseln, daß wann in einer Woche das eine Collegium die Justitz tractiret, solches die andere Woche die Policey besorge, und zwar von denen zum Directorio Verordneten, und unten benandten dreyen Burgemeistern, allemal zwey beym Justitz- der dritte aber bey dem Policey-Collegio sothanes Directorium führe, jedoch müssen die wichtige Sachen ad plenum gebracht und daselbst resolviret werden.

VII. Die Personen, welche Se. Königl. Majestät zu Beförderung Dero heilsamen Intention so wohl von neuen zu bestellen und anzunehmen, als aus denen bisherigen Raths-Gliedern, beyzubehalten, allergnädigst guth und zuträglich befunden, seynd folgend:

Der Steuer-Rath Friderich Katsch, der Rath und Bürgermeister Paul Lange, der Rath und Bürgermeister Beneckendorff, der Rath und Bürgermeister Martin Heinß, der Bürgermeister Alard Böning, der Bürgermeister Benedict Fincke, der Bürgermeister Johann Friderich Lampe, Johann Wolffgang Stelzner, Christoph Vierthaler, Gottlieb Vierthaler, Friderich Kriele, Joachim Heinrich Maaß, Joachim Heinß junior, Christian Strale, George Rimius, Andreas Wiese, Martin Conrad Heinß.

Von welchen Sieben Bürgermeistern Lange, Beneckendorff, Heinß das Perpetuum Directorium führen, die übrigen vier aber, damit das Collegium nicht zu groß und die Deliberationes nicht zu beschwerlich werden, Zwey und Zwey ein Jahr um das andere dergestalt alterniren, und im Collegio erscheinen, daß vorietzo Lampe und Böning den Anfang machen, künfftig Jahr aber von Fincken und Katschen abgelöset werden sollen; Wobey dann Se. Königl. Majestät allergnädigst geschehen lassen, daß der Bürgermeister Katsch, nachdem derselbe mit der Städte Directorio und dem Commissariat im Zauchischen Creyse genug zu thun hat, die Raths-Tage praecise zu besuchen nicht gehalten, jedennoch sowohl ratione des Directorii bey den Märkischen Städten als seines Consulats in bisherigen Emolumentis und Range verbleiben solle. Alle übrige aber werden unter die Zwey Collegia vertheilet, und der Nothdurfft auch ihrer Geschicklichkeit nach, employiret, wie ein oder ander Collegium vorkommenden Umständen nach es gut und dem Rathhause und publico zuträglich befinden wird. Vorietzo sollen zu dem einen Collegio, außer denen zum Directorio bestellten drei Bürgermeister, welche Wochentlich dergestalt alterniren, daß zwey von ihnen das Justitz-, einer aber das Policey-Directorium führen, nachfolgende Membra, der Bürgermeister Lampe, Steltzner, Vierthaler, aus der Neustadt, Maaß, Rimius, Wiese, unter welchen Steltzner und Wiese das Actuariat bey dem Justitz-Collegio versehen müssen, auch deshalb so viel thunlich, beständig dabey zu lassen seyn, gezogen werden. Das andere Collegium aber sollen Böning, Kriel, Vierthaler, aus der Alt-Stadt, Strahle, Heinß jun. und Conrad Heinß constituiren, und die jetzt benandte beyde Heinße bey demselben das Secretariats und Actuariats wie bisher, beständig und fleißig wahrnehmen.

VIII. Was die übrigen im vorigen Articul nicht benandte Raths-Glieder anlanget, da wollen Se. Königl. Majestät den Bürgermeister Heinßen wegen seines hohen Alters von allen Functionen in Gnaden dispensiren, iedennoch von seinem Gehalt ihm Jährlich 100 Rthlr. gelaßen wissen. Wegen des Bürgermeister Köhlaus hat sich bey denen bisherigen Rathhäuslichen Untersuchungen sonderlich in Ansehung der Administration der dazu gehörigen Güther, soviel hervor gethan, daß Se. Königl. Majestät dem Publico am zuträglichsten finden, denselben seines bisherigen Rathhäuslichen Amts, wie hiemit geschiehet, zu erlassen; die übrigen Raths-Glieder, als Schwartze, Freund, Liepe, Schultz, Müller, Göde, Schmid, müssen sich mit demjenigen, was ihnen an Salariis in nachfolgenden Etat angesetzet ist, begnügen, und bey ietziger Verfassung und der Sachen-Umständen die vorkommende Arbeit und Commissiones, so ihnen vom Magistrat aufgetragen werden, sonderlich wann bei anderer Einrichtung das Vormundschafts-Wesen oder denen anzulegenden Montibus pietatis-, Arbeits- und andern Häusern mehr

Leute erfordert werden solten, waß ihnen aufgetragen wird, willig und bei Verlust ihres Gehalts übernehmen und mit Fleiß verrichten.

IX. Gleich wie nun obige Einrichtung den ietzigen Zustand des Rath-Hauses und derselben Mit-Glieder zum Fundament hat; Also solte ins Künfftige, wenn die überflüssige Personen mit der Zeit abgehen, folgende das Rathhäusliche Wesen dirigiren und besorgen.

Zwey Directores, die alle benöthigte Erudition und Erfahrung im Justitz- und Polizey-Wesen, und sonderlich wegen ihrer Redlichkeit guten Ruff haben.

Zwey Burgemeister, so beständig in ihrem Amte bleiben, und zu Commissionen, Subscription und Siegelung gebraucht werden. Ein tüchtiger Syndicus, der allemal denen Directoribus zu succediren capabel sey.

Ein Criminal-Richter, so zugleich in Vormundschaffts-Sachen das Directorium führe, auch mit dem Syndicus gleiche Capacite hat. Zwey gelahrte Rathsmänner; vier Rathsmänner, so eben keine Studia haben dürfen; zwey Secretarii, ein Bau-Inspector; ein Oeconomus; zwey Copisten.

Bei welcher Verfassung zugleich Se. Königl. Majestät allergnädigst wollen, daß alsdann alle Membra, allein die Vier ungelahrte Rathsmänner ausgenommen, aller bürgerlichen Nahrung sich enthalten, auch zu Vermeidung aller Weitläuftigkeit, wo es vorietzo oder künftig die Gelegenheit verstatten will, der Syndicus, Criminal-Richter, zwey Secretarii, zwey Copysten, entweder auf dem Rathhause oder doch ganz nahe dabey wohnen, auch Wochentlich ein Director, oder ein Burgemeister, ein Syndicus oder ein Actuarius von 9 bis 12 und von 3 bis 6 Uhr auf dem Rathhause seyn, und alles, was dar gesucht wird, zur schleunigen Expedition befördern, hingegen Niemand etwas in der Raths-Glieder Privat-Häusern, sondern auf dem Rathhause suchen solle, sonsten derjenige, so einige Klage privatim angenommen, wenn es zur Decision kömmet, auf stehen und sich des Voti enthalten, auch daß er wider diese Verfassung gehandelt, noch darzu bestraffet werden soll.

X. Zu Rath-Gliedern sollen künfftig keine andere als redlich-gewissenhafte, im Justitz- und Polizey-Wesen mit zulänglicher Wissenschaft versehene und geübte Leute genommen und darbey insonderheit alle Freund- und Schwägerschaft, dergleichen zu Sr. Königlichen Majestät höchsten Mißfallen bishero bey den Rathhäusern im Schwunge gewesen, auch Anhang und factiones in alle Wege vermieden werden, wie denn auch keine in andere Chargen stehende Bediente, welche wegen sothaner Bedienung nur das Rathhäusliche Wesen als ein Nebenwerk zu tractiren und zu negligiren pflegen, außer die Accise-Bedienten, deren Verrichtung mit dem Stadt- und Polizey-Wesen eine genaue Connexion hat, in dem Rath aufgenommen, hiernechst auch denen Literatis, welche entweder allbereit mit zulänglichen Gehalt und Accidentien versehen, oder doch nach Abgang der andern zulänglich versorgt werden können, keine Bürgerliche Nahrung und Neben-Arbeit zu treiben, verstattet werden soll, in dessen Betracht und damit die Rathhäußliche Administration mit so viel mehrerer Ordnung und exactitude geführet werde, wollen Se. Königl. Majestät die drey Directores mit auswärtigen Commissionen allergnädigst übersehen, denen Bürgermeistern und Senatoren aber einige Gerichts-Verwaltung zu übernehmen, nicht verstatten. Uebrigens aber die jetzige Bürgermeistern und Senators bey ihrem bißherigen Range gelassen wissen, und denen neuen zur Direction angesetzten drey Bürgermeistern, nebst dem Burgemeister Katsch als Directori der Mittelmärkischen Städte gleiche Würde und Prärogativen beygeleget und dem gantzen Rath bey Verrichtung seines Amts Dero allergnädigsten Schutzes versichert haben.

XI. Und obwohl Se. Königliche Majestät nicht gemeinet seynd, combinirten Magistratui, in dem Ihm zukommenden Wahl-Recht einigen Eingriff thun zu laßen, so muß doch auch dasjenige, was sowohl alhier, als auch albereits in der verbeßerten Justitz-Ordnung, wegen der Wahlen verordnet, aufs genauste in acht genommen, und da keine capable Leuthe daselbst anzutreffen, solche allenfalls von auswärts votiret werden.

XII. Was ietzigen Umständen ein oder ander von denen im Magistrat sich befindenden Personen bey seinem Amte für Verrichtungen zu übernehmen habe, solches soll in dem abzufassenden Haupt-Reglement (als woran Magistratus ohnverzüglich zu arbeiten, und solches wenigstens à dato innerhalb zwey Monathen bey dem General-Krieges-Commissariat einzusenden hat), so viel möglich specificiret werden, vorietzo wird nur ein jeder seines dem Rathhause geleisteten Eides, welchen alle Membra bey Etablirung der Combination von neuen abzuschweren haben, und vermöge dessen sie alles, was in ihren Kräfften stehet, redlich, aufrichtig und fleißig beytragen sollen, erinnert, und darauf verwiesen.

XIII. Insbesondere müssen die Bürgermeister, so zum Directorio verordnet, die Raths-Tage ohne höchste und erhebliche Noth nicht verabsäumen, über denen Königlichen Edicten und Verfassungen, auch alhier veranlaßten oder noch künftig zu veranlassenden Verordnungen halten, einem jeden zu seinem Amte mit Bescheidenheit anmahnen, auf folgende Verweigerung zur Verantwortung ziehen, und allenfalls allerunterthänigst davon berichten und dahin sehen, daß alles Gezäncke, Partheylichkeiten und Corruptionen nachbleiben mögen; absonderlich hat der Director des Polizey-Wesens der Verordneten, deren Anzahl Sechs und dreißig, als 24 aus der Neu- und 12 aus der Alt-Stadt seyn sollen, vorkommende Beschwerden ausführlich zu hören, auch da dieselbe in Billigkeit gegründet seyn, zu besorgen, daß auf ihr Suchen bei Collegio in pleno geschwinde und billig mäßige Resolution gefasset, und die Verordnete das Hoflager mit Quärelen zu belästigen, nicht gemüßiget werden, ferner müssen sie allen Fleiß anwenden, daß der Städte Jura und Privilegia nicht geschmälert, oder gekräncket werden, in denen Collegiis aber haben selbige überall den Vortrag zu thun und bey den Deliberationibus solchen dergestalt einzurichten, damit die Vota ohne Weitläuftigkeit abgegeben werden können. Wie sie denn auch über die den Tag über vorkommenden Verhöre, wo anders die Sache nicht alsbald Bescheid erfordert, die Sententien praeparіren und concipiren, folgenden Tag zur Publication befördern, alle Missiven, Relationes revidiren, und daß solche ohne Aufenthalt expediret werden, besorgen müssen, und haben diese Arbeit in Betracht, daß bey ietzigen Umständen der Syndicus Stelßner mit anderer Arbeit chargiret seyn dürfte, die drey Burgemeister unter sich zu repartiren, auch die dafür fallende Accidentzien zu genießen.

XIV. Die nechst den Directoribus in dem Burgemeister-Amt stehende zwei Burgemeister, so anitzo Böning und Lampe sein sollen, haben die Siegelung aller derjenigen Sachen, so expediret, und von einem der dirigirenden dreyen Burgemeistern revidiret sind, zu besorgen, auch wann Commissiones, Inspectiones oder Unterredungen mit exteris, wozu ein Syndicus oder Senator nicht gebraucht werden könnte, vorkommen, solches zu übernehmen, und ad plenum davon zu referiren.

XV. Der Syndicus concipiret, was ihm von Sententzien, Missiven, Relationibus von denen dirigirenden Burgemeistern aufgegeben wird, und führet daneben das Haupt-Protokoll so allemahl von denen im selbigen Collegio sich befindenden Membris unterschrieben wird, respiciret auch mit dem Richter und denen ihnen zugeordneten Assessoribus (so dieses Jahr Strahle, Wiese und Conrad Heinß, als Actuarii, sein sollen) die Inquisitiones, Inventaria und Taxen, für welche ihnen nach Anweisung des abzufassenden Reglements ihre Quota an Sporteln zufallen soll.

XVI. Die Cämmerer behalten annoch die Inspection über alle des Raths Güter, Dörffer, Vorwerker, Mühlen, Ziegel-Scheunen, Seen, Heiden, imgleichen über den nöthigen Bau und Reparirung der aedificorum publicorum, desgleichen der Straßen und Dämme in- und außerhalb der Stadt, haben auch über die von allen solchen Stücken fallenden Revenüen und Ausgaben die Rechnungen, und müssen zu mehrerer Sicherheit der Rathhäuser nicht allein jeder bis auf 2000 Rthlr. Caution bestellen, sondern auch Monathlich dem Polizey-Collegio einen Etat, in welchen sich der Cämmerey Ausgabe und Einnahme befindet, vorlegen, wobey aber keine Ausgaben, welche, wenn sie nicht fix sind, von dem Directore des Polizey-Collegii nach geschehenen Vortrag assigniret werden müssen, ohne zulängliche Quitungen passiret werden sollen. Damit aber diejenigen, so aus der Cämmerey etwas zu fordern haben, mit hin- und herlaufen ihre Zeit nicht verliehren dürfen, sollen diese Rechnungen in der bisherigen Cämmerey-Stube, oder welche im künfftigen Rathhause darzu angeleget werden soll, und nicht zu Hause geführet werden, weshalb dann Camerarii täglich zwey Stunden in der Cämmerey sich finden lassen, und die Auszahlung daselbst thun müssen, daher auch bei denen Sessionibus nicht beständig erscheinen dürfen. Sollten einige nöthige Besichtigungen ihre Gegenwarth auff Dörffern oder Vorwerkern erfordern, so müssen sie solche nicht vor sich vornehmen, sondern die Ursache und Nothwendigkeit auch der Erfolg sothaner Verrichtung von ihnen dem Polizey-Collegio kund gemachet und in demselben darüber resolviret werden.

XVII. Die Senatores müssen sich fleißig zu Rathhause einfinden, das vorkommende protocolliren und die Commissiones, auch Inspectiones, so ihnen aufgetragen werden, willig und gern übernehmen; Insonderheit lieget denen Raths-Männern, welche zu denen beyden Collegiis nicht gehören, ob in subsidium die Aufsicht über die Schleusen, Mühlen, Dämme zu übernehmen, auch von ihren dieserhalb habenden Verrichtungen dem Polizey-Collegio Rede und Antwort zu geben. Seine Königl. Majestät wollen auch hiermit allergnädigst, doch ernstlich verordnet haben, daß alle diejenige, welchem etwas vom Collegio oder auch bei vorkommenden Umständen von denen Directoribus aufgetragen wird, sich demselben gebührend unterziehen und keine Widersetzlichkeit spüren lassen sollen.

XVIII. Sonsten bleibt es bey demjenigen, was wegen Haltung der Registraturen und andern Gerichts-actuum in der verbesserten allgemeinen Justitz-Ordnungen versehen und müssen diejenigen, so darwider handeln, sofort zu Erlegung der gesetzten Strafe oder Neglecten-Gelder angehalten werden.

XIX. Die zu beyden Collegiis bestellete Personen, versammlen sich bis etwa ein vor beyde Städte gelegener Ort zu einem neuen Rathhause ausgefunden und erbauet werden kann (als worauf der Magistrat zu denken und deshalb Vorschläge zu thun hat) auf den bisherigen Neustädtischen Rathhause, und zwar alle Werkel-Tage um 8 Uhr des Morgens, und da alle negotia Vormittags nicht solten expediret werden können, um 2 Uhr Nachmittags. Wer um gesetzte Zeit mit dem Schlage nicht erscheinet, soll vor jede 4tel Stunde zwey Groschen, vor eine ganze Stunde, darin er ausbleibt, 8 Gr. Strafe erlegen, und damit nicht übersehen werden, es wäre dann, daß er impedimenta legalia bey seinen außenbleiben, sofort zu Rathhause hätte melden laßen, und solche hiernechst zu bescheinigen vermöchte; Wann nun ein Director oder Burgemeister, ein Syndicus und Secretarius, sich zu Rathhause eingefunden, werden alsofort alle Imploranten in die Audienz gelassen, und dann 1) deren Memoralia angenommen; 2) diejenigen, so etwas mündlich zu suchen haben, gehöret, und ihr Vortrag kürzlich verzeichnet; 3) wann indessen mehrere Membra sich versammlet, über denen Mündlichen Implorationen consultiret, und damit diese Leuthe wieder zu ihrer Arbeit kommen mögen, darauf alsbald resolviret; 4) Werden die schriftliche Memorialia und übrige ad Protocollum gethane Implorationes unter die Habilesten Raths-Glieder vertheilet und decretiret. 5) Die entworffene Sententien vorgetragen, und wenn man sich derselben vereiniget, publicirt, auch auf die Petita nach geschehenem Vortrage decretiret. 6) Werden aus diesen vorkommenden Implorationibus die Expedienda angesetzet, auch nach dem Collegio, wohin sie gehörig, verwiesen. 7) Die in vorigen Juridicis zur Expedition angegebne Sachen examiniret, was zurückgeblieben, angemercket, und mit behörigen Nachdruck zur Ausfertigung anderweit befördert. 8) Die vorkommende Extraordinaria, so keinen Verzug leiden, ohne Zeitverlust abgethan. Wann nun 9) dieses alles geschehen, theilet sich der Rath, und gehen die zu iedem Collegio gehörige Membra nach ihren Sessionen, und verfahren dergestalt, daß bey dem Justitz-Collegio, die Partheien hinter einander wie sie im Tage-Buche angesetzt, gehöret werden, publicationes Sententiarum aber des folgenden Tages hinter einander erfolgen können. Und weil bey dem Polizey-Collegio die meisten deliberanda vorkommen, müssen alle diejenigen Sachen, so einiges Praejudicium causiren, oder auch nur wegen ihrer Erheblichkeit ins künfftige denen neu ankommenden Senatoribus eine gründliche Information geben könnten, präpariret, auch die dabey pro und contra vorkommende rationes alle mit einander dergestalt notiret werden, daß folgenden Tages eine geschwinde doch sichere Resolution könne genommen werden; Zu welchem Ende die Sache auch also zufassen, daß allemahl auf den geschehenen Vortrag die Vota mit ja oder nein collegiret werden können. Wie nun Se. Königl. Majestät darüber zulängliche und practicable Vorschläge erwarten, so wollen sie insonderheit denen Consulibus dirigentibus aufgetragen haben, alle vorkommende Sachen dergestalt zu examiniren und zu präpariren, damit sothane Votirung in guter Ordnung erfolgen, und alles, was den Tag über vorgefallen, expediret, die Parten aber mit vielen hin- und herlauffen nicht fatigiret oder von Hauß-Arbeit abgezogen werden mögen. Wie dann Se. Königl. Majestät nochmals bei Anlegung eines neuen Rathhauses darauf zu denken verordnen, daß wo ja nicht auf dem Rathhause selbst, doch in der Nähe Syndici und Secretarii ihre Wohnung haben können.

XX. Was nun die denen Städten, Innungen und Handwerkern theils singulariter, theils diversimodi zukommende Jura und Privilegia anbetrifft, soll es damit dergestalt gehalten werden, daß was sich ohne Präjudiz des Publici oder tertii der dabei interessiret, communiciren läßet, combiniret werden, was aber einem oder dem andern Orte singulariter zustehet, auch per naturam oder ohne Destruction nicht gemeinschaftlich gemachet werden kann, jeder Stadt ratione usus et exercitii, wie es bishero genossen worden, allein verbleibe, weswegen dann die jura Patronatus, Besetzung des Schöppen-Stuhls, Vocationes der Ober- und Unterbedienten, zu welcher Stadt sie auch gehören, das Siegel, wie auch dasjenige, was aus denen Cämmerey-Rechnungen nach guter Haußhaltung übrig ist, dem combinirten Magistrat gemein bleibet und von demselben besorget, und administriret, auch in specie dahin gesehen werden muß, damit von dem ietzo sich befindenden Bestande, etwa ein paar Tausend Thaler zu Beförderung der Wollen-Manufactur auf eine sichere Arth angeleget werden mögen. Im übrigen, da vor diesen iede Stadt bey der Landschafft und Städte-Casse ihre besondere Vota und Verrichtung gehabt, so hat es dabey sein Bewenden, und müssen solche bey ietziger Combinirung nicht eingehen, oder gemindert werden, sondern es hat Magistratus zu denen vorkommenden Versammlungen, entweder eben so viel Deputatos als vorhero beyde Städte gehabt, zu senden, oder zu Erspahrung der Kosten dem abgeordneten beyde Vota aufzutragen, wie dann auch das bey der Alt-Stadt radicirte Directorium der Städte ietzigem Magistratui verbleibet auch ihme darin keine Widerrechtliche Beeinträchtigung geschehen soll; auch muß der Director, ehe er zu denen veranlaßten Zusammenkünfften abreiset, über die daselbst vorzunehmende Sachen, nach vorhergehender Deliberation in pleno senatu schriftlich instruiret werden, auch wenn er zurückkommt, von seinen Verrichtungen schriftlich referiren, und falß während der Zusammenkunft etwas vorfiele, worüber er mit keiner Instruction versehen, solches an den Magistrat berichten, und darüber Verhaltungs-Befehl einholen; hingegen sollen die Holtzungen in so weit dieselbe nicht ad publica aedificia genutzet, oder deren Proventus ad commune aerarium gehören, item Wiesen, Fischerey, Grabung der Ziegelerde, Trifften und Hütungen iedem Orte, worin sie gehören, zur Nutzung, so wie man sich in possessione oder exercitio befindet, allein verbleiben, und kann solches alles um mehrerer Richtigkeit willen, bey Abfassung des künfftigen Reglements und in der Städte Erb-Register oder Lager-Buch specificiret werden. Se. Königl. Majestät wollen hiernechst auch in Gnaden befohlen haben, daß der Schöppenstuhl wohl besetzet, auch tüchtige Schulen, sonderlich die von denen Visitatoribus angeordnete Sechs kleine Schulen, an gelegenen Orten angeleget und damit nicht weiter verzogen werden solle.

XXI. Was die Innungen der Handwerker anlanget, sollen diejenigen, welche aus beyden Städten allbereits combiniret seyn, zusammen bleiben, und ihnen keine Separation durchaus verstattet, auch die Frantzösischen Handwerker nach einem gewissen zu verfertigenden Reglement in die Deutsche Gülde mit aufgenommen werden; die übrigen aber, so noch zur Zeit separiret, sollen, falls sie hierwider etwas erhebliches nicht einwenden können, gleichfalls zur Combination mit Nachdruck angehalten, was aber mit Grund dagegen vorgebracht werden könnte, allerunterthänigst berichtet werden.

XXII. Endlich haben auch Se. Königl. Majestät den Salarien-Etat, sowohl für die Raths-Glieder, als dessen Bediente, festgesetzet, und zwar in Betrachtung, daß die ietzige Directores, auch wann die vorseyende Raths-Verfassung zu ihrer Richtigkeit gelangen wird, die gelahrten Raths-Personen, imgleichen die Secretarii, Oeconomus, Bau-Inspector und Copysten, keine andere unerlaubte Zugänge oder Nahrung und Gewerbe haben sollen, ratione futuro allergnädigst verordnet, daß

1) Zwei Directoren à 400 Rthlr. . . .	800	Rthlr.
2) Zwei Burgemeistern à 200 Rthlr. . .	400	=
3) Einem Syndico	300	=
4) Einem Criminal-Richter	300	=
5) Zwei gelahrten Rath-Männern à 100 Rthlr.	200	=
6) Vier andern Rathsmännern, welche eben keine Studia haben dürfen, à 50 Rthlr. . .	200	=
7) Zweyen Secretariis à 100 Rthlr. . .	200	=
8) Einem Oeconomo	100	=
9) Einem Inspectori	100	=
10) Zweyen Copisten à 50 Rthlr. . . .	100	=
Summa	2700	Rthlr.

jährlich gereichet werden sollen.

XXIII. Nach jetziger Interims-Verfassung aber sollen diejenigen, so würklich arbeiten, folgendergestalt salariret werden:

Drey Bürgermeister zum Directorio, Lange, Beneckendorff und Heinß, nachdem dieselbe sich aller Bürgerlichen Nahrung enthalten, à 300 Rthlr. . 900 Rthlr.

Auß der Alt-Stadt:

Bürgermeister Katsch mit . .	100	Rthlr.	
Böning	100	=	
Syndicus Steltzner . . .	104	=	10 gr. 3 pf.
Cämmerer Vierthaler . . .	70	=	
Senatores Maas	50	=	
= Strahle	25	=	
= Rimius	50	=	
= Heinß	20	=	

Auß der Neu-Stadt:

Bürgermeister Fincke mit . .	180	Rthlr.
= Lampe	180	=
Richter Kriel	100	=
Cämmerer Vierthaler	100	=
Joachim Heinß jun. . . .	50	=
Secretarius Wiese	50	=
Copysten Rückert	40	=
= Schüler	40	=

Ferner für diejenigen, welche zwar einer beständigen Arbeith erlassen, jedennoch bey einigen Gehalt verbleiben sollen:

Bürgermeister Heinß	100	Rthlr.
Rathmann Schwartze	70	=
= Freund	50	=
= Müller	70	=
Göden unter der Condition, daß er sich jedesmal einfinde, wann er geruffen und wegen Bürgerlichen Sachen beym Polizey-Collegio mit ihm gesprochen werden muß	70	=
Schulz	—	=

Schmid	. . . .	50 Rthlr.
Liepe	. . . .	25 "

Und ist bey Abgang ein oder andern Rath-Gliedes, vor allen Dingen dahin zu sehen, daß es je eher je lieber zu der Verfassung, welches vors künfftige in vorstehenden 22 Articul festgesetzet ist, gebracht werde, maßen anderer gestalt von denen vacant werdenden Besoldungen nicht dispensiret, und zu solchem Ende von denen zur Combination Verordneten Commissariis ein gewisser Etat projectirt werden soll, welcher gestalt die Salaria so vacant werden, denen würcklich arbeitenden Raths-Gliedern, welche noch nicht nach den §. 22. gemachten Fuß hinlänglich besoldet seyn, zugewendet werden können.

An Unter-Bedienten werden dem Rath zu bestellen erlaubet, 2 Marck-Meister, welche zugleich des Raths beyde Wagen zu respiciren und dahin fleißig zu sehen haben, daß weder auf denen beiden Märckten, noch auch außerhalb der Stadt schädliche Vor- und Aufkaufferehen vorgehen mögen, wie sie dann auch alle Mündliche Citationes und zwar ein jeder in der Stadt, wohin er gewidmet, zu verrichten.

Sieben Diener, davon drey beständig beym Rath auffzuwarten, zwey beym Polizey-Collegio und zwey bey der Cämmerey. Zwey Holz-Voigte, davon der eine die Höltzungen und Grentzen der Alt-Stadt, der Zweyte aber die Holtzung und Grentzen der Neu-Stadt fleißig zu beobachten und allen Schaden und Nachtheil abzuwenden hat.

Zwey Wasser-Voigte, welche dahin zu sehen, daß dem Rathe auf dessen Seen von denen Angrentzenden von Adel und Dorff-Fischern kein Nachtheil zugefüget, noch dessen Rechten Eintrag geschehen möge. — Ein Schütze. — Zwey Schleuse- oder Bau-Knechte, welche bey der Neustädtischen Schleuse stets aufzuwarten und zu arbeiten haben. Vier Stallknechte, zu Bestellung der nöthigen Bau- auch Königl. Reisen- und Jagd-Fuhren.

Sechs Nachtwächter, als 4 in der Neustadt und 2 in der Alt-Stadt. Zwey Mühlen-Schreiber, welche fals ja dergleichen bey zu behalten, bey künfftigen Special-Reglement des Policey-Collegii nöthig gefunden werden sollten, dahin zu beeidigen, daß sie bey denen Alt- und Neustädtischen Mühlen, und zwar ein jeder bey der Mühle, worzu er bestellet wird, fleißig acht darauf haben, beobachten und verzeichnen wollen, was darin eigentlich gemahlet, auch ein- und ausgemetzet wird, daß sie dabey keine Unterschleiffe, es geschehe auf was Arth es wolle, gestatten, sondern solche ohne Ansehen der Person beym Magistrat angeben, und allen Schaden und Nachtheil von denen Mühlen und deren Revenüen nach Möglichkeit abwenden wolle; Und wird sämmtlichen obigen Unter-Bedienten dasjenige Gehalt, so sie besage der letztern Cämmerey-Rechnung bey iedem Rathhause genossen, nach wie vor gelaßen.

XXIV. Ratione der Sportuln hat es zwar bey der Cammer-Gerichts-Ordnung sein Verbleiben, doch sollen allemahl

Directores darauf halten, daß arme und dürftige Leuthe damit nicht gedrucket oder aufgehalten werden, weil eben zu solchem Behuf Zwey Copisten angesetzet worden, und daher ratione der Armen bei der Sache wohl eine Moderation gebrauchet werden kann, worauf in den aufgesetzten Reglement allerdings zu reflectiren.

XXV. Endlich und schließlich wollen Se. Königl. Majestät von demjenigen, was der combinirte Magistrat zu guter Ordnung und Besserung des Justitz- und Policey-Wesens anmerken und vorzuschlagen haben wird, desselben pflichtmäßigen Bericht erwarten, und denselben darüber mit nöthiger Resolution versehen.

Signatum im Lager bey Stettin, den 27. May 1715.

C. Frankfurth.

286. Reglement für das Stadtgericht, vom 20. November 1716.

§. 1. Alle actiones personales müssen vor dem Gerichte sowohl in- als außerhalb denen Messen angestrenget, auch in actionibus personalibus die litis Curatores ad certos actus vor dem Richter nach wie vor, stipulata manu angenommen, und noch ferner unentgeldlich bestellet, Personae illustres, militares et membra senatus hujus civitatis, aber vor dem Magistrat belanget werden.

§. 2. Das geordnete Hypotheken-Buch soll von dem Gerichte gehalten, auch alle Obligationes und Hypotheken von ihnen allein confirmirt werden.

§. 3. So sollen auch alle Kauf-Briefe von dem Gerichte confirmiret, und das etwa darin reservirte Dominium, oder die constituirte Hypothek sofort in das Hypotheken-Buch ohne Anhalten der Contrahenten, auch ohne besondere Gebühren ex officio eingetragen werden.

§. 4. Alle Taxationes der immobilium sollen von denen Gerichten geschehen, und bei denen Taxationen der Häuser zweene von denen constituirten Bau-Herren jedesmal mit zugezogen werden.

§. 5. Alle Wechsel-Sachen bleiben denen Gerichten ganz allein, sowohl in als außer denen Messen.

§. 6. Alle inventurae judiciales und Erbtheilungen müssen von denen Gerichten geschehen, und ist nicht nöthig, daß die von denen Gerichten gemachte Erb-Vergleiche vom Magistrat confirmiret werden, sollte aber jemand die Confirmation des gerichtlich gemachten Erb-Vergleichs vom Magistrat verlangen, so kann die Confirmation erfolgen; die extra judicialiter von Notariis aufgerichtete Erbvergleiche aber werden vom Magistrat, nicht aber von denen Gerichten confirmirt.

§. 7. Alle inquisitiones gehören denen Gerichten, sollten

sie bei der Inquisition ein Dubium finden, wird der Magistrat sie durch den Syndicum instruiren lassen, contra personas illustres, militares et membra Senatus aber, imgleichen, wenn auf denen Raths-Freiheiten aufm Rath-Hause, denen Niederlagen, Stadt-Keller etwas verbrochen wird, inquiriret Magistratus.

§. 8. Insinuationes et confectiones testamentorum geschehen ad requisitionem testantium, sowohl von E. Rath, als denen Gerichten.

§. 9. Alle Liquidations- und Concurs-Processe werden, sobald in actione personali der concursus oder subhastatio erkannt worden, von dem Magistrat angestrenget, und deshalb auch die Curatores litis et bonorum von diesen confirmiret und bestellet.

§. 10. In denen Meßzeiten sollte stante pede von denen Gerichten an E. E. Rath appellirt, auch die Sache sogleich von E. Rath gehört werden, sollten sich die Parten häufen, so soll denen Fremden freistehen, wenn sie nach Ablauf eines halben Tages nicht gehört werden können, vor dem Magistrat ihre Klage anzubringen, und fort zu führen.

§. 11. Uebrigens gehören privative vor E. Rath alle actiones reales, Polizey-Sachen, die Injurien, welche ganze Gewerker angehen, dationes et confirmationes Tutorum et Curatorum, die Abnahme der Vormundschafts-Rechnungen, Haltung des Grund-Buchs oder Catastri, mithin die Besichtigung und decision in Bau-Sachen, Ausfertigung der Geburts-Briefe, und attestatorum: falls aber occasione personalium actionum, ratione litis pendentiae etc. Attestata vom Gerichte verlangt werden, ertheilet solche der Richter nach wie vor.

§. 12. Der Dienstag und Freitag bleiben nach wie vor die Rechts-Tage der Gerichten, an welchen dieselbe keine inquisitiones eher vorzunehmen haben, bis die Gerichts-Händel abgethan sind, Magistratus aber nimmet an diesen Tagen nur publica, oeconomica und Polizei-Sachen, aber gar keine Gerichts-Händel vor, damit denen Gerichten copia advocatorum nicht entzogen werde.

§. 13. Muß E. E. Rath dahin mit Fleiß bedacht seyn, wie er auch Literatos künftig in das Gerichts-Collegium ziehen könne, welche bei sich ereignender Vacanz vor allen andern, wenn sie dazu habil sind, in numerum Senatorum aufgenommen werden soll.

§. 14. Dem Magistrat kann nicht verwehret werden, wenn bei demselben delicta in Meß-Zeiten angegeben werden, die Delinquenten durch ihre Diener aufsuchen zu lassen, es müssen aber die Delinquenten nicht vorhero auf die Raths- sondern auf die Gerichts-Stube gleich Anfangs gebracht werden, damit die Gerichten die Untersuchung der delictorum gleich vom Anfange vornehmen können.

§. 15. Denen Gerichten müssen die gemeinen Stadt-Diener, so oft sie derer benöthigt, gelassen werden, damit wenn periculum in mora darunter nichts versäumet werde.

§. 16. Die hiesige Juden, sie haben Schutz-Patenta oder

nicht, gehören unter dem Magistrats-, nicht aber unter der Gerichte Jurisdiction, die fremde Juden hingegen werden in allen actionibus personalibus, sive ex contractu, sive ex delicto vor dem Gericht belanget.

§. 17. Bleibet dem Magistrat unbenommen, ad instantiam partium die von denen Gerichten angeordnete executiones so lange zu suspendiren, bis E. E. Rath von der Sachen Bewandniß nähere Erkundigung eingezogen, doch wird E. E. Rath von selbsten dahin sehen, daß dadurch cursus justitiae nicht gehemmt, viel weniger die Bosheit der Leute darunter gestärkt, ihren Gerichte auch der nöthige Respect nicht benommen, oder jemanden zur Unzeit nachgesehen werde.

287. Reglement für das Stadtgericht, vom 30. Mai 1784.

Se. Königl. Majestät von Preußen rc. Unser allergnädigster Herr, haben schon längst wahrgenommen, daß das Justiz-Wesen bei dem Magistrat zu Frankfurth an der Oder sich noch nicht in derjenigen Ordnung und Verfassung befinde, wie solches Höchstdero landesväterliche Intention wegen eines durchgängig prompten, regelmäßigen und legalen Betriebs aller und jeder Rechtsangelegenheiten und die Vorschriften der Landesgesetze insonderheit aber der neuen Justiz-Einrichtung erfordern.

Da nun bei den verschiedentlich vorgewesenen Visitationen ein Hauptgrund dieser mangelhaften Verfassung darin bemerkt worden: daß die Städtischen Rechts-Angelegenheiten unter zwei von einander ganz separirte Collegia, nehmlich das sogenannte Justiz-Departement des Magistrats und das eigentliche Stadtgericht bisher vertheilt gewesen; woraus wegen der nicht genau genug bestimmten und zu sehr in einander laufenden Grenzen beiderlei Ressorts, häufig Jurisdictions-Streitigkeiten und unnütze Correspondenzen entstanden; die Partheien von einem Collegio an das andere gewiesen; und in mancherlei unnütze Kosten und Aufenthalt verwickelt worden; Anderntheils aber, weil keines von diesen separirten Collegiis mit einer hinreichenden Anzahl auskommlich besoldeter Arbeiter versehen, und die Mitglieder des Magistratualischen Justiz-Departements zugleich mit andern Polizey- und öconomischen Geschäften belastet gewesen, in der Bearbeitung der Sachen selbst allerhand Unordnungen und besonders die schädlichsten Zögerungen entstanden sind.

So haben Se. Königl. Majestät, um diesem Uebel aus dem Grunde abzuhelfen, Allerhöchst resolviret, und setzen hierdurch ein- für allemal fest:

daß das sogenannte Justiz-Departement des Magistrats zu Frankfurth a. d. O. mit dem dasigen bisherigen Stadtgericht in ein ordentlich formirtes mit einer hinlänglichen Anzahl von auskommlich besoldeten Mitgliedern besetztes Collegium zusammen gezogen; von diesem combinirten Stadtgericht sämmtliche Städtische Justiz-Sachen bearbeitet; die dafür einkommende Sporteln nicht mehr unter die einzelnen Mitglieder und Subalternen vertheilt, sondern in eine gemeinschaftliche Sportul-Kasse gesammelt, und aus dieser besagten Mitgliedern und Subalternen gewisse feste Salaria statt der bisherigen Sportel-Antheile angewiesen werden sollen.

Se. Königl. Majestät sind auch dadurch den Magistrat in seinen bisherigen Privilegiis und Gerechtsamen zu kränken oder zu schmälern um so weniger gemeinet, als es sich von selbst versteht, daß dieses neue combinirte Stadtgericht fernerhin ein Judicium delegatum des gesammten Magistrats verbleibe und unter dessen Autorität die demselben zustehende Gerichtsbarkeit auszuüben habe; auch dem Magistrat alle seine bisherige wegen Wahl und Ansetzung der rathhäuslichen Officianten überhaupt zugestandene Gerechtsame gleichermaaßen in Ansehung der zu dem combinirten Stadtgerichts-Collegio gehörigen Justiz-Bedienten vorbehalten werden.

Damit nun aber auch das neue combinirte Stadtgericht gehörig formirt und mit den nöthigen Anweisungen über den Umfang und die Art der Bearbeitung seiner Geschäfte versehen sein möge; so haben Seine Königliche Majestät darüber nachstehende bestimmte Vorschriften ertheilen wollen.

1. Ressort des Stadtgerichts.

Zu dem Ressort des neuen combinirten Stadtgerichts sollen gehören:

Ueberhaupt alle und jede Rechtsangelegenheiten, welche bis jetzt theils von dem Justiz-Departement des Magistrats, theils von dem zeitherigen Stadtgerichte bearbeitet worden; Insonderheit aber

1) Alle Personal- und Real-Klagen, es mögen solche gegen Bürger und Einwohner und zur Meßzeit daselbst sich aufhaltende Kaufleute, oder auch gegen andere von der ordinairen Gerichtsbarkeit sonst ausgenommene in Frankfurth aber derselben nach den dortigen besondern Privilegiis und Verfassungen unterworfene Personen angestellt werden;
2) Alle Injurien-Sachen, es mögen solche einzelne Personen, oder auch ganze Gewerke betreffen;
3) Sämmtliche Juden-Prozesse, ohne Unterschied und Ausnahme;
4) Alle Gesinde-Sachen in der Stadt und den Vorstädten;
5) Alle Gränz- und Bau-Sachen, bei welchen jedoch, sobald es auf Local- und Ocular-Besichtigung ankommt, außer den nach Bewandniß der Umstände zuzuziehenden eigentlichen Werkverständigen, jedesmal auf dasjenige Mitglied des Magistrats-Collegii, welchem das Stadt-Bau-Wesen übertragen ist, requirirt werden muß;
6) Alle Liquidations-, Concurs- und Subhastations-, Moratorien-, Cessions- und Behandlungs-Sachen;
7) Alle Taxen der Immobilien, Ausfertigung und Bestätigung

der Kaufcontracte, Schuldverschreibungen und anderer dergleichen Urkunden; Auf- und Abnahme der Testamente, und überhaupt alle zur willkührlichen Gerichtsbarkeit gehörige Handlungen;

8) Die Direction und Bearbeitung des Hypothekenwesens über sämmtliche der Jurisdiction des Magistrats unterworfene Immobilien;

9) Das Vormundschafts-Wesen über sämmtliche in der Stadt und Vorstädten unter des Magistrats Jurisdiction stehende unmündige oder sonst in Curatel zu nehmende Personen;

10) Alle Criminal- und Untersuchungs-Sachen, welche dem Magistrat zukommen und obliegen; ohne daß wegen der auf dem Rathhause, in den Niederlagen, dem Stadtkeller oder den sogenannten Raths-Freiheiten begangenen Verbrechen irgend eine Ausnahme statuirt werde.

II.

Es bleiben also von dem Ressort des combinirten Stadtgerichts nur allein ausgeschlossen, die Justiz-Sachen auf den Stadt- und Cämmerey-Dörfern; als welche der Magistrat, vermöge der ihm darüber zustehenden Patrimonial-Gerichtsbarkeit fernerhin durch den Dirigenten, Syndicum und Secretarium zu respiciren hat.

III. Dispensation der Justiz-Bedienten von Polizey- und öconomischen Geschäften.

Sämmtliche Mitglieder und Subalternen des combinirten Stadtgerichts sollen von allen und jeden Geschäften bei dem Magistrats-Collegio (außer demjenigen, was unten wegen des Dirigenten besonders bemerkt werden wird) gänzlich dispensiret sein, dergestalt, daß sie ihre ganze Zeit und Aufmerksamkeit den ihnen anvertrauten Justiz-Sachen allein widmen können. Dagegen wird aber auch der Syndicus dem Magistrats-Collegio allein überlassen, und von allen und jeden Justiz-Geschäften bei dem combinirten Stadtgericht gänzlich befreit.

IV. Directorium des Stadtgerichts.

Das Directorium des combinirten Stadtgerichts wird vor der Hand dem Stadt-Director und dirigirenden Justiz-Burgemeister Gotthold aufgetragen; doch behalten Se. Königl. Majestät Sich vor, bei einer entstehenden Vacanz, wegen Führung des Directorii specialis in dem combinirten Stadtgericht, das weitere nach Beschaffenheit der alsdann obwaltenden Umstände zu verordnen.

Damit aber der Gotthold, welcher zugleich das Directorium bei dem Magistrats-Collegio nach wie vor behalten muß, den Obliegenheiten seines gedoppelten Amtes ein Genüge leisten könne; so wird hierdurch festgesetzt, daß der jedesmalige Stadtrichter, außer seiner Vertretung bei den Sessionen, während seiner unvermeidlichen Abwesenheiten, annoch die spezielle Aufsicht

sicht über die Registratur und Kanzelley, nebst der Acten-Revision, übernehmen; folglich dem Gotthold, außer den allgemeinen Pflichten und Obliegenheiten des Directorii überhaupt, wohin die Erbrechung, Präsentation und Distribution der einkommenden Sachen, die Vollziehung der gerichtlichen Ausfertigungen, der Vorsitz bei den Sessionen, und die Aufsicht über einen prompten und regelmäßigen Betrieb sämmtlicher Geschäfte des Stadtgerichts gehört, die besondere Curatel der Deposital- und Sportul-Kasse obliegen soll.

V. Besetzung des Stadtgerichts.

Außer diesem Dirigenten soll das Stadtgericht bestehen aus einem Stadtrichter und deren Assessoribus, welchen an Subalternen ein Actuarius, ein Registrator, ein Deposital- und Sportul-Cassen-Rendant und zwei Copisten zugeordnet; übrigens aber denselben die bei dem Magistrat angesetzten Gerichtsdiener sammt dem Stockvogt, zu ihrem Mitgebrauch, nach bisheriger Verfassung auch ferner angewiesen werden.

VI. Wahl und Präsentation.

Wegen der Wahl, Präsentation und Ansetzung der sämmtlichen Justiz-Bedienten bei dem combinirten Stadtgerichte, bleiben dem Magistrat, wie schon oben gedacht, seine bisherige Gerechtsame auch fernerhin vorbehalten; doch versteht es sich von selbst, daß er besonders bei der Wahl und Präsentation derjenigen Subjecte, welche zu eigentlichen richterlichen Bedienungen bestimmt sind, sein Augenmerk lediglich auf solche richten müsse, die sich zu dergleichen Bedienungen nach Vorschrift der Gesetze und insonderheit des Corporis juris Fridericiani vollständig qualificirt haben.

So wie also Se. Königl. Majestät hiedurch festsetzen, daß der Winterfeld sein bisheriges Officium als Stadtrichter, und der Ribbeck das seinige als Erster Assessor in dem neuen combinirten Stadtgericht beibehalten sollen, so hat übrigens der Magistrat zu den beiden noch zu besetzenden Assessor-Stellen dergleichen taugliche und in aller Absicht qualificirte auch in Geschäften bereits geübte Männer zu wählen und dem Kammergericht zur Einholung der Confirmation darüber, in Vorschlag zu bringen.

VII. Ansetzung von Auscultatoribus.

Da bei diesem beträchtlichen Untergericht auch einige Auscultatores mit Nutzen gebraucht werden können, so wird dem Magistrat zwar erlaubt, dergleichen Subjecta selbst auszusuchen, zu prüfen und nach befundener Tüchtigkeit, auch erfolgter Approbation des Kammergerichts bei dem combinirten Stadtgericht wirklich anzusetzen. Es müssen aber solche Auscultatores, wenn sie in der Folge sich nicht mit bloßen Subalternen-Stellen begnügen, sondern auf wirkliche richterliche Bedienungen Anspruch machen wollen, sich dazu durch fortgesetzte Uebung bei einem Landes-Justiz-Collegio vollständig qualificiren.

VIII. Salarirung des Stadtgerichts.

Sämmtlichen Mitgliedern und Subalternen des combinirten Stadtgerichts sollen auskommliche fixirte Besoldungen ausgesetzt, und sie damit theils auf die Kämmerei- theils auf die zu formirende Sportul-Kasse angewiesen; auch darüber ein ordentlicher und regelmäßiger Etat entworfen werden.

IX. Errichtung einer Sportul-Kasse.

Dagegen sollen alle und jede Gebühren, Sporteln und andere Emolumente, sie haben Namen wie sie wollen, welche von den Mitgliedern und Subalternen des Magistratualischen Justiz-Departements und Stadtgerichts bisher genossen worden, künftighin in die gemeinschaftliche Sportel-Kasse zusammenfließen, dergestalt, daß von nun an kein dortiger Justiz-Bedienter sich unterstehen soll, dergleichen Gebühren für sich zu erheben und in seinen Nutzen zu verwenden; vielmehr ein jeder sich mit der ihm ausgesetzten Besoldung begnügen muß.

X. Locale.

Das solchergestalt constituirte Stadtgericht versammelt sich auf dem dasigen Rathhause, wo ihm die beiden von dem bisherigen Stadtgericht eingenommene Zimmer, nebst demjenigen, dessen sich das Justiz-Departement des Magistrats seit Anno 1767 zu seiner Registratur bedient hat, angewiesen werden sollen.

XI. Sessionen.

Zu den ordentlichen Sessionen wird der Dienstag und Freitag bestimmt; dem Dirigenten aber vorbehalten und aufgegeben, wenn in selbigen ein oder das andermal nicht die sämmtlichen Geschäfte des Collegii abgethan werden könnten, zum Vortrag der Urtel und Ablesen schriftlicher Relationen besondere Zusammenkünfte anzusetzen.

XII. Meß-Deputation.

Während den Meßzeiten aber soll eine besondere Deputation angeordnet werden, welche die alsdann vorkommenden Mercantil-Prozesse, nach der Vorschrift des Corporis Juris Fridericiani Part. II. Tit. VI. mit der erforderlichen Gründlichkeit und Schnelligkeit bearbeite. Zu dieser Deputation sollen der Stadtrichter und ein Assessor, hiernächst ein dazu taugliches Mitglied des Polizei-Magistrats, und außerdem zwei oder drei Handlungs-Verständige bestellt werden; welche letztere sowohl bei den Instructionen, als hiernächst bei Abfassung der Erkenntnisse, in Fällen, wo Sachkenntniß von Polizei- oder Handlungs-Angelegenheiten erforderlich ist, zugezogen und mit ihrem Voto consultativo gehöret werden sollen.

XIII.

Was übrigens die Vertheilung der verschiedenen Geschäfte unter die Mitglieder und Subalternen des combinirten Stadtgerichts; die Art ihrer Bearbeitung; die Anordnung der kleinen Gerichtstage zur Abmachung der geringern Bagatell- und Injurien-Sachen; die Einrichtung der Sportul-Kasse, und die Rechnungsführung bei selbiger betrifft; so soll das combinirte Stadtgericht darüber mit einer umständlichern Instruction durch das Kammergericht versehen werden.

Se. Königl. Majestät befehlen daher Höchstdero General-Directorio und Justiz-Departement, das gegenwärtige Reglement bei dem Magistrat in Frankfurth fördersamst einzuführen und in gehöriger Ausübung bringen zu lassen; So wie gedachtem Magistrat selbst, sich nach dem Inhalt desselben überall auf das genaueste zu achten.

Signatum Berlin, den 30. May 1784.

288. Kabinetsordre vom 11. Januar 1810, die Gerichtsbarkeit des Stadtgerichts über Offizianten betreffend.

Mein lieber Großkanzler Beyme und Mein lieber General-Major von Scharnhorst! Da nach Eurem gemeinschaftlich erstatteten Berichte vom 2. und 12. v. M. und Jahres alle Eximirte, welche sich in Frankfurt a. d. O. aufhalten, selbst aus den höchsten Ständen, der Gerichtsbarkeit des dortigen Stadtgerichts unterworfen sind; so finde Ich Euern Antrag, die Gerichtsbarkeit des gedachten Stadtgerichts auch über die in Frankfurt in Garnison stehenden oder sich dort aufhaltenden Offiziere in Civilsachen eintreten zu lassen, vollkommen angemessen, und überlasse Euch, dem gemäß das Weitere zu verfügen im Namen Eures wohlgeneigten Königs.

Berlin, den 11. Januar 1810.

Friedrich Wilhelm.

An
den Großkanzler Beyme und General-Major von Scharnhorst.

289. Meßordnung für die Stadt Frankfurth, vom 15. Mai 1810.

Seine Königl. Majestät von Preußen, Unser allergnädigster Herr haben der Wohlfahrt des Staats angemessen erachtet, das Handelsverkehr auf den Messen zu Frankfurth an der Oder von den Beschränkungen und beschwerlichsten Förmlichkeiten, welchen dasselbe bisher, in Folge älterer und neuerer Verordnungen unterworfen war, so weit es mit höhern Zwecken vereinbar ist, zu befreien.

Nachdem hierüber durch die Behörden mit einer Auswahl erfahrener Kaufleute und Fabrikanten Rath gepflogen, und

Seiner Königlichen Majestät Vortrag gethan worden; so beschließen Allerhöchst Dieselben und befehlen:

§. 1. Es soll bei den bisherigen drei jährlichen Messen, Reminiscere, Margarethen und Martini, so wie bei der bisherigen Anfangszeit und Dauer derselben, verbleiben.

Der Verkauf aus offenen Gewölben, Läden oder Buden, soll, wie bisher, am Montage der ersten oder sogenannten Budenwoche seinen Anfang nehmen.

§. 2. Zum Meßhandel sollen alle in- und ausländische Produkte, namentlich auch alle und jede Material-, Spezerei- und Farbewaaren, als: Kaffee, Zucker, Syrup, Taback, Indigo u. s. f., desgleichen alle und jede Fabrikate, namentlich auch die sogenannten Handwerkswaaren, erlaubt seyn.

§. 3. Hiervon sind ausgenommen, und zwar für immer:

Gegenstände eines Staatsmonopols, als: Spielkarten, Kalender, Salz; in sofern Se. Königl. Majestät Sich dieses Vorbehalts im Tarif, oder durch besondere Erklärungen, nicht ausdrücklich begeben haben;

für jetzt:

Producte und Fabrikate, die aus England oder dessen Kolonien kommen, so lange das allgemeine Verbot des Handels mit diesen Waaren in den preußischen Staaten bestehet;

Beschränkt sind für jetzt, und nicht als eigentliche Meßartikel anzusehen:

die überseeischen Waaren, mit Ausnahme der französischen und nordischen. (§. 54.)

§. 4. Inländischen Kaufleuten ist erlaubt, mit vorschriftsmäßig bezeichneten inländischen und unversteuerten ausländischen Waaren zugleich zu handeln.

§. 5. Inländische Waaren, die ihrer Natur nach nicht bezeichnet werden können, werden bei diesem gemeinschaftlichen Handel als ausländische unversteuerte angesehen.

§. 6. Ausländischen Kaufleuten ist nicht erlaubt, inländische nämlich als solche bezeichnete Waaren in ihrem Handel zu führen.

§. 7. Selbst Inländer dürfen nicht mit dergleichen inländischen Waaren handeln, welche, wenn gleich noch als solche bezeichnet, von fremden Orten unmittelbar nach Frankfurth kommen.

§. 8. Hievon sind für jetzt blos ausgenommen, inländische Leinen- und Tuch- oder tuchartige Waaren, in sofern sie von fremden Meßplätzen eingeführt werden.

§. 9. Aber auch diese müssen, außer dem gewöhnlichen Zeichen, mit einer Bescheinigung des Acciseamtes des ersten Abgangsortes versehen seyn, daß, und nach welchem ausländischen Platze sie versendet worden, und in welcher Quantität.

§. 10. Kommen andere Waaren von auswärtigen Plätzen mit den inländischen Zeichen zur Messe, so werden die Zeichen abgenommen, und die Waaren dadurch in die Klasse der ausländischen gesetzt.

§. 11. Der Materialwaaren- und Weinhandel der Frankfurther Kaufmannschaft bleibt auch während der Messen in derselben Verfassung, wie außer denselben.

In Ansehung des Handels mit überseeischen Waaren ist sie den jetzigen einstweiligen Beschränkungen §. 3 und 54. gleichfalls unterworfen.

§. 12. Mit Leinsaamen, der aus der Ostsee die Oder herauf nach Frankfurth kommt, ist, so lange überhaupt rathsam befunden wird, die jetzige Verfassung bestehen zu lassen, blos der Frankfurther Kaufmannschaft zu handeln erlaubt. Dieselbe bezahlt dafür auch fernerhin bloß die im Meßtarif bestimmten Abgaben bei der Versendung.

§. 13. Bei andern, als den in den vorstehenden §§. (11. 12.) genannten Artikeln hingegen, ist sie denselben Abgaben, wie andere Verkäufer, unterworfen.

§. 14. Während der Messe haben die Verkäufer ausländischer Waaren sich alles Detailhandels mit Schnitt- und Dutzendwaaren zu enthalten.

§. 15. Inländische Produkte oder Fabrikate, deren Ausfuhr außer Landes jetzt verboten ist, oder künftig verboten werden möchte, dürfen auch von den frankfurther Messen nicht ausgeführt werden.

§. 16. Inländische Produkte oder Fabrikate, deren Ausfuhr außer Landes gegen Abgaben erlaubt ist, oder künftig erlaubt werden wird, sind diesen Abgaben, auch wenn sie von den frankfurther Messen ausgehen, und zugleich allen, zur Sicherung der Abgaben angeordneten Förmlichkeiten, eben so unterworfen, als wenn sie von andern inländischen Orten ausgeführet werden.

§. 17. Inländische Producte oder Fabrikate, die vom platten Lande kommen, und bei ihrem Eingang in die Städte eine Abgabe zu entrichten haben, bezahlen diese auch dann, wenn sie von den frankfurther Messen in andere Städte eingeführt werden.

§. 18. Ausländische Producte oder Fabrikate, deren Verbrauch im Lande verboten ist, oder künftig verboten werden möchte, dürfen, auch von den frankfurther Messen aus, im Lande nicht abgesetzt werden.

§. 19. Ausländische Producte oder Fabrikate, deren Verbrauch im Lande gegen Abgaben erlaubt ist, bezahlen, auch wenn sie von den Messen kommen, die jedesmaligen vollen Konsumtions-Abgaben an ihrem Bestimmungsorte.

§. 20. Inländische Verkäufer, welche die Messe zum erstenmal oder nicht so regelmäßig beziehen, daß sie von Person gehörig bekannt seyn können, müssen sich mit Attesten ihrer Orts-Obrigkeit versehen, um sich bei der Meß-Accise-Behörde als Inländer auszuweisen.

§. 21. Als inländische Waaren gelten auch auf den Messen nur solche, die mit denjenigen Zeichen oder Bescheinigungen versehen sind, welche bei dem Handel mit inländischen Waaren im Lande nach allgemeinen Vorschriften statt finden müssen, und der Regel nach nur diejenigen, welche von inländischen Orten ankommen. (§§. 5. 10.)

§. 22. Bei Waaren, welche in diesen Beziehungen wesentlich mangelhaft sind, bleibt der Meß-Accise-Kommission anheimgestellt, ob ein förmliches Verfahren einzuleiten oder nachzulassen sey, die vorschriftsmäßigen Beglaubigungen nachzubringen.

§. 23. Während der Messe findet die Bezeichnung inländischer Fabrikwaaren der Regel nach nicht, und bei ausländischen Waaren die zum Beweise der geschehenen Konsumtions-Versteuerung dienende Bezeichnung unter keiner Bedingung, statt.

Bloß zum Besten der inländischen Tuch-, Zeug- und Tressenwaaren soll das bisherige Siegelungs-Büreau vor der Hand noch fortdauern, woselbst Abschnitte dieser Waaren, gegen jedesmalige Vorzeigung des mit seinem Zeichen versehenen Hauptstücks, als Ausnahme gesiegelt werden können.

§. 24. Die Kisten, Ballen, (Collis) oder Wagen, in welchen inländische Waaren zur Messe kommen, müssen, so weit dies in den allgemeinen Accisegesetzen vorgeschrieben ist, plombiret seyn.

Ueberhaupt gelten für die Waarensendungen zu den Messen alle diejenigen Regeln, welche bei andern Waaren-Versendungen im Lande vorschriftsmäßig statt finden.

§. 25. Die inländischen Waaren müssen daher auch mit Passierscheinen, die ausländischen mit Begleitscheinen, und wenn der Eigenthümer nicht selbst den Transport begleitet, mit Frachtbriefen versehen seyn.

§. 26. Inländer dürfen ausländische Waaren mit inländischen nicht zusammen, sondern müssen sie besonders gepackt zur Messe senden.

§. 27. Fremde, welche die Messe besuchen, müssen diejenigen Pässe bei sich führen, die nach allgemeinen Vorschriften für Fremde, die sich eine Zeitlang im Lande aufhalten wollen, erforderlich sind.

§. 28. Fremde Handelsleute müssen, auf den Grund dieses Passes, noch mit einem besondern Eingangsscheine von dem Grenzzollamte versehen werden, welcher ihnen unentgeltlich ertheilt wird.

§. 29. Bei ausländischen Producten oder Fabrikaten, die zur Messe bestimmt sind, werden an der Grenze und auf den Straßen dieselben Gesetze, wie bei andern fremden Waaren, die ins Land kommen, beobachtet.

§. 30. Inländer sowohl als Ausländer dürfen solche Waaren, welche verschiedene Meßgefälle tragen, nicht zusammenpacken.

§. 31. Wer die Beobachtung dieser Regel unterläßt, muß sich unterwerfen, in sofern die Meß-Accise-Commission seine Spezial-Deklaration nicht annehmen will, den tarifmäßigen höchsten Abgabesatz der einzelnen Gattung für die ganze Kiste zu entrichten.

§. 32. Die ankommenden Ladungen werden bei dem Thorschreiber oder Baumschließer angemeldet.

§. 33. Hier erhält der Einbringer einen Thorzettel, der zu seiner Zeit zurückgeliefert werden muß. (§. 46.)

§. 34. Zur Sicherheit, daß die weiter nöthigen Formalitäten beobachtet werden, wird ein Pfand eingelegt, dessen Betrag von 8 Gr. bis 6 Thaler der Thorschreiber oder Baumschließer bestimmt.

§. 35. Alsdann werden die Waaren von einem Thorofficianten, oder durch Wache nach einem der beiden Packhöfe begleitet, wohin sie, als inländische oder ausländische, gehören.

§. 36. Hier übergiebt der Einbringer die Frachtbriefe, Passier- oder Begleitscheine der Buchhalterei zur Eintragung, und empfängt den Abladeschein.

§ 37. Die Waaren, von denen die Gefälle nach dem Gewicht zu zahlen sind, werden brutto gewogen, und zwar jedes Collis besonders.

Nur das hier gefundene Gewicht ist gültig.

§. 38. Die Waageofficianten sind auch fernerhin befugt, von unbekannten Einbringern ein verhältnißmäßiges Nachpfand zur Sicherheit der Meßgefälle zu erheben, welches, sobald diese berichtigt sind, zurückgegeben wird. (§. 46.)

§. 39. Bei Waaren, die zur Consumtion nach Gewicht versteuert werden, bestimmt die Ober-Stadt-Inspection die Thara.

Wer sich bei dieser Bestimmung nicht beruhigen will, muß sich das Nettowiegen gefallen lassen.

§. 40. Bei welchen Waaren die Meßgefälle nicht nach Gewicht, sondern nach Maaß und Zahl entrichtet werden, ergiebt der Meßtarif. (§. 86.)

§. 41. Die plombirt eingegangenen Collis behalten die Eingangs-Plombe; doch wird diese mit dem Meßstempel unentgeltlich umgeprägt.

Die auf plombirten Wagen eingegangenen, einzeln aber nicht plombirten Collis werden auf den Packhöfen plombirt, und beide dem Einbringer zur Ablieferung an den Empfänger überlassen.

§. 42. Dieser überreicht hierauf seine Declaration derjenigen Buchhalterei, die es angehet.

Inländische Waaren werden nach Quantität und Qualität jeder Gattung declarirt.

Ausländische Waaren werden nach den Gattungen declarirt, die der Tarif vorschreibt.

§. 43. Auf den Grund dieser Declaration geschiehet die Revision durch die dazu bestellten, und durch die Declaration selbst legitimirten Officianten, nachdem die Plomben nachgesehen worden.

§. 44. Hat sich hierbei keine Unrichtigkeit gefunden, so kann der Empfänger über die Waaren disponiren.

§. 45. Waaren, die ihrer Natur nach in Collis nicht plombirt werden können, werden nach der allgemeinen Regel, jedoch vor ihrer Verabfolgung vom Packhofe, declarirt, und sodann entweder beim Abladen auf dem Packhofe revidirt, oder durch Officianten nach den Remisen der Empfänger begleitet, und dort abgeladen und revidirt.

§. 46. Nachdem das Folium der Buchhalterei völlig berichtigt ist, attestirt und stempelt der Buchhalter den Thorzettel, gegen dessen Ablieferung das Thor- oder Waage-Pfand (§§. 33. 38.) unverkürzt zurückgegeben wird.

§. 47. Pfänder, die vor Ende der Messe nicht eingelöset werden, sind der Meß-Accisekasse verfallen.

§. 48. Weder Inländer noch Ausländer sind befugt, die einstweilen in ihren Gewahrsam erhaltenen Collis eigenmächtig zu öffnen, bevor nicht in Absicht der Declaration und Revision die obigen Vorschriften vollständig erfüllt sind.

§. 49. Waaren, die mit der Post ankommen, sind eben diesen Förmlichkeiten unterworfen, nur daß diejenigen, welche aus der Fremde kommen, der Natur der Sache nach mit keinem Begleitschein versehen seyn können.

Die Adresse vertritt die Stelle des Frachtbriefes und Thorzettels.

§. 50. Für Waaren, die zur Packhofs-Niederlage kommen, werden die Meßgefälle erst dann erlegt, wenn der Eigenthümer sie in seinen Gewahrsam nimmt, oder sie vom Packhofe verkauft.

§. 51. Nur bekannten Verkäufern können die Meßgefälle und zwar nur bis zum Ende der ersten oder Budenwoche, creditirt werden, mit oder ohne Caution, nach dem Ermessen der Meßaccise-Commission.

In der Regel aber müssen die Gefälle sofort entrichtet werden.

§. 52. Frankfurther Kaufleute und Fabrikanten, die mit inländischen erkauften oder selbstverfertigten Waaren Meßhandel treiben wollen, übergeben gleichfalls die Declaration von ihren Vorräthen bei der Buchhalterei, erhalten ein Folium, und überkommen dadurch die Befugnisse und Verpflichtungen anderer Verkäufer solcher Waaren.

In Ansehung desjenigen, was für sie während der Messe eingehet, wird nach den allgemeinen Vorschriften verfahren.

Handeln sie mit fremden Waaren, so treten ebenfalls die allgemeinen Vorschriften ein.

§. 53. In- oder ausländische Verkäufer, welche zur Consumtion verbotene oder hoch impostirte Material-Waaren, als Zucker, Syrup, Kaffee, Taback u. s. f. zur Messe bringen, werden in Absicht des Handels mit denselben der Frankfurther Kaufmannschaft in sofern gleich behandelt, daß ihnen von solchen Waaren mäßige Quantitäten als Proben, namentlich vom Zucker Ein Hut von jeder Sorte, in ihre Gewölbe verabfolgt werden, wofür sie sogleich die gewöhnlichen Consumtionsgefälle bezahlen müssen.

Die Consumtionsgefälle von den vorgedachten Proben des sonst zum innern Debit verbotenen raffinirten Zuckers sind für jetzt auf 2 gGr. 6 Pf. vom Pfunde, mit Einschluß des Uebertrages bestimmt.

Die Versendung selbst, in soweit die Waaren zur Consumtion nicht versteuert sind, kann nur vom Packhofe aus geschehen.

§. 54. Für jetzt müssen überseeische Materialwaaren, französische und nordische ausgenommen, die durch besondere Verordnungen temporell festgesetzten Durchfuhr- oder Consumtions-Abgaben entrichten.

Rückzahlung der Consumtions-Abgaben, auch wenn die Waaren ins Ausland gesendet werden, findet nicht statt.

So lange jene besonderen Verordnungen bestehen, werden die sie betreffenden Waaren nicht als Meßartikel, sondern auch während der Messe nach eben diesen Verordnungen behandelt, wogegen sie aber auch einstweilig von den Meßgefällen frei bleiben.

§. 55. Delicatessen und Victualien, wohin auch Brannt-wein und Liqueure gehören, sind zwar zum Meßhandel verstattet, bezahlen aber auch fernerhin, wie bisher, keine Meß-, sondern die gewöhnlichen Consumtions-Abgaben.

§. 56. Es soll auch zur Erleichterung, insonderheit fremder Handelsleute, künftig eine hinlängliche Anzahl geprüfter sachkundiger und zuverlässiger Personen als Schaffner angestellt werden, deren sich ein jeder zur Besorgung seiner Geschäfte auf den Packhöfen bedienen kann.

Doch soll hierdurch Niemand gehindert werden, seine eigene Leute zu gebrauchen, in sofern es Männer von der nöthigen Kenntniß der Geschäfte und von anständigem Betragen sind.

§. 57. Wer Güter in Bestand lassen will, verpackt sie wie gewöhnlich, und fertigt darüber eine Declaration an, auf welcher der Hauswirth den Empfang der Collis bescheinigt.

§. 58. Die Bestände inländischer Waaren werden nach Quantität und Qualität jeder Gattung, ausländische hingegen nur nach der Qualität, declarirt.

§. 59. Diese Declaration wird bei der Buchhalterei eingereicht, als wofür der Hauswirth haftet.

§. 60. Die Collis werden hierauf einzeln in den Remisen plombirt. Sind aber in letztern zugleich oder bloß solche Waaren befindlich, die nicht in Collis verpackt werden können, so werden auch die Zugänge zur Remise plombirt.

§. 61. Die Entbleiung und Revision in der folgenden Messe geschiehet, wie es in Ansehung der neu eingehenden Güter vorgeschrieben ist, durch die beauftragten Officianten.

§. 62. Soll in der Zwischenzeit etwas versendet werden, so meldet sich der Versender bei dem in Frankfurth wohnhaften Meß-Accise-Director.

§. 63. Wird die Plombage durch Zufall verletzt, so ist dies dem vorerwähnten Director anzuzeigen, welcher die Plombage, bei sonst befundener Richtigkeit, wieder herstellen lässet.

§. 64. Alle von den Messen abgehende Waaren, auch die

mit der Post abgehen, müssen zum Packhofe gebracht werden, wo in der Regel die einzelnen Behältnisse, worin sie verpackt sind, plombirt werden sollen.

Inländische und ausländische Waaren, die nach dem Auslande, und ausländische Waaren, die ins Land bestimmt sind, werden außerdem brutto gewogen oder gezählet.

Bloß inländische, ins Land gehende Waaren sind der Verwiegung nicht unterworfen.

§. 65. Declarationen nach Quantität und Qualität jeder Gattung sind erforderlich, wenn die Waaren ins Land gehen.

Bei Versendungen ins Ausland wird blos die Zahl der Collis declarirt.

§. 66. In welchen Fällen, anstatt der einzelnen Plombirung, blos die ganzen Wagen verschnürt und mit Bleien belegt werden können, ist der Meß-Commission überlassen.

§. 67. Von der Beurtheilung derselben hängt es gleichfalls ab, in welchen Fällen zur Verificirung der Declaration die Collis vorher eröffnet und nachgesehen werden sollen.

§. 68. Wenn Material-Waaren, Delicatessen und Victualien, welche zur Konsumtion versteuert worden, (§. 55) desgleichen Frankfurther Handwerks-Waaren zu Lande oder zu Wasser versendet werden, so muß der Versender derselben einen Passierschein lösen und beifügen.

§. 69. Zu allen andern Versendungen, zu Lande oder zu Wasser, sowohl nach dem In- als Auslande, sind Begleitscheine erforderlich; ausgenommen bei Versendungen mit der Post ins Ausland, welche durch ein Attest des Postamts bescheiniget werden.

§. 70. In den Begleit-Scheinen nach dem Auslande wird bloß die Zahl und das Bruttogewicht der einzelnen Collis vermerkt. (§. 65.)

Den Begleit-Scheinen ins Land wird außerdem ein Exemplar derjenigen doppelt einzureichenden speziellen Declaration, worin die ausländischen von den inländischen Waaren deutlich unterschieden werden müssen, angesiegelt beigefügt, welche zugleich am Bestimmungsorte zur Grundlage der Revision dienet; daher es daselbst keiner neuen Declaration bedarf.

§. 71. Die Begleit-Scheine geben auch alsdann die Zahl der Collis und das Gewicht derselben, oder wo das Wiegen nicht statt findet, die Zahl an, wenn nur der ganze Wagen plombirt worden ist. (§§. 64. 66.)

§. 72. Jeder Frachtführer ist schuldig, die in den Begleit-Scheinen vorgeschriebene Straße zu halten, und namentlich über das im Begleitungs-Schein bestimmte Grenz-Zoll-Amt auszugehen.

Ueberhaupt gelten die allgemeinen Gesetze für Waaren-Transporte im Lande auch für die Abfuhren von den Messen.

§. 73. Wenn bis zur nächsten Messe die Nachricht von dem richtigen Ausgange der ins Ausland declarirten Waaren nicht bei der Meßkommission eingegangen ist; so ist diese verpflichtet, den Abführer, so bald er sich betreten läßt, deßhalb in Anspruch zu nehmen.

§. 74. Nur inländische Verkäufer sind befugt und verbunden, über inländische Waaren ihren inländischen Käufern Certificate zu geben.

§. 75. In jedem Certificate muß die Quantität und Qualität der erkauften verschiedenen Waaren deutlich und mit Buchstaben angegeben, das Certificat von dem Aussteller unterschrieben, und auf jedes das Lacksiegel oder der Farbenstempel des Ausstellers so nahe an die letzte Zeile hinauf abgedruckt seyn, daß keine Verfälschung durch Nachtragung anderer Artikel möglich ist.

§. 76. Jedes Certificat wird doppelt ausgefertigt und dem inländischen Käufer zugestellet, welcher beide Exemplare bei der Expedition zugleich mit seiner Declaration abzuliefern hat, und eines derselben durch den Accise-Stempel autorisirt zurück erhält, um dadurch am Bestimmungsorte die inländische Fabrikatur seines Einkaufs zu justificiren.

§. 77. Bei ausländischen Waaren, sie mögen ins Land oder Ausland gehen, sind Certificate ohne Wirkung.

§. 78. Inländische Waaren hingegen, die ins Land gehen, müssen mit Certificaten versehen seyn. (§. 74.)

Der Mangel derselben hat dieselben Folgen, wie der Mangel der Passier-Scheine bei gewöhnlichen Versendungen.

§. 79. Wer bloß mit inländischen Waaren handelt, kann auch über solche Waaren Certificate geben, die zwar der Bezeichnung als inländische nicht fähig, die aber sonst als solche vorschriftsmäßig beglaubiget sind.

§. 80. Fabriken-Unternehmer können sich ihre eigenen Certificate halten.

Kaufleute und kleine Fabrikanten müssen sich der öffentlichen Formulare bedienen.

Diese sind bei der Buchhalterei für 2 Pf. das Stück zu erhalten.

§. 81. Auch die erstern müssen mit dem Accisestempel bedruckt seyn, den die Meß-Accise-Kasse gegen Bezahlung von 2 Pf. für das Stück in Blanco ertheilet.

§. 82. Alle Wagen, Karren oder Schleifen müssen in der Ordnung zu den Packhöfen auffahren, in welcher sie auf den Straßen halten.

§. 83. Sie müssen auch in der Ordnung abfahren, wie sie abgefertigt worden sind.

§. 84. Abends, nach dem Schlusse der Expeditionsstunden, wird kein mit Meßgütern beladener Frachtwagen zu den Stadtthoren eingelassen.

§. 85. Sobald es finster geworden, wird auch kein Frachtwagen zu den Stadtthoren ausgelassen.

§. 86. Die Meßgefälle sind in einem besondern Tarif bestimmt, welcher gleichzeitig publicirt werden wird.

Sie werden bloß von den Verkäufern getragen, und schließen zugleich die ehemaligen Ausgangsgefälle in sich.

§. 87. Die Einkäufer sollen künftig von allen Meßabgaben frei seyn.

§. 88. Es versteht sich jedoch von selbst, daß Käufer und Verkäufer, sowohl von inländischen als von fremden Waaren in Frankfurth die gewöhnlichen Plombage- und Zettelgelder, desgleichen unterweges die geordneten Zölle, Brücken-, Chaussee-, Kanal- oder Schleusengelder, und andere allgemeine Abgaben, nach wie vor entrichten müssen.

§. 89. Die Zahlung der Gefälle geschiehet nach der Wahl der Steuerschuldigen, entweder ganz in brandenburgischem klingendem Courantgelde, und wenn die Summe der Gefälle 10 Thl. oder mehr beträgt, zum vierten Theil in Friedrichsd'oren oder in deren Werth, den Friedrichsd'or zu 6 Thlr. gerechnet; oder statt dessen zum vierten Theil in alten Tresorscheinen, und der Rest in klingendem Courant oder neuen Einthalerscheinen, nach den Bestimmungen des Edicts vom 4. December 1809.

§. 90. Inländische Producte und Fabrikate, mit Ausschluß der Pferde und des Hornviehes sind von Meßgefällen ganz frei.

Dagegen werden die vorgeschriebenen Gefälle von allen ausländischen Producten und Fabrikaten entrichtet.

§. 91. Inländische Verkäufer sind für ihre ausländischen Producte oder Fabrikate, die sie zur Messe bringen, den ganzen Meßgefällen, gleich den fremden, unterworfen.

§. 92. Auf den Einwand, daß die Waare mehr oder weniger Ausschuß oder sonst von geringerm Werthe sey, wird nicht geachtet.

§. 93. Sollten Waaren vorkommen, die im Tarif nicht namentlich aufgeführt sind, so werden sie nach dem Hauptmaterial zu der nächstverwandten Klasse gerechnet.

§. 94. Für Waaren von ganz ungewöhnlicher Art bestimmt die Meß-Accise-Commission die Abgabe für den einzelnen Fall mit Berücksichtigung des allgemeinen Princips, welches dem Tarif zum Grunde liegt.

Für die Folge wird der Satz durch die obern Behörden angeordnet.

§. 95. Von unverkauften und von Frankfurth wieder zurückgehenden Waaren werden die Meßgefälle nicht zurückgegeben.

§. 96. Waaren hingegen, die in Frankfurth in Bestand bleiben, bezahlen zu den folgenden Messen keine Gefälle.

§. 97. Frankfurther Einwohner, welche auf der Messe Waaren einkaufen, die zur Consumtion im Lande erlaubt sind, es mögen dies Producte oder Fabrikate seyn, sind verbunden, diese Waaren auf den Packhof zu bringen, und dort die Consumtions-Abgaben zu entrichten.

Wer dies unterläßt, verfällt in die Strafe der Defraudation. (§. 18.)

§. 98. Es soll auch ferner an denselben Tagen, wie bisher, während jeder Messe ein Pferde- und Rindviehmarkt gehalten werden.

§. 99. Für die Pferde ist ein besonderer eingehegter Platz in der Dammvorstadt; für das Rindvieh der Raum bei den Weiden bestimmt.

§. 100. Außer diesen Plätzen darf während der Dauer des Markts kein Pferd oder Stück Rindvieh verkauft werden.

§. 101. Die Gefälle werden auch hier von allem aufgetriebenen Vieh bloß vom Verkäufer, nach der tarifmäßigen Bestimmung, bezahlt.

§. 102. Sie werden an eine besondere Receptur entrichtet, die auf dem Pferdemarkt niedergesetzt ist.

§. 103. Bei derselben haben die Verkäufer auch ihre Declarationen zu machen, und den Thorzettel einzureichen.

§. 104. Das ausgehende Vieh, es sey verkauft, oder gehe unverkauft zurück, ist von Meßgefällen frei; es muß aber von dem Receptor mit einem Ausgangs-Freizettel versehen werden.

§. 105. Die Behörden, unter deren unmittelbarer Aufsicht und Leitung das Meßverkehr stehet, sind die Meß-Accise-Commission, das Polizei-Directorium und das Stadtgericht.

§. 106. Die Aufsicht der Meß-Accise-Commission erstreckt sich auf alles und jedes, was die richtige Zahlung der Meßgefälle, die Verhütung von Contrebande und Defraudationen, die Beobachtung der vorgeschriebenen Förmlichkeiten, überhaupt die Erfüllung des gegenwärtigen Regulativs betrifft.

In Meß-Accise-Contraventions-Sachen verfügt diese Commission durch Bescheide (Resolutionen).

Dem Polizei-Directorio liegt die Sorge für die öffentliche Ordnung und Sicherheit ob.

Vor das Stadtgericht gehören die Rechtsstreitigkeiten der Privat-Personen, sie mögen den Handel oder sonst einen Gegenstand, wobei schnelle Rechtshülfe nöthig ist, betreffen.

In Meß-Accise-Contraventions-Sachen führet in denjenigen Fällen, wo der Beschuldigte sich bei dem Bescheide der Meß-Accise-Commission nicht beruhigen will, das Stadtgericht die Untersuchung, und fasset das Erkenntniß ab.

§. 107. Jeder, der die Messe besucht, ist schuldig, den Verfügungen dieser Behörden Folge zu leisten.

§. 108. Uebertretungen der allgemeinen Gesetze in Handels- und Accise- und Zoll-Sachen überhaupt, und der Vorschriften dieses Meßregulativs insonderheit, sollen, da in Kurzem ein allgemeines Straf-Edikt in Accise- und Zollsachen erlassen werden wird, in welches auch die Strafen der Vergehungen in Meßaccisesachen aufgenommen werden, für jetzt noch nach den ältern Strafbestimmungen, welche sowohl die allgemeine Accise- und Zollgesetze, als insonderheit das Meß-Reglement vom 28ten Januar 1788. enthalten, geahndet werden.

In Ansehung der Polizeistrafen bleibt es gleichfalls bei den Bestimmungen des eben gedachten Reglements. Wo diese Bestimmungen fehlen, werden die Strafen von dem Polizeidirectorio nach den allgemeinen Vorschriften festgesetzet.

Seine Majestät befehlen Dero Staatsministerio, diese Meßordnung gehörig publiciren und von der nächsten Margarethen-Messe an zur Ausführung bringen zu lassen.

Gegeben Berlin, den 15. May 1810.

290. Reskript vom 9. April 1815, den Gerichtsstand der Angehörigen der Neumärkischen Provinzial-Behörden betreffend.

Auf ihren Bericht vom 30. v. M. finde ich es allerdings den Verhältnissen angemessen, dem Personal der Neumärkschen Provinzial-Landes-Collegien bei ihrer Verlegung nach Frankfurt a. d. O., des der Stadt zustehenden Spezial-Privilegii ungeachtet, seinen Gerichtsstand bei dem Ober-Landesgericht der Neumark, in sofern nicht, nach allgemeiner Verfassung auch in den übrigen Provinzen, die Subalternen der Jurisdiction des städtischen Gerichts untergeben werden, zu belassen.

Wien, den 9. April 1815.

Friedrich Wilhelm.

291. Kabinetsordre, die Aufhebung der städtischen Gerichtsbarkeit über die Eximirten in Frankfurth betreffend, vom 27. September 1815.

Auf Ihren Bericht vom 14ten d. M. will ich das abweichende Verhältniß, nach welchem der Stadt Frankfurt an der Oder die Gerichtsbarkeit über die in der Stadt wohnenden Eximirten zusteht, hiermit aufheben, und setze daher fest, daß dem Stadt- und Landgerichte zu Frankfurt die Jurisdiction über die Eximirten ohne Unterschied abgenommen, und solche dem Neumärkischen Ober-Landesgerichte mit voller Wirkung übertragen werden soll.

Paris, den 27. September 1815.

Friedrich Wilhelm.

An den Staats- und Justiz-Minister
von Kircheisen.

D. Kottbus.

292. Privilegium, den Abzug und Zehend von anerstorbenen Gütern betreffend, vom Jahre 1464.

Wir Friedrich von Gottes Gnaden, Markgraf zu Brandenburg, Churfürst rc. rc. des heiligen Römischen Reichs Erzkämmerer rc. rc. und Burggraf zu Nürnberg, bekennen öffentlich mit diesem Briefe, daß vor uns kommen sein Unsere liebe getreuen Burgermeister und Rathmannen Unserer Stadt Cottbus, von ihren und aller Kinder Bürger wegen daselbst, und aus Nothdurft und etzliche Gebrechen der genannten Unserer Stadt erzehlet, wie fast sie abnehmen verstorbener Erbgüter wegen die von fremden auswerdigen Leuten aus dieser Stadt weggebracht worden; Als haben wir solches für uns genommen, das überwogen und nach gutem Rathe unserer Räthe der genannten Unserer Stadt Cottbus Gute und Besserung Bürgermeister und Rathmanne, die nun sein, und noch mögen künftig werden, aus sonderlicher Fürstlicher Macht und Gnade bestätigen Ihnen mit Kraft und Macht dieses Briefes, daß der Stadt zu Cottbus von allen Erbgütern bei ihnen in der Stadt und aus dem Weichbilde bringet, der darinnen nicht besessen ist, von demselben Erbe alle Wege den zehenden Pfenning oder das zehende Schock jeder Stadt behalten und in der genannten Unser Stadt Bestes wenden und kehren sollen, nach ihrem besten Vermögen; Wäre aber Jemand im Weichbilde und Lande zu Cottbus in ihre Willkühr gesessene, der angestorben Erbe in der genannten Unser Stadt forderte und der solches aus dem Weichbilde nicht bringen wollte, demselben sie solches folgen lassen, ohne Beschwerung des Abzuges des zehenden Pfennings doch so bescheiden, daß man unsern Bürgern zu Cottbus, wem Erbe anstirbet auf dem Lande im genannten Unsern Weichbilde wider in die Stadt folgen lassen ohne Beschwerung, und sie sollen sie fürder mehr also halten und gebrauchen, als dieser Unser Brief ausweiset. Und bestätigen ihnen auch solches festiglich vor Uns und Unsere Nachkommen, was wir Ihnen von Rechts und Gnaden wegen bestätigen mögen, bezeiget, Sind des die Wohlgebohrnen, Edlen, Gestrengen, Erbarn und Vesten, Unsere Räthe, Hofgesinde und liebe Getreuen, Herr Friedrich von Wesenburg Herr zu Schenkendorf, George von Walldenfels unser Cammermeister, Nickel Pfuell Ritter, Wittich von Kotwiz unser Voigt zu Cottbus, Siegemundt von Rothenburg, Henning von Bredow, und andere der Unsern genug glaubwürdige, Zu Urkund mit unsern grossen anhangenden Siegel versiegelt, Geben in Unser Stadt Cottbus am Dienstage nach Johannis Babtistä Tages nach Christi Geburt Tausent Vierhundert im Vier und Sechszigsten Jahre.

293. Reskript wegen des Abschoß-Rechts der Stadt Kottbus, vom 4. Oktober 1732.

Seine Königl. Majestät in Preussen, Unser allergnädigster Herr, haben sich in Unterthänigkeit vortragen lassen, was Maria Sophia und Anna Dorothea, Geschwistere, die Ermele, unterm 27. May und 28. Julii dieses laufenden Jahres, in puncto des Abschosses, welchen der Magistrat zu Cotbus von denen ihnen daselbst angefallenen väter- und mütterlichen Erb-Portionen gefordert, allerunterthänigst vorgestellet, und wie dieselben vornehmlich deswegen davon befreyet zu seyn vermeinen, auch demüthigst darum angesuchet, weilen sie beyde sich hier im Lande befinden, und die erstere an den alhiesigen Hof- und Cammer-Gerichts-Advocaten, Kagel, die andere aber an den Materialisten, Rademacher zu Potsdam verheyrathet, mithin die Erbschaft nicht ausser Landes gehet. Nachdem aber besagter Magistrat zu Cotbus in seinem darüber erforderten Bericht angezeiget, wie er die Gerechtigkeit habe, den Abschoß so wohl von Landes-Eingesessenen als Ausländern zu nehmen, und nicht nur deshalb Titulum oder Privilegium, sondern auch die fast Universal-Observantz in der Chur-Marck Brandenburg, welche zumalen durch ein unterm 23. Nov. 1720. an die Neumärckische Regierung ergangenes Rescript, so wie sie, des Abschosses oder der Gabellae hereditariae halber, jeden Orts hergebracht, bestätiget worden, für sich angeführet, und zugleich verschiedene neue Präjudicia oder Exempla beygebracht, da die dortige Cämmerey den Abschoß von Eingesessenen und andern Orten in denen Königl. Landen erhoben. Und dann allerhöchstgedachte Se. Königl. Majestät keinesweges gemeinet seynd, denen Cämmereyen in denen Städten ihre wohlhergebrachte Gerechtigkeiten zu schmälern; Als können die Eingangs erwehnte Supplicantinnen sich der Observantzmäßigen Entrichtung des Abschosses an den Magistrat zu Cotbus nicht entziehen, sondern werden vielmehr nunmehro hiermit dazu angewiesen. Wobey zugleich vorgedachtem Hof- und Cammer-Gerichts-Advocaten, Kagel, als welchen mehr ermeldter Magistrat zu Cotbus, als Concipienten eines an denselben in dieser Sache erlassenen anzüglichen Schreibens, angegeben, verwiesen wird, daß er sich gegen selbigen als ein ganzes Rechts-Collegium unterschiedlicher ungebührlicher Expressionen gebrauchet, deren er sich künftig hin, bei Vermeidung ernstlicher Ahndung, zu enthalten hat.

Berlin, den 4. Oktober 1732.

E. Landsberg an der Warthe.

294. Anger-Reglement der Stadt Landsberg an der Warthe, vom 29. September 1729, bestätigt unterm 1. April 1730.

Seine Königl. Majestät in Preußen ꝛc. Unser allergnädigster Herr, lassen das von dem Magistrat zu Landsberg an der Warthe unterm 29. September 1729 entworfene, in fünf und dreißig Punkten bestehende hierbey geheftete Hüfener- und Angerreglement, in allen seinen Punkten und Clausuln, dergestalt und also confirmiren, daß sich die Bürgerschaft überall darnach richten, und die etwa vorfallende Streitigkeiten, nach Maaßgebung dieses Reglements decidiret und entschieden werden sollen. Befehlen auch dem Magistrat zu Landsberg hiermit in Gnaden, dar-

darüber steif und feste halten zu lassen, und dahin zu sehen, daß demselben durchgehends nachgelebet werde.

Signatum Cüstrin, den 1. April Anno 1730.

Königl. Preuß. Neumärk. Krieges- und Domainen-Kammer.

Wir Burgemeistere und Rath der Königl. Preußischen und Chur-Brandenburgschen Stadt Landsberg an der Warthe, Urkunden und bekennen: weil in dem Rathhäuslichen Reglement vom 29. December 1714. §. 11. membr. 7. dem Köhr-Herrn einige aus denen Mitteln der Bürgerschaft zugeordnet worden, welche aber nachhero mit Tode abgegangen; so hat man zur Beförderung des Publici und zu Erfüllung des ob-allegirten Reglements, der Nothwendigkeit zu seyn erachtet, an deren Statt hinwiederum einige andere Assessores, bey dem Hüfner- und Anger-Wesen zu setzen; dahero dann dem zeitigen Köhr-Herrn und Hüfnermeister Johann Balthasar Hetschern, Gerichts-Assessori hieselbst, Herrn Joachim Ernst Matthiesen, und Herr Johann Maschen, beiderseits Geschworne ex ordinecivico, zugeordnet worden, welche conjunctim, nach ihrem, dem Rathhause und der Stadt geleistetem Eyde darauf Achtung zu geben haben, daß

1) der Köhr- und Feld-Ordnung d. d. Landsberg a. d. W., den 18. Juny 1636. in allen Stücken nachgelebet, und die Köhr- und Anger-Rechnung praevia revisione derer Herrn Hüfner und resp. Geschwornen jährlich um Michaelis coram Magistratu abgeleget werde, und

2) die Feld-Brücken, Graben und Dämme allezeit in gutem Stande erhalten, auch

3) in praejudicium des gemeinen Stadt-Angers, derer Freiheiten, Wiesen und deren Stadt-Grenzen, auch zu Verschmählerung der Wege, nichts vorgenommen, mithin dem Publico darunter kein Schaden zugefüget werden möge, insonderheit daß

4) die Herrn Hüfner, laut eines den 22. April 1547. aufgerichteten und bey E. Hochpreußl. Neumärksch. Regierung zu Cüstrin den 22. Novbr. d. a. per sententiam confirmirten Vergleichs nicht mehr als 4 Stück Zugochsen auf jede Hufe halten, und da

5) die Sache, wegen der Straßen-Schaafe vor dem Geheimbten Rath zu Berlin per interlocutoriam v. 18. November 1705. auf eine Commission zwar gerichtet, dieselbe aber z. Z. noch nicht gehalten worden und die Herrn Hüfner immittelst bisher in possessione l. quasi der Straßenschaafe geblieben, dieselbe vorjetzo salvo jure tertii, nicht mehr, als 25 Stück pro Hufe, nach der allgemeinen Landes-Observanz treiben mögen, Wohingegen

6) die bey dieser Stadt befindlichen zwo privilegirten Schäfereien, als die Rathhäusliche und Vierhufische Inhalts Judicati d. d. Cüstrin den 12. Juny 1591. eine jede 800 Stück Schaafe mit des Schäfers und der Knechte Theil zu halten und

in den Winter zu zählen, auch dieselbe auf den Stadtfeldern und Hufschlag und zwar auf denen Aeckern, so nicht besäet, abgehäget und zum geschlossenen Felde gehören, zu hüten, und zu Winters-Zeit über die Warthe ins Eulemsche Bruch bringen zu lassen, berechtiget seyn; fürnemlich aber

7) daß alle Jahr im Frühling zu gehöriger Zeit, wie vor Alters, eine Haynung vor das Zugvieh der Herrn Hüfner im Brachfelde gehäget und abgestrichen werden möge, also, daß kein Hüfner vor Joh. Baptistae sein Brachland, welches in solcher Häge-Weide belegen ist, umpflügen noch bemisten darf, weniger die Schaafe bis dahin bei Strafe der Pfändung darein kommen müssen, und

8) denen Zugochsen und derer Herrn Hüfner Zugpferden nur bey Tage die Hütung darin verstattet werden möge, gestalt die Nachthütungen mit Ochsen und Pferden auf den Feldern bey dieser Stadt überall verboten und abgeschaft seyn, wie solches die Eingangs eingeführte Hüfner-Ordnung mit mehrerm besaget. Da aber

9) denen Herren Hüfnern unbequem fiehle, die Umpflügung des Brachlandes bis Johannis anstehen zu lassen, so kann alle Wege 14 Tage vor Joh. ein Stück von der Haynung, worauf die Ochsen oder Zugpferde geweidet haben, zur Schaaf-Hütung, Mistung und Umpflügung aufgegeben werden. Wobey aber die Hüfner

10) vermöge Regierungs-Judicatorum vom 12. October 1658. und 11. October 1694. die von langen Jahren her eingeführte Servitut leiden müssen, daß die Schaafe aus dem Königl. Dorfe Cladow und Vorwerk Merzdorff auf dem ganzen hiesigen Stadtfelde hüten und damit wegen der Hütung in der Haynung auf'n Sommerfelde, so vor die Stadt-Lamm-Schaafe geschonet werden muß, kein ferner Streit vorgehen möge, müssen sofort, wenn Weynachten vorbey, die Amtschäfer sich bey einem Rathe erkundigen, wenn die Stadtschaafe hinein treiben wollen, da ihnen dann die eigentliche Zeit von demselben desfalls gehöriger Maßen bona fide angezeiget werden muß, daß sie also zugleich mit ihren Schaafen hineintreiben können. Dagegen

11) die Schäfer im Winter mit ihren Schaafen die Saat nur bey Frostwetter bis Altlichtmesse betreiben müssen. Inzwischen aber gehöret

12) denen Herren Hüfnern die Hütung mit ihrem Zugviehe im Bruche und auf denen Wiesen hinter den Zechowschen Kafeln, wie auch denen dabey belegenen Vorstädter-Wiesen, und auf der Goße hinter dem Kiez, wie auch auf der sogenannten faulen Wiese, so allenfalls dem Meistbietenden vermiethet werden kann, ganz allein, und seynd die Vorstädter und Kiezer nicht einmal befugt, ihre Kälber und ander Vieh darauf zu bringen. Wegen des Upstalls aber bleibt es, in puncto der Hütung zur Zeit so lange in statu quo, bis desfalls weitere Verfügung gemacht werden kann, ob derselbe denen Herren

Hüfnern allein, oder der ganzen Bürgerschaft zur Hütung zugehöre. Was aber

13) die Berge, Gärten und andere Landung betrift, welche Zaunrecht haben, und zum Hufschlag nicht gehören, solche sind der Hütung mit Pferden, Ochsen und Schaafen nicht unterworfen, sondern es defendiren selbige die Besitzere vor ihre eigne Gehäge. Immittelst aber kann

14) nach Ansinnung der Hüfner-Ordnung d. d. Landsberg den 18. Juny 1636. keiner aus der Bürgerschaft Kühe, Schweine, in die Haynung oder der Stoppel eher treiben, bis es dem gemeinen Hirten anbefohlen worden. Jedoch aber würde dahin zu sehen seyn, daß ein besonderer Pfuhl zur Tränke vor das Rindvieh gehäget werden möge. Die Betreibung der Schweine in dem Stoppel aber müßte alsdenn gleich geschehen, wenn die Mandeln aus dem Korn- und Gerstenfelde weggefahren seyn würden. Jenseit des Warthestrohms aber mag nun

15) auf dem Anger, welcher zur Stadt gehörig, bis an die Kuhburg, auch über die Kuhburg bis an's Dorf Kernein, und zur linken Hand des Dammes im Kuhstall bis an die Bürgerwiesen, wie auch nach Eulemb wärts, so weit die Stadt-Grenze gehet und Gelegenheit zur Viehweide ist, ein jeder Bürger und der sonst Vieh zu halten befugt ist, seine Pferde, Rindvieh, Schweine und Gänse vor den gemeinen Hirten treiben und weiden laßen. Damit aber

16) nicht allerley Vieh untereinanderlaufe, so müssen die Trift-Oerter nach wie zuvor unterschieden bleiben, dergestallt, daß die Schweine, Gänse, und besage Regierungs-Judicati de anno 1639. der hiesigen Schlächter, Hammel auf dem Stücke Anger zur linken Hand des Dammes bis an die Kuhburg gehen mögen.

Auf der rechten Seiten des Dammes aber haben die Kühe und Pferde nur allein ihre Weide und jenseit der Kuhburg bis an Kernein und da herum weidet das jüste Vieh, als Kälber, alte Ochsen und der Herrn Hüfner Zugochsen, wenn sie auf dem Felde nicht genugsame Weide haben. Wie denn auch

17) die Rathhäuslichen Bürger-, Vorstädter- und Kiezer-Wiesen im Frühling bis alten Walpurgis und weiter nicht, und dann nach der Heuerndte auf alt Bartholomay bis in den Winter, mit dem Rindvieh betrieben werden müssen.

Das Schaafvieh aber könnte keinesweges auf denen Bürger- und Radewiesen, insonderheit bey weichem Wetter, bey Strafe der Pfändung gehütet werden, es sey denn, daß die Possessores der Schäfereyen bey einfallendem harten Frost-Wetter sich dieserhalb bey E. Rath meldeten, welchemfalls ihnen die Hütung darinn mit dem Schaafvieh bittweise zugelassen werden könnte, welcher Freiheit sich sodann die Straßenschaafe gleichfalls zu bedienen hätten. In dem Eulembschen sogenannten Bruche aber könnten dieselbe sich der Hütung bey dem Schnee-Wetter und sonst wohl bedienen. Die Vorwerker Altensorge und Berkenwerder aber müssen sich schlechterdings der ohnfehlbaren Pfändung enthalten. Welchem Hütungs-Oneri

18) der Bauern zu Zechow Wiesen, wegen des mit ihnen habenden Compascui mit dem Rindvieh gleichfalls unterworfen, und diese dagegen befugt seyn, in denen Bürgerwiesen im dritten Viertel und auf denen vordersten Niedämmen mit ihrem Rindvieh zu hüten. Anlangend aber

19) die Kerneinsche Gemeinde, so ist dieselbe vermöge Commissions-Recessus de anno 1654. berechtiget, mit ihren Pferden und Rindvieh auf dem Stadt-Anger von ihrem Dorfe an, bis an die Kuhburg zur rechten Seiten des Dammes, so weit die Pfähle stehen, das ganze Jahr durch zu hüten; dagegen aber die hiesige Bürgerschaft jure compascui befugt ist, den Kerneinschen Anger gleichfalls betreiben zu lassen. Betreffend aber

20) die Kiezer, so müssen dieselbe ihrem Rindvieh nicht weiter bis an die bis auf dem Stadt-Anger befindliche und sogenannte Ochsen-Pisse hüten. Daferne nun

21) die Bürger, Vorstädter und Kiezer zwischen Walpurgis und alt Bartholomäy das Gras und den Grummet in ihren Wiesen nicht mähen, sammlen und wegfahren oder allenfalls nicht verrücken sollten, so haben dieselben sich zu impetiren, wenn es ihnen mit dem Rindvieh oder Pferden abgehütet, oder von ihnen ab oder angefressen werden möchte. Sonsten aber bleibt

22) der Viehstand vor das Mastvieh und denen Pferden der Bürger, noch wie zuvor in der Krippe des Angers bey des Garnwebers Gottfried Schulzens Garten, wobey aber die Hirten darauf Achtung zu geben haben, daß weder dem gedachten Garnweber an seinem Gartenzaun, noch dem Gerichts-Assessori Herrn Klettken an seinem daselbst stehenden Heustalle vom Mastviehe oder denen Pferden Schaden zugefüget werden möge. Wann aber

23) fremdes Vieh auf dem hiesigen Anger zur Weide gebracht wird, so giebt der Köhrherr einen von seinen beiden Assistenten oder wenigstens von einem von ihnen unterschriebenen Schein an den Hirten, worauf nur sonsten nicht derselbe das Vieh alsdann anzunehmen schuldig ist; worüber aber die Assistenten ein besonderes Register zu führen haben. Gleiche Bewandniß hat es auch mit dem Stadt-Bruche, Häge, Pusch und Stubben bringen dem Viehe. Wegen der

25) in denen Pfingst- und Johannis-Märkten auf dem Anger zu bringenden fremden Pferden aber, soll entweder ein besonderer Mensch angenommen werden, welcher dieselbe aufzeichnen, und das Geld dafür berechnen müsse, oder es soll diese Befugniß denen Pferdehirten, wenn sie billigmäßig darauf bieten, bey ihrer Annahme gelaßen werden. Was aber hiernächst

26) den Raths-Schützen auf der Kuhburg anbetrifft, so muß derselbe seine Pferde und das Rindvieh vor die gemeinen Hirten treiben; die Schweine aber Inhalts der ihm ertheilten

Bestallung und darüber in diesem Jahre ergangenen Judicati, auf den Kofen halten, keinesweges aber dieselben auf den Damm, Anger noch Wiesen laufen lassen. Bevor aber da

27) wegen der künftig anzukaufenden Zug- und Mastochsen eine Zeitlang a parte Huth gemacht werden soll, damit man wissen könne, ob ein Stück Vieh gesund oder aber krank sey. Zumahlen

28) vor die bey dieser Stadt von denen Bürgern zu haltenden Gänsen ins künftige alle Frühjahre ein besonderer Hirte angenommen werden soll, und damit

29) diesem allem unverbrüchlich nachgelebt werden möge, so haben der Köhrherr und dessen beide Assistenten wider die Contravenienten mit der Pfändung, ohne Connivenz, durch den Feldhüter und die Hirten zu verfahren. Zu welchem Ende

30) dieselbe die in Köhr- und Anger-Sachen vorkommende Streitigkeiten, ohne alle Weitläuftigkeit, durch einen Spruch in des Köhrherrs Hause abzuthun haben, vor welche ihre Bemühung

31) von dem in der Hüfner-Ordnung vom 18. Juny 1636. festgesetzten und sonst gebräuchlichen Pfandgelde der Köhrherr ein Viertel und die beiden Assessores auch ein Viertel bekommen, und die übrigen zwey Viertel, nach Anweisung des rathhäuslichen Reglements vom 29. December 1714. bei der Köhrlade berechnet werden sollen, weshalb denn

32) der Feldhüter und die Hirten kein Pfand auf die bloße Assignation des Köhrherrn losgeben sollen, wofern mindestens nicht einer von dessen Assistenten, solchen Schein mit unterschreiben und folglich derselbe dadurch eine Controlle von dem bey der Lade zu berechnenden Pfandgelde halten könne. In sofern aber

33) Sachen von Wichtigkeit vorkämen, welche dem Publico oder aber einem Privati angingen, welche der Köhrherr und dessen Assistenten nicht beylegen könnten; so haben diese daraus mit dem Ober-Köhrherrn zu conferiren, oder nach Beschaffenheit der Sache entweder bey E. Magistrat oder aber bey einem Judicio dieserhalb sich zu melden, da dann die Sache gehöret, und in Entstehung der Güte darinn, rechtlich erkannt werden soll. Im übrigen

34) müssen der Köhrherr und dessen Assistenten alle Jahr im Frühlinge denen Herren Hüfnern ein paar Personen zum Pferde-, Kühe-, Kälber- und Schweine-Hirten vorschlagen, aus welchen dieselbe sodann die besten und tüchtigsten dem Magistrat ad confirmandum zu präsentiren haben, die dann mit denenselben, wegen des ihnen in die Anger-Casse zu belegenden sogenannten Leihegeldes, und ihres Lohns ein Accord getroffen werden kann. Letztlich aber ist

35) keine Dorfschaft und Vorwerk, außer denen obspecificirten auf der Stadt-Wiesen oder Anger, mit ihrem Vieh, bey Vermeydung der ohnfehlbaren Pfändung zu hüten befugt.

Gleichwie nun vorstehendes Hufen- und Anger-Reglement,

nach denen, in der hiesigen Rathhäuslichen Registratur befindlichen Documentis und Judicatis abgefasset und in pleno Magistratus Concessu durchgegangen, auch die Bürgerschaft vorhero communiciret und überall ratihabiret worden; also soll dasselbe an E. Hochpreußl. Neumärkisch. Krieges- und Domainen-Cammer nunmehro ad confirmandum nächstens eingesandt werden.

Urkundlich ist dasselbe von denen Magistrats-Personen unterschrieben.

Geschehen Landsberg an der Warthe, den 29. Sept. 1729.

Bürgermeister und Rath ꝛc.

F. Perleberg.

295. Statuta civitatis Perlebergensis. (Aus dem funfzehnten Jahrhundert und vielleicht noch früher.) *)

1 stad Ordnung.

Erstlich so ein gerüchte wurde in der Stadt Perlebergk oder die Glocke zue Stürme ginge, So sol ein ied Bürger sein bei dem Rathe, auf der Marck od Rathhause, od wo sie sonsten hinbeschieden, Welcher alßdann thut nach des Rathes Rathe, demselben wird der Rath vor schadens stehen, Welcher aber seinen mutwillen leben wil, der mag den schaden selbst tragen.

2 stad Ordnung.

Ein ieder dem die Wache und das Thorsitzen angekündiget wird, der sol einen Raschen man haben in der Wache und in dem Thore, bej Pein 3 Marckfilbers Perlebergischer rechnung.

1 Kirchen Ordnung.

Niemand soll vergeblich bej Gottes nahmen schweren od fluchen oder demselbigen lestern, bej vermeidung der Strafe, so im rechte außgedrückt.

2. Kirchen Ordnung.

Niemand sol auf die Feyertage unter den Heiligen Emptern, Wein, Bier, Brandtwein, fleisch od ander wahr verkaufen, Sondern welcher fleisch am Sonnabend vberholt, mag daßelbe, so darumb angesucht wirdt, in seinem hause verkauffen, auch ohne ehrhaftige nott den ganzen tagk nicht arbeiten laßen.

3. Kirchen ordnung.

Ein iederman soll sich, deßgleichen seine Kinder und gesinde auf die Sontage und andere verordnete Feste zur Predigtt gottliches worts und andern Christlichen Ceremonien halten, und solche tage ehrlich und Christlich feiren, und ohne sonder-

*) Diese bisher noch ungedruckten Statuten wurdem vor einigen Jahren auf Veranlassung Sr. Excellenz des Herrn Staats- und Justizministers von Kampz aufgefunden.

liche bringende Vrsachen und erlaubung des Pfarreien nicht arbeiten noch arbeiten laßen, bej straf 1 Marcksilbers.

3. stad ordnung.

Es soll hinfüro kein Dieb, ob er gleich des lebends nichtt verwircket, in dieser Stadt gelitten, noch zu gnaden aufgenommen, Sondern da der Diebstal gleich geringe, Dennoch ein solcher Dieb der gerichte alßbalt verwiesen, so sol auch sonst, wegen anderer übeltheter, vermöge der Rechten, und was daß Rechtt ihnen erkennen wirdt, volfahren, vnd darein niemands begünstigtt oder begnadet werden.

4. stad ordnung.

Die Brandweinschencken, als eine Herberge loser Leute, vnd Vrsach gewißer Sünden vnd ergernißen vnd vieler leute verderb, sollen hiemit genzlich aufgehoben vnd abgethan sein, Also welcher Bürger der sich in solcher handthierung nicht entschlagen wil, sol macht haben teglichs, ausgenommen Son- vnd Festage aus seinem hause vber die Schwellen brandtwein zuschencken, auch damit Morgents vf dem Marcke auszustehen, aber in seinem haus Brandweinsgeste niderzusezen und Zechen zu halten, soll menniglich hiemit verbotten sein, Vnd so iemands von brandweins Krugern sich deßen vnterstehen wurde, soll des Raths vnsicher sein, vnd daneben iedes mahls vmb 1 Marcksilbers vnnachleßligt gestraft werden.

4. Kirchen ordnung.

Niemands sol sich vnter den Son- und Festags-Predigten aufm Marckte, vorm Thore noch vf den gaßen finden laßen, bej des Rathes strafe, sondern sich fleißig zur kirch halten.

5. Kirchen ordnung.

So soll auch niemands ohne erhebliche vnd bestendige vrsache, ehe denn die Predigtt genzlich vollendet, sich aus der kirch begeben, sondern des gemeinen gebets abwarten, So iemand darwider handeln wurde, wie den ein Rath kuntschaft darauf legen vnd verordnen wil, sollen dem Rathe vorbescheiden werden, Vnd so sie deß nicht bestendige vrsachen darzuthun wißen, sollen solche leute vmb eine zimliche geldesbuße gestraft werden.

5. stad ordnung.

Niemand soll übel reden od sprechen auf Fürsten, Herrn, Prediger, Priester, Rath, Jungfrawen vnd frawen.

6. stad ordnung.

Niemand soll die Jenigen, so Gotteswort Predigen mit schmehe od andern beschwerlichen worten anfallen, alß sollen die Prediger vf ihm gestellet sein, besondern so iemand des ferner bescheid vom Predigern haben wolte, mag darumb beim Rathe ansuchen vnd sich beklagen, Wil ein Rath darein die billigkeit verschaffen, so einer oder mehr hirwider handeln würden, sollen des Raths nicht sicher sein.

NB. 7. stad ordnung.

Niemand haue od schmehe den andern bej Pein 10 fl.

8. stad ordnung.

Niemand soll dem andern mit gewalt vnd mutwillig ansprechen od thetlichen beschedigen od verwunden, der solches thut, soll des Raths vnsicher sein, Vnd so derselbe Zubekommen, auf solche that eingenommen werden, er wurde den nochmalß vom Rathe mit willen des beleidigten geleidet, damit gebürliche strafe erfolgt.

1. feld vnd garten ordnung.

Niemand soll dem andern seinen Acker auf dem felde oder garten ohne vorgehende mechlicher erkenntniß abe Pflügen od graben bej Pein 2 Marksilbers.

1. Vih ordnung.

Einem jedem dem die Kohehute angekündiget, soll einenn bedarffen man od eine starcke magdt dabej schicken bej Pein 12 Schl.

NB 2. Vih ordnung.

Niemand soll huten vf den Leddigen zwischen Sommer vnd Winterkorne, auch nicht Zwischen den Stiegen oder Hocken, oder auch daselbst keine Palmen od graß meyen bej Pein 10 Marksilbers.

3, Vih ordnung.

Niemand von den Bawrleuten sollen ihre Pferde loß aus oder in die Stadt iagen, besonderen in den Zeumen führen, sonsten soll iedes Pferd im Thor auf 4 Pf. gepfendet werden.

1. holtz vnd mast ordnung.

Niemand sol holz hawen oder schaden thun an den Landwehren, bej Poen 3 Marcksilbers.

4. Vih ordnung.

Auch sollen dieienigen so Pferde haben, dieselbigen nit loß in die weide gehen lassen, damit kein schade geschicht am Korne, So die aber loß gefunden werden, sollen sie von den Stadtdienern auf 3 Schl. gepfendet werden.

1. haus ordnung.

Niemand soll Backen od Brawen vor Mitternachtt, auch feur vnd liecht mit fleiß verwarten, bej Pein 3 Marcksilbers.

10. stad ordnung.

Welchen der Elteste Burgermeister geleitet hat, demselben soll man geleitet halten, vnd sich an denselben nicht vergreifen.

2. haus ordnung.

Ein ieder sehe sich für, welche er hause od hege, so daß er des gastes nicht bedurfte zuentgelten bej Pein 3 Marcksilbers.

Zeune, Vfer vnd Wickheuser sol ein ieder bawen vnd beßern mit leddern, vnd haben seine eigene Leddern zum hause, wie es der Rath verordnet hat, bej Pein vnd strafe 1 Marcksilbers.

3. haus ordnung.

Ein ieder Burger, so ein hausland hat od sonst nach erkenntniß des Raths vermugen darzu ist, soll ein eigen harnisch vnd seine Wehre, auch einen ledern Emmer vnd eine lange vnd kurze ledder, Item eine gute Laterne vnd leuchte dabej haben, vnd wenn ein hauß verkauft soll der havnisch und die gefegte Wehre dabej bleiben.

1. Kauff ordnung.

Niemand greife in eines andern werck, oder habe sonderliche Kramerey, Häckerey oder schneiden iegen die Fleischhawer, oder thue dem andern vnterkauff bey Pein 12 Schl. Perlebergsche.

4. haus ordnung.

Ein jede Wittwe so ein aufboth od sonsten ein geruchte wurde, sol einen düchtigen Mann mit dem Harnisch vor sich zue felde haben.

2. Holtz vnd mast ordnung.

Wen die holz Kabeln ausgegeben sein, sol das Holz inwendig dem Jahre abgehawen werden, sonsten soll er des Holzes verfallen sein.

2. feld vnd garten ordnung.

Niemand soll graß od Hew im Rostche aus der gemeinen Weide, oder das sonsten nicht zu wischen ausgegeben, winnen, damit die holzkabeln nicht verwüstet, bej Pein 3 Marksilbers.

So iemands Rohr zu verkaufen hette, sol 60 bundt vf ein schock zehlen, iedes bundt so groß gebunden, alß der Ringk welchen derhalben ein Rath an das Rathhauß wird hangen laßen.

1. Tagelöner vnd Dienstbotten ordnung.

Die Zimmerleute vnd Mawerleute sollen kein Spån oder abgeschnitten holz, auch kein Steyerholz von den gebawen mit sich nach hause nehmen, od tragen laßen, besondern sich an ihrem verdingten vnd verdienten Lohne begnügen laßen, bej Pein 1 Marcksilbers.

11. stad ordnung.

Den gemeinen losen, Vnzüchtigen Frawen soll niemand heuser oder Boden verhüren, auch nicht gestatten, daß sie von den andern so darinnen wohnen, hinein genommen werden, vielweniger sol ihnen vergunt und gestattet werden, lange höcken, Silberwerck oder guldengeschmide zu tragen bej Pein 3 Marcksilbers.

12. stad ordnung.

Ein ieder verwahre seine Ehe, damit Er nicht wie ein ehebrecher vnd Hurer gestrafet werde.

13. stad ordnung.

Die Hurer, so an verdechtigen ortern od sonsten bej vnzuchtigen Frawen befunden, sollen nach ihrem verdienst mit den huren gestrafft werden.

14. stad ordnung.

Niemand soll auch frembden Leuten, so in der burgerschaft nicht gesessen, heuser oder boden ohne vorwißend des Raths verhuren, noch dieselben in seinen boden oder heusern zu wohnen gestatten, besondern erstlich vmb die bürgerschaft bej dem Rathe ansuchen laßen, bej Pein vnd strafe 3 Marcksilbers.

9. Kauff ordnung.

Ein ieder habe rechte wichte vnd rechte Maß, auf daß ihm kein hohn oder schimpf widerfahre.

15. stad ordnung.

Niemand soll Cloacen oder Heimliche gemecher an den gaßen, noch in den zwischen heusern, Vielweniger also bawen vnd halten, daß der vnflat an die gemeine gaßen fließen vnd gestencke anrichten od seinen nachtbaren beschwerlich seyn könne, bei Pein 3 Marcksilbers.

16. stad ordnung.

Niemand sol etwas an heusern zu scheunen machen ohne Bewilligung des Raths bej Pein 10 Marcksilbers, vnd neben erlegung der strafe solche scheunen wider abzuthunde schuldig sein, So soll auch niemands etwas von seinem wohnhause vnd hofe verkaufen oder in anderm Wege vereußern bey gleicher strafe.

4. haus ordnung.

Niemand soll Korn, Stro, Hew vnd Rancken bej sich ins hauß legen, auch in wohnheusern nicht droschen bey Pein vnd strafe der gefencknis vnd 3 Marcksilbers.

3. Kauff ordnung.

Niemand soll saltz fremb Bier noch Wein einführen vnd versellen bey Pein vnd strafe 3 Marksilbers.

4. Kauff ordnung.

Item ein ieder brawer, so bier feil hat, vnd mit dem becher außmeßen oder sonsten verkaufen will, sol ein Zeichen alß ein klein weiß brotlein aushangen, damit man weiß, ob bier vor den gemeinen Man vorhanden oder nichtt, Sonst wil ein Rath notturft verschaffen bey Pein 12 Schl.

17. stad ordnung.

Niemand soll an die gaßen etwas bawen in od auswendigck der Stadt Perlebergk an Schweinestellen ohne fulvort des Raths bey Pein 3 Marcksilbers.

18. stad ordnung.

Die Pfande, so ein Rath oder die gerichte an sich bringen, sol ein ieder einwendig 14 tage widerumb einlosen, sonsten soll nachmalß dazu nicht geantwortet werden.

19. stad ordnung.

Niemand sol Aaß oder andern Vnflath in die Stepenige noch sonsten Aaß auf den gaßen werfen, auch nicht flachs darinnen Röthen, allein an die orter, da es ein Rath verordnet bei Pein 3 Marcksilbers.

5. Vih ordnung.

Ein jederman schneide seinem stößigem Viehe die horner abe, damit kein schade geschehe, sonsten wird er zum schaden antworten mußen.

5. feld vnd garten ordnung.

Welcher einen Dieb in seinen garten oder Acker betrift,

der mag denselben im Thore im halßeisen sezen, vnd ferner wie rechtt mit ihme verfahren.

NB. 20. stad ordnung.

Ein iedermann soll sein Eiß hawen, wen es ihm angekündiget wirdt, bej Pein 18 Schl. Perlebergische.

21. stad ordnung. NB.

Item so ein burger vor dem Rathe zu erscheinen vorgebotten vnd bescheiden wurde, vnd ohne rettliche entschuldigung außen bleibe, Soll darumb alsoforth auf 1 Marck Perlebergische gepfendet werden.

2. holtz vnd mast ordnung.

Niemand soll stuzen od Mey hawen, vnd die keine gelage haben, sollen auch keine laub kinnen bawen.

feld vnd garten ordnung.

Niemand soll seine Wischen oder das graß vf die Dörfer verkaufen, besondern welcher derselben nicht benotigtt, soll es alhir den burgern verkauffen bey Pein 3 Marcksilbers.

So soll auch niemand an Roggen so er von des Raths boden verkaufft außerhalb der Stadt vnd auf die Dörfer widerumb verkauft, bey obbesagter Pein.

Vonn Kaufen Vor dem Thore.

5. Kauff ordnung.

Niemand soll vor vnd außwendig der Thoren etwaz so feil gebracht, verkaufen, bedingen od Kaufen, vnd bedingen laßen, ausgenommen Bauholz od Sageblöcke, das draußen vorm Thore bleiben soll bei Pein 5 fl.

6. Kauff ordnung.

Allerley Korn aber vnd getreide auch holz, hew vnd Stro, wen daßelbe auß den Thoren in der stadt biß an die verordnete Päße gebracht, soll daßelbe menniglichen zu kaufen frey stehen, doch das niemands die wagen den andern, so in der Stadt sind zuvor fange einleide, vnd dabei hergehe, Wan aber sothanes geschehe, so mügen doch die andern so in der Stadt des kaufens verharren, das Korn, holz vnd andres in bedingung nehmen, vnd ohne gefahr kaufen, Vnd so die einleider oder beigenger da entiegen wehren, vnd einem andern zu kaufen nicht gestatten wolten, derselbige soll gleich den andern so vor dem Thore gekauft umb 5 fl. gestraffet werden.

7. Kauff ordnung.

Alle Victualien, alß Ochsen, Kühe, Fische, Eyer, Butter, Kesen, Äpfel, Birn, vnd andere früchte, wie die mügen genennet werden, sollen auf den Marck inwendig der örter des alten Fleischscharrens, Arend Heinzkens vnd Joachim Jerckens heusern gekauft vnd nichtt in den gaßen aufgehalten werden.

8. Kauff ordnung.

Den Töpfern soll alle 14 Tage einem ieden ein fuder

holz vor den Thoren, vnd anders nicht zu kaufen gestattet werden, doch nicht ehe dan die thore sind aufgeschlossen worden.

9. Kauff ordnung.

Die Vberthreter dieser gebott, oder so damit beruchtig vnd dem Rathe angegeben, sollen gleicher gestallt vmb 5 fl. vnnachleßigk gestraft werden, od ihre vnschult mit dem Corporlichen Eide vor dem Rathe oder gerichte, wen sie dazu bescheiden, betheuern, vnd sich purgiren.

10. Kauff ordnung.

Vnd soll dieses eine genugsame verdachtt sein, vnd dafür gehalten werden, darauf ein iglicher der darumb von vns dem Rathe belanget wirdt, sich zu Purgiren schuldig sein soll, So oft iemands sich außen dieser Stadt Thoren, vnd an den verbottenen ortern morgents bey dem aufschluß oder balt darnach finden laßet, vnd mit den so etwas zu markete bringen draußen redet, sie befraget, für die Wagen hergehet, od sonsten sich mit Worten, reden oder geberden verdechtig machet, darauf soll sich ein solcher verdechtiger ohne alle fernere disputation vor vns dem Rathe, das er dieser vnser Ordnung zuwider nichts gedinget, besprochen, noch gekauft habe, noch sothanes durch andere Thuen laßen zu Purgiren, od des zugemessenen vbertritts halben umb die vfgesetzte strafe zu uertragen schuldig sein, Alß auch etliche hinauß vf die Dörfer bei den bauren Korn, holz vnd anders ihnen zuzuführen in bestellung nehmen, auch kaufen, Sothanes aber den andern ein fürfenglich Ding, Auch vnsers Gnedigsten herrn des Churfürsten ausgegangenen Mandaten vnd Policeyordnung zuwider ist, soll daßelbe gleicher gestaltt hiemit bey schwerer straffe verbotten sein.

Die Hacken in des Rathshackenboden gesessen, sollen zu iederzeit Butter, Heringk, Rotscher, Spürzen, Herse vnd Rochen, auch wenn es die Zeit mitbringet, Schullen vnd Dorsch für den gemeinen Man zukaufe haben, auch die Spurzen nicht aus dem Waßer, sondern aus sonderlichen molden auswegen.

Die Grüzemacher vnd ein iederman so haben, Buchweizengrüze in dieser statt zu verkaufen hat, soll derselbe mit des Rathes groß̈en vnd kleinen maßen, derohalben verordnet, vnd mit des Raths mercke gezeichnet, und nicht mit ihren eigenen Pfennigsmaßen, wie bishero geschehen, außmeßen, vnd nach anzahl des scheffels verkauffen, bei des Raths straffe.

Auch sollen die Oelmacher den gepreßeten vnd feil habenden Oel mit des Rathes gezeichneten Pfunde meßen, außmeßen, bey des Raths straffe.

Ein ieder Wirth verwarne auf die Jahrmarckte vnd kaufschlage Montage seine geste, das sie rechtte Elle, Wichte vnd maße haben, sich für spott vnd schanden zuverhütende, auch daß sie sich ehe dan der Jahrmarckt eingeleutet, keines kaufens vnternehmen, bey verlust der gekauften wahre.

Niemand habe einen falschen vnd andern scheffel, es sej den nach des Raths scheffel gezeichnet, vnd mit des raths Zeichen vnd datum gemercket bej des Raths vnd in rechten ausgedeutete straffe.

Kauff ordnung.

Die Becker sollen auf ieden scheffel mahls ein Pfundt Sauerteigs geben, daiegen nicht mehr alß 2 Pfundt Deges gewogen, von der ersten Walcken wider behalten, Auch sol man den Beckern im Winter vnd Sommer nicht mehr nach scheffel Zahl, den für den scheffel 5 Pf. vndt nicht nach Zahl der brodt Backelohn geben.

So sollen auch die Becker, wen sie gerstolen od den deich aufnehmen, die Tubben, darin sie den teig handeln, abestellen, vnd wie vor alters tröge dazu gebrauchen, vnd iederman vber seinen teich gehen vnd mechtig sein laßen.

Die vbertreter dieser Ordnung sollen allewege vom Rathe vmb 3 Marcksilbers vnnachleßigk gestraffet werden.

4. Holtz vnd mast ordnung. NB.

Auch soll niemands noch bauslender, Wanbauer od Bodener iennigerlej, noch weich, noch hart holz, auch nicht leger oder Spechtholz, noch iennigerlej Zeune, od ander busch im Rostche, noch sonsten vfm stadtfelde hawen oder lesen, es were ihnen den sonderlich vom Rathe erlaubt, bej gleicher Pfandung des holzvogts vnd strafe des Raths zu gelde vnd mit dem gefengniße.

5. holz vnd mast ordnung.

Niemand soll Eckern vnd Buch lesen auf dem Statfelde bej voriger ausgedeuteter strafe des Raths vnd Pfandung des holzvoigts.

6. holtz vnd mast ordnung.

Ein ieder hauslender, wen er sein Schoß dem Rathe iehrlichs entrichtet, sol alßofort alle iahr 1 lub. Schl. zur besoldung des holzvoigts dem Rathe entrichten, wie sich Wercke vnd gemeine mit dem Rathe voreiniget haben.

6. feld vnd garten ordnung.

Niemand soll Rohr im Rostche noch sonsten vfm felde schneiden oder schneiden laßen, den allein die Personen, welchen es ein Rath zu ihrem eigenen behuf erlauben wirdt, bej verlust des Rohrs vnd 1 Marcksilbers vnnachleßiger straffe, Doch soll einem ieden sein Rohr auf seinen Wischen frey bleiben.

Kauff ordnung.

Die Wulle so in dieser Stadt auf die freyen Jahrmarcke verkauf, soll auf des Raths Wichte, vnd nicht in den heusern den keufern zugewogen werden, bej Pein 3 Marcksilbers.

6. Vih ordnung.

Die Kuhehirten vnd andere hirten dieser stadt sollen ihre schweine nicht bey sich in ihren hurten, sondern in die gemeine schweine hurten iagen, bey verlust derselben.

22. stad ordnung.

Ein soll auch niemands bey tage oder bey nachtt verkappet Mummen gehen, noch sonsten in nachtlicher weile vmb den

Ring fahren, oder auf den gaßen geschrey machen, sonst soll er des Raths nicht sicher sein.

Kauff ordnung.

Ein ieder Brawer soll im Brawende vnd Malzverkauffen die 14 tage halten, wie es ein Rath verordnet, vnd mit Werkken vnd gemeinen geschloßen, bey aufgesetzter straffe.

Von Besoldung der Tagelöhner und Arbeiter, wenn man dieselben speiset, vnd nichtt bey eigener Kost arbeiten.

Einem Maurmeister einen tag 3 Schl.
Einem Meisterknecht 2 Schl.
Einem Kalchschleger 1 Gr.
Einem Seger aber, weil man den nach fußen schneidelohn gibt, soll man demselben doch nicht mehr den einen tagk vor 1 Schl. bier geben.

Tagelöner ordnung.

Einem Weinmeister 1 Gr.
Einem Dröscher von Lichtmeßen biß Michaelis 1 Gr.
Von Michaelis biß vf Lichtmeßen 1 Schl. lub. den tag bier.
Einem Hackelßschneider 2 Schl. lohn, 1 Schl. bier.
Einem Lehmedecker 2 Schl. lohn } iedem 1 Gr. bier.
Einem Knechte 1 Schl. lohn }
Einer weibes Personen wen sie hew austragen vnd im Oeste binden helfen 1 Schl. lohn.
Sonsten vor gemeine Arbeit nicht mehr 1 Gr. lohn.

NB. Kauff ordnung.

Niemand sol etwas an garten oder Ackerlande, von seinen hufenacker hinfürder versezen, noch zu unterPfande verschreiben oder verkauffen, noch sonsten in andern wege dauon bringen, ohne bewilligung des Raths bej Pein 10 Marck Stend. straffe, vnd obs gleich geschehe, soll doch der keufer solch landt oder garten zu iederzeit widerumb abezutretten, vnd den hufen folgen zu laßen schuldig sein, Vnd solche verschreibung, so ohne Consens des Raths aufgerichtet, krafloß erkannt vnd gehalten werden.

Kauff ordnung.

Denen so Fische zu Marck fahren, sol man hinfüro nicht vf die wagen steigen, noch die fische aus den Korben vndt tadeln reißen, sondern den verkauffern gestatten, das sie die fische auf die fischbancken außlegen, vndt daselbst menniglichen vmb sein gelt zukommen laßen mügen, bej straffe 1 Marcksilbers.

Kauff ordnung.

Niemand soll auf vorkauf Bawholz an sich bringen, bej Pein 1 Marcksilbers.

7. Holtz vnd mast ordnung.

Niemand soll den andern ohne seinen willen Bawholz vor den Thoren wegnehmen vnd verbawen, bej Pein 1 Marcksilbers.

6. haus ordnung.

Die ienigen, so ihren mist auf die gaßen tragen vndt schlagen laßen, sollen sich im austragen also nachtbarlichen schicken vnd vergleichen, das alle wege die eine seite an der gaßen frey bleibe, vnd die nachtbarn kegen vber nicht ehe ihren mist austragen, des kegen nachtbars mist sey den zuvor weggeführet, sollen auch mit dem misthauffen 3 fuße von der gemeinen Rennen bleiben, So soll auch niemands auf den gemeinen gaßen seine misthaufen vber 10 tage liegen laßen, bej Pein 1 Marcksilbers.

7. haus ordnung.

Niemand soll auf den gemeinen Steinwegk für seiner Thüren noch an andern ortern in der stat Heide, Stro, oder ander Streuselmist dauon zu machen strewen, bei Pein 1 Marcksilbers.

Gasterey vnd Kleider ordnung.

Niemand sol vf der gemeinen verstorbenen begrebniß vncosten oder gastereyen anrichten oder bejgrafft halten, bej Pein 3 Marcksilbers.

1. feur ordnung.

Ein iederman so vf sein feur vnd Liechtt vnd sonderlich auf sein Malz darren, imgleichen die Schmide auf ihre Esen, Bekker auf ihre Ofen, vndt menniglich auf seine feuerstadt, vnd Scharsteine achtung geben, daß die wochentlich ausgefegtt vnd also bewahret werden, damit derowegen keine gefahr oder schaden entstehen möge, Vnd so der darren, Esen oder feuerstedten halben feur loß wurde, sol derselbe, bej welchem solch feur entstunde, vmb eine ansehentliche schwere geltstraffe, oder sonsten nach gelegenheit wegen seines treflichen vnfleißes mit vorweisung der Stadt, oder sonsten aufs hochste gestrafet werden.

2. feur ordnung.

Niemand sol mit schlechtem Rohr, od Rohr mit schindel, oder lehm oder steinen decken.

3. feur ordnung.

Niemand soll bei feur vnd liecht flachs oder hampf schwingen oder heckeln, Vielweniger ohne Latern oder leuchten mit bloßem lichte auf die gaßen, in die stelle oder auf die bohne gehen, bei Pein 3 Marcksilbers.

4. feur ordnung. Nicht schießen in der Stadt bey verlust des Rohrs.

Niemand soll büchsen oder Röhre in dieser Stadt abschießen bey verlust derselben, vnd vnser des Raths ernster straffe.

5. feur ordnung.

Ein iedermann sol seine Ofen Thüren vnd feuerherde alle nacht beschließen, vnd also mit steinen zusezen, damit dieselben vor hunden vnd Kazen verwahret sein, vnd derogegen keine gefahr oder schaden entstehen möge.

6. feur ordnung.

Niemand sol bei der Nacht liechte ziehen, od talch schmelzen, bei des Raths straffe.

7. feur ordnung.

Die ienigen, bei welchen (das Gott abwende) das fewr auskombt, sollen es also balt beschreyen, wo sich aber iemand vnterstünde, solchs feur zu uorduffern oder zuuerschweigen, der sol, so oftmals es geschichtt, vnnachleßigk gestraffet werden.

8. feur ordnung.

Wenn ein schedlichs feur aufkombt, daßelbe beschreyet oder besturmet, sol niemand mit lediger handt zum feur eilen, sondern entweder leddern Emmer vnd sonderlichen der Brawer megte mit zubern waßer zum feur tragen, vnd ieder nach seinem vermugen mit kurzen vnd langen leiddern zum feur kommen vnd retten helfen, bey schwerer Pein vnd straffe.

feur ordnung.

Wenn auch das feur geleschet, sol niemand seinen leddern Emmer, so er zum feur gebrachtt, nicht alß fort mit sich nach hause nehmen, sondern sollen vnserem des Rathsdiener, der darauf bestelt, vberantwortet werden, bei welchem er des Emmers hernacher kegen Zeigung seines hausmarcks widerumb mechtigk werden soll.

feur ordnung.

Vnd so iemand in feursnöthen sein leddern Emmer vmbkeme, dem soll dauor erstattung widerfahren.

feur ordnung.

Wurde auch iemand vber dem feurleschen vnd wehren an seinem leibe schaden nehmen, den wil ein Rath vnd gemeine Burgerschaft nach gelegenheit der Person vnd des schadens vnd dieser Stadt vermügen vnd vorrath mügliche vnd zimbliche erstattunge thuen.

feur ordnung.

Nachdem auch die erfahrung gegeben, das sich in feursnöthen vielfaltige diebereyen zugetragen, vnd die ienigen so das ihre in solcher feurs noth auszutragen gedrungen, von losen leuten schentlich gestolen worden, So wollen wir der Rath sonderliche Personen vndt Kuntschaffer verordnen, welche in feursnothen auf solche heimliche Diebe mit fleiß achtung geben sollen, Vnd so iemand betroffen, an demselben soll der betroffen, an demselben soll der begangnen Diebstall alß hette er duppelt so viel gestolen geachtet, vnd auf's höchste gestraffett werden.

feur ordnung.

Wurde auch iemand solchen dieb, der in feurs nothen die leute alhie bestolen, vns dem Rathe angeben, demselben soll von vns danckbarliche vermehrung wiederfahren, und soll ihme solche anmeldung ohne schaden vnd gefahr sein.

Kleider ordnung.

Niemand, welchen es seinem stande vnd herkommen nach nicht geziemet, soll sich in Sammit od seiden gewant noch sonsten vbermeßig anKleiden, vnd dadurch das seine vnnüz verschwenden, Sonsten wils ein Rath sich für behalten haben, solchen

solchen Sammit vnd seiden Dregern wegen ihrer vbermeßigen Pracht hoher schoß aufzulegen.

Von dienstbotten.

Tageloner vnd dienstbotten ordnung.

Keiner soll dem andern sein gesinde abspendig machen bei Pein 5 Rthlr.

Würde auch ein dienstbotte nicht außdinnen, Soll er seines lohns verlustig sein,

Wenn auch ein dienstbotte von iemands, wen er ausgedienet, oder verurlaubet, oder von sich selbst seinen abscheidt genommen, von einem andern sich miethen laßen, vnd den Gottes Pfennig empfangen, dem sol er zu dienen schuldig sein, oder alhie nicht geduldet werden,

Vnd wer wißentlich einen Dienstbotten, der albereits von einem andern den Gottespfennig empfangen, miethen wurde, Soll vns dem Rathe 5 Rthlr. straffe geben.

Wir wollen auch, daß die herrlose Megde, sonderlich die, so sich auf das nehen vnd spinnen legen, imgleichen die herrlose Knechte, so nicht eigene haushaltung haben noch gemeiner stadtburde tragen helfen, sondern sich bey andern eindringen, vnd vf ihre eigene handt einsitzen, alhir geduldet noch gelitten werden sollen,

Vnd so iemand solch herloß gesindechen hausen oder behers bergen wirdt, Soll in vnser des Raths straffe verfallen sein.

Tageloner und Dienstbotten ordnung.

Welcher bürger nach scheffel zahl ackern leßet, soll für der fahre nicht mehr alß 3 Schl. geben bey Pein 3 Marcksilbers.

Die Bürger vnd einwohner sollen, wen ihnen angekündigtt wirdt, zu gebürender bestimmter Zeit ihren schoß geben, bey des Raths straffe.

Von Ehelichen Verlobnüssen, Wirthschaften und Kindertauffen.

Bei den ehelichen, so alhir in der Stadt vollenzogen werden, Soll niemand alsofort die freundschaft, so dabej gebeten, mit sich einbitten, vnd vncosten anrichten, so ferne nicht das eine Theil der freundschaft vom Adel, oder sonsten andern stetten von außen hirherin darzu bescheiden, So aber der Braut ihre Eltern oder freunde den Bräutigam vnd etliche freunde zu gaste laden wolten, mügen sie das nachmal thuen, doch daß vber zwo tische an Mennern vnd frawen oder vber zwo schüßeln nicht sollen gespeiset, auch keine Spielleute dahin gefordert werden.

Zu dem rechten ehelichen beilager oder Wirtschaften sollen von Braut vnd Bräutigams wegen nicht vber 40 Paar volckels an Mennern vnd Weibern, 20 Par Jungfrawen vnd 20 gesellen, so da halfen anrichten, Vnd mit zum Tanze ziehen, ist iedem Theil 20 Par an Mennern vnd Frawen, 10 par Jungfrawen, vnd 10 gesellen gebotten werden.

In diesem Zahl sollen nicht die Pfarrer vnd andere vnsere kirchendiener sampt dem Rathe, so der Rath insonderheit des freytages auf dem Rathhause mit ihren dienern zur wirtschaft geladen mit ihren ehelichen hausfrawen vnd Kindern, gerechnet oder verstanden werden, So aber die Raths-Personen allein in ihren heusern nachmals wie andere Burger gebetten Personen des Raths, ihre diener, Hausfrawen vnd Kinder mit dem vorberürten Zahl neben anderen gebracht werden.

So sollen auch Bawrleute vom lande, Mühlenknechte, Hirten vnd alle andere diener, so zur wirtschaft geladen, allezeit mit dem in der Zahl gerechnet werden, Aber die vom Adel, so nicht alhie mit im burgerrechte wohnen, auch die, so aus anderen Stetten anhero gebetten, sollen nicht mitgerechnet sein.

Auf den Freitagk, Sonnabend vnd Sonntags zumittage oder derogleichen tage, vor der Wirthschaft sollen keine freunde zur Collation oder malzeit gebetten oder gespeiset werden, alleine die Vier gespeisete Personen, so die andern zur Wirtschaft geladen, mag man vor oder nach dem bittende eine Malzeit oder Collation zurichten lassen.

Zum Wirthschaft, so am Montage vf den Abend oder auf andere nachfolgende bequeme tage angehoben vnd geschehen sollen, mag der vorberürten Personen Zahl durch Vier Personen zum höchsten oder weniger freunde von Braut und Bräutigams wegen am Sontagk auf den Mittagk, oder nach gelegenheit der Wirthschaft vor dem ehelichen beilager des tages zuuor alhie binnen Perleberg gegen den Montagk auf den Abend vnd den nachfolgenden dingstagk den ganzen tag also zu den Mahlzeiten auf einmal geboten werden.

Demgleichen sollen auch die Jungfrawen durch eine eheliche weibes Person insonderheit gebeten werden.

Am mittewoche oder des dritten tages mügen Braut vnd Bräutigam, von den ersten gebetenen freunden widerumb zeitlich auf den Mittag gegen Abend, so viel ihnen geliebet. Zur Hochzeit durch zwene freunde, so auch die Jungfrawen zum Theil bei den Eltern vnd freunden, so zur Wirthschaft geboten nicht befunden, durch eine weibesperson fordern vnd bitten laßen. Die andern aber, so bei ihren eltern vnd freunden verhanden, sollen damit auch geboten werden.

Wen also der dritte tagk vollendigt vnd Vier malzeiten gehalten, sollen Braut vnd Bräutigam oder ihre eltern des folgenden tages niemand von den freunden zur Wirtschaft oder vnter dem schein eines Gastgebots auf ihren vncosten bei andern verschaffen, fördern oder bitten laßen, besondern soll damit die hochzeitkostunge geendiget vnd ausgerichtet sein.

So soll auch niemand in der Wirtschaft mehr den 4 gerichte zu ieder malzeit speisen vnd auftragen laßen, welcher auch weiniger speiset, soll darum nicht verachtet, sondern gern geduldet werden.

Würden aber Braut und Breutigam von andern guten freunden ohne alle ihr zuthun darnach zu gaste geladen, mügen sie da wol hingehen, doch daß man der Spielleute nicht mehr gebrauchen soll.

So aber etliche vom Adel oder andern Stetten alß freunde verhanden, mit denselben mag Braut und Breutigam sampt andern freunden, dieweil sie noch nicht widerumb abgezogen, frolich sein vnd sich ehrlich ergnisen; Sobald sie aber weggereiset, soll nicht mehr hochzeit gehalten werden.

Item wen die Braut vnd Breutigam sollen vertrawet werden, sollen sie vor 4 schlegen nachmittage, mit ihren gebetenen freunden in der Pfarkirche sein, im fal so sie solches nicht thuen werden, vnd vber den glockenschlage lenger außen bleiben, ist hiemit eintreatiglich mit den herr Pfarrer, vns, den Wercken vnd gilden entschloßen worden, daß der herr Pfarrer dieselbe ausbleibende Personen, Drötages nicht vertrawen od sothans zugeschende nicht gestatten wil, Vnd ob daßelbe schon beim Pfarrer ohn vnserm wißen vnd willen erhalten wurde, sollen dennoch Braut vnd Breutigam, oder ihre eltern, Vormunder, so oft das geschieht, wegen ihres vngehorsams vmb 1 Marckſilbers Perlebergsche rechnung gestraft werden.

Nach der Mahlzeit mag die Braut nach loblicher gewohnheit aufs Rathhauß, oder im Sommer an gebürliche orter zum Tanze ziehen, auf den Abend biß vmb 8 schlegen alda sein, Vnd wen die glocke 8 geschlagen, oder die wachtglocke geleutet, soll sie von stunde an vom Tanz abeziehen, vnd alda sich nicht lenger finden laßen, so das nicht geschehe, sol sie vns dem Rath 1 Marckſilbers zur straffe geben, vnd vnserm Thürknecht also fort 4 Schl. Perleb. zu Pfandgelt, eheden sie abgelaßen, verfallen sein.

Des andern tages der Wirtschaft soll der Küster nach gewohnheit zu 8 schlegen zur Betestunde oder zur Brautmeßen leuten, zu 9 schlegen soll Braut vnd Breutigam nach loblicher vnd Christlicher Ordnung in der Kirchen sein, So wil auch der Pfarrer auf den glockenschlag zu neun schlegen also fort daß kirchenampt mit singen vnd andern Ceremonien anheben, vnd wen die glocke 10 schlegt, alles vollendiget haben, Vnd sie nicht lenger den eine stunde aufhalten laßen, Die vorachter dieses gebots sollen gleichfalls auf 1 Marckſilbers gepfandet werden.

Vnd wen also die Mittages malzeit gehalten, mag die Braut abermahl zum Tanze an berürte örter ziehen, vnd alda frolich sein, biß die glocke 3 schleget, alßdann sol sie alsoforth vom Tanz abziehen, vnd nicht lenger alda bej vermeldung voriger straffe sich finden laßen.

Auf den abend deßgleychen tages, wie die Braut vom Tanze gezogen, auch des nachfolgenden tages in der Wirtschaft, soll allezeit die Abendmalzeit, den freunden so alda Kommen, zu fünf schlegen bereitet vnd zugerichtet sein, mügen alßdann nach der Malzeit nach loblicher gewohnheit frolich vnd guter Dinge sein.

Die gift vnd gaben, so die Braut des Breutitigams freunden, vnd der Breutigam widerumb der Braut freunden gewonnt zu geben, sollen auch hiemit, wie hiebeuor geschehen, abgethan vnd bey Peine 3 Marckſilbers verbotten sein, allein Braut und Breutigam iſt zugelaßen, ſich untereinander nach ihrem vermügen mit geschencke zu uerehren.

So sollen auch keine Knaben od Megdlein mit in den berürten Zahl gebracht werden, zur traue od Tanze gebeten, oder dazu bequeme mit zu tische gesetzt werden, besondern sich bey ihren eltern oder freunden, so alda gebeten, enthalten, So darwider geschichtt vnd tische denselben zugerichtet, soll Braut und Breutigam vmb 1 Marckſilbers gestraffet werden, wie den ein Rath sonderlich aufſehend, damit ſothan vngebreuchlich fürnehmen abgeschaffet, verfügen will.

Die Bettler oder Armen Leute sollen sich vnuerfüdert, wenn es malzeit iſt, zu den wirtſchaften, vor den Thüren oder im hauſe nicht finden laßen, besondern, welche die armut wil speiſen, welches den einem ieden vergent sein sol, derselbe sol sie an einem besondern ort verordnen vnd warten laßen, damit heimlich, wie dem oft geschichtt, niemand das seine vergeben vnd entragen wirdt, So sich aber etliche Bettler dieser Ordnung nicht gemeß erzeigen würden, wil ein Rath darin gebürliche ſtraffe verschaffen, vnd sie dauon abweisen laßen.

Dem Spielmann vnd Koche soll man gebürlich billig lohn vor ihrer Arbeit vnd kein gerichte fleiſch versprechen, auch vber dem Vorey niemands vber 6 Pf. zu geben gedrungen werden.

Der Haußmann vnd Spielleute sollen nicht mehr alß auf eine Malzeit vmb drinckgelt hofiren bey des Raths straffe.

Den Köchen aber soll hiemit, daß sie gar kein drinckgelt auf den hochzeiten fordern sollen, verbotten sein, bey des Raths erſter ſtraffe.

Dem Haußmanne.

Freytages nach der Wirtschaft soll daß Register, darin die gebetenen freunde beschrieben vnd verzeichnet, vom Breutigam vnd einem der Braut nechſter freunde dem Rathe, wie sie das mit ihrem Eide betheuren wollen, auf dem Rathhauſe vberantwortet vnd zugestellet werden, vndt nachfolgigk, daß sie diese vnsere Ordnung wißentlich nicht vbertreten, mit ihrem Eide betheuren, od sich ihrer nit haltung mit dem Rathe auf 3 Marckſilbers auf ieden Artickel, darin sie vngehorsam gewesen, der angehafter straffe vertragen.

So es aber sache were, daß Braut vnd Breutigam so hoch befreundet vnd vermügens befunden, welches auf des Raths erkenntniß soll gestellet werden, des sie diese Ordnung in dem gesetzten Zahle ohne verkleinerung ihrer freundſchaft nicht wol halten können, mügen sie 8 tage vorm Rathe zuuor erscheinen vnd ihre notturft anzeigen vnd vortragen laßen, Wil ein Rath ihre gelegenheit vnd vermügen bewegen, vnd was die billigkeit erfordert, auf ihr ansuchent etliche Personen zu der vorbenannten Zahle nachgeben, doch wollen wir dem gemeinen Manne damit nichts eingereumet haben.

Sollen dennoch ihr Register, das sie nicht mehr, den ihnen vergünstiget, gebeten, wie oben vermeldet, gleich den andern aufs Rathhause bringen.

Den tagelonern vnd andern vnuermügenen leuten damit das ihre nicht verunkostet werde, Soll nicht mehr alß bey zwo Malzeiten hochzeiten zu halten, gegönnet sein, darumb mügen sie ihre hochzeiten allemahl auf die Mon- oder ander werckeltage morgens anfangen, vnd sich auf einmal vnd zugleich vertrawen vnd Segnen laßen.

Auch sollen sie nicht mehr, den den halben Theil der berürten Personen, so sie des vermügens, sonsten mügen sie wol weiniger, durch 2 freunde auf den tagk wie oben stehet, bitten laßen, Sich doch sonsten der andern ordnung gleichmeßig bey ausgedruckter straffe gleichmeßig verhalten, vnd ihre Register, wen sie dennoch gebeten, zu Rathhause bringen.

Die nicht zur hochzeit gehören, sollen sich auch nicht aufm Rathhause oder ander Tanze-Plaze im tanz finden laßen, sonsten sollen sie durch die Stadtdiener ins gefenckniß geworffen und gestraffet werden.

Niemand soll auf hochzeiten noch auf allen andern versammlungen auf Trommeten Spielen od blasen laßen bey Poena 3 Marckſilbers.

Ein ieder man zwinge seine Kinder vnd Jungen, daß sie sich aufm Rathhause vber vnd bei den Tanzen nicht finden laßen, sonsten sollen sie durch die Stadtdiener abgewiesen vnd mit dem gefengniß gezüchtiget werden.

Von Kindertaufen.

Die Kindertauffe sol wie angefangen, hinfürder auch gehalten werden, also das auf die Kindertaufe keine Frawen, so mit dem Kinde in die Kirche gewesen, zur malzeit niedergesetzt, oder dazu sollen gebeten werden, bey Poena 1 Marckſilbers Perleb.

Den Frawen aber, so bej der Kindergebererin in der noth sindt gewesen, denselben mag man vor od nach der Kindertauffe wol gut Thun, vnd sie widerumb auff eine Malzeit zue gaste bitten, es sol aber keine fernere kostung noch mit Frawen oder Mennern vber zehen Personen angerichtet werden, bej gleicher straffe.

G. Salzwedel.

296. Statutum der Stadt Salzwedel von den Markgrafen Otto und Albrecht, vom 17. Calend. April 1273.

In nomine ſancte et individue Trinitatis. Varietas temporum, multitudo tractatuum, adeo mortalium infirmant memorias, quod neceſſe eſt, ut adjuventur vocibus teſtium ac teſtimonio litterarum, ad hoc, ut acta ipſorum robur alicujus accipiant firmitatis. Hinc eſt igitur, quod Nos OTTO et ALBERTUS

Dei gratia Marchiones Brandenburgenfes volentes jura civitatis noftre Saltwedele, fecundum quod eidem Civitati et civibus a noftris progenitoribus funt tradita, confirmare, quedam etiam fecundum noftrorum fidelium ac civium ejusdem civitatis confilium in melius reformare, quedam etiam ipfis de novo tradere, notum facimus univerfis tam prefentibus quum futuris, quod hec jura liberaliter civibus ante dicte civitatis damus et concedimus perpetuo, fecundum quod in fubfequentibus continetur. Quicunque voluerit civis effe in Saltwedele, libere intrabit, et veniet ac recedet, fine gravamine quolibet, et impedimento. Item quicunque hereditatem in Saltwedele emerit, et anno et die in ea rationabiliter manferit, et heredes illius hereditatis fint in terra, potius obtinebit poffidens, quam aliquis alius conquerens, five heres. Quicunque fuo creditori pro debitis in judicio prefentatur, ad tria judicia reprefentabitur, poft tertium vero judicium Creditor de prefentato, fecundum juftitiam ordinet, quod fibi magis vifum fuerit expedire, quod fi prefentatus effugerit, quia creditor prefentatum fibi non reprefentavit, judici tres folidos vadiabit, ipfe vero pignus fuum infequi poterit, et ubicumque repertum fuerit, detinere. Item nullus extraneus, qui extra terras noftras ac patruelium noftrorum moratur, poteft convincere Burgenfem in Saltwedele, nifi habeat teftes in civitate manentes, et hos cives. Sed fi aliquis civium in Saltwedele incufatur ab aliquo, qui in terris noftris aut patruelium noftrorum moratur, fecundum quod ipfe accufatur, ita fe defendet, hec eft, fi cum teftibus de Civitate incufatur cum teftibus de Civitate; fi cum extraneis teftibus, cum extraneis fe defendet. Si vero aliquis de terris noftris, qui non eft civis Saltwedele, accufatur ab aliquo cive Saltwedele, cum teftibus, incufatus poterit fe defendere cum teftibus, undecumque fint, dummodo fint homines fide digni. Item fiquis Burgenfis alium Burgenfem cum teftimonio alloquitur, incufatus cum civium fuorum et non aliorum teftimonio fe defendet. De hys, que vulgo *Rade* dicuntur, taliter procedetur, ficut femina in diebus folempnitatum incedit, hec habeat, cuicumque de jure cedunt, ubicumque fit manens, nec eum ulle res alie fubfequentur. De hys, que *Herwede* dicuntur, talis fit proceffus, ficut vir cum armis fuam defiderat tueri vitam cum fuis melioribus veftibus, hoc habeat, cuicumque de jure cedunt, ubicumque etiam fit manens. Si autem filie funt in edibus, optinent id, quod dicitur Herewede, fimiliter filii optinent *Rade* mortuis parentibus feu defunctis. Item quicumque aliquorum hominum bona mutuo receperit, vel pro aliis fidejufferit et contingat eum mori, vidua fua et heres, ea que promiferat, dummodo notum fit confulibus, ea folvere tenebuntur. Item quicumque bona fua alicui mutuo dederit infra muros Saltwedele, licenter eum detineat infra muros cum nuntio judicis et civitatis, ubi bona fua mutuo dedit ei, donec debita perfolvat, vel ab eo fecundum juftitiam abfolvatur. Milites vero et famuli noftri armigeri coram nobis folummodo ftabunt juri. Sed fi ipfi proprio motu et voluntate ab aliquo Burgenfi, non coram nobis ſed coram judice civitatis ſuper hys, de quibus movent querimoniam, volunt juſtitiam conſequi, eidem coram eodem judice ſtatim reſpondeant accuſati. Item quicumque deprehenſus fuerit in eo delicto, quod *Wanmate* dicitur, et in menſuris ſecundum ſtatutum et *conſvetudinem* civitatis ſe non tenuerit, ſed infregerit, tres marcas denariorum Civitati dabit. Item quicumque Conſulem civitatis in civitatis ſervitio exiſtentem verbis male tractaverit, dare tres marcas denariorum tenebitur civitati, dummodo notorium fuerit aliis conſulibus civitatis. Item ſi pater et mater cum ſua voluntate et pueri eundem puerum in ſede matrimoniali legitime locaverit, idem puer contentus eſſe debet in rebus, quibus deſponſatur, et ſi pater vel mater moritur, ad heredes reliquos non redibit, exceptis bonis feodalibus, in quibus filii jus habebunt. Si vero omnes alii heredes moriuntur, in hereditatem redeat primus heres. Item ſi pater et mater omnes pueros ſuos legitime locaverunt, antequam moriantur, et poſtmodum unum ipſorum patrem vel matrem mori contigerit, pater vel mater ſuperſtes de bonis ſuis ordinabit, et faciet que voluerit, pueris ſuis nolentibus immo non valentibus prohibere. Coeterum ſi pater ſuperſtes fuerit, et aliam uxorem legitimam ducere voluerit, hoc pueri prohibere aut defendere non valebunt. Poſito etiam, quod pater ſepe dictus pueros habeat de uxore legitima ſecundo ducta, hy pueri poſt mortem patris eorum ipſius hereditatem obtinebunt, pueris ſuis prioribus in ea hereditate partem non habentibus, ſed excluſis. Si autem heredes de ſecunda uxore non habuerit, primi pueri dimidietatem bonorum, que in extremis vite ſue reliquerit, optinebunt. Quicquid de patre ſententiatum eſt, de matre ratum et firmum ſimiliter teneatur. Item ſi pater vel mater habeat pueros, quos legitime non locavit, et aliquis ex his pueris moriatur, hic hereditabit in radicem et ſtirpem priſtinam et priorem; Si autem radix et ſtirps mortua fuerit, puer mortuus hereditabit ſuper proximos et primos conſanguineos, qui *neſten Gedelinge* vulgariter nuncupantur. Item ſi de duobus legitimis viro videlicet aut muliere unum mori contigerit, et heredes hereditatemque reliquerit, hanc hereditatem ſuperſtites vendere non valebunt, nec quicquam ordinare poterunt de eadem, niſi fuerit de communi eorum conſenſu et unanimi voluntate, verumptamen ſi neceſſitas vite ipſis incumbet, unusquisque ſuperſtitum ad hereditatem pertinentium ſuam partem vendere valebit ad neceſſitatem ſuam et vite inopiam ſublevandam. Item quicumque incuſaverit alium cum teſtibus, et non habuerit teſtes pro tribus viris, id eſt, ſi defectum in aliquo teſtium patitur, pro quolibet tres ſolidos vadiabit. Item omnis, cui judicia in antiqua civitate Saltwedele commiſſa fuerint, et qui judicio preſidebit, ſuper aliquo Burgenſi ejusdem civitatis judicaturus, hic veniet ante lobium juxta locum, qui *Crute Brucke* dicitur, ibique et non alibi judicabitur. Item nullus Burgenſis de civitate Saltwedele debet in ea detineri, niſi ſecundum juſtitiam detineatur. Si autem detentus fuerit, et hereditas ſua melior et pretioſior quam emenda ſuorum exceſſuum fuerit, ſe per ſuam hereditatem poterit mutuare. Ceterum ſi aliquis ad aures percuſſus fuerit, et hic, qui percuſſus eſt, ſuum leſorum duobus viris probis et honeſtis convincere potuerit, leſor ſub hac forma emendabit judici octo ſolidos, percuſſo octo ſolidos, et civitati quatuor ſolidos dabit. Ceterum ſi aliquis cum baculis, ſine armis, que vulgo Eckewapen dicuntur, percuſſus fuerit, baculatusque hoc tribus probis viris et honeſtis comprobare ac teſtificari valuerit, leſores ſive percuſſores ſic emendabunt, quilibet percuſſor dabit judici unum talentum, percuſſo unum talentum, decem ſolidos civitati. Item nullus in die fori debet in foro Saltwedele aliquid emere, niſi fuerit in ea Burgenſis. Item ſi profugus in alicujus venerit manſionem, ab ea non excipietur, niſi ſententiis et judicio mediante, ſi etiam hoſpes domus judici manſionem ſuam non defenderit, bonis hominibus ſcientibus hoſpes innocens erit, ſi profugus evaſerit. Item ſi aliquis cum armis, que vulgo Eckewapen dicuntur, vulneratus fuerit, nec leſus in eodem loco moritur, leſorum ſuum ad trinum judicium perſequetur, et poſt tercium placitum teneri debet per quatuordecim dies, et illis finitis, ſi ſaucius moritur, vel ſi membro principali truncatus fuerit, videlicet oculo, naſu, auribus, Crure, pede, brachio aut manu, leſor pro collo ſuo reſpondeat. Porro ſi leſus infrajam dictum tempus quatuordecim dierum convaluerit, et leſor de vulnere convictus fuerit per tres probos viros in civitate manentes, manum ſuam dare tenebitur pro emenda, ſed ſi manum redimere voluerit, viginti talenta dabit, judici octo, leſo octo, quatuor civitati. Item ſi aliquis homicida pro homicidio profugus factus fuerit, quod fecit contra ipſum ad trinum judicium procedetur, et in tertio placito proſcribi debet, nec aliquis debet mulierem legitimam, vel pueros vel juſtos heredes viri profugi in bonis, que reliquit profugus, impedire, ſed judex de hoc certitudinem recipiet, quod mulier et pueri de ſuis bonis profugo, quam diu profugus eſt, nihil mittant, nec quicquam de bonis illis etiam alienent. Verum ſi profugus terram et locum recuperare voluerit, nec potuerit, nec heredes ipſum in bonis ſuis poterunt impedire. Quicumque pro aliqua ſupra dictarum cauſarum ſe proſcribi paſſus fuerit, terram recuperare non poterit, niſi judici prius ſatisfaciat atque leſo. Item ſi aliquis homo bone fame pro homicidio accuſatur, et notorium fuerit bonis hominibus ac fide dignis in civitate manentibus, quod non ſit reus interfectionis, juſtius cum juramento ſuo ipſe tercius, dummodo ſint fide digni, ſe defendet, quam ab aliquo valeat ſuperari, accuſatus autem pro homicidio cum Burgenſibus in civitate manentibus ſe defendet. Item omnes, qui in civitate Saltwedele hereditates habent, vel adhuc emerint, de quibus ſecundum jura civitatis, vigilie et exactiones, que *Schot* vulgariter dicuntur, usque ad preſens habite ſunt, volumus ut deinceps ſine contradictione qualibet de ipſis ſic faciant, ſecundum quod actenus facere conſveverunt. Item ſentencie coram judicio inveniantur, ſed etiam quod actenus eſt conſuetum. Et ſi aliquis levitatis ſue cauſa juſtas ſententias contra juſticiam increparet, vel manifeſte injuſtas ſententias inveniret, quatuor ſolidos judici vadiabit; injustas autem sententias dicimus, quas injustas esse pronunciant communiter Consules civitatis. Si aliquis in furto comprehenditur et furtum minus valeat quatuor solidis, in tormento quod *stupe* vocatur, teutonice ferietur; si vero quatuor solidos excedit, pro collo suo respondeat fur, si fuerit deprehensus. Ut autem hec nostrà concessio seu donatio per nos fratremque nostrum *Ottonem juniorem* adhuc *minorem annis* nostrosque heredes, firma permaneat, ac perpetuo inconvulsa, hanc paginam inde conscribi fecimus, ac sigillorum nostrorum munimine roborari. Testes vero hujus nostre donacionis, qui hys interfuerunt, sunt hy, Gevehardus de *Alvensleben senior*, Hinricus pincerna de *Donstede*, Hinricus de *Wdensvege*, Hinricus de *Heydbrac*, Arnoldus de *Jagowe*, Nicolaus de *Wtonowe* milites ac fideles nostri, Gevehardus *prepositus* de Saltwedele, Olricus de *Konnigesmarke* miles, Bertoldus notarius, Bertoldus *advocatus* in Saltwedele, de consilio Civitatis Saltwedele Helmich de *Puteo*, Thidericus de *Snege*, et alii quam plures. Fuerunt autem hoc tempore Consules Civitatis Saltwedele Cristianus miles, Johannes de *Mechowe*, Gherhardus Otberti filius, Johannes de *Berghe*, Johannes de *Witingbe*, Dittmarus de *Vllmen*, Bertrammus de *Blutmic*, Thidericus *Cruceman*, Arnoldus de *Kalene*, Johannes Svederi filius. Datum et Actum Plawe, Anno domini MCCLXXIII. septimo decimo Kalend. Aprilis.

297. Privilegium der Markgrafen Friedrich und Johann, wegen Vereinigung der beiden Städte Salzwedel und Gültigkeit des Sachsen-Rechts, vom Jahre 1434.

Wir Friedrich von Gotes Gnaden, Marggreue zu Branidenburg, des heiligen Römischen Reichs Ertzkämmerer und Burggraue zu Nurmberg, bekennen offentlich mit diesem Brief, für uns, unser Erben und Nachkommen, Marggreuen, daß wir durch unser Herschaft und des gemeynen Besten, Nuczes und Fromen willen, und auch auf das unser beider Stete Solczwedel gepessert, gemeret und gesterckt mügen werden, haben wir denselben unsern Steten Salczwedel nach Rate und wolbedachtem Mute diese hernach geschrieben Stücke, Punckte und Artickel bewillet, geuolbort, und gnediclichen zugelassen. Zum ersten sulch vereynuge und fruntlich Vertragung, als dieselben unser lieb getrewen unser Rede und Burger unser beider Stete Salczwedel, ingesamt in allen Stücken unser Herschaft und denselben unsern Steten zu nutze und fromen über ein zu seyn, mit irem Rate und andern ungeuerlichen Sachen gleicherweise und in massen, ob es eine stat were, newlichen begriffen und angehabin haben, als dabey und über unser lieven getrewen die von der Schulenburg in Teidingen gewesen sein, Sunderlichen wenn die in der Altenstat einen Wochenmarckt haben, so sullen und mügen die in der Newenstat auch einen besundern

Wochenmarckt in der Wochen haben, also das eins mit dem andern gleich zugee on geuerde, und wer es sache, das sich die vorgeschrieben unser Stete Solczwedel zu unser Herschaft und derselben Stat nucz und fromen zu ewigen Zeiten so zubleiben fürder unter einander vertragen wörden, das sol uns wolgeuallen, doch uns, unsern Erben, unser Herschaft und Nachkomen an unsern alten Gewonheiten und Gerechtigkeiten unschedelichen, on alles geuerde, auch wer es, das sich in unsern obgeschrieben Steten Salczwedel nur fürbaß mer nach Gebung dits Briefs sache zu richten vorvieltn, die in der Stad versiegelten und confirmirten Priuilegien und sunderlichen Freiheiten niche berurt, nahmhaftig gemacht noch ausgedruckt sein, die sachen alle zu Salczwedel fürbaß mer geschehen, sol man nach gemeynen Sachsen-Rechte richten, weisen und teilen, würden auch Lewte bynnen Salczwedel die do besessen, oder einer mit dem andern Inwonere zwifertig in Worten oder Wercken, von den mag ein jezlicher Bürger zu Salczwedel wohnhaftig genughaftig Wissenheit eischen und nemen, so daß sich jezlich teile zu Salczwedel an rechte wolle gnügen lossen, und wer das wergerde, (verwehret) den mag man aufhalten oder verweisen, so lang bis dieselben ungehorsamen des Rates und der Stat willen haben und erwerben mügen on geuerde. Zu solchen obgeschrieben Punckten Stücken und Artickeln, geben wir obgenanter Marggraue Friderich für uns unser Erben und Nachkomen Marggrafen unser Gunst und Willen und Volwort, in craft dits Briefs, doch uns unsern Erben und Nachkomen an unsern alten Gewohnheiten und Gerechtigkeiten unschedelichen, on alles geuerde, und wir Johannes sein Sone Marggreue zu Brandenburg und Burggraue zu Nüremberg, bekennen auch gegenwerticlich mit craft dits Briefes, das sulch obgeschrieben Sachen, Stücke und Artickel mit unserm guten Willen und Vollwortt von dem obgenanten unserm lieben Herren und Vater beteidingt und übergeben sein. Des zu merer Sicherheit und Bekentniß haben wir genanter Marggraue Johannes unser Insiegel für unsern lieben Herren und Vater für uns, unser Erben und Nachkomen mit gutem Gewissen an diesen Brief hengken lassen, der geschrieben und geben ist Kadolczpurg am Dienstag unser lieben Frowen Abende Conceptionis, nach Christi unsers Herrn Gepurt vierzehenhundert Jar, und darnach in den vir und dreißigsten Jahren. (8. Dec.)

298. Kurfürsten Joachims I. Bestätigungsbrief und Statuten, vom 30. November 1527.*)

Wir Joachim von Gots Gnaden, Marggraf zu Brandenburg, des heiligen Römischen Reichs Erz-Cammerer und Churfürst, zu Stettin, Pommern, der Cassuben und Wenden

*) Diese Statuten sind nachher mehrmals landesherrlich bestätigt worden, z. B. im J. 1646, 1702, 1713.

Herzog, Burggraf zu Nürnberg, und Fürst zu Rügen, bekennen und thun kund offentlich mit diesem Briene vor uns, unser Erben und Nachkommen, und sonst vor allermenniglich. Als unser lieben getreuen Burgermeister und Rathmann unser alten und newen Stadt Saltwedel uns glaublich und beweißlich angezeiget und vermeldet haben, daß sie aus beweglichen billigen Ursachen und sonderlich, so sie an den Grentzen unser Land gelegen, Statuta, Ordnung und Gerechtigkeiten gehabt, und zum Gebrauch hergebracht haben, nemlich, wenn zwe Elewte sich nach Ordnung der heiligen Christlichen Kirchen verehelichen, und eins von dem andern on Leybs Erben vorstirbett, so vorerbet eins dem andern das Gut, so sie samptlich gehabt und besessen haben; also das die letzte Person, so bey Leben bleibet, des vorstorbenn Freunden kein Teilung geben dorffe, deßgleichen, so zwey Elewte vorhanden, und Erben haben, und eins untter den zweyen Elewten zue Gott versturbe, muß das ander, so noch bey Leben ist, so balde es sich weiter verehelichen will, denselben ihren beiderseits Kindern die Helffte seines Guts, als vor väterlich und mütterlich Erbteill hinausgestatten und geben, damit daß die Kinder von allen andern Gutte abgesondert seyn sollen; es wehre denn, daß es in der Ehestiftung gebeisprachet, oder anders berett wehre worden. Undt wan auch Mann oder Frawe, welche sich zum andermahl verehligt, und Leibes-Erben fürder gewinnen und hetten, und darnach Vater und Mutter der abgeteilten Kinder versterben, alsdenn sollen die vorabgeteilten Kinder mit den andern Kindern der letzten Geburtt nicht zur Teilung gehen, sondern damit halten, wie solches vorberurt ist, auch welch Kind oder Kinder bey Vater und Mutter, dieweil sie bey dem Leben, elich berathen, und ausgegeben worden, die sollen mit der Mitgabe und Brautschatz, so ihnen mitgegeben, zufrieden seyn, und begnügen daran haben, es were den sach, das es von beyder Teil Freundschaften in der Ehestiftung also anders beredt und verwart were worden, und uns mitt demütiger fleißiger Bett angefallen, und ersucht, ire Gelegenheit, alt Herkommen, und Gebrauch zu betrachten, und sie dabey unvorrücklich bleiben zu lassen, die zu bestettigen und zu confirmiren, mit Erbietung, das sie und ihre Nachkommen wiederum gegen andere unsere Unterthanen solchs zu gleichen Fall umb geben und nemen wollen. Das wir ansehen und erkannt haben, solche ire demütige fleißige Bette, auch ire Gelegenheit, alten Gebrauch und Herkommen, und denselben Burgermeistern, Rathmannen, Werck und gemeinen beider unser Stett Saltwedel und iren Nachkommen, solch obgeschriebenen Artickel der Erbschichtung und nicht weyter gnediglich nachgegeben, bestettigt und confirmirt haben, und thun es in der besten Form, als es gescheen soll und mag, in Kraft und Macht dits Briues, setzen und wollen, daß sie und ire Nachkommen bey solchen alten gewönlichen Statuten, Privilegien, Gebrauch und Herkommen, inmassen, wie obstett, unvorhindert und unvorruckt vor Jedermenniglich bleiben sollen; Wir unser Erben und Nachkommen, wollen sie und ire Nachkommen auch gnediglich dabey handthaben, schützen und schirmen, unangesehen jüngste und negste Aussatzung und Ordnung, so wir myt Rath unserer Landschaft der Erbschichtung halben gemacht, doch derselben in den andern Artickeln gantz unschedlich, doch das sie und Ire Nachkommen solchs iren erbieten nach, gern den unsern ingleichen fall also und nicht anders geben und nemen sollen, und als unser liebe getrewe Bürgermeister und Rathmannen unser Stett alten und Neuen Soltwedel uns forder bericht haben, daß aus alten Gebrauch und Herkommen, kein Bürger daselbs, so aus Wendischer Art von Vater oder Mutter geborn, In Rath, und nachfolgenden Wercken, nemlich der Gewandschneider, Brawer, Goltschmiede, Kramer, Knockenhauer, Schumacher, Schneider, Tuchmacher, Becker, Kürsner, Schmede, und Lohgeruer, genommen, noch dieselben Gewerck haben, besetzen noch gebrauchen mögen, weder heimlich noch offenbar, und uns darauf demütiglich gebeten, solch alt Herkommen, gnediglich zu confirmiren, und zu bestettigen, das wir solchen alten Gebrauch und gewönlich Herkommen, unser Herrschaft und gemeiner Statt zu gutt, wie obstett, confirmiret und bestettiget haben, und thun das gegenwertiglich hiemit in Krafft und Macht dits Briues, und wollen ernstlicher Meynung, die Bürger, so aus wendischer Art, von Vater oder Mutter geboren, in den Rath beyder unser Stett Soltwedel nicht genommen, nach der obgeschrieben Werck gebrauchen sollen. Sondern es soll stett, fest, unwiederruflich, und unuerbrechentlich, wie obstett, gehalten werden, vor uns unser Erben und sonst jedermenniglich ungehindert, doch das gleichwohl die Wenden zu Bürger in unser Statt, Alt und Neuen Soltwedel ufgenommen, und zu den andern Handwerckern, Narung und Handlungen, wie die genannt werden mügen werden, ausserhalb der obgenannten Werck, wie vor Alters herkommen, unverhindert zu gebrauchen, gestatt, vergonnet, und darbey von dem Rath gehandhabt werden sollen. Alles getrewlich und ungeuerlich, zu Urkund mit unserm anhangenden Insiegel vorsiegelt, und geben zu Cöln an der Sprew am Mittwoch nach Andree Apostoli, Christi unsers lieben Herrn Geburt, tausend, fünfhundert, darnach in sieben und zwanzigsten Jahre. (30. Nov.)

299. Reskript des Kurfürsten Johann Georg an den Magistrat zu Salzwedel, die fräuliche Gerechtigkeit betreffend, vom 6. März 1578.

Johann George rc. Churf. rc. U. gnd. Liebe getreuen, Wir haben euern uf unsere von Annen Mollers Clausen Bungers Hausfrauen freundschaftl. jüngst an euch ausgebrachte Commißion schrifftlichen Gegenbericht, darinne Jr uns zu erkennen gebett, was es mit den erbfellen zwischen Eheleuten und der freulichen Gerechtigkeitt bey euch für eine Gewohnheit habe, endpfangen, und deßelben Inhaltt ferner vornhommen.

Weill dan solch Gewonheit und Gebrauch Inmaßen Ir anzeigett, bey euch von Alters her eingefüerett und biß dahero üblich gehalten worden, Als laßen wir es bei derselben auch nochmhals Pleiben, Und kan sich derwegen Beklagts Bungers Hausfraw Ihrer freulichen Gerechtigkeitt halben wieder Ires mannes Gleubiger mit nichte schützen. Werdett derwegen darauff die Gleubiger aus den gemeinen Gütern zur Irer bezalungen, so weit mhan wirdt zureichen können, zu verhelffen wissen. Woltten wir euch hinwieder zu begertten erklerunge gnediger meinunge nicht vorhaltten. Und seind ꝛc.

Datum Cölln an der Sprew, den 6 Marty a. c. 1578.

An
den Rehten beider Stedtte Saltzwedell.

300. Reskript vom 10. Oktober 1701, die Erbfolge der Ehegatten in Salzwedel betreffend.

Friedrich, König in Preußen ꝛc. Unserm ꝛc. Wir haben aus eurem allerunterthänigsten Bericht vom 12. September jüngsthin nebst denen in causa Ilselbe Burcherts, Molrahtischer Wittwe genannt deren Stiefkinder, die Molrahtsche Geschwistern bey Unserem altmärkischem Quartalgericht ergangenen Acten, wie auch dem, was Ihr hiebevor deshalb bereits referiret, gehorsam vortragen laßen, und daraus vernommen, welchergestalt es in der Sache auf eine Declaration des Statutati Salquellentis und nachfolgende quaestion ankommet: Ob conjux Supertus nothwendig des verstorbenen Theils Erbe sein, und seine eigene Güter mit seinen Kindern zu theilen gehalten! Oder aber, ob nicht vielmehr dem überbliebenen Theile nach Anleitung der Märkischen Rechte die Wahl gelassen werden solle, ob es Erbe oder von des verstorbenen Ehegattens haeredität absteniren wolle?

Weilen nun das Statutum Saltquellense von dieser Quästion nicht disponiret: So sind Wir der Meinung, daß es deshalb bei dem jure communi marchico, kraft dessen conjux supertes die freie Wahl hatt, ob er des Verstorbenen Erbe sein wolle oder nicht? zu lassen sein; Wornach Ihr Euch denn gehorsamst zu achten, und die Sache zu entscheiden habt, gestalt den auch die Uns eingesandte Acta zu dem Ende hierbei wieder zurückkommen. Sind ꝛc.

Cöln, den 10. Oktober 1701.

An
den Hauptmann der alten Mark, dem
von dem Knesebeck.

IV. Einige Nachrichten von statutarischen Erbrechten der Brandenburgischen Städte und des platten Landes.*)

1. Alt-Landsberg. Der überlebende Ehegatte erhält das Ehebett, die Söhne die Kleidungsstücke des Vaters, die Töchter die der Mutter als Praecipuum.

2. Alt-Ruppin, Justizamt. Der überlebende Ehegatte, er erkläre sich als Erbe oder nicht, behält das Ehebett vor den übrigen Erben voraus.

3. Badingen, Justizamt. Der überlebende Ehegatte erhält das Ehebette und das Ehrenkleid voraus.

4. Bärwalde. Der überlebende Ehegatte erhält, wenn er des verstorbenen Erbe geworden, das Ehebette voraus; den Töchtern wird ein Ehebett und etwas zur Hochzeit, und den Söhnen etwas zur Erlernung einer Profession nach der Billigkeit und den Vermögensumständen ausgesetzt.

5. Beelitz. Der überlebende Ehegatte erhält, wenn er Erbe wird, das Ehebette als Praecipuum.

6. Bernau. Der überlebende Ehegatte erhält ein aufgemachtes Bett und seine Kleidung, die Söhne des Vaters, die Töchter der Mutter Kleidung, jedoch nicht die Pretiosa (welche zur Theilung kommen) voraus.

7. Beussel, Justizamt. Der überlebende Ehegatte, er erkläre sich als Erbe oder nicht, erhält das Ehebett als Praecipuum.

8. Biesenthal. Justizamt. Bei Erbtheilungen, wobei der hinterbliebene Ehegatte als Erbe konkurrirt, nimmt derselbe das Ehebette nebst Zubehör, so wie die Kleidungsstücke des Verstorbenen vorweg, wenn gleich weiter nichts zur gemeinen Theilung übrig bleiben sollte. — Bei Theilung des Nachlasses beider, oder eines der Eltern oder Großeltern, wenn gleich der hinterbliebene Ehegatte miterbt, erhalten die Söhne des Vaters oder Großvaters, die Töchter aber der Mutter oder Großmutter Klei-

*) S. v. Kamptz Provinzial-Rechte Bd. I. S. 21 — 56.

dungsstücke, Leiblеinen und Alles, was solche am Leibe getragen, voraus, welches aber bei Seitenverwandten wegfällt.

9. Chorin, Justizamt, wie Biesenthal.

10. Fahrland, Justizamt. Der überlebende Ehegatte, er erkläre sich als Erben oder nicht, behält das Ehebett voraus.

11. Fehrbellin, Justizamt, wie Fahrland.

12. Freienwalde. Der überlebende Ehegatte, wenn er Erbe wird, erhält das Ehebett als Praecipuum.

13. Friedeberg. Der überlebende Ehegatte bekommt außer seinem Erbtheil das aufgemachte Ehebett mit doppelten Ueberzügen und Laken, und hat den Nießbrauch des Vermögens der Kinder, so lange sie sich in seinem Brot befinden.

14. Friedrichsthal, Justizamt. Der überlebende Ehegatte bekommt das Ehebett und das Ehrenkleid zum Voraus.

15. Fürstenwalde, Justizamt. Der überlebende Ehegatte, er erkläre sich als Erbe oder nicht, erhält das Ehebett als Praecipuum. Außerdem besteht hier noch die besondere Observanz, daß die Erbgelder der Unterthanen-Kinder, so in den Gütern stehen bleiben, nicht verzinset werden dürfen, weil die Annahme der Güter ohnehin durch die darauf haftende Grundlage sehr erschwert wird.

16. Gramp, Justizamt. Der überlebende Ehegatte, er erkläre sich als Erben oder nicht, behält das Ehebett zum Voraus.

17. Gransee. Der überlebende Ehegatte, wenn er Erbe des Verstorbenen wird, nimmt das Ehebett und das beste Kleid, unter dem Namen des Ehrenkleides, wozu ein vollständiger Anzug gerechnet wird, voraus.

18 Vermögens, Justizamt. Bei Erbtheilungen, wobei der hinterbliebene Ehegatte als Erbe konkurrirt, erhält derselbe das Ehebett nebst Zubehör, imgleichen dessen Kleidungsstücke vorweg, wenn gleich weiter nichts zur gemei en Theilung übrig bleiben sollte. — Bei Theilung des Nachlasses Beider, oder eines der Eltern oder Großeltern, wenn gleich der hinterbliebene Ehegatte miterbt, erhalten die Söhne des Vaters oder Großvaters, die Töchter aber der Mutter oder Großmutter Kleidungsstücke, Leibleinen und Alles, was solche am Leibe getragen, voraus, welches aber bei ben Seitenverwandten wegfällt.

19. Joachimsthal. Wenn ein Ehegatte den andern statutarisch beerbt, erhält er das Ehebett voraus, er mag mit den Kindern oder andern Verwandten des Verstorbenen erben.

20. Königsberg. Der überlebende Ehegatte erhält das aufgemachte Ehebette als Praecipuum; auch wird, wenn er Erbe sein will, ein gerichtliches Inventarium cum taxa über das gemeinschaftliche Vermögen aufgenommen, und sodann dem über-

lebenden Ehegatten, wenn er es annehmen will, für die Taxe auf Gewinn und Verlust zugeschlagen, das Erbtheil der Kinder auf die Immobilien versichert, und dem conjugi superstiti unter der Bedingung der Alimentation und Erziehung derselben, so lange sie das onus der Erziehung auf sich haben, zinsfrei gelassen.

21. Königshorst, Justizamt. Der überlebende Ehegatte, er erkläre sich als Erbe oder nicht, behält das Ehebett voraus.

22. Köpnick. Der überlebende Ehegatte erhält das Ehebett als Praecipuum.

23. Kremmen. Von jedem Hundert des erbschaftlichen Vermögens wird ein Thaler den Gesammtrichtern abgegeben; außer diesen Prozentgeldern dürfen aber weiter keine Gebühren genommen werden, wofern nicht jedes Kind funfzig Thaler Vermögen hat.

24. Krossen. Hier findet der Schooßfall Statt, und schließen also die Eltern die Geschwister aus, alle Ehegatten beerben sich auf die Hälfte des gesammten Vermögens; Kindes-Kinder beerben mit den Kindern zugleich die Großeltern, und Schwester- und Bruder-Kinder mit den Brüdern und Schwestern; auch erhält der überlebende Ehegatte das Ehebett als Praecipuum.

25. Landsberg an der Warthe. Der überlebende Ehegatte erhält allemal das Ehebett zum Voraus.

26. Lebus. Der überlebende Ehegatte erhält, er mag Erbe werden oder nicht, das Ehebett, einen Krug, einen Tisch, ein Handtuch, einen Fischkessel von zwei bis vier Pfund als Praecipuum. Die Söhne betemmen des Vaters, die Töchter der Mutter Kleidung und Linnen, so sie am Leibe getragen.

27. Lehnin, Justizamt. Der überlebende Ehegatte, er erkläre sich als Erbe oder nicht, erhält das Ehebett zum Voraus.

28. Liebenwalde. Dem überlebenden Ehegatten werden die Grundstücke für die gerichtliche Taxe zugeschlagen.

29. Lippehne. Der überlebende Ehegatte erhält das Ehebett, die Söhne des Vaters, die Töchter der Mutter Kleidungsstücke zum Voraus.

30. Lochewitz, Justizamt. Der überlebende Ehegatte, er erkläre sich als Erbe oder nicht, erhält das Ehebett zum Voraus.

31. Löhme, Justizamt, wie Lochewitz.

32. Luckenwalder Kreis. Hier wird bei der Erbfolge die Magdeburgische Polizeiordnung vom Jahre 1688 beobachtet.

33. Mittelmark. Der überlebende Ehegatte erhält größtentheils das Ehebett als Praecipuum.

34. Morin. Bei Theilung der Verlassenschaft eines

Acker-

Ackermannes, wenn ein Kind in der Ackernahrung bleibt, muß dem letzteren die Hufe Landes nach der alten Taxe für 70 Thaler gelassen werden.

35. Nauen. Der überlebende Ehegatte nimmt von den vorhandenen zweischläfrigen, oder wenn diese nicht da sind, von den einschläfrigen Betten, ein aufgemachtes Bette, bestehend aus einem Oberbette, zwei Unterbetten, zwei Kissen, einem Pfühl nebst einem Ueberzuge und Laken, auch Bettstelle, imgleichen den größten vorhandenen Kessel zum Voraus. Die Söhne erhalten des Vaters, die Töchter der Mutter Kleidungsstücke, Wäsche und Kirchenstühle voraus.

36. Neustadt-Eberswalde. Der überlebende Ehegatte erhält als Praecipuum das Ehebett, einen Krug, einen Tisch, ein Handtuch, einen Fischkessel von zwei bis vier Pfund, die Söhne des Vaters, die Töchter der Mutter Kleidungsstücke und Linnen, so sie am Leibe getragen.

37. Neuwedel. Der überlebende Ehegatte bekommt das Ehebette, so wie es am Brautabend von beiden Ehegatten bestiegen, wenn es noch da ist, einen Tisch, einen Schemel, einen Mittelkessel, ein Tischtuch und ein Handtuch, und alles Leibzeug und Kleidungsstücke zum Voraus, er mag Erbe werden oder nicht.

38. Oderberg. Der überlebende Ehegatte erhält ohne Unterschied, ob er Erbe wird oder nicht, das Ehebett, einen Krug, einen Tisch, ein Handtuch, einen Fischkessel von zwei bis vier Pfund, als Praecipuum; die Söhne bekommen des Vaters und die Töchter der Mutter Kleidung und Linnen, so sie am Leibe getragen.

39. Oranienburg. Der überlebende Ehegatte erhält, er mag Erbe sein oder nicht, das Ehebett als Praecipuum.

40. Potsdam, Justizamt, wie Oranienburg.

41. Prenzlau. Hier findet kein Praecipuum des überlebenden Ehegatten Statt, obgleich dasselbe außerdem in der ganzen Uckermark gebräuchlich ist.

42. Priegnitz. In dieser Provinz nimmt der überlebende Ehegatte in der Regel das Ehebette und das Ehrenkleid voraus. So wie es in den Amtsdörfern in Absicht des Praecipui des überlebenden Ehegatten und der mit ihm theilenden Kinder gehalten wird, eben so geschieht es auch auf dem übrigen platten Lande derselben Provinz. S. jedoch Wittstock.

43. Pritzerbe. Der überlebende Ehegatte erhält das Ehebett zum Voraus; die Grundstücke kommen nach der recipirten Erbtaxe zum Inventarium.

44. Reez. Wenn der überlebende Ehegatte Erbe des verstorbenen wird, so erhält er das Ehebette, einen Kessel und sämmtliche Kleidungsstücke zum Voraus. Erklärt er sich aber zum Nichterben, so bekommt er außer seinem Vermögen nur das Ehebett.

45. Rhinow. In dieser Landschaft ist es gebräuchlich, daß der überlebende Ehegatte, er mag sich für Erben erklären,

oder nicht, das Ehebett voraus nimmt, und den Söhnen die väterlichen Kleider und Leibleinen, den Töchtern die mütterlichen im Voraus überlassen werden.

46. Rüdersdorf, Justizamt. Der überlebende Ehegatte, er erkläre sich für Erben oder nicht, erhält das Ehebett vor den übrigen Erben zum Voraus.

47. Ruppin, s. Alt-Ruppin.

48. Saarmund, der überlebende Ehegatte erhält, er mag Erbe werden oder nicht, des Verstorbenen alltägliche Kleider und das Ehebett als Praecipuum.

49. Salzwedel. Der überlebende Ehegatte ist bei unbeerbter Ehe zur Theilung mit den Erben des Verstorbenen nicht verbunden, sondern er behält das ganze Vermögen, theilt es aber bei beerbter Ehe mit den Kindern nur bei seiner Wiederverheirathung, und in diesem Fall werden die Kinder durch diese Theilung, sowohl an Vater- als an Muttergut, abgefunden. Endlich müssen auch die bei Lebzeiten der Eltern ausgestatteten Kinder mit der Aussteuer zufrieden sein, ohne nach der Eltern Tode weitere Ansprüche machen zu können. Vor der zweiten Verheirathung ist das Vermögen Eigenthum des Ueberlebenden. Ein Verzeichniß des Vermögens, wie es zur Zeit des Verstorbenen gewesen, ist nicht vorgeschrieben, und kann zu nichts dienen, weil die Kinder allererst die Hälfte von dem Vermögen beiderseitiger Eltern, wie es zur Zeit der zweiten Verheirathung beschlossen, mithin den Zuwachs zur Abfindung mit erhalten, wenn auch zur Zeit des Erstverstorbenen gar kein Vermögen vorhanden gewesen. (S. Nr. 300.) — Ein dem Salzwedelschen Statut unterworfener Ehegatte hat ferner die freie Wahl, ob er zufolge desselben den verstorbenen Ehegatten beerben, oder mit Entsagung der Erbschaft sein eigenes Vermögen zurückfordern wolle. — In den, nach dem Salzwedelschen Statut zu beurtheilenden Fällen, ist die Ehefrau eines Cridarii in Ansehung der Zurückforderung ihres Eingebrachten, einer jeden andern märkischen Ehefrau gleich zu achten, und daher zur Bezahlung der Schulden des Ehemannes nur alsdann verbunden, wenn sie dessen Erbschaft ohne Vorbehalt angetreten, oder sich den Gläubigern sonst auf eine zu Recht beständige Art verbindlich gemacht hat.

50. Sonnenburg. Die Fischer bekommen Fischergüter bei Auseinandersetzungen zwischen Eltern und Kindern nach der alten Grundtaxe, und wird der überlebende Ehegatte in dem Fischergute gelassen.

51. Spandau. Der Wittwe eines Bäckers wird die Backgerechtigkeit überlassen, ohne daß in der anzulegenden Theilung dafür Etwas zur Masse kommt. — Im Amte Spandau behält der Ueberlebende das Ehebett; den Söhnen wird des Vaters, den Töchtern der Mutter Kleidung überlassen.

52. Storkow. Der überlebende Ehegatte behält das Ehebette voraus, er mag Erbe sein oder nicht; doch ist diese

Gewohnheit bei der Konkurrenz an Stiefkinder und andere Verwandte außer Anwendung.

53. Straußberg. Der überlebende Ehegatte erhält, wenn er des Verstorbenen Erbe wird, das Ehebett zum Voraus.

54. Teltow. Der überlebende Ehegatte erhält das Ehebett mit Ueberzügen, Laken, Bettstelle und Vorhängen, selbst dann zum Voraus, wenn sonst nichts zur gemeinen Theilung übrig bliebe. Zu einem Bette werden zwei Unterbetten, ein Pfühl, ein Deckbette und zwei Kopfkissen gerechnet. Die Söhne kaveln um des Vaters, die Töchter um der Mutter Kleider, Leinen und Alles, was am Leibe getragen wird, es seien Leinen und Ketten, Perlen, Ringe, oder wie es sonst Namen haben mag.

55. Trebbin. Der überlebende Ehegatte erhält, auch wenn er sich als Nichterbe erklärt, als Praecipuum das vollständige Ehebett, bestehend aus einem Deckbett, zwei Unterbetten, zwei Pfühlen, vier Schulterkissen, zweimaligem Ueberzuge, Bettstelle und Gardinen. Den Töchtern werden die Sonntagskleider und der Putz der Mutter, den Söhnen dergleichen des Vaters, ohne Taxe zugetheilt.

56. Treuenbrietzen. Der überlebende Ehegatte erhält, wenn er Erbe wird, das Ehebett zum Voraus.

57. Ukermark. In dieser Provinz erhält im Allgemeinen der überlebende Ehegatte das Ehebett zum Voraus, sobald er Erbe wird. S. jedoch Prenzlau.

58. Werder. Der überlebende Ehegatte, er mag Erbe werden oder nicht, erhält das Ehebett zum Voraus.

59. Werneuchen, wie Werder.

60. Wittstock. Hier findet kein Praecipuum des überlebenden Ehegatten Statt, obgleich dies in der ganzen Priegnitz der Fall ist.

61. Wollup, Justizamt. Der überlebende Ehegatte, er mag Erbe sein oder nicht, erhält das Ehebett als Praecipuum.

62. Wrietzen an der Oder. Der überlebende Ehegatte erhält, auch wenn er nicht Erbe wird, das Ehebett mit Ueberzug, einen Krug, einen Tisch, ein Handtuch, einen Fischkessel von zwei bis vier Pfund, zum Voraus; die Söhne bekommen des Vaters, die Töchter der Mutter Kleidung und Linnen, so sie am Leibe getragen.

63. Wusterhausen an der Dosse. Hier und in dem Kämmereidorfe Leskow erhält der überlebende Ehegatte als Praecipuum das Ehebett nebst Bettstelle, falls er das Eingebrachte nicht zurückgiebt oder zurücknimmt. Gewöhnlich wird dazu dasjenige Bett genommen, welches beide Eheleute zum gemeinschaftlichen Gebrauch gehabt; ist dergleichen nicht vorhanden, so wird dem Ueberlebenden das beste zweischläfrige Bett nebst Bettstelle, oder in deren Ermangelung werden ihm zwei vollständige einschläfrige Betten vorausgegeben. Erklärt sich aber der Ueberlebende das Eingebrachte entweder zurückzugeben, oder zurückzunehmen, so bekommt er auch das Ehebette nicht,

sondern es fällt den Erben des zuerst verstorbenen Theils zu, wenn letzterer solches erweislich zugebracht oder angeschafft hat.

64. Zehdenick. In der Stadt behält der überlebende Ehegatte das Ehebett zum Voraus; den Söhnen wird des Vaters, den Töchtern der Mutter Kleidung gelassen. — Im Justizamte Zehdenick bekommt der überlebende Ehegatte das Ehebett und das Ehrenkleid als Praecipuum.

65. Zielenzig. Dem überlebenden Ehegatten, wenn er sich als Erbe erklärt, wird ein zum Nachlaß gehöriges Haus für das ursprüngliche Kaufgeld zugeschlagen. (S. Stengels Beiträge Bd. VI. S. 15.)

66. Zossen. Hier behält der überlebende Ehegatte das Ehebett; die übrigen Betten werden unter die Töchter vertheilt.

Berlin, gedruckt bei A. Petsch.

FSC
www.fsc.org
MIX
Papier | Fördert
gute Waldnutzung
FSC® C083411

Kolibri 360 GmbH
Ferdinand-Jühlke-Straße 7
99095 Erfurt, Deutschland
produktsicherheit@kolibri360.de